愛大人 AIDAI-BITO

7学部1短大を擁する文系総合大学。学びを「地域」と「世界」にひらく。

名古屋キャンパス	□法学部 法学科 □経済学部 経済学科 □経営学部 経営学科／会計ファイナンス学科 □現代中国学部 現代中国学科 □国際コミュニケーション学部 英語学科／国際教養学科
豊橋キャンパス	□文学部 人文社会学科／歴史地理学科／日本語日本文学科／心理学科 □地域政策学部 地域政策学科 □短期大学部 ライフデザイン総合学科

愛知大学
AICHI UNIVERSITY

企画部入試課

〒461-8641 名古屋市東区筒井二丁目10-31
TEL.052-937-8112・8113(平日9:00-17:00)
E-mail:nyushi@ml.aichi-u.ac.jp

詳しくは、受験生向けサイトへ

愛知大学
受験生向けサイト

●本文大学462・463／短大499ページもご参照ください

国公私立大学・専門職大学・短期大学受験年鑑

君はどの大学を選ぶべきか
CONTENTS

私立大学をめざす皆さんへ　学長からのメッセージ.................................129

解説編

大学・短大入試情報満載！

大学受験入門講座...........................132
大学入試はこうして行われる！
～'24入試トピックス付き～

実就職率特集
大学生の就職状況は…............142

資格取得、4年制大学への編入学など
短大の魅力教えます！............148

4年制大学編入でステップアップ！...151
短大から4年制大学への編入学一覧

パーフェクトガイド
大学学部・学科選び入門............155
～学問系統別　学びの紹介コラム付き～

大学の教育力を探る
　■ 就職力を身につける.........................95
　■ 奨学金・学費サポート............102

学校案内編

学部・学科内容＆
キャンパスガイドをチェック！

私立大学・短期大学・大学校..............175
国立大学..............................661
公立大学・専門職大学..............703
大学通信教育について..............656
通信教育を行っている大学..............659
海外留学..............................654

大学改革最前線 37

早稲田大学............38	東京都市大学........66
慶應義塾大学.........40	東洋大学................68
明治大学............42	日本女子大学........70
法政大学............44	武蔵大学................72
中央大学............46	明治学院大学........74
立教大学............48	フェリス女学院大学76
青山学院大学............50	中部大学................78
学習院大学............52	南山大学................80
学習院女子大学............54	京都産業大学........82
東京女子大学............56	同志社大学............84
東京理科大学............58	関西大学................86
工学院大学............60	関西学院大学........88
國學院大學............62	甲南大学................90
芝浦工業大学.........64	立命館アジア太平洋大学92

話題の大学を徹底研究 107

成城大学　社会イノベーション学部............108
学習院大学　文学部　教育学科............112
共立女子大学 114
埼玉工業大学 116
立正大学 117
大阪学院大学 118

キャリアに注目！専門学校 121

志望校選びに役立つデータ

私立大学で取得できる国家資格一覧..........740
全国私立大学・専門職大学・
文部科学省所管外の大学校・公私立短期大学
学部・学科一覧..............................782

索引(50音別)..............................827
行きたい大学・短大を見つけよう！ 学校案内の見方...8
表紙・バッジ説明..............................214

学校名	ページ

学校案内
私立大学・短期大学・大学校

北海道・青森・岩手・宮城・山形

学校名	ページ
札幌大学	175
札幌大谷大学	176
札幌学院大学	178
札幌保健医療大学	177
星槎道都大学	180
日本医療大学	181
北翔大学	182
北星学園大学	183
北海学園大学	184
北海商科大学	186
北海道医療大学	194
北海道科学大学	188
北海道情報大学	190
北海道文教大学	192
酪農学園大学	195
拓殖大学北海道短期大学	196
八戸工業大学	197
岩手医科大学	198
東北学院大学	200
東北福祉大学	199
東北公益文科大学	202

茨城・栃木・群馬

学校名	ページ
常磐大学	204
自治医科大学	205
白鷗大学	206
育英大学	208
群馬医療福祉大学	209
高崎健康福祉大学	210
高崎商科大学	211
東京福祉大学 伊勢崎キャンパス	212
育英短期大学	213

埼玉

学校名	ページ
埼玉医科大学	216
埼玉学園大学	218
埼玉工業大学	220
城西大学	222
女子栄養大学	224
駿河台大学	226

学校名	ページ
聖学院大学	228
西武文理大学	230
東京国際大学	232
獨協大学	234
日本工業大学	236
日本保健医療大学	240
日本薬科大学	238
人間総合科学大学	241
ものつくり大学	242

千葉

学校名	ページ
植草学園大学	244
江戸川大学	245
川村学園女子大学	246
神田外語大学	248
敬愛大学	247
秀明大学	250
淑徳大学	252
城西国際大学	251
聖徳大学	254
清和大学	255
千葉工業大学	256
千葉商科大学	257
中央学院大学	258
帝京平成大学 千葉・ちはら台キャンパス	259
東京情報大学	262
明海大学	260
和洋女子大学	263
聖徳大学短期大学部	264

東京

学校名	ページ
青山学院大学	266
亜細亜大学	268
跡見学園女子大学	270
桜美林大学	272
大妻女子大学	274
嘉悦大学	273
学習院大学	276
学習院女子大学	278
共立女子大学	280
慶應義塾大学	282
工学院大学	284
國學院大學	286
国際基督教大学	288
国士舘大学	290

学校名	ページ
駒澤大学	292
駒沢女子大学	294
産業能率大学	295
実践女子大学	296
芝浦工業大学	298
順天堂大学	300
城西国際大学 東京紀尾井町キャンパス	302
上智大学	304
昭和女子大学	306
昭和薬科大学	303
女子美術大学	312
白梅学園大学	308
白百合女子大学	310
杉野服飾大学	313
成蹊大学	314
成城大学	316
聖心女子大学	318
清泉女子大学	320
専修大学	322
創価大学	324
大正大学	325
大東文化大学	326
拓殖大学	328
多摩大学	330
玉川大学	332
多摩美術大学	331
中央大学	334
津田塾大学	336
帝京平成大学 池袋・中野キャンパス	338
東海大学	342
東京医療学院大学	341
東京医療保健大学	344
東京家政大学	346
東京経済大学	348
東京工科大学	350
東京工芸大学	352
東京歯科大学	353
東京女子大学	354
東京電機大学	356
東京都市大学	358
東京農業大学	360
東京福祉大学 池袋・王子キャンパス	357
東京薬科大学	362
東京理科大学	364
東邦大学	366

学校目次

学校名	ページ
東洋大学	368
東洋学園大学	363
二松学舎大学	370
日本大学	372
日本女子大学	376
日本文化大學	378
文化学園大学	380
文教大学	382
文京学院大学	384
法政大学	386
星薬科大学	385
武蔵大学	388
武蔵野大学	390
明治大学	392
明治学院大学	394
明治薬科大学	396
明星大学	397
目白大学	398
ヤマザキ動物看護大学	399
立教大学	400
立正大学	402
和光大学	406
早稲田大学	404
共立女子短期大学	407
駒沢女子短期大学	408
帝京短期大学	409
職業能力開発総合大学校	410

神奈川

学校名	ページ
神奈川大学	412
神奈川工科大学	414
鎌倉女子大学	420
関東学院大学	416
北里大学	418
田園調布学園大学	421
東洋英和女学院大学	422
フェリス女学院大学	424
横浜商科大学	426
横浜創英大学	423
横浜薬科大学	428
鎌倉女子大学短期大学部	430

新潟・山梨・長野

学校名	ページ
新潟医療福祉大学	431
新潟薬科大学	432
山梨学院大学	433
佐久大学	434
清泉大学（現：清泉女学院大学）	435
長野保健医療大学	436
松本大学	437
佐久大学信州短期大学部	438
清泉大学短期大学部（現：清泉女学院短期大学）	439

石川・福井・岐阜・静岡

学校名	ページ
金沢工業大学	440
金沢星稜大学	442
北陸学院大学	444
金沢星稜大学女子短期大学部	445
福井工業大学	446
朝日大学	447
岐阜協立大学	450
岐阜聖徳学園大学	448
岐阜保健大学	451
静岡英和学院大学	452
静岡福祉大学	453
静岡理工科大学	454
聖隷クリストファー大学	458
常葉大学	456
浜松学院大学	459

愛知

学校名	ページ
愛知大学	462
愛知医科大学	464
愛知学院大学	466
愛知工業大学	468
愛知淑徳大学	470
愛知東邦大学	461
愛知文教大学	472
桜花学園大学	473
金城学院大学	474
至学館大学	478
椙山女学園大学	476
大同大学	479
中京大学	480
中部大学	482
東海学園大学	484
豊田工業大学	486
名古屋葵大学（現：名古屋女子大学）	491
名古屋外国語大学	488
名古屋学院大学	487

学校名	ページ
名古屋学芸大学	490
名古屋商科大学	492
南山大学	494
日本福祉大学	498
名城大学	496
愛知大学短期大学部	499
愛知学院大学短期大学部	500

三重・滋賀・京都

学校名	ページ
皇學館大学	504
鈴鹿医療科学大学	502
聖泉大学	505
長浜バイオ大学	506
びわこ学院大学	507
びわこ成蹊スポーツ大学	508
京都産業大学	509
京都女子大学	510
京都精華大学	516
京都橘大学	512
京都文教大学	514
同志社大学	518
同志社女子大学	520
佛教大学	517
立命館大学	522
龍谷大学	524
京都経済短期大学	526

大阪

学校名	ページ
追手門学院大学	528
大阪青山大学	530
大阪医科薬科大学	532
大阪学院大学	534
大阪経済大学	536
大阪経済法科大学	538
大阪工業大学	540
大阪産業大学	542
大阪歯科大学	544
大阪女学院大学	546
大阪総合保育大学	548
大阪電気通信大学	550
関西大学	552
関西医科大学	529
関西外国語大学	554
関西福祉科学大学	556
四天王寺大学	558

学校目次

5

学校名	ページ
摂南大学	560
千里金蘭大学	557
阪南大学	568
桃山学院大学	562
森ノ宮医療大学	564
大和大学	566
大阪学院大学短期大学部	569
大阪女学院短期大学	570
四天王寺大学短期大学部	571

兵庫・奈良

学校名	ページ
大手前大学	574
関西国際大学	576
関西福祉大学	573
関西学院大学	578
甲南大学	580
甲南女子大学	582
神戸学院大学	584
神戸松蔭大学（現：神戸松蔭女子学院大学）	586
神戸女学院大学	590
神戸女子大学	588
神戸親和大学	591
神戸常盤大学	592
神戸薬科大学	602
兵庫大学	594
兵庫医科大学	596
武庫川女子大学	598
流通科学大学	600
大手前短期大学	603
畿央大学	604
帝塚山大学	606
天理大学	608
奈良学園大学	610

岡山・広島・山口・徳島・愛媛

学校名	ページ
倉敷芸術科学大学	614
広島経済大学	616
広島国際大学	618
広島修道大学	620
広島文教大学	615
福山大学	622
福山平成大学	623
安田女子大学	624
山口学芸大学	626
四国大学	627

学校名	ページ
徳島文理大学	628
松山大学	629

福岡・佐賀・長崎・熊本・大分・宮崎

学校名	ページ
九州国際大学	630
久留米大学	631
久留米工業大学	632
西南学院大学	634
中村学園大学	633
西日本工業大学	636
福岡大学	638
福岡工業大学	637
福岡女学院大学	640
西九州大学	641
長崎国際大学	642
熊本学園大学	643
崇城大学	644
日本文理大学	646
別府大学	647
立命館アジア太平洋大学	648
九州医療科学大学	650
宮崎国際大学	651
宮崎産業経営大学	652

学校案内 海外留学

学校名	ページ
日本外国語専門学校	654

学校案内 通信教育

学校名	ページ
日本女子大学通信教育課程	659

学校案内 国立大学

学校名	ページ
北海道大学	661
旭川医科大学	662
小樽商科大学	662
帯広畜産大学	662
北見工業大学	663
室蘭工業大学	663
北海道教育大学	663
弘前大学	664

学校名	ページ
岩手大学	664
秋田大学	665
山形大学	665
東北大学	666
宮城教育大学	667
福島大学	667
筑波技術大学	667
筑波大学	668
茨城大学	669
宇都宮大学	669
群馬大学	670
埼玉大学	670
千葉大学	671
東京海洋大学	671
東京大学	672
お茶の水女子大学	673
東京学芸大学	673
東京藝術大学	673
東京外国語大学	674
東京医科歯科大学	674
東京工業大学	675
一橋大学	676
電気通信大学	677
東京農工大学	678
横浜国立大学	678
新潟大学	679
長岡技術科学大学	679
富山大学	680
金沢大学	680
上越教育大学	681
福井大学	681
山梨大学	681
信州大学	682
岐阜大学	682
静岡大学	683
浜松医科大学	683
愛知教育大学	684
豊橋技術科学大学	684
名古屋工業大学	684
名古屋大学	685
三重大学	686
滋賀大学	686
滋賀医科大学	687
京都教育大学	687
京都工芸繊維大学	687

学校目次

学校名	ページ
京都大学	688
大阪大学	689
神戸大学	690
大阪教育大学	691
兵庫教育大学	691
奈良教育大学	691
奈良女子大学	692
和歌山大学	692
鳥取大学	692
島根大学	693
岡山大学	693
広島大学	694
山口大学	694
徳島大学	695
香川大学	695
愛媛大学	696
高知大学	696
鳴門教育大学	697
九州工業大学	697
福岡教育大学	697
九州大学	698
佐賀大学	699
長崎大学	699
熊本大学	700
大分大学	700
宮崎大学	701
鹿児島大学	701
鹿屋体育大学	702
琉球大学	702

学校案内
公立大学・専門職大学

学校名	ページ
旭川市立大学	703
札幌医科大学	704
札幌市立大学	704
釧路公立大学	704
公立千歳科学技術大学	705
公立はこだて未来大学	706
名寄市立大学	706
青森県立保健大学	706
青森公立大学	707
岩手県立大学	707
宮城大学	707
秋田県立大学	708

学校名	ページ
秋田公立美術大学	708
国際教養大学	708
東北農林専門職大学	709
山形県立保健医療大学	709
山形県立米沢栄養大学	709
会津大学	710
福島県立医科大学	710
茨城県立医療大学	710
群馬県立県民健康科学大学	711
群馬県立女子大学	711
高崎経済大学	711
前橋工科大学	712
埼玉県立大学	712
千葉県立保健医療大学	712
東京都立大学	713
横浜市立大学	713
神奈川県立保健福祉大学	714
川崎市立看護大学	714
三条市立大学	714
長岡造形大学	715
新潟県立大学	715
新潟県立看護大学	715
都留文科大学	716
山梨県立大学	717
公立諏訪東京理科大学	717
長野大学	717
長野県看護大学	718
長野県立大学	718
富山県立大学	718
石川県立大学	719
石川県立看護大学	719
金沢美術工芸大学	719
公立小松大学	720
敦賀市立看護大学	720
福井県立大学	720
岐阜県立看護大学	721
岐阜薬科大学	721
静岡県立大学	721
静岡県立農林環境専門職大学	722
静岡文化芸術大学	722
愛知県立大学	722
愛知県立芸術大学	723
名古屋市立大学	723
三重県立看護大学	723
滋賀県立大学	724

学校名	ページ
京都市立芸術大学	724
京都府立大学	724
京都府立医科大学	725
福知山公立大学	725
芸術文化観光専門職大学	725
大阪公立大学	726
神戸市外国語大学	727
神戸市看護大学	727
兵庫県立大学	727
奈良県立大学	728
奈良県立医科大学	728
和歌山県立医科大学	728
公立鳥取環境大学	729
島根県立大学	729
岡山県立大学	729
新見公立大学	730
叡啓大学	730
尾道市立大学	730
県立広島大学	731
広島市立大学	731
福山市立大学	731
周南公立大学	732
山陽小野田市立山口東京理科大学	733
下関市立大学	733
山口県立大学	733
香川県立保健医療大学	734
愛媛県立医療技術大学	734
高知県立大学	734
高知工科大学	735
北九州市立大学	735
九州歯科大学	735
福岡県立大学	736
福岡女子大学	736
長崎県立大学	736
熊本県立大学	737
大分県立看護科学大学	737
宮崎県立看護大学	737
宮崎公立大学	738
沖縄県立看護大学	738
沖縄県立芸術大学	738
名桜大学	739

学校目次

7

行きたい大学・短大を見つけよう！
学校案内の見方

① 資料請求

各大学の案内を読んで気になる大学が見つかったら、どんどん資料請求をしましょう。

◆**スマホから資料請求をすることができます。**
学校名上・右横の**QRコード**を使うとその大学の資料請求ページにジャンプします。

> 「大学探しナビ」
> 資料請求ページ

◆大学名の右横にある**「資料請求ハガキ」欄**をみてください。
　"巻末ハガキ"は、記事掲載校の資料が一括請求できる巻末のハガキのことで、下記の2種類のハガキがあります。多数の大学の資料が欲しいときに便利です。大学通信から各大学に連絡してからの発送となります。
巻末（全大学パンフレット一括請求）ハガキ
①は北海道から長野まで、②は石川から宮崎までの本書に掲載されている私立大学・専門職大学・短大・大学校・専門学校などが記載されています。

◆**FAX、電話でも申し込めます。**
詳しくは832ページをお読みください。

※ここで請求できる資料は原則として大学案内のパンフレットのことで、願書ではありません。「料金」は資料請求にかかる費用、「完成時期」は新しいパンフレットの完成時期です。資料発送は、パンフレット完成後になります。先に申し込んでおいても問題ありません。

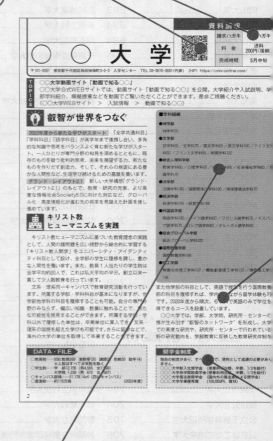

② 大学組織

各大学の学部・学科が一目でわかります。希望する学部や学科があるかどうか調べてください。**数字は原則として2024年度の募集人員です。**

本書は、全国の私立大学・専門職大学・短期大学の中から、特に受験生に勧められる学校を精選して掲載しています。全国に数ある大学の中から、どの学校を志望校に選べばいいのか、迷うのは当然のこと。「将来、どのような自分になりたいのか」「そのためには何を学べばいいのか」をじっくり考えてください。自分の学びたい学部・学科を見つけるために、本書を大いに活用してください。きっとあなたの志望校が見つかるはずです。

③ 大学紹介記事

各大学の教育方針をはじめ、学部・学科のカリキュラムの大きな特徴や方向性を盛り込んでいます。学部・学科の紹介だけでなく、国際化や情報、環境、テクノロジーなど、各大学の掲げるキーワードを軸に、大学の全体像を紹介。各アイコンは以下の内容を表しています。

大学GUIDE
大学独自の教育方針や校風、学部・学科のカリキュラムの特色などを紹介します。

CAMPUS情報
図書館やLL・AV施設、厚生施設などの施設・設備や、クラブ活動など学園生活に密接した情報です。

国際化への取り組み
世界各国の大学との国際交流や、留学の情報、長期休暇中の語学研修などの情報です。

取得資格
卒業と同時に取得できる国家資格や国家試験の受験資格情報です。

学生サポート
奨学金をはじめ、学生生活に関するさまざまなサポート体制を紹介します。

卒業後の進路
昨春の卒業生の主な就職先と人数を、卒業数や就職希望者数などのデータと共に紹介しています。

入試GUIDE
原則として2024年度入試の概要です。入試の種類と実施学部を紹介。来年度入試は変わる可能性があります。

④ データなど

教員数や学生数、蔵書数など大学の教育環境がわかるDATA・FILE、奨学金制度、トピックス、オープンキャンパスのスケジュールなどの最新情報を掲載しています。

10

●本文705ページもご参照ください

チームで学ぶ。
医療を変える。

ひとりの患者さんのために、さまざまな専門職が連携し、
あらゆる角度からケアを行うことを「チーム医療」といいます。
本学は6学部9学科、3,500人以上の学生が保健・医療・福祉の
多彩な専門職をめざす道内最大規模の医療系総合大学。
学部学科の枠を越えて、チーム医療を学ぶ環境で、
これからの医療をリードする、高度な専門職を育てています。

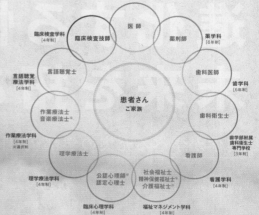

臨床検査学科【4年制】　臨床検査技師
医師
薬剤師　薬学科【6年制】
言語聴覚療法学科【4年制】　言語聴覚士
歯科医師
歯科衛生士　歯科衛生士学科【6年制】
作業療法士・音楽療法士※　作業療法学科【4年制】※選択制
歯科医師
歯科衛生士
患者さん ご家族
看護師
歯学部附属歯科衛生士専門学校【3年制】
理学療法士　理学療法学科【4年制】
公認心理師※・認定心理士　臨床心理学科【4年制】※要大学院進学など
社会福祉士※・精神保健福祉士・介護福祉士※　福祉マネジメント学科【4年制】※選択制
看護師　看護学科【4年制】

特待奨学生制度を全学部学科に拡充。学ぶ意欲に応えます。

S 特待	A 特待	B 特待
授業料を国立大学と同水準に	授業料の半額相当額を免除	授業料の1/4相当額を免除

※採用人数・募集する選抜区分等は学科によって異なります。また、その他の本学独自の奨学金制度もございます。詳しくは受験生応援サイトをご確認ください。

北海道医療大学

入試広報課　☎0120-068-222　✉ nyushi@hoku-iryo-u.ac.jp

【当別キャンパス】
〒061-0293 北海道石狩郡当別町金沢1757（JR学園都市線 北海道医療大学駅直結）

【札幌あいの里キャンパス】
〒002-8072 北海道札幌市北区あいの里2条5丁目（JR学園都市線 あいの里教育大駅徒歩5分）

北海道医療大学の日常を発信中！

受験生応援サイト！
入試情報やオープンキャンパス日程、
各種コンテンツなどを随時更新中！

●本文194ページもご参照ください

11

進化する情報大で、未来を拓こう。

実学が学べる充実の学部・学科・専攻

大学院 ──── 経営情報学研究科（修士課程）

経営情報学部 ── 先端経営学科 ── ビジネスデザイン専攻
　　　　　　　　　　　　　　└ 地域ビジネス専攻
　　　　　　　└ システム情報学科 ── システム情報専攻
　　　　　　　　　　　　　　　　└ 宇宙情報専攻

医療情報学部 ── 医療情報学科 ── 医療情報専攻
　　　　　　　　　　　　　　└ 臨床工学専攻

情報メディア学部 ── 情報メディア学科 ── デザイン専攻
　　　　　　　　　　　　　　　　　└ テクノロジー専攻

通信教育部 ──── 経営情報学部 ── 経営ネットワーク学科
　　　　　　　　　　　　　　└ システム情報学科

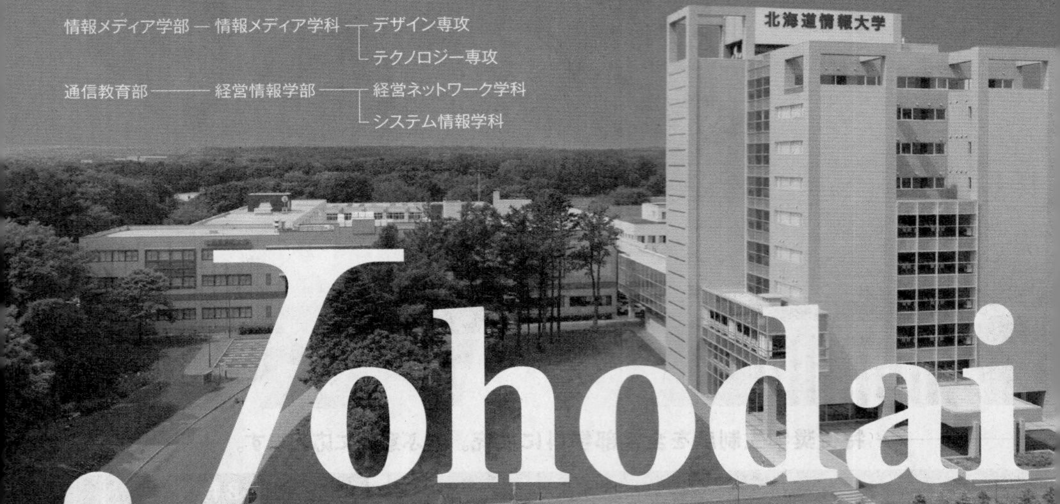

北海道情報大学

Johodai

開学以来
90%以上の就職率
95.9%
2023年3月卒業生

RANKING DATA

先進的な
学部がある大学
北海道私立大
第1位

改革力が
高い大学
北海道私立大
第2位

12

「大学探しランキングブック2023」大学通信調べ

●本文188・189ページもご参照ください

活かす人へ
北海道文教大学

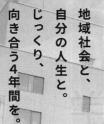

札幌で育む、
豊かな教養と国際的視野。
北海道屈指の文系総合大学

自他の人格の尊厳を知り、
人間を何かの手段と見ないキリスト教的価値観が、
北星の営みの根底に潜む。
見識を備え責任を自覚し、
社会に貢献する独立人を養成することが、
本学の目標である。

それは、抑圧や偏見から解放された
広い学問的視野のもとに、
異質なものを重んじ、内外のあらゆる人を
隣人と見る開かれた人間である。

そういう意味での自由を
北星は目指している。

オープンキャンパス2024

5/18sat　8/8thu　10/19sat

Hokusei Gakuen University
北星学園大学
北星学園大学短期大学部

大 学 院	社会福祉学研究科／文学研究科／経済学研究科
文 学 部	英文学科／心理・応用コミュニケーション学科
経 済 学 部	経済学科／経営情報学科／経済法学科
社会福祉学部	社会福祉学科／心理学科
短 期 大 学 部	英文学科／生活創造学科

札幌市厚別区大谷地西2丁目3番1号　　TEL 011-891-2731（代）

札幌市営地下鉄東西線「大谷地駅」徒歩5分　https://entry.hokusei.ac.jp

●本文183ページもご参照ください

17

北海道から
未来を拓く

農学ビジネス学科

世界の持続可能な発展のために、様々な角度から「農」を学び、豊かな「食」と「地域」の活性化に貢献できる人材を育成します。隣接する農場や地域を舞台とした豊富な実習・フィールドワークを通じた学びが大きな魅力です。多様な進路で即戦力として活かせる実践力と経営感覚を磨くことができます。

保育学科

●造形表現コース
子どもたちの感受性や創造性を育むための教材や遊び道具づくりの力を育てます。人形劇制作を授業に取り入れ、保育現場での対応力やコミュニケーション力を磨きます。

●身体表現コース
演劇の要素を取り入れた表現活動や歌唱・ダンスなど、身体を使った表現の学びを通じて、子どもの心を惹きつける「話し方・しぐさ・表情」などの技術を修得できます。

●幼児音楽教育コース
音・リズム・音楽を通して、子どもたちの感性を育み、表現力を高めることのできる指導力を養成しています。リトミックの指導者資格の取得が可能です。

大地に学び地域と歩む。
拓殖大学北海道短期大学　☎0164-23-4111
〒074-8585 北海道深川市メム4558 FAX.0164-23-4411

WEBもチェック! 拓殖短大 検索

●本文196ページもご参照ください

聖学院大学は、あなたの可能性を信じます。

毎日が留学体験。

神田外語大学

〒261-0014　千葉県千葉市美浜区若葉1-4-1
https://www.kandagaigo.ac.jp/kuis/

外国語学部　英米語学科／アジア言語学科[中国語専攻／韓国語専攻／インドネシア語専攻／ベトナム語専攻／タイ語専攻]／
　　　　　　イベロアメリカ言語学科[スペイン語専攻／ブラジル・ポルトガル語専攻]／国際コミュニケーション学科[国際コミュニケーション専攻／国際ビジネスキャリア専攻]
グローバル・リベラルアーツ学部　グローバル・リベラルアーツ学科

20

●本文248・249ページもご参照ください

学び働き続ける 自立自存の 女性を育成する

データ力で もっと自由なわたしに
データサイエンス学部
［千代田キャンパス］ 2025年4月開設予定（仮称、設置構想中）

※設置計画は予定であり、内容に変更があり得ます。

データサイエンスは、ビッグデータの出現で注目された新しい学問です。
データサイエンスとビジネス（経済・経営）の学びを通じて、実社会が抱える課題を
発見・解決する力を身につけ、自立して学び働き続けることができる女性の育成を目指します。

■ 家 政 学 部　被服学科・食物学科［食物学専攻／管理栄養士専攻］・児童学科［児童学専攻／児童教育専攻］・ライフデザイン学科
■ 文 　学 　部　日本文学科・英語英文学科・コミュニケーション文化学科
■ 社会情報学部　社会情報学科［社会生活情報学専攻／環境情報学専攻／情報デザイン専攻］
■ 人間関係学部　人間関係学科［社会学専攻／社会・臨床心理学専攻］・人間福祉学科
■ 比較文化学部　比較文化学科　■ 短期大学部　家政科［家政総合コース／食と栄養コース］

大妻女子大学
大妻女子大学短期大学部

問い合わせ先 03-5275-6011（広報・入試センター）

千代田キャンパス
〒102-8357 東京都千代田区三番町12番地
多摩キャンパス
〒206-8540 東京都多摩市唐木田2丁目7番地1
URL　https://www.otsuma.ac.jp/

●本文274・275ページもご参照ください

Discover your colors

自分の色を、見つけよう。

見つけよう、自分だけの井

亜細亜大学
ASIA UNIVERSITY

あじばこ（マイページ）に登録を！

あじばこ登録を行うことで、

▶ **過去問題集をダウンロードできる！**
▶ **在学生の受験体験談を閲覧できる！**
▶ **入試要項を閲覧できる！**
▶ **出願登録がスムーズ！**

上記に加え、合否確認や入学手続もあじばこ上で行えます。
ぜひご登録を！

2024 OPEN CAMPUS

亜細亜大学を知ってもらうためのイベントです。
ぜひ、ご参加ください！（事前予約制）

※詳細は大学ホームページでご確認ください。

| 6/16 日 | 7/14 日 | 8/10 土 |
| 8/11 日 | 9/22 日 | ご予約はコチラ |

■ **経営学部** 経営学科／ホスピタリティ・マネジメント学科／データサイエンス学科　■ **経済学部** 経済学科

■ **法学部** 法律学科　■ **国際関係学部** 国際関係学科／多文化コミュニケーション学科

■ **都市創造学部** 都市創造学科

〒180-8629 東京都武蔵野市境5-8　入試部アドミッションセンター直通:☎0422-36-3273　URL:https://www.asia-u.ac.jp　E-mail:nyushi@asia-u.ac.jp

●本文268・269ページもご参照ください

「やりたい」を
究めよう。

OPEN CAMPUS 2024

8/2（金）、8/3（土）、
10/19（土）、10/20（日）

※来場予約制（一部プログラムは個別予約制）を予定しています。
詳しくは「受験生応援サイトintro！」でご確認ください。

受験生応援サイト

学習院大学　intro！

 学習院大学
GAKUSHUIN UNIVERSITY

お問い合わせ先　学長室広報センター
〒171-8588　東京都豊島区目白1-5-1
TEL. 03-5992-1008
https://www.univ.gakushuin.ac.jp/

■法学部　法学科｜政治学科　■経済学部　経済学科｜経営学科
■文学部　哲学科｜史学科｜日本語日本文学科｜英語英米文化学科｜ドイツ語圏文化学科｜フランス語圏文化学科
　心理学科｜教育学科
■理学部　物理学科｜化学科｜数学科｜生命科学科　■国際社会科学部　国際社会科学科

●本文276・277ページもご参照ください

駒沢女子大学 | 駒沢女子短期大学
Komazawa Women's University | Komazawa Women's Junior College

---

共創文化学部
2025年4月改組予定
（構想中・2023年12月現在）
予定であり、変更が生じる可能性があります。

幅広い教養と現代社会を生き抜く
実践力を備えた人間性豊かな人材を育成

■国際日本学科※／人間関係学科※／
観光文化学科※／心理学科※
※仮称

空間デザイン学部
2025年4月改組予定
（構想中・2023年12月現在）
予定であり、変更が生じる可能性があります。

心地よい「くらしの環境」を幅広い視点から
提案できる人、「リビングデザイナー」をめざす

■空間デザイン学科※
取得できる資格・免許 ●一級、二級建築士受験資格
●インテリアプランナー登録資格 など
※仮称

人間健康学部

卒業生の25〜43%が病院直備の
管理栄養士・栄養士として就職

■健康栄養学科（管理栄養士養成施設）
取得できる資格・免許 ●管理栄養士国家試験受験資格
●栄養士免許

看護学部

看護師国家試験2年連続合格率100%（73名合格）、
第1回卒業生に引き続き第2回卒業生も全員合格

■看護学科
取得できる資格・免許 ●看護師 国家試験受験資格
●保健師 国家試験受験資格［選抜制］
保健師資格取得後:第1種衛生管理者免許/養護教諭二種免許

短期大学

開設から約60年、約11,000人以上の
保育者を輩出！付属こまざわ幼稚園と連携

■保育科
取得できる資格・免許 ●幼稚園教諭2種免許状※
●保育士資格※
※卒業と同時に取得可能

最新のイベント情報や入学者選抜情報などをお届けします！

komajo公式 LINE

komajo公式 X

komajo公式

https://www.komajo.ac.jp/uni/

学校見学

入試アドバイザーがマンツーマンで
対応します！進路相談もできます。

【ご予約方法】
お電話（042-350-7110入試センター）より
ご予約ください。
※詳しくは右のQRコードよりご確認ください。

入試センター主催

オンライン
個別相談も
受付中

詳しくはHPをご確認ください。

〒206-8511　東京都稲城市坂浜238　TEL 042-350-7110（入試センター）　E-mail kouhou@komajo.ac.jp
ホームページ https://www.komajo.ac.jp/uni/

●本文大学294/短大408ページもご参照ください

●本文366・367ページもご参照ください

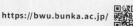
27

「モラリスト×エキスパート」を育む。

法学部法学科は、その学士課程教育プログラム（正課外のものも含む）を通じ、

持続可能でより良い豊かな和平社会を築くための芯となる、

法学分野における「モラリスト×エキスパート」を養成することを教育の目標とします。

学部長あいさつ

課題に対する鋭い
問題意識を身につけよう。

Profile

法学部長　**早川　誠**
（はやかわ　まこと）

1968年生まれ。東京大学大学院法学政治学研究科博士課程修了。博士（法学）。2000年より立正大学法学部で教鞭をとり、2022年4月より現職。品川区総合戦略推進委員会委員長なども務める。

　高校生の皆さんが抱く、法学部の学びとはどんなイメージでしょうか。六法全書に書かれた条文をひたすら暗記する、というような厳格で難解な印象があるかもしれません。

　確かに、法律の知識を正しく理解することは大切です。しかし、「法律の知識を正しく理解する」ということは、条文を正確に暗記するということではありません。法律は、異なる主張がぶつかり合うときに必要になります。互いの主張・理由を聞き取り、公平な解決に導くためには、単に条文を暗記するだけではなく、その法律の意味を深く理解していなければなりません。法律の背景をなす国際感覚や人権意識、社会問題に対する高い感度を備えることも求められます。

　立正大学法学部では、**2023年4月から新しいカリキュラム**がスタートしました。新カリキュラムでは、**徹底した少人数教育**とそこから生ずる教員と学生との厚い信頼関係、東京の地の利を活かした**フィールドワークや実務家による教育**といった、従来の立正大学法学部の優れた特色を活かしつつ、**現代的な問題に即した新しい科目**も設けました。私たちは、社会的な課題に対する鋭い問題意識を持ち、幅広い専門知識を有する学生の育成を進めています。

　社会問題の多くは、簡単に解決できるものではありません。それでも、解決に役立つ知識や経験を身につける環境を、私たちは用意しています。

　「社会をよくしたい」という志を持つ皆さんと、共に学び合えることを期待しています。

立正大学法学部の入学者受け入れの方針

アドミッション・ポリシーについて、詳しくはホームページをご覧ください。

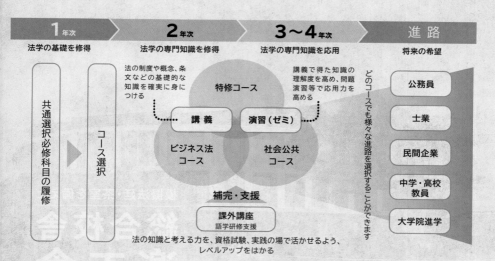

1年次	2年次	3〜4年次	進 路
法学の基礎を修得	法学の専門知識を修得	法学の専門知識を応用	将来の希望

共通選択必修科目の履修 → コース選択

法の制度や概念、条文の基礎的な知識を確実に身につける

特修コース

講義　演習（ゼミ）

ビジネス法コース　社会公共コース

講義で得た知識の理解度を高め、問題演習等で応用力を高める

補完・支援

課外講座
語学研修支援

法の知識と考える力を、資格試験、実践の場で活かせるよう、レベルアップをはかる

どのコースでも様々な進路を選択することができます

公務員

士業

民間企業

中学・高校教員

大学院進学

学生の志向に合わせた3コース制

立正大学法学部には、特徴ある3つのコースが設けられています。入学後に基礎的な法律を学んだうえで、**1年次の12〜1月ころにコースを選択**します。したがって、入学時に自分の将来の進路が明確に定まっていなくても、**大学生活の中での出会いや経験を踏まえたうえで、自身の志向や将来の進路を見据えて、コースを選択すること**が可能です。

社会公共コース

国や地方自治体の運営において必要とされる法律知識を修得し、それを応用して公的なフィールドで活躍することを目標とする学生に向けたコース。公務員や行政書士、税理士などの士業を志す学生と最適です。また、中学校・高校の教員やNPO職員として必要となる知識を効率的に修得できます。

ビジネス法コース

契約、財産、会社や労働問題など、市民生活を営む上で不可欠な法的知識を修得し、それを応用して民間フィールドで活躍することを目標とする学生に向けたコース。民間企業に就職することだけでなく、起業を志す学生や司法書士、社会保険労務士など、企業活動に関わる法律専門家に必要とされる知識も効率的に修得できます。

特修コース

立正大学法学部の強みとする「教員と学生、学生と学生の距離の近さ」を最大限生かした、少人数、双方向のスタイルで実施される講義が集中しているコース。特定の進路を意識したコースというよりは、その授業形式が特徴的です。学生同士のディスカッションなどを通し、多様な価値観やバランス感覚を修得します。

※各コースの特徴に合わせて設定されているいくつかの科目を履修することが求められますが、どのコースに所属していても、法学部開講のほとんどすべての科目を履修することができます。

心理学部との相互履修が始まります！

2023年4月から、心理学部で開講されている一部の科目を法学部生も履修することが可能となります。法学と心理学を同時に学べる大学は少なく、さらに家庭裁判所調査官や少年院の法務教官など少年司法や矯正・保護の現場で活躍する専門職を目指す人には、相互履修を通じて将来のしごとに直結する学びが期待されます。なお、引き続き、法学部生は、経済学部や経営学部の一部の科目を履修することもできます。

行動を加速する都市型キャンパス
品川キャンパス
- 法学部　■仏教学部　■文学部
- 経済学部　■経営学部　■心理学部

〒141-8602 東京都品川区大崎4-2-16
交通 ●JR「大崎駅」「五反田駅」より徒歩5分
●東急池上線「大崎広小路駅」徒歩1分

行動を拡大する郊外型キャンパス
熊谷キャンパス
- 社会福祉学部　■地球環境科学部
- データサイエンス学部【2021年4月開設】

〒360-0194 埼玉県熊谷市万吉1700
交通 ●JR・秩父鉄道「熊谷駅」よりバス10分
●東武東上線「森林公園駅」よりバス12分

R 立正大学
「モラリスト×エキスパート」を育む。

お問い合せ **TEL.03-3492-6649**（入試センター）
https://www.ris.ac.jp/

●本文402・403ページもご参照ください

模擬法廷・茶室を備えた
総合校舎
楽工舎

時代を超えて、
伝統と文化に基づき
社会に貢献できる
人材を育成する。

明治初期の楽工舎（東京丸の内、現大手町2丁目）

楽工舎の由来

「楽工舎」とは本学のルーツである柏樹書院第22代当主蟠川式胤が明治初期に建てた学舎です。楽工舎はいわば当時の図書館、博物館、文化会館のような役割を果たしていました。本学ではこうした先人の業績を後世に伝えるべく、総合新校舎を「楽工舎」と名付けました。

日本文化大學 法学部

〒192-0986　東京都八王子市片倉町977番地　tel.042-636-5211（代）　http://www.nihonbunka-u.ac.jp/

●本文378ページもご参照ください

31

▶ポートアイランド第1キャンパス
神戸の海上に広がる先進の「都市共生型」キャンパス。風格ある赤煉瓦の壁、優美な回廊、シンプルモダン・テイストのカフェなど洗練されたデザインとなっています。

▶有瀬キャンパス
豊かな緑に囲まれ、美しい瀬戸内海と明石海峡大橋を眼下に望むキャンパス。最先端の設備を備えた学舎では、「地域密着型」の教育プログラムを実践しています。

神戸学院大学
KOBE GAKUIN UNIVERSITY

【問い合わせ】〒651-2180 神戸市西区伊川谷町有瀬518　Tel.078(974)1972(入学・高大接続センター)
HP https://www.kobegakuin.ac.jp　E-mail nyushi@j.kobegakuin.ac.jp

▎**法 学 部**　法律学科　　▎**経済学部**　経済学科　　▎**経営学部**　経営学科 経営・会計専攻、データサイエンス専攻

▎**人文学部**　人文学科　　▎**心理学部**　心理学科　　▎**現代社会学部**　現代社会学科／社会防災学科

▎**グローバル・コミュニケーション学部**　グローバル・コミュニケーション学科 英語コース、中国語コース、日本語コース(外国人留学生対象)

▎**総合リハビリテーション学部**　理学療法学科／作業療法学科／社会リハビリテーション学科

▎**栄養学部**　栄養学科 管理栄養学専攻、臨床検査学専攻　　▎**薬 学 部**　薬学科(6年制)

●本文584・585ページもご参照ください

2025 共学化
神戸松蔭大学
KOBE SHOIN UNIVERSITY
ともに拓く、新しい社会 （2025年名称変更予定）

文学部

グローバルコミュニケーション学科
2025年4月英語学科から改編

日本語日本文化学科〈2年次からコース別〉
日本語・日本語教育コース／日本文学・文化コース／
メディア表現コース／書道コース

教育学部

教育学科
（小学校教諭／幼稚園教諭／保育士養成課程）

人間科学部

心理学科　　人間科学科 2025年4月都市生活学科から改編　　ファッション・ハウジングデザイン学科

※人間科学部、食物栄養学科は募集停止

●本文586・587ページもご参照ください

わたしの未来は、
わたしが見つけてあげる。

2025年4月、環境共生学部開設。（設置構想中）
武庫川女子大学は13学部21学科へ。

文学部	**教育学部**	**心理・社会福祉学部**	**健康・スポーツ科学部**
日本語日本文学科	教育学科	心理学科	健康・スポーツ科学科
歴史文化学科（2024年4月開設）		社会福祉学科	スポーツマネジメント学科
英語グローバル学科	**社会情報学部**	**食物栄養科学部**	**建築学部**
生活環境学部	社会情報学科	食物栄養学科	建築学科
生活環境学科		食創造科学科	景観建築学科
音楽学部	**薬学部**	**環境共生学部**※	**看護学部** **経営学部**
演奏学科	薬学科	環境共生学科	看護学科 経営学科
応用音楽学科	健康生命薬科学科		

※設置構想中。内容は変更になる可能性があります。

武庫川女子大学大学院　　附属中学校・高等学校　　附属幼稚園　　附属保育園

[中央キャンパス] 兵庫県西宮市池開町6−46　　[浜甲子園キャンパス] 兵庫県西宮市甲子園九番町11−68
[上甲子園キャンパス] 兵庫県西宮市戸崎町1−13　　[西宮北口キャンパス] 兵庫県西宮市北昭和町9−32
[北摂キャンパス] 兵庫県神戸市北区長尾町上津4663−1　[アメリカ分校] 4000 W.Randolph Rd.Spokane.WA

一生を描ききる女性力を。　🌼 **武庫川女子大学**　兵庫県西宮市池開町6−46
Mukogawa Women's University

大学改革 →

最前線

大学全入時代到来。改革が大学を強くする

- ☐ 学部・学科の新設・再編
- ☐ グローバル化への取り組み
- ☐ キャンパスの拡充
- ☐ キャリア形成支援　など

大学は淘汰の時代へ

　この数年間で、大学の授業は大きく変わりました。教室外で受講ができるオンライン授業が導入され、大学図書館では電子書籍やデータベースなどのオンライン情報源の活用が広がり、大学のICTインフラ改革も劇的に進展しました。

　授業以外にも各大学はさまざまな改革を推進しています。新校舎の建設、移転を含めたキャンパス整備など施設の充実を図る改革もそのひとつです。学びの場がキャンパスに限定されなくなった一方で、学生相互や、学生と教員との交流が図れる場を創出しています。教育内容においては、グローバル教育やデータサイエンス教育、キャリア教育を推進し、産官学が連携して課題解決に取り組む実践型の学びや、従来とは異なるアプローチで学ぶ科目など、教育手法の改革も進んでいます。半数以上の私立大学が定員を割り、さらに少子化が進む社会で、大学は改革がなければ勝ち残れない状況です。各大学の改革状況を志望校選びの決め手にしましょう。

早稲田大学

世界で輝くWASEDAへ

受け継がれる 大隈重信の理念

早稲田大学は大隈重信によって1882（明治15）年に創設された東京専門学校を前身としています。これまで、"官学に対抗した自由主義精神に富む人材の育成"という創設の理想を現実のものとし、"私学の雄"としての道を着実に歩んできました。建学の理念として掲げた三大教旨「学問の独立」「学問の活用」「模範国民の造就」は、現代的に言いかえると、「自ら考え行動できる能力を養い、地球社会に貢献する人材を育成する」ということです。この教旨は脈々と受け継がれており、「在野精神」「進取の精神」という早稲田大学独特の校風を醸成しています。

世界で輝くWASEDAを目指す 研究・教育・貢献

グローバル化が進展する現代社会の中で建学の理念を実現していくため、早稲田大学では「世界で輝くWASEDA」を目指した改革を進めています。その3本柱が「研究」「教育」「貢献」です。

■研究の早稲田

世界的な研究者が早稲田に集う仕組みづくりと、質の高い研究活動の推進、研究成果の教育への還元を目指しています。総合大学の強みである多様な分野での知の集積を活用しながら、社会課題の解決や、より良い未来の創造に向けた独創的な研究に取り組んでいます。

■教育の早稲田

早稲田の教育改革の中で特筆すべきものが、「グローバルエデュケーションセンター」が提供する全学部共通の教育プログラムです。学部、学年などにとらわれずに履修できるオープンな教育システムで、「基盤教育」「言語教育」「リベラルアーツ教育」「人間的力量教育」の4つで構成。根拠に基づき議論する力や、幅広い視野を培うことができます。このうち「基盤教育」は、大学での学びに必須のアカデミックツー

ルと位置付けられ、「アカデミック・ライティング」「英語」「データ科学」「数学」「情報」の5カテゴリーがあります。現代社会で必要とされるスキルでもあり、早稲田では学生時代に修得することが推奨されています。

■貢献の早稲田

「リーダーシップ開発プログラム」や、企業が実際に抱える課題の解決策を提案する「プロフェッショナルズ・ワークショップ」など、フィールドワークやアクティブラーニングを取り入れた教育プログラムを整備しています。こうした教育によって行動力と人間的力量を高め、世界人類のために貢献する「たくましい知性」と「しなやかな感性」、「びびきあう理性」を備えたグローバルリーダーの育成につなげます。

■ 早稲田の教育システム

```
          ┌─────────────┐
          │   基盤教育   │
          └─────────────┘
    ┌──────────┐  ↕  ┌──────────────────┐
主専攻  │ 言語教育 │ ＋ ↔ │ リベラルアーツ教育 │
未来を見据えた └──────────┘    └──────────────────┘
学部での学び        ┌──────────────┐
          │ 人間的力量教育 │
          └──────────────┘
```

■ 大学生の必須スキル　基盤教育

アカデミック・ライティング
オンデマンド科目と
ライティングセンターの両輪で、
論文などの学術的文章作成力を身につける

英　語
レベル別の少人数クラスで
論理的な英語を話して書ける、
英語で発信できる

データ科学
データ科学を自身の専門分野で活かす

数　学
数学の基礎知識と論理的思考力を養う

情　報
文理問わず必須となる実践的なICTの能力

より良い社会の実現に 貢献する卒業生

イギリスのQS社※が発表した「QS World University Rankings 2024」において、本ランキングを構成する指標のうち、卒業生の活躍度を測る「Employer Reputation（雇用者による評価）」で、早稲田大学は世界24位の高い評価を受けました。

中長期計画であるWaseda Vision 150で、「活躍の場はどこであっても、世界人類のために仕事をすることのできるグローバル・リーダーを育成すること」を掲げている早稲田大学においては、卒業生の活躍度で世界24位という高い評価を得ることができたことは、建学の理念のもと学生を育て、輩出し続けている成果といえます。

※QS社（QS Quacquarelli Symonds Limited）：英国の高等教育専門調査会社。毎年世界中の大学を評価し、さまざまな種類の大学ランキングを発表しています。

勉学や課外活動に打ち込める 充実した学生サポート

■奨学金

早稲田大学の奨学金は、受給者数、交付総額ともに全国の大学でトップクラスの実績を誇ります。なかでも学内奨学金（約150種類）はその全てが返済不要です。奨学金受給者は、延べ1.3万人。給付型、貸与型を合わせた交付総額は約81億円にのぼります。「めざせ！都の西北奨学金」は1都3県（東京・埼玉・千葉・神奈川）以外の国内高校・中等教育学校出身者が対象の給付型奨学金です。入試の出願前または出願期間中に申し込み、採用候補者として登録されると、入学後の学部に応じて45万円、65万円、70万円が原則4年間給付されます。一般選抜、共通テスト利用入試、総合型選抜、学校推薦型選抜の受験生が対象になります。

■学生寮

現在早稲田大学では、大学直営寮が2箇所、大学提携の早大生専用寮6箇所、そのほかに他大学の学生と生活を共にする14の推薦学生寮を有しています。直営寮、提携寮のいずれも日本人学生と外国人留学生が混在する国際学生寮であり、異なる文化を理解し、視野を広げるための一翼を担います。「国際学生寮WISH」では、独自の寮教育プログラムを実施。快適な住環境整備のためのサポートのみならず、集団生活を通じてコミュニケーション能力や社会適応能力を身につけ、リーダーシップを涵養します。

学部組織

- ●政治経済学部
- ●法学部
- ●教育学部
- ●商学部
- ●社会科学部
- ●国際教養学部
- ●文化構想学部
- ●文学部
- ●基幹理工学部
- ●創造理工学部
- ●先進理工学部
- ●人間科学部
- ●スポーツ科学部

問い合わせ先：早稲田大学 入学センター

〒169-8050　東京都新宿区西早稲田1-6-1
☎03-3203-4331
✉nyusi@list.waseda.jp
https://www.waseda.jp/inst/admission/

慶應義塾大学

世界の学界をリードし、国内外から優秀な学生、研究者が集まる学塾へ

総合大学ならではの 分野横断的アプローチによる 社会貢献を目指して

慶應義塾大学は創立者福澤諭吉の「実学の精神」に基づき、総合大学としての強みである分野横断的アプローチにより、教育・研究・医療を通じた社会へのさらなる貢献を目指しています。

現在世界が直面する重要課題は数多くありますが、先進国、中でも日本が真っ先に向き合わなければならない課題には、たとえば、少子高齢化や、経済、地域、日常生活に関するセキュリティ、新しい価値の創造をめぐる問題などが挙げられます。慶應義塾大学は、これらの課題解決に向けて、分野横断的な研究を進めています。

また、さまざまなテーマにおいて、国際共同研究や教育プログラム、学術交流などを通じて国際的に活躍できる人材の育成にも積極的に取り組んでいます。

より良い未来を築くために、国際社会との連携を強化し、学際的かつ国際的な最先端の研究を推進することにより、グローバル社会の発展に貢献していきます。

多様な学びを提供し、変革期に求められる 独立自尊の人材を育む

慶應義塾の教育目標は、広く浅く知識を習得することではなく、正課と課外、教養と専門のバランスのとれた教育によって、社会のさまざまな分野で活躍できる総合力を備えた人材を育成することです。

変化の激しい時代の転換期には知識を習得するだけではなく、予想外の事態を乗り切る突破力を備えた人材

が必要です。21世紀における独立自尊の人材とは、未知の課題に遭遇した時に問題の本質を見極める洞察力、解決法を発見できる創造力、さらに異文化を理解し、自国の歴史や伝統を正確に語り、違いを乗り越えるコミュニケーション能力と、民族や宗教を超える普遍的な倫理観を備えた人材です。

このような能力を身につけるためには多様な学びが必要です。慶應義塾には、それぞれの学部が設置する専門教育科目、外国語科目などに加えて、学部を超えて履修が可能な科目や講座が用意されています。また、国際化の進展を見据えて、海外の協定校との交換留学プログラムや外国語で履修可能なコースなどが多数設置されています。さらに、国内からも多様な人材が集まる開かれた大学を目指して、地方出身者を対象とする「学問のすゝめ奨学金」を創設し、宿舎の整備も進めています。また、課外活動が盛んなことも慶應義塾の特色のひとつで、公認団体だけでも文化・芸術、スポーツなどさまざまな分野にわたる380を超える団体があります。

さらに、慶應義塾には、在学生である「塾生」と卒業生である「塾員」、そして教職員が一体となって「義塾社中」を構成し、互いに助け合いながら、慶應義塾の社会的使命の達成に努力する「社中協力」という伝統があります。現在、塾員同士の交流・親睦の場である「三田会」は国内では800を超え、海外にも70以上あり、世界を結ぶネットワークを生かして、地域貢献や、奨学金創設などによる後輩学生のサポートなどさまざまな活動を行っています。

充実をはかっています。近年積極的に新設している混住型学生寮では、さまざまな地方出身の日本人学生と、世界各国からの留学生が共に暮らしています。生活を共にし、交流することで国際感覚を自然と身に付けることが可能です。

2021年には、湘南藤沢キャンパスまで徒歩1分の湘南藤沢国際学生寮（神奈川県藤沢市）と、三田キャンパスや芝共立キャンパスへの通学に便利な高輪国際学生寮（女子寮、東京都港区）の2つの混住型学生寮がオープンしました。

■奨学金

慶應義塾大学は、学業に専念できる環境を整え、国内外で活躍できる人材育成の支援を目的に、学生のニーズに対応するさまざまな奨学金を用意しています。奨学金を目的とする基金の総額は国内最大の240億円にも上り、奨学金の種類は約110種類、受給者数のべ2,330人（2022年度実績）で、そのほとんどが返済の必要がない給付型奨学金です。金銭的な不安を抱くことなく入試に臨めるよう、一般選抜の出願前に受給資格が得られる「学問のすゝめ奨学金」も用意しています（東京、神奈川、埼玉、千葉以外の地域の方向け）。

充実した学生生活のための 手厚いサポート

■学生寮

慶應義塾大学は、地方および海外からの学生へのより積極的な入学支援、学生生活支援のため、学生寮の

学 部	
●文学部	●理工学部
●経済学部	●総合政策学部
●法学部	●環境情報学部
●商学部	●看護医療学部
●医学部	●薬学部

慶應義塾大学　入学センター

〒108-8345　東京都港区三田2-15-45
☎03-5427-1566
https://www.keio.ac.jp/

本文 282・283 ページもご参照ください

明治大学

世界の課題にも果敢に挑む、『個』を強くする大学。

和泉ラーニングスクエア

グローバル都市・東京で学ぶ "都心型" 総合大学

明治大学は、東京都内に3キャンパス（駿河台・和泉・中野）、神奈川県に1キャンパス（生田）を構える

文理融合の "都心型" 総合大学。日本のあらゆる分野の中心で、世界中の情報が集積する東京の「今」を、リアルタイムに感じられる絶好の学習環境も魅力です。グローバル都市・東京には、国内外資系企業の4分の3以上が集まっているほか、国際会議やイベントの実施数も国内では群を抜いています。教育・研究やアクティビティの面だけではなく、就職活動においても、都心や周辺に各キャンパスが集まっていることは、大きなメリットになっています。

和泉ラーニングスクエア

文系6学部の1・2年生が通う和泉キャンパスに2022年、総合的な知の基盤である「教養教育」を実践する "場" として、新教育棟「和泉ラーニングスクエア」がオープン。外からも学生の活動の様子が見える、ガラス張りの「グループボックス」や、机や椅子を取り払い、対話的な授業を可能にする「カイダン教

室」など、学生の自由な発想や主体的な学びを生む空間や仕掛けが、あちこちに配されています。

海外トップユニバーシティ 留学奨励助成金

　世界大学ランキング上位校への留学を促す、返還不要の給付型助成金です。大学が指定する海外トップユニバーシティに長期留学（協定留学・認定留学）する学生に対して、1人につき1学期あたり最大400万円の助成金を支給します。明治大学は世界46カ国・地域に269大学・学部の協定校（2023年1月現在）があり、世界中へ留学が可能。短期留学や外国語教育の各種プログラムも、充実しています。

明治大学グローバル・ヴィレッジ

　和泉キャンパスに併設された全216室の国際混住寮「明治大学グローバル・ヴィレッジ（MGV）」は、単に学生が居住する場としての寮ではなく、留学生と日本人学生が学習スペースや交流スペースを共に利用しながら生活し、国際コミュニティを形成する「学びの場」です。1階中央部には、レストラン・共用のリビング・キッチン・プレイルーム・学習室などで構成される豊かな共用空間を設けており、「学びのコモンズ」として、周辺の屋外空間とともに、さまざまな活動やイベントに使用されます。

　居室は、生活の中で留学生と日本人学生の交流が自然と生まれるよう、6つの個室が水回りやキッチンをシェアするユニット・タイプ（6室1ユニット）を採用。さまざまな語らいを通した交流・学びの場となるリビングを中央に配しています。

　また、共用空間で各種活動が有機的に展開できるよう、

寮生として居住・生活しながら、他の寮生を支援する「レジデント・アシスタント（RA）」や「ジュニア・レジデント・アシスタント（JrRA）」も配置し、生活面も含めたサポートも行っています。

登録してくれてるよね？

▶入試・イベント情報はこちら。
入学センター LINE @meijiexam

オンライン交流×海外渡航の 国内外大学連携プログラム

　オンラインによる国際教育交流の経験と、タイ・バンコクに置く海外拠点「明治大学アセアンセンター」や海外協定校などを活用し、オンライン交流と実渡航を効果的に組み合わせたプログラムを展開。新たな手法でグローバルキャリアを醸成します。また、国内外の大学と連携して新たな国際教育交流モデルの構築を目指すプロジェクトの幹事校として参加大学を牽引し、ネットワークの連携・展開を推進しています。

学部 等

● 法学部	● 経営学部
● 商学部	● 情報コミュニケーション学部
● 政治経済学部	● 国際日本学部
● 文学部	● 総合数理学部
● 理工学部	■ 大学院
● 農学部	■ 専門職大学院

入試広報事務室

〒101-8301　東京都千代田区神田駿河台1-1
☎03-3296-4139
https://www.meiji.ac.jp/exam/

本文 392・393 ページもご参照ください

法政大学

「学生の意欲に応える大学」を実現する改革を断行
実践知教育を展開し
世界のどこでも生き抜く力を育む

再開発工事が完了した新市ケ谷キャンパス

法政大学は、建学以来の「自由と進歩」の学風を受け継ぎ、地球社会の問題解決に貢献することを使命として、文部科学省「スーパーグローバル大学創成支援」指定事業を推進するとともに、創立150周年（2030年）を展望して、長期ビジョン（HOSEI2030）を推進しています。「自由を生き抜く実践知」の獲得は、歴史を引き継ぎ、未来に向けた社会に対する「約束」です。

多様な留学制度と国際教育
スーパーグローバル大学にも採択

法政大学は、1人でも多くの学生が海外での学びを体験できるように、サポート体制を整えており、多様な制度により、年間約1,600人以上もの学生が海外へと留学しています。また、日本国内で学びながら世界で通用する力を身に付けられるプログラムも展開しています。

■グローバル人材育成プログラム　国際社会で活躍できる人材の育成を目指し、高い英語力を養成するERP（英語強化プログラム）を展開。国際ボランティア・国際インターンシップへの参加機会も提供しています。

■学部独自の留学・海外研修制度　文＜英文＞、経営、国際文化、人間環境、キャリアデザイン、GIS（グローバル教養）、経済、社会、情報科、理工、生命科学部では、学部独自のスタディ・アブロード（SA）プログラムがカリキュラムに組み込まれています。また、現代福祉学部のスウェーデンなどの福祉先進国で行う海外研修制

度など、学部カリキュラムに見合ったさまざまな研修も行っています。

■派遣留学制度　学部を問わず、2・3年次の応募者から選考のうえ、3・4年次に各協定大学へ1年間派遣する留学制度です。派遣先により70〜100万円の奨学金が支給され、派遣先の授業料は全額免除。留学先で修得した単位は、卒業所要単位として認定されます。

他分野を学び、複眼的視野を養う
「公開科目」

学部専門教育だけにとらわれない幅広い視野と柔軟な思考力を兼ね備えた人材の育成を目指し、多くの学部で専門教育科目を他学部に公開し、卒業所用単位として認定する制度を設けています。「外国語で学ぶ」、「企業とビジネス」、「政治と社会」、「国際化」、「歴史と哲学・思想」、「文学と芸術」など多彩な分野の公開科目があります。

2016年度からは、「世界のどこでも生き抜く力を身に付けたグローバルリーダー」育成を目指して、「グローバル・オープン科目」も開講しました。「ビジネス＆マネジメント」、「ビジネス＆エコノミクス」、「国際関係」、「社会と文化」、「実践英語」、「科学・技術」の6つの領域により構成され、キャンパス横断型で、学部の専門性を超えたグローバルな視点で課題解決能力を修得します。授業はすべて英語で行われ、多くの科目が少人数で開講されます。

アクティブ・ラーニング

法政大学では学生が主体的に考えて行動する"参加型"

の「アクティブ・ラーニング」を推進。実践的で多様な学びにより、学生の能動的な学習意欲を引き出し、「実践知」を育みます。

■プロジェクト系科目　講義で学んだ知識や技術を基に、興味があるテーマに対して自立的・主体的に取り組む学習です。さまざまな課題を解決するための手段やアイデアを見出し、実践的な思考力を養います。

■フィールドワーク系科目　国内外の現場での実体験や調査を通じて物事を深く考察し、分析していくカリキュラムを設けています。問題意識と探究心を高めると同時に、調査・分析能力を磨きます。

■実習系科目　広告制作やマーケティング・リサーチ、臨床心理、キャリアサポートなど、あらゆる領域での体験・実践の機会を豊富に用意。講義で学んだ理論や技術、方法を定着させ、その生かし方を身につけます。

■インターンシップ　企業や官公庁、その他団体で一定期間の就業体験を行い、ビジネスマナーや社会人基礎力を養います。

就職活動の強い味方
「キャリアセンター」

キャリアセンターでは「働くこと」「仕事について」「社会とは」「自分とは」などについて、低学年から考える機会を提供しています。

3年次の秋以降は、連日のように対策講座や業界セミナーを開催。学内企業説明会の参加社数は、年間約1,000社に上ります。また、一人ひとりの相談や悩みにきめ細かく対応するため、経験豊富な職員、キャリアアドバイザーが親身になって、個別相談に応じます。

20年以上継続し行っている、卒業生による学生への就職支援を目的とした「法政企業人コミュニティ（法政BPC）」。学生との交流イベントを実施するなど、卒業生のネットワークを生かしたキャリア形成支援も充実しています。

公務員や法曹への道を徹底支援
「公務人材育成センター」

法政大学では、公務員や法曹を目指す学生への支援強化のために、公務人材育成センターを設置しています。「公務員講座」は1年次から段階的にカリキュラムを編成し、3・4年次の国家・地方公務員上級対策講座

では、2年次までに修得した知識を実践力に変えていきます。公務員として活躍中の卒業生から業務内容や合格体験談を聞く機会も用意されています。また、法曹を目指す学生には従来の内容をより充実させた「法職講座」を開講しています。外部専門学校の講師及び法政大学卒業・修了生の弁護士が指導にあたり、法科大学院進学を念頭に置きつつ、最終的には司法試験に合格できる学力（基礎力・応用力・実践力）の修得を目指します。

自主マスコミ講座

マスコミ業界を志望する1～3年生を対象にした講座です。アナウンサー、新聞・報道記者、出版、放送、広告、基礎（1・2年生）の各コースがあり、マスコミ業界で活躍中の卒業生が講師となって、選考を経た上で学生は少人数による実践的な授業を受けています。1988年に開設した本講座から、約1,200人以上の卒業生がマスコミ業界で働いており、難関と言われるアナウンサー職でも多数の法政大学出身者が活躍しています。

学生による学生支援

法政大学では、ピア・サポート（相互支援）は学生全体の活性化につながると考え、「支援される側」としてだけではなく「支援する側」としての「学生の視点、アイデア、活力」を生かした取り組みを行っています。

■ピアネット　専門領域外の学問的関心に応える「課外教養プログラム」、ボランティアを促進する「ボランティアセンター」、授業改善を目指す「学生FDスタッフ」など、学生目線による学生支援活動を実践しています。

■学習ステーション　学生同士の「学び合い」をサポートする学習サポートセンター。新入生を対象とした「新入生サポーター」や「学習施設見学ツアー」、学部を超えた学問的な知識・理解を深める「Lステゼミ」など、教職員と学生が共働でさまざまな活動をしています。

学部組織

- ●法学部
- ●経済学部
- ●文学部
- ●社会学部
- ●経営学部
- ●現代福祉学部
- ●国際文化学部
- ●スポーツ健康学部
- ●人間環境学部
- ●情報科学部
- ●キャリアデザイン学部
- ●理工学部
- ●GIS（グローバル教養学部）
- ●生命科学部
- ●デザイン工学部

法政大学　入学センター

〒102-8160　東京都千代田区富士見2-17-1
☎03-3264-9300
https://nyushi.hosei.ac.jp/

本文 386・387 ページもご参照ください

中央大学

「世界に存在感のある大学」を目指し
総合大学としての魅力向上を追求

1885年の創立以来、「實地應用ノ素ヲ養フ」という建学の精神のもと、伝統の実学教育を継承してきた中央大学。創立130周年にあたる2015年には、その10年間を見据えた中長期事業計画「Chuo Vision 2025」を策定しました。4つの「Approach」として「教育組織の改編・創設」「キャンパス整備」「グローバル戦略」「スポーツ振興事業」を掲げ、教育研究体制のさらなる向上を図ってきました。この事業の成果として2019年4月、26年ぶりの新学部となる2学部を開設。「国際経営学部」を多摩キャンパスに、「国際情報学部」を市ヶ谷田町キャンパスに設置しました。2023年4月には法学部が文京区の茗荷谷キャンパスに移転するなど、総合大学としてより一層の魅力向上を目指した改革を展開しています。

法・理工・国際情報学部の共同開講科目
「学問最前線」新規開講

2023年度より、法学部（茗荷谷キャンパス）、理工学部（後楽園キャンパス）、国際情報学部（市ヶ谷田町キャンパス）の3学部のアクセスメリットを生かし、文理横断型の科目「学問最前線」が新たに開講します。3学部の専任教員が、それぞれの専門領域に関連するテーマについて交代で講義を担当。多角的な視点から学ぶことで、文系・理系を問わず、学生がこれから学修する専門領域で求められる幅広い視野、深い思考の礎となる素養を涵養します。2025年度には、この科目を発展させ、

3・4年次からの3学部共同科目「学際最前線」を開講予定です。

中央大学とお茶の水女子大学との学生交流を開始！

2022年11月にはお茶の水女子大学との学生交流に関する協定を締結しました。手始めとして中央大学理工学部が開講する産業キャリア教育科目群をお茶の水女子大学学生に開放します。同科目群は企業から講師を招き、企業が目指す未来社会や、多様性を生かすための男女共同参画実現、SDGsへの貢献などの取り組みを理解し、求められる人材像を考えることで学生のキャリア形成に資することが目的です。さらに、両大学が実績を持つ文理の枠を越えたAIやデータサイエンスを学ぶ関連科目の相互履修なども行われる見込みです。

LAW & LAW
法曹コース「一貫教育プログラム」

2019年度入学生から法学部法律学科を3年間で早期卒業し、法科大学院で2年間学ぶ一貫教育プログラム「3＋2」がスタートしました。

法学部入学直後の1年次前期は、将来法曹として仕事をすることを想定し、実際に法曹実務に携わる弁護士や裁判官、検察官の協力のもと、導入教育を重視。さまざまな実務の現場での経験に基づく臨場感あふれる講義や模擬裁判などを通して、法曹のイメージをつかみます。後期はゼミナール形式により、判例の研究や模擬裁判の体験、具体的な事案を検討するなど、さまざまな角度から少人数体制でじっくりと法律への理解を深めます。1年次に法律学の概念や法曹の実務イメージを把握するため、専門知識を段階的に強化しながら効果的に学びを高めていくことができます。さらに学部の試験とは別に、一貫教育プログラム独自の進級試験や早期卒業のための修了試験、法科大学院入学試験などがあり、学び取った知識を確認しながら、3年間で十分な実力が身につけられるようにカリキュラムが組まれています。

茗荷谷駅
から
徒歩1分

茗荷谷キャンパス外観

法曹への新しい道

法曹コース3年間＋法科大学院2年間の新制度が始まりました！

2019年度入学生より、法学部を3年で早期卒業することをめざす「※法曹コース」を選択することで、従来より約2年早く最短約6年で法曹資格を取得できるようになりました。

※中央大学では法律学科法曹コースにおける「一貫教育プログラム」を指します。

法学部の
Aさん（18歳）
の場合

入学　1年　2年　3年　4年　5年　6年　7年　8年

大学入学から最短約8年で法曹資格取得

従来は法曹となるまで最短約8年

従来の制度では、左のように、法曹となるまで最短約8年間の時間が必要でした。

司法試験
司法修習
法曹資格取得
法科大学院2年
法学部4年

22歳で卒業　24歳で修了

法曹コースの
Bさん（18歳）
の場合

大学入学から最短約6年で法曹資格取得

在学中受験
早期卒業
法科大学院2年
司法試験
司法修習
法曹資格取得

最短で約6年に！（法曹コース＋在学中受験）

法曹コースは、学部の早期卒業（3年で卒業）を前提とし、これまでよりも1年早く法科大学院に進学することが可能です。

一定の条件を満たした希望者は、法科大学院在学中に司法試験を受験することも可能になります。
※法曹コース出身者以外の方も在学中受験することが可能です。

最短の場合

法曹コース3年

21歳で卒業　23歳で卒業

AI・データサイエンス 全学プログラム

データサイエンス分野を基礎からその応用までを系統的に学ぶ全学プログラムにより、中央大学は未来社会の姿として提唱されているSociety5.0で実現する社会において、新たな価値を見出す人材の育成を進めています。

●AI・データサイエンス全学プログラム

文系・理系のすべての学部で1年次から履修できる基礎科目及び応用基礎科目を開講し、AI・データサイエンスを系統的に学ぶことができます。

基礎レベルの「AI・データサイエンスと現代社会」では、AIデータサイエンスがもたらす価値とデジタル技術が浸透した社会における課題を大きなテーマとして、データサイエンスの適用方法や有効性、現代的な課題を学びます。大学生であれば誰もが知っておくべき基礎的な内容を理解できる科目です。同じく基礎レベルの「AI・データサイエンス総合」では、経済社会の中でAI・データサイエンスがどのように活用されているのかを、実践例を通して学びます。複数名の実務家が講義を担当し、対象となる課題の背景や必要とされるスキルを学んだ後で、講師との議論を行い、総合的な理解を目指します。

応用基礎レベルでは、プログラム言語や分析ツール、統計用プログラミング言語などのスキルを修得する「AI・データサイエンスツール」、学部学科を超えたグループ活動で現実のデータを使いAI・データサイエンスを実践する「AI・データサイエンス演習」を開講しています。

●iDSプログラム

「iDS（Intermediate Program for Data Science and AI）プログラム」は、2年次から履修が可能となる「AI・データサイエンス演習」の受講者を対象として、AIやデータサイエンスの技術や知識を習得し、各学部の専門分野で活用する力を身につける学部横断的プログラムです。3年間のゼミ活動では、所属ゼミのテーマに沿って、データの収集・分析・考察・活用を行い、データに基づいて課題発見、解決する力を修得します。ゼミでは主体的な学びが求められ、決して楽な道のりではありませんが、他では味わえない充実感と知識・技術、そして貴重な体験を得ることができるでしょう。また、演習での課題解決型学修に加えて、基幹科目として位置づけられる「AI・データサイエンスツール」と所属学部の関連科目を体系的に学ぶことで、データ活用に必要な技術や知識に磨きをかけていきます。

さらに、一定の要件に従い科目を履修した学生には、修了証とオープンバッジが発行されます。オープンバッジにより、修得したスキルが国際的に証明されます。

オープンバッジ

学部組織

- ●法学部
- ●経済学部
- ●商学部
- ●理工学部
- ●文学部
- ●総合政策学部
- ●国際経営学部
- ●国際情報学部

中央大学　入学センター

〒192-0393　東京都八王子市東中野742-1
☎042-674-2144
https://www.chuo-u.ac.jp/connect/

本文 334・335 ページもご参照ください

立教大学

あらゆる個性が躍動し、変化の連鎖が生まれる大学
進化し続ける"自由の学府"

立教大学の歴史は、1874（明治7）年、「キリスト教に基づく教育」を建学の精神に、聖書と英学を教授する私塾として創設された「立教学校St. Paul's School」から始まります。人間をあらゆる束縛から解放し、自由に真理を追い求めることのできる場へと導こうとする、創立当初から携えてきた真理探究への姿勢は、知性、感性、身体のバランスのとれた人材を育てる「リベラルアーツ」の教養教育として、現在まで立教の精神に脈々と受け継がれています。

こうした伝統を重んじながら立教大学は新たなステージに進むべく、2024年の150周年に向けた国際化戦略「Rikkyo Global 24」を策定し、グローバル化を進める24の取り組みを始動。創立時から受け継がれる立教大学の国際性は、文部科学省「スーパーグローバル大学創成支援事業（グローバル化牽引型）」や「大学の世界展開力強化事業」に採択されたことで、改めて確認され、世界で際立つ大学への改革を進めています。

自分の世界と可能性を広げる
学びのスタイル

「RIKKYO Learning Style」により目的や関心に応じ

て多彩な科目を自由に選択し、自分に合った学び方をすることが可能です。専門分野を軸に深い知の世界を探究したり、多彩な領域を横断して視野を広げたりと、立教ならではの学び、自分だけのLearning Styleで目標に向かって成長していくことができます。

4年間で身につける
"一歩進んだ" 英語運用能力

すべての学部において1年次は必修科目で英語4技能*を総合的に学びます。「英語ディスカッション」で

新英語教育カリキュラムにおける
4年間の学びの流れ

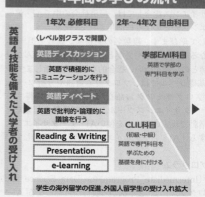

アクティブに学ぶ授業スタイル

は英語で表現する力を養い、使える英語運用能力を身につけます。「英語ディベート」では英語で社会問題について討論を行い、論理的に考える力や他者と議論する力を鍛えることで、段階的に英語力を伸ばします。2年次以降、「CLIL科目」「学部EMI科目」で、経済学や法学、社会学など、学部ごとの専門領域を英語で学び、世界と共に生きるグローバルリーダーを育成します。

＊Listening, Reading, Speaking, Writing

4年間を通じて手厚くサポート
キャリアの立教

立教大学では、就職という"点"だけでなく、自分らしい人生を歩めるように、その後のキャリアまで見通した"線"で支援を行っています。

キャリアセンターでは、就職ガイダンスや個別相談のほか、「社会を知る講座」「シゴト研究会」など、ビジネスの最新トレンドや職業について理解を深めるプログラムを実施しています。また、11学部それぞれが学部の特長をいかし、インターンシップやOB・OGとの交流会など、学部独自のプログラムを展開。キャリアセンターと学部で学生のキャリア・就職活動をダブルサポートしています。

次世代のグローバル・リーダーシップを育成
立教GLP

立教大学は、広い視野に立って課題を発見・解決し、"いつでも、どこでも、誰とでも"協働できる能力を持った「新しい」グローバルリーダーの育成を目指し、独自のリーダーシップ開発プログラムを展開しています。全学部生が履修できる「立教GLP（グローバル・リーダーシップ・プログラム）」では、企業などの提示する課題・テーマに少人数のグループで取り組むプロジェクト型学習を通じて、リーダーシップのスキルを身につけます。また、ボランティアなどの社会貢献活動を通じて学ぶ「サービスラーニング」や「地域・産学連携プログラム」など、新しいリーダーシップを育むための「立教ならでは」の仕組みがあります。

就職実績（2023年3月卒業生）

就職率	上場企業への就職者数
97.5% （就職希望者3,615人中）	**1,168人**

キャリア・就職関係イベント数	大学に届く求人件数	学内企業セミナー参加企業数
546回※	**36,675件**	**447社**※

※オンライン・対面で開催。原則、後日に動画の視聴が可能。

■新卒就職人気企業への高い就職実績！
（2023年3月卒業生）

国家公務員一般職	アマゾンジャパン	NTTドコモ
東京都特別区	グーグル	日本航空
日本銀行	日本放送協会（NHK）	トヨタ自動車
三井住友銀行	日本テレビ放送網	味の素
野村證券	電通	オリエンタルランド
東京海上日動火災保険	博報堂	サントリーホールディングス
日本生命保険	サイバーエージェント	日立製作所
伊藤忠商事	ヤフー	三井不動産
三井物産	エヌ・ティ・ティ・データ	全日本空輸
丸紅	日本マイクロソフト	アクセンチュア 他

学部・学科組織

【池袋キャンパス】
- ●文学部
- ●異文化コミュニケーション学部
- ●経済学部
- ●経営学部
- ●理学部
- ●社会学部
- ●法学部
- ●Global Liberal Arts Program（GLAP）

【新座キャンパス】
- ●観光学部
- ●コミュニティ福祉学部
- ●現代心理学部
- ●スポーツウエルネス学部

立教大学　入学センター

〒171-8501　東京都豊島区西池袋3-34-1
☎03-3985-2660
http://www.rikkyo.ac.jp/

本文 **400・401** ページもご参照ください

すべての人と社会のために
未来を拓くサーバント・リーダーを育む

2024年に150周年を迎える青山学院は、「地の塩、世の光」をスクール・モットーとして、創設からキリスト教信仰にもとづく教育を継承し、国際教育を展開してきました。これら青山学院ならではの教育を強化しながらも、先端技術を活用したよりクリエイティブな学びの機会を充実させ、「想像・創造」の力を携えた人材を育成します。

大規模入試改革によって 学びに向かう力を多面的に評価

文部科学省が高大接続改革を進める中、青山学院大学では、高校までの学びをスムーズに大学教育に接続させるため、2021年度から入学者選抜を大きく改革しました。この改革の背景にあるのは、1996年に青山学院大学が明文化した「地球規模の視野にもとづく正しい認識をもって、自ら問題を発見し解決する知恵と力をもつ人材を育成する」という理念です。知識・技能だけでなく、思考力・判断力・表現力を重視する高大接続改革の流れは、この理念とも合致しています。

最も募集人数の多い「一般選抜（個別学部日程）」では、独自問題と大学入学共通テストを併用します（一部の学部・学科・方式を除く）。独自問題では、記述・論述式の問題や総合問題を充実させ、大学での学びに求められる力を多面的に評価します。また、各学部・学科のアドミッションポリシーに沿って作題され、受験生が各学部・学科の特色を理解し、将来をイメージした上で試験に臨める内容となっていることも特徴です。

2025年度 入学者選抜について（予告）

2025年度入学者選抜の情報は、2024年3月現在高校2年生以降（平成30年告示の高等学校学習指導要領に基づく新教育課程履修者）を対象とした情報です。

最新情報はこちらをご確認ください→

自ら考え、主体的に学ぶ学生をさらに伸ばす 独自のリベラルアーツ教育

このような選抜を経て入学した新入生のために、知識・教養・技能・能力を磨き、思考を深める多彩な学びを用意しています。その代表的なプログラムが、青山学院大学のリベラルアーツ教育の柱となる独自の全学共通教育システム「青山スタンダード」。どの学部・学科を卒業したかに関わらず、複雑な現代社会で活躍できるよう、青学生としてふさわしい一定水準の教養・技能を身につけます。

新入生の学びの第一歩をサポートする「ウェルカム・レクチャー」は、学問の意義や大学での学び方を知り、「フレッシャーズ・セミナー」では、少人数クラスの中で異なる学部の学生と演習形式の授業に参加します。「青山スタンダード」は、キリスト教理解、人間理解、社会理解、自然理解、歴史理解の5つの教養領域と、言葉、身体、情報、キャリアの4つの技能領域から構成されています。それぞれの領域に基礎となる「コア科目」と、応用・発展となる「テーマ別科目」が設置されており、自身の専門科目以外でも体系的に学ぶことができるため、何かに関心を持った時に、多岐にわたる分野に学びが広がります。

「データサイエンスの基礎を学ぶ」科目が 文部科学省認定プログラムに

初年次教育で開講されている「データサイエンスの基礎を学ぶフレッシャーズ・セミナー」が、2023年度文部科学省「数理・データサイエンス・AI教育プログラム認定制度（リテラシーレベル）」に認定されました。

このプログラム科目は、同制度のモデルカリキュラムに準拠した内容を半年（全15回）ですべて学ぶデータサイエンスの入門科目です。授業は講義とPC実習で構成され、ビッグデータの利活用やAIの活用領域の広がりに関する基礎知識をはじめ、AI倫理や情報セキュリティー、データ駆動型社会のリスク、ソフトウェア

2024年4月、利用者とともに進化する新図書館棟「マクレイ記念館」が開館予定

新図書館棟「マクレイ記念館」　イメージ図

　2024年4月、青山キャンパスに新図書館棟「マクレイ記念館」が完成します（地上6階地下1階）。

　1階と地下には明るく開放的な雰囲気にあふれた情報学習関連施設を有する情報メディアセンターを配置。2〜6階の図書館は収蔵冊数約150万冊、座席数約1500席で、「学生本位の図書館」という視点に基づき、閲覧スペースの他、ラーニングコモンズ、グループ学習室、研究個室、プレゼンテーションルームなどを配置。グループ学習から個人での研究活動までをサポートします。2階のアカデミックライティングセンターでは、レポート・論文執筆の個別支援も受けられます。

　利用者の学習・研究・教育を総合的に支援する学術情報の拠点、キャンパスの新しいシンボルとして期待されています。

を用いたデータ解析などへの理解を深めていきます。また、データサイエンス分野における企業の最新の取り組みや成果に触れることのできる実務家データサイエンティストの講演も取り入れています。データ分析を通じた問題解決のプロセスと、そこで求められる知識や技術に関する基本的な知識とともに、今後もいっそうの発展が予想されるAIなど最新の技術動向についてなどを、関心を持って学び続けることができる素地を身につけることが目標です。

　オンデマンド（動画配信）で開講されるため、履修したい他の科目と重なることなく受講でき、過去の授業を復習して理解を深めることも可能です。質問や学習支援についても、随時対応する体制が整っています。各学部が開講する、より専門性の高いデータサイエンス科目への橋渡しを図る科目となっています。

学部組織

- ●文学部
- ●経済学部
- ●経営学部
- ●総合文化政策学部
- ●社会情報学部
- ●コミュニティ人間科学部
- ●教育人間科学部
- ●法学部
- ●国際政治経済学部
- ●理工学部
- ●地球社会共生学部

青山学院大学　入学広報部

〒150-8366
東京都渋谷区渋谷4-4-25
☎03-3409-0135

本文 266・267 ページもご参照ください

学習院大学

目白の杜のオール・イン・ワンキャンパスで
専門性と学際性をそなえた "T型人材"へ

少人数教育を重視し、学生と教員の距離が近く、対等に議論し、同じ興味を追究するのびやかな校風が特徴の学習院大学。自然豊かなキャンパスの＜知のコミュニティ＞での学びが、ゆるぎない専門性としなやかな学際性を備えた "T型人材" を育てます。

受験機会が広がる3方式

学習院大学の一般選抜では、①コア試験、②プラス試験、③大学入学共通テスト利用入学者選抜の3方式を実施しており、試験日選択の幅が広がることはもちろん、同一学部を複数回受験することが可能に。全学部全学科で実施する「コア試験」、理系学習者にチャンスが広がったり、英語資格・検定試験の成績が活かせる「プラス試験」、国公立大学との併願がしやすく、全国どこからでも受験ができる「大学入学共通テスト利用入学者選抜」で、受験機会が広がります。受験生の実力を幅広い観点から測ることで、一層多様な価値観をもった学生たちが集まる環境を目指します。

共通テスト利用入学者選抜を実施する学部・学科

学部	学科
法学部	法学科・政治学科
経済学部	経済学科
文学部	哲学科・史学科・英語英米文化学科・ドイツ語圏文化学科・フランス語圏文化学科・教育学科
理学部	化学科・生命科学科
国際社会科学部	国際社会科学科

※2025年度入試予定（詳しくはHPをご確認ください。）

プラス試験を実施する学部・学科

学部	学科
法学部	法学科・政治学科
経済学部	経済学科・経営学科
文学部	心理学科・教育学科
理学部	物理学科・化学科・数学科
国際社会科学部	国際社会科学科

※2025年度入試予定（詳しくはHPをご確認ください。）

ワンキャンパスで実現する 分野を超えた学び

JR山手線目白駅から徒歩30秒。緑にあふれた約18万㎡のキャンパスに、大学院までを含むすべての学生と教職員が集う、都心部では珍しいワンキャンパスです。

全学部ワンキャンパスという特性を生かし、専門分野に留まらず、幅広い分野に触れることができる仕組みを整えています。学生一人ひとりの積極的な学びの意欲に応えるため、全学共通科目として「基礎教養科目」を用意。所属する学部・学科に関わらず自由に選択できるのが特徴です。中でも文理融合科目の「宇宙利用論」、「生命社会学」は、文系・理系の教員や実務家のゲストスピーカーが多様な視点から講義し、学生と一緒に議論する新たな授業形態です。

〇宇宙利用論：「宇宙」は今後いかに活用可能か、平和で幸せな宇宙利用の実現にはどのようなルールが必要かなどを、文系・理系の多角的な観点から議論します。JAXAと共に宇宙ステーションで実験を行う理学部の教員や、「宇宙法」の日本の第一人者とされる法学部の教員、宇宙ベンチャー企業など、様々な分野のプロフェッショナルが講師となります。

〇生命社会学：世界でもトップクラスの高齢化社会である日本で、人々が自分らしく生活でき、同時にそれが持続可能となる社会とはどのような社会なのか、現代社会が抱える課題とその解決方法を、日本の医療制度に長年携わってきた経済学部の教員や、病気・老化のメカニズムを解明し新薬開発に挑む理学部の教員たち

と、最新の知見をもとに議論します。

またグローバル化が進む現代社会を見据え、多様性への理解を深める機会として、多彩な国際交流プログラムを取り揃えています。特に夏休みなどの休暇期間を利用して渡航できる「短期研修プログラム」には力を入れており、毎年300名以上の学生が参加。その他にも長期留学はもちろん、学内で留学生をサポートするバディ制度など、国際交流に関する幅広いプログラムで学生の意欲に応えます。

東1号館2階：最新の雑誌や新聞を揃えたコミュニケーション・ゾーン

少人数教育のもとで
最先端の「知」に触れる

文部科学省「2023年度科学研究費助成事業（科研費）」新規課題の採択率は44.2%。私立大学中1位、大学を含む全研究機関の中で2位となり、2021年から3年連続で私立大学1位を維持しています。

本事業はすべての学問分野が対象の日本の代表的な研究助成制度で、研究計画、見通し、その社会的意義などを厳正に審査し、優れた研究と認められたものが採択されます。この成果は学習院大学の全国トップクラスの研究力を証明するとともに、社会から高い期待が寄せられる研究の豊富さがわかります。

学習院大学では、最先端の研究に携わる教員たちから、少人数教育を通じて丁寧かつ熱心な指導を受け、高い専門性・分析力・思考力を身に着けることができる贅沢な環境が整っています。

未来への取り組み

学習院大学では、専門的な学びと分野を超えた学びの両方をバランスよく身につけることで、社会に革新をもたらし、より良い未来を築く"T型人材"の育成を目指し、きめ細かな教育カリキュラムや学習環境を提供しています。

2023年度より学部の専門分野に加え、興味に応じて、特定のテーマを追究できる「副専攻制度」を設置。「データサイエンス」、「日本語教師養成プログラム（副専攻）」、「ジェンダー・スタディーズ」の3つのコースを用意しています。関心のあるテーマについて学ぶ、主専攻の内容を別の視点から掘り下げる、修了認定をキャリア形成へ活用するなど、多様な目的に活かすことができます。

また2023年4月には「東1号館」が開館。学ぶ人の視野をぐっと広げる「学びのハブ」機能を重視し、アクティブラーニングスペースを備えた大学図書館のほか、大学での学びをサポートするラーニング・サポートセンター（LSC）、友人との会話も弾むオシャレなカフェなど、オープンな空間デザインにコミュニケーション・学習支援機能を盛り込み、学習環境の更なる向上を実現しました。

自分らしい人生観を養う
充実のキャリア支援

社会の一員として「人生をいかに生きるか」。キャリア教育と就職支援プログラムの両輪から、社会へはばたく学生をサポートします。

○キャリア教育：全学共通科目に「キャリア・デザイン」を用意。一年次から他学部・他学科の仲間と「自分らしいキャリア観」を考えていきます。

○就職支援プログラム：約500人の卒業生・サポーター学生が講師となり、3年生の冬に面接指導を行う全学イベント「面接対策セミナー（通称：メンタイ）」や、各業界から約300社を招き年間を通じて説明会を開催する「学内企業説明会・業界セミナー」、内定を獲得した4年生が後輩の就職支援に協力する学生キャリアサポーター（通称：キャリサポ）制度のほか、「留学希望者・経験者向け就職セミナー」や「公務員ガイダンス・セミナー」など一人ひとりにあったプログラムを用意しています。

学部組織

- ●法学部　法学科／政治学科
- ●経済学部　経済学科／経営学科
- ●文学部　哲学科／史学科／日本語日本文学科
　　　　　英語英米文化学科／ドイツ語圏文化学科
　　　　　フランス語圏文化学科／心理学科
　　　　　教育学科
- ●理学部　物理学科／化学科／数学科／生命科学科
- ●国際社会科学部　国際社会科学科

学習院大学　学長室広報センター

〒171-8588　東京都豊島区目白1-5-1
☎03-5992-1008
最寄駅　JR山手線　目白駅
https://www.univ.gakushuin.ac.jp/

本文 276・277 ページもご参照ください

学習院女子大学

「日本を学び、世界を知り、英語で伝える」教育で、グローバルに活躍できる女性を輩出

日本を学ぶ、世界を知る、英語で伝える。

「伝統と新しさ」「日本と世界」「コンパクトさと多様な選択」—これら、一見対立するように見える要素をうまく融合させて、他にはない独自の魅力と特色を生み出しているのが学習院女子大学です。

開学以来、文化交流という視点から自国と他国の文化

の特質を学び、その多様性を尊重できる国際的教養人の育成を目指しています。多彩な開講科目や体験型の海外研修などユニークで先端的な教育プログラムにより、21世紀の社会において求められる「日本の文化や伝統を深く理解し、相手に伝える力」と「海外の文化の本質を理解する力」を備えた人材を育成しています。また就職支援プログラムも充実しており、キャリア育成の面でも学生をサポートしています。

学習院女子大学の 多彩な留学・海外研修プログラム

■16カ国24大学の協定校（全てが世界のトップランクの大学群）

英語圏やアジア、欧州の各国の名門校と協定を結んでおり、毎年学生たちが協定留学生として派遣されています。1年間の留学生活を通して、語学力はもちろんのこと、異文化の中で幅広い知識と教養をしっかりと身につけ、学業および生活面での苦労も乗り越えて大きく成長しています。

■プラスαのある体験型の海外研修で、語学力だけでなく、広い視野を育む

　実践的教育の一環として、言語習得だけではなく体験を通して学ぶ海外研修プログラムにも、毎年多くの学生が参加します。ホームステイをしながら語学学習を行う研修、アメリカやスイスの国際機関などを訪問して講義を受け討論を実施する研修、さらに援助活動や交流活動を通じて現地の実情を理解する研修など、その内容は多岐にわたります。プログラムは以下のとおり。

海外語学研修／韓国研修／ワシントン・セミナー／中欧研修／ジュネーブ研修／東南アジア研修／ルワンダ研修／タイ・ラオス研修

きめ細やかなサポート体制が生む 全国トップクラスの就職実績

　学習院女子大学では、少人数制の利点を活かした個別面談を実施しています。1時間の面談を通じ、一人ひとりとじっくり向き合い、また繰り返し面談を行うことで、学生が就職活動へ自信を持ってのぞめるようサポートしています。そのほか、本学および学習院大学の卒業生による「面接対策セミナー」、著名企業をお呼びした「企業説明会・業界研究セミナー」のほか、内定者報告会、マナー・メイク講座、公務員セミナー、筆記試験対策、グループディスカッション対策など、学生のニーズに応じた様々なキャリア支援プログラムを開催しています。

学習院女子大学、学習院大学に学部として統合へ

　学習院女子大学の将来計画について学校法人学習院は、学習院女子大学国際文化交流学部を学習院大学の学部として、最短で令和8（2026）年4月に統合することを計画し、準備を進めています。学習院女子大学の受験をご検討いただいている方は、必ずホームページで公開されている統合に関する情報をご確認ください。

学習院女子大学の将来計画について
https://www.gwc.gakushuin.ac.jp/about/future_plan.html

※設置構想中であり、今後、内容が変更になる可能性があります。

2023年　主な就職実績

著名400社実就職率
（卒業生数500人以下の大学）

全国女子大学 ……… 1位

実就職率 学部系統別編（国際系）
（卒業生数300人以上の学部）

全国女子大学 ……… 1位

（すべて大学通信調べ）

就職内定率（2023年3月卒業生実績）

99.0%

（就職内定者305人/就職希望者308人）

主な就職先（2023年3月卒業生実績）

伊藤ハム、ANAエアポートサービス、神奈川県教育委員会、厚生労働省、国際協力銀行、JTB、住友林業、東京海上日動火災保険、東京23特別区人事委員会、東宝芸能、ニトリ、パレスホテル、バンダイ、みずほフィナンシャルグループ、三井住友信託銀行、三井物産、村田製作所、ヤフー　他

写真撮影・メイクアドバイス講座

学部・学科組織

●国際文化交流学部
　日本文化学科／国際コミュニケーション学科／
　英語コミュニケーション学科

学習院女子大学　入試係

〒162-8650　東京都新宿区戸山3-20-1
☎ 03-3203-7784　FAX 03-3203-8373
https://www.gwc.gakushuin.ac.jp/

本文 278・279 ページもご参照ください

東京女子大学

世界は変わる、私よ進め。
2025年、1学部6学科の新体制へ

キリスト教の精神に基づく
リベラルアーツ教育

東京女子大学では、1918年の創立以来一貫してキリスト教の精神に基づくリベラルアーツ教育を行っています。東京女子大学が目指すのは「良妻賢母」の育成でもない、「すぐに使える実学」でもない、知性と行動力をもつ自立した女性の育成です。

文理合わせた広い学問分野をカバーする学科・専攻が1つのキャンパスに集まり、教員、学生が入り交ざって答えのないBig Questionに挑み議論しながら学びます。専門性にしばられることなく、自由に学科・専攻間を行き来しながら探求できる環境を整えています。

知識を増やすだけではなく、考え方を豊かにすること。豊かな考え方で、新しい価値を創造する力をもつこと。卒業後も生涯にわたって学び続ける心の態度を身につけること。そんな姿勢を身につけた女性を育てるため、東京女子大学は日本のリベラルアーツの先駆として時代に挑戦し続けます。

リベラルアーツ教育の
さらなる進化

東京女子大学では、学びの根幹であるリベラルアーツ教育をさらに進化させ、現代的に展開するために、教学改革を行います。その第一段階として、2024年度に全学共通カリキュラムの大胆な改革と専攻の学びの強化を実施します。2025年度には全学的な学科再編を行います。

2024年度より、2年にわたる教学改革を実施

教育改革第二弾	**全学的な学科再編**
教育改革第一弾	**全学共通カリキュラムの大胆な改革** / 情報数理科学専攻の立ち上げ / 経済・経営学分野の強化
3つのセンター開設	英語センター/AI・データサイエンス教育研究センター/教育・学修支援センターの開設

2018	2022	2024	2025
100周年			

■2025年度 全学的な学科再編を実施
●1学部6学科の新体制へ

2025年度からは、これまでの5学科を人文学科・国際社会学科〈再編〉※・経済経営学科〈新設〉※・心理学科〈新設〉※・社会コミュニケーション学科〈新設〉※・情報数理科学科〈名称変更〉※の6学科に再編します。うち新設・再編する4学科では学問分野を横断して学際的に学ぶコース制を導入します。1・2年次には広く学び、3年次に卒業研究につながる専門分野（コース）を決めます。コースに進んだ後も他のコースの科目の履修は可能です。

また、全学生に他学科科目の履修を必修化することで、これまで以上に分野を横断した学びが可能となり、幅広い視点から物事を俯瞰的に思考できるようになります。

2025年、6学科の新体制に

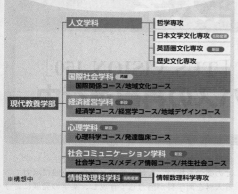

現代教養学部 ※構想中

- 人文学科
  - 哲学専攻
  - 日本文学文化専攻 （名称変更）
  - 英語圏文化専攻 （新設）
  - 歴史文化専攻
- 国際社会学科 （再編）
  - 国際関係コース／地域文化コース
- 経済経営学科 （新設）
  - 経済コース／経営学コース／地域デザインコース
- 心理学科 （新設）
  - 心理科学コース／発達臨床コース
- 社会コミュニケーション学科 （新設）
  - 社会学コース／メディア情報コース／共生社会コース
- 情報数理科学科 （名称変更）
  - 情報数理科学専攻

■2024年度　全学共通カリキュラムを大胆に改革

●「知のかけはし科目」を新設

　2024年度には、全学生が学科や学年を超えて受講する「知のかけはし科目」が始まります。これは、異なる学科の教員2名がチーム・ティーチングを行う全学規模のカリキュラムです。異なる分野の視点が一つの授業の中で交差し、予想もしなかった問いと答えが学生を巻き込んで展開します。既存の授業では得られなかった新しい出会いは、学生と教員を既存の思考の枠組みから解き放ち、リベラルアーツらしい学びの契機となることでしょう。

Example
【メディア論×パンダ政治外交】
　コミュニケーション学、社会心理学、国際政治・外交などの点から、「かわいい」が持つ社会的影響を考える。
【古代ローマ史×心理学】
　古代ローマ史と臨床心理学の観点から、フロイトの「夢判断」について論じる。

●ＡＩ・データサイエンス科目の必修化

　どんな学問にも必要な情報分野の知識の必要性や活用法を知ってもらえるよう、初心者でも学びやすいカリキュラムを揃えた「AI・データサイエンス科目」を2024年度より必修化します。高度な授業も開講し、プログラム修了者にはオープンバッジ（デジタル化された修了証）を授与します。フルオンデマンドの早稲田大学との連携科目も開設します。

●英語教育の拡充／Global Citizenship Program

　ライティングを通じてクリティカルシンキングを鍛えるほか、実践的なディスカッションスキルと表現を学ぶ授業を新たに必修とすることで、グローバル社会に積極的に参加できるよう、英語での自己表現力を伸ばします。またグローバルな視点での調査に基づいた議論や1年間の学部留学を必修とする、選抜制プログラム「Global Citizenship Program（GCP）」をスタートします。GCP生のための奨学金も用意しています。

一人ひとりの未来を全学的にサポート
高い就職率を支えるキャリア支援

　きめ細かなキャリア支援で、就職率は過去7年間99％以上を維持しています。2023年3月卒業生の内定先への満足度（5段階評価で4以上）も86.5％と、ほとんどの卒業生が高い満足度を持って就職しています。

　キャリア・センターでは、年間150日を超える各種行事を実施。学生一人ひとりを支援する体制やキャリアカウンセラーに個別相談を受けられる体制などに加え、100年の伝統が生きる卒業生の就職セミナーや、YouTube、ＡＩの活用など、伝統と改革を両立したキャリア支援が強みです。

学生一人ひとりをきめ細かく支援

就職実績（2023年3月卒業生）

就職率 …… 99.2% （就職者数／就職希望者数）

主な就職先（2023年3月卒業生実績）

富士通、ＮＴＴドコモ、アクセンチュア、あずさ監査法人、シアトルコンサルティング、住友化学、リコー、ＥＮＥＯＳ、伊藤忠商事、三菱倉庫、東日本旅客鉄道、日本放送協会、東京海上日動火災保険、日本銀行、清水建設、日本赤十字社、星野リゾート・マネジメント、埼玉県教員、東京都特別区　他

学部・学科組織（2025年度予定）

- ●現代教養学部
  人文学科（哲学専攻、日本文学文化専攻※、英語圏文化専攻※、歴史文化専攻）／国際社会学科※／経済経営学科※／心理学科※／社会コミュニケーション学科※／情報数理科学科※（情報数理科学専攻）

※新設・再編・名称変更の計画は構想中であり、学科名称や内容は変更となる可能性があります。

東京女子大学　広報課

〒167-8585　東京都杉並区善福寺2-6-1
☎03-5382-6476
https://www.twcu.ac.jp/

本文 354・355 ページもご参照ください

東京理科大学

創立150周年を見据えた「TUS VISION 150」
学部・学科とキャンパスの再編進行中

東京理科大学は1881（明治14）年に創立された「東京物理学講習所」を起源に、「東京物理学校」を経て幅広い研究領域を擁する私学随一の理工系総合大学へと発展しました。「理学の普及を以て国運発展の基礎とする」という建学の精神と、真に実力を身に付けた学生のみを卒業させるという「実力主義」を貫き通し、科学教育のパイオニアとして優秀な人材を社会に輩出し続けています。

さらに、2031年の創立150周年に向けて長期ビジョン「TUS VISION 150」を策定。順次、学部・学科の再編と、キャンパスの再配置の計画を進めています。

学部学科の再編で
新たな価値を創造

グローバル化の到来や、IoT・AIなどの発展による技術革新、産業構造の変化を受け、既存の科学技術分野だけでなく、それらを横断的に融合しながら新たな課題解決策を見出し、次世代の高度な科学技術イノベーションを創出できる人材が必要となっています。

そこで東京理科大学では、社会の持続可能な成長に貢献するために本学が果たすべき教育研究上の役割と使命は何か、という観点で新しい時代の学部・学科のあり方を検討しました。その結果、国際化のための新たな教育拠点を設けるとともに、多様性や機動性を確保した組織になることが必要と考え、2020年度から段階的に再編を進め、2023年度から7学部33学科となり、より充実した教育・研究活動が行える体制を整えています。

〈主な内容〉
■薬学部（2025年4月キャンパス移転予定）

2025年4月に薬学部は、先端融合分野を研究する「イノベーションキャンパス」として整備された葛飾キャンパスに移転予定となります。工学部、先進工学部と分野横断的に研究交流を深め、薬・工連携の教育・研究拠点の創成をめざします。

薬学科は"ヒューマニティと研究心にあふれた高度な薬剤師の育成"、生命創薬科学科は"先端創薬科学を担う研究者・技術者の育成"を目指します。知性に富み、

倫理観と豊かな人間性を備え、総合的な生命科学としての薬学を担い、人類の健康と疾病の克服に尽力できる人材を両学科が協力して育成し、薬学の発展に寄与することを目的としています。

■創域理工学部（2023年度学部名称と一部学科名称変更）

理学と工学の融合を進め、新しい研究領域を創造していくという特長を明確にするため、「理工学部」から名称変更し、一部の学科名称も変更しました。

■先進工学部（2023年度2学科新設）

2023年度から「物理工学科」、「機能デザイン工学科」の2学科を新設し、基礎学力と社会応用力に加えて「デザイン思考」を修得し新たなイノベーション創出を担う人材を育成する学びのフィールドがさらに広がりました。

キャンパスの再編

学部のキャンパス移転などを含む学部・学科の再編にあわせキャンパスへ明確な位置づけを行っていきます。神楽坂キャンパスは「サイエンスキャンパス」として、科学に根差した教育・研究を行います。葛飾キャンパスは「イノベーションキャンパス」とし、新しいものを生みだしていくキャンパスとします。野田キャンパスは「リサーチキャンパス」として、高精度・大型設備を使用する研究の拠点としていきます。

理科大の強みを生かした
データサイエンスの取り組み

データサイエンスは社会の複雑な課題を解決し、スマート社会や産業構造の変革に貢献する学問分野です。現在、その知識や技術を活用できる高度なIT人材のニーズが、急速に高まっています。東京理科大学では、理学・工学・生命医科学・経営学など幅広い研究領域を持つ特長を活かし、データサイエンスの教育や研究を展開しています。

再編計画完了後（2025年度）の学部学科体制

神楽坂キャンパス
〈サイエンスキャンパス〉

理学部第一部	数学科 物理学科 化学科 応用数学科 応用化学科
理学部第二部	数学科 物理学科 化学科
経営学部	経営学科 ビジネスエコノミクス学科 国際デザイン経営学科

野田キャンパス
〈リサーチキャンパス〉

創域理工学部※	数理科学科※ 先端物理学科※ 情報計算科学科※ 生命生物科学科※ 建築学科 先端化学科 電気電子情報工学科 経営システム工学科※ 機械航空宇宙工学科※ 社会基盤工学科※

※ 2023年度より名称変更

葛飾キャンパス
〈イノベーションキャンパス〉

工学部	建築学科 工業化学科 電気工学科 情報工学科 機械工学科
先進工学部	電子システム工学科 マテリアル創成工学科 生命システム工学科 物理工学科※1 機能デザイン工学科※1
薬学部※2	薬学科 生命創薬科学科

※1 2023年度新設
※2 2025年度葛飾キャンパスへ移転予定

葛飾キャンパス　全景

■データサイエンス教育プログラム

　様々な意思決定や合理的な判断を行うのにビックデータ解析などのデータサイエンスに関する能力・スキルの重要度が益々高くなってきている現代。こちらのプログラムは、学部・学科・専攻を問わず、数学系、情報系などのデータサイエンスに関する科目を履修できる「学部横断型プログラム」です。学部生対象の［基礎］では、データサイエンスに関する基礎知識やリテラシー、統計学、プログラミング言語などを学習します。

■データサイエンスセンター

　研究力に高い評価を受けている東京理科大学には、データサイエンスを支える多くのリソースがあります。

学内にあるそれらのリソースを有機的に結び付け、企業や研究機関など学外の研究者と連携した研究を推進し、学内・学外を問わずデータサイエンス分野の教育研究の推進を担う拠点として、2019年に設置しました。

東京理科大学　入試センター

〒162-8601　東京都新宿区神楽坂1-3
☎0120-188-139（フリーダイヤル）
https://www.tus.ac.jp/

本文 364・365 ページもご参照ください

工学院大学

研究の先にある未来のカタチ
幅広い働き方に対応できる
キャリア教育や充実した就職支援

1887（明治20）年に開設された工学院大学の前身である工手学校の建学の理念は「工手」、すなわち当時の最先端である「モノづくりのエンジニア・リーダー」を育成することでした。その伝統は130年を超える歴史を通じて受け継がれ、「工業の発展に伴う社会・産業界のニーズ」と「最先端の技術研究という学問分野の発展」をつなぐ専門技術者を養成し、今日までに10万人を超える〝モノづくりのプロ〟を社会に輩出しています。

そして、超スマート社会「Society 5.0」の到来を迎えつつある現在、工学院大学ではモノづくりのみならず、情報やサービスを運用する力も備えた「21世紀型のエンジニア」の育成を全学挙げて行っています。

学内の各セクションが連携
キャリア形成・就職支援

多数の求人が集まる工学院大学への社会からの信頼は厚く、2023年3月卒業生の求人企業数は約1万4000社。毎年多くの学生が、上場企業をはじめモノづくりをリードする創造力ある企業に就職しています。

工学院大学独自の「キャリア支援プログラム」は1年次からスタート。入学時から「キャリアデザインノート」を活用し、自己分析を行い目標や成長を可視化するとともに、希望する学生は「ロジカルライティング」の授業において論理的な思考と表現力を養います。

学生の社会人基礎力を向上させるキーワードが「実体験」です。工学院大学では大学の使命である「教育」活動はもちろんのこと、「研究」や「社会貢献」活動など、学生が関わるあらゆる活動を成長の機会と捉え、「キャリア形成支援」「学生活動支援」「学部学科・専攻・研究室」「就職支援」の連携により、学生が実践を通して人間的成長を図れるよう、多角的・体系的な人材育成を行っています（左図参照）。

また、就職支援センタースタッフやキャリアカウンセラー、臨床心理士が年間を通じて徹底的な個別指導を実施。こうした取り組みにより、2022年度の就職内定率は96.5％と極めて高い実績を誇っています。

工学院大学のキャリア形成・就職支援

就職支援センター
インターンシップやキャリア・就職関連プログラムの提供、個人面談などを通して大学生活で得た学生の知識や技術、資質や特性を就職へとつなげます。

キャリアデザインセンター
インターンシップやキャリア関連科目の検証と分析を行い、それらを研究や就職力につなげ、学生たちが専門性＋αの能力を身につけるための新たな教育カリキュラムの検討を行います。

キャリア形成支援

学生
実社会で活かせる専門分野における知識・技術の修得
実践を通した人間的な成長
（＝社会人基礎力の向上）

就職支援

学生活動支援

教員・研究室
教員による最先端の研究をもとに教育を行います。専門分野における基礎的な力、高度な知識や技術を習得させるだけでなく、社会人基礎力の向上に資する授業展開や研究室運営を行います。

学部学科・専攻・研究室

学生センター
学生プロジェクトや科学教室、クラブ・サークル活動など、学生が主体となって活動する機会を支援。実体験を通した学生の成長を促します。

ものづくりや創造的活動に取り組む学生プロジェクト

工学院大学では課外活動においても実体験を大切にしています。その代表的なものが、自主的・能動的な理工学に関する創造活動である「学生プロジェクト」で、現在12のプロジェクトが活動中。2023年もNHKロボコンや学生フォーミュラなどが全国大会に、ソーラーチームは世界大会にそれぞれ出場しました。自ら積極的に知識や技術を生かしながら、試行錯誤を繰り返して気づきを得て、関心のあることを深めていく素晴らしい体験学修となっています。

みつばちプロジェクト
養蜂から採蜜までの実体験を通じ、生態系について学びながら東京産ハチミツを使った高品質なものづくりに挑戦。学内外のイベントでミツバチを通じた環境問題の知識普及、さらには入浴剤やハンドクリームの製品化などにも取り組んでいます。

Science Create Project
科学に関する様々な実験や工作、演示などの教材開発を通じて、対象者である子どもたちに、より理科に興味を持ってもらうことを目的として活動しています。子どもたちの興味津々な反応を直接見られるため、とてもやりがいを感じることができます。

工学院大学ソーラーチーム
2年に1度行われる世界最大級のソーラーカーレース『ブリヂストン・ワールド・ソーラー・チャレンジ』での優勝を目指して活動しています。2023年度の世界大会では第8位となりました。企業や団体からのサポートや、最先端の技術を活用しながら大きな挑戦を続けています。

Birdman Project Wendy
日々の活動を通して"ものづくり"の楽しさを体感しつつ、技術力やチームマネジメント力を身につけています。2021年度は『鳥人間コンテスト』の書類選考に合格し、チームとして6回目、2017年以来の出場となりました。結果は約10年ぶりの定常飛行に成功しました。

大学での学び・研究を活かした就職

工学院大学の教育を牽引するのが、最先端の研究を行う教授陣と充実した施設群です。先進工学、工学、建築学、情報学の4学部15学科に167もの研究室を擁し、研究内容も未来の発展につながる基礎的研究からすぐに社会還元される応用研究まで、幅広い分野に及んでいます。

学生は、多彩な研究を展開している教育環境の中で研究室に配属され卒業研究を行います。研究室の多くは少人数制で教員や先輩との距離も近く、優れた環境で研究・教育ができます。

このような教育研究環境の中で工学院大学は、大学での学びや研究を活かしたキャリア形成・就職支援をしています。以下、2022年度卒業生の主な就職先を分野ごとに就職先を紹介します。

○機械系　カゴメ／スズキ／SUBARU／東海旅客鉄道／東京エレクトロン／TOTO／凸版印刷／トヨタ自動車／ブリヂストン／本田技研工業／三菱重工業／ヤマハ発動機横浜ゴム　ほか
○化学系　クレハ／小林製薬／高砂香料工業／TDK／東芝／日産自動車／パイロットコーポレーション／長谷川香料／東日本旅客鉄道／フジパングループ本社／村田製作所／山崎製パン　ほか
○電気系　関電工／キオクシア／ソニーセミコンダクタソリューションズ／TDK／テルモ／東海旅客鉄道／東京エレクトロン／東京電力ホールディングス／ニコン／日立Astemo／日立製作所　ほか
○情報系　伊藤忠テクノソリューションズ／エーザイ／NECネッツエスアイ／KDDI／東海旅客鉄道／東芝デバイス＆ストレージ／凸版印刷／日立製作所／富士ソフト／富士通／本田技研工業　ほか
○建築系　大林組／鹿島建設／コクヨ／清水建設／スペース／住友林業／大成建設／大和ハウス工業／竹中工務店／日建設計／日本設計／フジタ／森ビル　ほか

学部・学科組織

● **先進工学部**
生命化学科／応用化学科／環境化学科／応用物理学科／機械理工学科（機械理工学専攻、航空理工学専攻）
● **工学部**
機械工学科／機械システム工学科／電気電子工学科
● **建築学部**
まちづくり学科／建築学科／建築デザイン学科
● **情報学部**
情報通信工学科／コンピュータ科学科／情報デザイン学科／情報科学科

工学院大学　アドミッションセンター

〒163-8677　東京都新宿区西新宿1-24-2
☎03-3340-0130
https://www.kogakuin.ac.jp/

本文 **284・285** ページもご参照ください

國學院大學

日本の歴史と文化、伝統を受け継ぎ 世界に発信できる真のグローバル人材を育成

一人ひとりの希望に沿った 独自のキャリア支援

　國學院大學では、学生が"自ら動きたくなる就職活動"を目指し、キャリアサポート改革を実施。リアルな体験を重視した、他にはない独自のキャリアサポートを行っています。キャリアサポート施設としてキャリアサポート課、たまプラーザ事務課、教職センター、神道研修事務課の4つの拠点があり、一般企業から公務員、教職・保育士、神職まで、希望する進路に応じて学生のサポートを行っています。

　キャリア支援をサポートするのは、専門知識を持つ職員やキャリアアドバイザーのほか、就職活動を終えた学生も「内定者アドバイザー」として相談に乗ります。

　また、キャリアサポート課では、職員が各業界のトップ企業をピックアップして各社を訪問し、徹底的に分析。さらに企業との接点を増やすことで学生の満足度向上に取り組んでいます。一般企業をめざす学生向けに、毎年10〜11月にほぼ毎日開催するのが「企業セミナー」です。人気の優良企業を中心として人事担当者を学内に招き、実施しています。このほか、企業のリアルな姿に触れる「業界別体験イベント」や、実践型トレーニングの「模擬面接指導会」、さまざまな業界で活躍する國學院卒業生の方や内定者から"ここだけの話"を聞くことができる「OBOG・内定者アドバイス会」など、就職活動での悩みを解決するイベントを数多く展開しています。

　また、教職支援も充実しています。渋谷キャンパスでは「教職センター」を拠点に、中学や高校の教員をめざす学生向けに各種講習会・ゼミナールなどを開催しています。横浜たまプラーザキャンパスでは「たまプラー

ザ事務課」が拠点となり、教職や保育士・幼稚園教諭への道をサポートします。

難関試験突破をめざす K-PLAS

　「K-PLAS」は、国家公務員総合職と公認会計士という2つの難関試験突破を目指し、4年間無理なくモチベーションを維持できる國學院独自のキャリアプログラムです。

　1年次4月にカリキュラムがスタート。難関試験を最終目標に掲げ、その前に中期目標として2つの資格を取得する3STEP方式により、段階的に実力アップを図ります。STEP1・2は、高い合格率を誇る一流講師が担当する学内講座を安価で受講が可能。中期目標に設定した資格試験をひとつずつ突破することで、成長を実感しながら、学修を継続していくことができます。同じ目標を持つ学内の仲間と学び合えるのも、このプログラムならではでしょう。STEP3では、公務員養成・公認会計士養成の専門家による学外講座（オンライン含む）を受講します。学内選考を通過すると、奨学生制度によって講座料が全額免除され、経済的負担なく最後の追い込みに集中できます。

就活生のスケジュールやタスク管理をバックアップする「就活パーフェクト手帳」（写真左）のほか、各業界のトップ企業を網羅するデータブック「企業大研究」（同右）を毎年刊行。

国家公務員総合職コース		
5年連続して国家公務員総合職の最終合格者を輩出		
STEP1	中期目標1	宅地建物取引士資格取得（1年次10月）
STEP2	中期目標2	行政書士資格取得（2年次11月）
STEP3	最終目標	2022年度最終合格者数 ●国家総合職（法律）2人 ●国家一般職3人　●裁判所一般職2人 ●東京都庁1人　●国税専門官3人

公認会計士コース		
2年連続で公認会計士試験合格を達成		
STEP1	中期目標1	日商簿記検定3級合格（1年次6月）
STEP2	中期目標2	日商簿記検定2級合格（1年次11月）
STEP3	最終目標	2022年度公認会計士合格者数 ●最終合格者1人 ●論文式試験科目合格者1人 ●短答式試験合格者2人

在校生の声

観光まちづくり学部2年
武内陽菜さん

高校生の頃、コロナ禍で外出がままならない時期に、これからの観光がどう変化するか興味を持ったことが観光まちづくり学部への進学につながりました。もともと鉄道や旅行が大好きな私にとって、この学部は自分の好奇心をとことん追究できる場所。入学前から心待ちにしていたフィールドワークも、1年次の夏、基礎ゼミナールで早速体験できました。場所はゼミの先生が照明デザインを担当した東京駅周辺です。通りを歩いてみると、グレーや黒を基調としたシンプルな照明でありながら、日本を代表する道路にふさわしい風格が漂い、それが周辺の建物の美しさを引き立てている。これは、照明デザインを通した景観まちづくりなのだと実感しました。春休みには、ゼミで千葉県にある道の駅「とみうら枇杷倶楽部」を訪れました。ここは観光名所としてだけでなく、近所の方々も日常的に食材を購入するなど、地産地消に一役買っています。観光客が楽しめる場と地元の人に便利な場の融合という、観光まちづくりの大切な要素を学ぶことができました。

こうした現場の学びを経て、2年次になると、興味を持った地域について自ら調べ、伝える力を養う授業が始まります。印象的だったのは、「観光まちづくり演習I」で地域の課題や魅力をまとめたポスターを制作したことです。仲間の成果物を見ると、選んだ地域へ抱く思いや、魅力の伝え方が一人ひとり違っていて、「こんな視点もあるのか」と気づかされました。自分の固定観念が覆され、視野が開ける瞬間にわくわくして、協働の喜びをかみしめる毎日です。

今後はまちづくりについて学びを深め、卒業後には、その土地固有の伝統文化を後世に残しながら地域の課題を解決していく。そんなまちづくりに携わることが目標です。

2022年開設 観光まちづくり学部 観光まちづくり学科

観光まちづくり学部観光まちづくり学科は、「地域を見つめ、地域を動かす」をモットーに地域を主体とした観光と交流の在り方を追求し、地域側の視点に立ち、地域の魅力を発見・発信することのできる人材を育成します。地元の人には日常である景色や行事、ライフスタイルのほか、自然災害などのリスクマネジメントにも着目し、地域の魅力を探り、地域が抱える課題を解決しながら、地域経済を活性化させる"観光まちづくり"の手法を実践的に学んでいきます。

カリキュラムには「社会」「資源」「政策・計画」「交流・産業」の4つに分類された展開科目があります。「社会」では社会の構造及び社会意識の実態や課題を、「資源」では歴史・文化・自然など地域固有の資源の在り方と保全管理を、「政策・計画」では地域の空間構造を踏まえた将来像の構想や具体的政策及び計画の在り方を、「交流・産業」では地域内外の交流の在り方と関連産業がもたらす経済効果を学び、地域の課題解決にアプローチします。また、幅広く多角的な視野を養うために、15〜20人単位の少人数クラスで演習科目を設定し、グループワークやフィールドワークを必修としています。チームでの学修により、自分の意見や提案を他者に伝える発信力や、議論や行動を共にする協働力、複雑な課題に向き合う複眼的思考力などのスキルを身に付けます。

想定される進路は、公共から地域を支える公務員・学芸員のほか、地域に根差した事業を担う観光協会・NPOや、観光の専門性を生かす宿泊業・旅行業、経済活動で地域と世界をつなぐマスコミや企業など。幅広い分野での活躍が期待されます。

学部・学科組織

- ●文学部
  日本文学科／中国文学科／外国語文化学科／史学科／哲学科
- ●神道文化学部
  神道文化学科
- ●法学部
  法律学科（法律専門職専攻、法律専攻、政治専攻）
- ●経済学部
  経済学科／経営学科
- ●人間開発学部
  初等教育学科／健康体育学科／子ども支援学科
- ●観光まちづくり学部
  観光まちづくり学科

國學院大學　入学課

〒150-8440
東京都渋谷区東4-10-28
☎03-5466-0141
https://www.kokugakuin.ac.jp/admission/

本文 **286・287** ページもご参照ください

芝浦工業大学

社会に学び、社会に貢献する デザイン人材を育成する

2025年度から デザイン工学部がコース制へ

　芝浦工業大学の使命は「社会に学び、社会に貢献する技術者の育成」です。この使命を達成するためには、常に社会の動向に目を向け、時代に合わせて変化しなければなりません。

　コロナ禍をきっかけにデジタルへと大きく進展した社会は、デジタル人材の確保が急務となっています。デザイン工学部ではこのような状況を踏まえ「ユーザーに共感し、人々に共感される物事を生み出す」というデザインの特徴と、「デジタルを中心とした工学技術」をあわせ、「社会に学び、社会に貢献するデザイン人材の育成」を目的とした3つのコースへと再編します。

デザイン工学部の 基本的な考え方の軸

■「デザイン思考」～当たり前を疑う

　「まだ誰も気がついていない」ことを発見するには、「それが当たり前」という思い込みを払拭しなければなりません。デザイン工学部では「デザイン思考」

という言葉をキーワードに、体験的リサーチを行う科目を数多く配置することで「当たり前を疑い、誰も気がついていないことを発見する」能力を養います。

■「デジタル技術」～すべてをつなげる

　デザイン工学部では、全てのコースでプログラミングやデータサイエンスなどの情報・デジタル技術を学ぶと共に、新たなパートナーとなる人工知能を活用した学びも行うことで、デジタル時代に即した設計技術を身につけます。

■「協創」～チカラを拡張する

　課題を解決し開発を推進するためには、様々な知識・背景・考え方を持つ多くの人と協働し、共に新たな価値を生み出す「協創」を積極的に行わなければなりません。新たなデザイン工学部ではコースの垣根を超え、他コースとの協働を行う科目を多く配置すると同時に、ひとつの科目でも多くの教員が参画することによって協創する能力を高めます。

3つのコースそれぞれの特徴

①プロダクトコース　～形ある製品を生み出す
　プロダクトコースで主に行うのは「形ある製品の開発」

デザイン工学部の3コース

■プロダクトコース
「形ある製品を生み出す技術」を中心に

■UXコース
「機器操作や情報伝達の技術」を中心に

■社会情報システムコース
「情報処理や分析の技術」を中心に

コースの垣根を 超えた協創で ▶ **社会実装を目指す**

です。ただし、形を考えればよいという話ではありません。人間工学的な分析、製造方法の検討、ビジネスとしての事業採算性など、多くのことを考えなければ製品は実現しません。IoT機器などのデジタル技術についても精通している必要があります。様々な要素を多角的に検討しながら、形ある製品の提案・開発を行います。

②UXコース

〜新たな体験ができるサービスをデザインする

UXコースで主に行うのは「機器操作や情報伝達を中心とした体験（User Experience）の設計」です。これは、画面のデザインをすればよいという話ではありません。認知科学に基づき人間の行動特性を理解し、ジェスチャ入力や拡張現実などの最新技術も用いて、操作や伝達を中心とした人間の行動プロセスをデザインします。そして利用者に新たな体験をもたらすアプリやサービスの提案・開発を行います。

③社会情報システムコース

〜データを用いて社会問題を解決する

社会情報システムコースで主に行うのは「社会の様々な情報を処理し、問題をシステムにより解決すること」です。SDGsのような複雑な問題は、データに基づき問題を読み解くことが必要です。そして利用者や関係者が共感・納得でき、かつ社会に実装可能な提案をしなければなりません。基本となる情報技術・人工知能技術に加え、社会実装に必要なリサイクルやヘルスケアなどの幅広い技術を用いて、新たなビジネスやサービスを提案・開発します。

2022年4月、本部棟が竣工

創立100周年に向けて「アジア工科系大学トップ10」を目指し、豊洲本部棟が新設されました。先進国際課程の研究室、研究室の区切りがなくディスカッションなどが自由に行えるオープンラボ形式になっており、グローバル教育はもとより、大学院教育の充実、研究力の強化を図っていきます。

「とにかくやってみる、失敗から学んで社会実装へ」の学習スタンス

当たり前が違っていたことや予想と実際が違うことは、「やってみて」はじめて気がつくことができます。だからこそ、デザイン工学部では「とにかくやってみる」ことを重視します。そして、失敗することを前提に物事を進めます。

失敗から学び、次なる着想を得る。この繰り返しの中で社会実装へとつなげていく。

これがデザイン工学部の基本的な学習スタンスです。

学部・学科

● 工学部
　機械工学課程(基幹機械コース、先進機械コース)／
　物質化学課程(環境・物質工学コース、化学・生命工学コース)／
　電気電子工学課程
　(電気・ロボット工学コース、先端電子工学コース)／
　情報・通信工学課程(情報通信コース、情報工学コース)／
　土木工学課程(都市・環境コース)
● システム理工学部
　電子情報システム学科／機械制御システム学科／
　環境システム学科／
　生命科学科(生命科学コース、生命医工学コース)／
　数理科学科
● デザイン工学部　(2025年4月改組予定)
　デザイン工学科
　(プロダクトコース、UXコース、社会情報システムコース)
● 建築学部
　建築学科
　　APコース：先進的プロジェクトデザインコース
　　SAコース：空間・建築デザインコース
　　UAコース：都市・建築デザインコース

芝浦工業大学　入試・広報連携推進部入試課

〒135-8548
東京都江東区豊洲3-7-5
☎03-5859-7100
https://admissions.shibaura-it.ac.jp

本文 298・299 ページもご参照ください

東京都市大学 （旧 武蔵工業大学）

理工系を軸とする総合大学の伝統校
2023年4月、デザイン・データ科学部を新設

理工系を軸とする総合大学の伝統校として90年以上の歴史を刻んできた東京都市大学。1929年に工学教育の理想を掲げる学生たちが中心なって前身となる武蔵工業大学を創立して以来、根幹となる先進の工学技術、情報工学、建築分野から、情報系やデータサイエンス、幼児教育、都市環境など時代に呼応し進化し続けています。

現在は、約7,000人の大学生と約860人の大学院生が世田谷と横浜のキャンパスで学んでいます。

11万人以上の卒業生を輩出し、「就職に強い」大学として、実就職率ランキング＊では常に上位にランクイン。また、東急グループに属する大学であることから、企業に選ばれる高い研究力があることも魅力の一つです。

＊実就職率（％）　就職者数＋〔卒業（修了）者数－大学院進学者数〕×100で算出したデータ。

東京都市大学 NEWS

2023年4月、横浜キャンパスに デザイン・データ科学部を新設

デザイン・データ科学部（入学定員100人）では、人と社会で起きている様々な問題や現象について、数値として把握できる定量データと、数値に表せない定性データの両面から迫ります。データサイエンスの知識と技術に裏付けられた論理的思考力・批判的思考力、そして国際教養を通じて育んだグローバルリテラシーによって、世界のあらゆる「もの」と「こと」を読み解く能力を身につけていきます。

同学科で学ぶ学生全員が「東京都市大学留学プログラム」に参加し国際力を磨きます。入学後、100日間の準備期間を経て、4か月間のオーストラリア留学に挑戦しています。学部1・2年次に語学力と国際的な視野を身につけることで、その後の可能性が大きく広がります。

大学院進学も主要な進路選択に。 理系学部の大学院進学率32.2%

優秀な学生の本学大学院進学を奨励するために、学費減免制度や学内進学者向けの推薦入試制度を設けています。学部入学から大学院修了まで同じキャンパスで学べるため、学部生（大学生）と大学院生が同じ研究室で研究活動に取り組むことができ、毎年、理工系学科では4割前後の学生が大学院に進学しており、より高度な専門性を究めています。

【注目の学科】医用工学科

電気電子通信工学と機械工学を基盤とした工学分野と医学分野の両方の知識をバランスよく学ぶ学科です。

医用工学分野は、技術的にも理論的にも課題が多く、実験や治験を通して革新的な技術開発が求められています。そのため、実験・実習を中心とした教育を重視しています。機械工学と電気電子工学の工学分野

の実習に加え、生理学実習、臨床機器実習、解剖実習や病院実習の医学分野の実習もあり、医用工学科だけの独自の取組みとなっています。

【注目の学科】建築学科

工学的要素と芸術的要素の両面から総合的に「建築学」をとらえ、建築に関わる基礎知識と、建築学の各分野における高度な専門知識と技術の修得ができるようにカリキュラムを構成。

カリキュラムに定めた科目を修めて建築学科を卒業することにより、一級・二級建築士試験の受験が可能です。一級建築士は、試験合格後、2年以上の建築実

務の経験によって、正式に免許の登録ができます。二級建築士は、建築実務の経験がなくても、試験に合格すれば免許登録が可能です。

【注目の学科】情報科学科

高度情報化社会におけるコンピュータシステムを開発するエンジニアを目指します。情報処理の基礎理論を身に付け、コンピュータのハードウェアやソフトウェアを理解し、さらには

コンピュータと人間を結ぶメディア技術や人間をとりまく機器をコンピュータで制御する技術を駆使することができる人材を育成します。

【注目の学科】環境創生学科

環境共生型・持続可能型社会の実現をめざし、生態・都市環境に関わる様々な経験と科学的思考力、技

術の獲得、資格取得、コミュニケーション力と実践力を高めます。また、国内外のフィールド演習も注目されています。

【注目の学科】情報システム学科

誰もが情報システムを快適、かつ安全に利用できるように、利用者の多様なニーズ・視点に立ったシステム構築を実現できるプロフェッショナルを育成。プログラミングやメディア処理技術、Web

制作技術とともに、ICTアセスメントや情報セキュリティー、情報管理等、高度な情報システム実現に向け、調査・分析・実現・評価・改善をプロデュースする総合的な方法を学びます。

【注目の学科】都市生活学科

商学・経営学などをベースに、都市生活を彩り、豊かで活気ある都市や空間を演出する方法を学び、魅力的

な街や住まいや都市の文化などをデザイン（構想・企画）し、マネジメントできる人材を育成します。

【注目の学科】人間科学科

男女共学の学びの中で、保育・教育を追究し、子どもを取り巻く環

境・地域社会に内在する様々な課題を解決できる人材を育成します。

学部・学科組織

【世田谷キャンパス】
- 理工学部　機械工学科／機械システム工学科／電気電子通信工学科／医用工学科／応用化学科／原子力安全工学科／自然科学科
- 建築都市デザイン学部　建築学科／都市工学科
- 情報工学部　情報科学科／知能情報工学科
- 都市生活学部　都市生活学科
- 人間科学部　人間科学科

【横浜キャンパス】
- 環境学部　環境創生学科／環境経営システム学科
- メディア情報学部　社会メディア学科／情報システム学科
- デザイン・データ科学部　デザイン・データ科学科

東京都市大学　入試センター

〒158-8557　東京都世田谷区玉堤1-28-1
☎03-6809-7590　https://www.tcu.ac.jp/

本文 358・359 ページもご参照ください

東洋大学

地球社会の未来に貢献する人材を育成

東洋大学は、哲学者・井上円了が1887年に創立した私立哲学館にはじまります。それから130年以上、創立者の「哲学する心」を受け継ぎながら、文系・理系あわせて14学部を有する総合大学として発展してきました。

「哲学する心」とは、自己の哲学を持ち、物事の本質に迫って深く考える姿勢です。また、生涯教育や社会貢献活動に力を注ぎ、「他者のために自己を磨く心」を大切にした創立者の理念を今も守り続けています。それは、持続可能でよりよい社会を目指すために世界中が取り組んでいるSDGsの基本理念とも通じるもの。東洋大学は2021年に「学校法人東洋大学SDGs 行動憲章」を定め、SDGsに焦点を当てた教育研究を推進するとともに、学生や学生団体を対象とした「SDGsアンバサダー制度」を創設するなど、大学を挙げて特徴的かつ多面的な取り組みを展開しています。

新たな学部学科の再編においても、地球規模の課題解決に向けて貢献できる人材の育成を目指した領域を拡げています。

学部学科・キャンパス再編 が進行中

朝霞キャンパス　完成予想図

○「命と食」が輝く、朝霞キャンパス
　　（生命科学部・食環境科学部）

　2024年4月、埼玉県朝霞市にある朝霞キャンパスは、これからの新しい生活様式を踏まえた教育研究に関する施設設備を充実させ、命と食に関する総合的な教育研究拠点としてリニューアルします。このキャンパスで学ぶのは生命科学部（生命科学科、生体医工学科、生物資源学科）と食環境科学部（食環境科学科、フードデータサイエンス学科、健康栄養学科）2学部。生命科学部ではいのちのあり方を思索する哲学と倫理を基盤に俯瞰的な視野を養い、生命科学の各領域についての深い専門知識を修得します。食環境科学部では、食に関する多様な問題の解決に取り組み、例えばフードロスや飢餓対策といった、社会貢献度の高い教育研究を積極的に展開しながら、食のプロフェッショナルを育成します。

○2025年　総合情報学部が3専攻制に
○川越キャンパスはデジタル・グリーン社会の実現に
　　向けたリデザインへ

　2025年4月、埼玉県川越市にある川越キャンパスの総合情報学部総合情報学科が、「メディア情報専攻」「心理・スポーツ情報専攻」「システム情報専攻」3専攻制となります（予定）。興味関心・志向に応じて入学時に専攻を選択し、ICTの可能性を拡げることができます。さらに2027年、同キャンパスに「環境イノベーション学部」を開設予定（設置構想中）。川越キャンパスは既存の理工学部を加えて再編しながら、「スマートグリーンキャンパス」として整備を進める予定です。

「得意」や「興味」を生かす 入試制度

● 「入試プラン検索」で自分にあった入試が探せる

　東洋大学の入試方式はとにかく多彩。多様な中から選ぶことができます。迷ったときには是非、入試情報サイトTOYOWebStyleの「入試プラン検索」の活用を。受験したい学部・学科（専攻）、科目、試験日など、さまざまな条件で入試の検索ができ、そのまま保存して、比較したり、そのまま出願することもできる便利な機能があります。

○大学入学共通テスト利用入試

　2教科型から5教科／5科目型まで、出願期間や判定方法が異なる入試に出願できます。英語外部試験のスコア利用制度や併願割引制度もあります。

○一般入試

　全国19カ所に試験会場を設置（2024年度現在）。3教科型を中心に4教科型、2教科型もあります。1回の試験で複数の併願が可能な同一日程内併願ができ、併願割引が適用されます。前期入試では、英語外部試験のスコア利用制度がありますが、当日英語科目を受験した場合には、どちらか高得点の方で判定します。

○総合型選抜・学校推薦型選抜（公募制）入試

　AO型推薦、自己推薦、学校推薦、「独立自活」支援推薦の4タイプ。「独立自活」支援推薦は、東洋大学の特徴ともいえる入試で、第2部・イブニングコース（夜）を第一志望とする受験生を対象に、①在学中に白山キャンパスの大学事務局などで就労、②入学検定料を免除、③奨学金として授業料・一般施設設備資金の半額相当額を給付（継続審査あり）、④希望者は提携学生寮に入居可能、といった内容で、意欲のある人が経済的理由で進学をあきらめることなく、一人でも多く学べるよう設けられた制度です。

　その他、2025年度の入試制度については、2024年7月上旬に公開される詳細をご確認ください。

学部組織 （2025年度予定）

【白山キャンパス】
● 文学部　　● 経済学部
● 経営学部　● 法学部
● 社会学部　● 国際学部
● 国際観光学部

【赤羽台キャンパス】
● 情報連携学部
● 福祉社会デザイン学部
● 健康スポーツ科学部

【川越キャンパス】
● 理工学部
● 総合情報学部

【朝霞キャンパス】
● 生命科学部
● 食環境科学部

東洋大学　入試部

〒112-8606　東京都文京区白山5-28-20
☎03-3945-7272
https://www.toyo.ac.jp/nyushi/

本文 **368・369** ページもご参照ください

日本女子大学

文理融合の教育を推進する7学部の女子総合大学で
新しい明日を共に創る人材に

2021年に創立120周年を迎えた
女子高等教育のパイオニア

日本女子大学は、1901（明治34）年、20世紀の初頭に、「女子を人として教育する」ことを第一の目標にかかげ、女子教育の先覚者・成瀬仁蔵によって創立されました。以来、女子高等教育のパイオニアとして、多くのすぐれた女性を世に送り出し、2021年に創立120周年を迎えました。教育理念の集大成である「信念徹底」「自発創生」「共同奉仕」の三綱領は、いまも受け継がれており、在学生や卒業生の心の支えになっています。

2024年4月に建築デザイン学部を開設、家政学部・文学部・人間社会学部・理学部と2023年に開設した国際文化学部と合わせ、6学部15学科の学びを、山手線内という都心にありながら緑豊かな創立の地・目白キャンパスで提供しています。2025年4月には家政学部食物学科を基にした食科学部（仮称）*の設置を構想中です。この構想が実現すれば、7学部16学科が1キャンパスで学ぶ文理融合の多様な教育をより推進することになります。

日本女子大学は、幼稚園から大学院までの一貫教育、さらに卒業生以外にも門戸を開くリカレント教育など、誰もが生涯を通じて学び、成長し続ける社会を創るための機会を提供しています。これからも社会の持続的発展に寄与できる女性の活躍を推進します。

全学生が必修で学ぶ情報教育科目群
数理・データサイエンス・AI

全学生が必修科目として「数理・データサイエンス・AI」に関する基礎的内容を学びます。これらの全学的な情報教育科目群は、2021年に文部科学省が定める「数理・データサイエンス・AI教育プログラム（リテラシーレベル）」に認定。さらに2023年には理学部の教育プログラムがひとつ上位の「数理・データサイエンス・AI教育プログラム（応用基礎レベル）」に認定されました。

他方で「キャリア教育認定プログラム」「社会連携教育認定プログラム」「AI・データサイエンス・ICT教育認定プログラム」の3つのプログラムも設置し、専門教育とともにこれらのプログラムを履修することにより、より豊かな思考力・表現力・実践力を身につけます。

人文、理工、芸術を融合して学ぶ
建築デザイン学部

2024年開設の建築デザイン学部建築デザイン学科では、人文、理工、芸術を融合した総合学問として、「住まう」人のための建築デザインを学びます。住生活史、歴史文化、安全性、快適性、構造・材料、審美性など、広い視野から住居学および建築学を総合的に学修します。所定の科目を履修すれば卒業と同時に一級建築士［国家資格］の受験資格が得られるほか、建築施工管理技士や建築設備士、博物館学芸員などの国家資格の取得がめざせます。

「食」で拓く新たな世界。

食科学部（仮称、2025年設置構想中）＊

— 「食」ですべての人のWell-Beingに貢献する —

2025年4月に開設予定の食科学部は、伝統ある家政学部食物学科を基にして、食科学科と栄養学科の2学科で構成します。食と健康に関する基礎知識を土台に、「食品」「調理」「栄養」の3分野を科学的観点から総合的に学ぶことで「食」の専門家を養成。両学科とも所定の科目を履修すれば、食品衛生管理者、食品衛生監視員の資格が取得可能です（いずれも任用の国家資格）。

■食科学科（仮称）＊

「食」で未来をつくる。

「生活者」としての視点を重視して「食」を科学的に学び、食関連のさまざまな領域で活躍できる能力を身につけます。「食品学系」「調理学系」「栄養学系」の各科目を三位一体で学修。さらに学科独自の講義・演習科目として実際の食品会社で「商品開発」を学ぶ科目も多数開講します。企業や研究機関で食品開発・研究に携わる研究者、教員、起業家として社会に貢献できる人材を育成します。卒業時に中学校・高等学校の教諭一種免許状（家庭）などが取得可能です。

充実した基礎科学科目、豊富な実験・実習

■栄養学科（仮称）＊

栄養ですべての人を幸せに。

科学的な理解の土台となる「基礎科学」を学んだうえで、「医学・保健学」を通じた医学的視点で深く学ぶ「栄養学」や、「食品学」「調理学」について、講義・演習や実験・実習の体系化されたカリキュラムを通して学修します。管理栄養士として、医療、行政、教育（栄養教諭）、研究、福祉、給食・中食・食品産業、スポーツ、国際協力など多彩な分野で活躍できる専門性の高い人材を育成。卒業時に栄養士資格、管理栄養士の受験資格、栄養教諭一種免許状が取得可能です。

食科学部の学び・カリキュラムの特徴はこちらから！

＊本計画は構想中で掲載内容は予定であり、変更となる場合があります。

グローバル化する社会で生き抜く力を培う学び

JWU GO ACTION PLAN FOR 2030

日本女子大学では、国際化する社会に目を向けて広い視野で目標を設定し、自らの意思で行動できる人材を育てるため、JWU グローバルプロジェクト**JWU GO**に取り組んでいます。

JWU GOでは、学生達がボーダレス化する社会で生き抜く力を培う多様な学びを提供しています。語学力向上のためさまざまな語学学習、春や夏の休暇を使った多彩な大学公認海外短期研修、さらには世界の名門大学に、在学中最長1年間留学できる協定・認定大学留学制度などです。

また世界を舞台に活躍する卒業生が多いのも、日本女子大学の特徴です。先輩の体験談に数多く触れることにより、その後のキャリアビジョンの描き方や選択も、より明確にそして豊かになっていくことでしょう。

学生がそれぞれの目標に向けて自らの学びをカスタマイズし、社会で活躍する人材になれるよう、女子大学ならではの特徴を活かし、丁寧にサポートしていきます。

学部・学科組織（2025年度予定）

- ●食科学部（仮称、2025年度設置構想中）＊
  食科学科／栄養学科
- ●家政学部
  児童学科／被服学科／家政経済学科
- ●文学部
  日本文学科／英文学科／史学科
- ●人間社会学部
  現代社会学科／社会福祉学科／教育学科／心理学科
- ●理学部
  数物情報科学科／化学生命科学科
- ●国際文化学部（2023年開設）
  国際文化学科
- ●建築デザイン学部（2024年度開設）
  建築デザイン学科

日本女子大学　入試課

〒112-8681
東京都文京区目白台2-8-1
☎03-5981-3786（直通）
https://www.jwu.ac.jp/unv/

本文 **376・377** ページもご参照ください

武蔵大学

ゼミの武蔵

ゼミで磨く 世界を生き抜く力

武蔵大学は、日本初の私立七年制高校である旧制武蔵高等学校をルーツとし、創立時から「ゼミ（ゼミナール）」を中心とした「自ら調べ、自ら考える」力を養う徹底した少人数教育を行っています。また国際化への対応として、学力や興味に合わせて外国語学習やグローバル体験ができる環境を推進。2022年4月には国際教養学部を開設し、地球規模の課題解決に貢献できるグローバルリーダーの養成に力を注いでいます。

1年次から4年間、伝統の少人数教育で学びを深める

ゼミとは、学生が主体となって調査や発表、討論を繰り返しながら少人数で学ぶ授業です。「自ら調べ、自ら考える」というプロセスはもちろん、各自が専門知を追求しながら仲間と議論を繰り返すことで、他者とともに課題を解決へと導く力を身につけていきます。

武蔵大学では1年次より4年間、全ての学生がゼミや少人数形式の授業を履修します。平均13名の少人数で開講されるゼミは、毎年約400種類。教員や仲間との距離が近く、目標に向かって切磋琢磨する環境が学生の意識を高め、自主性や実践力、課題解決力などを養います。また、経済学部の「ゼミナール対抗研究発表大会」をはじめ、研究成果を発表する場を各学部に用意しています。

さらに、ゼミ教育の発展型である「学部横断型ゼミナール・プロジェクト」では、他学部の学生とひとつのチームをつくり、企業からの課題に取り組みます。自己管理力やチームワーク、リーダーシップを育成するほか、それぞれの学部の専門性を共有して協働することで異なる考え方や価値観を知り、現実社会を生きる上で必要な「多様な視点」を身に付けることができます。

国際教養学部で世界水準の学びに挑戦

国際教養学部では国内外から多様な専門分野に精通した教員が集い、徹底した少人数教育を行います。英語で行われる授業も多く、実践的で高度な英語運用能力が身につきます。

経済経営学専攻では、武蔵大学の学位と並行してロンドン大学の学位取得をめざす「パラレル・ディグリー・プログラム（PDP）」を提供し、世界水準の経済・経営学の知見を身につけます。グローバルスタディーズ専攻では、国際関係、コミュニケーション、文化の側面から学際的に学びを深め、地球規模の課題と向き合うグローバルリーダーを養成します。

「データ」と「英語」両方を身につける グローバル・データサイエンスコース

社会学部の「グローバル・データサイエンス（GDS）コース」は、新しい時代の世界共通語である「データ」と「英語」の両方を着実に身につけるコースです。

データ利用スキルに関わる科目はもちろん、社会学研究やメディア研究に必要な社会調査や内容分析の方法論といった科目も数多く履修します。1年次には6週間の海外英語研修を行い、2～3年次には協定留学や海外ボランティア、企業インターンシップなどの異文化体験・現場体験を行うことで、グローバルに活躍できる視野と能力を育成します。

武蔵のゼミの特徴 1	武蔵のゼミの特徴 2	武蔵のゼミの特徴 3
13名 の少人数	**4**年間 の継続	約**400**種類

主体的なキャリアイメージを引き出す
キャリア支援

　少人数教育の特長を生かして学生一人ひとりの主体的なキャリアイメージを引き出し、納得できる進路選択を支援しています。キャリア支援センターにはキャリアコンサルタントの有資格者が常駐し、就職活動が本格化する3年次には全員に個別面談を実施。また内定を得た4年生も質問や相談に応じるなど、きめ細かなサポートを行っています。実践的な就職支援プログラム「武蔵しごと塾」では、キャリアコンサルタントによる本番さながらの模擬面接や卒業生との多業種交流会を通して働くイメージを膨らませていきます。

就職実績（2023年3月卒業生）

就職率 ‥‥‥‥ **98%**（就職者数／就職希望者数）

進路納得度 ‥‥‥‥‥ **94%**

主な就職先（2023年3月卒業生実績）

日本政策金融公庫、ゆうちょ銀行、みずほ証券、ジェーシービー、一条工務店、三井不動産リアルティ、アバナード、キンドリルジャパン、日立システムズ、楽天グループ、セールスフォース・ジャパン、三菱食品、リコージャパン、小林製薬、ソフトバンク、郵船ロジスティクス、京セラ、パナソニック、日本オラクル、ユニ・チャーム、TOTO、アクセンチュア、日本郵便、経済産業省、東京都庁、練馬区役所　他

全国進学校の進路指導教諭も評価
ランキングで見る武蔵

小規模だが評価できる大学

全国私大 ‥‥ 第**1**位 ｜ 7年連続 首都圏1位にランクイン!!

面倒見が良い大学

全国私大 ‥‥ 第**2**位 ｜ 14年連続 首都圏1位にランクイン!!

※「サンデー毎日」2023年9.17号（大学通信調べ）
「全国645進学校アンケート『オススメ大学』ランキング」掲載

入試GUIDE

① 一般方式
　全学部統一型、全学部統一グローバル型、
　個別学部併願型

② 大学入学共通テスト方式
　前期日程、後期日程

③ 総合型選抜　AO入試（武蔵大学の一般選抜や他大学との併願可）ほか

※詳細は入試ガイド・公式Webサイトでご確認ください。

学部・学科組織

● 経済学部　経済学科／経営学科／金融学科
● 人文学部　英語英米文化学科／ヨーロッパ文化学科／日本・東アジア文化学科
● 社会学部　社会学科／メディア社会学科
● 国際教養学部　国際教養学科（経済経営学専攻、グローバルスタディーズ専攻）

武蔵大学　アドミッションセンター

〒176-8534　東京都練馬区豊玉上1-26-1
☎03-5984-3715　nyushi.musashi.ac.jp

本文 **388**・**389** ページもご参照ください

明治学院大学

"Do for Others" の理念を糧に
グローバル社会に貢献できる人材育成を目指す

白金キャンパス

横浜キャンパス

7学部の多彩な学びで、将来の可能性を広げる

文学部
- 英文学科…3年次からは、3つのコース（アメリカ文学・イギリス文学・英語学）に分かれ、専門知識を修得します。
- フランス文学科…フランス語圏の言語・文学・芸術・歴史などを学びます。フランスへの中・長期留学制度も充実しています。
- 芸術学科…音楽学・映像芸術学・美術史学・芸術メディア論・演劇身体表現・総合芸術学の6コースで専門性を深めます。

経済学部
- 経済学科…経済の仕組みを学ぶだけでなく、海外でのインターンシップやフィールドスタディなど研修プログラムも充実。心理学を経済学に取り入れた人間行動の理論も学びます。
- 経営学科…経営、マーケティング理論や会計学を学びます。少人数でのディスカッションや資格取得のための授業も開講します。
- 国際経営学科…グローバルなコミュニケーション能力を培う「専門外国語」などを用意。2年次秋に全員が留学。

社会学部
- 社会学科…多彩なカリキュラムと教員で、フィールドワークも含めた濃い授業を展開しています。
- 社会福祉学科…将来の選択の幅を広げる、「ソーシャルワークコース」「福祉開発コース」の2コース制です。

法学部
- 法律学科…社会の法制度を学ぶ法学系科目を多数配置。3年で早期卒業し、他大学法科大学院に進学できる法曹コースを設置。
- 消費情報環境法学科…消費者法、企業活動法、環境法を中心とした、実社会で直面する法律問題をコンピュータ技術を活用して学びます。
- グローバル法学科…全員が英語圏に半年間留学し、英語・法律・文化を実践的に学びます。卒業後の進路に向けて英語の4技能を修得します。
- 政治学科…問題の発見力、討論力、解決提案力を実践的に学びます。現役新聞記者による講座も充実。

国際学部
- 国際学科…政治・経済・文化・平和・環境など多分野にわたって幅広く学ぶと同時に、現地での校外実習も行います。
- 国際キャリア学科…全て英語で授業を実施。グローバルな環境での学外実習、独自の留学制度やインターンシップも設置。

心理学部
- 心理学科…心理学のあらゆる領域をカバー。臨床心理学などの実習科目で、目に見えない"こころ"を解き明かします。国家資格である「公認心理師」養成カリキュラムに完全対応。
- 教育発達学科…2年次より「児童発達」「特別支援」「国際教育」の3コース制を実施。

情報数理学部
- 情報数理学科…3年次より「数理・量子情報」「AI・データサイエンス」「情報システム・セキュリティ」の3コース制を実施。また、課題解決型のProject Based Learning（PBL）科目を3年次に配置し、実際の企業で行われているようなプロセスを体感できる実践的教育を提供。

Do for Others（他者への貢献）を教育理念に

明治学院大学の学びにおける最大の特長は、国際交流を基盤に培う「グローバルマインド」と、他者を理解し、社会性を育むための「ボランティアスピリッツ」、自らの特性をキャリアにつなげる「キャリアデザイン」。教育理念"Do for Others（他者への貢献）"の実現のため、この3つの重点的取り組みにより学生の自己実現をサポートしています。

留学・国際交流サポートが充実 グローバルマインド

明治学院大学は創設時から国際交流に力を注いできました。短期から長期、留学先もアジアから欧米まで世

POINT 1
23の国と地域
82大学
および1コンソーシアムと協定
（2023年3月1日現在）

POINT 2
認定留学（長期）奨学金 1学期につき
¥25万円給付
※ただし一部のプログラムについては金額が異なります。

POINT 3
2022年度 国外派遣留学生数（予定）
計415名
長期：104名　短期：70名
カリキュラム留学※：241名
※国際経営学科・グローバル法学科主管

POINT 4
その他の 国際交流プログラム
- 国際貢献インターンシップ
- バディ制度
- SDGsフィールドスタディーズ
- 学部／学科別　国際プログラム

国際貢献インターンシップ

無農薬田んぼ体験

界各国に分布しています。国籍を超えて他者と理解し合い、「世界を知り、世界とつながる」力を育むため、スポーツや文化、ボランティアを通じ海外と交流できるプログラムも用意しています。

"Do for Others" の精神
ボランティアスピリッツ

ボランティアセンターでは「1Day for Others」（1日社会貢献）や、ボランティアについて語り合う「ボランティアカフェ」のほか、地域貢献・国際貢献・企業協働活動など、多様な活動を通して学びを深めるサポートをしています。

高い就職決定率と就職実績
キャリアデザイン

「4年間の学びをどう卒業後につなげるか」という意識を育む科目を充実させ、自分の将来について自ら考えるだけでなく、学生同士、卒業生など立場を超えて互いに情報を共有し、学び合うキャリア教育を実践します。

■MGキャリア講座

1～3年生を対象とする人気職種「エアライン」「広告・メディア」「ホテル」の就職支援講座などを設置して、将来に向かって進む学生を支援しています。

■各種資格・公務員試験対策の充実

経済学部を中心に取り組む資格取得支援講座、法学部を中心に取り組む公務員セミナーなど、就職活動時期だけでなく4年間を有効に使い、段階的な成長を目指します。

POINT 1
継続して行われる
就活ステップアップ講座
受講生就職率 **99.2%**

POINT 2
教員採用試験に向け、学生をサポート
教員志望者へのキャリア支援

POINT 3
一流講師陣が指導
公務員セミナー
※全学部対象

POINT 4
MGキャリア講座
ヘボン・エアラインクラス
CA就職実績（2022年）**全国1位**
（朝日新聞出版「大学ランキング2024」より）

2024年4月に情報数理学部を新設！

●情報と数理の力で、人が主役のAI社会を創る

2024年4月に、明治学院大学初の理系学部となる情報数理学部情報数理学科を新設します。

情報数理学科では、AI（人工知能）の急速な発展に伴い、ますます複雑化する現代の情報通信技術（高度ICT）を数理科学の視点から学びます。

●志向や特性に合わせた専門的な3コース

カリキュラムには「数理・量子情報コース」、「AI・データサイエンスコース」、「情報システム・セキュリティコース」の3コースが設けられ、コースの選択によって学生の志向や特性に合わせた科目提供を行います。

●情報科学と社会とのつながりを学ぶ

「Project Based Learning」では学科での学びを活かす実践的な課題解決型学習を提供し、「社会と情報」科目群での学びと合わせて情報科学と人間、社会、企業との結びつきを意識した学びも展開します。

最新入試TOPICS （前年度参考）

■一般入試全学部日程・A日程において、「英語外部検定試験」の結果を利用した入試を実施!!

英検・TEAP・TEAP CBT・GTEC・TOEFL iBT® の英語外部検定試験の結果を利用する、英語試験が免除される「出願資格方式」と英語の得点に換算される「得点換算方式」があります。

■首都圏以外の出身者向け「白金の丘奨学金」制度

首都圏〔東京都（島しょ部を除く）・神奈川県・埼玉県・千葉県〕以外の高等学校または中等教育学校など出身の方を対象とした入学前予約型給付奨学金（授業料相殺）を設けています。

学部組織

- ●文学部
- ●経済学部
- ●社会学部
- ●法学部
- ●国際学部
- ●心理学部
- ●情報数理学部 ※2024年4月開設

明治学院大学　入学インフォメーション

〒108-8636　東京都港区白金台1-2-37
☎03-5421-5151
https://www.meijigakuin.ac.jp/admission/

本文 **394・395** ページもご参照ください

フェリス女学院大学

社会課題解決に活かせる強みが身につく
「グローバル教養学部」開設

フェリス女学院大学は1870年、日本初のキリスト教に基づいた近代的女子教育機関として創設されました。「キリスト教の信仰に基づく女子教育」を建学の精神とし、150年以上にわたって「For Others（他者のために）」という教育理念を大切にしています。これは、自分や近しい人だけでなく、より広い視野で他者の存在も考え、他者のために行動できる人を目指すもので、一人ひとりの学生が、この教育理念を受け継いでいます。

2025年4月開設予定のグローバル教養学部では、国内外で進むグローバル化がもたらす社会課題解決に当事者として貢献できる実践力を身につけます。少人数の課題解決型授業、演習を中心に活発なコミュニケーションを数多く経験できます。

全ての学生がグローバル教養を身につけるカリキュラム

全ての学科で、
（1）留学やビジネスレベルの外国語運用能力を身につける「語学インテンシブ・コース」
（2）Society5.0に向けたプログラミングとデータ分析の技能を修得できる情報教育（「情報I」からの接続、発展に対応）
（3）海外インターンシップなどのキャリア形成支援科目
（4）社会課題解決に生かせる副専攻「データサイエンス」「ジェンダーとキャリア」「デザインと表現」
（5）ステージ表現力を獲得するための演奏技術、作編曲、舞台芸術、レッスンを受けられるパフォーミング・アーツ科目
（6）他学科に開放された専門科目
を選択でき、複数の強みを身につけて、早期化する就職活動に備えることができます。

3年次から専攻を決めるレイトスペシャライゼーション

1～2年次は、専攻決定前に領域を横断する幅広い学びを促し、考え方の柔軟性を高めます。

	1年次	2年次	3年次	4年次
CLAコア科目	・キャリア ・ライティング	・情報リテラシー ・パフォーミング・アーツ		
語学科目	・英語 ・スペイン語	・フランス語 ・ドイツ語 ・中国語 ・韓国語	インテンシブ・コース	
専門科目	・導入ゼミ ・基礎ゼミ ・基礎・基幹科目	・基礎ゼミ ・発展科目　専攻の決定	・専門ゼミ ・発展科目	・専門ゼミ ・発展科目
副専攻（希望者のみ）	・ジェンダーとキャリア ・デザインと表現 ・データサイエンス			
他学科開放科目*（希望者のみ）				
海外実習プログラム	・海外語学研修　・海外現地実習　・海外インターンシップ			

＊他学科も履修できる専門科目

地域・自治体・企業とともに取り組む社会連携

横浜市泉区役所との連携
シェアサイクルPRのリーフレットを共同制作

横浜市泉区では、脱炭素社会の形成などを目的にシェアサイクルの普及啓発に取り組んでいます。認知度に課題を抱える区役所からの依頼で、環境と開発ゼミがリーフレットを制作。デザイン選定やアイデア出しなど、ゼミ生が泉区役所職員とともに積極的に取り組みました。「大学生ならではのセンスやアイデアが詰まっている」と高い評価を受けています。

横浜市と相鉄グループとの連携
相鉄いずみ野線沿線における次代の「まちづくり」に参加

横浜市と相鉄グループが主催する「緑園街マルシェ」の企画・運営に、フェリスの学生が携わり、学生のアイデアでまちのイベントを盛り上げました。産学官協働による新たなまちづくりプロジェクトの一環として行われています。

紀伊國屋書店との連携
百人一首の選書とイラスト入りPOPを制作

日本中古文学ゼミは、紀伊國屋書店横浜店で「百人一首」「源氏物語」選書フェアを開催。ゼミ生が選書とオリジナルイラストによるPOPを制作しました。選書は漫画、英訳、画集など豊かな広がりから選び、POPは一目で百人一首フェアと分かり華やかであることを意識しました。

1年次からの少人数ゼミと視野を広げる実習

■異文化リテラシーやグローバルな課題を理解

ゼミでは、正解のない問いに対して、自分の考えを表現する練習、他グループの発表を批評する経験を繰り返し、的確に分析して解釈する力を伸ばします。教員との距離が近く、発言や質問をしやすい環境で、成長を実感できます。

■実践から学ぶまちづくり「観光・地域創生実習」

観光を生かした地域創生・まちづくりの事例や知識、手法を、講義や現地視察で学びます。実務家からのフィードバックを受け、グループワークを通じて地域問題解決への新たな提案力を高めます。

■アジア現地実習で現地の学生と考えるSDGs

フエ大学の学生と共同でグループワークを行い、フエが抱える環境・社会の課題を一緒に考え、調査し、改善策を提案します。また、UNDP（国連開発計画）ベトナムで講義を受け、国連のSDGsの施策について理解を深めます。

学部・学科組織

●グローバル教養学部（2025年4月設置構想中）
　国際社会学科
　　（国際関係専攻、
　　　地球社会・環境専攻、
　　　国際ビジネス・観光専攻）
　心理コミュニケーション学科
　　（心理専攻、
　　　メディア専攻、
　　　共生コミュニケーター専攻）
　文化表現学科
　　（ヨーロッパ・アメリカ専攻、
　　　日本・アジア専攻、
　　　音楽・身体表現専攻）

フェリス女学院大学　入試課

〒245-8650　神奈川県横浜市泉区緑園4-5-3
☎045-812-9183
https://www.ferris.ac.jp/admission/

本文 424・425 ページもご参照ください

中部大学

全国有数の実習環境と技術指導者が整う
工学部・理工学部で学ぼう！

工学部

■機械工学科

専門知識から設計・製作・評価・管理の実践まで体系的に修得し、力学・制御、エネルギー・流体、生産プロセスおよび工学設計領域の知識と能力を身につけた機械技術者を育成します。

■都市建設工学科

ドローン測量や防災・減災、都市計画、設計、施工、管理などを学び、専門的・実務的な知識・能力を修めることができます。人の命と財産を守り、安心・安全・快適なまちづくりができるスペシャリストを育成します。

■建築学科

美しく安全で快適な建築をつくるために幅広い分野を学び、力のある一級建築士を目指します。体験型教育を通じた意欲的な学修と、最新の3Dモデリングシステムも学べます。

■応用化学科

多くの実験を経験し、最先端の化学に触れながら、基礎から専門に至る深い知識を修得することで、幅広い分野に精通した化学技術者・研究者を育成します。

■情報工学科

日々進化する情報化社会の最先端で活躍できる、あてになる情報技術者を育成します。情報化社会で必要な知識を修得し、実践力を高め、創造性を身につけます。

■電気電子システム工学科

電気工学と電子工学を基盤とする学問を学び、電力・設備、電機・計測制御、材料・デバイス、システム・通信、プログラミングなどの知識・能力を修得したエンジニアを育成します。

理工学部

■数理・物理サイエンス学科

数理科学・物理科学の専門的な知識と技術を、少人数制の講義と演習を通じてしっかりと身につけることができます。高校教員免許状（数学/理科）を目指すこともできます。

■AIロボティクス学科

プログラミングやAIなどのソフトウェア系（情報工学分野）と、モノづくりに関する工業デザインやハードウェア系（機械・電気・電子工学分野）を幅広く、バランスよく学ぶことができます。

■宇宙航空学科

航空宇宙産業はもちろん、情報系・機械系・自動車系・電子系などで活躍できるエンジニアを育成します。さらに、正課内で民間企業へのインターンシップを実施し、現場で生かせる実学を培います。シアトルへの海外研修にも参加できます。

学内に本格的な実習工場も！ホンモノのまなびが待っています

国家資格を持つ
教育技術員が
少人数制 で実習指導

民間企業の
新人研修にも対応できる
高度な指導力

国家資格の技能検定
の会場に認定される
充実した実習環境

文 理 医 教 融合のワンキャンパスで、カラフル＆自由に学ぼう！

他学科履修　入学後、興味に合わせて他学科の専門科目を履修することができます。ワンキャンパスのメリットを生かした所属学科以外の **8学部27学科** への横断的な学びを推奨しています。

他 学 科 履 修 の 例

AIにもプログラミングにも強い人材に	防災・減災に加え、地域の歴史や経済・環境も学ぶ	シアトル研修にむけて楽しく英語や文化を学ぶ	将来自分でデザインしたお店を出店するため、お金や食品について学ぶ
所属学科	所属学科	所属学科	所属学科
AIロボティクス学科	**都市建設工学科**	**宇宙航空学科**	**建築学科**
＋	＋	＋	＋
情報工学科	歴史地理学科	英語英米文化学科	経営総合学科
		＋	＋
		国際学科	食品栄養科学科

○**自由科目**　他学科履修で修得した科目は、「自由科目」として卒業単位に含めることができます。

就職実績（2023年3月卒業生）

就職率 …… 100%（就職者数／就職希望者数）

主な就職先

アイシン／愛知時計電機／旭サナック／イビデン／オークマ／ドワンゴ／大林建設／大成建設／関西電力／住友電装／デンソー／セントラルヘリコプター／ニデック／スズキ／国土交通省／名古屋港管理組合／アイリスオーヤマ／カワサキロボットサービス／農林水産省／防衛省 他

大学院進学も積極サポート！

毎年多くの学生が学内外の大学院に進学しています。

大学院就職実績 100%（就職者数／就職希望者数）

学部・学科組織

- ●工学部
- ●経営情報学部
- ●人文学部
- ●生命健康科学部
- ●理工学部
- ●国際関係学部
- ●応用生物学部
- ●現代教育学部

中部大学　入学センター

〒487-8501　愛知県春日井市松本町1200
☎0120-873941
https://www.chubu.ac.jp/

本文 **482・483** ページもご参照ください

79

南山大学

国際性豊かな学びを、世界を目指す君に。

「人間の尊厳のために」を教育モットーとして掲げる南山大学は、中部地区を含む西日本で唯一のカトリック総合大学です。南山大学のビジョン・キーフレーズ「個の力を、世界の力に。」には、人間の尊厳と多様性の確保、そして共生・協働の精神が示されています。このビジョンのもと、周囲の人々と協調しながら目の前の課題に挑み、解決していける人材、豊かな国際力と専門性を併せ持つ人材を育てています。

クォーター制（4学期制）

1年を4回に分けて授業を行うクォーター制を導入しています。そのため、海外の大学において6月からスタートするサマーコースなどの短期留学プログラムへの参加や、サービス・ラーニングなどの自主的な学修の選択肢が広がるなどのメリットがあります。また、短期間で集中的に学ぶため、学修効果の向上が期待できます。

「外国語で」学ぶ授業

南山大学は創立以来、国際教育に力を注いでいます。全学部・全学科の学生が、幅広い分野を網羅する約70科目の授業をすべて外国語で受けられます。留学しなくても海外の大学さながらの授業を受講できるのが魅力です。外国語で専門科目の授業を受けるだけでなく、討論や発表もすべて外国語で行うことで、高い外国語運用能力を養うとともに、外国語で自分の考えを伝える主体性とスキルを身につけます。

キャンパス内での国際交流の機会が豊富

南山大学には、年間およそ450人の外国人留学生が訪れます。授業やクラブ活動を通じて、普段の学生生活の中で国際力を身につけることができます。また、すべての学生の多様なニーズに対応できるように、キャンパス内には多数の国際交流の機会を提供しています。

■ワールドプラザ／学内にいながら英語、フランス語、ドイツ語、スペイン語、中国語などの外国語で会話を楽しみ、外国語運用能力を磨くことができる“外国語だけ”のコミュニケーション空間です。

■ジャパンプラザ／外国人留学生の日本語練習のために設けられた“日本語だけ”の交流施設です。ここでは誰でも気軽に各国からの留学生と日本語で交流できるとともに、“日本語を教える”ことの面白さや難しさも体験することができます。

■国際学生宿舎／キッチンやダイニングルームをシェアしながら外国人留学生と共同生活ができる宿舎です。日常生活の中で互いの文化や習慣の違いを理解し、助け合いながら、国境を超えた友情を育むことができます。また、ミーティングや各種イベントなどで楽しみながら意義のある学生生活を過ごすことができます。2022年4月に新たな宿舎が開寮しました。

■多文化交流ラウンジ／すべての南山大生が自由に多文化交流を体験できるスペースです。外国人留学生による国紹介など気軽に参加できるものから、トークセッションなどアカデミックなものまでさまざまなイベントが開催されます。また、学生スタッフ（南山インターナショナル・アンバサダー）として、イベントの企画・立案などに携わることもできます。

多彩な留学プランを提供

　大学の留学制度を利用すれば、留学先大学で取得した単位が卒業単位として認定されるため、４年間での卒業も可能です。

■交換留学／35の国・地域からなる120の協定大学で、現地学生とともに専門科目を学びます。高い外国語運用能力が必要ですが、多くの知識と経験を得ることができます。留学先大学の授業料が全額免除されるため、最も人気がある留学方法です。

■認定留学／留学先や時期などを自由に決めることができるので、独自の留学プランを描くことができます。

■短期留学／全学部において各学部独自の短期留学プログラムを用意。語学を学ぶだけでなく、現地の文化に触れるフィールドワークや企業訪問なども行います。例えば、経営学部ではアメリカのビジネスについて学習したり、現地の学生とともに現地企業の訪問を行います。

　また、全学部生を対象とした１ヶ月間の短期海外研修プログラムもあります。長期留学が難しい方や、外国語運用能力を向上させたい方にお勧めです。

■留学奨学金／多くの学生が留学できるよう、経済面から留学をバックアップする体制が整っています。留学のための大学独自の奨学金として返済不要の給付型が２種類、貸与型が１種類あり、同時に併願可能です（学内審査・選考あり）。

　他にも、交流協定校の奨学金や日本学生支援機構の奨学金など、さまざまなサポートが用意されています。

就職に強い南山大学

　南山大学では、夢の実現に向け１年次から段階的に学生を支援するキャリアサポートプログラムが用意されています。モノ作りが盛んで経済面も好調な中部地区において、トップクラスの就職実績を誇っています。

■国際社会で活躍するキャリアを考える特別プログラム／将来、外交官（外務省専門職など）あるいは国際機関職員として海外の舞台で活躍したい学生を対象に開催しているプログラムです。歴史ある南山大学ならではの人脈で講師を招き、実際に外務省や国際機関での職務経験を持たれる方の話を聞いたり、国際社会で働く意義や国際情勢の読み取り方を学ぶことで、国際的な公務労働についての理解を深め、現代の国際関係・外交問題に対する理解力と対応能力を培います。

学部組織

- ●人文学部
- ●外国語学部
- ●経済学部
- ●経営学部
- ●法学部
- ●総合政策学部
- ●理工学部
- ●国際教養学部

南山大学　入試課

〒466-8673　名古屋市昭和区山里町18
☎052-832-3013
https://www.nanzan-u.ac.jp/admission/
X：@Nanzan_nyushi
Instagram：@n_stagram3013

本文 **494・495** ページもご参照ください

京都産業大学

一拠点総合大学の特長を生かし、世界に通用する人材を育成する

上賀茂・神山（こうやま）の地から雄飛する大学

宇宙物理学の権威である荒木俊馬により、京都産業大学は1965年に創設されました。創立50周年にあたる2015年には中長期計画「神山STYLE2030」を策定。計画にそって、17年に現代社会学部、18年に情報理工学部、19年には国際関係学部と生命科学部が設置されました。現在は文系・理系合わせて10学部を擁する西日本有数の「一拠点総合大学」として、1万5000人を越える学生がワンキャンパスで学んでいます。神山STYLE2030による学部再編を経て、現在はデジタル技術のフル活用による教育の質向上に取り組んでいます。学部を越えて学生間、学生と教職員の交流が活発な京都産業大学は、国際文化都市・京都という立地とデジタル技術の相乗効果で、優れた教育・研究能力をさらなる高みに引き上げようと取り組んでいます。

新たな発想や価値をうみだす学び

社会・人文・自然科学の学問領域を拡大してきた京都産業大学では、一拠点総合大学だからこそ、学生・教員が多様な価値観を集結させ、新たな価値を創出しています。学問領域が多彩であるということは、教員の研究分野も多彩で、一般教養科目や学べる言語の種類なども多様です。また、それらの科目を扱う授業は、文系・理系問わず多様な学部の学生が受講するため、自分とは異なる専門性を有する学生と学び合うことができます。

「本学ならでは」の文理融合型科目「データ・AIと社会」は、デジタル社会で必要となるデータ・AIの素養を修得するためのデータサイエンス科目で、2021年度からリテラシー（基礎）レベルとして開講しています。本授業科目は文部科学省の「数理・データサイエンス・AI教育プログラム認定制度リテラシーレベル（MDASH

Literacy）」の認定を受けており、データの収集法、AIの基本的な仕組み、社会におけるデータ・AI活用例、法律的・倫理的な問題点、人間社会・職業への影響、その予想される将来について、文系・理系に関わらず興味深く学ぶことができる内容です。さらに2023年度からは、共通教育科目に「データサイエンス科目群」を設け、リテラシーレベルに続く科目を新たに設置し、基礎から応用基礎レベルまで段階的・体系的に学ぶことのできる機会を、全学部・全学年に広く提供していきます。

一拠点総合大学ならではの
アントレプレナー育成プログラム

　Society 5.0の実現に向けて、人びとの夢を実現する革新の技術と社会・世界をむすび、新しい産業をうみだしていく起業家（アントレプレナー）の育成が、今、大学に期待されています。起業家に求められるのは「これまでにない」発想。多様な知や人との交流がその源泉です。

　そこで、文系・理系10学部、約15,000人もの学生が一つに集結する「ONE CAMPUS」ならではの特長を生かした起業家育成プログラムを開設。全学部が参画する文理融合の正課教育として2023年度から始動しています。全学部・全学年の学生が誰でも学べるプログラムには、教員もすべての学部から集い、文理を越えた新しい学びが展開されています。起業活動の拠点となるInnovation HUBやInnovationラウンジなど、学生が自由に利用できる施設を新たに設置。イノベーションの創出と社会的課題を解決する力をもった人材を育成するため、文理融合教育を進めています。

「社会で活躍できる人材」を育成する
キャリア教育

　京都産業大学のキャリア教育は、学内での「学び」と、学外での「実践」を積み重ねることで、自身の将来を描き、考え抜く力・表現する力などといった「社会を生き抜く力」を養成します。全学部、全年次の学生を対象とした多彩な科目を年間約4,000人の学生が受講し、学部の枠を越えた学びを実践しています。企業・団体と連携して進める「O/OCF-PBL（On/Off CampusFusion-ProjectBased Learning）」*や「インターンシップ」などを通して、実社会で求められる力を学びながら、主体的に考え積極的に行動できる根幹的な実力を養うことで、大学での学びを深化し、卒業後も自ら考え行動する「社会で活躍できる人材」を育成します。

＊O/OCF-PBL（オーシフピービーエル）
　大学（On Campus）での学びと実社会（Off Campus）での学びとを融合（Fusion）させた、課題解決型学習（PBL：Project Based Learning）科目です。学生が社会で活躍する力を身につけるためには、非定型的で答えのない実社会の課題に取り組む実践が不可欠です。1年次

から2年次までの一貫したプログラムによって、企業や行政機関等からいただいた課題にチームで取り組み、「課題解決スキルの修得」と「主体性や社会性をはじめとする能力の伸長」を図っていきます。

充実の施設・設備

■グローバルコモンズ
　各国言語の資料を閲覧できるほか、外国語会話ラウンジ、異文化交流イベントなど、外国語を楽しみながら学習できるプログラムを提供。授業以外でも外国語を使う機会が増えるため、外国語との距離がぐっと縮まり、学習意欲やコミュニケーション能力がアップします。そのほか、専門スタッフによる英語個別学習支援など、各学生のレベルに合わせたサポートも受けることができます。

■神山天文台
　私立大学としては最大となる「荒木望遠鏡」（口径1.3メートルの反射式望遠鏡）などの観測装置や各種の実験・開発機器を設置。この施設・設備を学内外の研究者や学生の教育の場として提供するとともに、地域の方にも広く開放して宇宙に触れる機会を身近に提供しています。

学部・学科組織

- ●経済学部　経済学科
- ●経営学部　マネジメント学科
- ●法学部　法律学科／法政策学科
- ●現代社会学部
  　現代社会学科／健康スポーツ社会学科
- ●国際関係学部　国際関係学科
- ●外国語学部
  　英語学科（英語専攻、イングリッシュ・キャリア専攻）／ヨーロッパ言語学科（ドイツ語専攻、フランス語専攻、スペイン語専攻、イタリア語専攻、ロシア語専攻、メディア・コミュニケーション専攻）／アジア言語学科（中国語専攻、韓国語専攻、インドネシア語専攻、日本語・コミュニケーション専攻）
- ●文化学部　京都文化学科／国際文化学科
- ●理学部
  　数理科学科／物理科学科／宇宙物理・気象学科
- ●情報理工学部　情報理工学科
- ●生命科学部
  　先端生命科学科／産業生命科学科

京都産業大学　入学センター

〒603-8555　京都市北区上賀茂本山
☎075-705-1437
https://www.kyoto-su.ac.jp/admissions/

本文 509 ページもご参照ください

同志社大学

教育あり、智識あり、品行ある自治自立の人を育てる

1875年、「キリスト教主義」「自由主義」「国際主義」という教育理念のもと、新島襄は京都の地に同志社英学校を創立しました。新島はアメリカで「良心」と「自由」の大切さに感銘を受け、同志社の礎となる「一国の良心」ともいうべき人物を養成することを目標に掲げました。以来、「良心を手腕に運用する人物の養成」をめざす同志社の教育は145年を超える歴史の中で受け継がれ、高い志を持った多くの人物を輩出しています。

ワンキャンパスでの学び
2校地における教学体制

京都に今出川校地と京田辺校地の2つの学修校地を有しています。また、全ての学部が4年間同一校地で学修を完結できる体系的で一貫性のある教育体制を展開しています。京都市内にある今出川校地は、リベラルアーツ型教養教育及びゼミナールを中心とした専門教育を展開する文系学部の教育拠点として、一方の京田辺校地は、国の定める「関西文化学術研究都市」に位置し、理系・文理融合系を中心とした教育拠点となっています。両校地とも関西主要都市からアクセスのよい場所にあるのも魅力です。

14学部での多様な学び

同志社大学は現在14学部34学科16研究科・学生数約28,000人を擁する総合大学となり、創立150周年を迎える2025年に向けて、教育・研究改革を進めています。

教学面においては、今出川・京田辺の両校地で年間約11,500の科目・クラスを開講し（2023年度）、そのうち「同志社科目」「キャリア形成支援科目」「国際教養科目」など14学部共通で学べる「全学共通教養教育科目」を約3,300科目・クラス設置しています。さらには、他大学との単位互換制度や副専攻制度を設置し、また所属学部以外の科目も一部受講することができるなど、学生の興味・関心に合わせて自由に学ぶことができる充実した学習環境を整えています。

同志社データサイエンス・AI教育プログラム（DDASH）

2022年度から開始した新たな教育プログラムで、文系・理系問わず14学部全ての学生が履修可能です。データサイエンス・AIに関する概論や、官庁・企業などの外部講師による具体的な利活用例を学びます。2023年度からは、より高度な内容を含む応用基礎レベルや副専攻プログラムも開講しました。なお、DDASHは学部レベルのみではなく、大学院レベルでの展開も予定しており、学部・大学院と一貫したデータサイエンス・AI分野の人材育成に取り組んでいきます。

次代のリーダーを養成する 新島塾

2年間にわたり、文系と理系の垣根を越えて幅広い教養を身につけ、総合知とリーダーシップ、そしてフォロワーシップを兼ね備えた人物の養成を目的としたプログラムです。「書を読み、友人や先生と語り、仲間と協働する価値を学ぶ」をコンセプトに据え、課題図書の読書、最新の時事問題を絡めて定めたテーマについて理解を深める教育合宿、著名なリーダーとの対話・討論会などを通じて、学生がお互いに切磋琢磨し、教養や論理的思考力を獲得しながら学びを深めていきます。

良心に基づき「考動」する国際人をめざす グローバル・リベラルアーツ副専攻

グローバル教育センターが提供する幅広い学問分野の科目と日本の伝統・文化に関する科目を「グローバル・リベラルアーツ副専攻英語開講科目」として開講しています。これらの科目は英語で授業を行い、そのほとんどを20名程度の少人数クラス、国内学生と留学生がともに学ぶクラスとして編成します。事前学習を徹底し、グループワーク、ディスカッション中心の対話型授業を行うことで、柔軟な思考力と異なる文化や多様な価値観を持つ人々と協働する力を身につけることができます。

「人一人を大切に」 個に応じたきめ細かいキャリアサポート

学生自身の関心や価値観を重視したキャリア形成、就職支援を展開しています。在学中に学んだ知識や抱いた関心の延長線上に将来のプランを築き、進路選択ができる体制を入学時から整えています。キャリアセンターでは企業の経験豊富なキャリアアドバイザーを配置し、学生へ個別にアドバイスをしています。これらの結果、全国の有名企業や国家公務員に多くの学生を輩出し、毎年高い就職率を維持しています（2023年4月採用内定率98.8％）。また、就職調査では約90％の学生が就職決定先に「大いに満足」、「満足」と回答しています。

公務員志望者には大手予備校講師が学内に来て講義を行う公務員講座を実施しており、外部予備校の半額程度の金額で受講できます。

関西の企業に偏ることなく、東京本社の企業への就職も多いため、東京と大阪にサテライト・キャンパスを設置しており、就職関係の情報収集の場として活用されています。

学部組織

- 神学部
- 文学部
- 社会学部
- 法学部
- 経済学部
- 商学部
- 政策学部
- 文化情報学部
- 理工学部
- 生命医科学部
- スポーツ健康科学部
- 心理学部
- グローバル・コミュニケーション学部
- グローバル地域文化学部

同志社大学　入学センター入学課

〒602-8580　京都市上京区今出川通烏丸東入
☎075-251-3210
https://www.doshisha.ac.jp

本文 **518・519** ページもご参照ください

関西大学

社会を見つめ、変化に挑む。「考動」する関大人が世界を拓く。

関西大学 NEWS

2025年 ビジネスデータサイエンス学部新設
（仮称・設置構想中）

ビジネス分野に特化したデータサイエンス教育により、ビジネスに新しい価値を創出し、変革を促す人材を育成します。ビジネス分野の基礎理論や現場での経験を積み重ねる機会を設け、チームごとに技術やアイディアを競い合う学習方法などを導入するなど、知識やスキルを習得しながら、相互に切磋琢磨し、学生一人ひとりがモチベーションや意欲を高めていくことのできる教育を展開します。ビジネスアクティブラーニング科目や産学連携による特別プロ

グラムなども豊富に用意され、実社会ですぐに活用できるビジネス力とデータサイエンス力とともに、自らの人生を切りひらく人間力を身につけます。

関大×大阪・関西万博

関西大学は、希望に満ちあふれた社会、世代や性別・人種などの多様性を認め合う社会、一人ひとりが個性を発揮して活躍できる社会の実現に全力で挑戦します。2050年に向けた将来ビジョン「Kandai Vision 150」では、「未来を問い、そして挑戦する。」を合言葉に、予測困難な未来に向けて、多様性を尊重し、対話を重ね、答えを模索し続けることを宣言しています。2025年「大阪・関西万博」への参画は、まさにビジョンに掲げる挑戦そのものであり、関西大学の真価が問われているともいえます。

大阪・関西万博においては、自由な思考と創造力を促進し、地域特性・文化に根差したアイデンティティを尊重しながら、学際的な研究、地域社会との協働、イノベーションなどを通じて、持続可能な未来社会の実現に寄与します。そして、次代を担う人材育成において、夢の実現を支援する教育環境を創出し、学生の能力を最大限に引き出します。

次世代グローバル人材育成

関西大学では、留学の目標や外国語習熟度が異なるすべての学生に対応したグローバル環境を整えています。

学内では、海外にいるかのように留学生と英語学習・国際交流ができる共通教養科目「グローバル科目群」を開講。異文化交流が日常的に体験できるコミュニケーションスペースの設置や、国を超えた課題解決型学習に取り組むオンライン協働学習などの活用が可能です。

短期留学は、夏休みや春休みに語学セミナーや、オンライン協働学習と連動させた現地学習を実施。半年以上の中長期留学は、36カ国・地域144大学※の学生交流協定校で専門分野を学ぶ交換派遣留学と、外国語を集中的に学ぶ認定留学があります。4年間で卒業でき、単位認定、奨学金制度などが整い、全学生が留学に挑戦できます。

※2023年3月末現在

KANDAI DATA

志願したい大学

関西圏 16年連続
第1位
リクルート進学総研
「進学ブランド力調査2023」

学びたい学部・学科がある

関西圏 第1位
リクルート進学総研
「進学ブランド力調査2023」

学部・学科数

4キャンパス
13学部 20学科
（2023年5月1日現在）

関西の中心地「大阪」にある文理融合の総合大学

学生数

29,673人
男子17,398人 女子12,275人
（2023年5月1日現在）

全国TOP10に入る大規模大学

専任・兼任教員数

2,743人
（2023年5月1日現在）

興味・関心に応える充実のサポート

卒業生数

約50万人
創立137年

「関西大学校友会」が卒業生のネットワーク作りをサポート。社会に出ても「関大人」とのつながりを感じることができます。

関西大学卒業時の満足度

94% （2022年度実施）

地域との連携事業数

200件以上 2014年度以降の延べ数
地域の活性化を図るため、商店街の興隆や限界集落の活性化・産業振興・健康づくり・生涯学習・防災学習など、13学部の叡智を結集して課題の解決に取り組んでいます。

キャリア支援・資格取得

　2022年度の関大生の就職率は98.5％で、前年度より0.2ポイントアップしました。就職サポートは1年次からスタートし、未来を主体的に見据えて自らの進路を定めていきます。1・2年次生は就活準備WEBツールや、企業連携型キャリアスタートプログラムなどを活用。3年次以降は本格的な就職活動に向けてガイダンスや対策セミナーを開講し、4年次の進路決定を確かなものにします。キャリアセンターでは専門のキャリアカウンセラーが進路や就職活動に関するあらゆる学生の相談に親身に対応します。さらに、U・Iターン就職を希望する学生のためのセミナーや情報発信にも力を入れています。

　教職課程では、小学校・中学校・高等学校の教員免許状の取得が可能です。全学組織として教職支援センターを設置し、教職に関する豊富な専門知識と現場経験を持つ教員が、学生の相談に応じています。2023年度は78人が教員に採用されました。

　このほか、公務員や公認会計士、税理士などの難関国家試験をはじめ、外国語検定やデジタル系の資格試験など、各種取得資格に向けたさまざまな学内講座があり、自律的なキャリア形成をサポートしています。

奨学金制度

　大学独自の奨学金制度が16種類あり、全学生のうち4割以上が利用しています。

　このうち、関西大学「学の実化」入学前予約採用型奨学金は、一般入試・共通テスト利用入試の出願前に採用が内定する返還義務のない給付奨学金制度です。入学後、学部・出身高校所在地により年額30〜55万円が給付され、継続審査を経て4年間の受給が可能です。

学部組織

- ●法学部
- ●文学部
- ●経済学部
- ●商学部
- ●社会学部
- ●政策創造学部
- ●外国語学部
- ●人間健康学部
- ●総合情報学部
- ●社会安全学部
- ●ビジネスデータサイエンス学部※
  （仮称・設置構想中）
- ●システム理工学部
- ●環境都市工学部
- ●化学生命工学部

※2025年4月開設予定

関西大学　入試センター　入試広報グループ

〒564-8680　大阪府吹田市山手町3-3-35
☎06-6368-1121（大代表）
https://www.kansai-u.ac.jp/nyusi/

本文 **552・553** ページもご参照ください

関西学院大学

複雑化する未来に向けて世界の課題の解決に挑む
Borderless Innovatorを育成

関西学院大学は1889（明治22）年の開学以来、スクールモットー "Mastery for Service" を体現する「世界市民」の育成に力を注いでいます。

国際化をけん引するグローバル大学として文部科学省から選定され、留学生と日本人学生が集うキャンパスは、そのまま国際交流の場となっています。世界に開かれ、世界と共生する大学を目標に掲げ、57か国・地域の280以上もの大学・国際機関と相互交流を推進しており、海外留学派遣者数は国内トップクラスです。ダブルチャレンジ制度「インターナショナルプログラム」では、国連ボランティア計画との協力協定に基づく途上国での「国連ユースボランティア」をはじめ、国連セミナー、海外インターンシップ、ダブルディグリー留学などを実施。2020年には海外学生との共修を重視したオンライン国際教育プログラムを開発し、語学力の向上や異文化理解で高い成果をあげています。

また、キャリア支援では就職率99.7%、就職先への満足度98.2%と高い実績を誇ります（2023年3月卒業生）。教職員が学生一人ひとりに向き合い、キャリアデザインから就職活動まで手厚くサポートしています。

神戸三田キャンパスが進化
世界の課題解決に挑む

2021年4月、神戸三田キャンパス（KSC）がこれまでの理工学部を発展・改組し、「理学部」「工学部」「生命環境学部」「建築学部」の4学部を開設し、文系の総合政策学部を合わせた5学部体制になりました。国境や理系・文系、学問分野、大学と社会などのさまざまな枠を超えた教育に取り組み、複雑化する未来に向けて「境界を越える革新者（Borderless Innovator）」の育成を図ります。

重点研究のひとつをSDGsの17番目の目標「持続可能なエネルギー（Sustainable Energy）」に設定。世界の課題解決に挑む一大研究拠点を形成し、理系4学部の次世代有機EL、人工光合成、パワーエレクトロニクス、環境共生型スマートシティなどの最先端研究と、総合政策学部に蓄積された研究成果を活用し、持続可能な社会の実現に寄与することを目指します。

また、学問横断型の教育システムも特徴です。専門基礎科目で構成する「KSC分野横断科目群」とSDGsへの理解を深める「KSC総合教育科目」を設置。さらにアントレプレナー育成プログラムを創設し、経営学・知的財産・AIなどの科目とともに「本物の起業体験」を学ぶことができます。工学部では自らの専門隣接分野が学べる「マルチプル・メジャー（複専攻）制度」を導入し、複眼的な視点と専門性を身につけます。

このほか海外プログラムのさらなる充実や、キャンプによってディスカッションや交流を深めるCamping Campus、企業との接点を提供する学びの場BiZCAFEなど、新しい教育の試みを次々と導入しています。

文系5学部が新カリキュラムに

2021年4月から法学部、経済学部、商学部、教育学部、総合政策学部のカリキュラムがリニューアルしました。DX時代の世界市民に必要とされるスキルを学べる教育環境へと進化しています。

AI活用人材育成プログラム

AIをツールとして使いこなし、社会課題の解決に挑む人材を育成することを目的に、日本IBMと共同で開発したプログラム。文系、理系関係なく履修でき、データサイエンスやプログラミングなどの基礎から、実践、応用までを段階的に学んでいきます。基礎科目の一部は完全オンライン化したバーチャルラーニングで、時間と場所にとらわれずに学ぶことができます。

プロジェクト型学習では、実際に企業から提示された課題に対し、AIを利用したアプリケーションの開発を行い、解決策を提言するプレゼンテーションを実施。最先端のビジネス視点を取り入れています。

学生が自身の専門分野の学びを追究し、その分野での課題解決に役立てることができるように、AI技術を学ぶ目的や活用法を常に意識しながら学ぶことで、AIの活用に不可欠な発想力と実践力を養います。

■AI活用人材育成科目　カリキュラムツリー

矢印は全て先修条件を示しています。　　　□：virtual-learning で開講

発展
- AI活用発展演習Ⅱ
- AI活用発展演習Ⅰ

基礎
- AI活用アプリケーションデザイン実践演習
- AI活用アプリケーションデザイン入門
- AI活用実践演習A（Javaによるアプリケーションデザイン）
- AI活用実践演習B（pythonによる機械学習・深層学習）
- AI活用実践演習C（Webデザイン）
- AI活用データサイエンス実践演習
- AI活用データサイエンス入門

入門
- AI活用入門

●法学部
5つのコース（特修コースは選抜制）を新設。法曹・企業法務・公務の3分野のスペシャリストをめざし、高い専門性とともに、世界の事象をあらゆる視点から見ることのできる多角的な考え方を養います。

●経済学部
2年次の「プレ演習」では、3年次のゼミ「専門演習」に向けて知的好奇心や探究心を重視しながら専門分野の選択ができます。数学を基礎から学ぶ科目もあり、文理分断されることなく実社会で役立つスキルを身につけられます。

●商学部
Society5.0社会に対応したデジタル＆グローバル教育のプログラムを強化。AI・データサイエンスを学ぶAI人材育成科目を導入するほか、海外大学とのオンライン授業も拡充します。

●教育学部
教員免許重点カリキュラムを設置。中・高一種免許（英語）の教職課程を新設し、4年間で小・中2つの免許が取得可能です。英語能力の高い教員として小学校現場で力を発揮する教員を育成します。

●総合政策学部
官庁や国内外の自治体と連携し、社会問題の解決に挑戦する授業を都市政策学科へ配置。データ・ICT研究者の専任教員のもとで実践的に社会問題を解決する力を養います。海外派遣プログラムにも参加可能です。

一般選抜入学試験が さらに受験しやすく（2024年度参考）

①全学部日程では、試験日を**2日間**設定し、両日とも**全学部（14学部）**が受験可能です。

②大学入学共通テストを利用する入学試験の1月出願に**文系7科目型**を設定しました。

③理・工・生命環境・建築学部の全学部日程に**均等配点型、数学・理科重視型**の2方式を設置。併願減額制度も導入しました。

④2月5日(月)には**英数日程と共通テスト併用日程（数学）**、2月6日(火)・7日(水)には文系学部で**学部個別日程と共通テスト併用日程（英語）**を実施。併願減額制度も導入。

⑤一般入学試験は、**大学入学共通テスト後に出願可能**です（2024年1月17日(水)まで）。

※2025年度一般選抜入学試験変更点についての詳細は関西学院大学ホームページをご確認ください。

学部組織
- ●神学部
- ●文学部
- ●社会学部
- ●法学部
- ●経済学部
- ●商学部
- ●人間福祉学部
- ●国際学部
- ●教育学部
- ●総合政策学部
- ●理学部※
- ●工学部※
- ●生命環境学部※
- ●建築学部※　　※2021年4月開設

関西学院大学　入学センター
〒662-8501
兵庫県西宮市上ケ原一番町1-155
☎0798-54-6135
https://www.kwansei.ac.jp/

本文 **578・579** ページもご参照ください

甲南大学

一人ひとりの天賦の才を伸ばす「彩り教育」を展開

1919（大正8）年に創立された甲南学園は、甲南中学校にはじまり、100年を超える歴史があります。学園創立者・平生釟三郎（ひらおはちさぶろう）が掲げた建学の理念「各人の天賦の特性を伸長させる人物教育の率先」は、1951（昭和26）年に開学した甲南大学にも脈々と受け継がれています。

8学部14学科1学環と大学院4研究科を擁する総合大学でありながら、学生数約9,000人という「ミディアムサイズの総合大学」の特長を生かし、多彩な学部の学生が自然に交流し融合する環境を生み出しています。次なる100年における新たな伝統を創造するため、「甲南新世紀ビジョン」のもと、さまざまな改革を推進し、現在は「人物教育のクオリティ・リーダー」のさらなる進化を目指す「KONAN U.VISION 2025」の実現に取り組んでいます。

無限の可能性を伸ばす 彩り豊かな教育プログラム

甲南大学では、学部にとらわれない取り組みが活発で教職員と学生との距離が近い「ミディアムサイズの総合大学」ならではの土壌を生かし、「全学共通教育」「専門教育」「正課外教育」が密接に連携しながら、学生を成長へと導く「彩り教育」を展開しています。彩り教育において、大きな役割を果たしている「全学共通教育」は、専門分野の枠を越えて、様々な方向に学びを拡張できる仕組みです。学生生活を通して学部での専門的な学び以外に広がった興味・関心を、分野の垣根を越えて自由に広げ「補完」することができるため、学生自身の「好き」や「得意」を広げる場となっています。

1年次を対象としている「導入共通科目」のひとつ「共通基礎演習」では、「学部等を横断した学び」という視点から、高校までの学びと大学での学びを接続しています。異なる学部の学生とともにプロジェクト学習を行い、コミュニケーション能力、課題発見・問題解決能力、情報発信力を磨くことができます。1年次の段階で得意教科や物事に対する考え方がまったく違う所属の学生から刺激を得ることで、その後の学生生活の過ごし方を考えるきっかけにもなります。

民法・商法やビジネス法務、会計や簿記、IT、ビジネス英語など、専門の学びに加えてキャリアの設計に必要な学びに取り組む「キャリア創生共通科目」や、目標の職業に直結した資格・試験の対策、健康寿命の延伸という社会ニーズを見据え、福祉・スポーツ系の知識や技術

甲南新世紀戦略研究プロジェクト

甲南大学の研究力の向上と教育へ好循環を目的として、「最先端の研究からイノベーション創出など社会の発展に大きく寄与する取組み」や「地域の課題を解決し地域の経済・社会・雇用・文化などの発展・深化に大きく寄与する取組み」を展開するプロジェクトが2024年度からスタートします。このほど第Ⅰ期プロジェクトとなる3件が決定し、2024年から4年間にわたって研究を進め、遺伝子分野の新しい研究やエネルギー問題に寄与する新しい技術や材料の開発を行います。

採択課題①
非ワトソン-クリックワールドの核酸化学の確立と国際核酸化学研究拠点の形成

　二重らせん以外の核酸の構造による遺伝子の新しいしくみや、疾患に関わる影響を明らかにする研究です。

採択課題②
カーボンニュートラルに貢献するエネルギー変換材料の開発研究

　光触媒で水を分解し水素を製造する研究、全固体電池の開発、有機太陽電池など、脱炭素社会を実現する技術を開発します。

採択課題③
未利用熱マネジメントに向けた革新的熱電変換ナノ材料の開発

　石油や天然ガスなどの利用時に放出される「熱」を「電気」に変換できる革新的材料の開発を目指します。

を体系的に修得できるプログラムも用意しています。各学問分野の専門知識を修得する専門教育とは異なり、時代の変化を見据えながら、フレキシブルにカリキュラムを組み替えて社会で必要とされる実践力を身につけることができます。

グローバル教養学環 グローバル教養学位プログラム "STAGE" が誕生

「人物教育の率先」を建学の理念とする甲南大学は、「世界に通用する人物」を育成するため、グローバル教育に力を注いできました。これまでの伝統を生かし、グローバル教育の新展開として「グローバル教養学環（STAGE）」を2024年4月に設置します。"STAGE"は、グローカル人材として社会の第一線で活躍する人物を育成するプログラムです。「複数言語圏へのダブル留学」を卒業要件の一つとし、「複数言語の運用力強化」、「社会科学（経済・法・政治・経営）」、「国際理解」、「グローカル実践PBL」、「データサイエンス・AI等」を幅広く組み合わせて学びます。世界基準で考え、行動できるグローカル人材として、キャリアを切り拓いていくことに重きを置いています。

"STAGE"では、初年次から卒業時まで、少人数クラスのゼミ「STAGE演習」を必修科目としています。1学年定員25名の学生を、11名の専任教員がアカデミックアドバイザーとしてチーム体制で指導します。中長期で留学している間もオンラインを活用してゼミに参加し、留学先で得たものを共有し合うことができます。また、世界の主要なニュースや留学を目指す国などのグローバルトピックスについて日常から情報を収集し、要点をまとめ発表、意見交換などのワークを繰り返し行います。その他、グローバルゾーンでのイベント企画や外国人留学生との共同プロジェクト、企業・行政・各種団体との連携による地域で実践するグローカル実践PBL、留学から帰国後も海外の協定校とオンラインでの交流など、刺激と挑戦に溢れた4年間を過ごすことができます。

ACCESS

岡本キャンパス
大阪梅田 電車で20分
神戸三宮 電車で7分
最寄り駅 阪急岡本から 徒歩10分

西宮キャンパス
大阪梅田 電車で12分
神戸三宮 電車で14分
最寄り駅 阪急西宮北口から 徒歩3分

ポートアイランドキャンパス
神戸三宮 電車で14分
最寄り駅 ポートライナー 計算科学センターから 徒歩4分

学部・学科組織

●文学部　日本語日本文学科／英語英米文学科／社会学科／人間科学科／歴史文化学科
●法学部　法学科
●経済学部　経済学科
●経営学部　経営学科
●マネジメント創造学部　マネジメント創造学科
●グローバル教養学環（2024年4月新設）
●理工学部　物理学科／生物学科／機能分子化学科
●知能情報学部　知能情報学科
●フロンティアサイエンス学部　生命化学科

甲南大学　アドミッションセンター

〒658-8501　兵庫県神戸市東灘区岡本8-9-1
☎078-435-2319（直）
https://ch.konan-u.ac.jp/

本文 **580・581** ページもご参照ください

立命館アジア太平洋大学

A New APU
2023年4月、日本国内で初めてとなる「サステイナビリティ観光学部」を開設!

「真のグローバル大学」を標榜する立命館アジア太平洋大学（以下APU）は、「自由・平和・ヒューマニティ」「国際相互理解」「アジア太平洋の未来創造」を基本理念として、2000年に大分県別府市に誕生しました。

「APUで学んだ人たちが世界を変える」というビジョンのもと、開学時から「世界100カ国・地域以上から留学生受入れ」、「留学生比率を全学生の50%に」、そして「外国籍教員の比率を全教員の50%に」という構想を掲げ、歩んできました。

その結果、現在は世界99カ国・地域から留学生約2,800人と日本人学生約3,000人が学び、外国籍教員の比率も全教員の約50%という「日本で最も国際的な大学」となりました。開学以来、166の国と地域から学生を受け入れてきたAPUの学生は、進学・企業・就職など、国内外で多様な進路を選んでいます。

資源の枯渇、環境汚染、気候変動などの問題が深刻化する一方で、経済格差の拡大や地方の衰退といった社会課題も大きくなっています。今や全世界的な課題である「持続可能な社会」を実現するために、APUは既存のアジア太平洋学部、国際経営学部に加え、2023年4月、新たに「サステイナビリティ観光学部」を開設しました。

「持続可能な社会」と「観光」を学ぶ新学部を開設

サステイナビリティ観光学部では、「持続可能な社会」と「観光」についての教育・研究を行い、現代社会が直面している様々な地域の課題や地球規模の問題の解決に貢献できる人材を育成します。

具体的な学びとしては、まずアカデミックスキル（言語、調査手法、分析手法など）を身につけ、入門科目を学習します。それらを土台として専門教育科目で理論を学び、キャンパス内外での実践的なフィールドスタディなどで理解を深めます。

専門教育科目では、「持続可能な開発」と「持続可能な観光」に共通する基盤となる9領域を設定しています。環境学、国際開発、資源マネジメント、地域づくり、データサイエンスと情報システム、社会起業、観光学、ホスピタリティ産業、観光産業という9つの専門科目群から、目指すキャリアに応じて組み合わせて選ぶことが可能です。これにより、学生たちは卒業後、望む仕事についた時にすぐに新学部で学んだことが活かせるようになります。

数字で見るAPU

日本人と留学生の割合
50:50

日英2言語での授業比率（学部授業）
95%

2022年度就職決定率
97.3%

外国籍教員の比率
50%

THE世界大学ランキング日本版2023
西日本私立大学
第1位

全国私立大学
第4位

全国私立大学トップ5
1位 国際基督教大学　（東京）
2位 慶應義塾大学　（東京）
3位 早稲田大学　（東京）
4位 立命館アジア太平洋大学（大分）
4位 上智大学　（東京）

徹底した「現場主義」をさらに後押しするのが、APUの恵まれたロケーションです。APUがある大分県別府市は、日本有数の国際観光文化都市であり、市内には雄大な自然や歴史などの観光資源が豊富にあります。「観光学」「観光産業」「地域づくり」などを学ぶ現場が数多くあり、既に様々な取り組みが始まっています。例えば、2022年からAPUは大分県と一緒に、APUの学生50人が大分の魅力を発掘して発信をしていくというプログラムを進めています。

地域の価値を創造する学びは国内だけにとどまりません。国際的なネットワークを持つ多国籍な教員たちが中心となって、学生とヨーロッパや東南アジアにある国際機関などにも出向き、世界の事例を現場実践的に学べるプログラムも数多く用意されています。

アジアから世界を変える
アジア太平洋学部

アジア太平洋学部では、複雑に絡み合う世界の諸問題の解決策を導けるよう、アジア太平洋地域を中心に「政治学」「社会学」「経済学」をベースとして、「国際関係」「文化・社会・メディア」「グローバル経済」という3つの学修分野を横断して学び、広い視野と柔軟な思考を鍛えていきます。さらに現地を訪れてのフィールドワークなどの実践的な学びを強化し、国際社会で真価を発揮できる「実学」を身につけた「アジア太平洋地域のスペシャリスト」を育成します。

「国際関係」では、国際紛争や人権問題、環境破壊など国境を超えた国際的な課題を、法律・政治・経済など多様な視点で捉え、解決法を探ります。「文化・社会・メディア」では、多様なアジア太平洋地域において、文化・社会・メディアのミクロ・マクロの両視点から、新たな共生のあり方を探求していきます。「グローバル経済」では、グローバル化したアジア太平洋地域において、全ての地域・人々が幸福に生きられる方法を、経済学の視点から解明していきます。

社会問題をビジネスで解決する人材育成へ
国際経営学部

国際経営学部では、「学生ニーズに対応した実践教育」

「CO-CURRICULARアクティビティ」「多文化経験・国際経験」の3つを教育手法としています。これらの教育手法を通じて「経営戦略・リーダーシップ」、「マーケティング」、「会計・ファイナンス」「アントレプレナーシップ・オペレーションマネジメント」の4つの学修領域を統合して学びます。

「アントレプレナーシップ」とは「起業家精神」を指す言葉であり、ベンチャーやスタートアップを立ち上げるうえで必要となるビジネスチャンスの発掘や、ビジネスモデルの開発などについて学びます。また、起業をした後も会社をどのように適切に運営すればいいかという運用管理についても学ぶことができます。

さらに、国際経営学部では「ダイバーシティ&インクルージョン」（多様性と受容）教育を強化し、性別、年齢、障がい、国籍の違いに関わらず、それぞれの個性を尊重し、認め合い、活かすことができる組織を作り上げるには、どのようにすれば良いのかという点についても学んでいきます。

現在の社会には、貧困問題や少子高齢化、環境問題など、政府やNGOには任せきれないほどの様々な社会問題があります。国際経営学部においては、このような社会問題をビジネスでどのように解決できるのかということについて、学んでいきます。「世界をビジネスで変える、あなたの手で、みんなの力で」という理念のもと、自分だけの力ではなく、他の人の力も活用し、社会における問題をビジネスで解決し、新しい価値を生み出すことができる人材を育成していきます。

学部組織
●アジア太平洋学部（APS）
●国際経営学部（APM）
●サステイナビリティ観光学部（ST）

立命館アジア太平洋大学　アドミッションズ・オフィス
〒874-8577　大分県別府市十文字原1-1
☎0977-78-1120　FAX 0977-78-1199
最寄駅　JR九州　亀川駅
大学公式サイト　https://www.apu.ac.jp/home/
受験生サイト　https://www.apumate.net/

本文 648・649 ページもご参照ください

朝日新聞は 2023年度も 大学入試出題数 No.1[※]

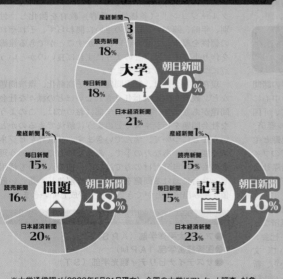

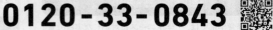

就職力を身につける

きめ細かな指導でパワーアップ
目指す進路を実現するサポート体制

　大企業の採用動向が高校生の理系・文系選択に影響するほど、大学・学部選びと就職状況は深い関わりがあります。

　各大学では全学規模で就職指導に力を入れています。社会への第一歩を踏み出すわけですから、就職活動は学生にとっても最初は不安でいっぱいです。入学年度からキャリアガイダンスを実施し、大学での学びと将来の仕事や生き方との関連を意識させるキャリア科目を設ける大学もあります。就職支援専門部署を置き、就職活動の進め方や企業研究の方法などについて、説明形式や個別面談で丁寧な指導が行われています。内定獲得の分かれ目は、学生自身が持つ強みと

ともに、大学が提供する「就職力を伸ばすプログラム」も重要なポイントとなっています。

　教員や公務員、警察官、消防官などの採用試験の受験指導や、公認会計士、一級建築士などの難関国家試験対策、就職活動時に強みとなるビジネス系の資格取得支援など、目指す進路に応じた支援体制はあらかじめ知っておきたいところです。

　所属学部で専門性を深めるだけでなく、学生の人間的な成長を図ることも大学教育の役割とみなされるようになってきました。採用試験を突破するためだけでなく、生涯にわたる「生きる力」を高めていく大学こそが、教育力ある大学と言えるでしょう。

就職力特集

企業、公立小学校教員、幼稚園・保育士など、多様な進路を全力サポート

■入学直後から就活サポートがスタート

　学生一人ひとりの個性に合わせた就職を支援する「キャリアセンター」を設置。1年次よりキャリア支援に関するガイダンスや授業などを行い、進路選択や書類の添削など個別カウンセリングをすることで、学生が希望する職業に就けるよう万全の体制を整えています。就職支援行事の一環として、埼玉学園大学生の採用に積極的な企業を学内に招いて採用担当者と直接話ができる「学内合同企業説明会」や、学内で企業の採用試験を行う「学内採用選考会

」を通年で開催しています。さらに、正課科目の授業では様々な業種のリーダー的な企業の人事担当者を講師として招き、業界の動向や業界に関わる企業を知り、学生自らの就職活動の事前準備に役立たせています。

■保育士、幼小中高教員志望者を強力サポート

　教員・保育士養成支援センターでは、免許状・資格取得のためのガイダンスを1年次から開催。実習中は巡回指導や実習施設との連絡を行うほか実習中のトラブルにも対応。免許・資格の取得を目指す学生を4年間サポートします。エクステンションセンターでは、教員採用試験に向けた各種講座を受講料無料で開講。

公立小学校教員、幼稚園・保育士への高い合格率		
小学校への就職率 100%	幼稚園への就職率 100%	保育所への就職率 100%

2023年3月卒業生

埼玉学園大学

本文218・219ページもご参照ください

志望企業の内定獲得に向け、学生一人ひとりを強力サポート

■一人ひとりの適性に合った企業を紹介

経験豊富な専門コンサルタントが個々の学生の特徴や適性を把握し、最新の就職支援システムを使って最適な企業を紹介、内定獲得までをサポートします。

スポーツ強化クラブの学生に対しては「アスリート就職支援デスク」を設置し、アスリート目線でのキャリア指導、マッチング、個別相談などを行っています。

■企業の人事担当者の話が聞ける

100社以上の企業が本学学生のために一堂に集結する「就活フェスティバル」をはじめ、定期的に実施する「学内企業説明会」、大手企業の採用スタッフから話を聞く「企業研究セミナー」など、有力企業、本学学生の採用に積極的な企業の人事担当者と直に接することができるイベントを開いています。

■就職支援セミナーも充実

1年次から「大学生活デザイン演習」などの授業を通じてキャリア意識を醸成。さらに、業界・企業研究、履歴書・エントリーシート、面接特訓、グループディスカッション、就活マナー等、就職活動を支援するセミナーを数多く実施しています。

■「仕事を知る」国内・国外のインターンシップを実施

全学年を対象に、国内の大手企業、地元企業、官公庁や大使館、学校などの多様なインターンシップを紹介します。海外で働きたい人のために海外インターンシップも紹介。就業体験により働くビジョンを明確にし、就活のミスマッチを防ぎます。

東京国際大学

本文232・233ページもご参照ください

独自の就職支援プログラムとサポート体制で学生を全力バックアップ

就職支援センターでは、千代田キャンパスと多摩キャンパスそれぞれに窓口を設け、在学生を対象にキャリア相談や就職活動についてのアドバイスを行っています。学生一人ひとりの資質を高め、その適性を生かすための就職支援プログラムは、質・量ともに充実した大妻独自の内容となっています。多種多様な筆記試験対策、就職基礎講座、マナーガイダンス、U・I・Jターンガイダンス、公務員試験対策講座、OG懇談会、面接の心構え講座、キャリアスタートガイダンスのほか、女子大最大規模を誇る学内企業説明会を実施し、学生が納得のいく内定獲得に向けてサポートしています。

■大妻マネジメントアカデミー（OMA）

キャリア教育センターが企画・運営している正課外の講座で、ビジネスの世界で役立つ知識やスキルを総合的に習得することを目的とした学内ダブルスクールです。在学生であれば誰でも無料で受講でき、営業人材養成コースや資格取得・スキル育成コース、キャリアエンパワーメントコースから各自の目的に応じて学びたい講座を選択できます。

「2023年度主な講座」

営業マーケティング講座、セルフブランディング講座、映像コンテンツプロデュース講座、宅地建物取引士養成講座、日商簿記受験対策講座、FP技能士養成講座ほか

大妻女子大学

本文274・275ページもご参照ください

都心のキャンパスで社会で活躍できる力を身につける。

共立女子大学の建学の精神は、「女性の自立と自活」です。自活とは、「他人の援助や保護を受けず、自分の力で生活を支えていくこと」、すなわち、「女性が1人でも生きていける力」を身につけることが本学の教育の原点です。特に「リーダーシップ」と「実学」の教育を着実に具現化しており、大学内すべてで実学性に根ざした専門的な知識・技能を学びながら、所属に関係なく全員がリーダーシップを学ぶ体制を作っています。本学で学ぶリーダーシップとは、「他者と協働し目標達成を目指す力」で、この力は在学中、そして卒業後どのような道を進むにあたっても必ず自身を、そして周囲を支える力となります。

将来を考える学生に対しては、親身に寄り添う担任・助手やキャリアカウンセラーの存在、全員実施の個別面談など、学生の声に耳を傾けることに特に力を入れています。さらに正課外の「共立アカデミー」、「キャリアデザイン入門ガイダンス」「キャリアガイダンス」や「業界研究セミナー」「学内企業説明会」など、就職支援の場も数多く用意され、自立へ導く手厚いサポート体制が充実しています。このような結果が、高校の進路指導者アンケート結果で「就職に力を入れている大学」全国女子大1位、「面倒見がいい大学」同2位という形で評価されています（2021年度）。

急激に変革する社会と女性を取り巻く環境の変化に対応し、2020年には「ビジネス学部」を、2023年には「建築・デザイン学部」を開設しました。これからの時代は、ますます女性の活躍が期待されています。これまでも、これからも、社会で活躍できる人材を本学は輩出し続けます。

共立女子大学

本文280・281ページもご参照ください

万全の就職サポートで高い実就職率を維持

昭和女子大学の2023年3月卒業生の実就職率［就職者数÷（卒業者数－大学院進学者数）×100］は94.6%でした。卒業生1,000名以上の女子大学就職率ランキングで全国12位、私立大学では全国9位にランクインしました。

■充実した就職活動支援講座ときめの細かいサポート体制

学生一人ひとりとの面談を大切にし、個別支援を行っています。希望する企業情報の提供、企業が求める人材情報を伝え、就職活動に必須の履歴書・エントリーシートの作成をサポートする体制（ライティングサポート）を整備しています。さらに、卒業時に進路の決まっていない学生に対しては、卒業後も個別にフォローをします。2022年度の個別面談の相談件数は8,723件でした。

■学生の夢の実現の助言「社会人メンター制度」

学生が社会人女性との直接対話を通して、身近なロールモデルを発見し、卒業後のキャリアプランやライフスタイルについて相談できます。そのような機会を提供しているのが「社会人メンター制度」です。20代から70代の女性約370名が昭和女子大学の社会人メンターに登録しています。

■企業との強いつながりを生かした就職活動支援

さまざまな企業の人事担当との連携を強化し、大企業はもちろん、中堅・中小企業など今後の発展が見込まれる企業に対して求人開拓、インターンシップ開拓をしています。2022年度学内合同企業説明会は400社以上、インターンシップに参加した学生数は258名にのぼりました。

昭和女子大学

本文306・307ページもご参照ください

警察官実就職率日本一！ ※大学通信調べ（2022年度卒業生数に対する就職者数で算出）

日本文化大學は、警察官、消防官、公務員試験合格の高い実績を誇り、特に警察官採用試験に強いことが大きな特徴です。2022年度の公務員・警察官採用試験においては、卒業生の半数ほどが合格しています。

新2号館（2019年秋完成）

合格率の高さは、「総合型選抜警察官志望型（旧警察官志望AO入試）」によって、高い志と熱い情熱を持つ学生が入学していることが、理由の一つとして挙げられます。将来、警察官をめざす受験生が対象となるこの総合型選抜は、書類選考、小論文、面接で合否を決定するため、普通科以外の方にも受けやすくなっています。

「法律専門職モデル」 法律専門職の先生から実務などを実践的に学び、法律専門職を目指します。

「警察官・消防官モデル」 刑事政策や危機管理学などを学ぶとともに、採用試験で有利となるITパスポートの資格も取得することができます。

「公務員モデル」 公務員に必要な行政法や行政学

などを中心に学ぶことによって、行政書士の資格も取得することができます。

「ビジネス関連法モデル」 民間企業で働くうえで必要とされる簿記の知識のみならず、企業経営に不可欠な法律の知識を習得することができます。警察官の場合でも、国際犯罪やコンピュータ犯罪の急増に対応して、実践的な英語力や高度なコンピュータ知識を身につけた人材が求められているため、英語やIT系の資格など多彩な資格講座も用意しています。

公務員試験対策講座や就職ガイダンスなど、少人数のきめ細かい親身な指導を行うことにより、公務員試験での高い合格率を達成しています。

日本文化大學

本文378ページもご参照ください

「金沢星稜大学を選んだ理由は"就職がいいから"」
民間企業にも公務員・教員にも強い理由は独自の支援制度にあり。

金沢星稜大学は就職への強さに定評があり、毎年民間企業への就職実績だけでなく、公務員・教員・税理士への合格実績も抜群。その理由は、大学独自の手厚い支援制度にあります。

【民間就職対策】

■就職合宿
自己分析や面接・筆記試験対策など分野別に集中して実施。就活を終えた先輩学生もアドバイザー役としてサポートします。

■MOONSHOT講座
身だしなみから面接対策までを徹底サポート。メディア系、金融保険業界など難関企業を目指す学生向けに開講。

■MOONSHOT abroad!!
フィリピン・セブ島にてマンツーマンで英語を学びつつ異文化に触れることでグローバル人材への基礎を身につけます。

■洋上就職合宿クルーズ『ほし☆たび』
大学1・2年生を対象に、論理的思考力、伝える力等、フェリー内での研修を通じて仲間とともにそのスキルを

磨きます。
その他にも履歴書写真撮影会や学内業界研究などあらゆる方向から就職活動をバックアップしています。

【公務員・教員等対策】
CDP（キャリア・ディベロップメント・プログラム）は、公務員・教員・税理士といった独学では合格が困難な公務員採用試験の現役合格を目指す本学独自のプログラム。大学内で質の高い講座を受講でき、ダブルスクールの必要が無いため、時間的・経済的に少ない負担で効率よく学習できます。開講20年で累計合格者は1,000人を突破。確たる合格実績を誇ります。

金沢星稜大学

本文442・443ページもご参照ください

「生きる」「働く」「学ぶ」をつなぐ一人ひとりに寄り添うキャリア形成支援

愛知大学は就職することだけをゴールとせず、在学中のさまざまな活動を通して、ワークキャリア・ライフキャリアを主体的にデザインできる人材の育成をめざします。キャリア支援センターでは、アドバイザーによる個別面談を実施し、履歴書添削や採用面接対策など就職活動をサポート。また可能性と選択肢を広げるためのガイダンスや業界・企業セミナーを開催し、卒業後につながるサポートも行っています。さらには1・2年次から社会と関わり「生きる・働く・学ぶ」を考えるプログラム「CAREER FIELD」や官公庁や企業と連携し社会が抱える課題解決に挑む「Learning＋（ラーニングプラス）」など自身の成長につながる学びの場を提供しています。

また、公務員・教員志望者のための対策講座も充実。「公務員試験対策講座」を開講し、学部教育課程と対策講座の相乗効果で、有意義な学習を実現します。教員志望の学生の為の「教職課程センター」では、教員として豊富な経験を持つスタッフが常駐し、学生の相談や指導に当たります。

就職実績（2023年3月卒業生）
- ●就職率**97.7**%（※就職者数÷就職希望者数）
- ●公務員合格者**453**人
- ●製造業**238**人
- ●卸売・商社**268**人
- ●教員採用試験合格者数**80**人

2023年度国家公務員
一般職（行政区分）合格者数
東海地区大学（国公立大学含む）

第**1**位
（80人）

愛知大学

本文462・463ページもご参照ください

学生一人ひとりとじっくり向き合う“顔の見えるキャリアサポート”

①マンツーマン指導（年間指導件数10,000件以上）

本学のキャリア支援の特長の一つにマンツーマン指導体制があります。学年を問わず希望者は何度でも受けることができ、学生から指名を受けたスタッフが、個人の能力や興味・関心、可能性を踏まえて、就活のアドバイスに当たります。面談を担当するスタッフのほとんどが民間企業で様々な社会経験を積んでおり、個別指導で蓄積された情報から、学生の個性に合った企業とのマッチングを行っています。

②多種多様なキャリアサポート体制

少人数教育（ゼミ）を中心に考える本学では、ゼミ単位での就職ガイダンスも徹底しています。他にも業界研究会やマッチングセミナー、面接トレーニングなど、多種多様なプログラムを揃えてオールシーズン継続して実施しています。

③関西有数の実績を誇るインターンシップ

関西の大学としては他に先駆けて、インターンシップを授業科目として単位化。実際に賃金をもらいながら働く長期有償型や、企業の抱える問題に対し、課題解決プロセスを実践するPBL型など多様なインターンシッププログラムを実施、職業観の醸成を徹底しています。

④充実の資格取得支援

株式会社大原ライセンスサポート（資格の大原）と提携して、6分野76コースを超える資格講座を運営しています。年間のべ1,700名が講座を受講。公認会計士や税理士など、難関と言われる国家資格の合格者を輩出しています。

大阪経済大学

本文536・537ページもご参照ください

"就職に強い"阪南大学！
大阪主要私立大学トップクラスの実就職率89.7％！

数字で分かる阪南大学の就職支援

就職決定率 97.3％（2023年3月卒業）
＜就職決定率＝就職者÷就職希望者×100＞

実就職率 89.7％（2023年3月卒業）
＜実就職率＝就職者÷（卒業＜修了＞者-大学院進学者）×100＞

学内イベント参加企業数 **274社**（2022年度）

学内資格講座数 **31講座**（50コース）（2023年度）

求人企業数 年間**12,334社**（2022年度）

就職ガイダンス件数 年間**45件**（2022年度）

就職相談件数 年間**9,736件**（2022年度）

阪南大学では「キャリア教育」「就職支援」「資格取得支援」の3本の柱で就職をサポートしています。「キャリア教育」では1年次から「キャリア教育プログラム」を受講可能に。また、このプログラムの枠を超えて、大学生活のあらゆる場面で「働く」ことを意識し、自発的に行動する力を養成できる機会を設けています。「就職支援」では全就活生を網羅したキャリアカルテの作成や国家資格「キャリアコンサルタント」の資格を持ったキャリアアドバイザーを各学科に設置するなど、一人ひとりのキャリア展望や特性に合わせ徹底したサポートで学生の自己実現を叶えます。「資格取得支援」では学内で受講できる資格講座が充実。さらに、大学指定の資格を取得すると報奨金が授与されるなど、資格取得とキャリアアップを全面的にサポートしています。

阪南大学
本文568ページもご参照ください

高い就職率には理由がある。「全学生と個人面談を行う」きめ細かな指導と、充実した資格サポート制度。

1. 学生全員との個人面談
3年生全員を対象にキャリアカウンセリングを実施。学部教員とも連携して最適なアドバイスを行います。

2. 独自の就職力強化プログラム
「就職力・自己開発ゼミナール」
企業で長年、人材開発に携わった専門講師の指導で、あらゆる採用選考を突破する力を開発。

3. 多彩なキャリアサポートプログラム
各業界を代表する優良企業が数百社集う「学内企業説明会」や学内で1次選考まで進める「個別企業説明会・選考会」など帝塚山大学の学生だからこそ得られるメリットがたくさん。

4. 就職やスキルアップへつながる資格取得をサポート
1講座5,000円で特定の講座を受講できる制度やハイレベルな資格取得をサポートする制度があります。大学が指定する資格を取得した学生には褒賞金を支給しています。

就職内定率	年間求人数	年間個人面談数
98.5％（2023年3月卒業生）	**38,100件**（15,614社）学生1人あたり約51件（2023年3月卒業生）	**5,800件以上**（予約数をもとにした数）

帝塚山大学
本文606・607ページもご参照ください

4年間のさまざまな学びが、社会で即戦力となる人材を育てる!

1年次から4年次まで、教養教育科目・専門科目を問わず、授業の内容や目的に適したアクティブラーニング（AL）を積極的に活用して学び、「授業が分かる、役に立つ」という実感が得られます。

全学共通の就業力育成プログラムは、実践型人材に欠かせない「志向する力」「共働する力」「解決する力」「実践する力」の4つの力を育成するキャリ

ア教育カリキュラムです。1年次の「キャリア形成」では、自分自身に向き合い、大学での学びと将来設計について考えます。また、「コミュニケーション基礎」を通して、他者との議論や意思疎通を効率的に行うコミュニケーションスキルを身につけていきます。2年次からの「技術者倫理」、「就業実習」は、社会を意識しながら技術者が保持すべき倫理観や実際的な職業観を形成します。4年次には専門知識と応用力を生かし、4年間の集大成として卒業研究・ゼミナールに取り組み、社会への一歩につなげます。

アクティブラーニングを全面的に取り入れた就業力育成プログラムで、伸ばしていく力

志向力	将来の職業や生き方について自ら考え、目的とする方向を目指して行動していく力
共働力	共に考えを伝え合い、協力しながら活動する力
解決力	問題を発見し、適切な方法でその解決を図る力
実践力	学んだ知識を応用し、実際の仕事の中で活用していく力

福岡工業大学

本文637ページもご参照ください

大学の教育力を探る 奨学金・学費サポート

返還不要の給付奨学金や学費の減免など 大学独自の制度で経済面から手厚く支援

大学生の3人に1人は、国の奨学事業である日本学生支援機構の奨学金を利用しています。2020年度に授業料減免と給付型奨学金を組み合わせた「高等教育の修学支援新制度」がスタートしました。2024年度からは世帯年収の条件が緩和され、対象が住民税非課税世帯から、約600万円以下の「子どもが3人以上」または「私立大理工農系へ進学」する中間所得層へと拡大されました。しかし、大多数の学生は、返済義務のある貸与型奨学金を利用しており、将来に不安を抱える人が少なくありません。

物価が高騰する中、学費も値上げ傾向にあります。学生の経済的な負担や不安が少しでも軽減されるよ

うに、各私立大学ではさまざまな奨学金制度や学費減免制度の充実を図っています。国立大学並みの学費で学べる優遇枠を設けている大学もあります。

近年広がっているのは、給付型の奨学金や学費の減額・免除など、卒業後に負担が残らない制度です。また、入試の合格発表時に採用の可否が分かる特待生制度や、入試の出願前に採用候補者を決定する予約型の奨学金も増えています。

留学やプロジェクト活動、資格取得などの援助・褒賞として支給される奨学金もあります。お金がかかると思われがちな私立大学ですが、経済面での多様な支援制度の充実が進んでいます。

奨学金・学費特集

意欲ある学生の思いを支える「学業特待制度」が充実!

優秀な学生の経済的な負担を少しでも軽減し、安心して学業に専念できる環境を整えるために、開学以来35年以上続く、独自の学業特待制度があります。この制度によって減免された費用を資格取得や留学の資金に充てるなど、学業特待生としてより充実した学生生活を送っています。

●経営学部・法学部

（金額：2023年度）

	1年次	2年次	3年次	4年次	
学業特待生	86万円 43万円減免	58万円 43万円減免	58万円 43万円減免	58万円 43万円減免	4年間学費合計260万円 一般学生との差額は 4年間で**172万円**
一般学生	1年次 129万円	2年次 101万円	3年次 101万円	4年次 101万円	4年間学費合計432万円

●教育学部

	1年次	2年次	3年次	4年次	
学業特待生	88万円 45万円減免	60万円 45万円減免	60万円 45万円減免	60万円 45万円減免	4年間学費合計268万円 一般学生との差額は 4年間で**180万円**
一般学生	1年次 133万円	2年次 105万円	3年次 105万円	4年次 105万円	4年間学費合計448万円

＊3年進級時に資格見直し

〈学業特待選抜10のメリット〉（前年度参考）

1. 優秀な学生の学費を減免
2. 学業特待生として全入学定員の3分の1以上を募集
3. 受験チャンスは12・1・2・3月・共通テスト単独の最大8回
4. 選抜成績上位者に、学費全額免除のチャンス(12・1月)
5. 入学手続き締切は、国公立大学合格発表の後でOK
6. 学校推薦型選抜合格者も受験できる
7. 共通テストの得点も利用可能（1・2月）
8. 本学を含む、東日本14都市で受験可※
9. 学業特待合格にはならなくても一般合格の チャンスがある
10. 一般学生でも1・2年次の成績により、3・4年次 学業特待のチャンス

※ 青森・盛岡・仙台・秋田・山形・福島・郡山・いわき・水戸・小山・高崎・大宮・東京・新潟（2024年度会場）

＊ 「白鷗大学学業特待制度規程」は本学ホームページに掲載しています。

白鷗大学

本文206・207ページもご参照ください

最大4年間授業料半額減免
意欲ある学生をサポートする奨学金制度が充実

工学院大学では独自の奨学金を用意し、学生のやる気を経済面からバックアップしています。

特に入試に関する奨学金が充実しており、S日程、A日程、大学入学共通テスト利用前期日程、探究成果活用型選抜において、上位成績合格者を対象とした入試成績優秀者対象奨学金があります。

	対象	給付・減免金額
S日程	上位成績合格者	1年次授業料の全額相当額を給付
A日程・大学入学共通テスト利用前期日程・探究成果活用型選抜	各学科上位成績合格者	年間授業料の半額相当額を最大4年間減免

また、2〜4年生の学部生を対象に、前年度の学業成績によって奨学金を受けられる大学成績優秀

学生奨励奨学金や経済的援助を必要とする学生のための学園奨学金など、さまざまなタイプの奨学金制度を設け、学生をサポートしています。

このほか、日本学生支援機構や地方自治体、各種民間団体などの奨学金も受けることができ、意欲ある学生を全面的にサポートしています。

工学院大学

本文284・285ページもご参照ください

返済不要の奨学金を4年間で最大880万円給付
給費生試験（3科目型）は12月全国22会場で実施

※詳細は本学HPでご確認ください

1933年から実施している給費生試験は、神奈川大学独自の奨学金制度です。単に経済支援を目的とするものではなく、全国から優秀な人材を募り、その才能を育成することを目的としています。

学部	年間給付額
法・経済・人間科学部	100万円
経営・外国語・国際日本学部	110万円
理・工・建築・化学生命・情報学部	145万円

給費生からのメッセージ

給費生制度が私のチャレンジを後押ししてくれた

地元の沖縄を離れて進学し、海外留学する目標がありました。ただ経済面の心配があって悩んでいた高3の夏、大学の奨学金に関するイベントで神奈川大学の給費生制度を知りま

外国語学部英語英文学科4年
中村実優さん
（取材は2023年6月20日に実施）

した。これなら自分の夢に向かってチャレンジできると思い、受験しました。国公立大学も考えていましたが、給費生試験に合格できたので神奈川大学への進学を決めました。外国語学部英語英文学科では、ネイティブの先生が専門科目を英語で行うプログラムを履修しています。真新しい「みなとみらいキャンパス」で学生生活を送れるのも魅力です。4年生になり、念願だった1年間の長期留学が実現。ハンガリーの大学で国際関係を学んでいます。留学を通して世界を肌で感じる日々を過ごし、変化することや多様であることに寛容になりました。

給費生制度は、学生の可能性を広げて挑戦を後押ししてくれる心強い制度です。給費生になったことで夢が叶い、とても感謝しています。

神奈川大学

本文412・413ページもご参照ください

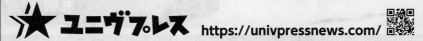

話題の大学を徹底研究！

学生が大きく成長できる魅力ある大学

　学部・学科の新設、施設・設備の充実、カリキュラム改革など、各大学は魅力ある大学作りに、力を注いでいます。また、新型コロナウイルス感染症の流行期には、オンライン授業の導入や困窮する学生への支援など、さまざまなサポートが行われたのも記憶に新しいところです。

　社会の変化に合わせ、大学も変わっていきます。サステナビリティ（持続可能）な社会の実現に向けた学部・学科の設置やカリキュラムの改革が進んでいます。大学卒業後に待っているVUCA（変動が激しく、不確実、複雑で、曖昧な状態のこと）の時代を生き抜くために、学生が自ら成長する力を身につけられる教育システムづくりにも工夫を凝らしています。

　大学も時代とともに変わる――社会の要請に応え、学生の成長を支えるために、さまざまな面で改革を進めています。ここでは、他大学の先を行く取り組みを行っている大学を紹介しています。

成城大学

学生の内なるイノベーションが社会の課題解決と新たな価値創出の起点となる

社会イノベーション学部
政策イノベーション学科／心理社会学科

　成城大学社会イノベーション学部は、政策イノベーション学科と心理社会学科の2学科体制。課題志向型のカリキュラムを編成した先駆けであり、日本で初めて「イノベーション」を学部名称に採用した学部として2005年に誕生しました。「政策」「戦略」「心理」「社会」の4領域を横断的に学習し、イノベーションの創造プロセスと普及プロセスについて理解を深めていける同学部。遠藤健哉学部長と、遠藤ゼミに所属する2名の学生に、学部の魅力や学びの成果のほか、2025年の創設20周年に向けた取り組みを伺いました。

"文理"を問わず多角的・横断的に学べる環境

——学生のお二人がこの学部を選んだ理由から聞かせてください。

岩崎　私は小学生の頃から、将来は文具メーカーで商品開発職に就き、画期的なアイデアによって商品の付加価値を高めたいという目標がありました。新しい価値の創造や普及のプロセスを学べるこの学部には、自然と興味や期待が高まりましたし、コンパクトなキャンパスでの少人数教育も魅力的でした。また、"店舗で一番売りたい商品は来店客の目線の高さに陳列する"といった、消費者心理を利用した手法にも興味があり、心理学を学べるカリキュラムにも惹かれました。

T.Endo

K.Umetsu

R.Iwasaki

4年次の卒業論文は、文具業界で競争優位を獲得するための経営戦略がテーマ。第一志望の文具メーカーから内定をいただけたこともあり、入社後に役立つ発見がしたいという思いでした。

遠藤 岩崎さんの卒論は素晴らしいのひと言。内定先も、新しいことに積極的に挑戦でき、たとえ失敗してもイノベーティブな商品開発を重視する社風です。非常に革新的な国内企業のひとつで、"岩崎さん向き"ですね。

――梅津さんはいかがですか。

梅津 私の場合、高校時代は数学が得意だったため、当初は理系志望で情報系の学部を目指していました。ただ、技術力を磨き、エンジニアとしてシステム開発などを行う将来像を思い描いていたわけではなく、デジタル技術を活用した課題解決や、新たなサービスを生み出す仕事に興味がありました。そこで、文理にとらわれず、多角的・横断的に学べる学部として見つけたのがこの学部でした。

遠藤 私のゼミでは3年次後期に、社会課題の解決をテーマに「プロジェクト研究」というPBL型のグループワークに挑戦します。梅津さんのチームは、マイボトルの普及によるペットボトルの消費量削減がテーマだったのですが、梅津さんはデータの取り扱いが"ピカイチ"。データの特性に気づく力が高く、それはかつて理系志望で学んできた数字やデータを活用する能力をベースに、この学部で培った社会科学的な視点が効果的に"結合"した結果だと感じました。

学部長 遠藤健哉教授（TAKEYA Endo）
慶應義塾大学商学部卒業後、同大学院商学研究科経営学・会計学専攻修士課程修了。専門は経営学。主な研究テーマは、戦略経営論、イノベーション・マネジメント、組織変革論。

ゼミ活動をとおして "考える力"の本質を知る

――プロジェクト研究や卒業論文で重要なポイントは何ですか。

遠藤 3年次前期は、経営学や経済学など、プロジェクト研究や卒業論文での企業分析に必要な知識の獲得と定着を重視します。"知識量は問わず、自由な発想で構わない"というスタンスのPBLもありますが、ベースの知識を持たずに議論を重ねても限界があり、"自分の意見は言えた"という自己満足で終わりがちだからです。

岩崎 遠藤先生からは、大学での学びに必要な"心構え"も教わりました。失敗をしてもその原因を考えることの大切さと、自分とは違う意見でもまずは受け入れて、自分の価値観と照らし合わせて新たな発想につなげることの大切さです。高校までは"失敗すること"に抵抗があり、失敗しないための方法を考えてから行動していましたが、遠藤先生の言葉で考え方が根本から覆され、行動にも反映されました。実際、卒業論文の進捗発表をして周囲の学生から意見をもらう場面では、私は文具業界への興味が強い学生の視点で発表するわけですが、特に興味のない学生の率直な意見に

よって視野が広がり、新たな発想につなげることもできました。

梅津 私も考え方が大きく変わりました。高校までは知識のインプットや、一つの答えを導き出すことが目的で、授業内容も「そういうものなのか」と無批判に受け止めるだけ。一方、ゼミでは「教科書の内容でも疑問点を見つけよう」と意識するようになりました。プロジェクト研究でも、グループでの"正解のない問いに対する挑戦"を初めて経験し、周囲の意見に対して質問したり、私なりの提案を積極的に行うなどして、活発な議論につなげられるようになりました。視点の異なる周囲の意見を聞くと、新たな課題が浮き彫りになりますが、その課題をクリアにすることで内容が充実していく喜び

岩崎里音さん (RINON Iwasaki)
政策イノベーション学科4年
神奈川県立生田高等学校出身
内定先：大手文具メーカー

然視されてきた考え方・価値観を生まれ変わらせ、今までにない新たなコンセプトを作るためのコンセプチュアルスキルです。この3つの相互作用で考える力が高まりますし、3つの素養は同時進行で磨かれていきます。

イノベーションは"漸進的な変化"の積み重ね

——ところで、尊敬するイノベーターはいらっしゃいますか。

岩崎　内定先の文具メーカーで数々の画期的な商品を開発してきた方々です。インターンシップの際には、直接お話を聞ける機会があり、一つひとつの商品に対するとてつもなく強いコダワリを感じました。

梅津　私は、例えばSNSでの情報発信を仕事にしている方々はイノベーターだと思います。内容や切り口、発信の仕方などを自分なりに日々イノベートしながら、注目度の高い情報を発信し続けているからです。

——では、ずばりイノベーションとは何だと思いますか？

岩崎　複数の先生方が「新結合」と表現されていて、私もゼミでそう実感しました。ゼミでは学生の間で多様な意見が飛び交いますが、それらを上手に結び付けて新たな発想につなげる大切さを感じますし、まさにこれが新結合なのだと感じています。また、心理学の知見が企業経営に生かされているケースもあり、これも始まりは新結合だったのだと考えています。

梅津　私は、多様な視点でのアプローチによって、固定観念や従来の常識を変えることだと思います。この学部の4つの領域を横断的に学べるカリキュラムは、イノベーションの考え方を理解するために非常に役立っ

も実感。当初は「発言しなきゃ」という意識が強かったものの、今では「発言したい」「自分の意見を言って、話をふくらませたい」という意識でグループワークを楽しめるようになったほどです。

遠藤　イノベーションの出発点は、常識を疑い、「見方を変えれば新しい提案ができる」と考えることです。重要なのは"考える力"を身につけること。その要素は3つあり、1つ目は経営学や経済学、心理学や社会学などの基礎知識。2つ目は、自分の考えを相手に伝え、相手の考えを受け止めて建設的にレスポンスするコミュニケーション能力。3つ目は、常識として当

Q. 実際のところ、どこと併願しましたか？ 入学前の印象は？ 入学後の感想は？

岩崎　当初は他大学の経営学部の情報収集を進めましたが、一般的な経営学部で学ぶのは「経営学」が中心。この学部は、経営学に加えて心理学、社会学なども学べる点が魅力的でした。また、「商品開発という目標が変わるかもしれない」と自分を客観視した上で、4年間で将来の選択肢を広げられる可能性も高いと考えました。入学後は本当に幅広い領域を学ぶことができて期待どおりでした。

梅津　最初は第一志望ではなく、情報コミュニケーション学部やメディア社会学部などの情報系学部を志望していましたが、自分は情報を活用するための勉強がしたいと気づいて志望校を再検討し、この学部に興味を持ちました。成城大学の公式YouTubeでは、少人数の授業スタイルで楽しそうに進めていくグループワークの様子に惹かれましたし、入学後もイメージどおりでした。

Please access.
▼

成城大学
社会イノベーション学部 学部説明
https://www.youtube.com/watch?v=cNlsCatFsns&t=989s

トーク
社会イノベーション学部で学べること
https://www.youtube.com/watch?v=57_ZItwVqYc&t=46s

ています。

遠藤 二人とも大事な要素を抽出して、本質を突いた話をしてくれました。イノベーションは、起点と終点だけを見て、今までのものを大きく変えた画期的な進歩だとする解釈と評価がされがちですが、そこに至るまでは前進と後退の繰り返しです。言い方を変えれば、どんなイノベーションも"漸進的"な変化が積み重なった結果として、大きく様変わりした成果がもたらされるということなのです。イノベーションは結果としては"派手"ですが、そこに到達するまでに地味な作業を地道にできるか否かが結果を左右します。それは、学生の学びにも同じことが言えます。例えば、3年次前期のゼミで毎週課しているレポート提出を見ても、手抜きをしようと思えばいくらでもできてしまうものですが、目の前のことに、地道に本気で取り組み続けた学生は、卒業までに大きく成長できます。もちろんコツコツ続けること自体に難しさもありますが、「もっとできるんじゃないか」と気づかせてくれたり、「もうちょっとやってみようかな」と気持ちを奮い立たせてくれる仲間の存在が刺激になりますし、そんな仲間が多いことも、この学部の魅力だと思います。

創設20周年に向けて 学部自体をイノベート

――今後に向けた抱負を聞かせてください。

岩崎 私は商品開発を目標にしてきましたが、4年間で組織論や心理学なども学んだことで選択肢が広がりました。今は、大局的な視野で経営戦略を考え、商品開発のみならず組織全体にイノベーションを起こせる人材に成長したいと思っています。

遠藤 商品開発では、消費者にどのような豊かさを提供したいのかというビジョンがあるか否かで結果が大きく変わります。大切なのは、「消費者にとっていい文房具とは何か」をとことん考え抜くこと。そうやって新たなコンセプトを打ち出し、そのコンセプトに沿った商品を開発するという順序です。また、商品開発はチームで進めるもの。チーム内の相互作用によって、埋もれていた個人の才能が掘り起こされ、画期的なアイデアを生み出す原動力になる可能性もあります。そんな力を引き出すためのベースになるのが組織論です。岩崎さんには、将来的にリーダーとしてチームをけん引し、経営戦略を具現化するイノベーティブな商品開発を進めていってくれることを期待しています。

――梅津さんには就職活動に向けた意気込みをお聞きします。

梅津 私は、やはりIT業界に興味があります。新商品やサービスが世に出る際には、インターネットが大きく関わるため、最新技術を活用しながら、生活をより便利に、より豊かにできるような職種に就きたいです。また、ゼミではチームで作りあげることにやりがい

梅津花歩さん (KAHO Umetsu)
政策イノベーション学科3年
東京都立昭和高等学校出身

を感じましたので、社会人になってもチームワークで何かを成し遂げていく仕事がしたいですし、チーム内で信頼される人間でありたいですね。

――最後に学部の展望と受験生へのメッセージをお願いします。

遠藤 学部が2025年に創設20周年を迎えるにあたり、現在、3つの軸でさまざまな計画を進めています。1つ目は、私たちなりに「社会イノベーション（学）」を定義した上で、「社会イノベーション宣言」として国内外に発信すること。産業界やスポーツ界、芸術界、NPOなど、多様な分野で活躍している方々をお招きして、「〇〇×イノベーション」をテーマにシンポジウムの開催を予定しています。2つ目は、カリキュラムのイノベーションです。卒業生同士が実社会で得た経験や知恵を共有し、現役の学生へ発信する授業等の新設も検討しています。3つ目は地域社会との連携・コラボレーションを活発化させること。次の20年に向けて、「プロジェクト研究」等学生の学びを基に、卒業生や地域社会の方々と"新結合"しながら、イノベーティブな課題解決策を考えていきたいと思います。イノベーションに正解はありませんが、受験生のみなさんには、この学部で豊富な知識と多角的な視野を獲得し、まずは"考える力"を高めてほしいと願っています。

成城大学
入学センター　TEL 03-3482-9100
〒157-8511　東京都世田谷区成城6-1-20
〈URL〉https://www.seijo.ac.jp/

本文 **316・317** ページもご参照ください

学習院大学

学生インタビュー
小学校教員の養成を軸に多様なフィールドで活躍する人材を輩出

文学部　教育学科

　学習院大学文学部教育学科は、1学年50名の学生に対して専任教員が12名。徹底した少人数教育により、2013年の学科創設以来、教員志望の学生のほとんどが卒業後すぐに教職に就いています。一方で、4年間の学びの成果を学校以外のフィールドで発揮する卒業生も少なくありません。そこで、小学校教員を目指す学生と、教育事業を展開する一般企業への就職が内定している学生2名の4年生に、在学中の取り組みや学科の魅力を聞きました。

効果的で楽しい授業は入念な準備があってこそ

——お二人が教育学科に進学した理由から教えてください。

竹内　そもそものきっかけは、小学生のときの先生が「あゆ美がいるとクラスが明るくなる」と話してくださり、自分に自信を持てたことです。それ以来、授業で活

竹内あゆ美さん
東京都
私立成城学園高等学校出身

発に発言したり、中高では生徒会長や文化祭の実行委員に挑戦したりと積極性が高まり、自分も子どもが前向きになるきっかけを与えられる教員になろうと決意したからです。

角田　私は小学生のときに約1年間の入院生活を送り、その間、院内学級での勉強が日々のモチベーションになっていました。この体験から純粋に教育への興味が高まり、教育の意義や仕組みなどを学ぶために入学しました。教員志望ではないのですが、学習院大学の教育学科は、教員免許の取得が卒業要件に入っていませんし、教育心理学や教育史など、1年次から教育について幅広く学べる点が入学の決め手になりました。

——入学時に「これを学びたい」というテーマはありましたか。

竹内　中高ではアクティブラーニング形式の授業が盛んでしたが、形式的にグループワークやディスカッションをするだけでは不十分だと感じましたし、本当に有効な指導方法なのか半信半疑でした。そこで、在学中に望ましいアクティブラーニングの方法を探究し、将来につなげたいと考えました。現段階でたどり着いた答えは、単に一人ずつ順番に発言させればいいのではなく、教員側が授業の意図を明確にしておく必要があるということ。そして、学習者の発言内容やその反対意見を想定しておくなど、事前の入念な準備と設計が重要だということです。準備が十分であれば、学ぶ側の新たな気づきも多くなり、結果的に"楽しい授業"になると考えています。

角田　私は、院内学級や病弱教育を充実させる道筋を探ることです。症状次第では病室から出られない子どももいる中で、退院後に学校の勉強についていけるよう

にするには何が必要なのか。例えば、院内学級での個別指導に必要な仕組みづくりなどを考察してきました。その点、教員志望ではないとはいえ、学生が教員役や児童役になる実践的なロールプレイをとおして気づけることもありました。院内学級では子どもの意識に差がありますが、何気ないコミュニケーションから学習意欲を把握する大切さを認識できました。現在は院内学級の教員や、医療と教育をつなぐ「医教コーディネーター」と呼ばれる方などへのインタビューをとおして実態把握に努め、卒業論文の執筆を進めています。

場数を踏めば それだけ強くなれる

——在学中の印象深い授業やプログラムを教えてください。

角田　自然体験実習でのキャンプのほか、音楽の授業では合唱や合奏を行い、家庭科では調理実習も経験するなど、良い意味で大学らしくない点に魅力を感じました。学内外での多彩なプログラムで一緒に体を動かしながら、仲間とのつながりが深まっていった実感があります。また、3年次の社会体験実習では「学習院さくらアカデミー」という教育事業に参加しました。子ども向けから社会人向け、高齢者向けまで、多くの講座を運営しており、年齢を問わず受講者が楽しみながら学ぶ姿を見て、教育の魅力を再認識できました。

竹内　私も社会体験実習が貴重な経験になりました。外国人児童を対象とする日本語教室を訪れ、日本語での意思疎通が難しければ英語や中国語で対応しながら、自分の思いをうまく伝えられない児童への対応方法を学びました。また、3年次にはボランティアで小学校を訪問し、児童への声がけの内容とそのタイミングについて試行錯誤を重ねることで、4年次の教育実習に向けた経験値を高めました。

——教育実習はいかがでしたか。

竹内　多くの児童が一所懸命に授業を受けてくれて「楽しかったよ」「がんばるね」といった言葉をかけてくれました。ただ、一部の児童は嫌なことは嫌だとはっきりと言いますので、いかに前向きに授業に参加させ、楽しいと思わせるかが腕の見せ所。

勉強に集中させる時間と、ゲーム要素を取り入れて楽しませる時間の両方を設け、その時間配分を調整しながら臨機応変に対応しました。また、児童は教員の焦りに気づきますし、焦らせて困らせることに楽しさを感じてしまう児童もいます。だからこそ、たとえ焦っても決して表に出さないよう明るく振る舞い、平常心のときと同じ雰囲気を全力でつくるよう心掛けました。正直なところ、心が折れかけてしまい、授業後にため息が出ることもありましたが、場数を踏めばそれだけ強くなれるという自負と自信と信念が私を奮い立たせました。

角田晴仁さん
東京都
私立高輪高等学校
出身

児童の悩みに気づき 寄り添える教員に

——最後に今後への意気込みを聞かせてください。

角田　私は社会人向けの教育事業を展開している企業に就職します。いわゆる "リスキリング" を目的とした企業向けの研修プログラムの開発と運営を行っており、私はカリキュラムの作成や提案業務などに携わる予定です。講座を提供する側の視点だけでなく、受講者の立場に立って企画や提案をしていきたいと考えています。

竹内　私は教員採用試験での合格を目指して対策を進めています。教育学科は学年を越えたつながりが強く、先輩からも多くのアドバイスをいただいています。また、先生方も学生思い。人のよさや "先生らしさ" に満ち溢れていて、学生の要望に全力で応えてくれます。将来は児童が楽しいと思える授業を進めながら、学校を自分の居場所だと感じられる学級づくりができる教員を目指します。また、自分のクラスに限らず多くの児童とコミュニケーションを重ね、言いづらい悩みにも気づいて寄り添える教員になりたいです。

学習院大学　教育学科事務室
〒171-8588　東京都豊島区目白1-5-1
TEL 03-5992-1267（直）
〈URL〉https://www.univ.gakushuin.ac.jp/

本文 276・277 ページもご参照ください

改革・革新を続ける「リーダーシップの共立」

家政学部
　被服学科／食物栄養学科（食物学専攻、管理栄養士専攻）／児童学科
文芸学部　文芸学科
国際学部　国際学科
看護学部　看護学科
ビジネス学部　ビジネス学科
建築・デザイン学部　建築・デザイン学科

　2020年にビジネス学部を開設し、2023年4月には新たに建築・デザイン学部を開設。「リーダーシップ」教育および「実学」教育を具現化していくために、大学を挙げて改革を進めています。今までも、これからも建学の精神「女性の自立と自活」を基軸に常に革新を続ける高等教育機関であり続けます。

リーダーシップの共立

　共立女子大学は、1886年創立の共立女子職業学校を前身として創設して以来、一貫して「女性の自立と自活」を建学の精神に掲げ、常に先進的な教育を行ってきた女子総合大学です。

　2013年に看護学部、2020年にビジネス学部を開設し、2023年4月には新たに建築・デザイン学部を開設しました。こうした学部を開設する背景には、共立女子大学が重きを置く「リーダーシップ」教育および「実学」教育を着実に具現化していく強い意志があります。実学性に根ざした専門的な知識・技能を学びながら、学部・学科の所属に関係なく全員がリーダーシップを学ぶ体制を整えています。

　共立女子大学では、リーダーシップを「他者と協働して目標達成を目指す力」と定義しています。リーダーシップを身につけることは、学生生活、就職活動、そして卒業後の社会人生活とあらゆる場面で活躍するための支えとなります。これからの時代に対応するスキルであるリーダーシップを養うための教育に取り組み、チームの目指す成果や環境にポジティブな影響を与えることができる人材を育成します。

教養教育科目（全学共通）

　学部・学科・科の枠を超えた全学共通の教育課程（教養教育科目）を設置しています。「大学での学修に必要な知識・スキル」「社会人の基礎力を修得する幅広い学び」「課題解決のためのリーダーシップの育成」を3つのコアを通じて体系的・順次的に学び、身につけます。

●協働とリーダーシップコア

　現代社会の課題を解決するためには、さまざまな人と協働するリーダーシップが必要です。幅広いジャンルの課題を理解し、実践演習によって、他者との協働による課題解決力を身につけます。

●創造とキャリアコア

　外国語や情報リテラシーなど、8つの区分の多角的な学びをもとに、物事を思考・判断・表現するための幅広い知識と技術を修得。そのうえで新たな価値を創造する力や、自らのライフプラン・キャリアプランを創

造する力を培います。

●自律と努力コア

　「基礎ゼミナール」「論理的思考・文章表現」など、大学での学修に必要な知識やスキルを身につける科目を設定しています。少人数クラスにより、丁寧できめ細かな指導を行います。

新たに開設！建築・デザイン学部

　2023年4月に開設した建築・デザイン学部では、幅広い教養と建築・デザインの専門知識や技能を身につけ、人が生きるために必要な場を構成する「空間」や「モノ」などを総合的にとらえ、創造的に提案・実践できる人材を育成します。美術の視点から「共通領域」で建築とデザインの基礎・基盤を学び、「建築領域」「デザイン領域」で建築コース、デザインコースの専門性を深めていきます。

　キャンパスの周辺には歴史ある建築や最新技術を駆使した建築、今話題のアート、デザインを紹介する美術館・ギャラリーショップが数多くあり、有名な建築や最新のデザインなど、生きた教材に触れることができます。また、学内には新たにクリエーションスタジオ・デジタルクリエーションラボを設置し、街から得た刺激やアイデアを形にする環境を整え、学生の制作活動をサポートします。

■授業PICK UP

●建築設計演習Ⅰ（建築コース）

　建築分野2年次前期の演習です。建築、構造（軸組）、インテリアまでトータルに設計します。学生一人につき、教員一人がつくマンツーマン形式の授業です。全員が自分の案を発表する講評会が中間・最終と2回行

われるため、自然とプレゼンテーション力が磨かれます。

●グラフィック演習Ⅰ（デザインコース）

　2年次のグラフィック分野の入り口となる演習です。まずはグラフィックデザインの基本である文字デザインの知識を得て、理解することから始めます。手描きでのレタリングを繰り返し体験しながら、タイポグラフィの基本的な技術を修得します。また、プレゼンテーションをすることで、アイデアを相手に伝える手法についても学びます。

●建築・デザイン総合演習

　「空間」や「モノ」などの成果を生み出すためには、多くの人と協働し、プロジェクトを推進することが求められます。この授業では、2コース5分野を横断的につなぐチームを編成し、互いに刺激し合いながら総合力を高め、ものづくりに励みます。

女子大初のビジネス学部

　2020年に開設したビジネス学部では、これからの社会に必要となる人材を育成することを目的に、ビジネスに必須となる知識の修得、自分らしいリーダーシップの開発、企業と連携したアクティブ・ラーニングなど、これまでにない独自のカリキュラムを実施しています。就職することがゴールではなく、社会で活躍するために必要なことを考え続ける学部です。

　AI時代には、新しい仕事を創出するという人間にしかできないことを行う力が必要になります。そして、新しい仕事をするにはさまざまな専門性を持った周囲の人々と協働していくことになります。ビジネス学部では、そうしたAI時代を生き抜く力を開発していきます。

■学びの特徴

●リーダーシップ開発プログラム

　ビジネス学部で実施するリーダーシップ開発プログラム（LDP）は、クライアント企業から提示されたテーマについて、グループワークでの討議や調査分析を経て、チーム提案書をまとめ、クライアントに対して成果発表を行うプロジェクト型学修です。実社会に近い経験を授業の中で積み、知識を"提案"に落とし込むことができるようになります。チーム状況やメンバー構成に応じた協働のあり方、自分らしいリーダーシップのあり方を理解することを目的としています。数カ月間のチームの活動を振り返ることで、自分らしいリーダーシップと協働の意義を学びます。

共立女子大学　大学企画課
〒101-8437　東京都千代田区一ツ橋2-2-1
TEL 03-3237-5927
〈URL〉https://www.kyoritsu-wu.ac.jp/

本文 **280・281** ページもご参照ください

埼玉工業大学

自主性・創造性を発揮して たくさんの仲間と目標を達成する 学生プロジェクト

工学部
機械工学科（機械工学専攻、IT応用機械専攻＊、AIロボティクス専攻＊）
生命環境化学科（バイオサイエンス専攻＊、応用化学専攻、環境・クリーンエネルギー専攻＊）
情報システム学科（IT専攻、AI専攻、自動運転専攻＊、電気電子専攻）
＊2025年4月開設に向けて設置認可申請中。
※専攻名など、記載内容は変更になる場合があります。

人間社会学部
情報社会学科（経営システム専攻／メディア文化専攻）
心理学科（ビジネス心理専攻／臨床心理専攻）

大学での講義を通じて専門知識・技術を身につけるとともに、柔軟な見方や考え方を学ぶことで、未来の扉を開く人間力を養うことができます。

学生が主役、学生プロジェクト

埼玉工業大学では、学生のやる気を応援する『がんばる！学生プロジェクト』が2008年度からスタート。

何も無いゼロの状態から、学生が自分達の力で企画・運営することを条件に、大学より資金援助を受けてプロジェクトを結成し、年間を通して活動します。学生時代の思い出を作りたい、講義以外にも興味のある分野に取り組みたいなど、テーマは何でもOK！自らを成長させ、より充実した大学生活を満喫できると、多くの学生がチャレンジしています。

現在進行中の主なプロジェクト

■ホンダ エコマイレッジチャレンジプロジェクト

Hondaエコマイレッジチャレンジの競技規則に則った車両を製作し、10月に行われるもてぎ大会に参加、及び完走を目標とし活動を行います。
大会内容はカブ用50CCエンジンを使用した車両にドライバー1人を乗せて走行し、燃費を競います。

■SAIKO Aquarium Project

メダカをはじめとした様々な水生生物の飼育・観察を行い、生息環境について調べています。また、水生生物の環境を保全するため定期的に大学周辺の用水路などを調査し、在来種や外来種の絶滅の程度を学んでいます。より理解を深めるため水族館研修なども行っています。

■米と日本酒プロジェクト（米作り、そして日本酒へ）

深谷市の農家の方や酒造会社に協力してもらいながら、埼玉のブランド米である『彩のかがやき』の田植えや稲刈り、日本酒製造の仕込みなど全工程を自分たちで行い、埼工大のオリジナル日本酒『瞬喜道（しゅんきどう）』を造っています。完成した日本酒は地域のイベントを中心に販売しています。

■ロボット研究プロジェクト

「ロボットを創って自由に動かしてみたい。活動を通して自分の知識を将来に役立てたい。」と志した学生たちが立ち上げたプロジェクトです。自分たちでプログラムを組み込むカスタムロボットを製作し、二足歩行ロボットの格闘技大会であるROBO-ONE Lightの優勝を目指し、日々改良を重ねています。

■eSportsプロジェクト

eスポーツを通して、ゲームスキルはもちろんITリテラシー・プログラミング・ネット動画配信などといった情報技術を学ぶとともに、組織の中でのチームワークやコミュニケーション能力を高め、テクノロジーとヒューマニティーを兼ね備えたIT人材を輩出します。

埼玉工業大学　入試課
〒369-0293　埼玉県深谷市普済寺1690
☎0120-604-606
〈URL〉https://www.sit.ac.jp/
〈E-mail〉nyushi2@sit.ac.jp

本文 220・221 ページもご参照ください

立正大学

開校150年以上の歴史と伝統

●品川キャンパス
〒141-8602 東京都品川区大崎 4-2-16

心理学部　臨床心理学科／
　　　　　対人・社会心理学科
法学部　法学科
経営学部　経営学科
経済学部　経済学科
文学部　哲学科／史学科／
　　　　社会学科／文学科
仏教学部　仏教学科／宗学科

●熊谷キャンパス
〒360-0194 埼玉県熊谷市万吉1700

データサイエンス学部
　　　　　データサイエンス学科
地球環境科学部　環境システム学科／
　　　　　　　　地理学科
社会福祉学部　社会福祉学科／
　　　　　　　子ども教育福祉学科

総合型選抜がリニューアル

従来の総合型選抜（総合評価型）および総合型選抜（ゼミナール型）について、評価対象を明確にした名称に変更します。

新名称	評価対象	実施学部・学科（コース）	
活動評価型	「高校での正課・正課外活動」または「高校での探究活動（正課・正課外）の成果」のいずれか（一部学部は両方）を評価	法学部 経済学部 文学部 データサイエンス学部 地球環境科学部 社会福祉学部	法学科 経済学科（全コース） 哲学科／史学科／社会学科／文学科（全コース） データサイエンス学科※ 環境システム学科（全コース） 社会福祉学科（全コース）／子ども教育福祉学科
		※データサイエンス学部データサイエンス学科は、令和7（2025）年度入学者選抜において現行の総合型選抜（総合評価型）も実施。	
探究実践型	大学からの課題による探究活動を評価	心理学部 法学部 経営学部 経済学部 文学部 仏教学部 地球環境科学部 社会福祉学部	臨床心理学科／対人・社会心理学科 法学科 経営学科 経済学科（全コース） 哲学科／史学科／社会学科／文学科（全コース） 環境システム学科（全コース）／地理学科 社会福祉学科（全コース）／子ども教育福祉学科

オープンキャンパス2024

オープンキャンパスでは、来校型・オンライン型で開催します。大学・学部・学科の説明や、模擬授業などのコンテンツが用意され、オンラインでも教員フリー相談などを受けることができます。詳細は、大学ホームページをご確認ください。

来校型（品川／熊谷キャンパス）

6/16㈰、**7/14**㈰、**8/17**㈯、**8/18**㈰

オンライン型

9/1㈰、**12/15**㈰

2025年入試より入学検定料が変わります！

一般入試：検定料一律35000円（3学部・コースまで出願可）
大学入学共通テスト利用入試：検定料一律10000円（何学部でも出願可）

立正大学　入試センター
〒141-8602
東京都品川区大崎 4-2-16
TEL 03-3492-6649
〈URL〉https://www.ris.ac.jp/
〈E-mail〉exa@ris.ac.jp

本文 **402・403** ページもご参照ください

大阪学院大学

キャンパス内で「学内留学」を実現！
留学しているかのようなグローバルな環境が学内に！語学力プラスαの学びも充実

商 学 部 商学科
経営学部 経営学科
経営学部 ホスピタリティ経営学科
経済学部 経済学科
法 学 部 法学科
外国語学部 英語学科
国 際 学 部 国際学科
情 報 学 部 情報学科
短期大学部 経営実務科（女子のみ）

大阪学院大学では、多彩な留学・国際交流プログラムを用意し、好奇心をかきたてるグローバル教育を展開しています。

教育体制を再編

2025年4月、
外国語学部は **2専攻制へ。**

●英語学専攻
●Global Studies専攻

新しい
外国語学部
はじまる。

キャンパス内で異文化体験

異文化交流スペース
アイチャット・ラウンジ
I-Chat Lounge

●全学部対象

1日あたりの
利用学生数
約 **100**人

留学生と暮らして国際感覚を磨く

留学生との共同生活
**CETハウスシェア
プログラム**

●全学部対象

交換留学生との
ルームシェア
家賃 **0**円

海外研修・交換留学で実践

多彩な研修プログラムを用意 **海外研修**

海外提携大学は 世界**28**の国と地域の**67**大学

世界27の国と地域の提携大学から選ぶ！ **交換留学**

留学先の授業料を免除	留学先で修得した単位を認定
休学せずに留学できる	専門スタッフによるサポート
奨励金を貸与（本学卒業時に返還を免除）	

■教育体制を再編

・2025年4月、外国語学部2専攻制へ

従来の英語教育を中心に据え、他言語も学ぶことができ、複数の専門性を得られる「英語学専攻」、英語で英語を学びながら、語学力を高め、英語の環境に積極的にチャレンジすることで、新たな学びを得られる「Global Studies専攻」の両専攻で、国際社会の中で独創性と実践力に富む人材を育成します。※最新情報は、随時大学公式ホームページで配信します。

■キャンパス内で異文化体験

・異文化交流スペース「I-Chat Lounge」

外国人スタッフや留学生と英語で気軽に交流できるアットホームなオープンスペース。学部や英語のレベルに関係なく誰でも利用可能。TOEIC® 対策も実施しています。

■留学生と暮らして国際感覚を磨く

・留学生との共同生活「CETハウスシェアプログラム」

アメリカの大学からCETという機関を通して日本語を学びにくる留学生と、大学周辺のアパートやシェアハウスで共同生活を送り、互いの習慣や文化を学ぶ異文化体験プログラムを実施しています。

■海外研修・交換留学で実践

・夏と春の長期休暇を活用！「海外研修」
・世界27の国と地域の提携大学から選ぶ！「交換留学」

最新情報を発信します！ 🔵 ⭕ 🆇 ▶️ f

大阪学院大学　入試広報課
〒564-8511 大阪府吹田市岸部南二丁目36番1号
TEL 06-6381-8434（代表）
〈公式サイト〉https://www.ogu.ac.jp
〈入試情報サイト〉https://www.ogu.ac.jp/admissions

本文 大学 **534**・**535**／短大 **569** ページもご参照ください

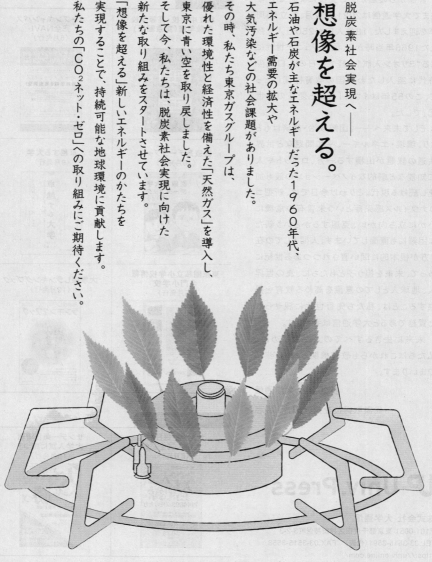

教育機関とともに半世紀。そして未来へ──

皆様からの温かいご支援により、おかげさまで大学通信は2021年12月、創立55周年を迎えました。18歳人口が250万人を数えた1966年当時から、団塊ジュニア世代による"ミリオン入試"を経て今日の人口減少時代に突入したわが国の教育機関にとって、この55年はまさに「飛躍と変革の半世紀」でした。

そして未来へ──。国際政治・経済はもとより、環境・エネルギー、平和問題など世界共通の課題が山積する一方、ロボットや人工知能など劇的なイノベーションの波も加速し続ける現代。とりわけ今日では、新型コロナウイルス感染症という未曽有の危機にいかに立ち向かい、克服するかという新たな困難にも直面しています。人間としての在り方が根本的に問い直されつつある世紀にあって、未来を担う子どもたちに、真の世界人、地球人としての意識を高める教育を提供することは、私たち先行世代に課せられた責務であると大学通信は考えます。

未来に生きるすべての人々のために。私たちはこれからも教育機関とともに歩んでまいります。

株式会社 大学通信

代表取締役社長　田所 浩志

UP Univ. Press

株式会社 大学通信
〒101-0051 東京都千代田区神田神保町3-2-3
TEL.03-3515-3591（代表）　FAX.03-3515-3558
https://univ-online.com/

自社刊行物

私立中学校・高等学校
受験年鑑（東京圏版）
〈8月発行〉

オープンキャンパス
完全NAVI
〈6月発行〉

医療系データブック
〈10月発行〉

卓越する大学
〈9月発行〉

東京圏私立小学校情報
名門小学校
〈5月発行〉

大学探しランキングブック
〈12月発行〉

共同企画＆共同編集

サンデー毎日増刊
大学入試全記録
〈6月発行〉

サンデー毎日増刊
大学入試に勝つ！
〈10月発行〉

■ 出版物　君はどの大学を選ぶべきか／大学探しランキングブック／私立中学校高等学校受験年鑑／名門小学校　など
■ WEB　教育進学ニュースサイト「大学通信オンライン」／大学ニュースリリースサイト「大学プレスセンター」など

キャリアに注目！

専門学校

専門学校も選択肢のひとつに！

　専門学校は「専門職として必要な知識や技能、技術を身につけさせ、社会に出たときに即戦力となる人材を育成する」ことが設置の目的です。資格取得をアピールする大学や短大も多数ありますが、もともと資格については、専門学校に長年培ってきたノウハウがあり、有資格者が求められる現場に即応した職業教育が行われてきました。大学卒業後、専門学校に入学して学び直す人も少なくありません。だから、「手に職を」と考えるなら、専門学校に進学した方が就職への近道ともいえます。大学併修制度により「学士」の学位を取得できる学校もあります。

　ここに紹介するのは、いずれも魅力的な専門学校です。皆さんのこれからのキャリアプランにあわせ、選択の幅を広げるためにご活用ください。

専門学校で大学を卒業する

大学併修 4年制	情報セキュリティ・ゲーム AI・システム情報・医療情報 **＋** 北海道情報大学 通信教育部

専門課程 3年制 2年制	AI・システム開発 ネットセキュリティ ゲーム・CG・Webデザイン 医療事務・eビジネス実務

情報処理技術者試験 取得者数

レベル4 ★★★★

- 情報処理安全確保支援士 **120**名
- データベーススペシャリスト **33**名
- ネットワークスペシャリスト **7**名
- システム監査技術者 **1**名
- プロジェクトマネージャ **1**名
- ITサービスマネージャ **1**名

レベル3 ★★★

- 応用情報技術者 **469**名

レベル2 ★★

- 基本情報技術者 **2,467**名

在校生取得実績（2023年12月末現在）

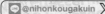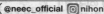

第一志望は、ゆずれない。

DIVERSITY
OF
STUDY

2024年度入学受付中！

大学通信 プライバシーステートメント

大学通信は、皆さんの個人情報の取り扱いには万全の注意を払っており、皆さんの個人情報を、あらかじめ提示した提供先（各教育機関・企業・団体）以外の第三者に開示もしくは提供することは一切いたしません。

1.弊社で収集される皆さんの個人情報について

「君はどの大学を選ぶべきか」「私立中学校高等学校受験年鑑」「私立小学校情報」などを発行し、ウェブサイト「Campus Navi Network」「大学通信オンライン」などを運営する大学通信は、収集される情報の唯一の所有団体です。これらの情報は、開示されている方法以外で、第三者に提供されることはありません。

大学通信はさまざまな媒体（本、雑誌、新聞、ウェブサイト等）から、皆さんの情報を収集しています。情報は次のような目的で収集しています。

①希望する学校及び企業・団体の資料や情報の送信
②プレゼント
③各種相談会やイベントの入場券の発送
④出版物やサイトなどをよりよいものにするためのアンケート調査

①資料や願書の発送や情報の送信

大学通信に情報を提供されることにより、各学校・企業に皆さんの情報（記入フォームに記載された内容）を電子化されたデータかリストで提供し、希望する学校及び企業・団体より資料や願書が、皆さんの指定された住所やメールアドレス宛に送られてきます。弊社に申し込めば、一度の申し込みで複数の資料や願書を入手できますが、ご利用にならない場合は、各学校・企業・団体にそれぞれお申し込みいただくことになります。

②プレゼント

大学通信が実施あるいは協力するプレゼントキャンペーンにご応募の場合、連絡先情報や統計的情報をご提供いただきます。

③入場券の発送

大学通信が主催あるいは共催する各種相談会やイベントへの参加を大学通信に申し込まれた場合、入場券を大学通信より発送・送信します。その際に連絡先情報や統計的情報をご提供いただき、共催の各種相談会やイベントの場合、皆さんの情報を共催先の各教育機関・企業・団体に提供いたします。

④アンケート調査

各媒体で皆さんの「どんな記事がよかったか」など、あくまでもマーケティング資料として活用いたします。また、大学通信のモニターになられた方には、目的を明示したアンケート調査を依頼し、いずれもご回答いただくか否かの選択は、皆さんに任されています。

2.皆さんの個人情報の利用について

あらかじめ皆さんに明示する目的の範囲内での利用に限定いたします。また、皆さんの個人情報をより正確なものにするため、第三者から得た情報で補足することはありませんのでご安心ください。

3.皆さんの個人情報の管理について

大学通信では皆さんの情報を万全の管理体制の下、保護を行っています。また、個人情報の紛失、誤用、改変を防止するために、今後も適切な対策を実施していきます。社内におきましても、担当する社員しかデータに接触できないようにしており、すべての個人情報へのアクセス権を持つのは、弊社の情報管理責任者だけです。

4.皆さん自身の個人情報のお問い合わせ、変更、苦情について

皆さんの個人情報について、大学通信は情報漏えい防止のため、本人確認が取れた場合に、速やかにデータを開示します。さらに、ご要望に応じて、追加、訂正、削除を行います。また、個人情報データに関する苦情についてご連絡いただいた場合は、適切かつ速やかに対応させていただきます。いずれも下記の電話、FAX、E-mailなどでご連絡ください。

（株）大学通信　情報管理責任者
〒101-0051　東京都千代田神田神保町3-2-3
TEL03（3515）3591　FAX03（3515）3558
E-mail:info@univpress.co.jp

学長からのメッセージ

―私立大学をめざす皆さんへ―

早稲田大学総長　田中愛治

明治大学長　大六野耕作

　私は普段、学生諸君に対して「たくましい知性」、「しなやかな感性」、「ひびきあう理性」を身に付けてほしいと話しています。

　受験生の皆さんが今目指している大学入試の問題には必ず答えがありますが、世の中の問題には答えがあるとは限りません。そうした難問に立ち向かうために必要なのが「たくましい知性」です。問題の解決に向けて自分なりの仮説を立て、考察して検証する。課題を見つけてまた考える。それを繰り返すことで「たくましい知性」は磨かれます。「しなやかな感性」とは、ダイバーシティ、多様性を認めることと言ってもいいでしょう。早稲田大学では、性別、国籍、宗教や信条などに関係なく、誰もが平等に学んでいます。日本全国、世界中から学生が集まる早稲田には、異なる価値観を持つ学生が交わり、多様性を理解し、互いに敬意を持って尊重しあい、学べる環境があります。この学びの環境において重要なのが「ひびきあう理性」です。多様性の中で理性を持って互いの思考を高め合い、共鳴する。そして新しいアイデアが生まれるのだと思います。

　「誰にでも居場所がある。」これが早稲田大学の伝統であり、140年の歴史を経ても変わらない誇りです。世界各地、日本全国から学生が集い、学問はもちろん、スポーツ、文化活動などあらゆる分野において、好きなことに打ち込める場や仲間がいます。他の分野に打ち込む学生に敬意を表し、自由と多様性を尊重し、自分を磨いています。

　早稲田大学の創立者である大隈重信は「一身一家一国のためのみならず、進んで世界に貢献する抱負がなければならぬ」と語りました。人類社会に貢献する志を持ち、皆さんとともに学び合える日を心待ちにしています。

　新型コロナウイルス感染症の影響で社会の在り方が大きく変化した今、自分に必要なスキルを積極的に習得し、それらを基盤として自ら一歩ずつ道を切り拓いていく「個」の成長が、何よりも大切であると考えられます。

　そのためには、日本のみならず、世界へ目を向けることが必要です。国籍や言語、文化、宗教、価値観など全く異なる背景を持つ人々との議論を重ねることで、初めて見えてくる自分の姿があるのです。

　本学の使命は、教育の質を保証し、「個」の成長を後押しすること。世界とのつながりを当たり前にし、学生一人ひとりが必要な知識や技能を自ら選び取って身につけていけるような、主体性を育む教育体制を整えていきます。

　明治大学という学びの場が世界とつながり続けることで、学生が「個」としての強さを最大限高めていくことを願っています。

　コロナ禍で一時停滞していた実留学（短期・長期）は既にコロナ前の水準まで回復しており、さらにコロナ時代に獲得したオンライン留学の手法を駆使して、海外の大学との授業共有などを積極的に進めています。

　2031年の創立150周年に向けて、持続可能な社会の構築もこれからの課題の一つです。特に学問による社会への貢献を重要視する明治大学では、すでにSDGsにかかわる研究が数多く進められています。

　明治大学はこれまでも、あらゆる困難を好機と捉え、建学の精神「権利自由」「独立自治」を胸に、変革を起こしてきました。今後も「個」の成長と豊かな社会の実現に向けて、新たな課題に挑戦し続けます。

法政大学総長　廣瀬克哉

日本女子大学学長　篠原聡子

　皆さんは、大学ではどのようなことが学べ、どのような能力が身に付くと思いますか。

　法政大学では「専門知」として自らの専門性を高めることに加え、多様な学問分野も学び、社会の課題解決に繋がる実践力を「実践知」として身に付けることを重視しています。学部の学びはもちろんのこと、多くの学部で専門科目を他学部に公開する「公開科目」（約500科目）を設けています。また、グローバルな環境で授業を受けたいという学生には、グローバル・オープン科目やERP（英語強化プログラム）など、「授業をすべて英語で行う科目」（約680科目）を用意しています。学部が認めた学業成績優秀者に対しては、「他学部科目履修制度」を与え、文系・理系・教養科目を合わせて約2,000科目の中から興味関心に応じた授業を受けることができます。それにより、理想とするキャリア形成に必要な時間割を自ら組み立てる構想力も養うことができます。

　また、ビジネス・医療・科学技術などの多岐にわたるビッグデータに関する正しい力を磨き、新しい価値を創造し社会に寄与する人材を育成する「数理・データサイエンス・AIプログラム（MDAP）」やSDGs、ダイバーシティ、アーバンデザインなどの領域でサティフィケートプログラムを開講しています。SDGs（持続可能な開発目標）の達成に向けて、学外の企業や団体と協働する「課題解決型フィールドワークfor SDGs」など、文・理系を問わず現代に必要な知識を養う多様なプログラムを用意しています。

　このように、法政大学には教育・研究・課外活動などの多様なリソースがあります。その中から自らが興味を持った科目や教育プログラムを見つけ、大いに活用してほしいと思います。法政大学でお待ちしています。

　日本女子大学は、私立の女子大学では唯一の理学部を擁する総合大学です。都心にあるキャンパスでは、性別役割にとらわれないのびのびとした環境で、学生一人ひとりの個性を伸ばし、磨く、少人数教育が行われています。低学年からゼミが始まり、卒業論文、卒業研究、卒業制作が必須となっており、それぞれが自らの力で課題を発見し、調査分析から結論を導き出す能力を養います。手厚い就職支援とともに、この力こそが、本学が高い就職率を誇る所以です。

　ラーニング・コモンズなど学生が自由に学修や課外活動や休憩に使うスペースが連続的に複数ある滞在型キャンパスは、本学卒業生で世界的な建築家である妹島和世氏によって、リデザインされ、2021年に完成しました。こうした場所は学生の皆さんの自主的な活動をサポートするものであり、ピアサポーター、ラーニング・サポーター、JWU PRアンバサダーといった学生の活動によって、本学は活気づいています。

　昨年、学生と教職員とで新タグライン「私が動く、世界がひらく。」を作りました。今までの当たり前に縛られることなく挑戦できる確かな知性、だれも手を挙げない場所でひるまず声をあげる勇気、隣にいる友人とも、言語の異なる人々とも手を取り合える協調性、それらをもって世界をひらく力を、日本女子大学で培ってください。

　現在、日本女子大学は、時代の要請に応えて、「広い教養と高い専門性」を磨く教育機関であるよう、学部学科再編や教育改革を進めています。2023年度には国際文化学部を開設、2024年度には建築デザイン学部がスタートします。さらに、2025年度には食科学部（仮称、構想中）が開設の予定です。人生を生き抜く力を身につけ、新しい価値を創造する、あなたにふさわしい学びをここ、日本女子大学で見つけてください。

南山大学長　ロバート・キサラ

立命館大学長　仲谷善雄

　南山大学はカトリック総合大学として「人間の尊厳のために」を教育モットーに据え、学問と人間のあり方を考える学びを土台とし、学生に寄り添う教育を実現してきました。様々な課題が山積する現代において必要とされる「地球規模で考え、行動できる力」を育むべく「個の力を、世界の力に。」というビジョンを掲げて、新しい世界をつくる人材を育成しています。中でも注力しているのが「Dignity（尊厳）」「Diversity（多様性）」「Dialogue（対話）」の3つのDです。対話を通じて、異なる文化や価値観をもつ人と理解し合い、多様性や尊厳を尊重しつつ視野を広げることができる教育環境は本学の大きな特徴の一つです。

　すべての学部が集まるキャンパスは国境のない学びの場です。どの学部でも外国語を学ぶことや、国際感覚を身につけることができます。2022年には、留学生と日本人学生が共に暮らす「ヤンセン国際寮」をオープンしました。留学プログラムも充実しており、現在は41の国と地域に協定校があります。時代の転換期を迎える今、次世代を生き抜く力を養うことは重要です。本学と海外大学の学生が協働して学ぶプログラム「NU-COIL」では、多様な価値観に触れて多文化共生力を涵養し、グローバルな課題を多角的に議論できる力を養います。

　世界に目を向け、自分には何ができるのかを考える機会が、南山大学のキャンパスには溢れています。「自分が世界にできる貢献」を、皆さんに見つけてほしいと願っています。

　戦争や紛争、環境問題、エネルギー問題、少子高齢化など、私たちは複雑な課題に直面しています。予測することが難しく、不安に感じることもあるでしょう。しかし、そのような時代であるからこそ、失敗を恐れず、新たなことに勇気を持って挑戦することが大切です。

　立命館大学は、全国そして世界から3万7千人の個性豊かな学部生・大学院生が集うダイバーシティに富んだ環境を有する大学です。多様な価値観を持つ学生たちが混ざり合い、様々な挑戦を通じて、新たな価値を生み出しています。

　今年4月に映像学部・情報理工学部が移転する大阪いばらきキャンパスでは、先進テクノロジーを掛け合わせたX-Techにより、リアルとバーチャルが融合する新たな学びの形を追求します。キャンパス自体を「TRY FIELD」と位置づけ、誰もが自由に挑戦し、社会に新たな価値を提供できる場を創出していきます。

　2024年は、びわこ・くさつキャンパス（BKC）が開設30周年を迎える年でもあります。これまで蓄積してきた「健康・長寿・QOL」分野の研究の深化と産学官連携を通じた地域イノベーション創出をさらに広げていきます。また、昨年設立した立命館大学宇宙地球探査研究センター（ESEC）では、BKCを主な拠点として、人類の生存圏の維持と拡大という壮大な目標に向けて、これまでにない挑戦を進めます。

　そして2025年には、立命館は創始155年・学園創立125周年を迎えます。今後も、学生一人ひとりの個性や価値観を尊重し、それぞれの目標や課題に対し積極的に挑戦できるよう支援していきます。そして、立命館が目指す次世代研究大学・次世代探究学園への挑戦を通じて、これまで以上に高度な研究・教育力により社会に貢献すべく、邁進いたします。

大学入試は
こうして行われる!

大学受験 入門講座

今の大学は、お父さんやお母さんが受験した30年前とはまったく違います。時代の移り変わりと同じで、大学も"象牙の塔"と呼ばれるままではありません。大学を取り巻く環境、入試制度、人気学部、就職状況、学費など、大きく変わっています。まさに隔世の感といっていいでしょう。大学入試の現状はどうなっているのでしょうか。この講座で知識を深め、入試についてじっくり考えてみましょう。

■ 大学・短大全入時代到来が明らかに

　大学・短大全入時代が間近です。全入時代とは、「大学・短大の入学定員≧大学・短大志願者」になることです。つまり、大学・短大入学希望者が、進学先を考慮しなければ、全員が必ずどこか国内の大学・短大に入学できることを意味しています。日本私立学校振興・共済事業団によると、2023年の私立大の総入学定員50万2194人のところ、入学者数は50万599人で、入学者が定員を2036人下回っています。

　しかし、全入のような状況は、現実には起こりえません。東京大、早稲田大などの人気大学や医師になるための医学部医学科に、浪人しても進学したい受験生はたくさんいるからです。

　浪人生が生まれた分、定員が埋まらない大学・短大が出てくることになります。その割合が高い学校では、淘汰されることに結びつきます。

　こうなった大きな理由が少子化です。表1を見てください。受験生数がもっとも多かったのは1992年です。その後、18歳人口は減少の一途をたどっています。

　92年当時の受験生数は、約121.5万人で、入学者数が79.6万人。受験生の3人に1人、42万人近くが、大学・短大に入学を希望しながら入学できなかったことになります。大変な激戦入試でした。

　それが2023年には、受験生数が約67.5万人で、1992年の入学者より少なくなっています。一方、入学者数は約67万人で、進学を希望しながら入学できなかった人はわずか4000人ほどです。大学・短大に進学を希望しながら入学できなかった人は、およそ161人に1人と激減しているのです。

■ 以前に比べ、大学に入りやすくなっている

　受験生数減もさることながら、大学数が増えていることも全入時代到来の一因です。4年制大学は1992年の523校から2023年は810校へ287

表1 18歳人口と受験生数の推移

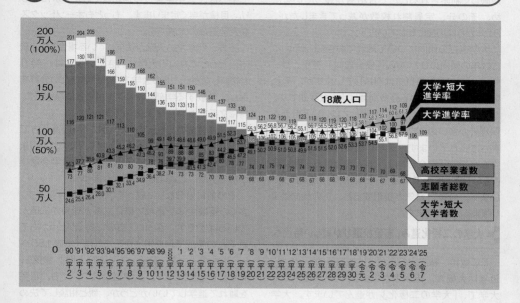

表2 この5年の私立大の定員充足率

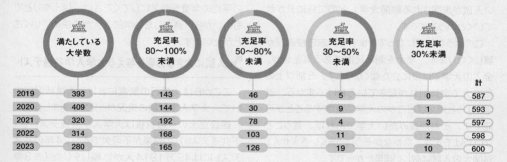

	満たしている大学数	充足率 80〜100%未満	充足率 50〜80%未満	充足率 30〜50%未満	充足率 30%未満	計
2019	393	143	46	5	0	587
2020	409	144	30	9	1	593
2021	320	192	78	4	3	597
2022	314	168	103	11	2	598
2023	280	165	126	19	10	600

校、約1.5倍に増えました。新設大学だけではありません。既設の大学でも学部新設のラッシュが続き、受け皿は広がっているのです。特に4年制大学の入学者を1992年と2023年とで比べますと、およそ54.2万人から63.3万人に16.9%増えています。逆に短大入学者は減っています。この間、18歳人口は46.7%減っていますから、4年制大学への入りやすさが浮き彫りになってきています。

このように、受験生は減り、大学入学者は増え

ているとなると、各大学にとって定員確保が厳しいことになります。その結果、定員割れの大学も多くなります。表2を見てください。これは日本私立学校振興・共済事業団調べのこの5年の定員割れ状況ですが、定員割れの私立大の割合は19年から23年まで33.0→31.0→46.4%→47.5%→53.3%と推移しています。

定員割れ校数は景気の状況や18歳人口の増減の影響を受けて変動しています。近年は、16年か

ら大規模大学を中心に入学募集定員を超える割合が厳しく制限されることで合格者が減っているため、その分、定員割れ校数が減ってきましたが、21年からは増加に転じています。

大学選びの傾向について触れておきましょう。ここ数年の傾向のひとつが、「安全志向」です。リーマン・ショック以降景気は回復していますが、それでも大学進学にかかる経費削減は大きな課題です。なるべく安上がりに大学に進学してほしいと考える保護者が多いのです。その結果が国公立大人気の高さに表れています。近年は確実に合格できる大学を目指す「安全志向」、浪人を避ける「現役志向」、自宅から大学に通う「地元志向」が高まっています。今後、景気が後退すると、この傾向はより強まると見られます。

■ 大学の二極化進み、志望校選びが難しい時代へ

ここ数年、私立大の志願者は増加傾向でしたが、近年は大幅減。志願者が集まる大学と集まらない大学で、「大学の二極化」が進んでいます。大学はやがて、「入試を実施しても全員合格に近いため、試験を実施する意味があまりない大学」と、「厳しい入試が展開される難関大学」との二極に分かれていくということです。

このような状況になってきますと、志望校選びが難しくなります。学力を測る尺度である偏差値が、全入の大学では役に立たなくなります。5割以上の私立大で定員割れが起きているわけですから、進学しようと思えばどこかの大学に進学することが可能です。それが進みたい大学であれば、言うことないわけですが、なかなかそうはうまくいきません。難関大の入試は厳しいままだからです。

大学の選び方は大きく分けて3通りあります。ひとつは大学で学びたいことが決まっていて、それを

実現できる大学を選ぶという方法です。その分野で学べば、大学卒業後の進路まで考える余裕があり、目標が早く定まります。もっともオーソドックスな大学選びの方法です。

一方、行きたい大学が決まっている場合もあります。どうしても○○大学に行きたい場合は、学力と相談しながら、その大学で自分が学びたい分野を探し、受験する学部を決めていくことになります。特に文系でよく見られる方法です。

最後は前記のどちらでもないという時の選び方です。これは様々な視点から選んでいくことになります。この場合、学力で合格できそうな大学を選びがちですが、これはあまり感心しません。

その前に自分なりに絞っていくことが必要です。多くの受験生は、高校で既に文系か理系かは選んでいるはずです。さらに、自分に向くかどうかもそれぞれの学部で何を学ぶかを知れば（本書155ページからの「大学・学部・学科選び入門」参照）、わかってくるでしょう。大学選びについても、自宅を離れて進学していいかどうか、親と相談して決めれば絞ることができます。また、学部によって学費の差もあります。137ページの表5・学部系統別の平均の学費を参考にしてください。ぼんやりとでもいいから、進学したい学部、大学を決めていくことが大切です。

■ 入試に大きな影響を与える大学入学共通テスト

ここからは、現行の制度における入試状況について、大学入学試験の現況から見ていきましょう。

国公立大の一般選抜は大学入学共通テスト（以下共通テスト）の結果が不可欠です。24年の共通テストには49万1914人が志願しました（表3参照）。昨年の志願者数と比べて2万667人（4.0%）減少しました。また平均点は、文系・理系ともに大きくアップしました。かつてのセンター試験では、平均点がアップすると、国公立大の志願者が増えて私立大の志願者が減り、逆に平均点がダウンすると、その逆になる傾向にありましたが、近年はこうした傾向が影を潜めています。

国公立大の志願者は、12年からセンター試験の平均点に関係なく減少が続きました。国公立大人気

2024入試 TOPICS 02　私立大入試

文部科学省による大学入学者の超過率の厳格化について、23年度入試からは入学定員ではなく総定員での超過率を見るよう変更されたことで、退学者の分だけ入学者が増やせるため合格者も増え、難化に一定の歯止めがかかりました。今後の入試で超過率がさらに厳しくなっても、18歳人口と連動して私立大の志願者も減少していて、難関大の競争率も低下傾向にあるため受験生には大きな影響はないかもしれません。

は高いのですが、難関大を中心に後期の縮小や廃止が進んでいるため、出願したくてもできない状況にあったからです。さらに、15年からは理科の受験科目数や学ぶ範囲が広がるなど、難化したことも影響しています。しかし19年に平均点のアップなどにより8年ぶりに志願者が増加、22年には共通テストの平均点が大きく下がったにも関わらず増加しました。これは、平均点ダウンによって1次試験のボーダーラインが下がることを合否判定システムなどで

確認し、逆に諦めずに2次試験で勝負するという、冷静な判断をした受験生が多かったことが理由と見られています。背景には高校の現場での適切な進路指導があり、平均点の上下がそのまま志願者数に反映されるわけではなくなってきています。実際、23年は22年の反動から平均点が文系・理系ともにアップしましたが、18歳人口の減少の影響もあり、国公立大の志願者は減少しました。

一方、私立大はセンター試験（現共通テスト）の

表3 ── センター試験および大学入学共通テスト志願者数の推移

年度	志願者数（前年度比）	国立大（校数）	公立大（校数）	私立大（校数）	短大（校数）
1990(平成2)年	430,542人（+35,034）	95	37	16	－
1991(平成3)年	455,855人（+25,313）	95	39	21	－
1992(平成4)年	472,098人（+16,243）	95	39	32	－
1993(平成5)年	512,712人（+40,644）	95	41	56	－
1994(平成6)年	531,177人（+18,465）	95	46	73	－
1995(平成7)年	557,400人（+26,223）	95	48	104	－
1996(平成8)年	574,115人（+16,715）	95	52	122	－
1997(平成9)年	599,962人（+25,847）	95	53	152	－
1998(平成10)年	597,271人（−2,691）	95	57	180	－
1999(平成11)年	580,064人（−17,207）	95	61	217	－
2000(平成12)年	581,958人（+1,894）	95	66	242	－
2001(平成13)年	590,892人（+8,934）	95	72	266	－
2002(平成14)年	602,089人（+11,198）	95	73	311	－
2003(平成15)年	602,887人（+797）	93	74	351	－
2004(平成16)年	587,350人（−15,537）	83	73	387	97
2005(平成17)年	569,950人（−17,400）	83	72	408	112
2006(平成18)年	551,382人（−18,568）	82	72	440	133
2007(平成19)年	553,352人（+1,970）	83	74	450	148
2008(平成20)年	543,385人（−9,967）	82	73	466	156
2009(平成21)年	543,981人（+596）	82	74	487	154
2010(平成22)年	553,368人（+9,387）	82	75	494	160
2011(平成23)年	558,984人（+5,616）	82	78	503	166
2012(平成24)年	555,537人（−3,447）	82	79	513	161
2013(平成25)年	573,344人（+17,807）	82	81	520	157
2014(平成26)年	560,672人（−12,672）	82	82	521	158
2015(平成27)年	559,132人（−1,540）	82	84	523	160
2016(平成28)年	563,768人（+4,636）	82	84	527	157
2017(平成29)年	575,967人（+12,199）	82	86	526	154
2018(平成30)年	582,671人（+6,704）	82	89	526	151
2019(平成31)年	576,830人（−5,841）	82	90	531	149
2020(令和2)年	557,699人（−19,131）	82	91	533	152
2021(令和3)年	535,245人（−22,454）	82	91	533	155
2022(令和4)年	530,367人（−4,878）	82	93	533	148
2023(令和5)年	512,581人（−17,786）	82	94	535	151
2024(令和6)年	491,914人（−20,667）	82	95	530	147

平均点に関係なく、近年、一般選抜の志願者が増え続けていました。これは、国公立大からの志望変更に加え、入試方式の多様化や受験料割引、ネット出願の普及などにより、出願しやすくなったためです。ところが、16年から大規模大学を中心に、入学者が募集定員を超える割合が厳しく制限されたため合格者が減り、結果として私立大入試は難化しました。

21年入試では、この年からの大学入試改革を避けようと、20年入試で多くの受験生が大学に入学してしまったため、浪人生が大幅に減少し、私立大全体の志願者も大きく減少しました。しかし22年以降の入試でも、私立大の志願者数は以前のようには戻っていません。私立大が年内の総合型選抜や学校推薦型選抜といった入試を積極的に拡充し、受験生も一般選抜を避けて、年内の入試にシフトしていることも一因です。これにより共通テストが必要ない受験生も増えてきていますが、共通テストは受験回数の確保の面からも重要性は高く、まだまだ受験生に大きな影響力を持っています。

▶ 多様化が進む大学入試

大学の二極化が進むと、どのルートで大学に入学するかも重要になってきます。その中で人気を集めているのが学校推薦型選抜と総合型選抜です。

表4を見てください。これを見ますと、一般選抜での入学者が、国立大では81.8%、公立大では69.7%と高率ですが、私立大では40.3%となっています。私立大では一般選抜より学校推薦型選抜や総合型選抜で入学する学生の方が多く、6割に迫る勢いです。それだけ、私立大では、入試における学校推薦型選抜や総合型選抜の比重がアップしているわけです。

学校推薦型選抜は高等学校長の推薦を受けて出願しますが、多くの場合、出願に際して高校在学中の成績基準が設けられています。評定平均値が4.0以上というようにです。これは高校1年、2年と3年の1学期までの成績を平均した値です。これが一定のレベル以上であることが必要なのです。さらに、学業成績だけでなく、課外活動を評価する学校推薦型選抜も多くなっています。

私立大の学校推薦型選抜では、大きく分けて指定校制と公募制の二種類があります。

指定校制では、応募できる高校が大学によってあらかじめ決められています。難関大で多く実施され、面接や小論文などの試験がありますが、出願すればほとんどの場合、合格になります。ただ、各高校から応募できる人数が1人など募集枠が小さく、高校内での選考を通過できるかどうかが重要になってきます。

一方の公募制は高等学校長の推薦を受けることは同じですが、成績基準を満たしていれば、どこの高校からでも出願できるのが特徴です。一般選抜に比べて小論文、面接が中心のため科目負担が軽く、関西の大学などでは学力試験を課しますが、一般選抜より科目数が少ないところが多くなっています。また、学校推薦型選抜では合格=入学が原則ですが、関西の大学などでは、他大学との併願を認め、合格後に入学する大学を決められる一般選抜のような学校推薦型選抜も多くなっているのが特徴です。これ以外にも、スポーツの成績を重視したスポーツ推薦などもあります。

総合型選抜の前身であるAO入試は90年に慶應義塾大が始めた方式で、93年まで1校しか実施していませんでした。しかしその後に実施校が急増し、一昨年は国公私立大あわせて643校が実施しました。2001年以降増えており、まさに「21世紀型の選抜」といっていいでしょう。AOとはアドミッションズ・オフィスの略で、アメリカの大学で行われている一般的な選抜方式です。

総合型選抜は入学を希望する受験生と大学が面接などを通して、お互いに納得して入学する、させるという方式です。学校推薦型選抜での高等学校長の推薦や出願の基準である高校在学中の成績基準などは設けられていないのが普通です。ただ、高校

2024入試 TOPICS 03 国公立大入試

今年の大学入学共通テストの平均点が文系・理系ともに2年連続アップしたことで、国公立大人気が高まり、共通テストの志願者が減少しているにもかかわらず、国公立大の志願者は微増となりました。内訳を見ると、公立大は減少したものの国立大が増えており、強気の出願となったようです。難関国立10大学は北海道大、大阪大、東京工業大以外の7大学は昨年より志願者増となりました。

表4　2023年の入試種別入学者数の割合（%）

国立
学校推薦型選抜 12.3%（前年比+0.5）
総合型選抜 5.9%（前年比+0.3）
一般選抜 81.8%（前年比−0.8）

公立
学校推薦型選抜 26.1%（前年比+0.2）
総合型選抜 4.2%（前年比+0.4）
一般選抜 69.7%（前年比−0.5）

私立
学校推薦型選抜 42.1%（前年比−0.3）
総合型選抜 17.6%（前年比+1.6）
一般選抜 40.3%（前年比−1.4）

でのクラブ活動、ボランティアなどの社会活動の取り組みなどが求められます。自己推薦をするものもあり、入試の中心は複数回実施する面接です。なかには小論文や学科試験を課す大学もあります。

面接では「高校時代、何をしてきたか」「この大学・学部を選んだ理由は」「大学に入学したら、何をしたいか」などを聞かれるのが一般的です。意欲面を問われ、自分をさらけ出す選抜になるため、自分をどうアピールできるかが合否の分かれ目になります。ただ、学校推薦型選抜や総合型選抜では科目負担が軽いため、学生の学力低下の一因との指摘があります。そのため、調査書の提出を求めたり、国公立大では共通テストの成績が必要な大学が増えています。

16年には東京大が推薦入試を、京都大が推薦・AO入試などで選抜する特色入試を、それぞれ初めて実施して大きな話題になりました。学力試験だけでは計れない、卓越した能力を持つ多様な生徒を獲得するのがねらいです。さらに17年には大阪大が後期日程を廃止して推薦・AO入試を導入して注目を集めました。また東北大では、18年から一般入試の募集人員を減らしてAO入試の募集人員の増員が行われました。私立大だけでなく国立大でも、学校推薦型選抜や総合型選抜の比重が高まってきています。

一般選抜は国公立大と私立大では大きく異なります。国立大の入試では、同じ大学で前期と後期2回入試を行うのが一般的です。多くは前期のほうが募集人員が多く、後期は少なくなっています。前期で合格し入学手続きをとると、後期を受験していても合否判定から除外されます。24年で見ますと前期は2月25日から始まり、合格発表は3月10日まで

に終わります。後期は3月12日から入試が始まります。前期の入学手続き締切日は3月15日です。

出願は1月22日〜2月2日までに統一されており、前期の結果を見てから後期に出願することはできません。後期は前期の敗者復活戦の入試になり、最初の出願時には大変な倍率になりますが、実際の受験者数は少なくなることが多く、学部・学科によっては競争率が1倍台のところも出てきます。最後まで諦めないで粘ることが大切です。さらに、最近では東京大をはじめ、後期を廃止する大学も増えています。そうなりますと、その大学を受験するチャンスは1回だけとなるわけです。

一方、公立大は国立大と同じ入試システムですが、前後期の他に中期を設けています。これは3月8日から始まる入試で、大学によって中期を実施する大学と実施しない大学があります。

国公立大の合否判定は共通テストの成績と、大学で行う独自の2次試験の得点の合計で行われるのが一般的です。しかも共通テストの重みが高い大学、学部のほうが多く、共通テストの出来、不出来が合否を左右する場合が多くなっています。

ただ、国立大でも難関大では大学独自の試験の重みのほうが高くなっています。東京大では共通テスト110点満点に対して2次が440点満点の計550点で合否判定します。例えば、東京大・文科I類の23年の合格最低点は343.8889点です。900点満点の共通テストの成績を110点に圧縮するため、端数が出てくるわけです。共通テストの問題の配点が2点の場合、これを落とすか正解するかで0.2444点変わりますから、この差で不合格になる場合も出てくるわけです。

また、東京大や京都大などの難関大を中心に共

通テストの成績で2段階選抜を行うケースがあります。2次試験の受験者を募集人員の5倍などに制限している大学があり、共通テストの成績だけで門前払いにされてしまうことがあります。

前述の通り、私立大は同じ大学、同じ学部でも複数回入試が行われており、何度受けてもかまいません。複数の合格校の中から、入学する大学・学部を決められます。

私立大では近年、入試の多様化が進みました。受験生を多角的に評価しようという狙いで、数多くの方式が実施されるようになってきています。例えば「地方試験」を実施する大学が多くあります。これは大学所在地と異なる地方に試験場を設け、わざわざ大学まで受験に行かなくてもいいようにするものです。

これ以外にも「試験日自由選択制」があります。これは例えば、3日間同じ学部で試験を実施し、他大学との併願のことを考え、都合のよい日に受験すればいいようにしたものです。どうしてもそこに入りたければ、3日間連続して受けていい大学もあります。合格発表は1回で、偏差値法を使って判定し、問題の難易で差がつかないように工夫されています。また、共通テストの成績だけで合否が決まる「共通テスト利用入試」や共通テストの成績と大学での試験の成績を合計して合否判定する「共通テスト併用方式」などもあります。

近年増えているのが、「全学部統一日程試験」です。同志社大、立教大、明治大、法政大、青山学院大など多くの大学で実施されています。これまで学部ごとに行われていた入試を、1日で全学部（文系全学部のみなどの場合もある）が入試を実施するという方式のことです。今まで難関大では受験機会が少なかったのですが、これにより受験機会が増え、人気を集めています。また、英語の外部試

2024入試 TOPICS 04　文系学部の動向

コロナ禍が明けて企業活動が活発になり、就活での大学生の売り手市場が続いていることから、経済・経営・商の志願者が好調な一方、資格系である法は減少傾向にあります。外国語、国際関係の志願者については、過去のコロナ禍に加えて円安や国際情勢の混乱により留学に出にくい状況が続き、ここ数年減少傾向にあります。また語学系や社会科学系など実学を目指す女子が増えていることも要因のようです。

験を利用した入試も増えています。15年に上智大がTEAP（アカデミック英語能力判定試験）利用入試という英語の外部試験を利用した全学部型の入試を実施して志願者を増やすと、翌年以降、多くの大学が同様の入試を実施し、急速に広がっています。

また、入試の多様化に加え、キャンパスの新設や移転なども積極的に行われています。

東日本では、東洋大が24年4月、生命科学部と食環境科学部を群馬の板倉キャンパスから埼玉の朝霞キャンパスに移転します。さらに朝霞キャンパスは川越キャンパスから生体医工学科も移転されるなど、2学部6学科に再編されます。

西日本でも、立命館大では24年4月、これまで1年次のみ草津市のびわこくさつキャンパスだった情報理工学部が、茨木市の大阪いばらきキャンパスに完全移転されるとともに、京都市の衣笠キャンパスにある映像学部も同キャンパスに移転します。

いずれも利便性の高いキャンパスに教育資源を集中させることで、学生の学びやすさや、学部間の連携の向上を図っています。このような学部・学科の移転、都心キャンパスの新設など、ダイナミックな大学改革は受験生の注目を集め、倍率アップの要因になりますので注意が必要です。

■ 学費が不安でも奨学金制度充実

大学に合格したら、当然納めなければいけないのが学費です。入学金や授業料の額も大きく様変わりしています。

表5の学費の表を見てください。私立大の社会科学系（法学や経済学などを学ぶ系統）の初年度納入金の平均額は約128万円で、理工系は約167万円。両系統ともに30年前との比較では3倍以上値上がりしています。国立大の学費の上昇幅は、私立大以上です。この30年で5.6倍（14万6000円→81万7800円）に跳ね上がっているのです。そうした中、初年度納付金が平均で約722万円かかる私立大医学部は、一般家庭には負担が大きい学費の値下げをする大学が相次いでいます。

学費が値上がる一方で、大学の奨学金制度が充

表5 2023年春の学部系統別学費の平均

設置	学部系統	入学金平均	授業料平均	初年度平均
国立大	全学部(標準額)	282,000	535,800	817,800
公立大	全学部(地域内)	224,066	536,191	760,257
	全学部(地域外)	374,371	536,191	910,562
私立大	医	1,346,774	2,683,710	7,220,116
	歯	594,118	3,157,647	5,447,029
	薬	317,026	1,414,174	2,185,228
	看護	269,328	1,045,077	1,836,391
	社会科学	223,502	791,001	1,277,612
	人文科学	228,131	836,070	1,349,962
	理工	226,796	1,131,931	1,668,244

単位:円 ※二部・夜間は除く

実してきています。卒業後に返還義務がある貸与型はもちろん、親の所得とは無関係に入試の成績上位者や在学生の成績上位者に給付(返還義務がない)する奨学金制度が数多く設けられています。

給付奨学金のさきがけは神奈川大。例年12月に行われる給費生試験に合格すれば、入学金に相当する20万円に加え、文系学部は年額100万～110万円、理工系学部は年額145万円が給付されます。さらに自宅外通学者は年額70万円の生活援助金が給付されます。

最近では奨学金の予約制度もあります。合格しないことには、奨学金制度が利用できるかどうか分からないケースがあります。入試連動型だと、かなりの好成績をとって上位に入らないと奨学金をもらえません。その点で、合格すれば利用できる予約型はハードルが低い制度です。早稲田大の「めざせ!都の西北奨学金」は、首都圏以外の受験生約1200人を対象に、学部により45万～70万円を4年間支給するもので、入試前にこの制度で奨学金を予約し合格すると支給されるというものです。このような予約型奨学金制度は、首都圏では慶應義塾大、明治大、青山学院大、立教大、中央大、法政大などでも実施されています。西日本でも愛知大、立命館大、関西大、関西学院大など多くの大学で行われています。国立大でも東京大やお茶の水女子大、九州大などでも実施されています。

大学に合格しても経済的な面から進学を諦めないよう、受験を決めたら、あるいは合格したら大学に相談してみることをお勧めします。

■ キャリアサポートに力を入れる就職支援

就職活動(就活)について知っていますか。高校生が大学に入学するために受験勉強をするのと同じように、大学生は就職するための就活を行います。就職は大学入試より厳しく、100社受けて1社に採用されることなど、珍しいことではありません。人気企業になれば、7万人が応募し1000人採用など当たり前のことです。倍率は70倍にもなり、大学入試の比ではありません。そのため、大学の支援が大切になってきます。大学では早い学年から、就職するには何が必要かを考えさせるキャリアサポートの授業を行っています。

現行の就活は大半が3年生の3月から始まります。それまでに企業を訪問し仕事の内容の説明を受けたり、希望する企業の卒業生を訪れ話を聞いたり、インターンシップに参加することもあります(就活のスケジュールは今後変わる可能性があります)。社会には皆さんが知っているよりはるかに多くの企業があり、業績のいい企業もたくさんあります。大半の大学は、そうした情報を提供したり、公務員や教員など、試験がある職種を目指す場合に対策講座を開講したりしています。例えば、青山学院大は就活に力を入れている大学として知られています。その成果は就職率に出ます。青山学院大は首都圏の難関8私立大(早稲田、慶應義塾、上智、明治、青山学院、立教、中央、法政)の中で、23年の実就職率(就職者数÷〈卒業者数－大学院進学者数〉×100で算出)がトップでした。大学の

表6 ── 生徒に人気のある大学はどのような大学でしょうか？（複数回答可）

自分のしたい勉強ができる大学	**77.7%**		
知名度が高い大学	**59.7%**		
社会的評価・イメージが良い大学	**58.9%**		

就職に有利な大学	**51.0%**	交通の便が良い大学	**31.6%**
家から通える大学	**47.4%**	学費の優待や奨学金制度の充実している大学	**29.1%**
資格が取得できる大学	**46.7%**	留学制度の充実・国際交流の活発な大学	**26.5%**
研究施設が充実している大学	**43.9%**	キャンパスの雰囲気が良い大学	**26.0%**

サポートがこういった就職率に反映されるのです。

■ 就職状況で人気学部も様変わり

コロナ禍が明けてくるにつれて、大学生の就職状況も変わってきています。24年春に卒業を予定している大学生の23年12月1日時点での就職内定率は昨年同時期より1.6ポイント増の86.0%でした。2011年から毎年上昇を続けてきましたが、19年に1.7ポイント減、20年にはコロナ禍の影響もあり、さらに4.9ポイント減りました。しかし21年からは緩やかに上昇を続け、23年は17年と同水準まで戻ってきました。コロナ禍が収束して企業活動が戻ったのに加え、少子化により大学生の就活で売り手市場が強まっているからです。これを受け、受験生たちの志望校選びも変わってくると予想されます。

大学通信では毎年、全国の2000進学校の進路指導教諭にアンケート調査を実施しています。昨年は645校から回答がありました。

表6は、その中で「生徒に人気のある大学」に

ついて聞いた結果です。トップは「自分のしたい勉強ができる大学」で77.7%、次いで「知名度が高い大学」59.7%、「社会的評価・イメージが良い大学」58.9%、「就職に有利な大学」51.0%、「家から通える大学」47.4%、「資格が取得できる大学」46.7%の順でした。上位3つは前年同様です。「就職に有利な大学」と「家から通える大学」はどちらも前年より順位を上げたものの、「資格が取得できる大学」は前年より7.1ポイントもダウンしました。コロナ禍や世界的な物価上昇など経済の悪化等でここ数年就職状況への不安が高まっていましたが、コロナ禍収束で一転、大学生の就職状況が改善し、資格よりも就職への関心が高まっていると見られます。

また、「家から通える大学」「交通の便が良い大学」がどちらも前年よりポイントアップしており、物価上昇を背景とした通学コストの節約や、通いやすさが受験生に重視されているようです。コロナ禍で人気が下がっていた「留学制度の充実・国際交流の活発な大学」はややポイントを戻しましたが、不安定な海外情勢や円安により留学しにくいことからまだ人気が戻っているとはいえません。

表7は、生徒に人気のある学部・学科系統を聞いた結果です。1位は5年連続で情報系（63.4%）、2位は今回から選択肢に追加されたデータサイエンス系（42.0%）です。近年は情報技術の発達が著しく、エンジニアやデータサイエンティストなど就職

2024入試 TOPICS 05 理系学部の動向

理系の志願者では、農・水産学系の人気が高まっています。近年、SDGsや環境問題・食料問題が注目され、また22年度から高校学習指導要領に導入された探求学習で同分野に関心を持つ受験生が増えていることが背景にあります。なかでも獣医は定員枠が小さいため狭き門となっているようです。AI、IoTなど情報化社会の急速な発展に伴って関心を集める情報系の人気も相変わらず堅調です。

表7 生徒に人気がある学部・学科系統はどこでしょうか？（複数回答可）

情報系 **63.4%**

データサイエンス系 **42.0%**

経済系 **39.7%**

●経営系 37.2%	●看護 36.0%	●医療技術系（理学療法士など）32.4%	●工学系 28.8%	●国際系 23.9%	●医 22.8%	●心理系 20.5%

でも大きな需要が見込まれることから人気を集め、今年も高い人気となりました。3位は経済系（39.7％）、4位は経営系（37.2％）、5位は看護（36.0.％）です。昨年までトップ3にいた看護、医療技術といった資格系の学部は軒並み順位を落としています。

大学入試改革後の入試対策は

3年前の21年度入試から、大学入試が大きく変わりました。センター試験に代わる共通テストはその大きな柱です。

従来の試験があまりにも知識、技能に偏り、日本の子どもたちは、他の国の子どもたちに比べて、答えが一つの問題には強いが、答えがない、あるいは複数ある問題には弱いといわれています。グローバル化やIoTなど技術の進歩が著しい中、これからは、より柔軟で多様な能力が求められていくのは間違いありません。こうした人材の養成をにらみ、「思考力・判断力・表現力」を養成する教育に変えていくため、入試改革が実施されることになったわけです。

しかし、紆余曲折の末、大学入学共通テストはそれまでのセンター試験とあまり変わらないものになりました。たとえば、数学と国語では「思考力・判断力・表現力」を問うべく、マークシート方式の試験だけではなく、記述式の試験が課される予定でした。また、英語の試験では、英語の4技能（読む、聞く、書く、話す）を重視し、これまでの「読む」「聞く」だけの試験に加えて、新たに「書く」「話す」の2技能を英検やTOEFL、TEAPなど、英語の外部試験の成績を活用して判定することになっていました。しかし記述式の試験は、数十万人の答案を短期間で正確・公平に採点できる体制を作ることが困難であったため、英語外部試験は地域や経済状況による受験機会の公平性が担保できないことなどから、いずれも見送られることになりました。

また一般入試、推薦入試、AO入試は「一般選抜」「学校推薦型選抜」「総合型選抜」にそれぞれ名称が変わりました。学校推薦型選抜・総合型選抜は学力もしっかり問うものになり、逆に一般選抜は、従来の学力試験の成績だけで合否が決まっていた方式に加え、高校時代の活動歴なども合否の判断に使う多面的な選抜が行われる可能性があります。英語の外部試験や記述式の試験導入は見送られましたが、こうした能力はこれからの時代を生きるのに不可欠なものです。英語の4技能をしっかりと身につけ、国語力をアップすることはとても大事なことです。多面的評価になる大学入試に対応するには、高校時代に部活動や学校行事にも積極的に取り組むことが求められます。勉強だけしていればいい、部活動さえしておけばいい、などという考えは捨てたほうがいいでしょう。学校生活の中で、何事にも主体的に取り組むなど、新たな入試への対策をしていくことが大切です。

大学生の就職状況は…

2023年春に卒業した大学生の実就職率は、87.5％でした。コロナ禍の影響で下がった実就職率は、上向いています。企業の採用意欲は高く、大学生の売り手市場が続いていることに加え、コロナ禍で採用が抑えられていた航空や旅行業などの就職状況が回復していることが要因です。もちろん、就職状況が回復しても大学による就職支援は欠かせず、その内容が就職状況に大きな影響を与えます。ここでは、直近の大学の実就職率について、大学の規模別に掲載しました。大学選びの参考にしてください。

表の見方 表は各大学の発表による2023年の就職状況。

実就職率（％）は、就職者数÷〔卒業生（修了者）数－大学院進学者数〕×100で算出。大学院への進学者数が未集計の大学は、実際の実就職率が掲載している率より高いことがある。文部科学省では、就職率を「就職希望者に占める就職者の割合」で算出することを推奨しているため、各大学が公表している就職率と異なる場合がある。データに一部の学部・研究科を含まない場合がある。学部系統別は、系統別に学部実就職率上位校を掲載した。卒業生が80人未満の小規模な学部、通信教育学部、二部・夜間主コースのみのデータは掲載していない。各系統は、主に学部名称により分類したため、学科構成や教育の内容が似ていても掲載していないものがある。データを未回答、または未集計の大学は掲載していない。同率で順位が異なるのは、小数点2桁以下の差による。設置の※印は国立、◎印は私立、無印は公立。大学名横の*印はデータに大学院修了者を含んでいることを表す。所在地は大学本部の所在地で学部の所在地と異なることがある。

卒業生数 1,000人以上
全国の工科系大学が上位を占める中、複数の女子大学がランクイン。

このランキングの特徴は、東日本2位の芝浦工業大学、6位の千葉工業大学、8位の東京都市大学、10位の神奈川工科大学、西日本1位の愛知工業大学、3位の大阪工業大学、4位の金沢工業大学、5位の名古屋工業大学、10位の広島工業大学と、全国の工科系大学が数多くランクインしていることです。実就職率は"理高文低"（理系が高く文系が低い）の傾向にあり、理工系学部の就職は好調です。

規模の大きい総合大学は多様な学部学科の実績が合算されるため、実就職率が低くなりやすい傾向があります。そんな中でも国公立では横浜市立大学、群馬大学、福井大学、私立では名城大学などがランクインしました。また、女子大では東京家政大学、実践女子大学、昭和女子大学、椙山女学園大学が上位に来ています。

東日本

順位	設置	大学名	所在地	実就職率(%)
1	◎	国際医療福祉大学	栃木	96.1
2	◎	芝浦工業大学*	東京	96.0
3	◎	東京家政大学	東京	95.0
4	◎	実践女子大学	東京	94.7
5	◎	昭和女子大学	東京	94.6
6	◎	千葉工業大学*	千葉	94.5
7		横浜市立大学*	神奈川	94.1
8	◎	東京都市大学*	東京	93.7
9	※	群馬大学	群馬	93.5
10	◎	神奈川工科大学*	神奈川	93.4

西日本

順位	設置	大学名	所在地	実就職率(%)
1	◎	愛知工業大学*	愛知	98.6
2	※	福井大学*	福井	98.4
3	◎	大阪工業大学*	大阪	98.1
4	◎	金沢工業大学*	石川	97.4
5	※	名古屋工業大学*	愛知	96.4
6	◎	名城大学	愛知	95.8
7	※	三重大学*	三重	94.8
8	◎	椙山女学園大学	愛知	94.6
9	※	鳥取大学	鳥取	94.5
10	◎	広島工業大学*	広島	94.4

卒業生数 500人以上1,000人未満

教育、医療、福祉、工業など規模は小さいが、独自の強みをもつ大学が数多くランクイン。

規模は小さいものの独自の強みを持つ大学がランクインしています。例えば東日本1位の聖徳大学は幼稚園教諭と保育士の就職者数がそれぞれ全国1位と2位、東日本2位の東京薬科大学は薬剤師国家試験合格者数が全国1位、西日本3位の岐阜聖徳学園大学は小学校教諭への就職者数が全国5位などです。得意分野で力を発揮している大学が成果を挙げています。

東日本

順位	設置	大学名	所在地	実就職率(%)
1	◎	聖徳大学	千葉	97.5
2	◎	東京薬科大学※	東京	96.4
3	◎	東北工業大学※	宮城	95.7
4	◎	高崎健康福祉大学	群馬	95.5
5	◎	和洋女子大学	千葉	95.5
6	◎	鎌倉女子大学	神奈川	94.2
7	◎	東京医療保健大学	東京	93.9
8	◎	女子栄養大学	埼玉	93.9
9	◎	日本工業大学※	埼玉	93.7
10	※	長岡技術科学大学※	新潟	93.7

西日本

順位	設置	大学名	所在地	実就職率(%)
1	◎	福岡工業大学	福岡	98.1
2	◎	大和大学※	大阪	97.1
3	◎	岐阜聖徳学園大学	岐阜	96.7
4	◎	藤田医科大学※	愛知	96.3
5	◎	ノートルダム清心女子大学	岡山	95.2
6	◎	中村学園大学	福岡	94.9
7	※	愛知教育大学	愛知	94.9
8	◎	畿央大学	奈良	94.8
9	◎	金沢星稜大学	石川	94.4
10		愛知県立大学※	愛知	94.3

卒業生数 100人以上500人未満

医療系大学のランクインが目立つ。

東日本2位の群馬医療福祉大学、3位の自治医科大学、4位の千葉県立保健医療大学、5位の明治薬科大学、西日本2位の神戸市看護大学、3位の京都薬科大学など、医療系の大学が数多くランクインしており、就職における医療分野の資格の強さが際立ちます。また、西日本5位の豊田工業大学はトヨタ自動車が社会貢献の一環として設立したという経緯を持ち、トヨタグループを始めとする有名企業への就職に強くなっています。

東日本

順位	設置	大学名	所在地	実就職率(%)
1	◎	日本文化大学	東京	98.2
2	◎	群馬医療福祉大学	群馬	98.2
3	◎	自治医科大学	栃木	98.0
4		千葉県立保健医療大学	千葉	97.8
5	◎	明治薬科大学※	東京	96.4
6	◎	星薬科大学※	東京	96.4
7	◎	横浜創英大学	神奈川	96.3
8	◎	新潟工科大学	新潟	96.2
9	◎	八戸工業大学※	青森	96.2
10	◎	ノースアジア大学	秋田	96.2

西日本

順位	設置	大学名	所在地	実就職率(%)
1		島根県立大学	島根	99.1
2		神戸市看護大学	兵庫	99.0
3	◎	京都薬科大学※	京都	98.2
4		公立小松大学	石川	97.6
5	◎	豊田工業大学※	愛知	97.5
6	◎	九州栄養福祉大学	福岡	97.5
7	※	滋賀医科大学	滋賀	97.5
8	◎	大阪総合保育大学	大阪	97.2
9	◎	大阪青山大学	大阪	97.1
10	◎	藍野大学※	大阪	96.9

規模が小さいために知名度が低くても、得意分野については有名総合大学にも負けない強みを持っている大学は数多くあります。大学で学びたい内容や、将来就きたい仕事が明確に決まっているような受験生は、大学の入口（入試）だけでなく、出口（就職）も意識しながら、自分に合った大学選びをすることが大切です。

平均実就職率（%）

コロナ禍からの回復か　11系統全てで実就職率がアップ／福祉系や家政・生活・栄養系など、4系統で実就職率90％越え

法 学 系

2020年		2021年		2022年		2023年
87.2	⬇	83.0	⬆	84.6	⬆	86.6

寸評　公務員や資格試験を目指して浪人する卒業生がいるため、実就職率は低くなりやすい傾向がありますが、近年は志願者減から再度注目されています。実就職率1位の日本文化大学・法は警察官への実就職率も全国1位です。

文・人文・外国語系

2020年		2021年		2022年		2023年
86.9	⬇	81.7	⬆	82.9	⬆	84.8

寸評　文理融合のリベラルアーツ教育を実践する学部が多く、今後の産業構造の変化にもついていける人材の育成ができると期待されています。女子大学が就職に強いのも特徴で、実就職率の上位5大学はすべて女子大学です。

経 済 系

2020年		2021年		2022年		2023年
89.4	⬇	85.3	⬆	85.9	⬆	88.1

寸評　実務に直結した知識を学べる、文系学部の中で就職に強い学部系統です。近年は少人数教育を展開する大学も増えてきています。実就職率1位はノースアジア大学・経済、2位は大和大学・政治経済、3位は名城大学・経済の順でした。

商・経営系

2020年		2021年		2022年		2023年
90.2	⬇	86.0	⬆	86.9	⬆	88.3

寸評　現代ビジネスや都市生活、経営情報など、新しいタイプの学部学科の設置も多くあります。設置大学数は少ないですが、文・人文・外国語系と同様に、この学部系統も女子大学が強いことが特徴です。

国 際 系

2020年		2021年		2022年		2023年
87.5	⬇	81.7	⬆	83.1	⬆	84.4

寸評　社会のグローバル化が進み、企業からも注目を集めています。文・人文・外国語系と同様に、文理融合のリベラルアーツ教育を実践する学部が多く、即戦力としての期待が大きい学部系統です。

農 学 系

2020年		2021年		2022年		2023年
91.5	↓	88.8	→	88.8	↑	89.5

寸評 SDGs（持続可能な開発目標）の課題解決に貢献できる分野を広く学べる学部系統として、近年注目度が高まっています。実就職率は2位の香川大学・農や5位の三重大学・生物資源など、例年地方の国立大が上位を占める傾向がある中で、2023年は私立の高崎健康福祉大学・農が1位になりました。

福 祉 系

2020年		2021年		2022年		2023年
90.9	↓	88.2	↑	89.4	↑	90.2

寸評 文系学部では最も実就職率が高い学部系統です。社会福祉士など就職に有利な資格も取得可能なことが要因です。実就職率1位は関西福祉科学大学・健康福祉、2位は愛知県立大学・教育福祉、3位は岡山県立大学・保健福祉と続きます。

家 政・生 活・栄 養 系

2020年		2021年		2022年		2023年
93.5	↓	90.6	↑	91.7	↑	93.1

寸評 管理栄養士などの資格が取得可能です。コロナ禍でも平均実就職率が90％を切ることのなかった、不況に強い学部系統と言えます。実就職率1位は尚絅学院大学・健康栄養学群、2位は名古屋文理大学・健康生活、3位は椙山女学園大学・生活科の順でした。

薬 学 系

2020年		2021年		2022年		2023年
85.0	↓	84.2	↓	84.1	↑	84.6

寸評 平均実就職率は4年制学科と6年制学科を合算しています。6年制学科を卒業すると受験資格を得られる薬剤師国家試験が合格率7割前後という難関試験で浪人を選択する卒業生が一定数いることから、実就職率は他の学部系統よりやや低くなる傾向があります。

看 護・保 健・医 療 系

2020年		2021年		2022年		2023年
93.0	↓	91.8	↑	92.1	↑	92.7

寸評 聖徳大学・看護、順天堂大学・保健看護など6学部で実就職率100％を達成しました。不況時も安定して90％以上をキープしており、医療系資格の強さが際立ちます。

理 工 系

2020年		2021年		2022年		2023年
92.2	↓	89.1	↑	89.2	↑	90.8

寸評 資格系学部以外では最も実就職率が高い学部系統です。ものづくりをメインに学ぶ工業大学の就職力が特に高く、実就職率が100％近い学部が少なくありません。

145

実就職率（%）ベスト5

学部系統別

	順位	設置	大学名	所在地	学部名	実就職率(%)
法 学 系	1	◎	日本文化大学	東京	法	98.2
	2	◎	大阪工業大学	大阪	知的財産	97.1
	3	◎	名城大学	愛知	法	94.8
	4	※	熊本大学	熊本	法	94.1
	5	※	金沢大学	石川	法学類	93.8
文・人文・外国語系	1	◎	名古屋女子大学	愛知	文	98.4
	2	◎	聖徳大学	千葉	文	95.5
	3	◎	昭和女子大学	東京	人間文化	95.1
	4	◎	ノートルダム清心女子大学	岡山	文	94.9
	5	◎	東京家政大学	東京	人文	94.8
経 済 系	1	◎	ノースアジア大学	秋田	経済	98.3
	2	◎	大和大学	大阪	政治経済	97.7
	3	◎	名城大学	愛知	経済	96.3
	4	◎	日本福祉大学	愛知	経済	96.1
	5	◎	岐阜聖徳学園大学	岐阜	経済情報	96.0
商・経営系	1	◎	愛知工業大学	愛知	経営	98.6
	2	◎	昭和女子大学	東京	グローバルビジネス	97.0
	3		横浜市立大学	神奈川	国際商	96.9
	4	◎	東京都市大学	東京	都市生活	96.9
	5	◎	椙山女学園大学	愛知	現代マネジメント	96.8
国 際 系	1	◎	常磐会学園大学	大阪	国際こども教育	100.0
	2	◎	昭和女子大学	東京	グローバルビジネス	97.0
	3		横浜市立大学	神奈川	国際商	96.9
	4	◎	京都産業大学	京都	国際関係	95.5
	5		新潟県立大学	新潟	国際地域	94.3
農 学 系	1	◎	高崎健康福祉大学	群馬	農	97.8
	2	※	香川大学	香川	農	97.6
	3		秋田県立大学	秋田	生物資源科	96.8
	4	◎	名城大学	愛知	農	95.5
	5	※	三重大学	三重	生物資源	95.4

	順位	設置	大学名	所在地	学部名	実就職率(%)
福祉系	1	◎	関西福祉科学大学	大阪	健康福祉	99.2
	2		愛知県立大学	愛知	教育福祉	98.9
	3		岡山県立大学	岡山	保健福祉	98.6
	4	◎	新潟医療福祉大学	新潟	社会福祉	98.4
	5	◎	高崎健康福祉大学	群馬	健康福祉	98.3
家政・生活・栄養系	1	◎	尚絅学院大学	宮城	健康栄養学群	98.8
	2	◎	名古屋文理大学	愛知	健康生活	98.7
	3	◎	椙山女学園大学	愛知	生活科	98.4
	4	◎	東京家政学院大学	東京	人間栄養	97.7
	5	◎	和洋女子大学	千葉	家政	97.5
薬学系	1	◎	京都薬科大学	京都	薬	98.5
	2	◎	東京薬科大学	東京	薬	98.3
	3	◎	名城大学	愛知	薬	98.2
	4	◎	明治薬科大学	東京	薬	97.5
	5	◎	星薬科大学	東京	薬	97.2
看護・保健・医療系	1	◎	聖徳大学	千葉	看護	100.0
		◎	順天堂大学	東京	保健看護	100.0
		◎	新潟医療福祉大学	新潟	看護	100.0
		◎	新潟青陵大学	新潟	看護	100.0
		◎	鈴鹿医療科学大学	三重	看護	100.0
		◎	京都医療科学大学	京都	医療科	100.0
理工系	1	◎	金沢工業大学	石川	バイオ・化	100.0
		◎	豊田工業大学	愛知	工	100.0
	3		富山県立大学	富山	工	99.5
	4	◎	愛知工業大学	愛知	工	99.0
	5	◎	大阪工業大学	大阪	情報科	98.8

147

資格取得、4年制大学への編入学など···

短大受験 短大の魅力教えます!

短大には、大学とは異なるさまざまな特徴があります。たとえば、進路に直結した効率的なカリキュラム、多様な進路、少人数教育など。さらに、社会のニーズに柔軟に対応した学科やユニークなコースも増えています。フレキシブルな教育を展開して、社会で即戦力となる人材を育成しています。ここでは、大学とはひと味違う短大の魅力を紹介します。

1 短期大学と大学ってどう違うの?

教育方針の違いをチェックしよう!

学校教育法には、短大は「職業又は実際生活に必要な能力を育成する」ことを主な目的とする「大学」とあります。4年制大学とは異なる固有の目的を持った「大学」である、と位置づけられているのです。

短期大学		4年制大学
学科／専攻、コース	組織構成	学部／学科／専攻、コース
基本的に2年。看護学科や理学療法学科など、医療系の学科は3年制。	修業年限	基本的に4年。医、歯、薬（薬剤師養成）、獣医系は6年制。
「短期大学士」の学位を取得	卒業すると	「学士」の学位を取得
実践的能力養成を重視。常に就職を視野に入れたカリキュラムが特色で、資格や技術の修得をめざす科目が主である。例）英文学科では…英語のスキルアップをめざして、実践的運用法を学ぶ。	教育方針	実務的なカリキュラムが増える一方で、学問の専門研究色が強い伝統的な教育も健在。例）英文学科では…多数の文学作品を読みこなし、作品研究を行う。

短大は大学のように専門的な学問を追究しながら、実践的なスキルも手に入れられる!

Check! また、2019年度からは、専門職短期大学が開学しました。なりたい職業に直結する、理論と実践の両方を学べる新しいタイプの短大です。

短大ではどんな資格が取れるの？

無試験取得資格

卒業と同時に無試験で取得できる資格です。卒業までに所定の専門科目を全て履修し、単位が認定されると資格が与えられます。代表的なものでいえば教員免許状や保育士が挙げられます。もちろん、短大によって設置学科は異なるので、取得できる資格は千差万別です。

- 中学校教諭二種
- 小学校教諭二種
- 幼稚園教諭二種
- 栄養教諭二種
- 養護教諭二種
- 学校図書館司書教諭
- 司書
- 学芸員補
- 社会福祉主事
- 栄養士
- 保育士
- 測量士補
- など

国家試験等の受験資格が得られるもの

例えば看護師や歯科衛生士などの、特に医療系の資格に多いのですが、これらの資格は認定を受けた短期大学で規定の単位を取得すれば、卒業後国家試験を受験することができます。

- 看護師
- 歯科衛生士
- 診療放射線技師
- 臨床検査技師
- 理学療法士
- 作業療法士
- など

そのほか、第2級陸上無線技術士、火薬類製造保安責任者など試験の一部が免除されるもの、管理栄養士、2級建築士・木造建築士、インテリアプランナー、電気工事施工管理技士、精神保健福祉士など、実務経験を経て受験資格が得られるものがあります（2級建築士・木造建築士は、学科によっては実務経験不要）。正規のカリキュラム以外に課外講座を開講し、さまざまな資格や検定取得をバックアップしている短大もあります。

 短大LIFEは多忙でも充実の日々

　短大生は、ハードなキャンパスライフを送っているのが現実です。2年（3年）という短い修業期間で、実践重視のカリキュラムが組まれているからです。授業は毎日びっしり、また実験・実習の準備が多く、レポートの提出もあります。さらに、資格取得のためには、自主的な学習も必要です。クラブやサークル活動に参加する時間もとれないようですが、将来の目的に向かって勉強している人にとっては、効率的で充実感のある毎日を送ることができます。小規模な短大が多いので、同じ夢を追いかける仲間同士のつながりが強く、ともに資格・検定の勉強に励み、切磋琢磨しているようです。

短大生の就職状況

　短大卒業生の就職状況は悪いのでは、と思われがちですが、右の表のように、就職率（卒業者数のうち就職者総数の占める比率）は4年制大学卒業生を上回っています。2023年は前年度より2.1ポイントアップしました。

過去3年間の就職率（文部科学省学校基本調査より）

区　分	大学卒	短大卒
2021年3月卒業生	74.2%	77.4%
2022年3月卒業生	74.5%	76.2%
2023年3月卒業生	75.9%	78.3%

※卒業者数のうち就職者総数の占める比率

就職活動サポート

　自己分析やキャリアプラン作成のサポートにはじまり、職種・資格別ガイダンス、SPI（適性検査）対策、面接実習、マナー講座など、各短大でさまざまな就職支援プログラムを実施しています。4年制大学に比べて少人数なこともあり、学生一人ひとりに応対し、丁寧な指導を行う短大がほとんどです。

5 卒業後は4年制大学への編入学、短大専攻科への進学の道もある

編入学

　4年制大学の3年次または2年次に入学する方法が編入学です。必要な単位を取得していれば編入学試験を受験できますが、学科によっては関連学科の出身者に限る場合もあるので、注意が必要です。短大で修得した単位が既習単位として認められるので、大学では残りの単位を修得すれば卒業要件を満たすことができます。

　併設大学への編入では、学科試験の免除や学費の減免など、優遇される場合もあります。詳しい内容は次頁以降をご覧ください。

専攻科への進学

　短大での勉強をよりスムーズなかたちで継続するためには、短大に併設された専攻科に進む選択肢があります。徹底した少人数教育で、より高度な知識と技術を身につけることができます。

　専攻科では、本科で取得できない資格、例えば看護系では助産師、保健師などの受験資格が得られることも大きな特色です。また、文部科学省の一機関である学位授与機構から認定を受けた専攻科であれば、学士の学位を取得することができます。短大で学んだことを無駄にせず、さらに高い専門性を身につけられるところが、専攻科の利点といえるでしょう。

6 多様な入試方式をチェックしよう

　パンフレットを入手するなど、早めに受験準備に取りかかることが大切。来校型のオープンキャンパスは、ほとんどの短大が事前予約制なので早めにチェック。オンライン型も活用しましょう。

　少子化の影響や、女子の4年制大学志向により、短大受験は易化しています。しかし、実践的な技術が身につけられたり、就職に直結する資格を取得できる学科は、4年制大学に合格するよりも難しいケースがあります。

　幼稚園教諭免許と保育士資格がダブル取得できる短大もある保育系学科は、人気が高く、入試方式によっては高倍率となる場合もあります。

　ほとんどの短大では一般選抜の募集人員は少なく設定しているので、学校推薦型選抜（旧：推薦入試）や総合型選抜（旧：AO入試）がおすすめです。募集人員の大半を学校推薦型選抜と総合型選抜にあてている短大がほとんどです。学校推薦型選抜には「指定校推薦」、高等学校長の推薦が必要な「公募推薦」、自分をアピールする「自己推薦」があります。総合型選抜は入学したい意欲をアピールする入試。オープンキャンパスや説明会への参加が必要となるので、早めに準備をしましょう。また、大学入学共通テスト利用選抜を行う短大も多くあります。科目は、1～2科目の短大がほとんどです。一般選抜において1科目判定を行う短大もあります。各入試の併願の可否、選考方法などをよく調べて、自分に合った入試方式で挑戦しましょう。

Check! あらゆる学生のニーズに応え、長期履修制度を設けている短大・学科もあります。あらかじめ申請しておけば、通常の課程を延長して学ぶことができます（年数の上限は短大ごとに異なる）。学費は通常と同額です。有職者や経済的事情のある人、ゆっくり学びたい人などにぴったりな制度です。

このほか、短大の魅力は、大学よりも修業年限が短いので、その分学費が安く済むところです。そしてもっと勉強したくなったら4年制大学への編入や、留学、大学院進学など、フレキシブルな進路選択が可能です。

4年制大学編入でステップアップ！

短大卒業後は就職するのが当たり前の時代もありましたが、4年制大学へ編入する道も選択できるようになりました。もともと就職するつもりで短大に入った人でも、学ぶうちに"もっと学問を掘り下げたい"という気持ちがわき、編入にチャレンジしています。このほか、"短大で取得した資格のさらに上級の資格を取りたい"というように、さらなるスキルアップを目指して大学編入を選ぶ人も多く、就職に次ぐ進路として、定着しています。

かつては、併設大学への編入が一般的なルートで、併設短大生にのみ与えられた特権でした。しかし現在では、大学で編入学定員を設けることが可能となり、すべての短大生に門戸が開かれています。

私立大学では、ほとんどの大学で編入学試験を実施しています。ただし、学部・学科によっては実施していなかったり、年度によって募集しない学部・学科もあるので、よく確認しておくことが大切です。

編入学試験は、国公立大学、私立大学ともに、主に9月から12月にかけて実施されます。2月または3月に試験を行うのは、明治大、帝京大（Ⅱ期）などです（2024年度参考）。

試験科目は、主に専門科目と外国語。論文や面接、口頭試問などを課す大学もあります。試験の内容は専門的で、大学での学習に必要な深い専門性が問われます。

一般入試よりも入試科目が少ない分、勉強の負担は軽いといえるかもしれません。ただし、編入学定員は少ないので、人気のある大学・学部の試験は、激戦となります。

協定校・指定校推薦が有利

編入の方法は、「自主応募」のほか、「併設大学への優先編入」「協定大学・指定校推薦」などの制度もあります。

在籍する短大が大学から指定校依頼を受けていたり、協定・提携を結んでいれば、書類選考と面接・小論文などの選考だけで進学できます。

併設大学への内部進学

併設大学（系列大学等）への内部進学については、多くの大学で優先編入枠を設けています。

内部進学の場合、他短大出身者よりも有利に扱われるところもあります。なかには、選考方法の一部を免除したり、短大の学長の推薦があれば、書類選考のみで進学できる大学もあります。

このほか、併設短大のメリットとしては、入学金の免除・減額や検定料の免除、他短大出身者よりも単位認定が有利、といったことが挙げられます。また、短大在学中に併設大学の授業を履修でき、編入後の単位に認定される大学もあり、編入を視野に入れた学びが可能です。

"学びたい"意欲をサポート

ほとんどの短大で、編入学希望者をバックアップする態勢を整えています。

ガイダンスから始まり、募集大学の情報提供、パンフレットの発行、受験相談、編入合格者による体験報告会、試験対策講座（外国語・専門科目）、論文指導、面接指導など、多彩です。専門の部署や編入を目的としたコースを設置している短大もあります。さらに、編入対策の授業を単位認定の選択科目として組み込んでいるところもあります。大学に比べると短大は小規模なため、一人ひとりにきめ細かな指導をしてくれます。なかには、編入用の自習室を設けたり、マンツーマンで外国語や論文などを指導する短大もあります。最近では、対面だけでなくオンラインによる指導を行うところもあります。

このように、多くの短大では、学生のニーズに応え、親身になってサポートしてくれます。ただし、合格を手に入れられるのは、自分で努力した人だけ。ただ単に大学に行きたい、という漠然とした動機だけでは努力は続けられません。大学卒業後の就職や大学院進学まで視野に入れて大学を選び、編入学にチャレンジしましょう。

次ページから、各短大の大学編入学実績を掲載

短大から4年制大学への編入学一覧

短大名	編入学合格者（人） 併設大内数（人）	
編入先大学名（学部、人数）		
拓殖大学北海道短期大学	編入学合格者　51人 併設大内数　37人	
島根大（生物資源科1）、北海学園大（経済1）、酪農学園大（農食環境学群7）、★拓殖大（商9、政経24、国際3、工1）、東京経済大（経営2、コミュニケーション1、現代法2）		
育英短期大学	編入学合格者　3人 併設大内数　2人	
★育英大（教育2）、群馬医療福祉大（社会福祉1）		
群馬医療福祉大学短期大学部	編入学合格者　4人 併設大内数　4人	
★群馬医療福祉大（社会福祉4） ※併設大への優先枠なし		
聖徳大学短期大学部	編入学合格者　6人 併設大内数　4人	
川村学園女子大（生活創造1）、★聖徳大（文4）、東京女子大（現代教養1）		
大妻女子大学短期大学部＊	編入学者　30人 併設大内数　23人	
埼玉大（教養1）、女子栄養大（栄養1）、川村学園女子大（生活創造1）、亜細亜大（経営1）、★大妻女子大（家政3、文12、社会情報7、人間関係1）、駒澤大（文1）、東京家政学院大（現代生活1）、日本大（法1）		
共立女子短期大学＊	編入学者　59人 併設大内数　48人	
跡見学園女子大（マネジメント1）、★共立女子大（家政11、文芸27、国際10）、杏林大（外国語1）、清泉女子大（文1）、東京家政学院大（現代生活3）、東京家政大（栄養1）、日本大（文理1）、目白大（社会1）、関東学院大（人間共生1）、相模女子大（学芸1）		
女子栄養大学短期大学部	編入学合格者29人 併設大内数　27人	
★女子栄養大（栄養27）、大妻女子大（家政1）、早稲田大（人間科1）		
白梅学園短期大学	編入学合格者　7人 併設大内数　7人	
★白梅学園大（子ども7）		

【表の見方】

表は2023年3月短大卒業生（専攻科を除く）の4年制大学編入学合格状況。原則として編入学先は大学の通信教育部および海外の大学を除く。また、1年次入学者数は除く。

● 短大名右の＊印はデータが編入学者数（実数）であることを表す。

● 学部名は編入時の名称のため、現名称とは異なる場合がある。

● 学部名や人数の記載がないもの、—は非公表・未集計であることを示す。★印は併設大学（系列大学等含む）。

● 併設大学への合格者数は、自主応募による合格者を含む場合もある。

短大名	編入学合格者（人） 併設大内数（人）
編入先大学名（学部、人数）	

短大名 編入学合格者（人） 併設大内数（人）
編入先大学名（学部、人数）

帝京短期大学
編入学合格者15人
併設大内数　9人

嘉悦大（経営経済1）、★帝京大（文2、外国語1）、★帝京平成大（健康メディカル1、ヒューマンケア5）、東京家政学院大（現代生活2）、相模女子大（学芸1）、東洋英和女学院大（人間科2）

日本大学短期大学部
編入学合格者204人
併設大内数 191人

【船橋キャンパス】茨城大（工1）、群馬大（理工1）、千葉大（工1）、東京情報大（総合情報1）、東京経済大（経営1）、★日本大（理工100、生産工23、工3）、関東学院大（建築・環境1）、東京国際工科専門職大（工科1）

【三島キャンパス】駒澤大（経済2）、東京経済大（経営1、コミュニケーション1）、★日本大（経済5、国際関係54、生物資源科6）、関東学院大（経済1）、相模女子大（人間社会1）

目白大学短期大学部
編入学合格者 5人
併設大内数　4人

東京経済大（経営1）、★目白大（社会4）

鎌倉女子大学短期大学部
編入学合格者22人
併設大内数　18人

聖徳大（文1）、東京福祉大（教育1）、日本大（経済1）、明治学院大（社会1）、★鎌倉女子大（児童4、教育14）

※併設大への優先枠なし

金沢星稜大学女子短期大学部
編入学合格者 8人
併設大内数　8人

★金沢星稜大（経済8）

※併設大への優先枠なし

佐久大学信州短期大学部
編入学合格者 7人
併設大内数　7人

★佐久大（人間福祉7）

清泉大学短期大学部
（現：清泉女学院短期大学）

編入学合格者 3人
併設大内数　2人

鎌倉女子大（教育1）、★清泉女学院大〈2025年4月より清泉大に名称変更〉（人間2）

愛知大学短期大学部
編入学合格者26人
併設大内数　25人

★愛知大（法3、経済2、経営6、現代中国1、国際コミュニケーション3、文8、地域政策2）、他大1

京都経済短期大学
編入学合格者　ー

滋賀大（経済）、和歌山大（経済）、香川大（経済）、愛媛大（法文）、国士舘大（経営、政経）、東京農業大（生命科）、京都外国語大（外国語）、京都産業大（経営、経済）、京都文教大（総合社会）、龍谷大（経営、経済、農）、追手門学院大（経営、経済）、大阪学院大（経営、経済、法）、大阪観光大（国際交流）、大阪経済大（経営、経済）、関西大（総合情報）、関西外国語大（英語国際、外国語）、近畿大（経営、経済）、桃山学院大（経済）、神戸学院大（経営）

京都文教短期大学
編入学合格者 5人
併設大内数　4人

★京都文教大（総合社会3、臨床心理1）、佛教大（教育1）

※併設大への優先枠なし

大阪学院大学短期大学部
編入学合格者 5人
併設大内数　4人

★大阪学院大（商1、経営3）、関西大（総合情報1）

大阪女学院短期大学
編入学合格者11人
併設大内数　8人

奈良女子大（文1）、大阪商業大（総合経営1）、★大阪女学院大（国際・英語8）、関西外国語大（外国語1）

大阪総合保育大学短期大学部
（現：大阪城南女子短期大学）

編入学合格者 4人
併設大内数　2人

大阪大谷大（教育1）、★大阪総合保育大（児童保育2）、四天王寺大（教育1）

短大名	編入学合格者（人） 併設大内数（人）
編入先大学名（学部、人数）	

関西外国語大学短期大学部	編入学合格者455人 併設大内数　415人

長野大（環境ツーリズム1）、恵泉女学園大（人文1）、駒澤大（経済2）、法政大（経営1）、南山大（外国語1、総合政策1）、京都外国語大（外国語1）、京都産業大（経営3、経済2、法1）、京都女子大（文1）、花園大（文1）、佛教大（教育1）、平安女学院大（国際観光3）、龍谷大（国際4、法1）、追手門学院大（国際教養2）、大阪学院大（外国語1、国際1）、大阪経済法科大（国際1）、大阪産業大（経営2）、関西大（総合情報1）、★関西外国語大415、四天王寺大（教育1）、帝塚山学院大（人間科1）、桃山学院大（国際教養2、社会2）、神戸学院大（人文1）

四天王寺大学短期大学部	編入学合格者11人 併設大内数　11人

★四天王寺大（教育1、人文社会9、経営1）

大手前短期大学＊	編入学者　　22人 併設大内数　16人

日本大（経済1）、龍谷大（法1）、追手門学院大（国際教養1）、大阪経済大（経営1）、近畿大（工1）、★大手前大（国際日本2、建築＆芸術5、現代社会9）、甲南女子大（人間科1）

神戸女子短期大学	編入学合格者15人 併設大内数　　6人

京都橘大（総合心理1）、千里金蘭大（生活科1）、園田女子大（人間教育1）、大手前大（健康栄養1）、神戸学院大（経営2）、神戸芸術工科大（芸術工1）、神戸松蔭女子学院大〈2025年4月より神戸松蔭大に名称変更〉（人間科1）、★神戸女子大（文1、家政5）
※併設大への優先枠なし

徳島文理大学短期大学部	編入学合格者　8人 併設大内数　　8人

★徳島文理大（人間生活3、音楽2、総合政策1、文2）

短大名	編入学合格者（人） 併設大内数（人）
編入先大学名（学部、人数）	

中村学園大学短期大学部	編入学合格者48人 併設大内数　　42人

奈良女子大（生活環境1）、九州女子大（家政2）、西南女子学院大（保健福祉1）、筑紫女学園大（文1）、★中村学園大（栄養科17、教育7、流通科18）、鎮西学院大（現代社会1）

福岡工業大学短期大学部	編入学合格者76人 併設大内数　　23人

群馬大（情報1）、静岡大（情報1）、島根大（総合理工1）、佐賀大（理工1）、宮崎大（工1）、鹿児島大（工1）、福知山公立大（情報1）、北九州市立大（国際環境工1）、日本大（商1）、近畿大（産業理工1）、環太平洋大（次世代教育1）、福山大（工1）、九州共立大（経済2）、九州産業大（理工8、国際文化1、人間科1、芸術1）、九州情報大（経営情報13）、久留米大（経済1、商1）、久留米工業大（工6）、筑紫女学園大（人間科1）、中村学園大（流通科1、栄養科1）、西日本工業大（デザイン3、工1）、★福岡工業大（情報工18、社会環境5）

西九州大学短期大学部	編入学合格者　5人 併設大内数　　5人

★西九州大（健康栄養1、社会福祉4）

別府大学短期大学部	編入学合格者　3人 併設大内数　　3人

★別府大（国際経営1、食物栄養科2）
※併設大への優先枠なし

パーフェクトガイド
Perfect Guide

大学 学部 学科 選び入門

　人文科学から社会科学、自然科学に至るまで、大学での「学びのフィールド」は多岐にわたっています。同じテーマを追究するにも、アプローチの仕方によって選択肢は大きく異なりますし、高度化、複雑化する時代の変化に応じて、新たな学問領域も次々と誕生しています。ここでは、大学におけるさまざまな学問分野の概要について、大まかな見取り図を示しました。自分の興味や適性に合った分野が見つかったら、関連する学部・学科を擁する大学を調べてみましょう。

大学・学部・学科の詳細については大学通信のホームページ（https://www.univpress.co.jp）もご覧ください。
※実際の学習内容は大学により異なります。あくまでも目安としてご利用下さい。

人文科学系統	P.156
法学・政治学系統	P.157
経済学・経営学・商学系統	P.159
社会学・社会福祉学系統	P.160
教育学系統	P.161
国際学・観光学・地域学系統	P.162
学際系統	P.163
情報学系統	P.164
理学・工学系統	P.165
農学・水産学・獣医学系統	P.166
医学・歯学・薬学・看護学系統	P.168
医療技術系統	P.169
家政学系統	P.171
芸術学系統	P.172
体育学系統	P.173

【COLUMN INDEX】

人文科学系統／二松学舎大学（文学部）	P.156
法学・政治学系統／中央大学（法学部）	P.158
社会学系統／武蔵大学（社会学部）	P.160
社会福祉学系統／淑徳大学（総合福祉学部）	P.161
学際系統／関西大学（社会安全学部）	P.164
歯学系統／東京歯科大学（歯学部）	P.168
栄養学系統／女子栄養大学（栄養学部）	P.171

人文科学 系統

～文、人文、人間、教養学部など～

近年、教養教育"リベラル・アーツ"の重要性が再認識されています。この系統はその中枢に位置し、「人間とは何か」をテーマに、私たち人間の存在意義を問う普遍的な分野について多角的な視野から学んでいきます。

●人文科学系統を代表する文学部

人文科学系統の筆頭として挙げられるのが文学部です。古く伝統ある学部で、文化、芸術、歴史、環境など、人間に関わる多様な学問領域をカバーする複数の学科・専攻を設置しています。ここでは、「文学」「歴史学」「哲学」「心理学」の4つの代表的な分野について説明します。

「文学」分野では、日本文学（国文学）や英文学、フランス文学、中国文学、ドイツ文学、ロシア文学など、地域や言語別に学びます。小説や詩歌、戯曲などを題材に、表現や文法を研究する言語学的なアプローチが特色です。このほか、その地域の文化や作品の時代背景、作者の心的模様に触れる歴史学、心理学、社会学に通ずる周辺領域の研究にも焦点を当てています。また、最近では、「英米文学科」→「英語英米文学科」というように名称を変更し、語学に力を入れる学科も多いほか、日本文学科などでは、外国人に日本語を教える日本語教員の養成課程が人気を集めています。2024年4月からは、国家資格として「登録日本語教員」が誕生します。

「歴史学」を学べるのは歴史学科や考古学専攻などで、一般的には「日本史」「東洋史」「西洋史」といったようにコース分けされています。最近では、地理の分野と融合させた史学地理学科などもあります。各時代の文書や日記、絵画などの資料を通して、歴史という大きな流れに沿う人間の営みや文化を研究します。遺跡や博物館へ足を運ぶ学外でのワークショップも盛んに行われています。

人文科学の生みの親ともいうべき「哲学」は、

人文科学系統

二松学舎大学
文学部
文学部長　江藤茂博教授

〈言葉〉をとおして、他者と世界への通路をひらく

何か伝えたいとき、私たちは〈言葉〉を使います。そして、その〈言葉〉は人生や社会を変えることもあります。〈言葉〉に改めて、まなざしを向けるのが文学です。

二松学舎大学文学部は、〈言葉〉にひそむ力を引き出し、その〈言葉〉で自分を変え、さらに自らの可能性を広げ、他者と共に生きる力を学ぶ場です。

二松学舎大学の始まりは、明治初期に「東洋の文化を忘れてはいけない」と創られた漢学塾でした。その文化を継承しながら、文学部では、活発なゼミナールや合宿、勉強会など、教員と学生の対話、学生の主体的な学びを尊重する姿勢を持ち続けています。

2017年度開設の都市文化デザイン学科では、メディアや映像言語を学び、2022年度開設の歴史文化学科では、歴史と文化の双方を研究します。日本文学・中国文学を起点とした〈言葉〉をめぐる研究は、建学の精神を実践しつつ、拡充してきました。

ポストコロナの時代、価値観が世界規模で変化する中、社会の動向を確実に見通すことはできません。そのような今だからこそ、〈言葉〉の重要性は高まります。私たち文学部は、〈言葉〉を糧として、また武器として、世界に対峙しようとする真摯な若者たちが学ぶ教場を、ここに用意しています。

哲学、倫理学、美学、宗教学などに細分化されます。哲学では、東洋・西洋の哲学を追究します。一方、倫理学はその哲学を現実社会に発展させ「いかに生きるべきか」を考える学問です。美学では、"美"そのものについての論理的研究のほか、芸術との関わりに触れる美学美術史の学科・専攻もあります。宗教学では世界の宗教や思想、宗教と人間との関わりなどを探究していきます。

そして、「心理学」では、人間の心のメカニズムを科学的に解明します。目的や対象によって細かい分野に分かれており、知覚や記憶、思考など人間の基本的な認知機能を研究する「認知心理学」、脳と心の関係を研究する「神経・生理心理学」、人格の形成過程などを研究する「人格心理学」などがあります。応用分野はさらに幅広く、社会心理学や犯罪心理学など多岐にわたります。

近年、学校や病院、一般企業など、さまざまな場でカウンセラーの需要が高まっています。実際にカウンセラーとして働くには、基本的に臨床心理士の資格が必要で、所定の大学院を修了する必要があります。

日本初の臨床心理の国家資格として誕生した公認心理師は、心理的支援が必要な人に対し、心理状態を観察・分析し、相談に応じて助言、指導などを行う専門家です。心理学科などを擁する大学では国家資格取得に対応したカリキュラムを用意しています。受験資格を得るためには、大学かつ大学院で必要な科目を修了するか、大学で必要な科目を修了後、特定の施設で2年以上、心理職の業務に従事する必要があります。

なお、文学部に近い学部として、人類の知的営為にせまる人文学部、教養学部などがあります。人文学部は文化学科、現代文化学科など「文化」に関連する分野を扱うケースも目立ちます。また、教養学部では多様化した専門分野を横断的に学びながら、互いの領域を学問的に関連づけていくことで、人間や文化の深層に迫っています。

●副専攻制で国際性を養う外国語学部

対象となる言語は、英米語、フランス語、ドイツ語、スペイン語、ロシア語のほか、近年の

アジア圏への関心の高さから、中国語や韓国語も人気があります。これ以外にも、ポルトガル語、タイ語、ベトナム語、インドネシア語、アラビア語など、広範な言語を学べる大学もあります。どの言語を専攻していても、英語は必修です。

外国語学部では、「読む・書く・聞く・話す」の4技能を磨き、文法や語彙力、コミュニケーション能力を高めます。専攻語圏の歴史や文化、政治、国際関係など、異文化理解を深める多彩な科目があります。第二外国語として他言語の習得も可能です。また、TOEIC®、TOEFL®などの語学試験のサポートや多彩な留学制度を用意している大学も数多くあります。

こうして培った言語能力と知識を生かして、卒業後は企業のほか、国際交流団体やNPOなど、国際社会における橋渡し役として活躍する人も少なくありません。

●現実問題をあつかう人間科学系学部

人文科学系統の中で、より実際的な研究を行うのが、人間科学部、人間環境学部、人間関係学部などの人間科学系の学部です。実社会の問題に触れ、社会、教育、情報、自然といった人間を取り巻くさまざまな環境と人間との関わりを多角的に考察していきます。

大学によってカリキュラムは大きく異なります。例えば人間関係学科では、人間と人間を取り巻く家庭や地域、企業、社会など、さまざまな世界との関係性を追究しています。

法学・政治学 系統

〜法学部など〜

この系統は多くの法曹（弁護士・検察官・裁判官）や公務員を輩出する学部・学科として定評があります。学部で培ったリーガルマインド（法的な考え方）を一般企業で生かしたい人にもお勧めです。

●法学と政治学を学ぶ法学部

ここでは、法学部で学べる法学と政治学につい

て説明します。

　法学分野では日常生活の中で起こるさまざまな出来事や問題に対して、法学的な視点から公正かつ公平に判断するスキルを磨きます。カリキュラムは講義と演習科目で構成されています。六法(憲法・民法・刑法・商法・民事訴訟法・刑事訴訟法)を基礎に、法令の内容や判例を学習し、社会環境や制度について、理解していきます。

　抽象的に書かれている法律の条文をさまざまな問題に生かしていくには、条文の具体的な解釈が必要です。そのため、演習科目やゼミナールで法的なものの考え方や処理の仕方を身につけ、一つの問題に対して複数の解決方法を導き出す、多面的な思考力を養います。

　政治学では社会の基本的な枠組みを決める政治プロセスと、社会のさまざまな状況を把握・分析する力を養います。政治哲学や思想、政治史、行政学、公共政策、国際政治学など、身近な問題から地球規模の問題まで幅広く学びます。また、社会学や国際関係学など多彩な関連分野についても学びます。

　法学部の卒業生は他学部に比べて法科大学院進学者や公務員希望者が多くみられます。法律の専門家をめざす司法コース、公務員をめざす行政コース、企業法務を担う人材を育成する企業関係法コースなど、将来の目標に合わせてコースや専攻を設置している大学もあります。

●法曹コースの運用

　2004年4月から始まった法科大学院は21年目を迎えました。ピーク時には7万2800人もいた志願者数は大幅に減少し、近年は多くの法科大学院が定員を割っています。創立当初、74校あった法科大学院は、11年度以降、減少に転じており、24年度に学生を募集したのは34校。半分以下になりました。こうした中、法科大学院へのてこ入れを図るため、新たに「法曹コース」が設置されました。

　法曹の養成に特化した法科大学院には法学既修者を対象とした2年コースと、法学未修者対象の

法学・政治学系統

中央大学
法学部

少人数の学びで、一人ひとりの「やる気」を引き出す法学教育

　中央大学法学部は、前身である「英吉利法律学校」の創立以来、法曹界をはじめ、官界、政界、実業界などに多数の卒業生を輩出しています。現在は、法律学科・国際企業関係法学科・政治学科の3学科体制で、社会の問題解決に必要な論理的思考力と公共精神を身につけるべく法学教育を行っています。法を通じて社会を見る目を養う法律学科、法律と経済をグローバルに学ぶ国際企業関係法学科、ガバナンスのしくみを考察し、市民的公共空間のあり方を構想する政治学科、これらの各学科において特色ある教育を展開しています。また、外国語習熟度別クラス編成や海外留学の支援、国際的な視野で考える科目の設置など、グローバル化に対応した教育を行っています。さらに、320講座以上のゼミ(演習科目)を開講。ディスカッション主体の授業で問題発見・解決能力を磨いています。

　法学部の茗荷谷キャンパス(東京都文京区)移転に伴い、都心にキャンパスをもつ法学部、理工学部、国際情報学部による文理横断型の共同科目(学問最前線)を開講し、文系理系の枠を超えた幅広い視野と、深い思考の礎となる素養を涵養します。

3年コースがあります。20年度より開始した法曹コースの学生は、3年で大学を卒業し、法科大学院の「法学既修者コース」（2年間）に進学。また、一定の要件を満たした希望者は、23年から法科大学院在学中に司法試験を受験することが可能となりました。法学未修者が司法試験を受験するには、法科大学院に3年通うか、司法試験予備試験に合格する必要があります。

経済学・経済学・商学 系統
〜経済、経営、商学部など〜

この系統は、総合大学を中心に、ほとんどの大学に設置されており、多くの学生が学んでいます。ビジネスをターゲットとした学部としてまとめられがちですが、学べる内容などは異なります。

●経済の変動を理論と実践の両面から学ぶ経済学

この系統では経済の仕組みや企業経営について学びます。

経済学は、文科系学問の代表的な学部ですが、文系ながらもデータを扱うことが多く、数学的能力やセンスも必要です。また、コンピュータを使用して現実の経済を調査、分析していくため、基礎となる情報処理の授業をあわせて開設している大学も数多くあります。

1・2年次では統計的な処理や分析方法、情報処理の基礎力を身につけ、3・4年次で専門の分野ごとに分かれて学ぶのが、4年間の一般的な流れです。

学科には、経済学科のほか、経済法学科、経済工学科、総合経済学科などがあり、さらに、グローバル化時代を迎え、国際経済学科なども増加傾向にあります。

●企業経営と商取引を中心に、ヒト・モノ・カネ・情報を学ぶ

国家を一つの大きな市場ととらえ、そのメカニズムを考察する経済学に対し、経営・商学系では、経済を動かす企業や組織体に焦点を当てています。

企業は消費者が望む商品を開発・生産・販売することで、利益を生み出しています。その仕組みを考えるのが経営学の役割です。最近では、利益追求を目的としていない病院や教育機関、NGO、NPOなどの各団体の運営についても、経営学の考え方が生かされるようになっています。

経済資源といわれるヒト・モノ・カネ・情報を柱に、企業経営に関わる理論と実践を体系的に学びます。さまざまな組織を効率的に運営し、最大の成果を得るための方法を追究します。経営学だけでなく、経営情報学、会計学などの関連科目が設置されており、企業経営について、多面的に学習しています。

また、経済活動の国際化や環境に対する国家・企業の意識改革、デジタルテクノロジーの進歩など、社会が激しく変化する中で、企業は生き残りをかけて組織改革や新たな戦略の構築に取り組んでいかなければならなくなっています。

大学でも、こうした時代が求める人材を育成するため、経営情報学部や経営システム科学科などの新しいタイプの学部・学科を設置しています。

一方、商学部では商品・サービスや流通、マーケティングなどについて学びます。また、社会情勢の変化により会計学科や貿易学科、観光マネジメント学科など、特定分野に焦点を当てた学科も増えています。

より専門的に、経済・経営について学びたい人向けにビジネススクールやアカウンティングスクールを設置している大学もあります。

経営管理の専門家を育成するビジネススクールでは、国内外のビジネスに有効なMBA（経営学修士）の資格を取得できます。

一方、アカウンティングスクール（会計大学院）では、会計・ファイナンスなどについて専門的に学び、会計専門職を養成します。法科大学院と同様、国家試験と連動した専門職大学院で、一定の教育課程を修了すると、公認会計士試験の試験科目が一部免除されます。

社会学・社会福祉学 系統

～社会学、社会科学、社会福祉学部など～

社会学では、現代社会が抱えているさまざまな問題を扱います。学べる内容は多岐に渡っており、大学によってカリキュラムが大幅に異なります。一方、社会福祉学では、近年の超高齢時代を迎えて、需要が高まる社会福祉士や介護福祉士などの資格取得に向けた教育が行われています。

●社会と人間の関係を多方面から学ぶ

日常生活に生じるさまざまな現象や出来事が社会とどうかかわっているかを学ぶのが社会学です。文化や民族、労働、家族、ジェンダー、メディアなど、その領域は多岐に渡っています。この分野の学部・学科では、「社会」の多面的な姿を研究し、さまざまな問題を総合的に研究し、考察していく手法を身につけます。どの大学でも社会調査を重視しており、社会学的な考え方や分析力を養うカリキュラムを用意しています。自分の興味・関心のあるテーマを、自分で調べ、考え、結論づけていく姿勢を身につけていきます。

野外調査活動の一環であるフィールドワークや実習が充実していることも、大きな特徴です。また、研究成果をデータ化するなど、コンピュータを活用する機会が多くなっています。卒業時に、調査や報告書の作成など、社会調査の全過程を担う社会調査士の資格を取得できる大学もあります。

●心と身体の両面から人をサポートする　専門家を育成

社会福祉系の学部・学科では、すべての人を支えるケアの知識や技術を身につけた福祉職者や介護職者を育成しています。資格取得を視野に入れたカリキュラムが特徴です。

社会福祉の基礎科目や、医療や心理、教育、社会学などの隣接領域を総合的に学ぶとともに、福祉に関わる社会制度についても学習します。また、提携病院や社会福祉施設・機関、NPO、

社会学系統

武蔵大学
社会学部

4年間全員履修のゼミを通じて
現代社会を生き抜く力を身につける

武蔵大学の社会学部は、社会学科、メディア社会学科の2つの学科を設置。地球規模の社会問題から日々の生活、巨大なインターネットプラットフォーム企業の在り方から個人のSNSとの向き合い方まで、あらゆる現代社会のテーマを取り扱います。

1年次より全員が4年間ゼミを履修。さまざまな課題に対して正面から向き合い、問題意識を持って調べ、分析すること、調査結果や自分の見解について、メディアを通して発信するスキルを身につけること、データ分析の手法を学ぶことによって、今の社会を生き抜くための力を養います。

授業では、学外で行うフィールドワークや、映像作品、CMなどのコンテンツを制作する実習を行うほか、実際に企業が活用しているデータを分析したり、カメラを持って外に飛び出して取材をしたりと、社会を肌で感じる学びを重視しています。

各学科のコースのほか、選抜制でデータサイエンススキルと英語をしっかりと身につける「グローバル・データサイエンスコース」を設置。データを取り巻く社会状況を理解した上で問題解決方法を考える文理融合の学びが特徴です。

ボランティア団体などでの現場実習やフィールドワークといった体験型科目も豊富。講義・実習・演習をバランスよく組み合わせたカリキュラムで、さまざまな人を支援するための理論と方法を学びます。

　所定の科目を履修すると、社会福祉士や介護福祉士、精神保健福祉士などの介護・福祉系の国家試験受験資格を得られます。

　社会福祉士は身体や精神に障害のある人や、その家族の福祉に関する相談に応じ、アドバイスや指導、福祉サービス関係者との連絡・調整などの業務を担う専門家です。介護福祉士は身体や精神などの障害によって日常生活に支障がある人に対し、食事や入浴などの基本的な介助・補助や、精神的自立に向けた支援、介護者に対する指導などを行います。精神保健福祉士は病院や施設などで、精神疾患のために社会生活に制限を受けている人の身近な生活相談から退院後の住宅、仕事探しまで、さまざまなサポートを行います。

教育学 系統
〜教育学部、教育人間科学部など〜

　国立大学の教育学部には教員養成系と教員免許取得を義務付けていない教養学系の課程があります。教員養成系では、幼稚園・小学校・中学校・高等学校・特別支援学校の教員を輩出しています。一方、教養学系の課程は減少しています。

● **教員養成に最適なカリキュラムを用意**

　いじめや不登校問題、教員の長時間労働、精神性疾患を患う教員の増加など、多くの課題を抱える教育業界。人材不足も進んでおり、こうした状況を打開するために、ここ数年、私立大学に教育学部を設置するケースが増えています。

　ここでは、主に国立大学に設置されている学校教育教員養成課程について説明します。

　学校教育教員養成課程には幼稚園、小学校、

社会福祉学系統

淑徳大学
総合福祉学部
戸塚法子教授

その人の"心の声"に寄り添い、可能性を引き出し、力に変えていく、"福祉マインド"をもった多様な福祉専門職者の養成

　社会の多様化・複雑化に伴い、いろいろな福祉のカタチが望まれてきています。福祉には"高齢者や身体の不自由な人に対する介護"というイメージが残っています。しかし、地域のなかで生活上のいろいろな悩みを抱えている人々に、それを自分の事のように思い、関わっていく「地域や家族も含めた包括的な福祉サービス（"我がこと、まるごと"の生活支援サービス）」が今、非常に求められているのです。

　一見同じ"生活上の困りごと"も"心の声"に丁寧に寄り添うことで、多くの課題が繋がって見えてきます。そこを丁寧にほぐし、現れてくる可能性をカタチへと変えていく一連の行動こそが、"福祉マインド"をもった行動としてまさに期待されているのです。

　"福祉マインド"をもった専門職者養成を行う社会福祉分野では、包括的な生活相談・支援に対応する資格として、社会福祉士や精神保健福祉士、スクールソーシャルワーカー、直接的生活支援を担う介護福祉士、またホームヘルパー養成教育を展開しています。そのためにも授業だけでなく、実習、ボランティアといった多様な機会に触れ、"人として多様な成長"を遂げていくことも重視しています。

中学校、高等学校、特別支援学校などの学校種別、あるいは教科別のコース・専攻があります。複数の教員免許を取得できる場合が多く、教員をめざしている人には最適な環境で学べるメリットがあります。特定の教員免許を取得することが卒業要件です。初等教育を専攻した場合、幼稚園・小学校教諭免許のほか、保育士資格が取得できる大学もあります。

カリキュラムは教育学や教育心理学など基礎理論を学ぶ科目と、国語や社会、英語などの教科に関する科目、および教育現場での体験・実習で構成されています。体験・実習では実際に学校で子どもたちと触れ合いながら指導のノウハウを学びます。そして3・4年次の教育実習では、実際に教壇に立って子どもたちを指導します。

学校教育教員養成課程以外の学部・学科でも、各大学に設置されている教職課程を受講すれば中学・高校の教員免許が取得できます。

公立学校の教員になるには、教員免許を取得し、各都道府県の教員採用試験に合格する必要があります。ここ数年、教員が不足している自治体が多く、採用者数が増加しています。私立学校では各校独自の選考で教員を採用します。

教員養成に特化した教育を行う教職大学院では、多様化する学校教育の現場で、高い専門性と豊かな人間性・社会性を発揮し活躍する教員を育成しています。標準修業年限は2年間ですが、教員経験者を対象とする1年コースや教員免許を持たない人向けに、免許もあわせて取得できる3年コースなど、各大学院独自のプログラムがあります。

一方、国立大学の教育学部には、教員免許の取得を義務付けていない教養系の課程があり、文系・理系の枠を越えた学際的な教育が行われています。

近年、教員養成系学部では、教育のデジタル化や児童・生徒の多様化、小学校高学年での教科担任制など、時代や教育の変化に対応できる教員を育成するため、初等中等教育を担う教員の質の向上に向けた改革が進められています。その一環として、教員免許の取得を義務づけていない教養系の課程を廃止し、社会的な要請の高い分野に転換していく流れがあります。

国際学・観光学・地域学 系統
～国際、観光、地域創生学部など～

世界のボーダレス化が進む中、注目を集めているのがこの系統の学部・学科です。特に、国際学系統は人気があります。また、人口減少や超高齢化が進み、地域のあり方を考える「地方創生」の概念が広まる中、「地域」と冠した学部・学科を開設する大学が増えています。

●世界で活躍するための基礎力を磨く

国際学系統の学部・学科は大学によって学科構成や教育内容が大きく異なります。カリキュラムには人文科学や社会科学の科目が豊富に用意されており、世界各国の政治、経済、環境、文化などについてよりグローバルな視点から考えていきます。英語で受講する授業や、充実した留学支援制度など、海外に目を向けた教育が特色です。グローバル社会で活躍するために必要な語学力や教養

を養っています。海外留学が必修の大学も数多くあります。

一方、真の国際人になるには、自国についての知識や教養が求められます。異文化理解を深めながら、日本の伝統文化や社会システムからポップカルチャーまで、日本の魅力を幅広く学べる学部や、エアライン業界への就職をめざす学生向けに特別なプログラムがある大学もあります。

多くの留学生がいる大学のキャンパスは、国際色豊かです。学内にグローバルな体験ができる施設・設備が用意されており、授業や多彩なイベントを通じて留学生と触れ合えます。そうした体験を経て、異文化を理解し、コミュニケーション力を高めています。

●多様な価値観を養い、観光業や地域活性化に携わる人材を育成

21世紀最大の成長産業である"観光"は、地域活性化や雇用機会の創出など、経済的・文化的な影響力が計り知れない分野です。観光客が増えることは日本の経済や地域社会の活性化にもつながります。日本では観光立国の実現をめざしてさまざまな取り組みが進められています。

こうした状況を受け、観光について学べる大学も増えています。

観光産業は旅行やレジャー、まちづくりなど多様な分野と密接に関わっています。この系統の学部・学科では、旅行業やホテル・エアラインなどのホスピタリティ産業で生かせる知識やスキルを磨き、今後の観光産業を支える人材を育てています。インターンシップや海外フィールドワークなどの体験型プログラムが豊富なことも大きな特色です。人文・社会科学の幅広い教養とあわせて実践力を身につけられる学習環境があります。また、英語による授業の実施、留学の推進など、語学力と国際感覚も身につけられます。近年では、観光ビジネスにおいて統計やデータ、メディアなどを効果的に使用できる人材を育成するため、文理融合型カリキュラムを構成する大学もあります。

一方、日本が直面している少子高齢化は、地方で急速に進んでいます。少子化や人口移動に歯止

めがかからず、将来消滅する可能性がある自治体は、全国の市区町村の約半分という推計もあります。こうした状況を受け、地方自治体では地域産業の活性化と競争力の強化を促し、安定した雇用を創出する新たな取り組みに力を入れています。

地域活性化を担う人材を育成する学部・学科の開設も相次いでいます。

この分野もまた、大学によって学べる内容は大きく異なります。地域の発展や問題解決に取り組んでいく実践型の学びがあります。地域の文化・経済・社会に関する学際的な知識を養うとともに、地域の課題に対してもアプローチしていきます。地域実習などのフィールドワークの機会も豊富。多様な価値観を持った人材を育成しています。

学際 系統
～総合政策、環境、社会安全学部など～

現代社会には、複数の分野が絡み合う諸課題が数多くみられます。こういった問題に立ち向かっていくのが、人文科学、社会科学、自然科学の多彩な学問領域を幅広く学ぶ"学際"系統の学部・学科です。文理融合型の学びが特徴です。

●文理を問わず、多彩な分野を幅広く学ぶ

近年、複合領域や新しい学問分野を創造、追究する学部・学科が数多く誕生しています。なかでも「政策」「メディア」「環境」などの分野が目立ちます。また、自然災害が頻発する中、防災などの危機管理について専門的に学べる、社会安全学部などもあります。

この系統の学部・学科は大学によって学べる内容が大きく異なります。同じような名称でもアプローチ方法が違うことが多いため、どういった切り口で学びたいのかを考えてから大学を選ぶ必要があります。

学際系統の代表格が「総合政策学部」です。文理融合の自由度の高いカリキュラムが特徴で、演習やワークショップの機会が豊富です。具体的な問題や事例を素材に、学生が自ら課題を発見し、

解決に向けて調査・研究を行う主体的な学びが用意されています。

一方、メディアや環境の分野は文系・理系の両方の学部・学科にあります。メディア学部や環境学部などのように学部として独立し、文理融合型の教育を行っている大学もあります。多様化するメディアによる表現・情報発信や、人間と自然が共生する持続可能な社会の実現など、時代に合わせた教育が展開されています。

情報学 系統

～情報、データサイエンス学部など～

大量に情報があふれる現代では、情報技術・情報通信技術が社会に大きな影響を与えており、ますます重要性が高まっています。この系統では、新たな情報システムを構築する人材や、情報から新たな社会的価値を創造する人材を育成します。

●情報伝達の仕組みや活用を学ぶ

「IoT：Internet of Things（モノのインターネット）」化やAI（人工知能）、ロボットなどの技術革新は社会のさまざまな場面に大きく関わっており、現代ではあらゆる活動においてコンピュータ等を活用することが求められます。今後さらに進化していくICT（情報通信技術）に対応していくための素養を身につけるのが情報教育です。

ICT技術の進歩に伴って増加しているのが、文・理の枠にとどまらず、総合的・専門的に最先端の情報を学ぶ情報学部やデータサイエンス学部などです。これらの学部・学科では、新たな情報システムを構築できる人材、情報をもとに新たな価値を創造し、さまざまな課題を解決していく人材、いわゆるデータアナリストやデータサイエンティストを育成します。統計学やアルゴリズムといった理系的な知識・技術をベースに、データの背景にあるものを読み解くなど文系的な素養も磨いていきます。情報や統計関連の科目はもちろん、経済学、経営学、社会学の科目も充実しています。

学際系統

関西大学
社会安全学部
安全マネジメント学科

「安全・安心」をキーワードに誰もが輝ける社会を創造します

社会では、日々さまざまな事故や事件、自然災害が発生し、私たちの生活を脅かしています。防災・減災や事故防止などの危機管理が不可欠な現代。安全・安心な社会を実現するために、一般企業・自治体を問わず、高度な専門知識と実践的なスキルを備えた、社会の安全に貢献できる人材が求められています。

関西大学では、こうした社会のニーズに応えるために、日本で初めて社会安全学を柱とした社会安全学部を開設。「安全・安心」をキーワードに、防災・減災、事故防止な

どの危機管理のための実践力と政策立案能力を身につけます。

カリキュラムの特徴は、法学、政治学、経済学、経営学、心理学、社会学、工学、情報学、理学、社会医学など、さまざまな学問分野による教育を展開。社会安全学を支える幅広い教養と専門知識について、学際的・複合的に学べる点にあります。

また、1年次から少人数での演習科目や多彩な実習科目を学びます。社会安全体験実習をはじめとする豊富な実習や調査、シミュレーションなど、学内はもちろん学外でも主体的に学ぶ実践重視の教育が用意されています。

このほか、人文・社会科学系の文系学部にも"情報"と冠した学科があります。この場合、情報学と社会学や経営学、心理などの各専門分野を融合させ、情報を活用して論理的・科学的に解析するための理論と方法を学びます。

また、近年では、情報系学部以外の学生に対しても、AI・データサイエンスへの関心や基礎的な能力が求められています。こうした背景から、全学部の学生が履修可能な共通プログラムとして数理・データサイエンス・AI教育プログラムを導入する大学も増加しています。

理学・工学 系統
〜理、理工、工学部など〜

理学は人間を取り巻く自然科学の総称で、数学、物理学、化学、生物学、地球科学などの分野があります。一方、工学は理学の基礎知識を利用し、農学、医学などとともに応用科学として実用的な製品などの開発に役立てられています。最近では、この系統の学部・学科でも学問の細分化、学際化が進んでいます。また、国公立大を中心に大学院に進学する人も多くなっています。

●自然科学の基礎を学ぶ理学

日本では、さまざまな最先端技術の開発が進んでいます。その水準の高さには定評がありますが、その基礎となっているのが理学です。

理学は、宇宙、地球、生物、生命、分子、原子、原子核など、マクロからミクロまでの自然や自然現象を対象とした学問です。学問領域は数学、物理学、化学、生物学、地球科学の大きく5つに分けられ、最近では、研究テーマが分野間をまたぐことも多くなっています。

このうち数学は、理系分野だけにとどまらず、すべての科学的思考をあらわす言語としてとらえられています。最近では、情報理論の基礎学問としても重視されるようになり、コンピュータを使用した、物理学・化学・生物学・地球科学の理論計算、シミュレーション実験にも役立っています。

数学科や数理科学科のほか、コンピュータ科学と融合した研究を行う情報数理学科なども注目を集めています。

理学分野の中で、数学と性質が似ているのが物理学です。物理学はすべての科学技術の基礎となる学問で、自然界に存在する物質の運動や現象を分析し、普遍性と論理性を見出していきます。その成果は電気や電波、半導体、コンピュータ、X線、MRIなどにも応用されています。

急速な進歩を遂げている生物学では、人間や動物、微生物、ウイルスなどの生物や生命現象を研究対象としています。最近では、遺伝子工学や生体工学などのバイオサイエンスやバイオテクノロジーの技術が飛躍的に伸びています。また、生命科学と関連が深く、医学や獣医学、農林・水産学などと連携した研究も行われています。

物理学と生物学の架け橋となるのが化学です。わが国の化学分野の研究は世界トップレベルを誇り、その研究能力は高い評価を受けています。大学で学ぶ化学は物理化学、無機・分析化学、有機化学、生命化学などに分けられ、工学、薬学、農学、医学などのあらゆる分野に応用されています。

地球の成り立ちや生い立ちなど、地球に関するあらゆることが地球科学の研究対象です。地質学・地震学などの地学領域から宇宙に至るまで、その専門分野は多彩です。人文・社会科学と連携して地球規模の問題を分析・解明し、環境と調和を保つ方法も研究されています。地学科や地球科学科、物質地球科学科、地球惑星科学科など、大学独自の学科も少なくありません。

●理学を応用し、社会に還元する工学

理学を応用し、人間社会を豊かにする役割を担うのが工学です。

工学系の中で最も歴史がある機械工学はものづくりを基に、快適な社会生活を追究する学問です。現代社会に欠かせない機械・装置のハードウェアを幅広くカバーする機械工学はほとんどの工学部に設置されていますが、ロボティクス学科、機械航空工学科など、研究対象をより明確にあらわした学科へと改組する大学も増えています。

機械工学と密接に関わりあっているのが電気電子工学です。現代社会に欠かせないこの分野はエネルギー、情報通信、回路・システム、デバイス・材料などの分野で構成され、電気や磁気、電子を利用して、人間社会で必要な技術の開発が行われています。

電気電子工学と近い関係にある情報工学では、実験と実習を重視したカリキュラムで、コンピュータのソフト・ハードの両面を学び、IT社会で活躍できる人材を育成しています。

人気の高い建築学は、建築設備や建築構造など、建物に関する基礎的な知識とともに、環境や経済、歴史にまで素養を広げて学びます。また、芸術的センスも必要とされます。工学部や理工学部に設置されている場合と、女子大を中心に、家政学部や生活科学部、芸術学部などに設置されている場合があります。

建築学が建物を対象としているのに対し、土木工学は人間が安心して社会生活を送れるように環境を整備し、文明の基礎を築く役割を担います。土木工学科のほか、都市建設工学科、都市環境デザイン学科などに名称変更する大学も増えています。

また、工学の中で新しい領域として注目を集めているのが、バイオ工学や医用工学系の分野です。これは、バイオサイエンスと工学を融合させた分野で、創薬や再生医療、遺伝子治療など、応用分野は多岐に渡っています。

このほか、さまざまなモノを構成する材料に焦点を当てた材料工学、情報技術や数理技術を学ぶ経営工学、資源・環境の課題に取り組む資源工学や環境工学などさまざまな学問領域があります。

農学・水産学・獣医学 系統
～農、畜産、獣医、水産学部など～

21世紀に入り、環境汚染や人口の増加による食料不足、エネルギーの枯渇など地球規模の課題が山積しています。こうした課題の解決に向け、生命・食料・環境に焦点を当てた最先端の研究が行われています。

●食糧・環境・生命の実学を学ぶ

農学は人類が生きていくために必要なことを学

ぶ実践的な学問です。食料・環境・生命に関する教育・研究が行われています。

大きく分けると、農作物の生産について専門的に学ぶ農学のほか、森林科学、水産学、畜産学、獣医学などの分野に分けられます。農学部を擁していても、これらの領域をすべて網羅している大学は多くありません。

農学分野には農作物の栽培技術を磨く農業生産科学、バイオテクノロジーや最新のサイエンスを学ぶ農芸化学、流通・経済活動を学び社会科学的アプローチを行う農業経済学、農業を機械工学・土木工学の視点から学ぶ農業工学など、多彩な領域があります。なかでも土壌や肥料、農薬、環境修復など、農業生産の諸問題を化学の力で分析・解明する農芸化学は、バイオサイエンスとバイオテクノロジーへと発展し、理学系統の学問と同様、遺伝子操作や植物の品種改良など生命科学系の学びへと進化しています。

カリキュラムは実験や実習が多く、学内外の実習用の農場などでは、農作物の栽培や農業機械の使い方などについて、実体験を通して学べます。

森林科学は、森林の役割や利用法を科学的な視点から考えていく学問です。森林には木材を生産する以外にも、地球環境に作用する機能があります。この分野では豊かな森林資源を持続的かつ計画的に利用していくためにはどうすればいいか、4年間を通して考えていきます。

自然科学と社会科学の幅広い分野を総合的・複合的に学ぶとともに、森林の適正な享受と環境保全の両方の視点を養います。広大な演習林を持つ大学では野外実習や調査、フィールドワークの機会が豊富です。また、森林が持つ多様な生態系と環境の関わりを生物学的に追究していくために、生命・環境・資源・国際などの関連分野と連携した最先端の研究が進められています。

畜産学は、動物を科学的に追究し、食の安心・安全を支えていく学問です。クローン技術や新たな飼料資源の開発など、学びのフィールドが広がるにつれて、生命科学系の学問との関わりが強くなっています。

牛、豚、鶏、羊、馬などの飼育や生殖のメカニ

ズム、畜産物の生産技術について幅広く学べるカリキュラムが整っています。また牛乳や卵、肉、加工品といった畜産食品、皮革製品や毛織物、医薬品の生産など、多様な分野で生かせる知識を身につけられます。酪農体験や牛の分娩体験など、家畜と接する実習が多いのもこの分野の大きな特徴です。

一方、獣医学科は医学部、歯学部と同じ6年制課程で学びます。獣医師養成に特化したカリキュラムが特徴です。

獣医師は人間の生活や暮らしに密着した伴侶動物（ペット）や産業動物、野生動物などに関する高度な知識・技術を持つ専門家です。各動物の疾病の診断・治療・予防などの動物医療に携わります。人間と動物に共通する伝染病の研究をはじめ、生命科学、医学、薬学、生化学などの境界領域も担います。獣医学科では動物に関わる分野について多角的に学べます。各大学には附属の動物病院や臨床実習施設が付設され、実験・実習を数多く実施しています。講義で学んだ理論を実践力へと結びつけていきます。

また、6年制の獣医学科のほか、動物の看護や福祉などについて学べる4年制の学科もあります。2019年制定、2022年施行の愛玩動物看護師法により国家資格として誕生した「愛玩動物看護師」などを養成します。

水産学はいまだに未知の領域が多い水生生物や環境について多面的に考えていく学問です。水域の食糧生産に関わる分野から、水域生態系の評価・保護・改善・修復・共生といった環境保全分野まで、幅広く学べます。

生命科学や生態学、生理学、養殖学、育種学、遺伝子操作、環境学など、化学や生物学を基盤とする多彩な科目により教養を深め、多面的な視点を養います。この分野は国際性の高い分野で、国際的な視野を養う科目も充実しています。

実験や実習を重視している点も大きな特徴です。実習船で漁業実習や海洋観測、潜水調査、人工衛生から送られてくるデータを用いた海域の環境解析、有機物・無機物のデータ収集といった作業を体験します。

医学・歯学・薬学・看護学 系統

～医、歯、看護、保健、薬学部など～

生殖医療や移植医療、遺伝子医療など、現代の医学は劇的なスピードで進化しています。医療の現場において「生命の質（Quarity of Life）」が問われるようになった現在、高度な技術や専門知識を養うだけでなくコミュニケーション能力や倫理観、豊かな人間性を備えた質の高い医療人の養成をめざした教育が行われています。

● **専門知識・技術を身につけ、医療人としてのコミュニケーション能力と倫理観を養う**

医学部は日本の最難関の学部です。適性が問われる分野なので、すべての大学で入試の際に面接を実施しています。カリキュラムは、教養教育・臨床前教育・臨床実習に分けられます。1年次では、一般教育科目を中心とする教養教育や、リハビリ施設や高齢者医療施設などの医療現場で実習を行い、倫理観や医師としての心構えを身につけます。

2～4年次では、基礎医学や臨床医学などの臨床前教育を受けます。この期間は実験・実習も多くなり、4年次には、その時点での学生の知識や技能、態度などを評価する全国共用試験が実施されます。これはCBT（知識テスト）とOSCE（臨床能力の実地テスト）で構成され、合格しないと5年次からの臨床実習には進めません。

5・6年次は臨床実習が中心となり、6年次に医師国家試験に合格すれば医師免許を取得できます。卒業後は、全国の大学病院で2年以上の臨床研修が必修化されています。

歯学部も医学部同様、6年制です。一般教養科目を履修し、基礎歯科医学や臨床歯科医学を学んだ後、5・6年次に臨床実習が行われるのもほぼ同じで、卒業後は1年以上の臨床研修が義務付けられています。

また、最近の口腔医療は、虫歯の治療を中心と

歯学系統

東京歯科大学
歯学部

摂食・嚥下機能の向上や全身疾患への対応など多様化するニーズに応えられる歯科医師を育成

歯科医学の進歩により、口腔が全身の健康に果たす役割や口腔疾患が全身に与える影響が明らかになってきています。口腔医療といえば、以前は虫歯の治療が中心でしたが、その領域は広がっており、健康のための摂食・嚥下機能の向上、歯の色を白く明るくするホワイトニング、顎口腔領域のスポーツ外傷の予防・軽減、中高齢者を含めた全身運動機能の向上など、患者さんのニーズも多様化しています。

また、超高齢社会を迎え、歯科を受診する患者さんにも複数の疾患を抱えている場合があり、口腔疾患の治療でも全身レベルから処置を考える必要性が高まっています。

東京歯科大学では、こうした時代の流れに対応できる優秀な知識・技能と豊かな人間性を持つ歯科医師を育成しています。

大きな特長は、2つの附属病院と千葉歯科医療センターを有している点です。各病院の特長を生かした臨床実習や臨床研修プログラムが行われており、また医科系総合病院を有しているため、充実した隣接医学教育を実現しています。また、6年間の段階的で継続的なコミュニケーションに関する教育カリキュラムにより、高いコミュニケーション能力を身につけています。

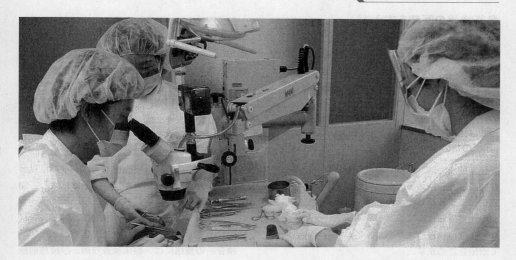

したものから、歯の色を白くするホワイトニングや歯列矯正、顎関節症の治療など、患者の多様なニーズを満たす治療へと領域を拡げています。近年ではスポーツ外傷の予防・軽減や競技力の維持・向上を助けるスポーツ歯学の外来を設けている大学病院もあり、こうした幅広い知識を養うために、大学院に進学する人もいます。

看護学は、大学の場合は4年制、短大の場合は3年制の課程で学ぶことができます。

教育内容は、幅広い視野と豊かな人間性を養う教養科目と高度な看護スキルを身につける専門科目、実践力を養う実習で構成されています。卒業とともに看護師の国家試験受験資格が得られるほか、保健師や助産師の受験資格、高校教諭や養護教諭などの教員免許が取得可能です。

● **臨床薬剤師を育てる6年制課程と、**
薬学研究を行う4年制課程

薬学を学ぶ場合、臨床を重視し、薬剤師を育成する6年制課程と、研究者の育成をめざす4年制課程があります。

6年制課程は薬学科や医療薬学科などの名称で、臨床薬学と医療薬学を中心に学びます。1年次は教養科目や基礎科目を中心に履修し、2年次から本格的な専門教育が始まります。早期から医療や薬局などでの現場体験の機会があります。4

年次には薬学共用試験が行われます。それまでに培ってきた知識やスキルを確認し、合格すれば5年次から病院や薬局での約半年間の実務実習が受けられます。6年次は卒業研究と薬剤師国家試験に向けた総仕上げが中心となります。

4年制課程は薬科学科や生命薬科学科、創薬科学科などの名称を採用しています。薬について学べる点は6年制課程と同じですが、カリキュラムは創薬などの生命科学を中心としています。薬の研究に重点を置いており、大学院進学を視野に入れた教育が大きな特徴です。薬剤師国家試験受験資格は得られませんが、卒業後は製薬会社や大学で研究・開発に携わる人材、医薬情報担当者（MR）など、活躍の場は広がっています。

医療技術 系統
～保健、保健衛生、医療技術、医療衛生学部など～

専門技術の修得をめざす受験生に人気があるのが医療技術系統です。近年、4年制大学での新学部・学科の開設が増えています。医師や看護師、薬剤師とともに、高度化・複雑化する現代の医療現場を支える医療技術のプロフェッショナルを育成しています。

●新時代の医療を支える
高度な技術を修得

医療技術系統の学部は、国家資格に直結したカリキュラムが特徴です。その内容は、対人ケアが中心のリハビリテーション系と、医療機器を扱う検査系に分けられます。

リハビリテーション系の資格には、理学療法士、作業療法士、言語聴覚士、視能訓練士などがあります。

理学療法士は、けがや病気、老化などによって身体に障害を抱える人たちの日常生活への復帰を支援します。ひじ・膝の曲げ伸ばしや歩行訓練などの運動療法と、マッサージや電気・光線・温熱などを使う物理療法があり、これらを組み合わせて治療を進めます。

作業療法士は身体や精神に障害をもつ人の社会復帰を助ける専門家です。入浴や食事などの日常的な作業のトレーニングや手工芸・陶芸・ゲームなどの趣味や遊びをとおして、心身ともに自立した社会生活を送る力を取り戻し、患者の社会生活能力の回復を助けます。

言語聴覚士は、言葉によるコミュニケーションに障害のある人に対し、専門的な検査・訓練・治療を行います。さらに、視能訓練士は、斜視・弱視の訓練・治療や視機能の検査に携わります。

この他、打撲やねんざなどの損傷に対して治療を行う柔道整復師や、東洋医学を基に物理療法を行うはり師・きゅう師、外傷や病気などにより手足を失った人に適合した義肢や装具を製作する義肢装具士などの養成課程もあります。

超高齢社会の先頭を走る日本では、リハビリテーション分野の有資格者が担う役割は拡大しています。就職先は、病院、診療所、リハビリテーションセンターのほか、介護保険制度の導入により、訪問介護での活躍も期待されています。

検査系の資格には、臨床検査技師、診療放射線技師、臨床工学技士などがあります。

臨床検査技師は、病院で患者の血液検査や心電図検査、尿検査などさまざまな検査を行う専門家です。これらの検査結果に基づいて、医師は診断を下し、治療の方針を決定します。診療放射線技師は、X線や超音波、MRIといった最新の画像診

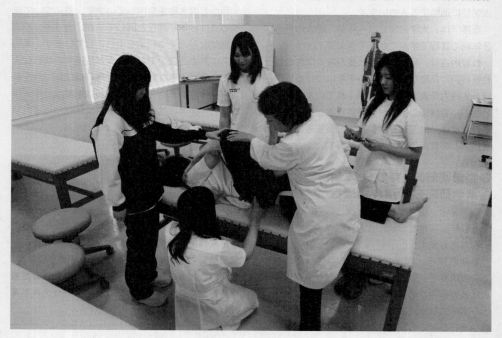

断装置を使った検査や、放射線機器などの管理を行います。また、臨床工学技士は生命を維持する人工呼吸器や透析装置、人工心肺などの操作や保守点検業務などを行います。医学と工学にまたがる知識が求められています。

この他、緊急時に医療行為を施す救急救命士の養成課程を設置している大学もあります。

医療技術系学部には理系の科目が多く用意されています。また、医学部や看護学部を併設している大学では共同実習も実施しており、チーム医療について学べる環境が整っています。

家政学 系統

〜家政、生活科、生活環境学部など〜

この系統の多くは女子大に設置されています。近年は、生活者の視点から人々の生活全般に関わる多彩な分野について学ぶ「生活科学」の要素が強くなっています。管理栄養士や保育士などの資

格が、学部の人気を後押ししています。

●快適なくらしを追究する「生活科学」

家政学では、「衣食住」を中心に、生活に関わる分野を学びます。最近では、環境や教育とも結びつきが強く、より学際的に学べるカリキュラムを導入する大学もあります。

家政学で学べる分野は大きく、「環境」「栄養」「子ども」の三つの領域に分けることができます。

家政学で扱う「環境」では、主に「生活環境」について学びます。衣服や住居といった身近な環境をとおして、より快適な生活を追究していきます。

家政学の中で最も歴史が古い服飾分野では、裁縫技術を教えてきた伝統を受け継ぎ、現在の服飾系学科でも、服飾デザインやパターンメーキングといった実際の服作りに関わる教育が行われています。また、人間に一番近い環境として衣服をとらえ、肌に優しい素材や、着心地を重視した衣服設計などの研究も進んでいます。素材の研究では、

栄養学系統

女子栄養大学
栄養学部

栄養学・保健学。それは、生命・生活のあり方を見つめる学問です。

現在、日本は世界有数の長寿国となっていますが、現代の豊かな食生活は、糖尿病、心筋梗塞といった生活習慣病や、介護の必要な高齢者の増加という新たな課題を生みました。その一番の解決策は「病気にならない体をつくる」ということ。現在、予防医学の重要性が広く認識されています。

その基礎となるのが栄養学。栄養学の知識は、食・産業・健康・医療・教育など、様々な分野で生かすことができます。不適切なダイエットや超高齢社会なども社会問題化しており、食や健康に関する分野への社会

的需要はますます高まっています。

女子栄養大学は創立以来、食と健康をテーマに栄養学と保健学の実践的な教育と研究に取り組んできました。管理栄養士国家試験の合格者数は11年連続全国1位の実績を誇っています。また、臨床検査技師国家試験の合格率や養護教諭、家庭科教諭などの採用者数にも高い実績があります。専門職への就職は社会動向の影響を受けにくく、病院、学校、福祉施設、食品メーカーなど多岐にわたり、極めて高い就職率を保っています。

キャンパスには、時代のニーズに即応した教育・研究活動が可能な充実した研究施設と、最高峰の教育陣が待っています。

洗浄や染色についての実験もあり、理系的な要素も含んでいます。1級衣料管理士（テキスタイルアドバイザー）の資格も取得可能です。

また、住環境に焦点を当てて学ぶ住居・環境分野では、どのような空間や環境が人々にとって快適であるのかを生活者の目線で考えていきます。住宅や建築、都市などに関わる科目のほか、福祉系の科目も充実しています。ＣＡＤ演習や模型制作演習、空間表現演習、設計デザイン演習など、理論を実際の形に表す演習科目が充実しているほか、コンピュータ科目なども多く用意されています。大学によっては二級建築士や木造建築士の受験資格、インテリアプランナーの資格が取得できます。

「栄養」系は、食物全般を扱う食物学、食物科学の学科・コースと、管理栄養士の資格をめざす学科・コースに分かれます。

食物科学科では栄養学、調理学、食品学など自然科学系の科目を中心に学び、食物の特性や栄養についての知識、調理技術などを身につけます。栄養士やフードスペシャリストなどの資格が取得可能で、卒業後の進路としては、食品メーカーでの食品開発部門などが人気を集めています。

管理栄養士養成課程では人々の健康維持・増進や疾病予防に貢献する管理栄養士の国家資格取得を目標としています。生活習慣病や不適切なダイエット、超高齢社会への対応など、現代における管理栄養士のニーズは高く、医療や福祉との関係も深いことから、病院や介護施設での実習が必修となっています。

子どもの健全な食生活を指導する"食育"が重要視される中、その中心となる「栄養教諭」の活躍も期待されています。

幼稚園教諭免許、小学校教諭免許、保育士資格が取得できる「子ども」関係の学科・専攻は、家政学の中でも人気があります。児童学を軸に、家族・社会・文化・心理など幅広い視点から子どもの心身の発達を総合的に考察していきます。山積する現代社会の問題にも触れながら、人格形成において重要な子ども時代に関わる教育者としての自覚を育て、豊かな人間性と広い視野を養ってい

ます。カリキュラムには、理論科目とともに、ピアノや工作などの実技科目や、保育園などで子どもと接する実習も盛り込まれています。

芸術学 系統

～美術、造形、芸術、音楽学部など～

芸術学系統では、高度な理論や技術を学ぶだけでなく、自らの感性を磨き、創造力を養うことを目的としたカリキュラムが組まれています。

●自己表現の美術、社会とつながるデザイン

芸術学系統は、美術、デザイン、音楽の領域に大別されます。

美術系には、主に日本画、油絵、版画、彫刻、工芸といった学科・専攻があります。美術系は、自己表現に重きを置いており、その表現方法として、基本的な技術を修得します。例えば絵画の専攻では、デッサンや空間表現、壁画技法などの科目が設置されています。

これに対して、"使う人"の存在を念頭に置くデザインは、人間や社会と直接的につながる技能

です。グラフィック、テキスタイル、ファッション、インテリアなどの学科があり、各分野で、実用性を重視したモノの創造や、生活における新しい価値の提言を行っています。

また、情報化時代を迎えた今、アニメーション、映画、ウェブ、オーディオ＆ヴィジュアルなど、デジタルテクノロジーを駆使した21世紀型の芸術・デザインが次々と誕生しています。

美術、デザインともに実技の授業を中心としたカリキュラムが整っていますが、理論もバランスよく学びます。代表的な「芸術学」「美学・美術史」や、芸術と社会の橋渡しをする「アートマネジメント」「アートプロデュース」などが最近の人気科目のようです。

●細分化した専門教育で
###　　音楽一色の4年間

美術・デザイン系学部と同じように、音楽系も単科大学を中心に、専門的な教育が行われています。

専攻は、ピアノ、オルガン、弦楽器、管楽器、声楽、作曲、指揮などの演奏系と、音楽学、音楽史、音楽教育、音楽療法といった理論系があります。最近では、邦楽、ジャズ、コンピュータ音楽などの専攻を設置する大学もあります。

音楽学部のカリキュラムでは、専攻別の個人レッスンなどを含む専門科目が中心となります。その一方で、音楽家にふさわしい豊かな感性を培うために、一般教養教育に力を入れたり、音楽と結びつきの強い語学教育を重視する大学も目立ちます。

多くの音楽大学では毎年、一般にも公開される定期演奏会を行い、専攻間の交流を図るとと

もに、地域と大学の架け橋としての役割を果たしています。

この分野では教職免許のほか、音楽を通じて心と身体を癒す音楽療法士を育成するプログラムを設置している大学もあります。

体育学 系統

〜体育、スポーツ科学、健康学部など〜

かつては競技者第一であったスポーツも、現在は誰もが楽しむ国民的なレジャーの一つとなっています。こうした流れを受けて、この系統の学部・学科でも改革が進んでいます。

●時代とともに進むスポーツの多様化

これまでは、スポーツ理論や実技中心のカリキュラムで、優れたアスリートやその指導者の育成を教育の要としてきたこの系統の学部・学科ですが、青少年の体力低下や勤労世代の運動不足による健康不安が指摘される中、現代的なニーズに応える学問が学べる学部・学科として注目を集めています。

そのため、スポーツを医学的・科学的に研究し、人々の健康維持・増進に役立てようと、体育系学部の中に健康学・健康科学分野の学科・コースを設置するケースが増えています。

この分野では、心理、医学、社会学などの学問分野を学際的に学び、健康の維持・増進を図るための理論と実践の方法を修得します。保健体育の教員免許や介護福祉士、救急救命士、精神保健福祉士などの国家試験受験資格を得られる大学もあり、卒業後は保健・医療・福祉などの現場で、健康づくりの専門家として活躍しています。

また、人々が気軽にスポーツを楽しむ時代となり、"生涯スポーツ"という概念が広まっています。地域の体育館を利用したスポーツ活動や、一般参加のスポーツイベントでは子どもからお年寄りまで多くの人が汗を流しています。こうした生涯スポーツを牽引する専門家の育成が、体育系学部の新しい課題となっています。

学校案内編 私立大学・短期大学

北海道・青森・岩手・宮城・山形

札幌大学 175

札幌大谷大学 176

札幌保健医療大学 177

札幌学院大学 178

星槎道都大学 180

日本医療大学 181

北翔大学 182

北星学園大学 183

北海学園大学 184

北海商科大学 186

北海道科学大学 188

北海道情報大学 190

北海道文教大学 192

北海道医療大学 194

酪農学園大学 195

拓殖大学北海道短期大学 196

八戸工業大学 197

岩手医科大学 198

東北福祉大学 199

東北学院大学 200

東北公益文科大学 202

札　幌　大　学

資料請求

	請求ハガキ	巻末ハガキ
料　金	無　料	
完成時期	5月下旬	

〒062-8520　札幌市豊平区西岡3条7丁目3-1　入学センター　☎0120-15-3201　〈HP〉https://www.sapporo-u.ac.jp

TOPICS

学びと成長が実感できる新カリキュラムがはじまります！
1．「国際性」を重視した専攻再編と基盤教育
2．生き抜く力を身につける全専攻横断型プログラム
3．専攻をあとから選べる、変えられる　札幌大学独自の制度「レイターマッチング」

■学群・専攻　※2024年度入学生

●地域共創学群　800（うち163は入学後に専攻を選択）

地域共創学群163／経済学専攻125／経営学専攻131／

法学専攻98／英語専攻55／歴史文化専攻42／

日本語・日本文化専攻45／

スポーツ文化専攻67／リベラルアーツ専攻74

🏛 大学GUIDE

地域共創学群の特徴

〈専門を深める〉学群制では他専攻の授業も選択できるため、8専攻の学びを自分流に組み合わせて学びを充実させることができます。

〈学びの幅を広げられる〉所属専攻以外の学問分野を学べます。専攻は後から選ぶ・変えることも可能。「自由度の高い札幌大学」だから、自分に合った学びをデザインできます。

「みらい志向プログラム」　どの専攻からも自由に選択できる全専攻横断型プログラム。2022年度より「食・観光」「データサイエンス」「アイヌ文化スペシャリスト養成」の3つのプログラムがスタートしました。さらに2024年度からは「スポーツマネジメント」と「リスクマネジメント」の2つのプログラムが追加開設予定です。

充実した留学制度　アメリカや中国、韓国など海外11カ国・地域40大学（2023年4月現在）と協定を結び学生の相互派遣等を実施しています。留学について専門スタッフがサポートを行うため、留学先の相談や各種手続き等も安心です！

👫 学業特待・奨学金制度

学業特待制度　各種入学選抜において、得点上位者や資格取得などの条件を満たした学生への特待生入学制度があります。本制度を利用した場合、国公立大並またはそれ以下の学費で学ぶことができます！

奨学金制度　経済的に修学が困難な学業成績優秀者に、最大で学期毎の授業料の半額を給付する「生活支援奨学金（学業成績）」など大学独自の奨学金のほか、日本学生支援機構（JASSO）の奨学金などさまざまな制度を用意。

🏃 卒業後の進路

主な就職先　国家公務員一般職、北海道職員、札幌市職員、北海道警察官、警視庁、公立・私立学校教員、北洋銀行、旭川信用金庫、羽田旅客サービス、ANA成田エアポートサービス、サッポロドラッグストアー、鶴雅リゾート、伊藤組土建、柳月、ヴァンラーレ八戸、NTT東日本―北海道　ほか　（2023年3月卒業生実績）

🏢 オープンキャンパス2024

2024年度は以下の日程で開催します。スペシャルコンテンツをご用意してお待ちしています！

3/23(土)、5/25(土)、6/29(土)、7/27(土)、8/4(日)、9/14(土)、11/30(土)

詳細はこちら

※各回にて無料送迎バスを運行予定（要申込）

📖 入試GUIDE （2024年度）

[選抜のポイント]　※詳細は大学HPでご確認ください。

学校推薦型選抜（指定校・公募）……得意科目がある人にオススメ！（学習成績の状況：全体3.3以上＋指定教科のうち1つ以上が4.0以上）

総合型選抜……資格取得や課外の活動を頑張ってきた人にオススメ！（学習成績の状況：全体3.0以上）

一般選抜／共通テスト利用選抜……2教科2科目で8専攻併願可能！ハイレベル入試合格者は学業特待生！

資格取得サポート

単位修得で目指せる「教員」「学芸員」などの資格のほか、専門学校と連携し、学内でさまざまな対策講座（有料）を開講しています。合格者には受講料の40%程度をキャッシュバックするなどの特典もあります。（一部対象外の講座あります）
●公務員試験合格者　73人　　●教員採用試験合格者　35人
（うち道内就職率：77.4%）

資料請求方法：巻末ページの「パンフレット一括請求」をご覧ください。

札幌大谷大学

〒065-8567 北海道札幌市東区北16条東9丁目1-1 入試広報課 TEL 011-742-1643 〈HP〉https://www.sapporo-otani.ac.jp/

TOPICS
アクセスの良さ、都心に近いキャンパスでオンもオフも充実！
個性を伸ばす充実した学びと高い就職実績で、あなたをとことん応援します。

■学部・学科組織

●芸術学部　音楽学科60／美術学科60

●社会学部　地域社会学科70

●短期大学部　保育科85／専攻科保育専攻10

🏛 大学GUIDE

芸術学部　道内唯一の音楽学科と、道内屈指の美術学科。2学科共通科目の映像制作演習を開講しています。
【音楽学科】ピアノ、声楽、管弦打楽、電子オルガン、作曲・サウンドクリエイション、音楽療法、音楽総合の多様な7コースを設置。クラシック音楽を基本に、少人数制できめ細かい実技指導を行いながら、講義系科目で音楽への理解を深めます。演奏会、コンクール、インターンシップ、特別講義など、さまざまな機会を用意。個人レッスン室も豊富に設置しています。
【美術学科】1・2年次で制作に必要な基礎を学び、多様な表現方法に触れます。3年次では、油彩、日本画、版画、立体、写真・映像・メディアアート、グラフィック・イラスト、情報・プロダクトデザイン、ファッション・デジタルファブリケーションの8つの専攻から選択し、卒業制作へとつなげます。卒業後はアーティストやデザイナーだけでなく、教員や一般就職などでも表現者としての能力が発揮されています。
社会学部　【地域社会学科】社会学を中心に、行政・法律、経済・経営、教育・福祉、観光・メディアの4つの分野から専門知識を学び、地域で活躍し地域に貢献できる人材を育成します。少人数制によるきめ細やかな指導、専門演習・フィールドワーク、インターンシップ等の豊富な実践学習により、学部開設以来8年連続就職率100%継続中。
短期大学部　【保育科】社会で活躍する幼稚園教諭や保育士を養成するために充実したカリキュラムを構成。併設の附属幼稚園や学内にある子育て支援センターでの豊富な実習機会により、子どもたちが常に身近にいる環境が整っています。保育現場からの信頼も厚く、8年連続就職率100%を達成しています。また、短大卒業後に専攻科保育専攻に進学し、幼稚園教諭1種免許状の取得を目指すこともできます。専攻科では短大の6割程度の学費になり、経済的負担が軽くなります。

📖 CAMPUS情報

都心へのアクセスの良さと豊かな自然が共存する、恵まれたキャンパスです。最寄り地下鉄駅から徒歩7分、札幌駅まで2駅という立地条件で、通学はもちろん、アルバイト等もしやすく、充実した毎日につながります。学内には、世界的に有名な音響設計家・豊田泰久氏が設計したコンサートホール「大谷記念ホール」をはじめ、各学科の資料が豊富な図書館、アトリエ、スタジオがあります。同区内には、硬式野球部専用球場やサッカー部専用グラウンドなど、充実した施設が整っています。

🏃 卒業後の進路

学科ごとの支援に加えて、公務員試験対策講座、就職支援講座、個別面談、面接練習会などを実施。キャリア支援センターの職員が親身にサポートします。
過去3年間の主な就職先　公立中学校・高校教諭（社会・音楽・美術教諭）、イオン北海道、ダイアモンドヘッド、マイナビ、北洋銀行、ヤマハ音楽振興会、河合楽器製作所、陸上自衛隊音楽隊、公務員保育士など

🙌 学費減免制度

【おおたに減免】年収500万円以下※の家庭は申請が可能。採用されれば授業料の50%または25%が免除になります。出願前の申請が必要です。人数制限なし。※給与・年金収入以外の方は、所得150万円未満。

📝 入試GUIDE（2024年度参考）

①総合型選抜（複数回）
②学校推薦型選抜（指定校制／公募制／特別指定校）
③一般選抜Ⅰ・Ⅱ期　④大学入学共通テスト利用選抜Ⅰ
〜Ⅲ期　⑤自己推薦型選抜
⑥特別選抜（社会人、外国人留学生など）
※学科により、実施する選抜が異なります。詳細は入試広報課までお問い合わせください。

資料請求方法：巻末ページの「パンフレット一括請求」をご覧ください。

資料請求

請求ハガキ	巻末ハガキ
料　金	無　料
完成時期	5月中旬

札幌保健医療大学

〒007-0894　北海道札幌市東区中沼西4条2丁目1-15　進路支援課　TEL 011-792-3350　〈HP〉https://www.sapporo-hokeniryou-u.ac.jp/

TOPICS
- ●看護学科・栄養学科ともに就職率100％（2023年3月卒業生実績）
- ●看護学科は保健師免許も同時取得可能！1年次早期からの臨地実習でモチベーションアップ。
- ●栄養学科は「大学農場」で伝統野菜の栽培・収穫や、レバンガ北海道トップチームの食事・栄養管理を実践！

■学科組織

●保健医療学部
　看護学科100／栄養学科80

🏛 大学GUIDE

「人間力教育を根幹とした医療人育成」を教育理念とし、両学科共通の「健康」「食生活」をキーワードに、地域に貢献する看護師・保健師・管理栄養士を育成します。両学科で連携した合同科目を配置するなど、職種間連携や協働力を培う教育を行っています。

💡 3つの選択コース（栄養学科）

「食育実践コース」「スポーツ栄養コース」「臨床栄養コース」から自分の興味に合わせたコースを選択し、強みを持った管理栄養士を目指すことができます。

💡 学年担任制

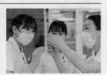

年次ごとに複数の教員を「担任」として配置し、1年次からの国家試験対策や就職情報を提供するなど、学生一人ひとりの大学生活や学修をきめ細かに支援する体制をとっています。

🏃 卒業後の進路

看護学科　看護師・保健師
■就職先　病院、訪問看護ステーション、クリニック、自治体の保健所や企業、大学院への進学（助産師資格取得）など

栄養学科　管理栄養士・栄養士・栄養教諭
■就職先　病院、福祉施設、教育機関、食品関連企業、市町村の保健所・保健センター、検疫所、ドラッグストアなど

💡 奨学金制度

- ◆スポーツ特待生制度（栄養学科・女子バスケットボール部対象）
- ◆学業成績優秀者給付奨学金
- ◆札幌保健医療大学給付奨学金
- ◆兄弟姉妹同時在学時授業料免除

📝 入試GUIDE （2024年度参考）

①総合型選抜入学試験〈前期・後期（栄養学科のみ）〉
②学校推薦型選抜入学試験
③一般選抜入学試験〈前期・後期〉
※前期は札幌、旭川、函館、帯広に試験会場を設置。
④大学入学共通テスト利用選抜入学試験〈前期・中期・後期〉
※上記のほか、編入学・社会人入学試験もあります。

取得できる資格
- ○受験資格が得られるもの　看護：看護師（国）、保健師（国）　栄養：管理栄養士（国）
　※保健師は選択制（20人）
- ○科目の履修により資格が得られるもの　栄養：栄養士、栄養教諭第一種免許状
- ○申請により資格が得られるもの：養護教諭第二種免許状
　（保健師の資格取得後に申請）
　栄養：食品衛生管理者（所定の単位を修得後、申請）
- ○任用資格　栄養：食品衛生監視員（所定の単位を修得後、国家または地方公務員になった段階で任用される）

オープンキャンパス2024
【開催時期】3月〜10月（予定）
【主な内容】学科説明、入試概要説明、模擬授業（演習・講義）、施設見学、学生とのフリートークに加え、個別の進学相談会や保護者説明会もご用意しています。札幌駅から大学までの無料送迎バスを運行していますので、お気軽にご参加ください。大学ホームページ内フォームよりご予約可能です。

資料請求方法：巻末ページの「パンフレット一括請求」をご覧ください。

177

札幌学院大学

〈江別キャンパス〉　〒069-8555　北海道江別市文京台11番地　入試課　TEL 011-386-8111　〈HP〉https://www.sgu.ac.jp

TOPICS

●新札幌キャンパスに心理学部が加わりました。

　2021年4月、札幌市の交通の要衝である厚別区新札幌に開設した新札幌キャンパスに心理学部が移転しました。大学院臨床心理学研究科、心理臨床センターも同時移転し、公認心理師育成プログラムも新キャンパスで展開しています。

大学GUIDE

心理学部　臨床心理学科　心理学を中心に、さまざまな職種で活躍できる心理コミュニケーション力や、心理的援助スキルを身につけます。大学院への進学により「臨床心理士」や、国家資格である「公認心理師」を目指すことも可能です。また、国家資格である「精神保健福祉士」の受験資格に対応するカリキュラムも用意しています。

人文学部　人間科学科　■共生社会を担う人材を3専攻で育成　極めたい分野をより深く学ぶことができる「専攻制」を導入。2年次に「ソーシャルワーク専攻」「心理・教育専攻」「地域文化専攻」から選択します。各専攻のカリキュラムは、それぞれ社会福祉士資格、中学社会科、高校地理歴史科、公民科を基礎免許とした特別支援学校教諭の教員免許、学芸員資格の取得に対応しています。

人文学部　英語英米文学科　ネイティブ教員による少人数教育と、ディスカッションやプレゼンテーションを通して「英語」を中心とするコミュニケーション能力を養い、国際的に活躍できる人材を育成します。2年次後期に選択できる約5カ月間の海外留学（アメリカ・イギリス）では、成績に応じて給付される留学奨学金制度も用意しています。

人文学部　こども発達学科　こどもの発達や心理、教育について専門的に学びます。「地域連携マネジメント」科目など、子どもと直に触れ合いながら子どもの発達について学べる実践的なカリキュラムを設置。心理・発達、社会・福祉・教育、保育、演習、小学校教員課程科目という5つの専門領域をバランスよく履修します。4年間の学びの集大成として小学校教諭一種免許状が取得できます。また、乳幼児期から児童期に至る心理を学び、子どもの心の変化と成長を理解し見通す人材を育てるために、2014年度より「保育士」の国家資格が取得できるカリ

■**学部・学科組織**（2025年度入試予定）
●**心理学部**
　臨床心理学科120
●**人文学部**
　人間科学科105／英語英米文学科50／こども発達学科50
●**法学部**
　法律学科150
●**経済経営学部**
　経済学科150／経営学科150

キュラムを開設。「小学校教諭一種免許状」と「保育士」の2つの資格取得が可能です。毎年、多くの学生が教員採用試験に合格しています。

法学部　法律学科　法的思考（リーガルマインド）を根幹に、「公共コース」「企業コース」の2コース制で、法学の知識と実践的な行動力を獲得。「知的財産管理技能士」、「行政書士」、「社会保険労務士」、「宅地建物取引士」などの資格取得を目指すコース横断のプログラムもあり、公務員や民間企業で必要となる能力の取得を支援。金融機関などの他、国家公務員一般職、自治体職員、警察官などの公務員採用試験に実績を上げています。

経済経営学部　経済学科　現代の経済問題の深層に迫り時代に対応する職業人を育成する2コース5プログラム制。地域経済をリードする人材を育成する「現代経済コース」は、「国際経済」「地域経済」の2プログラムで、現代経済の諸問題に、国際的視野と地域的視点を持って多角的に分析する能力を養います。経済学の専門的知識をベースに就業力をアップする「キャリア・アップ・プログラム（CUP）コース」では、「公共政策」「金融」「情報」の3プログラムで、公務員試験対策、IT技術者育成、FPなどの金融専門家を育成します。

経済経営学部　経営学科　組織に必要とされ、企業と地域経済の即戦力として活躍できる人材を育成。経営・会計・金融の基礎理論を学び、ゼミナールなどで鍛えた

DATA・FILE

○教員数……106（教授69　准教授20　講師17）
○学生数……3,253
○キャンパス面積……182,982.03㎡
○蔵書数……65万8,081冊

（2023年5月現在）

エクステンション講座

　エクステンションセンターでは、進路・就職支援を目的に、各種資格取得に向けた講座を開講しています。格安で受講できるため、数多くの学生が利用しています。
〈開講講座〉公務員講座、国内・総合旅行業務取扱管理者講座、宅地建物取引士講座、ファイナンシャルプランニング技能士講座、行政書士講座、保育士講座など

実践力を学外での実践プログラムで応用します。①簿記・管理会計などの理論、ローカル、グローバルな金融論を学び社会が求める人材を育成する会計コース、②企業・自治体と連携したフィールド実践を重視し、ビジネス現場での問題解決能力を育成する経営コース、③海外スタディなどを通じてグローバルな素養を備えたビジネスパーソンや起業家を育成するグローバルコースのいずれかに所属し、専門的能力を育成します。

CAMPUS情報

江別キャンパスは緑あふれる文教地区にあり、充実の設備環境で学生生活をサポートします。最新のPCが整備されたコンピュータ教室、プレゼンスキルや自主研究をサポートするコラボレーションセンターのほか、ラーニングコモンズ、考古学資料展示室、法廷教室など、知的好奇心を支援する施設・設備が整っています。また、さまざまなスポーツに対応する総合体育施設は、多くの学生に利用されています。

新札幌キャンパスは、札幌市の交通の要衝である新札幌地区に「オープン・エデュケーション」をコンセプトに、学生、教職員、地元住民・地元企業の皆さんを結ぶ場としてオープンしました。社会連携センターなど多様な人・もの・ことが結ばれる場として、新しい大学の顔となっています。

新しい発想が産まれる刺激空間アクティブラーニング室・プレゼンラウンジ　席を自由に動かせるアクティブラーニング室は、グループ学習など多様な形態の授業が展開されています。併設のプレゼンラウンジのガラス壁は可動式で、広く開放的な空間にもなります。多様で変化に富む空間は、新しい発想を産む刺激的なスペースとなっています。

海外留学・研修

異文化体験を通じて語学力と国際性を養うことを目標に、提携の海外の大学への海外留学プログラムが用意されています。このほか、春・夏休みを利用し、アメリカ・イギリス・韓国の提携校での約2週間～6週間の海外研修を実施しています。また、留学を体験する学生をサポートする外国留学奨学金制度も用意しています。

卒業後の進路

学生一人ひとりが希望の進路を実現できるよう、各学科の担当職員が個別にサポートしています。成果につながる行動特性を科学的に分析するための「コンピテンシー診断検査」を1年次から毎年全員に実施。自身の「強み」と「弱み」を発見できます。就職活動準備が本格化する3年次には、毎週木曜3講時を「進路・就職指導」にあて、キャリア教育科目や就職ガイダンス、卒業生（先輩社会人）との懇談会などを実施します。学内業界・企業研究会および企業説明会には約200社が参加されます。

主な就職先　北海道セキスイハイム、ミサワホーム北海道、アイリスオーヤマ、マキタ、JR北海道、日本貨物鉄道、JALグランドサービス、大丸、リコージャパン、北海道クボタ、イオン北海道、北日本銀行、秋田銀行、ゆうちょ銀行、北海道信用金庫、札幌商工会議所、札幌市農業協同組合、ANA新千歳空港、住友不動産販売、明和地所、トヨタレンタリース札幌、労働基準監督官、北海道職員、北海道警察、各都道府県教員、社会福祉法人、医療法人　ほか（過去3年間）

入試GUIDE （2025年度入試予定）

①**総合型選抜**　リフレクション入試（面接重視型、自己PR重視型、探究重視型）

②**学校推薦型選抜**　指定校入試／指定スポーツ入試／公募制入試（基礎学力重視型、課外活動重視型、グローバル・地域貢献活動重視型、資格取得・専門教科学力重視型）

③**一般選抜**　一般スカラシップ入試〈A・B日程〉／一般入試〈A・B日程〉／共通テスト利用スカラシップ入試〈A・B・C日程〉／共通テスト利用入試〈A・B・C日程〉）

取得できる資格

【全学部】学芸員、社会教育主事
【心理学部】（臨床心理学科）公認心理師、臨床心理士、精神保健福祉士、認定心理士、社会教育主事
【人文学部】（人間科学科）社会福祉士、中学校教諭一種（社会）、高等学校教諭一種（地歴・公民）、特別支援学校教諭一種（英語英米文学科）中学校・高等学校教諭一種（英語）（こども発達学科）小学校教

諭一種、保育士
【法学部】（法律学科）中学校教諭一種（社会）、高等学校教諭一種（公民）
【経済経営学部】（経済学科）中学校教諭一種（社会）、高等学校教諭一種（公民）（経営学科）高等学校教諭一種（商業）
＊社会福祉士・精神保健福祉士・公認心理師・臨床心理士は受験資格（公認心理師は大学院進学か実務経験、臨床心理士は大学院進学が必要）

資料請求方法：巻末ページの「パンフレット一括請求」をご覧ください。

星槎道都大学

〒061-1196　北海道北広島市中の沢149　入試広報課　TEL 011-372-8130　〈HP〉https://www.seisadohto.ac.jp

TOPICS

星槎道都大学独自の経済支援制度　アンビシャス入試のほか、推薦入試（指定校推薦入試・一般推薦入試）、一般入試、大学入学共通テスト利用入試の成績によって、入学金・授業料が免除・減免になります。特に、SSランクは入学金および4年間の授業料全額免除。このほか星槎道都大学独自の特典として、資格取得者特典、ファミリー特典、同窓生特典などがあります。

■学部・学科組織

●経営学部　経営学科120

●社会福祉学部　社会福祉学科60

●美術学部　デザイン学科40／建築学科40

🏫 大学GUIDE

経営学部　スポーツ専攻、経営専攻の2専攻、8コースを設置。経営、スポーツ、政治経済、ITといった専門領域から公務員、まちづくりまで興味・関心のあるさまざまな領域を学ぶことができます。ES CON FIELD HOKKAIDOが2023年3月に開業。また、北広島市と包括連携協定を結んでおり、ボールパークを生きた学びの場として活動しています。

社会福祉学部　社会福祉専攻、保育専攻、教育専攻の3専攻、7コースを設置しています。社会福祉士の資格はもちろん、社会福祉士と精神保健福祉士のダブル合格によって、医療分野でのソーシャルワーカーを目指せます。また、保育士と社会福祉士の資格を北海道内で唯一取得できる大学であり、ソーシャルワークの観点から保育士を目指すことができます。さらに、保育士資格に加えて星槎大学通信教育課程との併修によって幼稚園教諭免許状も取得可能で、認定こども園など活躍の場を広げることができます。

美術学部　【デザイン学科】デザイン専攻、アート専攻、イラスト・マンガ専攻の3専攻8コースを設置。デザイン専攻では、広告・宣伝・出版業界で活躍するデザイナーやWEBデザイナー、映像制作、CGデザイナーなどを目指します。アート専攻では、絵画、彫刻、工芸など、さまざまな表現技法を学びます。道内四年制大学としては初のイラスト・マンガ専攻では、マンガ家やイラストレーター、アニメーターを目指します。

【建築学科】建築プロフェッショナル専攻、建築デザイン専攻の2専攻6コースを設置。建築の中でもデザインを多面的に学べることが特徴です。建築プロフェッショナル専攻には、卒業後、一級建築士の資格取得を目指す一級建築士特別養成コースと、工業科教員養成コースなどがあります。建築デザイン専攻では、都市計画から住まいのインテリアまで、建築に関するデザインを総合的に学びます。

🏃 卒業後の進路

少人数の強みを生かし、キャリア支援センターと教員が密に連携した個別サポートの結果、98.8%（2023年卒）と高い就職率を実現しています。1年次から、段階的に就職への意識を高め、実践的な就職活動をサポートします。インターンシップ、各種試験対策講座なども実施します。

過去3年間の主な就職先　千葉ロッテマリーンズ、広島東洋カープ、東京ガス、北海道警察、札幌市消防、北海道教育委員会（特別支援学校等）、三愛病院、ガンバリオン、トランスコスモス、大成建設、五洋建設など

📝 入試GUIDE（前年度参考）

①アンビシャス入試（総合型選抜）　②スポーツ活動入試（総合型選抜）　③指定校推薦入試　④一般推薦入試　⑤一般入試　⑥大学入学共通テスト利用入試　⑦海外帰国生入試　⑧社会人入試　⑨外国人留学生入試

教職課程

中高教諭免許状に加え、星槎大学通信教育課程との併修により、幼稚園教諭一種および小学校教諭一種免許状が取得可能です。【経営学部】中学校教諭一種（保健体育）・高等学校教諭一種（保健体育・商業）【社会福祉学部】中学校教諭一種（社会）・高等学校教諭一種（地理歴史・公民）、特別支援学校一種【デザイン学科】中学校教諭一種（美術）・高等学校教諭一種（美術）【建築学科】高等学校教諭一種（工業）

オープンキャンパス

【日時】3月24日(日)　①10:00～13:10　②13:30～16:10
【主なプログラム】学科別模擬授業、キャンパスツアー、大学説明、入試説明、現役大学生たちとの「フリートーク」、保護者プログラム（就職支援・奨学金）など
ほかにも多数開催を予定しています。詳しくはホームページをご覧ください。

資料請求方法：巻末ページの「パンフレット一括請求」をご覧ください。

日本医療大学

資料請求

	請求ハガキ	巻末ハガキ
料　金		無　料
完成時期		6月上旬（予定）

〒062-0053　北海道札幌市豊平区月寒東3条11-1-50　募集グループ　TEL 011-351-6111（直通）　〈HP〉https://www.jhu.ac.jp/

TOPICS
キャンパス敷地内に併設されている医療・福祉機関と連携してチーム医療の「いま」を肌で感じ、多職種連携やチーム医療を学修できる充実した環境が整っています。

■学部・学科組織
●保健医療学部
看護学科150／リハビリテーション学科140（理学療法学専攻100、作業療法学専攻40）／診療放射線学科100／臨床検査学科60／臨床工学科60
●総合福祉学部
介護福祉マネジメント学科40／ソーシャルワーク学科80

🏛 学科GUIDE

看護学科　人間がより健康に生活するための課題を問い続け、人々の健康の保持・増進と健康障がいがある方への生活を支援する専門職業人としての看護師を育成することを目指します。

リハビリテーション学科
理学療法学専攻：一人ひとりの患者さんに最適なケアを提供するための医学的な知識や技術とともにコミュニケーションスキルも持つ理学療法士の育成を目指します。

作業療法学専攻：患者さんの暮らしや家庭の様子をイメージできる力と、心の痛みに寄り添う思いやりを身につけた地域医療を担う作業療法士の育成を目指します。

診療放射線学科　日々進歩する分野である放射線医学について、学び続ける強い心を持ち、幅広い知識と豊かな感受性をもった診療放射線技師の育成を目指します。

臨床検査学科　最新の高度な臨床検査の知識・技術の修得、臨床検査データの見方など医師へのサポート能力、他職種との連携やマネジメント能力等を備えた実践力のある臨床検査技師の育成を目指します。

臨床工学科　人工心肺、ECMO、人工呼吸器、人工透析器など生命維持管理装置を安全かつ有効に管理するための能力や実践的な知識や技術を修得した臨床工学技士の育成を目指します。

介護福祉マネジメント学科　介護福祉士としての介護サービスの提供はもちろん、介護計画の立案や介護職のマネジメント等の施設管理・運営を担う介護マネジメント人材の育成を目指します。

ソーシャルワーク学科　社会福祉施設、医療機関、地域等で、福祉サービスを必要としている方々のニーズに合わせて相談支援ができ、多職種連携や地域のマネジメントを担うことができるソーシャルワーカーの育成を目指します。

💡 特待生・奨学金制度

日本医療大学 特待生制度　「保健医療学部 特待生制度」「総合福祉学部 日本福祉人材育成特待生制度」の2つの特待生制度を設けています。詳細は、入試ガイドP.19をご参照ください。

🏃 就職サポート

　2022年度の就職率は、卒業生を輩出している3学科（看護学科、リハビリテーション学科、診療放射線学科）すべてにおいて100％を達成しています。キャリアセンターでは、各種セミナー、また就職に関連した情報提供や一人ひとりに合わせた個別相談を通じて在学生の未来をサポートしています。

📝 入試GUIDE （2024年度参考）

①総合型選抜
②学校推薦型選抜（指定校・公募）
③一般選抜
④大学入学共通テスト利用選抜
※詳細は大学HPを参照

アクセス

■月寒本キャンパス［保健医療学部］
▶地下鉄東西線「南郷13丁目駅」　2番出口から徒歩約10分
▶地下鉄東豊線「福住駅」　2番出口から徒歩約13分
▶地下鉄東豊線「月寒中央駅」　3番出口から徒歩約15分

■真栄キャンパス［総合福祉学部］
▶地下鉄東豊線「福住駅」
・路線バス 中央バス有明線
　福87「アンデルセン福祉村3丁目」　バス停下車すぐ
・スクールバス運行中

資料請求方法：巻末ページの「パンフレット一括請求」をご覧ください。

北翔大学

〒069-8511　北海道江別市文京台23　アドミッションセンター　TEL 011-386-8011（代）　〈HP〉https://www.hokusho-u.ac.jp

資料請求

	請求ハガキ	巻末ハガキ
料　金		無　料
完成時期		4月下旬

Topics　スポーツ、福祉、教育、芸術、心理を学ぶ5学科で、人によりそうことができる人材へ。

■学部・学科組織　※詳細は学生募集要項をご確認ください。
- ●生涯スポーツ学部　スポーツ教育学科180／健康福祉学科40
- ●教育文化学部
　　教育学科120／芸術学科50／心理カウンセリング学科50
- ●短期大学部　こども学科110

大学GUIDE

スポーツ教育学科　学校教育や健康づくり、競技といった多彩なフィールドで活躍するための科学的知識と高いサポート能力を実践的に培います。保健体育教諭の合格者数は、北海道内私立大学においてトップクラス。健康運動指導士はこれまで100人以上を輩出、道内大学トップの実績を誇ります。また道内大学で唯一のアスレティックトレーナー養成課程があります。

健康福祉学科　「健康福祉」とは、健康で自分らしく住み慣れた地域で生活するという思いを実現すること。専門職を育てる2つのコースがあり、「スポーツ健康コース」ではスポーツによる健康づくり・地域づくりの技術を身につけます。「社会福祉コース」では生活の困りごとの解決に向けて人々を社会的に支える専門職を養成します。
※2024(令和6)年度入試(2024年度4月入学生)から介護福祉コースの募集は行っていません。

教育学科　たくさんの先生を輩出しています。「初等教育コース」では、子どもの目線に立ったコーチングを軸にしたカリキュラムで小学校・特別支援学校・幼稚園教諭の教員免許を取得可能。「幼児教育コース」では、幼稚園教諭、保育士資格、特別支援学校教諭のトリプル取得で、子ども一人ひとりの可能性を伸ばせる先生に。「養護教諭コース」では、現職教諭との交流など、多くの学外での研修機会を通して、高度な専門性と実践力を身につけます。「音楽コース」では、確かな指導力をもち、教育・文化活動に貢献できる人材を育てます。

芸術学科　「美術」「メディアデザイン」「インテリア建築」「服飾美術」「舞台芸術」の5つの分野があり、芸術の知識・技能を活かして豊かな社会の実現に貢献できる人材を育てます。各分野を学ぶ学生がコラボレーションする機会が充実しており、創作力と複合的な実践力を身につけたクリエイターを育成します。

心理カウンセリング学科　こころを広く深く学び、人々の思いに耳を傾けて支えられる心理援助職やカウンセリング技能を活かして生活を支える精神保健福祉士をめざします。「心理学」と「精神保健福祉学」を併せて学べる、北海道内でも希少な心理系学科です。公認心理師や精神保健福祉士の資格取得を視野に入れながら、2つの領域の学びを通して「人の幸せ」にしっかりと貢献できる「人」を育てます。

CAMPUS情報

　広大な敷地に野球場、テニスコート、3つの体育館など充実した体育施設があり、専門性を高める実習教室も多数あります。さらに芸術拠点も兼ねた札幌円山キャンパスがあり、各種シンポジウムやコンサートなど、学生の授業や発表に利用されています。

卒業後の進路

　就職活動を進める時期に見合った様々なサポートを実施。個別の進路相談や履歴書のアドバイス、面接練習など専門スタッフがいつでも学生をバックアップします。

就職DATA（2023年3月卒業生）
就職率：98.5%（就職希望者数：391人　就職者数：385人）

入試GUIDE（2025年度予定）

①総合型選抜　②学校推薦型選抜
③一般選抜（A日程・B日程）
④大学入学共通テスト利用選抜（A方式・B方式・C方式）
⑤特別選抜（社会人／帰国子女／外国人留学生）

取得資格

- ●取得できる資格　小学校教諭一種免許状、幼稚園教諭一種免許状、保育士、中学校・高等学校教諭一種免許状（保健体育・音楽・美術）、養護教諭一種免許状、特別支援学校教諭一種免許状、日本心理学会認定心理士など　健康運動指導士、アスレティックトレーナー、社会福祉士、一級・二級建築士、精神保健福祉士、公認心理師など
- ●2024年度教員採用候補者選考検査登録者数138人（2023.11.10現在、既卒者含む）

資料請求方法：巻末ページの「パンフレット一括請求」をご覧ください。

北星学園大学

〒004-8631　札幌市厚別区大谷地西2-3-1　入試課　TEL 011-891-2731(代)　[受験生 Web] https://entry.hokusei.ac.jp/

資料請求

	請求ハガキ	巻末ハガキ
料　金	無　料	
完成時期	5月中旬	

TOPICS
札幌市営地下鉄東西線「大谷地駅」徒歩5分
豊かな教養と国際的視野を育む、北海道屈指の文系総合大学

■学部・学科組織

●文学部
　英文学科131／心理・応用コミュニケーション学科96

●経済学部
　経済学科161／経営情報学科107／経済法学科116

●社会福祉学部
　社会福祉学科120／心理学科70

🏛 大学GUIDE

　北星学園大学の建学の精神は、キリスト教精神に基づいた人格教育を行うことであり、人間性、社会性、国際性を備えた人材の育成を目指します。

　豊かな自然に囲まれたキャンパスでは、約4,200人の学生が思い思いの学びを展開しています。

　文学部　英文学科は、高い英語力と異文化理解などを備えた、文化間の懸け橋として活躍できる人材を育成します。心理・応用コミュニケーション学科は、「人と人」「人々と人々」のコミュニケーションの活性化に貢献できる人材育成を目的としています。

　経済学部　経済学科は、高い専門性とグローバルな視点で経済的諸問題を理論・実証両面から理解することができる能力を身につけた人材を育成します。経営情報学科は、経営、マーケティング、会計、情報処理等の専門的な知識を身につけ、実社会で活用できる実践力を養います。経済法学科は、経済学と法律学の知識を兼ね備えたスペシャリストの養成を目的としています。

　社会福祉学部　社会福祉学科は、「人の多様性を認め、共に生きる社会」の実現に向けて、人と人をつなぎ、地域や支え合いの仕組みを創造できる人材を養成します。心理学科は、科学的な人間理解の能力と豊かな感受性を高め、今日的な課題に対応できる人材を育てます。

🌐 国際交流

　1965年から続く交換留学制度は、全学科の学生に開かれており、毎年20人ほどの学生が、アメリカ・カナダ・ヨーロッパの協定校15校と、アジアの協定校4校のいずれかに留学しています。留学先大学の授業料が免除されるなど、留学および帰国後の費用を補助する制度もあり、派遣留学に伴う単位認定制度が用意されているため、留学期間を含め、4年間で卒業することも可能です。一方、提携校からも毎年50人ほどの留学生が訪れ、これまでの交換留学生数は、約2,000人にものぼります。また、数日から4週間程度、海外の現地で海外事情について学べる各学部の専門教育科目があり、年間100人以上の学生が履修して海外に渡航しています。

🏃 卒業後の進路

　各学科ともに高い就職率を誇っています。特に航空、観光、卸・小売、金融、福祉業界で強さを発揮しており、北海道外企業への実績も。さらに、北星学園大学独自の公務員講座などにより公務員合格者が増えているほか、中学校・高等学校・特別支援学校に加え、条件付きで小学校教諭の免許状取得に向けた手厚いサポートと実績があるのも特徴です。（就職率95.7%　2023.3卒業生）

入試GUIDE ▶

① 一般選抜（学科別日程）
　※複数学科出願は、2学科目以降の検定料を軽減
　※試験会場は札幌のほか、旭川、函館、帯広、青森、東京
② 大学入学共通テスト利用選抜（Ⅰ期・Ⅱ期）
③ 総合型選抜

取得できる教員免許・受験資格 ▶

小学校教諭1種免許（条件付き）、中学校教諭1種免許（英語・社会）、高等学校教諭1種免許（英語・公民・地理歴史・商業・情報）、特別支援学校教諭1種免許、社会福祉士（国）、精神保健福祉士（国）、公認心理師（国：条件付き）など
※各学科によって取得できる免許や受験資格は異なります。

資料請求方法：巻末ページの「パンフレット一括請求」をご覧ください。

北海学園大学

資料請求

	請求ハガキ	巻末ハガキ
料 金		無 料
完成時期		6月初旬

〒062-8605　札幌市豊平区旭町4-1-40　入試部入試課　☎0120-86-2244　〈HP〉https://www.hgu.jp/

TOPICS
●特徴……伝統／文系・理系のある総合大学／高い就職実績／夜間部の設置／利便性の高い交通
アクセス：札幌中心部の好立地／北海道私大で最大数の学生数／100以上の部活・サークル／図書館蔵書数など

🏛 大学GUIDE

経済学部　1年次は両学科共通のカリキュラムで経済学や社会科学の基礎を学びます。1年次末には本人の希望とGPAにより所属学科が決定します。**経済学科**では「財政・金融」「経済・産業と政策」「くらしと労働」「国際経済」、**地域経済学科**では「地域経済・産業」「地域づくり」「アジア共生」「自然資源と地域」のそれぞれ4コースで学びます。

経営学部　1年次には両学科同一の専門導入科目を学び、経営学の基礎を身につけます。**経営学科**では「組織・マネジメント」「戦略・マーケティング」の2コースから、**経営情報学科**では「会計・ファイナンス」「情報・マネジメント」「心理・人間行動」の3つのコースから選んで、専門性を高めていきます。

法学部　1年次は社会の基本となる法律や現代政治学などの両学科共通科目を学び、1年次末には所属学科を選択します。**法律学科**では基本的な法律学の科目を網羅し、伝統的なカリキュラム、講義の仕方で学んでいきます。**政治学科**では複雑な政治に潜む問題を発見し、その背景を多角的に分析できる能力を高め、自立した社会人に育つことを目指しています。

人文学部　**日本文化学科**は文献講読を中心に、映像テクストの解析や詩歌の創作、各地の文化遺産や古都でのフィールドワーク、着付け・茶・生け花の実習、さらには欧米をはじめとする異文化理解を通し、日本文化とは、〈わたし〉とは何かを探究します。**英米文化学科**は英語4技能を習得することができるように、28種類の多彩な英語科目を用意しています。さらなる強みは、言語学・文学・歴史学・哲学・宗教学・人類学・メディア論など、人間を多角的に捉えるための専門知識を学べます。

> 経済・経営・法・人文学部には2部（夜間部）を開設。
> 1部と同内容の講義を2千人の学生が受講しています。

■学部・学科及び募集人員

1部（昼間部）
●**経済学部**　300※
　経済学科／地域経済学科
●**経営学部**
　経営学科160／経営情報学科140
●**法学部**　255※
　法律学科／政治学科
●**人文学部**
　日本文化学科100／英米文化学科95
●**工学部**
　社会環境工学科60（社会環境、環境情報）／建築学科70／電子情報工学科70／生命工学科60

2部（夜間部）
●**経済学部**　120※
　経済学科／地域経済学科
●**経営学部**
　経営学科100
●**法学部**　180※
　法律学科／政治学科
●**人文学部**
　日本文化学科40／英米文化学科30

※学部一括募集（2年次学科選択制）

工学部　**社会環境工学科**には、「維持管理」「防災」「設計」を柱にする社会環境コースと、「環境」「情報」「都市学」を柱にする環境情報コースがあり、多様化するニーズに応えられる技術者を養成します。**建築学科**は、「空間デザイン」「環境デザイン」「システムデザイン」の3系列に分けたカリキュラムを編成し、興味や進路に合わせて科目を選んでいきます。**電子情報工学科**では、ハードウェアとソフトウェアの両面を基礎から応用まで幅広く学べることが特徴です。**生命工学科**では、理学系科目の「生命科学」と工学系科目の「人間情報工学系」で幅広い知識・スキルを身につけられます。

アクセス

豊平キャンパス　地下鉄東豊線「学園前」駅にて下車。3番出口直結（「大通」駅より乗車5分、「さっぽろ」駅より乗車6分）／地下鉄南北線「平岸」駅、「中島公園」駅より徒歩約15分、地下鉄東西線「菊水」駅より徒歩約20分／地下鉄南北線「中の島」・「平岸」駅よりじょうてつバス平岸線［環56］にて「学園前」駅下車（「中の島」駅より乗車約5分、「平岸」駅より乗車約3分）

山鼻キャンパス　☎064-0926 札幌市中央区南26条西11-1-1
☎011-841-1161（代表）
札幌駅バスターミナルより、じょうてつバス定山渓線［7・8］、真駒内線［54］、藻岩線［南55］にて「北海学園大工学部前」下車徒歩1分（乗車約20分）／地下鉄東西線「西11丁目」駅より、じょうてつバス真駒内線［南4・南54・南64］にて「北海学園大工学部前」下車徒歩1分（乗車約10分）

豊平キャンパス

山鼻キャンパス

国際交流

海外留学プログラム　海外の協定校のうち、カナダ・米国・韓国・中国の協定大学へは学生を派遣するプログラムがあり、全学部学生を対象としたものと学部により対象となるものがあります。

CAMPUS情報

キャンパスとグラウンド　校舎は豊平キャンパス（経済・経営・法・人文学部、工学部１年次）と山鼻キャンパス（工学部２〜４年次）に分かれています。また、２つの野球場、ラグビー場、サッカー場、テニスコートなどをもつ清田グラウンドがあります。

図書館　地下１階から地上６階まである図書館は、学園創立100周年事業の一環として建設されました。蔵書数は約85万冊で、とくに北海道開拓時代の研究資料は豊富です。快適な学習スペースの中で、遅い時間まで利用できます。

開発研究所　1957年に、北海道の開発に関する社会経済部門の研究機関として設立されたもので、北海道で古い歴史をもつ民間研究所です。北海道が直面する問題を中心に、さまざまな調査研究活動を行い、地域の活性化に努めています。

交通　豊平キャンパスは地下鉄東豊線「学園前」駅と校舎が直結。「さっぽろ」駅から６分、地下鉄３線が交差する「大通」駅、ＪＲ線「札幌」駅とも結ばれている恵まれた環境にあります。

公務員試験合格

早期からの公務員試験対策講座や公務員ガイダンス、面接対策セミナーなどが優れた成果を挙げています。さらに、「現役合格者による勉強会・相談会」などで、先輩やOBから知識や経験を受け継ぐ機会も設けています。このような充実したサポート体制に支えられ、毎年数多くの公務員が北海学園大学から誕生しています。

卒業後の進路 （2023年３月卒業生）

主な就職先　北海道コカ・コーラボトリング、日本郵便、NTT東日本北海道、日本通運、リコージャパン、イオン北海道、ミサワホーム北海道、野口観光、北洋銀行、ホクレン農業協同組合連合会、伊藤組土建、ANA新千歳空港、北海道エアポート、マイナビ　ほか

公務員合格先　国家公務員一般職、国税専門官、国立大学等法人職員、札幌市職員、北海道職員、北海道警察官、裁判所職員一般職　ほか

入試GUIDE （2025年度入試予定）

①**一般選抜**／全学部
②**大学入学共通テスト利用選抜Ⅰ期**／
　１部の全学部と経済学部２部、人文学部２部
③**大学入学共通テスト利用選抜Ⅱ期**／
　人文学部２部を除く全学部
④**学校推薦型選抜（公募制）**／
　人文学部１・２部、工学部
⑤**学校推薦型選抜（指定校制）**／
　経済学部１・２部、経営学部１・２部、法学部１・２部、人文学部１部、工学部
⑥**学校推薦型選抜（併設校）**／全学部
⑦**特別選抜（課題小論文）**／法学部２部
⑧**特別選抜（社会人Ⅰ期・Ⅱ期）**／
　Ⅰ期）経営学部１部、人文学部１部、２部の全学部
　Ⅱ期）経営学部１・２部、経済学部２部、法学部２部
⑨**特別選抜（海外帰国生徒・外国人留学生）**／１部の全学部

研究生制度・大学院

大学卒業後さらに教授の指導を受けながら学習・研究を続けたいと希望する人のために、研究生制度を設けています。研究生は、図書館を利用できるほか専用の研究室が用意されています。また大学院は、経済学研究科、経営学研究科、法学研究科、文学研究科、工学研究科を設置しています。

資料請求方法：巻末ページの「パンフレット一括請求」をご覧ください。

北海商科大学

資料請求ハガキ	料　金	完成時期
直接請求	無　料	5月上旬

〒062-8607　札幌市豊平区豊平6条6-10　入試・広報センター入試係　☎0120-733-066　〈HP〉https://hokkai-oc.com/jyuken/

TOPICS

北海道・東北私立大学　第1位
●グローバル教育に力を入れている大学

北海道私立大学　第1位
●面倒見が良い大学

『大学探しランキングブック2024』（大学通信）より

国際ビジネス・国際観光の分野で活躍

独自の教育システムとカリキュラムを展開し、国際ビジネスと国際観光の分野でリーダーシップを発揮できる優れた人材の育成を目指しています。

東アジア地域とのビジネスや観光ビジネスを視野に入れ、少人数による課題設定教育や外国人教員による実践的なバイリンガル教育、専門分野の資格取得を目指す専門キャリアアップ（APQ）教育に特色があります。東アジア地域への海外留学制度も充実しており、グローバル化に適応できる実践能力を伸ばすとともに、北海道の産業・経済界と連携した地域密着型の教育を実践しています。

単科大学の最大の特徴である専門性の高い講義を、通常講義のほか、少人数のゼミナールでも展開。教室で講義を聴くだけの授業ではなく、学生が積極的に教員とコミュニケーションを図れる双方向の授業や特別ゼミナール・特別講義など、授業の形式も多彩で、高度なコミュニケーション能力や豊かな自己表現力が養われます。学習意欲と結果を引き出すエキスパートがそろった教員による講義を通して学生の洞察力を高め、国際社会のリーダーたる資質を培います。

商学科

モノの販売やサービスは、製造と小売だけではない様々な分野の業務が複雑にからみあうことで成り立っています。顧客のニーズを把握し、商品開発に生かすマーケティングや陸海空運を駆使した流通システム、現金や証券の取引を行う金融のほか、貿易、企業経営、会計なな

■入学定員
●商学部　　180
（学部選抜を実施。学科の選択は2年次後期開始時に行います）

ど、あらゆる分野の商品とサービスの流れを総合的に理解し、人・モノ・金・情報の流れからビジネスを総合的に学んでいきます。

観光産業学科

近年、著しい国内・海外旅行の増加や、アジア地域を中心とした外国人観光客数の急増は、人が移動し宿泊し飲食し買い物をする、そこに生まれるビジネスチャンスが増加していることを意味しています。観光産業学科では、こうしたチャンスの一つひとつを、商学をベースにして、行政、地理、地域振興など様々な学問分野のアプローチから研究していきます。

語学教育（中国語・韓国語・英語）

1年次前期に全学生が必修科目として中国語・韓国語・英会話のいずれかを選択。外国人を中心とした講師によるバイリンガル教育により、徹底的な語学力の向上を図り、1年間で日常生活に必要な会話ができるようになるまでを目標とします。

中国語・韓国語選択者は、留学選抜試験に合格することにより、1年次後期から約5カ月間、協定大学（中国／煙台大学、山東大学（威海）、韓国／大田大学校）の留学プログラムに参加できます。また、約3週間、協定大学（カナダ／レスブリッジ大学）の夏期海外研修を実施しています。

3年次以降は、留学基準試験に合格すれば協定大学で約1年間の留学プログラムに参加できます。

地下鉄東豊線「学園前」駅直結

キャンパスは地下鉄「学園前」駅と直結し、さっぽろ駅から6分というアクセスの良さです。

校舎内の施設には、附属図書館、コンピュータ教室、大学生協（イートイン・軽食コーナー・購買）、自由学習コーナーなどがあります。また、2号館には、多目的ホールやサークルスペース、女性専用室（パウダールー

韓国語授業の様子

教員や職員と学生の距離が近い少人数教育

ム）や、多目的ラウンジなど学生用の施設も完備しています。

隣接する北海学園大学と共有する施設には、大学生協（食堂・購買）、蔵書数85万冊の附属図書館、清田グラウンドなどがあります。

専門キャリアアップ科目（APQ）で資格取得

教職課程
両学科ともに教職課程履修者は、高等学校教諭1種免許状（公民・商業）が取得できます。

専門キャリアアップ科目（APQ）
各学科の専門科目を基礎にして、目標とする職業に就くための資格等を取得し、自らのスキルアップを図る科目です。

取得を目指す資格
スキルアップに向けて取得を目指す資格は次の通りです。
- マイクロソフトオフィススペシャリスト（MOS）
- 国内旅行業務取扱管理者
- 総合旅行業務取扱管理者
- 旅行地理検定
- 日商簿記検定
- 消費税法能力検定
- 所得税法能力検定
- 法人税法能力検定
- 貿易実務検定
- HSK（漢語水平考試）
- TOPIK（韓国語能力試験）
- TOEIC®

きめ細やかな就職支援

キャリア支援センターが、強力できめ細かな就職指導で就職活動をバックアップします。約10回にわたる就職ガイダンスや各種講座をはじめ、学内業界研究会や個人面談、北海学園大学と共用の就職支援ポータルサイト「ミナトコム」による支援、学生個々の希望に応じ民間企業、公務員それぞれの対策指導などを実施しています。

主な就職先
- ANA新千歳空港
- JALスカイ札幌
- 北洋銀行
- 北海道信用金庫
- イオン北海道
- 生活協同組合コープさっぽろ
- 鶴雅リゾート
- オークラニッコーホテルマネジメント
- JR北海道
- ホクレン農業協同組合連合会
- 日本郵便　　●北海道庁
- 北海道警察　●函館税関
- 北海道教員　●北見市役所　　　　ほか

入学者選抜 成績優秀者奨学金

一般選抜（2月8日試験・2月13日試験）および大学入学共通テスト利用選抜〔I期〕の合格者のうち、総合点の得点率80％以上または募集人員の上位10％程度の成績優秀者について、1年次の授業料等を全額または半額免除する制度です。

YouTube公式チャンネル

最新の学生インタビュー動画などを公開中！

資料請求方法：大学HPの資料請求バナーからお申し込みください。

北海道科学大学

〒006-8585　北海道札幌市手稲区前田7条15丁目4-1　入試課　☎0120-248-059　TEL 011-688-2381　FAX 011-688-2392　〈HP〉https://www.hus.ac.jp/

TOPICS 北海道No.1の実学系総合大学の実現に向け、より高度な学びを実践！

「+Professional」

　北海道科学大学は、北海道という地域社会の発展・成長にもっとも貢献する大学であることを目標としています。学生の皆さんには、Professionalであることに加え、将来、北海道を発展・成長させるリーダーとしての役割を果たせる人材となってほしいと考えています。そのために北海道科学大学は、学生の皆さんが専門性を身につけるだけでなく、社会で求められる力である基盤能力を養うことを重視します。これらの能力を併せ持った人材こそが+Professionalです。

工学部
〈機械工学科〉日常生活に欠かせない機械をはじめ、「ものづくり」の現場で活躍できるスペシャリストを育成します。設計や製図といった基礎、製作への応用、3Dプリンターや5軸マシニングセンタを用いた実習や実験に重点を置いた実践的カリキュラムを構成しています。
〈電気電子工学科〉既存の電気エネルギーだけでなく環境に優しい新エネルギーシステムを開発できるエンジニアや、生活を豊かにする情報機器や家電機器のみならず医療機器さえ開発できるエンジニアなど、「ものづくり」を楽しめるエンジニアを育成します。
〈建築学科〉積雪寒冷地特有の諸課題にも対応できる、建築構造・施工技術のスペシャリストを育成します。快適な生活環境を創出するために必要な建築学全般の知識と、建築・都市デザイン・構造・施工など各分野の専門知識を習得します。
〈都市環境学科〉環境問題、自然災害、エネルギー問題などの課題に対し、安心・安全な都市づくりを実現できるスペシャリストを育成します。自然環境、都市・交通、防災などの専門知識と、フィールドワークを通じて幅広い視野と技術を身につけます。

■学部・学科組織
●**工学部**
　機械工学科92／電気電子工学科80／建築学科90／都市環境学科50
●**情報科学部**
　情報科学科100（※設置構想中）
　※構想中の内容は学部学科名称を含めて予定であり、計画変更の可能性があります。
●**薬学部**
　薬学科180
●**保健医療学部**
　看護学科90／理学療法学科50／臨床工学科70／診療放射線学科50
●**未来デザイン学部**
　メディアデザイン学科90／人間社会学科50

情報科学部
〈情報科学科〉※設置構想中　前身である工学部情報工学科の専門教育科目を継承しつつ、AIやIoT、ビッグデータといった分野の教育研究を強化。北海道におけるSociety5.0の実現およびDXの推進に寄与し、地域社会を実質的に支えることのできる人材を養成します。

薬学部
〈薬学科〉ファーマシューティカル・ケアの実践を通じて、地域社会並びに国民の健康と福祉の向上に寄与する薬剤師の育成を図ります。最新の実習室を備えた研究棟や、実務経験豊かな臨床系教員など、これからの医療現場で活躍できる薬剤師を育てる環境が整っています。

保健医療学部
〈看護学科〉時代の流れに相応した実践力のある看護師を育成します。北海道科学大学ならではのICT（情報通信技術）能力も身につけ、看護の場で新たな医療のありかたを提案できる能力及び主体的に様々な課題を探究し、それを解決していく能力を培う教育を展開します。

DATA・FILE
○教員数……222（教授104　准教授61　講師35　助教22）
○学生数……4,606（男3,015　女1,591）
○キャンパス面積……215,634㎡
○蔵書数……約15万冊
（2023年5月1日現在）

初年度納入金（2024年度実績）
〈工学部〉166万2300円　〈情報科学部〉166万2300円（予定）
〈薬学部〉181万2300円　〈保健医療学部〉看護学科　181万2300円
　理学療法学科　171万2300円
　臨床工学科 176万2300円　診療放射線学科 186万2300円
〈未来デザイン学部〉メディアデザイン学科 139万2300円
　人間社会学科 129万2300円

〈理学療法学科〉創造的な理学療法やリハビリテーション技術を提供できる理学療法士を育成します。北海道科学大学の医療系学科や工学部と連携し、医療と工学、両分野の基礎を最大限に生かして先端技術を理学療法に応用する教育と研究を実践します。

〈臨床工学科〉臨床工学技士として、チーム医療の一翼を担う技術者を育成します。また、感染制御学や電子工学、計測工学などの工学系科目やゼミも充実。医療機器開発に関わる専門家の育成もめざします。

〈診療放射線学科〉診療放射線技師と第一種放射線取扱主任者、2つの国家資格取得をめざします。チーム医療を担う一員として必要な、解剖生理学などの医学基礎知識と放射線物理学などの理工学基礎知識をベースに、放射線技術学を習得します。

未来デザイン学部

〈メディアデザイン学科〉高い芸術性と技術力、エンジニアとしての工学知識も兼ね備えたクリエイターを育成します。学生が実際に作品を制作する演習を多く取り入れ、楽しみながら質の高いコンテンツ制作技術の習得をめざします。

〈人間社会学科〉【経営学】【社会学】【心理学】の3専攻制。少人数授業やアクティブラーニング型教育で一人ひとりの潜在力を引き出し、実社会で生きる社会科学・人間科学の知識とスキル、主体的行動力とコミュニケーション力を身につけた人材を育成します。

給付型奨学金～スカラーシップ制度～

優秀な成績で合格した者に対し、授業料（入学金・その他経費を除く）を減免します。[返還義務なし・申込不要]
対象／一般選抜［前期］または一般選抜（大学入学共通テスト利用選抜）［前期］の受験者

減免／修業年限以内
S：全額免除、A：半額免除、B：年額25万円免除
採用／203人（2023年度実績）
備考／進級時に継続審査あり
※詳細は北海道科学大学のHPをご確認ください。

CAMPUS情報

約5,000人の学生が集うキャンパス

北海道科学大学は、約5,000人の学生が同じキャンパスで勉学に励んでいます。

独自の奨学金制度

在学生を対象とした奨学金制度を設けています。
〔学生活動特別賞〕クラブ活動や学業に関係する資格取得、ボランティア等の学内外における自主的活動の実績があり、他の学生の模範となる者が条件となります。
給付金額は年額3万円または5万円で、採用人数に制限はありません。

2021年1月に「工学部西棟（D棟）」が完成し、2023年4月に図書館がリニューアル。学生たちの学びをサポートする設備を整えています。

最新の実習・研究施設を完備

モーションキャプチャーや5軸マシニングセンタなど、最新の設備が整った実習室や実験室、テレビ局と同等な番組撮影や編集が可能な「メディアスタジオ」など、施設設備が充実！

キャンパスマップ

卒業後の進路

大学全体の就職率と求人社数（2023年3月卒）
就職率 99.4%　　求人社数　2,237社

納得のいく就職サポート

1年次から始まるキャリア支援「ステップアップ講座」を経て、学年を追うごとに、学科の特色に合わせた就職活動を行うことで、学生一人ひとりの夢実現をサポートしています。個別模擬面接講座やグループディスカッション講座に加えWeb面接対策講座など各種対策講座を企画し、実践的な支援を行っています。

入試GUIDE （2024年度参考）

①総合型選抜
②学校推薦型選抜（系列校・指定校、公募）
③自己推薦型選抜（帰国子女・社会人・同窓生子女）
④外国人留学生選抜
⑤一般選抜［前・後期］
⑥一般選抜（大学入学共通テスト利用選抜）［前・後期］

もっと詳しく知る

①ホームページ
選抜情報や最新のニュースを知ることができます。

②YouTubeチャンネル
学科の特徴や受験対策まで数多くのコンテンツがあります。

資料請求方法：巻末ページの「パンフレット一括請求」をご覧ください。

北海道情報大学

〒069-8585　北海道江別市西野幌59-2　広報課　TEL 011-385-4411(代)　■0120-83-4411（受験生ホットライン）　(HP) https://www.do-johodai.ac.jp/

TOPICS

3学部4学科8専攻15領域を擁する「情報の総合大学」
　それぞれの領域は、特に想定する職種に結びつくように設定され、業界ニーズに根ざした学びが特徴です。業界最前線や最先端研究の現場を知る経験豊富な一流の教授陣のもとで学べます。

🏛 大学GUIDE

　北海道情報大学では、情報化が進む中で、高度情報通信社会に求められる新しい学問領域の創造と、新しい時代を切り開く有為な人材の育成を目指しています。情報を学術的・学問的に捉えるだけでなく、幅広い情報を感じ取る感受性や情報を判断する理性を養い、情報を発信する創造性を身につける教育・研究を行っています。

経営情報学部
〈先端経営学科〉経営学の基礎知識と情報通信技術（ICT）を利活用する実践的な手法やスキルを修得し、業務・組織の改革を推進できる人材を育成します。
ビジネスデザイン専攻　ビジネスデザイン領域は、人工知能などの新しいテクノロジーを活用して新たなビジネスを創り業界をリードできる能力取得と実践経験の場を提供。企業が必要とする魅力ある人材を育成します。
地域ビジネス専攻　地域ビジネス領域は、地域の可能性を引き出して地域課題を解決できる新しいビジネスを生み出し、地域の活性化につなげることを学びます。
〈システム情報学科〉ICT（情報通信技術）を学ぶとともに、社会、企業、消費動向、人間を理解し、それぞれのニーズに合わせたソフトウェア開発やシステム設計ができる高い専門性を備えた最強のSEを養成します。
システム情報専攻　システムエンジニア領域は、情報システムの設計・構築・運用に関わる幅広い知識と技術を身につけた、情報システムの専門家を育成します。
システム情報専攻　AI領域は、AIに詳しいAIエンジニアや、膨大なデータを分析してビジネスに生かす情報を取り出すデータサイエンティストを育成します。
システム情報専攻　ネットワーク・セキュリティ領域は、情報システムの構築や見守りに必要なネットワークやセキュリティなどシステム基盤に関する深い知識と技術を身につけた専門家を育成します。

■学部・学科組織
●経営情報学部
　先端経営学科40（ビジネスデザイン専攻、地域ビジネス専攻）／システム情報学科80（システム情報専攻、宇宙情報専攻）
●医療情報学部
　医療情報学科（医療情報専攻40、臨床工学専攻40）
●情報メディア学部
　情報メディア学科220（テクノロジー専攻、デザイン専攻）

宇宙情報専攻　宇宙情報システム領域は、宇宙開発や宇宙情報利用に必要な、高品質高信頼性ソフトウェアの開発に関する知識や技術を学びます。

医療情報学部
〈医療情報学科〉
医療情報専攻　専門性の高い診療情報・医療情報・食を中心とした健康情報などの医療知識を身につけるとともに、ICTを用いた情報管理および処理技術を修得します。3年次から**医療情報エンジニア、診療情報管理、健康情報科学**のいずれかの領域を選択。診療情報管理士、診療報酬請求事務、医師事務作業補助、医療事務、医療秘書、医療情報技師、健康食品管理士などの資格取得が可能なほか、各分野の知識に精通したITエンジニアやデータサイエンティストも育成します。
臨床工学専攻　臨床工学技士は生命維持装置の操作・保守・点検を行う国家資格。医療現場ではなくてはならない重要な職種です。**臨床工学技士領域**では、医療と工学を広く深く学び、チーム医療の一員として第一線で活躍できる人材を育成します。

情報メディア学部
〈情報メディア学科〉特定の専門に軸足を置いて学ぶスペシャリストから興味のある専門を幅広く学ぶマルチスペシャリストまで、2つの専攻に配置された5つの領域から目的に合わせて好きな科目を選び組み合わせて学ぶことができる自由度の高いカリキュラムです。
テクノロジー専攻【メディアデータサイエンス領域（ビッ

DATA・FILE

○教員数……85（教授43　准教授22　講師20）
○学生数……学　部　1,837（男1,511　女326）
　　　　　　大学院　　　　8
○キャンパス面積……約150,000㎡
○蔵書数……約13万8千冊　　　　　　　　（2023年度）

教職課程

高等学校教諭1種免許状「情報」「数学」「商業」、中学校教諭1種免許状「数学」が取得できる教職課程を開設しています。北海道情報大学が培ってきた教員養成のノウハウを生かすもので、教職への道が格段に広がります。

グデータ、センシング、データ利活用、可視化、AI、音声・映像・画像処理）】【インターネットメディア領域（Webサイト制作、Webアプリ、モバイルアプリ、バックエンド、ネットワーク技術、セキュリティ）】

デザイン専攻【サウンド＆映像領域（映画制作、アニメーション制作、3DCG、サウンド、メディアアート、パフォーミングアーツ）】【グラフィック＆UI/UXデザイン領域（UI/UX、インフォグラフィックス、広告・パッケージ、コピーライティング、グラフィックス、イラスト、キャラクター）】

両専攻で学べる領域【インタラクティブメディア＆ゲーム領域（IOT、インタフェース、VR・AR、インタラクティブアート、ゲーム設計、ゲームプログラミング）】

2024年度スタート
4学科連携「国際情報プログラム」

未来社会で活躍できる国際IT人材を育成するプログラムです。海外協力大学と連携した、共同ワークショップやオンラインを活用した講義を通じて、実践的な英語力や国際感覚に優れた人間性を養います。希望する学生は在籍学科を問わず受講エントリーすることができます。

CAMPUS情報

超高速ネットワークでつながった1,000台を超えるコンピュータ、業界最先端のソフト、高品質3D映像の制作が可能なメディア機器、最新モーションキャプチャなど、IT環境は道内トップレベルです。校舎内全域に無線LAN環境が整い、教室や廊下、学生プラザなど、どこからでも自由にアクセスできます。2011年に完成したeDCタワーは、ゼミ室や図書館などの先進機能とともに、学生の憩いの場を備えた大学のシンボルとなっています。

取得資格

就職に結びつく各種資格取得に向けて、受験講座やガイダンスなどを実施してバックアップしています。

■関連資格 日商簿記検定／販売士検定／ITパスポート／ファイナンシャルプランナー／社会保険労務士／証券アナリスト／税理士／公認会計士／中小企業診断士／基本情報技術者／応用情報技術者／ITストラテジスト／情報セキュリティスペシャリスト／診療情報管理士／医療情報技師／診療報酬請求事務能力認定試験／医療秘書技能検定／医療事務技能審査試験／臨床工学技士／CG検定／Webデザイナー検定／マルチメディア検定／ネットワークスペシャリスト／データベーススペシャリストなど

■教員免許 高校教諭一種免許状［情報］［数学］［商業］／中学校教諭一種免許状［数学］

卒業後の進路

就職委員会、ゼミ担当教員、学生サポートセンターの各スタッフが一丸となってバックアップ。個別相談を随時行い、一人ひとりの個性と適性と希望に合わせた指導をしています。3年次5月から始まる就職説明会では適性試験、模擬面接など就職活動に関するさまざまな指導を段階的に行います。学生の将来を第一に考え、親身にサポートします。

主な就職先　マイナビ、ミクシィ、コロプラ、北海道酒類販売、札幌バルナバフーズ、日本郵便、宇宙技術開発、TISソリューションリンク、ドワンゴ、富士通システムズ・イースト、HBA、日本アイ・ビー・エム・ソリューションサービス、アクセンチュア、北海道大学病院、旭川医科大学病院、NTT-ME、JR北海道、大丸藤井など

入試GUIDE

①総合型選抜（A日程・B日程、起業・スタートアップ人材育成枠、特別）
②学校推薦型選抜（公募制・指定校制、1期・2期＊）
③一般選抜（1期・2期）※2024年度英語資格試験利用枠新設
④大学入学共通テスト利用選抜（前期・中期・後期）
⑤特別選抜（海外帰国生徒・外国人留学生）
⑥編入学選抜（3年次）

※一般選抜は、大学キャンパス、旭川、帯広、函館、盛岡、東京で試験を実施（2期は大学キャンパスと東京）。
＊学校推薦型選抜2期（公募制・指定校制）は、1期で定員に満たない学科・専攻のみ実施。

北海道情報大学松尾特別奨学金制度

【特1】学生寮（朝・夕2食付き）に月額34,000円で入寮（4年間）
【特2】食事補助制度（朝・夕の2食）の食事代が月額6,000円（4年間）
【特3】食事補助制度（朝・夕の2食）の食事代が月額6,000円（2年間）
【Ａ1】入学初年度660,000円給付
【Ａ2】入学初年度330,000円給付
【Ａ3】入学初年度170,000円給付　　　　　　（2025年度）
※このほか、さまざまな奨学金制度があります。詳細はお問い合わせください。

総合型選抜「起業・スタートアップ人材育成枠」

アイディアや想いをカタチづくり、将来のビジネスや社会の課題解決、新たな価値創造ができる人材を育成。北海道情報大学の教育をさらに加速させるために、総合型選抜「起業・スタートアップ人材育成枠」を新設。各学科の学びと学内外におけるさまざまなプロジェクト活動などを通じて、現代ビジネスに必要な要素を学ぶ機会を豊富に提供していきます。将来の独立や起業に興味がある人はもちろん、通常の企業就職にも大きな力となります。

資料請求方法：巻末ページの「パンフレット一括請求」をご覧ください。

北海道文教大学

〒061-1449　北海道恵庭市黄金中央5-196-1　入試広報課　☎0120-240-552　〈HP〉http://www.do-bunkyodai.ac.jp

TOPICS
2024年、改革は集大成へ。
2024年4月には、既存の人間科学部に、地域未来学科を新たに開設します。

大学GUIDE

人間科学部

〈健康栄養学科〉 科学的根拠に基づいた栄養学の正しい知識と調理技術を併せ持ち、人との関わりを大切にする人材を育成します。さまざまな企業の担当者を招いて商品開発のノウハウを学びながら、協働で商品開発を行う授業や課外活動を配置。さらに、管理栄養士や栄養教諭を目指す人には、首都圏の先端的研究医療施設での臨地実習を用意しています。

〈こども発達学科〉 こどもや保護者に寄り添い、主体的に判断しながら専門的支援を行えるよう、卒業必修科目に特別支援教育に関する科目を複数開設。保育士資格、幼稚園・小学校・特別支援学校のそれぞれ一種教員免許4つから最大3つの資格・免許が取得できます。また、附属幼稚園や地域の幼稚園でのボランティアへの参加など、こどもと触れ合う機会も豊富です。

〈地域未来学科〉 大学と連携協定を結ぶ80団体を超える自治体や企業の協力による北海道内外のフィールドワークを通して、地域の課題を発見、解決する力や分析力、多様な人たちと協働するためのコミュニケーション能力、調整力を磨きます。対人能力とファシリテーション力を磨きます。人と人をつなぐリーダー、プロデューサー人材として幅広い進路を目指したい人におすすめです。

地域で学び　社会に活かす

- 包括連携先をフル活用
- 1年からゼミで協働性を養う
- 社会で実践しながら学ぶ

国際学部

〈国際教養学科〉 グローバル化が進み世界の紛争や災害の発生が日本に影響を与える時代において必要な教養を

■学部・学科組織
- **●人間科学部**
  健康栄養学科120／こども発達学科80／地域未来学科50
- **●国際学部**
  国際教養学科50／国際コミュニケーション学科50
- **●医療保健科学部**
  看護学科80／リハビリテーション学科（理学療法学専攻80、作業療法学専攻40）

身につけ、客観的に判断できる力を養成。異なる文化や民族に属し、国籍やバックグラウンドの違う人たちと協働できる人材を育成します。

〈国際コミュニケーション学科〉 英語及び中国語の高い運用能力を基礎とし、他者に対する共感力に富み、異文化理解能力に優れ、人と人をつなぐコミュニケーション能力等をもって、世界から北海道へ訪れる人々をおもてなしし、北海道を世に発信する中で地域社会の発展に貢献できる人材を養成することを目的としています。

医療保健科学部

〈看護学科〉 医療従事者にとって必要な力は「考える力」「コミュニケーション能力」「マネジメント能力」「人間性」です。本学科では4年間かけてさまざまなプログラムをクリアしながらこれらの力をしっかり育成します。また、患者さんをはじめ、高齢者や障がいをもつ人々に寄り添える豊かな人間性も育みます。同学部のリハビリテー

各種奨学金制度
- ●北海道文教大学奨学金：経済困難者に対し月額3万円、成績優秀者、課外活動優秀者に対し月額4万円を給付（返金義務なし）
- ●冠奨学金：最終学年の緊急経済困難者に対し、奨学金を貸与（返還義務あり）
- ●海外留学奨励金：留学費用の一部を補助（返還義務なし）

担任制・アドバイザー制度
　一人ひとりの学生に効果的な個人指導を行うため、担任制やアドバイザー制度を導入しています。アドバイザー制度は、学生が将来の希望や学びたい分野に合わせて、アドバイザーとなる教員を一人選択し、個人的な指導を受けるというもので、履修計画や進路など、さまざまな相談ごとに親身になって対応しています。

ション学科と連携し、医療現場で必要とされる「チーム医療」についても学びます。

〈リハビリテーション学科〉○理学療法学専攻　スポーツや運動器領域、神経障害領域、小児領域、内部障害（心疾患、がん）領域、高齢者領域、基礎（解剖学、生理学）領域に分かれており、自分の興味のある分野を掘り下げて学ぶことができます。また、人間性の育成と実践力を重視したカリキュラムを用意し、社会的要望に応えることのできる理学療法士の育成をめざします。2023年の理学療法士国家試験合格者数は受験者81人中77人。就職率は100％です。

〈リハビリテーション学科〉○作業療法学専攻　患者さんがその人らしく暮らせる治療や支援を行えるよう、国家資格取得にも欠かせない医学や心理学、社会学などを幅広く学習。医療現場だけでなく、保健や福祉、教育、職業訓練など幅広い領域で活躍できる、地域社会の健康課題解決を担う人材を育成します。

抜群のアクセス！

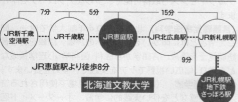

JR恵庭駅より徒歩8分

北海道文教大学

免許・資格

●人間科学部
【健康栄養学科】管理栄養士国家試験受験資格、栄養士免許、栄養教諭一種免許状、食品衛生監視員(任用資格)、食品衛生管理者(任用資格)、食品衛生責任者(申請資格)
【こども発達学科】小学校教諭一種免許状、特別支援学校教諭一種免許状、幼稚園教諭一種免許状、保育士資格(この内３つの免許・資格が取得可能)

●医療保健科学部
【看護学科】看護師国家試験受験資格
【リハビリテーション学科】〈理学療法学専攻〉理学療法士国家試験受験資格　〈作業療法学専攻〉作業療法士国家試験受験資格

大学院
○グローバルコミュニケーション研究科（修士課程）
　言語文化コミュニケーション専攻
○健康栄養科学研究科（修士課程）
　健康栄養科学専攻
○リハビリテーション科学研究科（修士課程）
　リハビリテーション科学専攻
○こども発達学研究科（修士課程）
　こども発達学専攻

就職サポート

　一人でも多くの学生の夢をかなえるため、『就職課』では、１年次よりさまざまなプログラムを用意しています。入学直後から、個人面談や自己分析などのサポートを展開。さらに学内での企業説明会、模擬面接・テスト、就職活動準備や資格取得支援講座など支援体制は万全です。個性や資質、希望をよく理解した上で、段階に応じた情報提供や、きめ細かい指導を行い、学生の希望（第一志望）の就職内定へ導いています。

入試GUIDE（前年度参考）

①学校推薦型選抜（一般・指定校/特待生）
②総合型選抜
・プレゼンテーション総合型選抜
・ディスカバリー育成型選抜
・スポーツ大好き選抜
・北海道食の王国選抜
・北海道活かす人選抜
・協働型課題解決選抜
・運動選手自己アピール型選抜
③一般選抜
・A期3科目型、A期2科目型
・B期2科目型、小論文型
・大学入学共通テスト利用選抜
④特別選抜（社会人・帰国生等、外国人留学生）
⑤編入学
※実施学部・学科は募集要項でご確認ください。

オープンキャンパス
３・５・６・８・９・10月開催予定
※内容・日程の詳細は大学HPをご確認ください。

受験生応援プログラム
●推薦入試直前講座
※詳細は大学HPにてご確認ください。

資料請求方法：巻末ページの「パンフレット一括請求」をご覧ください。

北海道医療大学

資料請求		
	請求ハガキ	巻末ハガキ
料　金		無　料
完成時期		6月中旬

（当別キャンパス）〒061-0293　石狩郡当別町金沢1757
（札幌あいの里キャンパス）〒002-8072　札幌市北区あいの里2条5　☎0120-068-222（直通）〈HP〉https://manavi.hoku-iryo-u.ac.jp/　〈E-mail〉nyushi@hoku-iryo-u.ac.jp

TOPICS
- ●6学部9学科、道内最大の医療系総合大学でチーム医療を学ぶ
- ●充実した学内外の施設・設備で高い臨床能力を育成
- ●国家試験は全学科で例年高い合格率を維持

■学部・学科組織　※2024年度
- ●薬学部　薬学科160
- ●歯学部　歯学科80
- ●看護福祉学部　看護学科100／福祉マネジメント学科80
- ●心理科学部　臨床心理学科75
- ●リハビリテーション科学部
　理学療法学科80／作業療法学科40／言語聴覚療法学科60
- ●医療技術学部　臨床検査学科60

🏛 大学GUIDE

薬学部　〈薬学科〉豊富な実習と、薬局や病院はもちろん在宅・福祉・災害・スポーツなど多彩なフィールドに対応した独自のカリキュラムが充実しています。

歯学部　〈歯学科〉歯科を全身医学ととらえ、保健・医療・福祉まで幅広く学びます。学内には附属病院と地域包括ケアセンターを完備し、多職種連携や地域医療の実践力を身につけます。また、全国初のヒト型患者ロボット「シムロイド高齢者モデル」の導入や大学独自開発のオリジナル教材を使い、実習効果を高めています。

看護福祉学部　〈看護学科〉多様な場で暮らすあらゆる健康状態の人に合ったシームレスな看護をできるように、思考力と応用力を身につけます。学生の自由な発想を大切にし、自ら看護を創造できる看護師をめざします。

〈福祉マネジメント学科〉福祉関連の資格とともに、地域医療、スポーツ、メンタルヘルス、起業・経営のマネジメントなどの専門性を兼ね備えた新時代の福祉専門職を育成します。スクールソーシャルワーカーや教員をめざすことも可能です。

心理科学部　〈臨床心理学科〉医学系科目が充実し、心と身体を対応させたカリキュラムが特徴です。附属病院や大学院など公認心理師の資格取得に向けた教育体制も整備。保健・医療・福祉はもちろん、公務員、教育、一般企業まで多彩な分野で生かせる実践的な心理学を学びます。

リハビリテーション科学部　〈理学療法学科〉人体の機能や構造などの基礎医学科目を学ぶ機会や、スポーツ理学療法の最新設備・施設が充実。幅広い分野での実践力を高めます。

〈作業療法学科〉1年次から発達支援や地域医療などの現場を見学する「臨床見学」を実施。音楽療法士とのダブルライセンスも取得可能で、多彩なアプローチを学びます。

〈言語聴覚療法学科〉北海道内の4年制大学で唯一、聞こえやことばに障がいを持つ方への評価・訓練を行う言語聴覚士を養成。言語学から医科・歯科学・心理学領域などを学び、幅広い視野でケアを実践できる力を養います。

医療技術学部　〈臨床検査学科〉現場で使用される音波診断装置などを使い実践的に学習。オーダーメイド医療やゲノム医療などの先進医療を学ぶほか、他学部との合同授業でチーム医療について学びます。食品関連の資格も取得可能です。

🏢 CAMPUS情報

北海道医療大学病院、歯科クリニック、地域包括ケアセンターはチーム医療、地域医療を実践する拠点として、実習にもフル活用。北海道医療大学のランドマークである中央講義棟には、各学部の実習室のほか、カフェを備えたビューラウンジもあり、学生たちの憩いの場として利用されています。

📝 入試GUIDE （2024年度参考）

①一般選抜（前期、後期、後期B）
②共通テスト利用選抜（前期A・B、後期、後期B）
③学校推薦型選抜　④総合型選抜

資格

○取得できる資格　福祉マネジメント学科/高等学校教諭1種（公民・福祉）（国）、特別支援学校教諭1種（知的障害・肢体不自由・病弱）（国）、初級パラスポーツ指導員　臨床心理学科/認定心理士（社）日本心理学会）、社会福祉主事任用、児童福祉司任用、児童指導員任用　臨床検査学科/食品衛生管理者　他

○受験資格が得られるもの　薬学部/薬剤師（国）　歯学部/歯科医師（国）　看護学科/看護師（国）　福祉マネジメント学科/社会福祉士（国）、精神保健福祉士（国）、介護福祉士（国）　臨床心理学科/公認心理師（国：要大学院進学等）　理学療法学科/理学療法士（国）　作業療法学科/作業療法士（国）、音楽療法士（国）　言語聴覚療法学科/言語聴覚士（国）　臨床検査学科/臨床検査技師（国）

資料請求方法：巻末ページの「パンフレット一括請求」をご覧ください。

酪農学園大学

資料請求

	請求ハガキ	巻末ハガキ
料　金		無　料
完成時期		5月上旬

〒069-8501　北海道江別市文京台緑町582番地　入試広報センター入試広報課　TEL 011-388-4158　FAX 011-388-4157　〈HP〉https://www.rakuno.ac.jp

TOPICS

北の大地で好きをかたちに
農・食・環境・生命を学び、『生き抜く力』を育成

■学群構成(2024年度)

●農食環境学群

　循環農学類240(酪農学コース、畜産学コース、農学コース、農業経済学コース、教職コース)／食と健康学類160※(食資源開発学コース、食品流通開発学コース、管理栄養士コース、教職コース)　　　　　　　　　　※管理栄養士コース40含む
　環境共生学類120(野生動物学コース、生命環境学コース)

●獣医学群

　獣医学類120／獣医保健看護学類60

日本トップクラスの附属動物医療センターのほか、乳製品・肉製品の製造実習室、各研究・教育棟、附属図書館、男女別学生寮、トレーニングセンターやクライミングウォールなどの体育施設を備えています。

🏛 大学GUIDE

農食環境学群　環境と調和のとれた農業生産や、食と健康で社会に貢献する人材を育成。フィールドでの現場体験を重視した教育が特色です。〈循環農学類〉安全な食料を安定供給するための農業を実践する力を身につけます。〈食と健康学類〉食の生産、加工・製造、流通、健康など、食のシステムに関する幅広い専門知識を修得します。管理栄養士養成コースもあります。〈環境共生学類〉環境と調和・共生する社会の形成に貢献できる知識と技術を身につけます。

※循環農学類、食と健康学類では「教職コース」を選択可

獣医学群　〈獣医学類〉生産動物・伴侶動物の獣医師や、食の安全、生命科学の先端的研究などに取り組む人材を育成します。〈獣医保健看護学類〉獣医学の基礎と動物看護学を学び、飼料開発や動物病院の栄養指導者、盲導犬など社会活動動物の訓練者、動物のリハビリ治療者などのスペシャリストを育成します。

🏢 特色ある教育を実践するための
広くて充実した施設や設備

　札幌市から電車で約15分、135ヘクタールの広大なキャンパスは東京ドーム約28個分の広さ。実学を重んじる教育の象徴でもある酪農生産ステーションでは、約160頭の乳牛をキャンパス内で飼育しています。診療件数が

🏃 夢の実現へ万全の支援体制

キャリア支援　初年次より資格取得や留学、インターンシップなどをサポート。2年次からのキャリア教育授業では卒業後の進路を各自が想像し選択できるよう支援します。活動スケジュールに合わせた個別面談や就活支援、公務員試験対策や業界別学内企業説明会なども開催し、進路決定のための様々な機会を提供しています。

主な就職先　雪印メグミルク、六花亭製菓、ナシオ、コープさっぽろ、フリーデン、コメダ、ソフトバンク、セコマ、ファミリーマート、DCM、イオンペット、ホクレン、日清医療食品、日本全薬工業、雪印種苗、全酪連、那須どうぶつ王国、日本中央競馬会、全国各地の動物病院・農業共済組合、北海道、農林水産省、環境省など

📝 入試GUIDE (2024年度参考)

①学力入試　②大学入学共通テスト併用型入試
③大学入学共通テスト利用入試　④推薦入試
⑤特別選抜(社会人・外国人)・編入学試験

DATA・FILE

○教員数……187(教授82　准教授47　講師23　助教16　助手19)
○学生数……2,962(男1,477　女1,485)
○キャンパス面積……135ha
○蔵書数……約33万2千冊

(2023年度)

入試特待生制度

　第1期・第2期学力試験(併用型含む)、大学入学共通テスト利用入試(前期・後期)で受験される方を対象に、各学類合格者の上位8%以内の方(獣医学群獣医学類以外は、素点70%以上の得点者)に入学年次の「前期授業料」を免除する制度です。
　その他、総合型選抜・学校推薦型選抜に関する特待生制度も設けています。
※詳細は受験生サイトをご確認ください。

資料請求方法：巻末ページの「パンフレット一括請求」をご覧ください。

拓殖大学北海道短期大学

〒074-8585　北海道深川市メム4558　入試係　TEL 0164-23-4111(代)　〈HP〉https://www.takushoku-hc.ac.jp/

TOPICS
北海道の大地で、感動と成長の体験を。
「農業」と「保育」の短大──2年間で実践的な専門性と人間力を磨く
●すべての学科・コースで展開する豊富なフィールドワークが特長
●就職、就農、編入学、海外農業研修など多様な進路を実現

■学科組織（男女共学）
●農学ビジネス学科　70
●保育学科　50

🏫 短大GUIDE

農学ビジネス学科
──農業から新時代を築く人材へ──

　世界の持続可能な発展のために、様々な角度から「農」を学び、豊かな「食」と「地域」の活性化に貢献できる人材を育成します。隣接する農場や地域を舞台とした豊富な実習・フィールドワークを通じた学びが大きな魅力です。多様な進路で即戦力として生かせる実践力と経営感覚を磨くことができます。

●「農」プログラム
地力豊かな学内農場を利用した実験・実習（水稲・畑作・野菜・花卉）／土壌分析／スマート農業／作物育種／6次産業化ほか

●「食」プログラム
農産加工実習／メーカーや地元企業と連携した商品開発／プロの料理人による講義／食の文化／食育／食品安全／食プロジェクトほか

●「地域」プログラム
地域作りへの取組／調査・分析方法に基づく実践的まちづくり／社会課題の解決／マーケティング／地域の維持発展／地域プロジェクトほか

保育学科
自分の強みを生かして専門性を深める3コース
──自信を持って「子どもたちの可能性を育む」保育者に──

●造形表現コース
　子どもたちの感受性や創造性を育むための教材や遊び道具づくりの力を育てます。人形劇制作を授業に取り入れ、保育現場での対応力やコミュニケーション力を磨きます。

●身体表現コース
　演劇の要素を取り入れた表現活動や歌唱・ダンスなど、身体を使った表現の学びを通じて、子どもの心を惹きつける「話し方・しぐさ・表情」などの技術を修得できます。

●幼児音楽教育コース
　音・リズム・音楽を通して、子どもたちの感性を育み、表現力を高めることのできる指導力を養成しています。リトミックの指導者資格の取得が可能です。

▶幼稚園教諭免許状と保育士資格を同時取得（全コース共通）

🏃 卒業後の進路

　拓殖大学北海道短期大学での学びと、取得した資格を生かせる専門職への就職率が高いのが特徴です。また、4年制大学の3年次に編入学し、さらに研究を深める選択も可能です。

▶進路の方向性
[農学ビジネス学科]　就農／農業生産法人／農業関連企業（JA、農業機械・種苗メーカー等）／食品・流通関連企業／地方公務員／地域金融機関／一般企業／4年制大学への編入学（国公立・私立）／国内・海外研修　等
[保育学科]　保育所／幼稚園／認定こども園／児童養護施設／障がい児・者支援施設／編入学・進学　等

伝統の「拓大ミュージカル」公演
学科・学年の枠を越え展開される「拓大ミュージカル」では、準備から公演まですべての過程を学生の手で作り上げていきます。かけがえのない仲間と心をひとつにする感動体験が学生たちを大きく成長させます。

オープンキャンパス
4/20(土)・5/18(土)・6/30(日)★・7/27(土)・8/24(土)・9/21(土)・11/30(土)・2025年3/23(日)
★大学祭と同日開催

プログラム詳細・参加申込み方法は短大HPをご確認ください

資料請求方法：巻末ページの「パンフレット一括請求」をご覧ください。

八戸工業大学

〒031-8501 青森県八戸市妙字大開88-1 入試部 ☎0120-850-276 〈HP〉https://www.hi-tech.ac.jp

資料請求

	請求ハガキ	巻末ハガキ
料　金		無　料
完成時期		6月下旬

TOPICS

「北海道・東北私立大学　2023年著名400社業種別実就職率(通信)ランキング第1位」*
「北海道・東北地区大学　2023年実就職率ランキング第1位」*

＊出典：「大学探しランキングブック2024」大学通信

■学部・学科組織

●工学部工学科

機械工学コース50(機械工学プログラム(JABEE認定)、自動車工学プログラム(国土交通省認定)、機械工学総合プログラム)/電気電子通信工学コース40／システム情報工学コース60／生命環境科学コース40／建築・土木工学コース60(建築学プログラム、土木工学プログラム(JABEE認定))
※工学部工学科の定員は目安です。2年進級時にコース変更可。

●感性デザイン学部

感性デザイン学科50

🏛 大学GUIDE

工学部～JABEE対応の教育を実践～　2つのコース(プログラム)でJABEE(日本技術者教育認定機構)認定のコースを設けており、国際基準を満たす技術者教育を受けることができます。1年時から実験・実習を重視した実践的な授業や、様々な資格を取得するための授業を行っており、多くの学生が難易度の高い資格試験に合格しています。

感性デザイン学部～クリエイティブな活動を実践～

デザインの知識や表現技法を基本から学べるカリキュラムを組んでいます。また地域企業や自治体とのコラボレーション、地域の人とともに行う研究活動など地域と連携して実践し学ぶことができます。

魅力ある3つの発展プログラム　将来に生かせる実践的な学びで地域貢献する人材を育成する教育プログラムを設置しています。海の生物の生態、海底資源掘削や海洋土木技術について学べる「海洋学プログラム」、放射線や原子力エネルギーに関わる基礎知識を身につける「原子力工学プログラム」、ロボット技術者を目指すエンジニアに必要となる分野の知識を専門家から学ぶ「ロボット工学プログラム」があり、プログラム科目として開講される科目と各コースに設定された科目を履修することで、卒業時にプログラムの修了証が授与されます。

🏃 就職支援

大学にいながら、数多くの企業の採用担当者と直接面談ができる「学内合同就職説明会」を3・4年生を対象に開催しています。また、企業単独での学内説明会も随時開催しており、より詳細な会社説明を受けることができます。その他、1・2年生も参加可能な公務員セミナー・業界研究セミナーなど、様々な就職支援を行っています。

主な就職先(2023年3月卒業生)　大平洋金属、スズキ、日本リーテック、東北電力、五洋建設、JR東日本、日本原燃、トヨタ自動車東日本、NTT東日本-南関東、日立ソリューションズ東日本、リコージャパン、菊水酒造、大豊建設、大和ハウス工業、ネクスコ・エンジニアリング北海道、ネクスコ・エンジニアリング東北、飛島建設、松井建設、SUBARUテクノ、しいたけデジタル、不動テトラ、ホンダテクノフォート、東光電気工事など　他多数

📝 入試GUIDE (前年度参考)

①総合型選抜試験(第1・第2・第3・第4クール)
②学校推薦型選抜試験(指定校制)
③学校推薦型選抜試験(公募制)
④一般選抜試験(前期・後期)
⑤大学入学共通テスト利用選抜試験(前期・中期・後期)
⑥社会人特別選抜試験(前期・後期)
⑦外国人留学生特別選抜試験(前期・後期)
⑧帰国生特別選抜試験(前期・後期)

▶ オープンキャンパス

春のオープンキャンパス：3月16日(土) 10：00～14：30
夏のオープンキャンパス：7月～8月に開催予定
内容：大学紹介、学科見学、学食体験、キャンパスツアーなど
詳細は決まり次第八戸工業大学HP等でお知らせいたします。
※開催の有無、日程、内容等は変更されることがあります。

▶ 特待生・奨学生制度

●**八戸工業大学特待生制度**　入学時に学業及び課外活動(スポーツ・文化活動等)における優秀者を対象とする独自の特待生制度
●**H.I.T.特別養成コース**(オナーズプログラム)
高度な英語教育、課題解決型学習、早期から研究に取り組む環境の提供など、さまざまな特色があります。
入学後に学業特待生S、Aの学生に対してガイダンスを行い、希望者に対して面談を行い選抜します。

資料請求方法：巻末ページの「パンフレット一括請求」をご覧ください。

岩手医科大学

〒028-3694　岩手県紫波郡矢巾町医大通1-1-1　入試・キャリア支援課　TEL 019-651-5111　〈HP〉https://www.iwate-med.ac.jp/

資料請求		
	請求ハガキ	巻末ハガキ
料　金		無　料
完成時期		7月中旬

TOPICS
- ●2019年9月、東北最大規模の新附属病院が開院。
- ●医・歯・薬・看護の4学部が1つのキャンパスに集い、チーム医療教育が深化。
- ●最先端の設備で実習環境が充実。

■学部・学科組織・募集定員
- ●医学部
  医学科130
- ●歯学部
  歯学科57
- ●薬学部
  薬学科80
- ●看護学部
  看護学科90

🏫 大学GUIDE

　明治30（1897）年創設の私立岩手医学講習所を前身とし、以来120年をこえる長い歴史と伝統を受け継ぎながら「誠の人間を育成する」建学の精神に基づき、地域に根ざした豊富な識見と優秀な技術を備えた医療人の育成に努めています。

医学部
　1年次に看護・施設介護の実習、2・3年次に地域医療研修と救急センター当直・救急車同乗体験、5年次に「スチューデントドクター」として地域医療研修を行うなど、災害医療を含めた最高の教育環境が整っており、地域・現場に根ざした医学教育を目指しています。

歯学部
　医学部の講座と連携し、全身管理の観点で「隣接医学」の講義が展開されていることが大きな特色であり、患者さんのニーズに即応できる歯科医師を育てます。また、教育・臨床・研究における将来のリーダーの育成を目的とした「歯学部改革プロジェクト」が実施され、新しい教育システムの導入などの取り組みが行われています。

薬学部
　医療系総合大学の特性を生かした医学部・歯学部・附属病院との密接な連携により、最先端の医療に触れながら学ぶことができ、高度な知識と技術を身につけた即戦力となる幅広い薬学の領域で活躍できる薬剤師を育成します。

看護学部
　創設当時に助産師や看護師を育成していた原点に回帰し、2017年4月に開設。看護学部は、岩手医科大学の教育・研究・医療資源を最大限に活用し教育課程を構築。最新・最先端の高度医療、地域医療、チーム医療を担う優れた看護専門職者を養成します。

🏢 CAMPUS情報

　新附属病院が2019年9月、矢巾キャンパスの隣の敷地に移転・開院しました。県内唯一の特定機能病院として、岩手県の医療の中核を担うとともに、北海道・北東北の高度医療拠点となる病院です。

　新病院は1,000の病床と20の手術室を備える、国内最大級の病院です。内科・外科・眼科・小児科・救急科・産婦人科など25に及ぶ診療科による充実の診療体制を整えています。

📖 入試GUIDE （2024年度参考）

①学校推薦型選抜／医、歯、薬、看護学部
②総合型選抜／医学部
③一般選抜（前期）／医、歯、薬、看護学部
④一般選抜（後期）／歯、薬、看護学部
⑤大学入学共通テスト利用選抜／歯、薬学部
⑥編入学者選抜／医、歯、看護学部

▶ 附属施設

○新附属病院移転
岩手医科大学が目指す "地域医療の拡充" を実現するため矢巾キャンパスへの附属病院移転事業が2019年9月完成しました。地域への貢献はもちろん、教育施設としても早くから先端医療の現場で経験を積むことができるようになりました。

　　　　　資料請求方法：巻末ページの「パンフレット一括請求」をご覧ください。

東北福祉大学

資料請求		
	請求ハガキ	巻末ハガキ
料　金		無　料
完成時期		5月下旬

〒981-8522　仙台市青葉区国見1-8-1　入学センター　TEL 022-717-3312　〈HP〉https://www.tfu.ac.jp/　〈E-mail〉nyushi@tfu.ac.jp

TOPICS

- ●2025年4月に共生まちづくり学部共生まちづくり学科を設置構想中。
  ※構想中であり計画は変更になる場合があります。
- ●2025年に創立150周年。日本3大福祉大学の一角として東日本を中心に人材を輩出。
- ●20あまりの関連施設から生まれるスケールメリット。
  （附属病院、指定介護老人福祉施設、介護老人保健施設、保育園・幼稚園など）

■学部・学科構成

- ●総合福祉学部
  - 社会福祉学科／福祉心理学科／福祉行政学科
- ●共生まちづくり学部※
  - 共生まちづくり学科※
- ●教育学部
  - 教育学科(初等教育専攻、中等教育専攻)
- ●健康科学部
  - 保健看護学科／リハビリテーション学科(作業療法学専攻、理学療法学専攻)／医療経営管理学科
- ※2025年4月設置構想中

🏛 大学GUIDE

総合福祉学部 ●**社会福祉学科**／充実した関連施設等で実践的な学びの環境を整備し、福祉について幅広く学び、福祉社会の実現に資する人材育成をめざします。●**福祉心理学科**／社会のさまざまな領域で活用できる心理学を、幅広い講義や演習、実習や研究などを通して実践的に学び、養護教諭、公認心理師などの養成をめざします。●**福祉行政学科**／福祉の学びをベースに、政治・経済・法律・マネジメント・防災等の知識を学び、社会貢献に資する人材育成をめざします。

共生まちづくり学部 ●**共生まちづくり学科**／誰もがその人らしい生き方のできるウェルビーイング社会をデザインし、共生のまちづくりを実現できる人材を育成します。

教育学部 ●**教育学科**／2専攻に分かれ、1年次から行う「教育実践活動」などを通して、さまざまな教育的ニーズに柔軟に対応できる実践力のある保育者・教員の養成をめざします。

健康科学部 ●**保健看護学科**／保健と医療、福祉を融合させた考え方を身に付け、現場で真に適切な対応ができる看護師、保健師、助産師の養成をめざします。

●**リハビリテーション学科**／関連施設での実習や少人数での積み上げ型教育により、保健・医療・福祉分野で活躍する作業療法士、理学療法士の養成をめざします。
●**医療経営管理学科**／医学・情報学・経営学を統合した「医療情報学」を学び、医療現場で活躍できる診療情報管理士などの医療事務職及び救急救命士の養成をめざします。

🏃 卒業後の進路実績

2023年3月卒業生の就職内定率は大学全体で96.4%。就職先は福祉・行政・企業・教育・保健医療分野。

国家試験・教員合格実績

【国家試験合格者数(新卒者・通信教育を除く)】
★精神保健福祉士：33人　**全国第1位**
★社会福祉士：149人　**全国第2位**
※厚生労働省報道発表資料を基に算出
【教員採用試験合格者数】
特別支援学校：34人　　小学校・中学校：74人
（2023年3月卒業生）

取得資格

●受験資格が取得できる資格
社会福祉士、精神保健福祉士、介護福祉士、公認心理師、看護師、保健師、助産師、理学療法士、作業療法士、救急救命士　ほか
●取得可能な資格
〈福祉分野〉保育士、社会福祉主事、身体障害者福祉司、児童指導員、スクールソーシャルワーカー、社会貢献活動支援士、初級パラスポーツ指導員、心理判定員、認定心理士、認定健康心理士、福祉心理士　ほか

〈教育分野〉幼稚園教諭一種免許状、小学校教諭一種免許状、中学校教諭一種免許状(社会、英語)、高等学校教諭一種免許状(地理歴史、公民、英語、福祉)、養護教諭一種免許状、特別支援学校教諭一種免許状、司書教諭、司書　ほか
〈医療分野〉診療情報管理士、医療情報技師、メディカルクラーク、ドクターズクラーク、健康運動実践指導者　ほか
〈その他の分野〉防災士、臨床美術士(4級・5級)、総合・国内旅行業務取扱管理者、デジタルコンテンツアセッサ(2級・3級)、レクリエーション・インストラクター　ほか

資料請求方法：巻末ページの「パンフレット一括請求」をご覧ください。

東北学院大学

資料請求ハガキ	料　金	完成時期
直接請求	無　料	4月より

〒980-8511　仙台市青葉区土樋1-3-1　アドミッションズ・オフィス　TEL 022-264-6455　(e-mail) nyushi@mail.tohoku-gakuin.ac.jp　〈HP〉http://www.tohoku-gakuin.ac.jp

TOPICS
【2023年4月】
●五橋地区に都市型キャンパス誕生
●4学部5学科を新設

21世紀を生きる視野と責任

　1886(明治19)年仙台神学校として創立された東北学院は、現在、大学院も含め学生数1万1千人を超える総合大学となりました。創立以来137年の長きにわたり、キリスト教精神に基づくグローバルな人間教育を今日も受け継ぎ、約20万人の卒業生を送り出しています。

文学部
　「ことば」を通して「人間」を学んでいきます。人間のあり方・生き方を理解する過程で得られた知識や考え方を土台として、他者との共生を可能にする能力と姿勢を育てることをめざしています。

経済学部
　考える力や深く物事を理解する力を養うため、理論から応用まで、入門から上級まで、ローカルからグローバルまで、幅広い学びを提供しています。経済学部での学びを通じて、現在の日本経済や東北経済の状況を分析し、その動きを理解する力、将来の経済動向を予測する力、政策提言できる力を身につけます。

土樋キャンパス

■学部・学科組織(2024年度)
●**文学部**
　英文学科150／総合人文学科60／歴史学科170／教育学科70
●**経済学部**
　経済学科430
●**経営学部**
　経営学科341
●**法学部**
　法律学科355
●**工学部**
　機械知能工学科115／電気電子工学科130／環境建設工学科115
●**地域総合学部**
　地域コミュニティ学科150／政策デザイン学科145
●**情報学部**
　データサイエンス学科190
●**人間科学部**
　心理行動科学科165
●**国際学部**
　国際教養学科130

経営学部
　経営学の理論を体系的に学び、その知識に基づき、企業や地域社会が抱える問題を解決し、よき地域社会の形成に貢献することをめざします。

法学部
　「社会あるところ、法あり」というように、法は私たちの社会と深く結びついています。法学部では、そのような法を体系的に学びます。

工学部
　単に技術知識を修得してもらうだけではなく、新しい技術・新しい産業を生み出すために必要となる「科学的に考える力」と、人類社会との関係の中で必要となる「人間の真の英知」を学んでもらい、「倫理観と英知を備えた工学技術者」として社会に羽ばたいてもらうための工学教育を実施しています。

地域総合学部
　地域総合学部(Faculty of Regional Studies＝FoReSt〈フォレスト：杜〉)では、地理学、地球科学、

DATA・FILE
〇教員数……310（教授191　准教授85　講師24　助教10)
〇学生数……学部　11,121
　　　　　　大学院　134
〇蔵書数……約133万冊

（2023年5月1日現在)

奨学金制度
東北学院大学予約型入学時給付奨学金〈LIGHT UP奨学金〉（給付)、東北学院大学給付奨学金（給付)、東北学院大学緊急給付奨学金（給付)、東北学院大学キリスト教伝道者養成奨学金（無利子貸与)、特待生・優等生制度のほか、日本学生支援機構奨学金があります。

生態学、社会学、社会福祉学、教育学、経済学、経営学、政治学、文化人類学などを学ぶことができ、まさに「知の杜」といってふさわしい学問分野の広さに大きな特長があります。

情報学部

情報を扱うための基礎知識と「問題発見力・問題解決力・コミュニケーション力」を身につけ、さまざまな業種で活躍できる人材を育てることをめざします。多角的な視点を養えるように情報科学・数理科学・社会科学などを幅広く学ぶことができるのも特色です。

人間科学部

全ての学生が心理学の基礎・応用・臨床、そして関連領域であるスポーツ科学や社会学を総合的に学びます。この幅広いカリキュラムにより、人間を多角的・実証的に捉えると同時に、現代人が抱えるさまざまな心身の問題に対処できる人材の育成をめざします。

国際学部

グローバル化社会の縮図のような環境を提供したいと願っています。出身国や専門分野の違いを越えて複数の言語を使いながら協力する教員たちに接することで「国際」が身近に感じられるでしょう。日本の多言語環境では日本語が共通語となることも多いので、日本語教育について学ぶプログラムも備えています。

協定を結んでいます。交換留学では学生交換協定を結ぶ大学に半年または1年間留学します。留学先で修得した単位が所属学部の条件に合えば、東北学院大学の単位として認められます。また夏季および春季の長期休暇中に実施される短期留学や協定校以外の大学に留学することができる認定留学制度もあります。

杜の都に新キャンパス誕生

東北の中核である政令指定都市仙台は、伊達政宗の城下町としての歴史と、「杜の都」としての住みやすい環境をあわせもつ街。「学都仙台」として、大学も多く学生たちのキャンパス・ライフをより豊かなものにしてくれます。新入生オリエンテーション、総合定期戦、大学祭、クリスマスなど四季を通じて繰り広げられる課外活動やイベントが、キャンパスをより活気づけています。

一つのキャンパス

2023年4月、泉キャンパスと多賀城キャンパスを集約し「五橋キャンパス」を創設。伝統ある土樋キャンパスと一体的な「一つのキャンパス」が誕生しました。

多様な国際交流プログラム

アメリカ・イギリス・ドイツ・セルビア・韓国・中国・台湾・カナダ・フランス・オーストラリア・ブルガリア・タイ・ベトナムの13の国と地域の34大学と国際教育交流

卒業後の進路

主な就職先

JR東日本、イオン東北、明治安田生命保険、第一生命保険、七十七銀行、東邦銀行、青森銀行、岩手銀行、秋田銀行、山形銀行、東北電力、ユアテック、竹中工務店、大成建設、アルプス技研、カメイ、アイリスオーヤマ、宮城トヨタ自動車、ツルハ、ヨークベニマル、国家公務員、地方公務員、中学校・高等学校教諭ほか

入試GUIDE (2024年度参考)

○一般選抜前期日程（2月上旬）・後期日程（3月上旬）
○東日本地域別スカラシップ選抜
○総合型選抜
○推薦型選抜（公募制）〔スポーツ、文化活動、キリスト者〕
○推薦型選抜（指定校制）
○推薦型選抜（資格取得：指定校制・公募制）
○大学入学共通テスト利用選抜（前期・後期）
○帰国生特別選抜
○外国人留学生特別選抜
○社会人特別選抜（3月）
○3年次編入学選抜（3月）
※各選抜の名称は変更になる場合があります。

オープンキャンパス2024

詳しくは大学ホームページでご確認ください。

就職活動サポート

就職キャリア支援部では、学生の就職活動を最大限にバックアップしています。就職活動ガイダンスや企業セミナー、インターンシップ、個人面談、各種対策講座の開催など、サポートが充実しています。また、卒業生は約20万人、卒業生ネットワークは就職活動時・就職後を支えてくれる大きな力となっています。

資料請求方法：直接大学へお申し込みください。

東北公益文科大学

〒998-8580　山形県酒田市飯森山3-5-1　☎0120-41-0207　〈HP〉https://www.koeki-u.ac.jp/　〈E-mail〉ao@koeki-u.ac.jp

資料請求

	請求ハガキ	巻末ハガキ
料　金		無　料
完成時期		5月中旬

TOPICS
国際教養コースの学びがパワーアップ！
2025年4月、国際コミュニケーション学科始動

■学部・学科
●公益学部
　公益学科195（経営コース、政策コース、地域福祉コース、観光・まちづくりコース、メディア情報コース）
　国際コミュニケーション学科※40（グローバル・スタディーズコース、コミュニケーション・スタディーズコース）
　※2025年4月設置構想中

🏫 地域を支える人材を育てる

公益学部公益学科　持続可能な地域社会をデザインするため、必要な知識とスキルを有し、探究力を発揮して人々とともに果敢に課題解決に取り組む、実行力を持った人材を育成します。

●**経営コース**　マーケティング、経営戦略などの経営学の主要領域に加え、経済学、会計学を含めたアプローチで、社会動向や企業行動を理解するための知識を修得します。

●**政策コース**　政策、法律、行政・政治の分野を幅広く横断する学びを通じて、社会の仕組みや政策について理解します。

●**地域福祉コース**　さまざまな福祉理論や法制度、相談援助の技法など、社会福祉全般について幅広く学びます。

●**観光・まちづくりコース**　観光、暮らし、都市・農山漁村再生、自然環境の視点から、魅力ある地域づくりの手法について実践的に学びます。

●**メディア情報コース**　情報処理の基礎理論から始め、公益性の高いオープンシステムを活用しつつ自らもクリエイターとして社会に参画するための知識を学びます。

公益学部国際コミュニケーション学科　2025年4月設置構想中。国内外のローカルな課題の解決に挑戦する「グローバル・スタディーズコース」、地域と世界をつなぐ国際人をめざす「コミュニケーション・スタディーズコース」の2コースを用意。徹底した英語教育と中長期留学をしても4年間で卒業できるカリキュラムなどの充実したサポート体制で、グローバル社会で活躍できる幅広いチカラを身につけます。

💡 独自の奨学制度

　所定の入試区分で優秀な成績を収めた方が対象の「学費全額免除奨学生制度」や授業料等を減免する「特待生制度」など独自の奨学制度を多数設け、学びたい気持ちを力強くサポートします。

🏃 充実した就職サポート

　1年次からキャリア支援プログラムを実施。3年生への個別面談、エントリーシートの添削指導や模擬面接等、少人数教育の良さを生かしたきめ細かな支援を行っています。また公務員試験対策も充実。大手専門校の講師による講義を大学で、しかも格安の費用で受講できるので、多くの学生が活用し、公務員になる夢を叶えています。

主な就職先　東北エプソン、アイリスオーヤマ、山形銀行、住友生命保険、尾花沢市社会福祉協議会、山形県・酒田市病院機構 日本海総合病院、日本年金機構、マイナビ、山形県、酒田市、山形市、秋田県大仙市、公立置賜総合病院（社会福祉士）他　（2023年3月卒業生実績）

☑ 入試GUIDE （2024年度参考）

①総合型選抜　②指定校制推薦型選抜　③学校推薦型選抜
④一般選抜　⑤大学入学共通テスト利用選抜　⑥家計サポート型大学入学共通テスト利用選抜　⑦ダイバーシティ推進型大学入学共通テスト利用選抜
※詳細は学生募集ガイドでご確認ください。

快適なキャンパスライフを応援

キャンパス内にコテージ風のドミトリー（学生研修寮）が20棟あり、希望する1年生が1年間住むことができます。寮費は1ヶ月25,000円と経済的です。約6畳の個室には、エアコン・ベッド・クローゼット・机・椅子が備え付けて、入寮したその日から快適に生活できます。各個室の有線LANポートからインターネットへ常時無料で接続可能。個室でプライベートはしっかりと守りながら、仲間との共同生活を思う存分楽しむことができます。

コース制の幅広い学び

課題解決を進めるうえで必要となる、データを分析し使いこなすデータサイエンス力と、プレゼンテーションやディベート、デザイン思考やファシリテーションなどの「技術」を、全員が共通で身につけます。自分が最も興味・関心のあるコースをひとつ選択し専門知識を体系的に学修しながら、他コースの専門科目も幅広く学ぶことが可能です。

資料請求方法：巻末ページの「パンフレット一括請求」をご覧ください。

茨城・栃木・群馬

常磐大学 204

自治医科大学 205

白鷗大学 206

育英大学 208

群馬医療福祉大学 209

高崎健康福祉大学 210

高崎商科大学 211

東京福祉大学 伊勢崎キャンパス .. 212

育英短期大学 213

大学通信 × 立正大学法学部 コラボ企画

実はやさしい「法学」のハナシ

Vol.01 ▶ カンニングは罪に問われるの?

　カンニングにはこっそり盗む＝窃盗罪（刑法235条）が適用されるようにも思えますが、日本の裁判所は、試験問題の解答という「情報」自体を窃盗罪の対象と認めていません。では、カンニングは刑法では処罰されないのでしょうか。たしかにのぞかれた人を被害者とする窃盗罪は成立しませんが、入学試験に対する公正性・信頼性が失われ、入試業務が妨害される危険がありますので、「大学に対する」業務妨害罪（刑法233条）が成立する可能性があります。これではカンニングされた被害者の気持ちは癒されないようにも思えます。この点、被害者が加害者に対して、民事上の損害賠償請求をすることは、理論上は可能です。

本コラムの全文は大学通信HPへ→https://www.univpress.co.jp/university/rissho_law/

立正大学

▶本文402・403ページもご参照ください

立正大学法学部については、カラーページ28・29ページもあわせてご覧ください

▶ 実はやさしい「法学」のハナシVol.02 は、243ページへ

常磐大学

見和キャンパス（人間科・総合政策・看護学部）〒310-8585　茨城県水戸市見和1-430-1
桜の郷キャンパス（看護学部）〒311-3117　茨城県東茨城郡茨城町桜の郷280
アドミッションセンター　TEL 029-232-0007　（HP）https://www.tokiwa.ac.jp/

資料請求

	請求ハガキ	巻末ハガキ
料　金	無　料	
完成時期	6月上旬	

TOPICS
・国連アカデミック・インパクトに加盟した常磐大学は、「トキワ de SDGs」と称してSDGs（持続可能な開発目標）の推進に積極的に取り組み、教育機関が果たす役割を追求していきます。
・臨床の最前線である茨城県内国立病院機構3病院との連携で設置された看護学部は、地域医療の中核を担う水戸医療センターに隣接する桜の郷キャンパスが実習や演習の拠点となります。

■学部・学科組織・入学定員（2024年度）
●人間科学部　心理学科90／教育学科（初等教育コース50、中等教育コース16）／現代社会学科90／コミュニケーション学科70／健康栄養学科80
●総合政策学部　経営学科85／法律行政学科75／総合政策学科85
●看護学部　看護学科80
●常磐短期大学　幼児教育保育学科120

🏛 大学GUIDE

　開学以来「実学を重んじ真摯な態度を身につけた人間を育てる」という建学の精神に基づき、社会に貢献できる人材を輩出してきました。人と触れ合い、生きた知識や技術を吸収し、いくつもの経験を積むことで実践的な力を身につけ、自ら未来を切り拓いていく。こうした学びが常磐大学にはあります。

人間科学部
　"人間とは何か？"を、さまざまな角度から科学的・総合的に解明します。人々を取り巻く諸問題に対応する実践的な力を身につけます。

総合政策学部
　社会、企業、地域で活躍するリーダーを育てるために、多様な学問分野をまたぐ総合的な観点から政策立案についての理解力を養い、問題解決力を修得します。

看護学部
　看護学の専門知識と実践的な技術の修得に加え、多様な健康ニーズに対応する柔軟な思考と、チームで協働する力を持って、地域が直面する健康課題を解決する力を身につけます。

学びの特色
　実社会に学びの場を求め、サッカーJ2ホームチームの集客、地元スーパーマーケットとの共同開発、行政への政策提案など、実践的なプロジェクト型授業に力を入れ、問題解決力を身につけていきます。

🏃 卒業後の進路

キャリア就職サポート
　正規の授業にキャリアデザインを考える科目を設定し、早期からキャリア形成について学びます。キャリア支援センターでは、個別相談を重視し担当スタッフとゼミ担当教員が連携して一人ひとりの顔が見える支援を実現。年間の相談件数は2,300件を超えています。

就職実績（2023年3月卒業生）
就職率97.4%（卒業生743人／就職希望者662人／就職者645人）　茨城県内への就職率80.0%（大学短大全体）

主な就職先（2023年3月卒業生）
大和ハウス工業、クリナップ、日本製鉄、茨城計算センター、東部ガス、茨城新聞社、ロジスティード東日本、日本マクドナルド、関彰商事、茨城トヨタ自動車、ケーズホールディングス、エームサービス、常陽銀行、ひたちなか商工会議所、水戸医療センター、霞ヶ浦医療センター、茨城東病院、茨城県公立小学校、茨城県警察本部、那珂市消防本部、茨城県庁、水戸市役所　ほか

📋 入試GUIDE（前年度参考）

①総合型選抜　②総合型選抜（卒業生推薦）　③総合型選抜（課外活動）　④学校推薦型選抜（公募制・指定校）　⑤一般選抜　⑥大学入学共通テスト利用選抜　⑦外国人・帰国生選抜　⑧社会人選抜

▶ 主な取得資格
幼稚園教諭一種、小学校教諭一種、中学校教諭一種（社会、英語）、高等学校教諭一種（地理歴史、公民、英語、商業）、栄養教諭一種、養護教諭一種、司書教諭、司書、栄養士、管理栄養士（受験資格）、看護師（受験資格）、保健師（受験資格）、公認心理師（カリキュラム対応）、日本語教師養成課程科目修得証明書など

▶ 特待生・奨学金制度
【学業特待制度】4年間で授業料が最大200万円減免されます。
【奨学金制度】経済的に学業の継続が困難となった学生を支援する給付型奨学金、福祉職・看護職をめざす学生を支援する給付型奨学金のほか、看護学部では茨城県内国立病院機構との連携による貸与奨学金（返還免除あり）も扱っています。

資料請求方法：巻末ページの「パンフレット一括請求」をご覧ください。

自治医科大学 医学部

資料請求		
	請求ハガキ	巻末ハガキ
料　金	無　料	
完成時期	8月予定	

〒329-0498　栃木県下野市薬師寺3311-1　学事課入試広報係　TEL 0285-58-7045　〈HP〉https://www.jichi.ac.jp/

TOPICS
- ●全学生の入学金、授業料、実習費が不要
- ●入学検定料は20,000円

■学部・学科組織（前年度参考）
●医学部　　医学科123

地域医療に貢献する総合医を育成

　地域社会の医療の確保と向上、および地域住民の福祉の増進を図り、へき地等の地域医療に進んで挺身する気概と高度な医療能力を身につけた医師を養成するため、1972（昭和47）年に設立。豊かな人間性と広い視野をもつ総合医の育成をめざします。学生は毎年多くの志願者の中から、各都道府県ごとに2〜3人を選抜。規律の遵守、責任感、協調自律の精神を養うため、全寮制をとります。卒業後は出身都道府県における地域医療の場で活躍できるよう、6年間一貫教育を行います。

　カリキュラムは、総合医療の高度な知識と全人的な技術が学べるユニークな内容です。1年次より医学部入門が始まり、医療に関わる諸問題に少人数形式の学習を含めて取り組みます。早期体験実習で患者付き添い実習等を行い、医療の原点である患者や医療従事者の立場を学びます。2年次では、臨床医学学習の土台となる基礎医学の諸科目を履修し、生理学、生化学および薬理学を中心に学びます。2年次3学期から基礎臨床系統講義が始まり、3年次までに社会と医学との関わりを学びます。4・5年次は30診療科において各1〜4週間の臨床実習（BSL）が行われます。5年次2学期には、地域医療臨床実習（CBL）として2週間地域医療に携わります。さらに、5年次3学期から6年次1学期には臨床系の3科、出身都道府県の拠点病院で4週間の選択制BSLを実施。また5年次に優秀な成績を修めた学生の中から選考で、6年次の半年間を自由な研修期間にあてると同時に、卒業試験も免除する「フリーコース・スチューデントドクター制度」があります。

58万㎡の広大なキャンパス

　教育施設として、講義や実習のための医学部教育・研究棟、先端医療技術開発センター、メディカルシミュレーションセンター等の高度な医療技術習得の場が整備されています。附属病院及びとちぎ子ども医療センターは敷地内にあり、学びの場と隣接し、"医"の雰囲気を常に感じながら学業を行うことができます。

　また、自治医科大学の特長である「学生寮」はセキュリティーやプライバシーが確保され、学習環境が整い、さらに学生同士の交流が図られる施設となっています。その他に学生食堂、銀行・郵便局、コンビニも敷地内にあります。

　さらに、体育関連施設ATLAS ARENAはメインアリーナ、弓道場、武道場、トレーニングルーム、プール、部室を設けた複合施設となっています。

卒業後の勤務形態

　卒業生は、卒業後すぐ出身都道府県に戻り、在学中に自治医科大学修学資金の貸与を受けた期間の2分の3にあたる期間（一般的には9年間）、出身都道府県内の病院、診療所や保健所等に医師として勤務します。上記期間終了後も約7割が出身都道府県内で地域医療に従事する他、自治医科大学で教育指導にあたる卒業生や、開業する卒業生もいます。

入試GUIDE （前年度参考）

一般選抜／医学部

DATA・FILE
- ○教員数……617（教授124　准教授100　講師154　助教239）
- ○学生数……754（男456　女298）
- ○キャンパス面積……58万㎡
- ○蔵書数……241,550冊
- ○全卒業生の医師国家試験合格率99.2%　　　　（2023年度）

修学資金貸与制度・奨学資金貸与制度

　入学者は全員、修学資金貸与規程により貸与契約を結び、入学金等学生納付金を借り入れることになっています。卒業後、出身都道府県で医師として勤務した期間が貸与を受けた期間の2分の3になれば、返還は免除される制度です。また、月額5万円〜15万円を無利息で貸与する奨学資金貸与制度もあります。

資料請求方法：巻末ページの「パンフレット一括請求」をご覧ください。

白鷗大学

〒323-8586　栃木県小山市駅東通り2-2-2　入試部　☎0120-890-001　〈HP〉https://hakuoh.jp

TOPICS
- ●公立学校教員採用試験　合格221人（うち現役144人）〈2023年12月現在〉
- ●就職率　99.6%（経営学部99.5%、法学部99.6%、教育学部99.8%）〈2023年春〉
- ●公務員採用試験　現役合格107人〈2023年12月現在〉

■学部・学科組織

- ●経営学部
  経営学科400
- ●法学部
  法律学科270
- ●教育学部
  発達科学科（児童教育専攻220、スポーツ健康専攻120、英語教育専攻50、心理学専攻40）

▲本キャンパス（JR小山駅東口前、徒歩1分）

🏫 学生の学習ニーズを最優先します

経営学部 経営学科

　経営学部経営学科では、最新の経営知識と広い視野を持ち、創造力と実践力を兼ね備え、国際社会、地域社会、及び産業・経済界で活躍する人材を育成することを目的とし、1年次に「経営学」や「国際経営論」などの基礎科目を履修したのち、2年次より将来の目的や進路に合うコースを選択。さらに、3年次からは11の領域に分かれ、それぞれの専門科目を履修することで専門性の高い学びを追求していきます。

●**企業経営コース**　経営学の基礎から最新の経営知識まで、ビジネススキルや経営ノウハウなどを学び、企業経営のリーダーとして社会で活躍する人材を育成します。

●**経営情報コース**　インターネットの仕組みの理解、コンピュータスキルを身に付けることなどを通じて、企業の情報部門やIT企業で活躍する人材を育成します。

●**企業会計コース**　企業会計の基礎から体系的に学び、企業の経理・財務担当や、あるいは税理士や公認会計士といった会計専門職として活躍する人材を育成します。

●**メディアコース**　テレビやラジオの番組制作、アニメ、ゲームのコンテンツ制作、最新技術の活用などを学び、メディア社会で活躍できる人材を育成します。

●**ビジネスコミュニケーションコース**　英語力や国際感覚を養い、コミュニケーションスキルを修得することで国際的なビジネスの現場で活躍する人材を育成します。

法学部 法律学科

　国内外を問わず急速に変動する社会の中で、法的対処を必要とする様々な社会問題、課題等が増大してきています。法学部法律学科では、このような課題の解決に豊かな法的素養を持って取り組むことのできる人材を育成することをめざします。

　司法の道だけでなく、法科大学院への進学や、一般企業への就職や公務員など、学生たちの多様な進路や目的に応じて2年次から「法務コース」、「公共政策コース」、「企業コース」の3コースを選び履修することを推奨しています。

教育学部 児童教育専攻

　教育学部児童教育専攻では「小学校教育コース」と「幼児教育・保育コース」の2コースで、それぞれ将来小学校や幼稚園、保育の現場で活躍したいと考えている学生を教育者、保育者として育成します。

　「小学校教育コース」では小学校教諭一種の免許取得をめざし、必要な科目・実習の履修により幼稚園教諭一種免許も取得可能です。「幼児教育・保育コース」では幼稚園教諭一種免許、保育士資格の取得をめざし、多角

取得できる教員免許・資格

- 【経営学部】　中学校教諭一種（社会）・高等学校教諭一種（公民、商業）
- 【法学部】　中学校教諭一種（社会）・高等学校教諭一種（公民）
- 【教育学部】児童教育専攻】小学校教諭一種・幼稚園教諭一種、保育士（コースによって取得できる免許・資格が異なります）
- 【教育学部】スポーツ健康専攻】中学校教諭一種（保健体育）・高等学校教諭一種（保健体育）、健康運動指導士受験資格
- 【教育学部】英語教育専攻】中学校教諭一種（英語）・高等学校教諭一種（英語）
- 【教育学部】心理学専攻】中学校教諭一種（社会）・高等学校教諭一種（公民）、認定心理士
- 【教育学部】全専攻】ピアヘルパー受験資格、レクリエーション・インストラクター

的に子どもの世界を学びます。

教育学部 スポーツ健康専攻

　学校体育や生涯スポーツ、競技スポーツをはじめとした多様な体育・スポーツの実践現場において、人と体育・スポーツの正しい関わりと活動成果を創生し、体育・スポーツの持つ教育的・文化的価値の普及を担う指導者を育成します。中学校・高等学校の保健体育教諭一種免許の取得をはじめ、スポーツ産業や地域スポーツの振興など、幅広い分野で活躍する力を養います。

教育学部 英語教育専攻

　英語教育専攻では、教育や英語教育に関する専門知識、高い英語運用能力とコミュニケーション能力を備え、幅広い分野で活躍できる人材を育成します。中学校・高等学校教諭（英語）の免許取得のため、教職専門科目に加え、英語教育関連科目も学び、TOEFL®やTOEIC®へのチャレンジ、留学生との交流などを通じて実践力も養います。

教育学部 心理学専攻

　心理学専攻では、人の心や発達、心理学の知識や技能を修得し、心理学の専門性を生かしながら社会の幅広い分野で活躍できる人材を育成します。心理学の基礎から最新の領域までを学び、さらに専門領域へと研究を進めます。また心身の発達に関する知識を深めると同時に現代社会に関する教養を生かし、中学校教諭一種（社会）と高等学校教諭一種（公民）の教職課程を履修することも可能です。

スクールサポート

　教職希望の学生が近隣の小・中学校で現職教員の指導のもと、週１〜３回程度学習活動や、部活動の支援などを行います。教育実習前から教育現場での経験を積むことができ、「目標や課題を発見できる」「教育実習にスムーズに進むことができる」と学生からも好評です。教育実習や採用試験の面接でも役立っており、教員採用試験合格者の多くがスクールサポート経験者です。

卒業後の進路

　キャリアサポートセンターでは、入学後から学生の進路が決定するまで全面的にサポートします。

主な就職先

小・中・高・特別支援学校、県庁・市町村役場、消防署、警察署、幼稚園、保育園、日本道路、三和シヤッター工業、日立製作所、TKC、栃木セキスイハイム、北関東マツダ、JR貨物、ホンダロジスティクス、カワチ薬品、ベイシア、ビックカメラ、藤井産業、常陽銀行、足利銀行、栃木銀行、丸三証券、日本赤十字社、日本郵便、福島民報社　ほか

（2023年３月実績）
資料請求方法：巻末ページの「パンフレット一括請求」をご覧ください。

◆白鷗大学の学業特待選抜はココが違う◆

- ●優秀な学生の学費を減免
- ●募集人員は全入学定員の３分の１以上
- ●受験チャンスは最大８回
  （12月・１月・２月・３月・共通テスト単独）
- ●成績上位者には学費全額免除も（12・１月）
- ●入学手続き締切は国公立大学合格発表後
  （一部の国公立大学を除く）
- ●特別な受験資格は不要。推薦選抜合格者も受験可能
- ●共通テストの得点も併用可能（１・２月）
- ●白鷗大学を含む、東日本14都市で受験可能
- ●学業特特合格にならなくても一般合格のチャンスがあります
- ●１・２年次の成績により３・４年次学業特待もあります
  （前年度参考）

学業特待生の学費　（金額：2023年度、諸経費除く）

●経営学部・法学部

学業特待生と一般入学生の学費の差は、年間43万円
4年間で172万円安くなります。

	129万円（入学金含む）	86万円（入学金含む）	101万円	58万円
	一般学生 初年度学費	学業特待生	一般学生 2年次以降の学費	学業特待生

●教育学部

学業特待生と一般入学生の学費の差は、年間45万円
4年間で180万円安くなります。

	133万円（入学金含む）	88万円（入学金含む）	105万円	60万円
	一般学生 初年度学費	学業特待生	一般学生 2年次以降の学費	学業特待生

※１・３年次においては、１年間で30単位以上修得しない場合、特待生資格が取り消しとなります。そのほか「白鷗大学学業特待制度規程」は大学ホームページに掲載しています。

入試GUIDE （前年度参考）

①学業特待選抜（12月・１月・２月・３月）
②学業特待共通テスト単独選抜（前期・後期）
③一般選抜
④一般共通テスト単独選抜（前期・後期）
⑤総合型選抜
⑥学校推薦型選抜（一般公募【単願・併願】・指定校）

	請求ハガキ	巻末ハガキ
料 金	無 料	
完成時期	6月	

育 英 大 学

〒370-0011　群馬県高崎市京目町1656-1　入試広報課　TEL 027-329-8151(直)　〈HP〉http://www.ikuei-g.ac.jp/university/

TOPICS 教育・保育・スポーツの分野で活躍できる人材を養成

「公正、純真、奉仕、友愛」の建学の精神の下、豊かな人間性と深い専門性を持つ人材を育成します。

■学部・学科組織
●教育学部
　教育学科(児童教育専攻50、スポーツ教育専攻100)

🏛 大学GUIDE

　児童教育専攻とスポーツ教育専攻の2専攻体制で、幅広い教養と道徳心を持ち、主体的な判断力と行動力を兼ね備えた人材を育成します。各学年に担任を配置し、少人数制やオフィスアワー制度を取り入れることで、個々に応じたサポート体制を整えています。また、入学年次から継続的に実習を行うことで、教員としての意識や実践力を高めていきます。

　児童教育専攻　学校教育コースと幼児教育コースを設置し、質の高い教育や保育を提供し、子どもの健やかな成長を支える人材を養成します。学校教育コースでは、幼稚園・小学校教育で求められる専門的知識を修得し、幼児・児童の特徴を理解した小学校教員を養成します。さらに、小学校の授業で行われている英語や外国語活動の知識を修得しながら、外国語教育ができる小学校教員を養成します。幼児教育コースでは、幼児教育・保育に関する専門的知識や技能を修得し、様々な教育・保育の現場で活躍する幼稚園教員・保育士を養成します。カウンセリングや障害児保育などに関する知識も養います。

　スポーツ教育専攻　運動を通して、身体を動かす大切さやスポーツの楽しさを教え、健康の保持増進と体力向上を担う実践力を持つ人材を養成します。中学校・高等学校教員（保健体育）に求められる専門的知識を修得するほか、陸上競技やバレーボール、レスリングなどの各種部活動に力を注ぎながら部活動の指導に関する知識を養い、指導する側とされる側の両方の目線に立てる、責任感や連帯感を備えた人材を養成します。教員のほか、地方公務員（警察官・消防士）といった進路も目指せます。

🏃 充実のキャリアサポート

　1年次の教職体験実習からはじまり、くっつき実習、授業観察・実践演習、本実習、教職実践演習の順に、教育現場とのつながりを重視しながら実践力を養います。また、各種採用試験については授業外で対策講座を設けるなど学内ダブルスクーリング制度を導入し、きめ細かなフォロー体制を整備。小学校教諭、中学校・高校教諭（保体）、保育士（公立）、警察、消防、自衛隊などへの就職のほか、大学院への進学など多様な進路をサポートしています。

📋 CAMPUS情報

　緑豊かなキャンパスには自然光が入るドーム式体育館をはじめ、トレーニングルームやピアノレッスン室、様々なジャンルの本がそろう図書館など、学ぶために必要な施設・設備がすべて整っています。

📝 入試GUIDE

①総合型選抜
②学校推薦型選抜（指定、公募、特別）
③一般選抜
④大学入学共通テスト利用選抜

取得可能な資格

○児童教育専攻(学校教育コース)…小学校教諭一種免許、幼稚園教諭一種免許、認定心理士
　　　　　　　(幼児教育コース)…幼稚園教諭一種免許、保育士資格、認定心理士
○スポーツ教育専攻…小学校教諭一種免許、中学校・高等学校教諭一種免許(保健体育)、認定心理士、健康運動指導士

特別奨学金

　全ての入学試験の合格者で、特に学業成績または競技成績が優秀な者（募集人員の40%以内）を対象に、授業料・教育振興費・入学金の全額、またはいずれかのうち全額・1/2・1/3相当額を支給します。
※授業料・教育振興費は原則4年間支給（1年ごとに審査あり）。

資料請求方法：巻末ページの「パンフレット一括請求」をご覧ください。

群馬医療福祉大学

資料請求

	請求ハガキ	巻末ハガキ
料　金		無　料
完成時期		5月中旬

〒371-0823　群馬県前橋市川曲町191-1　☎0120-870-294　〈HP〉http://www.shoken-gakuen.jp/university/

TOPICS　「医療技術学部」臨床検査技師・臨床工学技士　目指せるWライセンス
臨床検査学専攻と臨床工学専攻の2専攻で、高度な知識・技術を身に付けるだけでなく、両専門職の違いや連携について学び、広い分野で活躍できる人材を育成します。

■学部・学科組織
- ●社会福祉学部〈前橋キャンパス〉
  社会福祉学科(社会福祉専攻50、子ども専攻40)
- ●医療技術学部〈前橋キャンパス〉
  医療技術学科(臨床検査専攻40、臨床工学専攻40)
- ●看護学部〈藤岡キャンパス〉
  看護学科80
- ●リハビリテーション学部〈本町キャンパス〉
  リハビリテーション学科(理学療法専攻35、作業療法専攻35)
- ●短期大学部　(2年制・男女)＋〈専攻科1年・男女〉
  医療福祉学科40(介護福祉コース、介護福祉士実践コース、福祉総合コース、医療事務・秘書コース)
  診療情報管理士専攻科(1年制)

🏛 仁ー思いやりで未来を創る大学ー

社会福祉学科　社会福祉専攻　(4年制・男女)

◎**社会福祉コース**：ソーシャルワークを総合的に学び、社会福祉士・精神保健福祉士国家試験受験資格を取得、資格を生かして社会福祉各分野のリーダーを養成します。

◎**福祉心理コース**：社会福祉の知識と各種心理学を多彩に学び、心理的対応を適切に実践できる人材を養成します。公認心理師資格取得(要進学・実務経験)のためのカリキュラムも組まれ、心理学をより探究できます。

◎**学校教育コース**：中学・高校・特別支援学校教諭免許取得を目指します。また、社会福祉士受験資格も取得可能。あたたかい人間関係を育む教員を養成します。

社会福祉学科　子ども専攻　(4年制・男女)

◎**児童福祉コース**：保育士・幼稚園教諭・社会福祉士資格の取得が可能。児童福祉のスペシャリストを目指します。

◎**初等教育コース**：幼稚園教諭・保育士・小学校教諭の取得が可能。保育・教育のスペシャリストを目指します。

医療技術学部　(4年制・男女)

◎**臨床検査学専攻**：高度医療機器などの専門知識も学ぶことができ、医療機器安全管理責任者の兼務も可能。検査結果を適切に判断・評価し、他の医療職に説明できる「Clinical Laboratory Scientist」を目指します。

◎**臨床工学専攻**：臨床工学と臨床検査学の知識・技術を併せ持ち、チーム医療で中心的役割を担うことができる臨床工学技士を目指します。

看護学部　(4年制・男女)

　全国でも数少ない、福祉と連携できる看護学部です。患者さんやご家族に寄り添い心のケアもできる看護師・保健師を養成。養護教諭一種免許状も取得可能です。

リハビリテーション学部　(4年制・男女)

◎**理学療法専攻**：幅広い知識と科学的な視点を身に付け、体の構造や機能に対する知識を備え、相手を思いやることができるプロフェッショナルを目指します。

◎**作業療法専攻**：福祉の学びを生かし、身体・心の障害や身近な生活そのものに対して医療的な立場からアプローチするプロフェッショナルを目指します。

短期大学部　(2年制・男女)＋〈専攻科1年・男女〉

◎**介護福祉コース・介護福祉士実践コース**：介護福祉士国家試験受験資格を取得します。介護福祉士実践コースは現場で働きながら学び、学費負担を軽減できます。

◎**福祉総合コース**：2年間で介護福祉を学んだ後、大学3年へ編入し相談援助のスキルを身に付け、社会福祉士、または精神保健福祉士国家資格の取得を目指します。

◎**医療事務・秘書コース**：医療事務、医療秘書など多数の検定を取得し、福祉・医療の知識や技術を兼ね備えた人材を養成。専攻科では診療情報管理士を目指せます。

📋 取得可能な資格

[取得資格]：保育士、幼稚園教諭一種免許状、中学校教諭一種免許状(社会)、高等学校教諭一種免許状(福祉・公民)、特別支援学校教諭一種免許状、養護教諭一種免許状、小学校教諭一種免許状、社会福祉主事(任用資格)

[受験資格]：社会福祉士、精神保健福祉士、臨床検査技師、臨床工学技士、看護師、保健師、理学療法士、作業療法士、介護福祉士、公認心理師(要進学・実務経験)

[民間検定]：診療情報管理士、医療事務管理士、調剤事務管理士　※各学部・専攻等により取得できる資格は異なる。

🏃 卒業後の進路

　学生一人ひとりが納得のいく就職ができるよう、実績とノウハウを生かしたきめ細かな就職指導を行います。

📝 入試GUIDE (前年度参考)

①**総合型選抜(授業体験型・課題探究型)**　②**学校推薦型選抜(地域枠、公募Ⅰ・Ⅱ期)**　③**一般選抜(前期・後期)**　④**大学入学共通テスト利用型(前期・後期)**　⑤**スカラシップ(特待生)選抜**　⑥**社会人・帰国子女・留学生選抜**
※2025年度入試についてはHPをご確認ください。

個別見学受付中
お気軽にお問い合わせください。☎0120-870-294　受付時間：平日9：00〜17：00

資料請求方法：巻末ページの「パンフレット一括請求」をご覧ください。

高崎健康福祉大学

〒370-0033　群馬県高崎市中大類町37-1　入試広報センター　TEL 027-352-1290　〈HP〉https://www.takasaki-u.ac.jp/

TOPICS

●**全国トップレベルの教育力と高い就職率、資格取得率を誇る総合大学**

　一人ひとりの個性を生かしたきめ細かい指導は少人数制ならでは。卒業後を見据えた授業が展開されています。その結果が、毎年高い就職率と国家資格、資格試験合格率に表れています。就職者数615人(就職希望者数618人)　就職率99.5%(2023年3月卒業者)

【主な国家試験および資格試験結果(2022年度)】◆看護師100%(合格者109／受験者109)

◆薬剤師89.7%(合格者61／受験者68)◆理学療法士95.6%(合格者43／受験者45)

◆管理栄養士97.5%(合格者79／受験者81)◆社会福祉士95.5%(合格者64／受験者67) など

■学科組織
●農学部　生物生産学科75(生命科学コース、作物園芸システムコース、フードサイエンスコース、アグリビジネスコース)
●人間発達学部　子ども教育学科80(保育・教育コース、教員養成コース)
●健康福祉学部　社会福祉学科75(社会福祉コース、介護福祉コース)／医療情報学科80(医療コース、情報システムコース)／健康栄養学科80
●保健医療学部　看護学科100／理学療法学科40
●薬学部　薬学科(6年制)90

🏛 大学GUIDE

農学部　〈**生物生産学科**〉食料・農業分野の課題解決と価値創造に取り組みます。3年次に「生命科学コース」「作物園芸システムコース」「フードサイエンスコース」「アグリビジネスコース」から1つを選択、4年次には卒業研究に取り組み、実践力、応用力を磨きます。

人間発達学部　〈**子ども教育学科**〉幼稚園などで就学前の子どもに関わる「保育・教育コース」と小学校・中学校教員を目標とする「教員養成コース」を設置。幼保小連携、小中連携、特別支援などに対応できる知識や実践力を学び、教育のスペシャリストを目指します。

健康福祉学部　〈**社会福祉学科**〉社会福祉士の資格をベースに、精神保健福祉士を目指す「社会福祉コース」、介護福祉士を目指す「介護福祉コース」があります。

〈**医療情報学科**〉「診療情報管理士」などの医療系資格と「基本情報技術者」などの情報系資格のダブル取得を目指せます。〈**健康栄養学科**〉体験を重視しながら食品の機能と生体の仕組みを体系的に学び、実践力のある管理栄養士・栄養士を養成します。

保健医療学部　〈**看護学科**〉チーム医療に必要な実践力、高度な看護技術・知識を身につけた看護師を養成。

保健師、養護教諭、助産師を目指すこともできます。

〈**理学療法学科**〉健康づくりを目的とした運動実践指導を修得し、予防医療分野での活躍も目指せます。健康運動実践指導者、健康運動指導士の受験資格も得られます。

薬学部　〈**薬学科**〉医薬に関する高度な知識と技術、コミュニケーション能力や問題解決能力を備えた「チーム医療の現場で求められる」薬剤師を養成。地域病院での実務実習やインターンシップも充実しています。

👐 学生サポート

キャリア支援　キャリアサポートセンターが就職活動を懇切丁寧にサポート。教職支援センターでは教育職・保育職の実習支援や採用試験対策に対応しています。

女子寮を完備　遠方の学生のために、キャンパスのほど近くに寮を設けています。環境面や安全面に配慮し、安心して一人暮らしが送れる施設環境が整っています。

📖 入試GUIDE (2024年度参考)

①総合型選抜　②学校推薦型選抜
③健大スカラシップ選抜　④一般選抜(A日程・B日程)
⑤共通テスト利用選抜(前期・中期・後期)
⑥特別選抜(社会人・外国人留学生・帰国子女)

▶ オープンキャンパス ◀
〈日程〉7/27(土)、7/28(日)、8/17(土)、8/18(日)
〈内容〉学科紹介、模擬授業、入試説明、個別相談、健大トーク、対策講座など
※日程、内容は変更になる場合があります。詳細は大学HPでご確認ください。

特待生制度
●特待生制度　健大スカラシップ選抜および一般選抜A日程で優秀な成績を収めた者を選考の上、特待生を決定し、最大授業料の全額を免除します。また、総合型・学校推薦型選抜に合格し入学手続きを完了した者は、既入学手続者特待生選抜に挑戦できます。
●薬学部地域枠選抜
〈詳細は、募集要項をご確認ください。〉

資料請求方法：巻末ページの「パンフレット一括請求」をご覧ください。

高崎商科大学

資料請求

	請求ハガキ	巻末ハガキ
料　金		無料
完成時期		6月上旬

〒370-1214　群馬県高崎市根小屋町741　広報・入試課　TEL 027-347-3379　〔HP〕https://www.tuc.ac.jp/

TOPICS 企業に学ぶから、企業から選ばれる。
「経済」「経営」「商学」「会計」「金融」「情報」「観光」を学ぶなら高崎商科大学

■**学部・学科組織**（2024年度）

●**商学部**

　経営学科130（経営コース、情報コース、観光まちづくりコース）／

　会計学科70（会計コース、金融コース）

🏛 大学GUIDE

経営学科

　企業経営に必要なヒト・モノ・カネ・情報などを幅広く学びながら、企業コラボプロジェクトを通じてビジネスシーンで求められる発想力や行動力も養います。企業・国際・地域と連携し、変化する社会に幅広く対応できる人材を育成します。**経営コース**では、組織運営やマーケティングなどを身に付け、経営分野で広く活躍できる人材を目指します。**情報コース**では、ネットワークシステムや経営情報の活用など、ビジネスにおけるITの活用に対応できる人材を目指します。**観光まちづくりコース**では、経営の視点から、持続可能な地域振興を担う人材を目指します。

会計学科

　現役公認会計士による簿記・会計の実務指導とともに、会計・金融・税についても広く学びます。資格と実務力を持ち合わせた会計実務者を目指します。正課授業科目と合わせて会計教育の専門機関「経理研究所」のプログラムを受講することで、公認会計士や税理士、日商簿記1級などの資格取得も目指すことができます。2023年の公認会計士試験では2人が現役合格。9年連続で合格者を輩出しています。**会計コース**では、経理や財務担当者をはじめ、公認会計士や税理士などの高度な会計知識と実務に関する素養を身に付けた人材を育成します。**金融コース**では、企業における会計業務に加え、資金調達や予算管理、資金運用など、金融や経営に関する専門性を身に付けた人材を育成します。

🏃 卒業後の進路

　キャリアサポート室では、個別相談や履歴書添削、模擬面接、年間100回以上の各種講座やイベントを実施。高崎商科大学限定の求人検索や学内個別企業説明会への申し込みができるオリジナル就職ナビサイト「TUCキャリア」も活用されています。すべての学生とのコミュニケーションを大切に、個々の夢や目標に合わせた就職サポート・キャリア形成支援を実現します。

📝 入試GUIDE （2024年度参考）

①**一般選抜（3科目型／2科目型）**／前期・中期・後期

②**大学入学共通テスト利用選抜（3科目型／2科目型）**／前期・中期・後期

③**学校推薦型選抜（指定校推薦／公募推薦（面接型・競技型）/系列校推薦/Haul-A協定校推薦）**／Ⅰ期・Ⅱ期

④**総合型選抜（面接A方式/面接B方式/探究・ブレスト方式）**／A日程・B日程・C日程

⑤**特別選抜（社会人/帰国子女/留学生）**

※入試方式は学科、日程ごとに異なります。

オープンキャンパス

【日程】3/24(日)、4/21(日)、6/16(日)、7/21(日)、7/28(日)、8/18(日)

【内容】大学紹介、入試説明、トークイベント、在学生によるキャンパスツアー、個別相談など

※土曜日はGood Weekend OpenCampus（個別オープンキャンパス）を実施します。詳細はホームページでご確認ください。

TUC特待生制度

　高校時代に取得した資格や入学試験の試験結果によって授業料の減免を受けることができる制度です。Ⅰ種（初年度授業料全額免除）とⅡ種（初年度授業料半額免除）があります。一般選抜3科目型・大学入学共通テスト利用選抜3科目型は得点率70%以上でⅠ種、65%以上でⅡ種を保証します。

資料請求方法：巻末ページの「パンフレット一括請求」をご覧ください。

	請求ハガキ	巻末ハガキ
料 金	無 料	
完成時期	4月中旬	

東京福祉大学 伊勢崎キャンパス

〈伊勢崎キャンパス〉 〒372-0831 群馬県伊勢崎市山王町2020-1 TEL 0270-20-3673 〈HP〉https://www.tokyo-fukushi.ac.jp

TOPICS

●充実のキャリアサポートで"人を支える"福祉・教育・心理・保育の仕事につく夢を実現させる

公務員試験や教員採用試験、国家試験などの難関の試験合格に向けて、キャリア開発教育科目をカリキュラム内で開講。効果的な演習授業で得点力を確実に身につけます。また、「就職支援室」「教職課程支援室」「福祉専門職支援室」の3つの専門部署が協働し、試験情報の提供、論作文・面接指導などを行い、学生の夢の実現に向けて教職員一丸となって支援しています。

🏫 学部・学科GUIDE

社会福祉学部 〈社会福祉学科〉社会福祉専攻社会福祉コース／福祉を幅広く学び社会福祉士合格をめざします。**社会福祉専攻介護福祉コース**／介護福祉士合格をめざし介護と相談援助を学修。社会福祉士とのW取得もめざせます。**精神保健福祉専攻**／精神保健福祉士合格をめざして学修。社会福祉士とのW取得もめざせます。**心理福祉専攻**／福祉に加え心理学も学修。公認心理師指定科目の大学学部分も履修可能。**経営福祉専攻**／福祉施設の運営に必要な福祉・経営の知識を学びます。

教育学部 〈教育学科〉学校教育専攻／アクティブ・ラーニングで学び、「楽しくてわかりやすい」授業ができる教員を養成。希望の教員免許状を取得し、小・中・高校教諭、養護教諭の教員採用試験合格をめざします。**国際教育専攻**／多国籍児童に対応できる国際理解力を備えた教員を養成します。

心理学部 〈心理学科〉6コースから選択して幅広い心理学を学修。公認心理師指定科目の大学学部分も履修できます。卒業後、学内選抜で併設大学院に進学し、公認心理師や臨床心理士受験資格取得も可能です。

保育児童学部 〈保育児童学科〉5コースから選択して学修。保育士のほか、希望に合わせて幼稚園・小学校

■学部・学科組織
●社会福祉学部
　社会福祉学科(社会福祉専攻(社会福祉コース、介護福祉コース)、精神保健福祉専攻、心理福祉専攻、経営福祉専攻)
●教育学部
　教育学科(学校教育専攻、国際教育専攻(国際教育コース、日本語教育コース))
●心理学部
　心理学科(総合心理学コース、発達・教育心理学コース、臨床心理学コース、犯罪心理学コース、福祉心理学コース、社会・ビジネス心理学コース)
●保育児童学部
　保育児童学科(保育・幼児教育コース、保育・初等教育コース、こども福祉コース、こども発達心理コース、芸術福祉コース)

教諭や社会福祉士も取得可能。現代の多様な保育ニーズに対応できる子育て支援の専門家を養成します。

💡 アクティブ・ラーニングの授業

開学当初から独自のアクティブ・ラーニングの授業を実践。授業でのディスカッションや意見発表を通して、将来保育・福祉・教育・心理の現場で必要となる問題発見・解決能力やコミュニケーション能力を養成します。

📗 自然豊かな伊勢崎キャンパス

緑の芝生と赤レンガ調の校舎が美しい伊勢崎キャンパスは、自然の中でゆったり学べるキャンパス。学生用駐車場も完備し、伊勢崎駅・本庄駅から大学までは、路線バスを無料で利用できます。カフェテリアが人気です。

📝 入試GUIDE （前年度参考）

①総合型選抜(課題発表型・活動発表型・目標発表型)
②学校推薦型選抜(公募型・指定校型)
③Special奨学生選抜
④一般選抜(2科目型・1科目型・共通テスト利用型ほか)

取得資格

【国家試験受験資格】社会福祉士、精神保健福祉士、介護福祉士、公認心理師※卒業後大学院進学が必要 【教員免許状】幼稚園一種、小学校一種、養護一種、中学校・高校一種(英語・保健)、高校一種(福祉・公民・情報)、特別支援学校一種 【その他】認定心理士、社会福祉主事※、児童指導員※、児童福祉司※〈要実務経験〉、他 ※は任用資格

奨学金制度 ※前年度参考

●Special奨学生制度(4年間の授業料と施設設備費全額免除、東京福祉大学で実施する海外短期研修・留学の参加費半額免除、最大で約500万円の返還不要の奨学金制度)
●学内奨学金・同窓会奨学金(2年次以降、該当年次の授業料の全額または一部免除)
●ほか入学金相当額免除の制度あり

資料請求方法：巻末ページの「パンフレット一括請求」をご覧ください。

育英短期大学

〒370-0011 群馬県高崎市京目町1656-1 入試広報課 TEL 027-329-8151(直) 〈HP〉http://www.ikuei-g.ac.jp/college/

資料請求

	請求ハガキ	巻末ハガキ
料 金		無 料
完成時期		6月

TOPICS 就職率100％（2023年3月卒業生実績）

学生一人ひとりの希望進路に合わせたきめ細かいサポートにより、毎年高い就職率を誇ります。

■学科組織

保育学科170
現代コミュニケーション学科70

🏫 短大GUIDE

保育学科 開校53年、卒業生10,000人以上を輩出してきた保育学科では、幼稚園・保育所・認定こども園などで「子どもたちの未来を育てる」人材を育成しています。2年間で保育者として必要な知識と実践的な保育技能を修得できるカリキュラムと、1年次後期より取り組む教育実習・保育実習で現場での体験を積み重ねながら、幼児教育・保育についての理解を深めます。教職・実習サポート室では、実習前から実習後まできめ細やかなサポート体制を整えています。卒業時には幼稚園教諭2種免許と保育士資格が取得できます。さらに、各自の興味・関心に応じて選択できる4つのスペシャルプログラムを設け、より専門性を高めながら、認定絵本士・認定ベビーシッター・おもちゃインストラクター・子ども身体運動発達指導士・児童厚生二級指導員などの資格取得を目指します。

現代コミュニケーション学科 各コースの専門的な視点から幅広い知識を身につけ、実社会で役立つコミュニケーション能力を養います。専門コースは、心理・カウンセリング、国際理解・ツーリズム、ビューティ・ブライダル、医療事務・健康スポーツ、eスポーツ・情報ビジネス、トータルコミュニケーション。自分の興味・関心に応じて所属コース以外の授業も自由に選択できるので、幅広い知識・教養を修得し、様々な資格取得を目指すことが可能です。また、1年次から始まるインターンシップでは、ホテル・旅行会社から一般企業まで幅広い分野の企業と連携しています。憧れの業界を体験することで仕事への興味と理解を深めるとともに、就職後の実

践力を強化していきます。また、多彩な海外留学プログラムがあり、留学しても2年間で卒業可能です。奨学金・助成金制度も充実しています。（社会情勢等により中止になる場合があります。）

🏃 卒業後の進路

卒業生は希望通りの進路を実現しています。毎年高い就職率となっており、2023年3月卒業生の就職率は両学科共に100％。保育学科では、県内の私立幼稚園教諭の新規採用者のうち、育英短大の卒業生が毎年50％近くを占めています。現代コミュニケーション学科では、キャリアプランニングで1年次より進路を考え、将来の方向性を見出していきます。さらに、就職セミナーで、集団模擬面接や、履歴書の書き方など実践的なノウハウを習得します。

また、より深く学問を究めたいという学生には、4年制大学への編入学をきめ細かくサポートしています。

主な就職先 東和銀行、京王プラザホテル、関東いすゞ自動車、高崎市農業協同組合、クスリのマルエ、エムダブルエス日高、公立・私立保育所・幼稚園、認定こども園など

📝 入試GUIDE

①総合型選抜 ②学校推薦型選抜（指定・公募）
③一般選抜（特待生選抜を含む）

資格特待生制度 ▶

入学までに以下の資格を取得している場合、奨学金を支給します。
- 実用英語技能検定 準1級以上、2級
- 日商簿記検定2級
- 基本情報技術者試験
- ITパスポート
- 保育技術検定1級、2級
- 介護福祉士
- 詳細はホームページで確認ください。

特待生・奨学金制度 ▶

特待生選抜で特待生として合格した者には、入試成績に応じて授業料（2年分・1年分・半期分）を免除します。また、入学後、特に学業成績が優秀で、人物に優れ、他の学生の模範となる学生と認められる者（各学科・各年次の学生のうち約2％）に対し、半期授業料の半額（152,500円）を支給します。

資料請求方法：巻末ページの「パンフレット一括請求」をご覧ください。

君はどの大学を選ぶべきか 2025 バッジ説明

早稲田大　慶應義塾大　明治大　立教大　法政大　中央大　上智大　青山学院大　日本大　國學院大

東海大　学習院大　成城大　成蹊大　武蔵大　国士舘大　東洋大　駒澤大　立正大　北星学園大

日本女子大　東京女子大　津田塾大　大妻女子大　共立女子大　白百合女子大　聖心女子大　京都女子大　同志社女子大　神戸女学院大

亜細亜大　桜美林大　順天堂大　大東文化大　嘉悦大　玉川大　帝京大　東北福祉大　北里大　東邦大

工学院大　芝浦工業大　東京電機大　東京理科大　東京都市大　東京国際大　獨協大　文教大　神田外語大　千葉工業大

明海大　神奈川大　関東学院大　フェリス女学院大　大正大　北海道情報大　北海道文教大　札幌大　東北学院大　高崎健康福祉大

東京工芸大　愛知大　愛知学院大　中部大　南山大　日本福祉大　名城大

大学探しに最適な一冊

京都産業大　佛教大　同志社大　立命館大　関西大　龍谷大　東京大

大学資料請求はこちらから →

岐阜聖徳学園大　金沢工業大　大阪学院大　大阪経済大　大阪工業大　大阪電気通信大　関西外国語大　阪南大　桃山学院大　大手前大

神戸学院大　神戸松蔭大（現神戸松蔭女子学院大）　神戸薬科大　帝塚山大　広島経済大　広島修道大　西南学院大　福岡工業大　福岡大　久留米大

214

埼　玉

埼玉医科大学 216	東京国際大学 232
埼玉学園大学 218	獨協大学 234
埼玉工業大学 220	日本工業大学 236
城西大学 222	日本薬科大学 238
女子栄養大学 224	日本保健医療大学 240
駿河台大学 226	人間総合科学大学 241
聖学院大学 228	ものつくり大学 242
西武文理大学 230	

地域と連携、社会とつながるプロジェクト教育

城西大学は、地域について知り、地域の人々と連携（協創）する学びを、全ての学部で経験するチャンスがあります。地域コミュニティーに対する感性や地域課題解決の能力を通じて、日本や世界を舞台に活躍できる基礎力を身に着けることができます。みなさんも地域を学びのフィールドにして、「協創力」を育ててみませんか？

●地域の環境保全活動を通じた研究

大学の横を流れる高麗川の美化活動や、休耕地活用などを行う「高麗川プロジェクト」や、川などの水から「環境DNA」を採取し河川の生態系を守るための基礎データの蓄積などを行い、地域の環境保全や貴重な生物の生息に寄与する教育研究を行っています。

●地元の食材を活用した商品開発

大学近辺の地元食材を使用した産学官連携による商品「JOSAIコラーゲンようかん」「やきとり丼」の開発、産学金連携で開発した商品「ガーリックトースト風ネギパン」「さつまいものクリームパン」、管理栄養士養成課程の学生が地元食材を活用したメニューを開発・調理・接客する「Smile up caffe」などを実施しています。

●スポーツ、健康を通じた地域貢献

駅伝部、陸上競技部、サッカー部、硬式野球部などによる地元の小中学生向けのスポーツ教室や、ショッピングモールにおける「健康」をテーマとしたイベントなどを通じて地域貢献をしています。

●地域の諸問題を解決し、地域を活性化する活動

観光・産業の活性化、少子化、人口減少・空き家問題など、地域の抱える諸問題について、グループワークやディスカッションなどを行い、放課後の子どもの居場所づくりの実践や動画やZINEによる地域のプロモーション活動などを行っています。

城西大学

▶本文222・223ページもご参照ください

埼玉医科大学

資料請求

	請求ハガキ	巻末ハガキ
料　金		無　料
完成時期		5月

医学部　〒350-0495　埼玉県入間郡毛呂山町毛呂本郷38　入試事務室　TEL 049-295-1000
保健医療学部　〒350-1241　埼玉県日高市山根1397-1　TEL 042-984-4801
〈HP〉https://adm.saitama-med.ac.jp/

TOPICS
- ●医学部、保健医療学部とも、少人数での教育を重視し、自ら能動的に考える力を育成します。
- ●埼玉医科大学病院、総合医療センター、国際医療センターの3つの大学病院で充実した臨床実習を実施。

大学GUIDE

　埼玉医科大学は1972年の創立以来、地域の保健・医療・福祉に貢献しながら、数多くの優れた医療人を育成しています。豊かな人間性と高い倫理観を備え、質の高い医療を提供する医師を養成する医学部と、看護師、臨床検査技師、臨床工学技士、理学療法士を養成する保健医療学部を設置。ともに少人数教育を重視し、高い専門知識・技術はもちろん、自ら能動的に考える力も育てています。2022年度より全学生対象のデータサイエンス AI学修プログラムがスタート。医療におけるデータサイエンス・AIを活用できる人材育成にも力を入れています。

学部GUIDE

[医学部]

教育改革　豊かな人間性と高い倫理観を備え、質の高い医療を提供できる優れた臨床医を養成することを目指しています。そのために積極的な教育改革を行っています。

実践的なカリキュラム　6年間の学習を全体として捉え（6年一貫教育）、臓器別・系統別に学習すること（統合教育）が大きな特徴といえます。学習内容を有機的に結び付け、効率よく理解を深めることができるよう配慮されています。1年次から人体の構造と機能、細胞生物学という臨床医学をも視野に入れた2つの専門コア科目を導入し、4年次の3学期から行われる臨床実習をより充実したものにする努力も重ねられています。

学びの特長　①**早期体験実習（EEP）**　低学年の早い時期から医療現場に入ってチーム医療を学べます。
②**課外学習プログラム**　160以上のテーマから興味のあるものを選択し、低学年から医療、研究の現場を体験できます。

■学科組織

●医学部
　医学科130

●保健医療学部
　看護学科80／臨床検査学科70／臨床工学科40／理学療法学科50

学生への支援　医学生は、学問に励みながら、多くの友人をつくり、教養を深め、スポーツで体を鍛え、強い自覚を持って医療人としての基盤を固めることが求められます。そこで、厳しくも充実感のある学生生活を送れるよう全学を挙げてサポート。教員がアドバイザーとなり、あらゆる相談を受ける「アドバイザー制」も実施しています。

交換留学制度　国際的視野を持つ医師になるために、7カ国10大学との相互交換留学を行っており、選抜試験を経た毎年20人の学生（主に5年生）が、夏休みを利用して留学先の大学で臨床実習を行っています。

[保健医療学部]

　看護学科、臨床検査学科、臨床工学科、理学療法学科の4学科で優れた医療人の育成を目指しています。

看護学科　演習を重視したきめ細かな指導体制のもとで、看護のプロフェッショナル養成を目指します。看護師と保健師（選択制）の国家試験受験資格と、養護教諭二種（選択制）の資格を得られます。

DATA・FILE

- ○教員数……574（教授241　准教授143　講師190）
- ○学生数……1,686（男754　女932）
- ○キャンパス面積……572,105㎡
- ○蔵書数……約34万冊

（2023年5月1日現在）

奨学金制度　　※返還免除制度あり

- ○日本学生支援機構奨学金（給付・貸与）
- 【医学部】○毛呂山会育英会（貸与）、成績優秀者（減免制度あり）
- ○埼玉県地域枠医学生奨学金※
- ○埼玉医科大学医学部特別奨学金※
- ○埼玉医科大学研究医養成奨学金※
- 【保健医療学部】○看護学科等奨学金※
- ○薫風園基金奨学金（無利子貸与）

臨床検査学科 病気の診断に役立つ検査を正しく実践できる能力と研究マインドを備えた臨床検査技師を育成します。また、職場の衛生管理を行い、作業する人々の健康と安全を守る第一種衛生管理者を育成するカリキュラムも同時に組まれており、希望により健康食品管理士などの受験資格の取得も可能です。

臨床工学科 臨床経験豊富な専任教員と臨床現場のスタッフが緊密に連携した圧倒的な実習環境で、人工心肺装置などの医療機器の操作、保守管理を行う臨床工学技士を育成します。

理学療法学科 理学療法士は、医学的リハビリテーションの専門職であるとともに福祉・保健分野でも活躍が期待されています。医師1人を含む臨床経験が豊富な専任教員を多数配置し、充実した授業環境となっています。

CAMPUS情報

埼玉医科大学は、毛呂山・日高・川越・川角に4つのキャンパスを擁しています。最新の施設・設備が整う大学キャンパスのほか、埼玉医科大学病院と総合医療センター、国際医療センターの3つの大学病院で臨床実習を実施。実習先の病院は埼玉DMAT（災害派遣医療チーム）にも指定されており、実際の医療の現場を間近に感じられる、医療を学ぶ学生に適した教育環境があります。

地域の健康と医療を支える教育プログラム

埼玉県は人口10万人当たりの医師の数が少なく、北部をはじめとする一部の地域では患者さんが県境を越えて群馬県の医療機関を受診せざるをえないケースがあります。こうした地域の問題を解決するために、2022年から

埼玉医科大と群馬大が中心となって「埼玉・群馬の健康と医療を支える未来医療人の育成」事業に関する協定を締結。各連携機関や医療機関の協力を得て、地域医療に貢献する人材育成の取り組みがスタートしました。この事業は2022年度の文部科学省ポストコロナ時代の医療人材養成拠点形成事業にも選定されています。

これに伴い、埼玉医科大と群馬大の学生が参加する「利根川プログラム」などの共同学習の機会を数多く設けるとともに、さまざまな観点からカリキュラムを開発。地域医療に欠かせない知識・技能・態度・価値観を共有する医療人を養成し、医師不足地域における医師の定着を目指します。

国家試験対策・就職サポート体制

国家試験対策や就職サポートも充実しています。国家試験に向けて、一人ひとりの学習状況を踏まえたサポート体制を用意。4年間を通じた系統的なアプローチで、毎年高い合格率を実現しています。

就職については、就職ガイダンスからエントリーシート対策、自己分析、面接対策など、多彩な講座を開講しています。また、教職員と学生の距離が近いことも特色の一つです。個別相談にも親身に対応し、学生の就職をバックアップしています。

入試GUIDE（前年度参考）

①**一般選抜**／全学部
②**学校推薦型選抜**／全学部
③**大学入学共通テスト利用選抜**／医学部
④**総合型選抜**／臨床検査学科・臨床工学科・理学療法学科
⑤**帰国生選抜**／医学部

特待生制度

【医学部】
●第1種特別待遇奨学生（埼玉県地域枠医学生奨学金受給者）
●第2種特別待遇奨学生（埼玉医科大学医学部特別奨学金受給者）
●第3種特別待遇奨学生
【保健医療学部】●第一種特待生（一般入試〈前期〉合格者対象）
●第二種特待生（2年生以上各学年成績上位者対象）
詳細は埼玉医科大学受験生サイトをご確認ください。

オープンキャンパス・学校見学

【医学部】
〈日程〉7月に開催予定
【保健医療学部】
〈日程〉6/16(日)、7/13(土)・14(日)、8/17(土)・18(日)

資料請求方法：巻末ページの「パンフレット一括請求」をご覧ください。

埼玉学園大学

〒333-0831　埼玉県川口市木曽呂1510　入試広報課　☎0120-359-259(直)　〈HP〉https://www.saigaku.ac.jp　〈E-mail〉nyushi@saigaku.ac.jp

資料請求		
	請求ハガキ	巻末ハガキ
料　金	無　料	
完成時期	5月上旬	

TOPICS

- ●2023年4月子ども発達学科に小学校教育コースと幼児教育コースを導入
  「確実に夢を叶える」ために、小学校教諭を目指す小学校教育コースと、幼稚園教諭・保育士を目指す幼児教育コースを設置。入学後のコース変更も可能です。
- ●公務員・教員採用試験の合格をサポート
  公務員・教員採用試験の対策講座のほか、資格取得のための全35講座を受講料無料で開講。

■学部学科組織

●人間学部

　人間文化学科120／心理学科120／子ども発達学科120

●経済経営学部

　経済経営学科120

 学部学科ガイド

人間文化学科

　［文学・言語科目群］［史学・文化・人間心理科目群］［メディア科目群］を横断的に学び、人間としてより良くいきるためのコミュニケーション能力と構想力を養います。
《免許状・資格：中学校・高等学校教諭一種（国・英・社・地歴）、図書館司書、博物館学芸員、准学校心理士等》

心理学科

　「人の心」や「心のケア」を実践的に学ぶことで、社会で必要とされる専門性を身につけます。心理学を生かして活躍するための3つのモデルを用意しています。
『一般企業モデル』『教育・福祉・医療モデル』『大学院進学 公認心理師モデル』

子ども発達学科

　人間形成の基礎となる0歳～12歳の子どもの発達について学び、保育所・幼稚園・小学校の各年代に求められる知識や技能を身につけ、子ども教育の専門家を養成します。
【小学校教諭・幼稚園教諭・保育士の3つの免許状・資格が取得可能】

経済経営学科

　【データサイエンス科目群】がスタート。社会の事象や現象をデータ分析し、本質を明らかにすることで、あらゆる課題の解決が目指せます。経済、経営、会計の専門知識から、データサイエンス、スポーツ・健康、観光ビジネスまでを幅広く学びながら、時代を先読みするための知識とセンスを身につけ、自ら課題を発見し、解決に導く創造力と行動力を高めます。

 資格取得支援〈エクステンションセンター〉

　国家試験や公務員採用試験の対策講座、その他学生のスキルアップや就職に役立つ資格検定など全35講座を受講料無料で開講しています。各講座を担当する講師は、外部大手専門スクールから招いていますので、学内にいながら大手専門スクールの講座を受講することができます。

 教員・保育士養成支援

　幼稚園・小学校・中学校・高等学校教諭一種免許状、保育士資格の取得を目指す学生が100%利用している〈教員・保育士養成支援センター〉では、1年次より教員免許状や保育士資格取得のためのガイダンスなどを開催し、教育実習や保育実習に備えての事前指導や実習に関する個別相談など手厚くサポートしています。

 就職支援〈キャリアセンター〉

入学直後から学生一人ひとりの個性に合わせた就職を支援

　1年次よりキャリア支援に関するガイダンスや授業などを行い、進路選択や書類の添削など個別にカウンセリングをすることで、学生が希望する職業に就けるよう万全の態勢を整えています。「インターンシップ」や「キャリアデザイン」による就職活動の準備のため自己分析を行い、就業意識を高めます。また、「学内合同企業説明会」

さいがくサポート奨学金

勉学意欲のある学生を経済的にサポートする制度です
〔給 付 額〕年間50万円（最大4年間継続可、条件あり）
〔対　　象〕指定校・公募推薦Ⅰ期受験者（在学中の全体の学習成績の状況が3.8以上、通信制の場合4.5以上）
〔選考方法〕奨学生採用試験　小論文試験＋入学試験（面接＋書類）
〔採 用 数〕10人（学部学科不問）※2023年度の奨学金制度内容

資格・公務員試験講座を受講料無料で開講

《講座》公務員/教員採用/MOS（Word・Excel）エキスパート/日商PC/日商簿記/宅建/国内旅行業務取扱管理者/FP技能士/秘書検定/調剤事務/メンタルヘルスマネジメント他全35講座
【全て受講料無料／学内開講／講師は専門スクールから】

**教員1人が15人程度の学生を受け持つ担任制教育を実践
教員と学生の距離が近い教育環境**

を開催し、求人状況や就職に有益な情報を直接企業から得ることができます。学生一人ひとりに寄り添った指導をし、内定獲得まで全力でサポートします。

卒業後の進路（2023年3月卒業生）

川口市（小学校・中学校教諭）、羽生市（公立小学校・中学校教諭）、江東区（小学校教諭）、足立区（中学校教諭）、松戸市（小学校教諭）、常総市（小学校教諭）、弘前市（小学校教諭）、調布市（公立保育所）、文京区（公立保育所）、鎌ヶ谷市（公立保育所）、東川口幼稚園（私立幼稚園）、アイザワ証券、秋田銀行、明治安田生命保険、医療法人社団桐和会、社会福祉法人清心会など

春のオープンキャンパス
【日程】3/16(土)、4/27(土)、5/25(土)　9：30～13：30
【プログラム】大学紹介（学部学科）、模擬授業、キャンパスツアー、個別相談etc.
【申込の場合】Webまたはフリーダイヤル☎0120-359-259
＊以降6月～10月に月1～2回開催予定（詳細はWeb参照）

入試GUIDE （2024年度参考）

●指定校推薦型選抜・公募推薦型選抜
　[Ⅰ期11月／Ⅱ期12月／Ⅲ期1月]　口頭試問＋書類審査
●総合型選抜
　[9月～3月]　口頭試問＋書類審査
●一般選抜【学力試験】
　[2月～3月]　1～2科目の学力試験
●大学入学共通テスト利用選抜
　[2月～3月]　大学入学共通テストの成績で判定

交通アクセス
・東浦和駅をご利用の方…JR武蔵野線「東浦和駅」徒歩約15分
・蕨駅をご利用の方…JR京浜東北線「蕨駅」下車、国際興業バス「蕨06系統医療センター経由新井宿駅ゆき」乗車約17分、「川口北スポーツセンター」下車徒歩約7分
・東川口駅をご利用の方…無料送迎スクールバス運行

資料請求方法：巻末ページの「パンフレット一括請求」をご覧ください。

埼玉工業大学

〒369-0293　埼玉県深谷市普済寺1690　入試課　☎0120-604-606　〈HP〉https://www.sit.ac.jp/

TOPICS
「テクノロジーとヒューマニティの融合と調和」という理念のもと、エンジニアや実務家など、社会の中核となって社会に貢献できる人材を養成しています。工学部と人間社会学部の2学部5学科において、「目」が行き届くと同時に、学生の立場に立った「こころ」を込めた指導と皆さんの期待に応えられる学習環境を用意しています。

🏛 大学GUIDE

工学部

●機械工学科

【機械工学専攻】幅広い基礎知識と応用力を実験や実習等から修得。日本の産業を支えるスペシャリストを目指します。

【IT応用機械専攻＊】機械製品にITを応用する技術や知識をIoT等の幅広い視点で修得。次世代のものづくりに貢献できるフロントランナーを目指します。

【AIロボティクス専攻＊】飛躍的に進化するAIとロボットを組み合わせ、基礎から応用まで総合的に修得。AIとロボットに特化したスペシャリストを目指します。

●生命環境化学科

【バイオサイエンス専攻＊】「生命科学」領域の専門知識と技術を総合的に学び、各産業の幅広い分野で活躍できるプロを目指します。

【応用化学専攻】「化学」の専門知識と技術を体系的に学び、変革する技術や社会のニーズに対して、「化学」の力で貢献できるエキスパートを目指します。

【環境・クリーンエネルギー専攻＊】「環境科学」の専門知識と技術を総合的に学び、環境保全及び環境浄化、省エネルギー、環境評価、リサイクルなどの幅広い分野で活躍できるスペシャリストを目指します。

●情報システム学科

【IT専攻】インターネット、CG、スマホ等の身の回りのIT技術を基礎から修得。VR・AR等先進的なネットワークの設計開発もできるITのプロを目指します。

【AI専攻】現代の汎用技術といえるAI。活用法の提案～活用、開発まで、マルチに対応できる知識・技術を修得したエキスパートを目指します。

【自動運転専攻＊】未来のモビリティの形である自動運

■学部・学科組織

●工学部
機械工学科100（機械工学専攻、IT応用機械専攻＊、AIロボティクス専攻＊）／生命環境化学科60（バイオサイエンス専攻＊、応用化学専攻、環境・クリーンエネルギー専攻＊）／情報システム学科　200（IT専攻、AI専攻、自動運転専攻＊、電気電子専攻）

●人間社会学部
情報社会学科90（経営システム専攻、メディア文化専攻）／心理学科50（臨床心理専攻、ビジネス心理専攻）
＊2025年4月開設に向けて設置認可申請中
※専攻名等、記載内容は変更になる場合があります

転技術の実現に必要な知識や技術をハード、ソフト両面から修得した、エンジニアを目指します。

【電気電子専攻】身のまわりの工業製品から社会インフラ、理学や医学等に至るまで、あらゆる産業分野の発展を支える電気・電子系のオールラウンドエンジニアを目指します。

人間社会学部

●情報社会学科

【経営システム専攻】経営を取り巻く情報・法律・経済・会計・財務などの分野の基礎知識を修得し、それらの体系的な知識を実際の社会事象に応用します。

【メディア文化専攻】情報機器を活用してCGやデジタル音楽を中心に自らの力でコンテンツの制作・発信することのできる「創造的表現力」を高めます。

●心理学科

【ビジネス心理専攻】基礎心理学と臨床心理学の2分野と共に社会科学を学び、一般社会、企業などで心理学を生かす力を身につけます。

【臨床心理専攻】基礎心理学と臨床心理学を学ぶと共に、実習や演習などの実践を通して、心理学のスペシャリストとしての知識と技法を修得します。

＊2025年4月開設に向けて設置認可申請中
※専攻名等、記載内容は変更になる場合があります

交通アクセス　以下7駅よりスクールバス運行 ※無料
◇JR高崎線「岡部駅」(徒歩15分、スクールバス5分)
◇東武東上線・秩父鉄道・JR八高線「寄居駅」
◇東武東上線「森林公園駅」
◇JR両毛線・東武伊勢崎線「伊勢崎駅」
◇東武伊勢崎線「新伊勢崎駅」
◇東武伊勢崎線・桐生線・小泉線「太田駅」
◇東武伊勢崎線「世良田駅」

オープンキャンパス　※予定
6月9日(日)、7月14日(日)、7月28日(日)、
8月10日(土)、8月24日(土)

サマースクール（体験型授業）　※予定
6月16日(日)、7月21日(日)、8月18日(日)、
9月7日(土)、9月29日(日)

CAMPUS情報

私立大学初の大型自動運転バスをスクールバスに導入！

　大学とJR高崎線「岡部駅」間のスクールバスとして、大型自動運転バスを一部運行に導入。通学時、埼玉工業大学の研究・開発の成果である大型自動運転バスに乗車することにより、AI技術の応用を実際に体験できます。（法定速度内の最高40km以下で走行。ドライバーが乗車しますが、自動制御で走行します）

無料で乗車可能な自動運転スクールバス

　カフェの２階は女子学生専用フロア。化粧台も完備

業400社実就職率ランキング」（※）では、全国564大学の中で87位、国公私立工科系大学の中では20位、私立工科系大学の中では10位、地域内（関東・甲信越、東京都は除く）の工科系大学の中では３位、埼玉県内では１位にランクイン。有名企業への就職の強さも埼玉工業大学の特徴です。

※大学通信調べ

主な就職先（2023年3月卒業生実績）

【メーカー】（化学）日本製紙、アキレス、東洋インキSCホールディングス、コーセーインダストリーズ、太平洋セメント（輸送機器）サンデン、スズキ、ボッシュ、IHI、ミツバ、日産自動車（情報通信機械）セイコーエプソン、沖電気工業、京セラ（食料品）キッコーマン、マンナンライフ、山崎製パン、森永乳業（電子部品）太陽誘電（非鉄金属）古河機械金属、住友電気工業　【金融】丸三証券、損害保険ジャパン　【建設】大東建託、西松建設　【商社】キヤノンシステムアンドサポート、シチズン・システムズ　【情報通信】DTS、富士ソフト、NTT東日本　【輸送】近畿日本鉄道、JR東日本、福山通運、JR北海道、ヤマト運輸　【サービス】日本郵便、セコム、綜合警備保障、ビー・エム・エル　ほか

就職支援・卒業後の進路

高い就職率が証明する埼玉工業大学の就職力

　１・２・３年次と続く講義や、３年次から本格的にスタートする就職活動準備講座など、体系的なキャリア教育プログラムを実施。その成果として、就職率は98%（2023年3月卒業生実績）を記録。また、「2023年有名企

職員がマンツーマンで就活をサポート

入試GUIDE （2024年度入試参考）

- ●総合型選抜（単願制）
- ●総合型選抜・奨学生採用型（併願）
- ●公募推薦入試（併願）
- ●一般選抜〈A・B日程〉
- ●大学入学共通テスト利用入試〈A・B・C試験〉

各入試の詳細はホームページにてご確認ください。

奨学金制度

特別奨学生制度（減免型奨学金）：「一般選抜A日程」及び「大学入学共通テスト利用入試A試験」の成績優秀者対象　A奨学生：初年度授業料等全額免除、B奨学生：初年度授業料等半額、C奨学生：入学後に入学金相当額返還（2024年度）
智香寺学園特別奨学金（返還不要）：２年生以上で前年次の成績が優秀な学生対象（年額10万円給付）

浄土宗　宗立・宗門校奨学金（返還不要）：４年生５人（年額10万円給付）
後援会奨学金（返還不要）：２年生以上25人（年額10万円給付）
このほか、ジュニアマイスター奨学金制度、アグリマイスター奨学金制度、全商資格取得奨学金制度など資格取得の状況に応じた給付金もあります。

資料請求方法：巻末ページの「パンフレット一括請求」をご覧ください。

城西大学

〒350-0295　埼玉県坂戸市けやき台1-1　入試課　TEL 049-271-7711　FAX 049-286-4477　〈HP〉https://admission.josai.ac.jp

資料請求		
	請求ハガキ	巻末ハガキ
料　金	無　料	
完成時期	5月上旬	

TOPICS　2023年夏、城西大学埼玉坂戸キャンパスに23号館として新たな研究・教室棟が竣工しました。埼玉坂戸キャンパスならではの緑豊かな広大な敷地に、最先端の研究・教育環境を備えています。また、文系・理系の学生が垣根なく学べるようオープンスペースを広くとり、時代の変化に柔軟に対応した埼玉坂戸キャンパスで、豊かな人間性を育みます。

競争から協創へ。育ちあう大学。

　建学の理念である「学問による人間形成」を受け継ぎ、現代社会が求めている人材の育成を教育の最重要課題として掲げています。学問・研究に加えて、豊かな人間性を持つジェネラリスト・スペシャリストを育成。また企業や地域、行政と連携した取り組みも数多く行っています。

　さらに、これからの時代を生き抜くため、数理・データサイエンスセンターが中心となってデータサイエンス教育を全学で展開しています。同センターが提供する「データサイエンス入門」を基礎に、各学科で学ぶ科目と合わせて有機的にデータサイエンスの素養を身に付けていくことができます。それをサポートするため、城西大学では独自の教育プログラムを設定。ベーシックレベルやアドバンストレベルのプログラムを修了した学生には修了証を授与しています。

薬学部　人々の健康（well-being）を支援する人材の育成を行っています。「栄養学の知識を持った薬剤師」を目指す薬学科（6年制）のほか、「生活者の視点から食品・化粧品・医薬品の安全性を守る技術者」を目指す薬科学科、「薬学の知識を持った管理栄養士」を目指す医療栄養学科（ともに4年制）があります。

理学部　数学科では、数学的な思考を実社会に応用するための自由な発想力を養います。「埼玉坂戸キャンパス」では純粋数学に、「東京紀尾井町キャンパス」では応用数学に力点をおき、キャンパス選択制を導入しています。化学科では、基礎化学からナノテク、IT、生命科学を含む幅広い教育を展開し、技術者などさまざまな分野で活躍できる人材を育成します。

経済学部　将来、社会で主体的に行動できるようになることを目標に、専門性を重視した「アジア・国際経済」「企業・産業経済」「金融・証券経済」「地域・環境経済」「データサイエンス」の5つのコース別学習によって学びます。コミュニケーション能力や自主性・協調性の育成と、将来の職業や仕事につながる専門能力を養成します。

現代政策学部　公務員を目指す人、ファイナンシャルプランナーや行政書士、宅建など資格取得に重点的に取り組む人に適した「公共政策」、ITやサービス分野で地域の活性化に貢献する人材を育成する「地域創生」、グローバル化する世界と地域の問題解決に取り組む「多文化社会」の3コースがあります。

経営学部　グローバルとローカルな視点を持ったマネジメント力を身に付けます。現代のビジネスシーンに対応し、「企業ビジネスマネジメント」「地域コミュニティーマネジメント」「健康スポーツマネジメント」の3つのコースを設置。ITや英語力、資格取得のためのスキルアップも図っていきます。

■学科組織

〔埼玉坂戸キャンパス〕
- ●薬学部　薬学科250／薬科学科50／医療栄養学科100
- ●理学部　数学科60／化学科90
- ●経済学部　経済学科300
- ●現代政策学部　社会経済システム学科250
- ●経営学部　マネジメント総合学科500

〔東京紀尾井町キャンパス〕
- ●理学部　数学科60

国際教育

グローバル人材を育成する環境が充実しています。言語教育においては、母国語と英語に加え、さらに1カ国語を加えた「三言語教育」を行っています。

【学べる11の言語】英語、ドイツ語、フランス語、スペイン語、ハンガリー語、チェコ語、ポーランド語、中国語、韓国語、マレー語、日本語（留学生）

JEAP（城西大学海外教育プログラム） 休学・留年をせずに、4年間で卒業可能な海外留学制度。30カ国約170の提携校へ、3カ月～1年間の長期留学や4カ月～1年間の交換留学、2週間～4週間の短期語学研修をすることができます。夏期休暇中の「サマーセミナー」と、春期休暇中の「スプリングセミナー」があり、いずれも会話を中心とした語学研修が組み込まれています。スプリングセミナーでは、語学に加え、海外のさまざまな施設を見学する体験型のプログラムを実施しています。

JIST（Josai International Supporters' Team） 国際教育センターの運営による、城西大学の国際交流をサポートする学生ボランティアグループです。国際交流活動に興味のある学生なら誰でも加入できます。JISTのメンバーは、留学生の皆さんや海外姉妹校から来学した学生さんたちとの交流やサポートなどを通し、世界の友達の輪を広げ、豊かな国際感覚を養っています。

CAMPUS情報

埼玉坂戸キャンパス 48万冊の蔵書を持つ水田記念図書館は、土日や夜間も開館し、学ぶ意欲のある学生を支えています。各種データベースも利用できます。このほか、情報発信の拠点となる水田三喜男記念館や薬学部棟、情報科学研究センター、生命科学研究センター、機器分析センターなどの研究施設が充実しています。

東京紀尾井町キャンパス 流行の文化やビジネス拠点に彩られた都心部で、刺激的な学生生活を送ることができます。城西大学理学部数学科・城西国際大学・城西短期大学の教育と、大学院教育の一部が行われています。

地域との連携

全学で連携教育・地域貢献を展開しています。社会とつながることで、学生も成長しています。

経済学部：「行政への参加Ⅰ・Ⅱ」の授業
現代政策学部：埼玉県内の35自治体でインターンシップ
経営学部：まちづくりを体験
理学部：小中学校で教育ボランティア体験
薬学部：地元に2店舗「城西薬局」で実習　など

卒業後の進路

入学から卒業まで、国家資格キャリアコンサルタントの有資格者を含む、キャリアサポートセンターの専門職員が、個別に丁寧にサポート。学内での起業研究会や学年別に就職活動に向けた準備・対策講座を実施。資格取得講座も豊富に開講しており、一般企業の就職試験対策にもなる公務員講座や、ファイナンシャルプランナー、宅地建物取引士など幅広い講座を設けて資格取得のサポートを行っています。

主な就職先（2023年3月卒業生）
埼玉縣信用金庫、武蔵野銀行、警視庁、防衛省自衛隊、埼玉県川越市役所、丸三証券、マイナビ、東急コミュニティー、JR東日本ステーションサービス、日本調剤、日本メディカルシステム、埼玉医科大学病院、埼玉医科大学国際医療センター、仙台検疫所、保健科学研究所、国立病院機構、中学・高校教員

入試GUIDE （前年度参考）

①総合型選抜
②学校推薦型選抜（指定校制〈A日程・B日程・C日程〉・附属校・スポーツ）
③一般選抜（A日程・B日程・C日程・A日程大学入学共通テスト併用型）
④大学入学共通テスト利用選抜（Ⅰ期・Ⅱ期・Ⅲ期）
※学部・学科により異なる

奨学金制度 ☆詳細は大学公式ホームページでご確認ください。
独自の奨学金制度を多数用意しています。
○城西大学奨学生制度（30万円給付）
○水田三喜男記念奨学生制度（40万円給付）
○女性リーダー育成奨励生制度（40万円給付）
○特待生入試制度（授業料の全額または半額給付）
○グローバルチャレンジ奨学金制度（20万円給付）
○JEAP留学生のための奨学金制度（20万円給付）　など

オープンキャンパス
「見て、聞いて、体験できる」オープンキャンパスを開催します。
日程：3/24(日)
時間：埼玉坂戸キャンパス　10:00～15:00
　　　東京紀尾井町キャンパス　10:00～15:00
☆申し込み、開催日時等、詳細については大学公式ホームページでご確認ください。

資料請求方法：巻末ページの「パンフレット一括請求」をご覧ください。

女子栄養大学

〒350-0288　埼玉県坂戸市千代田3-9-21　入試広報課　TEL 049-282-7331　〈HP〉「受験生応援サイト」https://juken.eiyo.ac.jp

資料請求

	請求ハガキ	巻末ハガキ
料　金		無　料
完成時期		4月

TOPICS

○管理栄養士国家試験合格者数全国第1位、233人合格！（2023年）
○栄養学をベースに、栄養士、臨床検査技師、養護・家庭科・栄養教諭なども多数養成

「食」「栄養」「健康」に関わるスペシャリストを育成

　人間が健康的な生活を営む上で重要な「栄養学」の専門教育・研究機関として、大学院博士後期課程までを擁する、世界でも有数の単科大学です。昨今、食・健康のスペシャリストもより高度な専門性が要求されますが、充実した施設や実験・実習設備のもと、時代のニーズに即応した最先端の教育・研究活動を行っています。

●栄養学部／坂戸キャンパス

実践栄養学科　幅広い専門知識と高度な技能を持った管理栄養士を養成します。管理栄養士国家試験のため、きめ細かで万全な対策講座を実施しています。管理栄養士としての専門性・実践力を高めるために、3・4年次に講義と実習を体系的に組み合わせた独自カリキュラム（医療栄養、福祉栄養、地域栄養・食支援、スポーツ栄養、フードサービスマネジメント、食品開発）を設定しています。また、栄養教諭一種免許状も取得できます。

〈取得できる資格〉管理栄養士国家試験受験資格、栄養士、栄養教諭一種免許状ほか

保健栄養学科　栄養イノベーション専攻（2025年4月名称変更構想中）　栄養士資格は卒業時に全員取得。さらに「フード・ウェルネス」「栄養データサイエンス」「臨床検査学」の3つの領域から、食べ物の科学、栄養情報の科学、からだの科学に関する専門的な知識と技術を教授研究します。

〈取得できる資格〉栄養士、管理栄養士国家試験受験資格（栄養士として1年間の実務経験が必要）、①臨床検査技師国家試験受験資格②中学校・高等学校教諭一種免許状「家庭」③フードスペシャリスト受験資格＆食品微生物検査技士受験資格ほか
※①～③は領域により異なる

保健栄養学科　保健養護専攻　養護教諭の職務に必要な知識と技術のすべてが学べる科目を配置。大学の学びと実際の学校現場での実習を繰り返すことにより実践力の獲得を目指します。学校保健活動推進の中核的役割やコーディネーターの役割が担える専門性の高い養護教諭を養成します。

〈取得できる資格〉養護教諭一種免許状、中学校・高等

学校教諭一種免許状「保健」、高等学校教諭一種免許状「看護」ほか

食文化栄養学科　栄養・健康科学と食文化ならびに調理に関する深い専門知識を基盤に、メニューや商品開発、食情報発信などの知識とスキルを修得します。また、3年次からは卒業後の進路を見据えた5つのコース（食の社会文化、食のビジネス、食の表現、食の国際、調理・製菓プロフェッショナル）を設けています。調理・製菓プロフェッショナルコースでは併設の香川調理製菓専門学校（調理師科or製菓科）で1年間学び、別途実習費・学用品費のみの負担で調理師またはラッピングクリエーター3級を取得できます（定員各10人）。

〈取得できる資格〉フードスペシャリスト受験資格、フードコーディネーター3級ほか

●短期大学部／駒込キャンパス

食物栄養学科　最短（2年間）で栄養士免許を取得できます。卒業後にどのような場面でも栄養士として力を発揮できるよう、就職先・進路を想定した5つの専門フィールド（保育・福祉、病院・給食会社、フードビジネス、公務員、四大編入・進学）を学ぶことが可能です。また、併設大学の実践栄養学科または食文化栄養学科の3年次へ優先的に編入学できる「学園内推薦編入学制度」があります。

〈取得できる資格〉栄養士、管理栄養士国家試験受験資格（栄養士として3年間の実務経験が必要）ほか

■学科組織

●栄養学部
　実践栄養学科200／保健栄養学科（栄養イノベーション専攻※100、保健養護専攻50）／食文化栄養学科87
　※2025年4月栄養科学専攻より名称変更構想中

●短期大学部
　食物栄養学科120

奨学金制度

　DNP奨学金（給付）、香友会わかば奨学金（給付）、横巻のぶ記念奨学金（貸与）、野口医学研究所奨学金（給付）、エフテック奨学財団奨学金（給付）。ほかに、日本学生支援機構奨学金、地方自治体等の奨学金制度にも対応。また、学業成績が優秀で、課外活動や学内行事、ボランティア活動に積極的に参加している学生を表彰する香川綾・芳子奨励賞もあります。

CAMPUS情報

　閑静な街並みの中にある坂戸キャンパスと、都市の利便性と豊かな緑に恵まれた駒込キャンパス。どちらも落ち着いた雰囲気の中で、じっくりと自分と向き合い、夢を育むことができる環境が整っています。

　充実した施設・設備を完備！　先進的なシステム機能を装備した「給食経営管理実習室」では、管理栄養士としての給食運営の基礎技術とマネジメント力を身につけます。「食文化キッチン・ラボ」は調理実習室のほか、レストラン営業ができる食事室・キッチンスタジオ・カフェ菓子厨房を備えた食文化栄養学科のフラッグシップ的な創造空間。「アクティブ・ラーニング室」はホワイトボードとプロジェクターを活用して学生が積極的に参加する授業が行われています。また、坂戸キャンパスから徒歩10分の場所に「大学農園」があり、農園体験という授業では、実際に作物を栽培することができます。

🌐 国際交流

　学術交流と学生の国際交流を進展させるため、オーストラリアの2つの大学およびタイのマヒドン大学・ソウル国立大学校生活科学大学・ベトナムのハノイ医科大学と提携しています。

　春休みと夏休みを利用し、オーストラリア栄養学・英語研修、台湾・料理文化研修、ヨーロッパ洋菓子研修、ヨーロッパ料理研修などの多彩なプログラムを実施しています。

2024オープンキャンパス

[坂戸キャンパス]
　5/12(日)、5/26(日)※若葉祭、6/16(日)、7/21(日)、8/4(日)、
　8/11(日)、8/24(土)、9/29(日)、10/27(日)
[駒込キャンパス]
　4/27(土)、6/23(日)、7/14(日)、8/3(土)、8/25(日)、
　11/2(土)・11/3(日)※駒込祭
【受験生応援サイト】https://juken.eiyo.ac.jp

多彩に広がる卒業後の進路

　管理栄養士など国家試験対策が充実　2023年2月実施の管理栄養士国家試験において233人が合格し、合格率97.1%および合格者数全国第1位を達成しました。2023年2月実施の臨床検査技師国家試験においても28人が合格し、例年全国平均を超える合格率を誇り、養護教諭採用者数（新卒）でも全国トップレベルの実績を築いています。その他、さまざまな資格取得のためにカリキュラムや講座を設け、成果を挙げています。

　希望通りの職業まで万全のナビゲート　きめ細かな就職活動支援プログラムにより、極めて高い就職率を保っています。資格免許を生かした専門職への就職は社会動向の影響を受けにくく、食や健康に関する社会的需要も高まっている現在、新しい分野への就職も広がっています。卒業生は、病院、学校、福祉施設、食品メーカーなど多方面で活躍しています。

📝 入試GUIDE

①総合型選抜（アクティブ・ラーニング入試）／栄養学部・
　短期大学部　※短期大学部のみアクティブ・ラーニング入試2期・3期あり
②総合型選抜（栄大スカラシップ）／栄養学部・短期大学部
　※合格者のうち、成績上位30％を目安（上限20人）とし、特待生として1年次の授業料を給付する入試です。
③学校推薦型選抜（指定校推薦・公募推薦・卒業生子女推薦）／栄養学部・短期大学部
④一般選抜（1期・2期・3期）／栄養学部・短期大学部
⑤大学入学共通テスト利用入試（1期・2期）／栄養学部・
　短期大学部
上記のほか、編入学・社会人特別入試もあります。
詳細は女子栄養大学受験生応援サイトをご確認ください。

交通アクセス ▶

◆坂戸キャンパス
　設置学部：栄養学部
　交通案内：東武東上線「若葉」駅　東口徒歩3分
◆駒込キャンパス
　設置学部：短期大学部
　交通案内：JR山手線・東京メトロ南北線「駒込」駅　徒歩3分

　　　　資料請求方法：巻末ページの「パンフレット一括請求」をご覧ください。

駿河台大学

〒357-8555 埼玉県飯能市阿須698 入試広報部 TEL 042-972-1124 〈HP〉https://www.surugadai.ac.jp/

資料請求

	請求ハガキ	巻末ハガキ
料　金	無　料	
完成時期	5月中旬	

TOPICS

- ●地域や"まち"を舞台に学ぶ「アウトキャンパス・スタディ」(地域の教育力)。
- ●公務員試験・資格取得サポート制度が充実。
- ●最新設備と"3つの安心"の学生寮(フロンティアタワーズ)。

大学GUIDE

教育力の駿大 駿河台大学は、緑豊かな美しい自然環境に恵まれた埼玉県飯能市にキャンパスを持つ、社会科学系の総合大学です。学生と教員が討論を重ねる少人数制のゼミナール教育を重視し、資格取得はもちろん、実社会で役立つコミュニケーション能力・プレゼンテーション能力などを4年間かけて培います。

建学の精神は「愛情教育」。一人ひとりの学生をありのままにみつめ、夢と歩みを支援します。また、グローバル化の著しい現代社会における地域社会の中核的役割を担う幅広い人材を育成します。

全ての学部において1年次から少人数のゼミナールを実施

アウトキャンパス・スタディ 大学の教室を飛び出し、地域のイベントや職場を経験する機会が豊富です。企業や市役所で実際の仕事に取り組む「インターンシップ」は、実社会に接し、自分に適した職種や業界を知る体験ができます。また、地域と連携した「まちプロ」では、地域のイベントの企画・運営への参加や、プロジェクト活動を通じた社会貢献事業の提案などを行い、社会で活躍する人々から学び、実践することで社会人基礎力を習得します。

■学部・学科組織・募集定員

- ●法学部 法律学科220
- ●経済経営学部 経済経営学科210
- ●メディア情報学部 メディア情報学科140
- ●スポーツ科学部 スポーツ科学科200
- ●心理学部 心理学科140

法学部 企業と法コース／警察・消防コース／法職・行政職公務員コース 警察官・消防官・行政職公務員を目指す学生に対し、実践的授業や個別指導を行い、しっかりと就職力を身につけます。少人数ゼミや「公務員・資格試験学習室」でも、学生一人ひとりに合ったサポートを行います。リーガルマインドを身につけながら、あなたの夢をかなえましょう。

経済経営学部 経済と社会コース／経営と会計コース／観光＆国際ビジネスコース 経済経営学部ならではの社会とのつながりの濃い、実践力をつける授業や演習に取り組んでいます。プロジェクト型授業や少人数ゼミ、インターンシップで就職力を身につけ、社会で通用する知識と実践力を身につけましょう。簿記検定試験、情報関連試験、TOEIC®試験など、授業の中で、合格を目指して徹底サポートします。

メディア情報学部 映像・音響コース／デザイン・アニメコース／情報・図書館コース

映像・音響、PC、図書館などに興味をもち、知的でクリエイティブな活動で探求する学生を歓迎します。各分野の学びを学生一人ひとりが自分の興味や将来の進路に合わせてカスタマイズすることにより、「メディア情報のスペシャリスト」になることを目指します。多彩な教授陣が、学生個々の歩みを見つめながら、さまざまな方法で表現することに最大限のフォローをします。

スポーツ科学部 スポーツと教育コース／スポーツと健康コース／スポーツと地域・社会コース スポーツを

留学・国際交流

交換・派遣留学制度では、7カ国10大学と提携しています。長期留学しても4年間で卒業することが可能です。留学先の授業料は無料で、渡航航空機代(往復)は大学が負担します。一人10万円の奨学金を給付し、留学中でもメール等でサポートします。

このほかに2～5週間程度の海外語学演習制度もあります。

奨学金

成績優秀者や家庭の経済状況の急変などに対応する「駿河台大学給付奨学金」、所定の資格試験の合格者や、キャリアカレッジでの資格試験合格者を対象とした奨励金、海外提携大学への交換・派遣留学生を対象とした奨学金などがあります。また、㈶日本学生支援機構の各種奨学金、自治体等の奨学金も利用できます。

主な教材とした多様な教育を通じて、現代社会に必要な基礎的能力（駿大社会人基礎力）を涵養するとともに、スポーツ科学に関する幅広い教養とグローバルな視野を身につけ、関連領域における実践者、指導者、支援者として、スポーツに関連する領域の振興・継承・交流・創造に貢献できる人材になることを目指します。また、中学校・高等学校の保健体育科教諭（一種免許状）や、スポーツ、健康関連資格またはその受験資格などを取得できます。

心理学部 臨床の心理コース／犯罪の心理コース／子どもの心理コース 国内では数少ない犯罪心理学の専門コースがあります。新しい国家資格「公認心理師」に対応し、臨床心理・子ども心理に関する専門家を目指せます。臨床心理士や精神科医、少年鑑別所技官等、多様な経歴をもつ教員のもと、カウンセリング技法や心理検査、プロファイリング等、少人数で体験的に学べます。

公務員・資格取得

公務員試験対策が充実！ 公務員を目指すなら、駿大
●**公務員講座** 公務員受験のプロが指導にあたり、限られた時間の中で効率よく勉強を進めるための合格プログラムが組まれています。「入門コース」から「直前特訓コース」までレベルに応じた講座を用意しています。
●**公務員・資格試験学習室** 法学部の教員が中心となり、司法試験、公務員、警察官、消防官、資格試験などを対象にした勉強会を開き、学生を強力に支援。面接試験対策としては、徹底的に模擬面接で鍛えています。
●**キャリアカレッジ** 宅建士、販売士、簿記、ITパスポート、秘書検定、医療事務など、各種資格試験に対する万全の備えができるキャリアカレッジ（資格試験対策講座）を多数用意。資格取得のエキスパートが、「わかる」から「できる」ようになるまで徹底して指導します。

CAMPUS情報

●**映画のロケ地にも使われる広大なキャンパス**
キャンパスは、広大な敷地の約半分は豊かな緑にあふれ、里山として活用されています。映画やドラマのロケ地に採用されることも多く、最先端の施設と豊かな自然が調和したキャンパスです。
●**メディアセンター** 図書館・博物館機能、FMスタジオ・映像スタジオを兼ね備えた総合マルチメディア施設。AVライブラリーには、約8千点の映像資料がそろい、各視聴ブースで映画や音楽鑑賞ができるようになっています。図書エリアには、36万冊以上の図書と3,800種以上の雑誌を所蔵し、図書カウンターでは、司書スタッフが書籍や論文検索などの相談に応じています。
●**学生寮「3つの安心」** 学生寮「フロンティアタワーズ」は、最新の設備とセキュリティーを備えたワンルーム型の学生寮。安全でゆとりある快適な学習・生活空間を提供しています。「①大学キャンパス内にある」「②大学が直接運営」「③24時間有人管理」の3つの安心と、管理栄養士が考えるバランスのとれた食事メニューが自慢の学生寮です。

就職支援

キャリアセンターでは、就職活動を成功させるための多彩な「就職支援行事」、公務員を目指す学生のための「公務員講座」、資格取得のための「キャリアカレッジ」を開催し、学生の進路選択を全力でサポートしています。就職活動の流れから業界・企業研究について、また筆記試験の体験やリクルートスーツの着こなし方など、さまざまなガイダンスを用意しています。

学生一人ひとりに担当のキャリアアドバイザーがつきますので、少しでも不安や疑問が生じたら、いつでも遠慮なく相談に来ることができます。学部カリキュラムのなかのキャリア教育科目の運営も行っていますので、全学的なキャリア教育と就職活動支援を連携させることで、細やかな対応を可能にしました。

駿河台大学オープンキャンパス
2024年度オープンキャンパスの日程・内容等の詳細は、駿河台大学のホームページでご確認ください（4月発表予定）。

就職実績
法務教官、警視庁、長野県警、千葉県警、福島県警、埼玉県警、愛知県警、多摩信用金庫、飯能信用金庫、青梅信用金庫、琉球銀行、北陸銀行、静岡銀行、埼玉西部消防組合、茨城県八千代町役場、埼玉県職員（上級）、埼玉県所沢市役所、埼玉県飯能市役所、埼玉県川越市役所、埼玉県狭山市役所、栃木県大田原市役所、群馬県伊勢崎市役所、綜合警備保障、JA全農、JA東京みらい、幼児活動研究会、東京都公立大学法人、日本システム技術、中国電力、中央発條、リンナイ、メディキット、パラマウントケアサービス、ヌーベルアージュ、トヨタモビリティ東京、ダイキンエアテクノ、セコム、コマツカスタマーサポートなど （2023年3月卒業生）

資料請求方法：巻末ページの「パンフレット一括請求」をご覧ください。

聖学院大学

〒362-8585　埼玉県上尾市戸崎1-1　アドミッションセンター　TEL 048-725-6191　〈HP〉https://www.seigakuin.jp

資料請求	請求ハガキ	巻末ハガキ
料　金		無　料
完成時期		5月下旬

■学部・学科組織

●政治経済学部　政治経済学科160
●人文学部
　欧米文化学科80／日本文化学科80／子ども教育学科100
●心理福祉学部
　心理福祉学科120

他学部・他学科履修制度
視野と知識の幅を広げる学際教育

政治経済学科　政治学と経済学に加えて経営学、法学、情報学、社会学の6分野を学べることが大きな特徴です。1年次に各分野の授業を受けて自分の興味関心を確認し、2年次から自身が追究したい学問分野のゼミ（18種類）に参加。広く、深く、専門的に学ぶことができます。分野を超えた学びは物事の考え方の基盤を強め、社会に出て、様々な場面に遭遇した際の対応力として役立ちます。また、公務員試験対策プログラムも充実しています。

欧米文化学科　言語の背景にある文化・歴史・文学・芸術を学び、異文化を理解しグローバル社会の様々な問題に対応できる幅広い国際教養を身につけます。1年次は個々のレベルに合わせて英語力の基礎を構築、さらに少人数制の英語強化プログラムで語学力、コミュニケーション力を伸ばします。中学・高等学校教諭（英語）、小学校英語指導者などの資格が取得可能。提携校留学や語学研修制度が充実し、留学奨学金等の支援体制もあります。

日本文化学科　「文学・語学」「歴史・思想」「文化論・比較文化」といった3学問領域を切り口に、日本文化の本質を探究します。また、充実した専門科目群をはじめ、研究者でもある教員の実指導により洞察力や表現力を習得し、発信する力を着実に身につけます。国語科教職をはじめ、日本語教師、図書館司書資格の取得支援では、実践的なプログラムや現役教員との交流会を通じて、現場で生かせる知識と経験を培うこともできます。

子ども教育学科　子どもの言葉、行動、心理などを理解し、保育士や幼稚園教諭、小学校教諭や特別支援学校教諭などの資格・免許状を取得。時代に応じて変化する教育・保育現場に対応し、ICTの活用や特別支援教育、異文化理解などに関する知識と教養を身につけ、社会で活躍する力を養います。じっくりと培った子どもと向き合う力は、社会や企業からも注目され、卒業後は保育・教育職に限らず多様な職種に就いています。2023年度教員採用試験合格者は小学校9人、特別支援学校4人。

心理福祉学科　現代を生きる人の心と社会の関係について深く学び、他者に寄り添える心の豊かさを身につけた心理・福祉のスペシャリスト（スクールカウンセラーやソーシャルワーカーなど）をめざします。現代人の心の問題と現代社会の福祉的課題について、「心理学」と「福祉学」の2つの分野を学んだ上で、目指す資格をじっくり検討できます。公認心理師（受験資格/同大学院に公認心理師コースあり）、社会福祉士（受験資格）、精神保健福祉士（受験資格）などの資格取得をサポートするため、試験対策の勉強もできる学習室を設置しています。

「一人を愛し、一人を育む。」
だから面倒見がよい大学

学生にスイッチを入れる「教職員の伴走力」　聖学院大学は、約2,400人の学生が集う小さなコミュニティ。「真の少人数教育」を実現できる規模であり、一人の教員が10人程度の学生の担任となる「アドバイザー制」も敷いており、自ずと「対話」が生まれる環境と言えます。「面倒見が良い大学」を"手取り足取り学生の世話をする大学"と捉える人もいますが、面倒見の本質は、学生自身に"気づきと行動を促す"こと。聖学院大学の教職員は、近すぎず、遠すぎず、見守り、「対話」し続けることで可能性を育みます。

地域や世界へ羽ばたく グローカル拠点として

地域と世界との協働・連携にSDGsへの取り組みは欠かせません。聖学院大学には、SDGsを学ぶ機会が多数あります。例えば、埼玉県庁オープンデーに、学生団体が古着を活用したファッションショーで参加。多数の企業と連携して企画運営を行いました。一方、海外との接点として提携校への留学や短期の語学研修、学科の海外研修（海外心理福祉研修、児童学海外研修）なども豊富に用意されています。地域・世界をつなぎ、地域や世界へ羽ばたく学生を応援しています。

英語教育・国際交流

聖学院大学には充実した英語教育プログラム「ECA（English Communication Arts）」があります。ECAは、映画・音楽・旅行・ビジネスなどにカテゴリー分けされているため、自分の興味のあることから英語を学ぶことができます。英語の実力に応じたクラス分けを行いますので、英語が苦手な人でも安心して授業を受けることができます。また、各学部学科には独自の海外研修プログラムが設けられており、将来の仕事に直結する専門性を磨ける内容となっています。聖学院大学では世界8カ国から約290人の留学生が学んでおり、授業や課外活動のほか、数多く開催されているイベントでも交流を深めることができます。

資格取得を支援

教職支援センター　小中高等学校や特別支援学校をめざす学生が教員採用試験対策、教育実習対策の学びの場として利用できます。適宜必要な情報が開示され、教員採用試験を熟知する先生の指導が受けられます。

子ども教育学科実習準備室　幼稚園教諭・保育士をめざす学生のための実習準備室です。実習に必要な教材づくりの準備をしたり、実習に向けてのサポートが受けられます。

心理福祉学科福祉実習指導室　公認心理師（受験資格）、社会福祉士（受験資格）、精神保健福祉士（受験資格）などの資格取得をサポートするため、豊富な現場経験を持つ常駐職員が国家試験や現場実習に関わる情報提供や相談に応じます。国家試験対策勉強会も開催しています。

取得可能な資格・免許　高等学校教諭（国語、英語）、中学校教諭（国語、英語）、小学校英語指導者、日本語教師、図書館司書、学校図書館司書教諭など

〈認定資格〉認定心理士

〈任用資格〉社会福祉主事、社会教育主事、児童指導員

キャリアサポート

就職ではなく将来を考えたキャリアサポート　「キャリア」というと仕事や就職のことを連想しますが、聖学院大学はこれを"人生をどう生きるか"と考えます。そして、就職だけでなくライフキャリアを考えるため、1年生から4年生にかけて様々なキャリアイベントを開催。また、就職の支援をする「キャリアサポートセンター」では、学生一人ひとりに担当の職員がついて、教員と連携して内定までサポートします。

2023年3月卒業生の主な就職先　埼玉県警察、警視庁、群馬県警、伊豆市役所、文京区、八潮市役所、埼玉県教育委員会、さいたま市教育委員会、茨城県教育委員会、

少人数制を生かした手厚い指導で資格取得をサポート

東京都教育委員会、新潟県教育委員会、埼玉県社会福祉事業団、さいたま市社会福祉事業団、中原証券、日本生命保険、戸田中央医科グループ、カナオカ、伊豆商事、川崎鉄工、NECネッツアイ、佐川急便、日本ハウスホールディングスほか

入試GUIDE （2024年度参考）

●**総合型選抜**（講義方式/英語特別/アンバサダー/課題文自己表現）

●**学校推薦型選抜**（指定校制/公募制）

●**スポーツ推薦**

●**クリスチャン推薦**

●**一般選抜**（A日程/B日程/C日程/D日程/大学入学共通テスト利用選抜）

奨学金GUIDE

特待生奨学金（授業料50%減免）2023年度実績70人！

ルーラ・ロング・コームズ記念奨学金（年間授業料30%減免）【25人】のほか、聖学院大学人文学部教職・保育士特待生奨学金など様々な奨学金制度があります。

※【　】は2023年度採用実績数

▶ **2024年オープンキャンパス等**

　オープンキャンパスのほか、キャンパス見学会、オンライン入試説明・相談会、LINEチャット相談など、様々な形で大学を体感できる機会を設けています。

　日程は大学ホームページを随時ご確認ください。

資料請求方法：巻末ページの「パンフレット一括請求」をご覧ください。

西武文理大学

〒350-1336　埼玉県狭山市柏原新田311-1　入試広報課　TEL 04-2954-7575(代)　〈HP〉https://www.bunri-c.ac.jp/　〈E-mail〉koho@bunri-c.ac.jp

資料請求		
	請求ハガキ	巻末ハガキ
料　金		無　料
完成時期		5月

TOPICS
- ●ホスピタリティ教育のBUNRI
- ●ホテル・ブライダル・観光・サービス・経営・経済・スポーツ・看護など将来目指したい分野をしっかりと学べる

■学部・学科組織
●サービス経営学部※　240
　サービス経営学科※
　※2025年4月改編構想中のため、変更になる場合があります
●看護学部　80
　看護学科

大学GUIDE

サービス経営学部

　将来の夢が決まっている、興味のある分野がたくさんある、さまざまなことに挑戦してみたい――。サービス経営学部は2025年度より、これまで以上に多様な体験学修（アクティブ・ラーニング）科目を主体とした学びを実践します。そのためにカリキュラムを新たに編成し、2学科5コース制を1学部1学科に統合します（構想中）。

　アクティブ・ラーニング科目数が大幅に増え、7分類104科目を設置することで学習選択の幅が広がります。①イベントプロデュース型（ブライダル、東京国際映画祭、スポーツイベント等）②ビジネススタートアップ型（起業準備等）③マーケティングデザイン型④地域デザイン型（観光まちづくり等）⑤フィールドワーク型⑥ケーススタディ型（ホテル・ツーリズム等）⑦キャリアデザイン型（就業体験、資格取得等）

　ただ体験するだけではなく、振り返り（反省的実践）を通して、他者とともに協調し、学び合いながら未来を創造する力の総合的な修得を目指します。

看護学部

　看護の対象となる人を一人の人間として理解し、思いやり、支えるために、ホスピタリティ教育を基盤として豊かな人間性を育み、専門的な知識と技術に裏付けられた的確な判断力と問題解決力を身につけます。1・2年次は学内での講義・演習を通して、看護専門職に必要なホスピタリティや各看護専門領域の特徴そして「具体的な看護技術」を学修します。3年次では各看護専門領域の実習を通して、多様な成長発達・健康レベル、様々な生活の場にある対象者や集団に対する看護ケアの実際を学び、判断能力と看護実践能力を身につけます。4年次は、これまでの学修をふまえて自ら選択した専門領域において、看護の専門性やチーム医療の在り方、看護職の課題等を学びます。そして、学びの総まとめとして卒業研究に取り組み、生涯にわたり学び続ける力と看護を探究する姿勢と力を養います。

学びの特色

●サービス経営学部

ブライダルで世界中を元気にする

　入学してすぐに本物の結婚式を創り上げます。1年生から4年生までがチームを組み、リハーサルも同じことを繰り返すのではなく、新郎新婦さまが本当にそれを望んでいるのかを考えて試行錯誤をしながら創っていきます。

実際の社会の現場で体験する就業体験

　1・2年次に長期を含めて3回、就業体験に参加できます。実際にサービス業の現場に立ち、プロの方々から色々と教わりながら、自分に足りていない能力に気がつくことができます。

【就業体験先実績】京王プラザホテル、コンラッド東京、ザ・キャピトルホテル東急、ホテルオークラ東京ベイ、ザ・リッツ・カールトン東京、帝国ホテル、明治記念館、川越プリンスホテル、ホテル雅叙園東京、八芳園、JTB、東京會舘、近畿日本ツーリスト、クラブメッド石垣島、キッザニア東京　他

●看護学部

ホスピタリティを育む4年間

独自のホスピタリティ関連科目を学びながら、人間の生活行動と看護支援について関連諸科学の知識・技術から学び、実習を通して統合することにより、ホスピタリティを基盤に確かな看護実践能力を身につけます。

多様な現場で学びと視野を広げる

埼玉県内や東京都内の多くの保健医療福祉機関から協力を得て実習を行っています。多様な施設で実習を行うことにより、学生は様々な保健医療の理念や活動、多様な対象者と出会うことができ、保健医療に対する学びや視野を広げます。

 充実の学修支援

奨学金制度

奨学生選抜や経済的理由により修学が困難で学業優秀・品行方正な学生に選考のうえ給付する奨学金制度を充実させています。4年間で最大サービス経営学部では324万円、看護学部では200万円減免のチャンスがあります。

アドバイザー制度

サービス経営学部では、学生と教員が交流し、意思の疎通が図れる場を常に提供するために、クラス担任制を導入しています。看護学部では、1年次前期の「基礎ゼミナール」の担当教員が6人程度の学生を担当し、学生個々の学修・大学生活全般にわたる相談に応じていきます。

 卒業後の進路

学生一人ひとりが社会で即戦力として活躍できるように、またさらにその先のビジョンが描けるように、教員とキャリアサポートセンターが連携して、1年次から4年次まで継続的なサポートをしています。

2023年3月卒業生実績

●**サービス経営学部** JR東日本ステーションサービス、ANAインターコンチネンタルホテル東京、東京會舘、京王プラザホテル、ホテル雅叙園東京、ソフトバンク、八芳園、プーマジャパン、飯能信用金庫 など

●**看護学部** 国立成育医療研究センター、公立福生病院、さいたま赤十字病院、順天堂大学医学部附属練馬病院、東京医科大学病院、日本大学病院、埼玉県志木市(保健師)、東京都東村山市(保健師) など

 入試GUIDE (前年度参考)

サービス経営学部

①学校推薦型選抜(指定校1期※・2期・3期、公募A・B・C)

②総合型選抜奨学生(自己推薦型、スポーツ型、アクティブ・ラーニング型、課題型)※

③総合型選抜面接方式(1〜7期)

④一般選抜(A※・B日程)

⑤全学統一選抜※

⑥特別選抜(私費外国人留学生)

⑦編入学選抜

看護学部

①学校推薦型選抜(指定校1期・2期・公募A・B)

②総合型選抜(課題型※・対話型A・B)

③一般選抜(A※・B※・C日程)

④全学統一選抜※

⑤特別選抜(社会人・学士)

POINT 上記※の選抜区分は、入学年度の年間授業料100%・50%・30%減免もしくは入学金30万円免除になるチャンスがあります。授業料減免奨学生入学者は2年次以降毎年、一定基準を満たすと減免が継続されます。

2024年オープンキャンパス

3月23日(土)

事前申込制

※4月以降の開催日程は大学HPにてご確認ください。学校見学・個別相談は随時実施します。

交通アクセス

下記4駅からスクールバス運行(校内終点下車)
西武新宿線「新狭山」駅 北口
JR・東武東上線「川越」駅 西口
西武池袋線「稲荷山公園」駅
JR・西武池袋線「東飯能」駅 東口

資料請求方法：巻末ページの「パンフレット一括請求」をご覧ください。

東京国際大学

〈池袋キャンパス〉〒170-0013　東京都豊島区東池袋4-42-31
〈川越第1キャンパス〉〒350-1197　埼玉県川越市的場北1-13-1
入学センター　TEL 049-232-1116　〈HP〉https://www.tiu.ac.jp/

TOPICS

2023年9月 池袋キャンパス開校
東京・池袋のサンシャインシティ隣接地にグローバル教育機能を高めた都市型キャンパスを開校

池袋キャンパス

 充実の「英語教育」で世界へはばたく

国際色豊かなキャンパス

これまでに110カ国・地域からの留学生が学んでいる環境は、国内外でも高く評価されており、THE日本大学ランキング2023「国際性」の分野で、首都圏5位、全国13位にランクインしました。学生は日常的に外国語にふれ、豊かな国際感覚を育みます。

●アメリカ直輸入の英語教育で「品格ある英語」を

40人を超えるネイティブ教員で構成される独自の英語教育組織GTI（Global Teaching Institute）。英語教授法の修士学位を取得した教員が、少人数対話型授業で学生一人ひとりへきめ細やかな指導を行います。

●世界約280の協定校へ留学できる

世界各国の大学と国際交流協定を結び、多様な留学プログラムを用意。交換留学を推進する世界的な組織ISEPにも加盟しています。また、国際交流奨学金制度を設け、留学を希望する学生を強力にバックアップします。

■学部組織
〈池袋キャンパス〉
●商学部
　データサイエンスコース、グローバルデータサイエンスコース
●経済学部
　経済学科（現代経済専攻225、ビジネスエコノミクス専攻290）
●言語コミュニケーション学部　英語コミュニケーション学科210
●国際関係学部　国際関係学科310
〈川越第1キャンパス〉
●商学部　商学科100／経営学科160
●国際関係学部　国際メディア学科60
●人間社会学部
　福祉心理学科45／人間スポーツ学科245／スポーツ科学科210
●医療健康学部　理学療法学科80

●すべての授業を英語のみで実施

経済学部と国際関係学部で開講しているE-Track（English Track Program）は、国際色豊かな学生とともに英語でさまざまな価値観にふれ、国際舞台で活躍できる力を磨きます。

●TIU COMMONS／English PLAZA

キャンパスにいながら海外留学と同じように英語や異文化に接することができるコミュニケーションスペース。ネイティブ教員から英語学習のアドバイスも受けられます。

●30年以上続く伝統のアメリカ留学

姉妹校ウィラメット大学（オレゴン州）で現地の学生と学ぶASP（American Studies Program）。英語力の向上はもちろん、文化・芸術、スポーツやクラブ活動、ボランティアなど、新しい自分を発見する機会に恵まれています。

●ワンランク上の英語力・実践力を身につけるグローバルビジネスコース（言語コミュニケーション学部）

留学や海外インターンシップ、ビジネス系科目を学び、国際ビジネスの場で即戦力となるビジネスパーソンを育成します。全員が特待生となります。
※受講するには本コースでの入試の合格が必須です。

質の高い「スポーツ教育」で育む人間力

●各競技を代表する指導陣
宇津木妙子／女子ソフトボール、前田秀樹／サッカー、佐藤直子／テニス、横溝三郎／駅伝、湯原信光／ゴルフ、三宅義信／ウエイトリフティングなど

●英語×スポーツで留学
「グローバルスポーツ・プログラム」
　GTI教員による少人数対話型授業で英語力を磨き、夏期または冬期休暇にフィリピン・セブ島で2週間の短期留学に参加するプログラム。午前中は英語レッスン、午後はスポーツトレーニングを受講し、競技はサッカー・テニス・バスケットボールから選択可能です。

 # キャンパス情報

池袋キャンパス　2023年9月、東京国際大学のグローバル教育機能を高めた都市型キャンパスが開校しました。約4,000人の学生が最先端の知にふれ、100カ国を超える留学生とともに学びます。キャンパス内には日本人と留学生が互いに多様な価値観にふれることができる、国際色豊かな施設を整備しています。東京メトロ有楽町線東池袋駅から徒歩4分とアクセスは抜群です。

川越第1・第2キャンパス　正門の先には在学する留学生の出身国の国旗がはためく、開放感あふれるキャンパスです。グループ学習室などを備えた図書館や医療系実習施設など、最新の施設が有機的に並んでいます。第2キャンパスは緑豊かな敷地の中、専門性を誇る福祉・スポーツ関連施設が配置されています。

坂戸キャンパス　東京ドーム4個分の広大な敷地を持つ総合グラウンド。大学トップクラスの野球スタジアム、

サッカー場、ソフトボール場、陸上競技場、低酸素室、ゴルフ練習場（屋内／全天候型）などのスポーツ施設が充実しています。

 ## 広がる学びの領域

●医療健康学部 理学療法学科（2021年開設）
　現代社会の問題を理学療法の視点からとらえ、医療・福祉分野のみならず、健康増進・介護予防分野においても活躍できる、次世代の医療プロフェッショナルを育成します。

●商学部 データサイエンスコース（2022年開設）
　AI・ビッグデータ等を扱うスキルに加え、独自の英語教育を組み込み、即戦力のビジネス人材を育成します。

ワンランク上のグローバルデータサイエンスコースでは全員が特待生として入学し、より高度なスキルを身につけ世界にはばたくことを目標とします。

 # 資格・進路

資格　中学校・高等学校教諭一種免許状（英語、保健体育）、理学療法士（国家試験受験資格）、公認心理師※、社会福祉主事（任用）、児童指導員（任用）、認定心理士、トレーニング指導者　他

※卒業後に大学院進学や実務経験により得ることができます。

就職指導　就職支援デスクに専門コンサルタントが常駐し、学生一人ひとりを個別にバックアップ（巻頭96ページもご参照ください）。

主な就職先（2023年3月卒業生）　アディダスジャパン、伊藤園、鹿島アントラーズFC、警視庁、時事通信社、積水ハウス、第一生命保険、大成建設、日本アイ・ビー・エム、NEC、パレスホテル、ベネッセコーポレーション、本田技研工業、ユナイテッドアローズ、良品計画　他多数

入試GUIDE

①一般選抜
　・大学入学共通テスト利用入試
　・全学部統一入試
　・特待生入試

②総合型選抜
③学校推薦型選抜
④特別入試
⑤E-Track入試

※各入試の詳細は大学HPでご確認ください。

奨学金制度
特待生入試奨学金、グローバルコース入試奨学金（商・経済・国際関係・人間社会）、グローバルビジネスコース入試奨学金（言語コミュニケーション）、グローバルデータサイエンスコース入試奨学金（商）、アメリカ留学（ASP）特待生入試奨学金、修学支援奨学金、ASP奨学金など

オープンキャンパス
●オープンキャンパス
　6/9(日)、6/16(日)、7/20(土)、7/27(土)、8/3(土)、8/24(土)
●受験相談会
　9/8(日)、10/6(日)
※詳細は大学HPでご確認ください。

資料請求方法：巻末ページの「パンフレット一括請求」をご覧ください。

獨協大学

〒340-8585　埼玉県草加市学園町1-1　入試課　TEL 048-946-1900　〈HP〉https://nyushi.dokkyo.ac.jp

TOPICS

2024年4月　情報科学教育プログラム始まる。

外国語もデータサイエンスも。

2024年4月
情報科学教育プログラム始まる。
文理融合人材を育成します

～全学部生対象　文理融合人材を育成～

すぐ先の未来が見えづらい今、多種多様な情報のデータを読み解き、分析する力が求められています。獨協大学は、ITとデータサイエンスを中心とした新しい教育プログラムを立ち上げます。獨協が得意とする「文系の専門知識」に新たに「理系のデータサイエンス・スキル」をプラスすることで、文理融合の分野にも強く、社会の即戦力として期待される力を育成することを目指しています。

大学の特色

外国語教育、国際交流（留学）、全学共通カリキュラムが特色です。また、全学生が4年間1つのキャンパスで学ぶ「オールインキャンパス」は、学部・学科の枠を越えた人との交流、幅広い知識の習得が可能。また、「語学の獨協」と呼ばれるのは、1964年創立以来の外国語を重視した国際化に対応しうる人材育成の精神が受け継がれているから。ゼミナールや全学共通カリキュラムなど多種多彩な学びを通して総合的な思考力と判断力を養います。

外国語教育　英語を含む15言語を全学科で学べます（英語・ドイツ語・フランス語・スペイン語・中国語・韓国語・イタリア語・ポルトガル語・ロシア語・タイ語・アラビア語・トルコ語・現代ヘブライ語・古典ギリシア語・ラテン語）。

全学部とも英語の授業は、TOEIC®LISTENING & READING TEST(IP)スコアを参考に、習熟度別の少人数クラスで一人ひとりに最適な指導を行います。この「国際社会で活躍するために必要な教育を全学生に」というコンセプトから生まれた全学共通カリキュラム英語部門（全カリ英語）では、英語力を高め、「専攻分野＋英語」の力を備えた国際人の育成を目指します。

全学共通カリキュラム　学部学科を越えて全学生が自由に学べる「全学共通カリキュラム」。1,200科目以上の講座があり、データサイエンスやベストセラー文学の分析、企業トップが語る企業論、インラインスケートまで、幅広い分野の科目が学べます。学部の枠にとらわれず自分の好奇心のままに履修でき、無限に広がる多種多彩な学びを通して、総合的な思考力と判断力を養います。

学部紹介

外国語学部　まず2年間でオールラウンドなコミュニケーション能力「聞く、話す、読む、書く」を身に付けます。そして2年次もしくは3年次から対象とする言語

■**学科組織（2024年度募集人員）**
- ●**外国語学部**
  ドイツ語学科120／英語学科250／フランス語学科95／交流文化学科100
- ●**国際教養学部**
  言語文化学科150
- ●**経済学部**
  経済学科280／経営学科280／国際環境経済学科120
- ●**法学部**
  法律学科210／国際関係法学科75／総合政策学科75

圏の文学、歴史、政治、経済などに関するコースを選択し、広範な知識を習得します。「交流文化学科」では、英語＋1言語を習得し、ツーリズム、トランスナショナル文化、グローバル社会の専門科目を学びます。

国際教養学部　外国語科目は「英語とスペイン語」「英語と中国語」「英語と韓国語」の組み合わせで2つの外国語を学びます。専門科目は各言語圏の地域研究科目の他、グローバル社会、データサイエンス、言語教育など、多彩な研究分野から自由に選択可能です。

経済学部　専門科目は、学生の興味・関心のある分野を専門的に学べるようコース制を導入し、経済学部の他学科の科目も選択し学ぶこともできます。複雑化する情報化時代を先取りし、「経済学×経営学・情報×環境学」の学際的学びで国際社会で活躍できる人材を育成します。

法学部　卒業後の進路に見合った基礎的知識と学力をそれぞれの学科・コースで身に付けることができるよう、授業は基礎学習から段階的に特定専門知識を習得するカリキュラムが構成されています。特に1年次の「入門演習」では、少人数（18人前後）・ゼミナール方式で開講され、専門分野を学ぶ上で必要な基礎知識や姿勢を学びます。

国際交流

外国語の習得はもちろん、その国の文化や歴史を学ぶために、獨協大学は留学を推進しています。協定校は18カ国・地域57大学。奨学金や研修費補助制度も充実して

多様な自習施設も完備

教室や図書館などの施設が集まる天野貞祐記念館（左奥）
教室棟「東棟」（中）学生センター（右）

います。

長期留学には、主に交換留学と認定留学の２つの制度があり、いずれも留学期間中、獨協大学または留学先のどちらか一方の授業料が免除され、留学先で取得した単位は最大32単位まで卒業単位として認定されるため、留学期間を含めて４年で卒業することも可能です。

短期留学は、春・夏休みに実施され、少人数制の語学授業や他国の学生との交流などが行われます。この制度で取得した単位も獨協大学の単位として認定（最大８単位まで）されます。

獨協のキャンパスから始まる国際交流　国際交流センター主催の行事の他、学生が企画・実施するイベントなど、留学生との交流が年間を通じて盛んに行われています。日帰りバスツアーや、日本の伝統工芸を見学・体験したり、協力して料理を作り試食するイベントなどを開催。これらのイベントを通して、毎年多くの学生が留学生と交流しています。

企業からの評価が高い

進路・就職支援　2022年の企業の人事担当者に対して行われたアンケート調査では、全国の私立大学で総合ランキング３位（全体28位）となっています（2022.6 日経HR「就職力ランキング」）。就職ガイダンスやエアライン講座など多種多様な講座は学生から高い満足度を誇ります。また、企業や地方公共団体で「就業体験」をするインターンシップも充実。２・３年次対象の授業では単位を認定。

主な就職先　日本航空、JR東日本、東京地下鉄、ソフトバンク、楽天、日本通運、郵船ロジスティクス、日立物流、野村證券、三菱UFJ銀行、明治安田生命保険、

京セラ、資生堂、セブン-イレブン・ジャパン、アサヒ飲料、オリエンタルランド、教員、公務員、航空管制官、警察官　他　　　　　　　　（2020～2023年卒業生）

入試GUIDE（2024年度実績）

★全てインターネット出願

①**一般入試** ２・３科目学科別／外検＋、２科目全学統一（前期）、２科目全学統一（後期）／全方式の併願が可能。

　全国13会場（獨協大学［草加］・札幌・仙台・新潟・水戸・宇都宮・高崎・千葉・新宿・横浜・長野・静岡・福岡）で受験できます。

　２科目全学統一入試では、複数学科を11志願まで出願可能（２志願目から検定料割引あり）。

②**共通テスト利用入試**（前期・中期・英語資格・後期）／個別試験は実施しません。複数学科併願も可能です。

　複数併願で、検定料割引を適用。通常１志願につき17,000円のところ２志願まで一律17,000円。３志願目以降、１志願につき＋5,000円。

③**自己推薦入試**（総合型選抜）

④**指定校推薦入試**　⑤**課外活動推薦入試**

⑥**特別入試**（帰国生徒・外国人学生）

⑦**卒業生子女・弟妹入試**　⑧**編入学試験**

※2025年度入試の詳細については、入試概要（６月中旬完成）もしくは「獨協大学入試情報サイト」で確認してください。

交通アクセス

　東京メトロ日比谷線・半蔵門線直通 東武スカイツリーライン「獨協大学前〈草加松原〉」西口より徒歩５分

★獨協大学入試課Instagram配信中★

イベント告知、施設紹介、クラブ・サークル紹介、留学インタビュー等、豊富なコンテンツを配信中。在学生から獨協大学に決めた理由や受験生へのメッセージも公開しています♪是非、フォローして最新情報をチェックしてください！

獨協大学キャンパス見学

キャンパスツアー付き個人見学実施中。
○実施期間：月曜日～土曜日
○対象：高校生、受験生および保護者
　お申し込みは獨協大学入試情報サイトをご覧ください。

資料請求方法：巻末ページの「パンフレット一括請求」をご覧ください。

日本工業大学

〒345-8501　埼玉県南埼玉郡宮代町学園台4-1　入試課　TEL 0480-33-7676　〈HP〉https://www.nit.ac.jp

TOPICS

夢中が見つかる日本工業大学
工学の魅力と将来性を体感して好奇心を育てる科目「学科探求セミナー」
日本工業大学では工学の学びの「魅力や将来性」「大学研究のレベルの高さ」を学ぶために「学科探求セミナー」の科目を初年次に設置しています。学科内の複数の研究室で体験演習や課題に取り組み、工学学修への意欲が高まる好奇心が育ちます。さらにグループ学習を通して、課題をチームで解決する経験を得ることができます。

🏛 大学GUIDE

独自の教育システムと学修支援

【実工学の学び】　実社会で必要となる知識と技術を同時に学び、現場で活躍する創造的エンジニアになるための「実工学」を学びます。学生一人ひとりの能力に合わせて基礎知識、理論を学びながら、実験・実習・製図など実践的技術を同時に学び能力を進化させる学修システムで、次世代の実工学技術者を育てます。

【理数・語学リテラシー】　工学の基礎となる「数学」「物理」「英語」を実践的に使えることを目標として、これらを鍛えるプログラムを用意。一人ひとりの能力に合わせて、学期ごとに授業の難度を高めていき、工学を学ぶ力を着実に身につけていきます。

【社会貢献力育成】　日本工業大学では学部や学科の垣根を超えて、地域や社会と関わりながらプロジェクトに取り組んでいく授業を用意。地域貢献活動や地域との交流を通して視野を広げ、多様な考え方を取り入れながら、課題を解決する実践的な力を身につけていきます。

基幹工学部

機械工学科、電気情報工学科、および環境生命化学科を設置。産業界の基盤となる機械、電気、化学等の技術について、1年次からの実体験的学修に始まり、講義や多くの実験・実習を通して実践的に学びます。機械加工や電子回路設計、先端材料、バイオなど、各分野で技術の要となる設計、生産技術に精通した技術者を育てます。

先進工学部

ロボティクス学科、情報メディア工学科、データサイエンス学科を設置。ロボット工学、情報工学、メディア工学、データサイエンスといった分野は、これからの人間社会の営みをよりよくする技術であることから、豊か

■学科組織と定員

●基幹工学部
　機械工学科170／電気情報工学科※150／環境生命化学科※80

●先進工学部　ロボティクス学科100／情報メディア工学科120／データサイエンス学科120

●建築学部
　建築学科250（建築コース、生活環境デザインコース）
※2025年4月に電気電子通信工学科、応用化学科より名称変更予定

な発想力にあふれる先進技術者が求められています。既存のさまざまな技術を融合させて新しい価値を創造する力と、さらにその技術を自ら情報発信できる能力を兼ね備えた先進技術者を育てます。

建築学部

建築学科に建築コース・生活環境デザインコースを設置。1学科2コース制で、建築・都市デザイン、構造・環境エンジニアリング、住空間デザイン、福祉空間デザインなど、幅広い分野を実体験的に学ぶ層の厚い学修を実現します。住宅からまちづくりまで、魅力的で安全・快適な建築空間を生み出す建築家や建築技術者を育てます。

✏ カレッジマイスタープログラム

個性的な13テーマから自分の興味・関心に合わせて参加できる専門性の高いプロジェクト型選択科目。教員のサポートを受けながら、充実した設備や機材を駆使して本格的なものづくりに挑戦できます。フォーミュラ工房では2023年も学生フォーミュラ日本大会に出場。多数の強豪校を抑え、総合9位という成績を収め、さらには日本自動車工業会会長賞受賞、ベスト車検賞（1位）といった輝かしい結果を残しました。ものづくりの一連のプロセスを学べるだけでなく、チームワークによって目標を達成する喜びも経験できます。

奨学金制度　〈前年度参考〉

〈**特別奨学生**〉（入学時）
　特別選抜（単願）の合格者（21人以内）、98万円または49万円の学費減免。さらに、優秀な合格者に対しては4年間の学費減免や、生活補助費が給付される特待生制度あり。

〈**入試奨学金**〉（入学時）
　特別選抜、一般選抜、共通テスト利用、学校推薦型選抜（指定校）、総合型選抜の成績優秀者、20万円の学費減免。

〈**指定校奨学金**〉（入学時）
　学校推薦型選抜（指定校）の合格者で、入学時のプレースメントテストの成績優秀者に、98万円または49万円の学費減免。

〈**日本工業大学学業奨励奨学金**〉（2〜4年目）
　給付、学業成績等優秀者、年額20万円または50万円。

○これら大学独自の奨学金制度に加え、学外の奨学金も利用可。

最先端の機械設備やCAD製図室などを備える機械実工学教育センター

のびのびと過ごせるさいたまキャンパスで、充実の学生生活を送ろう

CAMPUS情報

就職力・サポート体制が高く評価！

　2022年度の就職率は96.9％！求人倍率は19.0倍（全国平均1.58倍）と、高い実績を誇っています。また、2023年の学系統別実就職率（理工系）において、関東甲信越で建築学部が3位、基幹工学部が8位にランクイン（大学通信「大学探しランキングブック2024」より）。4年間のキャリア教育や、就職支援課の個別指導といったキャリアサポートにより、学生たちはよりよい就職活動を行うことができます。

就職・学修サポート

●就職支援ガイダンス

　希望する企業に就職できるよう、就職活動の流れに沿ったガイダンスを実施。外部から講師を招き、実践的な対策を指導します。

●求人NAVI

　1万社以上の企業情報から、求人企業の情報を検索できます。また、卒論指導教員と就職支援課が、学生の就職活動状況をリアルタイムで把握し、個別対応します。

●学修支援センター

　専属のチューターや先輩学生が、基礎学力や講義内容の修得に不安をもつ学生の個別指導にあたっています。大学生活や人間関係などの悩みを解決するサポートにも取り組んでいます。

4年間「1つのキャンパス」で。
3つのターミナル駅が通学に便利！

埼玉県南東部に位置しており、JRと私鉄が交差するターミナル駅、北千住・大宮・久喜からアクセスが便利

●東武スカイツリーライン、東京メトロ半蔵門線・日比谷線「東武動物公園」駅西口より徒歩14分または、スクールバス5分
　東武動物公園駅までは、
　　北千住駅から39分／栃木駅から50分
　　秋葉原駅から49分／西船橋駅から63分

●JR上野東京ライン・湘南新宿ライン・宇都宮線「新白岡」駅よりスクールバス12分
　新白岡駅までは、
　　大宮駅から17分／新宿駅から49分
　　東京駅から51分／宇都宮駅から60分

卒業後の進路 (2023.3卒業生)

主な就職先

JR東日本、東京地下鉄、SUBARU、三菱自動車工業、三菱電機プラントエンジニアリング、アイリスオーヤマ、きんでん、住友電設、東京電力ホールディングス、東洋インキSCホールディングス、コスモビューティー、富士通Japan、NTT東日本グループ会社、NTTデータ・フィナンシャルコア、大和ハウス工業、熊谷組、大林組、国家・地方公務員、中学・高等学校教員など

取得可能な資格（受験資格を得るものも含む）

電気主任技術者、甲種危険物取扱者、一級・二級建築士、中学校教諭一種免許状（技術、数学）、高等学校教諭一種免許状（工業、情報）など
※学科により異なります。

資格等取得奨励金支給制度

　在学中に所定の資格を取得した場合、最大で10万円の奨励金を給付する制度を実施。対象の資格は80種類以上あり、TOEICなどのハイスコアも対象です。
　毎年数多くの学生が資格取得にチャレンジし、奨励金の支給を受けています。

入試GUIDE (前年度参考)

①特別選抜：単願・併願
②学校推薦型選抜：指定校・公募制
③総合型選抜：課題実践型・体験講義型・基礎学力型
④一般選抜：A・B日程、英語外部試験利用
⑤共通テスト利用：A・B・C日程
⑥3月入試
（新入試は2025年度版受験ガイドをご参照ください）

オープンキャンパス

2024年最初のオープンキャンパスは3/23(土)よりスタート！
以降、6月から8月の実施を予定しています。
7月と8月は他県の各都市から無料送迎バスを運行予定！
運行日程など、詳細は日本工業大学ホームページをご覧ください。

資料請求方法：巻末ページの「パンフレット一括請求」をご覧ください。

日本薬科大学

〒362-0806　埼玉県北足立郡伊奈町小室10281（さいたまキャンパス）
〒113-0034　東京都文京区湯島3-15-9（お茶の水キャンパス）　アドミッションオフィス　☎0120-71-2293　〈HP〉https://www.nichiyaku.ac.jp

資料請求

	請求ハガキ	巻末ハガキ
料　金		無　料
完成時期		6月

TOPICS
- ●「統合医療」の概念を理解し、社会で実践できる薬剤師の養成
- ●医療の質の向上と経営の効率化に貢献できる人材を育成

大学GUIDE

薬学部　薬学科（6年制）

薬学科（6年制）には、「健康薬学」「漢方薬学」「医療薬学」の3コースを設置し、予防・未病・医療を総合的にとらえることにより、「統合医療」の概念を理解し、社会で実践できる薬剤師の養成を目指しています。また、医療現場では、医師、薬剤師、看護師、管理栄養士など、さまざまな専門家集団が相互に連携を図りながら良質な医療を提供する「チーム医療」という考え方が重視されていることから、スモールグループ・ディスカッション（SGD）による教育を取り入れ、コミュニケーションスキルの向上にも力を入れています。日本薬科大学の特色は、充実した教育支援システムです。入学前に実施するスクーリングや入学前学習、1～3年次に実施される薬学演習などがあります。そのほか、個々の学力レベルに合わせた教育プログラム、質問ルームなどによるきめ細かい教育支援がなされています。学習と生活の両面から学生をサポートし、必要に応じて保護者と面談するなど、保護者、学生と連携してきめ細かい教育を実現しています。

薬学部　医療ビジネス薬科学科（4年制）

近年、病院を中心とした医療機関の経営に対する関心が高まっており、医療経営分野における経営リーダーが待たれるとともに、医師を支える医療事務職の拡充も推進されています。特に「診療情報管理士」は診療情報を一元管理し、そこに含まれるデータや情報を加工、分析、編集、活用するプロフェッショナルな職種として注目を浴びています。しかし、医療の安全管理、質の向上および病院の健全な経営を確実にサポートするためには、医薬品の知識に加え、医療全般に関わる基本的な知識・技能・態度、経営学等の広範な知識が必要になります。医療ビジネス薬科学科（4年制）は、質の高い病院が多数集積するお茶の水に立地しているため、これらの知識を学び、実践する上で大変恵まれた環境です。拡大する医療関連ビジネスの現場、医療機関で医師を支える医療事務職、医療経営分野における経営リーダーなど、さまざまなニーズにフィットする人材の育成を目指します。「ビジネス薬学」「情報薬学」「スポーツ薬学」「栄養薬学」「韓国薬学」の5コースを設置し、より専門性の高い人材の育成を目指しています。

■学部・学科組織（募集人員）

●薬学部
薬学科240／医療ビジネス薬科学科120

●教養・基礎薬学部門

「薬剤師国家試験」や「各種資格試験」の合格の実現に向けて、日本薬科大学独自の教育サポートシステムを用意しています。私たちは低学年時の教育がもっとも重要だと考えており、化学・生物・物理・数学・英語（医療ビジネス薬科学科は科目を変更して実施しています）の基礎教育科目に力を入れています。皆さんの学力レベルにあわせて、専門スタッフが学力だけでなく、学ぶ意欲もグッと引き出します。

●質問ルーム

教員全員が学生の勉強をサポートしています。たとえば、授業や演習、実習で理解が不十分なところは教科担当教員が、一人ひとりに時間をかけて、きめ細かく個別指導をしています。質問ルームには全ての教科担当教員の質問対応時間（オフィスアワー）表が掲示され、分からないことを気軽に質問、相談することができます。

●アドバイザー制による学習・生活指導

専任教員1人が10人から15人程度の学生のアドバイザーとなり、勉強だけでなく、進路・生活指導まできめ細かくサポートしています。

取得資格

薬学科では卒業と同時に、薬学の学士称号と薬剤師国家試験受験資格が得られます。また、医療ビジネス薬科学科では、診療内容の整理、診療記録などの管理・提供に携わる診療情報管理士と、一般医薬品を説明・販売できる登録販売者の資格が取得できます。

オープンキャンパス　さいたまキャンパス・お茶の水キャンパス

3月下旬以降に実施予定（日程はフリーダイヤル、公式サイトでご確認ください）。
開催内容／大学概要説明、学食無料体験、模擬体験実習、キャンパス見学、個別進学相談など。学校見学随時受付中（事前にご予約ください）。
【お問い合わせ先】Eメール　nyushi@nichiyaku.ac.jp
フリーダイヤル　0120-71-2293

「さいたまキャンパス」

「お茶の水キャンパス」

●薬剤師国家試験や各種資格試験取得をサポート

薬学科（6年制）では、入学前後から基礎学力を徹底的に磨き、2・3・4年次には専門知識と技術を身に付けるカリキュラムを構築。5年次は、それらを臨床の現場である「実務実習」で実践します。4年次の「共用試験」さらには6年次の「薬剤師国家試験」の全員合格へと導く、万全の教育体制と設備を整えています。また、医療ビジネス薬科学科（4年制）では、診療情報管理士や登録販売者資格などが在学中に取得できるよう授業や実習を組み入れ、各担当教員がサポートを行っています。

CAMPUS情報

さいたまキャンパスは、都心（東京・新宿・渋谷・池袋）から1時間圏内で、最寄りの「志久駅」から徒歩5分という立地にありながら、緑豊かなキャンパスに最先端の研究実習棟や薬用植物園などを備え、高度な研究や実習を行える環境です。薬学科（6年制）の3コースと医療ビジネス薬科学科（4年制）のスポーツ薬学コースと栄養薬学コースが学びます。

お茶の水キャンパスは、東京の中心、質の高い病院や医療関連企業が多数集積する文京区にある都市型キャンパスで、通学や就職活動などにも大変便利です。医療ビジネス薬科学科（4年制）のビジネス薬学コースと情報薬学コース、韓国薬学コースが学びます。

卒業後の進路

学生一人ひとりが自分の将来像を考え、自分にふさわしい職場をイメージする機会を積極的に提供しながら、理想的な進路へと導きます。また、就職希望者に対しては面接・書類作成等の就職試験対策を行い、大学院への進路希望者に対しても研究テーマの相談はもちろん、卒業後の就職まで見据え、きめ細かにサポートします。

進路実績（主な就職先・進学先）

〈病院〉昭和大学病院、国立がん研究センター東病院、独立行政法人埼玉県立病院機構、埼玉医科大学グループ ほか

〈製薬/公務員〉大塚製薬、AbbVie、科研製薬、埼玉県庁 ほか

〈調剤〉アインホールディングス、日本調剤、クオール、三祐産業（稲垣薬局） ほか

〈ドラッグストア〉イオンリテール、ウエルシア、セキ薬品、スギ薬局 ほか

入試GUIDE (2024年度参考)

① 学校推薦型選抜　指定校制／両学科
② 学校推薦型選抜　公募制／両学科
③ 一般選抜　A日程3科目方式／薬学科
④ 一般選抜　A日程2科目方式／両学科
⑤ 一般選抜　B日程3科目方式／薬学科
⑥ 一般選抜　B日程2科目方式／両学科
⑦ 一般選抜　C・D日程／両学科
⑧ 大学入学共通テスト利用／両学科
⑨ 大学入学共通テスト特待生選抜／薬学科
⑩ 総合型選抜AO　探究型／両学科
⑪ 総合型選抜AO　基礎学力型／薬学科
⑫ 総合型選抜AO　面接型／医療ビジネス薬科学科
⑬ 総合型選抜　チャレンジ選抜／両学科

地区試験

一般選抜において、以下の地区でも入学試験を実施します。
[札幌、仙台、水戸、高崎、名古屋、大阪、さいたま、お茶の水]
総合型選抜AOも、キャンパス以外で実施することがあります。
（前年度実績）

学費（2023年度実績）

〈薬学科〉
○特待生S：60万円（年間）　○特待生A：120万円（年間）
○特待生B：150万円（年間）　○特待生C：180万円（年間）
○一般生：230万円（年間）
〈医療ビジネス薬科学科〉
○特別奨学生S：60万円（年間）　○特別奨学生A：90万円（年間）
○特別奨学生B：120万円（年間）
○一般生：150万円（初年度のみ。2年次以降は130万円）

資料請求方法：巻末ページの「パンフレット一括請求」をご覧ください。

資料請求		
	請求ハガキ	巻末ハガキ
料　金		無　料
完成時期		4月上旬

日本保健医療大学

幸手北キャンパス（看護学科）　〒340-0113　埼玉県幸手市幸手1961-2
幸手南キャンパス（理学療法学科）　〒340-0145　埼玉県幸手市平須賀2-555

入試広報課　TEL 0480-48-4849　〈HP〉https://www.jhsu.ac.jp/

TOPICS

信頼関係を築くコミュニケーション力や医療の実践力を磨く 実習設備やカリキュラムが充実

■学部・学科組織

●保健医療学部
　看護学科100／理学療法学科80

🏫 大学GUIDE

看護学科

①一人ひとりに「目」をかけ「声」をかけ「時間」をかける

　看護学科の基礎ゼミでは、4年間の学習に必要なリテラシー（読む・書く・聞く・話す）や看護の基盤となる批判的・論理的思考、物事を探究する姿勢を身につけます。担任制度を設け、各学年複数の担任教員を配置するほか、学習指導教員が学習面の相談に応じています。

②教養教育・専門教育の充実

　文系コース出身の学生も専門科目にスムーズに対応できるように教養科目を充実させています。専門教育では、患者と家族への看護実践に必要な健康障害の基礎的知識を理解し、主要系統の身体機能のメカニズムと心身相関について理解を深めます。

③最新の医療技術が学べる教育環境

　看護の専門知識を学び、実践に生かすための医療現場に準じた教育環境を整えています。看護の基本的機能と看護技術の基礎を学ぶ「基礎看護演習室」、実践的な援助技術を学ぶ「成人・老年看護学演習室」など、様々な施設を設置しています。

理学療法学科

①一人ひとりに「目」をかけ「声」をかけ「時間」をかける

　少人数単位のゼミ形式による演習を1年次から実施しています。各科目担当の教員による時間外指導を行っており、学生の状況にあわせて個別指導を実施しています。また、学年担任の教員を複数配置し、きめ細かなサポートを行っています。

②未来の可能性を伸ばす

　理学療法学科では、教員が学生一人ひとりに寄り添いながら常に状況を把握することができるよう、様々な取り組みやサポートを行っています。大学生活の4年間、そして卒業後も学生と共に駆け続けていきます。

③優れた教育環境

　解剖学や生理学を学ぶ「基礎医学実習室」、運動学の実習を行う「運動学実習室」、三次元動作解析システムをはじめとする医療現場で使用されている実際の機器をそろえた「運動解析実習室」など、最新の医療の場に準じた教育環境を完備しています。

🏃 進路・就職

主な就職先（2023年3月卒業生実績）

看護学科／TMGあさか医療センター、日本医科大学付属病院、川口市立医療センター、新座志木中央総合病院、信州大学医学部附属病院、自治医科大学附属病院、獨協医科大学埼玉医療センター、東埼玉総合病院、板橋中央総合病院、国立がん研究センター中央病院、順天堂大学医学部附属、茨城西南医療センター病院　ほか

理学療法学科／大宮中央総合病院、新久喜総合病院、榛名荘病院、益子病院、TMGあさか医療センター、黒木整形外科内科クリニック、丸山記念総合病院、リハビリテーション花の舎病院　ほか

入試GUIDE（前年度参考）

①総合型選抜（高大接続型）
②総合型選抜（自己推薦型）
③総合型選抜（社会人・帰国生徒・留学生）
④総合型選抜（課題解決型）
⑤学校推薦型選抜（指定校・公募制）
⑥一般選抜（1科目選択型）
⑦一般選抜（共通テスト利用型）

2024年春のオープンキャンパス情報

〈日時〉2024年3/24(日)
　　　　10:30～14:30

〈内容〉各学科の特色説明、大学紹介＆入試説明、学科別・体験授業、先輩と話そう！、キャンパスツアー、学食無料体験、個別相談を予定しています。

資料請求方法：巻末ページの「パンフレット一括請求」をご覧ください。

人間総合科学大学

資料請求

	請求ハガキ	巻末ハガキ
料　金	無　料	
完成時期	4月上旬	

蓮田キャンパス（人間科学部）〒339-8539　埼玉県さいたま市岩槻区馬込1288
岩槻キャンパス（保健医療部）〒339-8555　埼玉県さいたま市岩槻区太田字新正寺曲輪354-3　アドミッションセンター　TEL 048-749-6120　〈HP〉https://www.human.ac.jp/

TOPICS　さいたま市にある「食・栄養」と「医療」の大学

■学部・学科組織
● 人間科学部
　健康栄養学科80／ヘルスフードサイエンス学科60
● 保健医療学部
　看護学科90／リハビリテーション学科（理学療法学専攻50／義肢装具学専攻30）

🏛 大学GUIDE

人間科学部

健康栄養学科　管理栄養士として幅広い分野で活躍できるプロフェッショナルを育成しています。病院の栄養指導だけでなく薬局管理栄養士やスポーツ栄養分野、国際栄養を学ぶ科目を選択できます。グループワークも多く、人と話すのが好きな学生におススメです。

ヘルスフードサイエンス学科　「おいしい×ヘルシー」をキーワードに企業や商品の開発を全員が体験できる学科。国内外のレシピコンテストへの参加など、実践的な力を身につけられます。栄養士免許を取得するとともに、自分の興味関心に沿って自由に選べるカリキュラムが魅力で取得可能な資格も多数あります。食で楽しみたい学生におススメです。

保健医療学部

看護学科　授業で得た知識が現場での看護にしっかり結びつくことを目指し、理論から実践への学びを系統的に配置。また、関連する職種の人たちと適切に連携・協働し、質の高い看護を実践できる力を養います。実習病院と密に連携した臨地実習のほか、実習病院・就職実績がある病院と連携した独自の入試制度も導入しています。

リハビリテーション学科　理学療法学専攻　「こころ」と「からだ」の仕組みとその関連性を学び、リハビリテーションのプロフェッショナルとして必要な能力や実践力を育成します。段階的なカリキュラムを通して、さまざまな運動機能障害に対応できる疾患別の治療法を学びます。実習施設も数多く、実践的な学びを体験できます。

リハビリテーション学科　義肢装具学専攻　関東で唯一の義肢装具士養成大学です。義肢装具分野の専門性とともに、優れた医療者に求められるコミュニケーション能力や、社会人基礎力を身につけた義肢装具士を数多く輩出しています。医学、工学、福祉学などの幅広い分野を学べるほか、麻痺がある方々の装具を製作する授業など、実践的に学べる授業も充実しています。

📖 取得できる国家資格

人間科学部

管理栄養士※（受験資格）、栄養士、栄養教諭一種免許状、食品衛生管理者・食品衛生監視員（任用資格）　など
※ヘルスフードサイエンス学科は要実務経験

保健医療学部

看護学科：看護師、保健師、養護教諭二種免許状
リハビリテーション学科：理学療法士（理学療法学専攻）、義肢装具士（義肢装具学専攻）

📝 入試GUIDE （2024年度参考）

① 総合型選抜
② 学校推薦型選抜
③ 病院奨学生推薦型選抜（看護学科）
④ 一般選抜
⑤ 大学入学共通テスト利用選抜
⑥ 社会人特別選抜

人間科学部　心身健康科学科　通信制

「こころ」「からだ」「環境・社会」の3つの側面から人間を総合的に理解・探究する学科で、「ライフプロモーションコース」「こころとからだのデータサイエンスコース」等が選べます。インターネットでどこからでも受講可、通学ゼロでも卒業が可能です。学生一人ひとりをサポートする担任制が特長で、卒業率も全国平均を大きく上回る約80%を誇ります。
〈取得できる資格〉認定心理士、心身健康アドバイザー

グループ学修（LTD 学修）

学生が話し合いながら学びを深めていく学修法「LTD（Learning Through Discussion）」を導入。相互に教えあうことでコミュニケーション能力の養成だけでなく、国家試験と各種試験の高い合格率を維持しています。

資料請求方法：巻末ページの「パンフレット一括請求」をご覧ください。

ものつくり大学

〒361-0038　埼玉県行田市前谷333　入試課　TEL 048-564-3816　〈HP〉https://www.iot.ac.jp/　〈E-mail〉exam@iot.ac.jp

資料請求		
	請求ハガキ	巻末ハガキ
料　金	無　料	
完成時期	4月	

TOPICS

- ●特待生は年間授業料（88万円）全額または半額免除
- ●共通テスト特待生入試受験日が1日から3日間に入試日程を拡大
- ●スカラシップ入試の合格者は入学料（20万円）全額または半額免除
- ●第61回技能五輪全国大会に4種目6人の学生が出場。4人が金賞・銀賞・敢闘賞
- ●NHK学生ロボコン2023本選出場

■学部・学科組織

●技能工芸学部

　情報メカトロニクス学科150／建設学科150

NHK学生ロボコン出場　　　技能五輪全国大会出場

🏛 革新的な工学教育

　多くの実習、実験によって実践的技術を身につけ、講義や演習で幅広い教養と工学知識を学びます。施設・設備が充実した環境で、実務経験豊富な教授陣による少人数教育を実践する革新的な工科大学です。

　40日間という長期間にわたって企業で研修を行うインターンシップにより、実践的な技術と専門性を高めるとともに、社会人基礎力を養い、就職力も強化します。

　また、「ものつくり工房」を利用し、技能五輪の練習、ロボコン、学生フォーミュラなど、授業とは別に自由な発想で創作活動をすることができます。

情報メカトロニクス学科　情報技術を活用して、機械、電気・電子分野を実践的なカリキュラムを通じ横断的に学び、多様化する工業製品開発の最先端で活躍するものづくりのリーダーを育成します。2年次後半からは「AI・情報システム」「ロボットシステム」「機械デザイン」「生産システム」の4つのコースでより専門性を高めます。

建設学科　建築、土木、環境、デザインの分野を理論に加え、豊富な実習、実験などを通じ全ての工程を学び、将来、最先端の建設プロジェクトから歴史遺産を守る修復事業まで幅広く活躍できるものづくりのリーダーを育成します。2年次後半からは「木造建築」「都市・建築」「仕上・インテリア」「建築デザイン」の4つのコースでより専門性を高めます。

🏢 充実した施設・設備

　学生1人当たりの教育研究用機器は、国内トップクラスの充実した設備環境を整備しています。指導するのは、実務経験豊かな教授陣と各界一流の技術者なので、より実践的な力の習得が可能です。

　また、ドーミトリ（学生寮）は全室個室、冷暖房完備で月額3万5,000円（ガス・水道代込み）。キャンパス内にあり安心・安全、学食も利用でき便利です。

🏃 きめの細かい就職支援

　就職セミナー、学内合同企業説明会、SPI対策、模擬面接など、年間20回以上のガイダンスを開催。保護者向けの就職説明会も開催しています。エントリーシートの添削指導など、少人数ならではの利点をいかした一人ひとりに合ったきめの細かい就職支援を行っています。

主な就職先　トヨタ自動車、日産自動車、日立製作所、ショーワ、アイチコーポレーション、アーレスティ、前川製作所、清水建設、前田建設工業、西松建設、東急建設、フジタ、三井住友建設、金剛組、ライト工業、住友林業、積水ハウス、大和ハウス工業、ミサワホーム　ほか多数

オープンキャンパス日程

5/19(日)、6/23(日)、7/7(日)、7/14(日)、7/27(土)、7/28(日)、8/11(日)、8/18(日)、8/25(日)、8/31(土)、9/8(日)
10:00〜14:40（9:30受付開始）
〈授業見学会〉7/23(火)・25(木)　13:00〜（12:30受付開始）
〈進学相談会〉10/13(日)10:00〜14:40（9:30受付開始）
※事前予約の場合はクオカードをプレゼント。詳細はものつくり大学ホームページ等でご確認ください。個別での大学見学も随時受け付けています。お気軽にご連絡ください。

入試GUIDE（前年度参考）

①総合型選抜（高大接続、自己推薦、ものづくり特待生、スカラシップ）
②学校推薦型選抜（指定校、推薦スカラシップ、公募）
③一般選抜（学力特待生、数学特待生、A〜C日程、小論文面接）
④共通テスト（共通テスト特待生、共通テスト利用、A〜C日程）
⑤特別入試（専門学科・総合学科特別）

資料請求方法：巻末ページの「パンフレット一括請求」をご覧ください。

千葉

植草学園大学 244

江戸川大学 245

川村学園女子大学 246

敬愛大学 247

神田外語大学 248

秀明大学 250

城西国際大学 251

淑徳大学 252

聖徳大学 254

清和大学 255

千葉工業大学 256

千葉商科大学 257

中央学院大学 258

帝京平成大学 千葉・ちはら台キャンパス ...259

明海大学 260

東京情報大学 262

和洋女子大学 263

聖徳大学短期大学部 264

大学通信 × 立正大学法学部　コラボ企画

実はやさしい「法学」のハナシ

Vol.02 ▶ 高校生にも身近な労働問題ってどんなものがあるの?

賃金の未払いやノルマ未達成の制裁などを引き起こすブラック企業（ブラックバイト）から身を守るには労働法を理解することが必要です。ここでは、高校生にも身近な「労働条件の明示」「労働時間」について考えてみます。まず、労働基準法15条において、使用者は労働者に対して賃金、労働時間など労働条件の明示が規定されています（労働条件明示義務）。また、事前に説明された賃金や労働時間と異なっていても労働条件明示義務違反となり、差額が支払われることが

判例で認められています。就労時は賃金、労働時間をよく確認しましょう。労働時間は最高裁の判決では会社の「指揮命令下にある時間」とされています。したがって、労働時間には、会社の指示で着替える時間や片付けをする時間も含まれます。大学生に話を聞くと、これらの時間に対して賃金未払いが多いようです。労働基準法上の労働時間（32条）に含まれる時間ですので、賃金が支払われていない労働時間はないか、アルバイトをしている方はよく考えてみてください。

立正大学

▶本文402・403ページもご参照ください

本コラムの全文は大学通信HPへ↓
https://www.univpress.co.jp/university/rissho_law/
立正大学法学部については、カラーページ28・29ページもあわせてご覧ください

植草学園大学

〒264-0007　千葉県千葉市若葉区小倉町1639-3　入試・広報課　TEL 043-239-2600　〈HP〉https://www.uekusa.ac.jp/

TOPICS
多様性のある子どもたちに対して適切な支援ができる教員や保育士、
様々な臨床現場で活躍できる理学療法士・作業療法士・看護師・保健師に。

■学部・学科組織

●発達教育学部

発達支援教育学科100

●保健医療学部

リハビリテーション学科（理学療法学専攻40、作業療法学専攻40）

●看護学部

看護学科(2025年4月設置構想中)

※設置計画は予定であり変更になる場合があります

🏛 大学GUIDE

発達教育学部／発達支援教育学科

取得できる資格・免許：小学校教諭一種免許、特別支援学校教諭一種免許、幼稚園教諭一種免許、保育士資格

　子どもの発達と支援について広く学ぶことができる発達教育学部。将来の夢に向かって効果的に学べる4つのコース（小学校教育、特別支援教育、幼児教育・保育、発達教育心理）で、専門科目をしっかり学べます。

　すべての学生がそれぞれのコースの学修とともに、障害や困難性のある人に対する支援やインクルーシブ教育について学んでいきます。

保健医療学部／リハビリテーション学科

取得できる資格：理学療法士国家試験受験資格、作業療法士国家試験受験資格

●理学療法学専攻

　少人数制による、現場体験を重視したカリキュラムで、幅広い知識や最新の理学療法を学びます。

　社会の一員としてその人らしく生活できるように支援する教育を重視し、身体と心の痛みに寄り添える理学療法士を育成します。

●作業療法学専攻

　従来の療法に加え、演奏や曲作り、創作活動などのアート的な側面と、ロボットテクノロジーなどを活用したサイエンス的な側面から、先進的作業療法を学びます。

　「その人らしさ」の実現を支援する作業療法士を育成します。音楽療法士（2種）の同時取得も可能。

看護学部／看護学科

取得できる資格：看護師国家試験受験資格、保健師国家試験受験資格

　共生社会（インクルーシブ社会）の実現に貢献できる看護師・保健師を養成します。

📝 入試GUIDE (2024年度参考)

【新入生対象スカラシップ制度】

　大学入学共通テスト利用入試A日程における成績優秀者が対象。合格者の上位10%の者に対し、入学金の全額＋1～4年次の授業料全額を免除。合格者の上位20%の者に対し、入学金の全額＋1～4年次の授業料半額を免除。
発達教育学部：4年間で最大347万円免除
保健医療学部：4年間で最大367万円免除

【インターネット出願　カンタン！スムーズ！】

志願票の手書き不要、受験票をメール配信、合否発表と入学手続きはともにWebで、クレジットカード納入が可能。

オープンキャンパス・説明会

- ●オンラインオープンキャンパス：8/28(水)
- ●オープンキャンパス：3/20(水・祝)、4/21(日)、5/26(日)、6/23(日)、7/13(土)、7/28(日)、8/11(日)、8/23(金)、9/15(日)、9/28(土)、12/21(土)
- ●個別説明会：11/9(土)・11/10(日)（学園祭同時開催）
※オープンキャンパス参加者には学園グッズ、大学案内等をプレゼント。
※個別見学・個別相談は随時受け付けています。入試・広報課までご連絡ください。

植草学園大学看護学部の特色

　国立病院機構千葉医療センターと包括連携協定を結び、同センター敷地内にキャンパスを設置し、技術実習や病院実習の拠点とします。看護学部学生の教育や実習、研究に千葉医療センターの全面的な協力を得るとともに、看護師の卒後教育や看護への協力・支援をしていきます。

資料請求方法：巻末ページの「パンフレット一括請求」をご覧ください。

江戸川大学

〒270-0198　千葉県流山市駒木474　入学課　☎0120-440-661　〈HP〉https://www.edogawa-u.ac.jp　〈E-mail〉nyushi@edogawa-u.ac.jp

	請求ハガキ	巻末ハガキ
資料請求 料金		無料
完成時期		4月中旬

TOPICS

●グローバル・スタディ・プログラム

　英検２級以上の資格を持つ学生を対象に、海外の協定大学への留学を目指す英語力強化プログラムを実施。プログラムに参加することで、次の特典を得ることができます。
①入学時英検２級で１年夏の海外研修無料　②専用英語科目でTOEFL対策
③条件を満たすと約７カ月の協定大学（北米、オセアニア）への留学費用約300万円を免除

■学部・学科組織
●社会学部
　人間心理学科　110
　現代社会学科　80
　経営社会学科　130
●メディアコミュニケーション学部
　マス・コミュニケーション学科　100
　情報文化学科　80
　こどもコミュニケーション学科　50

🏛 大学GUIDE

　創立以来、情報教育と国際教育に力を注ぎ、高い専門性と豊かな人間性で社会に貢献できる人材の育成を目指しています。

社会学部

〈人間心理学科〉心理学の幅広い分野を基礎から応用まで系統的に学びます。公認心理師コース、心理調査・実験コース、教養心理学コースの３コースを設置。

〈現代社会学科〉社会学を基盤にした基礎的な知識を習得し、実際に現地を訪れて調査・研究を行う「フィールドワーク」で、調査力・発見力・考察力・マネジメント力・解決力を身につけます。

〈経営社会学科〉企業経営コース、会計・金融ビジネスコース、音楽・ファッションビジネスコース、スポーツビジネスコースの４コースを設置。企業の経営手法などをケーススタディとして学び、実際の調査や体験を通して理論を現場で使える知識として習得します。

メディアコミュニケーション学部

〈マス・コミュニケーション学科〉コミュニケーションビジネスコース、ジャーナリズムコース、エンターテインメントコースの３コースを設置。映像作品や雑誌の制作、商品やサービスの企画、イベント実施などの実践を通して、社会で求められるスキルの基礎を習得します。

〈情報文化学科〉情報システムコース、情報デザインコース、国際コミュニケーションコースの３コースを設置。英語とICTを使いこなし、プログラミングやシステム開発、WebデザインやCG制作などのスキルを磨きます。

〈こどもコミュニケーション学科〉保育士資格と幼稚園教諭一種免許の両方を卒業時に取得可能。音楽や造形などの表現手法を習得する実技科目が充実しています。

📜 資格取得支援

　大学が奨励する資格を取得すると、報奨金が支給される制度があります。

●取得できる主な資格

　高等学校教諭一種免許状（英語・国語・公民・情報）、中学校教諭一種免許状（英語・国語・社会）、幼稚園教諭一種免許状、保育士、学芸員、社会福祉主事（任用）、児童指導員（任用）、社会調査士、認定心理士および認定心理士（心理調査）、児童福祉司（任用）※、公認心理師※　ほか
※条件付で取得可能な資格

🌐 留学・海外研修

●海外研修制度

　期間は１〜４週間。行先は韓国、シンガポール、オーストラリア、ニュージーランドなどがあります。

🏃 就職支援

　１年次から始まるキャリアデザインでは、各業界を代表する企業人や専門講師を招いた実践的な授業を展開。キャリアセンターでは、きめ細かな個人指導と共に、就職指導のプロによる「就職ガイダンス」を実施します。

オープンキャンパス

3/23(土)、5/12(日)、6/9(日)、7/13(土)、8/3(土)・24(土)・25(日)、9/7(土)
大学概要説明会、入試概要説明会、学部学科の説明コーナー、各種個別相談コーナー、キャンパスツアー、学食体験など。
※日程や内容等の詳細は江戸川大学公式ウェブサイトをご確認ください。

　　　　　資料請求方法：巻末ページの「パンフレット一括請求」をご覧ください。

川村学園女子大学

〈我孫子キャンパス〉〒270-1138　千葉県我孫子市下ヶ戸1133
〈目白キャンパス〉〒171-0031　東京都豊島区目白3-1-19　　事務部入試広報　TEL 04-7183-0114　〈HP〉https://www.kgwu.ac.jp/

TOPICS
●少人数教育だからこそできるサポートがあります。
4年後の将来を見据えた教育と教員になるためのサポートで資格取得や就職までをバックアップ

■学部・学科組織　　　　　　　　　　　　　＊目白キャンパス
●文学部
　国際英語学科＊30／史学科40／心理学科40／日本文化学科30
●教育学部
　幼児教育学科50／児童教育学科20
●生活創造学部
　生活文化学科40／観光文化学科＊40

🏛 大学GUIDE

　大正時代に、「感謝の心」を基盤とした「自覚ある女性」の育成と「社会への奉仕」を建学の理念として誕生した川村学園。以来、高等教育において、3学部に大学院を加えた文科系総合大学へと発展してきました。教養教育・資格教育に力を入れ、自立した女性を育成します。

文学部――時代に対応できる柔軟な視点を育む

国際英語学科：英語スキル・国際文化・国際コミュニケーションを柱に、少人数授業を展開。ネイティブ教員による「English in Action」で実践的な英語力を磨き、国際的な視点を備えた語学のエキスパートを目指します。

史学科：日本史、アジア史、西洋史を柱に、世界の歴史を幅広く学び、学内を出てアクティブに歴史を体験します。また、女性の立場から歴史像を書き換える女性史など、川村学園女子大学ならではの講義が充実しています。

心理学科：臨床心理学・社会心理学・発達心理学・認知心理学を広く学び、3年次からは専門的な学びを深めます。「社会調査士」のようにビジネスにも生かせる資格の取得も目指せます。

日本文化学科：日本語の不思議と文学の魅力や歴史、伝統芸能にいたるまで深く広く学びます。能の仕舞や謡い・茶道・日本画・華道・書道・日本舞踊など、実技を通して日本文化の本質を体得します。

教育学部――「教育力」を身につけた女性を育成

幼児教育学科：幼保連動カリキュラムで、幼稚園教諭・保育士に必要な基礎知識と技能を徹底して身につけます。豊かな知識と優れた実践力を修得できるよう、演習・実習・実技科目を充実させています。

児童教育学科：教育現場を1年次から体験し、小学校教員として実践力を磨きます。教員採用試験対策も充実。その他卒業生オフィスとして在学生と卒業生の交流の場や多方面にわたりサポートできる場を設けています。

生活創造学部――社会に創造的に関わっていくことのできる人を育成

生活文化学科：栄養・健康科学を学び、実践的な調理のできる栄養士、学校給食を通した栄養教育ができる栄養教諭など食に関わるエキスパートを育成します。また、家庭科の教員免許も取得できます。地域や企業と連携し商品開発、農業体験等も積極的に行っています。

観光文化学科：観光を「実践」しながら、ホテル・エアラインなどのおもてなしの第一線に立てる人材を育成します。また産学連携では企業や地域と連携し、社会や仕事の理解を深めることで実社会への経験値を高めていきます。

👐 充実した就職サポート

　就職支援の特色は徹底した個別指導です。一人ひとりに寄り添い、個別相談や履歴書添削、面接練習を繰り返し行います。キャリア教育科目とも連携し、チームで企業の課題に取り組む体験や人事担当者を招いての就活ライブトーク・業界研究等も行います。就職活動を支援するプログラムが多数あり、地域や企業に貢献できる魅力ある人材となるよう学生を導きます。

💡 KAWAMURA奨学制度

●**成績優秀者特待生制度**　一般選抜Ⅰ期・Ⅱ期、大学入学共通テスト利用Ⅰ期・Ⅱ期の成績優秀者は、4年間の授業料半額～全額免除。最大で85人が対象です。

●**検定資格特待生制度**　英検などの資格取得で授業料（最大300万円）が免除される制度です。

●**遠隔地居住者支援制度**　一人暮らしの方対象。経済的に修学困難な学生に学費の一部を補助します（条件あり）。

●**学校推薦型選抜（指定校）の入学金免除**　推薦条件・免除制度の条件に該当された方は、入学金25万円を免除します。

未来の可能性を拡げる資格に挑む！

小学校教諭1種、中学校教諭1種（英語・社会・国語・家庭）、高等学校教諭1種（英語・地理歴史・公民・国語・家庭）、幼稚園教諭1種、栄養教諭2種、学芸員、図書館司書、保育士、栄養士、医療秘書実務士、児童福祉司（任用資格）、児童指導員（任用資格）、フードスペシャリスト受験資格、児童英語指導員（修了証）、日本語教員（修了証）、認定心理士（申請資格）、公認心理師（カリキュラム対応）ほか

資料請求方法：巻末ページの「パンフレット一括請求」をご覧ください。

敬愛大学

〒263-8588　千葉県千葉市稲毛区穴川1-5-21　アドミッションセンター　☎0120-878-070　〈HP〉https://www.u-keiai.ac.jp/

資料請求

	請求ハガキ	巻末ハガキ
料　金		無　料
完成時期		5月上旬

TOPICS

2024年春、稲毛キャンパスがリニューアル　「教育の敬愛」として大学、短期大学が共に学ぶ地上9階、地下1階の新教育棟が誕生！　2024年春の稲毛キャンパス整備に伴い、千葉敬愛短期大学＊が佐倉キャンパスから稲毛キャンパスに移転し、"文教のまち"稲毛で大学生・短大生が共に学び合う活気あるキャンパスが誕生します。　＊2024年4月、敬愛短期大学に名称変更予定

■学部・学科組織

- **●経済学部 260**　経済学科／経営学科
- **●国際学部 98**　国際学科
- **●教育学部 72**　こども教育学科

🏛 大学GUIDE

経済学部　経済学や経営学の理論とともに、実践を通じて現実の問題に応用する実学を身につけます。企業や自治体での実習、学外のフィールドワークなどの機会も豊富で、インターンシップなどの実習経験を通して、地域で活躍する経済人、企業人となる力を培います。経済学科では、公共経済、金融経済、現代経済の3コースを設置。現代社会を読み解く理論とデータを収集・分析する方法を学びます。経営学科では、企業経営、商業・会計、スポーツビジネス、地域・起業の4コースを設置。ビジネスで求められる課題解決力や応用力が身につきます。

国際学部　国内外での自律的・能動的学びを通して国際的視野を養い、英語と日本語によるコミュニケーション能力を総合的に高めてグローバル社会で活躍できる実践力を身につけます。英語コミュニケーション、国際ビジネス、情報・データサイエンス、観光マネジメントの4コースを設置。国際教養と課題解決力、情報活用力を備え、日本および世界の地域社会で共生・協働し、その発展に貢献できる人材を目指します。

教育学部　4年間を通じた学校体験活動をはじめ、ICTの活用や小学校の外国語活動・外国語科の指導法などの専門科目も配置、小学校の教育現場でも進むグローバル化に対応し、専門性と実践力を備えた小学校教員を養成します。

副専攻　所属する学部学科の主専攻に加えて、専門分野を学ぶことができます。「AI・データサイエンス」、「エ

アポートNARITA地域産業学」、「日本語教員養成課程」を開講しています。

🌐 海外研修

担当教員が専門分野を生かした研修内容を企画する「海外スクーリング」や、「長期・短期留学（半年〜1年）」「海外語学研修（1カ月程度）」などのプログラムがあります。単位互換制度により4年間で卒業できます。

🏃 卒業後の進路

学生一人ひとりが目標を明確にし、高い意識を持って就職活動に望んでおり、就職希望率が90.0%と千葉県の平均を大きく上回っているのが特徴です。独自のキャリア教育ときめ細かな就職サポートによって、就職内定率は9年連続97%超を達成しています。

主な就職先　JR北海道、日本空港サービス、千葉信用金庫、NCA Japan、綜合警備保障、近鉄コスモス、警視庁、千葉県警察、国家・地方公務員、小学校・中学校・高等学校教員、海上保安庁など　（2023年3月卒業生）

📝 入試GUIDE (2025年度予定)

①学校推薦型選抜　②総合型選抜
③一般選抜　④大学入学共通テスト利用選抜

特待生制度・奨学金

【長戸路記念奨学金】大学独自の給付奨学金で、毎年10月に募集が行われます。

このほか、入学試験の成績が優秀な学生に対し、入学金や授業料を減免する「特待生制度」や、被災地在住の受験生に対する経済的援助があります。

オープンキャンパス

●3/20(水)　10:00より　大学HPより要申し込み
【内容】全体説明会（大学紹介、学部・学科紹介）、学生企画（学生主体の授業紹介）、教員との学び相談・入試相談、キャンパスツアー等
※詳細、今後の日程については大学HPでご確認ください。

資料請求方法：巻末ページの「パンフレット一括請求」をご覧ください。

神田外語大学

〒261-0014　千葉県千葉市美浜区若葉1-4-1　アドミッション&コミュニケーション部　TEL 043-273-2826㈹　FAX 043-273-2988　(HP) https://www.kandagaigo.ac.jp/kuis/

資料請求		
	請求ハガキ	巻末ハガキ
料　金	無　料	
完成時期	5月上旬	

TOPICS

2021年4月、グローバル・リベラルアーツ学部を開設
　平和をめざす教育理念を追求し、「グローバル教養」を学ぶ新学部を開設しました。
「THE 日本大学ランキング2023」で教育充実度が私立大学中3位に
　総合47位、私立13位にランクイン。教育力の高さは国内外から認められています。

■学科組織
●外国語学部
　英米語学科／アジア言語学科(中国語専攻、韓国語専攻、インドネシア語専攻、ベトナム語専攻、タイ語専攻)／イベロアメリカ言語学科(スペイン語専攻、ブラジル・ポルトガル語専攻)／国際コミュニケーション学科(国際コミュニケーション専攻、国際ビジネスキャリア専攻)
●グローバル・リベラルアーツ学部
　グローバル・リベラルアーツ学科

語学必修科目授業風景

豊かな国際教養と語学を学ぶ大学

外国語学部

　各国・地域の文化や歴史、政治、経済、国際、メディア、ビジネス、マーケティング、データサイエンスなどを学修します。さらに、「英語&地域言語・技能」のダブルメジャー制度を採用。世界共通語としての英語と、各専攻言語の運用能力を高めることで、真の国際教養人としての「コミュニケーション能力」「異文化理解能力」「専門性」を身につけます。

〈英米語学科〉英語を「使って」考え、分析し、表現する力を身につけるとともに、英語圏の文化・社会・地域事情などの幅広い教養を学びます。1・2年次には、外国人教員から、聞く・話す・読む・書くの4技能を徹底的に学び、3・4年次には専門分野別の多様な講座を選択し、言語運用能力と知識を確かなものにしていきます。

〈アジア言語学科〉中国語専攻、韓国語専攻、インドネシア語専攻、ベトナム語専攻、タイ語専攻があります。経済成長が著しいアジアの国・地域の文化、歴史、政治経済などをはじめ、英語と地域言語を同程度のウエイトで学び、マルチリンガルをめざせるカリキュラムです。現地で通用するレベルの語学力と発信力を養い、幅広い視野をもって活躍できる人材を育てます。

〈イベロアメリカ言語学科〉スペイン語専攻、ブラジル・ポルトガル語専攻ともに、語学に加えてイベロアメリカ(スペインやメキシコ、ポルトガル、ブラジルなどの中南米地域)の文化、歴史、社会、文学などを学びます。日本人教員と外国人教員が言葉と文化の学習を徹底的にサポート。また、地域言語に加え、英語も同時に学び国際社会で活躍できる力を身につけます。

〈国際コミュニケーション学科〉国際コミュニケーション専攻では、ディベートやコミュニケーションの技法、ITスキル、メディアリテラシーなど、自ら発信できる知識と技能を身につけます。国際ビジネスキャリア専攻では、ビジネス英語のほか、マーケティングや企業研究などビジネス分野の専門知識を同時に学び、企業や組織の多様な場面で臨機応変に対応できる実力を育成します。また、国際的企業でのインターンシップが必修です。

グローバル・リベラルアーツ学部

　世界の課題に挑戦する強い意志と幅広い教養をもち、平和に貢献する人材を育成します。少人数教育、対話型の授業により、「Humanities」「Societies」「Global Studies」の3つの分野を学修するとともに、英語運用能力を高めます。2回の海外留学が必修で、1年次前期の海外スタディ・ツアーではリトアニア、インド、マレーシア・ボルネオ、エルサレムで世界の課題を体感し、3

DATA・FILE

○教員数……217（教授52　准教授40　専任講師125）
○学生数……学部4,177（男1,199　女2,978）
○キャンパス面積…約98,000㎡
○蔵書数……約190,000冊
★幕張都心にありながら緑豊かなキャンパスです。

交通アクセス

キャンパスは、「幕張メッセ」などのある幕張新都心にあります。
○JR京葉線「海浜幕張」駅下車徒歩15分、またはバス5分
○JR総武線「幕張」駅下車徒歩20分
○京成電鉄「京成幕張」駅下車徒歩15分
○JR総武線「幕張本郷」駅・京成電鉄「京成幕張本郷」駅下車バス8分または15分

年次はニューヨーク州立大学へ留学し、学びを深めます。五感を駆使して多様な文化背景をもつ人々と協働し、解決策を導き出す力を養います。

興味を実力へと育てる 多彩なカリキュラム

国際社会の現場を知る先生たちから学ぶ
専任教員の約半数が外国人教員。また日本人教員の多くは、ジャーナリスト、通訳者、国際機関の職員など、国際社会の現場で仕事をしてきた経験者。実践的でわかりやすく、国際感覚を養う授業が揃っています。

参加型授業で体験しながら学ぶ
神田外語大学の授業の多くは、ディベートやプレゼンテーションを取り入れた参加型の授業が中心です。人の考えを聞いて、自分の意見を発表し、次の問題点を見つける。学生が主体の授業で、積極的にコミュニケーション能力を鍛えます。

学生と教員が向き合いながら学ぶ
語学の授業は、徹底した少人数制。教室内の机は可動式で、先生と学生の距離が近い所が特徴です。グループワークやディスカッションの際に全員の顔が見えるという、コミュニケーションや実学としての国際教養を学ぶのに最適な環境となっています。

海外留学・研修
（外国語学部）

海外留学
最長で1年間、海外の大学をはじめとする高等教育機関への留学が可能です。現地で取得した単位は60単位を限度に、卒業に必要な単位として認定。最大50万円の給付型奨学金を支給します。国際協定校は28カ国・地域110大学以上に及びます。

海外研修
春期・夏期の長期休暇を利用した約1カ月の研修で、語学と異文化を学ぶ多彩なプログラムが用意されています。英語圏のほか中国、韓国、東南アジア、スペイン、ポルトガルなどの大学で実施されます。

CAMPUS情報

7号館
外国語を本気で学ぶ学生に「本物の異文化空間」を提供する、日本で初めての教育施設です。

語学学習施設「KUIS 8（クイスエイト）」（8号館）

◆**多言語コミュニケーションセンター「MULC（マルク）」** 神田外語大学で専攻できる、英語以外の7つの言語エリアとインターナショナルエリアで構成されるフロア。各エリアは、それぞれの特徴となる街並みや建造物を再現。外国人教員や留学生が常駐し、国や地域の雰囲気を感じながら教員、留学生とともに語学学習を進めます。

8号館
◆**「KUIS 8（クイスエイト）」** 「KUIS 8」は、神田外語大学が誇る自立学習施設「SALC（サルク）」を中心とした語学学習施設です。専任のアドバイザーが1対1でサポートを行うエリアや、グループワーク用のブースなど、自身のスタイルで語学学習を進めることができます。

卒業後の進路

就職支援
キャリア支援を大学教育の一環としてとらえ、低学年次で必修の「キャリアデザイン」や「ビジネス・インターンシップ」等の授業を導入し、充実したキャリア教育を受けることができます。キャリア教育センター主催の就職ガイダンスをはじめ、学生の就職活動をサポートする制度が充実。また、個人の特性や志向を重視した個別のキャリアカウンセリングも行っています。

主な就職先（2019～2023年3月卒業生実績）
三菱商事、伊藤忠食品、ツムラ、東洋水産、富士通、三菱製鋼、全日本空輸、フェデラルエクスプレスコーポレーション、郵船ロジスティクス、日本航空、近畿日本ツーリスト、ザ・リッツ・カールトン東京、三井不動産ホテルマネジメント、イオンフィナンシャルサービス、千葉銀行、日本生命保険、日本IBM、富士ソフト、楽天、ザラ・ジャパン、セブン-イレブン・ジャパン、イオンモール、積水ハウス、オリエンタルランド、綜合警備保障、ベルリッツ・ジャパン、日本赤十字社、外務省、外務省在外公館派遣員、警視庁、市町村職員、東京都庁　など

資料請求方法：巻末ページの「パンフレット一括請求」をご覧ください。

秀明大学

〒276-0003　千葉県八千代市大学町1-1　入試室　TEL 047-488-2331　〈HP〉https://www.shumei-u.ac.jp/

資料請求

	請求ハガキ	巻末ハガキ
料　金		無　料
完成時期		6月上旬

TOPICS　高等学校進路指導教諭アンケートでは、「面倒見が良い大学」、「就職に力を入れている大学」などの点で例年高い評価を得ています。教員就職率・正規採用率は国公立大と比較しても全国トップクラスの実績です。2023年3月卒業生の中学校教諭の実就職率（就職者数÷［卒業者数－大学院進学者数］×100）は2年連続で全国私立大学第1位になりました。

■学部・学科組織
- ●**学校教師学部**　中等教育教員養成課程200(初等教育コースあり)
- ●**看護学部**　看護学科80
- ●**総合経営学部**　企業経営学科90
- ●**グローバルマネジメント学部**　グローバルマネジメント学科70
　※名称変更申請中
- ●**観光ビジネス学部**　観光ビジネス学科70

🏫 大学GUIDE

全学部でクラス担任制を導入し、入学から卒業・就職までトータルにサポートします。年間を通じて1人につき2、3回の面談を行うほか、半期ごとの履修登録や学生生活全般、進路、イギリス留学、資格取得、インターンシップ、教員採用試験など、クラス担任がさまざまな相談に対応し、面倒見の良さで評価の高い大学です。

学校教師学部　「全寮制」の生活を通してまずは学生間のコミュニケーションを活発にするとともに、夜間学修により教員採用試験対策を実施。国語、社会、数学、理科、保健体育、英語の各専修、初等教育コースを設置しています。9割以上の学生が卒業時に小・中・高校の1種教員免許を同時に取得しています。

看護学部　国家試験の合格率は看護師98.0%、保健師88.2%でした。（2023年3月卒業生）1年次から万全の国家試験対策を実施し高い合格率を維持しています。教育経験豊かな教員のもと、看護の現場で求められる最新の知識と技術を実践的に修得します。実習は東京女子医科大学八千代医療センターを中心にして学生の負担が少ない近隣の総合病院等で実施します。

総合経営学部　起業家や事業後継者、ビジネス社会で活躍する人材を、独自のカリキュラムで育成します。起業コース、企業会計コース、ビジネスコースを設置。変化に柔軟に対応できるビジネスパーソンを育成します。

グローバルマネジメント学部　英語キャリアコース：全員が5カ月間のイギリス留学に参加し、少人数制授業でグローバル時代に対応できる国際感覚と英語力を身につけます。ITキャリアコース：プログラミングやドローン操作技術などを学修し、情報社会の即戦力として活躍できるスペシャリストを育成します。

観光ビジネス学部　全員が5カ月間のイギリス留学に参加。「使える英語」の習得を目指します。JTBロンドン支店の協力による添乗員体験ツアーなど、プロの仕事を目の当たりにしながら実務を体験できます。

🏢 安心・安全・快適な学生寮

学内にある学生寮は、寮費が6カ月340,000円です（朝夕食込）。近隣の民間アパートに比べるとリーズナブルな上、寮監察母が常駐し、24時間警備ですから初めての一人暮らしでも安心です。全室個室、エアコン、家具完備でインターネット接続環境も整っています。

🌐 独自のイギリス留学システム

学校教師学部、看護学部、グローバルマネジメント学部(英語キャリアコース)、観光ビジネス学部の学生はイギリス留学が必修です。国立ケント大学キャンパス内にある専用の研修施設「チョーサー・カレッジ・カンタベリー(CCC)」で、実践的な英語力を磨いています。

奨学金制度
- ●**最大400万円※の給付型奨学金制度**
  返還不要の秀明大学給付型奨学金制度があり、各選抜結果によって給付されます。※最大400万円は、学校教師・看護学部の場合
- ●**看護学部独自の奨学金制度**
  八千代市や千葉県の修学資金貸付制度もあり、条件を満たすことで返還が免除になります。

交通アクセス／無料スクールバス運行
- ●東武アーバンパークライン、新京成線、北総線「新鎌ヶ谷」駅
- ●東葉高速線「八千代緑が丘」駅
- ●京成線「勝田台」駅
- ●成田スカイアクセス線「千葉ニュータウン中央」駅
  上記の4駅より無料スクールバスを授業日に運行しています。

資料請求方法：巻末ページの「パンフレット一括請求」をご覧ください。

城西国際大学

〒283-8555　千葉県東金市求名（ぐみょう）1　入試課　TEL 0475-55-8855
〈HP〉https://www.jiu.ac.jp/
〈E-mail〉admis@jiu.ac.jp

資料請求	請求ハガキ	巻末ハガキ
料　金		無　料
完成時期		5月

TOPICS 1992年に開学。千葉県と東京都にキャンパスを開設する総合大学です。実社会で活躍できる人材育成に力を入れており、国内外で体験型教育プログラムを展開しています。

■学部・学科組織（2024年度定員）

- ●国際人文学部　国際文化学科80／国際交流学科120
- ●観光学部　観光学科100
- ●経営情報学部　総合経営学科（総合経営コース200）＊
- ●メディア学部　メディア情報学科（ニューメディアコース100）＊
- ●薬学部　医療薬学科（6年制）110
- ●福祉総合学部　福祉総合学科140／理学療法学科80
- ●看護学部　看護学科100

※福祉総合学部、薬学部、看護学部の3部を統合し、「健康科学部（仮称）」として生まれ変わる予定です。
（2025年4月開設予定（設置構想中））
＊他コースはP.302 東京紀尾井町キャンパスをご覧ください

🏛 大学GUIDE

国際人文学部　（千葉東金キャンパス）〈国際文化学科〉世界各国の言語・文化・社会を学ぶ「国際文化コース」と、特に韓国語や韓国文化を学ぶ「韓国語コース」の2コースを開設。海外留学プログラムも充実しています。〈国際交流学科〉実践的な英語力・コミュニケーション力を身につけます。ネイティブ教員による英語の授業や必須科目の第2外国語などで、語学力を高めます。

観光学部　（千葉東金キャンパス）周辺の観光施設や観光関連企業と連携したプロジェクトなどを通して、実践的な観光を学ぶことができます。

経営情報学部　（千葉東金／東京紀尾井町キャンパス）千葉東金、東京紀尾井町の各キャンパスに開設。将来の目標に合わせ、さまざまなスキルを身につけることができます。民間企業や公務員に加え、国際社会や地域社会、スポーツから教育まで多様な分野で活躍できる人材を育成します。

●千葉東金キャンパス…グローバルビジネス分野、スポーツマネジメント分野、地域公共マネジメント分野

メディア学部　（千葉東金／東京紀尾井町キャンパス）メディアアーツ、メディアテクノロジー、メディアデザインの3分野を複合的・横断的に学ぶニューメディアコース（千葉東金キャンパス）。体験型授業を多く開講しており、実践的に学ぶことができます。

薬学部（6年制）　（千葉東金キャンパス）病院・薬局などの医療現場で活躍できる薬剤師の育成をめざしています。

福祉総合学部　（千葉東金キャンパス）〈福祉総合学科〉社会福祉士・精神保健福祉士の国家試験受験資格や、卒業と同時に取得できる保育士・幼稚園教諭一種免許など、それぞれのコースでめざす資格にあわせた授業を行います。〈理学療法学科〉海外研修や看護学部・薬学部との協同による専門職連携教育、高度なスポーツ医療教育などを実施します。

看護学部　（千葉東金キャンパス）キャンパス周辺の病院と連携した実践的な教育を推進。また、薬学部や福祉総合学部などとも連携し、医療・福祉分野についても幅広い知識を身につけることができます。

🌐 国際交流が盛ん

城西国際大学の英語教育はネイティブ／バイリンガル教員が担当。わかりやすい授業で英語を身につけることができます。また、アジアや欧米からの留学生も学んでおり、キャンパス内でも国際交流が盛んです。

🏃 卒業後の進路

過去の主な就職先　【国際人文学部】ANAエアサービス、近畿日本ツーリスト、ANAクラウンプラザホテル成田、千葉銀行、清水建設、AIG損害保険など【観光学部】ホテルニューオータニ、星野リゾート、JALスカイ、エイチ・アイ・エスなど【経営情報学部】大林組、ユアテック、全日本空輸、JTBなど【メディア学部】AOI Pro.、NHK、共同テレビジョン、角川大映スタジオなど【薬学部】病院・薬局、帝人、エーザイ、武田薬品工業、ファイザー、マツモトキヨシ、中外製薬など【福祉総合学部】高齢者・障害者・児童福祉施設、さんむ医療センター、千葉県レクリエーション都市開発、千葉県警など【看護学部】成田赤十字病院、東千葉メディカルセンター、さんむ医療センターなど

DATA・FILE

- ○教員数……209（教授90　准教授67　助教48　助手4）
- ○学生総数……5,777（男2,864　女2,913）※学部生のみ
- ○キャンパス……千葉東金、東京紀尾井町

（2023年度）

資料請求方法：巻末ページの「パンフレット一括請求」をご覧ください。

淑 徳 大 学

資料請求		
	請求ハガキ	巻末ハガキ
料 金		無 料
完成時期		5月

キャンパス所在地、問い合わせ先は右ページ下に記載　〈HP〉 https://www.shukutoku.ac.jp/

TOPICS

● 「全学共通の基礎教育科目がスタート！」

2023年4月から全学共通の基礎教育科目（S-BASIC）がスタートしました。これは、どの学部学科でも、これからの社会を生き抜くために必要な基本的な力（知識・技術・態度）が身につく、淑徳大学ならではの基礎教育カリキュラムです。

🏛 大学GUIDE

2023年4月に地域創生学部地域創生学科、人文学部人間科学科を新設し、総合福祉学部、コミュニティ政策学部、看護栄養学部、教育学部、経営学部、人文学部と合わせて7学部13学科を擁する大学へと発展しました。経営学部は、東京キャンパスに移転し、よりビジネスとの連携を重視した教育へと改革を行っています。

総合福祉学部

〈社会福祉学科〉 社会福祉士・精神保健福祉士、ソーシャルワーカーをめざして児童・高齢者福祉、介護保険制度など社会福祉全般を学びます。社会福祉士国家試験の大学別合格者数は、全国トップクラスの実績を誇ります。また、企業や行政機関においても、広くその知識と技能を発揮する人材の育成をめざします。

〈教育福祉学科〉 教育と児童福祉の両面から子どもの幸せを追求することで、より質の高い専門家を養成します。「学校教育コース」では、幼稚園・小学校教諭や保育士、特別支援学校教諭などをめざします。また、「健康教育コース」では、中学校、高等学校の保健体育教諭、養護教諭などをめざします。

〈実践心理学科〉 人間の心を科学的に理解する心理学を、社会におけるさまざまな場面において実践的に生かしていく力を養います。心理学の中でも、臨床心理学、発達心理学、社会心理学が特に充実しています。

コミュニティ政策学部

〈コミュニティ政策学科〉 社会が抱える諸問題について、行政機関、企業等と密に連携し、インターンシップをはじめ、その道のプロを招いての講義や共同プロジェクトなど参加型の授業で実践的な力を育成し、「問題を発見し解決へと導く基礎的能力」を養います。

看護栄養学部

〈看護学科〉 千葉第二キャンパスは、国立病院機構と連携した日本初の看護教育の場として「国立病院機構千葉東病院」の敷地内にキャンパスを設置。さらに千葉県がんセンター、ジェイコー千葉病院にも隣接し、看護教育の中心となる実習を間近で行える環境を実現しています。1年前学期から臨地実習がプログラムされ、実践的な知識・技能を修得することができます。

■学部・学科組織

〈千葉キャンパス〉
● 総合福祉学部
　社会福祉学科／教育福祉学科／実践心理学科
● コミュニティ政策学部
　コミュニティ政策学科

〈千葉第二キャンパス〉
● 看護栄養学部
　看護学科／栄養学科

〈埼玉キャンパス〉
● 教育学部
　こども教育学科(初等教育コース／幼児教育コース)
● 地域創生学部
　地域創生学科

〈東京キャンパス〉
● 経営学部
　経営学科／観光経営学科
● 人文学部
　歴史学科／表現学科／人間科学科

〈栄養学科〉 管理栄養士、栄養士、栄養教諭免許状（1種）、食品衛生管理者（任意資格）などをめざして、食材の栄養素や調理方法、栄養管理の知識を身につけます。卒業後は、病院、福祉施設、学校、給食、自治体、食品会社、フードスペシャリストなど幅広い分野での活躍をめざせます。

教育学部

〈こども教育学科〉 小学校教諭免許取得をめざす「初等教育コース」と幼稚園教諭免許・保育士資格取得をめざす「幼児教育コース」の二つのコースに分かれて学びます。1年次から小学校・幼稚園等での実習を設置。教員に必要な実践力を養います。

地域創生学部

〈地域創生学科〉 地域社会・地域文化・地域経済・地域産業に関する基礎的・基本的な知識の理解とともに、地域調査や地域資源に関する知識と方法を身につけて、地

大学院

【総合福祉研究科】
社会福祉学専攻　博士前期課程／博士後期課程
心理学専攻　修士課程
【看護学研究科】
看護学専攻　修士課程
社会福祉・心理臨床・看護など、さまざまな実践現場を担う専門職業人や、研究者・教育者養成を行います。

国家資格取得実績

【社会福祉士国家試験】
合格者92人／合格率76.7%

【精神保健福祉士国家試験】
合格者10人／合格率100%

【看護師国家試験】
合格者89人／合格率89.9%

【保健師国家試験】
合格者20人／合格率100%

【管理栄養士国家試験】
合格者52人／合格率73.2%

（2022年度実績）

域振興や地域活性化を推進するための創造的な能力と実践的な態度を有した人材を養成します。

経営学部

〈経営学科〉経営学の基礎を幅広く学習し、実際に地域の現場へと出かけ、生きた知識を養います。地域の中で主体的に課題を発見し、解決できる能力、リーダーシップを発揮できる人材を養成します。

〈観光経営学科〉観光産業において、必要な専門知識や観光経営能力、地域づくり能力、ホスピタリティなどを発揮できる人材を養成します。会計学や情報学など経営の基礎科目から、観光業やホテル・ビジネスの経営戦略まで体系的に学ぶと共に、体験学習で実践力を身につけます。

人文学部

〈歴史学科〉歴史・文化を対象に幅広く活用できるフィールドワークのスキルを身につけます。なりたい自分、学びたい歴史学にあわせた特色ある3コースを選択。中学校（社会）、高等学校（地歴）の教員免許取得、学芸員をめざします。

〈表現学科〉1年次は「文芸」「編集」「放送」の3コースを横断的に学び、2年次から関心領域のコースを選択。最前線で活躍する一流の教授陣、活躍中のプロから直接学び、実践に即した授業を行い、マスコミ・広告代理業・公務員・エンターテイメント企業などの分野で活躍をめざします。

〈人間科学科〉人間科学とは「人間とは何か」をテーマに、幅広い角度から探究する学問です。人間の心理や、社会・教育との関係性など客観的な視点で研究を行い、心理・福祉・教育・健康の4領域から、人間の生き方・自分と他者を理解して、互いに尊重し合い「人を支える力」を育みます。

オープンキャンパス2024

【千葉キャンパス】
5/26(日)、6/23(日)、7/21(日)、8/4(日)、8/25(日)、10/26(土)※、10/27(日)※、2025/3/23(日)

【千葉第二キャンパス】
5/26(日)、6/23(日)、7/21(日)、8/4(日)、8/25(日)、10/26(土)※、10/27(日)※○、2025/3/23(日)

【埼玉キャンパス】
4/28(日)、5/26(日)、6/16(日)、7/21(日)、8/4(日)、8/18(日)、9/8(日)、10/26(土)※、10/27(日)※、2025/3/23(日)

【東京キャンパス】
5/26(日)、6/23(日)、7/21(日)、8/4(日)、8/25(日)、9/8(日)、10/26(土)※、10/27(日)※、2025/3/23(日)

※：学園祭同時開催
○：千葉キャンパスで同時開催
詳細は淑徳大学HPにてご確認ください。

入試GUIDE （前年度参考）

①総合型選抜
②一般選抜
③大学入学共通テスト利用選抜
④学校推薦型選抜
⑤特別選抜〈社会人・帰国生徒・外国人留学生他〉

※2025年度入試内容は、3月下旬頃に大学ホームページにて掲載予定

▶ キャンパス所在地・入試問い合わせ先

千葉キャンパス（総合福祉学部・コミュニティ政策学部）
〒260-8701 千葉県千葉市中央区大巌寺町200
アドミッションセンター千葉オフィス ☎043-265-6881
千葉第二キャンパス（看護栄養学部）
〒260-8703 千葉県千葉市中央区仁戸名町673
アドミッションセンター千葉オフィス ☎043-265-6881

埼玉キャンパス（教育学部・地域創生学部）
〒354-8510 埼玉県入間郡三芳町藤久保1150-1
アドミッションセンター埼玉オフィス ☎049-274-1506
東京キャンパス（経営学部・人文学部）
〒174-0063 東京都板橋区前野町2-29-3
アドミッションセンター東京オフィス ☎03-3966-7637

資料請求方法：巻末ページの「パンフレット一括請求」をご覧ください。

聖徳大学（女子）

せい とく

〒271-8555　千葉県松戸市岩瀬550　入学センター　☎0120-66-5531（受験相談フリーダイヤル）　〈HP〉https://ouen.seitoku.ac.jp/

TOPICS
●総合大学ならではの学び「Field Linkage」　Field Linkageは、複数の学科や社会と相互に連携して学びを展開するプログラムです。例えば、人間栄養学部と看護学部が連携して授業を行うなど、学部・学科を超えた学際的な学びで、多方面・多角的な視点や課題解決力を養います。
●2023年実就職率97.5%　3年連続全国女子大学第1位（卒業生数500人以上の大学）※大学通信調べ

■学科組織（女子）

●**教育学部**（昼間主・夜間主）　児童学科（幼稚園教員養成、保育士養成、児童心理、児童文化＊）／教育学科（小学校教員養成、特別支援教育、スポーツ教育＊コース）　　＊昼間主のみ
●**心理・福祉学部**　心理学科／社会福祉学科（社会福祉、介護福祉、養護教諭コース）
●**文学部**　文学科（教養デザイン、国際文化コミュニケーション、日本語・日本文学、書道文化、歴史文化、図書館情報コース）
●**人間栄養学部**　人間栄養学科（管理栄養士養成課程）
●**看護学部**　看護学科
●**音楽学部**　音楽学科（音楽表現、音楽教育、音楽療法、プロ・アーティストメジャー）
・学科、コース、メジャーは変更になる場合があります。

🏛 大学GUIDE

教育学部　〈児童学科〉90年の伝統をもつ「保育の聖徳®」を基盤に、子どもだけでなく、その家族や地域社会にまで視野を広げ、相手の立場に立って考えられる広い視野と確かな実践力を備えた、人の心に寄り添う保育者を育てます。

〈教育学科〉1年次から実習で実践力を磨くなど、"教育の現場が見える学び"を大切にしています。聖徳独自の人間教育を基盤に教育改革をリードできる実践力を備えた教育の専門家を養成します。

心理・福祉学部　〈心理学科〉5つの専修を組み合わせて豊かな専門スキルを身につけ、社会で活躍できる人材を育成します。公認心理師カリキュラムにも対応。臨床心理士・公認心理師を目指して、聖徳大学大学院への進学も可能です。

〈社会福祉学科〉多様化する福祉ニーズに応える3コースを設置。実践的な学びを取り入れ、地域社会で生かせる知識と技術を身につけた社会福祉のプロを育てます。

文学部　〈文学科〉目指すキャリアによって選べる6つの専門的なコースを設置。「学びの楽しさと感動」をコンセプトに、教室のみではなく、本物を体験し、その世界を究めていくことができる学びを展開します。

人間栄養学部　〈**人間栄養学科（管理栄養士養成課程）**〉多様な就職先で活躍する管理栄養士のプロを育成するため、現代人の食と健康に対応できる「人間栄養学」を学びます。管理栄養士、栄養士のほかに、栄養教諭や中学・高等学校教諭（家庭）の免許取得も目指せます。

看護学部　〈**看護学科**〉人間教育を基盤とし、最先端の医療設備のもと先進のシミュレーション技術教育を採用。地域に貢献する「凛とした看護専門職者」を目指します。

音楽学部　〈**音楽学科**〉4つのメジャー（領域）制により、豊富な選択科目から自分に合った学びを組み立てることができます。数多くの演奏の機会や芸術鑑賞会、海外研修などもあります。

🏃 卒業後の進路

●幼稚園教員採用数　全国第1位※
●保育士採用数　全国第2位※
●公立小・中・高等学校教員　合格者45人
　（期限付任用を含む）　　　　　　　　※大学通信調べ

主な就職先　各種教育機関や病院・施設の他、一般企業では、大和ハウス工業、ANAエアポートサービス、千葉興業銀行、星野リゾート・マネジメントなど
（2023年卒業生実績）

🏢 オープンキャンパス

2024年度の日程や詳細はHPでご確認ください。
※松戸キャンパス

取得可能な免許・資格

〈**先生・保育士になりたい**〉幼稚園教諭一種、小学校教諭一種、中学校教諭一種、高等学校教諭一種、特別支援学校教諭一種（知的障害者・肢体不自由者・病弱者）、養護教諭一種、栄養教諭一種、保育士、司書教諭、ピアヘルパー※
〈**看護・福祉に携わりたい**〉看護師※、保健師※、社会福祉士※、精神保健福祉士※、介護福祉士※、社会福祉主事、児童福祉司（要

実務経験1年）、児童指導員、音楽療法士一種、認定音楽療法士補※、公認心理師（要実務経験2年）※、認定心理士、応用心理士、産業カウンセラー※
〈**食と健康が気になる（気に入りがある）**〉管理栄養士※、栄養士、食品衛生管理者、食品衛生監視員、フードスペシャリスト※
〈**文化・社会に興味がある**〉図書館司書、学芸員、社会教育主事（要実務経験1年）、レクリエーション・インストラクター、キャンプインストラクター　　　　　　　　　　　　※は受験資格

資料請求方法：巻末ページの「パンフレット一括請求」をご覧ください。

清　和　大　学

資料請求		
	請求ハガキ	巻末ハガキ
料　金		無　料
完成時期		5月下旬

〒292-8555　千葉県木更津市東太田3-4-5　入試広報センター　TEL 0438-30-5566　〈HP〉http://www.seiwa-univ.ac.jp/

TOPICS

●千葉県トップクラスの就職実績。卒業生の4人に1人が公務員として就職しています。
2023年警察官実就職率※　　　　　　　　全国第2位
2023年警察官就職者数　　関東（東京を除く）・甲信越第3位
（大学通信調べ　※実就職率（％）＝就職者数÷（卒業者数−大学院進学者数）×100）

■学科組織

●法学部
法律学科190
（法学コース／情報と法コース／スポーツ法コース）

🏛 大学GUIDE

　法学部では、幅広い法律分野の知識を身に付け、地域社会や国際社会で活躍できる能力を習得することが目標です。入学初年次から主要法律科目が必修となっており、3年次からは全員が研究会（ゼミ）に所属して、実践的な法学を学ぶとともに法的な考え方（リーガルマインド）を養っていきます。

　3つのコース　法学コースは、法律の知識に精通し各分野で主導的な役割を果たせる人材を育成。ロースクール（法科大学院）進学を目指すこともできます。情報と法コースでは、法学と情報通信技術（ICT）を学ぶことができ、情報セキュリティの知識を生かして一般企業や官公庁、起業など多様な進路に対応します。スポーツ法コースは、強化指定運動部に所属し、リーダーシップや個性を発揮して社会に貢献する人材を育成します。

　資格取得対策講座　独立開業も可能な司法書士、行政書士試験の対策講座を開講。このほかにも宅建士（宅地建物取引士）、ITパスポート、基本情報技術者試験対策講座を設けています。

　教職課程　中学校「社会」、高等学校「地理歴史、公民、情報」の教員免許状が取得可。模擬授業指導や個別面談、教員採用試験対策講座など、サポートが充実しています。

🙌 学生サポート

　学力特待生制度　2月までに実施される入学試験で学力特待生選考にエントリーした成績優秀者が対象。入学

料と授業料の全額・半額・4分の1のいずれか相当額を4年間給付します（継続審査あり）。

　一人暮らし応援プラン　学生の家賃を補助する制度があります。

🏃 卒業後の進路

　就職支援　独自のキャリアプログラムにより、進路指導室が中心となって4年間を通じて徹底した個人指導を行います。公務員試験対策講座は年間1200時間を開講し、警察官、消防官、行政職などの目標や学習到達度に応じて1年次から受講できます（受講料無料）。

　2023年3月卒業生の就職状況　公務員25％、流通18％、サービス17％、住宅8％、警備6％、陸運7％、福祉4％、自営業4％など。進学3％、未定3％。

📝 入試GUIDE

①学校推薦型選抜（公募制／指定校制）
②総合型選抜
③一般選抜（Ⅰ期／Ⅱ期）
④大学入学共通テスト利用（Ⅰ期／Ⅱ期／Ⅲ期）
⑤社会人特別選抜
⑥私費外国人留学生特別選抜

奨学金優遇制度〈学校推薦型選抜（指定校）対象〉
　以下の条件に該当する場合は、入学料が優遇（減免）されます。
①高等学校在学中の全体の学習成績の状況（評定平均値）が4.0以上の場合、150,000円を優遇　②大学が指定する資格の取得者は、50,000円を優遇（出願時に資格取得を証明する書類を提出）
①と②の両方を優遇適用することが可能です。

オープンキャンパス
●セレクトオープンキャンパス
〈日程〉3／23(土)　4／27(土)　5／26(日)
●オープンキャンパス
〈日程〉6／23(日)　7／20(土)　8／3(土)　8／18(日)　9／7(土)
　　　10／12(土)

資料請求方法：巻末ページの「パンフレット一括請求」をご覧ください。

千葉工業大学

〒275-0016　千葉県習志野市津田沼2-17-1　入試広報部　TEL 047-478-0222　FAX 047-478-3344　〈URL〉https://www.it-chiba.ac.jp

資料請求		
	請求ハガキ	巻末ハガキ
料　金		無　料
完成時期		5月上旬

専門性と好学心を高める5学部17学科の多彩な学び

■学部・学科組織

●工学部
機械工学科140／機械電子創成工学科110／先端材料工学科110／電気電子工学科140／情報通信システム工学科110／応用化学科110

●創造工学部
建築学科140／都市環境工学科110／デザイン科学科120

●先進工学部
未来ロボティクス学科120／生命科学科110／知能メディア工学科110

●情報変革科学部
情報工学科120／認知情報科学科120／高度応用情報科学科120

●未来変革科学部
デジタル変革科学科100／経営デザイン科学科100

情報変革科学部　最先端のサイバー×フィジカル社会を支える、情報工学の基盤技術や応用技術について、ハードウェアとソフトウェアの両面からアプローチします。変化の激しい世界でのICT（情報通信技術）を設計・開発できる人材を育成します。

未来変革科学部　複雑な数理的思考やデータサイエンスのスキルを身につけ、経営工学や社会デザインの分野において新たな価値を創造します。いまや不可欠となった情報処理のテクノロジーを有機的に活用し、DX化の推進など実践力と即戦力を持った人材を育成します。

🏛 時代に適応したプロを育成

1942年に設立した、わが国で最も長い歴史を持つ私立工業大学です。進化し続ける社会を支える、時代に適応したプロフェッショナル人材を育成します。

工学部　現代社会を支える工学の基礎分野である、機械・電気電子・情報通信・材料・化学の分野、および機械と電子の融合分野において、社会のニーズに応える専門性の高いエンジニアの育成を目指しています。研究開発・設計製造・品質管理など、あらゆる知識と技術を修得し、多種多様なものづくりのシーンで活躍します。

創造工学部　地球環境の保全・自然災害に強い社会インフラづくり・都市計画やまちづくり・建築や空間設計・インテリア設計・製品デザインなど、生活環境に直接的に関わる創造的な工学の領域を学びます。建築・住宅・インテリア・製品などに関わる生産や、調査・企画・設計などの業種で活躍できる人材を育成します。

先進工学部　バイオ・ロボット・メディア・感性・人工知能。これらの言葉に代表される新しい科学技術は、いずれも工学の基礎の上に成り立っています。従来の工学を基礎としながらも、従来の枠にとらわれない柔軟な発想ができる次世代のエンジニアを育てます。

🏃 卒業後の進路 （2023年3月卒業生）

主な就職先　日産自動車、SUBARU、日立製作所、東京電力ホールディングス、富士通、三菱重工業、パナソニック、東北電力、JAXA、ソフトバンク、積水ハウス、大和ハウス工業、京セラ、TOPPAN、日本製紙、JR東日本、JR東海、NEXCO中日本、NTTコミュニケーションズ、任天堂、ヤフー、国立印刷局、警視庁、国土交通省、防衛省、東京都庁、千葉県庁　他多数

📝 入試GUIDE （前年度参考）

①総合型（創造）選抜　②総合型（デジタルイノベーター発掘）選抜　③学校推薦型選抜（公募制・専門高校・指定校制）　④大学入学共通テスト利用入試（前・中・後期）　⑤一般選抜（A・SA・B・SB・C日程）　⑥特別選抜（外国人留学生、帰国生徒、社会人）　⑦編入学選抜

DATA・FILE

○教員数……526(教授184　准教授62　助教26　助手1　非常勤253)
○学生数……学　部9,478（男8,014　女1,464）
　　　　　　大学院　848（男　729　女　119）
○キャンパス面積……488,000㎡
（2023年度）

取得可能な資格

■取得資格（教員免許）
中学校教諭一種免許状（数学・理科）・高等学校教諭一種免許状（数学・理科・工業・情報・商業）

■大学卒業後に取得可能・受験可能な資格
一級建築士、二級建築士、木造建築士、測量士補、エネルギー管理士、電気通信主任技術者、電気工事士、第1級陸上特殊無線技士、毒物劇物取扱責任者、消防設備士　など
※学部学科により異なります

資料請求方法：巻末ページの「パンフレット一括請求」をご覧ください。

千葉商科大学

資料請求

	請求ハガキ	巻末ハガキ
料　金		無　料
完成時期		5月中旬

〒272-8512　千葉県市川市国府台1-3-1　入学センター　TEL 047-373-9701　〈HP〉https://www.cuc.ac.jp/

CUCは、2025年度から新しい学びの体制へ。
これまでの5学部7学科体制から4学部6学科体制となり、さらに学問を問わず興味のある分野や、先進的な領域を学べる全学共通プログラムで、一人ひとりの未来をサポートします。

■学科組織
- **●商経学部**
　商学科／経営学科
- **●総合政策学部※**
　経済学科／政策情報学科
- **●サービス創造学部**　サービス創造学科
- **●人間社会学部**　人間社会学科

※2025年度設置構想中。設置計画は予定であり、内容に変更があり得ます。

🏛 大学GUIDE

基盤教育機構
　全学部の基盤教育として、学部の枠組みを超えて学生が履修することができる「全学共通カリキュラム」です。千葉商科大学の育成する力(CUC 3つの力)である「高い倫理観」「幅広い教養」「専門的な知識・技能」のうち、主として、「高い倫理観」と「幅広い教養」を身につけるためのカリキュラムです。

商経学部
　これからの社会における企業活動の仕組みを学び、ビジネスの世界で自分らしいキャリアを描き出します。企業戦略や組織運営に欠かせない経営資源である「ヒト」、「モノ」、「カネ」、「情報」について多角的に学び、専門的な知識と実践的なスキルを総合的に身につける学部です。

総合政策学部※
　経済学や法学、公共政策学などを学ぶことで、複雑化する社会の問題を捉え、分析・理解する方法や問題解決の政策提案力・表現力・発信力を身につけます。この学部ならではの、手厚い公務員試験サポートも魅力です。

サービス創造学部
　世の中のニーズや課題が多様化するなか、誰も思いつかなかった革新的なサービスを創造して、ビジネスや社会を変えていきます。ビジネスの第一線で活躍するゲストスピーカーによる講義や、企業とのコラボレーションで本物のビジネスをつくるプロジェクトなど、実践の機会も豊富です。

人間社会学部
　誰もがよりよく生きるために、人と社会と自然のウェルビーイングな未来をめざします。社会の仕組みを理解し、持続可能な環境や観光、まちづくりのあり方を考えます。多様なフィールドに飛び出して、教室での学びを地域社会の現場で鍛えます。

🏃 卒業後の進路

主な就職実績
鹿島、大和ハウス工業、越後製菓、伊藤園、日本瓦斯、富士ソフト、ヤマト運輸、日本郵便 関東支社、ヤオコー、千葉トヨタ自動車、千葉マツダ、ヨドバシカメラ、京葉銀行、千葉興業銀行、明治安田生命保険、東急リバブル、スターツグループ、小口税務会計事務所、税理士法人坂本会計、ソフトバンク、リゾートトラスト、サイゼリヤ、オリエンタルランド、戸田中央医科グループ、全国共済農業協同組合連合会、綜合警備保障、厚生労働省 宮城労働局、福島県庁、警視庁、東京消防庁、千葉県警察本部など

📝 入試GUIDE (2024年度参考)

①学校推薦型選抜(指定校制、公募制)

②総合型選抜(給費生、併願、一般、文化・スポーツ実績)

③一般選抜個別試験型(前期3科目・給費生選抜、前期3科目・全学部統一試験、前期3科目・指定科目型、前期2科目・全学部統一試験、前期2科目・指定科目型、中期2科目・全学部統一試験、中期2科目・指定科目型、中期2科目・主体性評価型、後期2科目・全学部統一試験、後期2科目・表現力重視型、後期2科目・主体性評価型)

④一般選抜共通テスト型(前期3科目・給費生選抜、前期4科目・給費生選抜、中期2科目、中期2科目・主体性評価型、後期2科目、後期2科目・主体性評価型、後期4科目、後期4科目・主体性評価型)

⑤特別選抜(全国商業高等学校長協会推薦、外国人留学生)

学生サポート
○**給費生選抜入試**…総合型選抜、一般選抜(個別試験型、共通テスト型)の上位合格者が給費生となり、初年度年間授業料を半額免除。

○**一人暮らし支援制度**…指定学生寮・学生マンションの契約時費用のうち15万円と、初年度の家賃補助毎月2万円を援助(金額は変わる可能性があります)。

資料請求方法：巻末ページの「パンフレット一括請求」をご覧ください。

中央学院大学

<table>
<tr><td colspan="3">資料請求</td></tr>
<tr><td></td><td>請求ハガキ</td><td>巻末ハガキ</td></tr>
<tr><td>料　金</td><td></td><td>無　料</td></tr>
<tr><td>完成時期</td><td colspan="2">6月末</td></tr>
</table>

〒270-1196　千葉県我孫子市久寺家451　入試広報課　TEL 04-7183-6516　〈HP〉https://www.cgu.ac.jp/

TOPICS STAND BY YOU
ともに創ろう、未来の自分。

学生一人ひとりと向き合い、寄り添い、支える教育を中心に、自信を持って社会人として羽ばたけるよう、4年間にわたる段階的な支援プログラムで進路をバックアップします。

■学科組織
- **●商学部**　商学科 — 商学総合コース、経営コース、国際ビジネスコース、会計コース、経済コース、情報コース、スポーツキャリアコース
- **●法学部**　法学科 — 司法コース、行政コース、ビジネスキャリアコース、フィールドスタディーズコース、スポーツシステムコース
- **●現代教養学部**　現代教養学科

あなたを変える3つの学部

商学部　入学直後から始まるプロゼミナールで、大学で学ぶための基礎を修得。ゼミ担当の先生がアカデミックアドバイザーとして4年間にわたり学生をサポートします。2年次からはコース制となり、少人数の研究演習に取り組みます。商学部だけの就職プログラムやオリジナルの資格取得プログラムが充実。セメスター制で履修できることも特徴です。さまざまな興味に対応する7つのコース（商学総合／経営／国際ビジネス／会計／経済／情報／スポーツキャリア）で専門性を高めます。

法学部　1年次からコースを選択し、将来の希望に合わせた履修モデルで効率よく専門知識を学べます。全員が15人程度の少人数ゼミ（基礎演習）に所属し、担当教員が担任となって、学生生活を親身にサポートします。公務員試験に向けては演習や講座が特に充実。地域連携や社会体験を重視していることも特徴です。5つのコース（司法／行政／ビジネスキャリア／フィールドスタディーズ／スポーツシステム）を開設しています。

現代教養学部　情報収集・分析力を養うため、全員にタブレットを配布。また、新聞講読を通して時代の流れを読み取る力をつけます。地域連携や異文化社会研修、ボランティア、フィールドワークに取り組み、環境や文化を体感しながら幅広く学ぶ中で研究テーマを決め、卒業論文にまとめます。ECO検定、世界遺産検定、行政書士、英検など多様な資格に挑戦できます。

公務員をめざすなら

公務員合格者数は千葉県の大学で常にトップクラス！

「公務員100人構想」を掲げ、毎年公務員100人の合格者をめざしてさまざまなプログラムを用意。

公務員の合格実績は特に警察官・消防官・自衛官部門で常に県内上位にランキングされています。

充実の就職サポート

入学後から一人ひとりの要望に即した情報提供とマンツーマン指導で就職活動をサポート。

1年次　入学直後から「就職支援プログラム」を実施。自分の志向性や個性、基礎学力を把握します。

2年次　「性格・適職診断の講座」や「成長度調査」を実施。また「自治体インターンシップ」など肌で感じる現場体験も積極的に展開し、具体的な将来のイメージを描き、就職に向け意識をさらに高めます。

3年次　前期はインターンシップ対策、後期は就職活動本番の選考を見すえた対策として「年間30の支援講座」を実施し、学生一人ひとりを徹底指導します。

4年次　年間約150社を大学に招いての合同企業説明会を実施。キャリアカウンセラーも常駐し「個別相談」「模擬面接」で実践力をバックアップします。

安心の特待生・奨学生制度

「貸与」ではなく、すべて「給付」もしくは「納入免除」

中央学院大学の特待生・奨学生制度は入学試験の成績によるもの、入学後の学業成績によるもの、文化・スポーツ活動などの功績によるものがありますが、すべて「給付」または「納入免除」であるのが大きな特長です。

オープンキャンパス
「見る！知る！分かる！」オープンキャンパスを6月～9月に開催予定！大好評のオンライン個別相談も随時受け付けています。
※日程等の詳細は入試広報課までお問い合わせください。

資料請求方法：巻末ページの「パンフレット一括請求」をご覧ください。

帝京平成大学 千葉・ちはら台キャンパス

[千 葉キャンパス]〒290-0193　千葉県市原市うるいど南4-1
[ちはら台キャンパス(＊下記参照)]〒290-0192　千葉県市原市ちはら台西6-19
入試相談☎0120-918-392　入試課TEL 03-5843-3200　〈HP〉https://www.thu.ac.jp/

Topics
●学業と部活動を両立する地域に根ざした緑豊かなキャンパス
　広い敷地を生かした運動施設が充実する千葉キャンパスは、地域に開かれた、健康づくりと交流の拠点でもあります。医療系のほか、教職やスポーツなど様々な専門分野の学びを展開し、連携しあう環境の中で着実に実践能力を養成します。

学部・学科組織(千葉・ちはら台キャンパス)

学部・学科・コース		取得可能な資格(※は受験資格)
健康医療スポーツ学部	柔道整復学科 (千葉)	柔道整復師※、中学校・高等学校教諭一種免許状(保健体育)※、アスレティックトレーナー※、健康運動実践指導者※、初級障がい者スポーツ指導員
	リハビリテーション学科 (千葉) トレーナー・柔道整復コース	
	作業療法コース	作業療法士※、初級障がい者スポーツ指導員
	理学療法コース	理学療法士※、初級障がい者スポーツ指導員
	医療スポーツ学科 (千葉) 救急救命士コース	救急救命士※、初級障がい者スポーツ指導員
	トレーナー・スポーツコース	中学校・高等学校教諭一種免許状(保健体育)、アスレティックトレーナー※、健康運動実践指導者※、トレーニング指導者※、ジュニアスポーツ指導員※　など
	アスリートコース	中学校・高等学校教諭一種免許状(保健体育)、アスレティックトレーナー※、トレーニング指導者※、ジュニアスポーツ指導員※　など
	動物医療コース	愛玩動物看護師※、公認家庭犬訓練士(初級)※、公認トリマー(初級)※
	看護学科 (千葉・ちはら台＊)	看護師※、保健師※、助産師※、養護教諭二種免許状(保健師資格必須)、受胎調節実地指導員資格(助産師資格必須)　など

(注)　取得に条件や制限がある資格もあります。2つ以上(教職を含む)の資格を取得する場合、時間割等の都合で4年以上かかる場合があります。

＊ちはら台キャンパスは、2024年度から2026年度まで校舎の建て替え工事を行う予定です。健康医療スポーツ学部は、2027年度より修学キャンパスがちはら台キャンパスとなります。

🏛 大学GUIDE

健康医療スポーツ学部

■柔道整復学科／地域医療やスポーツ現場で活躍できる外傷のスペシャリストを養成します。■リハビリテーション学科／作業療法コースでは1年次より実習、地域活動などを取り入れ、実践能力を重視した講義と実習で地域に役立つ人材を、理学療法コースでは地域での暮らしを支える理学療法と豊かな心を育んだセラピストを養成します。■医療スポーツ学科／救急救命士コースでは救急医療の現場で適切に対処できる救急救命士を、トレーナー・スポーツコースでは体育・スポーツ現場で活躍できるアスレティックトレーナー・教員(保健体育)を、アスリートコースではトップアスリートの養成と指導者としての人材を、動物医療コースでは獣医師をサポート

千葉キャンパス

ちはら台キャンパス

する専門的な知識はもちろん、飼い主とのコミュニケーションを円滑に行う能力を身につけた動物看護のエキスパートを養成します。■看護学科／人間の心身についての深い知識を身につけ、それらの知識に基づいたケアを的確に発揮できる看護師を養成します。

※薬学部、人文社会学部、ヒューマンケア学部、健康メディカル学部については、p.338の池袋・中野キャンパスをご覧ください。

フレッシュセミナー　早期から職業観や社会人としてのマナーや教養を身につけるため、1年次から必修科目として少人数クラスによるセミナーを開講。3・4年次もアドバンスセミナーとして人間教育を行っています。

特待生制度・学生サポート　※詳細は入学者選抜要項参照
●人文社会学部・ヒューマンケア学部・健康メディカル学部・健康医療スポーツ学部特待生制度／総合型選抜Ⅰ期(3日以上出願した場合)、一般選抜において、帝京平成大学が定める基準点以上の成績の者
特待生A：授業料45万円免除／特待生B：授業料35万円免除
●月払い制度／日本学生支援機構の奨学金制度を活用して、学費を「月払い」で納付できる制度
対象者　日本学生支援機構による奨学金制度の「予約採用候補者」で、学費等納付金の「月払い制度」を希望する者
対象学部　全学部　全学科・コース

📊 卒業後の進路

就職支援室では、最新の求人情報の提供や就職活動の相談に応じています。
●健康医療スポーツ学部　病院、消防局、リハビリテーションセンター、接骨院、福祉施設、保健所、トレーナー、スポーツ企業・施設など。就職は、上場企業や医療機関、スポーツ関連企業などへの多くの実績があります。

ちはら台キャンパス内に女子学生寮を設置

ちはら台キャンパスには女子学生寮「ルミエールちはら台」を設置しています。入寮は健康医療スポーツ学部の女子学生が対象となりますが、大学が特に認めた女子学生も入寮できます。管理人が常駐し、オートロックシステム、防犯カメラ等も設置されているため、初めてのひとり暮らしでも安心して生活できます。

オープンキャンパス

〈日程〉5月～8月、3月　予定
〈場所〉千葉キャンパス　※池袋キャンパス・中野キャンパスは6～8月、3月となります。
参加申込み及び資料請求
URL https://www.thu.ac.jp/exam/opencampus

資料請求方法：巻末ページの「パンフレット一括請求」をご覧ください。

明 海 大 学

〒279-8550　千葉県浦安市明海1丁目　企画広報課　TEL 047-355-1101　FAX047-355-0999　〈HP〉https://www.meikai.ac.jp

TOPICS

グローバル社会で活躍する国際人を育成

建学の精神「社会性・創造性・合理性を身につけ、広く国際未来社会で活躍し得る有為な人材の育成をめざす」に基づいた国際交流活動を積極的に展開しています。

🏛 なりたいじぶん大学。

外国語学部

日本語学科：日本語と日本文化を世界に発信できる日本語のスペシャリストを育成します。

英米語学科：英語力と異文化コミュニケーション力を磨き、グローバル社会での活躍をめざします。

中国語学科：会話重視の学修とともに、文学や社会などリアルな中国を学びます。

経済学部

地域社会から国際社会までの幅広い教養と、公共政策・金融・経営・会計など各分野における高度な能力を兼ね備えた現代のグローバル経済社会を力強く生き抜くビジネスパーソンを育成します。

不動産学部

日本で唯一の学部。法律、経済、デザインなどの土地・建物にかかわる幅広い領域を横断的に学び、実社会でのより快適な住まいや街づくりに必要な知識とスキルを身につけます。

ホスピタリティ・ツーリズム学部

観光専攻：幅広い業界で高付加価値のサービスを提供できるホスピタリティマインド＋理論＋英語力を身につけます。

経営情報専攻：これまでのホスピタリティ・ツーリズム

奨学金制度

浦安キャンパスには、入学試験の成績、入学時に有する資格、入学後の学業成績などによって、最大4年間の授業料を全額または半額免除する「学修奨励奨学金制度」があり、学生の学ぶ意欲を支援しています。
※この他にも数多くの奨学金制度があります。

■学部学科・入学定員

●**外国語学部**　日本語学科80／英米語学科160／中国語学科40
●**経済学部**　経済学科300
●**不動産学部**　不動産学科180
●**ホスピタリティ・ツーリズム学部**
　ホスピタリティ・ツーリズム学科200（観光専攻、経営情報専攻、グローバル・マネジメント専攻）
●**保健医療学部**　口腔保健学科70
●**歯学部**　歯学科120

学の知見にデジタル・イノベーションを融合させ文理を超えた理解で変革を推進するリーダーを育成します。

グローバル・マネジメント専攻：すべて英語で授業が行われる専攻。マネジメントの知識を身につけ、業界を牽引するリーダーを育成します。

保健医療学部

歯科教育機関としての伝統と実績に基づき、歯科医療の高度化、多様化に対応。付属病院・歯科診療所での実習や海外研修、語学学習などの4年制大学ならではの学びで専門知識＋αを備えた歯科衛生士を育成します。

歯学部

広い視野・豊かな感性・国際性を兼ね備えた国際未来社会で活躍し得る歯科医師を育成します。

💡 日本唯一の不動産学部

不動産学を日本で学べる唯一の高等教育機関が明海大学です。不動産学とは、土地、建物、街など、私たちのあらゆる生活環境について法学・経営学・経済学・工学といった幅広い領域から横断的に学び、快適な空間の創造を理論的・実践的に探究していく学問です。総合的な学修により実社会で役立つ知識とスキルが身につきます。

不動産学部の特色

●**目的に応じた3コースを設置**

不動産のプロジェクトとビジネスの経営について学ぶビジネスコース、不動産の開発や投資に必要な金融・鑑定を学び投資分析力を修得するファイナンスコース、建築デザインやまちづくり、管理を学ぶデザインコースがあります。

●**社会問題に取り組む実践的プログラム**

自治体や民間組織などと連携し、空き家問題や高経年

マンションの再生など不動産関連の課題解決にむけた社会的課題の解決に取り組み、学生の「主体性」「課題設定・解決能力」を養う実践的プログラムを実施しています。

●手厚い資格取得サポート

1年次から宅地建物取引士の資格取得がめざせるカリキュラムを編成し、試験合格をサポートする授業や模擬試験、夏季セミナーなどが充実しています。

●不動産、建設業界のほか幅広い業種への就職

融資を行う金融機関、工場や倉庫などを保有するメーカー、多くの営業所を持つ小売業や外食産業、都市計画を推進する地方公務員など、多様な業界で不動産の知識が必要とされており、卒業後の進路は多岐にわたります。

浦安キャンパス

世界に広がる国際交流

留学プログラムには長期・短期留学制度が設定されています。留学先で修得した単位も卒業要件として認められる「単位互換制度」を設け、学生をサポートしています。また、世界各国・地域から、約400人（2023年5月現在）の留学生を受け入れており、学内でも国際交流を図ることができます。

協定校留学　5カ月～1年間の協定校留学（長期海外留学）を実施。留学中の費用を大学が一部負担する奨学金制度もあります。

奨学海外研修派遣制度　各学科の成績優秀者を対象に、奨学海外研修派遣制度を設けています。費用の全額を大学が負担し、世界の有名大学で国際経験を積むチャンスがあります。

CAMPUS情報

浦安キャンパス　東京ベイエリアに位置し、映画やドラマのロケ地として利用されることも多い広々としたきれいなキャンパスには、外国語学修や異文化交流を体験できる施設「MLACC（エムラック）」や、フィットネスクラブが併設されたメイカイクラブがあり、豊かな学びを実現する開放的な環境です。

坂戸キャンパス　緑豊かで静かな環境にあり、歯学部の学生が6年間を過ごします。教育施設は、大きく基礎教育施設と臨床・研究施設に分かれており、新入生が主に学ぶ「進学棟」と、臨床実習の場である「明海大学病院」をつなぐ廊下は、別名「歯科医師への道」と呼ばれ、歯学部学生としての自覚を深めています。

きめ細かなキャリアサポート

浦安キャンパスでは、入学から就職内定まで4年間一貫したキャリア教育を行っています。1年次の「キャリアプランニング」から、グループワーク、業界研究、自己分析、プレゼンテーションなど、各学年に沿った実践型授業を通じて、社会人に必要な基礎力（ジェネリックスキル）や相手を理解する力、チームで仕事をする力を身につけます。就職活動期には学生一人ひとりに就活コーチがつき、内定獲得まできめ細かく支援します。

2023年3月卒業生就職実績　浦安市役所、ガンホー・オンライン・エンターテイメント、警視庁、コジマ、JALスカイ、JCOM、JTB、スターツコーポレーション、ZOZO、第一生命保険、千葉県教育委員会、ツツミ、東急リバブル、東京歯科大学千葉歯科医療センター、東京都教育委員会、東京ベイ信用金庫、ニトリ、日本生命保険、日本マクドナルド、星野リゾート、マイナビ、陸上自衛隊など

入試GUIDE（前年度参考）

●浦安キャンパス（外国語、経済、不動産、ホスピタリティ・ツーリズム、保健医療学部）

①総合型選抜（AO）　②総合型選抜（なりたいじぶん入試）　③総合型選抜（スポーツ・文化活動）　④学校推薦型選抜（指定校、全国商業高等学校長協会、沖縄特別奨学生、SDGs高大連携入試）　⑤総合型選抜（企業推薦）　⑥総合型選抜（生涯学習型社会人）　⑦一般選抜　⑧大学入学共通テスト利用選抜　等

●坂戸キャンパス（歯学部）

①総合型選抜（AO）　②総合型選抜（自己推薦型）　③学校推薦型選抜（指定校）　④一般選抜　⑤一般選抜（共通テストプラス方式）　⑥大学入学共通テスト利用選抜

※入試の詳細は明海大学ホームページで公開します。

キャンパス案内　※オープンキャンパスの日程・詳細は明海大学公式ホームページをご覧ください

■浦安キャンパス（外国語学部／経済学部／不動産学部／ホスピタリティ・ツーリズム学部／保健医療学部／大学院／別科）
〒279-8550　千葉県浦安市明海1丁目
企画広報課　☎047-355-1101（直）
〈交通〉JR東京駅から京葉線快速で16分「新浦安駅」下車徒歩約8分

■坂戸キャンパス（歯学部／大学院）
〒350-0283　埼玉県坂戸市けやき台1-1
入試事務室　☎049-279-2852（直）
〈交通〉東武東上線・越生線「川角駅」下車徒歩約9分
〈HP〉https://www.meikai.ac.jp

資料請求方法：巻末ページの「パンフレット一括請求」をご覧ください。

東京情報大学

資料請求

	請求ハガキ	巻末ハガキ
料 金		無 料
完成時期		6月初旬

〒265-8501　千葉市若葉区御成台4-1　入試・広報課　TEL 043-236-1408　〔HP〕https://www.tuis.ac.jp/

TOPICS
情報は「人」をつなぐツール
看護は「人」の健康を支える手段

■学科組織

●総合情報学部
　総合情報学科400

●看護学部
　看護学科100

🏫 情報は、未来を創る力になる

　私学において大学名に初めて「情報」を冠した大学。建学の精神を「未来を切り拓く」、教育理念を兄弟校東京農業大学の実学精神を継承した「現代実学主義」を掲げ、「情報」を教育・研究の中核とした人材育成に取り組んでいます。高度情報化社会において、必要な情報を意図的に探し、情報に振り回されずに選択、そして相手に伝える力を身につけるため、全学共通科目「情報社会とAI」「情報リテラシー演習」を通して情報学の基礎を学びます。

💡 段階的に深化する2学部の「学び」

総合情報学部

　大量の情報が高速で行き交う現代社会をリードする人材を育成するため、情報を様々な角度から学べる「3学系制」を導入しました。1年次後期に「情報システム」「データサイエンス」「情報メディア」の3つの学系に分かれ、2年次後期では専門分野ごとに分かれた研究室へ所属します。システム開発やゲーム、人工知能などの理系分野だけでなく、経営などの文系分野、映像音響などのエンターテインメント系、さらには環境や数理情報など、多岐にわたる学びのテーマを揃えています。

　このように、総合情報学部は自分自身の興味や進路を情報の基礎を学びながら段階的に見つけていくことができます。

看護学部

　加速する少子高齢化、情報化のなかで、医療の現場は病院から地域へとシフトしていきます。看護師の仕事も、社会の変化とともに求められるスキルを変えつつあります。東京情報大学の看護学部では、情報の活用・発信力を磨き、先進的な地域包括ケアや看護活動に触れることで、「情報」で「地域」をつなぐ包括ケアを担う看護師・保健師を育成します。
【看護実習棟】最新設備を整え、学生の意欲を掻き立てるアクティブ・ラーニングを実現します。デモンストレーション室と住まい・公民館仕様の実習室。病棟・病室仕様の実習室や多目的実習室、演習室を完備し、学生の主体的な学びを支えます。

取得できる資格
○看護師国家試験受験資格
○保健師国家試験受験資格（20人選択制）

🏢 オープンキャンパス情報

■オープンキャンパス

　4月から11月にかけて毎月開催

※日程・実施方法・時間については、HPに掲載します。

DATA・FILE ▶

○教員数……56（学長は含まない）
○学生数……2,183（大学院生含む）
○キャンパス面積……104,129㎡
○蔵書数……約13万冊

（2023年5月現在）

資料請求方法：巻末ページの「パンフレット一括請求」をご覧ください。

和洋女子大学

資料請求

	請求ハガキ	巻末ハガキ
料 金		無 料
完成時期		4月上旬

〒272-8533　千葉県市川市国府台2-3-1　入試・広報センター　TEL 047-371-1127　〈HP〉https://www.wayo.ac.jp/

TOPICS
2023年3月卒業生 就職率99.9%　進路支援センターが一人ひとりの進路をサポート！
人文学部・国際学部・家政学部・看護学部の全4学部9学科を設置。創設以来、一貫して、人間的・経済的に自立できる女性を社会に送り出しています。

■学部・学科組織(2024年度)

- **●人文学部** 日本文学文化学科110(日本文学専攻、書道専攻、文化芸術専攻)／心理学科60／こども発達学科70
- **●国際学部** 英語コミュニケーション学科60／国際学科60
- **●家政学部** 服飾造形学科60／健康栄養学科120／家政福祉学科110(家政福祉コース、児童福祉コース)
- **●看護学部** 看護学科100

🏛 大学GUIDE

人文学部

【日本文学文化学科】 日本文化の担い手となるべく、日本の文学や日本語の豊かな世界を見つめ、美に対する感性を論理的に表現する知性を養い、文学と言語・文化や芸術を分析し、思考し、創造する能力を磨きます。

【心理学科】 演習や実習など体験型の学習を多く取り入れながら、人々の心の育ち(発達)や心を豊かに育てる教育のあり方、癒しなど、心のありようを学びます。

【こども発達学科】 子どもの成長・発達に関する様々な問題に専門家として対応できる知識と技術を身につけた人材を育成。所定の科目を履修することで、幼稚園教諭一種免許状と保育士資格、両方を取得できます。

国際学部

【英語コミュニケーション学科】 ネイティヴスピーカー教員による実践型授業や充実した海外語学研修、ビジネス英語習得にも特化し、世界で通用するコミュニケーション力を育てます。

【国際学科】 国際的教養と高い語学力を身につけながら、世界諸地域の観光や社会問題などに関する知識と技術を幅広く学び、将来に直結する実践的スキルを習得します。

家政学部

【服飾造形学科】 技術やデザインに加え、素材や加工、機能、企画、ファッションビジネスなどの側面から「衣」の本質に迫ります。知識と感性を融合し、多角的な視点で「衣」を創造する人材を育成します。

【健康栄養学科】 身体や栄養についての専門知識に加え、高いコミュニケーション能力を兼ね備えた実践力ある管理栄養士を養成します。栄養教諭の教員免許、食品衛生管理者・監視員、NR・サプリメントアドバイザーなどの資格が取得できる多彩なカリキュラムを編成しています。

【家政福祉学科】 「衣・食・住」そして「福祉」「保育」をキーワードに、家族、消費生活、生命科学、環境など幅広い知識と技術を体系的に学びます。家庭教諭・保育士資格・社会福祉士(受験資格)が取得できます。

看護学部

【看護学科】 知識・技術だけでなく、円満な人格と幅広い教養を持ち、豊かな人間性とコミュニケーション能力を備えた「質の高い」看護師を育成。ICT機器を積極的に活用し、実際の看護の現場に近い環境で学べます。

🏃 卒業後の進路

学生が就職活動に自信をもって臨めるよう、進路支援センターでは業種・企業研究、面接対策、個人面談などのほか、有効性の高い様々な資格対策講座も実施。希望者は3年次にインターンシップにも参加できます。

主な就職先(2023年3月卒業生)　千葉県公立学校教員、千葉市役所、星野リゾート・マネジメント、東京都職員栄養士、京葉銀行、千葉県警察本部、公立幼稚園、JALスカイ、国立国際医療研究センター国府台病院ほか

オープンキャンパス情報 ▶

予約制の来場型オープンキャンパスや個別の入試相談・見学会の他、動画のコンテンツも用意しています。
【オープンキャンパス】 3/24(日)、4/28(日)、6/9(日)、7/21(日)、8/4(日)、8/11(日)、8/25(日)、9/22(日)、11/23(土・祝)、2/23(日・祝)、3/23(日)
※すべて、事前予約制。日程は変更になる場合があります。
【里見祭】 11/2(土)、11/3(日)

取得可能な資格 ▶ ※学科・専攻により異なります

- **●各種取得資格** 中学校教諭1種・高等学校教諭1種・幼稚園教諭1種・栄養教諭1種・保育士・栄養士・日本語教員・学校図書館司書教諭・司書・博物館学芸員・認定心理士・社会福祉主事・1級衣料管理士・食品衛生管理者・食品衛生監視員　など
- **●受験資格取得** 管理栄養士・社会福祉士・看護師・保健師　ほか

資料請求方法：巻末ページの「パンフレット一括請求」をご覧ください。

聖徳大学 せいとく 短期（女子）大学部

〒271-8555　千葉県松戸市岩瀬550　入学センター　☎0120-66-5531（受験相談フリーダイヤル）　〈HP〉https://ouen.seitoku.ac.jp/

TOPICS

●**保育科**　「保育の聖徳®」としての伝統を生かし、実習以外でも「子どもの中で学ぶ」ことを通して実践力を伸ばし、2年間で一生活躍できる保育者を育成します。

●**総合文化学科**　自分に合った専門分野を選び、それぞれの夢実現へ導きます。地域貢献活動など、社会の求める実学を学ぶ場を用意しています。

■**学科組織・入学定員（女子）**

●保育科第一部（昼間・2年制）　160

●保育科第二部（夜間・3年制）　10

●総合文化学科　50

〔図書館司書・IT、国際観光・ホテル、フードマネジメント〈フード・製菓〉、ファッション・造形デザインコース〕

●専攻科〈短大等卒業者対象〉（大学改革支援・学位授与機構認定）

　医療保育専攻

※コースや定員は変更になる場合があります。

🏛 短大GUIDE

伝統と実績「保育の聖徳®」

保育科

専門性の高い保育者を育成するために、実習や地域貢献をコアにしたカリキュラムを展開しています。実習は、1年次からの附属幼稚園での実習のほか、指定の保育所、幼稚園などでも実施します。

また、働きながら夜間を利用して学べるように、第二部（3年制）も設置しています。第二部の学生の多くが、昼間は幼稚園や保育所で仕事をしており、授業で学修した内容を保育の現場で実践しています。

即戦力となる人材の育成には定評があり、保育科の教育系就職率は10年連続100％と、高い就職実績を実現。公務員（保育士）合格者も毎年輩出しています。

総合文化学科

専門的な4コースから自分が専門とするコースを選び、2年間で専門的な技能を身につけます。地域貢献活動等の実践を通して、社会の中で学ぶことで、人間力や仕事力、課題解決力などを育てます。

また、資格取得、憧れの企業への就職など、明確な将来の目標に向かうことができるように手厚いサポート体制を整えています。

💡 聖徳オリジナルの学び

専門分野の学びに加え、「学外研修」「聖徳学園シリーズコンサート」「小笠原流礼法基礎講座」などの聖徳ならではの学びが、豊かな知性や人間性を育成します。

キャンパスは駅から徒歩5分の好立地！

🏃 卒業後の進路

1年次から就職ガイダンスを開講し、キャリア支援課職員や教員が就職活動をバックアップするほか、2年間で夢を実現できるように学生一人ひとりと面談を行い、希望や状況に合わせたサポートを行っています。また、「公務員試験対策講座」や「公務員試験対策ガイダンス」を開講し、公務員（保育士）合格者も毎年多数輩出。確かな実績を残しています。

卒業生は幼稚園、保育所などの教育機関をはじめ、一般企業などへ就職しています。聖徳大学短期大学部の就職率は100％・就職者数120人です（2023年3月卒業生実績）。

📋 取得可能な免許・資格

先生・保育士

幼稚園教諭二種、保育士

食と健康

フードスペシャリスト受験資格

社会・文化

図書館司書、観光実務士、情報処理士、秘書士

※学科・コースにより異なります。

🏢 オープンキャンパス

2024年度の日程や詳細はHPでご確認ください。

※松戸キャンパス

資料請求方法：巻末ページの「パンフレット一括請求」をご覧ください。

学校案内編 私立大学・短期大学

東京 1

青山学院大学 266	慶應義塾大学 282
亜細亜大学 268	工学院大学 284
跡見学園女子大学 270	國學院大學 286
桜美林大学 272	国際基督教大学 288
嘉悦大学 273	国士舘大学 290
大妻女子大学 274	駒澤大学 292
学習院大学 276	駒沢女子大学 294
学習院女子大学 278	産業能率大学 295
共立女子大学 280	実践女子大学 296

青山学院大学

〒150-8366　東京都渋谷区渋谷4-4-25　入学広報部　TEL 03-3409-0135　〈HP〉https://www.aoyama.ac.jp/

資料請求		
	請求ハガキ	巻末ハガキ
料　金		送　料 300円（後納）
「大学案内2025」完成時期		6月1日（予定）

TOPICS

●2024年4月、利用者とともに進化する新図書館棟「マクレイ記念館」が開館予定
　図書館機能だけではなく、学術的な活動を総合的に支援する「知の拠点」となり、青山学院大学の学びをさらに進化させる役割を果たします。

学びの特長

文学部　「英語の青山」を代表する英米文学科、充実したフランス語教育を誇るフランス文学科、日本文学と日本語・日本語教育を学ぶ日本文学科、日本史・東洋史・西洋史・考古学を学ぶ史学科、美術・音楽・演劇映像の各芸術領域を学ぶ比較芸術学科の5学科で構成されています。きめ細かい指導とコミュニケーションを大切にする少人数教育が特色です。

教育人間科学部　現代の教育と心理の諸問題を自らの力で解決に導く人材育成をめざします。教育学科と心理学科に共通する臨床、発達などの科目が、相互に履修でき、理論的かつ実践的なアプローチの反復によって人間への理解をより深く追究します。

経済学部　経済学科は「理論・数量」、「応用経済」、「歴史・思想」の3コースを配置、より公正な社会を実現する力を培います。現代経済デザイン学科は「公共（パブリック・デザイン）」「地域（リージョナル・デザイン）」の2コースがあり、公共性の視点から経済学を学びます。

法学部　法学科では国際的・実践的なカリキュラムを通じて、専門的知識と法的正義感を備えた「法の智恵」を養います。ヒューマンライツ学科は、多様化・複雑化した現代の人権問題について、法学をはじめ、政治学、経済学、公共政策などのさまざまな観点から学びます。

経営学部　経営学科では経営学・商学・会計学をバランスよく学び、先端理論と実践技術を身につけます。マーケティング学科では、時流に流されない理論と、それを生かす専門的な知識やスキルを体系的に身につけます。

国際政治経済学部　国際政治、国際経済、国際コミュニケーションの3学科と5コース（政治外交・安全保障／グローバル・ガバナンス／国際経済政策／国際ビジネス／国際コミュニケーション）制を敷き、専門領域を超えて他学科科目を学べる学際教育を展開し、専門性と国際性、現場感覚を重視した学びを実践しています。グローバルな課題への理解を深め、エビデンスに基づいて議論・討論するスキルを養成します。

総合文化政策学部　芸術・思想・都市・メディアなど幅広い領域の文化や芸術を研究対象とし、各現場での"創造体験" とともに知を深めます。理論と実践を融合した学びの中で、自身のセンスを磨きながら、新たな価値を

■学部・学科構成、入学定員

●**文学部**
英米文学科300／フランス文学科115／日本文学科120／史学科120／比較芸術学科85

●**教育人間科学部**
教育学科188／心理学科110

●**経済学部**
経済学科407／現代経済デザイン学科132

●**法学部**
法学科380／ヒューマンライツ学科120

●**経営学部**
経営学科360／マーケティング学科160

●**国際政治経済学部**
国際政治学科115／国際経済学科115／国際コミュニケーション学科74

●**総合文化政策学部**
総合文化政策学科259

●**理工学部**
物理科学科105／数理サイエンス学科55／化学・生命科学科115／電気電子工学科120／機械創造工学科95／経営システム工学科95／情報テクノロジー学科95

●**社会情報学部**
社会情報学科220

●**地球社会共生学部**
地球社会共生学科190

●**コミュニティ人間科学部**
コミュニティ人間科学科240

入学前予約型給付奨学金「地の塩、世の光奨学金」

　一般選抜または大学入学共通テスト利用入学者選抜を受験し、青山学院大学への入学を希望する首都圏（東京都（島しょ部を除く）、神奈川県、埼玉県、千葉県）以外の道府県出身者で、学業成績が優秀であるにもかかわらず、経済的理由で進学が困難な学生に対して給付する予約型奨学金です。出願前または出願期間に奨学金を申請し、合格発表前に入学後の奨学金給付を約束します。

●給付金額…500,000円（年額）
●支給期間…原則4年間の継続支給（毎年の進級時に継続審査あり）
●採用候補者数…約350人（予定）
★詳細は青山学院大学ウェブサイトをご確認ください。

創出するマネジメント力とプロデュース力、世界への発信力を備えた人材を育てます。

　理工学部　サイエンス、テクノロジーの基礎から最先端までを学び、最新設備を駆使した実験、演習、研究活動ができます。2、3年次から研究室に参加できるプログラムや、英語で学び、研究し、成果を発表することを目標とする独自の英語教育など、未来志向のカリキュラムにより学生の夢と可能性を広げます。

　社会情報学部　文系・理系の双方に精通するために、"文理融合"をコンセプトとして、文系の「社会科学」「人間科学」と理系の「情報科学」の各専門領域をつなぎ、各分野の"知"を融合した学際的な学びが特徴です。数理・データサイエンス・AI教育プログラムも展開。実社会の複雑な問題に幅広く対応できる力を養います。

　地球社会共生学部　国境を超えた地球社会を研究対象とし「メディア／空間情報」「コラボレーション」「経済・ビジネス」「ソシオロジー」の専門領域を設置。アジア留学や英語教育の充実を図り、Global Issuesを共に解決し協働できる「共生マインド」を養います。

　コミュニティ人間科学部　日本国内の地域に着目した社会貢献を追究し、地域の文化とそこに暮らす人々への理解を深め、地域を体験する学びを通して「実践知」を培い、課題解決力とコミュニティ創造力を育成します。専門家として、地域社会の構成者として、地域の活性化や持続的な活動支援ができる人材を育てます。

留学・国際交流

　協定校留学（派遣交換留学）では、35以上の国と地域にある140の大学（2023年3月時点）との学生相互交換協定に基づき学生を派遣し合っています。条件を満たせば、留学先で修得した単位は卒業要件単位として認定可能です。

　キャンパス内で国際交流　「青山学院チャットルーム」は、大学に在籍する留学生と、グループまたは1対1で英語、中国語、韓国語などの外国語による会話を楽しみながら国際交流を行う場です。このほか、留学生を支援するチューター（学生ボランティア）の制度や、学内での国際交流イベント、海外からの訪問団との交流会などがあり、キャンパス内でも国際交流の機会が豊富です。

卒業後の進路

　進路・就職支援体制　就職活動を支援するオリジナルWebサイト（Web Ash）や、早い時期から就職観を醸成するための、1・2年生を対象としたオリエンテーション、企業見学、インターンシップ支援など、参加学年に合わせた多数のプログラムを実施しています。就職支援行事は年間約350回開催し、公務員や教員をめざす学生を対象とした試験対策、U・Iターン就職や外国人留学生の就職など多様な対策講座も充実しています。内定を

得た4年生が1〜3年生にアドバイスや情報提供を行うキャリアチューターの企画も好評です。質問や相談に随時対応する「個別相談」では、学生自身が納得できる進路選択ができるように手厚くサポートします。

　主な就職先　（2023年3月卒業生）

楽天グループ、パーソルキャリア、三井住友信託銀行、リクルート、NTTデータ、日立システムズ、富士通、NECソリューションイノベータ、東京海上日動火災保険、日本生命保険、みずほフィナンシャルグループ、TIS、日立製作所、アクセンチュア、デジタル・アドバタイジング・コンソーシアム、三井不動産リアルティ、横浜銀行、りそなホールディングス、レバレジーズ、エン・ジャパン、ディップ、トランス・コスモス、NEC、みずほ証券、ANAエアポートサービス、SCSK、NTTドコモ、大塚商会、JCOM、サイバーエージェント、ジェーシービー、大和証券、ニトリ、三井住友銀行、明治安田生命保険、伊藤忠テクノソリューションズ、SMBC日興証券、キーエンス、ソフトバンク、第一生命保険、千葉銀行、電通デジタル、日本タタ・コンサルタンシー・サービシズ、日本総合研究所ほか

入試GUIDE

　2025年度入学者選抜については、青山学院大学ウェブサイトをご確認ください。

資料請求方法：巻末ページの「パンフレット一括請求」をご覧ください。

亜細亜大学

〒180-8629 東京都武蔵野市境5-8 入試部アドミッションセンター TEL 0422-36-3273(直) 〈HP〉https://www.asia-u.ac.jp/admissions/

TOPICS ●多様な夢に挑み、アジアの未来に飛躍する創造的人材を育成する大学

「5学部8学科体制」の社会科学系の大学です

2023年4月より経営学部データサイエンス学科を新設し、5学部8学科で展開する亜細亜大学の学士課程教育。初年次教育やゼミナールの必修化、国際教育、副専攻制度など、学生一人ひとりの興味・関心に合わせて、柔軟で広い視野を獲得するための多彩な学びを実現するカリキュラムを構成しています。

経営学部 経営学科 企業経営に関する専門的で実践的な経営戦略、組織、人材管理、会計、マーケティングなどを修学。「ヒト」「モノ」「カネ」「情報」という経営資源を管理するノウハウとともに、コミュニケーション能力や情報処理能力など幅広い教養の修得を目指します。

経営学部 ホスピタリティ・マネジメント学科
「ホテル」「ブライダル」「フードサービス」「パッセンジャーサービス」「トラベル」「スポーツホスピタリティ」の6つの領域を用意。経営学の知識に加え、理論と実務を融合した教育を展開し、マネジメントスキルとホスピタリティマインドを兼ね備えた人材を育成します。

経営学部 データサイエンス学科 経営学・ビジネスとともに人工知能（AI）やプログラミングを基礎から学び、分析力・創造力・経営力を磨きます。データサイエンス・AIと経営学を両輪として、企業や社会の課題解決に貢献するデータサイエンティストを育成します。

経済学部 経済学科 変動する市場経済を読み解くために必要な知識と分析スキルをグローバルな視点で身につけられるよう理論・実践の両方から体系的に学修します。経済学の基礎から応用・政策までを系統的に修得するとともに金融やビジネスの世界で活躍する外部講師を招いた特別講義や簿記会計、アジアをはじめとする国際社会についての科目も充実しています。

法学部 法律学科 将来設計に即した「法律専門職」「公務員」「企業」の各コースと、バラエティに富む科目

■学科組織
●**経営学部**
　経営学科(325)／ホスピタリティ・マネジメント学科(150)／データサイエンス学科(80)
●**経済学部** 経済学科(250)
●**法学部** 法律学科(320)
●**国際関係学部**
　国際関係学科(130)／多文化コミュニケーション学科(130)
●**都市創造学部** 都市創造学科(145)

が学べる「現代法文化」の4つのコースを通して、リーガルマインドを養います。多種多様な社会問題の法的な解決手段を学びながら、幅広く法律の素養を身につけることで問題解決能力を備えた人材を育成します。

国際関係学部 国際関係学科 国際法、国際政治、国際経済、開発協力など、多様なテーマを通して多角的な視点から国際関係についての学びを深めます。紛争解決や平和構築に貢献する外交政策、多国間交渉、国際法について学ぶ「グローバル・ガバナンス」、持続的発展や貧困削減などに関する開発協力分野について学ぶ「開発協力」、国際企業戦略や国際経済のあり方やアプローチの方法を学ぶ「国際ビジネス・経済」の3つのコースで国際問題を解決するための能力を養います。

国際関係学部 多文化コミュニケーション学科 多文化理解を深めるため、文化人類学、観光学、社会学、言語学などを柱として幅広い国際教養科目を学びます。言語面では、英語に加え、韓国語、中国語、インドネシア語、ヒンディー語、アラビア語から1言語を必修で学びます。多文化共生社会への適応能力を涵養するため、現場体験を重視した国内外でのフィールドワークも行います。

都市創造学部 都市創造学科 ビッグデータなど膨大な情報を活用しながら、産業と社会の観点から多角的かつ先進的なテーマで都市の課題解決に取り組みます。アジアの主要6都市から研究対象を選び、語学研修や就業体験を通して都市が抱える課題や魅力を学びます。

2024年度 オープンキャンパス

〈日程〉 6/16日(日) 7/14日(日) 8/10日(土)
　　　　8/11日(日・祝) 9/22日(日・祝)

※事前予約制です。最新情報は、入試情報サイトをご確認ください。

奨学金制度

　一般選抜において、大学が指定する入試形態で優秀な成績を収めた方への特待制度があります。その他にも、「亜細亜学園奨学金」「東急奨学金」など独自の奨学金制度を幅広く設置。「派遣留学プログラム奨励金」や「アメリカプログラム奨学金」など留学を支援する奨学金制度も充実しています。

充実した初年次教育

全学部で初年次「オリエンテーションゼミ」を必修化。スタディー・スキルを磨きながら、少人数グループで各専門領域の基礎知識を身につけます。また、全員がネイティブ・スピーカーの教員による英会話の授業「フレッシュマン・イングリッシュ」で実践的な英語を学びます。

学修の幅を広げる制度

学生一人ひとりの興味・関心に合わせて、柔軟で広い視野を獲得するためのカリキュラムを構成。所属学科で発見した課題を追求しつつ、新たな分野を体系的に学べる「データサイエンス」「スポーツ科学」副専攻制度や4年一貫のキャリア形成プログラム「アジア夢カレッジ」等、学部・学科を超えて学べる制度も整っています。

多彩な言語教育

異文化を理解し、国際力を高めるために、14言語の授業を開講。中国語、韓国語、スペイン語、フランス語、ヒンディー語、ベトナム語、アラビア語など、アジア、欧米、中東などの多彩な言語を学べます。外国語専門の学部を持たない社会科学系の大学では屈指の充実ぶりです。

多彩なプログラムで海外活動をバックアップ

学生の海外派遣は65年以上の歴史を持ち、派遣者数は全国上位の実績を誇る亜細亜大学。約5カ月間のアメリカプログラムをはじめ、短期・中期・長期の留学プログラムが充実しています。

【中期】アメリカプログラム　ワシントン、アリゾナ、カリフォルニア、ニューヨーク、ユタの各州にある7大学に約5カ月間留学するプログラム。14,000人以上が参加した歴史ある亜細亜大学独自の留学制度です。

【短期】グローバルプログラム　夏季・春季休暇中に行われる「単位認定型」の短期留学プログラム。興味に合わせて、北米、ヨーロッパ、オセアニア、アジア地域の17の留学先から選ぶことができます。

【長期】交換・派遣留学生制度　選抜試験に合格した学生が、充実した奨学制度のもと、交換・派遣協定を結ぶ海外23大学に、約1年間留学するプログラム。

その他にもマレーシアで約5カ月間、英語とアジアの経済・文化を学ぶ「アジアン・スタディーズプログラム」や4年一貫のキャリア開発プログラム「アジア夢カレッジ」、インターンシップ、フィールドスタディーなど多様な留学・海外研修制度があり、各自の目的や興味・関心に合わせて海外体験ができる環境が整っています。
※各プログラムの実施は国際情勢等の状況により、中止・変更の可能性があります。

新宿からわずか20分の自然豊かな好環境

静かな住宅地に囲まれた緑豊かな武蔵野の地にあり、都心へのアクセスも便利で、学生が学び、生活しやすい環境にあります。"憩い×学び×交流"の複合施設ASIA PLAZAは、カフェ＆ダイニングや、多様な学習スタイルに対応したPLAZAコモンズがあり、個人またはグループでの学習環境が充実しています。

就職に強い！〜4年一貫のキャリア支援〜

●4年一貫のキャリア支援

低学年次からのキャリアサポートが充実しているのが亜細亜大学キャリア支援の特徴です。亜細亜大学独自のキャリア支援サイト「Asia Career Cafe」等でいつでも、どこからでも就職活動の準備を始められる環境が整っています。就活スケジュールに応じた「支援行事・講座」の開催、キャリアに関して専門スタッフに相談できる「個人面談」などの支援を展開しています。

主な就職先　積水ハウス、東急建設、伊藤園、JT、山崎製パン、本田技研工業、ヤマハ、JR東日本、帝人、ファーストリテイリング、富士ソフト、三井住友銀行、住友生命保険、星野リゾート、ミリアルリゾートホテルズ、東京国税局、茨城県庁、防衛省、警視庁ほか
（2023年3月卒業生実績）

入試GUIDE（2024年度実績）

【総合型選抜】（併願可）
ホスピタリティAO入試／ホスピタリティ入試／グローバル人材育成入試／スポーツ・文化活動入試　ほか

【学校推薦型選抜】（専願）
公募推薦入試

【一般選抜】
一般入試（学科別）／大学入学共通テスト利用入試（前期・後期）／全学統一入試（前期）※全国18会場／全学統一入試（中期）※首都圏4会場／全学統一入試（後期）／一般入試（学科別）DS後期

資料請求方法：巻末ページの「パンフレット一括請求」をご覧ください。

関東

269

跡見学園女子大学

資料請求

	請求ハガキ	巻末ハガキ
料　金		無　料
完成時期		4月下旬

文京キャンパス　〒112-8687　東京都文京区大塚1-5-2
新座キャンパス　〒352-8501　埼玉県新座市中野1-9-6　（入試課）　TEL 048-478-3338　〈HP〉https://www.atomi.ac.jp/univ/

TOPICS
- ●2023年3月卒業生の就職率98.1%（2023年5月現在）
- ●3・4年次は都心の文京キャンパスで！　丸ノ内線「茗荷谷」駅より徒歩約2分。
- ●自律し自立した女性を目指すカリキュラムやキャリアサポートが満載！

■学部・学科組織（2024年度入学定員）

●文学部
人文学科160／現代文化表現学科120／
コミュニケーション文化学科110

●マネジメント学部
マネジメント学科180／生活環境マネジメント学科80

●観光コミュニティ学部
観光デザイン学科120／まちづくり学科80

●心理学部
臨床心理学科120

●大学院
人文科学研究科（日本文化専攻、臨床心理学専攻）20／
マネジメント研究科（マネジメント専攻）10

多様な学びを開設

1875（明治8）年に開校した「跡見学校」がルーツ。人文科学・社会科学を幅広く展開しており、専門科目に加え、他学部他学科の科目も学べます。自分の「好き」を進路につなげるための知識とスキルが身につきます。

人文学科
人間が作り上げてきたさまざまな学問や文化を学び、生きることのあらゆる場面で求められる、人間への理解を深めます。文学、創作、歴史、芸術、文化、思想、国際教養などの幅広い領域から自由に選択し、着実にレベルアップを実現します。教員免許、学芸員、司書、司書教諭等の資格取得も可能です。

現代文化表現学科
アニメ、マンガ、映画、音楽、舞台芸術、現代文学、写真、ファッション、デザインなど、現代のさまざまな文化表現について学びます。「創る」「提供する」「批評する」力をもつ人材、現代文化を支える人材を目指します。

コミュニケーション文化学科
言葉や文化の壁を越え、多文化共生社会の担い手を育成します。コミュニケーションツールとしての日本語・英語や、メディア、シンボル表現、異文化理解など、多文化共生のためのコミュニケーションを学びます。

マネジメント学科
日本初の女性のためのマネジメント学部として誕生。経済学、経営学、法学、文化政策などの学問を総合的に学びながら「仕事の面白さ」を見出し、就業体験を通して、実社会で活躍できる女性を目指します。

生活環境マネジメント学科
ファッション、食事や住まいなど身近な生活への関心からスタートし、企業経営やリサイクル・省エネなどのエコについても学びます。また、就業体験を通して、実践的なマネジメント能力を養成し、生活分野のビジネスで活躍する人材を育てます。

観光デザイン学科
地域の新たな魅力を発見し、観光をデザインする力や地域・日本を広くアピールできる能力を身につけます。就業体験や地域と連携したプロジェクトなど、実践的な活動を通じて「観光デザイン能力」を身につけます。

まちづくり学科
人と人をつなげ、地域の課題を解決し、持続可能な地域社会をデザインする「まちづくり」について学びます。防災、行政、ボランティア、都市計画など、地域の課題を解決できる人材を実践を通じて育成します。社会調査士、国内旅行業務取扱管理者の資格取得も目指せます。

臨床心理学科
人間の心の不思議さを学び、「こころの専門家」の知識と技能を身につける臨床心理学科。臨床系だけでなく、幅広い領域の心理学を学べます。スクールカウンセラーや医療機関等での相談員を目指せるほか、公認心理師を養成するカリキュラムにも対応しています。

奨学金制度
- ○跡見花蹊記念奨学金（成績優秀者に対して授業料の1学期分を給付）
- ○一紫会修学援助奨学金（家計急変者や恒常的低収入者に対して授業料の1学期分もしくは1学期分の2分の1を給付）
- ○後援会修学援助奨学金（家計急変者や恒常的低収入者に対して授業料の1学期分もしくは1学期分の2分の1を給付）

他に日本学生支援機構奨学金、地方公共団体奨学金、などあり。

就業体験・学外実習
マネジメント学部の学生は、2年次の夏休みに、多数の企業・団体の協力を得て実施する就業体験に参加します。また、就職課では全学部・学科の学生が参加できる就業体験を実施。観光コミュニティ学部でも就業体験・学外実習を行います。

アメリカの海外研修では地元の小学校で日本文化を紹介

学生全員が社会で通用するマナーを授業で学ぶ

まちづくり学科では学外調査やフィールドワークを積極的に行う

マネジメント学部では就業体験やPBLで実践力を磨く

都心のキャンパスは就活に便利

1・2年次は緑豊かな新座キャンパス

キャンパスライフのスタートは新座キャンパスから。46種190本の桜が美しい自然に恵まれたキャンパスで学びの基礎を築きます。

3・4年次は都心の文京キャンパス

3・4年次は都心の文京キャンパスで学びます。池袋駅・新宿駅・東京駅に近く、課外活動や就職活動にも便利。最先端の文化から刺激を受け、社会で自立するための準備をします。

キャリアサポート

1年次から始まるATOMIのキャリアサポート。授業では、仕事もプライベートも両方充実させながら社会貢献、自己成長ができるよう、女性の多様な働き方・生き方、ヘルスケアなどの「ライフキャリアデザイン」の土台となる知識から、社会が求める人材や仕事・業界研究などの「キャリアプランニング」に有効な知識まで、幅広く学びます。

一方、就職課では、1・2年次対象「進路ガイダンス」、3年次対象「キャリアセミナー」、「PBL（課題解決型学習）プログラム」、「筆記試験対策講座」など、就職活動を意識した就職支援プログラムを早期から多数実施。2023年3月の卒業生は98.1％という高い水準の就職率を達成しました。

入試GUIDE（前年度参考）

①学校推薦型選抜（公募・指定校）
②総合型選抜［一般型・英検型］（Ⅰ期・Ⅱ期・3月期）
③一般入試A日程・B日程・C日程
④大学入学共通テスト利用入試Ⅰ期・Ⅱ期・Ⅲ期・Ⅳ期
⑤特別選抜（帰国生・社会人）

国際交流

夏季・春季休業中にアメリカ・イギリス・フランス・ドイツ・韓国・台湾の大学において、約1カ月～1カ月半の海外研修を実施しています。市庁舎や企業への訪問（アメリカ）をはじめとするアクティビティで、実践的なコミュニケーション力を身につけることができます。

主な就職先（過去3年間の実績）

●銀行・信用金庫・保険／みずほフィナンシャルグループ、住友生命保険、三菱UFJ銀行ほか　●航空・運輸／JALスカイ、ANAエアポートサービスほか　●旅行・ホテル／近畿日本ツーリスト首都圏、星野リゾート・マネジメントほか　●そのほか／ソフトバンク、千疋屋総本店、アイリスオーヤマ、ロクシタンジャポン、富士通、三井不動産リアルティ、USEN、公務員、教員ほか

オープンキャンパス

大学説明や学部学科紹介、学生による大学生活紹介、体験授業、教員や学生による個別相談、キャンパスツアーなどのさまざまな企画や役立つ情報が盛り沢山。詳しくは大学公式サイトまたは入試課（TEL 048-478-3338）までお問い合わせください。
3月23日㊏も新座キャンパスでオープンキャンパスを実施します。

資料請求方法：巻末ページの「パンフレット一括請求」をご覧ください。

桜美林大学

〒194-0294 東京都町田市常盤町3758　入学部インフォメーションセンター　TEL 042-797-1583　〈HP〉https://admissions.obirin.ac.jp/　〈E-mail〉info-ctr@obirin.ac.jp

資料請求

	請求ハガキ	巻末ハガキ
料　金		無　料
完成時期		4月下旬

TOPICS
- ●2023年4月、「教育探究科学群」を新設
- ●2023年4月、学群カリキュラムを一新！（グローバル・コミュニケーション学群、健康福祉学群）
- ●2024年4月、ビジネスマネジメント学群のカリキュラムを改編！
- ●2025年4月、芸術文化学群のカリキュラムを改編予定！

桜美林の学びのかたち

　キリスト教精神に基づく国際人の育成を教育目標とし、外国語教育と国際交流に力を入れています。

　留学プログラムは、全学群の学生が対象。37の国と地域に186の海外提携校・機関があり、年間700人（2022年度実績）の学生が留学しています。1学期間から1学年間の長期留学、春期・夏期休暇を利用した短期語学研修、ボランティア、インターンシップなど学生個々のニーズに合わせて実践体験ができる場を用意。また、キャンパスで学ぶ約670人の留学生との交流を通して語学力と国際感覚を養うことができます。入学者は全員、桜美林大学オリジナルの英語プログラムを受講します。習熟度別のクラス編成で、授業はすべてネイティブ、バイリンガル教員によって英語で実施。さらに英語だけでなく中国語、イタリア語、アラビア語など全17言語（日本語含む）を学ぶことができます（学群により異なる）。

　国際舞台で活躍できる対応力のある人材を育成するため、「学群制」を採用。私立大学では日本で最初に桜美林大学が取り入れました。興味のある学問分野を自由に組み合わせて学ぶことができ、メジャー（主専攻）とマイナー（副専攻）を選択できるので複数の専門性を持つことが可能です。広く、深く学べる多彩な教育体制で、豊かな創造力と判断力を持つ国際人を多く輩出しています。

　2023年4月に「**教育探究科学群**」を新設。同学群では教育学を土台とした探究型のカリキュラムを構築します。入学後すぐに、自己変革力を引き出すゼミ型のカリキュラムをスタートさせ、高度なリサーチ・スキルや分析研究などのメソッドを学術的・体系的に身に付けていきます。また、国内外を問わずフィールドワークを実施。

■学群構成

●リベラルアーツ学群
　4領域30の専攻プログラムの中から自分の学びをデザイン
【人文領域】文学/言語学/哲学/宗教学/心理学/コミュニケーション学　【社会領域】歴史学/文化人類学/法・政治学/経済学/社会学/教育学　【自然領域】数学/物理学/化学/生物学/情報科学
【統合型】国際協力/多文化共生/博物館学/地域デザイン/データサイエンス/科学コミュニケーション/日本研究/アメリカ研究/環境学/メディア・ジャーナリズム/アジア研究/ビッグヒストリー/言語教育

●グローバル・コミュニケーション学群
　出願時に英語、中国語、日本語※の中から言語トラックを選択。2年次以降に、パブリック・リレーションズ、言語探究、文化共創の3つの専修の中からひとつを選択。めざす将来像に合わせて、より専門性を深めることができます　※日本語は海外からの留学生のみ選択可

●ビジネスマネジメント学群
【ビジネスプログラム】国際ビジネス領域、流通・マーケティングビジネス領域、観光・ホスピタリティ・エンターテイメントビジネス領域、エアラインビジネス領域
【マネジメントプログラム】マネジメント領域（経営戦略・管理科目群、会計・財務科目群、経営・法律科目群、経営情報科目群）

●健康福祉学群
【健康・スポーツ領域】【福祉・心理領域】【保育領域】の3領域、6つのメジャープログラム、および計12のプログラムからなるマイナープログラムから、自身の興味や将来の目標に合わせて組み合わせて学びます
　6専攻……健康科学専攻、スポーツ科学専攻、社会福祉学専攻、精神保健福祉学専攻、実践心理学専攻、保育学専攻

●芸術文化学群
演劇・ダンス専修、音楽専修、ビジュアル・アーツ専修

●航空学群（2025年度より航空・マネジメント学群から名称変更を構想中）
航空管制コース、航空機管理コース、空港管理コース*、フライト・オペレーション（パイロット養成）コース
*2025年度より空港マネジメントコースから名称変更予定

●教育探究科学群
教育学的視点と学術に裏打ちされた高度なリサーチ手法により、実践的なカリキュラムを掛け合わせます。

2024年度オープンキャンパス情報

対面式とYouTube Liveで開催します。
開催日程：6/16(日)、7/21(日)、8/3(土)、8/25(日)、
　　　　　2025/3/23(日)
プログラムの詳細は受験生サイトをご覧ください。
https://admissions.obirin.ac.jp/

資料請求方法：巻末ページの「パンフレット一括請求」をご覧ください。

嘉悦大学
（か）（えつ）

〒187-8578　東京都小平市花小金井南町2-8-4　アドミッションセンター　TEL 0120-970-800(直)　〈HP〉https://www.kaetsu.ac.jp/

TOPICS
実学ひとすじに、少人数教育を貫いて120年。
会計・マーケティングからデータサイエンスまで、時代が求める経営と経済の全てを一つの学部で学べるのが、嘉悦の魅力。
4年間で大きく変われる自分を、楽しもう。教育力で支えます。

■学部・学科組織

●経営経済学部（男女共学）
経営経済学科290

🏫 学びの特色

時代が求める経営と経済を、ぜんぶ学べる

嘉悦大学は「経営経済」単一学部の大学です。少人数のアットホームな環境で、AIの台頭やICTの活用が進み価値観や発想が変化する社会で本当に必要な人材を育成しています。経営学・経済学を基盤に、最新の実学を学ぶ4つの系から、進路に応じて複合的に選択できるカリキュラムを編成。企業や行政と連携したアクティブ・ラーニングで課題を発見し解決する力、協働する力を鍛え、社会人基礎力を身につけます。

経営・経済科目　経営学・経済学を「基幹科目」として学修。経営戦略・経営管理・経営組織など経営学の基礎知識を身につけ、家計・企業・自治体・国の経営を、経済の視点から考察。同時に、実務に必要な法律などの知識を獲得できます。公務員試験の対策にもなります。

マーケティング系　マーケティングに関する幅広い科目を体系的に学びます。伝統的なマーケティングだけでなく、ビッグデータやデータサイエンスを活用した新しいマーケティング手法（デジタルマーケティング、インターネットマーケティング等）も学べます。

ICT・データサイエンス系　デジタル革新によって創造される未来社会で必要なICTやデータサイエンスに関する実務知識・能力を学ぶだけではなく、実務家教員からICT・データサイエンスのビジネス分野への応用についても学べます。

会計・ファイナンス系　簿記・会計の資格取得に向けたサポート体制が充実しています。早期卒業制度を利用して、大学を3年間で卒業して嘉悦大学の大学院に入学し、大学入学後最短5年間での税理士資格の取得を目指すこともできます。

ビジネス法務系　経営・経済・商学系の大学の中ではビジネス法務系科目が充実。民法から商法までビジネスに必要な法律について体系的に学ぶことができます。警察官、消防官、市区役所など地方公務員を目指すための学修も行います。

🏃 キャリアサポート

1年次からキャリア教育を徹底

早い時期から将来に向けてスキルを高めていけるよう、1年次からキャリアに関する科目を履修、あわせてカウンセリングを実施しキャリア意識を育成。社会人としての常識やマナー、就職活動についても段階を踏んで指導します。マン・ツー・マンのカウンセリングを行う「キャリア・就職支援センター」、全学年参加で適職診断や就活コミュニケーション術を学び、就活に備える「キャリアDay」、多数の企業が集う「企業・業界研究フェア」など、幅広い取組みでキャリア形成と就職をサポートします。

手厚い資格取得支援制度　無料の簿記検定試験対策講座などで資格取得を手厚くバックアップ。公認会計士・日商簿記・経営学検定・宅地建物取引士・ITパスポート等の大学が推奨する資格（約80種）を取得した学生には、報奨金を支給します。

主な就職先　JA東京むさし、トヨタモビリティサービス、富国生命保険、日立システムズパワーサービス、特別区人事・厚生事務組合　他　　（2022年度卒業生）

💡 奨学金GUIDE（2024年度参考）

【特待生奨学金制度】（最大90万円）
対象の試験・入試で優秀な成績を収めた学生は入学金または初年度授業料が免除されます。

【資格優遇特待生制度】（最大90万円）
対象の入試出願時に、指定の簿記や英語等の資格を有する場合は、入学金や初年度授業料が免除されます。

アクセス
★西武新宿線「高田馬場」駅から急行約18分「花小金井」駅下車＋南口より徒歩約10分
★JR中央線「武蔵小金井」駅北口より西武バスで約8分「嘉悦大学入口」下車＋徒歩約5分

資料請求方法：巻末ページの「パンフレット一括請求」をご覧ください。

大妻女子大学

資料請求

	請求ハガキ	巻末ハガキ
料　金	無　料	
完成時期	5月上旬	

〒102-8357　東京都千代田区三番町12番地　広報・入試センター　TEL 03-5275-6011　〈HP〉https://www.otsuma.ac.jp/

TOPICS データサイエンス学部を2025年４月、千代田キャンパスに開設予定（仮称、設置構想中）

※設置計画は予定であり、内容に変更があり得ます。

大学GUIDE

家政学部

被服学科　「着る、売る、つくる、デザインする」モノとコトの両面から被服を学びます。１年次は基盤科目を学び、２年次からは各自の関心に応じて「被服学コース」と「ファッション環境マネジメントコース」に分かれ、専門的に学びます。

食物学科　【食物学専攻】「食」の専門家として社会に貢献できる人材を育成します。栄養士免許や中学校・高等学校教諭一種免許状（家庭）、NR・サプリメントアドバイザー（受験資格）などが取得可能です。【管理栄養士専攻】卒業と同時に、栄養士免許と管理栄養士国家試験受験資格が取得可能です。４年次後期には受験対策講座を用意。さらに栄養教諭一種免許が取得可能。臨床栄養学や人体の構造と機能などを学び、管理栄養士として医療や福祉系施設、公務員として学校や保健所など、資格を生かした就職を実現します。

児童学科　「発達・臨床心理学」「教育・保育学」「子どもと文化」「児童福祉」の４つの領域を柱としたカリキュラムについて学び、子どもへの総合的な理解を深めます。以下の２専攻があります。【児童学専攻】保育士、幼稚園教諭を目指せます。【児童教育専攻】小学校教諭、中学校教諭（理科）を目指せます。

ライフデザイン学科　「家庭」「地域・社会」「自然環境」という３つの領域に着目。造形、デザイン、農作業、自然体験、少人数制のゼミを通じて、新しいライフスタイルを提案できる発想と技能を身につけます。

文学部

日本文学科　日本文学、日本語学、漢文学の３つの領域を柱に、芸能、文化、歴史、ジェンダー、出版メディア、思想、創作、社会、美術などの周辺領域の学びを展開。古代から近・現代文学まで、その時代に生きた人々の「ことば」と文学を通して人間理解を深めます。

英語英文学科　４年間じっくりと英語に取り組むことで、グローバル化の進む世界のあらゆる領域で必要とされる「本物の英語力」を養います。ネイティブスピーカーが担当する授業を中心とするALEC※では「読む」「書く」「聞く」「話す」の４技能を集中的に高めます。

■**学部・学科組織**（2025年４月入学生・予定）

●**家政学部**
　被服学科110／食物学科（食物学専攻80、管理栄養士専攻50）／児童学科（児童学専攻80、児童教育専攻50）／ライフデザイン学科120

●**文学部**
　日本文学科120／英語英文学科120／コミュニケーション文化学科120

●**社会情報学部**
　社会情報学科（社会生活情報学専攻100、環境情報学専攻100、情報デザイン専攻100）

●**人間関係学部**
　人間関係学科（社会学専攻80、社会・臨床心理学専攻80）／人間福祉学科100

●**比較文化学部**
　比較文化学科165

●**データサイエンス学部※**
　データサイエンス学科※90
　※2025年４月設置予定・構想中

●**短期大学部**
　家政科（家政総合コース35、食と栄養コース55）

※Advanced Learners' English Course

コミュニケーション文化学科　国際性、現代性、学際性の３つのキーワードから社会・文化を考えます。「異文化コミュニケーション」「メディア・コミュニケーション」の２系列を柱に、多彩な選択科目を用意しています。

社会情報学部

社会情報学科【社会生活情報学専攻】経済学、経営学、社会学、メディア学の観点から、情報の社会的役割と情報社会の仕組みを探ります。【環境情報学専攻】環境に関する知識を身につけ、住まいづくりや持続可能な社会の仕組みを学びます。中学校・高等学校教諭一種免許状（理科）が取得可能です。【情報デザイン専攻】高度な情報処理の知識と技術を基礎から習得。プロが使うソフトウェア環境を用いて、映像、Web、音響、コンピュータ・グラフィックスやゲームなど、実社会に役立つデザインの表現技術を学びます。

人間関係学部

人間関係学科【社会学専攻】 ファッション、恋愛、アニメ、家族、人口問題、グローバル化や国際関係など、私たちを取り巻くさまざまな事象に、フィールドワークや文献を通してアプローチ。少人数セミナーを1年次から実施しています。**【社会・臨床心理学専攻】**「社会心理学」と「臨床心理学」をバランスよく学びます。高い臨床心理士合格率を誇る併設大学院臨床心理学専攻（第一種指定大学院）などへの進学や、公認心理師資格の取得に向け、積極的に支援します。

人間福祉学科 社会福祉士、精神保健福祉士、介護福祉士など、科目選択によっては、ダブル取得が可能（国家試験受験資格取得）。その他、一般企業でも活躍できる人材育成を目指し、7つの履修モデルを用意。福祉の学びを生かした幅広い進路選択が可能です。

比較文化学部

比較文化学科 2年次からアジア・アメリカ・ヨーロッパの3つの「文化コース」に分かれて研究を深めます。地域文化の専門知識をバランスよく学ぶことも、コースを越えて授業を履修することも可能です。

2025年4月開設予定 データサイエンス学部（仮称）

　データサイエンスはビッグデータの出現で注目された新しい学問です。統計学やITスキルを用いてデータを分析し、日常のあらゆる場面に応用できることが特徴です。大妻女子大学では、ビジネスへの応用に焦点を当て、経済学・経営学と併せて学びます。

女子大学らしい感性あふれる2つのキャンパス

千代田キャンパス

【千代田キャンパス／家政・文・社会情報・比較文化学部】 皇居や各国大使館が徒歩圏内。都心にありながら、落ち着いた雰囲気が魅力。

【多摩キャンパス／人間関係学部】 最寄り駅から徒歩5分。各種実習室、図書館、人工芝の運動場など、広い空間を生かした施設が充実。

主な取得資格 (学科・専攻によって異なる)

●**取得資格** 高等学校・中学校・小学校・幼稚園教諭一種、保育士、司書、職業適応援助者（ジョブコーチ）、学校図書館司書教諭、博物館学芸員、栄養士、栄養教諭、衣料管理士、児童指導員、秘書士、レクリエーション・インストラクター

●**受験資格** 管理栄養士、フードスペシャリスト、社会福祉士、精神保健福祉士、介護福祉士、二級建築士、木造建築士、公認心理師

●**目標資格（試験科目一部免除）** 繊維製品品質管理士、2級ビオトープ管理士

入試GUIDE

①総合型選抜（自己推薦型）Ⅰ期・Ⅱ期
②学校推薦型選抜（公募制）
③学校推薦型選抜（同窓生子女推薦）
④学校推薦型選抜（指定校制）
⑤一般選抜A方式（個別学力試験）Ⅰ期・Ⅱ期
⑥一般選抜B方式（大学入学共通テスト利用）Ⅰ期・Ⅱ期

オープンキャンパス情報〔事前登録制〕

●**新高3・高2年生向け学科説明会**
　3/24(日) 千代田キャンパス（全学部対象）

●**オープンキャンパス** ★文化祭と同日開催
　〈千代田キャンパス〉6/2(日)、7/14(日)、8/3(土)、8/4(日)、8/25(日)、10/26(土)★、11/24(日)
　〈多摩キャンパス〉6/9(日)、7/28(日)、8/10(土)、8/11(日)、8/24(土)、10/20(日)★

受験生応援ページ

・先輩の入学を決めたホンネ
・キャンパス案内
・大学の魅力　など
ぜひチェックしてください！

資料請求方法：巻末ページの「パンフレット一括請求」をご覧ください。

学習院大学

〒171-8588　東京都豊島区目白1-5-1　学長室広報センター　TEL 03-5992-1008　〈HP〉https://www.univ.gakushuin.ac.jp/

TOPICS

目白の杜のオール・イン・ワンキャンパスで
専門性と学際性をそなえた "T型人材" へ

大学GUIDE

「大学改革最前線」（52ページ）もご参照ください

法学部

　法と政治は人間社会に不可欠なものです。法と政治を中心に人間と社会について学び、現代社会に広く目を向け、高度な問題発見・分析能力を養います。

◆法学科　法律的なものの考え方を身につけることを目的としています。第一線で活躍する実務家や法科大学院の教員が授業を担当することもあり、法律の知識だけでなく人間に対する深い理解も育みます。2024年度からは最短5年間で司法試験の受験・合格を目指せる「法曹コース」が始動します。

◆政治学科　政治史、政治理論、公共政策、比較政治、国際関係、社会学等を多面的、総合的に学び、現代社会で活躍するための知的基盤を養います。学部教育と大学院教育を5年間で行い、英語力や高い実務能力を身につけるFTコースを設けています。

経済学部

　現代社会のさまざまな課題に対して、経済学・経営学の立場から多面的にアプローチ。観察力・分析力・思考力などの社会で生かせる能力を養います。簿記検定合格を目指す資格志向の科目やTOEIC®IP受験支援プログラムなど実社会で役立つ講義も豊富です。

◆経済学科　多彩な講義や演習を通して経済活動の諸現象を多角的に捉え、基礎から応用へと各分野を段階的に学びながら、高度な経済理論と分析方法を自分のものにします。少人数の演習は人格の育成にも役立っています。

◆経営学科　経営学の専門科目とバリエーション豊かな関連科目により、高い専門性と柔軟な思考力を育成。実務に即した問題解決のノウハウを修得します。「英語で学ぶ経営理論」など、多様な学びを用意。国際化、情報

■学科組織　　　　　　　　　　　　　（定員は2024年度）

●法学部
　法学科250／政治学科230

●経済学部
　経済学科250／経営学科250

●文学部
　哲学科95／史学科95／日本語日本文学科115／英語英米文化学科115／ドイツ語圏文化学科50／フランス語圏文化学科65／心理学科90／教育学科50

●理学部
　物理学科48／化学科54／数学科60／生命科学科48

●国際社会科学部
　国際社会科学科200

化に直面する企業や組織の現実課題を学びます。

文学部

　言語・文学・歴史・文化・人間を見つめ、豊かな教養と知性を磨くことを目的としています。基礎から先端領域まで体系的に学べるカリキュラムが組まれ、さらに演習を通して深い考察力と発表能力を身につけます。

◆哲学科　哲学・思想史系と美学・美術史系の2系統が密接にリンク。古代ギリシアや古代中国に源を発する哲学・思想・美術の長大な流れを見据えつつ、自分の興味に応じた専門領域の研究へ分け入っていきます。

◆史学科　日本史、東洋史、西洋史といった既成の枠にとらわれることなく、関心のある科目をフレキシブルに履修することで、幅広い見識と柔軟な思考能力を培います。歴史学を通して事物の実証的な認識の方法を学び、現代社会のあり方や意味を考えるための力をつけます。

◆日本語日本文学科　日本語日本文学系と日本語教育系

卒業後の進路

主な就職先　東京23特別区人事委員会、アクセンチュア、千葉銀行、日本生命保険、埼玉県市町村（除：さいたま市）、SMBC日興証券、千葉県市町村（除：千葉市）、東京都教育委員会、千葉県教育委員会、リクルート、埼玉県教育委員会、りそなホールディングス、三井住友信託銀行、中央労働金庫など
（2023年3月卒業生）

の2コースで構成。日本の言語・文学・文化、さらには
その関連領域を学際的に学び、創造性に富んだ研究を実
践します。

◆英語英米文化学科　言語、文学、社会、歴史、思想な
ど多様な視点から英語圏の文化にアプローチ。3・4年
次では現代研究、英語文化、言語・教育の3コースのう
ち所属するコースの演習を中心に履修します。専門教育
と連動した段階的かつ継続的な語学教育によって、広く
深い理解をもとに、実践的な運用力の養成を目指します。

◆ドイツ語圏文化学科　自分の考えを表現し伝える「発
信型」のドイツ語教育を重視。ドイツ語圏（ドイツ、オー
ストリア、スイスなど）の言語と文化、社会事情への理
解を深め、広い視野と国際感覚を養成します。

◆フランス語圏文化学科　フランス語圏の文化現象全体
を研究対象としながら、現代の世界への広い視野を開き
ます。実践的なフランス語も修得し、豊かな学識と感性
を身につけ、世界のさまざまな文化を理解できる柔軟な
精神を持つ人材を育みます。

◆心理学科　複雑で多様な人間の心理的様態や行動を理
解するための方法を修得し、事象を心理学視点から見る
眼を養い、深い人間理解を目指します。基礎から応用ま
で体系的に学ぶ丁寧なカリキュラムが用意されています。

◆教育学科　小学校教員免許の取得を目指します。次代
を担う子どもたちの成長を促進し共生社会を形成・創造
するための資質・能力を持った人材を育成。視野が広く
想像力と創造性を発揮できる豊かな人間性を培います。

理学部

少人数制のきめ細かい指導が特色です。実体験重視の
教育で育てられる柔軟な思考力と問題を秩序立てて解決
する能力は、どのような局面でも大きな力となります。

◆物理学科　物理学は、今でも発展を続ける未完成の学
問です。物理学の基礎的な知識だけではなく、実際に「自
分の手を動かし、自分の目で見て、自分の頭で考える」
という姿勢を重視した、きめ細かい教育をします。

◆化学科　化学は、発見と応用の学問です。化学の原理
と伝統的な手法を土台として、実験による試行錯誤を繰
り返しつつ、新しい発想や発見ができる柔軟な頭脳を育
てます。

◆数学科　数学世界の奥深い魅力を探り、高度な数理的
センスを養い、論理的な思考力や問題解決能力を高め、
多分野にも応用できる数理的センスを養います。授業は
演習やセミナーを重視し、コンピュータ関連の科目も充
実しています。

◆生命科学科　分子細胞生物学を教育・研究の中心に据
え、授業・実験・演習によって生命の分子レベルでの理
解を目指します。細胞の活動や動植物の生命現象から生
体高分子の分子レベルの研究まで親身の指導を展開しま
す。

国際社会科学部

◆国際社会科学科　国際ビジネスの第一線で活躍する人
材の育成を目指し、英語と専門科目（社会科学）を同時
に学習するカリキュラムと4週間以上の海外研修を2つ
の柱として、国際人に必要な基礎力を培います。1年生
は英語科目の学習と同時に日本語で専門科目を学びま
す。2年生からは専門科目を少しずつ英語で学び、3年
生ではすべて英語で学びます。CLIL（Content and
Language Integrated Learning）という手法を活用
し、英語の学習においては専門科目（社会科学）に関連
する題材を扱い、実際に英語を使いながら学びます。や
さしいところから少しずつレベルアップできる教育シス
テムと海外研修や少人数の演習によって、国際社会の現
場で役立つ課題解決力を育みます。

🏢 歴史的建造物と最新鋭の施設が調和した緑のキャンパス

JR山手線「目白駅」から徒歩30秒の都心にありなが
ら広大な目白キャンパスで、全学部全学年が4年間を過
ごします。

キャンパス内は7件の国登録有形文化財に指定されて
いる建造物と最新鋭の施設、そして四季折々の豊かな自
然が調和するようにデザインされています。

入試GUIDE（2024年度参考）

①一般選抜（コア試験・プラス試験）
②一般選抜（大学入学共通テスト利用入学者選抜）
③学校推薦型選抜（指定校）　④学校推薦型選抜（公募制）
⑤総合型選抜（AO）　⑥海外帰国入学試験
⑦外国人留学生入学試験　⑧社会人入学　⑨編入学

資料請求方法：巻末ページの「パンフレット一括請求」をご覧ください。

学習院女子大学

〒162-8650　東京都新宿区戸山3-20-1　TEL 03-3203-7784　入試係　〈HP〉https://www.gwc.gakushuin.ac.jp/

資料請求		
	請求ハガキ	巻末ハガキ
料　金	無　料	
完成時期	5月以降	

TOPICS

日本を学ぶ、世界を知る、英語で伝える。

■学科組織

●国際文化交流学部

　日本文化学科140

　国際コミュニケーション学科170

　英語コミュニケーション学科45

 ## 大学GUIDE

国際文化交流学部

　文化交流という視点から自国と他国の文化の特質を学び、その多様性を尊重できる国際的教養人の育成を目指しています。学科の枠を越えて学べる豊富なカリキュラムと海外研修制度、世界中の名門校への協定留学制度など、文化交流に最適な環境が整っています。

日本文化学科

　「民俗・歴史」「日本語・日本文学」「芸術文化・アートマネジメント」「現代文化」の4つのフィールドから日本文化を総合的にとらえ、日本文化の伝統と特質について世界に向けて発信する能力を培います。また、共通科目の中で用意している伝統文化について、それぞれ体験したものをより正確に、また論理的に理解するための講義科目を、日本文化学科の専門科目として設けています。

国際コミュニケーション学科

　「国際関係」「コミュニケーション」そして世界の多様な文化を知り理解するための「比較文化・地域研究」を軸として、国際社会のあるべき姿や、異文化をどのように理解し、いかに良好な関係を築いていくかということなどを総合的に学びます。

英語コミュニケーション学科

　2年次に全員がカナダの協定校のレスブリッジ大学で半年間の留学を実施。少人数制で高度な英語コミュニケーション力を養うほか、国際社会、国際関係について幅広く学んでいきます。

【共通科目】

　深く広い教養を身につけるため、全学科学生対象の、華道や茶道などの日本の伝統文化に触れる科目、国際舞台の第一線で活躍する講師（外交官など）から直接講義を受ける科目等を用意しています。

学び方の特色

伝統文化演習（書道・華道・茶道・香道・有職故実）

　「伝統文化演習」は、「日本文化の発信」という教育目標の実現のために開講されており、書道、華道、茶道だけでなく、香道や有職故実といった普段接する機会のない科目も用意。日本の伝統文化について、実技と知識の両面から理解を深めることを目的としており、日本文化学科以外の学生も履修することができます。著名な講師陣から講義・実技指導を受け、文化的背景から歴史に至るまでの知識も身につけることができ、自国の伝統文化を異なる文化の方々へ自信を持って語ることができる教養を習得します。

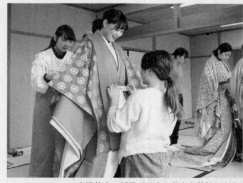

有職故実の授業では十二単衣を着装します。

充実した海外留学制度と海外研修プログラム

　学習院女子大学では、英語コミュニケーション学科のカナダ留学のほかに、全学科の学生を対象とした長期・短期海外プログラムを豊富に用意しています。協定を結んだ世界16カ国24大学の名門校に長期留学が可能です。また短期では、語学研修をはじめ、欧米の国際機関などを訪問して講義と討論を実施する研修や援助活動を通じて現地の実情を理解する研修など、その内容は多岐にわたっています。

協定校のワルシャワ大学には「日本学科」があり、日本文化を通じて現地の学生と交流する機会もあります。

卒業後の進路

　学習院女子大学では、少人数制の利点を活かした個別面談を実施しています。1時間の面談を通じ、一人ひとりとじっくり向き合い、また繰り返し面談を行うことで、学生が就職活動へ自信を持ってのぞめるようサポートしています。そのほか、学習院女子大学および学習院大学の卒業生による「面接対策セミナー」、著名企業をお呼びした「企業説明会・業界研究セミナー」のほか、内定者報告会、マナー・メイク講座、公務員セミナー、筆記試験対策、グループディスカッション対策など、学生のニーズに応じた様々なキャリア支援プログラムを開催しています。

2023年3月卒業生の就職内定率

99.0%（就職内定者数305人 / 就職希望者数308人）

主な就職先（2023年3月実績）

伊藤ハム、ANAエアポートサービス、神奈川県教育委員会、厚生労働省、国際協力銀行、JTB、住友林業、東京海上日動火災保険、東京23特別区人事委員会、東宝芸能、ニト

```
┌─ イベントのお知らせ ─────────────
│ ○オープンキャンパス
│   6/9(日)、7/27(土)、8/17(土)、9/21(土)、11/23(土・祝)
│ ○イブニング学校説明会（要予約）
│   3/27(水)、5/14(火)、10/16(水)、12/10(火)
│ 開催時間、参加方法等は大学公式ウェブサイトをご確認ください。
└───────────────────────────
```

リ、パレスホテル、バンダイ、みずほフィナンシャルグループ、三井住友信託銀行、三井物産、村田製作所など

2023年主な就職実績 ※すべて大学通信調べ	
著名400社実就職率（卒業生500人以下の大学）	
全国女子大学	1位
実就職率　学系統別編（国際系）（卒業生300人以上の学部）	
全国女子大学	1位

入試GUIDE

●2025（令和7）年度入試制度の変更について

　2025（令和7）年度入試において、一般選抜でこれまでに実施していた方式に加えて、これまで学習院女子大学の入試にはなかった選択科目の追加や、新たな入試方式の導入などを行い、より幅広い受験生のニーズに対応可能な入試を目指します。主な変更点は以下の2点です。

変更点1　一般選抜A方式における選択科目の追加と定員の変更

①一般選抜A方式の選択科目で、これまでの日本史、世界史に加えて数学を選択することが可能になります。
②日本文化学科と国際コミュニケーション学科の定員が変更になります。

変更点2　一般選抜C方式（3月期入試）として、英語資格・検定試験利用型の入試を実施

　2025（令和7）年3月に一般選抜C方式として英語資格・検定試験利用型の入試を実施します。

　C方式では英語資格・検定試験の結果が判定に活用されます。英語はすべて英語資格・検定試験の試験結果によって判定され、学習院女子大学で作成した筆記試験はありません。入学試験日には「国語」のみ筆記試験を行います。

　詳細については学習院女子大学ウェブサイトを確認ください。

https://www.gwc.gakushuin.ac.jp/admission/72025version.html

入学試験成績優秀者授業料減免制度

　一般選抜（A方式）における成績上位者に対し、入学年度の授業料を減免します。

学習院大学との統合について

　学校法人学習院は、学習院女子大学国際文化交流学部を学習院大学の学部として、最短で令和8（2026）年4月に統合することを計画し、準備を進めています。学習院女子大学の受験を検討している方は、必ずホームページで公開されている統合に関する情報をご確認ください。

※設置構想中であり、今後、内容が変更になる可能性があります。

学習院女子大学の将来計画について

資料請求方法：巻末ページの「パンフレット一括請求」をご覧ください。

関東

共立女子大学

〒101-8437　東京都千代田区一ツ橋2-2-1　大学企画課　TEL 03-3237-5927　〈HP〉https://www.kyoritsu-wu.ac.jp　〈E-mail〉koho.gr@kyoritsu-wu.ac.jp

資料請求

	請求ハガキ	巻末ハガキ
料　金	無　料	
完成時期	5月中旬	

TOPICS

●リーダーシップの共立　共立女子大学が考えるリーダーシップは、「他者と協働して目標達成を目指す力」。全学生が自分らしいリーダーシップを身につけられるように、全学共通のリーダーシップ開発プログラムを用意。各学部・学科の実学にもとづいた専門分野の学びとリーダーシップ教育をかけ合わせた独自の取り組みで、自身の強みを生かして活躍できる人材を育成します。

大学GUIDE

■学科組織
- ●家政学部　被服学科90／食物栄養学科105（食物学専攻55、管理栄養士専攻50）／児童学科150
- ●文芸学部　文芸学科350
- ●国際学部　国際学科250
- ●看護学部　看護学科100
- ●ビジネス学部　ビジネス学科150
- ●建築・デザイン学部　建築・デザイン学科100

家政学部

【被服学科】 被服学科では、4つのコース（被服科学・染織文化財・ファッションクリエイション・ファッションビジネス）で専門分野について深く学ぶとともに、コースの枠を越えた連携も積極的に行い、社会的な要請に応じた文理融合の教育研究を進めています。卒業生はファッションの分野をはじめとして、教育・研究などのさまざまな分野で活躍しています。

【食物栄養学科】

◆食物学専攻 食品学や栄養学などを中心に学びながら、実験・実習を通して、実践力を養います。学問としてだけの食物学ではなく、「食の専門家」として実際のフードビジネスにおいても活躍できる力を身につけます。

◆管理栄養士専攻 ライフサイクルに応じた食生活指導や食教育、学校・医療分野での高度な食事管理を実践できる専門知識・技術を身につけ、幅広い分野で栄養指導に総合的に取り組める管理栄養士を育成します。毎年、全国平均を上回る高い国家試験合格率をほこります。

【児童学科】 児童学を構成する専門分野を幅広く深く学ぶカリキュラムになっています。また、理論と実践力を併せもつ学生の育成を目指し、教室での座学と教育・保育現場へ出向いて行う学びの往復を重視しています。卒業と同時に「幼稚園教諭一種免許＋保育士」または「幼稚園教諭一種免許＋小学校教諭一種免許」を取得可能。

文芸学部

文学と芸術の世界をさまざまな視点から捉え、幅広い視野と深い教養を備えた豊かな人間性を養成。2年次から「言語・文学」「芸術」「文化」「メディア」の4つの領域に分かれ、3年次から7つの専修を設定し、専門性を深めます。併せて、メジャー・サブメジャーのプログラムによって、自分の興味、関心に合わせて学び

のスタイルを選択できます。

国際学部

世界を社会と文化の両側面から理解し、国際社会のさまざまな場で活躍できる人材の育成を目指します。学生は、幅広い学びのなかから、自らの興味・関心や卒業後の進路に合わせて自主的、積極的に履修科目を選択できるカリキュラム構成とプログラム（メジャー・サブメジャープログラム）があります。また、卒業に必要な単位の半分を、ネイティブスピーカーの先生から英語で専門分野を学べる「GSEプログラム」を導入し、国際的視野に立った専門教育を展開しています。

看護学部

今後ますます高度化・複雑化が見込まれる看護ニーズに対応できる質の高い人材を養成します。講義や実習は現代の医療の進歩と国際化を踏まえた最新のカリキュラムで、演習では各種のシミュレーターを用いた演習や模擬患者による実技テスト（OSCE：客観的臨床能力試験）などの最新の教育システムを導入しています。2023年4月には「看護シミュレーションルーム」を開設しました。また、保健師課程を設置。疾病の予防や健康の維持・増進を通じて社会に貢献できる人材の育成を目指します。毎年、全国平均を上回る高い国家試験合格率をほこります。

ビジネス学部

「経営」「経済」「マーケティング」「会計」をビジネスの主要4分野と位置づけ、しっかりと学修。さらに「情報マネジメント」「法律」「英語」などの実際のビジネスの現場で生きるスキルと合わせて総合的な専門性を持ったビジネスパーソンを育成します。1年

全学共通教養教育科目

全学共通の教育課程（教養教育科目）では、大学・短期大学での学修に必要な基本的な知識・スキル、社会で役立つ幅広い教養、そして社会を強く生き抜くための自分らしい「リーダーシップ」を身につけます。協力企業から提示された課題に取り組んだり、「KEIT」で実践的な英語力を高めたり、このほかデータサイエンスについても学ぶことができます。

オープンキャンパス

●オープンキャンパス
5/19(日)、6/16(日)、7/21(日)、8/3(土)、8/4(日)、8/18(日)、12/1(日)、2025/3/22(土)
※変更になる場合があります。詳細は大学公式HPをご確認ください。

次から行うリーダーシップ開発プログラムは、従来の引っ張る型のリーダーシップではなく、「他者と協働して目標達成を目指す力」を磨きます。また、企業と連携した課題解決型授業を多く実施することが特長で、修得した知識を実践し、ビジネスの現場で生かせる考え続ける力や姿勢を育みます。

建築・デザイン学部

◆**建築コース** 時代に合った「空間」「モノ」「まち」を創造。人間や環境を理解し、美術センスと技術を磨き、それらを統合化する力を修得します。

●建築分野：建築の設計を中心に、それをとりまく周辺の領域について学修。

●インテリア分野：インテリアデザインを中心に、空間やライフスタイルについて学修。

●まちづくり分野：まちづくりを中心に、文化や手法など、とりまく領域について学修。

◆**デザインコース** 豊富な演習を通してデザインを学びます。グラフィックとプロダクトの2分野で、人が生きていくために必要な場を豊かにするアイデアを形にする力を修得します。

●グラフィック分野：グラフィックデザインを中心に、メッセージや情報を伝える広告・WEB・映像について学修。

●プロダクト分野：産業に関わる生産品や生活に関わる日用品の企画、デザインおよびクラフトを中心に学修。

CAMPUS情報

2号館にはICT技術の進化に対応できる教育環境に加えて、KWU Library Commons（略称：リブコモ）と呼ばれる学生の自主的な学修をサポートする施設が充実。コミュニケーションギャラリーや図書館、ラーニング・コモンズには学生が集まり、自主的な活動の場として活用しています。さらに、リブコモのグループ学修室にはプロジェクターやホワイトボード、自由に動かせる机、椅子などを整備しています。

取得資格

●**家政学部** 〈被服学科〉中学・高校教諭（家庭）、衣料管理士（1級）、司書教諭、学芸員 〈食物栄養学科－食物学専攻〉中学・高校教諭（家庭）、司書教諭、学芸員、フードスペシャリスト、食品衛生監視員、食品衛生管理者 〈食物栄養学科－管理栄養士専攻〉管理栄養士国家試験

受験資格、栄養士、食品衛生監視員、食品衛生管理者、栄養教諭、中学・高校教諭（家庭）〈児童学科〉保育士、幼稚園教諭1種、小学校教諭1種免許、児童指導員（任用資格）

●**文芸学部** 中学・高校教諭（国語、英語）、高校教諭（情報）、司書教諭、司書、学芸員

●**国際学部** 中学・高校教諭（英語）、中学教諭（社会）、高校教諭（地理歴史・公民）、司書教諭、学芸員、日本語教師養成課程

●**看護学部** 看護師国家試験受験資格、保健師国家試験受験資格、養護教諭2種、第1種衛生管理者

●**ビジネス学部** ITパスポート試験、中小企業診断士、消費生活アドバイザー、日商簿記検定（3級・2級）、MOS（マイクロソフト）

●**建築・デザイン学部** 学芸員、一級・二級建築士国家試験受験資格（建築コースのみ）

卒業後の進路 （2023年3月卒業生）

卒業者総数……1,036　就職希望者数……958
就職決定者数……917（決定率95.7%）　進学……38

就職活動のサポートとして職員だけでなく、国家資格を持ったキャリアカウンセラーが常駐しています。インターンシップについても情報の集め方や選考対策などを説明します。また、内定者からは就活体験談やノウハウ、卒業生からは業界のトレンドや仕事のやりがいについて聞くことができる懇談会も開催しています。

入試GUIDE （2024年度参考）

①一般選抜　②大学入学共通テスト利用選抜　③大学入学共通テスト併用選抜（国際学部、建築・デザイン学部のみ）④総合型選抜　⑤商業資格特別入試（ビジネス学部のみ）⑥学校推薦型選抜（卒業生子女、指定校、公募制）⑦特別選抜（帰国子女、社会人）　⑧外国人留学生　⑨編入学試験
※2024年3月のオープンキャンパスより、随時公表予定。

アクセス情報

神田一ツ橋キャンパスは東京の中心・千代田区にありながら、近隣に皇居東外苑、千鳥が淵公園、北の丸公園などが点在する緑豊かな地域にあります。近代美術館、工芸館などの文化施設や出版社、商社などのビジネス街、神保町の古書店街がすぐそばにあるため、フィールドワークやレポート作成など、学修面でも便利な環境です。
　徒歩5分以内に3つの地下鉄駅と4つの路線があり、JR中央・総武線水道橋駅までは徒歩約10分です。東京・新宿・渋谷・池袋など都内主要駅に短時間で行くことができ、首都圏各地域からの通学が可能です。一人暮らしの住まい探しも選択肢が広がっています。就職活動時にキャンパスと訪問企業を短時間で行き来できるのも大きな特長です。

資料請求方法：巻末ページの「パンフレット一括請求」をご覧ください。

慶應義塾大学

資料請求ハガキ	料　金	完成時期
直接請求	大学HPをご覧ください	

〒108-8345　東京都港区三田2-15-45　慶應義塾大学入学センター　TEL 03-5427-1566（直通）　〈HP〉https://www.keio.ac.jp/ja/admissions/

TOPICS

世界の学界をリードし、国内外から優秀な学生、研究者が集まる学塾へ
創立者 福澤諭吉の「実学」の精神に基づき、
学際的・国際的な教育・研究を行い、広く世界に貢献します。

慶應義塾の理念

独立自尊——自立した人を学問で育む　何者にも屈せず、誰にもおごらず、慣習や常識などにとらわれず、自分の良識と信念に基づいて考え行動する。同時に、他人もまた独立した個人として尊重する。慶應義塾の創立者・福澤諭吉は、そのような「独立自尊」の人を育むことを学問の狙いとしました。『学問のすゝめ』に"一身独立して一国独立す"と記され、人をつくれば自ずと国も成熟していく、という考え方に通じています。

実学——"自分の頭で考える"学びへ　福澤諭吉は「実学」に「サイヤンス」とフリガナをふりました。つまり「実学」とは、単なる実用の学ではなく、問題を発見し、仮説を立てて検証し、結論を導く、「実証科学」を意味しています。まだ誰も答えを見つけていないテーマを設定し、"自分の頭で考える"力を養うことは、慶應義塾大学における学びの柱です。

半学半教——学びつつ教え、教えつつ学ぶ　慶應義塾大学では、教員と学生、先輩と後輩などの立場を越え、学び合い教え合いともに成長する「半学半教」の精神が大切にされています。それはまた、奥の深い学問にゴールはなく、社会をリードする立場になっても学び続けなくてはならない、というメッセージでもあります。

自我作古——前人未踏に、挑む意志　"我より古を作す"という、前人未踏の新しい領域に挑み、目標に向かって前進し続ける志と使命感を表します。日本の近代化において、いくつもの重要な事業をリードしてきた慶應義塾の先人たちは、困難にくじけることなく、自ら先頭に

学部	キャンパス
文学部	日吉：1年　三田：2～4年
経済学部	
法学部	日吉：1, 2年　三田：3, 4年
商学部	
医学部	日吉：1年　信濃町：2～6年
理工学部	日吉：1, 2年　矢上：3, 4年
総合政策学部	湘南藤沢：1～4年
環境情報学部	
看護医療学部	湘南藤沢：1, 2, 4年　信濃町：3, 4年
薬学部	日吉：1年 芝共立：2～6年（薬学科）、2～4年（薬科学科）

■学科組織（募集人員）　注：2024年度一般入試による募集人員

●文学部
人文社会学科580
●経済学部
経済学科630（Ａ方式420、Ｂ方式210）
●法学部
法律学科230／政治学科230
●商学部
商学科600（Ａ方式480、Ｂ方式120）
●医学部
医学科66
●理工学部　650
機械工学科／電気情報工学科／応用化学科／物理情報工学科／管理工学科／数理科学科／物理学科／化学科／システムデザイン工学科／情報工学科／生命情報学科
●総合政策学部
総合政策学科225
●環境情報学部
環境情報学科225
●看護医療学部
看護学科70
●薬学部
薬学科（6年制）100／薬科学科（4年制）50

立ち身をもってこの精神を実践してきました。

人間交際——人との交流が人間力を培う　慶應義塾大学には、"あらゆる学問は、人と人との交流のためにある。人と人との交流の中で、総合的な人間力が培われる"という福澤諭吉の考え方に基づく「人間交際」を大切にする伝統が息づいています。それは、心を大きく豊かに育むための学びでもあります。

社中協力——人のつながりを未来の力へ　学生・教職員・卒業生など、目的を共有する者の集まりという意味が込められた「社中」の協力体制は、1858年の創立以来、パブリックスクール（義塾）として150年以上にわたり成長を重ねてきた原動力です。その精神は、学びの志を経済面から支える奨学制度や、さまざまな分野が柔軟に連携する総合大学としての研究環境に生かされています。

創立以来の伝統を受け継ぐ活発な国際交流

日本の近代化に必要な新しい教育を、欧米視察で学ん

だ創立者・福澤諭吉。以来、国際交流は慶應義塾の原点となり、その成果は大学の発展に大きく寄与してきました。1学年間の「派遣交換留学制度」、夏季・春季休校を利用した「短期海外研修プログラム」、各学部独自の留学・研修協定やプログラム、私費留学など、学生が留学や海外研修を体験し、世界の人々と交流する機会は、近年ますます増加しています。世界から慶應義塾大学を訪れる留学生も多く、異文化交流の輪は学内にも広がっています。

「スーパーグローバル大学創成支援」事業に採択

「実学（サイエンス）」によって、地球社会の持続可能性を高める

2014年度「スーパーグローバル大学創成支援」事業に、世界レベルの教育研究を行うトップ大学（タイプA）として採択されました。

総合大学ならではの強み 多彩な教育・研究機関

各キャンパスには、設置学部に対応した個性豊かなメディアセンター（図書館）があります。約500万冊もの膨大な蔵書に加え、国内の大学でトップクラスの規模を誇る学術情報データベースや電子ジャーナルなどの電子資料を備えた知の宝庫です。知見を広める各種セミナーなども開催し、大学生活をサポートします。さらに、メディア・コミュニケーション研究所、体育研究所、教養研究センター、会計研究室、言語文化研究所や、そのほか幅広い領域を網羅する教育や研究の機関が充実しています。従来の学問領域にとどまらない柔軟な研究環境を構築し、産官学など自由なネットワークのもとで独創的な活動を展開しています。

奨学金の拡充

学業に専念できる環境を整え、良識ある知識人として活躍できる人材育成の支援を目的に、成績優秀者を対象とした奨学金、家計状況が急変した際の支援、地方出身者やグローバルな学習活動への支援など、さまざまな奨学金を用意しています。入学前予約の「学問のすゝめ奨学金」は、地方出身者を対象に550人を奨学生候補者に採用。奨学基金は総額240億円で国内最大規模、その運用益により、給付型奨学金の拡充を図っています。

企業からの高い評価 国家試験にも確かな実績

「最も就職に強い大学」のひとつとして、常に確かな就職実績を残しています。自主性とコミュニケーション能力を備えた人材が求められるなか、その実績は、大学の理念に則した、塾生自身による学問への取り組みや、課外活動の積み重ねに対する企業の評価にほかなりません。一方で、各種資格を取得するためのサポート環境を整え、資格試験合格者数でも好成績を収めています。

各種試験合格実績

○司法試験（2023年）　186人（法科大学院等別最終合格者数全国第2位）

○公認会計士試験（2023年）　165人（49年連続全国第1位）

主な就職先　東京海上日動火災保険、楽天グループ、慶應義塾、三井住友銀行、三菱UFJ銀行、みずほ銀行、アクセンチュア、PwCコンサルティング、大和証券、博報堂、三井住友海上火災保険、三菱UFJ信託銀行、東京都、キーエンス、日本航空、野村證券、三井住友信託銀行、富士通、NTTデータ、三井物産ほか多数

入試GUIDE （2024年度参考）

①**一般選抜**／全学部
②**自主応募制による推薦入学者選考**／文学部
③**FIT入試**／法学部
④**AO入試**／理工、総合政策、環境情報、看護医療学部
⑤**PEARL入試**／経済学部
⑥**帰国生入試・外国人留学生入試**／全学部
⑦**IB入試**／法学部
⑧**指定校による推薦入試**／法、商、理工、薬学部薬学科
⑨**塾内進学**／全学部

資料請求方法：大学HPの資料請求フォームからお申し込みください。

工学院大学

〒163-8677　東京都新宿区西新宿1-24-2　アドミッションセンター　TEL 03-3340-0130(直)　〈HP〉https://www.kogakuin.ac.jp/

創立137年の伝統ある理工系総合大学。
知識・技術・豊かな人間性を培い、科学技術の発展に貢献します！

大学GUIDE

　工学院大学は、1887（明治20）年に開学した「工手学校」を前身とする、国内有数の歴史をほこる工科系大学です。技術者教育の伝統をバックボーンとしながら、時代によって変化する「求められる技術者像」に対応し、カリキュラムや施策を柔軟に変化させ、そのニーズに応えてきました。今日では、大学の使命である「教育」活動に加え、「研究」「社会貢献」活動も学生の学びの場と捉え、分野の枠を超えた創造活動や、地域社会での協働作業、最先端の研究活動に携わる中で、世界を見据えた知的好奇心を育み、学生の経験値を積み上げています。

　先進工学部　持続可能な社会構築に貢献できる技術者、研究者を育成します。「学科教育重視型」「大学院接続型コース」の2つのプログラムを用意。学科教育重視型は、大学院への進学、技術者や教職員としての就職をめざし、1年次は学部共通プログラムで自然科学の基礎を固め、2年次以降に専門性を深めていきます。大学院接続型コースは、大学院修士課程修了後の進路を意識し、学部から大学院まで一貫して学びます。1年次に5学科を横断的に学び、2年次に学科配属後も、他学科科目を副専攻として履修することができます。

　工学部　幅広い工学領域の中から、専門分野の基礎知識と実社会に役立つ技術に応用する方法を学びます。1年次に理論と実践を複合したプログラムで基幹的な工学の基礎を固め、2年次以降、高度な工学分野の技術を身に付けます。実験・演習が豊富なカリキュラムで課題解決を図る経験を通じ、観察力や分析力を養います。

　建築学部　専門分野だけに偏らない総合的な能力のある人材を育成するカリキュラムを組んでいます。1・2年次は3学科を横断する共通カリキュラムで幅広い知識を身に付け、3・4年次から各学科に分かれ、分野ごとに専門性を高めていきます。「建築」を、芸術学や社会科学、歴史学といった周辺分野とともに学ぶ中で、総合的な技術としての建築学を修得し、各分野の素養をもった人材を育成します。

　情報学部　日々進化する情報社会に対応できる、情報技術のエキスパートを育成します。1年を4期に分けるクォーター制を採用。2年次第2クォーターまでは学部共通のカリキュラムを実施し、情報学の基礎である「数学」と「プログラミング」を重点的に学びます。第3クォーターからは各学科のカリキュラムに分かれ、専門性を深めます。4年次の卒業研究に向け、専門的な知識と応用力を身に付けると同時に、他学科の開設科目を受講することで、隣接する幅広い分野を学ぶことができます。

　幅広い分野をカバーする167の研究室　幅広い分野をカバーする167の研究室では、未来の発展につながる基礎研究から、成果がすぐに社会に生かされるものまで多様な研究が行われています。1研究室あたり約8人という少人数教育で学生一人ひとりに目が行き届き、教員の豊富な経験に基づいた的確な指導が受けられます。大学院生の先輩からのアドバイスも研究を進めるうえで大いに役立ちます。世界が直面する課題の解決に挑戦する人材をめざすために必要な能力を身に付けることができます。

　ものづくりや創造的活動に取り組む学生プロジェクト　学生の自主的なプロジェクト活動が盛んです。世界に挑むものから子どもに科学の魅力を伝えるものまで、12団体が大学から設備提供や費用補助を受けて活動中です。

■学部・学科組織
● **先進工学部**
　生命化学科70／応用化学科95／環境化学科70／応用物理学科65／機械理工学科65（機械理工学専攻、航空理工学専攻）
● **工学部**
　機械工学科154／機械システム工学科105／電気電子工学科120
● **建築学部**
　まちづくり学科85／建築学科145／建築デザイン学科115
● **情報学部**
　情報通信工学科90／コンピュータ科学科90／情報デザイン学科70／情報科学科60
　定員は学科全体での人数

ハイブリッド留学®プログラム

「日本語で学び英語で生活する」という工学院大学オリジナルの留学制度（希望者）。専門の授業は、現地にて工学院大学の教員が日本語で実施し、語学力は、ホームステイでの生活で磨きます。国際的視野を持った技術者を育てる画期的なプログラムで、先進工学部、工学部、情報学部はアメリカ・シアトルで、建築学部はイギリス・カンタベリーで実施しています。

DATA・FILE

○教員数……225（教授127　准教授73　講師15　助教9　助手1）
○学生数……学部5,927（男4,734女1,193）、大学院修士618　博士(後)34
○キャンパス面積……約265,000㎡
　[新宿 約6,400㎡　八王子 約238,000㎡]
○蔵書数……約26万冊　　　　　　　　　　　　　　　　　（2023年度）

学部を問わず参加でき、分野融合の総合力が養えます。

難関の一級建築士試験で高い実績　一級建築士資格は、国土交通大臣の指定する建築の科目を修めて卒業すれば受験資格が与えられます。例年10%前後の合格率となる超難関の一級建築士試験で毎年多くの合格者を輩出しています。2023年度は全国の学校で7位にあたる61人の工学院大学卒業生が合格しました。工学院大学の教育の質の証といえます。

２つのキャンパス

八王子キャンパス（1・2年次）　リニューアルが完了した、緑豊かで自然あふれるキャンパス。東京ドーム約5個分の広大な敷地には大規模な実験・研究施設が整備され、誕生した2号館には図書館や学習支援センターをはじめ、VRシアターなどの情報学部実習施設、研究室を設置しています。4年次は配属される研究室により、八王子キャンパスで研究活動を行う場合もあります。

新宿キャンパス（3・4年次）　情報と文化の最先端の街にある地上28階、地下6階の高層インテリジェントビル。新宿駅から徒歩5分の好立地にあり、地下道で直結しているため、雨天でも濡れずに通学できます。2023年、新宿キャンパス図書館をリニューアルし、図書館機能、情報教育機能を集約した新たな施設を開設しました。壁面を埋める18面連動モニタ等の最新デジタル環境を備え、教育研究のDX化を推進します。

就職支援

きめ細かな就職支援

■約10万人の卒業生が活躍

　工学院大学は1887（明治20）年10月に創設され、日本の工科系私立大学の中では歴史ある大学の1つです。こ

れまで工学院大学を巣立っていった10万人を超える卒業生たちは、産業界のあらゆる分野に進出し、そこで実力を証明してきました。

■大学・大学院での学び、専攻を生かしたキャリア形成・就職支援

　学生が関わるあらゆる活動を「成長の機会」と捉え、「キャリア形成支援」「学生活動支援」「学部学科・専攻・研究室」「就職支援」の各セクションが連携し、多角的・体系的に人材育成に取り組んでいます。

主な就職先（2023年3月卒業生）　カゴメ、SUBARU、東京エレクトロン、TOTO、TOPPAN、トヨタ自動車、ニコン、日立製作所、ブリヂストン、本田技研工業、三菱重工業、ヤマハ発動機、東京電力ホールディングス、東芝、JR東日本、村田製作所、山崎製パン、関電工、大林組、鹿島、コクヨ、清水建設、大和ハウス工業、日建設計、伊藤忠テクノソリューションズ、エーザイ、KDDI　ほか

主な進学先（2023年3月卒業生）　工学院大学大学院、東北大学大学院、筑波大学大学院、九州大学大学院、東京工業大学大学院、東京都立大学大学院、電気通信大学大学院、慶應義塾大学大学院、早稲田大学大学院、東京理科大学大学院、金沢大学大学院　ほか

入試GUIDE

①S日程（奨学金制度付）・A日程（奨学金制度付）・B日程・M日程・英語外部試験利用日程

②大学入学共通テスト利用前期日程［3教科型］［4教科型］（奨学金制度付）・大学入学共通テスト利用後期日程

③自己推薦型選抜

④探究成果活用型選抜（奨学金制度付）

⑤学校推薦型選抜（指定校推薦）

⑥海外帰国生徒特別選抜

⑦国際バカロレア特別選抜

▶ キャンパスライフ・イノベーション ▶

2022年度から学びの改革「キャンパスライフ・イノベーション」が始まり、1・6時限は遠隔（オンデマンド型）授業となりました。キャンパスで授業を受けるのは2時限開始時間の10時10分からとなります。

▶ 奨学金

S日程、A日程、大学入学共通テスト利用前期日程、探究成果活用型選抜の成績優秀者を対象とした奨学金（給付・減免）をはじめ、大学独自の奨学金制度も充実しています。
●学園奨学金（貸与）　●大学後援会給付奨学金（給付）　●学園百周年記念奨学金（貸与）　●大学成績優秀学生奨励奨学金（給付）
●大学院進学奨励学費減免（給付／減免）　など

資料請求方法：巻末ページの「パンフレット一括請求」をご覧ください。

國學院大學

〒150-8440　東京都渋谷区東4-10-28　入学課　TEL 03-5466-0141(直)　〈HP〉https://www.kokugakuin.ac.jp/admission

TOPICS

●2022年4月、観光まちづくり学部観光まちづくり学科開設
「地域を見つめ、地域を動かす」をモットーに、環境、社会、経済の複数の側面から持続可能な地域社会に向けた実践的な働きかけができる人材を育成します。

🏛 大学GUIDE

文学部

●**日本文学科**／古代から現代に至るまでの日本の文学・言語・風俗習慣・儀礼などの研究を通し、日本文化を総合的・体系的に捉えていきます。2年次から日本文学・日本語学・伝承文学の3専攻に分かれ専門を深めます。

●**中国文学科**／中国古典文学の研究を中心に、「古典読解力」「中国語運用能力」「漢字情報処理能力」の修得を柱としています。2年次から文学研究・中国語教養・中国民俗文化・思想総合からプログラムを選択します。

●**外国語文化学科**／言語と文化を一体のものとして捉え、日本文化と外国文化の差異や共通性をグローバルな視点から理解していきます。2年次に外国語コミュニケーション・外国文化のいずれかのコースを選択し、専門的な学修を進め、異文化と主体的に交流する力を育てます。

●**史学科**／日本史学・外国史学・考古学・地域文化と景観の分野別4コースと、希望する進路に対応した2つのプログラムを組み合わせて学びます。歴史を読み解く力を身に付け、現代社会の諸問題を解決する視点を養います。

●**哲学科**／3年次に「哲学・倫理学」、「美学・芸術学」のいずれかのコースを選択。西洋哲学を中心に古今東西の思想や芸術を考察し、多様なものの見方を学びます。

神道文化学部

日本の伝統文化の根幹である神道を学びながら、日本文化と異文化を結ぶ懸け橋を目指します。3年次に神道文化・宗教文化いずれかのコースを選択。両コースとも神職資格が取得可能。昼夜開講制（フレックスA〈夜間主〉、フレックスB〈昼間主〉）です。

法学部

●**法律専門職専攻**／裁判官や弁護士など法律の専門職や公務員・企業の法務職を目指します。基礎からの徹底教育で専門的な知識を獲得します。

●**法律専攻**／学修を進めながら将来の方向性を見つけたい人に適した専攻です。「法律学の基本と応用」「政治と法の基礎」の2コースがあります。

●**政治専攻**／政治を理解するために「歴史」「現場」「討論」の3つの要素を重視。少人数教育で政治の理論と実践を学び、社会をより良い方向に変える能力を磨きます。「理論と歴史」「分析と応用」の2コースがあります。

経済学部

●**経済学科**／経済学の基本的な分析方法と歴史的な展望を理解し、身近な地域から世界に至るまでの幅広い経済・社会・政治の動きを捉えながら、日本と世界の経済の仕組みを学びます。2年次に専攻コースを選択し、専門性を深めます。

●**経営学科**／実践力、想像力、分析力を鍛え、経営学と会計学の専門基礎力を身に付けます。企業をはじめとするさまざまな組織の中で、リーダーシップを発揮して課題の発見と解決ができる人材を育成します。2年次から3つのコースに分かれて学びます。

人間開発学部

●**初等教育学科**／伝統文化や言語・体験活動を通して教育現場への理解を深め、人間力を養成します。子どもたちの能力を引き出す「人づくりのプロ」として、実践を兼ね備えた小学校教諭を目指します。

●**健康体育学科**／幅広い年齢層へのスポーツ・運動・健康指導を視野に入れた指導者を育成します。相手の個性を理解し能力を引き出す力や、失敗や挫折の中に可能性

■**学科組織**（2024年度）

●**文学部**　日本文学科250／中国文学科60／外国語文化学科120／史学科190／哲学科65

●**神道文化学部**　神道文化学科（フレックスA60・B120）

●**法学部**　法律学科500（法律専門職専攻、法律専攻、政治専攻）

●**経済学部**　経済学科255／経営学科255

●**人間開発学部**
初等教育学科100／健康体育学科130／子ども支援学科100

●**観光まちづくり学部**　観光まちづくり学科300

DATA・FILE

○教員数……専　任　242（教授164　准教授67　講師3　助教8）
○学生数……学　部　10,487（男5,736　女4,751）
　　　　　　大学院　255（男133　女122）
○蔵書数……約161万冊（渋谷・横浜たまプラーザキャンパス）
　　　　　　　　　　　　　　　　　　　（2023年度）

大学院

○文学研究科…神道学・宗教学専攻／文学専攻／史学専攻
○法学研究科…法律学専攻
○経済学研究科…経済学専攻

を見いだせる、しなやかな心を備えた人間開発型の教育者を育てます。

●**子ども支援学科**／子どもの成長に関する医学・心理学的知識や保護者へのカウンセリング技術、地域をまとめる指導力など、現場ですぐに活躍できる実践力の養成を重視しています。地域の子育てを総合的に支援できる新時代の保育士・幼稚園教諭を目指します。

観光まちづくり学部　日本各地の歴史、文化、自然などの地域の魅力を再発見し、地域経済の活性化へとつなげる「観光まちづくり」の手法と考え方を学びます。地域を支える学問を理論と実践の両面から分野横断的に学び、多様な側面から地域に貢献できる人材を育成します。

CAMPUS情報

●**渋谷キャンパス**／文学部、神道文化学部、法学部、経済学部のメインキャンパス。渋谷駅から徒歩約13分。蔵書数約140万冊の図書館や私立大学最大規模の博物館、学修や就職、ボランティアを支援するオフィス等を設置。
●**横浜たまプラーザキャンパス**／人間開発学部、観光まちづくり学部のメインキャンパス。音楽室やリトミック室、ICT教室などの特殊教室、球技場・野球場などが設けられています。教育・保育の学修施設を完備する「1号館」や、観光まちづくり学部の校舎「若木21」がリニューアルし、より便利なキャンパスへと発展しています。

国際交流

●**留学プログラム**／異文化体験を目的とする夏季・春季短期留学をはじめ、語学力を身につける1学期間のセメスター留学、英語で専門科目を受講する協定留学などがあります。さらに認定留学は、各自で留学したい大学を探し、学期中に海外で修得した単位を國學院大學の単位として認定する制度です。1年間で最大60単位が認定されます。※各プログラムは変更となる場合があります。
●**K-STEPアシスタント**／海外からの留学生と共に日本文化を学び、時に留学生の日本での生活をサポートすることで、国際交流促進に貢献するプログラムです。留学生の友人となる「日本語パートナー」も募集しています。

卒業後の進路

就職関係部署と教員とが密接に協力し合いながら、キャリア支援に取り組んでいます。リアルな仕事の現場に触れる「業界別体験イベント」「企業セミナー」では、企業で働く人に接することでモチベーションがアップ。業界・企業研究に役立つ冊子や就職活動の不安を解消するオリジナル手帳を配布するほか、目指す業界・企業で働くOB・OGや内定を獲得した4年生に質問ができる「アドバイス会」などを行い、就職活動の鍵となる"スタートダッシュ"を逃さず行動ができるようにサポートします。

教職・保育士、公務員、神職を目指す学生には、それぞれの志望に応じて専門部署が1年次からガイダンスや講習会・講座を段階的に行い、きめ細かく指導します。

主な就職先　イオンリテール、りそなホールディングス、日本アクセス、明治安田生命保険、住友生命保険、SMBC日興証券、あいおいニッセイ同和損害保険、タカラスタンダード、みずほフィナンシャルグループ、良品計画、太平洋セメント、東急リバブル、日本通運、楽天グループ、清水建設、郵船ロジスティクス、日本テレビ放送網、日本銀行、国家公務員・地方公務員、幼稚園・小学校・中学校・高等学校教員など（2023年3月卒業生）

入試GUIDE（2024年度参考）

①**一般選抜**
Ｖ方式（大学入学共通テスト利用入試）／
Ａ日程（全学部統一）／Ｂ日程（後期）
②**総合型選抜・学校推薦型選抜**
公募制自己推薦（AO型）／院友子弟等特別選考／神道・宗教特別選考（Ⅰ期・Ⅱ期）／神職養成機関（普通課程）特別選考／法・観光まちづくり学部特別選考／社会人特別選考／セカンドキャリア特別選考／外国人留学生入学試験／学士入学・一般編入学試験

オンラインコンテンツ公開中 ▶ 受験生向けサイトを中心にオンラインでの情報発信を行っています。

國學院大學の受験生WEBサイトを確認しよう！

ここからアクセス⇒しよう！

【動画コンテンツ配信】
大学の基本情報や、入試説明、学部学科の学び、模擬授業などを公開中。

【バーチャルキャンパス】
渋谷・横浜たまプラーザキャンパスを360°でご覧いただけます。

⇒

資料請求方法：巻末ページの「パンフレット一括請求」をご覧ください。

国際基督教大学（ICU）

〒181-8585　東京都三鷹市大沢3-10-2　パブリックリレーションズ・オフィス　TEL 0422-33-3058　〈HP〉https://www.icu.ac.jp/

TOPICS

リベラルアーツを体験してみませんか？
オープンキャンパス　7/20(土)、8/16(金)・17(土)、11/23(土・祝)、2025/3/22(土)
ICU生と話そう！「オンライン・リベラルアーツ・ラウンジ」
在学生によるキャンパスツアー　学期中の毎週月曜日と金曜日
＊詳細と申し込みは大学ウェブサイトをご確認ください。

ICUのリベラルアーツ

　国際基督教大学（ICU）は1953年に、キリスト教精神に基づき、世界平和に貢献する人材育成を目指して献学されました。以来、人種、国籍、宗教を問わず、世界に門戸を開き、日本語と英語のバイリンガリズムによる先駆的なリベラルアーツ教育を実践し続けています。すべての学生が区別なく混ざり合って学ぶ日常はまさに世界の縮図。現代社会で求められるグローバル・イッシューに対応する力を身につけます。

メジャー制の学び

メジャー制　リベラルアーツ教育では、入学後に専門分野を決められます。一般的には受験段階で学部を選択する必要がありますが、その時点で専門分野を選択するのは難しいのではないでしょうか。ICUでは入学後に専門にするメジャー（専修分野）を決めて、そのメジャーを軸に、人文科学、社会科学、自然科学にわたる31の全メジャーから関連する授業を組み合わせて自由に学びます。自立的に多角的な視点で専門を深められるのがリベラルアーツの大きな特長です。物事を総合して俯瞰できる力を身につけることができます。2つのメジャーを同時に専攻する「ダブルメジャー」、2つのメジャーを比率を変えて専攻する「メジャー、マイナー」といった履修の仕方も可能です。メジャーには、「文学」、「経済学」、「法学」、「生物学」、「数学」といった伝統的な学問分野から、「国際関係学」、「メディア・コミュニケーション・文化」、「平和研究」、「環境研究」のような問題解決型、地域研究型の分野があります。

少人数制　専任教員一人あたりの学生数は約18人。献

■**学部・学科・メジャー（専修分野）**（2024年度）

●**教養学部**
アーツ・サイエンス学科（美術・文化財研究、音楽、文学、哲学・宗教学、経済学、経営学、歴史学、法学、公共政策、政治学、国際関係学、社会学、人類学、生物学、物理学、化学、数学、情報科学、言語教育、言語学、教育学、心理学、メディア・コミュニケーション・文化、日本研究、アメリカ研究、アジア研究、ジェンダー・セクシュアリティ研究、開発研究、グローバル研究、平和研究、環境研究）

学以来少人数教育を貫いている理由は、「リベラルアーツ実現のための必須条件＝少人数教育」と考えるからです。学びの中心となるのは「対話」。教員と学生、学生同士が、絶え間なく対話を続けることで学問のテーマは具体性を帯び、学生は学びを深め、専門性を高めることができます。

リベラルアーツ英語プログラム　主に日本語を母語とする学生は、1・2年次に全員が「リベラルアーツ英語プログラム（ELA）」を、英語習熟度に合わせて履修します。「読解と論文作法」「精読と英文構成法」「アカデミック・スキル」などで構成されているプログラムは、英語力を向上させ、大学で実践的に学ぶための思考力とスキルを養います。プログラムの締めくくりは、英語での論文作成です。関心があるテーマについて資料を集め、個人指導も交えながら、英語で論文を書き上げます。一方、主に日本語を母語としない学生は日本語プログラム（JLP）を履修します。

世界の言語　英語以外に、アラビア語、インドネシア語、中国語、フランス語、ドイツ語、イタリア語、韓国語、ロシア語、スペイン語を、それぞれの言語の背負う価値観や文化、思想とともに学ぶことができます。上級コース終了時には留学先の大学で授業が履修できるレベルを目指しています。

数字で知るICU

学生数　学部2,977
教員数と学生数の比率　1:18
外国籍教員の割合　約40%
交換留学プログラム　4人に1人の留学枠

取得できる資格

○教職課程／中学校教諭1種免許状（国語、社会、数学、理科、英語、宗教）、高等学校教諭1種免許状（国語、地理歴史、公民、数学、理科、英語、宗教）
○学芸員課程／学芸員

🏢 キャンパスにある学生寮

　ICUの大きな魅力のひとつ、緑豊かなキャンパスには10棟の学生寮が点在します。全学生の1/3にあたる約900人が寮で暮らしています。世界50カ国以上の国や地域から集う学生たちが主体的に寮を運営しています。寮でもリベラルアーツを実践するため、部屋は原則2人部屋で、学年や国籍、文化背景の異なる学生が共に生活します。さまざまな価値観を持つ、国内外からの学生との共同生活は、多くの学びにあふれ、あえて寮生活を選ぶ東京近郊の学生もいます。教室や図書館まで徒歩3分という立地のよさで、食堂などの大学施設を利用するにも便利です。寮祭、大運動会、ビンゴナイトといった寮独自のイベントも開催され、独特の寮文化はICUの一つの伝統です。

🌐 留学情報

　ICUのキャンパスでは、多様なバックグラウンドと個性をもつ学生との交流を通し、日本にいながら国際感覚を磨き、高い教養を身につけることができます。また、多様な留学プログラムがあり、留学先は41カ国／地域100大学にわたります。交換留学プログラムに加えて、派遣のみの海外留学プログラムも多数あります。留学先で修得した科目は、審査の上40単位までがICUの単位として認定されるため、1年間留学しても4年間で卒業することができます。その他にも夏休みを利用した「海外英語研修」や短期留学プログラム、サービス活動を通じて単位を取得する国際サービス・ラーニングなど、さまざまな海外体験のチャンスがあります。

🏃 卒業後の進路

　卒業生の多くが多様な業種、職種で活躍しています。特にコンサルティング、情報通信、商社などグローバルに働く機会のある業界が人気を集めています。国内外の大学院へ例年卒業生の約20%が進学しています。

　主な就職先　アクセンチュア、PwCコンサルティング、デロイト トーマツ ファイナンシャルアドバイザリー、楽天グループ、アマゾンジャパン、日本アイ・ビー・エム、ソニー、アイリスオーヤマ、三井物産、三菱商事、伊藤忠商事、電通グループ、博報堂、ソニー・ミュージックエンターテインメント、三菱UFJ銀行、日本銀行、東京海上日動火災保険、ゴールドマンサックス証券、国際協力銀行、サントリーホールディングス、日本郵船、全日本空輸　ほか多数

　主な大学院進学先　国際基督教大学、東京大学、京都大学、筑波大学、東京芸術大学、早稲田大学、The London School of Economics and Political Scienceほか

学生が紹介するICU（動画）

ICUへようこそ！

自分を、世界を発見する

アーツとサイエンスの出合い

入学者選抜

2025年度からの入学者選抜に変更があります。2025年度入学者選抜の概要は6月頃公表予定。大学ウェブサイトでご確認ください。

奨学金、生活費支援（返済不要）

〈予約型〉
●ICU Cherry Blossom奨学金（東京・神奈川・千葉・埼玉以外の学校の方対象）
〈出願時に応募〉
●ICU Peace Bell 奨学金
●ICUトーチリレーHigh Endeavor奨学金
〈入学後〉
●ICUトーチリレー在学生奨学金
●経済的困窮学生かけこみ生活費支援制度など多数

資料請求方法：巻末ページの「パンフレット一括請求」をご覧ください。

国士舘大学

〒154-8515　東京都世田谷区世田谷4-28-1　入試部　TEL 03-5481-3211　〈HP〉https://www.kokushikan.ac.jp　〈E-mail〉ad1@kokushikan.ac.jp

資料請求	請求ハガキ	巻末ハガキ
料　金		無　料
完成時期		3月下旬

TOPICS

○4年間（原則）入学金や授業料等免除「成績優秀奨学生制度」
○公務員に強い大学として高い就職率の実績を誇る

2024年 創立107年を迎える「総合大学」

　1917（大正6）年に私塾「國士舘」を創設した当初から、少人数教育を実施してきました。近年では、建学の精神に基づく取り組みとして「防災教育」にも力を入れています。全学部の新入生を対象に、災害に係る基礎知識の修得と心肺蘇生法、応急手当、搬送法等の実習を通して、災害時に対応できる能力を養います。また、防災に関する所定の授業単位を修得し、指定された防災士養成研修を受講することで「防災士」の受験資格が得られます。

教育の特色〈魅力あふれる7学部〉

　国士舘大学は、夢を実現する7学部14学科を有し、各分野において多様な学びを提供し社会に貢献できる人材の養成を目指しています。

CAMPUS情報

世田谷キャンパス

　都心に隣接しながら穏やかな街並みが続く世田谷キャンパスは、政経・理工・法・文・経営学部に所属する学生の拠点です。理工学部実習施設・フィットネスセンターを備えた複合施設や中央図書館など、充実した教育研究施設が整い、国士舘のコア機能が集結しています。

町田キャンパス

　緑豊かな多摩丘陵の一角にある町田キャンパスは、21世紀アジア学部・体育学部こどもスポーツ教育学科の拠点です。サッカーグラウンド、野球場、テニスコートなどの運動施設のほか、屋外カフェテラスや学生食堂も充実しています。

多摩キャンパス

　体育学部（体育・武道・スポーツ医科学科）の拠点である多摩キャンパスは、豊かな緑に囲まれた広大な敷地にスポーツ施設が充実しアクティブな学びに最適です。

オープンキャンパス2024

●2024年はオープンキャンパス（来場型）を実施する予定です。詳細は、HPをご確認ください。

■学部・学科組織　　定員数は2024年度入学者選抜のもの

●**政経学部**
　政治行政学科175／経済学科360
●**体育学部**
　体育学科220／武道学科90／スポーツ医科学科150／こどもスポーツ教育学科80
●**理工学部**
　理工学科335（機械工学系・電子情報学系・建築学系・まちづくり学系・人間情報学系・基礎理学系）
●**法学部**
　法律学科200／現代ビジネス法学科200
●**文学部**
　教育学科（中等教育課程〈教育学コース〉80、初等教育課程〈初等教育コース〉40）／史学地理学科170／文学科100
●**21世紀アジア学部**
　21世紀アジア学科350
●**経営学部**
　経営学科270

屋外には、全天候型のグラウンド、人工芝のラグビー場やテニスコートなどがあります。

国士舘楓の杜キャンパス

　JFA（日本サッカー協会）公認グラウンドを備える緑豊かなキャンパス。約400人収容可能な観客席、シャワー室などを備え、バリアフリーにも配慮されています。

多摩南野キャンパス

　防災教育・研究の拠点及び大学院の研究施設となっています。防災・救急救助総合研究所があり、ドローン操縦の国家資格取得を目指す授業等も開講されています。

成績優秀奨学生制度

入学金・授業料・施設設備費・教材費 4年間免除（原則）！

　「大学入学共通テスト利用選抜Ⅰ期」と「デリバリー選抜」の受験者を対象に、成績上位者50人（総得点80％以上得点の者）に対して、原則4年間、入学金、授業料、施設設備費、教材費を免除する奨学生制度です。「大学入学共通テスト利用選抜Ⅰ期」「デリバリー選抜」に出願すると、自動的に成績優秀奨学生制度の選抜対象になります。事前登録などの手続きは必要ありません。

▼世田谷
メイプルセンチュリーホール

▲多摩　メイプルセンチュリー
センター多摩

▲世田谷　中央図書館

 ## 就職支援

　1・2年次より、キャリア形成や就職活動に対する意識付けが早い段階で行われています。3年次から始まるインターンシップや就職講座は、自己分析や業界研究、筆記試験・面接対策など就職活動に必要な対策すべてを網羅したプログラムです。公務員に強い大学として高い就職率の実績を誇り、公務員仕事理解セミナーや採用試験対策講座などに力を入れています。

【公務員就職者数・国家試験合格者数実績】※大学通信調べ

 ## 主な取得資格

政経学部
高校1種（地理歴史・公民・情報・商業）、中学1種（社会）、司法書士、行政書士、公認会計士など

体育学部
高校1種（保健体育）、中学1種（保健体育）、養護教諭1種、小学校1種、救急救命士（受験資格）、健康運動実践指導者（受験資格）、健康運動指導士（受験資格）、レクリエーション・インストラクター、NSCA認定ストレングス＆コンディショニングスペシャリスト（受験資格）など

理工学部
高校1種（数学・理科・情報・工業）、中学1種（数学・理科・技術）、技術士第一次試験（修習技術者）、電気主任技術者（第1種～第3種※）、第1級陸上特殊無線技士、建築士［1級・2級］、JATI-ATI認定トレーニング指導者（受験資格）、測量士補など
※卒業後、所定の実務経験を経て取得

法学部
高校1種（公民）、中学1種（社会）、弁理士、弁護士、税理士、社会保険労務士、知的財産管理技能検定など

文学部
高校1種（地理歴史・公民・国語・書道・保健体育）、中学1種（保健体育・国語・社会）、小学校1種、幼稚園1種、養護教諭、特別支援学校教諭（知的障害者・肢体不自由者・病弱者）、測量士補（資格認定）、社会教育主事、博物館学芸員、図書館司書、総合旅行業務取扱管理者など

21世紀アジア学部
高校1種（地理歴史・公民・英語）、中学1種（社会・英語）、博物館学芸員、日本語教員（養成課程）など

経営学部
高校1種（地理歴史・公民・情報・商業）、中学1種（社会）、公認会計士、中小企業診断士など
※学科・課程・学系・コースにより取得できる資格が異なります。

 ## 入学者選抜GUIDE（2025年度入学者選抜 予定）

①総合型選抜（AO選抜／スポーツ・武道選抜）
②学校推薦型選抜（一般公募制推薦選抜／指定校推薦選抜／内部推薦選抜）
③一般選抜（前期選抜／デリバリー選抜／中期選抜／後期選抜／大学入学共通テスト利用選抜）
④その他の制度／外国人留学生選抜、海外帰国生徒選抜、社会人選抜、編入学・転入学選抜　等

2025年度入学者選抜の詳細については、国士舘大学ホームページをご確認ください。

資料請求方法：巻末ページの「パンフレット一括請求」をご覧ください。

駒澤大学

〒154-8525　東京都世田谷区駒沢1-23-1　入学センター　TEL 03-3418-9048　FAX 03-3418-9050　〈HP〉https://www.komazawa-u.ac.jp/

しなやかな、意思。Learn Actively. Live Wisely.

自分の道を見つけ出すための "よりどころ" として仏教・禅を基軸とした全人的な学びの場を提供します。

🏛 大学GUIDE

歴史と改革

1592年に仏教の研究や漢学の振興を目的に設立された「学林」が前身。今日に至るまでその豊かな伝統を守りながら、2022年には創立140年を迎えました。一方で時代の状況に即した改革を行い、現在、7学部17学科、大学院、研究所を擁する総合大学となりました。今後も豊かな人間性を育む個性的な大学であるために、さらなる進化を続けていきます。

全国から学生が交わる都心のワンキャンパス

駒澤大学の大きな魅力は、全学部の学生が4年間を同一キャンパス（ワンキャンパス）で学修できることです。キャンパスは渋谷駅から電車と徒歩で約20分。緑豊かで広大な駒沢オリンピック公園と閑静な住宅街に隣接する抜群の立地環境にあります。在学生は約1万4千人。全国各地から学生が集まり、多様な価値観、学部、学年を超えた学生、教員との交流がさかんです。また、ワンキャンパスの環境をいかした教育システムが用意され、視野を広げ、知性と人間性を磨くことができます。

駒澤教養パスポート～キーワードは「文理融合」～

2024年度より「駒澤教養パスポート」が開始となります。グローバル化やIT化が急速に進展する現代社会においては、多角的な視点と豊かな技術力を兼ね備えた人材への社会的ニーズが高まっており、大学に対しても文理融合教育（「文系的」な知識と「理系的」な知識をバランスよく兼ね備えた人材の育成）が求められています。本プログラムは、駒澤大学の特徴である「全学共通科目」から、教養科目をバランスよく学ぶことで、文理融合人材の育成を目指します。

リベラルアーツ（全学共通科目）

「教養教育科目（人文・社会・自然・ライフデザイン分野）」、「宗教教育科目」、「保健体育科目」、「外国語科目（英語を含む7ヶ国語）」の科目群からなる、「全学共通科目」を数多く開設しています。駒澤大学ならではの「坐禅」の授業はとても人気があります。幅広い知識と教養が結びつくことで、高度な専門性を身につけます。

返還義務のない給付型奨学金制度

駒澤大学の学内奨学金は、全て返還義務のない給付型奨学金です。

一般選抜においては、「全学部統一日程選抜」を受験し、得点上位200人以内で合格・入学した人に年間30万円を給付する制度や、授業料相当額を奨学金として給付する「新人の英知（一般選抜特待生）奨学金」給付制度があります（いずれも在学中の成績等により継続給付可能）。その他、自己推薦選抜、在学中に家計や学業成績等に応じた給付奨学金制度もあります。

■学部・学科組織（入学定員）

●仏教学部　198
　禅学科／仏教学科

●文学部
　国文学科137／英米文学科137／地理学科（地域文化研究専攻69、地域環境研究専攻69）／歴史学科（日本史学専攻94、外国史学専攻68、考古学専攻37）／社会学科（社会学専攻66、社会福祉学専攻82）／心理学科88

●経済学部
　経済学科357／商学科252／現代応用経済学科157

●法学部
　法律学科（フレックスA315、フレックスB150）／政治学科210

●経営学部
　経営学科346／市場戦略学科189

●医療健康科学部
　診療放射線技術科学科64

●グローバル・メディア・スタディーズ学部
　グローバル・メディア学科307

DATA・FILE ▶

教員数……1,093（教授216　准教授72　講師29　助教3
　　　　　　客員教授2　助手4　非常勤767）
学生数……学部14,198（男8,729　女5,469）　大学院211
蔵書数……約125万冊（人文科学関係の古典が充実）
　　　　　　　　　　　　　　　　　　　　　　（2023年度）

その他の奨学金制度 ▶

●自己推薦選抜（総合評価型）奨学金（年額50万円給付）
●百周年記念奨学金
●駒澤会奨学金　　　　　　　｝学内奨学金制度は
●同窓会奨学金　　　　　　　　現在再編中
●学業成績最優秀者奨学金　他

開校130周年記念棟「種月館」

 ## 特色ある施設・設備

開校130周年記念棟(種月館)　2018年4月に9階建ての高層棟、4階建ての低層棟からなる新校舎が完成。様々なスタイルの授業に対応した教室はもちろん、ICT環境を整えた情報グループ学習室などを配置。その他、1,200席の学生食堂、コンビニエンスストア、開放的なラウンジ、テラス、産学連携による実習施設等が整備され、学生がより意欲的に学ぶことのできる環境を提供。キャンパスライフがますます便利に快適になりました。

駒澤大学-VARIAN放射線治療人材教育センター
　株式会社バリアンメディカルシステムズと駒澤大学が設立(「種月館」内に設立)。医療従事者に対して、放射線治療技術に関する知識やスキルの向上と医療健康科学部、大学院研究科の治療技術教育の高水準化を図ります。

禅文化歴史博物館(耕雲館)　東京都から歴史的建造物の指定を受けている耕雲館は、2002年に「禅文化歴史博物館」として生まれかわり、一般にも公開されています。

 ## 世界に広がる国際交流

　国際交流は、ものの見方や考え方、視野を広げる絶好の機会です。2024年1月現在で30大学と国際交流協定を締結し、交換留学・短期語学セミナー・共同研究などにより、国際センターを窓口として、活発な国際交流が行われています。交換留学(1年間)では、留学先での修得単位は60単位を上限に卒業単位として認定され、留学期間中は留学先の授業料が免除されます。

国際交流協定校一覧

　その他の支援として、認定校留学、TOEFL®・IELTS™対策講座、渡航準備など海外留学全般に関する相談に応じています。

 ## 卒業後の進路

　キャリアセンターでは、入学時から将来に目を向けたきめ細かな進路指導体制を組んでいます。教職や公務員を目指す学生のための試験対策講座や、資格取得のための講座は1年生から参加できます。また、実践的で細かな指導を行うミニガイダンス、各種模擬試験やインターンシップ、各業界のトップクラスの企業の人事担当者を迎えての業界研究講座など、多彩なプログラムを用意しています。さらに、就職活動を終えた4年生が個別相談やタイムリーな情報を伝えるイベントを企画し、就職活動をサポートしています。

主な就職先　積水ハウス、JTB、日本郵便、日本ハム、トヨタ自動車、コニカミノルタジャパン、伊藤園、マイナビ、楽天グループ、雪印メグミルク、キユーピー、国立国際医療研究センター病院、清水建設、東芝、JR東日本、日本航空、ヤクルト本社、公務員(国家、地方)、教員他

 ## 選抜GUIDE（前年度参考）

①**全学部統一日程選抜**／医療健康科を除く全学部学科（どの学部でも最大3学科(専攻)まで併願受験可能）
②**一般選抜T方式(同一配点型)**／2月(全学部)、3月(医療健康科、グローバル・メディア・スタディーズを除く)
③**一般選抜S方式(特定科目重視型)**／仏教、文(国文、英米文、歴史)、医療健康科、グローバル・メディア・スタディーズ
④**大学入学共通テスト利用選抜**／全学部
　※前期・中期・後期日程あり(中期・後期は一部の学部のみ実施)
⑤**自己推薦選抜(総合評価型)**／全学部
⑥**自己推薦選抜(特性評価型)**／仏教、文(歴史、社会[社会学専攻])、経済(経済、商)、グローバル・メディア・スタディーズ
⑦**特別選抜**／下段のコラム参照
※最新情報は受験生サイトまたは、2024年度大学HPに公開予定の入学者選抜資料等で確認してください。

資料請求方法：巻末ページの「パンフレット一括請求」をご覧ください。

駒沢女子大学

〒206-8511　東京都稲城市坂浜238　入試センター　TEL 042-350-7110　〈HP〉https://www.komajo.ac.jp/uni/

資料請求

	請求ハガキ	巻末ハガキ
料　金		無　料
完成時期		5月下旬

TOPICS
駒沢女子大学　LINE公式アカウントと InstagramとX
最新のイベント情報や入学者選抜情報などをお届けします！
LINE ID；@komajo　Instagram；komazawa__womens　X；@komazawawomens

■**学部・学科組織、定員**（2025年度予定）
●**共創文化学部**※1
　国際日本学科60※2／人間関係学科60※2／観光文化学科60※2
　／心理学科80※2
●**空間デザイン学部**※1　空間デザイン学科70※2
●**人間健康学部**　健康栄養学科80
●**看護学部**　看護学科80
※1 2025年4月改組予定・設置構想中。予定であり変更が生じる
可能性があります　※2 仮称

🏛 大学GUIDE

共創文化学部※1　幅広い教養と現代社会を生き抜く
実践力を備えた人間性豊かな人材を育成します。
●**国際日本学科**※2　古典文学、日本語表現、日本のポップ
ブカルチャー、多文化共生、異文化理解など、日本から
見た世界と世界から見た日本を学び、「世界が見ている
現代日本」について情報を自ら精査し理解する力を養い
ます。｜**キーワード**｜日本語コミュニケーション・日本
文学・歴史・文化財・古文書・英語力・グローバル人材
●**人間関係学科**※2　言語・非言語のコミュニケーション
を、社会学、応用心理学、身体文化論、国際関係論など
の多彩な学問領域を通して、自身の考えを深め、社会で
役立つ人間力を高めます。｜**キーワード**｜社会学・コミュ
ニケーションスキル・ビジネス・応用心理学・化粧文化
●**観光文化学科**※2　持続可能なツーリズムを提供でき
る人材の育成を目指し、観光産業をはじめブライダルや
メディア、情報技術、まちづくりなど、幅広い分野で活
躍できるスキルを身につけます。産官学が連携した実践
的な学びが充実。国内だけでなく北米や欧州、アジアな
どの観光資源研究にも注力し、多様な外国語が学べます。
｜**キーワード**｜観光学・異文化理解・ツアーコンダクター・
ホスピタリティ・観光マーケティング・観光の外国語
●**心理学科**※2　発達心理学や司法・犯罪心理学、感情・
人格心理学、心理療法論などを学び、問題を分析する力
や相談援助・支援の専門性を身につけます。問題を設定

し、仮説を立て、実験に向かう一連の心理学実験の進め
方も学びます。併設大学院への進学で公認心理師・臨床
心理士をめざすことができます。｜**キーワード**｜心理学・
臨床心理学・こころの健康・認定心理士・カウンセリン
グ・産業カウンセラー・公認心理師・臨床心理士

空間デザイン学部※1　心地よい「くらしの環境」を
幅広い視点で提案できる「リビングデザイナー」を育成。
●**空間デザイン学科**※2　3年次より将来の目標に合わ
せて「インテリアデザインコース」と「建築デザインコー
ス」のどちらかを選択。充実した専門施設で建築やイン
テリアの専門知識やスキルを伸ばすことができます。
※1 2025年4月改組予定・設置構想中。予定であり変更
が生じる可能性があります　※2 仮称

人間健康学部　健康栄養学科［管理栄養士養成施設］
　「食」や「栄養」を通じて、傷病者の療養や人々の健
康維持・増進に貢献できる管理栄養士をめざします。

看護学部　看護学科　他学部とも連携し、看護の専門
知識・技術と教養やコミュニケーション能力を修得。保
健師の受験資格も取得可能（選抜制）。保健医療福祉チー
ムの一員として地域社会に貢献する人材を養成します。

🏃 進路サポート

　進路総合センターでは、採用や就活動向などの情報を
適切な時期に提供するさまざまな支援プログラムを用意
しています。書類・筆記・面接の各選考の準備や対策は、
正課カリキュラムで実施しています。学修支援センター
では、国語・数学・社会・英語の基礎教養の強化、資格
取得の支援、公務員対策、TOEIC®得点力アップなどの
講座が充実しており、自習スペースも完備しています。

📝 入学者選抜GUIDE（前年度参考）

①総合型選抜　②学校推薦型選抜
③一般選抜　④大学入学共通テスト利用選抜　など
｜**資料請求**｜電話・メール・HP等からお申し込みください。

●**オープン**
キャンパス

●**学校見学**

●**受験生**
応援サイト

※詳しくは上記QRからHPへアクセスし、ご確認ください。

　　　　　　　　資料請求方法：巻末ページの「パンフレット一括請求」をご覧ください。

産業能率大学

〒158-8630　東京都世田谷区等々力6-39-15　入試センター　TEL 03-3704-1110　〈HP〉www.sanno.ac.jp

TOPICS

プロジェクト型の学びを通して現代社会で起きている問題に挑戦し、課題解決の方法を探る
- 小規模だが評価できる大学／**全国第8位**
- 面倒見が良い大学／**全国第9位**
- 入学後、生徒を伸ばしてくれる大学／**全国第13位**
- 就職に力を入れている大学／**全国第14位**

※順位は全国すべての大学中
出典：大学通信「大学探しランキングブック2024」
（全国の高等学校の進路指導教諭が評価する大学）より

■学科組織

●経営学部▶自由が丘キャンパス
経営学科：入学定員300人（グローバルコミュニケーションコース、ビジネスリーダーコース、ホスピタリティコース、ビジネス経営コース）
マーケティング学科：入学定員180人

●情報マネジメント学部▶湘南キャンパス
現代マネジメント学科：入学定員330人（デジタルビジネスデザインコース、マーケティング企画コース、ビジネスマネジメントコース、コンテンツビジネスコース）

リアルな現場を通じて、課題解決に挑む！

「顧客を獲得したい」「売上を伸ばしたい」「新しい商品を作りたい」「地域の魅力を発信したい」…。さらなる発展を求め、企業や組織は常に課題と向き合っています。こうした社会が抱える課題解決をテーマにしているのが、SANNOが多くの授業で導入しているPBL（Project Based Learning）です。チームでアイデアを出し合い、調査を行い、データを収集・分析し、企画を提案書にまとめプレゼンテーションを行います。さらに教室から出て、実際の企業や組織とのコラボレーションを通して学んだ知識やスキルの通用性を検証します。PBLを繰り返すことで、学生たちは論理的思考力、企画力、リーダーシップ、コミュニケーション力など現実社会で生かすことができるさまざまなスキルを磨いていきます。

アーティスト・プロモーション

学生のみでライブコンサートを企画し、運営します。アーティストの出演交渉、プロモーションをはじめ、コンサート開催に必要な全ての業務を体験します。

スポーツ・プロモーション

観客動員数の拡大をテーマに横浜DeNAベイスターズと連携し、学生のみでプロ野球公式戦のイベント企画・運営を行う授業です。

人の行動に影響を与える音、映像、色！

普段何気なく購入している商品やサービスについて、「なぜその商品を選んだのか？」を音、映像、色という視点から検証するのが、「五感に響くマーケティング」の授業です。舞台における光の効果、商品とカラーリングとの関係性、音から広がるイメージなど、実践を通してマーケティングの有効性について理解を深めていきます。

花を素材にした「色」の演出で表現を学ぶ

充実のキャリアサポート

「自分らしい進路選択」をテーマに1年次から4年間にわたり「キャリア」について学ぶ授業があります。この授業を通して、学生たちは広く自分の将来について考える習慣を身につけていきます。また、就職活動では、ゼミの教員とキャリアセンターの職員が一体となり学生をバックアップするダブルサポートシステムが確立されています。こうした学生一人ひとりと向き合う姿勢が、2023年度「全国の高等学校の進路指導教員が評価する大学（大学通信）」で「就職に力を入れている大学」／全国14位、「面倒見の良い大学」／全国9位としてランキングされるなど、高校からも高い評価を得ています。

主な就職先　ユニクロ、キーエンス、バンダイナムコミュージックライブ、UHA味覚糖、JVCケンウッド、東京電力ホールディングス、中野製薬、サントリーマーケティング＆コマース、ジェイアール東日本企画、ブルボン　ほか

▶マーケティング・イニシアティブ◀

既存企業の情報分析を行い、発展のための施策を考える授業です。授業にはOB・OGが加わり、学生たちは身近な先輩たちから社会人の視点を学ぶことができる、人と人の距離が近いSANNOならではの授業です。ゼロから1を創り出す、をテーマにしたハイスペックなPBLです。

資料請求方法：巻末ページの「パンフレット一括請求」をご覧ください。

実践女子大学

資料請求

	請求ハガキ	巻末ハガキ
料　金		無　料
完成時期		5月頃

[渋谷キャンパス] 〒150-8538　東京都渋谷区東1-1-49　入学サポート部　TEL 03-6450-6820
[日野キャンパス] 〒191-8510　東京都日野市大坂上4-1-1　入学サポート部　TEL 042-585-8820
〈HP〉https://www.jissen-admissions.jp

TOPICS

- ●都市型キャンパスの渋谷キャンパスと、地域密着型キャンパスの日野キャンパス！
  文学部・人間社会学部・国際学部は渋谷、生活科学部は日野で学びます。
- ●2025年4月に環境デザイン学部〈仮称〉＊が設置予定。
- ●「2023年実就職率ランキング」で全国女子大学第2位（全国総合第11位）にランクイン！
  （卒業生総数1,000人以上）

■学部・学科構成　　＊2025年4月設置構想中

- ●文学部　　国文学科110／英文学科110／美学美術史学科90
- ●人間社会学部　260　※3学科一括募集
  人間社会学科／ビジネス社会学科／社会デザイン学科
- ●国際学部　　国際学科120
- ●生活科学部
  食生活科学科（管理栄養士専攻70、食物科学専攻75、健康栄養専攻40）／生活文化学科（生活心理専攻40、幼児保育専攻45）／現代生活学科60
- ●環境デザイン学部〈仮称〉　環境デザイン学科（仮称）81＊

＊設置計画は構想中であり、内容に変更がある場合があります

🏛 大学GUIDE

カリキュラム　企業や自治体と連携した実践的な学びを、渋谷・日野で展開

文学部　国文学科では日本文学、日本語学、漢文学、日本語教育を、英文学科ではイギリス文学・文化、アメリカ文学・文化、英語学を、美学美術史学科では日本・東洋・西洋美術史、美学、博物館学、美術科教育などを学びます。社会の諸課題に関する広い学識を身につけ、各々の専門に係る職業に必要な知識と能力を養成します。

人間社会学部　1年次は各分野を幅広く学び、2年次に学科を選択します。人間社会学科では、社会問題をテーマに、社会学や心理学、地域・文化など、幅広い視点から学び、豊富なディスカッションでコミュニケーション能力を育みます。ビジネス社会学科では、企業組織を理解するために経済学、法学、経営学などの専門的知識やリーダーシップを学び、社会問題を解決に導く人材を育成します。社会デザイン学科では、"デザイン思考"を使って社会問題を解決する「共創デザイン」、メタバースなどの次世代メディアの活用法を考える「メディア・イノベーション」、AIやデータの生かし方を考える「ソーシャル・データサイエンス」の3領域を柱に学びます。この先の社会をデザインする学びを、新しく展開しています。

国際学部　将来、日本や海外で活躍できる人材を育てます。入学時からレベル別少人数クラスで徹底的に英語を鍛え、2年次に全員が3カ月以上の「海外留学」を経験。コミュニケーションとしての「英語」に加えて、国際文化、言語・コミュニケーション、日本文化、地域・観光と4つ専門領域を学び国際人の素養を身につけます。

生活科学部　食物、栄養、健康、心理、幼児・保育、地域づくり、暮らしと社会の諸課題に関する広い学識を学び、各々の専門に係る職業に必要な知識と能力の養成を目的として、専門課程カリキュラムを編成しています。

環境デザイン学部〈仮称〉＊　建築・住環境、コミュニティ、プロダクト、インテリア、アパレル、ファッションなどの分野に興味を持ち、創造社会において活躍できるデザインスキルと、自ら環境をつくりだそうと考えるデザインマインドを身につけた人材の育成を目指します。

🏃 卒業後の進路

2023年3月卒業生実績　就職率98.0%

キャリア支援スタッフが個別に面談をするなど、希望に沿ったきめ細かいサポートを行っています。

📝 入試GUIDE （前年度参考）

①一般選抜（2科目型・3科目型全学部統一方式、3科目型外部試験利用方式、2科目型高校時代活動評価方式）②大学入学共通テスト利用（2科目型、3科目型、3科目型外部試験利用方式）③総合型選抜　④学校推薦型選抜（指定校、公募、公募併願、卒業生・在学生推薦）⑤特別選抜（社会人・海外帰国生）⑥一般編入学　⑦外国人留学生選抜　★2025年度入試については3月のオープンキャンパス以降、公表します。

取得可能な資格　＊は要実務経験

●各種取得資格　中学校教諭一種（家庭・国語・英語・美術・社会）、高等学校教諭一種（家庭・国語・書道・英語・美術・公民）、司書、司書教諭（要教諭免許）／学芸員、栄養士、栄養教諭一種、食品衛生監視員（任用）、食品衛生管理者（任用）、1級衣料管理士、認定心理士、保育士、幼稚園教諭一種、小学校教諭一種、社会福祉主事（任用）、社会調査士　ほか　●各種受験資格取得　管理栄養士国家試験、フードスペシャリスト、一級建築士試験、インテリアプランナー登録資格＊ほか

資料請求方法：巻末ページの「パンフレット一括請求」をご覧ください。

東 京 2

芝浦工業大学 298

順天堂大学 300

城西国際大学 東京紀尾井町キャンパス... 302

昭和薬科大学 303

上智大学 304

昭和女子大学 306

白梅学園大学 308

白百合女子大学 310

女子美術大学 312

杉野服飾大学 313

成蹊大学 314

成城大学 316

聖心女子大学 318

清泉女子大学 320

専修大学 322

創価大学 324

大正大学 325

大東文化大学 326

拓殖大学 328

多摩大学 330

多摩美術大学 331

玉川大学 332

中央大学 334

津田塾大学 336

帝京平成大学 池袋・中野キャンパス... 338

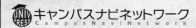
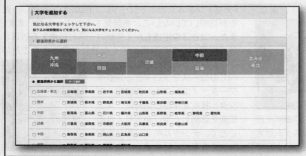

芝浦工業大学

〒135-8548　東京都江東区豊洲3-7-5　入試課　TEL 03-5859-7100　FAX 03-5859-7101　Webサイト https://admissions.shibaura-it.ac.jp/

TOPICS

豊富な国際プログラムを備えたグローバル大学
〜日本を支えるグローバル理工学人材を育成〜
グローバルPBLや多様な留学プログラムにより、専門技術の習得はもちろん、国際的な視点や感覚を身に付け、"ものづくり"で国際社会に貢献する理工学人材の育成に力を注ぎます。

■学科組織募集
●工学部
機械工学課程(基幹機械コース114人、先進機械コース114人)／物質化学課程(環境・物質工学コース104人、化学・生命工学コース104人)／電気電子工学課程(電気・ロボット工学コース104人、先端電子工学コース104人)／情報・通信工学課程(情報通信コース104人、情報工学コース114人)／土木工学課程(都市・環境コース104人)／先進国際課程(IGP) 9人
●システム理工学部
電子情報システム学科115人／機械制御システム学科90人／環境システム学科90人／生命科学科(生命科学コース58人、生命医工学コース57人)／数理科学科75人
●デザイン工学部(2025年4月改組予定)
デザイン工学科(プロダクトコース50人、UXコース50人、社会情報システムコース60人)
●建築学部
建築学科(APコース：先進的プロジェクトデザインコース30人、SAコース：空間・建築デザインコース105人、UAコース：都市・建築デザインコース105人)

2022年4月竣工の豊洲本部棟

社会に学び、社会に貢献する技術者・研究者を育てる

　1927年の創立以来、「実学教育」を重視し、科学技術立国・日本を支える人材を育成してきた芝浦工大。企業との共同研究を進める研究室も多く、大学での学びが社会で役立っていることを感じられるのが大きな魅力です。また、2024年4月には、工学部が課程制に移行。さらに2025年4月には、デザイン工学部の改組を予定しています。

工学部　幅広い学びを具現化するために、主コースの学びを主軸に置きながら、他分野の知識も体系的に学べる自由度の高いカリキュラムを導入。その根幹となるのが「分野別科目群」で、他の分野について学びたい学生はニーズに合わせて自由に履修できます。条件を満たせば、副コースの修了認定を受けることもできます。また、研究室への所属を従来の4年生から3年生に早めることで、2年間かけてじっくり卒業研究に取り組む体制を整備。現代社会が抱える様々な課題を発見し、解決することができるイノベーションの推進役となれる人材を育てます。

システム理工学部　20人程度のグループで協働する授業「創る」では、各自の好奇心をもとに「システム思考の概念」を体験しながら学び、一つのモノを作り上げていきます。また、システム工学の演習科目では、学科混成のチームでリアルな社会課題を解決します。メンバー同士、互いの専門性を持ち寄りながら、実社会でも行われるプロジェクトの進め方を体験することで、「システム工学」と社会、職業とのつながりを理解していきます。さらに、専門分野を英語で学び、海外の大学で専門科目を受講する「国際プログラム」も設置。世界を見据えて活躍したい学生には先進的なカリキュラムです。

デザイン工学部(2025年4月改組予定)　「ユーザーに共感し、人々に共感される物事を生み出す」というデザインの特徴と、「デジタルを中心とした工学技術」を併せ持つデザイン人材を育成する3つのコースへと再編。「デザイン思考」をキーワードに、「当たり前を疑い、誰もが気づいていないことを発見する」能力を養います。また、コースの垣根を超えて他コースと協働する科目を多く配置。一つの科目に多くの教員が参画することによって協創する力を高めます。すべてのコースでプログラミングやデータサイエンスなどの情報・デジタル技術を学ぶと同時に、人工知能を活用した学びも取り入れることで、デジタル時代に即した設計技術を身につけます。

建築学部　自然科学や人文社会科学を含む学際的な視点を持ち、豊かな建築・都市空間の創造により社会に貢献できる能力、多様な価値観が共存する21世紀の世界に適応できる能力を持つ人材を育成しています。3つのコースは建築学科として緩やかに連帯しつつ、カリキュラムは独自性を保っています。また、3年次後期から4年次の専門応用課程では、所属するコースに関わらず、教員が提供するプロジェクトゼミや研究室を横断的に選択することができます。特定の分野に留まらない多様な選択肢を通じて、より多くの知識を身につけられます。

理工系女性技術者の育成を推進

　芝浦工業大学は、未来を担う理工系女性技術者の育成を推進しています。そのために、2022年度学部入学者から100人を超える一般入試での成績優秀な女子入学者へ、入学金相当（28万円）を奨学金として給付しています。日本における工学系学科の女子学生比率は16.1%（文部科学省学校基本調査令和5年度）と、世界と比較しても低水準。「教育も研究も、ダイバーシティの中でこそイノベーションが生まれる」という考えのもと、現在の学部女子学生比率19.8%から、2027年の設立100周年には30%以上へ引き上げることを目標として、取り組みます。奨学金給付により、女子生徒の理工系進学を支援し、理工学分野で活躍する女性が増える社会を目指します。

就職実績とサポート

　入学時から学生一人ひとりのキャリア観を育成し、学びの指針となるように支援しています。入学時に受ける適性検査により、将来に向けた目標設定と学生生活の充実をめざすことから始めます。年次ごとの様々な講座により、在学中に「社会で何をしたいのか」を明確にし、ミスマッチのない就職活動を後押ししています。

　充実した就職サポートにより、2023年3月卒業生の就職率は99.6%を実現。また、有名企業400社に3人に1人が就職し、『有名企業400社への実就職率が高い大学』で全国私立大学第4位※であるなど、社会的に高い評価を得ています。

※2023年大学通信調べ／※卒業生1,000人以上の私立大学

主な就職先（2023年3月実績）

NECソリューションイノベータ、本田技研工業、SUBARU、JR東日本、三菱電機、JR東海、清水建設、NEC、日産自動車、NTT東日本、大成建設、長谷工コーポレーション、日本発条、アズビル、日立製作所、竹中工務店、戸田建設、東京都、キオクシア、NTTデータ、LIXIL、SMC、大林組、ルネサスエレクトロニクスなど

入試ガイド

　入試情報サイト「SOCIETY」にて募集要項や過去の入試結果を見ることができます。

オープンキャンパス

オープンキャンパスを開催

　2024年度のオープンキャンパスは対面とオンラインのハイブリッドで開催。対面では各学科の展示や研究室見学、キャンパスツアーなどを行います。オンラインでは大学概要や学科の特色、入試情報などをオンデマンド動画で配信。模擬授業はオンラインLIVEで行います。

　詳細情報は、入試情報サイト「SOCIETY」に掲載します。

CAMPUS情報

豊洲キャンパス

<アクセス> 東京メトロ有楽町線「豊洲駅」1Cまたは3番出口から徒歩7分。JR京葉線「越中島駅」2番出口から徒歩15分。
ビジネスと暮らしが融合する産業創造の新拠点、豊洲。あらゆる研究に対応する設備を備えています。2022年春には14階建ての新校舎が竣工。開放性を重視したキャンパスは、地域とのコミュニケーションをとおして知識と人間力を育みます。現在は工学部の3・4年生、建築学部の1〜4年生、デザイン工学部の3・4年生が就学。

大宮キャンパス

<アクセス> JR宇都宮線「東大宮駅」東口から無料スクールバス5分、徒歩20分。
広大な敷地に緑あふれる大宮キャンパス。敷地内に国際学生寮が隣接しており、留学生の姿も多く見られるグローバルな環境です。また、学生活動活性化のためのグラウンド等設備も充実しており、多くのクラブ・サークル活動の拠点にもなっています。現在は工学部・デザイン工学部の1・2年生と、システム理工学部の1〜4年生が就学。

資料請求方法：巻末ページの「パンフレット一括請求」をご覧ください。

順天堂大学

資料請求ハガキ	料　金	完成時期
直接請求	大学HPをご覧ください	

所在地は右ページ下に記載　〈HP〉https://www.juntendo.ac.jp/

TOPICS 順天堂大学は、9学部5研究科6附属病院からなる「健康総合大学・大学院大学」として教育・研究・医療そしてリベラル・アーツを通じて国際レベルでの社会貢献と人材育成を推進しています。

大学GUIDE

　1838年にオランダ医学塾「和田塾」として建学した順天堂大学は、創立186年を迎える日本最古の医学教育機関です。人を思いやり慈しむ気持ちを大切にする心「仁」を学是に掲げ、豊かな人間性・感性を備えた国際性ある人材の育成を進めています。

　2024年4月には新たに薬学部、国際教養学研究科を開設し、9学部と大学院5研究科、医学部附属6病院を有する「健康総合大学・大学院大学」として発展しています。

　医学部　"心技ともに良き医師の育成"を目指します。1年次に医学入門を学び、2・3年次は基礎医学を中心に学習。4年次以降は6つの附属病院で臨床実習を行い、技術と実践力を修得しながら医師の使命を認識します。

　スポーツ健康科学部　スポーツと健康に関する多角的な視点、専門性と高い倫理観を備え、スポーツを通じて持続可能な社会の構築に貢献できる人材を養成します。

　医療看護学部　医療の高度化、看護の専門化に対応する看護師・保健師・助産師を育成します。医学部附属病院のほか、保健所や老人福祉施設など、100を超える実習施設を用意しています。

　保健看護学部　保健医療福祉の分野を総合的に学び、地域の保健衛生・健康保全に貢献する看護師・保健師を養成します。経験豊富な教育スタッフを配置し、医学部附属病院をはじめ地域の中核病院で実習を行います。

　国際教養学部　国際社会で幅広く活躍するために必要な教養や、高いコミュニケーション能力を習得。多様な価値観の中で人々と共生し、主体的に生きることができる人＝グローバル市民（Global Citizen）を養成します。

　保健医療学部　理学療法学科と診療放射線学科を設置。医学部および順天堂医院と連携し、確かな技術力と高い実践力を兼ね備えた医療人を育成します。

■学科組織

〔本郷・お茶の水キャンパス〕
- ●医学部　医学科140
- ●国際教養学部　国際教養学科240
- ●保健医療学部　理学療法学科120／診療放射線学科120

〔さくらキャンパス〕
- ●スポーツ健康科学部　スポーツ健康科学科600

〔浦安キャンパス〕
- ●医療看護学部　看護学科220

〔三島キャンパス〕
- ●保健看護学部　看護学科160

〔浦安・日の出キャンパス〕
- ●医療科学部　臨床検査学科110／臨床工学科70
- ●健康データサイエンス学部　健康データサイエンス学科100
- ●薬学部　薬学科180

　医療科学部　臨床検査技師、臨床工学技士を養成。臨床経験豊富な教授陣から専門的知識と医療技術を学び、最先端の知識と実践的な技術を身につけていきます。

　健康データサイエンス学部　歴史ある健康総合大学・大学院大学ならではの膨大なデータを活用し、健康・医療・スポーツ領域の発展に貢献する「ヘルスデータサイエンティスト」を育成します。

　薬学部　多職種連携を見据えて医学部を始めとした医療系学部と密接に連携し、グローバル社会の中で病める人や健康な人に適切な医薬品や健康機能性素材等を使用できる薬剤師や、社会の要請に合った医薬品や健康機能性素材を開発できる研究者の育成を目指します。

CAMPUS情報

●本郷・お茶の水キャンパス　御茶ノ水駅から徒歩5分、東京の中心部に位置しています。医学部（2～6年次）、国際教養学部、保健医療学部の学生が学び、充実した教育・研究・臨床の環境が整っています。

DATA・FILE

- ○教員数……1,924（学長1　教授308　先任准教授152　准教授434　講師36　助教505　助手488）
- ○学生数……学　部6,779（男2,972　女3,807）大学院1,210（男 711　女 499）
- ○蔵書数……約30万冊　　（2023年5月1日現在）

入試総合サイト

←各学部の詳細や資料請求は、入試総合サイトへアクセス

●さくらキャンパス　スポーツ健康科学部全学年と医学部1年次生が学びます。両学部とも1年次は全寮制で、キャンパス内の啓心寮で共同生活を送ります（※2023年度はスポーツ健康科学部のみ従来の1室2人体制で入寮）。最新のスポーツ・教育環境が整い、2023年に50mの屋内プールとさくらキャンパス療養所を併設する新体育館が完成。

●浦安キャンパス　JR京葉線新浦安駅からバスで5〜10分の場所にあり、看護を学ぶことに特化したキャンパスです。施設や設備が充実しています。

●三島キャンパス　東海道新幹線・JR東海道本線・伊豆箱根鉄道三島駅から徒歩10分。臨地実習は、静岡県東部で最大の病床数を誇る医学部附属静岡病院で行われます。

●浦安・日の出キャンパス　医療科学部、健康データサイエンス学部、薬学部の学生が学ぶ新キャンパス。JR京葉線新浦安駅からバス7分とアクセスも良好。最先端の設備が整い、健康的で充実したキャンパスライフを過ごせます。

🏃 卒業後の進路

〇医学部　医師国家試験合格率100%（2023年実績）。第117回医師国家試験（2023年実施）においては、新卒者および既卒者の全員が合格し、合格率100%を達成。

〇スポーツ健康科学部　企業（スポーツ・健康関連、医薬品・医療機器、広告・宣伝、金融、他）、アスレティックトレーナー、中・高保健体育教諭・特別支援学校教諭・小学校教諭、公務員、進学・留学など

〇医療看護学部　国家試験合格率看護師100%、保健師98.5%、助産師100%（2023年実績）。[主な進路] 医学部附属6病院のほか、国立病院、他の大学病院、地方自治体、大学院医療看護学研究科など

〇保健看護学部　国家試験合格率看護師100%、保健師96.7%（2023年実績）。[主な進路] 静岡病院をはじめとする順天堂大学医学部附属6病院ほか、静岡県内外の病院、企業、行政機関、大学院医療看護学研究科など

〇国際教養学部　企業（医療関係・製造・情報・商社・航空・ホテル、他）、中高英語科教員、公務員、大学院進学など。先を見据えたキャリア教育が特徴です。

〇保健医療学部　国家試験合格率理学療法士100%、診療放射線技師98.2%（2023年実績）。[主な実績] 病院、診療所等の医療施設、スポーツリハビリテーション関連施設、福祉施設、各種検査・健診センター、医療系企業、大学院進学など

〇医療科学部　国家試験合格に向けたカリキュラムに加え、教員や外部講師による補講、「国家試験対策講座」や「国家試験模擬試験」などを実施予定。大学院進学希望者に対しても全面的にサポートします。

〇健康データサイエンス学部　スポーツ運営団体、健康・医療・スポーツ関連の企業や自治体、シンクタンクにおいて、データ管理・分析、データ活用、企画立案などを担うスペシャリストとしての活躍が期待されます。

〇薬学部　病院薬剤師のほか、製薬会社や食品メーカー、医療機器メーカーなどで活躍する道や薬の開発に携わる研究者になる道もあります。

📝 入試GUIDE（2024年度参考）

①一般選抜
②学校推薦型選抜／医学部を除く
③大学入学共通テスト利用選抜
④総合型選抜
⑤地域枠選抜／医学部
⑥国際バカロレア選抜／国際教養学部
⑦国際バカロレア/ケンブリッジ・インターナショナル選抜／医学部
⑧外国人選抜／医学部、国際教養学部、医療科学部、健康データサイエンス学部
⑨帰国生選抜／スポーツ健康科学部を除く
⑩トップアスリート特別選抜／スポーツ健康科学部

キャンパス所在地、入試問い合わせ先

〈医学部・国際教養学部・保健医療学部〉
〒113-8421　東京都文京区本郷2-1-1
医学部 03-5802-1021
国際教養学部 03-5802-1729
保健医療学部 03-3812-1780

〈スポーツ健康科学部〉
〒270-1695　千葉県印西市平賀学園台1-1　0476-98-0245
〈医療看護学部〉
〒279-0023　千葉県浦安市高洲2-5-1　047-355-3111㈹
〈保健看護学部〉
〒411-8787　静岡県三島市大宮町3-7-33　055-991-3111㈹
〈医療科学部・健康データサイエンス学部・薬学部〉
〒279-0013　千葉県浦安市日の出6-8-1　047-354-3311㈹

資料請求方法：大学HPをご覧ください。

関東

	請求ハガキ	巻末ハガキ
料　金	無　料	
完成時期	5月	

城西国際大学 東京紀尾井町キャンパス

東京紀尾井町キャンパス　〒102-0094　東京都千代田区紀尾井町3-26　入試課 TEL 03-6238-1111　〈HP〉https://www.jiu.ac.jp/ 〈E-mail〉admis@jiu.ac.jp

TOPICS 1992年に開学。東京都と千葉県にキャンパスを開設する総合大学です。実社会で活躍できる人材育成に力を入れており、国内外で体験型教育プログラムを展開しています。

■学部・学科組織（2024年度定員）

●経営情報学部

　総合経営学科（グローバル経営情報コース210）＊

●メディア学部

　メディア情報学科（映像芸術コース270）＊

　＊他コースはP.251 千葉東金キャンパスをご覧ください

🏫 大学GUIDE

　城西国際大学では、社会で必要となる力を身につけるために、さまざまな教育をおこなっています。

　多文化共生社会を理解し、協働できるグローバル人材を育成する「国際教育」、社会の創造に取り組む人材を育成する「地域基盤型教育」、これからの社会に貢献できる人材を育成する「キャリア形成教育」という「人材育成の3本柱」を教育の特色として、幅広く活躍できる人材を育成しています。

　経営情報学部　経営・会計・情報マネジメント・グローバルコミュニケーションの4つの分野を学び、グローバル化するビジネスのさまざまな場面で活躍できる国際感覚豊かな人材を育成します。都心のビジネスエリアにあり、世界の動きを感じながら学ぶことができます。

　メディア学部　東京紀尾井町キャンパスにエンタテイメント分野で活躍できる人材を育成する映像芸術コースを開設。「映像演出」「映像技術」「映像美術」「アニメーション・CG」「ステージ」「芸能」「サウンド・音楽」「エンタテインメント・ビジネス」の8分野を4年間で自由に学べます。

🏢 CAMPUS情報

　東京紀尾井町キャンパス　先端の文化やビジネス拠点に彩られた都心部で、刺激的なキャンパスライフを4年間送ることができます。交通至便な場所にあり、企業の現場を体験する産学連携教育も活発に行われています。

アドバイザー制度

学生一人ひとりが充分に個性を発揮し、能力を伸ばせるように、専任教員が進路や海外留学をはじめ、大学生活のさまざまな問題に対して、個別にアドバイスをしてくれます。教員が必ず研究室に在室し、学生が気軽に相談できる時間（オフィスアワー）も設けています。

📖 取得を目指す資格

【経営情報学部】販売士、TOEIC®600点、公認会計士、税理士、日商簿記、ITパスポート、基本情報技術者など

【メディア学部】エイベックス・ダンスマスター、カラーコーディネーター、色彩検定、CGクリエイター検定、Avid Pro Tools認定など

🏃 卒業後の進路

過去の主な就職先

【経営情報学部】トヨタ自動車、三菱日立パワーシステムズ、清水建設、伊藤園、住友生命保険、EY新日本有限責任監査法人など

【メディア学部】NHK、日活、東映、NTT東日本、バンダイ、劇団四季、日本郵便、AOI Pro.、千葉銀行など

📝 入試GUIDE （前年度参考）

※経営情報学部、メディア学部

①総合型選抜

②学校推薦型選抜

③一般選抜（Wエントリー入試・3科目入試）

④大学入学共通テスト利用

アクセス

東京メトロ有楽町線　麹町駅1番出口より徒歩3分
東京メトロ半蔵門線　半蔵門駅1番出口より徒歩5分
東京メトロ半蔵門線・南北線　永田町駅9a番出口より徒歩5分
東京メトロ丸ノ内線・銀座線　赤坂見附駅D出口より徒歩8分
JR中央線・総武線　四ツ谷駅より徒歩10分

資料請求方法：巻末ページの「パンフレット一括請求」をご覧ください。

昭和薬科大学

〒194-8543　東京都町田市東玉川学園3-3165　入試課　TEL 042-721-1511(代)　〈HP〉https://www.shoyaku.ac.jp/

TOPICS

薬剤師国家試験では安定した合格実績を積み重ねています。
　薬学6年制に対応した薬剤師国家試験の合格をめざし、1年次からさまざまな学習支援プログラムを用意しています。4年次の共用試験に備えたCBTの模擬試験、確認試験も国家試験対策の一環として全員が足並みを揃え、一定の学力水準に達する教育指導を行います。6年次後期には「最終総合演習」を実施し、学生が自信を持って国家試験に臨むことができるよう、強力にバックアップします。

■学科組織
●薬学部
　薬学科（6年制）240
●大学院
　薬学研究科（修士（薬科学専攻）、博士（薬学専攻））

🏛 大学GUIDE

　昭和薬科大学は、昭和5年（1930）設立の昭和女子薬学専門学校を前身とし、長い歴史を誇る薬学教育の伝統校です。6年制薬学科だけの単科大学ですので、少人数教育によるきめ細かなサポートを受け、学生全員が「薬剤師国家試験合格」に向けて勉学に励んでいます。

「個」の総合力を育てる昭和薬科大学の教育
実力を確実に育む3つの学習サポート
【ラーニング・サポート・ステーション】図書館内には、学習面でわからないことを気軽に質問できるスペースがあります。教員が常駐し、学力向上のサポートをします。
【e-ラーニングシステム】インターネット接続環境があればどこでも利用できる「e-ラーニングシステム」。録画された授業映像をPCやスマートフォンで視聴し、授業の復習や定期試験前の整理に役立てることができます。
【SGD教育】1年次から10人前後の少人数で活発に意見を交わすSGD（スモール・グループ・ディスカッション）を取り入れています。高校までの授業と異なる参加型の授業を通して、学生の主体的な学習態度を養います。

🏢 CAMPUS情報

緑に囲まれたインテリジェントキャンパス
「独立」と「融和」をキーワードに
　都心に近い町田市の緑あふれる広大な敷地に広がるキャンパスは、本館・講義棟・実習棟・研究棟など一つひとつが独立した機能をもつ建物でありながら、すべてがアクセスコリドール（連絡通路）で結ばれています。これは、建学の精神である「独立」と「融和」を象徴しています。

🎓 卒業後の進路

臨床薬剤師の輩出から若手研究者の育成まで
　昭和薬科大学は、90年超の歴史を持つ薬学教育の伝統校です。高度な医療に貢献できる薬剤師育成のため、質の高い教育・研究体制を構築し、多様な取り組みを行っています。病院・薬局薬剤師はもちろんのこと、製薬企業をはじめとする医療関連企業、化粧品・食品会社、国家公務員・都道府県の地方公務員など幅広い進路があります。先端研究に取り組む専門研究室が若手研究者の育成にも注力しています。

主な進路　病院薬剤師、薬局薬剤師、製薬企業（研究開発職・MR職・品質管理・学術等）、CRO、医療関連企業（医薬品卸・化粧品・食品）、公務員（厚労省麻薬取締官・都道府県・市職員・自衛隊薬剤官）、大学院進学など

📝 入試GUIDE （前年度参考）

①学校推薦型選抜／公募制（併願制）、指定校制
②一般選抜／A方式（共通テスト利用）、B方式（大学個別試験）、C方式（共通テスト・個別試験併用）、D方式（共通テスト＋B方式）
＊全方式とも併願が可能です。

DATA・FILE

○教員数……77（教授28　准教授13　講師23　助教12　他1）
○学生数……学　部　1,503（男519　女984）
　　　　　　大学院　　21（男10　女11）
○キャンパス面積……173,000㎡
○蔵書数……約90,000冊　　　　　　　　　　（2023年度）

特待生制度

　入試時の特待生制度が充実！　学校推薦型選抜は指定校制で上位5位、公募制で上位10位、一般選抜はB方式で上位50位、C方式及びD方式で上位5位までの方について1年次の授業料を全額免除します（免除額1,380,000円）。
　特待生制度により昭和薬科大学に入学した場合、1年次における年間の学生納付金等2,023,640円が643,640円に軽減されます。

資料請求方法：巻末ページの「パンフレット一括請求」をご覧ください。

上智大学

資料請求

	請求ハガキ	巻末ハガキ
料　金		送料200円（後納）
完成時期		5月中旬

〒102-8554　東京都千代田区紀尾井町7-1　入学センター　TEL 03-3238-3167　〈HP〉https://www.sophia.ac.jp/

TOPICS

上智大学動画サイト「動画で知る上智」
上智大学公式WEBサイトでは、動画サイト「動画で知る上智」を公開。大学紹介や入試説明、学部学科紹介、模擬授業などを動画でご覧いただくことができます。是非ご視聴ください。
（上智大学WEBサイト ＞ 入試情報 ＞ 動画で知る上智）

叡智が世界をつなぐ

2022年度から新たな学びがスタート　「全学共通科目」「学科科目」「語学科目」が高学年まで連携し合い、多角的な知識や思考をバランスよく育む新たな学びがスタート。一人ひとりが専門分野の知見を深めるとともに、既存のものを疑う批判的思考、未来を展望する力、新たなものを作りだす創造力、そして、それらの根底にある豊かな人間性など、生涯学び続けるための基盤を養います。

グランド・レイアウト2.1　新しい大学構想「グランド・レイアウト2.1」のもとで、教育・研究の充実、より高度な情報社会Society5.0に向けた対応など、グローバル化・高度情報化が進む先の将来を見据えた計画を推し進めています。

キリスト教ヒューマニズムを実践

　キリスト教ヒューマニズムに基づいた教育理念の実践として、人間の諸問題を広い視野から総合的に学習する「キリスト教人間学」をユニバーシティ・アイデンティティ科目として設け、全学部の学生に履修を課し、豊かな人間性を養います。また、教員1人当たりの学生数は全学平均約20人で、これは私大平均の半分。創立以来一貫して少人数教育を行っています。

　文系・理系同一キャンパスで教育研究活動を行っています。所属する学部・学科科目が基本になりますが、他学部他学科の科目を履修することも可能。自分の専門分野のみならず、幅広い知識・教養に触れることで、新たな可能性を発見することができます。所属する学部・学科以外で履修した単位は、卒業単位に算入でき、文系・理系の垣根を超えた学びも可能です。さらに留学などで、海外の大学の単位を取得して卒業することもできます。

また他学部の科目として、英語で授業を行う国際教養学部の科目を履修すれば、学内にいながら留学体験も可能です。2020年度から順次、6学科で英語のみで学位を取得できるコースを設置しています。

　上智大学では、学部、大学院、研究所・センターの連携が生み出す"叡智のネットワーク"を形成し、大学院での高度な研究や、研究所・センターで行われている最新の研究動向を、学部教育に反映した教育研究体制を整

■学科組織

●神学部
神学科50

●文学部
哲学科60／史学科70／国文学科60／英文学科100／ドイツ文学科50／フランス文学科50／新聞学科120

●総合人間科学部
教育学科60／心理学科55／社会学科60／社会福祉学科60／看護学科70

●法学部
法律学科160／国際関係法学科100／地球環境法学科70

●経済学部
経済学科165／経営学科165

●外国語学部
英語学科180／ドイツ語学科60／フランス語学科70／イスパニア語学科70／ロシア語学科60／ポルトガル語学科60

●総合グローバル学部
総合グローバル学科220

●国際教養学部
国際教養学科186

●理工学部
物質生命理工学科137／機能創造理工学科137／情報理工学科136

DATA・FILE

○教員数……508（教授289 准教授120 講師35 助教50 助手14）
　　　　　　　※人数はすべて非常勤を除く
○学生数……学　部12,155（男4,565 女7,590）
　　　　　　　大学院 1,239（男 672 女 567）
○キャンパス面積……51,178.14㎡（四谷キャンパス）
○蔵書数……約115万冊　　　　　　　　　（2023年度）

奨学金制度

独自の制度があり、すべて給付で、原則として返還の必要がありません。
○上智大学新入生奨学金（授業料相当額、半額、1/3を給付）
○上智大学修学奨励奨学金（授業料相当額、半額、1/3を給付）
○上智大学篤志家奨学金（国内外の篤志家による奨学金）
○上智大学学業優秀賞（100,000円、賞状）

えています。例えば、大学院と共通の科目が学部で開講されていたり、研究所・センターが全学共通科目や大学院の科目を提供したりしています。

小さな国際社会・四谷キャンパス

全学部・学科が四谷キャンパスに集っています（看護学科は2年次より目白聖母キャンパスを併用）。

ソフィアタワー　全学の言語教育を担う「言語教育研究センター」をはじめ、800人規模の大教室、研究室や教室を設置し、1階には上智大学および周辺地域の歴史・文化を展示するスペースやカフェも併設。オフィスビル部分のテナント収入は、海外や国内遠方出身の学生への支援を目的とした奨学金などに活用されます。

目指すはグローバルスタンダード

交換留学　現在、全世界の300を超す有力大学と相互に学生を受け入れ、派遣する協定を締結しており、毎年350人以上の学生が留学しています。学費は上智大学に納めるだけでよく、単位も最高30単位まで認定され、留学先では主に各協定校の寮が提供されます。

海外短期語学講座　一般外国語教育の一環として行われるもので、長期休暇期間を利用してアメリカのカリフォルニア大学デービス校、カナダのマギル大学、オーストラリアのクイーンズランド大学、ニュージーランドのオークランド大学などで語学や留学先地域の文化等を学びます。単位は一般外国語の単位として認定されます。

全面的な就職サポート

上智大学の就職実績は良好です。卒業までに培った各個人の能力が評価されることはもちろんですが、大学でも就職活動を全面的にサポートしています。

「就職支援プログラム」では、企業や先輩との多くの出会いなどから確かな情報が得られます。常時、個人相談も行い、進路決定をバックアップしています。

主な就職先　三菱UFJ銀行、みずほフィナンシャルグループ、三井住友銀行、日本生命保険、日本航空、三菱電機、野村證券、NHK、日立製作所、NEC、富士通、日本アイ・ビー・エム、アクセンチュア、東京大学医学部附属病院、東京都など

入試GUIDE

①一般選抜（TEAPスコア利用方式／学部学科試験・共通テスト併用方式／共通テスト利用方式）
②推薦入学試験（指定校制／公募制）
③海外就学経験者（帰国生）入学試験
④外国人入学試験
⑤編入学試験
⑥神学部推薦入学試験
⑦国際教養学部入学試験（書類選考・公募制推薦）
⑧社会人入学試験／社会福祉学科・看護学科
⑨国際バカロレア（IB）入試（第1期・第2期）
⑩カトリック高等学校対象特別入学試験

オープンキャンパス

〈日時〉　8/2(金)・3(土)
〈場所〉上智大学四谷キャンパス
〈内容〉体験授業、大学説明会、入試説明会など
※日程・内容が変更となる可能性があります。事前に必ずホームページをご確認ください。

入試TOPICS

一般選抜は、①TEAPスコア利用方式（全学統一日程入試）②学部学科試験・共通テスト併用方式③共通テスト利用方式の3方式で実施。出願資格を満たしていれば、各方式内の複数学部・学科や3方式の併願が可能です。詳細は上智大学Webサイトをご確認ください。

資料請求方法：巻末ページの「パンフレット一括請求」をご覧ください。

昭和女子大学

〒154-8533　東京都世田谷区太子堂1-7-57　TEL 03-3411-5154　〈HP〉https://www.swu.ac.jp/

資料請求

	請求ハガキ	巻末ハガキ
料　金	送料200円（後納）	
完成時期	5月中旬	

TOPICS
① 2025年４月、国際学部改組予定
② ２つの国で２つの学位を取得するダブル・ディグリー・プログラム

大学GUIDE

国際学部

　国際日本学科では、昭和ボストンに留学し、帰国後にプロジェクトやフィールドワークに参加、ジャパンスタディ・観光学などの分野の造詣を深めていきます。**国際教養学科**では、テンプル大学ジャパンキャンパス（TUJ）に国内留学をし、その後はボストン留学、さらに英語圏の大学への留学を通して、英語圏社会の表象文化や英語教育といった分野への造詣を深めていきます。**国際学科**では、英語＋１言語（中国語、韓国語、ベトナム語、独語、仏語、スペイン語）を基礎から学び、留学を原則必須としています。

グローバルビジネス学部

　ビジネスデザイン学科では、ビジネス界でグローバルに活躍できる人材の育成を目指します。企業との協働プロジェクトに取り組みビジネスセンスを磨きます。ボストンへの留学が原則必修です。**会計ファイナンス学科**は、ビジネスに不可欠な基礎知識を、日商簿記、ファイナンシャル・プランニング技能士等、資格取得を通じて学びます。３・４年次では「ビジネススクール」型の授業を行い、事例研究、ケースメソッド等を中心に行います。

人間文化学部

　日本語日本文学科では言語（日本語学、日本語教育）・文学（古典文学、近現代・児童文学）の２コースから選択します。出版・編集・創作にかかわる科目も用意しています。**歴史文化学科**では、歴史・地理、文化の２分野を、実習・フィールドワーク・文献研究の３つの方法を合わせてより深く探究します。

人間社会学部

　心理学科は１年次に臨床、社会、発達、認知の４領域すべての基礎を学び、２年次以降は専門の領域を探究し、こころを理解する「眼」やスキルを社会に生かす方法を見出します。**福祉社会学科**は、社会福祉士・精神保健福祉士の受験資格、保育士の資格取得が可能です。１年次からプロジェクト型学習により基礎力を養います。**初等教育学科**では、「小幼（小学校教諭と幼稚園教諭）」「幼保（幼稚園教諭と保育士）」の資格取得を目指します。キャンパス内にある附属小学校・こども園でも大学での学び

■学科組織（2024年度）

●**国際学部**（2025年４月改組予定）
国際日本学科100（新設予定）／国際教養学科79（英語コミュニケーション学科から名称変更予定）／国際学科120

●**グローバルビジネス学部**
ビジネスデザイン学科130＊／会計ファイナンス学科80

●**人間文化学部**
日本語日本文学科100＊／歴史文化学科100

●**人間社会学部**
心理学科100／福祉社会学科80／初等教育学科100／現代教養学科100

●**環境デザイン学部**
環境デザイン学科210

●**食健康科学部**
健康デザイン学科75／管理栄養学科72／食安全マネジメント学科80

＊2025年４月、定員変更予定

を確かにできます。**現代教養学科**は社会構想、メディア創造、多文化共創の３つの領域で現代社会を様々な視点から的確に捉え、多様化する社会に必要な教養を身につけます。

環境デザイン学部

　環境デザイン学科は、１年次に全員が全コースの課題に取り組み基礎を学び、２年次から建築・インテリアデザイン、プロダクトデザイン、ファッションデザインマネジメント、デザインプロデュースの４コースに分かれます。４コースのデザイン分野を横断する科目構成により、多彩な視点からデザイン力を磨くことができます。一級建築士や商業施設士の受験資格など、将来に役立つ多数の資格取得が可能です。

食健康科学部

　健康デザイン学科は健康を食だけでなく、運動や美容などの「プラスα」を併せて科学的に学び、様々な資格

オープンキャンパス ▶

　日程や内容は変更になる可能性があります。必ずホームページで詳細をご確認ください。
【日程】3/23(土)、6/23(日)、7/21(日)、8/17(土)、8/18(日)
【内容】学科説明会／体験授業／個別相談／キャンパスツアー（予定）

を取得します。卒業と同時に栄養士の資格が取得できるほか、栄養教諭、中学・高校の家庭科、保健体育の教員免許、健康運動指導士の受験資格なども取得可能です。**管理栄養学科**では卒業と同時に管理栄養士の国家試験受験が可能です。希望者は海外研修により、グローバルな視点を養うことができ、充実した実験・実習等を通じて、幅広い専門領域を学びます。**食安全マネジメント学科**では、食に関する科学的知識や技術に加えて、マーケティングやリスクマネジメント論などを学びます。安全性の高い食品を消費者に届けるまでの製品製造・流通・販売といった過程をトータルにマネジメントできる力を養い、フードビジネスの現場で活躍できる人材を育成します。

国際交流

　アメリカにある海外キャンパス「昭和ボストン」を拠点に、すべての学科で留学プログラムを設定。毎年約500人の学生が国際感覚を磨いています。

　2019年からテンプル大学ジャパンキャンパス(TUJ)とキャンパスを共有しています。TUJには60以上の国や地域の学生が在籍しています。一定の英語力を満たせば、TUJの授業を履修することや留学することが可能です。

ダブル・ディグリー・プログラム

　昭和女子大学で3年間、協定校で2年間、計5年間学ぶことで、2つの国で2つの学位が取得できます。

	協定校	対象学科
中国	上海交通大学	国際学科
韓国	淑明女子大学校	国際学科
	ソウル女子大学校	国際学科
アメリカ	テンプル大学ジャパンキャンパス	国際学科／※国際教養学科／ビジネスデザイン学科
オーストラリア	クイーンズランド大学	国際学科／※国際教養学科

※内容は変更となる場合があります

取得資格

〈受験資格が得られるもの〉
社会福祉士、精神保健福祉士、一級建築士、建築設備士、管理栄養士、フードスペシャリスト、健康運動指導士など
〈取得できる資格〉
高等学校教諭1種、中学校教諭1種、小学校教諭1種、幼稚園教諭1種、保育士、栄養教諭1種・2種、学芸員、栄養士、食品衛生監視員、食品衛生管理者、学校図書館司書教諭、司書、日本語教員、社会福祉主事、社会調査士、認定心理士など

CAMPUS情報

　キャンパスは渋谷から地下鉄で5分の三軒茶屋に位置します。緑豊かでさわやかな雰囲気のキャンパスには、こども園から大学院までが集まっています。

キャリア支援 (2023年3月)

　在学中に"キャリア"をデザインする力を養い、卒業後は自分に適した職業に就いて、社会人・職業人として自立した人生を歩めるように、キャリアデザイン・ポリシー（社会的・職業的自立に関する方針）を策定し、キャリア教育を推進しています。

■**昭和女子大の実就職率*は94.6%**
　「2023年最新実就職率ランキング（大学通信調べ）」で2023年の実就職率が卒業生1,000人以上の全国の私立大学中9位になりました。

＊実就職率＝就職者÷[卒業者−大学院進学者数]×100

　主な就職先
清水建設、YKK AP、NEC、パナソニック、村田製作所、敷島製パン、理研ビタミン、アイリスオーヤマ、ニトリ、横浜銀行、三菱UFJ銀行、日本航空、NHK、楽天グループ、サイバーエージェント、公務員、教員、管理栄養士ほか

入試GUIDE (前年度参考)

①**総合型選抜**　②**学校推薦型選抜**
③**一般選抜**（A・B日程・3月期）
④**共通テスト利用型試験**（Ⅰ期・Ⅱ期）〈一般方式〉
〈英語4技能試験活用方式〉
　詳細は必ず大学HPでご確認ください。

TOPICS
～ランキングに見る昭和女子大学～

○グローバル教育に力を入れている大学　　全国女子大1位

○面倒見が良い大学　　全国女子大1位（東京地区）6位

○改革力が高い大学　　全国女子大1位

○就職に力を入れている大学　　全国女子大1位（東京地区）6位

○2023年実就職率（卒業生数1,000人以上の大学）　　全国女子大3位　全国私立大9位

※ランキングは大学通信調べ
　実就職率以外は2023年全国645進学校進路指導教諭調査

入試情報　https://exam.swu.ac.jp

資料請求方法：巻末ページの「パンフレット一括請求」をご覧ください。

白梅学園大学

〒187-8570　東京都小平市小川町1-830　入学センター　TEL 042-346-5618　〈HP〉http://daigaku.shiraume.ac.jp

資料請求		
	請求ハガキ	巻末ハガキ
料　金	無　料	
完成時期	5月上旬	

TOPICS

2024年4月、新しい白梅がスタートしました。
2024年4月に「教育学科」を新設。発達臨床学科が「子ども心理学科」に新しく生まれ変わり、これまでの3学科から4学科体制になりました。子どもにとって理想的な支援者を育成するための教育環境を実現します。

🏛 大学GUIDE

　白梅学園大学は、建学の理念であるヒューマニズムの精神に基づき、社会の今を担い、未来を受け継ぐ子どもとともに、新しい明日を築く、幅広い知見や豊かな教養を備えた人材を養成することを目指しています。そのために、リベラルアーツ教育と子ども学に関わる専門教育を二つの柱として、子どもの育ちや子どもを取り巻く文化・社会状況に働きかける高い専門性を身につける教育を行います。

　時代が変化し続ける中で子どもを取り巻く問題も複雑化・多様化が進み、教師・保育者など子どもをサポートする人材にはそれらへの対応が求められています。そのため子ども学部はこれまでの3学科体制から4学科とし、学校、保育・幼児教育の現場で、また家族、コミュニティ支援を担う専門性の高い人材を育てます。これからも子どもの幸せを願い、子どもにとって望ましい環境を築ける理想的な支援者を育成していきます。

子ども学科

　乳幼児期からの子どもの成長や発達について理解を深める学びを通して保育士、幼稚園教諭の資格・免許を取得します。また、子どもを取り巻く環境や様々な問題を理解し、子どもの健やかな生活・発達を支援するソーシャルワーカーをめざせます（社会福祉士（受験資格）の取得可）。

家族・地域支援学科

　社会福祉に関する理解を深め、子どもが抱える多様な問題を家庭、学校、地域と幅広い視点から捉え、支援できる力を身につけます。また、障害者や高齢者に対し、生活支援・介護支援を行うための高度な知識・技術を習得することができます。社会福祉士（受験資格）と介護福祉士（受験資格）の2つの資格が取得可能です。

■学部・学科組織

●子ども学部

　子ども学科120／家族・地域支援学科40／

　子ども心理学科40※／教育学科50※

　※2024年度開設

子ども心理学科

　心理学の学びをベースに乳児期から成人期に至る発達について理解を深め、様々な問題への心理学的アプローチを学び、援助を必要とする人や発達に困難を抱えた人への理解と支援のできる人材の育成をめざします。保育士、幼稚園教諭の資格・免許が取得できます。

教育学科

　子どもの成長・発達を理解し、多様化した学校教育の課題の解決をめざす人材を育成します。初等教育・中等教育・特別支援教育における子どもの豊かな学びを支える資質・能力を育成するための専門的な教育を行います。小学校教諭、中学校教諭、特別支援学校教諭の免許取得が可能です。

3年次からの専門ゼミナール教育で学びを深める

▶ オープンキャンパス

●**オープンキャンパス**
5/26(日)、6/23(日)、7/21(日)、8/10(土)、8/12(月・祝)、2025/3/16(日)
10：30～16：00

●**ミニオープンキャンパス**
9/8(日)　10：30～14：00

●**学園祭での受験相談コーナー**
10/19(土)・20(日)　11：00～15：00

▲**入試攻略講座**
11/3(日・祝)　10：30～13：00
12/15(日)　10：30～14：00
詳しくは受験生サイトをご確認ください。

受験生サイト

学びの特色

白梅子育て広場（地域連携活動）

地域の子どもたちや保護者、高齢者、障害者の人たちとの触れ合いの場として、7つの「白梅子育て広場」を開催しています。学生自らが企画・運営にたずさわり、地域の幅広い世代の人たちと協働しながら子育て支援や地域支援のあり方を実践的に学んでいます。

副専攻制／学び横断プログラム

副専攻制は所属する学科の分野とは別に他学科の専門分野について学ぶことができる制度です。学び横断プログラムは、自学科と他学科の指定された一連の科目を履修し専門分野について多角的・複層的に学べます。

取得できる資格

【子ども学科】

保育士資格、幼稚園教諭一種免許状、社会福祉士（受験資格）、スクールソーシャルワーク教育課程修了証、児童指導員（任用資格）、社会福祉主事（任用資格）

【家族・地域支援学科】

社会福祉士（受験資格）、介護福祉士（受験資格）、スクールソーシャルワーク教育課程修了証、世代間交流コーディネーター、児童指導員（任用資格）、社会福祉主事（任用資格）

【子ども心理学科】

保育士、幼稚園教諭一種免許状、認定心理士、児童指導員（任用資格）、社会福祉主事（任用資格）

【教育学科】

小学校教諭一種免許状、中学校教諭一種免許状（国語）、特別支援学校教諭一種免許状、児童指導員（任用資格）
※すべての資格、免許が同時に取得できない場合があります。

キャリアサポート

学生が希望する進路で活躍できるように、対話重視のキャリア支援を実施しています。ゼミナールの担当教員が個人面談を行い、また、キャリアサポート課では履歴書やエントリーシートの書き方、面接時の留意ポイントなどのコミュニケーションスキルを丁寧に指導しています。キャリア支援では、職業理解のための講演会や地域連携キャリア啓発プロジェクトも開催しています。

学生主体で運営される「白梅子育て広場」（あそぼうかい）

卒業後の進路

2023年3月卒業生の進路 （就職先内訳）

公務員（保育所・幼稚園・小学校・特別支援学校、事務・福祉）39.8％、私立施設・病院17.9％、私立保育園21.4％、私立幼稚園・認定こども園9.6％、一般企業9.6％、進学1.7％（卒業者数234 就職者数225 進学4）

入試GUIDE （2024年度参考）

詳細情報は入試ガイド・入試要項をご確認ください。

①総合型選抜

入学意欲や主体性を書類と面接で評価する入試です。白梅探究型、事前課題型、学力調査型など学科によって多様な選考方法があります。自分に合った入試方法で力を発揮してください。面接試験はいずれの方法にも共通しており、特に面接が大事になってくる選抜方法です。

②学校推薦型選抜（指定校）

指定校については、在籍高校におたずねください。

③白梅特待生チャレンジ入試

出願者全員が事前申請不要で、特待生選抜の対象となります。総合型・学校推薦型等での入学手続きが完了した方も入学予定学科に限り、検定料不要で受験が可能です。

④一般選抜〈Ⅰ期・Ⅱ期〉

Ⅰ期は英語、国語、数学の3科目から高得点の2科目で判定、Ⅱ期は国語と英語の2科目で出願書類による主体性も評価します。英語は外部試験のスコアも利用可能です。

⑤共通テスト利用選抜〈A日程・B日程・C日程〉

共通テスト受験後に出願できます。A日程は2教科型と3教科型があり、得意科目でチャレンジできます。

▌ 公務員就職に強みを発揮 ▐

「保育の白梅」の伝統と実績のもと、保育士就職では「首都圏の大学で5年連続で保育士実就職率で第一位」になるなどの実績をあげています。また、公立保育士、公立小学校教諭の他、公務員（福祉職、心理職、公立施設）での就職も多く2023年の公務員実就職率は39.8％と、前年にひきつづき高い実績をあげています。

▌ 奨学金 ▐

白梅特待生チャレンジ入試
特待生奨学金（給付）〈大学〉年間75万円または37.5万円
　　　　　　　　　　〈短大〉年間68万円または34万円
一般選抜Ⅰ期対象給付奨学金 年間30万円
※特待生奨学金の詳細はガイドブック、大学HPをご確認ください。

資料請求方法：巻末ページの「パンフレット一括請求」をご覧ください。

白百合女子大学

〒182-8525　東京都調布市緑ヶ丘1-25　入試広報課　TEL 03-3326-8092(直)　〈HP〉https://www.shirayuri.ac.jp/

資料請求

	請求ハガキ	巻末ハガキ
料　金		無　料
完成時期		5月下旬

TOPICS　少人数による質の高い対話型・体験型授業

未来に"つなげる"2学部6学科の学び

文学部

〈**国語国文学科**〉古典文学、近代文学、国語学・日本語教育からテーマを選び、日本の文化や言葉の魅力を見直します。全時代の日本文学、歌舞伎などの伝統文化、映画化作品など、多様な領域で研究可能。国語学では若者言葉や役割語、方言など、あらゆる日本語を研究対象として分析します。

〈**フランス語フランス文学科**〉文学・映画・芸術・ファッション・サブカルチャー・食文化などの幅広い領域からフランスの多様性を学び、英語だけではないグローバルな思考力を養います。さらに、15人以下の少人数クラスで語学習得をサポート。自分のペースに合ったクラスで、基礎からしっかり学習が可能です。

〈**英語英文学科**〉ディズニーやハリウッドに代表されるアメリカの大衆文化から、ジェンダー、メディア、紛争などの社会問題まで、日本を含むグローバル社会を研究します。英米の社会・文化・歴史的背景を理解しながら高度な英語力を磨くことで、国際化社会で通用する知性と実践力を育みます。

一人ひとりの個性や多様性を大切にする少人数教育

■学部・学科・定員（2025年度予定）

●**文学部**
　国語国文学科80／フランス語フランス文学科80／英語英文学科80

●**人間総合学部**
　児童文化学科60／発達心理学科60／初等教育学科75

人間総合学部

〈**児童文化学科**〉児童文学や文化を専門的に学ぶ、国内でも珍しい学科。絵本やファンタジー、アニメにゲーム、キャラクターなどを研究対象とし、子どもに限らず大人にも共有される文化を分析。国を越えて愛される新しい文化の魅力と可能性も探求します。

〈**発達心理学科**〉人の生涯にわたる「心」の動きを科学的な視点から研究。発達心理学・臨床心理学・発達支援を総合的に学びます。年齢の変化に応じて心がどのように発達していくのかを理解するとともに、心の問題の原因を探り、援助方法を学ぶことで、障害・疾病を抱える人やその家族の支援についても考えます。

〈**初等教育学科**〉子どもの目線に寄り添い、心身ともに健やかな成長を促す教育者・保育者を育成します。初年次から幼稚園教諭・保育士を目指すコース、小学校教諭を目指すコースに分かれて学びがスタート。多様化した教育へのニーズに対応できるよう、早期から現場体験を積み重ね、授業で学ぶ理論との定着を繰り返し図ることで、実践的な専門力を身に付けます。

国家資格「公認心理師」養成カリキュラムに対応

　発達心理学科および大学院発達心理学専攻は、国家資格「公認心理師」の養成カリキュラムにも対応。白百合女子大学大学院への内部進学制度を活用し、所定単位を全て修得することで、受験資格が得られます。

取得可能資格・目標とする資格など

〔取得可能資格〕
○中学校教諭一種・高等学校教諭一種（国語／フランス語／英語）、小学校教諭一種、幼稚園教諭一種
○保育士
○司書
○司書教諭（教職課程〈小・中・高〉履修者のみ）

○認定心理士
○グローバルビジネス（修了認定書を授与）
○ホスピタリティ・マネジメント（修了認定書を授与）
○数理・データサイエンス・AI教育（修了認定書を授与）
○日本語教育（修了認定書を授与）
○児童英語指導者養成（修了認定書を授与）
○舞台芸術実践（修了認定書を授与）
　※取得できる資格は学科により異なります。

社会と《つながる》専門プラスαの学び

グローバルビジネスプログラム〈全学対象〉

海外で働くことを視野に、ビジネスに必要な実践的知識・英語力を磨くプログラム。企業と連携した課題解決型授業では、商品の企画・開発から商品化・販売までのマーケティングプロセスを経験。海外インターンシップも4カ国5地域で体験できます。

ホスピタリティ・マネジメントプログラム〈全学対象〉

人と交流のある職業に共通して求められるホスピタリティを理論と実務の両面から学ぶプログラム。企業視察のほか、ホテル・テーマパークでのインターンシップや客室乗務員トレーニングなどの実務体験も可能です。

数理・データサイエンス・AI教育プログラム〈全学対象〉

AIに関する知識やデータの読み方・扱い方などをしっかり学べる文部科学省認定プログラム（リテラシー・レベル）。継続的に学びたい人に向けて、キャリアにつながる情報・IT関連科目も多数開講しています。

日本語教育副専攻〈全学対象〉

日本語の教授法を基礎から学ぶ副専攻。外国語として日本語を教えるときの課題点を考えながら、国内外での模擬授業や実習を行います。日本のことばや文化を教えることで、国際交流・異文化交流を体験します。

最寄り駅は新宿・渋谷から約20分でアクセスも良好

目的やレベルに合わせて海外留学にチャレンジ

フランス、アメリカをはじめとする世界9カ国・地域の26校に留学協定校・認定校・実績校があり、自分の目的やレベルに合わせて選ぶことができます。

一人ひとりと共に進み納得できるキャリア実現を支援

就職決定率はもとより「就職先への満足度」にこだわるサポートを展開。全3年生との個別オリエンテーションからスタートする個別面談数は、年間約3,900回におよぶほか、年間200回以上のセミナーを開催しています。就職先満足度は99%（2022年度卒業生）と高い数字を誇ります。

卒業者…506　　就職希望者…432　　進学者…28
就職決定者…421（決定率97%）

主な就職先　富士通、伊藤忠テクノソリューションズ、丸大食品、和光、ANAエアポートサービス、パレスホテル、NHK、信金中央金庫、住友化学、三菱総研DCS、教員（幼・小・中・高）、保育士　他

満足度を重視した独自の就職サポート

入試GUIDE （2025年度予定）

LINEUP

・総合型選抜（Ⅰ期／Ⅱ期）
・自己推薦入試
・学校推薦型選抜（指定校制／姉妹校制）
・一般選抜（前期・A日程／前期・B日程／後期）
・共通テスト利用選抜（前期／後期）
・卒業生子女・在学生姉妹入試
・帰国子女入試／社会人入試

※詳細は大学HPおよび出願要項をご確認ください。

交通アクセス

・京王線「仙川」駅下車（新宿・渋谷より約20分）、徒歩10分
・JR「吉祥寺」駅・「三鷹」駅より小田急バス利用、「白百合女子大学入口」下車、徒歩5分
・小田急線「成城学園前」駅より小田急バス利用、「仙川駅入口」下車、徒歩15分

オープンキャンパス

■春季キャンパスガイダンス：
　3/20(水・祝) 13：00～17：00
■夏のオープンキャンパス：
　6/15(土)、7/20(土)、8/4(日)、8/24(土)
※事前受付推奨・当日参加可能（約1カ月前より受付開始）。
※各イベントの詳細は大学HPをご確認ください。

資料請求

○資料をご希望の方は、巻末の共通資料請求ハガキでお申し込みください。

資料請求方法：巻末ページの「パンフレット一括請求」をご覧ください。

女子美術大学

〒166-8538　東京都杉並区和田1-49-8　女子美入試センター（相模原キャンパス内）　TEL 042-778-6123　〈HP〉https://www.joshibi.ac.jp/

資料請求

	請求ハガキ	巻末ハガキ
料　金	無　料	
完成時期	4月初旬	

TOPICS
2023年4月「共創デザイン学科」、2024年4月「スペース表現領域」新設。
創造性に溢れ「考える力」「生きる力」を備えた人材を育成。

■学科組織（2024年度）
●女子美術大学　芸術学部
　美術学科（相模原キャンパス）
　　　[各専攻：洋画95、日本画45、立体アート20、美術教育15、
　　　国際芸術文化15]
　デザイン・工芸学科（相模原キャンパス）
　　　[各専攻：ヴィジュアルデザイン120、
　　　プロダクトデザイン35、環境デザイン25、工芸40]
　アート・デザイン表現学科（杉並キャンパス）
　　　[各表現領域：メディア70、ヒーリング30、ファッション26、
　　　スペース17、クリエイティブ・プロデュース17]
　共創デザイン学科60（杉並キャンパス）
●女子美術大学短期大学部
　造形学科120（杉並キャンパス）

多様な領域の人々と共に新しい価値を創造する「共創型リーダー」を目指す、共創デザイン学科の象徴となる新校舎。
※工芸はデザイン・工芸学科のみ

🏛 大学GUIDE

芸術学部　女子美は明治33年（1900年）芸術による女性の自立、女性の社会的地位の向上を建学の精神に掲げ、女性美術家、美術教師を養成する専門教育の学校として創立しました。2023年には芸術学部に「共創デザイン学科」を新設。共に新しい価値を創り出す共創型リーダーを育成する本学科は「デザイン」を主軸に「ビジネス」「テクノロジー」を横断的に学び、1年次より産官学連携による実学を取り入れ、多様な人々と共創する力を身につけます。また2024年にはアート・デザイン表現学科に新領域「スペース表現領域」が加わり、2025年の創立125周年に向け、グローバル教育の推進、基礎教養科目の更なる充実、両キャンパスの施設設備の拡充を進めています。

短期大学部　1年次前期に実技科目を自由に選択できるカリキュラムを導入。実際に体験した上で専門とする進路を選択できます。卒業後は就職の他、専攻科（1年課程）や芸術学部3年次編入学の選択肢もあります。

🎓 資格取得

芸術学部　中学校教諭一種免許状（美術）／高等学校教諭一種免許状（美術・※工芸）／学芸員
＊共創デザイン学科除く

短期大学部　中学校教諭二種免許状（美術）

🏢 CAMPUS情報

　美術学科とデザイン・工芸学科は周囲を公園に囲まれた緑豊かな相模原キャンパス（神奈川県）で、アート・デザイン表現学科と共創デザイン学科と短期大学部は新宿から地下鉄で4駅の杉並キャンパス（東京都）で学んでいます。

🏃 卒業後の進路

　就職率は常に「首都圏美術大学トップクラス」の実績を挙げています。女子美の学生生活の中で培われる「クリエイティブな力・素直さ・アイディア力・制作への粘り強さ」は、企業のデザイナー・企画職・アーティストとして、企業や社会から高い評価を受けています。

📝 入試GUIDE（前年度参考）

芸術学部　①総合型選抜試験　②学校推薦型選抜試験　③特別選抜試験（社会人・帰国子女・外国人留学生）　④一般選抜試験（A日程・B日程・大学入学共通テスト利用）

短期大学部　①～④のほか特待生選抜試験を実施。合格者上位2人は学納金のうち、授業料を最長2年間免除。

DATA・FILE

○教員数……157（教授50　准教授22　講師6　助教11　助手68）
　　＊芸術学部・短期大学部合計
○学生数……芸術学部2,734　短期大学部360
○キャンパス面積……相模原142,476㎡　杉並31,218㎡
○蔵書数……約37万冊　　　　　　　　　　　　　（2023年度）

オープンキャンパス

●オープンキャンパス　7/14(日)・15(月・祝)予定
　学科紹介／入試制度説明／ワークショップ／工房見学／教職員との個別相談／在学生による学校紹介／キャンパスツアー　他
●春の入試説明会　4/14(日)予定
　進学相談／入試参考作品展示／教職員との個別相談　他
※日程・内容については大学WEBサイトでご確認ください。

資料請求方法：巻末ページの「パンフレット一括請求」をご覧ください。

資料請求		
	請求ハガキ	巻末ハガキ
料　金		無　料
完成時期		4月下旬

杉野服飾大学

〒141-8652　東京都品川区上大崎4-6-19　入試広報課　TEL 03-3491-8152　〈HP〉https://www.sugino-fc.ac.jp/

TOPICS

2023年4月に新学科「服飾文化学科」がスタートしました。

　これまでの服飾学科、服飾表現学科の2学科から3学科になり、造形技術、ビジネス、表現、文化継承・発展という4つの学問領域でファッションをより広く・深く、総合的に学べる大学としてパワフルに進化します。

■学部・学科組織

●服飾学部
服飾学科110／服飾表現学科40／服飾文化学科40

●大学院
造形研究科10（創作表現コース、3Dデジタルモデリングコース）

🏛 大学GUIDE

服飾学科
　1年次の初年次教育課程では、「服づくり」を通して服飾造形の基本を学びます。ファッション・フィールド・リサーチやファッションビジネス概論、流通・商業入門などビジネス科目も充実。全学生が共通して服飾造形とファッションビジネスの基礎を学修します。2年次以降の専門教育課程では、6つの専門コースの中から選択。デザイン・パターン・企画・素材・プロダクトなど、ファッション業界における造形分野とビジネス分野の職種に対応した学びを展開します。産学連携による授業も積極的に導入しています。

服飾表現学科
　1年次は服飾学科と共通した科目と、グラフィックデザインや写真表現、身体表現など表現方法の基礎を学びます。2年次以降は衣裳表現、スタイリング、VMD（ビジュアルマーチャンダイジング）、メディア表現（映像・ショープロデュース）の4専攻に分かれてより専門的に学びます。教員は、各界で活躍するクリエーター、アーティスト、プロデューサー。実社会での豊富な経験に基づいた実践的な授業で、リアルタイムな表現世界を学んでいきます。

服飾文化学科【2023年4月開設】
　服飾文化学科では、豊かでサスティナブルなファッションの創造を目指し、現代の日本のファッションだけでなく、ヨーロッパやアジアなど世界の服飾について、過去から未来への広い視野をもって学びます。教室で理論を学ぶとともに、伝統染織の現場の見学や体験、歴史的な衣裳のレプリカ製作など実践的な学びが豊富です。また、環境・社会・人にやさしい服作りを通して、今のファッションにおいて最も重要な課題であるサスティナビリティ（持続可能性）について考えます。

🏃 就職支援

　就職部では、長年にわたりファッション業界に多くの人材を送り出してきたキャリアと実績を生かし、きめ細かいアドバイスを行っています。学内企業説明会、個別面接指導、就職試験対策講座など、学生の進路支援のため就職活動に役立つさまざまな情報やサービスを提供しています。

【主な就職先（2023年3月卒業生実績）】
アニエスベージャパン、アダストリア、ストライプインターナショナル、ハツコエンドウウエディングス、ビームス、マッシュスタイルラボ、ユニクロ、ヨウジヤマモト、ワールド 他多数

📋 入試GUIDE （2025年度予定）

①総合型選抜
②学校推薦型選抜（公募推薦／指定校推薦）
③一般選抜（一般入試／大学入学共通テスト利用入試）
④社会人入試
⑤留学生入試
⑥編入学試験

※詳細は、入学試験要項、ホームページ等で公表します。

オープンキャンパス

●オープンキャンパス
4/21(日)、5/26(日)、6/16(日)、7/15(月・祝)、8/18(日)、8/19(月)、2025/3/23(日)
●公開講座
8/8(木)、8/9(金)、2025/3/23(日)
●進学相談会
9/16(月・祝)、10/12(土)、10/26(土)、10/27(日)、2025/2/8(土)

資料請求方法：巻末ページの「パンフレット一括請求」をご覧ください。

成 蹊 大 学

〒180-8633　東京都武蔵野市吉祥寺北町3-3-1　アドミッションセンター　TEL 0422-37-3533　〈HP〉www.seikei.ac.jp/university/s-net/　〈E-mail〉nyushi@jim.seikei.ac.jp

資料請求		
	請求ハガキ	巻末ハガキ
料　金	送料200円（後納）	
完成時期	5月下旬	

TOPICS

新しい理工学部は、1学科5専攻へ。
　2022年4月より、専攻分野を深く、融合分野を広く学べる理工学科の1学科に改組し、学問分野を明確にした5つの専攻を設置。「専門性×融合分野」「専門性×ICT」「専門性×コラボレーション」の3つを未来が求める「新しい理系」の資質と捉え、新しい学びを展開。課題解決に向けてビジョンを提示し、新たな価値を創造する「新しい理系」を養成します。

伝統の少人数教育で、「教養ある豊かな人間性」を育む

　成蹊大学は教育者・中村春二が1912年に創立した「成蹊実務学校」を源流としています。「少人数による個性尊重の人格教育」の伝統は、大学の前身となる旧制高等学校のリベラルな学風とともに現在も受け継がれています。教職員と学生が至近距離で接することで、ゼミや研究室、キャリアサポートに至るまで質の高い教育と支援を実現してきました。また、文系・理系すべての学生が、東京・吉祥寺の風格ある建築物と緑に囲まれた「ワンキャンパス」で4年間を共に過ごすことから、さまざまな学問や仲間との出会いが学生の成長を支えています。双方向対話型のゼミで学ぶ高度な専門知識、学部を越えて身につける幅広い教養。成蹊大学では、学生一人ひとりが学問の本質を探究できる豊かな環境を整えています。

🏫 学部・学科GUIDE

経済学部　論理的な思考力と分析力を磨く

　経済数理学科と現代経済学科の2学科体制で、専門分野を深く学びながら、幅広い教養と視野を身につけます。**経済数理学科**では、専門的な経済分析や未来のICT社会を支えるデータ分析など、理系・文系の枠組みを越えた専門的な教育を実践し、立ちはだかる社会課題を解決に導く、数理的思考ができる次世代のリーダーを育成します。**現代経済学科**では経済学の知識をフィールドワークなどの実践型研究で掘り下げ、検証していくことで、社会や企業の課題を客観的かつ批判的に捉えられる目を養います。また、グローバルと地域コミュニティの2つの視点を生かしながら、現代社会の問題発見につなげていく実践力・応用力を身につけます。

経営学部　次世代型マネジメント教育

　経営学部では、**総合経営学科**の1学科体制で、企業経営とこれからの情報社会に貢献する人材を育成します。経営学を主軸に学びつつ、国際文化や情報分析についての知識・スキルを習得。ビジネスの現場を体感しながら、企業が直面する複雑な課題に対応できる「次世代型マネジメント能力」を養います。また、ビジネス英語の基礎から英語でのプレゼンテーションスキルを身につける授業や、国際展開する企業を想定した、経営学の専門分野を英語で学ぶ授業なども豊富に用意。さまざまな国や地域への理解を深め、グローバル社会への対応力を養います。

■学部・学科（募集人員は2025年度予定）

●経済学部
　経済数理学科80／現代経済学科150

●経営学部
　総合経営学科290

●法学部
　法律学科280／政治学科160

●文学部
　英語英米文学科121／日本文学科84／国際文化学科110／現代社会学科105

●理工学部
　理工学科420

法学部　深い見識のある人間の育成

　近代社会において、法律と政治は共に不可欠であり、相互に結びつきの強い関係にあります。そのことから、共通科目を充実させ、**法律学科**と**政治学科**の学科の枠を越えて横断的な科目履修ができることが特徴です。1年次から少人数制のゼミで議論する能力を育てるとともに、卒業論文・ゼミ論文を必修化し論理的思考力、文章力、論述力を養います。また、自発的な学習意欲の高い学生を対象としたエキスパート・コースの設定、キャリアパスを意識して履修ができる重点学修認定制度からなる「高度職業人養成システム」をカリキュラムに導入し、より高度な専門性を身につけます。

文学部　さまざまな角度から「人間」を探究

　文学や文化、言語を手がかりに、「人間とは何か」を探究します。他学科の専門科目も履修できるので、学科

を越えた多様なアプローチが可能です。**英語英米文学科**では、英語の運用力を強化しながら英語圏の文学と文化全体の深い理解をめざします。**日本文学科**では、日本文学や日本語を深く考察し、日本文化の本質を正しく知ることで、海外に向けて正しく日本の姿を伝えられることを重視しています。**国際文化学科**では、ひとつの地域や民族について、過去の文化との比較、ほかの文化との比較、世界の中での位置づけという3つの視点から学びます。**現代社会学科**では、メディア、家族や都市、地域社会、環境、福祉など、現代社会に存在するさまざまな問題について分析・研究します。

理工学部　社会課題に取り組む「新しい理系」を育成

学問分野を明確にした5つの専攻を設置。自分に合った専攻分野で深い専門知識を身につけます。さらに専攻の垣根を越えて融合分野の科目を履修し、学びの幅を広げます。**データ数理専攻**では、現実問題のより良い数理モデル化を考えるモデリング手法、数理モデル化した問題を解くアルゴリズムや最適化手法、さまざまなデータを分析して利用する手法を基礎から応用まで学びます。**コンピュータ科学専攻**では、PC・サーバ・IoT・スマホなどのコンピュータを扱うためのソフトウェア技術を身につけるとともに、画像・映像・音声・テキスト・対話を処理するためのAIを駆使したメディア技術を学びます。**機械システム専攻**では、強度と耐久性、環境や快適さなどを考慮した機械システムの技術と、人・モノ・お金・情報などが関わるシステムをより良く機能させる方法について学びます。**電気電子専攻**では、電気電子・機械制御・情報処理を有機的に網羅した充実のカリキュラムにより、社会・産業・情報基盤を支える理論と実践を学びます。**応用化学専攻**では、健康・医療をひらくライフイノベーションと、持続可能な社会をひらくグリーンイノベーションに貢献する人材育成を見据え、ITを活用した化学の学問探究と社会への応用を学びます。

副専攻制度

所属学部学科の専門教育に加え、関心や目的に応じて一定系統的なまとまりを持ってさまざまな知識を体系的に学修できる制度です。学生の興味関心やニーズに応える数多くの副専攻を用意しています。

グローバル教育プログラム（EAGLE）

選抜制の少人数クラスで、徹底的に英語力と国際感覚を磨きます。英語の基礎学力を鍛える科目のほか、国際性・学際性のある専門科目で、世界の今を知る授業を展開します。実践的な英語力の強化からキャリアデザインまでを一貫してサポート、グローバルな舞台に力強く羽ばたく人材を育成します。

将来を見据えた教育と卒業生の活躍

就職支援　全学生を対象に、1年次からキャリア教育科目を開講。また、キャリア支援センターでは「すべての学生が自身の適性を生かし、なおかつ成長できる企業へ就職すること」を目標に、学生一人ひとりに個別相談を中心としたサポートが行われています。

留学情報

協定を結んでいる海外の大学へ学生を派遣する留学（協定留学）には、半期または1年間、現地の学生と共に専門科目を学ぶ「長期留学」、前期または後期に、語学研修とインターンシップを行う「中期留学」、夏・春休みに約3〜4週間、語学研修とその国の文化を学習する「短期留学」があります。

資料請求方法：巻末ページの「パンフレット一括請求」をご覧ください。

成 城 大 学

〒157-8511　東京都世田谷区成城6-1-20　入学センター　TEL 03-3482-9100　〈HP〉https://www.seijo.ac.jp　〈E-mail〉admission@seijo.jp

TOPICS
- ●自由な校風と少人数教育で、多様な世界で共に生きる個性を育む。
- ●最寄り駅から徒歩4分！アクセス抜群のワンキャンパスで学ぶ4年間。
- ●データサイエンス科目や海外インターンシップで次世代型スキルを磨く。

大学GUIDE

経済学部

経済・経営両学科にまたがる学問領域から幅広く柔軟な科目履修が可能で、3年間必修のゼミナールを中心に、専門知識と社会でいきる実践力を磨きます。

経済学科　経済学の理論、歴史、社会課題など多様な観点から幅広く経済にふれることができます。

経営学科　企業経営・会計・マーケティング・データサイエンス・商品開発といった各分野の専門科目を学習。企業と協同研究する機会もあります。

文芸学部

所属学科のほかに他学科の専攻を学べる「主専攻・副専攻」制度で、学びの範囲が広がります。

国文学科　古代から近代までの国文学、国語学、漢文学の講座を開講しており、古典重視のカリキュラムで豊かな「ことば」の世界に触れます。

英文学科　少人数クラスで「聞く・話す・読む・書く」能力の徹底的な指導を実施し、英語による本格的なコミュニケーション能力と、英語や英語圏の文化・文学についての専門的な知識を修得します。

芸術学科　美学、音楽学、演劇学、映画学、美術史学（日本・東洋・西洋）の各分野を研究対象として深い洞察力を培います。作品に触れる実習を多く行います。

文化史学科　歴史学と民俗学、文化人類学という3つの学問分野を通じて文化の多様性を学ぶことができ、フィールドワークなどの実践的な研究を重視します。

マスコミュニケーション学科　新聞、テレビなどのマスメディアの研究のほか、社会学や社会心理学を学びます。

ヨーロッパ文化学科　ドイツ語、フランス語を中心に語学力を磨き、ヨーロッパの文化、歴史、文学など幅広く学びます。

■募集人員

●経済学部
経済学科180／経営学科180

●文芸学部
国文学科60／英文学科75／芸術学科60／文化史学科60／マスコミュニケーション学科60／ヨーロッパ文化学科60

●法学部
法律学科240

●社会イノベーション学部
政策イノベーション学科120／心理社会学科120

法学部

徹底的な少人数教育により、法律的なものの見方・考え方である「リーガルマインド」を身につけることをめざす学部です。

法律学科　「法プロ」「企業と法」「公共政策」「国際社会と法」の4コースを設置し、目的意識を持って専門力を育成します。社会や経済の変動と共に変化する法律学を身につけるため、実践的な科目を多数配置しています。1年次から少人数の演習がスタートし、討論を中心に、ディベート能力やプレゼンテーション能力を高めます。

社会イノベーション学部

「政策」「戦略」「心理」「社会」の4つの視点から多角的にアプローチし、広く、深く、複合的にイノベーションを学びます。また、国際社会で活躍するために不可欠な「実践的英語能力」を身につけます。

政策イノベーション学科　社会を持続的に発展させる原動力であるイノベーションの創出について政策や産業との関わりを追究していきます。

心理社会学科　イノベーションが人間の心理や行動、そして社会や文化にどのように影響し、また影響されるのかを考えます。

DATA・FILE

- ○教員数……564（教授108　准教授38　専任講師9　非常勤講師409）
- ○学生数……学 部　5,580
　　　　　　　大学院　74
- ○中退率……1.71%
- ○就職率……96.6%（就職者1,089／就職希望者1,127）

SNS

受験生のための情報を配信中
○LINE

○インスタグラム
@seijo_admission

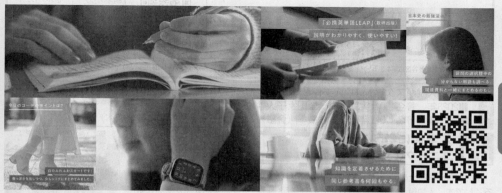

インスタグラムマガジン配信中。成城生のオススメ勉強法をチェックしよう。

人文社会科学×データサイエンス

　これからの社会を見据え、すべての学生が履修できる「データサイエンス科目」を設置しています。専門である人文社会科学の視点に、プログラミングやAI（人工知能）などに関する知識・技術を兼ね備えることで、幅広い視点から社会課題を発見し、解決していく力を身につけます。文部科学省「数理・データサイエンス・AI教育プログラム（応用基礎レベル）」の認定を取得しています。（認定有効期限：2028年3月31日）

国際教育・留学

●SIEP（成城国際教育プログラム）　世界的視野に立ち行動できる人材の育成をめざして独自のプログラムを実施。専属教員による個別指導や、留学生と共に学ぶ科目などを通して実践的な英語力と、グローバル社会で求められる幅広い国際教養やコミュニケーション力を修得し、留学や海外インターンシップに臨みます。

●留学制度　ヨーロッパ、アメリカ、アジアなど世界の大学と協定を結び、留学制度を整えています。長期留学だけでなく2〜4週間の短期語学研修もあり、個人のペースにあわせた留学が可能です。

●学内交流　ワンキャンパスの利点を生かし、学内の国際交流が盛んです。「国際交流サポーター」は、留学生と成城生が互いに学びあうことを目的に、交流会などを開催しています。

海外インターンシップ

　学部・学年を問わずすべての学生が挑戦できる海外インターンシップを実施。企業研究や異文化研究を含む事前学習、現地企業でのインターンシップ、企業への報告会と、約5か月におよぶ総合的なプログラムです。

充実のアクティブラーニングエリア

　学内には学生たちがアクティブラーニングやオンライン授業に利用できるフリースペースが充実。特に8号館のLounge#08や9号館のラーニングスタジオは学習のほか休憩や昼食にも利用されている人気の場所です。

キャリアサポート・進路

　単なる"就活"ではなく、多角的に自分自身のキャリアを考えるために、低学年次からのキャリアサポートを実施しています。その軸となるのが「就業力育成・認定プログラム」。4年間を通して体系的にキャリア形成を行います。学生自らが気づき、行動することを重視しているため、個人の成長段階に合わせて勤労観・職業観を醸成し、実践力を形成するカリキュラムを構築します。

主な就職先〔2023年3月卒業生実績〕
青山商事、伊藤園、オリエンタルランド、KDDI、四季（劇団四季）、タカラトミー、第一生命保険、帝国ホテル、日本IBM、日本テレビ放送網、富士通Japan、マクロミル、三菱電機、横浜銀行、世田谷区役所、千葉県庁、東京国税局　ほか

入試GUIDE

　2025年度入試については、大学ウェブサイトにて順次公開します。

特待生制度＆併願割引

- **●成城大学澤柳奨学金**　当該年度の授業料全額もしくは半額を免除。入学年度は一般選抜成績上位者を対象とします。
- **●併願割引制度**　一般選抜の出願時に複数の学部学科・選抜方式に出願した場合、検定料が減額になる制度を実施。

資料請求方法：巻末ページの「パンフレット一括請求」をご覧ください。

聖心女子大学

〒150-8938　東京都渋谷区広尾4-3-1　アドミッションズオフィス　TEL 03-3407-5076（直）　FAX03-3407-5929〈E-mail〉goukaku@u-sacred-heart.ac.jp

資料請求		
	請求ハガキ	巻末ハガキ
料　金	無　料	
完成時期	5月上旬	

TOPICS
- ■新規入試がスタート（探究プレゼンテーション方式、大学入学共通テスト利用方式）
- ■2023年　著名400社実就職率　全国女子大4位（大学通信調べ）
- ■2023年　著名400社業種別実就職率（金融）　全国女子大2位（大学通信調べ）

入学後に学科を選べる ユニークな教育システム

　聖心女子大学最大の特徴は、**2年進級時に学科を決める**ことです。入学後1年間は全員が「現代教養学部 基礎課程」に所属し、調査や情報収集のスキル、文章力などを磨きながらさまざまな学問領域の基礎を学び、自分の適性を確認します。その後、2年進級時に学科を決定し、より深い学びへとつなげることで、どんな分野においても活躍できる幅広い知識と真の教養を身につけていきます。

少人数教育の「学び」で自分の軸をつくる　キリスト教の人間観に基づいた一人ひとりを大切にするきめ細かな少人数教育で、興味のあることにとことん取り組める環境が整っています。授業はもちろん学内外での研修やスタディーツアーなど、さまざまな形の「学び」があります。

人文科学から社会科学まで、多彩な8学科2専攻

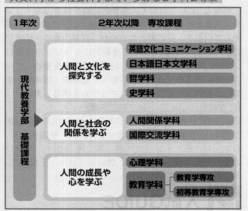

1年次	2年次以降　専攻課程	
現代教養学部 基礎課程	人間と文化を探究する	英語文化コミュニケーション学科
		日本語日本文学科
		哲学科
		史学科
	人間と社会の関係を学ぶ	人間関係学科
		国際交流学科
	人間の成長や心を学ぶ	心理学科
		教育学科　教育学専攻
		初等教育学専攻

●**英語文化コミュニケーション学科**　「英語学・英語教育学」「英米文学」「メディアと社会」「英語コミュニケーション」「英語文化」を軸に、豊富な知識と柔軟な英語運用力を身につけます。ネイティブ教員の授業が充実していて、英語で行う授業やプレゼンの機会も豊富です。英語を生かせる仕事につく人が多いことも特徴の一つです。

●**日本語日本文学科**　「日本語学」「日本文学」「日本語教育学」の3分野を柱に、日本語と日本文化を深く理解し、世界に向けて発信する力を養います。中学・高校国語科の教職課程や、外国人に日本語を教える日本語教員課程もあり、国家資格の「登録日本語教員」を目指せるように申請予定です。

●**哲学科**　問題を深く掘り下げ考え抜く哲学的方法で、過去から現代、西洋から東洋までさまざまな人間観や世界観、美学、芸術学、キリスト教学、生命・環境倫理などを幅広く学んでいき、学びを通して自らの考えを見いだし、それを論理的に説明する力を養います。学芸員や中学・高校の社会・宗教科の教員免許も取得可能です。

●**史学科**　「日本史」と「世界史」の2コースがあります。古代から現代まで時間的にも空間的にも幅広く学びながら、演習で特定のテーマを深く掘り下げていきます。歴史上重要な場所を訪れる学外研修が盛んに行われています。学芸員や図書館司書などの資格が取得可能です。

●**人間関係学科**　「社会心理学」「社会学」「文化人類学」の3領域を学びます。2年次は各領域の概論を学び、3年次からゼミに所属して専門分野を追究しながら社会調査を実践的に学びます。4年次は各自が自身の研究に取り組みます。「社会調査士」資格が取得可能で、マーケティング分野、広告、メディア関係の仕事に従事する人も数多くいます。

●**国際交流学科** 「グローバル社会コース」と「異文化コミュニケーションコース」に分かれます。グローバル化に伴い発生するさまざまな課題を解決し、国際社会に貢献することのできる人材を育成するため、実践的に学ぶカリキュラムが充実しています。卒業生は国際機関職員や外交官、国内外の金融証券業界、記者などのマスコミ関係など多方面で活躍しています。

●**心理学科** 「認知」「発達」「臨床」の3領域を柱に、人間の心理や行動について科学的な理解を深めます。2年次は基礎知識と各種研究手法を身につけ、3年次は専門領域のゼミで最先端の心理学を学び、4年次に各自のテーマで研究をします。「認定心理士」資格を取得することができます。「公認心理師」や「臨床心理士」を目指し大学院へ進学する人がいるほか、公務員、教育・保育関連、マスコミ関係など卒業後の進路は多彩です。

●**教育学科 教育学専攻** 教育手法だけでなく、生涯学習や教育課題、教育理論など、教育そのものについて幅広く学んでいきます。問題解決能力を養うため、体験授業やプロジェクト演習など、特徴的な授業を数多く開講しています。

●**教育学科 初等教育学専攻** 「初等教育コース」と「幼児教育コース」に分かれ、それぞれ一種教員免許状の取得が卒業要件となっています（両方取得することもできます）。ゼミ形式の授業が多く、小学校や幼稚園に赴きフィールドワークも行います。

※幼稚園教諭免許と保育士資格の同時取得も可能です。

多様性を学ぶ 4つの留学プログラム

■**交換・推薦留学** 聖心女子大学と協定を結ぶ10カ国・地域21校の名門校に半年から1年間留学でき、留学先で取得した単位を聖心女子大学で認定する制度によって4年間での卒業も可能です。留学先の学費免除（交換留学）や大学独自の奨学金など、経済面からも留学をサポートします。

■**認定留学** 協定校以外に、自分で選んだ海外大学へ留学できる制度です。交換・推薦留学同様、単位認定や学費減免があります。

■**短期留学** 夏期休暇を利用した3～4週間の外国語研修プログラム。毎年多くの学生が参加し、語学力を高め

るとともに現地で異文化に触れ国際性を育むなど貴重な体験ができます。事前プログラムでは、海外生活での注意事項や不測の事態に備えたセミナーを開催するなど、危機管理対策の指導もきめ細かく行っています。

トップクラスの就職実績

就職希望者数……463
就職決定者数……444（決定率約96%）
　主な就職先（2023年3月卒業生） 国際協力銀行、三菱UFJ銀行、東京海上日動火災保険、日本生命保険、伊藤忠商事、三井物産、日本銀行、日本航空、日立製作所、産業経済新聞社、ソフトバンク、佐藤製薬、西村あさひ法律事務所、公立・私立学校教員／幼稚園教諭、公務員ほか

新規入試がスタート

　2025年度入試より総合型選抜（探究プレゼンテーション方式）、一般選抜（大学入学共通テスト利用方式）を導入。さまざまな入試方式から、自分にあった入試の選択が可能になります。※詳細は2025年度学生募集要項に記載。

入試GUIDE （2025年度予定）

①一般選抜（3教科A方式）（固定配点型）
②一般選抜（3教科B方式）（得意科目ウェイト配点型）
③一般選抜（総合小論文方式〈2月期・3月期〉）※
④一般選抜（大学入学共通テスト利用方式）
⑤総合型選抜（探究プレゼンテーション方式）
⑥総合型選抜（アドミッション・オフィス方式）※
⑦学校推薦型選抜（指定校推薦入学）
⑧総合型選抜（帰国生入試）※
⑨総合型選抜（外国人留学生入試）
⑩総合型選抜（編入学試験）（2年次）
※印の入試では、英語・仏語4技能資格・検定試験のスコアを活用できます。詳細は募集要項をご覧ください。
　一般選抜（3教科方式）成績優秀者奨学金
　一般選抜（3教科A・B方式）の合格者のうち入試成績が特に優秀な方最大50人に、年間授業料の全額もしくは半額を4年間給付します（返還不要。国の高等教育の修学支援制度に採用された場合は差額の支給）。

資料請求方法：巻末ページの「パンフレット一括請求」をご覧ください。

清泉女子大学

〒141-8642　東京都品川区東五反田3-16-21　入試課　☎0120-53-5363　〈HP〉https://www.seisen-u.ac.jp/　〈E-mail〉nyushi@seisen-u.ac.jp

TOPICS

● 2025年4月に総合文化学部と地球市民学部を開設。※設置構想中
● 大学入学共通テスト利用入試は自己採点後でも出願可能。
● 一般選抜では、英検やTEAPなどの英語外部試験が利用可能。

自分で考え判断し、決断できる人を育成

清泉スピリット

■**キリスト教的人間教育**／キリスト教ヒューマニズムを建学の精神とし、「VERITAS et CARITAS（まことの知、まことの愛）」をモットーとした教育を行っています。

■**少人数教育**／少人数のクラスが中心ですので、一人ひとりが授業に積極的に参加できます。いずれの学部も、基礎をしっかりと学び、無理なく高度な専門的内容へと進めるようカリキュラムが組まれています。2学部共通の科目群では、社会に出てからも役立つ幅広い知識・教養を習得するための科目が充実しています。

■**語学教育を重視**／初年次に必修の基幹外国語では、英語を「道具として使って」コンテンツを学ぶ授業を取り入れ、実践的な英語の発信力を習得します。また、2年次後期に必修の「スペイン語の世界」では、清泉女子大学のルーツと深くつながるスペインの言語圏の文化や社会を通して、スペイン語の基礎を学びます。

学びの紹介

【総合文化学部 総合文化学科】

●日本文化領域

古典から現代サブカルチャーまで、日本の表現文化を複合的に探究します。日本語学・日本文学の学修を核として、古典芸能の鑑賞・体験や、俳句などの創作実践もできます。自国の文化を理解し、国際社会に発信できる力を身につけます。

●国際文化領域

英語圏とスペイン・中南米の文化や社会を学びます。英語またはスペイン語の語学力を着実に伸ばし、異なる文化背景を持つ人々と理解し合い、国際社会の一員として行動できる力を習得します。

■学部・学科組織・入学定員

● 総合文化学部　総合文化学科　230
　（日本文化領域、国際文化領域、文化史領域）
● 地球市民学部　地球市民学科　100
　（地域共生領域、ソーシャルデザイン領域）
※2025年4月開設に向けて、設置構想中

●文化史領域

古代から現代に至る日本と世界を歴史・美術史・思想史・宗教史の観点から多角的に探究します。国内外の美術館、史跡などの「ホンモノ」をめぐる体験もあります。歴史と文化の複合的な学びを通じて、社会の多様性を理解する力を身につけます。

【地球市民学部 地球市民学科】

●地域共生領域

少人数の授業で分析・判断力を磨き、心理学に基づいた思考法を学び、英語の夏季集中授業で実践力を身につけます。学外では、教員やアドバイザーの指導の下、自分の興味のあるテーマに沿ったボランティアやフィールドワークを行い、社会が抱える課題に具体的な解決策を提示できるチェンジメーカーを育てます。

●ソーシャルデザイン領域

少人数のディスカッションでビジネスの発想力を身につけ、効果的な広報や企画の方法を探求します。アプリ開発などの実践的なスキルも学びます。さらに、学外でのボランティアやインターンシップで多くの人々と出会い、教員の手厚い指導の下、学んだスキルを実際に活用することができます。

各種取得資格　司書教諭、学芸員、日本語教員、中学校教諭1種免許状（国語・英語・イスパニア語・社会・宗教）、高等学校教諭1種免許状（国語・英語・イスパニア語・地理歴史・公民・宗教）

総合型選抜（学費免除）の3つの特長

① 4年間の授業料・施設費の全額または半額を免除
　（1年ごとに資格を見直し）。
　一般選抜免除合格のチャンスも！
② 1教科の学力試験と面接による入試
③ 清泉女子大学の他の入試や他大学とも併願可

オープンキャンパス

〈日程〉3/27(水)、4/21(日)、5/19(日)・26(日)、6/23(日)、7/14(日)・21(日)、8/18(日)・21(水)、9/16(月・祝)、11/3(日)・16(土)
〈プログラム〉総合・入試ガイダンス、模擬授業、入試対策講座、キャンパスツアーなど。
※各回の開催方法、実施プログラムは大学公式Webサイトにてご確認ください。

国の重要文化財に指定された本館（旧島津家本邸）

少人数授業で丁寧な指導を行う授業

都心にありながら、緑豊かなキャンパス

緑豊かな四季のあるキャンパス

「島津山」と呼ばれる小高い丘の上にあるキャンパスで、全学生が卒業までの４年間を過ごします。

本館は旧島津家本邸。鹿鳴館も手がけたジョサイア・コンドルが設計した建物は、竣工から100年以上たった今も格調高く、キャンパスのアカデミックな雰囲気を象徴しています。2019年に国の重要文化財に指定されました。本館前に広がる奥庭では、春は桜やツツジ、夏は芝生と木々の緑、秋は紅葉、冬は雪景色と、都心にありながらも自然豊かな四季を感じられます。

交通至便な都心に立地

JR山手線をはじめ、都営地下鉄浅草線、東急池上線の３線が乗り入れる「五反田」駅から徒歩10分のところにあるキャンパスは、JR「大崎」駅・都営浅草線「高輪台」駅からも徒歩約10分。「品川」駅からも徒歩圏内にあり、都内・近県各所からの通学に便利です。

英語圏やスペイン語圏を中心に留学・海外研修制度が充実

清泉女子大学では国際交流を教育の重要な柱の一つとして位置づけ、短期の研修制度や長期の国外留学制度を用意して、積極的に学びを支援しています。

●短期研修制度／英語圏やスペイン語圏、韓国における海外研修やフィールドワークをはじめ、現地に赴き歴史や文化に触れるプログラムが多数用意されています。低年次から参加可能で、所定の課題を提出することにより、単位を取得することもできます。

●長期留学制度／スペイン語圏、英語圏の大学をはじめ、台湾や韓国など、アジア圏の大学とも協定を結び、留学体験の場を広げています。留学期間は在学期間として認められ、取得した単位も最大で48単位まで認定されるので、４年間で卒業することができます。

小規模校ならではの一人ひとりに合わせたキャリア支援

小規模校ならではの特長として、丁寧なキャリアカウンセリングが挙げられます。一人ひとりの希望や適性を踏まえて企業を紹介し、進路が決まるまで継続的に支援します。このほか、インターンシップや、「ビジネスマナー」「ホスピタリティ」の概念を学ぶ講座を低年次から実施しています。また、就職活動を終えた４年生が「就活応援スタッフ」として、後輩をサポートする体制が整っています。学生の希望に合わせて対面とオンライン両方で個別カウンセリング（１回50分）を実施。

入試GUIDE (2024年度参考)

①総合型選抜10月（課題図書方式、イベント・模擬授業参加型、小論文方式、Global Citizen育成型）
②総合型選抜12月（学費免除型・１教科方式、英語外部検定試験換算方式）
③一般選抜（A・B日程：１月、C・D日程：２月）
※A・C・D日程は英語外部検定試験のスコアを英語の換算点として利用可。
④大学入学共通テスト利用入試（前期・後期）
⑤学校推薦型選抜（指定校推薦他）11月
⑥帰国子女入試10月
※詳細は大学公式Webサイトの入試要項でご確認ください。

専修大学

神田キャンパス 〒101-8425 東京都千代田区神田神保町3-8 TEL 03-3265-6677
生田キャンパス 〒214-8580 神奈川県川崎市多摩区東三田2-1-1 TEL 044-911-0794
〈HP〉https://www.senshu-u.ac.jp

TOPICS 社会・人文科学系総合大学の強みをいかした幅広い学問領域で「社会知性」を身につけ、主体的に社会の諸課題の解決に取り組んでいける能力を育成します。

大学GUIDE

専修大学21世紀ビジョン　グローバル化の拡大と異文化交流の進展、情報化の加速、少子高齢化の進行など様々な課題が溢れている現代において、どのような状況に置かれても自ら課題を見つけ、解決していく能力が必要だと考えています。そのため「主体的に解決する知力」「説得力」「深い人間理解と倫理観」を鍛え上げるとともに、国際社会の中で幅広い見識を身につけ、世の中を多角的に俯瞰することのできる人材の育成を目指しています。

経済学部（生田キャンパス）　経済社会全体のしくみのほか、歴史・理論・政策を学び、今起きている問題を見いだし、解決方法を探る力を身につけます。

法学部（神田キャンパス）　法律学科は、リーガルマインドを醸成し、新たな社会をつくる法の専門家となるために、幅広い視野と発想力を鍛えます。政治学科では、政治の理論・歴史から、現在、議論されている経済格差や民族紛争、国際テロなどの社会問題まで研究対象とし、公共利益のために貢献できる人材育成を目指します。

経営学部（生田キャンパス）　豊富な基礎・演習科目で基本を身につけ、インターンシップやアクティブ・ラーニングなどを通して企業経営を実践的に学びます。経営課題を見抜く力と行動力で次世代を担う経営者やビジネスパーソンの育成を目指します。

商学部（神田キャンパス）　マーケティング学科では、ビジネスの第一線で活躍する経営者や幹部による講義などを通して、変化を先取りするビジネスパーソンを育成します。会計学科は4つの履修モデルを参考に、将来の進路を見据えた学びを実現します。また、「会計士講座」など各種資格取得サポートも充実しています。

文学部（生田キャンパス）　各学科の共通理念は、「オリジナル」の追求。各分野における研究を通じ、原典を重視し、自らの五感で直接確かめ、考える姿勢を身につ

■学部・学科

〈神田キャンパス〉
●**法学部**　法律学科／政治学科
●**商学部**　マーケティング学科／会計学科
●**国際コミュニケーション学部**
　日本語学科／異文化コミュニケーション学科

〈生田キャンパス〉
●**経済学部**
　現代経済学科／生活環境経済学科／国際経済学科
●**経営学部**　経営学科／ビジネスデザイン学科
●**文学部**
　日本文学文化学科／英語英米文学科／哲学科／歴史学科／環境地理学科／ジャーナリズム学科
●**人間科学部**　心理学科／社会学科
●**ネットワーク情報学部**　ネットワーク情報学科

けます。この自らの行動で真理に迫る学びを通して、社会で求められる能力と未来を切りひらく力を育みます。

人間科学部（生田キャンパス）　心理学科は、「基礎心理学」と「臨床心理学」の双方をバランスよく学ぶことができ、専用の実験・実習室などの設備も充実しています。社会学科は、社会を多面的にとらえ、社会に対して働きかけができる人材育成を行っています。さらに専門科目数、専任教員数ともに社会学系学科を持つ大学の中でも屈指の規模です。

国際コミュニケーション学部（神田キャンパス）　日本国内・国外双方でグローバル化が進む現代社会において、確かな国際理解をふまえて自らの力を発揮し、活躍できる人材を育成します。

ネットワーク情報学部（生田キャンパス）　1年次次でコンピュータや情報学の基礎を固め、2年次から専門性を極めるため6つのプログラムの学びがスタートします。グループワークを繰り返し体験して、チームで成果を出すプロセスを体得。情報学の知見に基づきより良い社会や暮らしづくりに貢献できる人材を育成します。

DATA・FILE

- ○教員数……1,066（専任教員427、兼任教員639）　（2023.4.1現在）
- ○学生数……学部17,438（男子10,722　女子6,716）
  　　　　　　大学院生285（男子161　女子124）　（2023.5.1現在）
- ○キャンパス面積……校地面積457,319.19㎡
  　　　　　　　　　　校舎面積234,935.19㎡　（2023.3.31現在）
- ○図書館蔵書数……2,010,811冊　（2023.3.31現在）

奨学生制度

【経済援助】専修大学進学サポート奨学生、利子補給奨学生、家計急変奨学生、災害見舞奨学生、育友会奨学生など
【学術援助】スカラシップ入試奨学生、新入生特別奨学生、新入生学術奨学生、学術奨学生、自己啓発奨学生、指定試験奨学生
※懸賞論文・文芸作品コンクール、ベンチャービジネスコンテスト等を開催し、学生の能力開発を支援しています。

CAMPUS情報

神田キャンパス

生田キャンパス

神田キャンパス 東京都千代田区。交通の便の良い都市型キャンパスです。2020年4月には、九段下駅から徒歩1分の場所に16階建ての高層新校舎10号館が完成。また15階には「グローバルフロア」も誕生。法学部、商学部、国際コミュニケーション学部の学生らが学ぶ新たな知の発信拠点となりました。

生田キャンパス 神奈川県川崎市。東京ドーム約3.7個分の広大な敷地は、緑豊かな自然に恵まれ全体的にゆったりとした環境となっています。広い開架式の図書館や自習等自由に使えるアトリウム、バラエティに富んだ学生食堂、スポーツ施設などが充実しています。

進学サポート奨学生制度 首都圏(東京、神奈川、埼玉、千葉)以外の国内の高等学校等出身者を対象とする、入試出願前予約採用型の奨学生制度を実施。大学入学共通テスト利用入学試験、または一般選抜の出願前または出願期間中に申請・採用された方200人(2023年度実績)に対し、入学後に授業料の半額相当額(例えば、経済学部の場合、年間37.5万円)を原則4年間支給します。

🌐 国際化への取り組み

「留学・国際交流」は世界と直接ふれあい、視野を広げるまたとないチャンスです。専修大学では、「留学プログラム」で海外への留学をサポートするほか、海外からの留学生を支援する「キャンパスアシスタント」制度を実施。留学生の日本での日々をサポートしながら、キャンパスから国際交流がはじまります。

国際交流協定 19カ国・地域35協定、協定校は教育・研究内容・周辺環境に定評のある大学ばかりです。

留学プログラムの特徴
- レベルや目的に合わせたプログラムの選択が可能。
- すべての留学に補助金を支給。
- 長期交換留学プログラムでは留学先大学の正規授業料が免除され、休学せずに4年間で卒業可能。
- 留学中に取得した科目の単位認定制度あり。
- 「寮内留学プログラム(日本国内)」を実施。専修大学国際交流会館に滞在する留学生との協働生活を通じて、異文化理解や国際コミュニケーション力を養う。

卒業後の進路

多彩な講座と丁寧な相談 頼りになるキャリアセンターは学生の希望の就職が決まるまで徹底的にサポート。キャリア形成支援プログラムも充実しています。3年次生の夏に行われる就職ガイダンスを皮切りに、『学内企業説明会』、社会で活躍する卒業生による『学内OB・OG相談会』のほか、『SPI準備講座』、『就活準備講座』、『面接対策・攻略セミナー』などの多彩な講座を展開しています。

主な就職先(2023.3卒業生) 日本政策金融公庫、横浜銀行、アサヒ飲料、伊藤ハム、ソニー・ミュージックエンタテインメント、有限責任監査法人トーマツ、NHK、積水ハウス、全日本空輸、楽天グループ、ソフトバンク、SUBARU、京セラ、キングジム、国家公務員一般職(金融庁、国土交通省、農林水産省)、国税専門官、地方公務員(東京都、各道府県、各市町村)、警視庁警察官 他

📜 資格取得・キャリア支援

資格・採用試験対策講座 資格取得を目指す学生のために、受験指導専門学校等のほぼ全ての講義を学内で受講できる「学内受講システム」を採用。学外スクールに通う時間と費用が大幅に節約でき、集中して勉強できます。
- 法律総合講座 ● 公務員試験講座 ● 会計士講座
- 警察官・消防官試験対策講座 ● 教員採用試験対策講座
- 市役所試験(教養型)対策講座 ● 教職公開講座
- 宅地建物取引士資格試験講座 ● 秘書検定講座
など多数開講しています。

キャリア支援 学生一人ひとりが、「将来どんな職業に就き、生きていくのか」そのために「今、何を学び、経験するのか」を明確にするのがキャリア形成です。将来のキャリア形成に向けての気づきやヒントを得られるよう、様々なプログラムを学生に提供しています。

入試GUIDE (2024年度)

① 大学入学共通テスト利用入試(前期、後期)
② 一般選抜(スカラシップ、全国、前期、後期)
③ 学校推薦型・総合型選抜(AO、公募制等)・特別入試

春のオープンキャンパス～体験授業フェア～

〈日時〉2024年3月24日(日)10:00～15:00
〈場所〉生田キャンパス
〈内容〉模擬授業、個別相談、大学紹介、学生スタッフ企画ほか
◆開催予定
　オープンキャンパス:6・7・8月
　キャンパスツアー:6月～12月
※日程・内容等は変更・中止する場合があります。詳細はホームページをご確認ください。

資料請求方法:巻末ページの「パンフレット一括請求」をご覧ください。

創価大学

〒192-8577 東京都八王子市丹木町1-236 アドミッションズセンター　TEL 042-691-4617 〈HP〉https://www.soka.ac.jp/

資料請求

	請求ハガキ	巻末ハガキ
料　金	無　料	
完成時期		7月上旬

TOPICS
○就職率が高いだけではない創価大学が誇るサポート力と実績
○難関国公立・私立大学に負けない資格実績

■学部・学科定員（2024年度）

〈創価大学〉
- ●経済学部　経済学科190
- ●経営学部　経営学科190
- ●法学部　法律学科240
- ●文学部　人間学科350
- ●教育学部　教育学科80／児童教育学科100
- ●理工学部　情報システム工学科90／共生創造理工学科90
- ●看護学部　看護学科80
- ●国際教養学部　国際教養学科90

〈創価女子短期大学〉
- 国際ビジネス学科150

充実した就職サポート

キャリアセンターが中心的役割を担い、学生一人ひとりの夢の実現を総合的にサポート。

授業によるサポート　1年次から「キャリア教育科目」を履修することが可能で、将来の進路について考える機会をつくっています。

学生によるサポート　進路が決まった大学4年生・大学院2年生が開催するイベントや進路相談を通して、後輩の進路選択や就職活動を全面的にバックアップします。

卒業生によるサポート　各分野・国内外で活躍する卒業生が、授業講師、イベントゲスト、課外講座の講師として後輩のキャリア・就職支援をしています。

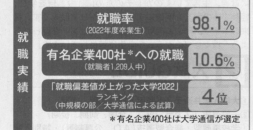

就職実績	就職率（2022年度卒業生）	98.1%
	有名企業400社*への就職（就職者1,209人中）	10.6%
	「就職偏差値が上がった大学2022」ランキング（中規模の部／大学通信による試算）	4位

＊有名企業400社は大学通信が選定

取得資格

教員免許　幼稚園1種、小学校1種、特別支援学校1種、中学校1種（英語、国語、数学、理科、社会）、高等学校1種（英語、国語、数学、情報、理科、地理歴史、公民）

国家資格・試験　司法試験、公認会計士試験、税理士試験、外務省総合職（旧1種）採用試験・専門職試験（外交官）、国家公務員総合職・一般職採用試験、地方公務員採用試験、看護師国家試験

その他　保育士試験、日商簿記、社会保険労務士等

> **令和5年度教員採用試験合格者**
> ## 200人以上
> ※学部生、通教生、卒業生の合計

> **2022年度看護師国家試験結果／実就職率**
> ## 合格率98.8%／東京都3位

> **地方公務員試験　合格者**
> ## 累計2,200人以上

入試GUIDE （2024年度参考）

① 総合型選抜（PASCAL入試／小論文方式）
② 公募推薦入試
③ 大学入学共通テスト利用入試（前期3科目方式・4科目方式／後期3科目方式※）　※後期は看護学部を除く
④ 全学統一入試（3科目方式・2科目方式※）
　※2科目方式は看護学部を除く
⑤ 一般入試（3科目方式・2科目方式※）
　※2科目方式は看護学部を除く
⑥ 帰国学生入試
⑦ 外国人学生入試※　※看護学部を除く
⑧ 編入学試験／一部の学部・学科で実施

2025年度入試は3月に公表します。詳細は創価大学ホームページをご確認ください。

奨学金制度

- ○特別奨学生制度…文系学部40万円、理工・看護学部50万円を4年間給付
- ○創価大学特待生…セメスターごとに15万円を給付
- ○兄弟姉妹同時在籍者への給付型奨学金制度…入学金半額または全額相当額を給付
- ○Learning Agreement(LA)奨学生…文系学部40万円、理工・看護学部50万円給付＋特典（GCPなどの選考試験免除・ふるさと奨学金70万円）
- ○創価大学国際奨学金…最高70万円を支援
- ○創友会ふるさと給付奨学金…70万円を給付

オープンキャンパス

〈2024年〉
　3/20(水・祝)、5/3(金・祝)、5/4(土・祝)、8/3(土)、8/4(日)、8/25(日)、9/22(日)
〈2025年〉
　3/20(木・祝)
※詳細は創価大学ホームページをご確認ください。

資料請求方法：巻末ページの「パンフレット一括請求」をご覧ください。

大正大学

資 料 請 求		
	請求ハガキ	巻末ハガキ
料 金	無 料	
完成時期	4月下旬	

〒170-8470　東京都豊島区西巣鴨3-20-1　アドミッションセンター　TEL 03-3918-7311(代)　〈HP〉https://kokokara.tais.ac.jp/

TOPICS

　大正大学は大正15(1926)年に設立され、2026年に100周年を迎える文系総合大学。文学や歴史、福祉、心理、メディア、経済、政策など6学部の学問分野で、地域社会に貢献できる人材をめざします。キャンパスは東京都豊島区にあり、池袋・巣鴨からアクセスしやすく、西巣鴨駅より徒歩2分です。全学部が4年間同じキャンパスで過ごします。

■学部・学科組織(2025年度予定)

- ●地域創生学部　地域創生学科100人／公共政策学科100人
- ●人間学部　人間科学科120人／社会福祉学科65人
- ●臨床心理学部　臨床心理学科110人
- ●表現学部　表現文化学科80人／メディア表現学科155人
- ●文学部　日本文学科70人／人文学科65人／歴史学科160人
- ●仏教学部　仏教学科100人

"旅する大学" 「理論」×「実践」+「フィールド」の学び

　自分が所属する学科の専門的な学びはもちろん、専門科目と異分野の知識を融合して学んだり、データ分析による科学的な視野を広げたり、キャンパスで「理論」を学びます。さらに、大正大学は教育活動の基本方針として、全学生に対してフィールド学習を薦めています。キャンパスでの学びに加えて、地域に出かけ、人々の生活・文化・環境の現場で「実践」する、「旅する」学びがここにあります。

🏛 大学GUIDE

地域創生学部

地域創生学科　経済学が基盤。地域の課題解決のため、新たな価値やアイデアを創出するための視点を養います。

公共政策学科　政策学や社会学、観光学、環境学などを多角的に学び、公共的な課題の解決につなげます。フィールドワークで実践力を養いながら公務員を目指せます。

人間学部

人間科学科　心理学・社会学・身体科学を軸に、自己、対人関係、家族・職場・地域などへの理解を深めます。現代社会や人間心理を幅広く学ぶことができます。

社会福祉学科　即戦力として活躍するソーシャルワーカーを育成。社会福祉士・精神保健福祉士国家試験合格に導く特別プログラムで4年間徹底的にサポートします。

臨床心理学部

臨床心理学科　心理学を実践に役立て、対人援助の手法を探究。保育園や医療機関などでの実習を通して利用者と交流しながら学びます。公認心理師の養成にも注力。

表現学部

表現文化学科　3コース制。雑誌、文芸、ライフスタイルなど私たちの生活とともにある文化を学び、その魅力を発信する表現力を磨きます。

メディア表現学科　2コース制。映画・放送・Webなどの映像表現のエキスパート、ビジネス感覚を備えた多彩な表現領域のプロデューサーを目指します。

文学部

日本文学科　日本文学や日本語の専門領域を探究。2つの視点から日本文化を深く理解する力を養います。

人文学科　哲学・宗教と国際文化を学ぶ2コース。各国の文化や現代の事象を取り上げ、人間・文化とは何かという問いに挑みます。

歴史学科　日本史、東洋史、文化財・考古学の3コース。史料や文化財と向き合って調査を重ねる実証的な研究方法を修得します。

仏教学部

仏教学科　仏教思想・歴史のほか、仏教が育んだ文化や価値観を総合的に学びます。

イベント情報

オープンキャンパスは、6/23(日)、7/27(土)、8/17(土)、9/16(月・祝)、12/8(日)に開催。
その他、キャンパス見学やZoom個別相談「大正コネクト」も実施中！

奨学金・入試情報

1月に実施する「奨学生チャレンジ入試」では、合格者のうち成績上位100人を奨学生として採用します。年間で最大120万円給付！1月合格&奨学生を目指そう。
最新の入試情報はこちら

資料請求方法：巻末ページの「パンフレット一括請求」をご覧ください。

資料請求

	請求ハガキ	巻末ハガキ
料　金		無　料
完成時期		5月下旬

大東文化大学

〒175-8571　東京都板橋区高島平1-9-1　入学センター　TEL 03-5399-7800　〈HP〉www.daito.ac.jp　〈E-mail〉nyushi@ic.daito.ac.jp

TOPICS
- ○採用者の授業料が４年間原則免除となる「桐門の翼奨学金試験」
- ○独自の就職セミナーやプログラムで資格取得・就職をサポート
- ○英語民間試験のスコアを一般選抜で活用可能

受験生を経済的にサポート

独自の奨学金制度「桐門の翼奨学金試験」

　桐門（とうもん）の翼奨学金は、人物が良好であり桐門の翼奨学金試験の成績が優秀な方に対し、入学前に在学中の授業料免除を約束することで、将来の目標を叶えるための修学を支援する、独自の奨学金制度です。

　成績優秀者100人が採用され、授業料が原則４年間免除されます。試験は国語（現代文）と英語の２科目で受験が可能で、奨学金に採用されなかった場合でも、一般選抜合格者と同等もしくはそれ以上の学力を有すると認められた受験生は、「一般選抜免除合格」となり、入学する権利を得ることができます。また、初年度は入学手続きの段階で、授業料が予め減免されている点も特徴です。詳細は大学Webサイトでご確認ください。

一般選抜（大学入学共通テスト利用入試 前期・中期）の入学手続期間を延長！

　一般選抜（大学入学共通テスト利用入試 前期・中期）の入学手続締切日を大幅に延長します。例年は１週間ほどの期間ですが、３週間ほどの期間を持たせることで、併願している他大学や国公立大学前期日程の合格発表結果を見た上で、大東文化大学への入学手続きが可能となるため、経済的な負担が削減されます。

CAMPUS情報

学生に圧倒的な人気の埼玉東松山キャンパス

　東京ドーム６個分の広大な埼玉東松山キャンパス。11号館まである校舎の他、シンポジウムが行われる記念講堂や大東スポーツを支える総合体育館や各種グラウンド、屋内プールなど様々な施設が揃っています。学食や売店、コンビニ、学内郵便局、学生でにぎわうキャンパスプラザなど、キャンパス全体がひとつの新しい街となり、キャンパスライフを充実させています。2020年度には学内Wi-Fi増強エリアを整備しました。

アクセス抜群の東京板橋キャンパス

　都会的なデザインで、ソーラーパネルなどを備えたエコキャンパスである東京板橋キャンパスは明るく開放的な空間。ガラス張りの図書館には98万冊以上の蔵書や数百台以上のパソコンが揃います。23区内に立地するため、就活にも非常に有利です。

■学科構成・定員　※2024年度定員

●文学部
日本文学科150／中国文学科70／英米文学科130／教育学科120／書道学科60／歴史文化学科100

●経済学部
社会経済学科205／現代経済学科165

●外国語学部
中国語学科70／英語学科230／日本語学科60

●法学部
法律学科225／政治学科150

●国際関係学部
国際関係学科100／国際文化学科100

●経営学部
経営学科365

●スポーツ・健康科学部
スポーツ科学科165／健康科学科100／看護学科100

●社会学部
社会学科200

学生支援の充実

「少人数教育」の充実

　教員１人に学生数は10人前後、１年次の入門的な授業は高校のホームルームのような授業です。また、３年次の専門ゼミは数人から10数人程度の小規模で設けられており、学生から高い評価を得ています。

図書館の充実

　大東生の図書館利用度は全国の大学で４位（日経HR調べ）という高さを誇っています。両キャンパスの図書館の蔵書数は、両館合わせて約162万冊。双方の図書館をオンラインで結んでいるため、蔵書の検索もスムーズに行えます。グループで学習できるスペースや論文のサポートなどが受けられるラーニングコモンズ、個室の学習室なども備え、学生のニーズに応えています。

DATA・FILE

- ○教員数……専任368（教授188　准教授89　講師38　その他53）
　　　　　　　非常勤講師641
- ○学生数……学部11,735（男7,144　女4,591）
　　　　　　　大学院111（男　64　女　47）
- ○キャンパス面積……約318,000㎡
- ○蔵書数……約162万冊　　　　　　　　　　　　　　（2023年度）

東京板橋キャンパス

埼玉東松山キャンパス

資格と就職に強い大学

キャリアサポート

・「そのときに必要なこと」を徹底サポート

学年別ガイダンスや公務員・教員・金融等の対策講座、筆記試験対策、面接トレーニング、Uターン就職ガイダンスなど、それぞれの学年に応じた「そのときに必要なこと」の指導を徹底しています。キャリアセンター内には約1万4千件の求人票をはじめ、最新企業データ、先輩の体験記など、すぐに役立つ実践的な資料が揃っています。毎年開催の合同説明会「学内就職セミナー」では、約300社の人事担当者が来校し、企業説明や模擬面接を実施。このほか、専門カウンセラーによる進路・就職に関する個別相談も学生の大きな支えとなっており、履歴書添削や面接指導などを行っています。また、卒業後の進路を意識し、1年次より正課授業においてキャリア支援科目を展開しています。

・「教員・公務員に強い」評判を支える独自プログラム

健康科学科では2022年度入学生より、中学校教諭（理科）、高等学校教諭（理科）の免許が取得可能になりました。多くの卒業生を教員・公務員として輩出した大東文化大学ならではの伝統とノウハウに基づいた独自の対策プログラムを用意。4年間を通じた充実のカリキュラムを組んでいます。公務員対策講座はもちろん、採用試験時期を中心とした専門の公務員相談員の配置、元教員による個別相談や学校ボランティアの紹介なども行っています。

・「学内Wスクール」で資格取得を目指す

語学や簿記、旅行業務取扱管理者など学生に人気の資格対策講座が学内で受講できます。受講料も大学が一部負担し、学生の負担が軽くなるよう配慮されています。

主な就職先

積水ハウス、スターバックスコーヒージャパン、キーエンス、帝国ホテル、大成建設、野村證券、京葉銀行、東京地下鉄、オリエンタルランド、リコージャパン、ニプロ、バンダイナムコエンターテインメント、伊藤園、日本赤十字社　深谷赤十字病院、公務員、教員　他

（2023.3卒業生）

海外交流

　学生が国際化を牽引する担い手となれるよう全力で支援しています。年間100人以上の学生が海外へ飛び立っているほか、海外からも約100人の留学生を受け入れており、学内でも国際交流が活発です（2022年度実績）。

協定校留学制度　113校にも及ぶ協定校で最長1年間交換留学生として学ぶ制度。留学先の学費は免除されるほか、給付型の奨学金もあります。

奨学金留学制度　自分で選んだ大学へ最長1年間留学する学生に奨学金を給付します。

ダブルディグリープログラム　外国語学部中国語学科において、3・4年次の2年間を中国の大学に留学することにより、大東文化大学と中国の大学の2つの学士号（ダブルディグリー）を取得することができるプログラムです。北京外国語大学、厦門大学、上海師範大学の3大学から選択可能。中国語の高度な運用能力と中国ビジネスに関する実践的な知識、国際的な視野を育成します。

入試GUIDE （前年度参考）

①学校推薦型選抜（公募制）　②総合型選抜（他大学併願可能型・専願型）　③一般選抜（大学入学共通テスト利用入試 前期・中期・後期）　④一般選抜（全学部統一前期・後期）　⑤一般選抜（3教科）　⑥一般選抜（英語民間試験活用総合評価型入試）　⑦外国人留学生特別選抜（前期・後期）　⑧社会人特別選抜　⑨編入学試験

　一般選抜（大学入学共通テスト利用入試 前期・中期・後期）、一般選抜（全学部統一 前期・後期）、一般選抜（3教科）を対象に、同一区分内の複数受験で入学検定料が割引される「グリーン出願」が好評。また、英語民間試験の一般選抜での活用として、一般選抜（大学入学共通テスト利用入試 前期）、一般選抜（全学部統一 前期・後期）、一般選抜（3教科）で、英語民間試験のスコアを利用することで英語の試験得点に換算する制度と来校不要で英語民間試験のスコアと事前課題のみで合否判定を行う一般選抜（英語民間試験活用総合評価型入試）の入試区分を設定しています。

資料請求方法：巻末ページの「パンフレット一括請求」をご覧ください。

拓殖大学

〒112-8585　東京都文京区小日向3-4-14　入学課　問い合わせ先：TEL 03-3947-7159　〈HP〉https://www.takushoku-u.ac.jp

資料請求		
	請求ハガキ	巻末ハガキ
料　金		無　料
完成時期		5月中旬

TOPICS

世界で、自分を拓（ひら）く

"拓殖大学教育ルネサンス"では、国際性、専門性、人間性を備え、現場で活躍する真のグローバル人材の育成を実践していきます。

何人として生きる？

てっきり外国人だと思っていたら日本育ち。関西弁で笑わされたり。日本人の顔をしていても、会話がカタコトの帰国子女だったり。日本も「多様な生き方」が広がりました。

拓殖大学は1900年に、国際的な人材育成のために生まれた大学。世の中に先行してキャンパスの日常にも多様性があふれています。たくさんの仲間の"自分とは異なる価値観"に刺激を受け、対話し、尊重し合う。多くの卒業生たちが世界で活躍し、大きな励みを与えてくれます。この先、自分の生き方は自分で選ぶ、アイデンティティは自分で磨く、そんなあなたのために。新たな挑戦をし続ける拓殖大学です。

学部GUIDE

商学部　商学分野における専門的な知識・技能と、それらの「『知』に基づいた行動力」を身につける教育を通じて、グローバル化時代に生きる人材を育成します。**経営学科**は経営管理、IT、マーケティングなどの商学や経営学に関する知識をバランスよく学び、実践的視点からビジネスを考え、自ら行動する企業人を養成します。**国際ビジネス学科**は、国際ビジネスの現場で実践的知識と英語力を駆使し、海外・国内を問わず活躍するグローバル・マネジャーを養成します。**会計学科**は、「お金のスペシャリスト」としての資格取得を視野に、財務会計、管理会計、ファイナンスなど、幅広く専門性を高めます。

政経学部　法律・政治・経済の知識を身につけ、国際的視野から公共と民間の多様な領域で活躍できる人材を育成します。2025年4月に開設予定の**社会安全学科 New**は、法律学、政治学分野における社会安全上の理論的・実践的知識を身につけ、グローバル化時代の社会安全上の諸問題を的確に見極め、解決できる能力と意識を持った人材を育成します。**法律政治学科**は、「法律」と「政治」の両面から、より良い社会の実現を目指し、様々な課題と向き合い、解決する力を得られます。**経済学科**は、「豊かな社会」を構想する力を養い、これからの日本と世界の経済発展と安定に貢献できる人材を育成します。

外国語学部　世界で最も使われている3言語と母語である日本語の運用能力を養い、教養と異文化理解を持って国内外で活躍できる人材を育成します。**英米語学科**は少人数教育と充実した留学プログラムで、卒業までに「TOEIC®300点アップ」を実現します。**中国語学科**は、拓殖大学伝統の中国語教育で、知識ゼロでも大丈夫。ネイティブ教員と充実した留学制度で、読み、書き、発音をしっかりとマスターします。**スペイン語学科**は、ネイティブ教員と楽しく学ぶ「体験型」カリキュラムや、留学や将来を見据えた語学力向上の「実践的」カリキュラムが満載です。**国際日本語学科**は、日本語・日本文化の魅力や価値をグローバル視点で捉え直し、世界へと発信できる人材を育てます。

国際学部　地球市民として世界のさまざまな課題への理解を深め、地域の諸問題をそこで暮らす人々と共に解

■学部・学科構成

〈文京キャンパス〉
- **●商学部**　経営学科416／国際ビジネス学科159／会計学科70
- **●政経学部**　法律政治学科230／経済学科473

〈八王子国際キャンパス〉
- **●政経学部**　社会安全学科※150
　※2025年4月開設予定（設置構想中）
- **●外国語学部**
　英米語学科130／中国語学科50／スペイン語学科50／国際日本語学科50
- **●国際学部**　国際学科350
- **●工学部**
　機械システム工学科80／電子システム工学科80／
　情報工学科105／デザイン学科80

DATA・FILE

- ○教員数…230（教授149　准教授67　助教14）
- ○学生数…学　部9,011（男6,246　女2,765）
　　　　　　大学院 238（男 154　女 84）
- ○キャンパス…文京（東京メトロ丸ノ内線「茗荷谷駅」下車徒歩3分、東京メトロ有楽町線「護国寺駅」下車徒歩12分）、八王子国際（JR中央線・京王線「高尾駅」下車バスで5分）　　　　　（2023年度）

学内奨学金制度

名　称	給付金額	採用人数
拓殖大学学習奨励金・学友会学習奨励金	年額10万円	400人
各学部奨学生	年額20万円	各14〜34人程度
特別奨学生奨学金	4年間の授業料免除	50人

決する途を考える「現場主義」の学びを実践しています。

国際学部では、グローバル化した社会の諸問題に、多彩な視点でアプローチできるよう、コース制をとっています（国際協力、国際経済、国際政治、国際文化、国際観光、農業総合を2年次から選択）。諸外国の言語、文化、民族、政治経済システムを理解したうえで、学生は自分の関心分野を探り段階的に成長できる柔軟なカリキュラムで世界が抱える問題解決に貢献できる、真の国際人を育成します。

工学部 機械・通信・システム学系と、情報・デザイン・メディア学系の幅広い領域から、各進路に直結する専門知識と実践的な技術を修得します。各学科とも1年次は基礎を学び2年次から興味に応じてコースを選択し、専門分野を学修。それぞれの専門知識を組み合わせた新しいものづくり領域の開拓も盛んで、学生たちの柔軟な学びにつなげています。**機械システム工学科**は、チームワークによる「ものづくり」の感動体験を得ながら、機械の制御、設計、解析等の専門技術を修得します。**電子システム工学科**は、未来を電気で切り拓くため、「ソフト×ハード」の両面から最先端の知識・技術を修得します。**情報工学科**は、コンピュータの基礎から、高度なプログラミングまで着実な知識を身につけ、情報化社会をさらに進化させる、IT業界の新たなリーダーを育成します。**デザイン学科**は、工学的知見に基づいてデザインを生み出す多彩な力を身につけます。

海外留学・国際交流

22カ国・地域、50大学・語学学校と交流・提携し、長期研修、短期研修、交換留学などの制度があります。留学や国際交流に関わる専門の部署「国際部」では、留学相談だけでなく、留学中も連絡を取り合い親身にサポート。年間約300人の学生が世界中に留学し、学んでいます。また、学生の約7.8人に1人が外国人留学生のため、学内での国際交流も盛んです。

CAMPUS情報

文京キャンパス 東京メトロ丸ノ内線茗荷谷駅から徒歩3分！東京の中心に位置し、池袋駅まで約5分、東京駅まで約10分とアクセス抜群で、アクティブな都市型キャンパスライフを送れます。

また、教室棟は最新の設備を整えており、快適な学修環境で学ぶことができます。

八王子国際キャンパス 緑豊かで広大な敷地を誇る八王子国際キャンパス。野球場やサッカー場、ラグビー場、ゴルフ練習場、陸上競技場などスポーツ設備も充実。

自然豊かで落ち着いており、四季を感じながら多くの留学生とグローバルなキャンパスライフを過ごすことができます。

入試GUIDE

①総合型選抜（Ⅰ期、Ⅱ期）
②一般選抜（全学部統一・全国選抜、2月、3月）
③大学入学共通テスト利用選抜（前期、後期）
④その他（留学生、海外帰国子女、社会人、編入学選抜）

※多くの選抜で英語外部スコアが利用できます！（英検準2級合格レベルで英語70点のみなし得点）詳細はホームページをご確認ください。

資料請求方法：巻末ページの「パンフレット一括請求」をご覧ください。

多 摩 大 学

〒206-0022　東京都多摩市聖ヶ丘4-1-1　入試課　TEL 042-337-7119　〈HP〉https://www.tama.ac.jp/

TOPICS
少人数×アクティブ・ラーニングで、経営・情報・国際・教養・地域・観光を学び、デジタルトランスフォーメーション時代を生き抜く人材になる！
就職率97.7％（※2022年度卒業生実績：就職者384人／就職希望者393人）

■学科組織
●経営情報学部　317〈多摩キャンパス〉
　経営情報学科／事業構想学科
●グローバルスタディーズ学部〈湘南キャンパス〉
　グローバルスタディーズ学科147

🏛 大学GUIDE

●**少人数×アクティブラーニング**　経営情報学部では、ビジネス経験の豊富な教授陣によるゼミナール中心教育、グローバルスタディーズ学部では、国際経験豊富な教員による少人数対話式教育を展開。行政・企業・地域団体・海外の大学等と連携したビジネス体験や留学体験などのアクティブ・ラーニングを通して、問題解決力や社会人基礎力を身に付けます。寺島学長主宰のインターゼミ（社会工学研究会）では、社会人大学院生や教授陣の垣根を越えた研究と論文作成活動を行うため、ハイレベルな学びの機会となります。

●**開放的な雰囲気があふれる2つのキャンパス**　経営情報学部は多摩キャンパス、グローバルスタディーズ学部は湘南キャンパスで4年間過ごします。経営情報学部は小田急線・京王線「永山駅」からスクールバス約11分、京王線「聖蹟桜ヶ丘駅」から約16分。グローバルスタディーズ学部は小田急江ノ島線、横浜市営地下鉄、相鉄線の3路線が利用できる「湘南台駅」から徒歩12分です。

経営情報学部　DX（デジタル・トランスフォーメーション）が進む今、ビジネスの持続的な発展にはデータサイエンスや情報デザインの活用が欠かせません。経営情報学部では、新時代に必要なデジタルスキルを培うとともに、経営の知識を広く学び、激しく変化する社会でもしなやかに対応できる人材を育みます。2つの学科で各々の特性に合う問題解決力を身につけ、情報デザイン、データ分析、プログラミング、アジアユーラシア、経営、地域の6つの分野から具体的な進路選択につなげます。さらに、実践力を高める少人数制のジョブ型人材育成

コース（先端的マーケティング心理コース、実践的ビジネスエンジニアリングコース）も用意しています。

グローバルスタディーズ学部　高い英語コミュニケーション力を身につけ、グローバルな視野と実践的なビジネス知識を横断的かつ主体的に学ぶことにより、グローバルな舞台で活躍できる人材を育てます。2年生から「ホスピタリティ・マネジメントコース」「国際教養コース」のどちらかに所属し、国際教養、観光、グローバルビジネスなどの専門性を深めます。ゼミでは地球全体で考えるべき課題に取り組み、グローバルな問題解決能力を養成。地元の自治体・企業と連携したプロジェクトも推進しています。新カリキュラムでは、英語教育プログラムを4年間体系化し、少人数大学だからできる段階的な留学のほか、グローバルやホスピタリティ人材育成、英語教員育成の3つの特別専修プログラムを導入しています。

🏃 卒業後の進路

主な就職先　（2015年度〜2022年度卒業生）
【経営情報】日本郵便、日本通運、伊藤園、ファンケル、GU、岡三証券、京王不動産、多摩信用金庫、沢井製薬、HOYA、積水ハウス、ソフトバンク、横浜市役所　他多数
【グローバルスタディーズ】小田急電鉄、全日本空輸、日本航空、帝国ホテル、エイチ・アイ・エス、楽天、ニトリ、横浜信用金庫、住友生命保険、日本生命保険、富士ソフト、藤沢エフエム放送、ミサワホーム、横浜農業協同組合、藤沢市観光協会、井関農機、中学校・高校　他多数

個別対応の就職支援

少人数教育を生かし、きめ細かい就職サポート体制で97.7％の高い就職率を実現（両学部2022年度実績）。学生一人ひとりに就職支援担当がつき、個人面談にじっくり時間をかけ、各々の状況に応じた具体的な指導を行っています。

入試GUIDE（2024年度参考）

①総合型選抜（コミュニケーション方式各期・Ⅰ期・Ⅱ期・Ⅲ期・Ⅳ期）　②学校推薦型選抜（指定校方式Ⅰ期・Ⅱ期、公募方式Ⅰ期・Ⅱ期、附属・系列校方式）　③一般選抜（サテライト方式・Ⅰ期・Ⅱ期・Ⅲ期・総合問題）　④一般選抜（大学入学共通テスト利用方式Ⅰ期・Ⅱ期・Ⅲ期）⑤帰国生選抜（グローバルスタディーズ学部のみ）⑥社会人選抜　⑦留学生選抜　⑧編入学選抜

資料請求方法：巻末ページの「パンフレット一括請求」をご覧ください。

多摩美術大学

資料請求

	請求ハガキ	巻末ハガキ
料　金		無　料
完成時期		4月下旬

〈八王子キャンパス〉〒192-0394　東京都八王子市鑓水2-1723
〈上野毛キャンパス〉〒158-8558　東京都世田谷区上野毛3-15-34　　広報部　TEL 042-679-5601　〈HP〉https://www.tamabi.ac.jp

TOPICS
- ●AI時代を先取りする創造的な人材を育成
- ●クリエイティブ職における幅広い実績とキャリア支援

🏛 学びの領域

これからのAI時代を先取りするために必要な、ゼロからイチの価値を生み出せる「創造的な力」をもった人材を育成します。多様性を重視した入試方式を拡充しており、一般大学との併願も可能です。

🎓 資格取得・就職支援

取得できる資格
※学科により異なる　学芸員、中学校教諭一種免許状（美術）、高等学校教諭一種免許状（美術・情報）

受験資格が得られる資格
※建築・環境デザイン学科　一級建築士、一級造園施工管理技士（実務経験後）など

卒業後の進路
●就職者の70.3%がクリエイティブ職へ（2023年時点）
　就職者の70.3%がクリエイティブ職に内定しており、専門性を生かした進路が特徴です。自動車・家電・広告・建築・IT・ゲーム・映像・舞台美術・イラスト・アニメーションなどのクリエイターはもちろん、業界をリードするプロデューサーや企画職にも多くの人材を輩出しています。

●主な就職先（過去2年）
トヨタ自動車、本田技術研究所、マツダ、ソニー、パナソニック、三菱電機、日立製作所、アクセンチュア、バンダイ、スクウェア・エニックス、コーエーテクモホールディングス、コクヨ、任天堂、TOPPAN、電通、博報堂、東北新社、共同通信社、オリエンタルランド、大成建設、LINEヤフー、サイバーエージェント、チームラボ、ディー・エヌ・エー、テレビ朝日、中学・高校教員、学芸員など

●年間約200社以上が企業説明会を開催
　国内外の企業から多くの関心が寄せられている多摩美術大学は、自動車や家電メーカー、ゲーム、IT、民放各局など年間200社以上の企業説明会の他、デザイン部門を持つ企業を招いての公開プレゼンテーションや産官学連携プログラムなど、志望する企業と接触できる点が大きな特徴です。クリエイティブ職に特化した情報が得られる就活ポータルサイトや独自のアーティスト支援プログラムも、進路選択の鍵となっています。

■学部・学科組織・募集定員

●美術学部
絵画学科（日本画専攻35／油画専攻130／版画専攻30）／彫刻学科30／工芸学科60／グラフィックデザイン学科184／生産デザイン学科（プロダクトデザイン専攻62、テキスタイルデザイン専攻42）／建築・環境デザイン学科80／情報デザイン学科（メディア芸術コース61、情報デザインコース61）／芸術学科40／統合デザイン学科120／演劇舞踊デザイン学科（演劇舞踊コース50、劇場美術デザインコース30）

📝 入試GUIDE

2025年度入学者選抜
　多摩美術大学には、実技試験を課す「一般方式」と「共通テストⅠ方式」に加え、共通テストのみで合否判定を行う「共通テストⅡ方式」、学科コース専攻ごとに多様なスキルを問う「総合型選抜」「学校推薦型選抜」などがあります。最新の情報は大学HPでご確認ください。
※各入試の募集定員、出願期間、試験科目については学生募集要項を参照してください。

奨学金・授業料減免制度（2023年度実績）

大学独自の給付型奨学金として、創立80周年記念奨学金［30万円／約30人］をはじめ、学業成績優秀者奨学金［20万円／約230人］、特別優秀賞彰奨学金［10万円／約30人］、ワークスタディ奨学金［20万円／約40人］、校友会奨学金［20万円／約20人］などがあります。また、兄弟姉妹が同時に在籍する場合など授業料減免制度もあります。

※最新の情報は必ずHPでご確認ください。

公式受験情報LINE

多摩美術大学の受験に関するお得な情報をお届けする公式LINEを開設しています。相談会の申し込みフォームや入試の最新情報をいち早く発信していますので要チェック！
〈LINEの登録方法〉
1．LINEのホーム画面の検索ボックスに「多摩美術大学」と入力。
2．「多摩美術大学 受験情報」の友だち登録をタップ。

資料請求方法：巻末ページの「パンフレット一括請求」をご覧ください。

玉 川 大 学

〒194-8612 東京都町田市玉川学園6-1-1 入試広報課 TEL 042-739-8155 〈HP〉https://www.tamagawa.jp/university/

資料請求

	請求ハガキ	巻末ハガキ
料 金		無 料
完成時期		4月下旬予定

TOPICS

輝く自分、出会う瞬間（トキ）。～「人」を育てる玉川大学～

🏛 大学GUIDE

　教育者・小原國芳が1929年に設立。調和のとれた人間性を育む「全人教育」を理念に掲げ、学生一人ひとりのもつ可能性を引き出し、夢の実現に向けて挑戦する人材を育成しています。幼稚園から大学、大学院までを擁し、教育・文・芸術・経営・観光・リベラルアーツ・農・工学部のさまざまな夢をもつ学生が集結。学部の垣根を超えた学び、そして、体験型学修をはじめとした、学生の「やってみたい！」を応援する体制が整っています。

　61万㎡の広大で緑豊かなキャンパス内には、最新鋭の図書館とアクティブ・ラーニングなどの多機能な学修に対応する施設「大学教育棟 2014」や玉川大学独自の英語教育プログラムELFの学修施設「ELF Study Hall 2015」、音楽教育の新たな拠点「University Concert Hall 2016」、農学部の実験・研究施設「アクア・アグリステーション」「LED農園®」など学修環境が充実。

　さらに全学部の学びが融合する拠点として「STREAM Hall 2019」、「Consilience Hall 2020」を建設。新たな学修施設が続々と完成を迎え、学部の枠を超えた学際的な学びを実践しています！

互いの学びが見える「STREAM Hall 2019」

大学案内

○学部・学科の詳しい内容やカリキュラム、キャンパスライフまで、玉川大学の情報を満載した大学案内を送料とも無料でお送りいたします。（4月下旬発行予定）
＊ご希望の方は、巻末のハガキでお申し込みください。

■学部・学科組織

●**教育学部**
　教育学科（初等教育専攻・社会科教育専攻180、保健体育専攻40）／乳幼児発達学科75
●**文学部**　英語教育学科80／国語教育学科60
●**芸術学部**
　音楽学科（演奏・創作コース20、ミュージカルコース30、音楽教育コース30）／アート・デザイン学科（メディア表現コース85、美術教育コース15）／演劇・舞踊学科90（身体表現コース、舞台創造コース、芸術応用コース）
●**経営学部**　国際経営学科130
●**観光学部**　観光学科120
●**リベラルアーツ学部**　リベラルアーツ学科160
●**農学部**
　生産農学科130／生産農学科 理科教育コース25／環境農学科70／先端食農学科70
●**工学部**
　情報通信工学科55／デザインサイエンス学科55／マネジメントサイエンス学科40／ソフトウェアサイエンス学科50／数学教員養成プログラム40

✏ カリキュラムの特徴

専門教員から学べる教養科目

　「多角的に物事を捉える力」の修得をめざして、さまざまな学問領域に触れる「ユニバーシティ・スタンダード科目」。各分野の専門教員から学べるのは総合大学ならではの強みです。そこで得た知識は、専門的学修と研究を主とする「学科科目」を学ぶ土台にもなります。

ELFプログラム

　「国際共通語としての英語」を全学部で必修科目としています。ELF（English as a Lingua Franca）プログラムでは、英語を母語としない人向けの英語教授法や応用言語学を修めた10以上の国籍、さまざまな母語をもつ教員が指導にあたり、「使える英語力」を身に付けます。

入試Navi

○入試情報やイベント情報など最新情報が盛りだくさん!!
「はじめてガイダンス」では、大学紹介、キャンパスツアー、学部・学科紹介 他、さまざまな動画を配信中。
右記サイトでご覧ください。

ESTEAM教育

科学、技術、工学、芸術、数学を統合的に学ぶ「STEAM教育」に、ELFの「E」を加えた「ESTEAM教育」を推進しています。科学技術と芸術の融合をめざし、工学部・農学部・芸術学部をはじめ、専門分野の垣根を超えた学びを通して、変化の著しい社会に対応できる力を養います。

 ## きめ細かい就職支援

教員・保育士希望者は「教師教育リサーチセンター」が、企業就職・公務員希望者は「キャリアセンター」がそれぞれ専門にサポートを行っています。「教員養成の玉川」として、1年次から始まる参観実習や校長・園長経験者の教員が行う個別相談などは学生からも高い評価を受けています。さらに、教員採用試験に向けては各地域の特徴や望まれる教師像についての指導も行っています。

企業就職に向けては、就職ガイダンスや学内企業説明会の実施に加え、キャリアカウンセラーの資格をもつスタッフが中心となり"Face to Face"をモットーに、オンラインと対面の両面から学生の支援をしています。

主な就職先（2023年3月卒業生）　就職率97.8％※

公立・私立幼稚園、保育所、小・中・高等学校、伊藤園、日本ハム、富士ソフト、日本ケミコン、矢崎総研、サンリオエンターテイメント、オリエンタルランド、JALスカイ、星野リゾート、横浜銀行、第一生命保険、劇団四季、市役所 他　　※就職者／就職希望者

取得可能な教員免許状

幼稚園・小学校・中学校・高等学校（国語・社会・地理歴史・公民・数学・理科・音楽・美術・工芸・保健体育・技術・情報・農業・工業・外国語［英語］）

専門学部で学ぶメリット　玉川大学では、教育学部の他に各学部で「国語」「英語」「数学」「理科」「音楽」「美術」など各教科の面白さを自分自身で深く体感し、それを子どもたちにリアルに伝えられる先生をめざします。

取得可能な資格

保育士、学校図書館司書教諭、図書館司書、学芸員、食品衛生管理者、食品衛生監視員（任用資格）他

入試GUIDE

Point 1　第一志望なら総合型選抜から

受験生と玉川大学の相性を確認する総合型選抜。特別な活動をしていなかったから受けられない？そんなことはありません。なぜなら玉川大学では入学目的の明確さをアピールするという本来の総合型選抜を実施しているからです。

　総合型入学審査（Ⅰ期・Ⅱ期）／首都圏教員養成総合型入学審査／理工系女子総合型入学審査／卒業生子弟総合型入学審査／国際バカロレア総合型入学審査

学校推薦型選抜を考えている受験生もまずは総合型選抜のチャンスをいかしましょう。推薦入試の準備にも必ず役立ちます。

　公募制推薦入学試験／指定校制推薦入学試験

Point 2　一般選抜 3つのトピックス

①**全学統一入学試験（前期）は4日間実施**

②**一般選抜の英語は共通テストや英語系の検定のスコアや級を換算（独自の英語の試験は行わない）**

③**一般選抜はすべて同一問題！（日程ごと）**

　全学統一入学試験／地域創生教員養成入学試験／給付型奨学金入学試験

Point 3　奨学金入試は2種類、チャンスは9回

■給付型奨学金入学試験

■国公立大学併願スカラシップ入学試験
　大学入学共通テスト利用入学試験と併願可能

オープンキャンパス・進学相談のお知らせ

■**オープンキャンパス**
教育施設・設備が充実した61万㎡の広大なキャンパスへ、明日の自分を見つけに来てください。

■**ふらっと玉川（来校型）・WEB進学相談**
平日に進学相談を行っています。お気軽にご参加ください。

※上記いずれも事前申込制。詳細はHPをご確認ください。

資料請求方法：巻末ページの「パンフレット一括請求」をご覧ください。

中央大学

資料請求		
	請求ハガキ	巻末ハガキ
料　金		無　料
完成時期		5月下旬

〒192-0393　東京都八王子市東中野742-1　入学センター　TEL 042-674-2144　〈HP〉https://www.chuo-u.ac.jp/connect/

Topics

世界に存在感のある大学へ
中央大学は、伝統の実学教育を世界に向けて展開します。

■学科組織（2023年5月1日現在／数字は2024年度入学定員）

●法学部（茗荷谷キャンパス）
法律学科882／国際企業関係法学科168／政治学科389

●経済学部（多摩キャンパス）
経済学科467／経済情報システム学科180／国際経済学科265／公共・環境経済学科150

●商学部（多摩キャンパス）
経営学科（フレックス・コース、フレックスPlus1・コース計300）／会計学科（フレックス・コース、フレックスPlus1・コース計300）／国際マーケティング学科（フレックス・コース、フレックスPlus1・コース計300）／金融学科（フレックス・コース、フレックスPlus1・コース計120）

●理工学部（後楽園キャンパス）
数学科70／物理学科70／都市環境学科90／精密機械工学科145／電気電子情報通信工学科135／応用化学科145／ビジネスデータサイエンス学科115／情報工学科100／生命科学科75／人間総合理工学科75

●文学部（多摩キャンパス）
人文社会学科990（国文学専攻、英語文学文化専攻、ドイツ語文学文化専攻、フランス語文学文化専攻、中国言語文化専攻、日本史学専攻、東洋史学専攻、西洋史学専攻、哲学専攻、社会学専攻、社会情報学専攻、教育学専攻、心理学専攻、学びのパスポートプログラム）

●総合政策学部（多摩キャンパス）
政策科学科150、国際政策文化学科150

●国際経営学部（多摩キャンパス）
国際経営学科300

●国際情報学部（市ヶ谷田町キャンパス）
国際情報学科150

茗荷谷キャンパス外観

実学の伝統を世界に伝える総合大学

中央大学は1885年に英吉利法律学校として創設されました。「實地應用ノ素ヲ養フ」という建学の精神のもと、知識や技能を磨き、その知性が公共性を有することを自覚して社会のために発揮する力を養う「実学教育」の伝統を継承しています。今日では、ユニバーシティ・メッセージ「行動する知性。—Knowledge into Action—」を掲げ、総合大学のメリットを生かして他学部生と同じテーマの演習に取り組むFLP（ファカルティリンケージ・プログラム）など、特色ある多彩な教育プログラムを展開し、高い水準の学問研究や幅広い教育活動とともに、知的な刺激にあふれた学びの場を学生に提供しています。

創立以来、大学教育のニーズに対応しながら「人を育て、人を伸ばす環境」を変わらずに守り続けてきました。ひとりの人間として大きく成長するための理想の学びの場が中央大学にはあるのです。

法学部が都心に新キャンパスを開校

2023年4月、法学部が文京区に茗荷谷キャンパスを開校しました。都心への移転により、理工学部（後楽園キャンパス）、国際情報学部（市ヶ谷田町キャンパス）へのアクセスを生かし、3学部共同開講科目「学問最前線」を設置しています。

学部の垣根を越えた実践的な学び
FLP（ファカルティリンケージ・プログラム）

所属する学部に関係なく、5つのテーマに沿った学部横断的な授業と、他学部の学生達と行うゼミナールや実践的なフィールドワークを行い、他分野の高度な専門知識や能力を身につけるプログラムです。学部学科の違う仲間たちと議論を交わす刺激的な環境の中で幅広い視野が身につきます。「環境・社会・ガバナンス」「ジャーナリズム」「国際協力」「スポーツ・健康科学」「地域・公共マネジメント」の5つのプログラムを用意しています。

🏢 キャンパス情報

茗荷谷キャンパス　法学部の新しい拠点。法科大学院（ロースクール）とも近接した位置にあり、法曹教育の連携を強化します。

多摩キャンパス　文系の5学部があり、日本屈指の広さを誇ります。のびのびと学べる学習環境、充実した研

究機関やスポーツ施設が整い、自分自身の可能性に思い切り挑戦できるキャンパスです。2021年に学部を横断して教育研究を行う「FOREST GATEWAY CHUO」を開設。学生のラーニング拠点・交流拠点となっています。

後楽園キャンパス　理学・工学系の10学科があり、学科横断的な研究を推進しています。都心の好立地を生かし、世界レベルの研究交流や企業との共同研究を数多く行っています。

市ケ谷田町キャンパス　国際情報学部専用キャンパス。4路線が利用可能な市ケ谷駅近くに位置します。

FOREST GATEWAY CHUO

充実のキャリアサポート

中央大学では、学生自身が将来を見通した「自分らしい生き方」（＝キャリア）を見出して卒業後、社会人としての自分を描く（＝デザインする）ことができるよう、1年次から参加できる、様々なプログラムを提供しています。

●法職講座　司法試験合格実績上位の法科大学院進学、あるいは司法試験予備試験合格など法律家を目指す最高の環境を整えています。この講座は中央大学の専任教員とOB・OGの弁護士を中心に運営され、質の高い講座を安価で提供しています。

●公認会計士講座　公認会計士は、その試験内容の難しさから大多数の学生は外部の専門学校に通って（Wスクール）学習しています。しかし、中央大学の学生の場合は学内にある経理研究所を利用します。専門学校の受講料より安価な上、授業時間も1.5倍から2倍多く、OBの公認会計士が丁寧に分かるまで指導します。

●公務員関連講座　公務員試験合格に向けて着実に実力がつくカリキュラム「国家公務員総合職」「国家公務員一般職・地方公務員上級職」の2体系を用意。公務員講座や試験制度・業務説明会、現役公務員や内定者による講演・指導相談会なども数多く実施しており、2023年3月卒業生は9人に1人が公務員の道へ進んでいます。

難関資格試験合格実績

2023年度司法試験合格者数
90人　全国6位

2023年度国家公務員総合職試験合格者数
68人　全国3位＊
＊私立大学のみ

2022年度公認会計士試験合格者数
54人　全国5位

※司法試験合格者数は法務省出典、国家公務員総合職試験合格者数は人事院出典、公認会計士試験合格者数は中央大学調べ

奨学金制度

経済的な支援をはじめ、課外活動や留学などステップアップの支援など、種類も豊富で、返還の必要がない給付型を中心に約30種類の制度を用意。入試受験前に採用（内定）が決まる給付奨学金「中央大学予約奨学金」、経済援助を目的とする「中央大学経済援助給付奨学金（所得条件型）」のほか、成績優秀者や諸活動で活躍が期待される学生を対象としたものなど、多彩な制度があります。

入試GUIDE (2024年度参考)

①6学部共通選抜／法、経済、商、文、総合政策、国際経営学部

②学部別選抜（一般方式）／全学部

③学部別選抜（英語外部試験利用方式）／経済、理工、文、総合政策、国際経営、国際情報学部

④学部別選抜（大学入学共通テスト併用方式）／法、経済、商、理工、総合政策、国際経営、国際情報学部

⑤大学入学共通テスト利用選抜（単独方式）／前期選考：全学部、後期選考：理工学部を除く7学部

⑥特別入試（総合型選抜）
●チャレンジ入試／法学部
●高大接続入試／経済学部
●英語運用能力特別入試／法、経済、商学部
●ドイツ語・フランス語・中国語・スペイン語・朝鮮語＊特別入試／経済、商学部　＊朝鮮語は商学部のみ
●高大接続型自己推薦入試／理工学部
●自己推薦入試（外国語型・専攻適性型）／文学部
●自己推薦入試／国際経営学部
●スポーツ推薦入試／法、経済、商、理工、文、総合政策学部
●海外帰国生等特別入試／経済学部
●外国人留学生入試（4月入学）／法、経済、商、理工、文、総合政策、国際経営学部＊　＊は9月入学あり

※特別入試は所定の出願資格を満たすことが必要です。2025年度入試の詳細は必ず入学試験要項で確認してください。

資料請求方法：巻末ページの「パンフレット一括請求」をご覧ください。

津田塾大学

〒187-8577　東京都小平市津田町2-1-1　経営企画課　TEL 042-342-5113　〈HP〉https://www.tsuda.ac.jp/
〈E-mail〉nyushi@tsuda.ac.jp（入試に関する問い合わせ）、kouhou@tsuda.ac.jp（その他問い合わせ）

TOPICS
- 「THE 日本大学ランキング」で6年連続、私立女子大学1位
- 個性を重んじる少人数教育により、社会に貢献できる女性を育成
- 充実した留学支援と満足度の高い留学実績
- 多彩できめ細やかなキャリア支援と97.0%の就職決定率

大学GUIDE

　日本最初の女子留学生のひとり、津田梅子によって1900年に創立。以来、社会に貢献できる人材を輩出してきました。1学年定員690人と小規模ながらバランスのとれた大学として発展を続け、大学院や研究所も備え、研究を継続できる環境を整えています。

　教育の特色として、少人数制、定評のある語学教育、専門を深めるコース制、他学科・他コースの専門科目が選択できる柔軟なカリキュラム等があげられます。特にすべての学部・学科で1年次から必修のセミナーは教育と研究の基幹となっています。

英語英文学科─確かな英語力と豊かな専門性を追究する

　英語圏の言語や文化をトータルな視点でとらえ、英語を通して異文化を探究していく総合的な学科です。「イギリス文学・文化」「アメリカ文学・文化」「英語学」「英語教育」「異文化コミュニケーション」「Japan Studies in English」の6コースからなる広い専門領域を学びます。3年次に、各コースに所属する専門セミナーを選択して研究を深めていきます。特設プログラムとして、「翻訳・通訳プログラム」と「Teachers of Excellence プログラム」を設けています。

国際関係学科─語学力を基礎に国際的視野を養う

　世界で起きているさまざまな問題について多様な視点から国際的かつ学際的に考察し、広い視野をもって問題に取り組む力を養います。1年次は専門分野を視野に入れた基本科目と少人数セミナーを中心に大学での学びを身につけます。2年次からは専門分野の知識を深め、3年次に「グローバル・国際関係」「地域・文化」「国際日本」の3つの中からコースを選択します。また、英語に加えて第2外国語を6言語からひとつ以上選択し、4年次レベルまで学ぶことができます。

■学科組織

●学芸学部

英語英文学科220／国際関係学科200／多文化・国際協力学科70／数学科45／情報科学科45

●総合政策学部

総合政策学科110

多文化・国際協力学科─「共生型」社会のあり方を探求

　国際化の進展により、社会構造や文化の違いから引き起こされるさまざまな問題を分析・解明し、よりよい「共生型」社会をつくるためのアプローチの方法や解決策を探ります。2年次に「多文化共生」「国際協力」「国際ウェルネス」の3つのコースから選択して、より実践的な課題解決力を養います。さらに、3～4年次にかけて、全員が国内外でのフィールドワークを実施。計画立案から実施にいたるすべてのプロセスを学生自身が主体的に行うのが特長です。

数学科─論理力と想像力を駆使し次代の数学を探求する

　4年間をとおして行われる少人数制のセミナーで基礎力を身につけながら、最新の分野に及ぶ高度な数学を学びます。1・2年次には、高校で学んだ内容を再確認しながら代数学、幾何学などの基本科目を学習し、基礎を固めます。専門科目には、古典数学から最先端の数学までを配置。プログラミングの知識も習得します。

情報科学科─世界に通用する情報科学のプロを育てる

　情報科学の専門知識と高いコミュニケーション能力を武器に、国境を越えてICTに関するさまざまな課題を解決できる人材を育成します。専門に沿った「情報科学英語」を必修とし、英語力の強化を図ります。プロジェクト科目は、学んだ理論や知識を実践的に生かすもので、2～3人のチームごとにテーマを設定し、実際に動作するシステムを構築します。

DATA・FILE

- ○教員数……102（教授60　准教授28　専任講師7　助教7）
- ○学生数……学部3,126（女子のみ）
  大学院80
- ○キャンパス面積……103,240㎡
- ○蔵書数……約47万冊（大学全体）　（2023年5月1日現在）

交流プログラム

　多摩アカデミックコンソーシアム（TAC）加盟の国際基督教大学、国立音楽大学、武蔵野美術大学、東京経済大学、東京外国語大学と単位互換制度を実施。図書館の相互利用も可能です。

　また、一橋大学、東京外国語大学、電気通信大学とは独自の単位互換制度を設けています。

総合政策学科─実践的な課題解決能力を身につける

　高度な英語力とデータ分析力を備え、社会に貢献できるリーダーシップをもった女性を育成します。1・2年次に学習の土台として「英語」「ソーシャル・サイエンス」「データ・サイエンス」を必修とし、基礎力を身につけ、3年次にコースとして「パブリック・ポリシー（公共政策）」「エコノミック・ポリシー（経済政策）」「ソーシャル・アーキテクチャ（社会情報）」「ヒューマン・ディベロップメント（人間社会）」の4つの課題領域からひとつを選択します。都心の千駄ヶ谷キャンパスという立地も生かしつつ、実践的な課題解決能力を高めます。

留学情報

　アメリカのブリンマー大学、イギリスのロンドン大学SOAS、台湾の淡江大学、フィリピン大学など13の国・地域の30大学と協定を結び、学生の派遣や受け入れを行っています。

　また、目的に合わせて選んだ海外の大学に留学する「私費留学」の制度や、長期休暇を利用してアメリカ・カナダ・イギリスの大学で行う津田塾大学主催の語学研修プログラムも用意しています。

　これらの海外活動を積極的にサポートしているのが国際センター。年間を通じ、各種プログラムのほか、留学、海外語学研修等に関する情報提供、説明会開催、留学に関する個別相談や、留学関連図書の貸し出しなども行っています。

卒業後の進路

就職支援

　学生の個性に合った就職活動ができるよう、個別相談を重視し、小規模校だからこそできる一人ひとりを大切にしたサポートを行っています。また、就職先が内定した4年生による進路報告会やOGを迎えての企業説明会、公務員採用試験対策講座、マスコミ講座など、多くのガイダンスや講座を開催。2023年3月卒業生の就職決定率は97.0%です。

主な就職先

日本銀行、日本航空、日本郵船、三井物産、東京海上日動システムズ、富士通、NEC、日本IBM、野村総合研究所、アクセンチュア、NHK、時事通信社、NTTドコモ、アマゾンジャパン、星野リゾート、青和特許法律事務所、中学・高校教員、公務員など

入試GUIDE（2025年度予定）

①一般選抜（A・B・C方式）
②総合型選抜
③学校推薦型選抜（指定校制・公募制）
④特別入試
　（帰国生対象・在日外国人学校出身者対象・留学生対象）
⑤社会人入試
⑥編入学試験

■ オープンキャンパス

●小平キャンパス
　〈学芸学部〉6/16(日)、7/21(日)、8/11(日・祝)、2025/3/23(日)
●千駄ヶ谷キャンパス
　〈総合政策学部〉7/7(日)、8/4(日)、2025/3/20(木・祝)
※詳細は大学公式Webサイトにてご確認ください。

■ 奨学金

　大学独自の給付奨学金として、入学前に採用が決まる地方出身者が対象の「＜津田スピリット＞奨学金」、経済的な理由で修学が困難な学生が対象の「Atsuko Onda Craft＆Yasuko Onda Chikada Scholarship（100万円）」、学業成績優秀者を表彰する「梅子スカラシップ」、留学する学生が対象の「パイオニア・スカラシップ（200万円）」等があります。

資料請求方法：巻末ページの「パンフレット一括請求」をご覧ください。

帝京平成大学 池袋・中野キャンパス

資料請求

	請求ハガキ	巻末ハガキ
料　金		無　料
完成時期		6月上旬

[池袋キャンパス] 〒170-8445　東京都豊島区東池袋2-51-4
[中野キャンパス] 〒164-8530　東京都中野区中野4-21-2
入試相談 ☎0120-918-392　入試課 TEL 03-5843-3200　〈HP〉https://www.thu.ac.jp/

Topics

●最新の設備と環境が整った首都圏のキャンパス。
帝京平成大学は、5学部18学科の実学教育で、即戦力となる実践能力が身につく総合大学です。

学部・学科組織（池袋・中野キャンパス）

学部・学科・コース		取得可能な資格、目標資格（※は受験資格）
薬学部	薬学科（中野）	薬剤師※
人文社会学部	児童学科（中野）小学校・特別支援コース	小学校教諭一種免許状、特別支援学校教諭一種免許状（視覚障害・聴覚障害・知的障害・肢体不自由・病弱）
	児童学科（中野）保育・幼稚園コース	保育士、幼稚園教諭一種免許状、小学校教諭一種免許状
	人間文化学科（中野）福祉コース	社会福祉士※、精神保健福祉士※、社会福祉主事任用資格
	人間文化学科（中野）メディア文化コース	社会福祉主事任用資格（目標資格）カラーコーディネーター検定、色彩検定、CGクリエイター検定など
	人間文化学科（中野）グローバルコミュニケーションコース	社会福祉主事任用資格（目標資格）TOEIC、中国語・フランス語・ドイツ語検定など
	経営学科（中野）経営コース	診療情報管理士（目標資格）簿記検定など
	経営学科（中野）トレーナー・スポーツ経営コース	中学校・高等学校教諭一種免許状（保健体育）、アスレティックトレーナー※、健康運動実践指導者※、トレーニング指導者※
	経営学科（中野）経営情報コース	基本情報技術者、ITパスポート試験、情報セキュリティマネジメントなど
	観光経営学科（中野）	（目標資格）国内旅行業務取扱管理者、総合旅行業務取扱管理者、観光英語検定、ホテルビジネス実務検定など
ヒューマンケア学部	鍼灸学科（池袋）トレーナー・鍼灸コース	はり師・きゅう師※、アスレティックトレーナー※、健康運動実践指導者※
	柔道整復学科（池袋）トレーナー・柔道整復コース	柔道整復師※、アスレティックトレーナー※、健康運動実践指導者※、中学校・高等学校教諭一種免許状（保健体育）
	看護学科（中野）	看護師※、保健師※、助産師※、養護教諭二種免許状（保健師資格必須）、受胎調節実地指導員資格（助産師資格必須）
健康メディカル学部	健康栄養学科（池袋）	管理栄養士※、栄養士、フードスペシャリスト※、栄養教諭一種免許状、食品衛生監視員・食品衛生管理者任用資格
	心理学科（池袋）	認定心理士、公認心理師※（所定の単位を修得し、卒業後大学院進学が必要）、児童指導員任用資格
	言語聴覚学科（池袋）	言語聴覚士※
	作業療法学科（池袋）	作業療法士※
	理学療法学科（池袋）	理学療法士※
	医療科学科（池袋）救急救命士コース	救急救命士※
	医療科学科（池袋）臨床工学コース	臨床工学技士※

（注）取得に条件や制限がある資格もあります。また、2つ以上（教職を含む）の資格を取得する場合、時間割等の都合で4年以上かかる場合があります。

国家試験合格者数は全国上位

国家試験合格者数が柔道整復師・はり師・きゅう師全国1位、理学療法士・作業療法士・救急救命士全国3位、看護師・助産師・言語聴覚士全国5位。国家試験だけでなく消防官就職者数全国3位など、専門職に強い大学として結果を残しています。
（大学通信「大学探しランキングブック2024」より）

大学GUIDE

薬学部

■**薬学科**／「くすり」に関する確かな知識と患者さんに寄り添った医療を提供できる人材を養成します。

人文社会学部

■**児童学科**／小学校・特別支援コースでは、教育から心理、福祉までの幅広い学びで「こどものエキスパート」を養成し、保育・幼稚園コースでは、こどもを健やかに育むことのできる、頼れる「乳幼児教育」の専門家を養成します。

■**人間文化学科**／福祉コースでは、これからの時代に必要とされる幅広い福祉の知識を備えた人材を養成します。メディア文化コースでは、メディア業界での活躍を目指し、実践的な学びで夢をカタチにします。グローバルコミュニケーションコースでは、異なる言語や文化を理解し、相互理解を深める異文化間コミュニケーション能力を身につけた人材を養成します。

■**経営学科**／経営コースでは、実践的スキルを身につけ即戦力となるビジネスパーソンを養成します。トレーナー・スポーツ経営コースでは、トレーナー技術と経営学を複合的に学び、スポーツ関連の様々な分野で活躍できる人材を養成します。経営情報コースでは、コンピューターをいかし多彩な分野で活躍できるプロを養成します。

■**観光経営学科**／語学力と自ら考える能力を磨き、観光産業で即戦力となれる人材を養成します。

ヒューマンケア学部

■**鍼灸学科**／今後ニーズが高まる鍼灸医学を多様な医療系学科と関連させて深く学べる環境を提供します。

■**柔道整復学科**／柔道整復師とアスレティックトレーナー双方を目指した幅広い技術修得が可能です。

■**看護学科**／看護職としての倫理観や研究能力を養い、高度な判断力や実践能力を身につけた看護師を養成します。

オープンキャンパス

〈日程〉6月～8月、3月　予定
〈場所〉池袋キャンパス・中野キャンパス
※千葉キャンパスは5～8月、3月となります。
参加申込は
URL　https://www.thu.ac.jp/exam/opencampus

中野キャンパス

池袋キャンパス

健康メディカル学部

■**健康栄養学科**／知識と技能、豊かな人間性を兼ね備えた管理栄養士を養成します。

■**心理学科**／現代の「心の問題」を考え、「人間とは何か」を学び、様々な心の問題や社会の問題への取り組みを主体的に行える人材を養成します。

■**言語聴覚学科**／病気や事故、発達上の問題などで、ことばによるコミュニケーションに困難を抱える人のコミュニケーション能力の改善を助ける専門家を養成します。

■**作業療法学科**／学内・外での豊富な演習・実習を通じて、実践能力を磨き、地域で活躍できる人材を養成します。

■**理学療法学科**／リハビリテーションの専門家として様々な場面で活躍できる人材を養成します。

■**医療科学科**／充実した設備のもと、知識と技能を修得します。**救急救命士コース**では、救急医療や災害現場で生命を守り活躍できる人材を、**臨床工学コース**では、高度先進医療の根幹を支える医療機器を扱うスペシャリストを目指します。

健康医療スポーツ学部

※p.259の千葉・ちはら台キャンパスをご覧ください。

就職支援・キャリア教育

1年次から社会人としての意識や職業観を養う授業を実施し、教職員が一人ひとりの希望に沿った支援を行います。

①**キャリアカウンセラーによる個別相談**
自己分析・業界研究・書類添削・面接対策等を行います。

②**生涯に渡ってサポートする「新宿サテライトオフィス」**
在学生の就職活動や卒業生の転職などの就職支援を、㈱東京海上日動キャリアサービスと提携して行っています。

③**新卒応援ハローワーク（厚労省）による就職支援**
新卒応援ハローワークの担当者による個別面談を定期的に開催しています。

入試GUIDE （前年度参考）

①**総合型選抜** ②**学校推薦型選抜**
③**一般選抜** ④**大学入学共通テスト利用選抜**

入試のポイント （2024年度）

1. **早期の受験で優遇制度の多い総合型選抜Ⅰ期**
入試を2回以上受験する場合、2回目以降は受験料を減額（共通テスト利用選抜は受験料割引制度の対象外）。総合型選抜Ⅰ期は、3日以上の出願で特別減額を適用。さらに、特待生制度の対象となります。

2. **他学部の併願が可能**
第2・第3志望として他学部・他学科の出願が可能、追加の受験料は不要です（学校推薦型選抜及び薬学部・アスリートコースを除く）。

3. **「全体の学習成績の状況」の基準はなし**
調査書の「全体の学習成績の状況」の基準は設けていません。調査書の提出も1回目出願時に提出すれば、2回目以降提出する必要はありません。

4. **複数日受験の場合は合計点数の高い日で合否判定**
同一試験区分で、同じ学科・コースを第一志望として複数日受験した場合は、合計点数の高い日が合否判定に利用されます。

5. **全国の試験場で受験可能**
総合型選抜Ⅰ期は東京・千葉試験場のほかに、全国8試験場（仙台・つくば・高崎・長野・沼津・静岡・大阪・博多）、一般選抜Ⅱ期は全国6試験場（仙台・つくば・高崎・長野・静岡・博多）で受験が可能です。

6. **得意科目でチャレンジ**
学部・学科・コースにより受験科目数は異なりますが、得意科目で受験が可能です。

※詳細は入学者選抜要項でご確認ください。
※内容は前年度実績のため変更の可能性あり。

インターネット出願

出願期間中、全国どこからでも24時間出願可能な「インターネット出願」を実施しています。2回目以降の受験の際（学校推薦型選抜・大学入学共通テスト利用選抜を除く）の出願書類の発送が不要になります。入学検定料の支払い方法は全国のコンビニエンスストア、クレジットカード、ペイジー、ネットバンキングなどから選べます。

学費の「月払い制度」

帝京平成大学では、日本学生支援機構の奨学金制度を活用して、学費を「月払い」で納付できる制度を実施しています。在学中の金銭的負担を軽減して、大学生活に集中できます。
※対象学部は、全学部（全学科）。
詳細は入学者選抜要項でご確認ください。

資料請求方法：巻末ページの「パンフレット一括請求」をご覧ください。

東京 3

東京医療学院大学.........................341

東海大学.........................342

東京医療保健大学.........................344

東京家政大学.........................346

東京経済大学.........................348

東京工科大学.........................350

東京工芸大学.........................352

東京歯科大学.........................353

東京女子大学.........................354

東京電機大学.........................356

東京福祉大学 池袋・王子キャンパス...357

東京都市大学.........................358

東京農業大学.........................360

東京薬科大学.........................362

東洋学園大学.........................363

東京理科大学.........................364

東邦大学.........................366

東洋大学.........................368

二松学舎大学.........................370

日本大学.........................372

日本女子大学.........................376

日本文化大學.........................378

大学通信 × 立正大学法学部 コラボ企画

実はやさしい「法学」のハナシ

Vol.03 ▶ 結婚したら同じ名字になるって当たり前？

民法では婚姻届を提出したら同じ氏（姓）を名乗ることになっています。しかし現実には，そのために違和感を感じる人や日常生活で不都合を抱える人もいます。婚姻届を提出した後も通称として旧姓を使う人や，あえて婚姻届を提出せず事実婚をする人もいますが，これらは根本的な解決策とはいえません。憲法上の「法の下の平等」や「婚姻の自由」の観点から夫婦別姓を認めるべきだという意見もありますが，現在まで裁判所は日本の「伝統」に反するなどとして夫婦別姓を認めていません。こうした「伝統」はなぜ生まれたのでしょうか？

夫婦同姓が初めて制度化されたのは明治時代。妻は夫家に入り夫家の戸主権に従うことが民法で規定され，その結果，妻は夫家の氏（姓）を名乗ることになりました。家父長制を重んじた当時の政府に都合のよい家族のかたちが法によって決められたのです。

私たちが考える「伝統」は，ある時・ある権力者が・ある意図をもって作り出した，きわめて人為的なものかもしれません。盲目的に「伝統」だと信じるか，疑ってみるか。法学部で一緒に考えてみませんか？

本コラムの全文は大学通信HPへ↓
https://www.univpress.co.jp/university/rissho_law/
立正大学法学部については、カラーページ28・29ページもあわせてご覧ください

立正大学

▶本文402・403ページもご参照ください

東京医療学院大学

〒206-0033　東京都多摩市落合4-11　入試広報室　TEL 042-400-0834(直)　〈HP〉https://www.u-ths.ac.jp

関東

TOPICS

東京医療学院大学の５つの魅力
- 医療の魅力を伝える大学　● コミュニケーション力のある医療従事者を目指す
- 教員との距離が近くなるオフィスアワー　● 個々に応じた指導を実現するクラス担任制
- 基礎教育と充実の設備

■学部・学科組織

● 保健医療学部

看護学科80／リハビリテーション学科120（理学療法学専攻90、作業療法学専攻30）

🏛 大学GUIDE

看護学科

少子高齢化が進む現代社会の保健医療に対するニーズにこたえるために、確かな知識と技術に基づく仁愛の心をもった看護師と助産師を育てます。１年次では、幅広い教養と専門科目の基礎を学び、看護学の土台を築きます。７月の早期実習で医療の現場にふれ、また、患者さんとのコミュニケーションを通じて、看護学を学ぶ動機づけをします。３年次後期から始まる領域別実習（成人看護学・老年看護学・精神看護学・小児看護学・母性看護学・在宅看護学）では、実際の患者さんを受け持ち、その人の病気や療養生活にあったケアを学びます。４年次の実習は、最先端の医療現場から地域の中核病院まで、さまざまな施設で行います。保健・医療・福祉領域の多職種と連携し、チーム医療を担うための能力も身につけていきます。

リハビリテーション学科

理学療法士、作業療法士の活躍の場は医療や保健関係だけでなく、アスリートやスポーツ選手を支えたり、海外で支援を行ったりと、多岐にわたっています。クラス担任制をとり、ホームルームで医療現場の現状を伝えています。また、担任による面談を通じて、一人ひとりの個性や目標に合わせた指導を行っています。入学直後の導入教育により、講義の受け方やレポートの書き方などを身につけ、大学で学ぶ下地を整えます。また、医療人として必要とされる教養や語学、コミュニケーションを学ぶとともに、人体への興味や関心を高めていきます。

１・２年次から臨床実習に取り組み、実習先の病院等施設の役割や機能を学びます。３年次には障がいの評価や治療方法を学んだ上で、評価実習に参加。地域保健医療への知識を深めるとともに、患者さんの全体像の把握から問題点の抽出までの流れを学びます。４年次には、理学療法学専攻では10週間＋１週間、作業療法学専攻では計14週間の実習に参加し、「人に優しい」心での対応を身につけます。

💡 東京医療学院大学表彰制度

人物に優れ、学業成績が優秀である学生や、課外活動で大学の発展に貢献した学生に対し、その努力を「学長賞」「多摩賞」「椎の木賞」の３つの賞において表彰します。「多摩賞」受賞者は特待生となり、翌年の授業料の２分の１が免除されます。

🏃 卒業後の進路

キャリアセンターでは、３年次から就職支援プログラムを開始。自己分析講座、マナー講座、履歴書の書き方や面接の練習などを行います。毎年全国から多くの求人があります。学生一人ひとりが安心して医療人として活躍できる進路を選択できるようにサポートしています。

📝 入試GUIDE （2024年度参考）

①総合型選抜入試１期・２期　②学校推薦型選抜入試
③一般選抜入試１期・２期　④大学入学共通テスト利用入試

取得可能な資格

【看護学科】看護師国家試験受験資格、助産師国家試験受験資格(学内選抜制(10人以内))
【リハビリテーション学科】理学療法学専攻：理学療法士国家試験受験資格／作業療法学専攻：作業療法士国家試験受験資格

インフォメーション　※詳しい内容は大学HPにてご確認ください。

- ○「Instagram」「YouTube」や、各種SNSでリアルな学生生活を更新中。ぜひご覧ください！
- ○「個別キャンパス見学」、「WEB個別相談会」開催中。随時予約を受け付けています。
- ○「WEBオープンキャンパス」2023年実施分についてはアーカイブを大学YouTubeチャンネルで公開中。2024年版は６月頃公開予定です。

資料請求方法：巻末ページの「パンフレット一括請求」をご覧ください。

資料請求

	請求ハガキ	巻末ハガキ
料　金		無　料
完成時期		4月中旬

東 海 大 学

〒259-1292　神奈川県平塚市北金目4-1-1　広報担当　TEL 0463-50-2440(直通)　〈HP〉 www.u-tokai.ac.jp

海底から宇宙まで幅広い学びを展開

■学部・学科・専攻・組織　2024年度

〈品川キャンパス〉　※1、2年次は湘南キャンパス
- ●国際学部　国際学科
- ●経営学部　経営学科
- ●観光学部　観光学科
- ●情報通信学部　情報通信学科
- ●政治経済学部　政治学科／経済学科

〈湘南キャンパス〉
- ●文学部
  文明学科／歴史学科(日本史専攻、西洋史専攻、考古学専攻)／日本文学科／英語文化コミュニケーション学科
- ●文化社会学部
  アジア学科／ヨーロッパ・アメリカ学科／北欧学科／文芸創作学科／広報メディア学科／心理・社会学科
- ●法学部　法律学科
- ●教養学部　人間環境学科／芸術学科
- ●児童教育学部　児童教育学科
- ●体育学部
  体育学科／競技スポーツ学科／武道学科／生涯スポーツ学科／スポーツ・レジャーマネジメント学科
- ●健康学部　健康マネジメント学科
- ●理学部
  数学科／情報数理学科／物理学科／化学科

- ●情報理工学部
  情報科学科／コンピュータ応用工学科／情報メディア学科
- ●建築都市学部　建築学科／土木工学科
- ●工学部
  航空宇宙学科(航空宇宙学専攻、航空操縦学専攻)／機械工学科／機械システム工学科／電気電子工学科／医工学科(3年次は伊勢原キャンパスを利用する可能性があります)／生物工学科／応用化学科

〈伊勢原キャンパス〉
- ●医学部　医学科／看護学科

〈静岡キャンパス〉
- ●人文学部　人文学科
- ●海洋学部
  海洋理工学科(海洋理工学専攻、航海学専攻)／水産学科／海洋生物学科

〈熊本キャンパス／阿蘇くまもと臨空キャンパス〉
- ●文理融合学部　経営学科／地域社会学科／人間情報工学科
- ●農学部　農学科／動物科学科／食生命科学科
  ※農学部は1年次は主として「熊本キャンパス」を、2年次以降は主として「阿蘇くまもと臨空キャンパス」を利用します。

〈札幌キャンパス〉
- ●国際文化学部　地域創造学科／国際コミュニケーション学科
- ●生物学部　生物学科／海洋生物科学科

🏛 大学GUIDE

文理融合した知識と視野の獲得

　建学80周年にあたる2022年に、全国7キャンパス23学部62学科専攻体制となりました。

　4年間を通して段階的に学び、学士としての専門知識を獲得する「主専攻科目（専門科目）」の他に、他学部・他学科の授業を履修できる学びのスタイルにより、それぞれの目標にあわせた学習ができます。

2022年度新設学部

児童教育学部　「保幼小連携」「地域子育て支援」「障がい児支援」「国際理解教育」の4つの特化プログラムを設置し、多様な子どもを支援できる人材を育成します。

建築都市学部　これまでの建築・都市の視点に加え、地域に寄り添い独自の課題に取り組む視点を学修の柱としています。建築の形といったハードだけではなくソフトの視点もバランスよく学び、建築・都市の多様な課題に柔軟に対応できる技術者を育てていきます。

経営学部　「戦略／組織」「会計／財務」「マーケティング」「IT・データ分析」「デザイン」の5つの分野をバランスよく学び、現代の企業経営において求められている経営学の知識・理論とデータ分析能力を身につけます。

国際学部　英語以外の言語や分析能力などのスキルを学ぶほか、海外研修のプログラムが充実しているため、複雑なグローバル社会を多面的に見る力を身につけることができます。

文理融合学部　経営学科では、企業経営を核としてスポーツビジネスやアグリビジネスについて学びます。地域社会学科では、地域観光や心理・広報メディアを実習を通して学ぶ機会が多くあります。人間情報工学科では、電気電子工学系の基礎を学ぶとともに、「知能情報」「人間環境」「医療工学」の3分野を体系的に学びます。

人文学部　歴史・文化の学びから多様な人間のありようを考え、「地域マネジメント」「グローバル・コミュニケーション」「クリエイティブ・カルチャー」の3分野から実践力を養います。日本文化・食・古典など多彩な研究講座、マリンスポーツ・水中考古学など海洋学部との連携科目、

また学外でのプロジェクト型演習などを設置。個々の関心を深め成長を実感できる学びから人間力を培います。

学びの特長

文理の枠を越えた総合力の育成

文系・理系の枠にとらわれない、統合的な思考力と多角的な視点からの洞察力、多様な価値観の受容、優れた創造力と行動力の養成へとつなげます。

英語教育の重視

現代社会において、コミュニケーションツールとしての英語は欠かせません。実践的な英語教育に力を入れており、全学部で英語を必修としています。

キャリア教育の実践

就職や進学といった眼前の進路だけにとらわれない、人生を広く意識したキャリアデザインも教育の一環。入学時からキャリア教育を実践しています。

チャレンジプロジェクト/ユニークプロジェクト

社会とのつながりの中での実践的な教育や、国際交流・地域活性・ものつくり・社会貢献など学生が自由な発想で企画したチャレンジプロジェクト/ユニークプロジェクトを通じて「自ら考える力」「集い力」「挑み力」「成し遂げ力」を体得します。

ハワイ東海インターナショナルカレッジ（HTIC）でダブルディグリー・プログラム（DDP）

－日米２つの学位を取得－　将来、世界で活躍できる力を身につける

東海大学の海外教育機関の一つに「ハワイ東海インターナショナルカレッジ（HTIC）」があります。夏休みから３月までの８か月間留学し、アメリカの「短期大学士」の学位を取得します。東海大学卒業時に日本の学位とアメリカの学位（ダブルディグリー）を取得でき、海外勤務や海外の大学への進学など、将来の選択の幅が広がります。

海外研修航海

大学が所有する海洋調査研修船『望星丸』で研修航海を実施しています。船内という限られたスペースで寝食を共にしながら、人生を語り合い、訪れる国々の人々や文化と向き合う約１カ月間は、人生の糧となる経験と感動を皆さんの心に刻んでくれます。

就職支援

早期化した「就職活動」に照準をあわせた支援だけでなく、人生100年時代の長い将来を見据えたパーソナルなキャリアサポートを展開し、高い就職率を維持しています。

全学共通のキャリア支援ポリシーを設け、学部・学科ごとに育成すべき人材像を定め、自らのキャリアを多様かつ柔軟にデザインし「働いて生きる」身構えを養います。基本コンセプトは「パーソナル・サポート」と「学年別の明確な支援目標」です。

４年間の経験をスキルとして積み上げられるよう整理し、初年次の「入門ゼミナール」からキャリア就職支援セミナー、資格取得サポートまで**ネットワークで学ぶ、キャリア教育**体制を構築しています。

早期化した就職活動で大切なのは「自己分析」「企業研究」から生まれる「自信」です。経験豊富な**専門スタッフによる親身な指導・相談**が受けられ、一人ひとりに丁寧に対応。胸を張って本番に臨めるようなアドバイスをしていきます。

29の自治体との就職支援協定、45万人を超える同窓会組織や14の付属校との連携で就職をサポート。**グローバル・ローカルに広がる支援体制**が整っています。米国（ハワイ）、ヨーロッパ、アジアに設けられた海外拠点や、豊富な国際連携研究教育プログラムも将来設計に生かせます。

入試GUIDE （2024年度入試参考）

① 総合型選抜
② 公募制学校推薦型選抜
③ 文系・理系学部統一選抜（前期・後期）
④ 一般選抜
⑤ 大学入学共通テスト利用選抜
⑥ 工学部航空宇宙学科航空操縦学専攻選抜
⑦ 医学部医学科神奈川県地域枠選抜、同静岡県地域枠選抜　など

詳細は東海大学HPなどでご確認ください。

DATA・FILE （2023年度）

○教員数……1,511人（教授591　准教授361　講師275　助教284）
○学生数……学部27,842人　大学院1,028人

資料請求方法：巻末ページの「パンフレット一括請求」をご覧ください。

東京医療保健大学

〒152-8558　東京都目黒区東が丘2-5-1　入試広報部　TEL 03-5779-5071　〈HP〉http://www.thcu.ac.jp/

資料請求		
	請求ハガキ	巻末ハガキ
料　金	無　料	
完成時期	6月上旬	

TOPICS

● チーム医療を担う、看護師、管理栄養士、臨床検査技師および医療情報のスペシャリストを育成。
基幹実習先は、先端設備とチーム医療で評価の高いNTT東日本関東病院、東京医療センター、災害医療センター。豊富な臨床、チームケア体験により、総合的な力を備えた医療人を育成します。
● 5つの看護学科を持つ国内最大規模の看護職養成大学

大学GUIDE

医療保健学部

医療は今、多くの専門職の連携で成り立っています。医師や看護師、管理栄養士、薬剤師、臨床検査技師、診療情報管理士などの専門職が協働し、患者さんにあった治療やケアを行う「チーム医療」。医療保健学部は、学科の枠を超えてチーム医療を実習する「協働実践演習」や実習病院との連携を生かした豊富な実習科目により、チーム医療に必要な専門性や実践力を身につけます。

看護学科

看護師はチーム医療のキーパーソンとして、病院や地域で多職種とチームを作り協働し、さらに患者と家族を幅広くサポートする力が求められます。NTT東日本関東病院、東京逓信病院と連携し、1年次から医療現場での多様な実習を通して、確かな看護技術と豊かな人間性を備えた臨床に強い看護師を育成します。

医療栄養学科

健康への関心が高まっている現代、医療を重視した栄養学の修得をめざします。多職種で協働しながら、チーム医療の一員として栄養面から治療に参画する管理栄養士をはじめ、食と健康に関わるさまざまな現場で活躍する栄養のプロを育成します。

医療情報学科

高度化・専門化が進む現代の医療現場では、詳細かつ膨大な情報（ビッグデータ）を管理・評価するため、医療と情報のどちらにも精通した人材が求められます。医療情報学科では、医療と情報に関する知識・技術をバランスよく修得したIT専門職を養成します。医療IT技術者育成と診療情報管理士育成の2つの履修モデルを用意し、情報系の多様な資格取得にチャレンジしやすいカリキュラムを編成しています。

■学科組織と募集定員

〈五反田キャンパス〉
● 医療保健学部　看護学科100／助産学専攻科（1年制）15
〈世田谷キャンパス〉
● 医療保健学部　医療栄養学科（管理栄養学専攻／臨床検査学専攻）100／医療情報学科80
● 大学院　医療保健学研究科（修士25／博士4）
〈国立病院機構キャンパス〉
● 東が丘看護学部　看護学科100
● 大学院　看護学研究科（修士30／博士2）
〈国立病院機構立川キャンパス〉
● 立川看護学部　看護学科100
〈船橋キャンパス〉
● 千葉看護学部　看護学科100
● 大学院　千葉看護学部研究科（修士8）
〈雄湊キャンパス・日赤和歌山医療センターキャンパス〉
● 和歌山看護学部　看護学科90
● 大学院　和歌山看護学研究科（修士12）

東が丘看護学部　　立川看護学部

看護学科

国立病院機構との密接な連携のもと、すべての学年で病院実習を取り入れ、多様な臨床現場を活用し、医療の最前線に即した高度な看護を学ぶことができます。臨床現場で高い専門性と実践力を発揮し、自ら考え、判断し、行動できる自立した看護職を育成します。臨床現場での高い実践力を基盤として、災害に伴う防災・減災活動時にキーパーソンとして的確に対処できる看護師を育成します。

千葉看護学部

看護学科

地域の中核医療機関である独立行政法人地域医療機能推進機構（JCHO）と連携し、病院だけでなく、介護老人

DATA・FILE

○ 教員数……241（教授55　准教授50　講師55　助教64　助手17）
○ 学生数……医療保健学部　看護学科452　医療栄養学科283
　　　　　　　医療情報学科 260
　　　　　　　東が丘・立川看護学部　看護学科 1
　　　　　　　東が丘看護学部 455
　　　　　　　立川看護学部 457
　　　　　　　千葉看護学部　看護学科 466
　　　　　　　和歌山看護学部　看護学科 410　（2023年5月現在）

学生寮

世田谷キャンパス近く（世田谷三宿）に2つの大学独自の寮があります。管理人、食事付きで、安心して住むことができます。船橋キャンパスに隣接した千葉看護学部の学生寮の寮費は月額32,000円でとてもリーズナブルです。

NTT東日本関東病院(写真)に隣接する抜群の環境でチーム医療を学ぶ（五反田キャンパス：写真右）

保健施設や訪問看護ステーション・地域包括支援センターなどで地域に根ざした多様なヘルスケアニーズに応える学びを展開します。JCHO病院の豊富な臨床現場を最大限に活用し、高度急性期から訪問看護まで、地域完結型の医療を実践的・総合的に学べる看護教育が特徴です。

和歌山看護学部

看護学科

　人口減少、高齢化が進む和歌山県において、地域社会の特徴を理解し、多様な環境・対象に対応できる看護職を育成します。主な実習先の日本赤十字和歌山医療センターは県内最先端の医療水準を誇り、多種多様な臨床現場を活用した学びが特徴です。講義・演習・実習を有効に組み合わせて看護実践能力を高めていきます。

CAMPUS情報

五反田キャンパス　ＪＲ山手線、都営浅草線、東急池上線五反田駅徒歩8分。基幹実習先であるＮＴＴ東日本関東病院に隣接しています。

世田谷キャンパス　東急世田谷線上町駅徒歩3分、小田急線豪徳寺駅徒歩15分。

国立病院機構キャンパス　東急田園都市線駒沢大学駅徒歩10分。基幹実習先であり、国立病院機構の中核病院である東京医療センターに隣接して東が丘看護学部が設置されています。

国立病院機構立川キャンパス　JR中央線立川駅から徒歩15分、災害医療の研修・教育・訓練機関である災害医療センター敷地内にあります。

船橋キャンパス　JR総武線・武蔵野線・京葉線、東西線西船橋駅徒歩12分、京成本線海神駅徒歩7分。キャンパスから実習先のJCHO船橋中央病院へは徒歩3分です。

雄湊キャンパス・日赤和歌山医療センターキャンパス　1・2年次は南海電鉄和歌山市駅徒歩約14分の雄湊（おみなと）キャンパス、3・4年次は日本赤十字社和歌山医療センター内にあるキャンパスで学びます。

卒業後の進路

　卒業生は看護師、管理栄養士、医療情報のスペシャリストとして、病院、販売、開発などさまざまなかたちで医療関係分野に幅広く就職、活躍しており、社会認知と各学科に寄せる期待が高まっています。

主な就職先分野

看護学科：大学病院、公的病院、国公立病院、民間病院

医療栄養学科：病院、学校、スポーツ施設、医薬品メーカー、医療機器メーカー、食品メーカー　ほか

医療情報学科：病院、医療系システム開発、ITシステム開発、医療機器メーカー、医薬品開発企業　ほか

入試GUIDE（前年度参考）

①**総合型選抜**／全学部

②**学校推薦型選抜（指定校・公募）**／全学部

③**一般選抜（A日程・B日程・C日程）**／全学部

④**共通テスト利用入試（前期・後期）**／全学部

奨学金制度

　大学独自の奨学金制度としてスカラシップ制度を設けています。

スカラシップⅠ：一般選抜（B日程）合格者の上位5人程度。入学金と1年間の授業料全額免除。

スカラシップⅡ：一般選抜（A日程・B日程）合格者の上位10人程度。1年間の授業料を半額免除。

東が丘看護学部、立川看護学部では、東京医療センター及び災害医療センターに就職を希望する学生に奨学金を貸与する制度があります。

東京医療センター奨学制度：年額50万円を貸与。3年次生10人以内、4年次生15人以内。

災害医療センター奨学制度：40万円を貸与。4年次生若干名。

千葉看護学部では、船橋中央病院に就職を希望する学生に奨学金を貸与する制度があります。

船橋中央病院奨学制度：60万円を貸与。1～4年次12人程度。

資料請求方法：巻末ページの「パンフレット一括請求」をご覧ください。

関東

東京家政大学

〒173-8602　東京都板橋区加賀1-18-1　アドミッションセンター　TEL 03-3961-5228　〈HP〉https://www.tokyo-kasei.ac.jp

TOPICS
創立140年を超え
"高い専門性" と "豊かな人間性" を兼ね備えた人材を育成しています。

専門分野が深く学べる大学

明治14年の創立以来、女性が経済的かつ精神的に自立するための教育を実践してきた東京家政大学。学生と教員、学生と学生といったコミュニケーション型の学びのスタイルのもと、さまざまな分野で高度な専門性を学ぶことができ、専門に即した免許・資格の取得が可能です。

児童学部
●**児童学科　児童学専攻**　児童学の基礎を5分野から総合的に学び、子どもの育ちを支える高度な知識と確かな実践力を兼ね備えた即戦力のある人材を養成します。
●**児童学科　育児支援専攻**　家庭や地域など幅広い分野で、親子の幸せを支える子育て支援の高度な専門知識と保育実践力を兼ね備えた即戦力のある人材を養成します。
●**初等教育学科**　授業力と学級経営力を育む体系的なカリキュラムにより、指導力豊かな小学校教諭を養成します。小学校教諭1種（全科）の免許に加え、幼稚園教諭1種の免許も取得できます。

栄養学部
●**栄養学科**　食と健康の専門的な知識と栄養指導や食生活改善などの実践的能力を実験や実習を通して身につけます。栄養士や家庭科教諭など食の専門家を養成します。
●**管理栄養学科**　人体の仕組みや臨床栄養学など医学的な分野まで深く学び、チーム医療の一員として活躍できる専門性の高い管理栄養士を養成します。2023年の管理栄養士国家試験合格率は97.4%です。

家政学部
●**服飾美術学科**　デザイン、服飾造形、ビジネス、さらに繊維素材や染色など科学的な分野まで、ファッションや衣服に関わることを総合的に学び、アパレル業界における専門家や教員として活躍できる人材を養成します。
●**環境共生学科（2024年4月名称変更予定）**　自然科学に加え、データサイエンスやSDGsについても学び、環境

交通アクセス
〈板橋キャンパス〉JR埼京線十条駅下車徒歩5分
　　　　　　　　都営三田線新板橋駅下車徒歩12分
〈狭山キャンパス〉西武池袋線稲荷山公園駅下車徒歩3分

■**学科組織（募集人員）**　※2024年度入試
〈板橋キャンパス〉
●**児童学部**　児童学科（児童学専攻105、育児支援専攻105）／
　初等教育学科85
●**栄養学部**　栄養学科120／管理栄養学科160
●**家政学部**　服飾美術学科175／環境共生学科＊75／
　造形表現学科120
　＊2024年4月名称変更予定
●**人文学部**　英語コミュニケーション学科120／
　心理カウンセリング学科95／教育福祉学科70
〈狭山キャンパス〉
●**健康科学部**　看護学科100／リハビリテーション学科
　　　　　　　（作業療法学専攻35、理学療法学専攻65〈届出中〉）
●**子ども支援学部**　子ども支援学科100

問題を総合的にとらえます。環境の知識をもって、さまざまな分野で問題を解決できる力を身につけます。
●**造形表現学科**　さまざまな専門領域を基礎から学び、造形表現を幅広く身につけ、アート・映像、デザイン、工芸のさらなる創造の世界を広げます。造形表現を生かした社会貢献のできる人材を養成します。

人文学部
●**英語コミュニケーション学科**　グローバルに活躍できる英語によるコミュニケーション能力を養成します。また、副専攻プログラムや国内外の体験プログラムから、多文化共生の考え方やグローバルな感性を磨きます。
●**心理カウンセリング学科**　多彩な心理療法の理論と技術を身につけ、カウンセリング力を高めます。心のケアができる養護教諭や対人スキルを備えた実践力のある専門家を養成します。
●**教育福祉学科**　社会教育・社会福祉・心理の3分野から多角的に学び、一人ひとりのライフコースを支援できる専門知識や技術を持った人材を育成します。

健康科学部
●**看護学科**　いのちの誕生から老いまで、あらゆる年代における健康の保持増進と生活の質を維持する看護の実践力をもつ看護職者を養成します。初年度より臨地実習を行い、着実に専門性を深めます。
●**リハビリテーション学科（作業療法学専攻・理学療法学専攻）**　生活の質に焦点をあて、質の高い生活支援ができる作業療法士・理学療法士を育成します。

子ども支援学部

●**子ども支援学科**　支援を要する子どもを含むすべての子どもの可能性を広げられる保育士・幼稚園教諭を養成します。子どものための施設が併設された自然豊かな環境で実践的に学びます。

埼京線「十条」駅より徒歩5分のキャンパス

取得できる免許状と資格

学部	学科・専攻		取得できる資格等
児童	児童	児童学	幼稚園教諭1種、保育士、社会福祉主事任用資格、図書館司書（児童学）、認定ベビーシッター資格（育児支援）
		育児支援	
	初等教育		小学校教諭1種、幼稚園教諭1種、学校図書館司書教諭他　※他学科の科目履修により、中学校教諭2種（英語）の免許取得可
栄養	栄養		栄養士、中学校・高等学校教諭1種（家庭）、フードスペシャリスト受験資格他
	管理栄養		栄養士、管理栄養士国家試験受験資格、中学校・高等学校教諭1種（理科）、栄養教諭1種他
家政	服飾美術		中学校・高等学校教諭1種（家庭）、学芸員、1級衣料管理士、2級衣料管理士他
	環境共生＊		中学校・高等学校教諭1種（理科）、東京都1種公害防止管理者他
	造形表現		中学校・高等学校教諭1種（美術）、学芸員他
人文	英語コミュニケーション		中学校・高等学校教諭1種（英語）他
	心理カウンセリング		養護教諭1種、社会調査士、認定心理士（申請資格）他
	教育福祉		社会福祉士国家試験受験資格、精神保健福祉士国家試験受験資格、中学校教諭1種（社会）、高等学校教諭1種（公民）他
健康科学	看護		看護師国家試験受験資格、保健師国家試験受験資格（選択）、助産師国家試験受験資格（選択）
	リハビリテーション	作業療法学	作業療法士国家試験受験資格他
		理学療法学	理学療法士国家試験受験資格他
子ども支援	子ども支援		幼稚園教諭1種、保育士、特別支援学校教諭1種（選択）、社会福祉主事任用資格他

＊2024年4月名称変更予定

夢に向かって頑張るあなたと社会をつなぐ万全のサポート体制

●**就職活動サポート**　学生が個人の能力と適性に応じた職業につけるよう、さまざまな形で支援しています。「キャリアセミナー」や「基礎力養成講座」などの基礎的な内容から、就職セミナーや就職支援講座、公務員対策講座を開催し、「幼稚園教諭・保育士」「栄養士」「看護師」「教員」など希望する進路別に手厚くフォローします。また、社会での現場経験豊富な就職アドバイザーによる親身な指導により、夢の実現を応援しています。

●**ヒューマンライフ支援センター（板橋）**　学生たちに授業だけでは得られない経験を積む「実践教育の場」を数多く提供しています。また、「地域のニーズに学生の学びで応える」をモットーとし、東京家政大学が長年培ってきた知的資源を地域に還元しています。たとえば「森のサロン」は、0〜3歳の親子と学生ボランティアや保育士、教職員が集う子育て広場。学生企画によるミニイベントなども実施しており、日常の学びを実践しています。

●**大学附属の乳幼児施設（板橋）**　キャンパス内に乳幼児の保育・研究施設が併設されており、児童学部の学生が見学・実習・ボランティアを行います。

●**保育所・子どもクリニック（狭山）**　狭山キャンパス内には保育所やアレルギー疾患・発達障がい専門の子どもクリニックがあります。学生は日常的に子どもたちと触れ合える恵まれた環境のなかで、日々子どもの発達を学ぶことができます。

●**大学独自の奨学金制度**　返還の必要がない東京家政大学独自の奨学金制度を複数設けています。さらに入試時成績優秀者に対し、1年次後期授業料を免除する奨学金制度があります。また、後期の授業料が免除となる在学生特待生奨学金制度もあります。

入試GUIDE（前年度参考）

①渡邉辰五郎（自主自律）AO入試　※造形表現学科を除く
②学校推薦型選抜
　（グローアップ入試・英語外部試験利用入試・指定校制）
③自己推薦型AO入試　※造形表現学科のみ
④子ども支援学科AO入試
⑤英語コミュニケーション学科AO入試
⑥一般選抜（統一地区・1期・2期・共通テスト利用型）
⑦大学入学共通テスト利用入試（A・B日程）
⑧特別入試（編入学・社会人・帰国子女・留学生など）

東京家政大学の主な Ranking Data

2023年保育士就職者数	全国第1位
2023年幼稚園教諭就職者数	東京第1位
2023年保育教諭就職者数	東京第1位
2023年管理栄養士国家試験合格者数（新卒）	東京第1位
2023年看護師国家試験合格率	全国第1位

2023年保健師国家試験合格率	全国第1位
2023年助産師国家試験合格率	全国第1位
2023年社会福祉士国家試験合格率	全国私立大第1位
（受験者10人以上）	

『大学探しランキングブック2024』（大学通信刊）より

資料請求方法：巻末ページの「パンフレット一括請求」をご覧ください。

東京経済大学

資料請求		
	請求ハガキ	巻末ハガキ
料　金	無　料	
完成時期	5月下旬	

〒185-8502　東京都国分寺市南町1-7-34　入試課　TEL 042-328-7747　〈HP〉https://www.tku.ac.jp/

挑戦し続ける姿勢（進一層）と人間性をつくる大学

■学部組織（2024年度）
- ●経済学部　530（学部一括募集）
　経済学科／国際経済学科
- ●経営学部　565（学部一括募集）
　経営学科／流通マーケティング学科
- ●コミュニケーション学部（学科別募集）
　メディア社会学科150／国際コミュニケーション学科90
- ●現代法学部　現代法学科250
- ●キャリアデザインプログラム　50（4学部定員に含む）

国分寺キャンパス

社会科学系の総合大学

経済学部　「良き経済人」を育成します
- ●経済学科／財政や金融、労働や社会保障、環境やコミュニティなど、日常に関わる分野を経済学の視点で学びます。
- ●国際経済学科／欧米やアジア諸国の経済を深く学び、国際貿易や国際金融、開発協力など日本と世界の繋がりを経済学的な手法で学びます。

経営学部　「自立した社会人」の育成を目的とします
- ●経営学科／実社会における経営の現場を想定した知識の応用、意思決定力、リーダーシップを養成します。
- ●流通マーケティング学科／流通とマーケティングの専門知識と技術を習得し、実践的な問題解決力を養います。

コミュニケーション学部　「実践的な知力」を獲得します
- ●メディア社会学科／個々のメディアの特徴を理解して、メディアテクノロジーを活用し、国際的な視野から考え、行動できる人材を育てます。
- ●国際コミュニケーション学科／ヒト・モノ・コトが国境を越えて移動する観点から現代社会を考察し、英語運用力と異文化適応力を養成します。

現代法学部　「現代的課題の解決策を示す力」を習得します
- ●現代法学科／4年間を通じて少人数で、現代の社会問題を解決するための法的アプローチを重視し、公正で持続可能な共生社会を目指します。

DATA・FILE

- ○教員数……144（教授85　准教授51　専任講師8）
- ○学生数……学部6,739（男4,731　女2,008）
　　　　　大学院56
- ○キャンパス面積……138,672㎡（武蔵村山キャンパス含む）
- ○蔵書数……約84万冊　　　　　　　（2023年5月現在）

チャレンジ精神「進一層」

　困難に出合ってもひるまずにさらに前に進むチャレンジ精神「進一層」を建学の理念とし、社会の現実や変化を積極的に学ぶことを重視しています。東京経済大学の前身、大倉商業学校の創立者である大倉喜八郎は、明治から大正期にかけて日本の近代産業を発展させた実業家で、1900年（明治33年）、国際舞台で活躍できる人材の育成を目的に大倉商業学校を創立しました。

「考え抜く実学。」を始めよう

　東京経済大学の教育は「考えて、考えて、考え抜く。」ことを実践しています。安易な現実対応の実学は、あっという間に陳腐化します。深い知識の集積であるアカデミズムの土台があってこそ、専門性が高まると考え「アカデミズムに裏打ちされた実学教育」を展開しています。

　東京経済大学は、中規模大学である強みを生かし、学生と教員の距離が近く、学生一人ひとりに寄り添った少人数教育を実施しています。

3層構造の教育システム「TKUチャレンジシステム」

　東京経済大学の教育システムは、3層構造で基礎から応用までを段階的に学べるようになっています。社会で求められる幅広い基礎力を養う「ベーシックプログラム」、専門分野での知識や技術を修得する「学部・学科教育」、さらに専門分野での学びを高度な資格や語学力の習得に結びつける「アドバンストプログラム」です。

ベーシックプログラム
チャレンジのための基礎力

「TKUベーシック力（りょく）10のチカラ」は、4年間を通して、すべての学生に身につけてほしい10種の基礎力のことで、全学部のカリキュラムに反映させています。

学部・学科教育
「自ら学ぶ、ゼミする東経大」

講義科目だけでなく、ゼミ教育を重視しています。文献講読やディスカッション、グループ研究、さらには地域活動への参加、企業との商品開発、海外研修などを積み重ねていきます。講義科目で基礎や幅広い分野を学び、生き抜く知識を得て、ゼミを通じて思考力、判断力、表現力を得ることができます。

アドバンストプログラム
少数精鋭で高度な資格取得や語学力習得を目指す

●**会計プロフェッショナルプログラム**

提携専門学校とのダブルスクールで、「公認会計士」「税理士」「国税専門官」を目指します。

●**法プロフェッショナルプログラム**

「司法書士」「行政書士」「裁判所事務官」などの法律専門職試験合格や法科大学院への進学を目指します。

●**金融キャリアプログラム**

金融キャリア形成に向けて、資格取得、業界研究、企業見学、面接練習などを行い、柔軟な視野を身につけます。

●**PRプロフェッショナルプログラム**

「PRプランナー補」「社会調査士」の資格を取得し、広報・PRのスペシャリストを目指します。

●**グローバルキャリアプログラム**

オーストラリアまたは中国で、現地でのインターンシップを含む約5カ月間の海外語学・専門研修を実施します。

●**英語アドバンストプログラム**

習熟度別に東京経済大の教員と外部ネイティブ講師が連携し、実践的な英語コミュニケーションを指導します。

入学後に学部を選べる「キャリアデザインプログラム」

東京経済大学の4学部の各入門科目を1年次に学び、2年次から自分に最適な学部を選択することが可能なプログラムです。高校生の段階では見極めにくい「専門」を、実際に学んでから選択することを可能にしました。並行して、なりたい自分に近づくためのキャリア力を体験型学習を通じて1年次から鍛えます。

4年間を通じたキャリア教育

少人数制の参加型授業「キャリアデザイン・ワークショップ」を1年次から4年次まで開講し、段階的かつ継続的に一貫した支援を行い、自らのキャリアを主体的に考える力を身につけることを目指しています。

学部横断型の履修が可能に

2年次以降自分の方向性や関心に基づき、金融・広告・環境・福祉・情報・グローバルビジネスの6つのテーマに沿って所属学部以外の専門授業を履修でき、より明確に将来を設計することができます。

充実の国際交流・留学

「グローバルラウンジ コトパティオ」は、いつでも気軽に立ち寄り国際交流を楽しめるスペース。英語ネイティブスタッフが常駐しているほか、世界各国のイベントや留学生による企画を通じて、キャンパス内で異文化体験ができます。

「グローバルキャリアプログラム」では、オーストラリアまたは中国で5カ月間海外研修を行い、2週間は現地企業でインターンシップを体験します。留学先機関の学費や保険料は大学が一部負担し、休学する必要もありません。また、オーストラリア、ドイツ、アメリカ、中国、韓国など海外協定校と提携し、休学せずに半年または1年間留学する「協定校留学」や、夏季・春季休暇を利用した「短期語学研修」、「海外ゼミ研修」も設けています。

学生一人ひとりに寄り添う東経大の「就職力」

年間10,000件以上のキャリアセンターによる個別相談

キャリアセンターでは1年次から面談を行い、学生の適性に応じた就職支援をしています。支援行事や学内での合同企業説明会の実施などきめ細やかなサポートで学生の就職活動を支えています。

主な就職先（2023年3月卒業） 大成建設、ユニ・チャーム、不二家、大塚商会、セブン-イレブン・ジャパン、みずほフィナンシャルグループ、大和証券、星野リゾート、マイナビ、関東信越国税局、各市区町村など

卒業生組織 業界別の卒業生組織「葵マスコミ会」、「葵流通会」、「葵金融会」、「大倉公認会計士会」、「税理士葵会」が、各業界を目指す後輩たちをバックアップします。

入試GUIDE（2024年度参考）

①**一般選抜**（共通テスト利用選抜／前期2教科・前期3教科・中期4科目・後期3教科、一般選抜／前期2教科（得意科目2倍方式）・前期3教科（地区試験場あり）・前期ベスト2型（地区試験場あり）・後期2教科）

②**AO選抜**（コミュニケーション学部、キャリアデザインプログラム）

③**その他**（資格取得者選抜／自己推薦選抜〈現代法学部〉／簿記資格取得者選抜〈経営学部〉／スカラシップ選抜など）

資料請求方法：巻末ページの「パンフレット一括請求」をご覧ください。

東京工科大学

【八王子キャンパス】〒192-0982　東京都八王子市片倉町1404-1　広報課 ☎0120-444-903
【蒲田キャンパス】〒144-8535　東京都大田区西蒲田5-23-22　広報課 ☎0120-444-925　〈HP〉https://www.teu.ac.jp/

資料請求

	請求ハガキ	巻末ハガキ
料　金	無　料	
完成時期		3月末

TOPICS

●デジタルツインセンターが誕生！ 仮想空間上に現実と同じ環境を双子のように再現する"デジタルツイン"に関する研究・人材育成に取り組む「デジタルツインセンター」が2023年に誕生。幅広い領域を教育・研究する大学の特色を生かし、異分野融合をベースに未踏分野の開拓をめざします。

■学部組織（2025年度）

〈八王子キャンパス〉
●コンピュータサイエンス学部　先進情報専攻（情報基盤コース＊／人間情報コース＊／人工知能コース＊）／社会情報専攻＊
●メディア学部　メディアコンテンツコース／メディア技術コース／メディア社会コース
●工学部　機械工学科／電気電子工学科／応用化学科
●応用生物学部　生命医薬コース＊／地球環境コース＊／食品コース＊／化粧品コース＊
●大学院　工学研究科／バイオ・情報メディア研究科

〈蒲田キャンパス〉
●デザイン学部　視覚デザインコース＊／情報デザインコース＊／工業デザインコース＊／空間デザインコース＊
●医療保健学部　看護学科／臨床工学科／リハビリテーション学科（理学療法学専攻、作業療法学専攻、言語聴覚学専攻）／臨床検査学科
●大学院　デザイン研究科／医療技術学研究科
＊2024年4月新設

先端の教育・研究を展開

東京工科大学は先端の教育・研究を推進し、社会の変化に適応しながら活躍できる力を備えた人材を育成しています。環境問題へのアプローチや人々の健康に寄与する取り組みなどさまざまな学びで、全学部が持続可能な社会に貢献する知の創造をめざしています。

充実したキャンパス環境

広大な敷地を誇る八王子キャンパスは、実社会で役立つ専門の「学理」と「技術」を学ぶための施設・設備が整っています。学修・研究施設のほか、学生生活をサポートするさまざまな厚生施設も充実しています。蒲田キャンパスは最新の情報や人が集まる都心に立地。蒲田駅前に建つタワー型の校舎に、充実した設備を用意しています。また、医療保健学部のために医療現場と同等の実習設備が整うほか、キャンパスには広々とした庭園もあります。

片柳研究所（八王子キャンパス）　「東京工科大学の頭脳」ともいえるビッグスケールを誇る施設。革新的な工業用材料の開発など、さまざまな産官学連携プロジェクトが進行中です。

3号館（蒲田キャンパス）　地上20階地下1階建て、全面ガラス張りの外観で、約550人収容の大講義室などを完備。実際の医療現場と同等の設備を備えた、医療保健学部の実習室も設置しています。

卒業後の進路

各種セミナーなど就職関連イベントの主催、就職情報の提供などを行う就職サポートの拠点が「キャリアサポートセンター」「キャリアコ一オブセンター」。模擬面接やエントリーシート添削といった個別対応もきめ細かく行い、学生一人ひとりを希望の進路へと導きます。また、特定の業界について精通した「キャリアアドバイザー」や就職指導を専任とする教員である「就職特任講師」らを配し、多角的な就職サポートを実現しています。これらキャリアサポートと、社会人基礎力を養う「実践型キャリア教育」により、就職を万全に支援します。

主な就職先（2023年3月卒業生実績）　三菱電機、ヤフー、NTT東日本、資生堂、任天堂、サイバーエージェント、富士通、NEC、JR東日本、JR東海、フロム・ソフトウェア、SUBARU、本田技研工業、ソフトバンク、星野リゾート、TOPPAN、森永乳業、キユーピー、中外製薬工業、タカラトミー、ミツカン、東急Re・デザイン、マイナビ、ぺんてる、川崎市病院局、国立病院機構関東信越グループ、虎の門病院、初台リハビリテーション病院、農林水産省　他

入試GUIDE（2024年度入試参考）

●総合型選抜（全学部AO入試／探究成果発表入試／メディア学部特別入試／言語聴覚学専攻特別入試）
●学校推薦型選抜（指定校）
●一般選抜（奨学生入試／A日程／B日程／大学入学共通テスト利用試験前期／大学入学共通テスト利用試験後期）

DATA・FILE

○教員数……292
○学生数……7,605（男4,911　女2,694）※学部生のみ
○キャンパス面積……八王子キャンパス　381,100㎡
　　　　　　　　　　　蒲田キャンパス　26,952㎡
（2023年5月1日現在）

受験生情報サイト「工科大ナビ」

受験生に欠かせない入試情報はもちろん、各学部のことがよくわかるムービーや学生のインタビューなどのコンテンツが満載です！
https://jyuken.teu.ac.jp/

学部・学科・コース紹介

八王子キャンパス

コンピュータサイエンス学部
- 先進情報専攻
  - 情報基盤コース＊
  - 人間情報コース＊
  - 人工知能コース＊
- 社会情報専攻＊
  - ＊2024年4月新設

時代の変化を先取りして主導できる技術者を育成するため、2024年4月より専攻とカリキュラムを一新します。先進情報専攻に情報基盤コース、人間情報コース、人工知能コースを設置するほか、社会情報専攻を新設。人工知能などのICTの最先端から、ICTによる新たな価値創造やビジネス基盤の実現、問題解決まで幅広く学修することができます。

メディア学部
- メディアコンテンツコース
- メディア技術コース
- メディア社会コース

技術教育を中心に学修した上で、メディアコンテンツコース、メディア技術コース、メディア社会コースの3コースに分かれて専門性を高めます。コース選択後も他コースの科目を履修できるなど、柔軟なカリキュラムを展開しています。メディアビジネスやソーシャルメディア、アニメーション、CG、ゲーム、プログラミング、サウンド、広告、コミュニケーションまで多様なメディアコンテンツに対応する学びの環境を整備。1年次から専門性の高い演習で学ぶこともできます。

工学部
- 機械工学科
- 電気電子工学科
- 応用化学科

持続可能な社会を実現するために、さまざまな視野で技術を捉え、原材料、製造、消費、再利用・廃棄という様々な観点から評価し、設計するサステイナブル工学を実践し、次世代において広く社会に貢献できるエンジニアを育成します。さらに、新たな手法として「コーオプ教育」を採用。産学連携による学内外での約2カ月間の就業経験を、給与（約30万円）を得ながら行うことで課題を発見し、大学における勉学意欲を高め、就業力の向上にもつなげていきます。

応用生物学部
- 生命医薬コース＊
- 地球環境コース＊
- 食品コース＊
- 化粧品コース＊
  - ＊2024年4月新設

環境やエネルギーの問題を解決するためには、生物の高効率・省エネルギーの機能を学ぶことが有効な手段のひとつです。応用生物学部は、生物に関する知識を工学的に応用し、人々に役立たせる技術を追究します。砂漠化の防止の可能性を秘めた機能を持つ植物の研究、新規医薬品の研究開発、肌トラブルに関する機能性化粧品の開発や、健康に寄与する機能性食品の開発など、多彩な研究を展開しています。

蒲田キャンパス

デザイン学部
- 視覚デザインコース＊
- 情報デザインコース＊
- 工業デザインコース＊
- 空間デザインコース＊
  - ＊2024年4月新設

表現や発想の根幹となる「感性」とデザイン制作に必要な「スキル」を修得する演習により、基礎から可能性をのばせるカリキュラムを展開。それぞれのデザイン領域に必要なスキルや提案力を身につけた上で、自分の専門性を生かした研究へと発展させ、現代社会に必要なデザイン力で適応できる人材の育成をめざしています。

医療保健学部
- 看護学科
- 臨床工学科
- リハビリテーション学科
  - 理学療法学専攻
  - 作業療法学専攻
  - 言語聴覚学専攻
- 臨床検査学科

社会との情報伝達・相互理解・協働する力を含め、チーム医療に欠かせないコミュニケーション力や、他職種とコラボレーションする力を養成。さらに、ICT（情報通信技術）をはじめ今日の医療を支える科学技術の基礎の教育も行います。学内に病院同等の実習設備を整えるほか、臨床実習については多様な医療機関との協力体制を築いています。

進学イベント開催

年間を通して、オープンキャンパスをはじめ、皆さまの進路選択をサポートするさまざまなイベントを開催予定です。日程・詳細等は決定次第、大学Webサイト等でお知らせします。

奨学生入試 ※2024年度入試参考

奨学生合格者（全学部合計103人）として入学した方に、返還不要の年額130万円を最長4年間【520万円】支給する「奨学生入試」を実施。試験は統一型で、追加の入学検定料不要で2学科・専攻の併願が可能です。奨学生合格者に加えて、一般選抜免除合格者も発表します。

資料請求方法：巻末ページの「パンフレット一括請求」をご覧ください。

東京工芸大学

資料請求		
	請求ハガキ	巻末ハガキ
料　金		無　料
完成時期		5月中旬

厚木キャンパス　工学部　〒243-0297　神奈川県厚木市飯山南5-45-1　☎0120-125-246（工学部入試課）
中野キャンパス　芸術学部　〒164-8678　東京都中野区本町2-9-5　☎0120-466-233（芸術学部入試課）
〈HP〉https://www.t-kougei.ac.jp/

TOPICS 高い専門性を活かして次代を担うエンジニアやメディアコンテンツ・クリエイターを目指す

■学部・学科組織・募集人員

- ●工学部　400
  - 〈情報学系〉情報コース
  - 〈工　学　系〉機械コース、電気電子コース
  - 〈建築学系〉建築コース
  - ※2024年度から情報コースのリニューアル等、コースの改編を行います。詳細は大学案内2025をご確認ください。
- ●芸術学部
  - 写真学科80／映像学科80／デザイン学科155／インタラクティブメディア学科70／アニメーション学科70／ゲーム学科70／マンガ学科60
- ●大学院　工学研究科／芸術学研究科

🏛 大学GUIDE

　東京工芸大学は、1923年に当時最先端のメディアであった写真の表現と技術を学ぶ高等教育機関として創設されました。

工学部　情報処理に強くなる教育カリキュラムで、エンジニア育成をめざした4つのコースを設置しています。4つのコースには、AI・データサイエンス・映像メディア・情報通信・ロボット・エレクトロニクス・建築設計……など、多彩な学びの分野があります。学生の「伸びしろ」を最大化し、進歩が実感できる教育をしています。

芸術学部　スマートフォンやPC、カメラなど、道具を使うアートである「メディア芸術」のスキルを教育し、クリエイティブ産業や文化を支える人材を育成します。

🏃 卒業後の進路

就職NO.1を目指す工学部
多くのプロを輩出している芸術学部

　工学部の就職率は97.0％（2023年3月卒）と、就職支援の手厚さが企業の人事担当者から評価されている大学であり、4年間一貫したキャリア教育と就職支援を実施しています。履歴書の添削や面接練習といった支援以外にも、年間約50回の学内企業説明会によるマッチング機会の創出を行っています。

　また、多くの学生がデザイナー等のクリエイティブ職をめざす**芸術学部**では、専門知識だけではなくクリエイティブ職に必要なプレゼン能力やポートフォリオ制作能力等を養う実践的なキャリア教育を1年次から開講。その結果、大手広告代理店やゲーム会社にもたくさんの卒業生が在籍しています。

就職内定率と主な就職先（2023年3月卒業生）

【工学部】97.0％　日産自動車、USEN-NEXT HOLDINGS、フジパングループ本社、JVCケンウッド、NSD、キューブシステム、SKY、ソフトバンク、山崎製パン、富士通ゼネラル、ニコン、清水建設、大和ハウス工業、積水ハウス　ほか

【芸術学部】94.3％　MAPPA、博報堂プロダクツ、テレビ東京、イイノ・メディアプロ、白川プロ、太陽企画、AOI Pro、セガ、マッドハウス、アトラス、バンダイナムコフィルムワークス、シミズオクト、TYO、IMAGICA Lab.、東映アニメーション、イマジカデジタルスケープ、ユークス、警視庁、キャラバン、ジェットスタジオ　ほか

💡 NEWS

2024年度 情報コースがリニューアル

　情報×3つの分野（「データサイエンス」「AI・コンピュータサイエンス」「画像・写真応用」）で最新技術を学びながら、それぞれが興味・関心のある分野を選んで専門性を究めることにより、進化し続ける情報のフィールドで活躍できる人材をめざすことができます。

アドビのアプリケーションが自由に使える（芸術学部のみ）

　アドビシステムズと包括ライセンス契約（ETLA）を結び、学生は学内施設でも自宅の個人PCでもアプリケーションを自由に使用することができます。

📝 入試GUIDE （前年度参考）

①総合型　②推薦　③一般　④共通テスト利用　など

奨学金／特待生制度

○奨学金／日本学生支援機構奨学金、えんのき奨学金、野呂奨学金、東京工芸大学大学院研究奨学金、工学部同窓会奨学金、後援会教育奨学金、後援会留学生奨学金、同窓会芸術学部奨学金、同窓会芸術学研究科奨学金など
○特待生制度／全学統一選抜次特待生（初年度納付金（入学金除く）から100万円減免）、工学部第1種特待生、工学部第2種特待生、一般選抜特待生、表現力選抜特待生など

資料請求方法：巻末ページの「パンフレット一括請求」をご覧ください。

東京歯科大学

〒101-0061　東京都千代田区神田三崎町2-9-18（水道橋校舎本館）　〒101-0061　東京都千代田区神田三崎町2-1-14（水道橋校舎新館）
〒101-0062　東京都千代田区神田駿河台2-9-7（さいかち坂校舎）　　　問合せ先：新館・教務課　TEL 03-6380-9528（直通）

TOPICS　130年以上の歴史を誇る東京歯科大学では、日本の歯科医療を支える優秀な人材を輩出するため、充実のカリキュラムや臨床実習を用意。高い歯科医師国家試験合格率も誇っています。

関東

■学科組織
●歯学部　歯学科128

コミュニケーションを重視したカリキュラム

　1890年、日本最初の歯科医学教育機関として創立、以来130年以上にわたり時代と社会、人々の求める医療の革新を使命に、研究と臨床に取り組んでいます。きめ細かな少人数教育で豊かな人間性を持つ歯科医師を育成しています。

　時代のニーズに応える「個性」的な教育プログラムに取り組んでおり、通常の講義に加えて、学内無線LANを活用した自学自習のための教育用Webサイト、e-learning programなど、先進的な学習プログラムで学習をバックアップしています。

　カリキュラムには、歯科医学の知識と技能を確実に修得するために、各科目の講義・実習で学習する内容を統合し、教養系科目と基礎系・臨床系科目を関連付けて横断的に理解する統合型科目を積極的に導入しています。自ら問題を発見し、解決法を見出す学習法により、総合的な診断能力を養います。臨床基礎実習では、コンピュータ支援によるシミュレーションシステムを用いて臨床の実際に即した実習が可能。5年次からの臨床実習では、2附属病院、1センターで実際の診療を体験します。

　また、医療の根幹をなすのは、患者と医師・歯科医師との十分な信頼関係です。その基盤の上にたち、優れた知識と技能を持つ医療者となってはじめて全人的医療、すなわち患者の立場に立った医療が可能になります。そのために、各学年においてレベルに応じた段階的・継続的なコミュニケーション教育を実施しています。1〜4年次にさまざまなコミュニケーション・トレーニングを経験し、5年次からの臨床実習で実際に患者と接し、医療人としての態度を身につけます。

CAMPUS情報

　2012年度の新1年生から水道橋キャンパスが6年間のメインキャンパスになっています。

　東京歯科大学は、東京・水道橋、市川市、千葉市に3つのキャンパスと2附属病院、1センターを有しています。これらの施設には、歯科医学を修得していく上で、非常に恵まれた環境が整っています。

国際交流　韓国・中国・台湾・アメリカ・スウェーデン・ロシアに姉妹校が10大学あります。Elective Study制度を設置し、学生時代から海外の大学施設等で研修を行うチャンスがあります。そのほか、多くの海外の大学や研究機関との共同研究も活発に行われています。

高い国家試験合格率

第116回（2023）国家試験で私立大学において23年連続1位

　過去、23年間にわたり私立大学の中で歯科医師国家試験合格率トップを維持。また、合格後の歯科臨床研修では、水道橋病院、市川総合病院、千葉歯科医療センターにおいてそれぞれ特色を生かした研修を行っています。

入試GUIDE（前年度参考）

①学校推薦型選抜（公募制・指定校制）　②一般選抜（Ⅰ・Ⅱ期）、大学入学共通テスト利用選抜（Ⅰ・Ⅱ期）　③帰国子女・留学生特別選抜　④編入学試験A・B　⑤学士等特別選抜A・B

DATA・FILE

○教員数……320（教授61 准教授41 講師77 助教118 嘱託教員23）
○学生数……学部837（男子398 女子439）
　　　　　　大学院145（男子79 女子66）
○キャンパス面積……約13万㎡
○蔵書数……約20万冊
　　　　　　　　　　　　　　（2023年5月1日現在）

オープンキャンパス

●水道橋キャンパス
　入試ガイダンス：大学紹介、模擬授業、入試科目のポイント説明、
　　　　　　　　　学内見学等（予定）
　※日時はホームページでご確認ください。

資料請求方法：巻末ページの「パンフレット一括請求」をご覧ください。

東京女子大学

〒167-8585　東京都杉並区善福寺2-6-1　広報課　TEL 03-5382-6476　〈HP〉https://www.twcu.ac.jp/　〈E-mail〉pr@office.twcu.ac.jp

資料請求		
	請求ハガキ	巻末ハガキ
料　金	送料200円（後納）	
完成時期	6月中旬	

TOPICS
2025年、1学部6学科の新体制へ。リベラルアーツ教育の進化。

大学GUIDE

キリスト教の精神に基づくリベラルアーツ教育

　東京女子大学は現代教養学部1学部の大学です。文理合わせて広い学問分野をカバーする学科・専攻が1つのキャンパスに集まり、所属する学問分野を超えて、他の学問領域についても学ぶことができる理想的な学習環境を整えています。専門の学びと他分野の学問領域、そして全学共通カリキュラムの学びで、深い洞察力と的確な判断力を身につけます。

学科紹介

1学部6学科の新体制へ

　学びの根幹であるリベラルアーツを進化させるべく、2024年度から2年にわたる教学改革を始動しています。2025年度からは、現代教養学部を6学科に改組します。新設・再編する4学科では学問分野を横断して学際的に学ぶコース制を導入します。1・2年次は学科の基礎から横断的に学び、3年次に卒業研究につながる専門分野（コース）を決めます。各コースに進んだ後も、他のコースの科目を履修することができます。また、2025年度より他学科科目の履修が必修となります。これまで以上に分野を横断した学びが可能となり、幅広い視点から物事を俯瞰的に思考できるようになります。

人文学科（哲学専攻／日本文学文化専攻〈名称変更〉／英語圏文化専攻〈新設〉／歴史文化専攻）

　「哲学専攻」「日本文学文化専攻」「英語圏文化専攻」「歴史文化専攻」の4つの専攻を切り口に、人間文化の徹底的な究明にチャレンジします。先人が積み上げてきた知的文化財産を理解することで、これからの文化・社会に貢献できる人材の育成をめざします。人文学科のみ、専攻単位で入学者選抜を行います。

国際社会学科〈再編〉※

　日本やアメリカ、中国、韓国といったアジア圏を中心に、世界の諸地域を研究対象とします。政治、外交、歴史、経済、社会、文化、思想について、さまざまな研究手法を用い、学際的に学びます。3年次に専門分野（国際関係コース／地域文化コース）を選択します。

■学部学科・定員・募集人員（2025年度予定）

●現代教養学部

人文学科220（哲学専攻36／日本文学文化専攻62／英語圏文化専攻60／歴史文化専攻62）
国際社会学科※120
経済経営学科※155
心理学科※80
社会コミュニケーション学科※145
情報数理科学科※70（情報数理科学専攻70）

※構想中。学科名称は仮称であり、計画内容は変更となる可能性があります。

経済経営学科〈新設〉※

　国際的な企業活動や環境問題などのグローバルな課題、人口減少による地域の衰退などのローカルな課題の双方に向き合い、学際的に課題解決の方法を追求します。実践的な解決策をデザインし提案できるよう、企業・自治体等と連携したアクティブラーニングを導入します。3年次に専門分野（経済学コース／経営学コース／地域デザインコース）を選択します。

心理学科〈新設〉※

　心のはたらき、行動のメカニズム、誕生から死までの生涯発達のプロセスなどが研究対象。体系的な知識を修得するとともに、実験、調査、観察、面接などにより心理学の実証的方法を身につけます。公認心理師資格対応。3年次に専門分野（心理科学コース／発達臨床コース）を選択します。

社会コミュニケーション学科〈新設〉※

　人間行動や現代社会を捉えるスキルとして、社会学や行動科学、メディア論やコミュニケーション論、社会調査やデータ分析を包括的に学びます。新たな社会をデザインし、情報発信していく学びを実践します。3年次に専門分野（社会学コース／メディア情報コース／共生社会コース）を選択します。

情報数理科学科〈名称変更〉※（情報数理科学専攻）

　現代の高度な情報社会において必要とされる情報科学、AI・データサイエンス、数理科学における知識を活用しながら、自然現象や社会現象の数理モデルを設定し、多角的に分析・解明することができる力を養います。
※構想中。学科名称は仮称であり、計画内容は変更となる可能性があります。

知のかけはし科目の新設

　2024年度には、異なる学問領域の教員2人がチーム・ティーチングを行う全学規模のカリキュラム「知のかけはし科目」が始まります。異なる分野の視点が一つの授業の中で交差し、予想もしなかった問いと答えが学生を巻き込んで展開します。これまでの授業では得られなかった新しい出会いは、学生と教員を既存の思考の枠組みから解き放ち、リベラルアーツらしい学びの契機となることでしょう。

【授業例】メディア論×パンダ政治外交
コミュニケーション学、社会心理学、国際政治・外交などの点から、「かわいい」が持つ社会的影響を考えます。

国際交流

　海外留学や短期海外研修など国際的な体験の機会を提供しています。現在、9つの国・地域の31大学と協定を結んでおり、留学する学生対象の奨学金があります。長期休暇中には、ケンブリッジ教養講座や語学研修（英語、ドイツ語、フランス語、スペイン語、中国語、韓国語）があります。

Global Citizenship Program
　2024年度から、所属学科を問わない選抜制のプログラム「Global Citizenship Program（GCP）」がスタートします。1年間の学部留学が必須で、グローバルな視点での調査に基づいた議論や海外体験を通じて、異なる文化・社会間のかけはしとなる地球市民として未来に貢献する力を養います。GCP生のための奨学金も用意しています。

CAMPUS情報

　全学生が4年間過ごすキャンパスは、人気の街・吉祥寺に近く、緑豊かで学習に最適な環境です。創立期から時を刻み続ける歴史的建造物を大切に守りながら、最先端の設備も積極的に導入し最良の環境を整えています。

キャンパス内に2つの学寮
　一人部屋の楓寮と、二人部屋の桜寮はいずれもキャンパス内にあり防犯面も安心。必要な家具やインターネット環境も完備しています。桜寮では留学生を受け入れ、日常的な国際交流の場を目指しています。

卒業後の進路（2023年3月卒業生）

　東京女子大学の就職率は、過去7年間99％以上を維持しています。リベラルアーツ教育で培う確かな基礎力と広い視野、キャリア教育が育む高い志、一人ひとりの学生としっかり向き合うきめ細やかなサポートが高い就職率を支えています。充実した4年間を経て「自立」した卒業生たちは、さまざまな分野で活躍しています。

就職率99.2％（就職者数758人／就職希望者数764人）
就職満足度86.5％（5段階評価で4以上の割合）

主な就職先
NTTドコモ、日立システムズ、アクセンチュア、リクルート、西村あさひ法律事務所、日本郵便、時事通信社、小学館、NHK、博報堂、カシオ計算機、キーエンス、サントリーホールディングス、小林製薬、村田製作所、日本アイ・ビー・エム、富士通、東京海上日動火災保険、日本銀行、野村證券、三井倉庫ホールディングス、JR東日本、日本航空、三井不動産、伊藤忠商事、カプコン、国家公務員一般職、東京都、教員　など

入試GUIDE（前年度参考）

■個別学力試験型
■英語外部検定試験利用型
■大学入学共通テスト3教科型／5科目型
■英語Speaking Test利用型
■3月期（専攻特色型／国公立併願型）
■総合型選抜【知のかけはし入学試験】
■学校推薦型選抜（指定校制）
※詳細は公式サイトにてご確認ください。

オープンキャンパス

【日程】 7/7(日)、8/3(土)・4(日)、
　　　　2025/3/22(土)

※6/22(土)は総合型選抜説明会を開催予定
日程・詳細は変更の可能性があります。
公式サイトにて最新情報をご確認ください。

交通アクセス

■西荻窪駅（JR中央線・総武線、東京メトロ東西線）から
　徒歩　北口より12分
　バス　北口1番のりばより吉祥寺駅北口行「東京女子大前」下車
■吉祥寺駅（JR中央線・総武線、京王井の頭線）から
　バス　北口3番のりばより西荻窪駅・上石神井駅行「東京女子大前」下車

資料請求方法：巻末ページの「パンフレット一括請求」をご覧ください。

東京電機大学

〒120-8551　東京都足立区千住旭町5番　入試センター　TEL 03-5284-5151(直)　〈HP〉https://www.dendai.ac.jp/　〈E-mail〉nyushi@jim.dendai.ac.jp

TOPICS
創立以来受け継がれる「実学尊重」の精神のもと
人や社会の未来に貢献できる技術者を育成

■学部・学科・学系構成（2024年度）

〈東京千住キャンパス〉
- **システムデザイン工学部**
  情報システム工学科／デザイン工学科
- **未来科学部**
  建築学科／情報メディア学科／ロボット・メカトロニクス学科
- **工学部**
  電気電子工学科／電子システム工学科／応用化学科／機械工学科／先端機械工学科／情報通信工学科
- **工学部第二部（夜間部）**
  電気電子工学科／機械工学科／情報通信工学科

〈埼玉鳩山キャンパス〉　コースは2年次から選択
- **理工学部（理工学科）**
  理学系（数学、物理学、化学、数理情報学コース）／生命科学系（分子生命科学、環境生命工学コース）／情報システムデザイン学系（コンピュータソフトウェア、情報システム、知能情報デザイン、アミューズメントデザインコース）／機械工学系（設計・解析、加工・制御コース）／電子情報・生体医工学系（電子情報、電子システムコース）／建築・都市環境学系（建築、都市環境コース）
  ※4年間通学キャンパスは変わりません。

🏛 大学GUIDE

システムデザイン工学部　情報化社会の基盤となる「情報システム工学」とものづくりを支える「デザイン工学」。この2つの技術を駆使して新たな価値を生み出すことができる技術者、実業家を育成します。ひとの魅力的な生活空間の創造に必要な「モノ・コト」をデザインし具現化できる力を養います。

未来科学部　建築、情報メディア、ロボット・メカトロニクスの3学科が協働することで、人間を中心に据えた快適な生活空間をデザインする能力を育成。問題発見・解決能力を養うアクティブラーニングや数多くの実験・実習をカリキュラムに取り入れ、幅広い分野の技術を身に付けます。また、ハイレベルな専門スキルを獲得できる学部・修士一貫教育も特長です。

工学部　「手厚いサポートのある基礎教育」「充実した実験、実習、ワークショップ」「幅広い専門科目と資格関連科目」の3つに力を入れて教育課程を編成。全学年を通じて用意された「実験・実習」により講義で習得した知識の理解を深め、かつ基礎技能を習得し、実社会で活躍できる技術者を育成します。

理工学部　高度な専門性と豊かな人間性を兼ね備えた「未来型科学技術者」を養成します。1年次は入学した学系の共通科目を中心に学び、2年次進級時に「主コース」と「副コース」を選択します。主コースは自分の所属学系の中から選び、副コースは所属学系からでも所属学系以外からでも選択できます。複数分野の専門知識を習得することで、実社会で必要とされる高い適応力を身に付けます。

工学部第二部　昼間働きながら夜間に学びたい学生のために3学科を設置しています。

🧑‍💼 就職支援

入学後からキャリアガイダンスを実施し、早い段階から自分の未来を実現するための支援を行っています。多様なプログラムを実施し、夢の実現に向けて、学生一人ひとりを最後までバックアップします。

主な就職先（2023年3月卒業生・修了生実績）　三菱電機、SUBARU、スズキ、SMC、NEC、沖電気工業、TOPPAN、JR東日本、東京電力、富士通、富士電機、THK、本田技研工業、インターネットイニシアティブ、キヤノン、大成建設、TDK、東京精密、日産自動車　他

▶ オープンキャンパス2024
- ●東京千住キャンパス
  （システムデザイン工学部・未来科学部・工学部・工学部第二部）
- ●埼玉鳩山キャンパス（理工学部）
- ※日程・当日のプログラムは大学ホームページをご覧ください。

▶ 入試GUIDE（2024年度参考）
①大学入学共通テスト利用選抜（前期、後期、工学部第二部）
②一般選抜（前期、前期・英語外部試験利用、後期、後期・英語外部試験利用、情報系外部試験利用、工学部第二部）
③学校推薦型選抜（指定校）
④学校推薦型選抜（公募）
⑤総合型選抜（AO）
⑥総合型選抜（はたらく学生）

東京福祉大学 池袋・王子キャンパス

〈池袋キャンパス〉 〒171-0022　東京都豊島区南池袋2-14-7　TEL 03-3987-6602　〈HP〉https://www.tokyo-fukushi.ac.jp

関東

TOPICS

●充実のキャリアサポートで"人を支える"福祉・教育・心理・保育の仕事につく夢を実現させる

公務員試験や教員採用試験、国家試験などの難関の試験合格に向けて、キャリア開発教育科目をカリキュラム内で開講。効果的な演習授業で得点力を確実に身につけます。また、「就職支援室」「教職課程支援室」「福祉専門職支援室」の３つの専門部署が協働し、試験情報の提供、論作文・面接指導などを行い、学生の夢の実現に向けて教職員一丸となって支援しています。

■学部・学科組織

※コースにより開講キャンパスが異なります。

●**社会福祉学部**
社会福祉学科（社会福祉専攻（社会福祉コース）、精神保健福祉専攻、心理福祉専攻、経営福祉専攻）

●**教育学部**
教育学科〔学校教育専攻（小学校教諭コース、小学校英語科コース、ICTコース、養護教諭コース、教育心理コース）、国際教育専攻（国際教育コース、日本語教育コース）〕

●**心理学部**
心理学科（総合心理学コース、発達・教育心理学コース、臨床心理学コース、犯罪心理学コース、福祉心理学コース、社会・ビジネス心理学コース）

●**保育児童学部**
保育児童学科（保育・幼児教育コース、保育・初等教育コース、こども福祉コース、こども発達心理コース、芸術福祉コース）

保育児童学部保育児童学科　５コースから選択して学修。保育士のほか、希望に合わせて幼稚園・小学校教諭や社会福祉士も取得可能。現代の多様な保育ニーズに対応できる子育て支援の専門家を養成します。

🏫 学部・学科GUIDE

社会福祉学部社会福祉学科　●**社会福祉専攻社会福祉コース**　福祉を幅広く学び社会福祉士合格をめざします。●**精神保健福祉専攻**　精神保健福祉士合格をめざして学修。社会福祉士とのW取得もめざせます。●**心理福祉専攻**　福祉に加え心理学も専門的に学修。公認心理師指定科目の大学学部分も履修可能。●**経営福祉専攻**　福祉施設の運営に必要な福祉・経営を学びます。

教育学部教育学科　●**学校教育専攻**　アクティブ・ラーニングで学び、「楽しくてわかりやすい」授業ができる教員を養成。希望の教員免許状を取得し小・中・高校教諭、養護教諭の教員採用試験合格をめざします。ICT教育や小学校英語も専門的に学べ、採用試験にも有利です。●**国際教育専攻**　多国籍児童に対応できる国際理解力を備えた教員を養成します。

心理学部心理学科　入学後、６コースから選択して幅広い心理学を学修。公認心理師指定科目の大学学部分も履修できます。卒業後、学内選抜で併設大学院に進学し公認心理師や臨床心理士受験資格取得も可能です。

🏢 アクセス抜群の都市型キャンパス

池袋キャンパス９号館はJR池袋駅東口から徒歩４分。近くにはカフェや大型書店が建ち並ぶ、アクセスが良く、便利な都市型キャンパスです。心理学を学ぶ王子キャンパスは、都電荒川線の梶原駅目の前。近県からもアクセス抜群です。

💡 アクティブ・ラーニングの授業

開学当初から独自のアクティブ・ラーニングの授業を実践。授業でのディスカッションや意見発表を通して、将来保育・福祉・教育・心理の現場で必要となる問題発見・解決能力やコミュニケーション能力を養成します。

📝 入試GUIDE （前年度参考）

①総合型選抜（課題発表型・活動発表型・目標発表型）
②推薦選抜（公募型・指定校型）
③Special奨学生選抜
④一般選抜（２科目型・１科目型・０科目型・共通テスト利用型）

取得資格

認定心理士、保育士、社会福祉主事※、児童指導員※、児童福祉司※〈要実務経験〉、他　※は任用資格【国家試験受験資格】社会福祉士、精神保健福祉士、公認心理師※卒業後大学院進学が必要【教員免許状】幼稚園一種、小学校一種、養護一種、中学校・高校一種（英語・保健）、高校一種（福祉・公民・情報）、特別支援学校一種

奨学金制度　▶前年度参考

●Special奨学生制度（４年間の授業料と施設設備費全額免除、東京福祉大学で実施する海外短期研修・留学の参加費半額免除、最大で約500万円の返還不要の奨学金制度）
●学内奨学金・同窓会奨学金（２年次以降、該当当年次の授業料の全額または一部免除）
●ほか入学金相当額免除の制度あり

資料請求方法：巻末ページの「パンフレット一括請求」をご覧ください。

東京都市大学

〒158-8557　東京都世田谷区玉堤1-28-1　入試センター　TEL 03-6809-7590　〈HP〉https://www.tcu.ac.jp

TOPICS

- ●理工系を軸とする総合大学の伝統校
- ●武蔵工業大学の先駆的な研究力を受け継ぎ、企業・社会・時代が求める人材を育成
- ●オーダーメイドの就職・キャリア支援により「就職に強い都市大」を実現
- ●すべての学生が「数理科学・データサイエンス教育」を展開
- ●大規模な世田谷キャンパス再整備事業が進行中
- ●2023年4月、「デザイン・データ科学部」を横浜キャンパスに設置

創立100周年に向けて─企業、社会、時代が求める人材を育成。

　理工系を軸とする総合大学の伝統校として90年以上の歴史を刻んできた東京都市大学。1929年に工学教育の理想を掲げる学生たちが中心となって前身となる武蔵工業大学を創立して以来、根幹となる先進の工学技術、情報工学、建築分野から、幼児教育、都市環境、メディア情報まで8学部18学科に進化し続けています。現在約7,850人の大学生と大学院生が勉学・研究に励んでいます。

　11万人以上の卒業生を輩出し、「就職に強い」と称される東京都市大学は、**東急グループ**に属する大学であり、企業に選ばれる高い研究力があることも魅力の一つです。

　　……………………………………………………

　理工学部　　90年以上の歴史を持つ「理工学部」は、武蔵工業大学時代からの学びを継承しつつ、工学の枠にとらわれない理学との融合を実現し、これまで国内外の経済発展を支えるエンジニアを多数輩出。身近にある "ものづくり" から、地球環境、医療、宇宙開発、エネルギーなど時代のニーズを見据えた学科に進化しています。理論と実践を重視しながら、高度な専門性で、人々の暮らしを豊かにできる人材を育みます。

　建築都市デザイン学部　　90年以上の歴史を持つ「建築学科」と「都市工学科」を擁します。建築と都市にデザインの視点を加えた新たな可能性を追求し、持続可能社会の実現に貢献する建築設計者・建築技術者、また、災害に強い都市づくりに寄与するエンジニアを養成します。

　情報工学部　　情報工学、計算機科学を学び、超スマート社会（Society5.0）の未知なる課題を解決へ導く人材を養成します。学科の枠を超え、人工知能（AI）、ビッグデータ解析、ヒューマンインターフェース、データサイエンス等、来るべきデータ駆動型社会に即した新しいタイプの教育と研究を展開しています。

　環境学部　　文系・理系の枠を超えた実践的な教育・研究が特徴です。環境問題の解決法を自然科学と社会科学の視点から探り、地球規模の課題の解決や改善を目指します。SDGs（持続可能な開発目標）の達成に貢献できる人材を育てます。

■学ぶキャンパス／学部・学科

【世田谷キャンパス】

●理工学部
　機械工学科120／機械システム工学科110／電気電子通信工学科150／医用工学科60／応用化学科75／原子力安全工学科45／自然科学科60

●建築都市デザイン学部
　建築学科120／都市工学科100

●情報工学部
　情報科学科100／知能情報工学科80

●都市生活学部
　都市生活学科160

●人間科学部
　人間科学科100

【横浜キャンパス】

●環境学部
　環境創生学科90／環境経営システム学科90

●メディア情報学部
　社会メディア学科90／情報システム学科100

●デザイン・データ科学部
　デザイン・データ科学科100

世田谷キャンパス

DATA・FILE

- ○専任教職員数……456（教員288　職員168）
- ○学生数……7,987（学部7,144　大学院843）
- ○校地総面積……約218,901㎡（東京ドーム約4.7個分）
- ○蔵書数……約47.3万冊（全キャンパス）

（2023年）

メディア情報学部 最新のメディア技術を駆使したコミュニケーションや、快適で安心に利用できる情報通信技術の設計・構築を掛け合わせた情報スペシャリストとして、情報社会の仕掛けをデザインし、実現可能な人材の育成を目指します。

デザイン・データ科学部 文系・理系を問わず、データサイエンスを生かした分析力を基盤に創造力を磨きます。全員が留学プログラムに参加することで、国際力を兼ね備えたイノベーション人材の輩出を目指します。

都市生活学部 都市の本質的な魅力を見極め、都市が機能するための制度や政策を把握し、空間をデザインする力や企画力・実行力を生かして、価値ある都市生活の持続に貢献できる人材を養成します。

人間科学部 「児童学コース」と「人間総合科学コース」を設置しています。男女共学の学びの中で、保育の実践、幼児教育、自己表現授業、発達心理学、社会福祉といった独自の体験プログラムで「感性」と「実践力」を磨きます。

閑静な住宅街にたたずむ学びの場

世田谷キャンパス（理工学部／建築都市デザイン学部／情報工学部／都市生活学部／人間科学部） 大規模リニューアルが進む緑豊かな都市型キャンパスで、東京23区内の私立理工系キャンパスでは最大規模の面積を誇ります。座学の授業を受ける教室だけでなく、研究室や実験棟、スポーツ施設などが揃い、学部生から大学院生までワンキャンパスで学びます。課外活動では学科を超えた交流ができるメリットも。周辺の自由が丘や渋谷、恵比寿、二子玉川、横浜へのアクセスも便利です。

横浜キャンパス（環境学部／メディア情報学部／デザイン・データ科学部） 国内の教育機関として全国初の環境ISO14001の認証を取得した横浜キャンパスは、近未来を先取りした「エコ&サイバーキャンパス」です。

授業料全額免除の「特待生制度」

全学部を対象に、一般選抜（前期）の成績優秀者は授業料が全額免除される「特待生制度」の特典があります。

全学生が「数理科学・データサイエンス教育」を展開

2020年4月入学者から、理系・文系を問わず、すべての学生を対象に「数理科学・データサイエンス教育」を実施。来るべきデータ駆動型社会を見据えます。

大学院進学も主要な進路選択に。理系学部の大学院進学率32.2%

優秀な学生の大学院進学を奨励するために、学費減免制度や学内進学者向けの推薦入試制度を設けています。

資料請求方法：巻末ページの「パンフレット一括請求」をご覧ください。

横浜キャンパス

毎年、理工系学科では4割前後の学生が大学院に進学しており、より高度な専門性を究めています。

留学プログラムには奨学生制度も

オーストラリアの大学に留学する独自のプログラムがあります。全学部対象で、一般選抜（前期）の成績優秀者には参加費用が全額免除になる奨学生制度の特典があります。また、独自の海外インターンシップ（奨学金制度あり）や海外研修で、年間約500人以上の学生が海外経験を将来のキャリアに繋げています。

卒業後の進路 (前年度参考)

学生一人ひとりの特性を考えたきめ細やかなオーダーメイドの就職・キャリア支援により、「就職に強い都市大」を実現しています。

主な就職先（2023年3月卒業生実績） 東急電鉄、JR東日本、JR東海、JR西日本、本田技研工業、SUBARU、スズキ、日産自動車、マツダ、三菱自動車工業、三菱電機、日立製作所、富士通、NEC、キヤノン、NTTデータ、東京地下鉄、積水ハウス、東京電力、乃村工藝社、NSD、SCSK、大成建設、清水建設、鹿島、東急建設、日本航空、三菱UFJ銀行、三菱重工業、大日本印刷、TOPPAN、国土交通省、東京都庁、神奈川県庁、横浜市役所、川崎市役所、全国の幼稚園・保育所ほか

※就職者の2人に1人は従業員1,000人以上の大企業へ就職しています

※「著名企業400社実就職率ランキング」全国の私立大学で第1位（卒業生数1,000人以上2,000人未満　2022年3月卒）

主な進学先（2023年3月卒業生実績） 東京都市大学大学院、東京大学大学院、東京工業大学大学院、横浜国立大学大学院、東京都立大学大学院ほか

入試GUIDE (前年度参考)

●総合型選抜

●学校推薦型選抜（指定校制・公募制）

●一般選抜（前期・中期・後期）

●共通テスト利用入試（前期・後期）　　ほか

359

東京農業大学

〒156-8502　東京都世田谷区桜丘1-1-1　入学センター　TEL 03-5477-2226　FAX 03-5477-2615　〈HP〉https://www.nodai.ac.jp/

TOPICS

自然・社会科学を6学部23学科で網羅する
"実学主義"の理念、実験・実習で実力が身につく教育体制

発展を続ける「総合農学」

実学主義　「稲のことは稲に聞け、農業のことは農民に聞け」は初代学長・横井時敬の言葉。創立132年の伝統を貫く教育理念『実学主義』の原点です。

農学は、実社会の様々な現象にかかわる総合科学であり、環境問題・食料問題などを解決に導く学問として注目されています。実験・実習・演習を重視したカリキュラムを実施し、最先端の研究施設・機関を設置。また、海外留学・実習・語学研修制度も充実しています。

「総合農学」を推進　動植物の生産を支える環境と生命について研究する**農学部**、基礎化学をベースに生命現象の基本反応から応用を見出す**応用生物科学部**、分子・遺伝子・微生物から動植物まで、生命の本質を科学する**生命科学部**、ヒトと自然の共生、活力ある地域づくりを考える**地域環境科学部**、国境の壁を超えた食料自給システムの問題に取り組む**国際食料情報学部**、先端バイオを活用し生物産業学と自然・社会科学を融合して、研究に取り組む**生物産業学部**からなる、農・生命科学系の総合大学です。

研究室制度　全学生が3年次から、追究したい研究テーマをより一層深められるよう、研究室に所属します。東京農業大の学びの中心である研究室は150を超え、所属後は専門的な知識・技術を学び、卒業論文としてまとめます。研究室活動により社会性や協調性も磨かれ、強い結びつきにより卒業後も教員と学生との交流が続くのも大きな特徴です。

最新の設備で、充実した研究環境を提供！　2019年11

世田谷キャンパス　国際センター

■学部・学科組織と入学定員（2024年度）

●**農学部**
農学科170／動物科学科140／生物資源開発学科125／デザイン農学科123

●**応用生物科学部**
農芸化学科150／醸造科学科150／食品安全健康学科150／栄養科学科120

●**生命科学部**
バイオサイエンス学科150／分子生命化学科130／分子微生物学科130

●**地域環境科学部**
森林総合科学科130／生産環境工学科130／造園科学科130／地域創成科学科100

●**国際食料情報学部**
国際農業開発学科150／食料環境経済学科190／アグリビジネス学科150／国際食農科学科110

●**生物産業学部**
北方圏農学科91／海洋水産学科91／食香粧化学科91／自然資源経営学科90

月には、世田谷キャンパスに4学部15学科の87の研究室がすべて集約された研究棟「農大サイエンスポート」が完成、2023年2月には、「東京農大の叡智を世界に発信する『NODAI FLAGSHIP』となる」をコンセプトとした「国際センター」が完成しました。建学の精神「人物を畑に還す」を「人物を世界の畑に還す」に拡げて、国内外のグローバルリーダー育成の拠点を目指します。施設の充実により更なる「農」の進化に挑みます。

また、2019年6月には厚木キャンパスでも「実験実習棟」が完成し、3階建ての建物には、1階にハム、ベーコンなどが製造できる食品加工実習室、2・3階に植物系や動物系の実験が行われる生物系・化学系実験室などを集め、農学系の最先端の設備を兼ね備えています。このほか、農学部には伊勢原農場や棚沢圃場などがあり、学部コンセプトである「理論と実践の一体化」の更なる充実を図っています。

他学部・他学科聴講制度　所属する学部・学科以外の講義を受講できる制度です。修得した単位は、卒業単位として認められており、学生が様々な学問領域を学習できるように配慮しています。

特待生・奨学金制度　成績や人物ともに優秀な学生を対象に、1年次の特待生は一般選抜の成績によって選抜され、2年次以降は前年度の学業成績・人物によって選

厚木キャンパス

北海道オホーツクキャンパス

抜します。１年次は授業料全額、２年次以降は授業料半額が納入免除。奨学金制度は日本学生支援機構奨学金などがあります。

海外留学・実習　海外協定校は、ミシガン州立大学（アメリカ）、ブリティッシュコロンビア大学（カナダ）、西オーストラリア大学（オーストラリア国）、IPB大学（インドネシア）、ラ・モリーナ国立農業大学（ペルー）、ワーヘニンゲン大学（オランダ）など32カ国・地域の44校。協定校での農業実習、語学研修など、短期１カ月、長期１年間の充実したプログラムがあり、国際感覚を身につける機会が豊富です。単位認定制度や奨学金を支給するなど、学生への支援体制も充実しています。

個性豊かな３キャンパス

世田谷キャンパス　東京農業大の都市型メインキャンパス。都市と自然が一体化した絶好の環境にあり、最先端の研究を支える最新機器を導入した研究施設、環境にも配慮した設備を完備しています。応用生物科学部、生命科学部、地域環境科学部、国際食料情報学部があります。

厚木キャンパス　キャンパス内に多種多様な圃場施設や、最新鋭の教育・研究施設を配置している緑豊かな田園都市キャンパス。最も伝統のある農学部には農学科、動物科学科、生物資源開発学科、デザイン農学科を設置しています。教育理念"実学主義"を実現するため、理論と実践を一体化させた研究を行っています。

北海道オホーツクキャンパス　雄大な自然に囲まれたキャンパス。北海道の地域性をいかし、生産から加工、流通まで、すべての生物産業を視野に入れた研究に取り組みます。生物産業学部の北方圏農学科、海洋水産学科、食香粧化学科、自然資源経営学科があります。学生の８割以上が道外の出身で、就職先は全国に広がっています。

卒業後の進路

就職指導・支援体制　３年次の４月からスタートするガイダンスやセミナーをはじめ、各種資格取得支援体制

も万全で、公務員や教員は３年間で約750人。人気の食品業界（上場企業26社）就職率は全体で２位、私立大学では１位です。大学に寄せられた求人情報は３キャンパスで共有し「農大キャリアナビ」（Web）で即座に学生に公開。求人件数は全国平均の約3.8倍！です（リクルートワークス研究所2023調査より）。Uターン就職希望者には、全国の校友会支部に就職担当者を配置し、就職活動をバックアップしています。

入試GUIDE（前年度参考）

①キャリアデザイン総合型選抜
・書類（調査書・自己推薦書・事前課題）、口頭試問（面接）の総合評価。出願資格に学力基準は定めず。

②一般学校推薦型選抜
・書類（調査書・推薦書・事前課題）、口頭試問（面接）の総合評価。
・出願資格には学力基準あり。

③大学入学共通テスト利用選抜
・大学入学共通テストの結果のみで合否を判定。独自の二次試験、面接などはなし。

④一般選抜
・全学部・全学科でＡ日程、Ｂ日程を実施。試験は指定科目（配点100）／選択科目Ⅰ（配点100）／選択科目Ⅱ（配点100）の３科目で、計300点満点で判定。

⑤その他
・大自然に学ぶ北海道総合型選抜／"私の夢"北海道総合型選抜（両入学者選抜とも生物産業学部のみ）、高校で学んだ実践スキル総合型選抜／東京農大ファミリー総合型選抜（両入学者選抜とも出願資格に制限あり）などを実施。

イベント情報

イベント情報の詳細は大学ホームページをご覧ください。

資料請求方法：巻末ページの「パンフレット一括請求」をご覧ください。

東京薬科大学

〒192-0392　東京都八王子市堀之内1432-1　入試センター　TEL 042-676-5112(直)　☎0120-50-1089　〈HP〉https://www.toyaku.ac.jp/

資料請求	請求ハガキ	巻末ハガキ
料　金		無　料
完成時期		4月中旬

TOPICS
- ●薬学部・生命科学部ともに高い就職率。（薬学部99.5%、生命科学部96.5%／2022年度）
- ●第108回の薬剤師国家試験において397人の合格者を輩出。（全国第1位）
- ●特待生制度　薬学部：一般選抜B方式／生命科学部：一般公募制推薦（併願制）及びB方式の成績上位者に対し、授業料免除制度があります。（2023年）

■学科組織

●薬学部
　薬学科420

●生命科学部
　分子生命科学科70／応用生命科学科60／生命医科学科90

🏛 大学GUIDE

薬学部　薬学部では、化学、生物学・物理学などを基礎としたライフサイエンス「薬学」を追求し、医薬品の創製、医薬品の適正使用、人の健康と健全な環境の維持にかかわる薬剤師および高度な技術者・研究者の養成を教育の目標としています。

　「医療を担う薬学人」に相応しい豊かな人間性を養うため、英語や人文科学、社会科学も大切にしています。学生一人ひとりが想い描く自分の将来像に向かって、必要な知識と能力を高めることができる多彩なコース/プログラム選択制を実施します。創薬、漢方・生薬、化粧品、がん、感染症、国際薬学など、体系化されたコース/プログラムから、自由に選ぶことができます。また、6年制の薬学部として薬剤師資格国家試験に全学生が合格できるように、国家試験対策専門機関のスタッフが1年次から受験直前まで合格レベル以上の実力が身に付く万全な国家試験対策プログラムを準備しています。

生命科学部　「分子生命科学科」「応用生命科学科」「生命医科学科」の3学科体制で、理・医・農・薬・工5つの理系学問系統を統合して学べる特色を有しています。

　生命科学部では、生命科学に関する教育・研究を通じて、解決すべき課題に対する適切な手法、及び企画遂行能力を備える「課題解決能力」を持った人材の育成を目的として、様々なプログラムを実施しています。

　生命科学を学ぶには単なる知識を記憶するのではなく、その知識を得るためのプロセス（研究方法、実験方法）を理解することが重要です。学生実習では、生命現象の不思議さ、おもしろさについて学ぶとともに、必要な実験技術を系統的に修得します。

　生命科学部では、中学校・高等学校の理科教員になるための教職課程や食品衛生管理者・食品衛生監視員の任用資格を得られるコースを開講しています。

🏃 卒業後の進路

薬学部　学生個々の将来設計や適性に合わせた就職指導を実施。多くの卒業生が医療分野、製薬企業、公務員などの重要なポジションで活躍しています。

生命科学部　学部卒業生の約6割が大学院に進学しています。また、卒業生の進路は製薬企業や化粧品・食品関連、理科教員、公務員など広範囲に及んでいます。

主な就職先　〈薬学部〉アステラス製薬、佐藤製薬、大正製薬、武田薬品工業、大塚製薬、国立病院機構、日本赤十字社医療センター、厚生労働省、東京都など
〈生命科学部〉キッセイ薬品工業、第一三共、小野薬品工業、コーセー、ニチバン、防衛省、東京都など

📋 入試GUIDE （2024年度参考）

①総合型選抜（AO）／両学部　②学校推薦型選抜（公募制・指定校制）／両学部　③社会人特別選抜／両学部　④一般選抜（A方式）／両学部　⑤一般選抜（B方式）／両学部　⑥一般選抜（C方式）／生命科学部　⑦一般選抜T方式（薬・生命統一選抜）　⑧帰国生徒特別選抜／薬学部

オープンキャンパス等イベント情報　大学ホームページ(https://www.toyaku.ac.jp/)から、ご予約が必要です。

- ●**オープンキャンパス**
  6/15(土)、7/27(土)、7/28(日)、8/24(土)、9/28(土)
- ●**生命科学体験実習**
  7/28(日)
- ●**薬学体験実習**
  7/27(土)
- ●**入試対策特別相談会**
  11/2(土)、11/3(祝·日)

※イベント開催日は変更になることがあります。詳細は大学ホームページをご確認ください。

資料請求方法：巻末ページの「パンフレット一括請求」をご覧ください。

東洋学園大学

資料請求

	請求ハガキ	巻末ハガキ
料 金		無 料
完成時期		4月上旬

〒113-0033　東京都文京区本郷1-26-3　入試室　TEL 0120-104-108　〈HP〉https://life.tyg.jp

TOPICS

●都心ならではの実践的な学びが豊富。自ら学び、成長していく4年間
　全学部が学ぶ本郷キャンパスは、3駅5路線が利用できる東京の都心に位置します。立地の良さを最大限に生かした産学連携や学外研修など、実践的な学びが盛んです。文京区・本郷で98年を迎える大学で、自分の「好き」なフィールドを見つけましょう。

関東

■学部・学科組織

●現代経営学部
　現代経営学科〈ビジネスリーダーコース／ベンチャー・事業承継コース／メディア・マーケティングコース／消費者心理・サービスマーケティングコース／会計・ファイナンスコース／政策・エコノミクスコース〉

●人間科学部
　人間科学科（心理・カウンセリングコース、スポーツ健康コース、人間社会コース）

●グローバル・コミュニケーション学部
　グローバル・コミュニケーション学科
　英語コミュニケーション学科

🏛 大学GUIDE

現代経営学部

■現代経営学科
　経営、経済、マーケティングをまたいで広く理論と応用を学びつつ、経済の中心地・東京での現代に則したアクティブな実践を通して、自ら道を開く力、アントレプレナーシップを獲得します。都心の環境を生かし、企業や地域とコラボする産官学連携プロジェクトや、実際のビジネスをテーマに研究する授業の多さが特長です。

人間科学部

■人間科学科
　心理、カウンセリング、子ども、スポーツ、社会…。「人間」そのものを理解するために、人間について多角的、総合的に学び、人を支える人として、社会に貢献する力を育みます。幅広い専門領域とコースの垣根の低さで、自分の興味や進みたい進路に合わせて必要な知識を学ぶことができます。

グローバル・コミュニケーション学部

■グローバル・コミュニケーション学科
　多言語と世界が求めるスキルや専門性を知るキャリア教育、ビジネスを体験するインターシップ、留学を通じて、グローバル社会で活躍できる実践力を磨きます。

■英語コミュニケーション学科
　世界の共通語である英語を徹底的に学び、コミュニケーション力を獲得することで、教職、通訳・翻訳、グローバル・ビジネスなど、目指すキャリアへの道を開きます。

📝 入試GUIDE （2024年度入試 実績）

①一般選抜（TOGAKU方式、TOGAKU-E方式、共通テスト利用方式）
②学校推薦型選抜（指定校制、公募制）
③総合型選抜（小論文方式、口頭試問※1、プレゼンテーション方式※2、プロミネンス方式※1）
※1 グローバル・コミュニケーション学部のみ
※2 現代経営学部のみ

目指す資格

現代経営学部…
　日商簿記検定、FP技能検定、販売士、ITパスポート、宅地建物取引士など

人間科学部…
　公認心理師、臨床心理士、認定心理士、社会福祉主事（任用資格）、児童指導員（任用資格）、公認スポーツ指導者など

グローバル・コミュニケーション学部…
　中学校・高校英語教諭一種免許状、日本語教員養成課程修了証書、旅行業務取扱管理者など

資料請求方法：巻末ページの「パンフレット一括請求」をご覧ください。

東京理科大学

〒162-8601　東京都新宿区神楽坂1-3　☎0120-188-139　〈HP〉https://www.tus.ac.jp/

TOPICS 「未来を拓く実力主義」　7学部33学科を擁する理工系総合大学

🏛 大学GUIDE

真の力を養う実力主義

　東京理科大学では、1881年の創立当時から真に実力を身に付けた学生のみを卒業させるという「実力主義」を貫いており、現在も指定科目の単位取得を進級の条件とする「関門制度」があります。これは専門的な研究を行う上で、堅固な基礎知識が必須であるという考えによるものであり、学生を振り落す制度ではなく、真剣に育てる制度です。入学後、真面目に予習復習をして授業に臨む習慣を身に付ければ過度な心配は必要ありません。

　こうして実力を身に付けた学生は、社会から高い評価を受け、実就職率ランキングでは全国1位になりました（卒業生4,000人以上の大学〈大学院修了者含む〉・2023年大学通信調べ）。企業に加え、伝統的に教員・公務員として多くの卒業生が社会で活躍しています。

基礎教育と実験

　実力主義のもと、特に「基礎をしっかり身に付けることにより、応用への道に通じる」という考えにより、基礎教育を重視しています。講義と演習を組み合わせたカリキュラムにより、基礎学力の養成を徹底します。講義内容を、その後すぐに演習という形でアウトプットすることで、学んだことを再確認できるため、授業を受動的に受けるだけでは気付けない疑問点等を発見・解消し、より正確な理解を培うことができます。

　「実験が多い」ことも特徴です。講義で得た知識を、実際の実験に活用する経験により、学生は学びを深め、実践的なスキルを身に付けることができます。研究力の高い教員による情熱を持った講義が実験を充実させ、実験が講義の理解を深める「講義と実験の効果的な連動」は、研究室配属後に求められるスキルを着実に育て、研究生活につなげます。その他、教育に対するさまざまな取り組みは高い評価を受け、教育力が高い大学ランキ

■学部・学科組織・募集人数

●理学部第一部
数学科115／物理学科115／化学科115／応用数学科120／応用化学科120

●工学部
建築学科110／工業化学科110／電気工学科110／情報工学科110／機械工学科110

●薬学部（2025年度より葛飾キャンパスへ移転予定）
薬学科100／生命創薬科学科100

●創域理工学部（2023年度より学部・一部学科名称変更）
数理科学科90／先端物理学科100／情報計算科学科120／生命生物科学科110／建築学科120／先端化学科120／電気電子情報工学科150／経営システム工学科110／機械航空宇宙工学科130／社会基盤工学科110

●先進工学部（2023年度より2学科新設）
電子システム工学科115／マテリアル創成工学科115／生命システム工学科115／物理工学科115／機能デザイン工学科115

●経営学部
経営学科180／ビジネスエコノミクス学科180／国際デザイン経営学科120

●理学部第二部
数学科120／物理学科120／化学科120

ングでは私大1位になりました（2023年大学通信調べ）。

研究力と大学院進学率の高さ

　400以上ある研究室では、理工系総合大学ならではの幅広い研究が行われています。あらゆる分野を網羅した研究室があることにより、学生は、一人ひとりの興味関心に応じた研究を行うことができます。

　また、最先端の科学技術の現場で活躍するためには、より高度な専門性と多様な視点からの発想力も必要となることから、毎年、多くの学生が大学院に進学しています。例年、研究力の高さには高い評価を受けており、2023年には研究力が高い大学ランキングにおいて私大1位になりました（大学通信調べ）。

2つの給付型奨学金制度（返済不要）　（理学部第二部は対象外。詳細はホームページをご確認ください。）

①「新生のいぶき奨学金」
意欲のある学生が経済的困窮を理由に進学を断念することのないよう、自宅からの通学が困難な学生を対象に経済的支援を行います。予約型。
奨学金給付額：40～80万円（年額）、給付期間：原則4年間（薬学部薬学科は6年間）※2023年度実績。学部により給付額は変動。

②「乾坤（けんこん）の真理奨学金（BS）」
入学試験（A方式またはB方式）の成績が特に優秀である学生に対し、学業の伸長を奨励することを目的とします。入学試験の成績優秀者の中から採用候補者を大学が選抜します。

研究室での様子

葛飾キャンパス

データサイエンス教育プログラム

　さまざまな意思決定や合理的な判断を行うのにビックデータ解析等のデータサイエンスに関する能力・スキルの重要度がますます高くなってきている現代。こちらのプログラムは、学部・学科・専攻を問わず、数学系、情報系等のデータサイエンスに関する科目を履修できる「学部横断型プログラム」です。学部生対象の［基礎］では、データサイエンスに関する基礎知識やリテラシー、統計学、プログラミング言語等を学習します。

　学部・学科再編
〈主な内容〉
● 薬学部が野田キャンパスから葛飾キャンパスへ移転予定（2025年度）。
● 理工学部を「創域理工学部」に名称変更し、一部の学科名称も変更（2023年度）。
● 先進工学部に「物理工学科」と「機能デザイン工学科」を新設（2023年度）。

CAMPUS情報

神楽坂キャンパス

〈神楽坂校舎〉理学部第一部、理学部第二部。〈富士見校舎〉経営学部（国際デザイン経営学科は２年次以降）。通学や、研究に必要な関係機関へのアクセスも便利な都心にあります。

葛飾キャンパス

工学部、先進工学部。キャンパスアメニティーが充実した環境で、先端融合分野を研究する「イノベーションキャンパス」として整備されています。

野田キャンパス

薬学部（2025年度葛飾キャンパスへ移転予定）、創域理工学部。多領域に及ぶ多くの研究施設が集結し、広大で、大型設備を利用した実験も行える緑と水に囲まれたキャンパスは、理想的な教育・研究環境です。

北海道・長万部キャンパス

経営学部国際デザイン経営学科１年次。全寮制。実際の地域課題を題材とし、未来を切り拓くための新しい視点を身に付けます。

卒業後の進路 （2023.3卒業生）

卒業者総数……3,490
大学院進学……1,773（50.8%）
　　　東京理科大学大学院1,444　東京工業大学大学院113　東京大学大学院83など

　主な就職先（大学院含む）
NTTデータ、日立製作所、NECソリューションイノベータ、富士通、SCSK、アクセンチュア、日本IBM、東京電力ホールディングス、NTTドコモ、清水建設、本田技研工業、NEC、京セラ、キオクシア、ソニーセミコンダクタソリューションズ、野村総合研究所、東京都職員ほか

入試GUIDE （2024年度）

● **一般選抜**
　a.A方式入学試験（大学入学共通テスト利用）／全学部　b.B方式入学試験（大学独自試験）／全学部　c.C方式入学試験（大学入学共通テスト＋大学独自試験の併用）／昼間学部　d.グローバル方式入学試験（英語の資格・検定試験のスコアを出願資格とした、大学独自試験）／昼間学部　e.S方式入学試験（大学独自試験）／創域理工学部の一部学科　　　　　　　ほか
※各入試制度の詳細は募集要項をご確認ください。

　全国でB方式入学試験を実施
　B方式入学試験は、東京理科大学のキャンパスのほか、札幌、仙台、名古屋、大阪、広島、福岡の６会場でも実施予定です（昼間学部のみ）。
※詳細は10月以降、大学ホームページをご確認ください。

理科大公式HP

理科大
入試情報特設サイト

資料請求方法：巻末ページの「パンフレット一括請求」をご覧ください。

	請求ハガキ	巻末ハガキ
料 金		無 料
完成時期		5月下旬

東 邦 大 学

〒143-8540　東京都大田区大森西5-21-16　アドミッションセンター　TEL 03-5763-6598　〈HP〉https://www.toho-u.ac.jp/　〈受験生サイト〉https://juken.toho-u.ac.jp/

TOPICS
- ○心ある「医療人・科学者」を育成
- ○医師、薬剤師、看護師、臨床検査技師など、毎年高い国家試験の合格率
- ○チーム医療を実践的に学べる環境

大学GUIDE

東邦大学は、医学部、薬学部、理学部、看護学部、健康科学部の5学部と大学院4研究科を擁する自然科学系の総合大学です。1925年に学祖額田豊・晉兄弟により創立された帝国女子医学専門学校を前身とし、2025年に創立100周年の節目を迎えます。「自然・生命・人間」を建学の精神とし、高い倫理観と豊かな人間性をもって、自然と生命の科学で社会に貢献する人材を育成します。各学部の専門性の高い学びだけでなく、専門性を相互理解し、学部を越えて共通の価値観を醸成する共通教育や、充実した施設・設備等、時代の要請に応じてより高度な教育・研究体制を整えています。

全学部合同の教育　〈チーム医療演習〉

東邦大学では、各学部のめざす教育目標と専門性を尊重・共有するとともに、患者さんを中心としたチーム医療が実践できる人材の育成を目的に、医学部、薬学部、理学部、看護学部、健康科学部の5学部が連携した「チーム医療演習」を実施しています。医療現場での事象を共通テーマとし、ワークショップ形式でそれらの事象を理解し、問題の予防策ならびに解決策・対応策を具体的に提案します。各学部の教員のほか、実際の医療現場で働いている病院スタッフも参加しており、多職種と連携・協働するチーム医療を実践的に学びます。

付属病院との連携

3つの付属病院は首都圏有数の施設・設備を誇り、最先端医療・地域医療に広く貢献しています。医師、看護師、薬剤師、臨床検査技師をめざす学生の臨床教育を支える理想的な環境となっています。例えば、実習担当看護師の指導力アップの研修、薬学部生専用の病院内講義室の設置、実習書やカリキュラム作成にかかわるなど、病院との強い協力関係が、質の高い病院実習の証です。

■学部・学科組織
- ●医学部　　医学科110
- ●薬学部　　薬学科（6年制）245
- ●理学部
  化学科80／生物学科80／生物分子科学科80／物理学科70／情報科学科100／生命圏環境科学科60
- ●看護学部　看護学科102
- ●健康科学部　看護学科60

学部の内容

医学部　〈より良き臨床医の育成〉

高度な知識を身につけるとともに患者さんの視点を理解するため、低学年のうちから様々な医療現場に触れる機会や問題解決型の教育を重視しています。4年次から始まる臨床実習では、院内の診察・診断・治療だけでなく、退院後の生活までを考えた医療を提供できるように実践力を培います。診療参加型の高度な実習を経験できるのは付属病院をもつ東邦大学の強みです。

薬学部　〈臨床に強い薬剤師をめざす〉

最先端の医療に対応する高度な実務能力が備わった、心の温かい"くすりの専門家"を育成します。臨床系の実習では、薬学部教員のほか、現役薬剤師が指導にあたることで、質の高い実践的な実習を実現。医学部および付属病院を擁するメリットを最大限に生かし、多職種連携等を学ぶ医薬合同プログラムや病院実習等の臨床教育を充実させています。

理学部　〈最先端研究に対応した設備環境〉

自然科学の土台となる6学科を設置しています（化学科・生物学科・生物分子科学科・物理学科・情報科学科・生命圏環境科学科）。低学年から実験や実習を行い、基礎学力を磨き、そのうえで応用力を身につけていきます。教育と研究の両面で充実した体制を整え、最先端からユニークなテーマまで幅広い教育・研究が行われています。研究者をめざし、大学院へ進学する学生も多くいます。

併設校及び付属病院
〈併 設 校〉　駒東東邦中学校・高等学校（世田谷区）
　　　　　　東邦大学付属東邦中学校・高等学校（習志野市）
〈付属病院〉　東邦大学医療センター大森病院（大田区）
　　　　　　東邦大学医療センター大橋病院（目黒区）
　　　　　　東邦大学医療センター佐倉病院（佐倉市）
　　　　　　羽田空港クリニック第2・第3ターミナル（大田区）

取得可能な資格
- ■医学部：医師　■薬学部：薬剤師、衛生管理者・食品衛生管理者、公害防止管理者、介護支援専門員
- ■理学部：中学・高校教諭一種免許、臨床検査技師（化学科・生物学科・生物分子科学科・生命圏環境科学科）
- ■看護学部：看護師、保健師（選抜制）、養護教諭二種免許※、衛生管理者※　※保健師免許取得者のみ
- ■健康科学部：看護師、保健師（選抜制）、

看護学部　〈豊かな人間性を備えた良き医療人の育成〉

　高度専門化する医療の知識・技術・実践力と、患者さんと心の交流が図れる豊かな人間性を備えた良き医療人を育成します。様々な感性を磨く多彩な教養科目のほか、4年間継続して英語を履修できるカリキュラムや6か国語から選べる第二外国語、異文化理解の科目等、国際的な視野を養成します。

健康科学部　〈着実に成長できるトランスレーショナル教育〉

　人々の健康で幸せな生活を科学的に考え支援する次世代の看護学教育を通して、高い倫理観と科学的思考力に基づいた知識・技術を兼ね備えた看護師・保健師を育成します。1学年60人の少人数教育が特長で従来の細分化した看護専門領域の学びを実際の人々の暮らしや健康生活支援の視点から3つの領域に再編成した健康科学部独自の教育方法を展開しています。

CAMPUS情報

大森キャンパス　大森病院に隣接しており、医学部、看護学部の学生が学んでいます。クラブ・サークルは医・看合同で実施しています。医学メディアセンター（図書館）をはじめ、SDLセンター（少人数グループ学習室）、セルフティーチングラボなどレポートや試験準備などの自主学修に最適な施設を多数用意しています。

習志野キャンパス　薬学部、理学部、健康科学部の学生が学んでいます。都心から1時間足らずの場所にありながら、豊かな緑に囲まれた好環境です。ITを駆使した教育施設や、最新の機器が並ぶハイテクリサーチセンター、数々の学生実験室を設置し、思う存分研究ができます。クラブは3学部合同実施。

卒業後の進路 (2023.3卒業生)

卒業者数……1,007　就職希望者数……678※
就職者数……675※　就職率……99.6％※
大学院等進学……147　※医学部を除く

　医学部では、卒後臨床研修／生涯教育センターを設置し、大森、大橋、佐倉の各付属病院で前期および後期の研修医を積極的に受け入れ、卒後教育に力を注いでいます。

　看護学部では、実習病院である付属病院に約6割の学生が就職するほか、他大学病院、医療機関など自分の将来計画に基づいて進みます。

　薬学部・理学部・健康科学部では、習志野キャリアセンターを中心に、専任スタッフと就職アドバイザーを配置し、学生一人ひとりの相談に親身に対応しています。また、企業と学生をつなぐTOHOアライアンスを組織し、強力なキャリア支援を行っています。

2023年卒業生の主な進路

〈**医学部**〉東邦大学医療センター、他大学附属病院ほか
〈**薬学部**〉東邦大学医療センター、他大学附属病院、製薬・化学、治験企業、官公庁、保険薬局・ドラッグストアほか
〈**理学部**〉東邦大学医療センター、情報・通信、製薬・化学、機械・電気・精密、CRO・SMO・検査センター、官公庁・公務員、中学校・高等学校教員ほか
〈**看護学部・健康科学部**〉東邦大学医療センター、他大学附属病院ほか

入試GUIDE (2025年度実施予定)

●**医学部**／①総合入試　②同窓生子女入試　③推薦入試（付属校制）　④一般入試　⑤統一入試
●**薬学部**／①同窓生子女入試　②総合入試（専願制）③社会人入試　④編入学試験　⑤推薦入試（指定校制・公募併願制）　⑥一般入試　⑦一般入試（共通テスト併用）⑧共通テスト利用入試　⑨統一入試
●**理学部**／①総合入試（A・B）（（B）は化学科を除く）②推薦入試（公募制・指定校制）（公募制は化学科のみ）③一般入試（A・B）　④共通テスト利用入試（前期・前期プラス・後期）　⑤統一入試
●**看護学部**／①総合入試　②社会人入試　③同窓生子女入試　④推薦入試（指定校制・公募制）　⑤一般入試⑥統一入試
●**健康科学部**／①同窓生子女入試　②社会人入試　③総合入試　④推薦入試（指定校制・公募制）　⑤一般入試⑥共通テスト利用入試（共通テスト利用入試プラス）　⑦統一入試

国家試験合格率（2023年3月新卒）

〈医学部〉	医師国家試験合格率	88.4%
〈薬学部〉	薬剤師国家試験合格率	89.3%
〈理学部〉	臨床検査技師国家試験合格率	96.9%
〈看護学部〉	看護師国家試験合格率	100%
〈健康科学部〉	看護師国家試験合格率	100%
	保健師国家試験合格率	95.0%

オープンキャンパス情報（2024年度）

受験生のための情報ポータルサイトにて公開します。

資料請求方法：巻末ページの「パンフレット一括請求」をご覧ください。

東 洋 大 学

〒112-8606　東京都文京区白山5-28-20　入試部　TEL 03-3945-7272　https://www.toyo.ac.jp/nyushi/

資料請求

大学案内はありません。東洋大学入試情報サイトをご覧ください。https://www.toyo.ac.jp/nyushi/

TOPICS

◎14学部の幅広い学びで、地球社会の未来に貢献する人材を育成。
◎東洋大学は「大学案内」の冊子や紙の「願書」がありません。学びの最新情報や入試に必要な情報はすべて、東洋大学入試情報サイト「TOYO Web Style」からお届けしています。

地球社会の未来に貢献する人材を育成

1887年、哲学者井上円了によって創設された東洋大学は、「哲学」を建学の理念に掲げる135年以上の歴史と伝統のある大学です。「哲学教育」「国際化」「キャリア教育」を3つの柱に、地球規模の視野を持ち、どんな時代・環境でも生き抜くことのできる人材育成のための独自のプログラムを整えています。

個性豊かなキャンパスで学ぶ

〈白山キャンパス〉JR山手線の内側に位置する、アクセス良好なメインキャンパス。都心ながら緑も多く学びに集中できる環境で、充実した学生生活が待っています。

〈赤羽台キャンパス〉情報連携学部が学ぶ「INIAD HUB-1」はあらゆるモノがデジタル化(IoT化)され、学内や図書館の情報等を、スマートフォンなどのデジタルデバイスと繋ぎ、リアルタイムに得られるクラウドベースの教育システムを取り入れた「スマートキャンパス」。2023年4月に福祉社会デザイン学部と健康スポーツ科学部が開設し、講義棟「WELLB HUB-2」、体育館・図書館棟の「HELSPO HUB-3」、国際交流宿舎「AI-House HUB-4」が完成。新たな都市型キャンパスとなりました。

〈川越キャンパス〉東京ドーム6個分の広大な敷地にある川越キャンパス。陸上競技場や各種グラウンド、スタジオ、ミニシアター、物創り工房、実験室など最先端の研究施設を備え、豊かな自然と最新の施設で充実した4年間をバックアップします。

〈朝霞キャンパス〉リニューアル　2024年春、生命科学部と食環境科学部が移転。池袋から約20分の朝霞は都心からほど近く、交通の便が良いことも魅力です。「命と食が輝くスマートキャンパス」として生まれ変わります。

国際交流プログラム

東洋大学グローバルリーダー(TGL)プログラム

外国語による授業科目の修得や海外留学など、所定の基準を満たす学生をToyo Global Leaderとして認定する制度です。異文化環境における英語運用表現能力、文化的な価値創造能力、異文化環境における課題解決能力という3つの要素の強化をめざします。

LEAP(Learning English for Academic Purposes)

主に海外留学をめざす学生を対象とした英語特別教育科目で、留学先の大学で正規授業を履修できる程度の英語力修得を目的としています。英語力に応じて3段階に分かれ、レベルごとにリスニング力、ライティング力、リーディング力、スピーキング力を強化します。

国際交流スペース　各キャンパスに設置しており、外国人留学生との交流を通じて英語コミュニケーション能力と異文化理解力の向上をめざします。

■**学部・学科**(2025年度予定)
》は第2部・イブニングコース(夜)を設置

白山キャンパス(東京都文京区)
●**文学部**
哲学科／東洋思想文化学科》／日本文学文化学科》／英米文学科／史学科／教育学科》(人間発達専攻、初等教育専攻)／国際文化コミュニケーション学科
●**経済学部**
経済学科》／国際経済学科／総合政策学科
●**経営学部**
経営学科》／マーケティング学科／会計ファイナンス学科
●**法学部**
法律学科》／企業法学科
●**社会学部**
社会学科》／国際社会学科／メディアコミュニケーション学科／社会心理学科
●**国際学部**
グローバル・イノベーション学科／国際地域学科(国際地域専攻、地域総合専攻(イブニングコース))》
●**国際観光学部**
国際観光学科

赤羽台キャンパス(東京都北区)
●**情報連携学部**
情報連携学科
●**福祉社会デザイン学部**
社会福祉学科／子ども支援学科／人間環境デザイン学科
●**健康スポーツ科学部**
健康スポーツ科学科／栄養科学科

川越キャンパス(埼玉県川越市)
●**理工学部**
機械工学科／電気電子情報工学科／応用化学科／都市環境デザイン学科／建築学科
●**総合情報学部**
総合情報学科(メディア情報専攻、心理・スポーツ情報専攻、システム情報専攻)※

朝霞キャンパス(埼玉県朝霞市)
●**生命科学部**
生命科学科／生体医工学科／生物資源学科
●**食環境科学部**
食環境科学科／フードデータサイエンス学科／健康栄養学科
※2025年4月設置予定

白山キャンパス

赤羽台キャンパス HELSPO HUB-3（2023年1月完成）

川越キャンパス

朝霞キャンパス（完成予想図）©株式会社石本建築事務所

海外留学に向けた奨学金制度

多くの学生が海外経験を積めるよう、海外留学促進奨学金制度（プログラム・語学レベル別に4つのタイプ）を用意。TOEIC®をはじめとする語学試験を受験し、取得したスコアごとに給付額を設定しているため、それぞれの目的に合わせてチャレンジできます。

入試GUIDE （2024年度入試参考）

● 一般選抜／大学入学共通テスト利用入試（前期・中期・後期）、一般入試（前期・中期・後期）、多面的評価入試（前期）、実技入試（前期）

● 総合型選抜／AO型推薦入試、自己推薦入試

● 学校推薦型選抜（公募制）／学校推薦入試、「独立自活」支援推薦入試

※Webを利用した入試や英語外部試験を利用できる入試もあります。詳細は入試情報サイトでご確認ください。

右記QRコードから入試情報
サイトへアクセス！
Webに広がる「学びの世界」
を体感してください。

就職支援プログラム

2023年3月卒業生就職率98.0%（第1部）

東洋大学では、入学直後より、自分は何をしたいのか、どんな生き方をしたいのか、何のために働くのかについて、目標を定め、資格取得を含めたバックアップを行っています。また、学生一人ひとりが希望の進路を自らの手で実現できるよう、個別相談をはじめ多様な対策プログラムなどを用意。就職活動を全面的に支えています。

TOYO Web Style

入試情報サイトには、学部・学科情報から入試情報まで、東洋大学のあらゆる情報を集めています。また、サイト内に東洋大学の各学部学科の学びの魅力を伝える動画コンテンツ「Web体験授業」やWebを通して対面での個別相談ができる「TOYOWebサポート」を用意しています。〈TOYOWebStyle メンバー〉に登録すると、入試イベントなどの最新情報をお届けするほか、過去の入試問題を閲覧することができます。ぜひご登録ください。

入試イベント　※イベント等の開催については、必ず入試情報サイトでご確認ください。

◎ "学び" LIVE授業体験　2024年3月28日開催（事前予約制）
◎ キャンパス見学
◎ Web版オープンキャンパス「OpenCampusWebStyle」常時公開中
2024年度の各種イベントの開催時期や形式・内容など、詳細な情報は「TOYOWebStyle（入試情報サイト）」でお知らせします。
メンバー登録をすれば最新情報がメールで届きます。

二松学舎大学

資料請求

	請求ハガキ	巻末ハガキ
料　金		無　料
完成時期		6月上旬

（本部）〒102-8336　東京都千代田区三番町6-16　（問合せ先）入試課　TEL 03-3261-7423　FAX 03-3261-8904　（HP）https://www.nishogakusha-u.ac.jp/admission/

TOPICS

自ら考え判断し行動できる能力を鍛え、社会のために貢献する人物を養成します。

大学GUIDE

夏目漱石や犬養毅らも学んだ二松学舎

　二松学舎は明治10年に創立。前身である漢学塾二松学舎時代には、夏目漱石、犬養毅らも学びました。2023年に146周年を迎えた歴史ある大学です。

文学部

　「国文学科」「中国文学科」「都市文化デザイン学科」「歴史文化学科」の4学科からなります。「国文学科」では、上代から現代までの文学研究をベースに、文化や語学、映像メディア、古典芸能などを体系的に学ぶことができます。「中国文学科」では、中国文学研究をベースに、語学、思想、歴史、書道などを専門的に学ぶことができます。「都市文化デザイン学科」では、日本独自の文化を世界へ発信していくためのノウハウを学びます。文化を表現し発信できる能力（コンテンツ制作や文化政策）、文化を再発見し加工できる能力（地域ブランディング）、文化を資源として活用できる能力（観光とビジネス）を培います。「歴史文化学科」では大学の理念に基づき、歴史と文化に関する基礎知識を体得し、その知見によって広く社会に貢献できる人材を育成します。

書道専攻の授業風景

■学部・学科組織（2024年度）

●文学部

国文学科240（国文学専攻、映像・演劇・メディア専攻、日本語学専攻）／中国文学科90（中国文学・日本漢学専攻、中国語・韓国語専攻、書道専攻）／都市文化デザイン学科50（コンテンツ文化専攻、観光メディア専攻、国際日本学専攻）／歴史文化学科60（日本史専攻、欧米・アジア史専攻、思想・文化史専攻）

●国際政治経済学部

国際政治経済学科160（国際政治専攻、国際経済専攻、法行政専攻）／国際経営学科80（国際経営専攻）

国際政治経済学部

　「国際政治経済学科」「国際経営学科」の2学科からなります。国際的・学際的な学びが特長で、英語教育や情報教育も重視し、有能なビジネスマンを育成します。「国際政治経済学科」では、政治、経済、法律の基礎を学んだ上で2年次から3専攻に分かれて専門分野を学びます。「国際経営学科」では実務に直結する国際経営センスを身に付けることを目的としています。「経済」や「法律」を学んだ上で経営学を学び、基礎から実践的知識の修得を目指します。

　また、英語力を強化したい学生のために、選抜制の「英語特別プログラム」があり、グローバル社会で通用する英語力を養います。

取得できる資格・免許状

〔文学部〕中学校教諭1種免許状（国語・中国語・社会）／高等学校教諭1種免許状（国語・書道・中国語・地理歴史）

DATA・FILE

○教員数…73（教授51　准教授10　講師・助教・助手他12）
○学生数…3,064（男1,600　女1,464）
○キャンパス面積…約130,000㎡
○蔵書数…図書約21万冊、雑誌約4,000種、視聴覚資料約4,500点、新聞約15誌　　　　　　　　　　（2023年5月現在）

大学独自の奨学金制度

・中洲賞（特待生）：当該年度授業料相当額を給付
・二松学舎奨学生：当該年度授業料半額を給付
・入試奨学生：最大4年間の授業料及び施設費を免除
・二松学舎サービス株式会社奨学金：当該年度授業料相当額を給付
・二松学舎大学父母会成長支援型（資格・能力取得育英）奨学金（給付）

九段校舎1号館外観

千鳥ヶ淵から見る九段校舎1号館

〔国際政治経済学部〕中学校教諭1種免許状（社会）／高等学校教諭1種免許状（公民）
〔全学部〕学校図書館司書教諭／小学校教諭2種免許状／司書／学芸員　※学校図書館司書教諭は「教職履修者のみ」　※小学校教諭2種免許状は「小学校教員養成特別プログラム」の履修により取得可能。都市文化デザイン学科及び国際経営学科では教員免許は取得不可。中国語は中国文学科のみ取得できます。

CAMPUS情報

　九段キャンパスは、アクセスの良い都心の中心にありながら、千鳥ヶ淵や北の丸公園などが近くにある緑豊かな落ち着いた環境です。国立国会図書館や古書店街も徒歩圏内。勉強がしやすく、どこへ行くにも便利な九段キャンパスで充実した4年間を過ごしてください。

実績のある教員養成

　古くから、二松学舎大学は教員養成に力を注いできました。現在、多くの卒業生教員が全国の小・中・高等学校で活躍しています。また、「二松学舎大学教育研究大会」を毎年開催し、卒業生教員同士や教員志望学生との情報交換の場も提供しています。

卒業後の進路

教職サポート

　教員志望の学生には、「教職課程センター」がサポートします。経験豊富な教員が常駐し、進路相談や論作文の添削、模擬面接の練習などができる体制を整えています。教員採用試験の合格を目指した「教員採用選考合格講座」の開講や、国語科教員志望者のための「国語科教員養成特別コース」を設け、着実に実績をあげています。教員の求人情報の提供・紹介も随時行っています。

キャリアサポート

　企業就職、公務員、進学等を目指す学生には、「キャリアセンター」がサポートします。正課授業である「キャリア教育」と連携し、キャリアセンターが学生の希望の進路実現に向けて強力にバックアップします。1年次の「自分を知る段階」から、4年次の「希望の進路の実現」までを、きめ細かにフォローします。個人面接（学生全員に実施）を経て、各種就職対策講座、各種資格講座、学内合同企業説明会、インターンシップ派遣等を実施しています。

主な就職先

ANAスカイビルサービス、イオンフィナンシャルサービス、一条工務店、キッコーマンソイフーズ、木下工務店、キヤノン電子、警視庁、京浜急行電鉄、航空自衛隊、キーエンス、佐川急便、サントリーパブリシティサービス、JR東日本ステーションサービス、JR東日本、スターツアメニティー、積水ハウス、全国農業協同組合連合会、東急リゾートサービス、東京信用金庫、ニチイ学館、ニトリ、日本生命保険、日本郵政、阪急阪神ホテルズ、富士通エフ・アイ・ピー・システムズ、三菱総研DCS、水戸証券、ヤナセ、LINEヤフー、大塚商会、YKKAP、ローソン、小・中・高等学校教員、公務員多数　ほか

入試GUIDE （前年度参考）

① 総合型選抜
② 学校推薦型選抜
③ 一般選抜（大学入学共通テスト利用入試含む）
④ 特別入試（社会人、海外教育経験者、外国人留学生、編入学）

国際交流

国際交流センターを窓口として、北京大学（中国）、成均館大学校（韓国）、バッキンガム大学（イギリス）、フレーザーバレー大学（カナダ）、サザンクロス大学（オーストラリア）等への1年間の派遣留学、及び、海外協定校（中国、韓国、イギリス、カナダ、オーストラリア）への短期海外語学研修
※詳細は国際交流センターまでお問い合わせください。

　　　資料請求方法：巻末ページの「パンフレット一括請求」をご覧ください。

日 本 大 学

資料請求		
	請求ハガキ	巻末ハガキ
料　金		200円
完成時期		6月上〜中旬

〈本部〉〒102-8275　東京都千代田区九段南4-8-24　学務部入学課　TEL 03-5275-8001　〈HP〉https://www.nihon-u.ac.jp/admission_info/

TOPICS

自主創造の教育理念のもと、変化の激しい時代のニーズに柔軟に対応する教育プログラムを実践

日本大学では、「日本大学教育憲章」を掲げ、学生が共通に備えていく能力を目標に掲げた全学的な教学改革に取り組んでいます。特に、大学の教育理念である「自主創造（＝自ら学ぶ、自ら考える、自ら道をひらく）」の第一歩となる全学共通教育科目「自主創造の基礎」を配置し、大学での学び方やキャリア形成への意識づけを行っています。

2025年度進学ガイド表紙
芸術学部学生の作品が採用されています。

🏛 大学GUIDE

規模の大きさときめ細かな教育が両立する総合大学

日本大学は、人文・社会・自然科学のほとんどすべての学問領域をカバーする16学部と通信教育部、短期大学部、さらに大学院を擁する日本最大級の総合大学です。総学生数約8万人（学部、通信教育部、短期大学部、大学院の総合計）、卒業生は約125万人を輩出し、政財官界や法曹・教育界、マスコミ、芸術・文化、スポーツなど、社会のあらゆる分野で実績を築き上げています。

大学のスケールと対照的に、専門科目の講義やゼミナール、実験・実習などの多くが少人数形式で行われており、きめ細かな指導が教育の特色となっています。

学生の成長を第一に考えた教育改革を推進

日本大学では、学生が充実した学生生活を送るために、学生のニーズや評価を把握し、それに基づいた取り組みを展開しています。特に、全学生（学部生・短期大学部学生）を対象とした「日本大学学修満足度向上調査」では、今学生が何を求めているのか、どのような学生生活を送っているのかといった、学生のニーズ、実態、学生による主観的な能力評価結果を取得しています。2022年4月に行われた調査では、約87%の学生が日本大学で学ぶことに満足しているという結果となり、今後も継続的に調査を行い、教員が「何を教えたか」という教育から、学生が「何ができるようになったか」という学生の成長を重視した教育へと転換を図っていきます。

学部を超えた"大規模交流授業"「日本大学ワールド・カフェ」

日本大学は学部ごとにキャンパスが分かれており、普段、他の学部の学生と交流する機会はそれほど多くありませんが、全学共通教育科目「自主創造の基礎」の中で実施している『日本大学ワールド・カフェ』では、1万6千人以上の学生が他学部の学生と交流しながら修学することができます。異なる学部の学生同士が自由に意見交換することにより、多様な価値観に触れることができ、学びへのモチベーションを高め、視野を広げ、チームワークを身に付けます。16学部＋短期大学部を擁する総合大学ならではの取り組みです。

充実した研究環境で多様性あふれる研究を展開

日本大学では、総合大学としての強みを生かしつつ、34の研究所及び4つの研究センターにおいて、異分野を融合した多彩な研究を推進しています。これらの研究で得られた成果は、教育へ還元するとともに、「日本大学産官学連携知財センター（NUBIC）」が中心となって社会に向けて発信し、安心で快適な暮らしを創造する「知の還元役」として積極的に産官学の連携を進めています。「日本大学Web研究発表会」では、多角的な視点から社会問題の解決に取り組む、リアルな研究内容を紹介しています。また、大型研究施設をはじめ、図書館、資料館など、先進の施設・設備が、最先端の研究を支えています。
〈日本大学Web研究会〉　https://www.nihon-u.ac.jp/research/project/web_presentation

---

DATA・FILE

○教員数……2,544	○職員数……1,318		（2023年5月）
○学生数……学　部　74,956（男50,144　女24,812）			
大学院　3,162（男 2,296　女　866）			（2023年5月）
○卒業生数……1,249,403			（2023年3月）
○校有地面積……約31万㎡			（2023年3月）
○蔵書数……約554万冊			（2023年5月）

学部紹介You Tube

You Tube「日本大学公式チャンネル」から日本大学各学部の紹介動画が視聴できます。学内の様子や、学生のメッセージなど、さまざまな日大の姿をご紹介しています！

🏫 学部GUIDE

法学部

東京の中心（千代田区神田三崎町）に位置する都心型キャンパスでリーガルマインドを発揮できる人材を養成します。法学部は、法律、政治経済、新聞、経営法、公共政策といった、多彩な専門性を持った5学科により構成され、"法学"という高度な常識をベースに多様な専門教育が受けられます。

文理学部

「文」と「理」の融合を特色とした教育と研究を行う、人文系・社会系・理学系の3系統18学科からなる国内最大級の総合学部です。文系・理系の枠を超えた幅広い視野と教養を身に付けることにより、新時代を生きるために必要な力を備えた人材の養成を行っています。都心から10分の閑静で緑豊かなキャンパスです。

経済学部

東京の中心に位置する都心型キャンパスは、アクセス抜群で経済の動きを肌で感じることができます。「ゼミの日大経済」と呼ばれるほど充実したゼミ教育と2年次に選択できるプログラム制により、自ら考え、行動できる真の経済人を養成します。1年次のキャリアデザインセミナーや2・3年次のインターンシップなど多彩なプログラムでキャリア形成をバックアップします。

商学部

商業・経営・会計の3学科を設け、少人数制授業に力を入れています。将来を見据え、学科ごとの履修モデルを参考に初年次からビジネスの仕組みを幅広く学んでいきます。「ゼミナール」には2年次から入室でき、履修モデルとゼミナールにより段階的・体系的に学修

します。学修環境への学生の満足度は高く、高度で専門的なビジネスの知識と能力を身に付けることができます。

芸術学部

「日藝」の名で親しまれている芸術学部は、伝統的な芸術から最新のデジタル技術まで、8つの領域を幅広く網羅する「芸術の総合学部」です。8学科すべての学生が履修できる「芸術総合講座」や、学科の枠を超えて作品を合同制作するプログラムなどの質の高い教育で、アートやエンタテイメントの世界を目指す学生たちに実践的な学びを提供します。

国際関係学部

世界の舞台で活躍するための実務的な知識とスキルを養う国際総合政策学科と、高度な異文化理解と外国語運用能力を身に付ける国際教養学科の2学科を設置。世界で生かせる「コミュニケーション能力」を養う13の言語教育や留学制度が充実しています。本学部の図書館には国連やEU本部から指定を受けた国連寄託図書館とEU情報センターが設置されています。

危機管理学部

多岐にわたる危機やそのマネジメントに関連する学問領域のエッセンスを統合し、「危機管理学」として体系化。自然災害、大規模事故、犯罪、テロ、戦争・紛争、サイバーアタックなど多様な危機への対応を学び、時代に求められる危機管理のエキスパートを養成します。

スポーツ科学部

世界で活躍する多数のアスリートを輩出してきた日本大学では、競技スポーツを実践するアスリートとそれを支える一流のコーチ、スポーツに関連する幅広い分野で活躍できる人材を養成します。学びの目的に応じてアスリートコース、スポーツサポートコースを選択でき、スポーツを理論と実践の両面から学びます。キャ

🎓 大学独自の奨学金制度は全国トップレベル

経済的な理由で学業を続けるのが困難な学生や、学業成績・人物の優秀な学生を対象として、60種類以上の奨学金制度が設けられており、給付型・貸与型総額は全国でもトップレベルです。

🎓 オープンキャンパス

学部別にオープンキャンパス・進学相談会を開催。
※日程等詳細が決定次第、大学ホームページでお知らせしますので、ご確認ください。

ンパスには様々な体育・実験施設が配置されています。

理工学部

103年の歴史があり理学・工学・デザインを学べる総合型理工系学部です。都心からアクセスの良いお茶の水に位置する駿河台キャンパスには超高層の校舎（タワー・スコラ）があり、郊外には広大な敷地に国内有数の実験施設が集積する船橋キャンパスがあります。日大理工自慢の教育プログラム「未来博士工房」（写真は木橋製作風景）では、学生自らの発想や計画のもとで「もの・ことづくり」を実践できます。

生産工学部

最も産業界に近い位置にある学部で、徹底した実学教育を展開。
①「EXPERIENCE & LIBERAL ARTS」マネジメント能力を備えたエンジニアの養成　②「考える力を養うリベラルアーツ教育」の実践　③最低2週間の就業を経験する約70年前から全員必修の「生産実習（インターンシップ）」　④「緑豊かな郊外型キャンパス」

工学部

「健康で持続可能な生き方・暮らし方」を意味する「LOHAS（ロハス）」の考え方をベースとした「ロハス工学」を教育・研究のキーワードに掲げており、学科横断、産学官連携で「ロハス工学センタープロジェクト」も展開しています。毎年多数の人事担当者を迎え、企業と学生の面談を行う企業研究セミナーをオンラインで開催するなど就職支援体制も充実しています。

医学部

「高い人間力を有する医師」「学際的視野を持った研究者」「熱意ある医学教育者」を育成します。病める人々に対して思いやりの心を持って接し、奉仕することをいとわない良き臨床医、国際的に優れた医学研究者、情熱と使命感を持ってそれらの育成にあたる医学教育者を育みます。最先端の医療現場で行う実習が臨床能力を高めます。

歯学部

100年を超える伝統と2万人の卒業生を誇り、「医学的歯学」を教育理念に掲げ医療人としての人間教育を実施。都市型キャンパスで6年間体系的に学ぶことができ、総合大学として学部連携も整備しています。2023年度からスタートした新カリキュラムは10のコースが学年横断的に設置され、同一の学修内容を学生の理解度に合わせさまざまな学年で繰り返し学修します。2022年には付属歯科病院と一体となった新校舎が本格稼働しました。

松戸歯学部

歯科医学を「オーラルサイエンス（口腔科学）」と捉え、医学の一分科としての教育を展開。東京ドームとほぼ同じ面積のキャンパス内にある付属病院には、電子カルテをはじめ最新設備を導入。学生は臨床実習を通して、多様化する医療ニーズに対応した技術を修得できます。郊外型学部のため、地域に密着した歯科医師の育成にも力を入れています。2024年4月から新校舎の運用を開始しました。

生物資源科学部

微生物を含むあらゆる生物及び生物由来の物質の生産と利用、生命の仕組みを学びます。DNAなどの分子レベルの研究から、動植物の生態、森林や海洋資源、食品の製造から流通、環境に至るまで多彩な教育・研究を行うとともに、SDGsについて精力的に取り組んでいます。

薬学部

「人類の保健、医療及び福祉に貢献する新しい薬学を創造する」という理念に基づいて、高度医療社会のニーズに応える医療薬学に重点を置いた特色ある教育・研究を推進し、医療人としての倫理観と高い専門性と技術を備え、人の健康と医療の向上に貢献できる自主創造の気風を身に付けた薬剤師を養成します。

短期大学部

「職業人」として活躍するためのビジネス理論と実務を学ぶ「三島キャンパス」と理工系の知識と技術を学ぶ「船橋キャンパス」があります。スペシャリストの道を開く資格取得支援も充実しており、卒業後は「大学への編入学」と「就職」のどちらを選択しても目的を達成できるようバックアップを行っています。

〈三島キャンパス〉ビジネス教養学科／食物栄養学科
〈船橋キャンパス〉建築・生活デザイン学科／ものづくり・サイエンス総合学科

国際交流

アメリカ・カナダ・ドイツ・中国などさまざまな地域の大学等と学術交流協定等を結び、教職員・留学生の派遣・受け入れ、共同研究などを行っています。交換・派遣留学生を経済的に支援するため、留学期間中の日本大学の授業料の減免や派遣先大学の授業料の免除、奨学金の給付なども行っています。

また、短期間の海外研修としてイギリスのケンブリッジ大学ペンブルック・カレッジでのサマースクール及びオーストラリアのニューカッスル大学でのスプリングスクールを実施しています。いずれも英語教育プログラム等に実績のある大学で、現地教員による充実した指導を受けられるとして評価を得ています。ケンブリッジ大学ペンブルック・カレッジでは日本大学との共同出資により建設された学生寮で、ニューカッスル大学はニューカッスルキャンパスでカレッジ生活を体験できます。

就職支援

日本大学では、学生が主体的な"未来選択"を行うため、人生観・価値観を確立し企業選択等が行えるよう、低学年からのキャリア教育を皮切りに、全国トップクラスの規模で人事担当者と直接面談し説明が聞ける「日本大学合同企業研究会・就職セミナー」など、数多くの就職支援プログラムを開催しています。また、あらゆる分野で活躍する卒業生の実績により、全国約2万社から求人依頼があります。総合大学としての力に加え、学内就職サイトから先輩たちの就職活動報告が閲覧可能など、卒業生の絆が在学生の就職活動を支えており、「就職力が身に付く日本大学」として評価されています。

企業等への就職を希望する学生のほか公務員や教員を希望する学生への支援にも力を入れています。国家公務員総合職の合格者も増えており、地方公務員や中学高校教員の就職者数は全国の大学で最多を誇っています(2022年度)。

合同企業研究会・就職セミナー

主な就職先　積水ハウス、大成建設、大和ハウス工業、伊藤園、ソニー、トヨタ自動車、日本イーライリリー、本田技研工業、東京ガス、時事通信社、NHK、日本テレビ放送網、全日本空輸、JR東海、東日本高速道路、JR東日本、ゆうちょ銀行、デロイトトーマツ税理士法人、星野リゾート、オリエンタルランド、野村総合研究所、日本郵政、東京都教育委員会、内閣府、法務省、財務省、農林水産省、国土交通省、埼玉県庁、千葉県庁、東京都庁、東京都特別区、警視庁、神奈川県庁ほか（2023年3月卒業生）

入試GUIDE（2024年度入試参考）

- 【A個別方式】各学部等（医学部を除く）が独自に実施する一般選抜です。学部本校舎以外にも試験場を設ける場合があります。
- 【N全学統一方式】同一試験日、同一問題で複数の学部（学科）を併願することができます。学部間併願だけでなく、同一学部内の複数学科への併願も可能です。第1期は全学部及び短期大学部、第2期は法、文理、経済、商、芸術、危機管理、スポーツ科、理工、生産工、工、医、歯、松戸歯、生物資源科、薬各学部及び短期大学部（三島キャンパス）で実施。
- 【C共通テスト利用方式】「大学入学共通テスト」の得点を利用して合否を判定します。法、文理（第1期全学科・第2期5学科）、経済、商、国際関係、理工、生産工、工、歯、松戸歯、薬各学部、短期大学部で実施。
- 【CA共通テスト併用方式】「大学入学共通テスト」と学部独自の試験等の得点の合計点で合否を判定します。生産工、工各学部で実施。
- 【学校推薦型選抜】〈指定校制〉法、文理（11学科）、経済、商、芸術（3学科）、国際関係、スポーツ科、理工、生産工、工、松戸歯、生物資源科、薬各学部、短期大学部（三島キャンパス）で実施。〈公募制〉商、芸術、国際関係、生産工、工、歯、松戸歯、生物資源科、薬各学部、短期大学部で実施。
- 【総合型選抜】法（法律学科法曹コースを除く）、文理（12学科）、経済、商、芸術、国際関係、危機管理、スポーツ科、理工、生産工、工、松戸歯、生物資源科（獣医学科を除く）各学部、短期大学部（三島キャンパス）で実施。

※こちらに記載されている内容は予定であり、変更になる場合がありますので、必ず入試インフォメーション及び募集要項でご確認ください。

［問合せフォーム］https://www.nihon-u.ac.jp/inquiry/?cid=2

資料請求

2025年度進学ガイド＆入試インフォメーションをご希望の方は、日本大学ホームページよりお申し込みください（送料200円後納）。各学部のパンフレットも請求できます。6月上旬発送開始予定。

日本大学入学課LINE公式アカウント

疑問・質問をLIVEで解決。
最新ニュースも随時配信予定。入試の時期にはらくらくインターネット出願もできます。

資料請求方法：巻末ページの「パンフレット一括請求」をご覧ください。

資料請求		
	請求ハガキ	巻末ハガキ
料　金	無　料	
完成時期	5月下旬	

日本女子大学

〒112-8681　東京都文京区目白台2-8-1　入試課　TEL 03-5981-3786（直通）　〈HP〉https://www.jwu.ac.jp/unv/

TOPICS
- 2021年、創立120周年を迎え目白キャンパスに全学部を統合、文理融合の多様な教育を推進
- 2022年、理学部30周年を機に数物情報科学科、化学生命科学科に学科名称を変更
- 2023年、国際文化学部を開設、『脱教室・脱キャンパス型』の新しい学びを提供
- 2024年、建築デザイン学部を開設、「住まう」人のための「建築デザイン」を学ぶ
- 2025年、食科学部（仮称）＊を設置構想中、科学的視点で幅広く「食」を学ぶ

大学GUIDE

『新しい明日を共創する人』を目指して

　日本女子大学は20世紀の幕が開けた1901年に女子教育の先覚者・成瀬仁蔵により創立された "日本で最初の組織的な女子高等教育機関" です。

　創立120周年を迎えた2021年4月、創立の地目白キャンパスに家政学部・文学部・人間社会学部・理学部の4学部を統合しました。2023年に国際文化学部、2024年に建築デザイン学部を開設、2025年4月には食科学部（仮称）＊の設置を構想中で、文理融合の多様な教育を提供しています。成瀬仁蔵の教育方針である「自学自動」、すなわち自ら学び、自ら行動する学修姿勢を育む環境で、多様で非連続に変化する社会において、新しい明日を共に創る人材を育てています。

2025年度に7学部16学科、文理融合の多様な教育を推進

　2025年度には7学部16学科を予定しており、**女子の総合大学**として充実した学科構成を誇ります。3,000科目を超える授業は、他学科の科目も履修でき、興味のある分野を幅広く深く学ぶことができます。

　家政学部では、人間生活に関わる問題を科学的に探究します。**文学部**は人間の精神文化および人間の本質を学びます。**人間社会学部**は、人間・社会に関する学問を総合的に探究します。1992年度に開設された日本の私立女子大学で唯一である**理学部**では、自然と人間の調和を目指す有能な女性科学者の育成に熱意が注がれています。

　2023年度に開設した**国際文化学部**は、「実践・体験・発信」をコンセプトに、『脱教室・脱キャンパス型』のカリキュラムを設定しています。2024年度に開設する**建築デザイン学部**は、人文、理工、芸術を融合した総合学問として「住まう」人のための「建築デザイン」を学び、高い専門性を発揮できる人を育成します。

　2025年度には、**食科学部（仮称）＊**を設置構想中であり、食科学科＊と栄養学科＊で、科学的観点から「食」を学び専門性を持って社会貢献できる人材を目指します。

　各学部とも少人数の演習を重視した質の高い授業が特色で、卒業論文（卒業研究・卒業制作）は全学科必修です。

　また、全学的な基盤教育に、数理・データサイエンス・

学部・学科組織、学則定員（2025年度予定）

- **食科学部**（仮称、2025年度設置構想中）＊
  食科学科38／栄養学科50
  ＊本計画は構想中で掲載内容は予定であり、変更となる場合があります。
- **家政学部**
  児童学科97／被服学科85／家政経済学科85
- **文学部**
  日本文学科126／英文学科146／史学科97
- **人間社会学部**
  現代社会学科97／社会福祉学科97／教育学科97／心理学科73
- **理学部**
  数物情報科学科92／化学生命科学科97
- **国際文化学部**（2023年開設）
  国際文化学科121
- **建築デザイン学部**（2024年度開設）
  建築デザイン学科100

AIならびにICTに関する内容を学べる科目群を設置しており、2021年に文部科学省が定める「数理・データサイエンス・AI教育プログラム（リテラシーレベル）」に認定されました。さらに、2023年には理学部の教育プログラムがひとつ上位の「数理・データサイエンス・AI教育プログラム（応用基礎レベル）」に認定されました。

外国語教育の重視

　外国語の履修は、大学における専門教育の基礎、かつ国際社会における現代人の教養として重視しています。英語は「表現力やコミュニケーション能力」「英文を読み解く力」を養成する科目、ネイティブスピーカーによる「聞く」「話す」技能を訓練する科目、リーディングや資格英語などの選択科目も開講。英語に加え、「ドイツ語」「フランス語」「中国語」「韓国語」が履修可能、複数言語を習得し、国際感覚と多面的な思考力を養成します。

大学独自の奨学金制度

　経済支援として、日本女子大学桜楓奨学金（30人程度、30万円給付）等があります。奨励賞として、日本女子大学学業成績優秀賞・研究奨励賞（2～4年次の各学科1人、授業料半額免除）の他、各学部・学科による独自の表彰制度もあります。留学する学生の経済的負担を軽減するための独自の給付奨学金制度も複数用意しています。その他、学寮に入寮した地方出身者を支援する日本女子大学泉会spring新入生奨励金（15人程度、20万円）等があります。　　　　　　　※全て2023年度実績

「食」で拓く新たな世界。—— 「食」ですべての人のWell-Beingに貢献する——

食科学部（仮称、2025年設置構想中）＊

2025年4月に開設予定の食科学部は、食科学科と栄養学科の2学科で構成します。両学科とも所定の科目を履修すれば、食品衛生管理者、食品衛生監視員の資格が取得可能です。〈いずれも任用の国家資格〉

■食科学科（仮称）＊　「食」で未来をつくる。

「生活者」としての視点を重視して「食」を科学的に学び、食関連のさまざまな領域で活躍できる能力を身につけます。「食品学系」「調理学系」「栄養学系」の各科目を三位一体で学修。さらに学科独自の講義・演習科目として実際の食品会社で「商品開発」を学ぶ科目も多数開講します。企業や研究機関で食品開発・研究に携わる研究者、教員、起業家として社会に貢献できる人材を育成します。卒業時に中学校・高等学校の教諭一種免許状（家庭）などが取得可能です。

■栄養学科（仮称）＊　栄養ですべての人を幸せに。

科学的な理解の土台となる「基礎科学」を学んだうえで、「医学・保健学」を通じた医学的視点で深く学ぶ「栄養学」や、「食品学」「調理学」について、講義・演習や実験・実習の体系化されたカリキュラムを通して学修します。管理栄養士として、医療、行政、教育（養護教諭）、研究、福祉、給食・中食・食品産業、スポーツ、国際協力など多彩な分野で活躍できる専門性の高い人材を育成。卒業時に栄養士資格、管理栄養士の受験資格、栄養教諭一種免許が取得可能です。

食科学部の学び・カリキュラムの特徴はこちらから！

※「大学改革最前線」の日本女子大学ページ（P.70）もご覧ください。
＊本計画は構想中で掲載内容は予定であり、変更となる場合があります。

🌐 留学情報

日本女子大学は国内で唯一、アメリカ名門女子大学のウェルズリー・カレッジとマウント・ホリヨーク・カレッジと協定を締結しており、学生の長期留学が可能です。2023年度はオランダ／ライデン大学人文学部や韓国／誠信女子大学も協定校に加わり、交換留学が可能になりました。
【留学サポート体制】①語学学習支援：TOEFL iBT® テスト準備コース、②経済支援：独自の奨学金制度。

🏃 卒業後の進路

◎就職決定率99.1%★の高水準（★2023年3月卒業生）

1年次から将来を考える機会を設け、キャリア支援ガイダンスをはじめ業界・企業研究、公務員試験・教員試験各種対策から個別相談対応まで、きめ細かいサポートで一人ひとりの夢と希望の実現をバックアップ。充実した就職支援により、内定者の就職先への満足度が高いことも特徴です。また例年、理学部の約25％を含む全学卒業生の約8〜10％が大学院に進学しています。

■主な就職先★

日本生命保険、明治安田生命保険、三井住友信託銀行、東京海上日動火災保険、アクセンチュア、JALスカイ、住友生命保険、あいおいニッセイ同和損害保険、第一生命保険、NEC、清水建設ほか　公務員・教員多数

☑ 入試GUIDE （2024年度実績）

■一般選抜
◇個別選抜型、英語外部試験利用型、大学入学共通テスト利用型（前期）［全学部全学科］
◇大学入学共通テスト利用型（後期）
　［食物学科を除く全学部全学科］

■総合型選抜 ［全学部全学科］

■学校推薦型選抜（公募制）［家政経済学科、現代社会学科、心理学科、国際文化学科、建築デザイン学科を除く全学部全学科］

■外国人留学生入試／全学部 ［各学科若干名］

■社会人入試／文学部、人間社会学部、国際文化学部

■編入学・学士入学（大学1年次修了者編入も実施）

●検定料同時割引制度（同時出願）
一般選抜（個別選抜型）の検定料は1学部3.5万円で、2学部受験では合計5万円、3学部受験では6.5万円に割引。「英語外部試験利用型」内での併願、「個別選抜型」と「英語外部試験利用型」の併願でも併願割引を実施。

オープンキャンパス

入試相談会やオープンキャンパスのご案内のほか、「WEBオープンキャンパスページ」では大学の概要、学部学科、入試制度、キャンパスなどを動画でご紹介しています。
ぜひご覧ください！

資料請求方法：巻末ページの「パンフレット一括請求」をご覧ください。

資料請求

	請求ハガキ	巻末ハガキ
料　金		無　料
完成時期		4月1日

日本文化大學

〒192-0986　東京都八王子市片倉町977　入学準備課　TEL 042-636-5211　〈HP〉https://www.nihonbunka-u.ac.jp

TOPICS

●教養を重視した人間教育で真の社会人を育成

　日本文化や伝統を理解することで深い教養を身につけ、人間としての品格を高める「人間教育」を実践しています。その上で、生活や社会と密接に結びついている法律を学ぶことにより、人間性とリーガルマインドを兼ね備えた人材として活躍することができるのです。

■学部・学科組織
●法学部　200

🏛「文化」を知る、「法」を学ぶ

履修モデルを参考にして将来像を描く

　大学卒業後に思い描いている職業に向けてどのような学習をすれば良いのか分からないといった不安や、大学における学びを通して興味・関心を持った分野をさらに学びたいといった要望に応えられるように、「履修モデル」を策定しています。将来の目標に向けて、履修モデルを参考にしながら学習計画を自由に立てていくことが出来る仕組みです。

「法律専門職モデル」　法律専門職の先生から実務などを実践的に学び、法律専門職を目指します。

「警察官・消防官モデル」　刑事政策や危機管理学などを学ぶとともに、採用試験で有利となるITパスポートの資格も取得することができます。

「公務員モデル」　公務員に必要な行政法や行政学などを中心に学ぶことによって、行政書士の資格も取得することができます。

「ビジネス関連法モデル」　民間企業で働くうえで必要とされる簿記の知識のみならず、企業経営に不可欠な法律の知識を習得することができます。

　またユニークなプログラムとして、10年以上にわたって開催されている、学生が3人1組のチームで法的判断力やプレゼン能力を競い合う「**法律討論会**」、学生が実際の裁判を見学できる「**裁判傍聴**」があります。そして毎年秋に行われる「**模擬裁判**」では、学生たち自身が裁判官、検察官、弁護人、被告などの役を演じ裁判制度の仕組みを肌で感じることができます。

📜 取得資格

　法学部ならではの行政書士や社労士・宅建士はもちろ

2号館 2019年秋完成　　　　　　　　　総合校舎 楽工舎

ん、簿記検定、英検、コンピュータなど多彩なジャンルの資格取得をサポートします。資格講座として設置された各種講座は、いずれも確実なスキルアップと受験対策を見すえた実践的な指導が特長です。

🏃 就職GUIDE

　入学直後の新入生のガイダンスから就職指導をスタートします。定員200人という少人数のメリットをいかし、一人ひとりの状況に応じた個別指導を実現しています。主に公務員試験受験のため1～3年次にキャリアマネジメントがあります。特に警察官志望者に対しては警察学、危機管理学の授業や警察行政のゼミがあり、警察官合格の実績に繋がっています。

主な就職先　警視庁・各道府県警察、東京消防庁、東京都庁、神奈川県庁、八王子市役所、千葉市役所、裁判所事務官、国税専門官、海上保安官、日本年金機構、神奈川銀行、多摩信用金庫、青梅信用金庫、東京東信用金庫、東洋証券、綜合警備保障、セコム、住友不動産販売など

📝 入試GUIDE（入試に関する最新の情報は大学HPでご確認ください）

①総合型選抜警察官志望型　②総合型選抜スカラシップ公務員志望型（第1期）／公務員志望型　③総合型選抜ニチブン式高大接続型（レポート型）　④既卒生総合型選抜　⑤推薦型選抜公募推薦型　⑥推薦型選抜指定校推薦型　⑦推薦型選抜スポーツ推薦型　⑧大学入学共通テスト利用型選抜　⑨一般選抜

オープンキャンパス・入試説明会 ▶

【日程】4／21(日)、5／19(日)、6／9(日)、6／23(日)、7／14(日)、7／28(日)、8／11(日)、8／25(日)、9／15(日)、10／13(日)、11／10(日)、12／8(日)、2025年2／16(日)、3／16(日)
日程、名称等は変更になる場合があります。詳細は大学HPでご確認ください。

資料請求方法：巻末ページの「パンフレット一括請求」をご覧ください。

学校案内 編 私立大学・短期大学・大学校

東京 4

文化学園大学	380	目白大学	398
文教大学	382	ヤマザキ動物看護大学	399
文京学院大学	384	立教大学	400
星薬科大学	385	立正大学	402
法政大学	386	早稲田大学	404
武蔵大学	388	和光大学	406
武蔵野大学	390	共立女子短期大学	407
明治大学	392	駒沢女子短期大学	408
明治学院大学	394	帝京短期大学	409
明治薬科大学	396	職業能力開発総合大学校	410
明星大学	397		

文化学園大学

〒151-8523　東京都渋谷区代々木3-22-1　入試広報課　TEL 03-3299-2311　〈HP〉https://bwu.bunka.ac.jp/

TOPICS
「ファッション」「デザイン」「建築・インテリア」「観光」を 実践的に学べる都市型キャンパス

大学の特色

1. アクティブラーニングで考える力を
実習やグループディスカッション、リサーチ、プレゼンテーションを取り入れたアクティブラーニングの科目が多く、実践的な学びを経験することで、一人ひとりの考える力を育てます。

2. 学生一人ひとりの成長を見守る指導
担任・副担任制に加え、より身近な立場から学生を支える副手という独自の制度により、学生一人ひとりの成長を見守るきめ細かな指導・支援を行っています。

3. 新宿の街全体がキャンパス
新宿駅から徒歩7分に位置し、世界中から人が訪れ、デザインやファッション・文化のトレンドを肌で感じられるキャンパス。新しいアイディアの種と、刺激にあふれた環境で、感性やセンスを磨きます。学園内には、専門分野を学ぶための高水準な設備を整えた研究所や実習室をはじめ、服飾博物館やファッションリソースセンターなどの充実した施設も完備されています。

■学部・学科構成

●服装学部
ファッションクリエイション学科
ファッション社会学科

●造形学部
デザイン・造形学科（※）
　メディア映像クリエイションコース
　グラフィック・プロダクトデザインコース
　ジュエリー・メタルデザインコース
建築・インテリア学科（※）
　インテリアデザインコース
　建築デザインコース

●国際文化学部
国際文化・観光学科
国際ファッション文化学科（※）
　スタイリスト・コーディネーターコース
　プロデューサー・ジャーナリストコース
　映画・舞台衣装デザイナーコース

※3年次よりコース選択

学科紹介

ファッションクリエイション学科
多様化するファッション業界に対応できる人材育成をめざし、一人ひとりの目標に合わせて横断的にファッションへアプローチできる3つのフィールドを設置。服づくりの確かな理論と技術を身につけ、これからのファッションを「つくる」人を育てます。

ファッション社会学科
「社会科学」という学問体系にファッションの視点でアプローチし、「人間」「社会」「文化」「歴史」「グローバル」「ビジネス」「商品」の7つの学問領域を横断的に学ぶことで、新しいファッションの可能性を提案できる人を育てます。

デザイン・造形学科
デザインと造形を基礎から学び、社会と人々の暮らしを豊かにするための発想力と表現力を磨きます。3年次からは3つのコースに分かれ、各コースで専門とする表現技術を修得し、社会の問題に対してクリエイティブな

ファッションショー

造形学部　卒業研究展

発想で臨む力を養います。

建築・インテリア学科

建築・インテリアに関する工学的な専門知識を学ぶだけでなく、アートやデザインなどの科目も設置し「発想や感性を磨く」教育を行っています。3年次からはコースに分かれ、生活者の視点から「日常生活を快適で豊かにするための空間」を提案できる力を養います。

国際文化・観光学科

国際社会で役立つ語学力と世界のさまざまな文化に関する知識やホスピタリティ産業に関する知識を幅広く学び、世界の人々と働くためのホスピタリティマインドとコミュニケーション力を養います。

国際ファッション文化学科

ファッションの表現に必要な技術や知識を基礎から学び、デザインだけでなくすべてをコーディネートし表現できる力を身につけます。同時に英会話を学び、国際舞台において積極的かつ主体的に行動できる人を育てます。

取得資格

■**取得資格・免許**　中学校・高校教諭一種免許状（家庭・美術）、学芸員、衣料管理士（テキスタイルアドバイザー）1級、社会調査士、図書館司書

■**受験資格**　建築士（一級・二級・木造）、ピアヘルパー

就職支援

キャリア教育と就職支援の連携により、希望する進路を実現するためのバックアップをしています。1年次より「キャリア形成教育科目」を設置し、一貫した人間力の育成やインターンシップなどの科目からキャリアをデザインすることをめざします。3年次には年間を通じて多彩な就職講座を実施し、就職活動に必要なノウハウを身につけていきます。希望や適性に応じた進路を経験豊富なスタッフやキャリアアドバイザーが支援しています。

■**卒業後の進路**

デザイナー、パタンナー、スタイリスト、舞台衣装・コスチューム制作、ファッションアドバイザー、バイヤー、広報・プレス、マーチャンダイザー、イラストレーター、編集者、建築士、インテリアコーディネーター、ショールームアドバイザー、ホテルコンシェルジュ、客室乗務員、ブライダルプランナー、商品企画、家庭・美術科教員　他

入試GUIDE（前年度参考）

①AO入試〔総合型選抜〕

〔試験内容〕プレゼンテーション（学科によってはグループ討論・小論文を課す）、面接

②推薦入試〔学校推薦型選抜〕

〔試験内容〕面接

＊指定校推薦入試の詳細は該当する高校に通知します。

③一般入試〔一般選抜〕

〔試験内容〕学力試験（2科目選択）

④共通テスト利用入試〔一般選抜〕

〔試験内容〕大学入学共通テストの成績結果を利用

（大学が指定する成績利用科目から高得点2科目を利用）

＊大学独自の学力試験なし

※各入試の詳細は、大学ホームページでご確認ください。

オープンキャンパス2024

〈日程〉5/26(日)、6/16(日)、7/13(土)、8/3(土)、8/25(日)、9/21(土)

〈内容〉学科紹介・入試説明・個別相談　キャンパス見学ツアー　など

※7/13(土)は「授業公開」を実施します。

※詳細は大学ホームページでご確認ください。

サマーオープンカレッジ

高校生・受験生を対象に、大学の授業を体験できるイベントです。開催する講座や申込方法は大学ホームページでご確認ください。

〈日程〉7/25(木)、7/26(金)

資料請求方法：巻末ページの「パンフレット一括請求」をご覧ください。

文 教 大 学

〒343-8511 埼玉県越谷市南荻島3337　入学センター　TEL 048-974-8330　〈HP〉https://www.bunkyo.ac.jp/

TOPICS

小学校教員採用者数16年連続私立大学1位※

※朝日新聞出版「大学ランキング2024」
（分野：就職〔教員〕・小学校）

私立大学で初めて教員養成を目的とした教育学部を創設。
教育学や教科等の理論学習に加え、さまざまな現場体験で教育実践力も培います。

🏛 大学GUIDE

文教大学は、「人間愛」という建学の精神に基づいて、すべての人を尊重し、思いやる心の育成を実践しています。長きにわたり培ってきた「教育力」をいかし、一人ひとりを伸ばしていきます。教員と学生の対話を重視した、密度の濃い少人数教育を展開しているほか、学部ごとに、それぞれの領域にふさわしい個性ある学外・海外で学べるプログラムも用意しています。

教育学部　教育の理論と実践を熟知した教員が、学生の「先生になりたい」という気持ちにこたえ、夢の実現へと導きます。学校教育課程では、教科ごとに9専修に分かれて小・中・高の各段階の教育内容・教育方法の違いや連続性を理解し、教科・道徳・特別活動などのさまざまな学びに系統を確立できる先生を目指します。発達教育課程では、特別支援教育、初等連携教育、児童心理教育、幼児心理教育の4専修で子どもの発達の連続性と多様性を理解し、子どもに寄り添い「学びをつなぐ」先生を目指します。

人間科学部　社会と人間の関係が複雑になっている現代において、人間が人間らしく生きるためには何が必要なのかを科学的に考察します。「心理学」「社会学」「教育学」を柱に社会福祉学や文化人類学などを加え、人間をさまざまな面からとらえて総合的に深く理解する力を育んでいきます。より多様な視点を身につけられるよう、他学科の科目も履修可能なほか、少人数演習や、そのための設備の充実にも力を入れています。偏見にとらわれず、問題意識を持ち社会へ積極的に関わっていける人材を育成します。また、臨床心理学科及び心理学科で、公認心理師のカリキュラムへの対応をしており、臨床心理士養成第1種指定校である大学院も併設されています。

文学部　日本語日本文学科、英米語英米文学科、中国語中国文学科、外国語学科の4学科を設置。古今東西の文芸作品をはじめ、「ことば」の背景にある文化や思想、社会、歴史などについても学びます。多文化社会に対する理解と実践的な言語運用能力をあわせもった、さまざまな分野・社会で活躍できる「ことば」のスペシャリスト養成を目指します。

情報学部　「創る」「活かす」「築く」ことをテーマに

■**学部・学科組織**

【越谷キャンパス】
●**教育学部**　学校教育課程200／発達教育課程150
●**人間科学部**　人間科学科140／臨床心理学科120／心理学科140
●**文学部**
　日本語日本文学科120／英米語英米文学科100
　中国語中国文学科70／外国語学科70

【湘南キャンパス】
●**情報学部**
　情報システム学科95／情報社会学科95／メディア表現学科95
●**健康栄養学部**　管理栄養学科100

【東京あだちキャンパス】
●**国際学部**　国際理解学科120／国際観光学科125
●**経営学部**　経営学科165

した3学科で、感性・知性・技能をバランスよく身につけ、情報化社会をよりよく進歩させる人材を育成します。授業では理論（頭）と制作技術（手）の両方を駆使することで、学生が自ら課題を発見・解決するスキルを磨きます。学習環境や設備、サポート体制も充実しており、知的好奇心を持って積極的に学べる環境が整っています。

健康栄養学部　年々健康への関心が高まるなか、管理栄養士の活躍が期待される場は、臨床・福祉の現場のほか「学校教育」「スポーツ産業」「一般企業」にも広がっており、また求められる能力も変化しています。社会のニーズにこたえるため、"予防医学" や "食育"、"心理学" の分野にも力を入れ、広がる職域に合わせて、栄養教諭・健康栄養・臨床栄養の3コースを設置しています。

国際学部　英語能力やコミュニケーション力はもちろん、観光ビジネスや国際協力、地域貢献などの現場で実際に必要となる柔軟なセンスや幅広い視野・見識を身につけることができます。2学科間で自らの関心に基づいた学習分野を深められるようカリキュラムを充実させており、留学や国際交流、国際ボランティアなどの体験プ

アクセス ▶

〔**越谷キャンパス**〕北越谷駅（東武スカイツリーライン／東京メトロ日比谷線・半蔵門線、東急田園都市線直通乗り入れ）から徒歩約10分
〔**湘南キャンパス**〕茅ヶ崎駅（JR東海道本線）からバス約25分／湘南台駅（小田急線、相鉄線、横浜市営地下鉄）からバス約20分
〔**東京あだちキャンパス**〕谷塚駅（東武スカイツリーライン）から徒歩約13分／六町駅（つくばエクスプレス）からバス約15分

ログラムも豊富です。少人数制の中で日本と世界のつながりを深く理解し、行動できる力が磨けます。

経営学部　経営活動の原動力を人と考え、「人間尊重の経営」をコンセプトに、人間的に豊かなスペシャリスト育成を目指します。経営学のほかに経済学、会計学、経営科学、通信技術など、幅広い分野から学びます。

１・２年次は基礎形成で経営、会計、情報技術に関する基礎的な知識やスキルを身につけるとともに、グループワークや参加型授業によるインタラクティブ体験を通じてコミュニケーション能力を養い、３・４年次では、将来の目標に合わせ、専門性を強化するために企業経営・公共経営・会計などの専門分野の学びを用意しています。

越谷キャンパスに、新棟(14号館)が新設!

越谷キャンパスに、新たな教室棟として、14号館LECRO（レクル）が新設されました。2022年度秋学期より授業利用が開始されています。

「LECRO」は、"LECTURE"と"ROOMS"の言葉から名づけられました。多種多様な授業や催しに対応できるフレキシブルな教室の機能を確保しながら、学生たちの学習やさまざまな活動・交流を促し、成長へとつながる計画を元に設計されています。

主に教室機能に主眼を置いた「静的エリア」と、学生が自由に利用できる空間を配置した「動的エリア」で構成されています。

就職支援

教員、企業、公務員、幼稚園教諭・保育士、進学と多岐にわたる学生の各志望に合わせて、個別就職相談をはじめ、進路に応じたサポートプログラムを用意。教員志望の学生には、多彩な試験に沿った対策講座を開設し、現役合格の道すじを示します。ボランティア補助教員として、小・中学校でボランティア活動を行うこともあります。企業就職希望者に対しては、履歴書作成や面接対策等、さまざまな支援を用意しています。公務員への就職を希望する学生には、筆記試験、論文試験、面接試験等の対策を用意し、国家・地方など目標に応じた支援を行っています。

主な就職先　小学校・中学校・高等学校、東京都庁、ベネッセスタイルケア、アイリスオーヤマ、富士ソフト、グリーンハウス、星野リゾート・マネジメント、日本クレアス税理士法人、第一勧業信用組合など

取得できる免許・資格

小学校教諭１種、中学校教諭１種、高等学校教諭１種、幼稚園教諭１種、特別支援学校教諭１種、学校図書館司書教諭、図書館司書、保育士、認定心理士申請資格、社会教育主事任用資格、社会調査士、管理栄養士国家試験受験資格、栄養士、栄養教諭１種、フードスペシャリスト受験資格など。
※取得できる資格は学部学科により異なります。

入試GUIDE

〈2024年度入試実績〉
①総合型選抜／全学部
②学校推薦型選抜／全学部
③一般選抜
　　全国入試・Ａ日程入試・Ｃ日程入試／全学部
　　Ｂ日程入試／文、情報、健康栄養、国際、経営学部
④大学入学共通テスト利用入試１期・２期・３期
　　全学部（２期は文、情報、健康栄養、国際、経営学部で実施）
※ほか、外国人留学生、帰国生、社会人入試および編入学試験があります。

国際交流
【留学】
アメリカ、オーストラリア、中国、韓国、マレーシア等17カ国42校の海外協定大学・機関があり、半年から１年間の協定校派遣留学や３カ月間の短期留学を経験することができます。協定校派遣留学は、派遣先で修得した単位が認定されるため４年間で卒業することが可能です。留学先に行くための費用は、別途支払う必要があります。

【海外研修】
●語学研修　春季・夏季休暇中に語学や異文化について学ぶプログラムの他、ニューヨークでの国連研修、モンゴル異文化体験研修、ベトナム文化・産業体験研修などがあります。
●インターンシップ　ホテルやレストランなどで視察や実務を体験し、サービス業について理解を深めます。
●日本語教育研修　海外の現地校で日本語の教育実習を行います。
※学部学科により参加できる研修は異なります。

資料請求方法：巻末ページの「パンフレット一括請求」をご覧ください。

文京学院大学

資料請求

	請求ハガキ	巻末ハガキ
料　金	無　料	
完成時期	5月中旬	

［本 郷 キ ャ ン パ ス］〒113-8668　東京都文京区向丘1-19-1　入試グループ　TEL 03-5684-4870
［ふじみ野キャンパス］〒356-8533　埼玉県ふじみ野市亀久保1196　入試グループ　TEL 049-261-6417　〈HP〉https://info.bgu.ac.jp

TOPICS

● 「Bunkyo GCI」プログラムと実践的なキャリア教育により、学部で身につけた専門力をグローバルに発揮できる力を養います。

■学部・学科組織 定員 設置キャンパス（2025年度予定）

【東京・本郷キャンパス】

●外国語学部

英語コミュニケーション学科180（国際ビジネスコミュニケーション専攻、国際教養コミュニケーション専攻）

●経営学部

経営コミュニケーション学科130、マーケティング・デザイン学科130

【埼玉・ふじみ野キャンパス】

●人間学部

児童発達学科130／人間福祉学科＊1　110／心理学科100

＊1　福祉マネジメントコースは3年次から本郷キャンパス

●保健医療技術学部

理学療法学科80／作業療法学科40／臨床検査学科＊2　80／看護学科＊2　100

＊2　2年次から本郷キャンパス

🏛 学びの特徴

実践的なプロジェクトを通じて学ぶ

文京学院大学は実学教育を重視しています。全学部・学科で学生が主体的な学びを進めるプロジェクトが活発で、これからを生きる若者に必要な知識はもちろんのこと、課題解決に向けて自ら考え、行動していく力を身につけていきます。

「Bunkyo GCI」プログラム

全学部横断型グローバル人材育成プログラム「Bunkyo GCI」。全学部の志願者から選抜された学生が、それぞれの所属する学部で専門知識や技術を学びながら、並行してGCIのカリキュラムを履修し、自分らしい英語で堂々とコミュニケーションできる力を身につけます。グ

ローバル英語の理解、ユーラシア地域に注目し1年次にアジア諸国を訪れる「語学・異文化理解留学」、さまざまな企業のグローバルビジネス現場でのインターンシップなどを特長とし、世界のどこででも活躍できる力を養います。

キャリア教育

1年次からカリキュラムにキャリア科目を設定し、職業観を養い、社会人として必要なスキルを自然に身につけられるキャリアサポート体制を整えています。インターンシップ、専門職実習など徹底した実学教育を通じて学生一人ひとりの自立する力を養います。

📋 CAMPUS情報

本郷キャンパス

東京都心に位置する本郷キャンパスは、東京メトロ南北線「東大前」駅徒歩0分という立地が魅力です。世界との連携を深めていく環境づくりを目指し、最新設備に

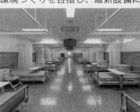

よる教育環境を整えています。アクティブな学びを推進するラーニングコモンズやアクティブラーニングスタジオを設置し、国際交流の拠点「GSIオフィス」や、いつでも気軽に世界各国出身のスタッフと会話が楽しめる「チャットラウンジ」といったグローバルな空間を用意しています。看護フロアには二人で1台のベッドを利用して実習が行える看護実習室や、シミュレーションモデルをはじめとした最新の設備を設置しています。

ふじみ野キャンパス

保育士や幼稚園教諭、社会福祉士、公認心理師、理学療法士、作業療法士など、福祉や医療の専門職を目指す学生たちが学ぶ緑豊かなふじみ野キャンパスには、専門的な研究を深めるための施設が充実しています。子育て支援施設「ふらっと文京」や地域ボランティアの拠点

「BICS」、産官学連携学習の拠点「まちづくり研究センター（まちラボ）」をはじめとした支援センターを中心に、地域と連携した活動が盛んに行われています。

星薬科大学

資料請求

	請求ハガキ	巻末ハガキ
料　金		無　料
完成時期		6月頃

〒142-8501　東京都品川区荏原2-4-41　アドミッションオフィス　TEL 03-5498-5821(直)　〈HP〉https://www.hoshi.ac.jp

TOPICS　星薬科大学では薬学科（6年制）と創薬科学科（4年制）を設置しています。薬学科（6年制）では医療チームの一員として活躍できる優れた資質を有する薬剤師を、創薬科学科（4年制）では医薬品研究・開発者をはじめ生命科学分野で広く活躍する人材を育成します。また、キャンパスは東京・品川区に位置し、最寄り駅からも徒歩圏内と通いやすい立地となっています。

■学科組織
●薬学部　280
　薬学科（6年制）260 ／創薬科学科（4年制）20

次代を担う薬剤師・創薬研究者を養成

薬学科（6年制）　病院など実務の場で医療チームの一員として力を発揮できる優れた資質を有する薬剤師の養成を目的とします。医療現場に必要な臨床科目を重視するとともに、豊富な実務経験を持つ専任教員を配し、学内のモデル薬局を利用した少人数制の事前学習を行うことで、調剤実務や服薬指導などを学習します。また実習病院についても首都圏の有力な大学病院等と提携し、充実した実務実習を実施します。星薬科大学薬学科（6年制）を卒業すると薬剤師国家試験受験資格が得られ、第108回薬剤師国家試験（2023年・新卒）では、6年制を卒業した受験者数233人、合格者211人、合格率90.56%と全国平均84.86%を上回る結果となりました。

第108回薬剤師国家試験合格率：90.56%

創薬科学科（4年制）　創薬科学科では、医療を含む生命科学領域で活躍する研究・開発者をはじめ、広く生命科学の分野で活躍する人材を育成するため、最新の実験方法や分析・解析方法を学びます。1年次から行われる実習では研究に必要な手技を修得するプログラムを設け、3年次からは研究室に所属し、研究活動に全力で取り組みます。また、薬学の知識を社会でどう生かすかを考える「キャリアプランゼミ」といった科目により、社会に羽ばたくための力を育みます。

最先端の施設・設備で学ぶ

学内に医薬品化学研究所、薬用植物園、図書館、体育館などの施設を完備。大学のシンボル的な建物である本館には、入学式や卒業式、大規模な講義のほか、品川区

との共催で行う講演会などにも使用されるメインホールが入っています。そして、教育・研究体制を充実させるため講義棟として新星館、実習棟である第二新館や、アメニティスペースが充実した百年記念館など、薬学教育に最適な学習環境を用意しています。

卒業後の進路

薬学出身者の活躍できるフィールドは広がり、卒業生は100%近い進路決定率を達成しています。

主な就職先　アステラス製薬、塩野義製薬、小林製薬、第一三共、中外製薬工業、久光製薬、ファイザー、亀田総合病院、がん研究会有明病院、聖路加国際病院、東北大学病院、アインホールディングス、日本調剤、総合メディカル、愛知県警察 科学捜査研究所 化学鑑定室、東京都ほか　　　　　　　　　　（2023.3卒業生）

入試GUIDE（前年度参考）

①学校推薦型選抜／A（専願）・B（併願可）
②一般選抜／A方式（大学入学共通テスト利用）
　　　　　　B方式（大学実施試験）
　　　　　　S方式（共通テスト・個別試験併用）
※詳細は2025年度学生募集要項で必ず確認してください。

DATA・FILE

○教員数……89（教授24　准教授27　講師18　助手・助教20）
○学生数……学部1,785（男595　女1,190）
　　　　　　大学院73（男42　女31）
○キャンパス面積……49,189㎡
○蔵書数……約13万冊　　　　　　（2023年5月1日現在）

オープンキャンパス／資料請求

○『オープンキャンパス』8月上旬予定
　日程等詳細は、大学ホームページでご確認ください。
○『2025大学案内』をご希望の方は、巻末の入試資料一括請求ハガキにご記入の上、ご請求ください（送料共無料）。

資料請求方法：巻末ページの「パンフレット一括請求」をご覧ください。

法政大学

〒102-8160 東京都千代田区富士見2-17-1 入学センター TEL 03-3264-9300 〈HP〉https://nyushi.hosei.ac.jp/

TOPICS

長期ビジョン「Hosei2030」を策定 2030年に創立150周年を迎える法政大学は、長期ビジョン「Hosei2030」を策定。「自由を生き抜く実践知」を大学憲章として掲げ、「主体的、自立的かつ創造的に新しい時代を構築する市民を育てる」「進取の気象によって学術の発展に寄与する」「持続可能な地球社会の構築に貢献する」ことをミッションに、教学改革やキャンパス再構築など具体的なアクションプランの実現を目指します。

新しい学問と21世紀型キャンパスを設置
法政大学の3つのキャンパス

自由を生き抜く実践知 「自由と進歩」の学風と公正な判断力をもって、主体的、自立的かつ創造的に、新しい時代を構築する市民の育成を重視した教育を行うと同時に、大学改革にも積極的に取り組んでいます。

超高層「ボアソナード・タワー」をシンボルとする 都市型キャンパス　　市ケ谷キャンパス

学部=法・文・経営・国際文化・人間環境・キャリアデザイン・デザイン工学部・GIS(グローバル教養学部)

東京の都心に位置しながら、緑豊かな環境にある市ケ谷キャンパス。このキャンパスの最大のメリットは、大都市・東京の中心にあるという立地の良さです。日本武道館や神田神保町の古書店街、東京ドームなどは徒歩圏で、新宿、渋谷、池袋、銀座、秋葉原などへも電車で10～20分とアクセスは抜群です。2021年にはキャンパスの再開発が完了。地上27階・地下4階建ての「ボアソナード・タワー」をはじめ、全面ガラスのモダンな外濠校舎、大きなフレームが特徴的な富士見ゲート、伝統ある55・58年館を継承したデザインがちりばめられた大内山校舎など、すべての学生が過ごしやすい新世代の都市型キャンパスへと生まれ変わりました。

豊かな自然と調和した開放的なキャンパス 多摩キャンパス

学部=経済・社会・現代福祉・スポーツ健康学部

東京・八王子市と町田市にまたがる多摩丘陵の自然を生かして設計された多摩キャンパス。豊かな自然環境と調和した開放的なキャンパス内には、各学部棟をはじめとする18の校舎群が点在、その規模・設備は、日本の大学の中でも屈指の存在です。広大なキャンパス内には循環バスが運行、移動も容易です。また多目的共用施設(EGG DOME)には、学生ラウンジ、カフェ、多目的ホール、バスターミナルなどがあります。

■学部・学科組織(2024年度参考) ※数字は入学定員

- **●法学部**
  法律学科493／政治学科176／国際政治学科152
- **●文学部**
  哲学科79／日本文学科191(昼夜開講制)／英文学科129／史学科102／地理学科101／心理学科68
- **●経営学部**
  経営学科326／経営戦略学科237／市場経営学科218
- **●国際文化学部** 国際文化学科254
- **●人間環境学部** 人間環境学科343
- **●キャリアデザイン学部**
  キャリアデザイン学科300
- **●デザイン工学部**
  建築学科135／都市環境デザイン工学科82／システムデザイン学科82
- **●GIS(グローバル教養学部)**
  グローバル教養学科102

- **●経済学部**
  経済学科492／国際経済学科249／現代ビジネス学科153
- **●社会学部**
  社会政策科学科221／社会学科323／メディア社会学科215
- **●現代福祉学部**
  福祉コミュニティ学科150／臨床心理学科86
- **●スポーツ健康学部**
  スポーツ健康学科185
- **●情報科学部**
  コンピュータ科学科80／ディジタルメディア学科80
- **●理工学部**
  機械工学科(機械工学専修116、航空操縦学専修30)／電気電子工学科113／応用情報工学科113／経営システム工学科80／創生科学科113
- **●生命科学部**
  生命機能学科74／環境応用化学科82／応用植物科学科80

DATA・FILE　※2023年5月現在

- ○教員数……769(教授581 准教授116 専任講師28 助教13 助手31)
- ○学生数……大学27,925(男16,620 女11,305)
  大学院1,611 専門職大学院191
- ○キャンパス……市ケ谷(JR・地下鉄各線市ケ谷駅、飯田橋駅下車徒歩10分)、多摩(京王線めじろ台駅、JR西八王子駅、JR相原駅各駅下車バスで10～22分)、小金井(JR東小金井駅下車徒歩15分)

国際交流プログラム

ERP(英語強化プログラム)を通じて高い英語力を養成するとともに、国際ボランティア・国際インターンシップへの参加機会を提供しています。「派遣留学制度」では、派遣先の授業料を全額免除するほか奨学金を支給(70万～100万円)し、留学先大学で修得した単位を卒業所要単位として認定しています(条件有)。

市ケ谷キャンパス　ボアソナード・タワー

多摩キャンパス　EGG DOME

小金井キャンパス　北館

最先端科学・技術を学ぶための情報・研究設備が充実した「インテリジェント・キャンパス」
小金井キャンパス

学部＝情報科・理工・生命科学部

　スタイリッシュな校舎と緑が調和した小金井キャンパスには、最先端科学・技術を学ぶ理系の学生が集まっています。最先端の科学技術を学ぶための施設が充実したインテリジェント・キャンパスです。学生全員にノートパソコンを4年間無償で貸与しており、キャンパス内のほぼ全エリアで無線LAN接続が可能です。さらに、学生証内蔵のICチップによる出席管理システムなど、充実した学びと快適なキャンパスライフを実現しています。若者に人気の街、吉祥寺や都心の新宿へのアクセスも便利です。

卒業後の進路

主な就職先　NTTドコモ、楽天グループ、NEC、NECソリューションイノベータ、大和ハウス工業、りそなグループ、警視庁、日立製作所、ソフトバンク、本田技研工業、大塚商会、ニトリ、富士通、三井不動産リアルティ、TIS、パーソルプロセス＆テクノロジー、富士ソフト、横浜銀行、日本生命保険、三菱電機、積水ハウス、アクセンチュア、国家・地方公務員ほか

（2023年3月卒業生）

入試GUIDE（2024年度参考）

1．一般選抜
①T日程入試（統一日程）／2科目の受験で複数学部の併願が可能。英語外部試験利用入試との併願も可。東京・札幌・仙台・新潟・金沢・長野・名古屋・大阪・広島・福岡の全国10会場で実施。受験料割引制度あり。
②英語外部試験利用入試／指定の1科目の点数のみで合否判定。英語試験は免除。T日程入試と同日・同会場で実施。受験料割引制度あり。
③A方式入試（個別日程）／3科目入試。東京・札幌・仙台・名古屋・大阪・福岡の全国6会場で実施。

2．大学入学共通テスト利用入試
①B方式（3教科型）
②C方式（5教科6科目型）※入学手続締切3/25(月)

3．総合型選抜
・自己推薦（法〔国際政治学科〕・文〔哲・日本文・英文・地理学科〕・経済・経営・国際文化・人間環境・キャリアデザイン・GIS・スポーツ健康・現代福祉〔福祉コミュニティ学科〕・理工〔航空操縦学〕）
・国際文化学部分野優秀者　ほか
※詳細は法政大学 大学案内、入試ガイドおよび入試情報サイトでご確認ください。

充実した奨学金制度　※2023年度参考

　心おきなく学業に取り組めるよう、独自の奨学・奨励金制度が充実しています。
《法政大学独自の奨学金》新・法政大学100周年記念奨学金、法政大学評議員・監事奨学金、チャレンジ法政奨学金（入試出願前予約採用型給付奨学金）、成績最優秀者奨学金、認定海外留学奨学金、各学部SA（スタディ・アブロード）奨学金　ほか

キャリアセンターが学生の就職活動を強力に支援

　キャリアセンターでは、就職活動を行う学生のサポートはもちろん、総合的なキャリア支援プログラムを実施しています。「キャリア」を自主的に設計するための能力の育成と、自ら選んだ「キャリア」を送るために必要な人間力の育成を目的に掲げ、学生が自信を持って社会への一歩を踏み出せるようにサポートします。

資料請求方法：巻末ページの「パンフレット一括請求」をご覧ください。

武 蔵 大 学

〒176-8534 東京都練馬区豊玉上1-26-1 アドミッションセンター TEL 03-5984-3715 〈HP〉nyushi.musashi.ac.jp

資料請求

	請求ハガキ	巻末ハガキ
料 金		無 料
完成時期		6月中旬

ゼミの武蔵

小規模だが評価できる大学　全国第2位
面倒見が良い大学　　　　全国第3位

※『サンデー毎日』2023年9月17日号掲載（大学通信調べ）

ゼミで磨く　世界を生き抜く力

建学当初から少人数教育を重視してきた武蔵大学では、1年次から全ての学生がゼミなど少人数形式の授業を履修。なかでもゼミは、全員が活躍できるように、1ゼミあたりの人数を平均13人とし、約400種類の豊富なテーマから選べるのが特長です。ゼミを通して、正解のない問いが山積みする社会で、自らの解を見つけていく力を磨きます。また、他者と議論を繰り返すことで、多様な人々と協働し、専門性を生かしながら主体的に行動できるグローバルリーダーを育成します。

学部学科GUIDE

経済学部

つねに変化し続ける社会で活躍できる真の力を身につけるために、経済学・経営学・金融学をしっかり学びます。4年間全員必修の少人数制ゼミでの実践的な学びを通して、自ら課題を設定し、取り組む力、思考力、判断力、表現力を身につけます。ゼミは、入学後に芽生えた興味に対応できるよう、所属の学科にとらわれず、選択することが可能な点が大きな特長です。

人文学部

英語圏、ヨーロッパ、日本・東アジアの各地域の文化について、言語・文学・歴史・民俗・思想・芸術・社会など、1学科のなかで幅広く学ぶことができます。対象地域の言語を確実に身につけ、各地域を総合的に理解する教養と知性を得ることで、複眼的な視点を養うとともに、現代の文化と社会に対する正しい認識と課題解決力、そして世界に羽ばたく力を培います。

社会学部

地球規模の社会問題から、日々の生活まで、あらゆる

■ **学部・学科組織**（2024年度）

● **経済学部**　経済学科／経営学科／金融学科

● **人文学部**　英語英米文化学科／ヨーロッパ文化学科／日本・東アジア文化学科

● **社会学部**　社会学科／メディア社会学科

● **国際教養学部**　国際教養学科（経済経営学専攻、グローバルスタディーズ専攻）

現代社会のテーマを取り扱います。様々な課題に正面から向き合い、問題意識を持って調べ分析すること、調査結果や自分の見解についてメディアを通して発信するスキルを身につけること、データ分析の手法を学ぶことで、今の社会を生き抜いていくための力を身につけます。選抜制の「グローバル・データサイエンスコース」では、データサイエンスと英語のスキルを磨き、社会学部ならではの方法論で、課題解決ができる力を養います。

国際教養学部　経済経営学専攻

武蔵大学の学位と並行して、ロンドン大学の学士号（経済経営学または経済学）取得をめざす「パラレル・ディグリー・プログラム（PDP）」を軸に、少人数で質の高い授業を展開します。日本にいながら、世界水準の経済・経営学の知見を身につけるほか、高い英語力や教養、データ分析に必要な統計・計量経済学の手法を兼ね備えた、グローバルに活躍できる人材を育成します。

国際教養学部　グローバルスタディーズ専攻

専攻の専任教員の約8割が外国出身。さまざまな言語的・文化的背景を持つ教員が、少人数制授業で学生の学術的な探求心を育みます。高度なアカデミック英語スキルを養うとともに、国際関係、コミュニケーション、文化の側面から、幅広い教養を身につけ、世界を多角的に考える知力を身につけます。さらに留学や異文化体験を通して、地球規模の課題に国際的に協働し取り組む力を育成します。

▶ 都心に近いワンキャンパス

4年間、全学部が緑豊かな江古田キャンパスで学びます。池袋駅から最寄り駅まで6分とアクセスの良い立地です。ガラス張りの教室やラーニングコモンズなど学生のための設備を備えた建物と練馬区の登録文化財でもある歴史的建造物とが共存します。2025年には、隈研吾氏が設計した学生食堂も完成予定です。

▶ 奨学金制度の充実

武蔵大学では、学生の学びたいという強い意欲に応えるため、さまざまな奨学金を用意しています。大学独自の奨学金は、すべて返還不要の給付型奨学金です。学業奨励のほか、海外留学や課外活動の奨励、地方学生の奨励、経済的援助を目的とした奨学金があります。そのほか、学部独自の奨学金もあります。

グローバル教育

キャンパスで　日本で　そして世界で

武蔵大学では、各学部でグローバル教育を強化しているほか、学生一人ひとりの興味・関心、得意分野に応じて選択できる国際交流プログラムを学内外に用意しています。

学内施設「MCV（Musashi Communication Village）」

MCVは、英語が公用語の参加体験型学習スペース。さまざまな国籍を持つイングリッシュ・スピーカーのスタッフが常駐しており、誰でも自由に利用することができます。定期的に開催される多言語・異文化体験プログラムやフリートークを通じて、英語はもちろんのこと多様な言語にふれ、語学力向上と異文化理解を深めます。

海外留学制度

協定を結ぶ海外の教育機関は、14カ国・地域、34校です。海外の大学で、約1年間または1学期間、正規科目を受講して単位を修得する協定留学では、留学期間を含め、4年間で卒業することも可能です。そのほか、長期休暇を利用して行う外国語現地実習やグローバル・インターンシッププログラム、自ら掲げた研究テーマで現地調査をする学生海外研修など多様な制度を設けています。

留学サポート

留学希望者を支援する正課授業として「留学準備講座」を用意しています。留学先での生活や授業形態に戸惑わないよう必要な語学力を養成する授業と外国語で行う入門的な授業があります。また、協定留学、グローバル・インターンシッププログラム、学生海外研修では給付型の奨学金を用意しています。

主な就職先

日本政策金融公庫、ゆうちょ銀行、みずほ証券、ジェーシービー、三井不動産リアルティ、キンドリルジャパン、日立システムズ、楽天グループ、セールスフォース・ジャパン、三菱食品、小林製薬、京セラ、パナソニック、TOTO、アクセンチュア、日本郵便、経済産業省、東京都庁　　　　　　　　　（2023.3卒業生）

キャリア支援

就職率98%　高い就職実績を実現するキャリア支援

武蔵大学の少人数教育によるきめ細やかな指導や面倒見の良さは、キャリア支援にも生かされています。イベントや情報提供だけでなく、学生一人ひとりと向き合うことで、主体的なキャリアイメージを引き出し、納得できる進路選択を実現しています。キャリア支援センターには、キャリアコンサルタントの有資格者など経験豊富な職員が常時在籍。就職活動が本格化する3年次には学生全員と個別面談を実施します。個別相談は1回にとどまらず、自己分析、応募書類の添削、面接の練習など就職活動中にでてきた悩みに応じて、常時利用が可能です。内定を得た4年生や卒業生、職員、ゼミ指導教員など学内外が連携し、一人ひとりを全方位的にサポートします。

入試GUIDE

①一般方式
　全学部統一型、全学部統一グローバル型
　個別学部併願型
②大学入学共通テスト方式
　前期日程、後期日程
③総合型選抜　AO入試（武蔵大学の一般選抜や他大学との併願可能）

ほか

※詳細は入試ガイド・公式Webサイトでご確認ください。

受験生入試情報サイト

入試情報やオープンキャンパス情報、先輩の声など受験生向けの情報が満載です。

・入試情報
・イベント日程情報
・1分でわかる武蔵
・学部紹介動画
・教員によるミニ講義
・キャンパスツアー
・キャンパスライフ

資料請求方法：巻末ページの「パンフレット一括請求」をご覧ください。

武蔵野大学

〒135-8181　東京都江東区有明三丁目3番3号　入試センター　TEL 03-5530-7300　〈HP〉https://www.musashino-u.ac.jp

大学GUIDE

　武蔵野大学は13学部21学科を有する文・理・医療・情報系の総合大学。「世界の幸せをカタチにする。」をスローガンに、世界の幸せのために行動できる人材を育成します。

【武蔵野INITIAL】全学生が1年次に全学共通の基礎課程「武蔵野INITIAL（イニシアル）」を履修。語学や情報科目に加えて、SDGsの理念を学修し、学びの基礎力を身に付けます。また、学外で体験的に学ぶフィールド・スタディーズでは、実社会における課題解決力を養います。
【副専攻AI活用エキスパートコース】副専攻として全学科生が履修可能。学科の専門科目に加えてデータサイエンスおよびAIの基礎的知識とスキル、論理的思考、デザイン思考、データ思考などの情報技法、プログラミングリテラシーなどの基盤的な技法を身に付けます。

　ウェルビーイング学部　〈ウェルビーイング学科〉世界中で様々な問題に直面する中で、心・体・社会のあらゆる面において良好な状態、すなわち「しあわせ」であることを表すウェルビーイングの重要性が高まっています。心理学、環境学、イノベーション学などを学び、自然、地域、企業、世界での実習を通して、一人ひとりの多様なしあわせと世界全体のしあわせをデザインし、カタチにしていく人材を育成します。

　工学部　〈サステナビリティ学科〉人類社会や地球環境のサステナビリティ（持続可能性）に対する理解を深め、ソーシャルデザインと環境エンジニアリングの知識・方法・技術を身に付けることで、サステナブルな世界の実現に貢献できる人材を目指します。〈数理工学科〉基礎数学からプログラミング、シミュレーションまで数理工学の専門知識を学び、様々な現象をモデル化しシステム設計に応用できる人材を育成。数学教員も目指せます。〈建築デザイン学科〉全員が一級建築士を目指せるカリキュラムで専門性を高め、学年を越えたプロジェクト型授業では作品や研究成果を社会に発表。建築・デザインの視点から、多様な課題を解決する人材を育成します。

　文学部　〈日本文学文化学科〉日本文学と文化、日本語の幅広い授業を展開。プロが学生の作品を直接添削指導する創作の授業や、日本の伝統芸能に関する授業もあり、教養を深め、豊かな感性と表現力を磨きます。

■学部学科組織・募集定員
●ウェルビーイング学部　ウェルビーイング学科・80
●工学部
　サステナビリティ学科・70／数理工学科・60／建築デザイン学科・70
●文学部　日本文学文化学科・200
●グローバル学部
　グローバルコミュニケーション学科・165／日本語コミュニケーション学科・80／グローバルビジネス学科・55
●法学部　法律学科・190／政治学科・100
●経済学部　経済学科・175
●経営学部　経営学科・220／会計ガバナンス学科・90
●アントレプレナーシップ学部　アントレプレナーシップ学科・60
●データサイエンス学部　データサイエンス学科・90
●人間科学部　人間科学科・215／社会福祉学科・145
●教育学部　教育学科・120／幼児教育学科・100
●薬学部　薬学科（6年制）・145
●看護学部　看護学科・125

　グローバル学部　〈グローバルコミュニケーション学科〉「全員留学」プログラムで2年次に留学を経験し、実践的な語学力を身に付けます。日本語と英語・中国語をマスターしたトライリンガル人材を育成。

〈日本語コミュニケーション学科〉英語・中国語を身に付け、外国人留学生と学ぶ環境で異文化コミュニケーション力を磨きます。日本文化、観光学、サブカルチャーを学び、日本語教員をはじめ国内外で活躍する人材を育成。

〈グローバルビジネス学科〉4年間オール英語の授業で留学生と共に、ビジネスや経営を学びます。グローバル企業で活躍してきた教員から専門的かつ実践的に学べます。

　法学部　〈法律学科〉法曹、民間企業、公務員としての活躍を目指します。民法を先に集中して学び、一般的に3年次までかかるとされる民法財産法を2年次で修了する独自のカリキュラム「民事基本法先行集中学習」を採用。法曹その他の資格試験に早い段階から対応します。

〈政治学科〉日本や世界各国の政治制度、政治事情を学び、グローバル化社会でも活躍できる人材を育成します。正

規授業で公務員試験対策ができるのも特長。

経済学部 〈**経済学科**〉グローバルな視野と論理的思考力を身に付けて、経済のメカニズムを理解します。経済データを分析するための統計的手法を学ぶ授業が充実。

経営学部 〈**経営学科**〉経営戦略、経営組織、マーケティングを中心にマネジメントを学びます。教科書で学ぶ知識とグループワークやケースディスカッションを組み合わせることで、実践的で専門的な経営学の知識を身に付けます。〈**会計ガバナンス学科**〉全員が公認会計士や税理士、上場企業の財務経理担当者などを目指せるカリキュラム。簿記をはじめ会計・財務の仕組みを基礎から学び、企業や組織の経営戦略を立て、組織を動かしていける知識を学修します。

アントレプレナーシップ学部 〈**アントレプレナーシップ学科**〉高い志と倫理観に基づき、失敗を恐れずに踏み出し、新たな価値を見出し、創造していく起業家精神を学びます。現役の実務家教員による実践科目が中心。3次には実際に起業を経験し、自分の意志で「ことを成す」ことを学びながら、ゼロからイチを創り出せる実践者を育成します。

データサイエンス学部 〈**データサイエンス学科**〉最先端の人工知能（AI）に関する知識とスキルを身に付け、ビッグデータを活用して新たなビジネスを創出するデータサイエンティストを育成します。2019年の学科開設から、わずかな期間で国際学会や国内学会にて数多くの研究成果を発表し、実績をあげています。

人間科学部 〈**人間科学科**〉心理学、社会学、生命科学など総合的な視点で人間理解を深め、社会の様々な分野で活躍できる人材を育成。精神保健福祉士や、大学院では臨床心理士や言語聴覚士を目指すことが可能です。カリキュラムは新しい国家資格の公認心理師にも対応。〈**社会福祉学科**〉社会福祉士を育成。充実した社会福祉実習で社会の課題に挑戦する積極性と深い洞察力、創造力を養います。スクールソーシャルワーク教育課程も開講。

教育学部 〈**教育学科**〉小学校、中学校（国語・英語・理科）、高校（国語・書道・英語・理科）の教員免許取得が可能。教育インターンシップなど数多くの教育現場での実習を通じて、児童・生徒の成長過程で生じる諸課題を解決する力を身に付けます。〈**幼児教育学科**〉幼保一元化にも対応できる幼稚園教諭と保育士を育成。大学附属幼稚園があり、実習前から子どもたちと触れ合うことができます。教育学科の単位を修得することで小学校教員免許の取得も可能です。

薬学部 〈**薬学科**〉薬剤師国家試験の新卒合格率は90.2%（2022年度実績）。医療人としての高い倫理観と高度な専門知識を備えた実践力のある薬剤師を育成します。4年次には薬学共用試験の対策、5年次に病院薬局と保険薬局の実務実習、6年次に総仕上げを行い、国家試験合格を目指します。

看護学部 〈**看護学科**〉看護師国家試験新卒合格率は99.2%（2022年度実績）。選択制で保健師、養護教諭一種免許の資格も目指せます。心理や医療、教育、福祉など総合大学ならではの幅広い分野の科目履修により総合的な視野と豊かな人間性を身に付けます。

 CAMPUS情報

有明キャンパス お台場・有明地区にある有明キャンパス。サステナビリティ学科、数理工学科、データサイエンス学科、法律学科、政治学科、経済学科、経営学科、会計ガバナンス学科、グローバルコミュニケーション学科、日本語コミュニケーション学科、グローバルビジネス学科、看護学科、人間科学科が学びます。

武蔵野キャンパス 東京で人気の高い吉祥寺の近くにある武蔵野キャンパス。ウェルビーイング学科、建築デザイン学科、アントレプレナーシップ学科、薬学科、教育学科、幼児教育学科、日本文学文化学科、社会福祉学科が学びます。

 取得できる資格

学部	学科	取得できる資格（受験資格）・目標とする資格
工	サステナビリティ	技術士補（環境部門）、環境カウンセラー（環境省）、自然体験活動指導者（NEAL）、ビオトープ計画管理士2級、グリーンセイバー検定、東京都ECO-TOPプログラム修了者登録証
	数理工	中学校・高等学校教諭（数学）、アクチュアリー
	建築デザイン	一級・二級建築士、木造建築士、インテリアプランナー、商業施設士
文	日本文学文化	中学校教諭（国語）、高等学校教諭（国語・書道）、司書教諭、司書
グローバル	グローバルコミュニケーション	通訳案内士、TOEIC®、翻訳実務検定、国内旅行業務取扱管理者試験、司書、中国語検定試験
	日本語コミュニケーション	日本語教員養成課程、TOEIC®
	グローバルビジネス	TOEFL®、IELTS、TOEIC®
法	法律	司法試験、司法書士、行政書士、不動産鑑定士、社会保険労務士、宅地建物取引士
	政治	国家公務員、地方公務員
経済	経済	中小企業診断士、ファイナンシャル・プランニング技能士
経営	経営	日商簿記
	会計ガバナンス	公認会計士、税理士、日商簿記
人間科学	人間科学	臨床心理士、公認心理師、認定心理士、精神保健福祉士、社会福祉主事、児童指導員、言語聴覚士、司書
	社会福祉	社会福祉士、社会福祉主事、児童指導員、スクールソーシャルワーク教育課程、司書
教育	教育	小学校教諭、中学校教諭（国語・英語・理科）、高等学校教諭（国語・書道・英語・理科）、司書教諭、社会福祉主事
	幼児教育	保育士、幼稚園教諭、小学校教諭、司書教諭、社会福祉主事
薬	薬	薬剤師
看護	看護	看護師、保健師、養護教諭、認定心理士

資料請求方法：巻末ページの「パンフレット一括請求」をご覧ください。

明 治 大 学

資料請求		
	請求ハガキ	巻末ハガキ
料　金	送料200円（後納）	
完成時期	5月下旬	

〒101-8301　東京都千代田区神田駿河台1-1　入試広報事務室　TEL 03-3296-4139　〈HP〉https://www.meiji.ac.jp/exam/

TOPICS

「個」を強くする大学。

4つの都心型キャンパスに、文理10学部28学科を展開する総合大学。
グローバルや就職支援などの強みを生かし、多くの「個」を世に輩出。

 ## MEIJIから世界へ―

スーパーグローバル大学　文部科学省の「スーパーグローバル大学創成支援」事業に採択されたプロジェクト「世界へ！MEIJI8000」は、グローバル化によって価値観が多様化した世界で、主体的に学び、自ら考え、意思決定し、新しい価値を創造する人材を世界に送り出す内容です。2023年時点での留学派遣学生の目標数は年間4,000人。学生の2人に1人が、卒業までに留学を経験することを目指しています。留学できる協定校は、46カ国・地域の269大学・学部（2023年1月末現在）。短期・長期合わせて多数の留学プログラムを用意しています。2019年にオープンした国際混住寮「明治大学グローバル・ヴィレッジ（MGV）」では、留学生と日本人学生がともに生活し、交流を図っています。

全学共通総合講座　学部や文理の壁を越え、学問的な視野を広げ、問題発見能力や判断力を養う学際的な授業です。学外からも多彩な分野の第一線で活躍するゲスト講師を迎え、①初年次教育・リベラルアーツ講座②キャリア教育講座③国際社会講座④時事講座⑤ビジネス・専門実務講座⑥明治大学講座の6分野を開講。知的刺激に満ちた学びが体験できます。

国家試験指導センター　司法試験・公認会計士試験など、難関国家試験に数多くの合格者を毎年輩出しており、「法制研究所」では法科大学院進学や司法試験合格へ向けてバックアップ。公認会計士を目指す学生には「経理研究所」、国家公務員採用総合職・一般職試験、地方公務員上級、外務専門職試験などの合格を目指す学生には「行政研究所」を設置しています。

世界に挑む研究事業　総合大学の強みを生かした、多分野にわたる高水準の研究を展開。先端研究や産官学連携に取り組む14の施設・拠点を擁し、科学研究費などの

■学部・学科組織（2024年度）

- **●法学部**
  - 法律学科
- **●商学部**
  - 商学科
- **●政治経済学部**
  - 政治学科／経済学科／地域行政学科
- **●文学部**
  - 文学科／史学地理学科／心理社会学科
- **●理工学部**
  - 電気電子生命学科／機械工学科／機械情報工学科／建築学科／応用化学科／情報科学科／数学科／物理学科
- **●農学部**
  - 農学科／農芸化学科／生命科学科／食料環境政策学科
- **●経営学部**※2年次から学科所属
  - 経営学科／会計学科／公共経営学科
- **●情報コミュニケーション学部**
  - 情報コミュニケーション学科
- **●国際日本学部**
  - 国際日本学科
- **●総合数理学部**
  - 現象数理学科／先端メディアサイエンス学科／ネットワークデザイン学科

外部研究資金も約13億円獲得しています（2021年度実績）。自律型移動ロボットの社会実装に向けたベンチャー企業の設立や、人間と生理学的な特徴が非常に近いとされるブタの臓器や組織を臓器移植医療に利用する研究など、世界水準の注目の研究も多数展開しています。

 ## アクセス至便の都心型大学

駿河台キャンパス　JR御茶ノ水駅と地下鉄3駅が利用でき、交通アクセスの良さは抜群。地上23階建てのリ

各分野の第一線で活躍する魅力的な59万人以上の校友

明治大学の卒業生は過去・現在と、あらゆる分野において社会の第一線で活躍しており、私たちにとってなじみ深い顔ぶれも多いのが特徴です。三木武夫、村山富市といった元首相をはじめ、国会議員・地方議員も多数輩出し、また、有名企業の創業者・経営者たちも名を連ねるなど、政財界に有為な人材を数多く輩出しています。芸能界にはタレント・映画監督としてマルチな才能を発揮している北野武、俳優の向井理や山下智久、女優の井上真央や北川景子といった個性豊かな面々も明治大学の卒業生です。スポーツ界では、W杯でも活躍したサッカー元日本代表の長友佑都や、東京五輪卓球金メダリストの水谷隼も、明治大学出身です。

バティタワーを中心に、アカデミーコモン、グローバルフロントなど、先進的な教育・研究施設が集中する都心のキャンパスです。主に文系学部3・4年生と大学院生が学んでいます。

和泉キャンパス 新宿・渋谷まで電車で約10分という利便性がありながら、開放感も併せ持ったキャンパス。文系学部1、2年生が主に学んでいます。2022年には新教育棟「和泉ラーニングスクエア」が誕生。学生の憩いの場となる、少人数学習ユニット「グループボックス」など、新たな教育空間を積極的に取り入れています。

生田キャンパス 多摩丘陵の高台に広い敷地を有し、ハイテク・リサーチ・センターや構造物試験棟、植物工場基盤技術研究センターなど、最新の研究施設が備わっています。交通至便で豊かな自然環境を誇るキャンパスでは、理工学部・農学部の学生が、大学院を含めた一貫教育のもとで学んでいます。

中野キャンパス 2013年に誕生した、明治大学第4のキャンパス。教室や実験室・研究室はガラス張りで、授業風景や研究の様子が見える「開かれた学び」のキャンパスです。独自のサブカル文化を育んできた中野の地で、国際日本学部と総合数理学部の学生らが学び、「国際化・先端研究・社会連携」の拠点となっています。

 ## 「就職の明治」

明治大学では、学生一人ひとりの夢や目標の実現に向けたキャリアデザインをサポート。就職・進路ガイダンスを皮切りに、エントリーシートや筆記試験対策、業界・企業研究など、毎年数多くの講座やセミナーを開催しています。その成果もあり、高校の進路指導教諭が選ぶ「就職に力を入れている大学」ランキングでは14年連続1位に。まさに「就職の明治」として、企業の採用担当者からも高い評価を得ており、有力企業に多数の卒業生を輩出しています。

セミナーなど学内イベントには、年間1,000社以上が協力。さらに、長年のノウハウをすべて詰め込んだ「就職活動手帳」の学生全員への配布や、独自のシステム（M-Career）によるOBOG名簿・就活体験記・求人情報といった膨大な情報の検索など、あらゆる強みを生かした多角的な支援を展開しています。

「入口から出口まで」の一貫した支援体制を構築し、学生一人ひとりの「個」に合わせたキャリアデザインを、4年間通じて全力でサポートしています。

主な就職先 国家公務員、富士通、NECソリューションイノベータ、三井住友信託銀行、キーエンス、みずほフィナンシャルグループ、ソフトバンク、三井住友銀行、日立製作所、NTTドコモ、国税専門官、積水ハウス、TOPPAN、日本生命保険、アクセンチュア、東京都庁、三菱電機、ニトリ、楽天グループ、三菱UFJ銀行、明

駿河台キャンパス・リバティタワー

治安田生命保険、SMBC日興証券、大日本印刷、東京海上日動火災保険、野村総合研究所、三井不動産リアルティなど
（2022年度卒業生）

 ## 入試GUIDE (2024年度参考)

①**学部別入試**／全学部
②**全学統一入試**／全学部
③**大学入学共通テスト利用入試**／前期：全学部、後期：商・理工（機械工学科を除く）・総合数理学部
④**指定校推薦入試**／農（農・生命科学科）を除く全学部
⑤**海外就学者特別入試**／法学部
⑥**外国人留学生入試**／全学部
⑦**公募制特別入試**／商学部
⑧**自己推薦特別入試**／文・農・国際日本・総合数理（ネットワークデザイン学科を除く）学部
⑨**スポーツ特別入試**／全学部
⑩**アドミッションズ・オフィス（AO）入試**／理工学部（電気電子生命・機械情報工・建築・応用化学科）
⑪**地域農業振興特別入試**／農学部（食料環境政策学科）
⑫**グローバル型特別入試**／政治経済学部
⑬**イングリッシュ・トラック入試**／国際日本学部

募集人員の7割が一般選抜 明治大学では、全体の募集人員の約7割を一般選抜が占めています。基礎学力を重視するとともに、より多くの受験生に門戸を開いた入試制度となっています。

2025年度の入試変更点 詳細は明治大学入試総合サイトでご確認ください。

資料請求方法：巻末ページの「パンフレット一括請求」をご覧ください。

明治学院大学

資料請求

	請求ハガキ	巻末ハガキ
料 金	送料200円（後納）	
完成時期	5月下旬	

〒108-8636　東京都港区白金台1-2-37　入学インフォメーション　TEL 03-5421-5151　〈HP〉https://www.meijigakuin.ac.jp/admission/

TOPICS

"Do for Others" の精神を糧に≪　世界を知り、世界とつながる　≫
1863年の創設以来、創設者ヘボン博士が実践した教育理念と
グローバルな教育環境は、今も受け継がれています。

大学GUIDE

明治学院大学の源流　1863年にアメリカ人宣教医師・ヘボン博士が開設した英学塾が明治学院大学のはじまりです。ヘボンは、日本で最初の本格的な和英・英和辞書『和英語林集成』を出版。この時に考案されたのが「ヘボン式ローマ字」で、パスポートに記載するローマ字氏名表記の基準になりました。医療活動と布教活動に生涯をささげたヘボンの信念は「Do for Others」（他者への貢献）。このヘボンの信念を教育理念として掲げ、キリスト教による人格教育に力を注いでいます。

ボランティア　全国の大学に先駆けて設立されたボランティアセンターを中心に、国内外でのボランティアプログラムを幅広く展開しています。学生が1日社会貢献を実践するプログラムである「1 Day for Others」や、ボランティアに関心のある学生や教職員が集い、語り合う「ボランティア・カフェ」、ボランティア活動をサポートする奨励金制度である「いつでもボランティアチャレンジ」などがあります。また、学びとボランティア実践の双方で優れた成果を上げた活動を表彰するボランティア大賞も設けています。

明治学院共通科目　充実した専門科目の他、多彩な教養科目も用意しています。外国語科目は、主要言語以外に、タイ語、イタリア語、アラビア語なども開講しています。コンピュータ科目は、初心者から上級者まで技能に応じて開講。また、パイプオルガンの個人レッスンが受けられる「オルガン実習」、NGO・NPOの現場から社会と世界を見つめる「ボランティア学」、登山・スキーなどのプログラムを通じて健康と自然環境について学ぶ「シーズンスポーツ研究」など、体験型のユニークな科目も開講しています。

CAMPUS情報

白金キャンパス　クラシックな雰囲気を醸し出す宣教師館「インブリー館」と小説家・島崎藤村が学んだと言われる「明治学院記念館」（写真：右）

■学科組織

●文学部
英文学科225／フランス文学科115／芸術学科165

●経済学部
経済学科325／経営学科210／国際経営学科155

●社会学部
社会学科245／社会福祉学科245

●法学部
法律学科200／消費情報環境法学科225／グローバル法学科65／政治学科155

●国際学部
国際学科245／国際キャリア学科55

●心理学部
心理学科175／教育発達学科145

●情報数理学部※
情報数理学科80　　　　　　　※2024年4月開設

「明治学院礼拝堂」などの歴史的建造物とダイニングラウンジやスポーツアリーナ、トレーニングルーム・アートホールなどの近代的な設備が調和したキャンパスです。中庭「ヴォーリズ広場」は学生・教職員の憩いの場となっています。

横浜キャンパス

広々とした緑豊かなキャンパスです。図書館の閲覧室からは富士山も見えます。また、射撃場、弓道場、アーチェリー場をはじめ、バレーボールコートが6面取れる広い体育館や、夜間照明灯を備えた人工芝の全天候型グラウンド「ヘボンフィールド」（写真：上）など、スポーツ施設が充実しています。

留学情報

アメリカのカリフォルニア大学をはじめ、世界中の23の国と地域の82大学および1コンソーシアム（2023年3月1日時点）と協定を結び、留学生の派遣と受け入れを活発に行っています。

協定留学のうち、長期留学は1年間、自分の専門分野をじっくりと探究。留学先で取得した単位を明治学院大学の単位に認定する制度、充実した奨学金制度によるサポートがあります。

白金キャンパス　明治学院礼拝堂

横浜キャンパス　クララ・ラウンジ

　短期留学は2～4週間、夏季または春季休暇中に行うもので、多彩なプログラムを用意しており、目的や興味にかなった留学が可能です。留学を目指す学生、英語力UPを目指す学生のためのTOEFL®やTOEIC®、IELTS対策の課外講座も充実しています。

　また、受け入れたさまざまな地域からの留学生を同じ学生の立場でサポートする「バディ制度」など学内でできる国際交流プログラムも用意しています。

 ## キャリアサポート

　社会人としての基礎力の養成や進路選択、民間企業への就職活動、公務員・教員の採用試験、資格取得などを支援する課外講座を実施しています。

　なかでも「MGキャリア講座」では、実践的なキャリア支援講座と、3年生を対象とする人気職種「エアライン」「広告・メディア」「ホテル」の就職支援講座などを設置しています。

　また、キャリアセンターには、教職キャリアアドバイザー、キャリアコンサルタント資格者や民間企業経験者などを配置し、進路選択や就職活動の相談に対応しています。

 ## 取得資格

取得できる資格：中学校教諭一種（英語、フランス語、社会）、高等学校教諭一種（英語、フランス語、地理歴史、公民、商業、情報）、幼稚園教諭一種、小学校教諭一種、特別支援学校教諭一種、社会福祉主事任用資格、社会教育主事任用資格、児童福祉司任用資格、学芸員、学校図書館司書教諭など
受験資格が得られるもの：社会福祉士、精神保健福祉士
大学院で目指せる資格：臨床心理士、公認心理師（指定条件を満たす必要あり）

 ## 入試GUIDE（2024年度参考）

①自己推薦AO入試
目的意識と意欲をもって努力してきた個性あふれる受験生を評価する入試制度です。書類審査や英語・小論文・面接などの試験で合否を判定。

②大学入学共通テスト利用入試（前期）
グローバル法、国際キャリア学科を除く15学科で実施。大学入学共通テスト（3教科または5教科）での得点をもとに合否を判定。

③大学入学共通テスト利用入試（後期）
実施学科は限られます。大学入学共通テスト（2教科または3教科）での得点をもとに合否を判定。

④一般入試全学部日程
〈3教科型〉
2月1日に全学科で同日に実施。3科目受験ですが、合否判定は学科により異なります。

〈英語外部検定試験利用型〉
「実用英語技能検定（英検）」「TEAP」「GTEC」のいずれかの出願基準を満たしていれば外国語を免除。外国語以外の2科目で合否判定。

⑤一般入試A日程
〈3教科型〉
3科目受験ですが、合否判定は学科により異なります。

〈英語外部検定試験利用型〉
A日程では英語外部検定試験のスコア（級）に応じ、「外国語（英語）」の点数に換算します。

⑥一般入試B日程
3月実施。実施学科は限られます。論述試験も実施。
※詳細は大学Webサイト「入試情報」でご確認ください。

学生数・通学キャンパス

○学生数…………学部12,035（男4,721　女7,314）
○通学キャンパス
　白金キャンパス：文・経済・社会・法・心理学部の主として
　　　　　　　　　3・4年生
　横浜キャンパス：文・経済・社会・法・心理学部の主として
　　　　　　　　　1・2年生、国際・情報数理学部の全学年

多くのイベントを実施!!

●オープンキャンパス
●オンライン説明会
●オンライン個別相談
※詳細は大学Webサイトでご確認ください。

　　　　資料請求方法：巻末ページの「パンフレット一括請求」をご覧ください。

明治薬科大学

〒204-8588　東京都清瀬市野塩2-522-1　入試課　TEL 042-495-5061　FAX 042-495-8925　〈HP〉https://www.my-pharm.ac.jp/

TOPICS

実践的な「医療薬学教育」から「研究」までを網羅。122年の歴史をもとに最前線の薬学教育を展開。
- ●第108回薬剤師国家試験ストレート合格率 全国私大 第1位（2年連続）
- ●就職率98.3％！ 10年連続96％以上の高い就職率を達成

■学部
●薬学部
薬学科360／生命創薬科学科60

■大学院
薬学研究科（薬学専攻 博士課程（4年制課程）5※、生命創薬科学専攻 博士課程（前期）20、生命創薬科学専攻 博士課程（後期）5※）
※社会人を含む

🏛 大学GUIDE

薬学部　（定員420人）

　薬学科では高い教育力、薬剤師国家試験に対する多面的なサポートにより、確実に合格する力を養います。他大学の薬学部にはない明治薬科大学独自の「7つの研修プログラム・4つの新規特別実習コース」を用意。7つのコースから選択し、約4カ月間の実習・演習で専門性を磨きます。さらに、7つの独自研修プログラム履修学生の中から選抜された50人の学生に対して、13〜18週の4つの新規特別実習コースも新設しています。

　生命創薬科学科は3年次の「薬科学総合実習・演習（前期・後期）」によって、4つの研究室をローテーションし、幅広い領域から興味のある研究領域を探します。後期には前期の実習での体験をもとに1つの研究室を選択し、そこで長期間のプレ卒業研究に従事します。

　また、学部卒業後の大学院進学を想定し、スムーズかつ段階的に高度な技術を修得できるように、大学院の科目を4年次に修得できる制度を用意しています。

🏢 充実のキャンパスライフ

■学生生活や学修を支援する制度やICT環境が充実

　アドバイザー制度を設け、新入生5人に1人の教員が面接を定期的に行い、学生生活をサポートしています。LMS／講義支援システムの導入により、自宅でも録画された講義が視聴可能です。講義の授業コンテンツは1年次から履修した全てが保管されているため、卒業するまで反復学習に活用できます。

■学生の希望に応えて就職活動をサポート

　進路就職支援委員会では、各学年に応じたさまざまな就職支援プログラムを企画する他、個別相談を重視したきめ細やかな支援を実施。内定した先輩たちや企業・病院・薬局等の人事担当者との出会いの場を提供し、企業合同説明会や卒業生との懇談会なども開催しています。

🏃 卒業後の進路

　充実した進路就職支援体制に加え、就職希望者の3倍以上の求人が寄せられています。

主な就職先

アストラゼネカ、エーザイ、大塚製薬工場、持田製薬、第一三共、ファイザー、ベーリンガーインゲルハイム、IQVIA、イーピーエス、バレクセル、千葉大学医学部附属病院、国立病院機構関東甲信越グループ、医薬品医療機器総合機構（PMDA）、警察庁、厚生労働省、警視庁ほか

📝 入試GUIDE （前年度参考）

① 公募制推薦　② A方式（共通テスト利用）
③ B方式前期・後期（一般選抜）
④ C方式（共通テスト・個別試験併用）
⑤ 地域枠選抜　⑥ 編入学試験
⑦ 社会人入学者選抜試験　⑧ 帰国子女入学者選抜試験

DATA・FILE

- ○教員数……94（教授40　准教授19　講師20　助教12　助手3）
- ○学生数……学　部2,206（男786　女1,420）
  　　　　　　大学院 138（男77　女 61）　　　（2023年度）
- ○明治薬科大学奨学金（給付）……成績優秀、心身健全かつ向学心旺盛な学生に奨学金20万円を年1回支給。
  2022年度は1年〜6年合計103人に支給。（各学年18人以内）

モバイルサイトからユビキタスに情報入手

モバイルサイトでは、イベント情報・入試情報・交通アクセス情報などがご覧になれます。右のQRコードを読み取るか、下記URLにアクセスして下さい。
〈URL〉https://www.my-pharm.ac.jp/shiken/m

資料請求方法：巻末ページの「パンフレット一括請求」をご覧ください。

明 星 大 学

資料請求

	請求ハガキ	巻末ハガキ
料　金	無　料	
完成時期	4月中旬	

日野キャンパス　〒191-8506　東京都日野市程久保2-1-1
アドミッションセンター　TEL 042-591-5793　〈WEBSITE〉https://www.meisei-u.ac.jp/

TOPICS

●2023年4月、データサイエンス学環開設
　幅広い教養に加え、数理科学・統計学・情報学を基盤とするデータサイエンスの専門知識と実践的な技術の習得をめざします。

■**学部・学科組織**（2023.7.1現在）

●**理工学部**
　総合理工学科270（物理学コース、化学・生命科学コース、機械工学コース、電気工学コース）

●**人文学部**
　国際コミュニケーション学科90／日本文化学科90／人間社会学科80／福祉実践学科50

●**経済学部**　経済学科250

●**情報学部**　情報学科145

●**教育学部**
　教育学科350（小学校教員コース、教科専門コース、特別支援教員コース、子ども臨床コース）

●**経営学部**　経営学科200

●**デザイン学部**　デザイン学科120

●**心理学部**　心理学科120

●**建築学部**　建築学科135

●**データサイエンス学環**　30（2023年4月開設）

を誇っています。

🏢 大学GUIDE

　ワンキャンパスに9学部12学科＋学環が集結する総合大学の強みを生かし、自身の専攻する分野だけでなく、学問・分野・学科の垣根を越えてさまざまな人々と触れ合い、学ぶことのできる環境が整っています。また、大学周辺の地域が抱える課題の解決に授業で学んだ知識や技術を生かす、そんな学びのおもしろさを心から感じられる体験教育の実績が数多くあります。

📝 免許・資格取得サポート

　学科での学習内容に応じて、さまざまな資格・免許の取得が可能です。
　教職課程に関しては、学校の先生や保育士をめざす学生を入学から就職まで一貫してサポートする「教職センター」を設置。2023年度は289人が教育の現場（保育園、幼稚園、小・中・高等学校）に就職しています。特に小学校教員の就職者は全国私立大学第2位と高い実績

🏢 CAMPUS情報

　日野キャンパスはIT環境が整った教室のほか、カフェテリアや学生多目的室などの談話スペースも充実、高層棟からは大パノラマが一望できます。また90万冊の蔵書を有する図書館など学習や研究に専念できる環境が整っています。

🎓 卒業後の進路

　就職支援　就職センターでは就職ガイダンスをはじめ、さまざまな就職講座や資格講座で実戦力を養うのはもちろん、経験豊富なスタッフがマンツーマンの対応で学生一人ひとりを全面的に支援します。

　主な就職先　JR東日本、積水ハウス、楽天銀行、チームラボ、良品計画、ニトリ、大塚商会、リコージャパン、東芝プラントシステム、NEC、日産自動車、ANA関西空港、ワタベウェディング、小学館集英社プロダクション、税理士法人第一会計、厚生労働省、東京都庁、東京都教育委員会、税理士法人第一会計　ほか　（2023年3月卒業生）

📋 入試GUIDE （2024年度参考）

①総合型選抜（Ⅰ・Ⅱ期、学びの探究入試）
②学校推薦型選抜（指定校制）
③一般選抜
④大学入学共通テスト利用選抜

総合型選抜（学びの探究入試）

　2024年度入試から、学内外を問わず高校での探究的な学びを生かせる入試がスタートしました。プレゼンテーションなど、各学科が定めた方法を通じ、課題発見力、情報収集し整理する力、要点を的確に他者に伝えられる力などを総合的に評価します。探究的活動を行っている方やプレゼンが得意な方にピッタリの入試です。

オープンキャンパス

日程：5/26(日)、7/21(日)、8/6(火)、8/17(土)
◆大学・入試説明会　◆キャンパスツアー　◆学科イベント
◆在学生個別相談など明星大学を体験できるイベントが盛りだくさん！
※詳細決定次第、大学公式ウェブサイトにてお知らせします。

資料請求方法：巻末ページの「パンフレット一括請求」をご覧ください。

目白大学

〈新宿キャンパス〉〒161-8539　東京都新宿区中落合4-31-1
〈さいたま岩槻キャンパス〉〒339-8501　埼玉県さいたま市岩槻区浮谷320　〔目白大学入学センター〕TEL 03-3952-5115　〈HP〉www.mejiro.ac.jp

資料請求

	請求ハガキ	巻末ハガキ
料　金		無　料
完成時期		6月上旬

TOPICS 文系も医療系も「育てて送り出す」大学

■学部・学科組織

〈新宿キャンパス〉
- ●心理学部　心理カウンセリング学科
- ●人間学部　人間福祉学科／子ども学科／児童教育学科
- ●社会学部　社会情報学科／地域社会学科
- ●メディア学部　メディア学科
- ●経営学部　経営学科
- ●外国語学部
　　英米語学科／中国語学科／韓国語学科／日本語・日本語教育学科

〈さいたま岩槻キャンパス〉
- ●保健医療学部　理学療法学科／作業療法学科／言語聴覚学科
- ●看護学部　看護学科

〈併設短大（新宿キャンパス）〉
- ●目白大学短期大学部
　　ビジネス社会学科／製菓学科／歯科衛生学科

🏛 大学GUIDE

　目白大学では、「育てて送り出す」を社会的使命とし、"学びを将来にどう生かすか"を前提に各学科が独自のプログラムを展開しています。一人ひとりの個性を伸ばしつつ、意欲・能力を高める面倒見の良さ、教員と学生の距離が近いことが大きな特徴。実体験を重視したグループワークや地域の中で体験する実習、インターンシップなど多彩な学びの環境を用意し、実践力を身につける人材育成に力を入れています。授業は、ゼミ、演習、実習、臨地研修など、対話型学習の機会が数多く用意され、徹底的な少人数制教育を行っています。また、保健医療・看護学部のあるさいたま岩槻キャンパスでは、広大な敷地に現場さながらの設備・実習用機器が整い、各学科が工夫を凝らした国家試験対策やきめ細かいサポートで国家試験合格を目指します。

💡 キャリア・就職サポート

　文系の新宿キャンパスでは、就職指導も教育の一環と考え、共通科目で「キャリアデザイン」の授業を展開しています。また、キャリアセンターでは、外部講師を招いて行う就職ガイダンスや、公務員試験対策講座などの各種講座を実施するほか、個別相談、面接指導、履歴書添削など、丁寧にサポートしています。

　保健医療・看護系のさいたま岩槻キャンパスでは、学部別に合同就職説明会を開催。数多くの医療機関・施設から直接採用情報を得ることができます。就職に関連する医療分野の資料も豊富で、学生課スタッフによる個別相談、模擬面接の実施など、手厚い支援も行っています。

📄 資格取得

【取得できる資格】カウンセリング実務士、保育士、幼稚園一種、小学校一種、中学校一種、高等学校一種、上級情報処理士、環境マネジメント実務士、社会調査実務士、ウェブデザイン実務士、FP技能検定など。

【受験資格が得られる資格】理学療法士、作業療法士、社会福祉士、精神保健福祉士、介護福祉士、言語聴覚士、看護師、保健師、公認心理師※など。※は要大学院修了、または実務経験

📝 入試GUIDE（2025年度予定）

①総合型選抜（A・B・C日程）　②学校推薦型選抜（公募前期・公募後期）　③全学部統一選抜　④一般選抜（A・B・C日程）　⑤大学入学共通テスト利用選抜（A・外部英語検定試験併用方式・B・C日程）　⑥特別選抜（社会人・留学生）

オープンキャンパス2024

各学科の学びやキャンパスの雰囲気を体感できるオープンキャンパスを開催！プログラムの詳細や予約方法は受験生応援サイトでご確認ください。

受験生応援サイト

受験生のための情報を発信中

X	LINE	Instagram	TikTok

資料請求方法：巻末ページの「パンフレット一括請求」をご覧ください。

ヤマザキ動物看護大学

〒192-0364　東京都八王子市南大沢4-7-2　入試広報部　TEL 0120-124979　〈HP〉https://univ.yamazaki.ac.jp

資料請求		
	請求ハガキ	巻末ハガキ
料　金		無　料
完成時期		完成済

TOPICS

■**人と動物の豊かな共生社会を探究する**
動物を介して人と社会に貢献する人材を養成

■**学科**

●**動物看護学部**（男女共学）

動物看護学科 113
動物人間関係学科 80

🏛 大学GUIDE

　人も動物も高齢化が進む現代において、共に健康に暮らし、より良い共生社会を築くためには、動物看護や動物福祉といった幅広い分野の知識と技術の修得が求められます。こうした社会のニーズに応えるため、ヤマザキ動物看護大学では人と動物の架け橋となり、動物医療・動物関連産業分野で幅広く活躍する人材を養成します。

動物看護学部

　動物看護学部は「動物看護学科」と「動物人間関係学科」の2学科制。両学科とも国家資格「愛玩動物看護師」受験に対応したカリキュラムを編成しています。

●**動物看護学科**　高度化、専門分化が進む動物医療に対応できる愛玩動物看護師養成のため、1年次に学ぶ「動物臨床看護学総論」からさらに内科、外科、総合と看護を体系的に学びながら、「動物口腔ケア論／実習」「高齢動物看護学」「動物リハビリテーション」といった専門性を高める科目をカリキュラムに配置し、学内外の病院と連携して行う動物病院実習により、実践的な看護学教育を行います。

●**動物人間関係学科**　「動物愛護・適正飼養実習」「アニマルアシステッドセラピー実習」「アシスタンスドッグ論」「動物園・水族館論」「コンパニオンドッグトレーニング実習」「ペットビジネス起業論」など、多様化し、拡大化したペット関連産業において必要とされる応用的理論・技術や問題解決能力の修得をめざします。

💡 1年次から始まる実習授業

　4年間を通して基礎的な内容から専門的な内容へと段

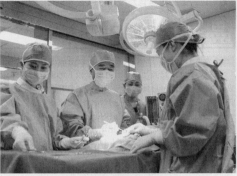

階的に展開し、高度動物医療や動物に関する幅広い知識と技術を形成します。講義と連動しているため、理論と実技を結び付けることで深い理解が得られます。

🏃 卒業後の進路

　一人ひとりの就職希望を実現するため1年次から4年次まで就職支援プログラムを実施します。動物病院や幅広い知識をいかせる動物関連企業への就職をサポートするほか、インターンシップ、就職支援講座、企業見学などを実施し、最新の就職情報の提供を行いバックアップしています。

　2023年3月卒業生の就職率は98.6％（就職希望者148人中就職者数146人）。就職先は動物病院だけでなく、ペット保険会社、動物用医薬品専門商社、実験動物飼育管理、医療機器メーカー、ペット総合サービス、ペットリゾート施設、高齢者介護施設、教育研究機関、動物関連団体、動物園、公務員など多岐に渡っています。

📝 入試GUIDE　(前年度参考)

①**総合型選抜試験**　②**学校推薦型選抜試験**
③**一般選抜試験**　④**大学入学共通テスト利用型選抜試験**

◤ オープンキャンパス ▶

●**WEBオープンキャンパス**
　学科説明、入試説明、キャンパスツアー、
　模擬講義など、24時間いつでも視聴できる動画を配信します。
●**来場型オープンキャンパス**
　開催日や詳細はHPをご覧ください。

◤ キャンパス内にER動物病院 ▶

　キャンパス内に地域のホームドクターと連携して、高度な医療を提供する二次診療施設「ER八王子動物高度医療救命救急センター」があります。ヤマザキ動物看護大学の卒業生も愛玩動物看護師として活躍している同院は、インターンシップや臨地実習の受入れ先となっています。教育と臨床現場の協働により、高度動物医療に対応できる人材を養成する環境が整っています。

資料請求方法：巻末ページの「パンフレット一括請求」をご覧ください。

	請求ハガキ	巻末ハガキ
料　金	送料200円（後納）	
完成時期	6月上旬（大学案内）	

立教大学

〒171-8501　東京都豊島区西池袋3-34-1　入学センター　TEL 03-3985-2660　〈ホームページ〉www.rikkyo.ac.jp

TOPICS

■**新たな学びのスタイル** ～「RIKKYO Learning Style」～　一人ひとりが知的好奇心の赴くままに、自在に学びを組み立て。自分の世界と可能性を広げます。

■**充実したキャリアサポート**　自立したひとりの人間として自分らしい人生のあり方を追求できるよう、多彩なプログラムを展開。キャリアを切り拓く力を身につけます。

🏫 大学GUIDE

新たな学びの体系「RIKKYO Learning Style」

　立教大学は、起源となる「立教学校」の創立1874年以来、知性・感性・身体のバランスのとれた全人教育を意味する「リベラルアーツ」を教育理念に掲げ、一人ひとりの可能性を尊重する自由な校風を守ってきました。

　その教育理念のもと2016年度よりスタートした「RIKKYO Learning Style」は、与えられた枠の中から授業を選択するのではなく、一人ひとりが自分のビジョンに沿って4年間の学びを自発的に、自在に組み立てる学びのスタイルです。どの学部の学生でも自身の知的関心に応じたコースを登録でき、修了証が授与される「グローバル教養副専攻」制度や、海外の大学では一般的な「科目ナンバリング」制度など、これまでにない制度を導入。新しいシステムで、国際社会に通用する応用力と発信力を身につけます。

学部紹介

[文学部] 哲学や歴史、詩や小説や批評など、言葉による芸術や言語学、教育学といった「人間の本質」について徹底的に考え、ものの本質を見抜く力を鍛えます。学生主体の学びを奨励しており、自分の興味や志向から学科や専修の枠を超えて自由に学ぶことができます。

[異文化コミュニケーション学部] 言語研究、グローバル研究、コミュニケーション研究、通訳翻訳研究の4つの専門領域を横断して学びながら、多様な文化や社会への理解を深め、他者とつながり、協働しながら新しい価値や世界をつくるために必要となる、異文化コミュニケーション力を身につけます。また、的確な自己表現と論理的な思考を養成するために、日本語に対する理解とその正しい使い方についても学習します。原則、全員参加の海外留学研修を半期に渡って実施するプログラムも

■学部・学科組織（入学定員・2025年度予定）

[池袋キャンパス]

●**文学部**
キリスト教学科50／文学科（英米文学専修157、ドイツ文学専修81、フランス文学専修81、日本文学専修115、文芸・思想専修88）／史学科215（世界史学専修、日本史学専修、超域文化学専修）／教育学科101

●**異文化コミュニケーション学部**
異文化コミュニケーション学科210

●**経済学部**
経済学科332／経済政策学科176／会計ファイナンス学科176

●**経営学部**
経営学科230／国際経営学科155

●**理学部**
数学科66／物理学科77／化学科77／生命理学科72

●**社会学部**
社会学科173／現代文化学科173／メディア社会学科173

●**法学部**
法学科360／国際ビジネス法学科115／政治学科110

●**Global Liberal Arts Program（GLAP）** 30

[新座キャンパス]

●**観光学部**
観光学科195／交流文化学科175

●**コミュニティ福祉学部**
コミュニティ政策学科220／福祉学科130

●**現代心理学部**
心理学科143／映像身体学科176

●**スポーツウエルネス学部**
スポーツウエルネス学科230

用意されています。

[経済学部] 激動する経済現象を解明し、政策立案能力と会計情報の分析力で社会改革に迫ります。ゼミナールを学部教育の要とし、幅広い視野と柔軟な頭脳をもって変動する経済社会に対応できる、自立的な思考能力を備

▶ 少人数の英語教育

全学部生が1年次から英語ディベートを必修科目として履修。「英語を学ぶ」から「英語で学ぶ」を目標に掲げ、10人程度のディスカッション、20人程度のディベートなど、一人ひとりの発言の機会を増やし、英語の身体化を目指します。専門領域を英語で学ぶ授業も充実しています。

▶ 主な就職先

国家公務員一般職、東京都特別区、日本銀行、三井住友銀行、全日本空輸、日本航空、トヨタ自動車、日本生命保険、伊藤忠商事、三井物産、丸紅、アマゾンジャパン、グーグル、NHK、日本テレビ放送網、電通、博報堂、サイバーエージェント、ヤフー、NTTデータ、オリエンタルランド、NTTドコモなど　　　　（2023.3卒業生）

えた人材を育成します。

[経営学部] 21世紀の国際社会を担う教養あるビジネスリーダーを育成します。経営学科では「ビジネス・リーダーシップ・プログラム(BLP)」、国際経営学科では「バイリンガル・ビジネスリーダー・プログラム(BBL)」の少人数カリキュラムを実施。また、国際経営学科では専門科目の約7割を英語で学びます。

[理学部] 学生と教員が一体となったアットホームな雰囲気の中、密度の濃い少人数教育で論理的思考力を鍛えます。また、大学院科目早期履修など、大学院へスムーズに進める制度が整っています。

[社会学部] 多彩なフィールド・リサーチ科目により、学生自らが主体的に社会状況のデータを収集し、分析・評価できる力を育成。社会の仕組みを理解するための理論的な思考力と調査方法が身につきます。

[法学部] 少人数制のゼミナールを展開し、自由度の高いカリキュラムで、法学・政治学の基礎的素養と専門的能力を修得します。「法」と「政治」を理解し、物事の本質を見極める思考力と知恵を育てます。

[観光学部]「ビジネスとしての観光」「地域社会と観光」「文化現象としての観光」の3つの柱を据えています。海外フィールドワークなど体験型学習を通じ、総合的・体系的な視点を備えた、社会をリードする人材を育成します。

[コミュニティ福祉学部] 人間一人ひとりの豊かで幸せな暮らしを実現するためのコミュニティの構築に向けて、コミュニティ政策と総合学としての福祉について学びます。思考力と実行力を同時に養う学修体系で、社会の課題解決を実践する力を養います。

[現代心理学部]「心」「身体」「映像」を総合的・多角的に捉えていきます。心理学科では、実験や臨床を交え科学的見地から学びます。映像身体学科では、第一線で活躍する教員による講義や、ダンス、演劇、映像制作などの実習を積極的に展開します。

[スポーツウエルネス学部]「すべての人の生きる歓(よろこ)びのために」を理念に、スポーツ・健康科学の研究領域に「ウエルネス」という心身の健康だけでなく、価値観や生きがいなども含めた多元的、総合的な健康観の発想を融合させて新たな学問領域を創出します。

Global Liberal Arts Program(GLAP)

2017年度スタートのグローバルリーダーを育成するコース。入学時に特定の学部・学科を選ばず、原則英語で行われる授業の履修のみで学位が取得できます。

伝統ある池袋キャンパスの本館（モリス館）

新たな国際化の推進

Rikkyo Global 24

2024年の創立150周年に向けて国際化戦略「Rikkyo Global 24」を策定しました。①海外への学生派遣の拡大 ②外国人留学生受け入れの拡大 ③教育・研究環境の整備 ④国際化推進ガバナンスの強化の4つの目標を掲げ、これらを実現するために合計24項目の施策をスタート。この国際化戦略を基盤とした構想は、文部科学省の「スーパーグローバル大学創成支援（グローバル化牽引型）」にも採択され、「専門性に立つグローバル教養人」の育成を目指します。

キャリアの立教

立教大学キャリアセンターは、キャリア教育の草分け的存在として、「働くこと」や「仕事」をキーワードに、将来や就職について考えるための情報提供、年間300回を超えるプログラムの実施、個人相談などを通じて、学生の「進路・就職」をサポートしています。学生が自ら行動し、夢をつかむための支援を実施し、学生1人ひとりが安心して納得のいく進路決定ができるよう、きめ細かなサポートを行っています。2023年3月卒業生の全体就職率は97.5%と、高い実績を残しています。

入試GUIDE

2025年度入試については、立教大学Webサイトをご確認ください。

奨学金制度の充実

立教大学では、学生の経済的基盤を整え、学業の機会を保障するために、さまざまな奨学金を用意しています。大学独自の奨学金は、すべて返還不要の給付型奨学金です。入学前に申請できる「自由の学府奨学金」のほか、入学後に申請できる「学部給与奨学金」など、年額10万円～80万円を支給する経済支援型の奨学金が充実していま

す。また、「グローバル奨学金」は、大学が実施する派遣留学、学部間交流プログラム、認定校留学、その他単位認定を行う留学プログラムに参加する学生で、支給基準を満たした者全員に10万円～60万円を支給します。

資料請求方法：巻末ページの「パンフレット一括請求」をご覧ください。

立正大学

資料請求	
請求ハガキ	巻末ハガキ
料　金	無　料
完成時期	5月中旬

入試センター　〒141-8602　東京都品川区大崎4-2-16　TEL 03-3492-6649　〈HP〉https://www.ris.ac.jp/　〈E-mail〉exa@ris.ac.jp

TOPICS
開校150年以上の歴史と伝統。
「『モラリスト×エキスパート』を育む。」を学園メッセージとして掲げ、
人間性と高い専門性を備えた社会に貢献できる人材を育成しています。

CAMPUS情報

品川キャンパス

品川キャンパスは山手線「大崎」駅、「五反田」駅から徒歩5分に位置する都市型キャンパスです。アクセス抜群の品川キャンパスに2021年春、新校舎が完成しました。街に開かれた大学の姿を象徴した品川キャンパスの新たな顔といえます。

熊谷キャンパス

熊谷キャンパスは緑あふれる約35万㎡の広大な敷地で実習環境が充実しています。データサイエンスや地球環境を学ぶための最新設備、福祉系の子育て支援施設、特別養護老人ホームを学内に有し、各種スポーツの専用グラウンドなど充実した施設が整っています。

品川キャンパスに新校舎完成

1872年、東京・芝に開校の起点となる小教院を設立してから、2022年には開校150周年を迎えました。開校150周年事業として品川キャンパスに新校舎を建設。山手通りに面した新校舎は、長い歴史の中で寺社が地域の中心であったように、品川キャンパスを中心とした地域コミュニティーを構築。ビジネスの中心である品川という立地を生かし、立正大学の多彩なアクティビティを社会に発信する「知の拠点」をめざします。

奨学金制度

●特別奨学生 TOP150〈給付〉

一般選抜2月試験［前期］（2/3・2/4・2/5）成績上位者100人、大学入学共通テスト利用選抜［前期］成績上位者50人を対象に、学修奨励を目的とし年額40万円（1年次のみ）を給付します。

●立正大学　チャレンジ奨学生〈給付〉

毎年給付の「学業奨励金」に加え、奨学生自ら計画する学業、研究、留学やフィールドワークなど、様々なチャレンジ活動に使用可能な「チャレンジ奨学金」の2つからなる最大320万円を給付する奨学金制度です。

■学部・学科組織・募集定員

〔品川キャンパス〕

●**心理学部**
　臨床心理学科170／対人・社会心理学科115

●**法学部**
　法学科340

●**経営学部**
　経営学科330

●**経済学部**
　経済学科400

●**文学部**
　哲学科95／史学科155／社会学科155／文学科（日文、英文）155

●**仏教学部**　105
　（仏教学科、宗学科の合計）

〔熊谷キャンパス〕

●**データサイエンス学部**
　データサイエンス学科240

●**地球環境科学部**
　環境システム学科115／地理学科115

●**社会福祉学部**
　社会福祉学科175／子ども教育福祉学科100

【対象者】全学部一般選抜〈R方式：2/1〉の受験者
【給付額・期間】学業奨励金：年間50万円（4年間給付）
チャレンジ奨学金：年間40万円まで（学部1年次から3年次）未使用分は学部4年次まで繰り越して使用することができます。

キャリアサポート

キャリアサポート

品川・熊谷の両キャンパスに設置されているキャリアサポートセンターでは、多彩なプログラムを実施しています。1年次より段階的かつ継続的な支援を行っています。2023年秋から、オンラインOB/OG訪問ネットワークサービス「ビズリーチ・キャンパス」をいち早く導入しました。また、厳選した企業とコラボし、より実践的な課題の解決に取り組むことで、スキル修得だけでなくその業界とのリンク構築をも目的とする、課題解決型インターンシップも始まりました。専門のキャリアカウン

セラーが常駐しており、進路・就職に関することを、対面でもオンラインでも相談することができます。

先輩取材プロジェクト

社会で活躍している先輩のオフィスを訪問し、仕事内容や働くことの魅力について取材します。1年次から参加できるため、就職に向けたキャリアを育む意識を強くもつことにつなげます。

インターンシップ

「働くを経験する」インターンシップで実社会に飛び込み、そこで得た経験を通じて、学生一人ひとりの自律心と主体性を育みます。事前・事後研修を含めたフォロー体制を整えています。

学内講座で資格取得をサポート

「公務員試験対策講座」「ITパスポート講座」など、多様な講座が開設されています。大手予備校と連携しているため、資格取得に精通したプロによる指導を格安で受講できます。

 ## 卒業後の進路

主な就職先

一条工務店、富士ソフト、富士通、積水ハウス、ミサワホーム、明治安田生命保険、かんぽ生命保険、大和証券、全日本空輸、羽田空港サービス、イオンリテール、ニトリ、三井不動産リアルティ、住友不動産販売、りそな銀行、東京東信用金庫、埼玉縣信用金庫、千葉信用金庫、中ノ郷信用組合、京葉銀行、常陽銀行、筑波銀行、綜合警備保障、ベネッセスタイルケア、SOMPOケア、トランスコスモス、キヤノンITソリューションズ、東洋水産、セブン-イレブン・ジャパン、ブルボン、ドトールコーヒー、アダストリア、ビックカメラ、ヤマダデンキ、ハンズ、タカラスタンダード、JR東日本、JR西日本、マイナビ、Sky、大塚商会、福山通運、ワコール、ウエルシア薬局、アインホールディングス、アクセンチュア、デロイトトーマツコンサルティング、国家・地方公務員、公立保育所、公立小学校、東京都教育委員会　など

(2023年3月卒業生)

 ## 入試GUIDE（前年度参考）

①全学部一般選抜〈R方式：2/1〉
②全学部一般選抜〈2月試験（前期）：2/3・4・5〉
③全学部一般選抜〈2月試験（後期）：2/21〉
④全学部一般選抜〈3月試験：3/4〉
⑤大学入学共通テスト利用選抜（前期・後期）
⑥総合型選抜
⑦学校推薦型選抜〈公募制推薦選抜〉
⑧学校推薦型選抜〈指定校制推薦選抜〉
⑨専門高校（学科）・総合学科対象選抜
⑩社会人対象選抜　⑪外国人留学生対象選抜
⑫編入学選抜

全学部一般選抜〈R方式：2/1〉は、英語外部試験利用選抜です。

全学部一般選抜〈R方式：2/1〉は、「立正大学チャレンジ奨学生（給付）」の採用対象選抜です。

全学部一般選抜〈2月試験（前期）：2/3・4・5〉と大学入学共通テスト利用選抜（前期）は、特別奨学生（入試成績上位者150人に給付）採用対象試験です。

 ## オープンキャンパス

【来校型イベント】
大学説明会、学部・学科紹介ブース、模擬授業など
【オンラインコンテンツ】
大学説明・学部説明動画、入試説明・総合型選抜入試説明動画、模擬授業、教員フリー相談、在学生トークなど
※詳細は、大学ホームページをご確認ください。

> ### オープンキャンパスの日程について
> ●品川キャンパス　6/16(日)、7/14(日)、8/17(土)、8/18(日)
> ●熊谷キャンパス　6/16(日)、7/14(日)、8/17(土)、8/18(日)
> ●オンライン開催　9/1(日)、12/15(日)
> ※日程は変更となる場合があります。最新の情報は大学ホームページをご確認ください。

資料請求方法：巻末ページの「パンフレット一括請求」をご覧ください。

早稲田大学

〒169-8050　東京都新宿区西早稲田1-6-1　入学センター　TEL 03-3203-4331（ダイヤルイン）
〈HP〉https://www.waseda.jp/inst/admission/
〈E-mail〉nyusi@list.waseda.jp

資料請求		
	請求ハガキ	巻末ハガキ
料　金		送　料 300円
完成時期		6月上旬

TOPICS

多様性を認め合い、違いから学び合う。
学びの先に、想像を超えた自分と出会う場所。

■学部・学科・専攻・専修・論系・コース組織

●**政治経済学部**（900）
政治学科300／経済学科400／国際政治経済学科200

●**法学部**（740）

●**教育学部**（960）
教育学科210〔教育学専攻（教育学専修、生涯教育学専修、教育心理学専修）、初等教育学専攻〕／国語国文学科135／英語英文学科135／社会科255（地理歴史専修、公共市民学専修）／理学科80（生物学専修、地球科学専修）／数学科75／複合文化学科70

●**商学部**（900）　※3年次からトラックに所属
経営、会計、マーケティング、ファイナンス、保険・リスクマネジメント、ビジネスエコノミクスの各トラック

●**社会科学部**（630）
社会科学科

●**国際教養学部**（600）
国際教養学科

●**文化構想学部**（860）　※2年次から論系に所属
文化構想学科（多元文化論系、複合文化論系、表象・メディア論系、文芸・ジャーナリズム論系、現代人間論系、社会構築論系）

●**文学部**（660）　※2年次からコースに所属
文学科（哲学、東洋哲学、心理学、社会学、教育学、日本語日本文学、中国語中国文学、英文学、フランス語フランス文学、ドイツ語ドイツ文学、ロシア語ロシア文学、演劇映像、美術史、日本史、アジア史、西洋史、考古学、中東・イスラーム研究の各コース）

●**基幹理工学部**（595）　※2年次からコースに所属
数学科55／応用数理学科70／機械科学・航空宇宙学科140／電子物理システム学科80／情報理工学科95／情報通信学科95／表現工学科60

●**創造理工学部**（595）
建築学科160／総合機械工学科160／経営システム工学科120／社会環境工学科90／環境資源工学科65

●**先進理工学部**（540）
物理学科50／応用物理学科90／化学・生命化学科60／応用化学科135／生命医科学科60／電気・情報生命工学科145

●**人間科学部**（560）
人間環境科学科200／健康福祉科学科200／人間情報科学科160

●**スポーツ科学部**（400）　※2年次からコースに所属
スポーツ科学科（スポーツ医科学、健康スポーツ、トレーナー、スポーツコーチング、スポーツビジネス、スポーツ文化の各コース）

🏛 早稲田だからできる挑戦

基盤教育

世界が直面する答えのない課題に真摯に向き合う「たくましい知性」と多様性を尊重し理解する「しなやかな感性」を育むために、多彩な教育プログラムを用意しています。中でも「基盤教育」は、アカデミック・ライティング、英語、データ科学、数学、情報の5分野にわたり自らの考えを論理的に発信する力や根拠に基づいて議論する力を培い、アカデミックなツールを身につけます。

学部を超えた教育システム

各学部での学びを基本としながらも、学年や専門分野にとらわれずに履修できる「全学オープン科目」を2,400科目以上開講し、学部教育のオープン化を実践。幅広い視野と国際感覚、社会での実践力を育てています。また、企業などと連携した正課外のプログラムも充実しています。大学の中に留まらず、広く社会を知ることで、多様性を理解し、人間的力量を養います。

学びを支える環境〜奨学金・学生寮〜　（2023年度実績）

250種類以上の奨学金制度のうち、学内奨学金（約150種類）はすべて返済不要の給付奨学金です。中でも代表的な「めざせ！都の西北奨学金」は、1都3県（東京・埼玉・千葉・神奈川）以外の国内高校・中等教育学校出身者を対象とした予約採用型奨学金で、奨学金採用候補者として認定された場合、入学学部に応じ毎年45・65・70万円（国の修学支援制度受給者には毎年10・15・20万円）を給付します（4年間継続）。地方学生の支援策として、学生寮の整備にも力を入れており、キャンパス沿線に直営寮や提携寮をはじめとする、22の学生寮を有しています。「国際学生寮WISH」では、日本人学生と外国人留学生が共生。独自の寮教育プログラムを実施し、住環境整備のサポートのみならず、集団生活を通じてコミュニケーション能力や社会適応能力、リーダーシップを涵養します。

就職サポート体制

学生自身が納得できる進路選択の実現に向けて、全学的な教育資源を活用し、キャリア形成を支援しています。全学年対象のキャリア形成支援プログラムや、就活生対象の就職活動支援行事を多数開催し、実践的なサポートを行っています。学生の多様な進路選択に対応し、「U・I・Jターンイベント」「外国人学生向けキャリアイベント」

DATA・FILE

- ○教員数……5,208（専任以外3,253）
- ○学生数……学　部38,776（男23,415　女15,361）
　　　　　　　大学院 8,490（男女比は6：4）
- ○蔵書数……580万冊以上

（2023年度）

「公務員・教員志望者向けイベント」の開催、キャリア・就活個別相談や学生キャリアアドバイザーの制度を設けるなど、幅広いサポートを実施。大学が仲介する質の高いインターンシップ・プログラムも提供しています。オンラインによる支援も充実しています。

多様性を育むグローバルな環境

多様な価値観に触れるキャンパス

早稲田大学は、キャンパスのグローバル化を教育・研究の最優先課題に位置づけ、「世界で輝くWASEDA」としての存在感を発揮するため、キャンパス内でグローバルな体験ができる場を数多く用意しています。

多様な出身地から学生が集う、人種のるつぼともいえるキャンパスには約8,300人の外国人学生・留学生が在籍しており、ICC（異文化交流センター）では多彩なイベントを通じて異文化理解を深める場を提供しています。

留学サポート体制

協定を結ぶ海外の教育機関は91の国や地域、848校にのぼります。これらの大学と協力し、大学間の授業や研究、人材交流を活発に推進しています。

早稲田大学の留学プログラムは実に多彩で、多くの学生が海外での学びを体験しています。2週間程度の語学留学から、所定の要件を満たせば卒業時に早稲田大学の学位と留学先大学の学位を両方取得できる「ダブルディグリー・プログラム」まで、留学の目的、期間の長短、選抜の有無など、多様な選択肢から自分に適したプランを選ぶことができます。

卒業後の進路 (2022年度卒業生)

卒業後の進路は「就職7割、進学2割、資格試験受験等その他1割」となっています。就職先は日本を代表する企業をはじめ、教育機関や官公庁など、多岐にわたります。理工系3学部では大学院への進学率が高く、約7割が進学します。

主な就職先 NTTデータ、楽天グループ、富士通、アクセンチュア、東京都職員Ⅰ類、国家公務員一般職、国家公務員総合職、特別区（東京23区）職員、東京海上日動火災保険、明治安田生命保険、みずほフィナンシャルグループ、三井住友銀行、野村総合研究所、ベイカレント・コンサルティング、日本IBM、日立製作所、NEC、NTTドコモ、TOPPAN、日本航空、東京ガスなど

入試GUIDE (2025年度予定)

①**一般選抜／〈大学入学共通テスト＋英語4技能テスト＋学部独自試験〉** 国際教養 **〈大学入学共通テスト＋学部独自試験〉** 政治経済、教育、社会科（総合問題型・数学型）、文化構想（共通テスト利用方式）、文（共通テスト利用方式）、人間科（国英型・数英型・数学選択方式）、スポーツ科（共通テスト＋総合問題方式）**〈英語4技能テスト＋学部独自試験〉** 文化構想（英語4技能テスト利用方式）、文（英語4技能テスト利用方式）**〈学部独自試験のみ〉** 法、教育（A方式、B方式）、商（地歴・公民型、数学型）、文化構想、文、基幹理工、創造理工、先進理工

②**大学入学共通テスト利用入試／〈大学入学共通テストのみ〉** 政治経済、法、社会科、人間科、スポーツ科 **〈大学入学共通テスト＋書類選考〉** スポーツ科（共通テスト＋競技歴方式）

③**総合型選抜／〈地域探究・貢献入試〉** 法、教育（一部学科専攻専修のみ）、文化構想、文、人間科、スポーツ科 **〈全国自己推薦〉** 社会科 **〈早稲田建築AO〉** 創造理工 **〈特別選抜〉** 先進理工 **〈FACT選抜〉** 人間科 **〈トップアスリート〉** スポーツ科 **〈スポーツ自己推薦〉** スポーツ科 **〈スポーツサポート歴〉** スポーツ科
※日本語による学位取得プログラム

④**学校推薦型選抜／〈指定校推薦〉** 政治経済、法、教育、商、国際教養、文化構想、文、基幹理工、創造理工、先進理工、人間科

資料請求方法：巻末ページの「パンフレット一括請求」をご覧ください。

和 光 大 学

〒195-8585　東京都町田市金井ヶ丘5-1-1　入試広報室　TEL 044-988-1434　〈HP〉https://www.wako.ac.jp/

TOPICS
- ●学部・学科を超えて、自由に学べる「講義バイキング」
- ●生きた知識を身につける「現場体験学習」
- ●「教員と学生の距離が近い」アットホームな環境

■学部・学科組織・定員
- ●現代人間学部
  心理教育学科〔心理学専修75、子ども教育専修40、子ども教育専修保育コース45〕／人間科学科100
- ●表現学部
  総合文化学科123／芸術学科80
- ●経済経営学部
  経済学科130／経営学科130

🏛 学生がまなびの主役

　1966年に創立した和光大学は、開学当初から「大学は自由な研究と学習の共同体」だと考え、研究と教育の自由を大切にしてきました。少人数教育によって生み出される学生と教員、あるいは学生同士のコミュニケーションを大切にし、多様な価値観を尊重する教育を実践しています。また、サークルや大学祭といった課外活動の場でも学生の自主性を強く尊重し、教職員と学生の距離が近い関係を実現しています。

「講義バイキング」
　自分の興味関心に合わせて、学部・学科の枠を超えて自由に授業が選択できる制度です。興味がある分野を幅広く学ぶことも、一つのテーマを多角的に掘り下げることもできます。

「現場体験学習」
　歴史・文化・芸術・社会問題などをテーマに、国内外の現場へ出かけます。現地の方々との交流や調査を通じて、自分自身の学びのテーマについて理解を深めます。

🏃 卒業後の進路

　キャリア支援室では、個別面談やキャリア支援講座などを実施し、学生の就職活動・自分らしい進路実現を支えています。きめ細やかなサポートは学生からも好評です。

主な就職先　　共同エンジニアリング、トヨタモビリティサービス、JR東日本建築設計、綜合警備保障、サントリービバレッジソリューション、日本調剤、東京スバル、ベネッセスタイルケア、ソフトバンク、博報堂DYアイ・オー、東京都・神奈川県教育委員会、星槎学園、明治安田生命保険、SMBCコンシューマーファイナンス、住友不動産販売、赤坂国際会計事務所、防衛省、陸上自衛隊、綾瀬市役所　ほか

主な進学先　　和光大学大学院、明治大学大学院　ほか

📋 入試GUIDE（2025年度予定）

①**総合型選抜**：前期は10月に授業体験方式、事前課題方式実施／中期は12月に経済経営学部のみ小論文方式実施／後期は3月上旬に小論文方式実施

②**学校推薦型選抜**：11月実施

③**一般選抜**：前期は1月に「英・国方式」「2科目選択方式」を実施／後期は2月に「英・国方式」を実施
　☆一般選抜で200点満点中160点以上得点すると「特待生」となり、4年間で最大360万円授業料が免除となります。

④**大学入学共通テスト利用選抜**：A日程は1～2月、B日程は2月、C日程は2月下旬～3月に出願受付

⑤**特別選抜（留学生、社会人、帰国生徒）**：11月、2月に実施

※詳細につきましては大学HPを必ず確認してください。

▶ オープンキャンパス日程
5/25(土)　6/8(土)　7/7(日)　7/28(日)　8/4(日)　8/24(土)　10/5(土)
※実施1カ月前より大学HPにて予約受付開始。
※プログラム詳細は随時大学HPに掲載しますので、ご確認ください。

資料請求方法：巻末カラーページの「パンフレット一括請求」をご覧ください。

共立女子短期大学

〒101-8437　東京都千代田区一ツ橋2-2-1　大学企画課　TEL 03-3237-5927　〈HP〉https://www.kyoritsu-wu.ac.jp　〈E-mail〉koho.gr@kyoritsu-wu.ac.jp

TOPICS

●就職・進学など、学生一人ひとりが納得できる進路決定をサポート！

授業内外で2年後の就職・進学へ向けて徹底サポートをしているので安心です。編入については併設大学の共立女子大学への進学など高い編入実績を誇ります。

■学科組織

●生活科学科　100
　ITメディアコース、生活デザインコース
●文科　100
　日本文化・表現コース、グローバル・コミュニケーションコース、心理学コース

🏫 短大GUIDE

生活科学科　2つのコースで独自性・専門性の高い教育を実践します。

【ITメディアコース】ソーシャルメディアをはじめとするメディアを活用し、企画と制作にかかわる技術力を身につけます。メディア社会・メディアデザイン・メディア心理について学びます。

【生活デザインコース】豊かで快適な生活を創造するための知識とデザイン力を養い、社会に発信する力を高めます。プロダクト・ファッション・インテリア・フードの4分野のデザインについて学びます。

文科　ことばと心に関する3つの専門コースを設置。

【日本文化・表現コース】日本語の文学も通して、コミュニケーション力や文章を読み解く力、創作力を高めます。作家による創作指導も行います。

【グローバル・コミュニケーションコース】読む・書く・聞く・話す力を強化し、国際社会における教養も身につけます。TOEIC®の指導も行います。

【心理学コース】心理学の基礎を学び、自己理解と他者理解を深めます。コミュニケーション力を身につけ、物事に積極的に関わることができる女性へと成長します。

🏢 CAMPUS情報

●**都心にあるアクセス抜群のキャンパス**　共立女子短期大学のキャンパスは、東京の中心にありながら緑豊かな地域に囲まれています。文化施設やビジネス街、神保町の古書店街がすぐそばにあるため、学修面でも便利な環境です。また、徒歩5分以内に3つの地下鉄駅と4つの路線があり、首都圏各駅からの通学が可能です。

2号館にはICT技術の進化に対応できる教育環境に加えて、KWU Library Commons（略称：リブコモ）と呼ばれる学生の自主的な学修をサポートする施設が充実。コミュニケーションギャラリーや図書館、ラーニング・コモンズには学生が集まり、学部・学科・科に関わらず、自主的な活動の場として活用しています。

🏃 卒業後の進路 (2023年3月卒業生)

卒業者総数……172　就職希望者数……94

就職決定者数……87（決定率92.6%）　進学者数……66

主な就職先　神奈川県警、JR東日本サービスクリエーション、TBCグループ、三井住友トラスト・ビジネスサービス、三菱鉛筆、明治、山崎製パン、キヤノン、みずほビジネスサービス、横浜農業協同組合、神奈川県川崎市、青山商事、千葉信用金庫、日本通信　など多数

主な進学先　共立女子大学、日本大学、杏林大学、関東学院大学、東京家政大学、目白大学　など

📝 入試GUIDE (2024年度参考)

①**一般選抜**

②**大学入学共通テスト利用選抜**

③**総合型選抜**（Ⅰ期・Ⅱ期・Ⅲ期）

④**学校推薦型選抜**（指定校制・卒業生子女・公募制）

⑤**特別選抜**（帰国子女、社会人）

※2024年3月のオープンキャンパスより、随時公表予定。

全学共通教養教育科目

全学共通の教育課程（教養教育科目）では、大学・短期大学での学修に必要な基本的な知識・スキル、社会で役立つ幅広い教養、そして社会を強く生き抜くための自分らしい「リーダーシップ」を身につけます。協力企業から提示された課題に取り組んだり、「KEIT」で実践的英語力を高めたり、このほかデータサイエンスについても学ぶことができます。

オープンキャンパス

●**オープンキャンパス**
5/19（日）、6/16（日）、7/21（日）、8/3（土）、8/4（日）、8/18（日）、12/1（日）、2025/3/22（土）
●**短期大学ミニオープンキャンパス**
7/6（土）、8/31（土）、11/16（土）
※変更になる場合があります。詳細は短期大学公式HPをご確認ください。

資料請求方法：巻末ページの「パンフレット一括請求」をご覧ください。

駒沢女子短期大学

〒206-8511　東京都稲城市坂浜238　入試センター　TEL 042-350-7110　〈HP〉https://www.komajo.ac.jp/uni/

資料請求

	請求ハガキ	巻末ハガキ
料　金		無　料・
完成時期		5月下旬

TOPICS
駒沢女子短期大学　LINE公式アカウントと InstagramとX
最新のイベント情報や入学者選抜情報などをお届けします！
LINE ID；@komajo　Instagram；komazawa__womens　X；@komazawawomens

■学科組織、定員（2025年度予定）

●保育科100

大学GUIDE

　保育科では、子どもとともに生きる保育者として、確かな能力を身につけます。乳幼児の保育・教育に関わる専門知識と技術を修得し、実習経験を通して乳幼児一人ひとりの育ちへのたしかな援助ができる保育者の養成を行っています。確かな実力（知識と技術）に裏付けられた熱意こそ、子どもたちの育ちを支える保育の源泉です。「思考力」「表現力」「遊び力」「人間力」を身につけ、自らが理想とする保育者を目指します。

専門知識が身につく体系的なカリキュラム

　まずは人間・社会・自然・コミュニケーションなどに関する基礎科目で幅広い教養を身につけます。次に子どもについての理解を深める科目、保育の基本原理を学ぶ科目、保育の内容や方法・技術に関する科目、保育や福祉の制度について学ぶ科目など、専門教育科目を段階的に学ぶための効率的なカリキュラムが用意されています。

実践力にみがきをかける教育実習・保育実習

　幼稚園教諭二種免許状・保育士資格の２つを取得するため、２年間で幼稚園、保育所、施設の合計５回の実習を用意しています。１年次の５月から、保育研究施設としての役割も担う付属のこまざわ幼稚園を中心に教育実習を実施します。保育科で身につけることを自覚する実践的な学びが用意されています。

卒業生との深いつながり

　開設後60年以上、保育者約11,000人を送り出してきた歴史と伝統があり、卒業生の多くは全国の幼稚園や、保育所をはじめとする児童福祉施設で働いています。指導的立場に就いていることも多いため、実習や就職の際の大きな力となってくれます。

●オープンキャンパス　　●学校見学　　●受験生応援サイト

※詳しくは上記QRからHPへアクセスし、ご確認ください。

CAMPUS情報

●八十周年館…大講義室、ミーティングルーム、小児保健実習室（小児保健の知識・技術を修得する実習を実施）
●短大講義館…グランドピアノが２台ある音楽室、個室のピアノ練習室25室、造形室

取得資格

　２年間で「幼稚園教諭二種免許状」と「保育士資格」が同時に取得できるようカリキュラムが編成されています。そのため、卒業に必要な単位に加えて所定の単位を修得すれば、卒業と同時に２つの資格・免許を取得できます。

卒業後の進路

　保育者養成の伝統に裏打ちされた、高い就職率を誇ります。一人ひとりの個性に応じた確かなサポートで、希望の進路をバックアップしています。

就職ＤＡＴＡ（2023年卒業生実績）
保育関係就職率　８年連続100％

入学者選抜GUIDE（前年度参考）

①総合型選抜　②学校推薦型選抜
③社会人特別入学者選抜　④一般選抜
⑤大学入学共通テスト利用選抜
※詳細は、入試センターまでお問い合わせください。

資料請求方法：巻末ページの「パンフレット一括請求」をご覧ください。

帝京短期大学

資料請求		
	請求ハガキ	巻末ハガキ
料　金	無　料	
完成時期	7月下旬	

〒151-0071　東京都渋谷区本町6-31-1　TEL 03-3379-9708(入試広報課)　〈HP〉https://www.teikyo-jc.ac.jp/

TOPICS
渋谷区「幡ヶ谷」新宿から2駅とアクセスしやすく通学や生活、就活にも便利。
就職率90%以上！大手企業をはじめ、就職先も多岐にわたります。

■**学科組織**(2024年度　入学定員)
- ●**生活科学科**　食物栄養専攻〈2年制〉100／生活科学専攻〈2年制〉70
- ●**こども教育学科**　こども教育専攻〈2年制〉50
- ●**ライフケア学科**　柔道整復専攻(昼間部)〈3年制〉60／柔道整復専攻二部(夜間部)〈3年制〉30／臨床検査専攻〈3年制〉80
- ●**専攻科**　養護教諭専攻〈2年制〉15／こども教育学専攻〈1年制〉50／臨床工学専攻〈1年制〉40

🏫 学びの特色

食物栄養専攻　〈栄養士コース〉病院や保育所、高齢者福祉施設等で活躍する栄養士を育成します。栄養教諭(二種)も取得可能です。

生活科学専攻　〈生活文化コース〉自己表現の要となるプレゼンテーション力を身につけ、資格取得やインターンシップにも積極的に取り組み、自信をもって社会への扉をひらきます。〈養護教諭コース〉学校教育や児童理解、養護教諭の職務に関しての充実した講義、教育実習、看護技術を身につけるための臨床実習などを通して実践的に学び、養護教諭(二種)をめざします。専攻科(2年制)進学により、養護教諭(一種)と学士(教育学)の学位もめざせます。

こども教育専攻　〈こども教育コース(2年制)＋専攻科こども教育学専攻(1年制)〉隣接する帝京めぐみ幼稚園で保育の現場を体験します。3年間で確かな知識と技術を身につけ、子どもの個性・可能性を引き出し育む保育士・幼稚園教諭(二種)をめざします。

柔道整復専攻　〈柔道整復コース(昼間部・夜間部)〉手術をせずにケガを治す保存療法のスペシャリストである柔道整復師を育成します。短大卒業後、帝京平成大学

ヒューマンケア学部3年次に編入学をすることにより、5年間で柔道整復師とはり師・きゅう師の資格がめざせます。

臨床検査専攻　〈臨床検査コース〉分析とデータ解析のスペシャリストである臨床検査技師を育成します。専攻科(1年制)進学により、臨床工学技士と学士(保健衛生学)の学位もめざせます。

🏃 卒業後の進路

1年次よりキャリアプラン形成を目的とした「社会人入門セミナー」を必修科目として実施(こども教育学科は2年次後期に実施。ライフケア学科は除く)。就職活動年次には実践型セミナーとして「キャリアガイダンス」を行います。また、キャリアサポートセンターでは、担任制のもと、支援の経験豊富な職員が学生一人ひとりを担当します。担当職員は、就職相談や履歴書添削、面接練習、企業紹介などを行い、学生が内定するまでしっかり支援します。学内合同企業説明会も積極的に開催しています。

📋 入試GUIDE (2024年度参考)

①総合型選抜〈Ⅰ期・Ⅱ期・Ⅲ期〉
②学校推薦型選抜〈指定校制(Ⅰ期・Ⅱ期)・公募制(Ⅰ期・Ⅱ期)〉
③一般選抜〈Ⅰ期・Ⅱ期・Ⅲ期・Ⅳ期〉
④社会人選抜〈Ⅰ期・Ⅱ期〉
⑤大学入学共通テスト利用選抜〈前期・中期・後期〉

オープンキャンパス(要予約)

◆春のオープンキャンパス
3月24日(日)
内容：資格・仕事説明、専攻・コース体験、個別相談など
※詳細はホームページでご確認ください。

奨学特待生制度(2024年度入試参考)

総合型選抜Ⅰ期および一般選抜Ⅰ期において、帝京短期大学が定める基準点以上の成績の方を奨学特待生(A・B・Cコース)とし、以下の特典が与えられます。
A：入学金半額・1年次授業料全額免除
B：入学金半額・1年次授業料半額免除
C：1年次の授業料を20万円減免

資料請求方法：巻末ページの「パンフレット一括請求」をご覧ください。

	請求ハガキ	巻末ハガキ
料　金		無　料
完成時期		4月上旬

厚生労働省所管
職業能力開発総合大学校

〒187-0035　東京都小平市小川西町2-32-1　学生課　TEL 042-346-7127　〈HP〉https://www.uitec.jeed.go.jp/

TOPICS　（独）高齢・障害・求職者雇用支援機構が運営する国立の省庁大学校です。技術、技能を科学する教育を通して、全国の職業能力開発施設で「職業訓練」を行うテクノインストラクター（職業訓練指導員）やものづくり現場のリーダーとなれる人材を養成します。

■課程・専攻・定員
●総合課程（4年間）
　機械工学専攻20／電気工学専攻20／電子情報工学専攻20／建築工学専攻20

🏛 大学GUIDE

◇職業大5つのポイント◇
①学士（生産技術）＋職業訓練指導員免許（国家資格）が取得可能
②4専攻各20人の少人数教育
③豊富な実験・実習時間
④充実した施設設備・機器
⑤授業料等は国立大学標準額と同額

専攻紹介
〈機械工学専攻〉材料力学、機械力学、流体力学、熱力学等の基礎を徹底的に学び、充実した実習設備で専門的なものづくりに関する技術・技能を学びます。また、DXの推進に必要な産業機械の自動化など製造現場を模したカリキュラムで、実践的なものづくりに関する技術・技能を養います。

〈電気工学専攻〉モータや発電機をはじめとする電気機器の設計・製作・試験技術や電気設備の施工・管理を学びます。さらに工場のDXに用いられる、シミュレーションを利用した自律ロボットの制御技術、GXでも必要となる、環境関連の知識や太陽光発電の高効率化技術などの知識・技術を養います。

〈電子情報工学専攻〉IoT、クラウドやビッグデータ等の現代社会の電子・情報・通信分野を基礎から学習。電子回路システムの理論と実際、ソフトウェア開発による機器制御・信号制御技術、通信ネットワークシステムにおける有線・無線通信技術に加え、電子・情報・通信技術分野を統合した組込みシステムの企画、設計、製作、評価技術を養います。

〈建築工学専攻〉建築計画、構造、設備、構法・材料・

施工の基礎知識から、建築生産現場に必要な応用力や問題解決能力を学びます。また、設計実習を通じて設計手法や製図力を学び、さらに木造からRC造までの建築物の設計から維持管理までのライフサイクルを総合的に管理できるBIMなどのDX関連技術についても理解を深めることができます。

🏃 卒業後の進路

民間企業への就職はもちろん、国家公務員（法務省）、地方公務員（都道府県）、団体職員（（独）高齢・障害・求職者雇用支援機構）のような公的機関など、活躍の場が全国に広がっています。

また、一般の大学における修士課程に相当する職業能力開発研究学域や他大学の大学院への進学も可能です。

主な就職先　ISIDインターテクノロジー、アマダ、一条工務店、奥村組、九州電力、きんでん、JR北海道、JUKI、スズキ、大成建設、大和ハウス工業、日本コムシス、乃村工藝社、ポラス、明電舎、財務省、テクノインストラクター（法務省矯正局、都道府県、（独）高齢・障害・求職者雇用支援機構）　など

主な進学先　職業能力開発研究学域、筑波大学大学院、北陸先端技術大学院大学、早稲田大学大学院など

📋 入試GUIDE

①学校推薦入試　②一般入試（英・数・物理または化学）

取得可能な資格　（※は実務経験が必要）

【4専攻共通】技能士補、2級技能士受検資格、1級技能士受検資格※　アーク溶接特別教育修了証、ガス溶接技能講習修了証　【電気工学専攻】第1種電気主任技術者※、第1種・第2種電気工事士（学科試験免除）、1級電気工事施工管理技士※、建築設備士　【電子情報工学専攻】工事担任者（一部科目免除）、電気通信主任技術者（一部科目免除）、第1級陸上特殊無線技士、第2級海上特殊無線技士　【建築工学専攻】1級建築士受験資格※、2級建築士受験資格、2級建築施工管理技士受験資格※、1級建築施工管理技士受験資格※

学費（前年度参考）

○入学金……282,000円　○授業料……535,800円
○受験料……22,500円
※教科書代、実習服代等が別途必要になります。
※住民税非課税世帯及びそれに準ずる世帯の学生で、学業成績が優秀と認められる場合、一定の条件の下で、入学金と年2期授業料が減免される「授業料等減免制度」や、「技能者育成資金融資制度」があります。

資料請求方法：巻末ページの「パンフレット一括請求」をご覧ください。

学校案内編 私立大学・短期大学

神奈川・新潟・山梨・長野・石川・福井・岐阜・静岡

神奈川大学 412	新潟医療福祉大学........ 431	金沢星稜大学女子短期大学部... 445
神奈川工科大学 414	新潟薬科大学 432	福井工業大学 446
関東学院大学 416	山梨学院大学 433	朝日大学 447
北里大学 418	佐久大学 434	岐阜聖徳学園大学 448
鎌倉女子大学 420	清泉大学（現:清泉女学院大学）... 435	岐阜協立大学 450
田園調布学園大学........ 421	長野保健医療大学 436	岐阜保健大学 451
東洋英和女学院大学... 422	松本大学 437	静岡英和学院大学........ 452
横浜創英大学 423	佐久大学信州短期大学部... 438	静岡福祉大学 453
フェリス女学院大学... 424	清泉大学短期大学部（現:清泉女学院短期大学）... 439	静岡理工科大学 454
横浜商科大学 426	金沢工業大学 440	常葉大学 456
横浜薬科大学 428	金沢星稜大学 442	聖隷クリストファー大学... 458
鎌倉女子大学短期大学部... 430	北陸学院大学 444	浜松学院大学 459

大学通信 × 立正大学法学部 — 学びを未来へ — コラボ企画

実はやさしい「法学」のハナシ

Vol.04 ▶ 熱いお湯にご注意ください？

　カップ麺のふたに「熱いお湯にご注意」などの表示があります。なぜこんなあたりまえのことを書くのでしょう？実際にカップ麺でやけどをした場合、治療費などの損害賠償を製造メーカーに求めることができるでしょうか？民法の原則では、損害賠償を求めようとする人は、その事故についてメーカーに故意や過失などがあったことを証明することが必要です。しかし、一般の人々には簡単にできることではありません。そこで制定されたのが製造物責任法（1995年施行）です。これにより人々は「製造物（製品）の欠陥によって」身体、生命、財産に損害が生じたことを証明しさえすれば、原則としてメーカーに対して損害の賠償を求めることができるようになりました。その結果メーカーは、自社製品の欠陥に一層の注意を払い、使用法に関する注意書きにまでこまかに検討し、間違いのない製品を社会に送り出すことに細心の注意を払う必要が出てきたのです。「熱いお湯にご注意ください」という、一見あたりまえの注意書きには、製造物責任法に適切に対応しようとするメーカー各社の苦心が隠れているのです。

本コラムの全文は大学通信HPへ↓
https://www.univpress.co.jp/university/rissho_law/
立正大学法学部については、カラーページ28・29ページもあわせてご覧ください

立正大学

▶本文402・403ページもご参照ください

神奈川大学

〒221-8624　横浜市神奈川区六角橋3-26-1　入試センター　TEL 045-481-5857　〈HP〉https://www.kanagawa-u.ac.jp/

資料請求

請求ハガキ	巻末ハガキ
料　金	送料200円
完成時期	5月中旬

TOPICS

真の実学で、グローバル人材を育成

学生の成長を見守り、確かなサポートができる「少人数教育」を重視。
一人ひとりの個性を磨き、国際的感性や判断力、実践的能力を育成します。

横浜からみらいへ。神奈川大学の改革が始まっています

　1928年、横浜で生まれた神奈川大学はいま、創立100周年に向けて新たな時代を見据えた改革を積極的に進めています。

　2021年、多様な「人」が集い、交わる「知の拠点」みなとみらいキャンパスが誕生。さらに2022年に建築学部を新設し、2023年には理工系5学部が横浜キャンパスに集結。社会のニーズに応じた教育・研究を展開してきました。横浜からみらいへ、横浜から世界へ。みらいをひらく人材を育成するため、有意義な学修活動を実現できる環境と教育サポートを整え、学生一人ひとりの成長を支援する体制を充実させています。

特色ある施設・設備

■横浜キャンパス

　日本有数の機械工作センター、建築構造実験室、走査性トンネル電子顕微鏡など、高度な研究施設と最先端の設備を備え、分野横断的に学ぶことができます。2022年新設の建築学部では、理系に限らず、まちづくり、生活デザインなどを含めた文・理融合の「建築学」を学修でき、2022年12月に建築学部の新工房を設置。このほか校内では世界水準をめざした研究・新拠点への環境改善が着々と取り組まれています。2022年図書館をリニューアル(県内最大級150万冊の蔵書)。「知的体験ゾーン」として、皆さんご利用ください。

2023年、神奈川大学のすべての学部が横浜エリアに集結

■募集学部・学科

●法学部
　法律学科／自治行政学科

●経済学部
　経済学科[現代経済専攻、経済分析専攻]／現代ビジネス学科

●経営学部
　国際経営学科

●外国語学部
　英語英文学科[IESプログラム、GECプログラム]／
　スペイン語学科／中国語学科

●国際日本学部
　国際文化交流学科／日本文化学科／歴史民俗学科

●人間科学部
　人間科学科

●理学部
　理学科[数学コース、物理コース、化学コース、生物コース、地球環境科学コース、総合理学コース]

●工学部
　機械工学科／電気電子情報工学科／経営工学科／応用物理学科

●建築学部
　建築学科[建築学系、都市生活学系]

●化学生命学部
　応用化学科／生命機能学科

●情報学部
　計算機科学科／システム数理学科／先端情報領域プログラム

2021年、みなとみらいキャンパス誕生

　横浜みなとみらい21地区初の総合大学のキャンパスとして、2021年4月に誕生しました。経営学部、外国語学部、国際日本学部のグローバル系3学部の拠点となっています。地域や世界、人や情報がつながる「知の拠点」を象徴する「ソーシャルコモンズ」は1階～3階へ広い空間があり、ここでは研究者、企業、観光客などさまざまな「人」が集い、学生は地域や社会とつながります。

「人」が集い、「知」が交流するみなとみらいキャンパス

神奈川大学独自の奨学金

■給費生制度

1933年から続く「給費生制度」は、広く全国から優秀な人材を募り、その才能を育成することを目的とした給付型奨学金制度です。「給費生試験」の結果、給費生として入学すると、返還不要の奨学金が4年間で最大880万円給付されます※。

給付される奨学金は
4年間で最大 **880万円**
返還不要

○入学金相当額（20万円）を初年度に給付
○文系学部は年額100～110万円（学部による）、理工系学部は年額145万円給付※
○さらに自宅外通学者には年間70万円の生活援助金を給付※

※2024年度予定。原則4年間給付、毎年継続審査あり

給費生試験のポイント

① 給費生として採用されなかった場合でも、試験の成績優良者には一般入試を免除して入学が許可されます。
② 試験は12月下旬、全国22会場で実施。
〔2023年実績〕志願者8,730人　給費生合格者数281人
　　　　　　　一般入試免除合格者数2,990人
③ 合格発表は大学入学共通テスト前。WEBで点数開示。
④ 試験は3科目型で、難易度は一般入試と同水準。
⑤ 併願可能で、出願資格に世帯年収や成績条件がないため誰にでもチャンスがあります。
⑥ 給費生として入学すると留学費用の補助など、入学後のサポートも充実しています。

■そのほか、独自の給付型奨学金制度が充実

上記、給費生制度のほか、学生の経済的支援を入学前に約束する「予約型奨学金」、「新入生奨学金」など数多くの返還不要の奨学金制度を整えています。詳しくは神奈川大学HPをご参照ください。

就職指導・資格取得

■1年次からの一貫したキャリア教育

社会が求める「自己実現力・自己発見力・自己表現力・問題解決力・対人関係力」の『5つのチカラ』を身につけられるよう、1年次より正課授業に「キャリアデザイン」科目を組み込み、一貫したキャリア教育・就職支援に力を入れています。また、共通教養「データサイエンス」プログラムや就業体験ができるインターンシップも正課科目とし、単位認定もしています。年間通じて自己

PR、企業研究や面接試験対策など、実践的な講座を多数開講するとともに、個別の就職相談や模擬面接、進学・留学相談など、きめ細かなサポートを行っています。大学オリジナルの就職支援サイト「KUキャリアナビ」では、セミナーやキャリア相談の予約ができるほか、さまざまな情報収集が可能です。

主な就職先

トヨタ自動車、日産自動車、デンソー、日立製作所、東京ガス、JR東日本、京セラ、NTT東日本、富士通、日本電産、日本ケミファ、ヤフージャパン、山崎製パン、国土交通省、厚生労働省、総務省、神奈川県庁、横浜市役所など
★有名企業への就職実績多数　求人18,000件

■充実の資格取得サポート

学内開講なのでリーズナブル。教員や学芸員などの資格教育課程のほか、専門学校の熟練講師による課外の資格取得講座を学内で多数開講しています。

○公務員試験　○行政書士　○社会保険労務士
○日商簿記検定　○秘書技能検定　○宅地建物取引士
○通関士　○旅行業務取扱管理者
○ITパスポート　○基本情報技術者
○TOEIC®Listening＆Reading Test
○Microsoft®Office Specialistなど

ℹ️ オープンキャンパス

リアルで神大とつながる

横浜、みなとみらいと各キャンパスで開催します（2月以降に予約受付予定）。随時情報をアップデートしますので、ぜひこまめにイベント情報をチェックしてみてください。※状況により実施方法等に変更が生じる場合があります。詳細は下記QRをご確認ください。

春のオープンキャンパス
3/23(土)／みなとみらい（経営・外国語・国際日本学部）
3/30(土)／横浜（法・経済・人間科・理・工・建築・化学生命・情報学部）
★キャンパスツアーも実施予定。保護者の参加歓迎。要予約。

OPEN CAMPUS 2024.SPRING

詳細は
こちら▼

DATA・FILE

○教員数……511（教授268　准教授149　助教82　助手12）
○学生数……学部18,090（男12,246　女5,844）
　　　　　　大学院463（男327　女136）
○キャンパス面積……横浜キャンパス 約111,233㎡
　　　　　　みなとみらいキャンパス 約7,848㎡
○蔵書数……約150万冊　　　　　　　　　　　（2023年度）

交通案内

【横浜キャンパス】
東急東横線「白楽」駅または「東白楽」駅から徒歩13分。
【みなとみらいキャンパス】
各線「横浜」駅から徒歩約11分。
みなとみらい線「みなとみらい」駅から徒歩6分。

資料請求方法：巻末ページの「パンフレット一括請求」をご覧ください。

神奈川工科大学

資料請求

	請求ハガキ	巻末ハガキ
料　金		無　料
完成時期		5月中旬

〒243-0292　神奈川県厚木市下荻野1030　入試課　TEL 046-291-3000　〈HP〉https://www.kait.jp/　〈E-mail〉nys@kait.jp

TOPICS 2024年度に学部学科を再編。「工学部」「情報学部」「健康医療科学部」の3学部体制に。新たな学科として、工学部「応用化学生物学科」、情報学部「情報システム学科」が誕生。

■学部・学科組織（2024年度）

●**工学部**
機械工学科175／電気電子情報工学科128／応用化学生物学科145

●**情報学部**
情報システム学科80／情報工学科170／情報ネットワーク・コミュニケーション学科110／情報メディア学科180

●**健康医療科学部**
看護学科80／管理栄養学科40　臨床工学科40

 ## 大学GUIDE

KAIT Vision60

神奈川工科大学は2023年に創立60周年を迎え、これを機に、20年先までを見据えた長期ビジョン「KAIT Vision60」を策定しました（KAIT＝<u>K</u>anagawa <u>I</u>nstitute of <u>T</u>echnology）。伝統を礎にしながら、未来社会を支える新たな技術と人材を生み出します。

4つの基本方針　創立以来、実学を重んじ、学生の個性に応じた教育を柱に日本の実学を担う人材を輩出してきた神奈川工科大学。今後のさらなる発展をめざし、「4つの基本方針」を掲げました。未来社会を支える新たな技術と人材を生み出し続け、地域の知の拠点として、豊かで持続可能な未来へ貢献します。
「未来を担う**人**をつくる」「未来を担う**知**をつくる」
「未来を担う**絆**をつくる」「未来を担う**力**をつくる」

体験を重視し、成長が実感できる学び

●**「数理・データサイエンス・AI教育」を展開**
高度に情報化された未来では、「データサイエンス力」「データエンジニアリング力」「ビジネス力」のスキルを持つことが当たり前になるでしょう。そしてこれらのスキルに不可欠なのが、データサイエンスやAIを理解し活用する知識や技術です。神奈川工科大学では講義を聴くだけでなく、先進AI研究所で研究開発中のテーマに触れ、AIによる社会課題の解決を創造するなど、体験・探究・プロジェクト型の新しい授業方法を取り入れます。

●**「MDASH応用基礎レベル」認定を取得**
神奈川工科大学の数理・データサイエンス・AIの教育は、文部科学省の教育プログラム認定を獲得しています。全学教育は、MDASHリテラシーレベルに2021年度認定されました。さらに発展的内容を含む工学部・情報学部などの教育プログラムは、MDASH応用基礎レベルに2022年度認定されました。今後は、神奈川工科大学とし

ての特色を加え、産学官で活躍できる人材の育成に取り組んでいきます。

●**基礎教育支援センター**
数学、物理、化学、生物、英語といった基礎科目の個別指導が受けられます。全学生が予約なしで利用可能。高校での学習範囲から専門基礎科目の入門部分まで、教員が丁寧に個別指導します。さらに、論文等の書き方についても相談できます。

●**ユニットプログラム**
異なる授業で学ぶことが多い「講義」「実験・実習」をひとつの授業で一貫して学ぶことができる、独自のプログラム。講義から時間を空けずに、理論をしっかりと頭に入れたまま実験・実習に取り組み、学習効果を高めます。一連の流れで、「課題設定・解決能力」「チームワーク力」「コミュニケーション力」などを身につけます。

●**産学連携プロジェクト教育**
企業と連携し、共同プロジェクトとして一緒に課題に取り組んだり、企業の現場に触れたりしながら、実践的なスタイルの学習で経験値を高めます。

●**KAITプロジェクト**
授業や研究室での研究活動以外で、学生が自主的に行う活動です。全国大会や世界大会への出場、地域貢献や環境保全活動など内容はさまざまで、大学から各種サポートが受けられます。現在進行中の「フォーミュラEVプロジェクト」は、自動車好きが集まったプロジェクト。「全日本学生フォーミュラ大会」が定めたレギュレーションに基づき、フォーミュラスタイルの競技車両を学生たちが自らの力で1年間かけて構想・設計・製作します。

学部紹介

●**工学部**
新たな技術の開発によって社会の課題解決に貢献するために、専門分野の垣根を越えた広い視野と知見を備えた人材を育成します。「ものづくり革新」や「超スマート社会」に求められる対応力と課題解決力を養い、今の技術を駆使する力を身につけた上で、次の技術を創造する力を磨き上げます。各専門分野を横断的に学べる機会を用意し、機械×自動車×環境・電気×IT・化学×生物など、複数の専門分野の知見を集結させ、新たな技術展開につなげます。

●**情報学部**
超スマート社会に向け、急速にニーズが高まっている情報技術者を育成します。学生の興味・関心に合わせ、

柔軟に対応する「学部内転科制度」があり、学科を変更しても4年間で卒業可能なカリキュラムを用意しています。将来は、ソフトウェア開発やネットワーク構築、セキュリティ管理、コンテンツ制作、ハードウェアシステムの設計といった領域で活躍し、世の中を発展的に変革していく高度情報技術者を育てます。

●健康医療科学部

　さまざまなアプローチで医療を支え、人々の健康や命を支えていく有為な人材を育成します。看護師・保健師、管理栄養士、臨床工学技士の国家資格取得に向け、各学科で専門的なスキルを磨きます。また、多職種が連携する「チーム医療」に不可欠な資質・知識・技術を養う多職種連携教育も推進しています。さらに、理工系大学ならではのメリットとして、ICT技術を網羅した学びも用意。次世代の医療人にふさわしいスキルを修得することができます。

KAIT工房

CAMPUS情報

●KAIT広場

　神奈川工科大学は「学生本位主義」の大学です。常に学生や高校生の「未来」を考え、その気持ちを具体化させたKAIT広場は「人」や「経験」「挑戦」に出会うことが出来る場所。ここでは、自分の「未来」に出会うためのさまざまな取り組みを行っています。

KAIT広場

●KAIT工房

　学生のものづくりに対する夢や希望をかなえる場所、気軽にものづくりの楽しさを体験できる場所。約2,000㎡という広大で落ち着いた空間の中で、学生の自主的・創造的活動を促進していくため、設備等を提供し、専門スタッフによる助成、助言等を行います。「施設」「設備」「道具」「アドバイス」などの面で、学生の自由な創作活動を支援しています。

●学生専用駐車場

　キャンパスに隣接した学生専用駐車場には、自動車約260台を収容できるスペースを確保。駐車場利用料は年間24,200円で、周辺の駐車場賃料の3分の1ほどに抑えています。また、オートバイ約450台、自転車1,000台の収容が可能な専用駐輪場を、無料で提供しています。

卒業後の進路

●満足度の高い就職を実現

　充実した就職サポートに加え、先輩たちの社会での活躍が社会からの高い信頼となり、大手企業をはじめとした高い就職率へとつながっています。2022年度の就職率は98.5%でした。

　また、注目すべきは満足度の高さ。2022年度に就職先が内定した学生のアンケートでは、就職内定先に「満足している」「だいたい満足している」と答えた学生は98.3%に上ります。

キャリアアドバイザー制度

　学生一人ひとりの適性に合った就職に徹底的にこだわった支援。1年次から支援プログラムを段階的に実施。個人面談を重視し、業界や職種のアドバイスを行うなど、きめ細かなサポートを行います。

これまでの主な就職実績

　きんでん、本田技研工業、JVCケンウッド、日産自動車、NSW、モスフードサービス、NTT東日本、シャープ、JR東日本、ソフトバンク、富士通ゼネラル、大塚商会、国立国際医療研究センター病院、日清医療食品など

学部生給付奨学金（入学前予約型）を新設

従来の奨学金に加えて、2024年度より、独自の「学部生給付奨学金（入学前予約型）」を新設。入学前に給付奨学金の目途が立つため、安心して、進学準備をすることができます。募集人員は1学年50人で、年間60万円（原則4年間）を給付。対象は、総合型選抜、学校推薦型選抜、一般選抜（一般入試・共通テスト方式）のいずれか出願予定者。

オープンキャンパス2024

【日程】4／21(日)、5／26(日)、6／9(日)、7／28(日)、8／10(土)、
　　　　8／25(日)、10／6(日)

【内容】大学概要・系統別ガイダンス、在学生によるキャンパスツアーなど

＊無料送迎バス、開催時間等、詳細は大学HPでご確認ください。

資料請求方法：巻末ページの「パンフレット一括請求」をご覧ください。

関東学院大学

〒236-8501　神奈川県横浜市金沢区六浦東1-50-1　アドミッションズセンター　TEL 045-786-7019　〈HP〉http://ao.kanto-gakuin.ac.jp/

TOPICS

横浜・神奈川をフィールドにした「社会連携教育」で、「未来の社会で生きる力」を育む。

大学GUIDE

　1884年、横浜山手に創設された「横浜バプテスト神学校」を源流とする歴史と伝統のある大学です。キリスト教精神に基づく「人になれ　奉仕せよ」を校訓とし、豊かな人格と教養、広く世の中に貢献できる学問・知識を身につけ実践していける人材の育成をめざしてきました。2024年には創立140年を迎え、11学部13学科9コースを擁する総合大学へと更なる発展に向け取り組んでいきます。

すべての課題は社会にある。教室の中ではない。
理論と実践を往復させる「社会連携教育」

　「大学での学びは、講義室の中だけではない」。変化の激しい社会で求められる「自ら課題を発見する力」「情報を整理して解決方法を導く力」「多様な人々と協働できる力」を養うため、企業や自治体、地域などと連携した実践的な学びの環境を整えています。大学4年間で、様々な人々と協働する中で身につけた知識や技術を活用する場を教育に組み込み、これからの時代を生き抜く力、次の社会を担う力を育てます。

　社会の中で「まず、やってみる」、その過程で自分の得意な点や足りない点に気づいて学修し、もう一度トライする。大学の中での新しい知識を獲得する理論に関する学びと、大学の外での様々な創意工夫やチャレンジを通じた実践的な学びを往復させ、生涯にわたって学び続ける力を鍛えます。これらを重視した学びの機会を数多く用意し、「未来の社会で生きていく」ための基盤となる知識・教養・思考を深めることを大切にしています。

全11学部が学びの領域となる
「副専攻制度」「他学部受講制度」「インスティテュート」

　多彩な学部構成を生かして、自分の専門分野だけでなく、他学部の専門分野も体系的に学ぶことができる「副専攻制度」、11学部約1,100科目の開放科目の中から、自

■学部・学科組織
- **●国際文化学部**
  英語文化学科／比較文化学科
- **●社会学部**
  現代社会学科
- **●法学部**
  法学科／地域創生学科
- **●経済学部**
  経済学科
- **●経営学部**
  経営学科
- **●理工学部**
  理工学科（生命科学コース、数理・物理コース、応用化学コース、表面工学コース※1、先進機械コース、電気・電子コース、健康科学・テクノロジーコース※2、情報ネット・メディアコース、土木・都市防災コース）
  ※1　2023年4月開設
  ※2　2023年4月、健康・スポーツ計測コースより改組
- **●建築・環境学部**
  建築・環境学科
- **●人間共生学部**
  コミュニケーション学科／共生デザイン学科
- **●教育学部**
  こども発達学科
- **●栄養学部**
  管理栄養学科
- **●看護学部**
  看護学科

分の興味・関心、目指す進路に応じて他学部の科目をピンポイントで履修できる「他学部受講制度」を用意しています。また、特定分野ごとに学部横断的な教育プログラムとして「インスティテュート」を開設。2022年に「キリスト教人間学インスティテュート」を開設。2023年には「スポーツインスティテュート」を開設し、2024年には「グローバルインスティテュート」が開設予定です。

理工学部に新コース設置「表面工学コース」

　文部科学省から発表された「令和3年度実績　大学等における産学連携等実施状況について」における「特許権実施等件数」の項目で、関東学院大学は全国の大学で第9位、全国の私立大学で第1位を記録。この実績を支える「関東学院大学材料・表面工学研究所」が母体となるコースが新設されました。金属やガラス、プラスチックなど、材料の「表面」に加工を施し、本来持ちえない新たな機能を加えるのが「表面工学」の技術です。自動車、スマートフォン、半導体、再生医療、ロボットなど様々な分野に応用される「表面工学」の技術者を育成します。

DATA・FILE
- ○教員数……347(教授171　准教授97　専任講師32　助教6　助手41)
- ○学生数……学部10,960　大学院192
- ○キャンパス面積……約312,185㎡
- ○蔵書数……約140万冊　　　　　　（2023年5月現在）

CAMPUS情報

2023年に開設した横浜・関内キャンパス

2023年4月、横浜・関内キャンパスがスタート

　横浜都心部に「社会連携教育」の拠点となる新キャンパスを開設し、法学部（法学科、地域創生学科）、経営学部、人間共生学部（コミュニケーション学科）の学生たちが新キャンパスで学んでいます。新キャンパスは、知の交流拠点「オープンナレッジポート」をコンセプトに、学生だけでなく、企業や市民にも施設を開放し、「社会連携教育のプラットフォーム」としての役割を担っていきます。そして、横浜の街全体をキャンパスと捉え、企業や自治体と連携した多彩な教育プログラムを展開します。また、「横浜・関内キャンパス」開設に合わせてキャンパス再編も行い、国際文化学部、社会学部が金沢文庫キャンパスから金沢八景キャンパスへ移転し、学部間の連携をさらに促進させ、社会連携教育を加速させていきます。

奨学金制度

入学金・初年度年間授業料を全額免除！

　一般選抜（前期日程：3科目（均等配点）型）の成績上位100人と大学入学共通テスト利用選抜（後期日程：5科目スカラシップ型）の合格者全員に入学金・初年度年間授業料を全額免除する「スカラシップ制度」を実施。2年次以降も最長4年次まで継続可能です。

目指せる資格

【取得できる資格】
栄養士、栄養教諭免許状、食品衛生管理者、保育士、幼稚園教諭一種免許状、小学校教諭一種免許状、中学校教諭一種免許（英語・社会・数学・理科・技術）、高等学校教諭一種免許（英語・地理歴史・公民・商業・数学・理科・情報・工業）、特別支援学校教諭一種免許、学芸員、司書、司書教諭、認定心理士、社会福祉主事　ほか

【受験資格が得られるもの】
看護師、管理栄養士、フードスペシャリスト、社会福祉士、一級建築士、二級建築士、インテリアプランナー、基本情報技術者、応用情報技術者、甲種危険物取扱者、技術士、一級土木施工管理技士　ほか

※取得資格は、学部学科コースにより異なります。

卒業後の進路

主な就職先（2023年3月卒業生就職実績）

●**文系学部抜粋：国際文化、社会、経済、経営、法、人間共生**
アイリスオーヤマ、JALスカイ、JR東海、東洋水産、日揮ホールディングス、ニトリホールディングス、山崎製パン、イオンリテール、ソニー・ミュージックソリューションズ、東急電鉄、JR西日本、リクルート、川崎信用金庫、横浜銀行、本田技研工業、住友林業、デンソー工業、NHK、日本郵便、有隣堂、横浜市教育委員会、財務省関東財務局、神奈川県庁、横浜市役所、宇都宮市役所　他

●**理系学部抜粋：理工、建築・環境**
旭情報サービス、いすゞ自動車、出光興産、NECネッツエスアイ、神奈川県道路公社、鹿島、関電工、五洋建設、清水建設、積水ハウス、大成建設、大和ハウス工業、竹中工務店、信州ハム、高山医療機械製作所、パイロットコーポレーション、富士ソフト、国土交通省北陸地方整備局、神奈川県庁、横浜市教育委員会、横浜市役所　他

●**資格系学部抜粋：教育、栄養、看護**
神奈川県公立小学校、横浜市立小学校、横浜市立保育所、品川区立保育所、神奈川県立特別支援学校、日本赤十字社 医療センター、富山大学附属病院、すかいらーくホールディングス、日清医療食品、ファンケル、ロック・フィールド、神奈川県立こども医療センター、東京医科大学病院、平塚共済病院、横浜市立市民病院、横浜市立大学附属病院、横浜市立脳卒中・神経脊椎センター　他

交通アクセス

●横浜・金沢八景キャンパス（国際文化学部、社会学部、経済学部、理工学部、建築・環境学部、人間共生学部〈共生デザイン学科〉、教育学部、栄養学部、看護学部）
京浜急行線・シーサイドライン「金沢八景駅」下車、徒歩約15分またはバス約5分

●横浜・関内キャンパス（法学部、経営学部、人間共生学部〈コミュニケーション学科〉）
JR線・横浜市営地下鉄線「関内駅」下車、徒歩約2分

資料請求方法：巻末ページの「パンフレット一括請求」をご覧ください。

北里大学

■資料請求

	請求ハガキ	巻末ハガキ
料 金	無 料	
完成時期	6月上旬	

問い合わせ先：〒252-0373　神奈川県相模原市南区北里1-15-1　入学センター　TEL 042-778-9760　〈HP〉https://www.kitasato-u.ac.jp

生命科学のフロンティアをめざして

21世紀の問題解決に取り組む生命科学の総合大学

　北里大学は、破傷風の血清療法を確立した北里柴三郎を学祖と仰ぎ、1962年に北里研究所創立50周年を記念して創設されました。生命科学の基礎的研究を行う分野、動植物と環境に関する分野、人間の生命と健康に関する分野、データを読み解き未来の課題を見つける分野の4つのフィールドから生命科学のフロンティアをめざします。

未来工学部　データサイエンス学科は未来の課題を工学的手法でいち早く見出し、解決に挑みます。生命科学の総合大学である北里大学には、世界中から生命に関する膨大なデータが日々集結します。情報科学と生命科学の2つのスキルと専門的知識を柱に、さまざまな分野の幅広い知識を身につけた、未来を切り拓くことのできるデータサイエンティストを育成します。

理学部　物理学科、化学科、生物科学科の3学科を擁し、分子レベルからの多角的なアプローチで生命科学におけるさまざまな現象を解明していきます。各学科ではそれぞれの専門性を追究すると同時に、互いの関連性にも目を向け、幅広く周辺分野に通じる基礎学力を養います。その結果、理学のあらゆる分野に対応できる人材が多数生まれています。

獣医学部　40年以上の歴史を持つ獣医畜産学部が改組して誕生した、獣医学科・動物資源科学科・グリーン環境創成科学科（仮称・2025年設置構想中）からなる学部です。動物の生命科学を各学科共通の基盤として教育・研究の相互連携を強化することにより、獣医学を基軸としてバイオサイエンス、地球環境・生態学まで、大きく守備範囲を広げています。

海洋生命科学部　生命科学の先端技術や、資源管理・生物生産の考え方をベースとした、海洋生物資源に関する教育・研究で世界的な評価を得ています。2011年、三陸海岸から相模原へと拠点を移しましたが、三陸の臨海実習施設や外部機関の臨海施設などを活用した実習を取り入れ、充実した教育・研究活動を展開しています。

薬学部　創薬の研究開発に欠かせない人材を育成する4年制の生命創薬科学科と、臨床現場で活躍する優れた薬剤師を養成する6年制の薬学科からなり、基礎薬学（研究）と臨床薬学（医療）の両面から日本の薬学を支えています。人間形成の教育にも力を入れ、長期病院実習を大学附属病院を中心に実施しています。

医学部　「人間性豊かで優れた医師の養成」を基本理念の第一に掲げる医学部の特徴は、開設当初から推進してきた独自の「器官系別総合教育」や、学生がテーマを選び、研究に必要な技術や意欲、考え方、論文の書き方などを学ぶ「学生医学論文」などが挙げられ、広く深く体系的な知識、確実な技術、そして豊富な臨床経験を身につけた医師を養成しています。

看護学部　臨床と教育の力強い連携による実践能力の開発をめざし、ヒューマンケアの時代に欠かせない看護専門職者を育成します。地域で生活する人々の健康増進や疾病予防を重視するヘルスプロモーションの視点、関連基礎科目と看護専門科目との統合、国際的な視野の広がりを反映するUCLAやモンゴルでの海外研修など、特徴あるカリキュラムを盛り込んでいます。

■学科組織（2024年度定員）

●未来工学部
　データサイエンス学科120
●理学部
　物理学科53／化学科80／生物科学科80
●獣医学部
　獣医学科120／動物資源科学科110／生物環境科学科※90
　※生物環境科学科は2025年度より募集停止予定。2025年4月「グリーン環境創成科学科」(仮称)設置構想中
●海洋生命科学部
　海洋生命科学科180
●薬学部
　薬学科（6年制）260／生命創薬科学科（4年制）35
●医学部
　医学科126（地域枠含む）
●看護学部
　看護学科125
●医療衛生学部
　保健衛生学科40／医療検査学科105／医療工学科（臨床工学専攻45、診療放射線技術科学専攻70）／リハビリテーション学科（理学療法学専攻45、作業療法学専攻40、言語聴覚療法学専攻30、視覚機能療法学専攻30）
●健康科学部
　看護学科80／医療検査学科80

医療衛生学部　1994年に衛生学部の改組で誕生し、現在は4学科6専攻の8分野で、高度な知識、技術を有する医療従事者を育成しています。幅広い人間性と応用力を養う基礎教育、高度な専門性と最新技術を獲得するための実践的臨床教育、医療系他学部との連携による学際的教育を理念として掲げ、チーム医療を支える優れたメディカルスタッフの養成に尽力しています。

健康科学部　2024年新潟キャンパスに新設。高い資質と能力を有する看護師、保健師、臨床検査技師を養成します。看護学科では体系的なカリキュラムを通して幅広く深い教養と総合的な判断力を養い、病院や地域・在宅の現場で質の高い医療を提供するための力を身につけます。医療検査学科では、北里大学の臨床検査教育実績と他学部連携を生かしたチーム医療教育を実施します。またデータサイエンスや地域医療への理解を深め、近年の医療体制の変革にも柔軟に対応できる現状分析と問題解決能力を身につけます。

施設・設備

医療系学部の充実した実習環境　白金キャンパスの模擬薬局には、保険薬局をイメージしたカウンターや待合スペースがあり、実際の保険薬局に近い環境で実習ができます。在宅医療における薬剤師の仕事を模擬体験するため、患者の部屋を想定したスペースも用意しています。

相模原キャンパスの「臨床教育研究棟（IPE棟）」には、最新の医療設備を整えた臨床スキルスラボがあり、病院での実習さながらの授業が可能です。また、大学附属病院が隣接し、1年次から最先端の医療現場を体験できます。さらに、現役の医師や看護師らによる特別講義も多数開講。実務を想定した密度の濃い教育を行っています。

海洋生命科学部「アクアリウムラボ」　すべて学生が企

画し運営する全国でも珍しいキャンパス内のミニ水族館です。常設展と企画展において海洋生命科学部の研究内容をわかりやすく伝えたり、三陸をテーマにして現地の多様な生き物を紹介したりしています。

国際交流

世界18カ国46の学術機関との間で学術交流協定を結び、教職員や学生の相互交流、共同研究の実施、学術情報の交換などを通じて教育・研究レベルの向上に努めています。

就職支援 <small>（前年度参考）</small>

高い就職実績。就職率99.3%　1年次基礎科目でのキャリア教育やインターシップなどの対策講座から、各キャンパスで実施される企業研究会・就職ガイダンスまで豊富な就職プログラムを実施。また、就職活動を経験した先輩から直接アドバイスをもらうことができる機会もあり、手厚いバックアップを行っています。

専門スタッフがいつでもサポート　相模原キャンパスにある就職センターでは個別相談や模擬面接、履歴書・エントリーシートの添削などをサポート。他のキャンパスの学生には、Webカメラによる遠隔面談も行っています。

国家試験合格率（2023年3月卒業生実績）

資格	合格率	（受験者数／合格者数）
獣医師	86.5%	（111/96）
薬剤師	87.0%	（247/215）
医師	96.5%	（114/110）
看護師	99.2%	（124/123）
保健師	100%	（50/50）
助産師	100%	（4/4）
臨床検査技師	98.1%	（106/104）
臨床工学技士	100%	（44/44）
診療放射線技師	90.8%	（65/59）
理学療法士	97.7%	（43/42）
作業療法士	85.4%	（41/35）
言語聴覚士	96.4%	（28/27）
視能訓練士	97.1%	（34/33）

「チーム医療教育」プログラム

14職種におよぶ医療専門人を養成する北里大学では、大学附属病院が隣接する恵まれた学習環境を生かし、学部間および学部・病院間の教育連携による「チーム医療教育」プログラムを実施しています。他職種の知識・技術、患者接遇を理解し、職種間の相互理解と連携、協働できる能力や患者を総合的に診る能力を養います。

もっと知りたい北里大学

先輩のメッセージを特設サイトで見てみよう！
大学進学をめざす高校生へ、在学生・卒業生・学部長のメッセージを掲載中。

「なりたい、を超えていく」特設サイト

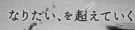

資料請求方法：巻末ページの「パンフレット一括請求」をご覧ください。

鎌倉女子大学

〒247-8512　神奈川県鎌倉市大船6-1-3　入試・広報センター　TEL 0467-44-2117　〈HP〉https://www.kamakura-u.ac.jp/

TOPICS

総合型選抜（学部・専願制／課題探求）を総合型選抜（学部・専願制／探究）に名称変更します。
家政学部管理栄養学科で、新たに総合型選抜（学部・専願制／探究）を実施します。

学部	学科	取得できる資格
家政学部	家政保健学科 (80)	中学校・高等学校教諭1種免許状（家庭）（保健）、養護教諭1種免許状、准学校心理士、インテリアプランナー登録資格、フードスペシャリスト
家政学部	管理栄養学科 (120)	管理栄養士国家試験受験資格、栄養士免許証、栄養教諭1種免許状、食品衛生管理者（任用）、食品衛生監視員（任用）
児童学部	児童学科 (170)	幼稚園・小学校教諭1種免許状、特別支援学校教諭1種免許状、中学校（国語）教諭1種免許状、学芸員、保育士資格、認定絵本士、准学校心理士、児童厚生1級指導員、レクリエーション・インストラクター
児童学部	子ども心理学科 (50)	公認心理師（養成カリキュラム対応）、認定心理士、准学校心理士、幼稚園・小学校教諭1種免許状、養護教諭1種免許状、特別支援学校教諭1種免許状、認定ムーブメント教育・療法中級指導者
教育学部	教育学科 (80)	小学校・中学校（国語）（社会）（家庭）・高等学校（国語）（地歴）（公民）教諭1種免許状、特別支援学校教諭1種免許状、学芸員、学校図書館司書教諭、准学校心理士

🏛 高度なスキルを育成

　学生が関心に応じた教育フィールドを持ち、希望する免許・資格を確実に取得できるようにカリキュラムを整理し、実社会が求める高度なスキルを効率よく習得します。
　家政学部　**家政保健学科**では、衣・食・住、消費経済、健康、教育、福祉と「くらし」に欠かせない領域を広く学ぶことができます。**管理栄養学科**では、食・栄養・健康に関する高度な専門知識や技術を習得し、教育現場や医療現場の一員として栄養指導や健康管理を担いうる優れた管理栄養士を養成します。
　児童学部　**児童学科**では、小学校・幼稚園教諭1種免許状と保育士資格が同時に取得できます。児童・幼児について総合的に把握し、その健全育成に資する知識や技術を養います。**子ども心理学科**では、子どものこころとその行動、子どもを取り巻く環境を心理学的に分析します。

　教育学部　**教育学科**では、教育学的な見識に基づく指導力と、豊かな人間性を併せ持つ教師力を備えた教員を養成します。

📖 通学しやすく快適なキャンパス

　通学しやすいキャンパス　JR大船駅から徒歩8分の大船キャンパスは、県内はもちろん近隣都県の各方面からのアクセスも良好です。また、東京や横浜にアクセスしやすいロケーションで、快適な電車通学が可能です。
　「新しい生活様式」に対応可能な教育環境　学生一人あたりの校地面積（20.0㎡）と校舎面積（14.0㎡）がゆったりとして落ち着いた施設は、「新しい生活様式」の実践に対応可能なキャンパスです。また、学生の健康管理、施設の衛生管理が行き届いていて、安心して学ぶことのできる教育環境です。

🏃 キャリアサポート

　免許や資格を生かして専門職を目指す学生が多い鎌倉女子大学では、学生の希望に合わせて「就職センター」と「教職センター」に分かれて就職支援を行っています。各センターには就職カウンセラーや実務経験豊富な教員を配置し、専門的なアドバイスが受けられる環境を整えています。また、管理栄養士国家試験対策も充実しており、2023年に実施された試験では、95.0％（120人中114人）の学生が合格しています。
　数ある女子大の中でも高い就職率を誇り、多くの卒業生がそれぞれのフィールドで活躍しています。

▶ OPEN CAMPUS 2024 ▶

来場参加型
※一部のプログラム（対策講座）は、WEB視聴型を組み合わせたハイブリッド開催。
〇春のオープンキャンパス
　4/14(日)、5/12(日)

〇夏のオープンキャンパス
　6/9(日)、7/13(土)・14(日)、8/3(土)・4(日)・24(土)・25(日)
〇いろんな入試 "まるわかり" DAY
　9/16(月・祝)
〇学園祭進学相談会
　11/2(土)・3(日・祝)
詳細は大学ホームページをご覧ください。

　　　　　資料請求方法：巻末ページの「パンフレット一括請求」をご覧ください。

田園調布学園大学

〒215-8542　神奈川県川崎市麻生区東百合丘3-4-1　入試・広報課　TEL 044-966-6800　〈HP〉https://wwww.dcu.ac.jp/

資料請求

	請求ハガキ	巻末ハガキ
料　金		無　料
完成時期		5月上旬

関東

TOPICS ともに学び、ともに生きる。
地域社会で活躍する福祉・教育・保育・心理のスペシャリストを育成！

■学科組織
●人間福祉学部
　社会福祉学科（社会福祉専攻、介護福祉専攻）／
　共生社会学科
●子ども教育学部　子ども教育学科※
●人間科学部　心理学科
※2025年4月子ども未来学部子ども未来学科から改組構想中。現時点での構想であり、内容に変更があり得ます。

🏛 大学GUIDE

人間福祉学部
社会福祉学科 社会福祉専攻　さまざまな生活課題に直面する人びとを支援するため、幅広い分野に精通したソーシャルワーカーを養成。社会福祉士と精神保健福祉士の2つの資格をめざせることが特長です。
[取得資格] 社会福祉士（受験資格）・精神保健福祉士（受験資格）

社会福祉学科 介護福祉専攻　介護福祉の幅広い分野の知識と実践力を身に付けた、福祉現場の最前線を支える人材をめざします。
[取得資格] 介護福祉士（受験資格）・社会福祉士（受験資格）

共生社会学科　さまざまな人がともに生きていく「共生社会」の実現が強く求められる現代において、福祉や教育の現場で求められる心理・福祉の専門知識を備えた社会福祉の実践家や教育の専門家を育成します。
[取得資格] 社会福祉士（受験資格）・中学（社会）高校（公民）（福祉）教員免許・特別支援学校教員免許

子ども教育学部※1
子ども教育学科※1　子どもはもちろん、その家族や地域社会、行政など、その地域で保育にかかわる人や組織とコミュニケーションを取りながら、教育・保育の中心的役割を担う人材を育成します。
[取得資格] 保育士・幼稚園教諭一種免許・小学校教諭一種免許※2
※1 2025年4月子ども未来学部子ども未来学科から改組構想中。現時点での構想であり、内容に変更があり得ます。
※2 教職課程認定申請予定。ただし、文部科学省における審査の結果、予定している教職課程の開設時期等が変更となる可能性があります。

人間科学部
心理学科　心理学に生涯学習の考え方も併せて多様な領域で力を発揮する人材を育成します。公認心理師受験資格を得るために必要な、学部課程と大学院修士課程のカリキュラムをフルスペックで備えた学修環境で学べます。
[取得資格] 公認心理師（学部課程）・社会教育士（養成課程）・認定心理士［心理調査］

🏃 卒業後の進路

　福祉・教育・保育分野を中心に、一般企業を含む多様な就職情報をとりそろえ、個別相談などのきめ細かい指導・アドバイスを行います。2023年3月卒業生の就職率（就職者/就職希望者）は91.7%（253人／276人）。大多数が専門分野へ就職し、東京・神奈川を中心とした卒業生の活躍は、現場から高い評価を得ています。

入試GUIDE（2024年度参考）

■総合型選抜
■学校推薦型選抜
■一般選抜
＊学費減免チャレンジ入試制度あり。詳細については大学ホームページで必ずご確認ください。

資料請求方法：巻末ページの「パンフレット一括請求」をご覧ください。

東洋英和女学院大学

〒226-0015　横浜市緑区三保町32　入試広報課　TEL 045-922-5512　〈HP〉https://www.toyoeiwa.ac.jp

資料請求

	請求ハガキ	巻末ハガキ
料　金		無　料
完成時期		5月中旬

TOPICS

毎年12月に〈スカラシップ入試〉を実施しています。
試験の成績優秀者は、授業料などが最長4年間（428万円）免除されます。試験科目は英語と国語の2科目で、他大学との併願も可能です。詳細は、ホームページや入学試験要項をご覧ください。

■学部・学科構成

●人間科学部

人間科学科140（心理科学専攻、教育・人間学専攻）／保育子ども学科100

●国際社会学部

国際社会学科120／国際コミュニケーション学科120

🏛 学部・学科・コースの特色

人間科学科　〈心理科学専攻〉人間の心と行動を理解する人間科学を基礎に、臨床心理、社会心理、発達・健康心理、福祉心理にわたる、広い視野からの人間理解をめざします。公認心理師、准学校心理士、認定心理士等の心理系資格課程にも対応しています。

〈教育・人間学専攻〉教育という現象について、家庭、学校、社会との関わりを学び、生涯にわたって学習することの意義を見出すことを目的としています。

保育子ども学科　キリスト教学校の伝統とリベラルアーツから得られる豊かな人間形成を土台とした、総合的人間力と実践的省察力を備えた保育者を育成します。幼稚園教諭・保育士の免許・資格取得にとどまらず、ひとりの女性として、保育者として、豊かな人間をめざし、他者や世界との関わりを学びます。

国際社会学科　複雑に変動していく社会を国際政治、経済・ビジネス、国際協力、メディア社会の4つのコースから多角的に理解し、グローバルな視点を持って自立・行動できる社会人の育成をめざします。多様な専門を持つ教員陣の下で、興味・関心のある領域を広く学び、少人数のゼミでは専門を深く学ぶことができます。

国際コミュニケーション学科　多文化共生社会の実現をめざして、世界と日本とを客観的に分析し、新しい価値を創造できるグローバルな人材の育成をめざします。コミュニケーション手段としての英語の習得も重視し、多様な視点や価値観を理解・尊重する力を身につけます。

🏃 キャリア形成支援

自身のキャリアを考え、切り拓く力を蓄えるための「ライフデザイン科目群」が授業として用意されており、1年次から段階的に学びを深めます。キャリアセンターでは、少人数のワークショップを開催し、学生同士で議論や発表の訓練を行います。また、3年次と4年次に行う全員面談では、職員が学生一人ひとりと、今後に向けての話をします。更に、学習サポートセンターでは、就職筆記試験で必須となる英語、国語、数学についても1対1で質問することができます。小規模大学だからこそ、一人ひとりの個性を見極めた就職支援をしています。

卒業者総数……471　就職希望者数……415

就職決定者数……408（就職決定率98.3%）　進学……19

2023年3月卒業生の主な就職先　NTT東日本-南関東、ニトリ、楽天グループ、JALスカイ、ANAエアポートサービス、三菱地所設計、大和証券、野村證券、神奈川県教育委員会ほか

📝 入試GUIDE （2024年度参考）

①総合型選抜専願型前期・後期　②総合型選抜併願型③スカラシップ入学試験　④一般選抜前期・後期　⑤大学入学共通テスト利用選抜前期・後期など

奨学金制度

〈かえで給費奨学金〉1・2年次の成績優秀者で、人物的に優れ、学内の課外活動などに積極的に参加している学生に対して、年額24万円が支給されます。

〈スカラシップ入試〉成績優秀者は、2年間の授業料など214万円が免除されます。入学後も学業成績が一定の基準に達していれば、最長4年間免除が継続されます。

オープンキャンパス情報　▶予約不要・入退場自由

4/21(日)、5/18(土)、6/16(日)、7/28(日)、8/11(日・祝)、8/24(土)、9/15(日)11/2(土)、11/3(日・祝)（11/2・3はかえで祭(学園祭)同時開催）※詳細については、大学ホームページをご覧ください。

資料請求方法：巻末ページの「パンフレット一括請求」をご覧ください。

横浜創英大学

〒226-0015　神奈川県横浜市緑区三保町1番地　TEL 045-922-6105　〈HP〉https://www.soei.ac.jp/

TOPICS
横浜で「看護職」「保育職」を専門的に学べる大学。
次の時代の医療を支える看護師/保健師/養護教諭を育成する「看護学部」、日本の将来を支える
こどもたちを育てる保育士/幼稚園教諭を育成する「こども教育学部」で構成された大学です。

■学部・学科組織
●看護学部　看護学科80
●こども教育学部　幼児教育学科80

🏛 大学GUIDE

看護学部看護学科

　豊かな人間性と専門的知識・技術を備えた主体的看護実践により、人々のQOL（生活の質、生命の質）の向上に貢献できる人材を育成。時代にあった看護を目指し、臨床看護リーダーとしての基礎も養います。1年次から現場実習を実施し、基礎能力を修得。臨床実習では患者の状況に応じた看護のあり方や医療・看護の仕組みを学び、医療チームの一員としての実践能力の向上を図ります。

こども教育学部幼児教育学科

　今後、保育者には、より高度で多様な能力や新たな専門性が求められるようになります。そのため、計画的にゆっくり学ぶ時間と環境が必要です。こども教育学部では、学生に寄り添って保育者を育成する教育環境と、充実した施設を用意しています。

　さらに公立の保育士・幼稚園教諭を目指せるように、公務員講座や対策授業を四年間かけてじっくり行います。また児童福祉施設や障害者支援施設での体験を通して、児童の生活、心理、施設の役割、機能、保育士の職務内容等への理解も深めます。

📖 取得可能な資格

看護学部看護学科　看護師（看護師国家試験受験資格）、保健師★（保健師国家試験受験資格）、養護教諭一種免許★（教職課程科目単位取得者）
★：選択制の課程です。2つの課程を同時に履修することはできません。

こども教育学部幼児教育学科
幼稚園教諭一種免許、保育士資格

💼 就職支援

　四年間の「キャリア支援計画」に基づき、各学年次における具体的なキャリア支援を行います。

●**公務員・SPI対策講座Ⅰ・Ⅱ**　年2回（無料）
公務員（保育士、幼稚園教諭、保健師、養護教諭、事務職等）等の採用試験合格を目指し、低年次より計画的に学習習慣をつけ、一般教養問題対策を支援する講座です。

●**学内病院合同説明会**
実習病院の協力を得て、学内でブース形式の合同説明会を行います。病院関係者の生の声を聞き、実習病院の研究、就職活動への動機づけを行い、病院選びの参考とします。

●**保育士養成施設出張ガイダンス**
幼稚園や保育所の制度、採用状況、仕事のやりがい、研修制度など、保育現場の最新情報を学ぶことができます。

●**幼稚園就職ガイダンス**
●**ピアノ集中講座**
●**その他各種就職対策講座**

🏃 卒業後の進路 （2023年3月卒業生 就職実績）

○**看護学部**　川崎市立病院、がん研究有明病院、町田市民病院、大和市立病院、国立がんセンター中央病院、横浜市立みなと赤十字病院、横浜市立大学附属病院、東京医科歯科大学病院、東京慈恵会医科大学附属病院など

○**こども教育学部**　あざみ野白ゆり幼稚園、翠峰会うちゅうこども園、浜岳福祉会金目保育園、東京都目黒区保育士など

資料請求方法：巻末ページの「パンフレット一括請求」をご覧ください。

フェリス女学院大学

資料請求

	請求ハガキ	巻末ハガキ
料　金		無　料
完成時期		5月末

〈緑園キャンパス〉〒245-8650　横浜市泉区緑園4-5-3　入試課　TEL 045-812-9183（直通）〈HP〉https://www.ferris.ac.jp/admission/

TOPICS　広い世界で生きられる力、卒業後も学び続けアップデートできる力をもつ人を社会に送り出すために、2025年4月、グローバル教養学部を開設します。教育理念「For Others」のもと、国内外で進むグローバル化がもたらす社会課題解決に、当事者として貢献できる実践力を身につけます。少人数の課題解決型授業、演習を中心に活発なコミュニケーションを数多く経験できます。

大学GUIDE

グローバル教養学部
（2025年4月開設予定）

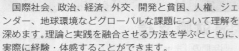

●国際社会学科

　国際社会、地球、政治、経済、外交、開発と貧困、人権、ジェンダー、地球環境などグローバルな課題について理解を深めます。理論と実践を融合させる方法を学ぶとともに、実際に経験・体感することができます。

　国際関係専攻では、開発援助、人権問題、紛争解決のための政策、グローバル化による社会構造への影響、女性と政治、多文化主義、持続可能な発展などの課題を理論と実践で学修します。**地域社会・環境専攻**では、環境経済学、アジアの経済成長、開発と環境の関係、フェアトレード、法律と企業活動などを学び、課題解決のための政策や方法を分析します。海外現地実習では、環境保護の最前線に触れることができます。**国際ビジネス・観光専攻**では、国際経済、金融政策、経営、日本企業の成長戦略、マーケティング、ツーリズム、地域経済の理論と課題を学修します。観光を通じた地域創生の現場実習など、実践的な学びで専門性のある基礎スキルを身につけることができます。

●心理コミュニケーション学科

　心理学・社会学・メディア論・多文化共生・ジェンダーなどの視点から、異なる文化的背景、価値観を持つ人々との共生社会を実現するための実践的な方法論を修得し、資格も取得することができます。

　心理専攻では、心理学、言語学、社会学など複数分野からのアプローチで、人の行動の背景・心の問題や、心理学と結びついた言語コミュニケーションを学修します。認定心理士の資格取得、公認心理師の学部科目履修が可能です。**メディア専攻**では、人と人とをつなぐメディアを活用した「心」の伝え方を学びます。コンテンツ、アプリケーション、コンピュータ音楽制作、映画研究、調査、取材、出版、編集デザイン、分析のスキルを修得できます。**共生コミュニケーター専攻**では、国際社会学、ジェンダー論、多文化共生論、日本語教育学などの理論と、フィールドワークなどの実践的な学びにより、多文化・多言語社会をコーディネートし、コミュニティ通訳として現場で活躍するためのスキルを修得します。

●文化表現学科

　欧米・アジア・日本の文学、音楽、舞台芸術、映画などにおける表現や、背景にある社会と思想、創作とビジネスの関係について分析します。映像やサウンドデザインなど、創造し発信するスキルも修得できます。

　ヨーロッパ・アメリカ専攻では、喜びと悲しみ、笑いと悩みを人はどう受け止め、表現してきたか―その深さと多様性を欧米文化の中に探ります。歌（音楽）・小説・演劇・映画・TV番組から芸術・デザイン・ファッション・食文化まで、過去・現在の人が楽しみ、親しんできたものの全てが学びの対象です。**日本・アジア専攻**では、日本の言葉の歴史を学び、文学・音楽・アニメなどを社会的視点から分析、あるいは中国・韓国の文化や日本との文化交流について理解を深めます。興味のある題材を探究し、高度な読解力と表現力を修得します。**音楽・身体表現専攻**では、クラシックからポピュラーまでの音楽、作・編曲、演奏、世界のダンス、サウンドデザイン、コンテン

■**学科組織**（2025年度予定）

●**グローバル教養学部**※
　国際社会学科195（国際関係専攻、地球社会・環境専攻、国際ビジネス・観光専攻）／心理コミュニケーション学科180（心理専攻、メディア専攻、共生コミュニケーター専攻）／文化表現学科170（ヨーロッパ・アメリカ専攻、日本・アジア専攻、音楽・身体表現専攻）
　※2025年4月開設予定

大学院
●**人文科学研究科**
　英語英米文学専攻／日本語日本文学専攻／コミュニケーション学専攻
●**国際交流研究科**　国際交流専攻
●**音楽研究科**　音楽芸術専攻

DATA・FILE　　　　　　　　　　（2023年5月現在）

○教員数……74（教授47　准教授16　助教3　講師8）
○学生数……学部2,104　大学院28
○キャンパス面積……82,532㎡
○交通案内……相鉄いずみ野線「緑園都市」駅下車徒歩3分（横浜〈JR線等〉、海老名、大和、湘南台〈小田急〉の各駅から相鉄線利用。新宿方面からはJR埼京線直通電車も有。）

ツ制作などを実践的に学修します。ビジネス知識も修得し、創作・表現活動を可能にする力を身につけます。

アウトプット重視の語学教育

英語、フランス語、ドイツ語、スペイン語、中国語、韓国語を週5回（1コマ90分）学ぶインテンシブ・コースは、コミュニケーションとアウトプットを重視した少人数のクラスで、異文化理解や多文化共生に貢献できる力が身につきます。英語インテンシブ・コースではプロジェクト科目を中心に、発信力、思考・分析力、情報収集・整理力、企画・実行力を身につけます。初習外国語インテンシブ・コースでは文法、理解、表現、総合で段階的に基礎を身につけます。3年次には「総合」科目のニュース、政治、社会、文化などのトピックを通じて異文化理解、表現力を高めることができます。

もう一つの強みを身につける副専攻制度

所属学科の主専攻に加え、ジェンダーの観点から社会課題を理解し、キャリアプランを具体化させる「ジェンダーとキャリア」、課題解決の手段としてデザインの役割を学び、効果的な情報発信力を身につける「デザインと表現」、データ分析力を活用して社会課題を解決する「データサイエンス」を副専攻として選択できます。

女子学生のための充実した就職支援

日常的にキャリアを考える機会があります。低学年向けキャリア講座や業界・企業・職種研究、自己分析、模擬面接講座、フェリス生対象の企業説明を行う学内オープンセミナーなどのセミナーを年間60回程度開催。4年間を通じて段階的なサポートを受けられます。卒業生と学生をつなぐキャリア研究会などでは、学生が自分自身のキャリアについて考え、アウトプットする機会を増やしています。

主な就職先

日本航空、日本通運、JALスカイ、ANAエアポートサービス、ソラシドエア、AIRDO、アルプス物流、福山通運、MT&ヒルトンホテル、ホテルニューグランド、西武・プリンスホテルズワールドワイド、リゾートトラスト、星野リゾート・マネジメント、サムスン電子ジャパン、伊藤忠テクノソリューションズ、NECソリューションイノベータ、サイバーエージェント、三井住友信託銀行、三菱UFJ銀行、大和証券、りそなグループ、明治安田生命保険、日本生命保険、三井不動産リアルティ、東急リバブル、野村不動産ソリューションズ　など

（2023年3月卒業生）

入試GUIDE

総合型選抜Ⅰ期（専願型・併願型）〈10月〉
総合型選抜Ⅱ期（専願型）〈12月〉
学校推薦型選抜（指定校推薦）〈11月〉
大学入学共通テスト利用入試（前期）
大学入学共通テスト利用入試（後期）
一般入試（A日程）〈1月〉
一般入試（B日程）〈2月〉
一般入試（C日程）〈3月〉

ほかに帰国生徒・社会人・留学生・編入の各試験を実施。詳細は大学ホームページをご確認ください。
https://www.ferris.ac.jp/admission/

オープンキャンパス2024（要予約・定員制）
【日程】3/23(土)、5/3(金・祝)、7/27(土)、8/3(土)、12/21(予定)
【会場】緑園キャンパス
フェリス生の案内するキャンパスツアーや教員による学科紹介、授業体験、なんでも相談コーナーなど、楽しみながらフェリスを知ることができます。
※詳細は大学ホームページでご確認ください。

Ferris Visit Day2024（要予約・定員制）
【日程】6/8(土)、7/13(土)、8/4(日)（予定）
【会場】緑園キャンパス
「フェリス生と話そう」「フェリス生によるキャンパスツアー」「なんでも相談コーナー」のほか、保護者向け企画や、フェリス生による学科紹介などの企画も開催予定です。
※詳細は大学ホームページでご確認ください。

資料請求方法：巻末ページの「パンフレット一括請求」をご覧ください。

横浜商科大学

資料請求		
	請求ハガキ	巻末ハガキ
料　金		無　料
完成時期		5月中旬

〈つるみキャンパス〉〒230-8577　横浜市鶴見区東寺尾4-11-1　アドミッション・広報部　TEL 045-583-9043(直)　〈HP〉https://www.shodai.ac.jp

TOPICS

プロスポーツチームと連携、実践的に学ぶ「スポーツマネジメントコース」
子どもから高齢者まであらゆる世代が楽しみ、国境を越えて感動を与える世界共通のコミュニケーションツールである「スポーツ」。スポーツマネジメントコースでは、そんな「スポーツ」について、商学、経済学、経営学、マーケティングなどといった専門分野と関連づけて学び、実社会にいかせる力を身につけます。プロスポーツチームと連携したプログラムも魅力。好きなスポーツを通じてビジネスを学び、地域や企業から必要とされるエキスパートを目指しませんか？

🏫 大学GUIDE

　人、街、暮らしのすべてに関わる、生きた学問「商学」。国際都市「横浜」を舞台に地域・企業とコラボレーションする学びのプログラムが、実践力や協働力、課題を解決する力を磨き、ビジネスを通じて社会に貢献できる人材へと育成します。

商学科
　企業経営の基礎から実践的なマーケティング、商品開発、税務・会計、企業経営まで多彩な学びを実施。ビジネスの基本だけでなく、ICTを巧みに操り、自ら起業する力を身につけます。世界で、あるいは地域社会で「即戦力」として活躍する人材を育てます。

観光マネジメント学科
　観光や交通の拠点となる横浜で「観光・サービス産業」「まちづくり・地域活性化」「サービス・ホスピタリティ」

■学科組織
●商学部
　商学科180／観光マネジメント学科70／経営情報学科
　（スポーツマネジメントコース60、情報マネジメントコース20）

をテーマに、観光学、観光マネジメント、ホスピタリティ・マーケティング、グローバル時代の観光市場を学びます。新たな観光価値の提案力を育成し、人々の豊かなライフスタイルを創造する力を身につけます。

経営情報学科
　スポーツ・健康産業に焦点を当ててビジネスを学び、経済社会、地域社会の発展に貢献する人材を育てるスポーツマネジメントコースと、ICT、AIといった最新知識と企業活動との関連を学び、情報ネットワーク社会で活躍する人材を育てる情報マネジメントコースを設置。「スポーツ」と「情報」を切り口に経営的視点を磨き、ビジネスを創造・成長させる力を養います。

🏢 CAMPUS情報

　つるみキャンパスは、横浜駅やみなとみらい地区へのアクセスも良く、フィールドワークに最適。全教室に無線LANを敷設し、eラーニングを可能にすることはもちろん、自由で主体的な学習の場であるACL室やコモンズを設置。横浜港のパノラマが一望できるカフェやテラス、フットサルコートやジムなどもあり、学生の成長をサポートする環境が整っています。

　みどりキャンパスは、野球場、総合グラウンド、剣道場、テニスコート、クラブハウス等を備え、部活動の拠点として活用されています。

DATA・FILE
○教員数……92（教授25　准教授11　講師4　非常勤講師52）
○学生数……1,354（男1,103　女251）
○キャンパス面積……55,677㎡
○蔵書数……181,676冊（洋書26,911冊）
(2023年度)

3分でわかる「横浜商科大学の学び方」をチェック
横浜商科大学の学びの特色は「実効型ビジネス教育」です。4年間のサイクルの中で、「実践力」「行動力」「協働を図る力」を育みます。それにより、効果的な課題解決能力を身につけます。

つるみキャンパス

学習情報

国際交流
夏季休暇および春季休暇を利用して、アメリカ、中国、オーストラリアの提携校で学ぶ海外研修制度があります。また、交換留学制度により、アメリカ、ドイツ、中国の提携校と半期もしくは1年間の留学派遣・受け入れを行っており、留学期間中の取得単位については、卒業に必要な単位として認定されます。

資格取得
商学科では高等学校教諭一種免許状（商業）が取得できます。また、国内・総合旅行業務取扱管理者、TOEIC®、日商簿記検定1～3級、税理士、ITパスポートなど試験対策講座を開講しています。大学指定の資格を取得した場合は奨学金を給付するなど、学生のやる気を支援しています。

奨学金
独自の制度は「横浜商科大学特待生」「横浜商科大学同窓会奨学金」「資格取得奨励奨学金」等があります。また入学試験で上位成績を修めた人や、入学前に所定の資格を取得した人を対象とした奨学金制度も設置しています。

■最大4年間の授業料が全額免除となる奨学金制度
・総合型選抜「奨学生」入試合格者
・一般選抜入試A日程または一般選抜「大学入学共通テスト利用選抜」入試（A・B両日程）での合格者上位10%

■入学前の資格取得で入学金全額給付！
・ヨーロッパ言語共通参照枠CEFR「B1」以上
・日本商工会議所主催簿記検定2級
※奨学金制度は変更となる場合があります。詳細はHPをご確認ください。
※年度ごとの継続については、各学年の成績取得状況により考査があります。

イベント開催予定（2024年）
■オープンキャンパス
6/9(日)、7/21(日)、7/28(日)、8/18(日)、9/1(日)
■個別相談・キャンパス見学会
6/29(土)、9/7(土)、9/21(土)、11/2(土)、11/3(日・祝)、11/23(土・祝)、2025年1/11(土)、2/8(土)
※事前予約制となります。日程や内容に変更が生じる場合がありますので、必ず大学HPをご確認ください。

卒業後の進路

小規模大学だからこそできるきめ細かな就職サポート

キャリアセンターでは、希望する進路や夢に向け、経験豊富なスタッフがマンツーマンでサポートします。将来に関する悩みや疑問を解消するキャリアカウンセリングや、履歴書の書き方、エントリーシートの添削、面接練習等の指導を行っています。また、キャリア形成に向けた講義を1年次必修科目として開講し、コミュニケーション力やICTの基礎を身につけ、早期から就職に向けた意識を高めます。3年次からは学内合同企業説明会を定期的に開催しており、神奈川県や横浜に根差した企業や業界シェアが高い企業、OB・OGが在職している企業を招いています。この説明会をきっかけに内定を獲得している学生が多いことも特長です。

卒業者総数……292　　就職希望者数……256
就職者数……252（決定率98.4%）　進学……1

主な就職先（2023年3月卒業生実績）
JR東日本、トヨタレンタリース横浜、京王観光、日本交通、ヨドバシカメラ、JA湘南、相鉄ホテル、神奈川トヨタ自動車、綜合警備保障、湘南信用金庫　など

入試GUIDE （2024年度参考）

①総合型選抜「奨学生」入試　②総合型選抜「特別」入試
③総合型選抜「一般」入試
④公募推薦入試
⑤一般選抜入試
⑥一般選抜「大学入学共通テスト利用選抜」入試
⑦同窓生推薦入試　⑧留学生入試　⑨帰国生入試
⑩社会人入試　⑪一般・社会人編入学入試
※2025年度入試の詳細については、「大学案内」（5月中旬完成予定）でご確認ください。

アクセス
●「横浜駅」東口バスターミナル15番より、川崎駅西口行バス（市営7系統）、鶴見駅行バス（市営29系統）で岸谷バス停下車、徒歩5分。
●京浜急行線「生麦駅」西口下車、徒歩15分。
●JR横浜線「大口駅」東口下車、徒歩20分。

資料請求方法：巻末ページの「パンフレット一括請求」をご覧ください。

横浜薬科大学

〒245-0066　横浜市戸塚区俣野町601　入試広報課　☎0120-76-8089　〈HP〉https://www.hamayaku.ac.jp

資料請求		
	請求ハガキ	巻末ハガキ
料　金	無　料	
完成時期	3月下旬	

TOPICS

「個の医療」「予防医療」へ貢献できる薬剤師や研究者の育成を目指して

横浜薬科大学は「個性の伸展による人生練磨」を建学の精神とし、臨床に関わる実践的能力はもちろん、豊かな人間性と倫理観、国際感覚を備えた人材を育成することを教育目的としています。

薬物治療の個別化を推進する薬剤師に

近年、医療・薬学分野では、患者一人ひとりに適した治療を行う"薬物治療の個別化"が求められています。また、治療方法は患者との相互理解が必要不可欠とされています。横浜薬科大学ではこうした時代のニーズにこたえ、専門知識はもちろん、温かい心を持った薬剤師や研究者の育成を目指します。

健康薬学科　疾病治療だけでなく、疾病予防を目的とした医療のセルフメディケーションをサポートし、健康維持・増進に関する知識を身に付けた薬剤師を育成します。

漢方薬学科　漢方生薬の品質や安全性を学び、漢方で用いる薬物を対象とする分野と医療として漢方を対象とする分野を有機的に結びつけた教育・研究を行います。西洋医薬と漢方医薬の知識を兼ね備え、民間医療にも精通した薬剤師を育成します。

■学科組織

●薬学部

健康薬学科（6年制）60	臨床薬学科（6年制）160
漢方薬学科（6年制）120	薬科学科（4年制）30

臨床薬学科　薬の専門家としてチーム医療を支え、一人ひとりの患者と向き合いながら治療をサポートできる薬物治療のプロを育成します。"薬物治療の患者個別化"をテーマに、臨床検査データを読み、カルテを見ながら患者と面談し、体質・病状に適した薬剤を選択できる薬剤師を育成します。

薬科学科　医薬品の創製、開発、生産、さらには健康食品、化粧品、環境や衛生分野などの薬学関連領域での教育・研究に従事する人材育成を目指し、バイオ・化学系企業で技術者（マイスター）として活躍できる人材を育てます。

CAMPUS情報

図書館　最新の医学薬学関連の図書や雑誌を多数取りそろえ、国家試験対策用資料や授業で使用するテキストの貸し出しも行っています。視聴覚資料を閲覧する専用ブース、個人勉強ができる学習用机も設置しています。また「相互貸借資料」の取り寄せを無料で行っていることが特徴です。全国の大学図書館の所蔵状況を調べて、必要な箇所の複写や現物資料を借り受けることができます。

成績優秀合格者特典

返還義務のない独自の奨学金制度（特待生・特別奨学生）を設定しています。

●6年制学科
特待生S：年間学納金45万円
特待生A：年間学納金125万円
特待生B：年間学納金155万円
特別奨学生：年間学納金185万円

●4年制学科
特待生：年間学納金95万円
特別奨学生：年間学納金155万円

DATA・FILE

- ○教員数……107（教授49　准教授29　講師14　助教11　助手その他4）
- ○学生数……学部2,337
- ○キャンパス面積……53,120㎡
- ○蔵書数……約42,000冊

（2023年5月1日時点）

サポートシステム

　学力サポート　薬学履修に必要な「化学」「物理」「生物」の学力を、入学前に事前教育で強化します。入学後は、学力不足者に対して補習授業を行い、早めに苦手な科目を克服します。また、勉強を支援する薬学教育センターには教員が常駐し、多様な質問に答えます。

　国家試験対策（6年制学科）　薬剤師国家試験の合格を目指し、きめ細かな指導を行っています。また、ITを活用した取り組みとして、薬剤師国家試験対策の講習会をデジタルアーカイブ化し、ネットを利用して自宅で何度でも繰り返し学習することができます。さらに、国家試験の過去問題をデータベース化し、正答率や識別指数を分析・蓄積しています。模擬試験や演習問題の結果をネット上で確認できるようにし、学生自らが自分の実力、弱点を把握できるシステムを構築しています。

卒業後の進路

　キャリアセンターでは、各種就職ガイダンス、企業説明会、職種別講演会などの開催やキャリア講座の開講など、各学年に応じて様々なサポートを行っています。1年次には「早期体験学習」を実施。また、5年次（4年制は3年次）には合同企業説明会を開催し、就職に関する情報提供、自己分析の重要性や履歴書の作成法、面接・マナー対策法、キャリアプランの形成や薬剤師・研究者としての心構えなどのガイダンスを行います。

　主な就職先

■**病院**　伊那中央病院、IMSグループ、上野原市立病院、AMGグループ、太田総合病院、大船中央病院、金沢医科大学病院、菊名記念病院、国際福祉大学熱海病院、国立病院機構、相模原協同病院、自衛隊横須賀病院、静岡済生会総合病院、ジャパンメディカルアライアンス、湘南鎌倉総合病院、湘南慶育病院、茅ヶ崎中央病院、鶴巻温泉病院、TMGグループ、東海大学医学部付属病院、東京慈恵会医科大学附属病院、徳洲会グループ、戸塚共立第一病院、獨協医科大学病院、平塚共済病院、藤沢湘南台病院、横須賀市立うわまち病院、横浜新緑総合病院、横浜南共済病院、龍ヶ崎済生会病院など

■**薬局**　アークメディカル、I&H、アイセイ、アイリスファーマ、アイングループ、アポクリート、イオンリテール、ウェルパーク、ウエルシア、うさぎ薬局、SCグループ、大島薬局、加藤、カメガヤ、杏林堂、クオール、クスリのアオキ、クラフト、クリエイトエス・ディー、サンドラッグ、CHCPファーマシー、スギ薬局、クスリのサンロード、総合メディカル、田辺薬局、徳永薬局、トモズ、トライアドジャパン、ナカジマ薬局、南山堂、日本調剤、日本メディカルシステム、パフモ、平安堂薬局、望星薬局、マツモトキヨシ、丸大サクラ薬局、薬樹、薬王堂、ユニスマイル、ワイエムバンダ、わかばなど

■**企業**　シミック、日本新薬、富士フイルムワコーケミカル、ユースキン製薬

■**公務員**　岡谷市民病院、川崎市、鳥取県病院局、平塚市民病院、横浜市医療局

入試GUIDE（前年度参考）

総合型選抜：①AO（第1回・第2回・第3回）
　　　　　　②地元枠（第1回・第2回）
学校推薦型選抜：③指定校（前期・後期）
　　　　④公募（Ⅰ期・Ⅱ期・Ⅲ期）
⑤特待生チャレンジ選抜（前期・中期・後期）
⑥大学共通テスト利用選抜（前期・後期）
⑦一般選抜（Ⅰ期・Ⅱ期・Ⅲ期）

ハマヤクオープンキャンパス&キャンパスラリー ▶

●ハマヤクオープンキャンパス
【日時】3/20(祝・水)、3/24(日)、4/28(日) 10：00〜14：00[予定]
●キャンパスラリー
【日時】4/21(日) 10：00〜14：00[予定]
日時・内容等が変更になる場合があります。詳細はホームページまたはフリーダイヤルでご確認ください。

　資料請求方法：巻末ページの「パンフレット一括請求」をご覧ください。

鎌倉女子大学短期大学部

〒247-8512　神奈川県鎌倉市大船6-1-3　入試・広報センター　TEL 0467-44-2117　〈HP〉https://www.kamakura-u.ac.jp/

資料請求

	請求ハガキ	巻末ハガキ
料　金		無　料
完成時期		5月中旬

TOPICS

9割を超える学生が子どもの教育・保育に携わる専門家として活躍

9割を超える学生が小学校・幼稚園教諭・保育士としての就職を実現しています。教職センター・就職センターといった学部と共通の充実したサポートが受けられ、クラスアドバイザーのきめ細かなキャリア支援により、一人ひとりの希望に合わせた満足度の高い就職を実現しています。

短期大学部	初等教育学科 (200)	小学校教諭2種免許状 幼稚園教諭2種免許状 保育士 准学校心理士 児童厚生2級指導員 レクリエーション・インストラクター 秘書士

 ## 短期大学部GUIDE

初等教育学科

乳幼児期から児童期までの、子どもの初等教育や保育に必要な専門知識とこころ豊かな人間性、高い倫理観を育てて、幼児・児童教育や乳幼児福祉の場に求められるリーダーを育てる学科です。卒業後は、同学科で取得できる免許・資格を活用し、小学校や幼稚園の教諭、保育所・児童福祉施設で活躍する保育士を目指します。

専攻科

初等教育学科卒業後、さらにもう1年学べる専攻科を設置しています。専攻科では「保育・子育て支援コース」と「野外教育・表現教育コース」の2つの履修モデルで学び、さらに教育・保育現場におけるインターンシップで実践力を高めます。

複数の免許・資格を2年間で取得可能

免許・資格の取得をサポートするためのプログラムを編成しており、「小学校教諭＋幼稚園教諭＋保育士」など、2年間で同時に複数の免許・資格を取得できます。また、児童館や学童クラブの職員に必要な児童厚生指導員など、教員や保育士と関わりの深い資格の取得も可能です。

大学と連携した教育

豊かな人間性や高い倫理観を育むため、大学と連携してさまざまな地域貢献活動や教育活動を行っています。

併設の幼稚部で活動したり、大学の児童学部教員の個別指導を受けられる機会も設けており、学びのフィールドを広げて実践力を磨くことができます。

鎌倉の自然を感じるキャンパス

キャンパスはJR大船駅から徒歩8分。自然との融和・共生を目指したデザインで、自然通風・採光を考慮した設計が特徴です。ここに、教室棟をはじめ実習棟や音楽棟、アリーナ棟、食堂棟、図書館などの施設を展開し、「学生・教員ラウンジ」がある学術研究棟など充実した設備を整えています。また、キャンパス一帯には鎌倉芸術館、ショッピングセンターもあり、大船キャンパス周辺が芸術・文化ゾーンとなっています。

卒業後の進路

現在、教育・保育の現場では、専門的知識と技術を有する、即戦力となりうる人材が求められています。2年間でさまざまな免許・資格が取得できる本学科の教育課程は、こうした社会のニーズに積極的に応え、9割を超える学生が小学校・幼稚園教諭、保育士として就職しています。

4年制大学への編入学

短期大学部で得た知識をより深めるため、併設の4年制大学への3年次編入も可能です。

OPEN CAMPUS 2024

来場参加型
※一部のプログラム（対策講座）は、WEB視聴型を組み合わせたハイブリッド開催。
○春のオープンキャンパス
　4/14(日)、5/12(日)

○夏のオープンキャンパス
　6/9(日)、7/13(土)・14(日)、8/3(土)・4(日)・24(土)・25(日)
○いろんな入試 "まるわかり" DAY
　9/16(月・祝)
○学園祭進学相談会
　11/2(土)・3(日・祝)
詳細は大学ホームページをご覧ください。

資料請求方法：巻末ページの「パンフレット一括請求」をご覧ください。

新潟医療福祉大学

資料請求

	請求ハガキ	巻末ハガキ
料 金	無 料	
完成時期	5月下旬	

〒950-3198 新潟市北区島見町1398 入試事務室 TEL 025-257-4459(直) 〈HP〉https://www.nuhw.ac.jp/

TOPICS

- ●看護・医療・リハビリ・栄養・スポーツ・福祉・医療ITの総合大学
- ●2025年4月 健康栄養学科入学定員増構想中(40人→80人)
- ●国家試験合格者数ランキング 【全国第1位】を達成！(臨床工学技士・義肢装具士)

出典：「就職力で選ぶ大学2024(朝日新聞出版)」

■学科組織

●**リハビリテーション学部**
理学療法学科／作業療法学科／言語聴覚学科／義肢装具自立支援学科／鍼灸健康学科(2023年4月新設)

●**医療技術学部**
臨床技術学科／視機能科学科／救急救命学科／診療放射線学科

●**健康科学部**
健康栄養学科(2025年4月入学定員増構想中)／健康スポーツ学科

●**看護学部**
看護学科

●**心理・福祉学部**
社会福祉学科／心理健康学科(2024年4月新設)

●**医療経営管理学部**
医療情報管理学科

🏫 独自の教育システム

　看護・医療・リハビリ・栄養・スポーツ・福祉・医療ITの総合大学である利点を生かし、「チーム医療・ケア」を学ぶカリキュラムを独自に導入。関連する職種への理解やコミュニケーション技法を身につけることで実践的に『チーム医療・ケア』を学びます。

　さらに【スポーツ×リハビリ】【医療×IT】など、学科コラボによる学びを実践し、新時代の高度専門職を育成します。

目標とする資格

- ●**理学療法学科**／理学療法士（国）
- ●**作業療法学科**／作業療法士（国）
- ●**言語聴覚学科**／言語聴覚士（国）
- ●**義肢装具自立支援学科**／義肢装具士（国）など
- ●**鍼灸健康学科**／はり師（国）、きゅう師（国）など
- ●**臨床技術学科**／臨床工学技士(国)＋臨床検査技師(国)
- ●**視機能科学科**／視能訓練士（国）など
- ●**救急救命学科**／救急救命士（国）など
- ●**診療放射線学科**／診療放射線技師（国）など

- ●**健康栄養学科**／管理栄養士（国）、栄養士、栄養教諭一種免許 など
- ●**健康スポーツ学科**／中・高教諭一種免許(保健体育)、小学校教諭二種免許※、アスレティックトレーナー、健康運動指導士、各種コーチ資格 など

※玉川大学通信教育課程との併修(受講要件あり)

- ●**看護学科**／看護師（国）、保健師（国）、助産師（国）、養護教諭一種免許
- ●**社会福祉学科**／社会福祉士(国)、精神保健福祉士(国)、介護福祉士（国）、児童厚生一級指導員 など
- ●**心理健康学科**／公認心理師、認定心理士など
- ●**医療情報管理学科**／診療情報管理士、情報セキュリティマネジメント試験(国)、基本情報技術者（国）、ドクターズクラークなど

🏃 就職率99.2％！ (2023年3月 卒業生実績)

　就職センターでは、学生一人ひとりが希望する勤務地・職種・施設種・業務内容等にあわせた求人情報を提供するなど、徹底した個別指導を行っています。第1期生卒業以来、**毎年ほぼ100％の就職実績**を達成しています。

📝 入試GUIDE (前年度参考)

①総合型選抜　A方式（主体性重視型）
②総合型選抜　B方式（基礎教養重視型）
③総合型選抜　C方式（スポーツ重視型）[前期・後期]
④総合型選抜　D方式（基礎学力重視型）
⑤学校推薦型選抜（公募制）[前期・後期]
⑥学校推薦型選抜（指定校制）
⑦一般選抜 [前期・後期]
⑧大学入学共通テスト利用選抜 [前期・後期]

2024年4月心理健康学科新設！

　心理学全般を学ぶことで、さまざまな分野で人々のこころとからだの健康増進に貢献できる人材を養成。「チーム医療・ケア」を学んだ臨床に強い心理職や、スポーツ心理を学びスポーツ選手へのサポートができる心理職を育成します。

文部科学省科学研究費採択件数で「全国第4位」!!

　総合大学の強みを生かし、スポーツと医療を融合した研究活動に力を入れています。2023年8月に文部科学省が発表した「2023年度科学研究費採択件数（過去4年間の新規採択の累計数）」において、「スポーツ科学、体育、健康科学、およびその関連分野」で新潟医療福祉大学は全国第4位となりました！

資料請求方法：巻末ページの「パンフレット一括請求」をご覧ください。

資料請求

	請求ハガキ	巻末ハガキ
料　金		無　料
完成時期		4月中旬

新潟薬科大学

【新津キャンパス】〒956-8603　新潟県新潟市秋葉区東島265-1　入試課 ☎0120-2189-50　〈HP〉https://www.nupals.ac.jp/

TOPICS

［理系］［文系］［医療系］
医療・健康系総合大学で学び地域で活躍するプロになる！

■学科組織・入学定員
- ●薬学部　薬学科（6年制）130
- ●応用生命科学部
  - 応用生命科学科120／生命産業ビジネス学科45
- ●医療技術学部　臨床検査学科60
- ●看護学部　看護学科80

🏫 大学GUIDE

薬学部　▼薬学科　基礎から医療・臨床薬学へと学年進行とともに学びが深化するカリキュラムを編成。医薬品を正しく理解するための専門科目から、医療人として豊かな人間性を養うための教養科目、コミュニケーション能力等を向上させる実践科目を設置し、地域の人々の健康を支える薬剤師を育成します。

応用生命科学部　▼応用生命科学科　「食品科学」「バイオテクノロジー」「生命環境化学」「理科教職」の4コースがあり、食品・バイオ・環境分野で社会貢献を目指す人材や、理科の楽しさを生徒に伝える理科教員を育成。

▼生命産業ビジネス学科　「経済学」「経営学」の他に食品、農業、環境ビジネスも学びます。また、応用生命科学科の授業も受講することができ、興味のあるビジネスに関連した専門授業で幅広い知識を修得します。地域産業の活性化について学生が主体的に考え、活性化活動と自らの行動の中から学ぶことを目的としたフィールドワークを通じて実践的に学びます。

医療技術学部　▼臨床検査学科　臨床検査技師は、医療機関等で病気の診断の補助となる心電図・脳波・血液などの各種検査を行い、検査データを分析、解析、管理するスペシャリストです。新潟薬科大学では、薬物治療に関する見解と知識を修得し、先端医療である個別化医療にも対応できる、高度な判断力と技術を持った臨床検査技師を育成します。

看護学部　▼看護学科　看護師の仕事は、病気の人だけではなく健康な人々も含め、すべての人々のくらしや健康を支えることです。新潟薬科大学では、病気の人の看護、地域社会における健康なくらしへの看護に重点を置き、身近な食品、薬やサプリメント、音楽など人を取り巻く環境の知識等を学ぶことで、様々な視点から広く健康を考えることができる看護師を目指します。

💡 キャリア支援

　低学年次から自分自身を分析し、将来を描き、実現できる基礎力を身に付けるため、体系的にガイダンスや個別指導を行い、学生のキャリア意識形成と就職活動を支援しています。また、経験豊富なキャリアコンサルタントが常駐し、学生の希望に応じた個別相談ができる体制を整えています。

📝 入試GUIDE

①総合型選抜
②学校推薦型選抜
③特別選抜（社会人／外国人留学生）
④一般選抜（個別方式／大学入学共通テスト利用方式）
※試験区分や科目は学部・学科によって異なります。

オープンキャンパス情報
学部紹介、体験授業やキャンパスツアーなど、キャンパスライフがイメージできるプログラムを体験できます。
【開催日】 6/16(日)、7/21(日)、8/4(日)・11(日)・18(日)、9/8(日)、10/20(日)、12/15(日)
※詳細・お申し込みは、大学ホームページにてご確認ください。

個別方式（Ⅰ期）に実施する特待生試験（前年度参考）
【薬学部】【医療技術学部】【看護学部】
初年次の学費を最大で全額免除
【応用生命科学部】
4年間の学費を最大で半額免除
※上記のほか、入学後の成績上位者に30万円を給付する制度あり

山梨学院大学

〒400-8575　山梨県甲府市酒折2-4-5　入試センター　TEL 055-224-1234　〈HP〉https://www.ygu.ac.jp/

資料請求

	請求ハガキ	巻末ハガキ
料　金		無　料
完成時期		4月上旬

中部

TOPICS

●グローバル化の促進
　世界58の国・地域から800人を超える留学生を受け入れている山梨学院大学は、インターナショナルな環境で、多種多様な人たちとの出会いの機会を豊富に設けています。国際共修科目にも力を入れ、国際感覚を身につけたグローバルな人材育成に努めています。

■学部・学科組織
- ●**法学部**　法学科240
- ●**経営学部**　経営学科330
- ●**健康栄養学部**　管理栄養学科40
- ●**国際リベラルアーツ学部**　国際リベラルアーツ学科50
- ●**スポーツ科学部**　スポーツ科学科200

🏛 大学GUIDE

法学部　「法」を中心とするルールの形成・適用の方法を学ぶことにより、「ルールを創造し、問題を解決する能力」を生かして幅広い分野で活躍できる人材を育成。入門から実践につなげる授業編成、公務員試験に対応した授業も開設し、公務員を目指す学生をサポートします。

経営学部　アクティブラーニングを基本とするプロジェクト型の学びで、社会が必要とする専門知識を修得し、地域の未来を切りひらく人材を養成します。経営学、経済学、マーケティング、会計学、ICTなどの専門知識と実践力を高め、現代社会の問題解決に必要な知識を幅広く学び、グローバルなビジネス感覚を磨きます。

健康栄養学部　山梨県唯一の管理栄養士養成校として、国家試験合格へ向け徹底した支援を行います。管理栄養士の養成を中核に、保健・医療・教育・福祉・介護各分野での栄養マネジメント力を高め、実践的な学びで地域社会の食生活と健康の向上に貢献する人材を育成します。

国際リベラルアーツ学部　幅広い分野を横断的に学び、多角的な教養を修得します。英語を共通語として身につけ異文化理解を深め、日本人学生全員が1年間、国外の提携大学に留学し、自らの可能性を探り、多様化する社会に対応できる国際人にふさわしい力を身につけます。

スポーツ科学部　経験豊かな教授陣が「最先端のスポーツ科学」を教育し、豊かな人間力を持つ人材を輩出。「競技スポーツ」と「生涯スポーツ」の2コースに分かれ、「スポーツとともに生きていく力」を養い、さまざまな領域に関わる人材を育成します。国際規格を満たす競技施設や先進的な教育研究施設が整備されています。

🌐 海外留学

　全学でグローバル化を推進し、海外留学生を受け入れるだけでなく、日本人学生が広く海外留学体験ができるよう、短期のオリジナル留学プログラムを用意。初めての海外でも、英語ができなくても、旅行会社がサポートしてくれるので安心安全です。さらに、海外留学支援金制度が整い、留学費用を軽減するサポートが受けられます。

🏃 就職支援

　4年間を通じてきめ細かなキャリア支援を提供しています。各種オリジナル講座や、セミナー、公務員希望者のための官公庁合同説明会などを開催。通常の約1割の費用で受講できる専門的な対策講座も豊富です。インターンシップでは自分が「やりたいこと」「できること」「すべきこと」を明確にしながら、社会人基礎力を養います。

📝 入試GUIDE （前年度参考）

①**総合型選抜Ⅰ期・Ⅱ期**（健康栄養学部除く、国際リベラルアーツ学部はⅠ期のみ）　②**学校推薦型選抜**　③**一般選抜（個別テスト）Ⅰ期・Ⅱ期・Ⅲ期**（Ⅱ期は国際リベラルアーツ学部除く）　④**一般選抜（共通テスト）Ⅰ期・Ⅱ期・Ⅲ期**　⑤**一般選抜（共通テスト奨学金）Ⅰ期・Ⅱ期・Ⅲ期**（法、経営学部のみ）

取得可能な免許状・資格
高等学校教諭一種免許状（法、経営、スポ）・中学校教諭一種免許状（法、スポ）、小学校教諭二種免許状（スポ）、管理栄養士国家試験受験資格（健康栄養）、栄養士免許（健康栄養）、栄養教諭一種免許状（健康栄養）　など
［目指す資格］宅地建物取引士、税理士、行政書士、ファイナンシャルプランニング技能士、コーチングアシスタントなど

オープンキャンパス・進学説明会2024
- ●**オープンキャンパス**　3月、6月、7月、8月に実施予定
【内容】学部学科紹介、授業体験、個別相談、キャンパス見学ツアー、学食体験などを予定
- ●**進学相談会**　9月に実施予定
※詳細は、山梨学院大学入試情報サイトをご覧ください。

資料請求方法：巻末ページの「パンフレット一括請求」をご覧ください。

佐久大学

〒385-0022　長野県佐久市岩村田2384　入試広報課　TEL 0267-68-6680　〈HP〉https://www.saku.ac.jp/

資料請求

	請求ハガキ	トップハガキ
料　金		無　料
完成時期		3月末

TOPICS

地域に学び、共に生きる。保健・医療・福祉のプロフェッショナルへ

佐久大学がある長野県佐久市は、地域医療の先進エリアです。農村医療・地域医療の発祥地と言われ、「健康長寿のまち」としても広く知られています。佐久大学では、広い視野と多角的な視点を身につけ、ケア専門職としての知識や技術を養い、人のために行動できる人材を育成しています。

■学部・学科組織
- ●看護学部　看護学科90
- ●人間福祉学部　人間福祉学科70
- ●助産学専攻科
- ●大学院看護学研究科

🏛 学部GUIDE

看護学部　地域医療先進エリアの特性を生かし、時代を先取りした看護を学ぶことができます。EBN(Evidence Based Nursing)・TBL(Team Based Learning)・プロフェッショナリズムの3つを教育の柱に据え、自らが主体的に調べ、考え、行動する力。チーム医療の中で専門性を発揮し、患者のために多職種とコミュニケーションをとりながら連携する人間力。看護職としての倫理観と態度など、講義や実習を通して学びます。人のために行動できる看護のプロフェッショナルを育成します。
- ●**取得可能な資格**：看護師国家試験受験資格、保健師国家試験受験資格、第一種衛生管理者、養護教諭二種免許状
- ●**想定される進路**：病院・診療所、訪問看護ステーション、看護サービス提供事業所、福祉施設、教育機関、行政機関など

人間福祉学部　地域で培われてきた地域医療や地域包括ケアの成果を教育に取り入れ、地域の暮らしや文化に根ざした教育を展開します。ヒューマンケアの基礎を保健・医療・福祉の観点から総合的に学び、興味関心や将来の進路に応じて、福祉臨床・医療福祉・生活環境・マネジメントの4つの教育群から探求したい分野を選び、ケア専門職としての知識や技術を養います。拡大するケア・ニーズに応えるヒューマンケアの専門職を育成します。
- ●**取得可能な資格**：社会福祉士国家試験受験資格、精神保健福祉士国家試験受験資格、社会福祉主事(任用資格)
- ●**想定される進路**：福祉施設、病院、社会福祉協議会、行政機関、一般企業、NPOなど

👐 細やかなサポート体制

少人数教育に加え、各専門分野にキャリア豊富な教員を配置。学生と教員との距離が近く、一人ひとりに目が行き届きます。学修や資格取得のサポートはもちろん、対人関係や心身の悩みなど、何でも相談できる窓口を複数用意しています。
- ●**キャリア開発支援**　社会人として求められる知識やマナーを1年次から段階的に身につけるさまざまなプログラムを実施。3年次からは就職活動に向け、履歴書の書き方や面接の受け方など、より具体的な講座で学生を支援します。※**就職率100%**(2023年3月卒業生実績)
- ●**資格取得支援**　ケア専門職を目指す上で必ず突破しなければならないのが国家試験です。佐久大学では、各学年で学んだ知識をもとに段階的に国家試験対策を実施。教員によるきめ細かい試験対策や個別指導も徹底して行います。※**国家試験合格率　看護師99%、保健師100%**(2023年3月卒業生実績)

📋 入試GUIDE (前年度参考)

①**総合型選抜**
②**学校推薦型選抜**(指定校制・公募制)
③**一般選抜**(前期・後期)
④**大学入学共通テスト利用選抜**(A・B・C・D日程)
⑤**社会人・帰国生徒・留学生選抜**

奨学金・減免制度

多様な奨学金・減免制度を用意し、学生生活を経済的な側面からサポート。学生の半数以上が何らかの制度を利用しています。
【佐久大学独自の奨学金・減免制度】
- ・特別奨学生制度　・経済支援奨学生制度
- ・同窓生子女兄弟等学納金減免制度
- ※詳細は大学HPをご確認ください。

オープンキャンパス2024

日程：3/24(日)、4/27(土)、6/23(日)、7/27(土)、8/18(日)、10/27(日)

※詳細は大学HPをご確認ください。
https://sakura.saku.ac.jp/events/

資料請求方法：巻末ページの「パンフレット一括請求」をご覧ください。

資料請求

	請求ハガキ	巻末ハガキ
料　金	無　料	
完成時期	4月下旬	

清　泉　大　学

（2025年4月、清泉女学院大学より名称変更）

〒381-0085　長野県長野市上野2-120-8　入試広報課　TEL 026-295-1310　〈HP〉https://www.seisen-jc.ac.jp

TOPICS
- ●「清泉女学院大学」は2025年4月、『清泉大学』に変わり全学部で男女共学となります。
- ●「人文社会科学部※」を新設。フレキシブルに領域を超えて学ぶ「情報コミュニケーション学科※」と「文化芸術学科※」を設置。　　　　※2025年4月開設、設置構想中

■学部・学科組織（2025年度予定・男女共学）
- ●**人間学部**　心理コミュニケーション学科68
- ●**人文社会科学部※**　※2025年4月開設、設置構想中
  情報コミュニケーション学科※40／文化芸術学科※32
- ●**看護学部**　看護学科76

🏛 大学GUIDE

人間学部

心理コミュニケーション学科
●**心理コース**　臨床心理学、社会心理学、発達心理学、犯罪心理学をはじめ、臨床現場や学校、企業で役立つ心理学を幅広く学びます。心理学の基本である心の理解やケアに必要な力と、社会で役立つデータ分析力も養います。「公認心理師」（国家資格）取得を目指すことが可能です。
●**英語コミュニケーションコース**　国際感覚の習得と異文化理解を目的に、様々な分野で英語を使って活躍できる能力を習得します。教職課程を履修することで英語教員免許の取得が可能です。（中学校1種・高校1種）

人文社会科学部

情報コミュニケーション学科　「グローバル」「経営ビジネス」「IT」の3つの緩やかなコース制を設け、ボーダレスかつ複合的に学びます。例えば、ビジネス現場における「AI」の活躍、KPOPの世界戦略といったテーマを、複数のコースを自由に組み合わせることで複合的に探究することが可能です。3つの専門領域で知識やスキルを身に付け、新しい時代を地域でもグローバルな舞台でも活躍できる幅広い視野を持つ人材の育成を目指します。
文化芸術学科　「文化コース」「まちづくりコース」「クリエイティブデザインコース」の3コース制でカリキュラムを編成。理論的な学びと実践的な学びを融合させながら、グループワークや、地域や街で活動するフィールドワークにも積極的に取り組み、課題解決のための文化的方法を具体的に考え実行できる能力を養います。学芸員や図書館司書の資格が取得できる授業もあります。

看護学部

看護学科　あらゆる社会の変化においても冷静・沈着に思考し、対応できる実践力を備え、豊かな「こころ」で他者と共生できる看護専門職者を育成します。看護師国家試験100%合格を目指し、個別指導を重視した「5ステップ学習プログラム」を実施。補講などの費用も大学が負担し、経済的な支援体制もあります。2021年度より助産学専攻科と、大学院看護学研究科看護学専攻を設置。助産学専攻科へは学内選抜制度（最大3人）があります。

🏃 キャリア・就職支援

　丁寧なキャリア教育により、毎年高い就職率を実現しています。キャリア系科目に加え、カリキュラム全体で体験学習やワークショップなどの実践活動を行い、社会や地域との関わりから人間関係能力を修得。インターンシップ、メンター教員によるきめ細かな個別面談、公務員対策講座なども実施します。さらに、大学院進学を目指す人へのサポート体制も整っています。

近年の主な就職先　八十二銀行、JR東日本、新光電気工業、セイコーエプソン、長野赤十字病院、長野県教員、長野県職員など

📝 入試GUIDE （前年度参考）

① 総合型選抜（特待方式、AO方式、自己推薦方式）
② 学校推薦型選抜（指定校方式、公募方式）
③ 一般選抜（個別試験方式、共通テスト利用方式）
④ 社会人入試　⑤ 編入学入試〈人間学部のみ〉

奨学金制度

大学独自の奨学金制度を設置しています。
○ラファエラ・マリアスカラシップⅠ（入学時選考型／入学金全額相当額給付）・Ⅱ（在学時。成績優秀で人物的に優れた学生／年額10万円給付）
このほか、緊急奨学金、貸与奨学金制度などを利用できます。

オープンキャンパス情報（事前予約制）

2024年度オープンキャンパスは3月より来場型で開催を予定しています。
3/30(土)、4/29(祝・月)、6/22(土)、7/20(土)、8/4(日)、8/25(日)、9/14(土)、11/23(祝・土)
詳細はホームページをご覧ください。

資料請求方法：巻末ページの「パンフレット一括請求」をご覧ください。

長野保健医療大学

〒381-2227　長野県長野市川中島町今井原11-1　入試センター　TEL 026-283-6111　〈HP〉https://shitoku.ac.jp

TOPICS
- ●「地域で学び、地域を学び、地域で育ち、地域が育つ」教育を目指し、2015年に保健科学部、2019年に看護学部を開設。医療系大学の特色を生かし、医療・福祉・介護・健康づくり・予防などの観点から、地域住民や地方自治体との連携活動、医療福祉施設へのボランティア活動など、社会に貢献しています。
- ●専門領域を越えた連携ができる人材を育成するために、1年次よりIPE（専門職連携教育）を実施。両学部混成でグループを編成し、専門職連携について演習を通して学び、実習で深めます。

■学部・学科組織、定員
- ●保健科学部
  リハビリテーション学科（理学療法学専攻40、作業療法学専攻40）
- ●看護学部　看護学科80
- 大学院
- ●保健学研究科　保健学専攻

🏫 大学GUIDE

保健科学部

●**理学療法学専攻**　実習を重視したカリキュラムにより、臨床に強い理学療法士を育成します。また、障害を持つ方々を学内に招き、交流を図り知識と技術を高めることで、理学療法士としての自覚を育み、資質を育てます。
理学療法士国家試験合格率100%（2023年3月卒業生）
〔取得できる資格〕理学療法士国家試験受験資格、社会福祉主事任用資格

●**作業療法学専攻**　保健・医療・福祉の幅広い分野で活躍できるよう、「その人らしく健康で生活する」ための実践的学びを重視し、知識・技術はもちろん、人間的な魅力あふれる作業療法士としての資質を高めます。
作業療法士国家試験合格率93.2%（2023年3月卒業生）
〔取得できる資格〕作業療法士国家試験受験資格、社会福祉主事任用資格

看護学部　「地域で学び、地域を学ぶ」を特長として、国家試験に必要な科目だけでなく、地域の中核病院等での臨地実習や専門職連携教育に関連する専門基礎分野、専門分野のカリキュラム構成により、生活基盤を支える質の高い専門職業人、地域包括ケアシステムに寄与する専門職、チーム医療の中核としての看護職者の育成を目指します。
看護師国家試験合格率92.8%、保健師国家試験合格率84.4%（2023年3月卒業生）
〔取得できる資格〕看護師国家試験受験資格、保健師国家試験受験資格、養護教諭二種免許※、第一種衛生管理者免許※、社会福祉主事任用資格　※は保健師資格取得後申請

🤲 サポート体制

実習重視　保健科学部では、臨床実習によって、実践的な能力を身につけます。実際に患者さんやスタッフと接することで、仕事のやりがいや厳しさをつかみます。看護学部では、実践能力向上およびリーダーシップとフォロワーシップを備えた看護職者を育成するため、地域の中核的な病院等において臨地実習を行います。

クラス担任・アドバイザー制　保健科学部では学年ごとにクラス担任を配置。看護学部では少人数のグループに一人の教員がアドバイザーとなる「アドバイザー制度」を設けています。授業の不明点や国家試験に関する質問、就職に関する悩みなど、なんでも相談できます。

📝 入試GUIDE （2024年度入試参考）

①学校推薦型選抜（指定校制／公募制）
②総合型選抜（AO方式〈看護学部〉／自己推薦方式）
③一般選抜（独自方式Ⅰ・Ⅱ・Ⅲ／大学入学共通テスト利用方式Ⅰ・Ⅱ）
④社会人選抜

キャンパス情報
- ○長野駅まで電車で10分と交通至便、長野冬季オリンピックの選手村のためにできたJR今井駅の近くで静かな学習環境です。
- ○大学院を2021年度に開設しました。看護・リハビリテーション領域の高度な専門職医療人、専門職教育者を目指すことができます。

オープンキャンパス2024
【日程】5/26(日)、6/23(日)、8/3(土)、9/14(土)
大学説明会10/13(日)（大学祭の一般公開に合わせて実施）、3/22(土)
※日程は変更になる場合もあります。詳細は大学ホームページをご覧ください。
なお、キャンパスの見学は随時受け付けていますので、事前連絡の上、来学ください。

資料請求方法：巻末ページの「パンフレット一括請求」をご覧ください。

松本大学

〒390-1295　長野県松本市新村2095-1　入試広報室　☎0120-507-200

資料請求		
	請求ハガキ	巻末ハガキ
料　金	無料	
完成時期	6月上旬	

TOPICS
地域社会の発展に貢献できる人材を育成
まちづくり（経営）、健康づくり（健康）、ひとづくり（教育）をキーワードに、地域社会の現場で学ぶ実践型教育で実社会に対応できる知見と実践力を身につけます。

■学部・学科組織（男女共学）
●総合経営学部
　総合経営学科90 ／観光ホスピタリティ学科80
●人間健康学部
　健康栄養学科70 ／スポーツ健康学科100
●教育学部
　学校教育学科80

🏛 大学GUIDE

●総合経営学部
　総合経営学科では、経営者の視点と働く人、生活する人の視点で社会を見つめ、必要な知識や技術を将来の目標に合わせて学びます。また、心理学を取り入れ、産業カウンセラーを目指すことも可能です。
　観光ホスピタリティ学科では、豊富な観光資源を持つ信州・松本をフィールドに、観光ビジネスはもちろん、地域、福祉、防災も視野に入れ多角的に学びます。国家資格「社会福祉士」を目指すこともできます。

●人間健康学部
　健康栄養学科では、管理栄養士養成校として実践的な学びを中心に管理栄養士や、フードスペシャリスト等を目指します。そのほかにも、栄養教諭の教員免許状取得も可能です。
　スポーツ健康学科では、「健康づくり」の分野で活躍する健康運動指導士やスポーツ振興、教育現場（保健体育・養護）だけでなく、スポーツビジネスなど幅広く地域社会で活躍する人材を養成しています。

●教育学部
　学校教育学科では、早期からの教育現場体験や、地域でのさまざまな実践活動を通して、社会に求められる「真の人間力」を持った教員を養成します。小学校教諭一種免許状と中学校教諭一種（英語）、高等学校教諭一種（英語）、特別支援学校教諭一種免許状が取得可能です。

🏃 卒業後の進路

　主な就職先　八十二銀行、長野銀行、リコージャパン、ファーストリテイリング、ミマキエンジニアリング、ホクト、伊那食品工業、ナガノトマト、日清医療食品、岡谷酸素、戸田中央メディカルケアグループ、相澤病院、佐久総合病院、体力つくり指導協会、コロンビアスポーツウェアジャパン、松本山雅、星野リゾート、JR東日本、地方公務員、各県警察、小・中・高等学校教諭、栄養教諭、防衛省航空自衛隊、大学院進学 ほか

📝 入試GUIDE （2024年度参考）

全入試においてWEB出願を実施しています。
①学校推薦型選抜（指定校・公募）
②総合型選抜（一般・英語・アスリート）
③一般選抜（A・B・C）
④大学入学共通テスト利用選抜（Ⅰ期・Ⅱ期・Ⅲ期・Ⅳ期〈Ⅳ期は教育のみ〉）

　総合経営学部・人間健康学部学力特待生資格　入学者選抜において特に優秀な成績を収めた方に対し、授業料の全額、または半額を免除します。

　教育学部スカラシップ資格　入学者選抜において人物・学業ともに優秀であると認められた方に対し、国立大学と同等の学費が4年間保証されます。

※詳しくは、大学HPをご確認ください。

松本大学松商短期大学部
○商学科／経営情報学科
　大学と同じキャンパスに短期大学部（男女共学）を併設。ビジネスの基礎を学びながら、簿記やコンピュータ、ブライダル、医療事務など将来にあわせた多彩な17フィールドから選んで学べて資格も取れます。創立から70年を超える実績の中で就職率の高さが実証されています。

大学HPで最新情報をチェック
大学の詳細や入試情報、オープンキャンパスなどの最新情報は大学ホームページをご覧ください。
詳しくは　　松本大学　　検索

佐久大学信州短期大学部

〒385-0022　長野県佐久市岩村田2384　入試広報課　TEL 0267-68-6680　〈HP〉https://www.saku.ac.jp/

資料請求		
	請求ハガキ	巻末ハガキ
料　金	無　料	
完成時期	3月末	

TOPICS

福祉マインドを備えた介護・保育・ビジネス人材を育成

　佐久大学信州短期大学部がある長野県佐久市は、地域包括ケアの先進地です。農村医療・地域医療の発祥地と言われ、「健康長寿のまち」としても広く知られています。佐久大学信州短期大学部では、ケア専門職に求められる介護・保育の専門知識や技術だけではなく、地域の課題解決に取り組むことのできる教養と人間性を身につけた人材を育成しています。

■学科組織
●福祉学科
　介護福祉専攻25／子ども福祉専攻25

短大GUIDE

　地域包括ケア先進地の特性を生かし、充実した実習施設や地域の福祉資源を体験できる環境を用意。併設の佐久大学の教員や地域の現場で実際に働く専門職による実践的な授業もあり、福祉を総合的に学ぶことができます。

介護福祉専攻　高齢者や障がいを持つ人を対象とした福祉・介護の専門職としての責任と役割を自覚し、尊厳のあるケアを実践できる介護福祉士を育成。介護技術の基本を習得し、豊富な実習先で実践的な経験を重ね、専門職としての実践力とマネジメント力を養います。
●**取得可能な資格**：介護福祉士国家試験受験資格、社会福祉主事（任用資格）、認知症ケア准専門士、福祉用具専門相談員など
●**想定される進路**：福祉施設、病院、行政機関など

子ども福祉専攻　子どもの健やかな成長や子育てを見守るため、保育・福祉の本質を理解し、幅広い福祉ニーズに対応した相談援助のできる保育士を育成。保健・医療・福祉の多様な科目を学び、実践的な保育技術と指導力を身につけ、多職種との連携にも対応できる力を養います。
●**取得可能な資格**：保育士、社会福祉主事（任用資格）
●**想定される進路**：保育所・保育園、障がい者施設、児童福祉施設、病院、一般企業など

細やかなサポート体制

　少人数教育に加え、各専門分野にキャリア豊富な教員を配置。学生と教員との距離が近く、一人ひとりに目が行き届きます。学修や資格取得のサポートはもちろん、

対人関係や心身の悩みなど、何でも相談できる窓口を複数用意しています。

長期履修制度　3年間または4年間で無理なく学ぶことが可能な制度。「働きながら国家資格を取得したい」といった学生のニーズに対応しています。

卒業後の進路

●**就職率97%**（2023年3月卒業生実績）
　入学当初より担当教員による個別面接を実施し、一人ひとりの進路希望に応じた支援をしています。また、必修科目に「ビジネスマナー」「キャリアプランニング」などの科目を配置し、社会人に必要な基礎力を培います。さらに、授業とは別に開講しているキャリアサポートセミナーを受講することで、キャリアアップに必要なスキルの習得や各種検定、資格取得を目指すことができます。

編入学制度　4年制大学へ編入し、さらなるステップアップを目指す道も開けています。併設の佐久大学人間福祉学部へは学内推薦制度で3年次への編入が可能です。

入試GUIDE（前年度参考）

①総合型選抜（対話型・自己推薦型・自治体選抜型）
②学校推薦型選抜（特別奨学生・指定校制・公募制）
③一般選抜（前期・後期）
④大学入学共通テスト利用選抜（A・B・C・D日程）
⑤社会人・帰国生徒・留学生選抜

奨学金・減免制度

多様な奨学金・減免制度を用意し、学生生活を経済的な側面からサポート。学生の半数以上が何らかの制度を利用しています。
【佐久大学信州短期大学部独自の奨学金・減免制度】
・特別奨学生制度　　・経済支援奨学生制度
・同窓生子女兄弟等学納金減免制度　など
※詳細は短大HPをご確認ください。

オープンキャンパス2024

日程：3/24(日)、4/27(土)、6/23(日)、
　　　7/27(土)、8/18(日)、10/27(日)
※詳細は短大HPをご確認ください。
https://sakura.saku.ac.jp/events/

資料請求方法：巻末ページの「パンフレット一括請求」をご覧ください。

清泉大学 短期大学部

（2025年4月、清泉女学院短期大学より名称変更）

〒381-0085　長野県長野市上野2-120-8　入試広報課　TEL 026-295-1310　〈HP〉https://www.seisen-jc.ac.jp

資料請求

	請求ハガキ	巻末ハガキ
料　金	無　料	
完成時期	4月下旬	

TOPICS
- 「清泉女学院短期大学」は2025年4月より男女共学化し『清泉大学短期大学部』に変わります。
- 「幼児教育科」は42年の歴史を踏まえ『こども学科』へ生まれ変わります。
- 保育実践をよりリアルに学ぶ施設、新演習棟「クリスティーナ館」が2024年春に完成。

■学科組織（2025年度予定・男女共学）
- こども学科※　100

※2025年4月「幼児教育科」より名称変更予定

短大GUIDE

こども学科　こども学科は、「幼児教育科」42年の歴史を踏まえ大幅にアップデートし、旧来の「幼児教育」の枠組みを超えた「近未来の保育者」の育成を目指します。時代や社会の変化と共にこどもを取り巻く環境も大きく変化していることから、時代や地域の保育ニーズに柔軟に対応できる力を養います。これまでよりも幅広い教養と洞察力を身に付け、豊かな人間性を養い、基礎的な学習に加え、ボランティア活動等、地域社会での実践的な活動により、これからの時代に求められる社会的・専門的要素を修得します。幼稚園教諭二種免許状、保育士資格取得を目指し、それに加えて子供に関連付いた資格、児童厚生二級指導員資格、自然体験活動指導者資格、長野県内で唯一取得が可能な、認定絵本士の資格取得ができます。学生と先生との距離が近いことも特徴の一つであり、充実したカリキュラムや実習を通して、コミュニケーション能力や表現力、創造性、感性を養います。

●清泉独自のプログラム「保育者になるための100の体験」　子ども学科の学びの特徴の1つであり、豊かな専門性を身に付けるための独自プログラムが「保育者になるための100の体験」です。学生一人ひとりがこころを動かす大切さを学ぶため、こどもの気持ちになって様々な100個の実体験に取り組みます。幼稚園教諭や保育士になるためには、幼稚園等での教育実習のほか、保育者としての責任や使命、幼児教育の基本、幼児の発達の理解、基礎的な保育技能など、多種多様な学びが必要となりますが、清泉が大切にするのは、実体験を通して素直に『こころを動かす』ことにあります。ワクワクする気持ちを

大切にしながら、好奇心を持ち、主体的に行動し、計画性を持ってこころを柔らかく育てていきます。

CAMPUS情報

新演習棟「クリスティーナ館」　2024年春に保育実践をよりリアルに学ぶ新演習施設「クリスティーナ館」が完成。充実の最新設備を搭載した保育演習室・乳児演習室、ピアノ約30台完備のミュージックラボラトリ、スタジオとしてダンスやお遊戯の練習など多用途に対応可能な表現系自由教室など、保育実践の為の充実した施設となっています。2024年は新演習棟完成を記念して様々な企画や実践、特別講義などを予定しています（詳しくは2024年春以降の公式HPや公式Instagramをご覧ください）。新演習棟でより実践的に保育の専門知識や技術を身につけることができます。

取得できる免許・資格

【こども学科】幼稚園教諭二種免許状、保育士資格、自然体験活動指導資格(NEALリーダー)、児童厚生二級指導員資格、認定絵本士など

入試GUIDE （前年度参考）

① 総合型選抜(特待方式、AO方式、自己推薦方式)
② 学校推薦型選抜(指定校方式、公募方式)
③ 一般選抜(個別試験方式、共通テスト利用方式)
④ 社会人入試　⑤ 帰国生入試

奨学金制度

大学独自の奨学金制度を設置しています。
○ラファエラ・マリアスカラシップⅠ(入学時選考型／入学金全額相当額給付)・Ⅱ(在学時。成績優秀で人物的に優れた学生／年額10万円給付)
このほか、緊急奨学金、貸与奨学金制度などを利用できます。

オープンキャンパス情報（事前予約制）

2024年度オープンキャンパスは3月より来場型で開催を予定しています。
3/30(土)、4/29(祝・月)、6/22(土)、7/20(土)、8/4(日)、8/25(日)、9/14(土)、11/23(祝・土)
詳細はホームページをご覧ください。

資料請求方法：巻末ページの「パンフレット一括請求」をご覧ください。

中部

金沢工業大学

資料請求

	請求ハガキ	巻末ハガキ
料　金		無　料
完成時期		6月

〒921-8501　石川県野々市市扇が丘7-1　入試センター　TEL 076-248-0365　FAX 076-294-1327　https://www.kanazawa-it.ac.jp

TOPICS

2025年4月、文理の枠を超えた新学部設置構想中

2025年4月、文理の枠を超えた6学部17学科体制を構想しています。さらに、学部学科の専門分野に「情報技術」を組み合わせることで、あらゆる分野との連携教育研究を実施し、社会実装型の学び・研究を深めます。

🏛 大学GUIDE

■プロジェクトデザイン教育

問題発見から解決にいたる過程・方法をチームで実践しながら学ぶ、全学生必修の金沢工業大学オリジナルの教育です。学生は5〜6人でチームをつくり、AIやIoT（Internet of Things）を活用しながら、何が社会で必要とされているのかを考え、創出したアイデアは具体化し、実験、検証、評価していきます。

■データサイエンス・AI教育

全学部・学科でAIとデータサイエンスに関する科目を必修科目で学びます。データサイエンスは、社会のさまざまなデータを数学、統計学、コンピュータサイエンスの手法を用いて解析し、社会の発展に役立てる学問です。全学生が所属学科の専門に加え、AI・IoTを活用する基礎知識やプログラミング、ネットワークセキュリティなどデータサイエンスに不可欠なスキルを身につけることができます。

共創教育の拠点のひとつ「Challenge Lab」では学部・学科や教員・企業人・学生などの枠を超えた研究が行われています。

DATA・FILE

- ○教員数……319（教授216　准教授57　講師43　助教3）
- ○学生数……学　部　6,218（男5,382　女836）
- 　　　　　　大学院　517（男437　女80）
- ○蔵書数……約60万冊

(2023年度)

■学部・学科組織・定員（2025年4月予定）

- ●メディア情報学部※1
  メディア情報学科140※1／心理情報デザイン学科60※1
- ●情報デザイン学部※1
  経営情報学科60※1／環境デザイン創成学科40※1
- ●情報理工学部※1
  情報工学科120※1／知能情報システム学科120※1／ロボティクス学科80※1
- ●建築学部
  建築デザイン学科100※1／建築学科100※1
- ●バイオ・化学部
  環境・応用化学科70※2／生命・応用バイオ学科70※2
- ●工学部
  機械工学科120※1／先進機械システム工学科60※1／航空宇宙工学科60※2／電気エネルギーシステム工学科100※1／電子情報システム工学科100※1／環境土木工学科80

※1　2025年4月設置構想中　※2　2025年4月名称変更予定
設置される学部・学科の名称・定員などは予定につき、変更になる場合があります。

■課外活動プロジェクト

授業での学びを課外で実践し学びを深めることのできる、アカデミックな課外活動があります。12の夢考房プロジェクトでは、ロボットやソーラーカー、小型無人飛行機などを製作し、国内外の大会に挑戦しています。学科プロジェクトでは、医工連携や建築模型制作、心理学、SDGs、プログラミングなどをテーマに、さまざまなプロジェクトが活動を行っています。

✏ 新学部・学科

メディア情報学部※1

メディア情報学科※1　最新の情報テクノロジーと映像・音楽・Web・AR・VRなどのコンテンツ制作のための感性の基礎、デザインを学びます。

心理情報デザイン学科※1　心や脳・神経の仕組みと働き、情報技術を用いた測定・評価の技術を学び、産業・社会・臨床場面で活用するための手法を学びます。

KITコーオプ教育

産学協同教育「コーオプ教育」では、データサイエンスやサイバーセキュリティなどをテーマに企業の専門技術者が特別講義を実施し、受講者の中から選抜された学生が企業に数カ月間勤務。実務に従事することで企業が持つ最先端の技術を実践的に学ぶことができます。

情報デザイン学部※1

経営情報学科※1 経営情報における「マネジメント・マーケティング・金融・情報通信」の４分野を融合的に探究し、ビジネスを通じてSDGs／持続的な社会を実現するために種々な社会課題を解決できる人材を育成します。

環境デザイン創成学科※1 環境学、経営、文化、芸術、工学・技術を広く学び、地域から地球規模におよぶさまざまな課題に、文理融合の視点で探究し、持続可能な新しいビジネスや社会システムをプロジェクトを通して創造できる人材を育成します。

情報理工学部※1

情報工学科※1 コンピュータのハードウエア・ソフトウエアの技術、情報セキュリティやブロックチェーンといったネットワーク関連技術を身に付けます。

知能情報システム学科※1 コンピュータについて、人工知能やデータサイエンスに関する技術、XR（VR/MR/AR）、量子コンピューティングなどの先端技術を学びます。

ロボティクス学科※1 社会や生活に役立つロボットや、新しい知能機器システムを創造できる技術者を育成します。

建築学部

建築デザイン学科※1 住宅・インテリアから都市にいたる多様な環境の建築・設計に関わる専門知識とデザイン力を身に付けます。

建築学科※1 建築構造、建築環境・設備、建築材料・構法などの建築エンジニアリングを学び、持続可能な社会と環境の構築に貢献できる人材を育成します。

バイオ・化学部

環境・応用化学科※2 環境化学や有機・バイオ物質化学と無機物質化学とを融合した機能化学を学び、化学の分野で人や社会に役立つものづくりに関わることができます。

生命・応用バイオ学科※2 バイオ工学、ゲノム解析や遺伝子解析に関する遺伝子工学、人間の行動や感覚の仕組みを説明する脳科学を主に学びます。

工学部

機械工学科※1 ものづくりの基礎ともいえる機械の設計、材料、エネルギーの技術等について学びます。

先進機械システム工学科※1 最新のものづくりに必要な、デジタルテクノロジーを活用した設計・応用技術、新材料を学びます。

航空宇宙工学科※2 航空機や宇宙機の仕組みを学びます。本格的なフライトシミュレータがあり、航空機の制御をリアルに学べます。

電気エネルギーシステム工学科※1 グリーン社会の基盤構築を目指し、最新の電気エネルギーや電気材料技術を体系的に広く学びます。

電子情報システム工学科※1 スマート社会実現に向けて「仮想空間と現実空間の融合」のための基盤技術である半導体エレクトロニクス、通信・電波および音響・映像の技術を学びます。

環境土木工学科 環境技術・防災技術・地域政策を総合的に学び、環境を創造できる人材を育成します。

奨学金

●学費を国立大学並みに

金沢工業大学の特別奨学生制度は授業と課外活動の両面で優れた成果を収め、リーダーとなる人材の育成を目指す制度です。スカラーシップフェローには国立大学標準額との差額が、スカラーシップメンバーには年額25万円が給付されます。（2024年度）

卒業後の進路

●全国から集まり、再び全国へ

KITは学部学生6,218人の72.5%が石川県外出身者で占められ、47都道府県から学生が集まる全国区の大学です。就職先の企業も全国に広がり、2023年３月卒業生の就職内定率は99.9%、就職者1,109人の71.9%が上場企業・大手企業、公務員・教員に就職しています。

2023年３月卒業生の主な就職先 アイシン、大林組、カシオ計算機、鹿島、京セラ、小松製作所、JR西日本、清水建設、スズキ、SUBARU、セイコーエプソン、積水ハウス、ソフトバンク、大成建設、大日本印刷、大和ハウス工業、竹中工務店、テルモ、TOTO、TOPPAN、NTT西日本、ニデック、NEC、北陸電力、本田技研工業、ヤマハ発動機、LIXIL　など

入試GUIDE (2024年度実績)

① 一般試験A・B
② 大学入学共通テスト利用A・B・C
③ 一般試験B・共通テストプラス
④ 推薦試験A・B
⑤ 目的志向型入学（AO入学）
⑥ 専門高校特別選抜

物語の始まりへ

研究や夢考房プロジェクトなど、さまざまな活動に一生懸命取り組んでいる学生を紹介する動画サイト「物語の始まりへ」。約880人の学生の姿が180秒の動画でご覧いただけます。ぜひご覧ください。
【物語の始まりへ】 https://kitnet.jp/monogatari

オープンキャンパス

5/12(日)、7/13(土)・7/14(日)、9/22(日)に開催を予定しています。詳細はwebサイトでご確認ください。

資料請求方法：巻末ページの「パンフレット一括請求」をご覧ください。

金沢星稜大学

〒920-8620　石川県金沢市御所町丑10-1　入学課　TEL 076-253-3922　〈HP〉https://www.seiryo-u.ac.jp/u/

資料請求

	請求ハガキ	巻末ハガキ
料　金		無　料
完成時期		6月上旬

TOPICS
- ●星稜独自の「特待生制度」が充実！　条件を満たす成績優秀者には、学費や通学費または住居費などの補助を設けており、真摯に勉学に励む学生をサポートしています。
- ●就職といえば星稜！　公務員や教員、税理士などの難関試験突破プログラム「CDP」や、ユニークかつ結果に結び付く独自の就職支援で納得の進路を実現。

🏛 大学GUIDE

経済学部

●経済学科　理論と実務能力を兼ね備えた、社会で即戦力となる人材を育成します。国家から家計まで、さまざまな経済主体における経済活動の動きをとらえて学び、実用的な専門知識をもとに課題解決へとつなげます。経済学の基礎を学んだ後、データを読解し分析する力をつけ、ビジネス現場で役立つ説得力のある説明方法を学びます。3年次からは専門ゼミナールで実地調査などを通じて学び、卒業研究報告書へとつなげます。

●経営学科　企業経営に関する組織・経営戦略について実質的に学び、社会で活躍できるビジネスパーソンを育てます。身近な事例を通して、経営におけるマネジメントの仕組みと、企業や社会の構造・機能に関する基礎知識を身につけます。「マネジメント」「会計」「法学」などの領域の専門性を高める学修プログラムがあり、多彩な専門科目から幅広い知識を学ぶとともに、変化の激しいグローバル社会にも適応できる視点も養います。

●地域システム学科（2024年4月新設）　持続可能な社会づくりや地域のDX化に貢献する人材の育成を目的として、2024年4月、経済学部に「地域システム学科」を設置します。地域の多様な組織が協働して行う経済活動のしくみや、制度や政策を地域の歴史・文化・社会福祉・環境などと関連付けて理解し、ICT技術を組み合わせて地域の価値を共創できる人材の育成を目指します。

■学部・学科組織（2025年度予定）

- ●経済学部　経済学科220　経営学科135　地域システム学科85
- ●人間科学部　スポーツ学科75　こども学科68
- ●人文学部　国際文化学科45　国際英語学科30※
- ※2025年4月新設予定

人間科学部

●スポーツ学科　中高の保健体育科教員、特別支援学校教員、スポーツ指導者などを目指す「スポーツティーチング」および「スポーツコーチング」、スポーツ組織運営者や健康・スポーツ関連企業、公務員などを目指す「スポーツマネジメント」の3つの分野から、自分の将来像や資質に合わせて学びます。オリンピック代表経験者やトップアスリートのサポートにおける第一人者など、スポーツ現場の最前線で活躍する教授陣からの指導により、「生きた」指導力を身につけることができます。フィールド活動や野外実習も豊富で、学内外で多様な経験を積みます。

●こども学科　保育・教育双方の知識を有し、地域社会における「こども」の諸問題を把握し、その解決に貢献できる「こどもスペシャリスト」を目指します。小学校教諭一種免許状と幼稚園教諭一種免許状、もしくは幼稚園教諭一種免許状と保育士資格の同時取得が可能です。キャンパス内にある「ピアッツァ工房」は、こども学科の中心的な学びの空間。あそび、リズム、表現、造形、実験、ナースリー、クッキングの7つの工房で構成され、

取得できる免許状・資格

【経済学科】中学校教諭一種免許状（社会）、高等学校教諭一種免許状（公民）【経営学科】高等学校教諭一種免許状（商業）【スポーツ学科】中学校教諭一種・高等学校教諭一種免許状（保健体育）、特別支援学校教諭一種免許状【こども学科】小学校教諭一種免許状、幼稚園教諭一種免許状、保育士資格【国際英語学科※】中学校教諭一種・高等学校教諭一種免許状（英語）　※2025年4月新設予定

CDP（キャリア・ディベロップメント・プログラム）

公務員、教員、税理士の、独学では合格困難な難関試験の現役合格を目指す、独自の教育プログラム。専門スタッフが最終合格まで徹底指導します。大学内で質の高い講座を受講でき、ダブルスクールよりも安価なため、経済的に効率よく学習できます。成績優秀者には受講料が免除になる報奨制度もあります。

実践的に学ぶ場として活用するとともに、こどもたちと学生たちとの交流の場として地域へも開放しています。

人文学部

●国際文化学科 世界に目を向け、日本の価値観を見出すグローバル人材の育成を目指します。全学生が海外の協定校などに留学し、加速度的に変化するグローバル社会において、確立した自己と柔軟な対応力を持った人材となり、世界へと羽ばたきます。

●国際英語学科 国際英語とは政治や経済、教育などの国際的な場面において相対的に用いられる英語です。全員早期留学（1年次後期）を通して、世界の多様な価値観を理解し、英語での交渉力や対話力、グローバル社会でキャリアを築く実務能力を持った人材を育成します。

（※2025年4月新設予定）

留学支援

国内外の社会の変化が激しい昨今、語学や異文化に触れる重要性は高まっています。金沢星稜大学では、海外経験を通して得られる学びをきわめて重要なものと位置づけ、学生の目的や目標に応じたさまざまな海外留学プログラムを展開しており、協定校は、アジア、欧州、オセアニア、北米の20カ国・地域61大学にのぼります。多様な留学制度を利用し、人文学部だけでなく、経済学部や人間科学部の学生も海外へ渡っています。また、助成金制度も充実しており、帰国後の語学力の伸びに応じて報奨金も支給される制度があります。

特待生制度 （2024年度参考）

独自の2つの特待生制度があり、併用も可能です。

【成績優秀特待生制度】 ▼一般選抜（大学入学共通テスト利用方式［A日程］）において成績上位で合格した入学者 ▼CEFR「B1」以上を保持し、学校推薦型選抜（公募制方式/指定校方式）または総合型選抜（プラス1方式）で一定水準を超える成績で合格した国際文化学科の入学者に、1年次は年間授業料から96万円免除。2年次以降は学業成績により選考し、年間授業料から60万円免除。

【家賃・遠距離通学費支援制度】 金沢星稜大学が指定するエリアに居住し、一般選抜（一般方式［A日程］／一般＋共通テスト併用方式［A日程］）に成績上位で合格した入学者に、通学費用またはアパート等の住居費を補助（月額上限20,000円×12カ月）。

卒業後の進路

多くの卒業生が難関企業・上場企業で活躍しているため、企業側からも高い評価を得ています。独自の就職支援、各種資格・検定試験支援が多彩なことが特長です。フェリーの船内でロジカルシンキングやディスカッションのノウハウを学ぶ「ほし☆たび」や、1泊2日の就職合宿のほか、金融・マスコミ業界など人気企業・難関企業への就職を目指す学生のための対策講座「MOONSHOT講座」があります。長期休暇中に行われる「MOONSHOT abroad!!」では、英語をマンツーマンで学び視野を広げます。スキルアップを目指す学生のためには、エクステンション講座を開講。日商簿記、FP技能士、ITパスポート、宅地建物取引士、旅行業務取扱管理者などビジネスに必要な資格取得をバックアップしています。また教員志望者をきめ細やかにサポートする教職支援センターを設置しています。

過去3年間の主な就職先 国家公務員（大阪税関、名古屋出入国在留管理局、石川労働局、北陸農政局など）、国税専門官、裁判所職員一般職、県職員（石川県ほか）、市町職員（金沢市ほか）、小・中高教員、公立保育士、警察官、消防士、日本銀行、三菱UFJ銀行、あおぞら銀行、三井住友信託銀行、北陸銀行、あいおいニッセイ同和損害保険、東京海上日動火災保険、小松製作所、清水建設、金沢村田製作所、全日本空輸、NTT西日本、JR西日本、日本年金機構 など

CAMPUS情報

JR金沢駅からバスで15分の街中に程近いキャンパスです。加賀・能登・富山方面からのアクセスも抜群、学生専用駐車場があるため自動車通学も可能です。キャンパス内には簡易郵便局やコンビニなどもあり、一人暮らしの学生や遠方から通学する学生にも便利な環境です。

新入生全員にiPadを無償で貸与します

全新入生を対象に、タブレットを無償で貸与しています。授業の事前・事後学習に加え、オンライン授業の受講、レポート課題の作成・提出など、学習のあらゆる場面で活用が可能です。全学的なデジタルトランスフォーメーション（DX）を推進し、これからの時代に求められるICT教育を推進します。

資料請求方法：巻末ページの「パンフレット一括請求」をご覧ください。

北陸学院大学

〒920-1396 石川県金沢市三小牛町イ11 アドミッションセンター TEL 076-280-3855 〈HP〉https://www.hokurikugakuin.ac.jp/univ/

資料請求

	請求ハガキ	巻末ハガキ
料 金		無 料
完成時期		6月上旬

TOPICS
保育・教育、社会・心理、栄養の学びを通し
地域をつくる「自分未来をはじめよう」

■学部・学科組織
● 教育学部 　幼児教育学科
　　　　　　　初等中等教育学科
● 社会学部 　社会学科(現代社会・国際理解コース、政治経済・経営コース、心理・カウンセリングコース、環境福祉マネジメントコース、情報・司書コース)
● 健康科学部 栄養学科(管理栄養士養成課程)

🏛 大学GUIDE

　北陸学院大学は「Realize Your Mission (あなたの使命を実現しよう)」をスクールモットーに少人数制を重視し、それぞれの能力、個性、才能を伸ばす教育を展開。また、全学部・学科で地域の未来をつくるさまざまな地域連携事業を推進しています。学部・学科を横断して多くの学生が共に考え、行動することで、地域の未来に貢献しています。

　教育学部　幼児教育・初等中等教育の各教育課程を学科として専門的に学び、1年次～4年次までの段階を踏んだ独自の教育プログラムにより、実践力のある保育者・教育者を育成します。アドヴァンスト・プログラムを受講すると、保育士、幼稚園教諭、小学校教諭の3つの資格・免許が取得可能です。

　社会学部　「現代社会・国際理解」「政治経済・経営」「心理・カウンセリング」「環境福祉マネジメント」「情報・司書」という5つの履修モデルコースを設け、クロスオーバー型の学びを通じて幅広い実践力を備えた人材を育成します。

　健康科学部　食を通じて地域社会と人々の健康で豊かな生活に貢献し、栄養と健康に関わる諸問題について広く探究する管理栄養士を育てます。また、1年次から国家試験の対策プログラムを実施しています。

🏃 卒業後の進路

　学生一人ひとりが目指す将来像や夢の実現に向けて、11のキャリア支援・就活向け講座や、年間90回以上開催する公務員支援対策講座、1年次から始まる管理栄養士試験対策講座など多彩な講座を用意しています。また、教員採用試験に特化した教職支援室も設置。充実したサポート体制があります。

　就職率　98.5%（2023.3卒業生）

💡 成績優秀者奨学金

　入試の得点率に応じて採用を決める奨学金制度です。入学後も一定の基準を満たす成績を修めることで、4年間継続して奨学金を受けることができます。また、総合型選抜A・B日程、学校推薦型選抜の合格者も、一般選抜[一般制]第Ⅰ期のチャレンジが可能。

入試方法	奨学金額 (年額)	得点率
一般選抜[一般制] 第Ⅰ・Ⅱ期	80万円	90%以上(全体の上位5位のみ)
	45万円	80%以上
	20万円	70%以上
一般選抜[大学入学共通テスト利用制]	15万円	75%以上

取得できる免許・資格
● 教育学部　[幼児教育学科]幼稚園・小学校教諭一種免許状、保育士資格、幼稚園心理士　[初等中等教育学科]幼稚園・小学校教諭一種免許状、中学校・高等学校教諭一種免許状(英語)、准学校心理士
● 社会学部　社会福祉士(国家試験受験資格)、公認心理師(養成カリキュラムを設置)、司書、社会調査士、認定心理士、スクールソーシャルワーカー
● 健康科学部　管理栄養士(国家試験受験資格)、栄養士、栄養教諭一種免許状、食品衛生管理者・食品衛生監視員(任用)

オープンキャンパス
各学部・学科の教育内容が分かる模擬授業や、入試情報が分かるオープンキャンパスを実施。日程の詳細はWEBサイトで!

資料請求方法：巻末ページの「パンフレット一括請求」をご覧ください。

金沢星稜大学女子短期大学部

〒920-8620　石川県金沢市御所町丑10-1　入学課　TEL 076-253-3922　〈HP〉https://www.seiryo-u.ac.jp/c/

TOPICS
- ●キーワードは「2年で4年を超える」　社会に出てすぐに役立つ知識とスキル、社会人としての教養と感性を備えた人材を育成します。2年間の短期集中学習で即戦力を身につけます。
- ●就職に強い！北陸唯一のビジネス系女子短大　開学以来、卒業生が地元の企業で活躍してきました。その結果、石川の企業から「採用するなら星短生」という評価を受けています。

■学科組織
- ●経営実務科　98

経営実務能力を育成

　「採用するなら、星短卒」その呼び声の高さには理由があります。金沢星稜大学女子短期大学部では、社会人に必要な知識・教養・マナーを身につけ、さらに専門的なビジネス知識やスキルを修得できるよう「基礎科目」「教養科目」「専門科目」からなるカリキュラムを構成しています。基礎から学ぶことで、社会に出て即戦力として活躍できる地域社会のキーパーソンの育成を目指しています。4年制大学に負けない濃く充実した学びを通じ、「2年で4年を超える」納得のいく進路を見出し、多くの卒業生が社会で輝く女性（ひと）として、未来に羽ばたいています。
●即戦力となる経営実務の教育　経営学の知識や簿記・会計・税務能力、Word、Excel、PowerPointなどのITスキルや接遇能力、さらに英語などの語学力を磨き、ビジネスの現場で生かされる経営実務能力の育成をカリキュラムの中心に据えています。

CAMPUS情報

　JR金沢駅からバスで15分、石川県内の短大の中で、もっとも金沢駅に近い街中に隣接するキャンパス。加賀・能登・富山方面からもアクセス抜群の好立地です。

卒業後の進路

　例年、全国トップクラスの就職実績を誇っており、2023年3月卒業生の名目就職率は99.1%（就職希望者に対する就職者数）。その理由は、学生の意欲と人間性を第一に育んだ上で、キャリア意識を養い、経営実務の知識を修得しているからです。必修科目でキャリア教育を行い、さらにガイダンス、個別の指導・相談まで連動し

た就職指導体制により、確かな就職実績を実現しています。また、独自の就職支援も多彩で、洋上就職合宿「ほし☆たび」や、「就職合宿」などでは、面接試験や筆記試験対策も徹底的に行っています。

MOONSHOT講座　人気企業・難関企業への就職を目指す学生のための就職対策講座。プロの講師を迎えた面接対策、ヘアメイク講座など、実践的な講座を行います。「MOONSHOT abroad!!」では、長期休暇中に英語をマンツーマンで学び、異文化に触れ視野を広げます。

過去3年間の主な就職先　国家公務員（金沢地方法務局等）、地方公務員（石川県、富山県、金沢市等）、税務職員（金沢国税局）、裁判所職員、北陸銀行、富国生命保険、今村証券、日本通運、日本郵便、積水ハウス、アイ・オー・データ機器、EIZO、金沢村田製作所、澁谷工業　等

独自の特待生制度が充実（2024年度参考）
【家賃・遠距離通学費支援制度】指定するエリアに居住し、学校推薦型選抜［公募制方式（一般／専門学科・総合学科）］と一般選抜［一般方式（A日程）］において成績上位で合格した入学者に、通学費用またはアパート等の住居費を補助（月額上限20,000円×12カ月）。
【簿記・公務員特待生】学校推薦型選抜［簿記検定特待生方式（日商2級）／簿記検定特待生方式（全商1級）］、総合型選抜［CDP特待生 自己PR方式］、一般選抜［CDP特待生一般方式・大学入学共通テスト利用CDP特待生方式］の合格者のうち、1年次の「CDP会計」「CDP公務員」受講者に1年次前期の授業料を全額または半額免除。1年次後期以降は、CDP講座の成績により再選考。
※特待生制度は併用が可能。年間授業料を上限とします。
　次年度以降、制度内容が変更となる場合があります。詳しくはWebサイトをご覧ください。

CDP（公務員コース／会計コース）
公務員や会計・経理職を目指す学生のための独自のカリキュラムです。ダブルスクールせずとも質の高い授業が受けられるため、経済的・時間的負担が少ない中で勉学に励むことができます。例年、地方公務員だけでなく、国家公務員にも複数の合格者を輩出しています。

目指せる検定・資格
マイクロソフトオフィススペシャリスト（MOS）、Webクリエイター能力検定、税理士、税務会計能力検定、簿記検定、ファイナンシャルプランニング技能検定、秘書技能検定、TOEIC®、TOEFL®、日本語検定、コンピュータサービス技能評価試験、ビジネス実務マナー検定、医療事務技能審査試験、国内旅行業務取扱管理者　など

資料請求方法：巻末ページの「パンフレット一括請求」をご覧ください。

福井工業大学

〒910-8505　福井県福井市学園3-6-1　入学センター　入試広報課　📠0120-291-780　〈HP〉https://www.fukui-ut.ac.jp/　〈E-mail〉kouhou@fukui-ut.ac.jp

資料請求		
	請求ハガキ	巻末ハガキ
料　金	無　料	
完成時期	5月中旬	

TOPICS　「宇宙」「AI&IoT」「まちづくりとデザイン」「スポーツと健康」「ロボティクス」あらゆる分野において、地域の課題から地球規模の問題までチャレンジする文理融合の工科系総合大学です。

■学部・学科組織
- ●工学部　電気電子情報工学科80／機械工学科70／建築土木工学科70／原子力技術応用工学科20
- ●環境学部　環境食品応用化学科30／デザイン学科50
- ●経営情報学部　経営情報学科100
- ●スポーツ健康科学部　スポーツ健康科学科80

🏫 大学GUIDE

福井工業大学は、4学部8学科の工科系総合大学です。幅広い専門性を備えた国際化時代にふさわしい人材の育成に取り組みます。

工学部　●電気電子情報工学科／電気・電子・情報工学は、機械、エネルギーシステム、宇宙、農業分野などあらゆる分野で活用される重要な技術です。これらの技術につながる基礎知識をハード・ソフトの両面から学ぶとともに、社会が求める技術者を育成します。

●機械工学科／機械材料や機械加工の分野に加え、ロボットや自動車、省エネなど、開発から製造まで幅広い基礎知識を身に付け、時代が求める技術者を育成しています。

●建築土木工学科／建築物、道路や橋などのインフラや、構造物を設計し築く技術を学びます。建築と土木、両方の視点から追究することで、さまざまな観点からものごとを捉える力を習得。多様化する社会に求められる人材を育みます。

●原子力技術応用工学科／「原子力」が名前に付く数少ない学科の一つです。原子力・放射線分野の専門知識・技術を身に付け、安全で安心な日本のエネルギー技術の未来を担う人材を育んでいます。

環境学部　●環境食品応用化学科／化学を基盤に「環境」「食品」「バイオ」について学び、環境保全、食糧の安定的確保、食品の安全・安心やSDGsなどの重要課題について、解決・改善できる能力を養います。

●デザイン学科／新たな生活文化を創造し、生活をより豊かにできるデザイナーを育成します。都市デザイン、プロダクトデザイン、Webデザインなど、専門分野を将来の進路に合わせて選択できます。

経営情報学部（2023年4月開設）　●経営情報学科／アプリケーション制作や機械学習といった情報技術、マーケティングやファイナンスといった企業経営の根幹、統計学などを用いて情報を読み解くデータ解析のスキルなどを身に付けます。理系・文系の垣根を飛び越え、ビジネスの現場や実社会の課題解決につながる専門知識と技術を育んでいきます。

スポーツ健康科学部　●スポーツ健康科学科／科学的な視点からスポーツと健康に関する理解を深め、スポーツの振興や健康の維持・増進に貢献できる人材を育成します。

🏃 就職サポートシステム

キャリアセンターでは、キャリアカウンセラーなどの専門職員を学科ごとに配置し、随時、個別相談を実施しています。2022年度卒業生の就職実績は99.2%。進路先満足度では95.1%。1年次から段階を踏んだキャリア教育や、学生の成長を促す「キャリアリーダーズキャンプ」や「海外インターンシップ」といった独自プログラムにより、高い就職率だけでなく100%の進路先満足度を目指しています。

主な就職先（2021年3月卒～2023年3月卒）　東京電力ホールディングス、関西電力、ニデックマシンツール、JR西日本、日産自動車、日本製鉄、東亞合成、NTTファシリティーズ、北陸電気工事、きんでん、飛島建設、熊谷組、大和ハウス工業、SCSKニアショアシステムズ、セーレン、前田工繊、松浦機械製作所、ALL CONNECT、福井銀行、福井信用金庫、日本原子力研究開発機構、警視庁、福井県庁など

▶ 学生がデザインしたバスが完成

鯖江市のコミュニティバスの新車両の導入に伴い外装デザインをリニューアルしたいという要望が福井工業大学の「まちづくりデザインセンター」にありました。デザイン学科教員の指導のもと、学生たちが考案し、提案した1案が採用されました。こうした実践の場を通して、地域の方々に寄り添うまちづくりを体験しながら学んでいます。

▶ JAXAとの共同研究

2020年にJAXAとの共同研究契約を締結。2022年夏に3.9mのパラボラアンテナを整備しました。今後は13.5mのパラボラアンテナを新たに整備し、月探査用衛星地上局の開発と性能実証の共同研究を行います。このような規模と性能を有する衛星地上局は大学・民間では国内唯一です。

資料請求方法：巻末ページの「パンフレット一括請求」をご覧ください。

朝日大学

資料請求

	請求ハガキ	巻末ハガキ
料　金	無　料	
完成時期	6月中旬	

〒501-0296　岐阜県瑞穂市穂積1851　入試広報課　TEL 058-329-1088　〈HP〉https://www.asahi-u.ac.jp/

TOPICS

- ●充実した返還不要の大学独自の奨学金
- ●就職・難関資格試験に強い
- ●3つの医療機関を併設し実習や健康管理をサポート

■学部・学科組織

- ●保健医療学部
  - 看護学科80／健康スポーツ科学科120／救急救命学科40※
- ●法学部　法学科80
- ●経営学部　経営学科100
- ●歯学部　歯学科128

※2025年4月設置構想中。設置計画は予定であり内容が変更になる場合があります。

資格試験に強い朝日大学

公認会計士試験
2014〜2023年度
合格者累計実績　　**63人**

双方向に交流しており、毎年36人の学生が海外の歯科医療現場を体験。卒業後も生涯研修で最新の歯科医学を学ぶ機会をサポートします。

🏛 大学GUIDE

保健医療学部

●**看護学科**　朝日大学病院と連携し、高度な知識と技術を習得。地域の保健・医療・福祉の発展に貢献する、豊かな心をもつ看護専門職を目指します。

●**健康スポーツ科学科**　スポーツを将来に生かすため、健康科学やスポーツ科学の専門知識、高度なスポーツ実践能力と指導力を養います。スポーツ関連企業、クラブ運営管理者、保健体育の教員など、スポーツを通じて社会貢献できる力を身につけます。

●**救急救命学科**（2025年4月設置構想中）
大学病院を有する大学の環境を生かし、救急医療の現場経験がある医師や救急救命士の資格を持った教員が指導します。

経営学部　現役学生の公認会計士試験合格者を多数輩出する高度な会計教育、マーケティングを実践的に体験できる商品開発、連携企業によるインターンシップや海外研修から、経営の実際を知り、企業、社会、世界と関わりながら学びます。

法学部　毎年、多くの公務員合格者を輩出する法学部では、カリキュラムの中で公務員試験対策を実施。問題の本質を見抜き、解決できる能力を身につけます。

歯学部　人間的知性に富み、信頼される歯科医師を育成します。医科を併設した大学病院で、全身管理を含めた歯科医療が学べます。また、開学以来、世界の大学と

🏃 卒業後の進路

全国から学生が集まる朝日大学では、出身地を問わず希望する就職が実現できるよう、個別にきめ細かくサポートし毎年、高い就職率を維持しています。

2024年3月卒業生の主な内定先　警視庁、法務教官、刑務官、岐阜県警察、羽島市役所、大垣共立銀行、富山銀行、第一生命保険、JAぎふ、JR東日本、JR西日本、ANAエアポートサービス、トヨタ自動車、豊田ケミカルエンジニアリング、積水ハウス、岐阜トヨペット、トーカイ、関西電力パワーテック、バローホールディングス

💡 手厚いサポート体制

返還不要の各種奨学金制度の充実に加え、朝日大学病院など3つの併設医療機関における在学中の診療費補助や、無料スクールバスなど学生生活全体にわたるサポート体制を整備しています。

▶ **充実した奨学金制度**

高校の学業成績や、入試成績などに応じて大学独自の奨学金を給付します（歯学部は除く）。入学後も条件を満たすことで最高4年間の継続受給が可能で、卒業後の返還は不要です。※学部により異なります。詳しくはお問い合わせください。

資料請求方法：巻末ページの「パンフレット一括請求」をご覧ください。

岐阜聖徳学園大学
ぎ　ふ　しょうとく　がく　えん

羽島キャンパス〒501-6194　岐阜県岐阜市柳津町高桑西1-1
岐阜キャンパス〒500-8288　岐阜県岐阜市中鶉1-38

入学広報課　TEL 058-278-0727　〈HP〉https://adm.shotoku.ac.jp

TOPICS
2025年4月、伝統ある大学が新たなスタートを迎えます。
人文学部を新たに設置。徹底した実践教育で定評がある教員養成力と就職率の高さはそのままに、大胆なカリキュラムの見直しで、時代に求められる人材の育成を目指します。

大学GUIDE

教育学部　学校教育課程では50年の伝統の中で培った独自の教員養成システムで即戦力の教員養成を目指しています。教育の「今」に対応できる実践力と先進性を併せもつ教育者を育成していきます。そのために、1年次から各専修において教科にかかわる専門科目を開講しています。また、実体験を重ねながら教員としての真の力を高めるため、「クリスタルプラン」を導入しています。「クリスタルプラン」では、1年次から子どもたちとふれあう機会を設け、授業や学級経営の参観を経て3年次で教育実習を行い、段階的な学びで確かな実践力を身につけます。こうした実習を行うために、延べ350校を超える実習先（小・中学校、幼稚園）と連携しています。

人文学部　「英語英米文化専攻」「日本語日本文化専攻」「歴史地理専攻」の3専攻を設置。AI時代に人間と文化を学びます。それぞれの専攻で即戦力になるコミュニケーション能力と多様性への理解力を身につけていきます。具体的には、数理・データサイエンス・AI教育の豊富な科目の開講、「地域創生探求」をはじめとした多彩なフィールドワークで、机上だけの理解ではなく、的確に地域の魅力を発信します。英語コミュニケーションスキル向上のため、留学や国際インターンシップのプログラムを準備しています。

経済情報学部　「人間心理と経済を学ぶ（経済）」「ビジネスを学ぶ（経営）」「情報技術の活用を学ぶ（情報）」の3つの分野を構成する幅広い履修科目の中から、興味や将来の進路に合わせて効率的に学ぶことができます。さらに、膨大なデータから価値を読み取り活用する「データサイエンス」に必要な能力を養える授業を開設しています。また、地元優良企業や自治体と産官学連携協定を結んでおり、課題解決型授業や経営者による特別講義を通して、最新の経済情勢にふれることができます。2年次にイン

ターンシップの科目も開設し、就職活動に必要な知識や技術を着実に修得します。

看護学部　看護師に必要とされる高い専門性とともに相手の悲しみや苦しみ、悩みといった「こころ」に寄り添える看護師の養成を目指しています。医療に対するニーズが多様化する中、本学部でも「チーム医療」や「多職種連携」を推進するため、講義や演習などで他学部生と共に学ぶ授業を設けています。多様な価値観にふれ、看護師に求められる共感性やコミュニケーション能力を磨きます。学年をこえた縦の学び、学部をこえた横の学びをカリキュラムに盛り込んでいます。その他、海外の医療施設見学や看護学部生との交流を行うプログラムもあります。2023年3月卒業生の看護師国家試験合格率97.8%、保健師国家試験合格率は100%でした。

■学部・学科組織・定員
※人文学部の定員は届出後に公表
●**教育学部**
学校教育課程330〈国語専修、社会専修、数学専修、理科専修、音楽専修、体育専修、英語専修、保育初等教育専修（2025年4月変更予定）、特別支援教育専修、学校心理専修〉
●**人文学部**（2025年4月設置構想中）
人文学科〈英語英米文化専攻、日本語日本文化専攻、歴史地理専攻〉
●**経済情報学部**
経済情報学科150
●**看護学部**
看護学科80

取得資格
●**教育学部**
・小学校教諭一種免許状
・中学校教諭一種免許状〈保育初等教育専修を除く各専修教科〉※
・高等学校教諭一種免許状〈保育初等教育専修を除く各専修教科〉※
・幼稚園教諭一種免許状
・特別支援学校教諭一種免許状（知的障害者）（肢体不自由者）（病弱者）〈特別支援教育専修〉
・保育士証〈保育初等教育専修〉

Yawaragi Basis
●学部縦断型の教養教育
　人文・社会・自然の「総合知」を育む学び
　サイエンス科目群を新設。スポーツ関連科目の拡充により、競技パフォーマンスの追求とスポーツ経験を生かしたキャリア形成を促進します。

DX推進センター
●すべての学部でDX教育を推進
　データサイエンス入門は全学部1年次の必修科目
　社会のあらゆる分野で必要とされるICTに関する知識をすべての学部で学習。職場のデジタル化を推進できる人材を育成します。

・学校図書館司書教諭資格
・博物館学芸員〈国語・社会・理科専修〉 など
※特別支援教育専修及び学校心理専修の学生が選択できる中学校教諭一種免許状の教科は「国語」「社会」「数学」「理科」「音楽」「保健体育」「英語」のいずれか一つ、高等学校教諭一種免許状の教科は「国語」「地理歴史」「公民」「数学」「理科」「音楽」「保健体育」「英語」のいずれか一つです（「地理歴史」と「公民」は同時取得可）。どちらも受け入れ人数に制限があります。

●人文学部（2025年4月設置構想中）
・中学校教諭一種免許状（国語・社会・英語）
・高等学校教諭一種免許状（国語・地理歴史・英語）
・学校図書館司書教諭資格
・本願寺派教師資格

●経済情報学部
・中学校教諭一種免許状（数学）
・高等学校教諭一種免許状（数学・公民・情報・商業）
・学校図書館司書教諭資格
・本願寺派教師資格

●看護学部 ＊は同時取得不可
・看護師（国家試験受験資格）
・保健師（国家試験受験資格）〈選択制＊〉※人数制限あり。保健師免許取得後、申請により養護教諭二種免許状、第一種衛生管理者資格取得可能
・養護教諭一種免許状〈選択制＊〉※人数制限あり

CAMPUS情報

　教育学部・人文学部・看護学部は羽島キャンパス、経済情報学部は岐阜キャンパスにあり、アットホームな明るいキャンパスです。図書館、総合体育館、ラーニングコモンズ、デジタルスタジオ、学生会館、学生食堂、コンビニなど、学生生活をサポートする施設がそろっています。

留学情報

　海外留学は、語学を学ぶだけでなく、国際的な視野を広げ、人間的にも成長できる貴重な体験です。アメリカ、カナダ、ニュージーランドなどにある12大学と提携し、国際交流を深められる留学制度が充実しています。海外協定校に留学する派遣留学、協定校以外に留学する認定留学の2種類の制度があり、いずれも奨学金の支給対象です。経済情報学部でも短期留学制度を開始します。

中部

卒業後の進路

　一人ひとりの適性や長所を生かした就職が実現できるように、就職指導は基本的にマンツーマンで行います。就職に対する意識を持つために、1年次から就職支援プログラムが用意され、資格試験の対策講座、職業別採用試験対策講座、3年次には年2回の就職合宿などを実施しています。学生の就職活動をフルサポートすることで実就職率は96.7％ ＊を誇ります。
＊大学通信「大学探しランキングブック2024」より

教員採用試験対策　3年次の11月から一般・教職教養や小学校全科の筆記試験対策、論作文指導などをきめ細かく実施。3年次の1月からは願書指導を行い、その後の教員採用試験対策講座では集団面接での自己PRや志望動機を演習します。4年次になると、集団討論や個人面接・模擬授業などを実践的に学び、直前には本番同様の対策を行っています。2023年3月岐阜聖徳学園大学教育学部卒の教員就職率は76.4％。多くの国立大学教員養成課程の就職率を上回る全国トップクラスの実績です。

主な就職先　小・中・高等学校、特別支援学校、幼稚園・保育園、アイシン、名港海運、財務専門官、大垣共立銀行、三菱UFJ銀行、ANA中部空港、ジェイアール東海ホテルズ、日本郵政グループ、ECC、大和ハウス工業、西濃運輸、名古屋鉄道、愛知医科大学病院、岐阜市民病院、岐阜大学医学部附属病院など

入学者選抜GUIDE（2025年度予定）

①総合型選抜（Yawaragi方式、自己推薦方式）
②学校推薦型選抜（公募制推薦方式、指定校制推薦方式、課外活動特別推薦方式、専門学科・総合学科推薦方式）
③一般選抜（前期日程基礎科目方式、前期日程標準科目方式、前期日程標準科目方式共通テスト併用、後期日程）
④大学入学共通テスト利用選抜（前期日程・後期日程）
※詳細は入学者選抜要項をご覧ください。

教職教育センター

●「教員になるなら岐阜聖徳」を実践
　教職に関わるすべてを集約した教職教育センター。センター内では、教職課程課・教職教育研究課・教育実習課・教職支援課、さらに就職課とも連携し好循環化、きめ細かいサポートによる質の高い教員養成を実現します。

オープンキャンパス

【日程】3/23(土)、4/21(日)、6/15(土)、7/20(土)、8/3(土)、8/4(日)、8/24(土)
【内容】各学部全体説明会、入学者選抜説明、各学部企画、個別相談コーナー、特別講演、施設見学、部活・サークル見学、学食体験など ※両キャンパス同時開催
※日程や内容の詳細は受験生応援サイトでご確認ください。
　　受験生応援サイト：https://adm.shotoku.ac.jp

　　　　資料請求方法：巻末ページの「パンフレット一括請求」をご覧ください。

岐阜協立大学

【北方キャンパス】〒503-8550　岐阜県大垣市北方町5-50
【西之川キャンパス】〒503-8554　岐阜県大垣市西之川町1-109　入試広報課　TEL 0584-77-3510　〈HP〉https://www.gku.ac.jp

資料請求

	請求ハガキ	巻末ハガキ
料　金		無　料
完成時期		5月上旬

TOPICS

2024年4月、経営情報学科誕生

情報メディア学科が経営情報学科へと生まれ変わります。経営・会計・情報の3分野を融合した学びを強化。経営学を基盤に情報デザインやテクノロジーなどの情報科学を学び、社会で必要とされているDX人材を育成します。

■学部・学科組織

- ●経済学部　経済学科／公共政策学科
- ●経営学部　経営情報学科※／スポーツ経営学科
- ●看護学部　看護学科

　※2024年4月情報メディア学科より名称変更

🏛 大学GUIDE

　岐阜協立大学は地元大垣市を中心とする自治体、経済界、教育界の要望のもと、県内初の公設民営の社会科学系大学として1967年に開学しました。「ゼミナール教育」「地域実践教育」「キャリア教育」をキーワードに、個々の学生の「学ぶ力」を引き出す取り組みにより、「社会で生き抜く力」を確実に育む教育を実践しています。

経済学部

- ●**経済学科**　教室で学ぶ経済学の理論と地域での実践を組み合わせた「地域実践型アクティブラーニング（ALC）」を通じて、地域社会に貢献する人材を育成します。
- ●**公共政策学科**　公務員や社会福祉士を目指す実践的な学びが充実。自治体と連携した取り組みも多く、持続可能な地域づくりとそのための財政運営について学びます。

経営学部

- ●**経営情報学科**　経営・会計・情報の3分野を究めるカリキュラムの下、最先端のテクノロジーを活用して、新しい価値を創造する力を身につけます。
- ●**スポーツ経営学科**　経営学とスポーツを複合的に学修し、スポーツ・教育・健康に関する産業発展に貢献できる「スポーツマネジメント人材」を育成します。

看護学部

- ●**看護学科**　高度医療から地域医療まで学べる包括的なカリキュラムがあります。多種多様な実習施設で実践力を養いながら、保健・医療・福祉の他職種と協働できる看護師を育成します。

💡 共育型インターンシップ

　「地域を代表する企業」×「自治体」×「大学」が連携して学生を育てるインターンシップを、1～3年次の正課科目で展開。2年次以降、約6か月の地域実践を通して、「点」の経験を「線」につなげていきます。この他、よりハイレベルな力を養う「ビジネス研修型海外インターンシップ」も実施しています。

🏃 卒業後の進路

　1年次からはじまるインターンシップや多彩な就職講座・指導などを通して、一人ひとりの就職を支援。また、地域別Uターン就職説明会や就活特別講座、業界研究セミナー、内定報告会、個別就職指導など、キャリア支援体制が充実しています。地元企業に強い大学としても定評があり、岐阜県を中心に中部地区の企業、自治体で多くの卒業生が活躍しています。

　主な就職先　岐阜県庁、岐阜市役所、大垣市役所、一宮市役所、岐阜県教育委員会、岐阜県警察本部、岐阜市消防本部、西濃運輸、イビデン、関西電力、明治安田生命保険、国立がんセンター中央病院、大垣市民病院、名古屋市立大学病院など

奨学金・特待生制度

　対象の入学者選抜において優秀な成績で合格した学生に対し、奨学金の給付や、授業料を最長4年間減免するスカラシップ制度を設けています。合格した後でも、同一の学科を受験する場合に限り、入学の権利を確保した上で、スカラシップにチャレンジすることができます。特待生として認定されると、国立大学より安い学費で学べます。

入試GUIDE（2024年度参考）

- ●総合型選抜自己推薦方式（Ⅰ期～Ⅵ期）
- ●総合型選抜課外活動方式（Ⅰ期～Ⅵ期）
- ●学校推薦型選抜指定校推薦方式
- ●学校推薦型選抜高校推薦方式（Ⅰ期～Ⅱ期）
- ●一般選抜（Ⅰ期～Ⅲ期）
- ●大学入学共通テスト利用選抜（Ⅰ期～Ⅳ期）

資料請求方法：巻末ページの「パンフレット一括請求」をご覧ください。

岐阜保健大学

〒500-8281　岐阜県岐阜市東鶉2-92　入試・広報部　TEL 058-274-5001　〈HP〉https://www.gifuhoken.ac.jp/

資料請求

	請求ハガキ	巻末ハガキ
料　金	無　料	
完成時期	5月下旬	

TOPICS

●返済不要の奨学金制度「特別奨学生入試」

12月に実施する入学試験の結果により、成績優秀者に対し入学金や授業料を免除し、勉学を奨励する制度です。また、総合型入試や推薦入試を受験した方もチャレンジ可能です。(入学検定料不要)

■学科組織

●看護学部
　看護学科80

●リハビリテーション学部
　理学療法学科60／作業療法学科30

🏛 大学GUIDE

看護学部

　実践型教育に力を入れており、実際の看護シーンを再現したシミュレーションセンターで繰り返し学び、実践への思考プロセスやさまざまな状況への対応力を養います。看護現場のグローバル化に対応し、英語コミュニケーション能力と異文化看護の実践力を身につける国際看護が学べることも特色です。

リハビリテーション学部・理学療法学科

　基礎から実践までしっかり学び、医療・保健・福祉の幅広い領域で活躍できる人材へ。長年の教育で培ったノウハウと実績を生かし、基礎的な知識から実践までをしっかり教えていきます。また、理学療法士への社会のニーズはどんどん広がり、その中で指導的役割を果たす臨床家になれるよう育成します。

リハビリテーション学部・作業療法学科

　体とこころを回復させ価値ある生活行為を促進させる専門家になるため、基礎医学や臨床医療学の学びから始まり、さまざまな障がいの内容に応じた知識や技法、臨床に役立つ最新医療を学びます。障がいを持つ人々の視点に立った援助を行う作業療法士を目指していきます。

OPEN CAMPUS

日程：3/23(土)、5/12(日)、6/9(日)、7/15(月・祝)、
　　　8/3(土)、8/24(土)、9/29(日)

※日程や時間帯は大学ホームページでご確認ください。

内容：オープンキャンパスでは、大学の雰囲気を知ってもらうために、大学概要説明、施設見学などを行います。また、看護・医療系を目指す高校生のために、さまざまな看護・医療職を紹介する講座も実施しています。

🤲 岐阜保健大学独自の奨学金制度

・特別奨学生制度
・指定校制推薦入試学納金減免制度等
　(入学金免除、授業料減免、一人暮らし応援制度)
・兄弟姉妹割引制度
・同窓家族割引制度
・在学生学内奨学金制度

🏃 卒業後の進路

　国家試験に向けて、万全の支援体制を整えています。就職は学生一人ひとりに適した進路の実現に向けて、キャリアセンターがしっかりサポートし、在学中や就職時はもちろん、卒業後のキャリア形成も支援します。

　卒業生たちはインターンシップや病院説明会などの活動を経て続々と内定し、4月より大学病院など高度医療機関、地域の中核となる国公立病院、一般病院への就職が中心となっています。また、岐阜保健大学では自立性に富み専門能力の高い「看護師」「保健師」「助産師」の育成に向けて大学院看護学研究科看護学専攻を開設し、学内選考を経て大学院へ進学する学生もいます。

📝 入試GUIDE (2024年度参考)

①総合型入試(Ⅰ期・Ⅱ期)
②公募制推薦入試(Ⅰ期・Ⅱ期)
③専門学科・総合学科推薦入試
④指定校制推薦入試
⑤特別奨学生入試
⑥一般入試(Ⅰ期・Ⅱ期・Ⅲ期・Ⅳ期)
⑦大学入学共通テスト利用入試(Ⅰ期・Ⅱ期)
⑧社会人入試(Ⅰ期・Ⅱ期)

資料請求方法：巻末ページの「パンフレット一括請求」をご覧ください。

中部

静岡英和学院大学

〒422-8545　静岡市駿河区池田1769　英和入試センター　TEL 054-261-9322　〈HP〉https://www.shizuoka-eiwa.ac.jp

資料請求		
	請求ハガキ	巻末ハガキ
料　金	無　料	
完成時期	5月初旬	

TOPICS

「学部くくり募集」により、実際に学んでから専門分野を決められる

　人間社会学部は、入学してからじっくり進路を決められる"Late Specialization"を導入しています。入学して1年次には各分野の基礎的科目（心理学基礎、経済学基礎など）を学び、2年次以降に学科とメジャー（専門分野）を選択します。

■学部・学科組織
●人間社会学部　人間社会学科／コミュニティ福祉学科

🏛 大学GUIDE

　"なりたい自分づくり"を実現するため、「心理」「経済経営」「観光地域デザイン」「英語文化」「日本語文化」「保育・幼児教育」「社会福祉」「福祉心理」「ソーシャルサービス・イノベーション」の中から学びたいと思うメジャーを複数選択。一つの分野にとらわれない自分だけの学びを通して、学問を超えた新たな発見や学びを体感し、自分の可能性を広げます。学びのコラボレーションをいかし、さまざまな問題を解決できる人材の育成をめざします。

人間社会学科　「心理」「経済経営」「観光地域デザイン」「英語文化」「日本語文化」グローバル化の時代における社会とその形成者としての生き方を総合的に学びます。また、フィールドワーク等を用いたアクティブラーニングも重視しており、行動力や実践力も自然と身につきます。

取得できる資格　認定心理士、公認心理師※、社会調査士、リテールマーケティング（販売士）、国内旅程管理主任者、国内旅行業務取扱管理者、中学校教諭一種免許状（英語・国語）、高等学校教諭一種免許状（英語・国語・公民）など

コミュニティ福祉学科　「保育・幼児教育」「社会福祉」「福祉心理」「ソーシャルサービス・イノベーション」社会福祉の理念を基盤とした、人と社会を支えるための専門的な職業能力や適応能力を高め、コミュニティ（地域）の視点で支援ができる人材の養成をおこなっています。

取得できる資格　保育士、幼稚園教諭一種免許状、社会福祉士、ソーシャルワーカー、高等学校教諭一種免許状（福祉）、認定心理士、公認心理師※、社会福祉主事（任）、児童福祉司（任）など

※公認心理師は大学卒業後、大学院で所定の単位を履修するか、実務経験が必要。

🏃 卒業後の進路 (2023年3月卒業生)

　キャリア支援課職員と担当教員が、学生一人ひとりの希望をかなえられるように二人三脚でバックアップします。地元静岡への就職が多いのが特徴。

主な就職先　海上自衛隊、航空自衛隊、島田市役所、森町役場、静岡銀行、大井川農業協同組合、静岡トヨタ自動車、中央静岡ヤクルト販売、平成建設、静岡セキスイハイム建設、矢崎総業、中島屋ホテルズ、国立病院機構東海北陸グループ、静岡県教育委員会、佐鳴予備校、静岡市社会福祉協議会、聖隷福祉事業団、アクタガワ、天竜厚生会、静岡県内の保育園、幼稚園、認定こども園、中学校・高等学校　ほか

📝 入試GUIDE (2024年度参考)

①総合型選抜（エントリー型／ポートフォリオ型／グローバル型）
②学校推薦型選抜（指定校型／公募型）
③一般選抜（一般／ハイブリッド型／大学入学共通テスト利用）
④特別選抜（社会人／編入学）

※多彩なスカラシップ制度があります。詳細は学生募集要項をご確認ください。

静岡英和学院大学短期大学部

　教養教育を基盤に、社会のさまざまなシーンで活躍するための知識・技術を身につける実務教育を行っています。

〈現代コミュニケーション学科〉コミュニケーション能力を中心とした社会人基礎力を養うとともに、専門分野として「医療事務」「ファッション・ビューティ」「観光・ブライダル」「ビジネス・マネジメント」「ライフ・デザイン」「イングリッシュ・コミュニケーション」「フード・ビジネス」の7つのユニットからそれぞれの資格取得を目指す授業を履修。仕事に直接役立つ知識・スキルを磨きます。

〈食物栄養学科〉「栄養士」に加えて、「フードスペシャリスト」と「フードサイエンティスト」の養成課程を設置。学生の夢と希望する職業に合わせて学んでいきます。調理実習の機会も多くカリキュラムに組み込んでいるので、実践的なスキルを身につけられます。また、商品開発や食育教室など、食で学ぶプロジェクトも多彩です。静岡大学との「大学間単位互換制度」もあります。

資料請求方法：巻末ページの「パンフレット一括請求」をご覧ください。

	請求ハガキ	巻末ハガキ
料　金		無　料
完成時期		4月下旬

静岡福祉大学

〒425-8611 静岡県焼津市本中根549-1　入試広報課　TEL 054-623-7451　〈HP〉https://www.suw.ac.jp/

TOPICS
- ●県内唯一の福祉の総合大学で、目指す未来の可能性が広がります。
- ●教員との距離が近いアットホームな大学で、学びやすく相談しやすい環境です。
- ●子ども学部子ども学科で「小学校教諭」を目指すことができます。

■学部・学科組織
- ●社会福祉学部　福祉心理学科100／健康福祉学科60
- ●子ども学部　子ども学科70

🏛 大学GUIDE

静岡福祉大学では、福祉や保育の学修、現場実習、ボランティア経験などを通じて、豊かな人間性やコミュニケーション能力を身につけます。実就職率は、13年連続、90％を超えており、福祉・医療・教育といった専門分野はもちろん、行政や一般企業においても多数活躍しています。

社会福祉学部

〈福祉心理学科〉「心理」「福祉」「精神」「児童」の4分野を組み合わせて学びます。「心理」分野では、基礎から臨床まで心理学を幅広くカバーし、公認心理師も目指せるカリキュラムになっています。特に、病院や福祉施設などでの相談業務に活用されるカウンセリングや心理療法の技能といった臨床心理に力を入れています。併せて「福祉」分野を学ぶことで、心理の知識を併せ持った社会福祉士や精神保健福祉士を目指すことができます。「児童」分野では、児童虐待、いじめなどの経験を持つ子どもたちの支援方法について学びます。また、保護者や教員と協力しながら生徒が抱える問題解決を行うスクールソーシャルワーカーを目指すこともできます。

〈健康福祉学科〉「介護福祉」「社会福祉」「医療福祉」「健康運動」の4分野を組み合わせて学びます。4年制大学ならではの、高い技術と豊富な知識を持った介護福祉士や社会福祉士を目指すことができます。「医療福祉」分野では、病院等でのインターンシップの経験を積み、医療ソーシャルワーカーを目指すこともできます。「健康運動」分野では、健康増進や介護予防につながる健康管理や運動指導について科学的知識を体系的に学ぶことで、健康運動実践指導者や障がい者スポーツ指導員（初級・中級）を目指すことができます。

子ども学部

〈子ども学科〉「保育・教育・表現」「心理」「福祉」の3分野を組み合わせて学びます。複雑化・多様化する保育ニーズに応えられ、発達障がい児や気になる子どもへの適切な対応ができ、子育てをしている保護者の気持ちを理解しサポートできる、子どもと家族の心に寄り添える保育士・幼稚園教諭・小学校教諭を目指すことができます。また、音楽・運動遊び・造形など「表現」を学ぶ科目が充実している点も静岡福祉大学の特長です。「保育士＋幼稚園教諭」または「幼稚園教諭＋小学校教諭」の資格・免許を取得することができます。

🏃 卒業後の進路 (2023年3月卒業生)

就職支援　キャリア支援担当の職員が個別に、進路先相談、面接練習、履歴書添削、求人紹介など、学生相談を行っています。一人ひとりの希望や適性に合わせた質の高い就職支援を実現しています。

主な就職先　静岡市役所、静岡県職員、静岡県教育委員会、藤枝順心高等学校附属幼稚園、駿河会、静岡厚生会、輝望会、静岡手をつなぐ育成の会、国立病院機構、聖明病院、静岡ホーム、クラ・ゼミ、コベル、聖隷福祉事業団、なかよし保育園、焼津市社会福祉協議会、静岡県済生会　ほか

取得できる主な資格

【福祉心理学科】社会福祉士、精神保健福祉士、公認心理師
【健康福祉学科】介護福祉士、社会福祉士、健康運動実践指導者
【子ども学科】保育士、幼稚園教諭、小学校教諭
※社会福祉士、精神保健福祉士、介護福祉士、公認心理師は、受験資格（公認心理師は、大学での学びに加え、特定の施設における現場経験もしくは大学院修了が必要です）。

オープンキャンパス

静岡福祉大学では来場型オープンキャンパスを年間10回程度開催しています！直接話しずふく生や教職員と話せるチャンスです！進路選択の参考になるプログラムを沢山ご用意しておりますので、ぜひ一度静岡福祉大学までお越しください。みなさまのご来場を心よりお待ちしております。
開催日時など詳しい内容は静岡福祉大学HPをチェック！

資料請求方法：巻末ページの「パンフレット一括請求」をご覧ください。

静岡理工科大学

資料請求

	請求ハガキ	巻末ハガキ
料　金		無　料
完成時期		5月下旬

〒437-8555　静岡県袋井市豊沢2200-2　入試広報推進課　TEL 0538-45-0115　〈HP〉https://www.sist.ac.jp/

TOPICS

探求心に応え、研究力を育む
集中して打ち込める少人数制の研究室 × 先進機能を備えた自由に使える研究設備
＝ 知識と技術を身につけた技術者を育成し、地域産業を支える私立理工系総合大学

■学部・学科組織

●理工学部

機械工学科／電気電子工学科／物質生命科学科／建築学科／土木工学科（2022年4月開設）

●情報学部（学部一括募集。2年進級時に本人希望をもとに学科配属）
コンピュータシステム学科／情報デザイン学科／コンピュータシステム学科データサイエンス専攻（1年次からの配属）

🏛 大学GUIDE

静岡理工科大学は、2021年に開学30周年を迎えた静岡県唯一の私立理工系総合大学です。物事の本質を追究・解明・証明する「理学」、世の中を豊かにする「もの」や「こと」の創造をめざす「工学」と「情報学」。これらの教育・研究を通じて、「人間力」と「専門力」を養い、変化に挑み価値を創造できる人材を育成しています。

理工学部

〈機械工学科〉自動車、航空機、ロボット、生産などの工学分野を追究。機械工学基礎の四力学（材料、流体、熱、機械）や加工・材料について理解し、設計・解析・製作・評価の実践的プロセスが身につくカリキュラムを編成。そして、自らの考えを表現できる技術者を育成します。

〈電気電子工学科〉電気自動車やウェアラブル機器等に必要な通信・制御技術。電気を創り出し運ぶ技術。情報通信システムに必要なハード・ソフト両面の技術。太陽電池などの光応用技術。これらの修得した知識・技術を駆使し、地域社会の発展に貢献できる人材を育成します。

〈物質生命科学科〉理学分野の学科。高校で学ぶ物理、化学、生物等を基礎に生命科学、材料科学、環境科学など、専門的な知識と技術を実践的に修得。科学・技術と自然・環境の調和を理解し、環境・生活・生命・安全に関連する課題解決に貢献できる人材を育成します。

〈建築学科〉静岡県を教材に、「建築学」の基本である計画・意匠、構造、環境、材料の各分野と、関連する幅広い領域との繋がりをバランスよく学びます。そして、建築・都市・地域のスケールを横断した思考力と課題解決力を備えた技術者を育成します。

〈土木工学科〉土木工学の伝統的な専門知識を総合的に学修するとともに、情報技術の活用を図り、地域と連携したプロジェクト推進を通して、大震災に備える静岡県での防災・減災のあり方、環境との融合、安全で快適な生活環境を考慮した社会基盤整備を担う技術者を育成します。

情報学部

〈コンピュータシステム学科〉情報コミュニケーション技術を探求し、経済発展と社会課題の解決を両立できるよう、情報数理やコンピュータを深く理解し、プログラムやネットワーク、システム開発に関わる知識と専門技術を身につけ、新たな価値を産業・社会にもたらす技術者を育成します。

〈情報デザイン学科〉情報科学とICTの基礎を理解し、コンピュータと人間・社会の関係について深く学びます。理系的な学問領域はもちろん、経営や社会、心理、スポーツ、デザインなど、多様な分野で情報技術を活用する力を養い、社会問題の解決を担う人材を育成します。

〈コンピュータシステム学科データサイエンス専攻〉
世の中の様々なデータの可視化に必要な専門知識や技術を修得。産学官連携講義や研究を通じて、ビジネス視点で考える力を養い、データから新たな知見を発見し、価値創造ができる技術者を育成します。

2024年4月sistグループ静岡駅前キャンパス誕生

2024年4月静岡駅前に静岡理工科大学グループの「複合型新キャンパス」が誕生します。この新しい学びの場に4つの情報学部サテライト研究室を開設します。

人と情報が行き交う静岡駅前に拡大する研究の場は新たなビジネスや地域の活動へと繋がっていきます。
※通常授業は袋井のキャンパスで行います。

静岡理工科大学の「研究力」

「研究が人を育てる」。それが静岡理工科大学の教育方針です。研究をコアとした貴重な経験を通して実社会で有用となる「人間力」を育むこと。これこそ静岡理工科大学が考える「研究力」です。研究活動を人間力育成のプロセスと位置づけ、論理的思考力や課題解決力、自主性やリーダーシップ、企業等との共同研究による社会適応力など様々な力を培っていきます。そして、教員と学生の近い距離感を実現する少人数制の研究室体制により人間力育成を促進しています。

実践技術が身につく研究環境

先進機能を備えた研究施設・設備は時間や予約の制限が殆どなく「自由に使える」というのが特長です。約30台の高性能分析・測定装置を集中管理し、プロジェクト研究や卒業研究などに利用される「先端機器分析センター」、未来の移動体やエネルギーの研究拠点「やらまいか創造工学センター」など理・工学研究の最新設備を完備。建築学科には、大規模なコンクリート材料の強度実験が可能な「構造実験棟」、建築環境分野の実験を可能にする「環境実験棟」が備わっており、土木工学科には「水理実験」、「地盤工学実験」等が可能な土木工学実験棟を新設。機器操作のレクチャーも受けられるなど、支援体制の充実も実践技術の修得、研究のスピードUPに繋がっています。

「研究力」は「就職」につながる

教育・研究活動で身につけた学生たちの実力は、高い就職実績に表れています。研究を通して得た「専門力」と「人間力」は、社会でも必要とされる力なのです。

2023年3月 卒業生実績 就職率	**98.2%**

実就職率 学部系統別編 （理工系） 96.7%	静岡 **1位**
	全国私立大 **19位**

（大学通信「2024大学探しランキングブック」より）

主な就職先（過去3年間）
アイエイアイ、OKIソフトウェア、きんでん、資生堂、ジヤトコ、シンフォニアテクノロジー、スズキ、タカラスタンダード、タムラ製作所、中外製薬工業、東京鐵鋼、TOKAIホールディングス、豊田合成、西松建設、日本電設工業、ネスレ日本、バッファロー、ピーエス三菱、富士ソフト、富士通エフサス、武蔵精密工業、矢崎総業、ヤマハ発動機、ロック・フィールド、静岡市庁、磐田市役所、袋井市役所、静岡県立高等学校　他

主な進学先（過去3年間）
工学院大学大学院、名古屋大学大学院、法政大学大学院、静岡理工科大学大学院　他

返済不要の給費奨学金制度

入学者選抜の成績が特に優秀な受験生に対し、授業料や入学金の免除等の特典が与えられる独自の制度です。
- **授業料サポート100**
  年間授業料100万円給費、4年間最大400万円給費
- **授業料サポート50**
  年間授業料50万円給費、4年間最大200万円給費
- **入学応援給費**
  入学金10万円給費

※詳細は、入学者選抜要項にてご確認ください。

給費奨学生選抜　採用枠拡大！

12月に実施する給費奨学生選抜の年間授業料50万円給費の採用枠が3人から30人へ大幅に拡大しました。金銭面の不安を軽減することで、学びに集中できる環境を提供します。本試験では大学入学共通テストの前に、学習到達度を測ることもできます。

★学校の推薦書不要　★他大学との併願可能

資料請求方法：巻末ページの「パンフレット一括請求」をご覧ください。

常 葉 大 学

〒422-8581　静岡県静岡市駿河区弥生町6-1　入学センター　TEL 054-263-1126　〈受験サイト〉https://info.tokoha-u.ac.jp

資料請求		
	請求ハガキ	巻末ハガキ
料　金	無　料	
完成時期	6月（予定）	

TOPICS
- ●10学部19学科と短期大学部3学科を有する静岡県内最大規模の総合大学
- ●就職率、大学97.7%、短大96.3%（2023年3月実績）。キャリア支援課で就職を徹底サポート
- ●大学は全学部統一一入試で複数学科の併願が可能。検定料割引でお得に併願！

■学部・学科組織（2024年度）

〈静岡草薙キャンパス〉
- ●教育学部
  - 学校教育課程＊130／生涯学習学科100／心理教育学科100
  - ＊2024年4月初等教育課程から名称変更
- ●外国語学部
  - 英米語学科120／グローバルコミュニケーション学科100
- ●経営学部　経営学科345※
- ●社会環境学部　社会環境学科120
- ●保育学部　保育学科160
- ●短期大学部
  - 日本語日本文学科65／保育科150

〈静岡瀬名キャンパス〉
- ●造形学部　造形学科100
- ●短期大学部　音楽科25

〈静岡水落キャンパス〉
- ●法学部　法律学科200
- ●健康科学部
  - 看護学科80／静岡理学療法学科60

〈浜松キャンパス〉
- ●経営学部　経営学科345※
- ●健康プロデュース学部
  - 健康栄養学科80／こども健康学科50／心身マネジメント学科110／健康鍼灸学科30／健康柔道整復学科30
- ●保健医療学部
  - 理学療法学科40／作業療法学科40
  - ※経営学部は2キャンパス合計数

大学GUIDE

　常葉大学には、総合大学ならではの幅広い学びがあります。めざすキャリアイメージと学びたい分野によって自由な学部学科の選択が可能です。

教育学部　**学校教育課程／生涯学習学科／心理教育学科**　教員養成、地域の学習・文化・スポーツ活動を支える実践派の指導者、確かな専門性と教育力をもつ「こころの専門家」など、幅広い教養と豊かな人間性を併せもち、新たな教育課題に対応できる人材を育成します。

外国語学部　**英米語学科／グローバルコミュニケーション学科**　英米、東アジア、スペイン、ポルトガル、ラテンアメリカの言語や文化・習慣・歴史などを学び、国際理解を深めます。コミュニケーションツールとしての「生きた語学力」を身に付け、異文化交流の懸け橋となる人間を育成します。

経営学部　**経営学科**　「経営」「会計」「情報」「経済」の4つの視点から経営に関わる領域を学び、地域特性に応じたさまざまな経営課題を解決できる人材を育成します。入学手続時にどちらのキャンパスで学ぶかを選択できます。

社会環境学部　**社会環境学科**　地球環境や防災を専門的に学ぶ全国でも数少ない学科です。体験型の授業により、実践的な知識やスキルを身に付けた、公務員・教員・企業人として活躍できる人材を育成します。

保育学部　**保育学科**　教養、専門性、実践力を兼ね備えた保育現場のリーダーを育成します。「保育心理学」「子育て・療育支援」「感性教育」の3分野で、専門性を深めます。

造形学部　**造形学科**　アートやデザインのさまざまな分野に対応し、創造力と表現力を育成する3つの領域を設定。産業と社会の課題に向き合い、人々の喜びを生み出すクリエイターを育成します。

法学部　**法律学科**　法的なものの考え方「リーガルマインド」と知識を備え、社会を支える人材を育成するとともに、地域に密着した法学部として、地域の行政や経済についての理解も深めます。

健康科学部　**看護学科／静岡理学療法学科**　高度化する医療ニーズに対応するため、実践的で専門的なカリキュラムを学びます。チーム医療の一員として役割と責任を担い、広く地域医療の現場で活躍できる看護師、理学療法士を育成します。

健康プロデュース学部　**健康栄養学科／こども健康学科／心身マネジメント学科／健康鍼灸学科／健康柔道整復学科**　栄養管理、食育、子育て、スポーツ、健康維持・増進の切り口から健康について的確なアドバイスやサポートができる専門家を育成します。

▶オープンキャンパス2024

3月～11月に開催予定。詳細は常葉大学ホームページをご確認ください。学部によって開催日が異なります。
【内容】学部学科紹介・模擬授業・個別相談（入試相談、学部学科説明、学生生活、部活・サークル紹介等）など

保健医療学部　**理学療法学科／作業療法学科**　充実した実習環境のもと、理学療法、作業療法の連携協力を学び、リハビリテーション医療全体についての理解を深めます。知識と技術に優れ、あたたかさと優しさのある理学療法士、作業療法士を育成します。

短期大学部　**日本語日本文学科**　ユニット制という独自のカリキュラムにより、日本語と日本文学、日本の文化への理解を深め、「好き」を「力」に変えていきます。

保育科　「感性豊かな保育者」をめざし、保育に情熱を抱く学生と共に、これからの保育の向上に力を注いでいます。

音楽科　作編曲・総合音楽・声楽・ピアノ・管弦打の各専攻分野において、「実技」に徹底してこだわり、少人数制で演奏・指導経験に富んだ教員が指導に当たります。

就職＆キャリア支援

　各キャンパスに設置された「キャリア支援課」では、キャリア開発のための授業、インターンシップ、就職支援のための講座やセミナーなど、きめ細かな指導により実践力を養います。

入試GUIDE （2025年度予定）

【常葉大学】●全学部統一入試を実施●併願割引制度で複数学科の同時出願がお得（奨学生入試・一般入試・共通テスト利用入試）●ネット出願●奨学生入試は授業料減免奨学生Ａ（全額）、Ｂ（半額）を合計342人選抜。一般合格あり●一般入試・共通テスト利用入試（前期日程）の成績上位者各30人は初年度納付金から20万円の減免あり
【常葉大学短期大学部】●奨学生入試は授業料減免奨学生Ａ（全額）、Ｂ（半額）を計10人選抜。一般合格あり●一般入試・共通テスト利用入試は複数学科受験で3学科まで同時出願が可能●一般入試と共通テスト利用入試の併願が可能

取得資格

学部	学科	めざす資格
教育	学校教育課程	小学校教諭一種、中学校教諭一種〈国・社・数・理・音〉、高等学校教諭一種〈国・地歴・数・理・音〉、特別支援学校教諭一種、学校図書館司書教諭など
	生涯学習	中学校教諭一種〈保健体育〉※、高等学校教諭一種〈保健体育〉※（※生涯スポーツ専攻のみ）、社会教育主事（任用資格）、学芸員、図書館司書など
	心理教育	認定心理士、公認心理師（受験資格、大学院修士または一定の実務経験が必要）
外国語	英米語	中学校教諭一種〈英語〉、高等学校教諭一種〈英語〉、実用英語技能検定など
	グローバルコミュニケーション	スペイン語技能検定、中国語検定試験など
経営	経営	高等学校教諭一種〈商業〉、宅地建物取引士、日商簿記検定など
社会環境	社会環境	中学校教諭一種〈理科〉、高等学校教諭一種〈理科〉、防災士、公害防止管理者など
保育	保育	幼稚園教諭一種、保育士、認定絵本士など
造形	造形	中学校教諭一種〈美術〉、高等学校教諭一種〈美術・工芸〉、学芸員、二級建築士（受験資格、免許登録には取得単位数により実務経験が必要）など
法	法律	司法書士、宅地建物取引士など
健康科学	看護	看護師（受験資格）
	静岡理学療法	理学療法士（受験資格）
健康プロデュース	健康栄養	管理栄養士（受験資格）、栄養士、栄養教諭一種など
	こども健康	幼稚園教諭一種、保育士、ネイチャーゲームリーダーなど
	心身マネジメント	中学校教諭一種〈保健体育〉、高等学校教諭一種〈保健体育〉、アスレティックトレーナー（受験資格）、健康運動指導士（受験資格）など
	健康鍼灸	はり師（受験資格）、きゅう師（受験資格）など
	健康柔道整復	柔道整復師（受験資格）など
保健医療	理学療法	理学療法士（受験資格）など
	作業療法	作業療法士（受験資格）など
短期大学部	日本語日本文学	実践キャリア実務士、プレゼンテーション実務士、図書館司書など
	保育	幼稚園教諭二種、保育士、児童厚生二級指導員、ネイチャーゲームリーダーなど
	音楽	リトミック指導資格1・2級（外部試験）

CAMPUS情報

静岡草薙キャンパス
再開発が進む草薙エリア、文教の地で、循環型教育システムを構築し、「地域貢献型モデル校」をめざします。
☎422-8581 静岡市駿河区弥生町6-1
●アクセス：JR草薙駅北口より徒歩約4分

静岡瀬名キャンパス
創作活動・演奏のための専門設備を用意した芸術系のキャンパス。
☎420-0911 静岡市葵区瀬名1-22-1
●アクセス：JR「静岡駅」または「草薙駅」より、しずてつジャストラインバス「西奈中学・常葉大学静岡瀬名キャンパス入口」バス停下車徒歩約5分

静岡水落キャンパス
JR「静岡駅」から歩いて通える都市型キャンパス。公園・官公庁・病院・大型商業施設にもほど近い立地で、インターンシップや実習施設が近隣にそろっています。
☎420-0831 静岡市葵区水落町1-30
●アクセス：JR「静岡駅」より徒歩約15分

浜松キャンパス
アリーナ・研究実習施設・情報教育センターなど、施設・設備が充実しています。
☎431-2102 浜松市浜名区都田町1230
●アクセス：JR「浜松駅」よりスクールバスで約40分、または遠州鉄道バスで約45分。都田線（市役所経由）都田行「常葉大学正門」バス停下車

資料請求方法：巻末ページの「パンフレット一括請求」をご覧ください。

聖隷クリストファー大学

〒433-8558　静岡県浜松市中央区三方原町3453　入試・広報センター　TEL 053-439-1401　〈HP〉https://www.seirei.ac.jp

資料請求		
	請求ハガキ	巻末ハガキ
料　金	無　料	
完成時期	4月下旬	

TOPICS 静岡県最大規模の総合病院や20以上の福祉施設に囲まれた環境を最大限に生かした教育を展開。専門職者として地域に貢献できる人材を育成しています。

■学部・学科組織

- **●看護学部**　看護学科150
- **●リハビリテーション学部**
  理学療法学科40／作業療法学科30／言語聴覚学科25
- **●社会福祉学部**　社会福祉学科60（3年次編入学10）
- **●国際教育学部**　こども教育学科50

🏫 知識と技術、その実践にあたる精神をもった専門職者を育成

看護学部　看護教育70年の歴史と、「聖隷看護基盤実習」をはじめとする独自カリキュラムにより質の高い教育を行っています。高性能シミュレータの活用や恵まれた実習施設での実習により実践的な学びが可能です。

【取得可能な国家試験受験資格】 看護師、保健師

【取得可能な資格】 養護教諭一種免許状

リハビリテーション学部　専門教育だけではなく教養教育も重視し、人間性豊かな専門職者を育成します。地域ケア連携、早期臨床教育により、チーム医療に求められる知識・技術と、確かな実践力を育成します。

【取得可能な国家試験受験資格】 ＊学科により異なる理学療法士、作業療法士、言語聴覚士

社会福祉学部　社会福祉、介護福祉の専門知識を修得し、講義・演習・実習が連動した教育を通して、実践力や人間を理解する考察力を身につけます。

【取得可能な国家試験受験資格】 社会福祉士、介護福祉士、精神保健福祉士

【取得可能な主な資格】 社会福祉主事（任用資格）、児童指導員（任用資格）、認定スクールソーシャルワーカー、公認心理師※、認定心理士

国際教育学部　文化の多様化、グローバル化が進行する現代社会で、国際的に活躍する保育・教育のスペシャリスト、多様化する社会で支援を必要とする児童や保護者を援助する心理のスペシャリストの養成をめざします。

【取得可能な資格】 小学校・幼稚園・特別支援学校教諭一種免許状、保育士登録資格、公認心理師※、認定心理士、国際バカロレア教員（PYP）

※大学院修了または大学卒業後2年以上の実務経験が必要。

🏢 CAMPUS情報

　バックグラウンドである聖隷グループは、全国に約300施設、従事者2万人を超える日本有数の医療・福祉集団です。周辺はこの聖隷グループをはじめ20以上の施設が集まる"医療・福祉・教育のまち"。近隣施設の協力のもと、実践的な演習・実習を行っています。

🏃 卒業後の進路

　1万4,000人以上の卒業生を送り出した長年の実績と豊富な卒業生ネットワーク、さらに多彩な就職支援プログラムにより、高い就職実績を築いています。

主な就職先 **【看護学部】** 聖隷三方原病院、聖隷浜松病院、静岡県立総合病院、静岡市立こども病院、静岡県**【リハビリテーション学部】** 聖隷三方原病院、聖隷浜松病院、浜松市リハビリテーション病院、遠州病院**【社会福祉学部】** 聖隷福祉事業団、天竜厚生会、静岡県、浜松市、磐田市、豊橋市、浜松医療センター、公立小学校教諭（浜松市、神奈川県、佐賀県など）、特別支援学校教諭（静岡県、神奈川県）、聖隷クリストファー小学校教諭※国際教育学部は2023年開設のため卒業生なし。

📋 入試GUIDE （2024年度参考）

①総合型選抜　②学校推薦型選抜
③奨学生選抜　④一般選抜（前期）（後期）
⑤大学入学共通テスト利用選抜　⑥社会人選抜　他

DATA・FILE

- ○教員数……106（教授46　准教授27　講師1　助教29　助手3）
- ○学生数……学　部　1,408（男344　女1,064）
  大学院　　87（男33　女54）
- ○キャンパス面積……41,813㎡
- ○蔵書数……約11万冊　　　　（2023年5月1日現在）

充実した学修環境

　地域の高度・急性期医療を担う聖隷浜松病院と、ドクターヘリとホスピスを有する聖隷三方原病院という県西部の医療の中核となる総合病院の実習協力を得ています。また、シンガポール、アメリカ、中国、オーストラリア等で行う多彩な海外研修・国際実習プログラムもあります。研修生・実習生の受け入れも行い、学内外において国際的な視野をもって学びを深めることもできます。

資料請求方法：巻末ページの「パンフレット一括請求」をご覧ください。

浜松学院大学

〒432-8012 静岡県浜松市中央区布橋3-2-3 入試・広報グループ TEL 053-450-7117 〈HP〉https://www.hamagaku.ac.jp/hgu/

資料請求		
	請求ハガキ	巻末ハガキ
料　金	無　料	
完成時期	3月下旬	

TOPICS

地域×実務型教育

　浜松学院大学では地域や子どもの教育に貢献できる力を養います。4年間を通じて地域の実態や保育、教育現場を知り、実践や研究をおこなうDiCoResプログラム®の中で、現場で必要とされる知識・技術を身に付けます。地域での活動や保育、教育現場とのかかわりも豊富にある大学です。

■学部・学科組織

●現代コミュニケーション学部
　地域共創学科70／子どもコミュニケーション学科70

🏛 大学GUIDE

地域共創学科

　「共創」というコンセプトのもと、コミュニケーション能力を基礎に、社会・ビジネスで人や組織を適切にマネジメントしていくために必要な能力を身につけます。3つの専攻に分かれ、現状理解と課題解決に取り組む実践力を備えた人材を育成します。「地域政策専攻」では市街地や中山間地域の活性化、外国人市民との共生など、地域の問題を分析し、政策立案につなげる政策コースと、人と組織、コミュニケーションに注目した経営論を探究する経営コースの2コースを設置。政策・経営の知識に基づく企画立案能力の獲得を目指します。「観光専攻」では多様な観光現象を理解する考え方とその応用や、地域社会・産業、人の移動などの観光の仕組みを学び、地域社会にとって望ましい観光のあり方を多角的にマネジメントできる人材を育成します。「グローバル教養専攻」では多文化理解能力や英語コミュニケーション能力を駆使し、グローバル化する地域社会に貢献する能力を身につけます。さまざまな国際問題を「地域」という視点で複合的にとらえ、発想を実践に移すことができる人材を育成します。

子どもコミュニケーション学科

　高い専門性と実践力を備えた教育者と保育者を養成する学科です。1年次には保育から教育まで幅広く学び、2年次から2つの専攻に分かれます。「幼児教育・保育専攻」では、幼稚園、保育所、認定こども園、福祉施設で働く保育者になるための専攻です。幼稚園教諭一種免許状や保育士資格に加え、小学校教諭一種免許状、もしくは特別支援学校教諭一種免許状も取得可能です。「小学校・特別支援教育専攻」は、小学校や特別支援学校の教員になるための専攻で、小学校教諭一種免許状、特別支援学校教諭一種免許状を取得できます。どちらの専攻も現場で必要とされるプラスアルファの専門性を身につけられます。また、子どもはもちろん、保護者や子育てにかかわる地域の人々との円滑なコミュニケーション能力を身につけた保育者と教育者になることも目指します。

🏃 卒業後の進路

　2023年3月卒業生の就職率は97%。キャリアコンサルタント等の資格を持った職員が学生一人ひとりの適性とニーズを見極め、きめ細やかなサポートをしています。

　卒業単位として認められるキャリア支援科目が設置されているほか、公務員・一般企業向け就職対策講座や長期企業内留学、教員採用試験に向けた採用試験対策講座や模試、勉強会など、個々のニーズにあったキャリア支援が行われています。

主な就職先

スズキ、JTB、みずほ信託銀行、浜松磐田信用金庫、静岡県（小学校、特別支援学校、警察、児童福祉）、浜松市（学校事務、小学校、幼保職、消防）、磐田市（行政、幼保職）ほか

📝 入試GUIDE

①**一般入試**／A日程・B日程
②**大学入学共通テスト利用入試**／A日程・B日程・C日程
③**推薦入試（学校推薦・指定校推薦・特別強化指定クラブ推薦）**／A日程・B日程・C日程
④**総合型入試（アドミッションオフィス方式・活動実績アピール方式）**／A日程～E日程
⑤**英語資格特別入試**
⑥**特別選抜（社会人入試・外国人留学生入試・3年次編入学試験）**／A日程・B日程

▶ 給付制度

●入学時成績給付／一般入試A日程における試験成績優秀者に授業料（10～40万円）を給付します。給付期間は原則4年間ですが継続審査を行います。
●在学生成績給付／3年次、4年次の学生のうち前年次までの成績優秀者に授業料（10～40万円）を給付します。給付期間は原則1年間です。

資料請求方法：巻末ページの「パンフレット一括請求」をご覧ください。

愛 知

愛知東邦大学	461
愛知大学	462
愛知医科大学	464
愛知学院大学	466
愛知工業大学	468
愛知淑徳大学	470
愛知文教大学	472
桜花学園大学	473
金城学院大学	474
椙山女学園大学	476
至学館大学	478
大同大学	479
中京大学	480
中部大学	482
東海学園大学	484
豊田工業大学	486
名古屋学院大学	487
名古屋外国語大学	488
名古屋学芸大学	490
名古屋葵大学(現:名古屋女子大学)	491
名古屋商科大学	492
南山大学	494
名城大学	496
日本福祉大学	498
愛知大学短期大学部	499
愛知学院大学短期大学部	500

愛知東邦大学

資料請求		
	請求ハガキ	巻末ハガキ
料　金		無　料
完成時期		5月上旬

〒465-8515　名古屋市名東区平和が丘3-11　入試広報課　TEL 052-782-1600　〈HP〉https://www.aichi-toho.ac.jp

TOPICS

2025年4月　経営学部にビジネス学科/コミュニケーション・デザイン学科が誕生！
ビジネス学科では、「商品開発」「観光」「スポーツ」「国際」など。コミュニケーション・デザイン学科では、「映像」「動画制作」「グラフィックデザイン」「イベント演出」など。様々な学びを用意しています。自分の「好きなこと」を学びに発展させ、未来につなげていきます。

■学科組織
- **●経営学部170**
  ビジネス学科※／コミュニケーション・デザイン学科※
  ※2025年4月開設予定。学科名等、記載内容は変更する場合があります。
- **●人間健康学部130**　人間健康学科
- **●教育学部48**　子ども発達学科

🏛 大学GUIDE

経営学部ビジネス学科　現実社会の問題に対して課題を見つけ、それらをビジネスで解決する構想力や、グローバルな視点を踏まえて企業と地域を進化させるビジネスイノベーションの知識と技能を身に付けます。

経営学部コミュニケーション・デザイン学科　グラフィックデザイン、映像制作、イベント演出を行う「ライブ型授業」を実施。ブランド、マーケティング、広報宣伝などの分野において、消費者行動を理解し、行動変化を促すコミュニケーション能力を身に付けます。

人間健康学部人間健康学科　健康を軸に身体・心・福祉を複合的に学び、「スポーツトレーナー」、「中高保健体育教師」、「心理」を生かした進路をめざします。まずは自分の興味のある分野を見つけるところから始まり、徐々に学びを深めていき、実践・体験的な学びにつなげていきます。免許・資格取得に向けてきめ細やかなサポート体制も設けています。

教育学部子ども発達学科　1年次から現場体験を積み重ねるとともに、表現力豊かな教育者を育成。「保育・幼児教育」「教員養成」の2コースがあり、保育士、幼稚園教諭1種免許、小学校教諭1種免許の資格取得をめざします。

💡 東邦STEP

　4年間の段階的なステップにより、難関の公務員採用試験、教員採用試験突破をめざす独自のプログラム「東邦STEP」。国家行政、地方行政、警察官、消防士、保育職、小学校教員、保健体育教員の7コースを開講し、知識だけでなく人間力を養う講座外活動も実施します。

🏃 卒業後の進路

　入学時から卒業後の将来を見据えて段階的なサポートをきめ細かく実施しています。学生からの相談も、時間制限を設けることなく丁寧に対応を行います。

主な就職先　名古屋市職員、法務省専門職員、警視庁、JR東海、瀬戸信用金庫、スノーピーク、羽田空港サービス、半田市保育士、愛知県小学校、北海道小学校　他
（2023年3月卒業生）

📝 入試情報 (前年度参考)

①総合型選抜入試（自己プロデュース入試Ⅰ・Ⅱ・Ⅲ期、AO入試Ⅰ・Ⅱ・Ⅲ期）

②学校推薦型選抜入試（指定校制推薦入試、公募制推薦入試前期・後期、スポーツ・音楽推薦入試）

③一般選抜入試（一般入試Ⅰ・Ⅱ・Ⅲ期、大学入学共通テスト利用入試前期・中期・後期、東邦STEP奨学生入試）

④特別選抜入試（同窓生入試、留学生入試、社会人入試、帰国生徒入試）

オープンキャンパス ※全て予定
- ●OPEN CAMPUS～First Step～
  〈日程〉3/30(土)
- ●OPEN CAMPUS
  〈日程〉6/8(土)、7/13(土)、8/3(土)、8/23(金)、8/24(土)
  〈内容〉体験授業、キャンパスツアー、個別相談、入試対策講座、東邦STEP説明会、アドバンスプログラム など
  ※詳しくはWebへ

自己プロデュース入試
大学から提供される「シラバス」「先輩訪問」「研究室訪問」の機会と、自分で調べた情報を合わせて、受験生が大学生活4年間の目標・過ごし方をプロデュースし、資料を作成。入試本番では、作成した資料をもとに、受験する学部の教員にプレゼンテーションを行います。将来の目標を具体的かつ明確につかみ、目標実現のために必要な学びが自覚できる、新しい入試です。

資料請求方法：巻末ページの「パンフレット一括請求」をご覧ください。

愛 知 大 学

〈お問い合わせ先〉 企画部入試課 〒461-8641　名古屋市東区筒井二丁目10-31　TEL 052-937-8112・8113(平日9：00〜17：00)　〈HP〉https://adm.aichi-u.ac.jp/

TOPICS

知を愛し、世界へ

● 地域貢献に積極的な大学　北陸・東海私立大**第1位**
● 地元企業や自治体への就職に強い大学　北陸・東海私立大**第2位**

※「大学探しランキングブック2024」(大学通信調べ)

■学部・学科

- ●法学部　法学科315
- ●経済学部　経済学科330
- ●経営学部　経営学科250／会計ファイナンス学科125
- ●現代中国学部　現代中国学科180
- ●国際コミュニケーション学部　英語学科115／国際教養学科115
- ●文学部　人文社会学科172／歴史地理学科70／
　　　　　　日本語日本文学科48／心理学科55
- ●地域政策学部　地域政策学科220

🏛 大学GUIDE

　1946年、中部地区唯一の旧制法文系大学として愛知県豊橋市に創立した伝統ある大学です。

　名古屋と豊橋に7学部を擁し、アクティブラーニングやインターンシップなど、学びを社会にひらき協働力や実行力を培う実践的な活動を展開。「現地・現場主義」教育で、世界に通じるコミュニケーション能力を養成します。

　法学部　生きた法を学ぶ実践的な科目を数多く開講し、司法・行政だけでなくビジネスの現場でも法的な視点と思考力を持った人材育成をめざしています。実践的できめ細かい教育を行うために、すべての学年に少人数の演習(ゼミナール)を設置している点が特長です。

　◆模擬裁判　正課授業の一環として市民参加型の「模擬裁判」を実施。判例を基にしたシナリオの考案から広報活動、当日の運営に至るまで、学生が主体となって行われます。この取り組みの過程で、刑法や刑事訴訟法に関する知識や運用の在り方を修得します。

　◆法科大学院連携コース　司法試験合格に向けて一貫した教育プログラムを提供。法学部2年次から法曹養成に必須の高度な学識や能力を体系的かつ集中的に学び、法学部入学から最短5年で司法試験合格も可能です。

　経済学部　経済学の基礎となるミクロ経済学やマクロ経済学から金融・財政・労働経済などの体系的なカリキュラムに加え、経営学や法律、情報システムなど関連分野の科目を選択できる「隣接・関連分野」や、海外でのフィールドスタディ、ボランティア、インターンシップなどにおける学修成果を単位認定する「キャリアスキル」といった科目区分を設けています。自分の関心に応じ、経済学を理論と実践の両面から学べるカリキュラム編成が特長です。

　経営学部　企業の仕組みとその経営について、理論と実践の両面から学ぶ**経営学科**と、会計ファイナンスのスペシャリストを国際会計基準に対応した専門性の高いカリキュラムで養成する**会計ファイナンス学科**で構成されています。複雑化する現代のビジネスシーンに対応するため、経営学と会計学の両分野を学べる学部共通科目を設けており、多角的な思考力を身につけることができます。

　◆Pubフェス　企画から運営まで、同学部の学生中心で開催されるプレゼンテーション大会。テーマ選びから構成、スライドデザインや発表スタイルなど、プレゼンテーションに求められるすべての要素が審査対象となります。

　現代中国学部　学部最大の特長は「現地プログラム」。2年次春学期に全員が4カ月間中国・台湾・マレーシアのいずれかに留学し、異文化を体感しながら語学力を養います。さらに、中国または台湾にて現地の大学生と協同調査に取り組む「現地研究調査」、北京または上海の企業で就業研修を行う「現地インターンシップ」も実施。また、中国の南開大学、台湾の東呉大学との協定により、5年間で愛知大学と留学先大学の学位が取得できる「ダブルディグリー・プログラム」を導入しています。

　国際コミュニケーション学部　**英語学科**では国際共通語"英語"について「読む・聞く・書く・話す」力を段階的に伸ばし、総合的な英語運用能力を習得。ネイティブ教員による少人数授業、留学や海外研修による国際経験の機会など、実践的な教育を展開しています。**国際教養学科**では、異文化理解を通してコミュニケーション能力を向上させながら自国文化への知見も深め、国際社会で活躍できる人材を育成。国際マーケティングや外交など、他学部が開講する国際関係科目の履修も可能です。

　文学部　人文学の学問領域をほぼ網羅する4学科13専攻を設置。幅広い学びを土台に各専攻で専門性を追究します。人と社会に対する知見を広げるとともに、史資料の読解や調査・実験など、研究に必要な能力も修得。人間や社会の本質を多角的に探究する中で、ものごとの論理的な考え方や深い洞察力を磨きます。

　地域政策学部　「地域を見つめ、地域を活かす」をコンセプトに、少子高齢化や産業のグローバル化などにより大きく変化する地域社会を見据え、"課題発見"と"課題解決"の力である「地域貢献力」を備えた人材を育成。フィールド重視型教育、GIS(地理情報システム)、データ分析系科目の充実がカリキュラムの特色で、少人数クラスのアクティブラーニングを多く取り入れています。

CAMPUS情報

●名古屋キャンパス

名古屋駅から徒歩約10分のささしまライブに立地する都市型キャンパス。この環境を生かし、行政や企業との連携による授業や、企業への提案力を競うプレゼンテーション型の学び、ボランティア活動など様々な取り組みを活発に行っています。

●豊橋キャンパス

地域社会との密接な関わりにより築かれた信頼関係を生かしたフィールドワークを中心に、まちに開かれた学びを展開し、地方創生を担う人材を育成しています。

2025年秋頃、豊橋キャンパスの中心に中・大教室、図書館、コミュニケーションラウンジなどを備えた4階建ての新棟が登場。学生の学びを支え、歴史と伝統に向き合い未来につなぐサスティナブルキャンパスをめざします。

資格取得支援

資格課程履修により取得できる資格 高等学校・中学校教諭一種、小学校教諭一種＊、社会教育主事、博物館学芸員、司書、司書教諭、社会調査士（文ー社会学専攻）、認定心理士（文ー心理学科）

※教員・司書教諭は文ー心理学科を除く。教員免許の取得可能科目は学部・学科によって異なります。

＊佛教大学（通信教育課程）への学費が別途必要

▶ 教職課程センター ▶

「教員」をめざす学生のための実践的な拠点として名古屋・豊橋の両キャンパスに「教職課程センター」を設置。教員として豊富な経験を持つスタッフが常駐し、より良いカリキュラムの提供や支援を行い、模擬試験や面接・集団討論対策など、教員採用試験まできめ細かくサポートしています。

留学情報

14カ国・地域の47大学と提携し、1年間または1セメスター（半年）の長期留学（交換留学、認定留学）、春季・夏季休暇を利用する短期語学セミナーなど、目的や経済面を考慮した留学制度を用意しています。長期留学では、留学先での学修成果を卒業に必要な単位として認定するため、4年間での卒業も可能です。

卒業後の進路

愛知大学は、愛知県内で最も長い歴史を持つ私立大学であり、多くの卒業生が地元優良企業やグローバル企業などで活躍しています。特に公務員、製造業、卸売・商社、教員は愛知大学の強みと言える分野です。

■公務員・教員合格者実績（2022年度全学部）

公務員合格者 453人（国家公務員179人・地方公務員274人）

教員合格者 80人

> **2023年度国家公務員一般職（行政区分）合格者数**
> **東海地区大学**（国公立大学含む） **第1位**（80人）

入試GUIDE （前年度参考）

■一般選抜
①M方式入試 ②前期入試
③共通テストプラス方式入試
④数学重視型入試（法、経済、経営、文ー心理、地域政策ー食農環境のみ）
⑤共通テスト利用入試（前期）5教科型・3教科型
⑥後期入試 ⑦共通テスト利用入試（後期）

■学校推薦型選抜
①一般推薦（専願制・併願制）
②情報・簿記会計推薦（経済、経営のみ）

■総合型選抜
①現代中国学部グローバル人材特別入試
②国際コミュニケーション学部英語学科特別入試
③地域政策学部プレゼンテーション入試
④スポーツ特別入試
⑤海外帰国生選抜入試、社会人入試、編入学試験

▶ 奨学金制度 ▶

●愛知大学スカラシップ／M方式入試、前期入試、共通テスト利用入試（前期）5教科型の成績上位者合計300人に、1年次の授業料および教育充実費の半額相当額を給付。
●学業奨励金／2年次以上の学生を対象に、前年度に修得した科目の単位数・成績を基準に、優秀な学生（131人）に授業料の半額相当額を給付。（2023年度実績）

資料請求方法：巻末ページの「パンフレット一括請求」をご覧ください。

中部

愛知医科大学

〒480-1195　愛知県長久手市岩作雁又1-1
医学部入試課　TEL 0561-61-5315（直通）
看護学部入試係　TEL 0561-61-5412（直通）　〈HP〉https://www.aichi-med-u.ac.jp/

TOPICS

2025年度入試から、愛知医科大学の入試が変わります。
- ●医 学 部　一般選抜の募集人員を65人→70人に増員します。
- ●看護学部　新たに大学入学共通テスト併用型選抜が加わります。
　詳細は、大学ホームページをご確認ください。

🏛 大学GUIDE

医学部　複雑化する現代社会において、医療現場では、豊かな思考力と創造力を持ち、常に医学の進歩に対応できる高度な知識・技術を身につけた医療人が求められています。社会の要請に応えるために、医学部では、医学・医療の様々な分野に共通して必要な基本的知識、技術及び態度・習慣を身につけ、生涯にわたる学習の土台を築きます。そして、自主性・創造性を養い、問題解決能力を高めるとともに、医学の進歩と医療をめぐる社会情勢の変化に対応できる能力を育成し、さらに、医療を予防・診断・治療からリハビリテーションまでの総合的なものとしてとらえて、自然科学だけでなく、疾病の背景にある精神的・社会的諸問題と関係づけて考える力を伸ばします。

学年を超えた継続的なプロフェッショナリズム、行動科学教育により医療人としての基本的価値観、資質、能力を習得しています。1学年次から患者さんと接する実習、基礎医学系科目を取り入れ、2学年次後半から展開される臨床医学の講義を経て、4学年次の8月から9月にかけて共用試験（CBT、臨床実習前OSCE）を実施し、10月から診療参加型臨床実習が始まります。

ドクターヘリ

　大学病院・高度救命救急センターでは、広域の高度救急救命を支える医療機関として、国内で4番目に救急医療対応（ER）型ヘリコプターを導入しました。医師や看護師を乗せて、出動要請から約5分で離陸できる体制を整えており、救命率向上を実現する新時代の移動型救急救命システムとして活躍しています。

■学部・学科組織

●医学部
　医学科115

●看護学部
　看護学科100

看護学部　人間の尊厳を重んじる豊かな感性と思考力を持ち、対象となる人々と共に健康と幸福を追求し、人間的に成長する看護を提供できる専門職者を育成します。また、科学の進歩と国内外の社会・医療環境の変化に幅広く対応できる質の高い実践者を育成します。

そのため、看護学部では、次の教育のキーワード「H.C.I.P」を掲げています。

Humanity（人間尊重を基盤とした豊かな人間性：人を全人的に捉え、尊厳と権利を尊重し、健康と幸福を追求する能力を育成する。）

Community（社会と人々の暮らしや健康を支える地域性：社会の環境と地域で暮らす人々の多様な生活課題を理解し、健康増進に貢献できる能力を育成する。また、保健医療福祉の連携・協働のもと、看護の機能や役割を発揮できる能力を育成する。）

Internationality（国内外の多様な文化と価値観を尊重する国際性：グローバルな視点をもち、多様化する文化的背景や異なる価値観を理解し、多文化共生社会に貢献できる能力を育成する。）

Professionalism（社会の変化や多様な状況・場に対応できる看護実践能力：地域社会の健康課題から高度急性期医療に至る多様な状況に対応し、科学的根拠に基づく看護を実践できる基礎的能力を育成する。また、看護専門職者として主体的に研鑽を積み、生涯にわたり専門性を発展させていく能力を育成する。）

こうした基本方針をベースに、一人ひとりの学生を大

DATA・FILE

- ○教員数…661（教授116　准教授69　講師101　助教375）
- ○学生数…学部1,133（医学部721　看護学部412）
　　　　　　大学院137（医学研究科101　看護学研究科36）
- ○キャンパス面積…265,284㎡
- ○蔵書数…約9万6千冊　　　　　　　　　　　　（2023年度）

切にする教育を行っています。１学年次から最先端医療を提供する愛知医科大学病院の実習を経験することで、確かな基盤を作るとともに、臨床判断能力やスキルを身につけます。また、国家試験対策から就職支援に至るまで、多彩な学修支援を行っています。

CAMPUS情報

キャンパスは、名古屋市東部の長久手市に位置し、大学病院、附属施設などとともに広大な敷地に展開しています。先進的な建築物と、自然環境が美しく配置され、高度救命救急センターや総合学術情報センターなど、多くの最先端施設を擁しています。また、高度救命救急センターには、ドクターヘリが常時待機し、約５分で離陸できる体制を整えています。

国際交流

医学部では、学術国際交流協定大学と学生交換を含む包括的な相互交流を行っています。学生交換プログラムとして、米国南イリノイ大学（SIU）医学部には、６学年次に進級する学生を対象とし、SIU医学部の４学年次用（日本の６学年次に相当）の臨床実習に参加する８週間の「臨床実習選択コース」があります。また、３・４学年次の学生を対象とし、SIU医学部の２学年次カリキュラムを受講する３週間の「２学年次カリキュラム受講コース」もあります。ドイツのルール大学医学部、タイのコンケン大学医学部、タマサート大学チュラポーン国際医学部、ポーランドのウッチ医科大学、ポズナン医科大学、米国のバーモント大学には、６学年次に進級する学生を対象とした４週間の「臨床実習選択コース」のプログラムがあります。「臨床実習選択コース」への参加は正課カリキュラムの一部として正式に扱われます。2023年度は、昨年度から開始したオンライン学修と臨床実習を融合した米国式教育を日本で受けることができるハワイ医学英語教育プログラム（HMEP）にて初めて愛知医科大学の学生が臨床実習に参加しました。今後益々のプログラムの拡大が期待されます。

看護学部では、豊かな国際性を育むため、看護先進国への短期留学制度を設けています。タイ王国のマハサラカム大学やアメリカのケース・ウェスタン・リザーブ大学、シンガポールのシンガポール国立大学との交流や短期留学を実施しています。

大学本館

卒業後の進路

医学部卒業生は、愛知医科大学病院を始めとする全国の国公私立大学附属病院や各研修指定病院などにおいて臨床研修を受け、その後各地において活躍しています。

看護学部卒業生は、看護師として愛知医科大学病院を始め全国の医療機関に、保健師として市町村の保健センターなどに就職しています。また一部は愛知医科大学の大学院看護学研究科などに進学しています。大学院看護学研究科（修士課程）は、現場で活躍する人が働きながら学べるように昼夜開講制、長期履修制度を導入。高度実践看護師（専門看護師（CNS）〈感染症看護分野〉／診療看護師（NP））を目指すコースも設置しています。

入試GUIDE （2025年度実施予定）

① 一般選抜／全学部
② 学校推薦型選抜　公募制／全学部
　　　　　　　　　　指定校制／看護学部
③ 大学入学共通テスト利用選抜／医学部
④ 大学入学共通テスト利用選抜（A方式・B方式）／看護学部
⑤ 大学入学共通テスト併用型選抜／看護学部
⑥ 社会人等特別選抜／看護学部
⑦ 愛知県地域特別枠（A方式・B方式）／医学部
⑧ 国際バカロレア選抜／医学部

奨学金

医学部／卒業後、愛知医科大学に勤務（臨床研修医・大学院学生含む）する学生に対して、奨学金を貸与する制度、成績優秀者に学納金の一部を免除する制度があります。
看護学部／入試成績上位者や在学中の成績優秀者には教育充実費と実験実習費の免除制度があります。

取得資格（看護学部）

看護師国家試験受験資格、保健師国家試験受験資格（選択制15人）が取得できます。
※保健師課程を選択した者のみ保健師国家試験受験資格が得られます。

資料請求方法：巻末ページの「パンフレット一括請求」をご覧ください。

愛知学院大学

〒470-0195　愛知県日進市岩崎町阿良池12　入試センター　TEL 0561-73-1111　〈HP〉www.agu.ac.jp

TOPICS
- ●創立148年の中部地区で最古の歴史と伝統をもつ総合大学
- ●2,657人※の社長（愛知県1位）を輩出するなど、卒業後の社会での強いネットワーク
- ●2023年健康科学部開設

※東京商工リサーチ調べ

大学GUIDE

愛知学院大学は、明治9（1876）年に曹洞宗専門学支校として開設し、長い歴史とともに、変化を続ける社会に対応した教育研究を実践。約12,000人の学生を有する中部地区最大級の規模を誇る総合大学です。

文学部　**歴史学科**では、「日本史」「東洋史」「西洋史」「イスラム圏史」「考古学」の5コースを設置。世界中のあらゆる地域・年代の歩みを幅広く学ぶことができる、全国的にも数少ない学科です。**日本文化学科**では、「文化探求現場主義」をモットーに、学外へ出て文化研究を展開。「言語」「文学」「思想と芸術」「社会と民俗」の4領域で日本文化を多角的に学び、体験を通して理解を深めていきます。**英語英米文化学科**では、世界共通語である「英語」とアメリカやイギリスをはじめとする「文化」を探究し、英語運用能力と異文化理解力を身につけたジェネラリストを育成します。**グローバル英語学科**では、将来の目的に応じた「観光」「英語キャリア」の2コースと、「観光・航空」「国際ビジネス」「通訳・翻訳」「英語教員資格」の4つの履修モデルを用意しています。**宗教文化学科**では、「宗教文化」「仏教文化」「禅文化」の3分野を設置。宗教史だけでなく仏教と芸術の関連を調べたり、現代ポピュラー文化やサブカルチャーとの関連性を掘り下げたり、身近なテーマから学ぶことができます。

心理学部　人の「こころ」の基礎を理解し、「多文化・共生」「情報・ビジネス」「心理学実践」の3分野で専門性を極めます。地域社会、ビジネス、医療・教育分野において幅広く貢献できる人材育成をめざします。

健康科学部　**健康科学科**では、「スポーツ科学」「養護教諭」「言語聴覚士」の3コースを設定。高い実践力と的確な判断力を備えた健康づくりの指導者を養成します。**健康栄養学科**では、医学的見地に基づいた教育プログラムにより臨床や健診・保健指導の現場で活躍できる管理栄養士を育成します。

商学部　「流通・マーケティング」「会計・金融」「ビジネス情報」の3コースを設置。「実学」と「学問」を両立し、社会から求められるビジネス・パーソンを育成します。

経営学部　「組織マネジメント」「生産マーケティング」「会計」の3コースを設置。自ら体験することなどを通じて主体的に学ぶアクティブ・ラーニングを重視しており、実践を通して経営感覚をつかみ、社会を動かす経営者や管理者をめざします。

経済学部　「理論」「歴史」「政策」の3つの視点から経済にアプローチします。グローバルな視点で経済を読み解き、時代と地域のニーズに貢献できる人材を育成します。

法学部　**法律学科**では、将来の目的に対応する「総合」「公法」「ビジネス法」の3コースを設置。体系的に学べるカリキュラムで法律学の知識を積み重ねていきます。**現代社会法学科**は、具体的な問題に目を向け、そのアプローチ方法を法律学の立場から明らかにする「問題解決」重視型の学科です。将来の進路にあわせて9つのパッケージを用意。自分の関心に沿って学習を進めていきます。

総合政策学部　政治・行政、経済・環境、国際、社会・文化、情報・メディア、人間科学など、多様な学問領域をカバーしていることが大きな特長です。実社会に直結するクラスター（科目群）を総合的に学び、課題を発見・解決できる力を養います。

薬学部　的確な判断力と専門性により、医療現場で活躍できる薬剤師を育成します。また、歯学部や健康科学部などの医療系学部との連携により、チーム医療の現場で求められる実務能力を磨きます。

■学部・学科組織（2024年度）
- ●**文学部**　歴史学科130／日本文化学科110／英語英米文化学科110／グローバル英語学科110／宗教文化学科70
- ●**心理学部**　心理学科160
- ●**健康科学部**　健康科学科180／健康栄養学科80
- ●**商学部**　商学科250
- ●**経営学部**　経営学科290
- ●**経済学部**　経済学科270
- ●**法学部**　法律学科190／現代社会法学科105
- ●**総合政策学部**　総合政策学科210
- ●**薬学部**　医療薬学科145
- ●**歯学部**　歯学科125

DATA・FILE

- ○教員数……433（教授184　准教授103　講師116　助教30）
- ○学生数……学部11,022（男6,896　女4,126）大学院195
- ○キャンパス面積……543,695㎡　　（2023年5月現在）
- ○卒業生数……137,256　　　　　　（2023年現在）
- ○出身社長数……2,657　　　（東京商工リサーチ調べ）

歯学部 歯学科は全国トップクラスの実習環境を整備しています。基礎系・臨床系合わせて25に及ぶ講座があり、最先端の研究活動を活発に行っています。また、次世代の歯科医師に必要な「チーム医療」を理解するために、近隣医学部や薬学部の学生と一緒に学ぶ「多職種連携教育(IPE)」も実施しています。

CAMPUS情報

日進キャンパス 東京ドーム11個分の広大なキャンパスに先進の教育・研究施設をはじめ、各種の厚生施設やスポーツ施設、憩いの施設が充実しています。

名城公園キャンパス 名城公園キャンパスは名駅や栄に近い都心型キャンパス。名古屋駅からキャンパスまで約10分と通学しやすい立地です。企業や官公庁、地域と連携しやすい環境で、社会科学系の学びを追究できます。

楠元キャンパス 国の登録文化財に指定されている建物や、最先端医療の研究・教育に大きな役割を果たす歯学部基礎教育研究棟など医療系に特化した施設があります。

末盛キャンパス 一般の外来・入院患者の治療のほか、最先端領域の研究や歯学部学生の臨床教育の場として利用されている歯学部附属病院があります。2023年8月には歯学部新校舎が誕生。学生優先に考えられたゆとりある学習空間が魅力です。

厚生施設 スポーツセンター、学生相談センター、保健センター、研修会館、食堂、学院会館、カフェ、クラブハウスなどがあります。また学外には「蓼科セミナーハウス」が設置されています。

留学情報

イギリスのカンタベリー・クライスト・チャーチ大学、カナダのビクトリア大学、オーストラリアのボンド大学などで、3週間～1カ月間の海外語学研修を実施しています。その他に、交換留学・派遣留学・認定留学の制度もあり、単位認定もされます。

卒業後の進路

2024年3月卒業予定者の主な内定先 トヨタ自動車、日本航空(CA)、ANA中部空港、JR東海、名古屋鉄道、近畿日本ツーリスト、資生堂ジャパン、雪印メグミルク、山崎製パン、大垣共立銀行、野村證券、名古屋市立大学病院、藤田医科大学病院、岐阜市役所、名古屋国税局、愛知県警察本部、東京消防庁、愛知県教育委員会など

入試GUIDE (前年度参考)

①一般選抜（前期試験A・B・M、中期、後期）
②「共通テスト」利用試験（Ⅰ・Ⅱ期・共通テストプラス）
③学校推薦型選抜（公募制A・B、指定校制、スポーツ、専門学科）
④総合型選抜（AO・高大接続型・英語資格特別）
⑤社会人入試　⑥帰国生徒入試
⑦外国人留学生入試　⑧編入学試験
※実施学部は試験制度により異なる

資格取得サポート

学生の資格取得に向けた学習を支援するのが「エクステンションセンター」です。公務員、行政書士、宅地建物取引士、簿記検定、FP技能検定、証券外務員二種、MOS、Webデザイナー、色彩検定、旅行業務取扱管理者などの試験対策講座を開講しています。

新入生特待生制度

入試成績優秀者の活躍をサポートするため、基準を満たす者を新入生特待生として268人選出。初年度免除額は125万円以上で、2年次以降も条件を満たせば継続して年間30万円給付されます。
【対象入試】前期試験A、「共通テスト」利用試験Ⅰ期
【選考基準】対象試験での得点率が70%以上（選考基準を満たす者が対象人数より多い場合は、成績上位者から選抜）

資料請求方法：巻末ページの「パンフレット一括請求」をご覧ください。

愛知工業大学

〒470-0392　愛知県豊田市八草町八千草1247　入試広報課　☎0120-188-651　〈HP〉https://www.ait.ac.jp

資料請求

	請求ハガキ	巻末ハガキ
料　金		無　料
完成時期		5月下旬

TOPICS
- **学生チャレンジプロジェクト**　つくる場所、材料費、コンテストや大会に参加するための資金は大学がバックアップ。「ものづくり」にかける学生の思いをサポートします。
- **環境の充実**　2024年3月、八草キャンパスに情報科学部の新しい拠点「14号館」が完成します。

🏛 大学GUIDE

工学部

〈**電気学科**〉**電気工学専攻**では、新エネルギー、超伝導、パワーエレクトロニクスなど、電気に関わる最新テクノロジーを学びます。**電子情報工学専攻**では、電子工学と情報通信工学を基礎に、エレクトロニクスとITの最先端領域を学びます。

〈**応用化学科**〉**応用化学専攻**では、物理化学、無機化学、分析化学、有機化学、高分子化学など、幅広い分野の基礎と応用を学びます。**バイオ環境化学専攻**では、環境に優しい素材開発や、生体機能を再現した物質合成など、分子レベルのテクノロジーを探求します。

〈**機械学科**〉**機械工学専攻**では、基礎から先端工学まで総合的に学習。「ものづくり」のプロセスを体系的に学び、生きた技術力を身につけます。**機械創造工学専攻**では、航空宇宙・自動車・ロボット分野を中心に学び、機械エンジニアとしての資質やデザイン能力を養います。

〈**社会基盤学科**〉**土木工学専攻**では、道路や橋などの社会基盤、防災・環境維持のほか、上下水道・ガスなどの生活関連施設の企画、設計、施工を学びます。**都市デザイン専攻**では、土木工学の基礎知識をもとに工学的見地からインフラの計画・構築・環境・防災等を探究し、これらに関わる技術者を育成します。

〈**建築学科**〉**建築学専攻**では、建築の芸術性と安全性の融合をめざし、確かな知識と設計技術を身につけます。**住居デザイン専攻**は 住居の設計、インテリア、環境設備などを中心に学び、多様化する住環境へのニーズに対応する人材を育成します。

経営学部

〈**経営学科**〉**経営情報システム専攻**では、恵まれたコンピュータ環境を利用し、コンピュータによる情報処理やインターネットの知識と技術、その経営的な応用手法を

■学部・学科・専攻組織

- **工学部**
  電気学科（電気工学専攻、電子情報工学専攻）／応用化学科（応用化学専攻、バイオ環境化学専攻）／機械学科（機械工学専攻、機械創造工学専攻）／社会基盤学科※（土木工学専攻、都市デザイン専攻※）／建築学科（建築学専攻、住居デザイン専攻）
- **経営学部**
  経営学科（経営情報システム専攻、スポーツマネジメント専攻）
- **情報科学部**
  情報科学科（コンピュータシステム専攻、メディア情報専攻）
  ※2024年4月名称変更（届出済）

学び、企業経営のビジネスリーダーを養成します。名古屋市内にある「自由ヶ丘キャンパス」で学びます。**スポーツマネジメント専攻**では、スポーツを経営の視点で捉えるために、経営学や会計学の知識を基礎から学びます。スポーツイベントを企画・運営するなど実践力を身につけ、コンピュータを活用した情報処理能力も養います。

情報科学部

〈**情報科学科**〉**コンピュータシステム専攻**では、ソフトウェアを中心にコンピュータを総合的に学習します。基礎から応用まで体系的に学習を進め、Webプログラミングや組み込みプログラミングなどの最新技術を修得したソフトウェア技術者を育成します。**メディア情報専攻**では、CG、WEB、CADの技術を中心に習得し、最新のICTとICTによるメディア表現などを学びます。ハリウッド映画界でも使用されるソフトを使い、日本最高水準のコンピュータ環境で学習できます。

💡 学生のやる気を支える学生支援「チューター制」

チューター制とは、学生7～8人のグループに教員を1人配置し、学生たちの学びを支援する制度で、いわば高校の担任のような存在。「レポートの書き方がわからなくて困っている」など学びの基礎に関する相談はもちろん、「めざす進路のためには何を学べばいいの？」などといった学習の進め方についても丁寧にアドバイスします。

DATA・FILE

- 教員数……169（教授108　准教授45　講師14　助教2）
  ※学長は含まない
- 学生数……学部　6,025
  大学院 250（博士前期234　博士後期16）
- キャンパス面積……約66万㎡（八草キャンパス）
- 蔵書数……約31万冊　　　　　　　　　　（2023年度）

奨学金制度

日本学生支援機構奨学金以外に、独自の奨学金があります。
- 選抜奨学生制度　　成績優秀奨学生制度　　瑞若会奨学生制度
- 愛工大大学院奨学金制度　　後藤すゞ子先生奨学金制度

卒業後の進路

　景気動向に左右されることなく、愛工大は毎年高い就職率を維持しています。

　これは学生や卒業生に対する社会的評価の高さはもちろん、教員やキャリアセンターによる学生一人ひとりへのきめ細やかな就職指導の成果でもあります。

2023年3月卒業生の実就職率

〈大学全体〉98.6％＝全国第1位※
卒業者1,291人、大学院進学者119人、就職者1,156人

〈工学部〉99.0％
卒業者957人、大学院進学者97人、就職者851人

〈経営学部〉98.6％
卒業者148人、大学院進学者0人、就職者146人

〈情報科学部〉97.0％
卒業者186人、大学院進学者22人、就職者159人

※大学通信ONLINE（2023.07.21公開）
　最新実就職率ランキング（卒業生1,000人以上）
※実就職率（％）＝就職者数÷（卒業者数−大学院進学者数）×100

2023年3月卒業生の主な就職先　アイシン、アドヴィックス、バッファロー、大林組、積水ハウス、シヤチハタ、シャープ、スズキ、住友林業、東邦ガス、大成建設、大和ハウス工業、名古屋鉄道、デンソーテクノ、トーエネック、近畿日本鉄道、日本生命保険、バローホールディングス、Mizkan、愛知県庁、名古屋市役所　他多数

取得可能な資格

　高等学校教諭一種　〈応用化学科を除く工学部全学科〉工業　〈電気学科、経営学科、情報科学科〉情報　〈応用化学科〉理科　〈経営学科〉商業
　その他の資格　〈電気工学専攻〉電気主任技術者、電気通信主任技術者、第1級陸上無線技術士、第1種・第2種電気工事士　〈電子情報工学専攻〉電気通信主任技術者、第1級陸上無線技術士、第1級陸上特殊無線技士、第2級海上特殊無線技士　〈応用化学専攻・バイオ環境化学専攻〉危険物取扱者甲種、毒物劇物取扱責任者〈土木工学専攻・都市デザイン専攻〉測量士補、測量士〈建築学専攻・住居デザイン専攻〉1級・2級建築士

入試GUIDE（2024年度参考）

①前期日程A方式・Aw方式（記述式）／全学部
②前期日程M方式（マークセンス式）／全学部
③後期日程M方式（マークセンス式）／全学部
④共通テスト1期C方式（3教科利用）／全学部
⑤共通テスト2期C方式（2教科利用）／全学部
⑥共通テスト3期C方式（3教科利用）／全学部
⑦共通テストプラスA方式・M方式／全学部
⑧一般推薦／全学部　⑨スポーツ推薦／全学部
⑩女子学生推薦／全学部　⑪工学部推薦／工学部のみ

▶ オープンキャンパス

〈内容〉各専攻デモンストレーション、推薦入試対策講座、個別相談コーナー、入試説明会、無料ランチ、オリジナルグッズプレゼントなど
※事前予約は不要です。詳細はHPをご覧下さい。

▶ 資料請求

　ホームページまたは、電話、ハガキなどで、郵便番号、住所、氏名、電話番号、高校名、学年を明記して入試広報課までお申し込みください。送料とも無料です。

資料請求方法：巻末ページの「パンフレット一括請求」をご覧ください。

愛知淑徳大学

〒464-8671　名古屋市千種区桜が丘23　アドミッションセンター　TEL 052-781-7084（直通）　〈HP〉https://www.aasa.ac.jp/

TOPICS

●2025年4月、新学部・学科（専攻）を設置予定（構想中）。

文学部教育学科・総合英語学科を改組し、「教育学部教育学科※」を新設。創造表現学部建築・インテリアデザイン専攻を「建築学部建築学科※」として独立させ、当該学科に「建築・まちづくり専攻※」と「住居・インテリアデザイン専攻※」を新設します。　　　※仮称・設置構想中

「違いを共に生きる」の理念のもと、次代を生き抜く力を育む

文学部　日本の古典文学、近・現代文学、国語学、中国文学を中心に学びます。文章表現力を鍛え、論理的な意見を組み立てる力を磨き、課題の発見から解決に至るまでを自分自身で導き出せる人材を育成します。

教育学部※1　ICTの活用、小学校での英語教育、児童・生徒の多様化など、教育現場の今日的課題に対応する科目が充実。社会環境と学校教育の変化に対応できる教員を養成します。"2年次からのゆるやかなコース制"が特色で、「学校教育」「英語教育」「特別支援教育」の3コースを設置。小・中・高・特別支援の4つの学校教諭一種免許状取得を、4年間でめざすことができます。

人間情報学部　〈感性工学専攻〉人の感性を重視し、人に寄り添ったIT系モノづくりについて学び、人に優しいコンテンツ制作・システム開発の担い手を育成します。3年次から「感性デザイン工学コース」と「AI・情報システムコース」に分かれます。

〈データサイエンス専攻〉人、情報、それぞれの分野を対象に、心理的・生理的な測定技術と統計に基づくデータ分析法について学び、"人"を理解する能力と、モノやサービスを評価するためのデータ分析能力を身につけた人材を育成します。3年次から「心理科学コース」と「データ活用コース」に分かれます。

心理学部　人の心をさまざまな角度から捉えるため、「生理・認知」「社会」「発達」「臨床」の心理学主要4領域をコースを分けずに学びます。実験などを含めた心理学の研究方法は専任教員が基礎から指導。研究内容の難易度を上げて繰り返し実施する過程で論理的思考力など

大学院

［博士課程］　文化創造研究科／文化創造専攻
　　　　　　　心理医療科学研究科／心理医療科学専攻
　　　　　　　グローバルカルチャー・コミュニケーション研究科
　　　　　　　／グローバルカルチャー・コミュニケーション専攻
　　　　　　　ビジネス研究科／ビジネス専攻
［修士課程］　教育学研究科／発達教育専攻
　　　　　　　健康栄養科学研究科＊／健康栄養科学専攻＊
　　　　　　　　　　　　　　　　　　　　　　　　＊2024年開設

■学部・学科・専攻 定員

〈長久手キャンパス〉

●**文学部**　国文学科95

●**教育学部※1**　教育学科140

●**人間情報学部**　人間情報学科（感性工学専攻125、データサイエンス専攻75）

●**心理学部**　心理学科180

●**創造表現学部**　創造表現学科（創作表現専攻95、メディアプロデュース専攻130）

●**建築学部※1**　建築学科（建築・まちづくり専攻70、住居・インテリアデザイン専攻60）

●**健康医療科学部**　医療貢献学科（言語聴覚学専攻40、視覚科学専攻40、臨床検査学専攻40）／スポーツ・健康医科学科（スポーツ・健康科学専攻100、救急救命学専攻30）

●**食健康科学部＊**　健康栄養学科＊80／食創造科学科＊120

●**福祉貢献学部**　福祉貢献学科（社会福祉専攻70、子ども福祉専攻50）

〈星が丘キャンパス〉

●**交流文化学部**　交流文化学科（ランゲージ専攻120、国際交流・観光専攻140※2）

●**ビジネス学部**　ビジネス学科230

●**グローバル・コミュニケーション学部**　グローバル・コミュニケーション学科80※2

※1　2025年4月開設予定（仮称・設置構想中）
※2　2025年4月定員変更予定（構想中）
＊　2024年4月開設

実社会で生かせる力を身につけます。大学院との連携で、公認心理師や臨床心理士への道も開かれています。

創造表現学部　〈創作表現専攻〉理論と実践の両面から"表現"を学び、発想力、描写力、独創性を身につけます。経験豊富な専門家がオリジナリティあふれる授業を展開。一人ひとりの個性が発揮できるよう指導します。

〈メディアプロデュース専攻〉デジタル化に伴って多様化が進むメディアの特性を理解し、社会に対し適切な情報発信ができる人材を育成。メディアを活用した豊かな発想力・表現力・戦略的企画力、映像やデザイン等の制作を通して社会の問題に関わる実践力を磨きます。

建築学部※1　〈建築・まちづくり専攻〉建築やまちづくりを専門的に学修。建築物の構造、材料・構造、環境・設備、意匠に加え、都市景観、歴史・文化、計画などを理解し、実験・実習を重ねて建築を総合的に学び深めます。一級建築士の資格取得をめざすことができます。

〈住居・インテリアデザイン専攻〉機能的でデザイン性

の高い住環境の計画や設計を、実務を見据えて専門的に学修。インテリアプランナーやインテリアコーディネーターなどの資格取得をめざし、建築学に関する科目や、家具や照明器具などの制作を学びます。

健康医療科学部 〈医療貢献学科 言語聴覚学専攻〉
優しさや強さを備え、言葉や聴こえの障害を的確に理解して改善を図ることのできる言語聴覚士を養成します。

〈医療貢献学科 視覚科学専攻〉眼や見え方に関する検査・評価技術や視覚障がいのある方への支援能力に加え、科学的思考力を備えた視能訓練士を養成します。

〈医療貢献学科 理学療法学専攻＊〉小児から成人・高齢者まですべての世代に対応できるリハビリテーション専門職として地域に貢献できる理学療法士を養成します。小児理学療法に重点を置いた教育が特色です。

〈医療貢献学科 臨床検査学専攻＊〉最先端の臨床検査技術・知識と多職種連携能力を備え、高度先進医療や地域医療へのニーズに応える臨床検査技師を養成します。

〈スポーツ・健康医科学科 スポーツ・健康科学専攻〉臨床医学、基礎医学、体育学、スポーツ科学、栄養学など健康科学に関する学問分野を多面的に学修。ヘルスプロモーションをスポーツ・身体活動の面から推進し、人生100年時代の生涯健康に貢献できる人材を育成します。

〈スポーツ・健康医科学科 救急救命学専攻〉最新機器や救急の現場を模した設備を活用し、現場経験豊富な教員の指導のもと、少人数制教育を展開。救急救命の専門知識と実践力を修得します。

食健康科学部＊ 〈健康栄養学科＊〉
食と栄養に関する幅広い知識と高度な実践能力を備え、生涯にわたる健康の維持・増進に貢献する管理栄養士を育成します。

〈食創造科学科＊〉食品や調理、健康と栄養、世界の食文化、新たな食の創造など、分析から食品開発まで実践的に学び、食文化や健康社会に貢献する人材を育成します。

福祉貢献学部 〈社会福祉専攻〉
日常生活に課題を抱えた人々が、自らの生命や生活に関して自分自身で決定できる道を拓き、違いを共に生きられる社会の創造に取り組むことができる社会福祉士、精神保健福祉士をはじめ、地域に貢献できる人材を育成します。

〈子ども福祉専攻〉保育の現状に即した人材育成にとどまらず、今後の保育の進むべき道を考えながら、子どもたちの幸せをめざすことができる人材を育てます。保育士資格・幼稚園教諭一種免許状が取得できます。

交流文化学部 〈ランゲージ専攻〉
英語、中国語、韓国・朝鮮語のスキルアップと文化を学ぶ専攻プログラムのほか、日本語教師を養成するための「日本語教育」を加えた4専攻プログラムを用意。異文化への理解を深めると共に実践的な言語活用能力を養います。

〈国際交流・観光専攻〉国内外で起こるさまざまな事象を多方面から捉え、社会の発展に寄与する実践力・行動力を高めます。国際交流と観光を専門的に学ぶ4つの専攻プログラムで構成。異文化交流や観光におけるホスピタリティや企画、政策などについて知識を修得します。

ビジネス学部
経営学・商学・会計学・経済学を横断的・複合的に学び、ビジネスの現場で生きる知識やスキルを理論と実践の両面から修得。アクティブラーニングを積極的に取り入れ、ビジネスの各分野に対応できる人材を育成します。1年次後期から、アイデアを創造し形にする力を磨く「ビジネスイノベーション専修」、企業経営に欠かせない会計の専門性を養う「ビジネスアカウンティング専修」、国際経済・国際金融のトレンドを学ぶ「グローバルビジネス専修」の3専修に分かれます。

グローバル・コミュニケーション学部
日本語を使わない「ALL ENGLISH」の環境で学ぶ専門科目と、全員が参加する海外留学（6～10週間）によって、変化し続ける国際社会で求められる、幅広い国際教養と高度な英語コミュニケーション能力を備えた、人、地域、世界の架け橋となる人材を育成します。2年次より興味・関心や問題意識に合わせて、「異文化コミュニケーションコース」と「国際日本学コース」に分かれます。

卒業後の進路

キャリアサポート
学生一人ひとりが自立心を身につけることができるように、「キャリア教育」と「キャリア支援」の両輪からアプローチします。「キャリア教育」ではインターンシップを中心に職業イメージをつかみ、社会人としての実践力を養います。「キャリア支援」では、より就職を見据えた活動としてキャリアアドバイザーによる個人面談、ガイダンス、学内企業説明会、保護者向け就職セミナーなどを実施します。

2023年度卒業生の主な内定先
あいちフィナンシャルグループ、ジェイアール東海髙島屋、住友電気工業、積水ハウス、トヨタ自動車、豊田自動織機、名古屋銀行、日本航空、日本通運、日本年金機構、富士ソフト、藤田医科大学病院、八神製作所、山崎製パン、ヤマハ発動機、愛知県警察本部、愛知県教育委員会、愛知県庁、名古屋市教育委員会、名古屋市役所、名古屋市消防局など

学びの特色

学部・学科ごとに高度な専門性を身につける「専門教育」と、実社会で役立つスキル・資格や教養を身につける「全学共通教育」の2つの柱からなる独自の学びのシステムを実践しています。さらに全学必修科目として「基幹科目」を開設。一人ひとりの意欲に応える学びの環境が充実しています。●基幹科目／大学の理念を学び、自分のあるべき姿を見つめ、自分らしく生きるための方向性を見出す「違いを共に生きる・ライフデザイン」、日本語による表現技術の基礎を定着させ、応用力を養う「日本語表現1」の2科目を開講。●全学共通教育／ボランティアやインターンシップ、留学を通して、生きた学びにふれるアクティブラーニング科目をはじめ、言語活用科目やコンピュータ活用科目なども開講。実社会で即戦力となるスキルを磨きながら、豊かな人間性を養うことができます。

資料請求方法：巻末ページの「パンフレット一括請求」をご覧ください。

愛知文教大学

資料請求		
	請求ハガキ	巻末ハガキ
料　金	無　料	
完成時期	4月下旬	

〒485-8565　愛知県小牧市大草5969-3　入試広報センター　TEL 0568-78-2211　〈HP〉https://www.abu.ac.jp/

TOPICS
全員1度は留学できる！
研修費全額支給・全員参加のアジア語学研修（英語or中国語）実施。

■学部・学科組織
●人文学部　人文学科110

🏛 大学GUIDE

　愛知文教大学の教育は、実践的な英語・中国語と日本と世界の文化を学び、全員参加のアジア語学研修、海外留学で異文化コミュニケーション力を身につけて多文化共生の時代を生き抜く力を身につける逆転力教育です。

●グローバル英語プログラム

　基盤教育ステージ、レベル別4技能ステージ、Advanced Englishステージの3つのステップで、英語コミュニケーション力を養成します。ポップカルチャーや欧米の文学を"英語で"学ぶなど、実践的な教育が特色。留学生チューターが英会話学習をサポートするE-Loungeでは、マンツーマンレッスンを行います。

●中国語・中国文化プログラム

　少人数クラスで基礎から段階的に学び、徹底した発音のトレーニングで会話力を鍛えます。HSKなど中国語検定対策も実施。文化や歴史も同時に学び、異文化理解を深めます。上級クラスではビジネス中国語や観光中国語など仕事で役立つ中国語を学びます。留学生チューターが常駐するCCラウンジで実践的な会話力も育成します。

●実践的な教員養成プログラム

　地元自治体での教職インターンシップや学習支援などのアクティブ・ラーニングを通して、実践力を身につけた人材の育成を行っています。教員採用試験対策ゼミ、時間外補講、筆記試験対策、面接対策、教職模擬授業などのプログラムできめ細かく指導しています。

🌐 留学

　新入生全員に研修費全額が給費されるアジア語学研修を実施しており、全員が在学中に1度は海外留学を体験できます。英語研修と中国語研修から選択可能です。フ

ィリピン・セブ島での英語研修は、マンツーマンレッスンが特色の2週間の英語漬けの毎日。台湾での中国語研修は、台湾師範大学の学生との交流や歴史文化に触れる体験もできます。共に日本語を使わない環境で、外国語によるコミュニケーション力を高めます。2年次からはアメリカ、カナダ、オーストラリア、中国の提携校への留学が可能です。北京外国語大学などへの交換留学制度を利用すれば現地授業料が免除されます。留学期間中の授業料3/4免除や単位互換などサポート制度も充実。2021年度より北京外国語大学との交流授業を開始しました。

💡 奨学金

●特別奨学生制度

　特別奨学生試験合格者で成績優秀者を対象に、入学金(20万円)及び4年間の授業料全額(312万円)を給費します(2年次以降の給費には出席・成績の条件があります)。

●ABU特待生奨学金制度

　一般学力入試の合格者で成績優秀者を対象に初年度授業料半額(39万円)を2年間給費します。

🏃 卒業後の進路 (2017~2024年3月卒業予定者)

主な就職先　星野リゾート、中部国際空港、LEGOLAND Japan、三井ホーム、リンナイ、三菱電機メカトロニクスソフトウェア、JTB、東和システム、三洋商会、富士ソフト、イオンリテール、愛知県・神奈川県高等学校教員(国語)、京都府高等学校教員(英語)、愛知県桜丘高等学校教員(国語)、愛知県中学校教員(国語)、静岡県警など

取得資格

TOEIC®、実用英語検定、中学校教諭一種(英語・国語)、高等学校教諭一種(英語・国語)、小学校教諭二種(※通信制併用)、HSK(漢語水平考試)、中国語検定、日本語検定、秘書検定　ほか

大学に近接する「小牧オアシス」がオープン！

　2024年度、バンテリンドーム ナゴヤ5個分の面積を有するハイウェイオアシスが誕生します。約30店舗のカフェや物販のほか、レジャー・スポーツ施設、スケートリンク、BBQ場なども入る予定で、入場無料。愛知文教大学から約800mと徒歩圏内、シャトルバスも運行予定で、より充実した大学生活が期待できます。

資料請求方法：巻末ページの「パンフレット一括請求」をご覧ください。

桜花学園大学

〒470-1193　愛知県豊明市栄町武侍48　入試広報課　TEL 0562-97-6311　〈HP〉https://www.ohka.ac.jp/

資料請求

	請求ハガキ	巻末ハガキ
料　金		無　料
完成時期		6月上旬

TOPICS

- ●2023年創立120周年
- ●2024年4月男女共学化、国際学部 国際学科を開設

■学部・学科組織

●保育学部
　保育学科130／国際教養こども学科45

●国際学部※
　国際学科※50　※2024年4月開設

🏛 大学GUIDE

【保育学部】　●**保育学科**　子どもの発達を広い視野で見つめ、専門的な知識に基づいた教育が求められる中、保育学科では0歳児から就学後までを対象に、教育学と保育学の両面から知識を深めて子どもの発達を連続的に捉える力を養っています。カリキュラムには実習を多く取り入れ、実践を通して学ぶ体験を重視しています。教育現場や保育現場でボランティア活動などの経験を通して、学生の自主的な活動をサポートしていきます。

〈取得可能な資格〉小学校教諭1種免許状・特別支援学校教諭1種免許状・幼稚園教諭1種免許状・保育士資格

●**国際教養こども学科**　全員が保育に関する日本と海外の2つの免許・資格の取得をめざします。さらに、国際的な教養や日本語および英語による高いコミュニケーション能力を養い、日本と世界の保育・幼児教育に貢献できる人材を育成します。

〈取得可能な資格〉幼稚園教諭1種免許状・保育士資格・オーストラリアの保育士資格

【国際学部※】　※2024年4月開設

●**国際学科※**　国際学を学ぶとともに、生きた英語コミュニケーション能力を身につけ、グローバルに生きる力を養成します。1年次には全員が約1カ月の海外留学を体験。2年次からは4つの専攻が用意され、メジャー（主専攻）＆マイナー（副専攻）制度で「韓国専攻」「観光専攻」「国際・情報専攻」「日本語教育専攻」から2つの専攻を組み合わせて、自由に幅広く学ぶことができます。

さらに、高度な語学力を身につけ、グローバルに学びたい学生のために、留学先大学の学位も取得できるダブルディグリープログラムを設けています。海外インターンシップや交換留学など、多種多様な留学プログラムは補助金制度が整い、費用面のサポートも充実しています。

〈取得可能な資格〉中学校教諭1種免許状（英語）・高等学校教諭1種免許状（英語）・小学校教諭1種免許状・日本語教師

🏃 卒業後の進路

〈保育学部〉

保育学科　2023年3月卒業生のうち、11人が小学校・特別支援学校教諭に、107人が保育士・幼稚園教諭等の正規職員となりました。

国際教養こども学科　2023年3月卒業生のうち、公立保育園に5人、私立保育園・幼稚園等に24人、インターナショナルプリスクール等に6人、英語系企業にも就職しました。

📝 入試GUIDE （前年度参考）

①さくら選抜　②自己推薦
③グローバル　④基礎学力評価型
⑤一般（Ⅰ・Ⅱ・Ⅲ・Ⅳ）　⑥大学入学共通テスト

その他、社会人、同窓、指定校推薦などを行っています。

DATA・FILE

- ○教員数……39
- ○学生数……学部755　大学院11
- ○キャンパス面積……68,767㎡
- ○蔵書数……23万7,631冊

（2023年度）

オープンキャンパス　※2024年度予定

4月〜11月に複数回実施します。キャンパスの見学やミニ講義の体験、入試の相談ができます。オープンキャンパスで桜花学園大学での学生生活を体験してください。詳細は大学HPやチラシをご覧ください。
　大学見学は随時受け付けています。見学を希望される方は、事前に入試広報課（0562-97-6311）までご連絡ください。

資料請求方法：巻末ページの「パンフレット一括請求」をご覧ください。

金城学院大学

〒463-8521　名古屋市守山区大森2-1723　入試広報部　☎0120-331791　〈HP〉https://www.kinjo-gakuin.net

資料請求		
	請求ハガキ	巻末ハガキ
	料　金	無　料
	完成時期	5月

TOPICS 130年を超える歴史と伝統、東海地区を代表する女性総合大学。
2022年4月に看護学部を開設しました。

女性のもつ「強さ」と「優しさ」を育成する女性総合大学

金城学院大学は、学院創立130年、大学設立70年を超える東海地区を代表する女性総合大学として、女性のための教育を追求し続けてきました。その教育スローガンは「強く、優しく。」。

幅広い学問分野を網羅する「実践的な教育」では、参加型授業やグループワークを積極的に取り入れており、リーダーシップやコミュニケーション能力といった、社会人として必要なスキルを自然と身につけることができます。ファイナンシャルプランナー、客室乗務員、アナウンサー、保育士、管理栄養士、薬剤師など、各分野のプロを育てる実践的な授業を多数開講しています。所属学科以外の授業を履修できる制度もあり、より幅広い知識を持った専門家を目指すことができます。また、2022年に開設した看護学部では医療の進展・高度化、保健・医療・福祉現場の変化に対応できる看護学の専門知識と実践力を身につけ、世界を見渡せる広い視野を持ち、保健・医療・福祉に貢献する看護職者を養成します。

■学部・学科組織

●文学部
日本語日本文化学科70 ／英語英米文化学科90 ／外国語コミュニケーション学科80 ／音楽芸術学科45

●生活環境学部
生活マネジメント学科70 ／環境デザイン学科80 ／食環境栄養学科80

●国際情報学部
国際情報学科(グローバルスタディーズコース85、メディアスタディーズコース85)

●人間科学部
現代子ども教育学科120 ／多元心理学科110 ／コミュニティ福祉学科75

●薬学部
薬学科(6年制)150

●看護学部
看護学科 100

キャンパスリニューアル

2014年には、N1棟、N2棟、新礼拝堂が、2016年にはW3棟が完成。さらに2020年にはメディア系・デザイン系の実習施設などを有するE1棟が完成しました。また、2022年に完成した看護学部専門の新W5棟は、薬学部があるW1棟、W2棟の木調の質感を取り入れ、周辺の森と調和した明るいイメージの建物です。講義、演習、実習、研究からなる学びのための最適な環境となっています。

プロを養成する実践プログラムが豊富!

●航空業界を目指す「エアラインプログラム」
●旅行・観光業界を目指す「観光プログラム」
●マスコミ業界を目指す「マスコミプログラム」
●ファンケル提携「サプリメントプログラム」

ほかにも、グローバルビジネスの場で活躍する人材を育成するための「副専攻(実践ビジネス英語)プログラム」や「公務員養成プログラム」など、目指す進路や将来に直結するプログラムを各学科で開講。業界の第一線で活躍中の社会人講師や、豊富な経験を持つ教員が指導します。

入試GUIDE (2025年度予定)

●【NEW】総合型選抜入試／一部の学部で実施
●一般公募制推薦入試／全学部
●一般入試(前期・後期)／全学部
　※前期の地方試験会場／浜松・岐阜・四日市・金沢
　※音楽芸術学科は地方試験を実施しません
　※後期は食環境栄養学科を除く
●共通テスト利用入試(前期・後期)／全学部
●共通テストプラス方式入試／全学部

オープンキャンパス

【日程】4/21(日)、7/14(日)・8/10(土)・10/19(土)
【内容】模擬授業、学び体験コーナー、学科紹介・相談、各種対策講座、入試相談、キャンパスツアーなど
※日程により内容が異なります。
※オープンキャンパス情報は変更になる場合があります。詳細や最新情報は、金城学院大学「受験生応援サイト」よりご確認ください。

アクセス

名古屋の中心地・栄から電車で約15分。　※乗換時間は含みません
とても通いやすいキャンパスです。
●名鉄瀬戸線「大森・金城学院前」駅より徒歩4～5分。
●名二環、外回り(名古屋IC方面)は大森ICより約5分、内回り(四日市方面)は引山ICより約7分。

就職実績は今年も全国トップクラス

130年を超える女子教育の歴史と伝統を背景に、金城学院大学は常に90%以上という安定した就職率を維持し続けています。

全国トップクラスの就職実績※1

就職率 **98.9%**

数字で見る金城学院大学の実力

金城には、一人ひとりの希望や適性を考えたキャリアサポート体制、各学科での実践的な専門教育、豊かな学びの環境があります。これらが高い実績につながっており、単に就職率が良いとされる他大学と金城との、社会からの評価の差でもあります。

受験生が評価する就職力が高い大学

東海・北陸地区
女子大学 **第1位**※2

社会人が評価する卒業生が魅力的な大学

東海・北陸地区
女子大学 **第1位**※2

現代子ども学科※
幼稚園・保育所就職希望者就職率

20年連続 **100%**

※現 現代子ども教育学科

食環境栄養学科
第37回管理栄養士国家試験

新卒者
合格率 **94.6%**

(管理栄養士養成課程 新卒全国平均87.2%)

※1 2023年3月卒業生(文部科学省「学校基本調査」報告数値) ※2 大学通信『大学探しランキングブック2024』

入学直後からのきめ細かい支援により、高い就職率を実現

"就職といえば金城"と評される金城学院大学。2023年3月卒業生の就職率も全国トップクラス。1年次から徹底的に進路や職業について考える「キャリア開発教育科目」や、3年次から行われる「就職支援プログラム」、資格取得・就職試験対策に向けて開講されている「キャリア・アップ講座」、本人の希望や適性を最優先に考えた就職サポートを行う「キャリア支援センター」など、様々な形で、あなたを強力にサポートする体制が整っています。

2021〜2023年3月卒業生の就職先

スズキ、トヨタ自動車、住友電装、JR東海、名古屋鉄道、日本通運、日本郵便、日本銀行、三菱UFJ銀行、名古屋銀行、大垣共立銀行、三井住友信託銀行、野村證券、東京海上日動火災保険、三井住友海上火災保険、アイシン、大成建設、一条工務店、大和ハウス工業、ヤマハ発動機、明治、楽天グループ、NTTドコモ、TOPPAN、JTBほか

国公立大学並の学費で学べる 金城サポート奨学金

年間学費が **50万円** になる!

※返還義務はありません。

給付対象 **200人**

■一般入試(前期)[2科目型][3科目型]
合格者の内、成績上位者100人

■共通テスト利用入試(前期)
合格者の内、成績上位者100人

給付期間
卒業までの継続率
80%以上

(2023年度実績)
継続給付の可能性が高く2年次以降も安心です。

＊詳細は金城学院大学「受験生応援サイト」をご覧ください。

資料請求方法：巻末ページの「パンフレット一括請求」をご覧ください。

資料請求		
	請求ハガキ	巻末ハガキ
料　金		無　料
完成時期		6月

椙山女学園大学

_{すぎ　やま}

〒464-8662　名古屋市千種区星が丘元町17-3　☎0120-244-887(入学相談フリーダイヤル)

〈E-mail〉happy@sugiyama-u.ac.jp
〈HP〉www.sugiyama-u.ac.jp

TOPICS

○社会に求められる実践力のある人材を輩出し続ける女子総合大学。
○2024年、女性のさらなる社会での活躍を目指し、3学部5学科を開設。
○「就職の椙山」と評価される確かな実績。キャリア実現への徹底したサポート体制。

7学部11学科の多彩な学び

生活科学部

【管理栄養学科】
「わたしは、食と健康の、スペシャリストになる。」
食と健康のスペシャリストとして、時代が求める管理栄養士を養成します。

【環境デザイン学科】
「わたしは、暮らしを、理想のデザインで満たす。」
ものづくりに関する確かな企画力・デザイン力を学び、将来のキャリアにつなぎます。

外国語学部(2024年開設)

【英語英米学科(2024年開設)】
「わたしは、語学力で、世界へ羽ばたく。」
英語を鍛え、英語で鍛え、語学力を武器に世界へ羽ばたく人材を育成します。

【国際教養学科(2024年開設)】
「わたしは、世界を知り、ボーダレスに生きていく。」
複数のことばを操り、世界を語り、グローバルに活躍する人材を育成します。

人間関係学部

【人間共生学科(2024年開設)】
「わたしは、自分らしく生きられる社会を、つくる。」
人間の多様性を探究し、人間関係力を生かし共生社会のその先を見据える人材を育てます。

【心理学科】
「わたしは、心理学を、社会に生かす。」
こころの不思議に科学的にアプローチし、こころの学びを社会に生かせる力を養います。

情報社会学部(2024年開設)

【情報デザイン学科(2024年開設)】
「わたしは、新しい価値を、情報技術で生み出す。」

■学部・学科組織
(※)2024年4月開設

● **生活科学部**
　管理栄養学科120／生活環境デザイン学科137
● **外国語学部(※)**
　英語英米学科(※)115／国際教養学科(※)85
● **人間関係学部**　人間共生学科(※)90／心理学科110
● **情報社会学部(※)**
　情報デザイン学科(※)100／現代社会学科(※)120
● **現代マネジメント学部**　現代マネジメント学科190
● **教育学部**
　子ども発達学科(保育・初等教育専修90／初等中等教育専修80)
● **看護学部**　看護学科110

ICTスキルで情報をデザインし、社会に新しい価値を生み出せる人材を育成します。

【現代社会学科(2024年開設)】
「わたしは、五感を通して、社会課題と向き合う。」
メディア、観光、SDGsの視点で、社会課題と向き合う力を養います。

現代マネジメント学部

【現代マネジメント学科】
2024年、「企業経営」と「公共政策」の2専攻制導入
「わたしは、マネジメントで、ビジネスを切り拓く。」
ビジネスを多角的な視点から考察し、社会を動かす実践的な力を修得します。

教育学部

【子ども発達学科】
保育・初等教育専修／初等中等教育専修
「わたしは、強く優しい、輝く先生になる。」
変化する教育現場、多様化する子どもたちに、強くやさしく、輝く先生を養成します。

看護学部

【看護学科】
「わたしは、人と向き合いながら、成長し続ける。」
変化が著しい看護の現場で、人と向き合いながら、成長し続ける力を養います。

「実践型プロジェクト」

社会をフィールドに、役立つ力をつける実践的な学びが充実。
・オリジナルスコーンを考案し、イベントで販売(管理栄養学科)
・城下町犬山の空き家をカフェに再生(生活環境デザイン学科)
・自分だけのシンセサイザーを制作するワークショップを企画・運営(情報デザイン学科)
・旅行商品の企画・販売や添乗サポートを体験(現代社会学科)
・養老特産ブランド開発プロジェクト(現代マネジメント学科)
など

国家資格試験サポート

管理栄養士や社会福祉士、看護師など、各種国家試験対策として1年次から過去問題に挑戦したり、ゼミ単位で合格に向けた学修支援を行うなど、4年間にわたるサポートを実施。また、社会連携センターでは専門講師による対策講座を開講。最新の傾向や重要ポイントを整理・理解し、各学部での学びと関連づけて、さらなる理解の深化と本試験での得点力アップを目指します。

2024年、3学部5学科を開設

2024年、新たに外国語学部英語英米学科、国際教養学科、人間関係学部人間共生学科、情報社会学部情報デザイン学科、現代社会学科を開設します。また、現代マネジメント学部現代マネジメント学科には、企業経営専攻と公共政策専攻を導入し、教育学部子ども発達学科では、新たに中学校教諭一種免許状（国語）、高等学校教諭一種免許状（国語）の取得が可能になり、学びを進化させています。

トータルライフデザイン教育

「トータルライフデザイン」とは、変容する社会のなかで「私はどう生きるか」という問いのもと、人生の転機を乗り越え、仕事やさまざまな活動を調和させ、他者と協働し、社会へ参画することを目指し、自分自身の人生をデザインすることです。そのために、人として、女性として、より良い生き方を見つめ続けてきた椙山女学園大学独自の視点で、就業力の育成を軸に、女性の自立と人生のデザインのための必要な知識と能力を身に付け、生涯にわたって成長し続ける総合的な力を養います。

「就職の椙山」の就職サポート

1年次から全学共通の教養教育科目「トータルライフデザイン」において将来のキャリアの構築に向けた準備をスタートします。キャリア育成センターでは、キャリア教育を担当する各学部教員と就職活動支援の経験豊富なスタッフが協力し、徹底した個別相談を基本に、学生

オープンキャンパス

4／20(土)、6／9(日)、7／14(日)・15(月・祝)、8／3(土)、9／8(日)
リアルな授業を体験できる模擬授業、先輩との交流イベントや先大生トークライブ、キャンパスツアーなど、キャンパスの雰囲気を感じ、体験できるイベントを用意しています。
★7／14(日)は金城学院大学との同日開催。当日は大学間でシャトルバスを運行します。

の興味・関心・適性に応じたキャリア形成をサポート。自らの個性や専門性を生かして働き、成長し続けることのできる「質の高い就職」の実現に向けた努力を全力で支えていきます。

4つの特長

【相談力】
個人面談を重視したサポート体制
※個人面談件数（2022年度）10,213件

【サポート力】
徹底したマナー指導で、企業から高い評価

【求人力】
多数のOGが築き上げた、企業や地域社会との信頼関係
※女性を採用したい企業からの求人件数（2022年度）14,923件

【情報力】
就職活動に向かう学生たちを支える豊富な資料や情報

「就職の椙山」と評価される確かな実績 → 就職率98.6%
就職者1,326人
就職希望者1,345人

徹底したサポートによる国家資格取得実績

| 管理栄養士 | 92.3% | 社会福祉士 | 78.6% |
| 看護師 | 100% | 保健師 | 100% |

全国トップクラスの教員採用試験合格率

教育学部	教員採用試験 現役合格率	78.1%
	教員就職決定率	100%
	公立保育職採用試験 現役合格率	84.6%

主な就職先　トヨタ自動車、豊田自動織機、愛知製鋼、ジェイテクト、アイシン、トヨタ紡織、トヨタシステムズ、スズキ、ヤマハ発動機、近畿日本鉄道、関西電力、敷島製パン、明治、フジパングループ本社、富士通、日本銀行、三菱UFJ銀行、三井住友信託銀行、野村證券、日本生命保険、日本通運、積水ハウス、大和ハウス工業、大成建設、大気社、ジェイアール東海高島屋、星野リゾート・マネジメント、愛知県教員、岐阜県教員、三重県教員、名古屋大学医学部附属病院（看護職）、名古屋市立大学病院（看護職）　など　　（2022年度卒業生）

入試GUIDE (2024年度参考)

①AO選抜／専門学科・総合学科生特別

②学校推薦型選抜／公募制推薦入試／指定校制推薦入試・併設校制推薦入試／同窓生特別推薦入試

③一般選抜／一般入試A・B

④大学入学共通テスト利用入試／大学入学共通テスト利用入試A・B

資料請求方法：巻末ページの「パンフレット一括請求」をご覧ください。

至学館大学

〒474-8651　愛知県大府市横根町名高山55　入試・広報課　TEL 0562-46-8861　〈HP〉https://navi.sgk-u.net

TOPICS

● 『健康』を軸として「教育」「栄養」「運動・スポーツ」のプロフェッショナルを養成する4学科

■学部・学科組織

● 健康科学部

こども健康・教育学科60／栄養科学科(管理栄養士養成課程)80／体育科学科100／健康スポーツ科学科150

🏫 大学GUIDE

至学館大学は「健康」を軸として「こどもの成長」「栄養」「運動・スポーツ」を学び研究することのできる4つの学科があります。「学びのコラボレーション」として学科を横断したカリキュラムが組まれ、専門分野にプラスαの知識と能力を身につけることができます。

こども健康・教育学科　一人ひとりのこどもと正面から向き合う熱意を持った保育士、幼稚園や小学校の先生、中学校保健体育の先生を養成します。こどもの「こころ」と「からだ」の健やかな成長と発達、乳幼児から青少年へと育っていくプロセスなどを総合的に学びます。

栄養科学科　病院等での栄養指導のほか、スポーツ栄養に関する知識と実践力を身につけたワンランク上の管理栄養士、栄養教諭を養成します。臨床、スポーツ活動、健診・保健指導の現場で健康づくりの栄養指導ができる知識と実践力を身につけます。

体育科学科　アスリート養成・指導およびコンディショニングを科学的にサポートする指導者やトレーナーを養成します。アスリートを目指す青少年の体育・スポーツ活動を科学的・効果的に行うための専門知識・技能と実践力を身につけます。

健康スポーツ科学科　こどもから高齢者までの運動・スポーツによる健康づくりをサポートする指導者や、中学校・高等学校の保健体育科教員を養成します。学校や各種施設でスポーツ・健康運動を指導・運営するために、より効果的で科学的な指導をするための専門知識・技能と実践力を身につけます。

🏃 卒業後の進路

毎年、全国平均を上回る就職実績を実現。全国トップクラスの実績を支える独自の就職・進路支援があります。

■就職率　99.7%（2023年3月卒業生）

■実就職率91.9%（2023年3月卒業生）

■小学校教諭／高等学校教諭実就職率　愛知第3位（大学通信「大学探しランキングブック2024」）

■第37回管理栄養士国家試験合格率　92.0%

〈2021～2023年3月卒業生実績〉※講師・臨時採用を含む

■国家・地方公務員　　　　　　　　　　　　41人

■教員（高校・中学校・小学校等）　　　　143人

■幼稚園教諭・保育士　　　　　　　　　　　50人

2023年3月卒業生の主な就職先

愛知県・岐阜県教育委員会、公・私立幼稚園・保育所（犬山市・大垣市ほか）、愛知県・岐阜県・静岡県警察本部、名古屋市消防局、一宮市役所、下呂市役所、地域医療機能推進機構、藤田医科大学病院、コナミスポーツ、ゼビオ、アイシン、イオンリテール、名古屋鉄道、NTT西日本、名古屋銀行、日清医療食品ほか

📝 入試GUIDE （前年度参考）

①**総合型選抜**　AO入試／アスリート入試／スポーツ入試

②**学校推薦型選抜**　公募制一般推薦入試／資格・活動推薦入試／指定校・併設校推薦入試

③**一般選抜**　一般入試／共通テスト利用入試／共通テストプラス入試

資格取得サポート

■**教職サポート**　教員になりたいという意欲の高い学生を支援するために「教職支援室」を設置。教員採用試験対策講座の開講や、教職経験豊富な専任スタッフが常駐し、個別アドバイスや模擬面接、補習教育などのきめ細かな指導を実施。2023年度実施の教員採用試験には、こども健康・教育学科21人、健康スポーツ科学科12人、栄養科学科1人（卒業生含む）が合格しました。

オープンキャンパス

[日程] 7/15(月・祝)、8/12(月・祝)・13(火)、2025/3/23(日)

●入試相談会　10/27(日)

●入試対策講座　12/22(日)

※開催日時、内容等は変更となる場合があります。詳細はホームページでご確認ください。

資料請求方法：巻末ページの「パンフレット一括請求」をご覧ください。

大同大学

資料請求

	請求ハガキ	巻末ハガキ
料　金		無　料
完成時期		5月下旬

〒457-8530　名古屋市南区滝春町10-3　入試・広報室　☎0120-461-115　TEL 052-612-6117　FAX052-612-0125　〈E-mail〉nyushi@daido-it.ac.jp
〈HP〉https://www.daido-it.ac.jp/

TOPICS

●2024年4月、東海地区初の「建築学部」開設！
●大同特殊鋼グループなど、産業界との太いパイプが教育・研究・就職に生きている！
●教員の半数が企業出身者。就職に強い、就職してからさらに強い「実践・実学教育」を展開している！

■学科組織（2024年度）

●工学部
機械工学科120／機械システム工学科110／電気電子工学科90

●建築学部
建築学科（建築専攻75、インテリアデザイン専攻35、かおりデザイン専攻25、都市空間インフラ専攻55）

●情報学部
情報システム学科120／情報デザイン学科110／総合情報学科75

新校舎×（クロス）棟

「産学連携の元祖」就職に強い大学

　中部産業界31社の強い要望に応え昭和37年に設立。以来、産業界からの支援はもちろん、メーカーやエネルギー関連企業、研究所など、多くの機関と連携。海外を含めた学外の研究者・企業人とも交流が盛んで、グローバルビジネスを体感できる「実践型の学び」が魅力。

　工学部　大同大学の工学教育は、産業界との深い連携の中で進化し続けています。「ものづくり」の現場で求められる力を身に付けた人材を社会に送り出す。「学生を育てる力のある大学」「就職に強い大学」という大同大学への評価はその教育理念から生み出されています。

　建築学部　「人」に寄り添い、「暮らし」を創造する4つの専攻を設置。各専攻での充実した実学教育とともに、領域を横断しながら学ぶプログラムを展開し、建築に関する幅広い知識を身に付けます。どの専攻でも1級・2級建築士の資格取得が目指せます。また、建築学部を目指す文系学生のために、充実した学習サポートや入試制度があります。

　情報学部　現代社会の中でものづくりとともに重要な役割を果たすのが情報技術です。ハード・ソフトウェアを自在に操るエキスパート、ネットワークを構築するエンジニア。メディアやものづくりの最先端で活躍する情報クリエイターやプロダクトデザイナー。そして、ビジネスの最前線で求められる経営マインドを持った人材。さまざまな情報技術に対応した先進の人材を育てます。

卒業後の進路

　大同大学では、教養・専門・キャリアの3分野が相乗効果を生み出す教育を実践することで、学生一人ひとりの人間力を高め、夢を実現できるようにサポートしています。キャリアサポートでは、早期から就職に向けた意識付けを促進するため、就職力アップセミナーを1年次前期から開講。半期ごとに定めた狙いを確実にフォローしていきます。3年次からは、産業界との太いパイプを生かしたイベントなどを通じて、職業との最適なマッチングを追究し、希望する就職を実現します。

就職率　98.6％（2023年3月卒業生）

主な就職先　名古屋鉄道、トーエネック、豊田合成、大林組、ソフトバンク、SUBARU、スズキ、関西電力、ジェイテクト、荏原製作所、大和ハウス工業、JR東日本、明治安田生命保険、愛知県警察本部、豊田市役所ほか

入試GUIDE（2024年度）

●総合型選抜　●専門高校総合型選抜　●女子特別総合型選抜　●一般推薦　●一般選抜（特別奨学生・M方式※、前期〈A方式・B方式〉※、中期）　●大学入学共通テスト利用入試（前期〈C方式・D方式〉※、後期、ファイナル）　●共通テストプラス入試（A方式・B方式）

※兼奨学生入試。成績優秀者を奨学生として認定。

取得資格

高等学校教諭1種（数学・工業・情報）、中学校教諭1種（数学）、1級・2級建築士（受験資格）、測量士補など
※学科により取得できる資格は異なります。

入学時特別奨学生

授業料と施設設備費の全額免除（約130万円×4年間＝約520万円）と半額免除（60万円×4年間＝240万円）があります。いずれも対象となる入学試験における成績優秀者を奨学生として認定します。

資料請求方法：巻末ページの「パンフレット一括請求」をご覧ください。

中 京 大 学

〒466-8666　愛知県名古屋市昭和区八事本町101-2　入試センター　TEL 052-835-7170　〈HP〉https://nc.chukyo-u.ac.jp

TOPICS

10学部20学科を擁する全国型総合大学
【速報】2023年国家公務員総合職試験現役合格！！
　　　今年で18年連続！

■学部・学科組織

●**国際学部**
国際学科（国際人間学専攻38、国際政治学専攻45、国際経済学専攻45、GLS専攻22）／言語文化学科（複言語・複文化学専攻70、英米学専攻70）

●**文学部**
歴史文化学科70／日本文学科68／言語表現学科72

●**心理学部**
心理学科175

●**法学部**
法律学科320

●**経済学部**
経済学科320

●**経営学部**
経営学科325

●**総合政策学部**
総合政策学科220

●**現代社会学部**
現代社会学科（社会学専攻88、コミュニティ学専攻88、社会福祉学専攻45、国際文化専攻44）

●**工学部**
機械システム工学科86／電気電子工学科86／情報工学科／メディア工学科62

●**スポーツ科学部**
スポーツマネジメント学科80／スポーツ健康科学科110／トレーナー学科80／スポーツ教育学科160／競技スポーツ科学科310

名古屋キャンパス

豊田キャンパス

🏛 大学GUIDE

国際学部　2学科6専攻を設置し、「人文科学」と「社会科学」にわたる専門の知識・能力を複合的に身につけ、コミュニケーション能力、深い知識と教養、課題解決力を高いレベルで併せ持つ人材を育成。学部生全員（GLS専攻除く）が1年次秋学期に1セメスターの留学を経験し、2年次以降の学びに生かします。

文学部　3学科の学びを通して、多様な情報を収集する力、課題を発見する力、自らの考えを整理する力、それを発信して理解を得る力など、社会を生き抜く上で大切な力を身につけます。他学科の科目履修も可能です。

心理学部　日本で初めての心理学部として「実験」「応用」「臨床」「発達」の4領域をカバー。臨床心理士第1種指定大学院を設置し、国家資格である公認心理師と臨床心理士のダブル取得をめざします。

法学部　将来の進路に応じて学べる自由度の高いカリキュラムと、少人数制のゼミナールによるきめ細かな教育が特徴です。サポートセンターの活用により難関国家公務員試験で高い現役合格実績を誇ります。

経済学部　「経済分析」、「政策」、「国際経済」の3分野から、進路に応じて科目を選択。専門科目では、段階的に学ぶことで専門知識を効果的に修得します。経済リーダーを育成する選抜制プログラム『EXP』を開講。

経営学部　理論と知識を体系的に学べるように「企業・ストラテジー」「組織・マネジメント」「会計・ファイナンス」の3分野の履修モデルを設定。データサイエンス入門、ビジネスリーダー養成プログラムなども開講し、情報社会で活躍できる人材を育成しています。

総合政策学部　1年次に各自がキャリアプランを設計、その実現に向けて4年間をスケジューリング。経済学、経営学、法学、政治学の基礎を理解し、「公共政策」と「ビジネス戦略」の2分野に分かれて専門性を高めます。

現代社会学部　現代社会における新たな「人と人とのつながり」の創造をめざし、4つの専攻に分かれて実践に必要な専門知識やスキルを修得。地域の相互交流に取り組むプロジェクトも実施し、フィールドワークやデータ分析を通じて課題解決能力を養います。

工学部　AI（人工知能）やデータサイエンスなど情報

系の授業を全学科で拡充しています。工学の基礎を横断的に学んだ上で学科の専門分野を学修し、実験・演習系授業や早期の研究室配属、産業界と連携した『プロジェクト研究』により高度な専門性と実践力を獲得します。

スポーツ科学部 幅広いスポーツ分野を網羅する高い専門性を持つ一線級の教員を配置。学科を横断する多様な学びの融合を通して社会に貢献できる人材を育成します。5学科体制でスポーツ科学の総合学部へ！

資格取得サポート

各学部のカリキュラムを通じて取得できる資格の他、仕事に役立つ資格取得をサポートしています。優れた指導力を持つ学外の一流講師を独自に採用し、中京大生に合わせた独自カリキュラムを用意することで、高い合格実績を誇ります。また、学内で講座を開講することで移動時間・交通費を節約でき、受講料は外部専門学校と比較して極めて安価になっているため、効率よく充実した"ダブルスクール"を実現できます。

資格対策講座の2020～2022年度合格者数
・宅地建物取引士　323人 ・2級FP技能士　345人
・CFP　22人 ・通関士※　13人
・日商簿記検定2級　60人 ・秘書技能検定2級　116人
※新型コロナウイルス感染症の影響により2020年度不開講。2019・2021・2022年度実績。

公務員対策サポート

現役合格者を毎年コンスタントに輩出する公務員対策講座、教職サポートプログラムを開講しています。1年次から開講するプログラムで、自身の目標に合わせてステップアップしていくことができます。

2018～2022年度公務員試験合格実績	
●国家公務員総合職	50人
●国家公務員一般職	284人
●国税専門官	350人
●労働基準監督官など	38人
●裁判所職員総合職	1人
●裁判所職員一般職	23人
●自衛官・刑務官 他	118人
●都道府県・政令指定都市	434人
●市町村役場	356人
●警察官・消防官	607人
●教員	1,071人
	※一部既卒を含む

就職サポート

就職ガイダンス、就活対策セミナー、個別面談など入学直後から手厚いキャリアサポートを実施しています。また、200社以上の幅広い業種の優良企業が中京大生の

ために参加する『Chukyo就職EXPO』では、人事採用担当者から、就職活動に有益な情報を得ることができます。

2022年度卒業生の主な就職先
トヨタ自動車、本田技研工業、三菱電機、シャープ、日本製鉄、日本発条、デンソー、キーエンス、ＬＩＸＩＬ、サッポロビール、楽天グループ、ディー・エヌ・エー、リクルート、JTB、ユアサ商事、三菱食品、アマゾンジャパン、KDDI、NTT西日本、JR東海、日本通運、三井住友銀行、大和証券グループ本社、東京海上日動火災保険、住友林業、東邦ガス、公務員、教員 ほか

留学サポート

多様なグローバル人材を育成するためのトータル支援プログラム(G-STEP)を全学部生対象で展開。STEP1では海外で通じる英語の学習、STEP2では英語運用能力アップとその確認、そして英語運用能力を試すTESTを経て、STEP3の留学では社会人基礎力も鍛えます。ステップアップ形式のプログラムを通して、学生一人ひとりのレベルや目的に合わせたサポートを行っています。

入試GUIDE（2024年度入試参考）

●総合型選抜（10～11月）
●学校推薦型選抜（11月）
●一般選抜（前期日程）（2月）
　・A方式　　・得意科目重視型共通テストプラス方式
　・全問マークシートM方式　　・共通テスト利用方式
●一般選抜（後期日程）（3月）
　・全問マークシートF方式　　・共通テスト利用方式

入試で決まる給付奨学金〈返還不要〉

●入試成績優秀者給付奨学金
　給付金額：入学金・授業料・教育充実費の全額(400万円以上)
　対象者：235人
●梅村学園100周年記念留学給付奨学金
　給付金額：100万円　対象者：30人
●梅村学園100周年記念ひとり暮らし給付奨学金
　給付金額：1年次春学期授業料・教育充実費(50万円以上)
　対象者：100人
※詳細は『入学試験要項』をご確認ください。

アクセス
名古屋キャンパス／地下鉄鶴舞線・名城線「八事」駅下車、5番出入口直結。
豊田キャンパス／名鉄豊田線「浄水」駅下車、スクールバス（無料）約10分。または愛知環状鉄道「貝津」駅下車、徒歩8分。

資料請求方法：巻末ページの「パンフレット一括請求」をご覧ください。

中部

中部大学

資料請求		
	請求ハガキ	巻末ハガキ
料　金		無　料
完成時期		6月上旬

〒487-8501　愛知県春日井市松本町1200　入学センター　☎0120-873-941　〈HP〉https://www.chubu.ac.jp/　〈E-mail〉koho@office.chubu.ac.jp

TOPICS

文理医教融合！8学部27学科ワンキャンパスでカラフルなキャンパスライフを楽しもう！
2024年4月メディア情報社会学科誕生！次世代の情報クリエイター＆情報キュレーターになろう！
2023年4月理工学部誕生！ "情報化社会"のその先で輝く人材を目指し、情報＋αの強みをGET！

🏛 大学GUIDE

工学部　多様な学問領域を擁しています。「21世紀の社会からあてにされる技術者」を育成することをめざして、創造的実践力を身につけるための具体的な学習・教育目標を設定し、達成することで、卒業生がこれからの社会で活躍できるようサポートします。

経営情報学部　4年間の少人数ゼミのほか、多彩な履修モデルを設定。1年次からはじまる5分野（経営・情報・会計・経済・法律）の入門学習やその後展開される多彩な専門科目を通して自分自身の興味や関心を発掘し履修モデルを選択します。

国際関係学部　4年間を通じて少人数教育を実施し、「複眼的な思考」と「実社会で使える語学力」を持つグローバル人材を育成します。幅広い専門科目から自由に選択し、多様な学問領域や言語を学ぶことができます。1年次秋学期から始まる「ハイブリッド・プロジェクト」では、異なる専門分野の教員複数人と学生がチームで学び、多角的な視点や発信力を養います。また、留学や海外研修、海外フィールドワークなど、豊富な実践プログラムも用意されています。

人文学部　人間の言語、心理、社会・文化、歴史などの事象や活動について深く学ぶことを目標にしています。その過程で学生の自発性や独創性を促し、最先端の知識の修得と豊かな教養を身につけた品位ある人材を育成します。全学科とも少人数のクラス制を実施し、学生と教員とが討論を交わしながら研究を進めており、「人間力を養う」ための学びの場となっています。

応用生物学部　応用生物化学科、環境生物科学科、食品栄養科学専攻では、バイオ産業、環境ビジネス、食品産業、それぞれの分野のエキスパートを養成し、21世紀のバイオを担う若い力を育てます。現代のバイオの基礎から発展分野まで、他に例を見ない教育を展開し、実験教育も極めて充実しています。管理栄養科学専攻では、「バイオ」や「食」に強い管理栄養士を育成します。

生命健康科学部　生命健康科学部はめざましい科学技術の進展にともなって生じた、健康・医療上の新たな問題を解決するために、医学の基礎とバイオの基本を学部共通科目として学びます。その上で、生命医科学科では

■学部・学科組織

●工学部
機械工学科160／都市建設工学科80／建築学科110／応用化学科90／情報工学科120／電気電子システム工学科160

●経営情報学部
経営総合学科300

●国際関係学部
国際学科140

●人文学部
日本語日本文化学科80／英語英米文化学科70／メディア情報社会学科70／心理学科90／歴史地理学科90

●応用生物学部
応用生物化学科110／環境生物科学科110／食品栄養科学科140（食品栄養科学専攻60、管理栄養科学専攻80）

●生命健康科学部
生命医科学科60／保健看護学科100／理学療法学科40／作業療法学科40／臨床工学科40／スポーツ保健医療学科80

●現代教育学部
幼児教育学科80／現代教育学科80（現代教育専攻60、中等教育国語数学専攻20）

●理工学部
数理・物理サイエンス学科40／AIロボティクス学科80／宇宙航空学科80

先端バイオと先進予防の学識と技術を、保健看護学科では保健看護の専門の学識と看護技術を修得します。理学療法学科では予防理学療法学を、作業療法学科では先端的作業療法学を学び、臨床工学科では現場で求められる臨床工学の知識と技術を修得します。スポーツ保健医療学科では生命科学・医学を学び、健康スポーツの専門指導者、救急救命士をめざします。

現代教育学部　小学校や幼稚園の教師、保育所の保育士に最も必要な力は、子ども一人ひとりに目配りができ、教育者として同僚や保護者、社会から信頼される力です。教育現場で発揮される実践力を身につけるため、理論と教育実習・保育実習の両面から学習します。現代教育学科は、現代教育専攻、中等教育国語数学専攻の2専攻体制となっています。

理工学部　数学や自然科学、工学分野の先進科学技術を学び、総合力を身につけた科学技術者を育成。数理・物理サイエンス学科、AIロボティクス学科、宇宙航空学科の3学科体制で、最先端の教育・研究を実現します。

文理医教融合のワンキャンパスが生み出す自由で多彩な学び

○他学科履修
複雑に課題が入り組む時代を生き抜くため、専門分野の深い学びにプラスして、各自の興味に合わせて他学科の科目を横断して学べる仕組みを用意しています。

他学科履修の例

AIやプログラミングに強いビジネスパーソンへ	英語コミュニケーションスキルの高いシステムエンジニアへ	国際的な環境問題へ視野を広げられる人材へ
所属学科	所属学科	所属学科
経営総合学科	英語英米文化学科	環境生物科学科
＋	＋	＋
情報工学科	情報工学科	国際学科
＋		
AIロボティクス学科		

○自由科目
一部の学科は、他学科履修で修得した科目を「自由科目」として卒業単位に含めることができます。

○充実した外国語科目と英語資格対策科目

英語	ドイツ語	フランス語
中国語	スペイン語	ポルトガル語
韓国語	英検	TOEFL®

TOEIC® LISTENING AND READING TEST

全学生を対象に、多くの外国語に関する講義を用意。4年間を通じて開講しており、チャレンジできる環境が整っています。

○多様な学生との触れ合い
ワンキャンパスに10,000人以上の学生がいる中部大学。日頃の授業や課外活動などで、自分とは違う価値観を持つ仲間と関わることができ、人間性を成長させることができます。

RANKING DATA
○全国トップクラスの就職実績
2023年実就職率
（卒業生数2,000人以上の大学）
全国第4位
大学通信「大学探しランキングブック2024」より

充実した資格対策サポート
- ●中部大学後援会からの補助により割引料金で受講可能。
- ●「資格の大原」とタイアップ。
- ●公務員対策は2次対策も含めて対応。国家公務員対策もあり。

右部分

前期入試A方式がお得！

POINT1　トリプル判定
A方式の出願にB方式と共通テストプラス方式がセットでついてくるため、最大トリプル判定のチャンス！

POINT2　合否判定のチャンスを最大化
トリプル判定で3日間受験すれば、最大で9回の合否判定が！

POINT3　入学検定料の割引
たとえば3日間受けても、複数日割で90,000円が40,000円に！

成績優秀奨学金制度

入試結果によって奨学金がもらえるチャンスがあります。

「特別奨学生入試」─最大4年間の学費を免除！─
POINT1　年内合格をめざせる
POINT2　出題傾向や範囲は前期入試と同等
POINT3　他大学との併願可能

「選抜奨学生」─4年間の学費が150万円！─
POINT1　前期入試A方式定員の約3人に1人が対象
POINT2　国公立大学並の学費で学べる
POINT3　他大学との併願可能

入試GUIDE （2024年度入試参考）

①一般選抜／前期入試A・B・共通テストプラス方式
　　　　　／前期入試AM方式／前期入試BM方式
　　　　　／共通テスト利用入試（2教科型、3教科型、5教科型）
　　　　　／後期入試
②総合型選抜／特別奨学生入試（学力検査）
③学校推薦型選抜／推薦入試（一般推薦・指定校推薦・特技推薦）
④総合型選抜／ポートフォリオ入試、同窓生推薦入試

オープンキャンパス
- ●初夏のオープンキャンパス　6/2(日)
- ●夏のオープンキャンパス　8/2(金)・3(土)・4(日)
- ●秋のオープンキャンパス　9/29(日)
詳しくは大学HPでご確認下さい。

資料請求方法：巻末ページの「パンフレット一括請求」をご覧ください。

資料請求

	請求ハガキ	巻末ハガキ
料　金		無　料
完成時期		4月下旬

東海学園大学

〒468-8514　名古屋市天白区中平2-901　入試広報課　TEL 052-801-1204　〈HP〉https://www.navi.tokaigakuen-u.ac.jp/

TOPICS
- ●人間力豊かな専門性の高い職業人を養成
- ●教育の理念「共生」のもと、6学部6学科体制による専門的な学びを提供

「あなたの力を、未来の力に！」人間力と教養を育む大学

東海学園大学は、136年の伝統と12万人を超える同窓生を誇る東海学園の一員です。教育の理念「共生（ともいき）」のもと、学生一人ひとりの人間力を伸ばし高めることを大切にしています。この理念をもとに、専門的な学びや、地域社会と連携した実践的な学びを通して、自身の力だけでなく、様々な人や社会の未来を切り開けるような人間性を磨きます。

学びの特徴　東海学園大学では、全学部で全員が1年次からゼミを履修します。1年次では、大学での学び方の基本を修得し、4年次の卒業論文まで学びを深化させていきます。また、ゼミは少人数制で、双方向。仲間や教員との活発な議論の中で、卒業後の社会で生かされる、人と関わる力も磨かれます。

経営学部　経営学科　「ビジネスマネジメント」「流通・マーケティング」「会計・ファイナンス」「法と経済」の4つの専門コア領域から、専門性を身につけられます。また、2年次から、職業を意識した特別プログラム「起業・経営者」「会計・金融」「グローバルキャリア」「公務員・地域政策」「スポーツキャリア」「観光・フード」に参加できます。

人文学部　人文学科　「メディア・情報」「創作文芸・マンガ」「日本語・日本文学」「歴史・文化・国際」の4領域から自由に選べるオープン履修方式を採用しており、興味に合わせて学べます。また、司書、学芸員などの資格取得もサポートしています。

心理学部　心理学科　「生理心理学」「実験心理学」「感情心理学」「色彩心理学」「社会心理学」「臨床心理学」「犯罪心理学」「デザイン心理学」など幅広い心理学領域を網羅しており、学生の様々な興味・関心に応えます。また、方法論の教育を重視することで、社会に出てからも役に立つ「心理学的な人とものの見方」を修得します。

■学部・学科・定員（すべて男女共学）

●経営学部〈三好キャンパス〉

経営学科230

●人文学部〈名古屋キャンパス〉

人文学科100

●心理学部〈名古屋キャンパス〉

心理学科100

●教育学部〈名古屋キャンパス〉

教育学科（学校教育専攻70、保育専攻50、養護教諭専攻50）

●スポーツ健康科学部〈三好キャンパス〉

スポーツ健康科学科210

●健康栄養学部〈名古屋キャンパス〉

健康栄養学科（管理栄養士専攻80、食品開発専攻40）

教育学部　教育学科　「学校教育」「保育」「養護教諭」の3つの専攻制で、子ども発達や、教科の指導方法など専門知識を修得します。1年次から小学校や保育所での「かかわり体験」を行うなど、実践力を養う体験学習も豊富です。採用試験へ向けた対策も早期から積極的に行っています。

スポーツ健康科学部　スポーツ健康科学科　「スポーツ教育」「子どもスポーツ」「アスリートサポート」「ヘルスデザイン」の4コース制で、体育・スポーツの場で活躍できる人材を育成します。保健体育教員、アスリートをサポートするコーチやトレーナー、地域の健康づくりリーダーなど、「なりたい」を形にするためのチャレンジを全力で応援します。また、テーピングなどの実技や学外実習として、スポーツ実習（マリンスポーツ）や野外活動（ウィンタースポーツ・キャンプ）などもあります。

健康栄養学部　健康栄養学科　「管理栄養士専攻」と「食品開発専攻」の2専攻で、

DATA・FILE

- ○教員数……教授67　准教授34　講師11　助教4
- ○学生数……3,856（男2,198　女1,658）
- ○キャンパス面積……（三好キャンパス）約16万㎡、（名古屋キャンパス）約5万㎡
- ○蔵書数……（三好キャンパス）約11万冊（名古屋キャンパス）約31万冊　　　　　　（2023年度）

キャリア・サポート・プログラム（CSP）

早期から職業に関する考え方・能力を段階的に身につけるプログラムを用意しています。1年次には、職業観・勤労観の観点から自分の進むべき道についてしっかりと考え、2年次からは希望するキャリアに合わせた3つのコースから選択し受講できます。就職活動スキルはもちろん、就職後を見据えた力も身につけます。

三好キャンパス

名古屋キャンパス

栄養と食のプロフェッショナルをめざします。医療現場でのチーム医療の一員、学校の食育の担い手、プロスポーツクラブやスポーツ団体で活躍する管理栄養士に加え、食品開発や食品業界のマーケティングなど、様々な現場で即戦力となる学生を育てます。

CAMPUS情報

三好キャンパス　16万平方メートルの広々としたキャンパスには学生生活を応援する施設が満載。トレーニングルームや運動構造を研究できるハイスピードカメラなどの設備が整った講義棟、また屋外にはナイター照明を完備した野球場や全天候型舗装のトラックとフィールド、テニスコートなども完備しています。

名古屋キャンパス　緑に彩られた閑静な住宅街に立地。交通網が整い、地下鉄「原」駅から歩いて15分（バスで5分）と通学にも便利です。キャンパス内には、実習室・実験室や個人レッスンを受けられるピアノ練習室、個人の勉強やディスカッションなどで自由に使えるラーニングコモンズや、学生ホールなどがあり、快適な学生生活を送れます。

クラブ活動　硬式野球部、ソフトボール部、男子サッカー部、硬式テニス部、水泳部、バスケットボール部、ハンドボール部、陸上競技部など多数あります。

留学情報

留学制度では、留学期間・留学先が選べ、単位認定制度や奨学金制度も充実。また、留学先での生活のサポート体制も万全です。主な提携校は、アベリストウイス大（英国）、クイーンズ大（カナダ）、インサーチ・シドニー工科大（オーストラリア）、モナッシュ大（オーストラリア）、国立台湾師範大（台湾）などで、長期留学の学生には奨学金が支給されます。海外の学校での教職体験をはじめ職業体験ができる短期プログラムや、経営学部独自の台湾の大学への短期留学なども開催しています。

卒業後の進路

2023年3月卒業生の就職率は99.0％。東海学園大学は、毎年高い就職率を達成しています。この背景には、学生の努力は言うまでもなく、キャリア開発センター（CDC）によるきめ細かな支援制度、そして卒業生が10万人に上る東海学園の同窓会ネットワークによるバックアップがあります。

入試GUIDE

①総合型選抜入試（前期・中期・後期）
②公募推薦入試（前期・後期）
③指定校推薦入試
④スポーツ・文化活動・資格取得者推薦入試
⑤アスリート推薦入試（前期・後期）
⑥一般入試（前期・中期・後期）
⑦共通テスト利用入試（前期・中期・後期）
⑧特別入学者選抜入試〔社会人、海外帰国生徒、外国人留学生〕
⑨編入学入試
試験名称などは、変更となることがあります。
詳細はご学生募集要項などでご確認ください。

資格取得・新規採用等実績

公立学校 (2023年度実績)	●小学校教諭　64(47)		
	●中・高等学校教諭【保健体育】6（0）【国語】1（1）		
	【英　語】1（0）【社会】1（0）		
	●養護教諭　　20(16)		
	●栄養教諭　　1（0）　　　（　）内は現役の数		

●2023年管理栄養士国家試験合格率92.1％

オープンキャンパス

実際に来て見て体験しよう！
時期　6/9（日）、8/3（土）、8/4（日）
場所　三好キャンパス・名古屋キャンパス
▶お問い合わせ先　入試広報課　052-801-1204
※オープンキャンパスの日程などは変更されることがあります。

資料請求方法：巻末ページの「パンフレット一括請求」をご覧ください。

豊田工業大学

〒468-8511　愛知県名古屋市天白区久方2-12-1　入学試験事務室　TEL 052-809-1716　FAX 052-809-1721　〈HP〉https://www.toyota-ti.ac.jp/

資料請求

	請求ハガキ	巻末ハガキ
料　金		無　料
完成時期		5月下旬

TOPICS
- ●世界のTOYOTA（トヨタ自動車）が設立した大学
- ●就職決定率は100%（2022年度実績）
- ●授業料は国公立大学並みの60万円／年（初年度納付金は約98万円）
- ●充実の教育・研究環境（学生一人あたりの大学支出額は655万円／年）

■学部・学科組織

●工学部　先端工学基礎学科100(社会人入試など含む)

🏛 大学GUIDE

トヨタ自動車が設立　トヨタ自動車の社会貢献事業の一環として1981年に開学。「企業と創る自立型人材の育成」をめざし、トヨタグループその他各社の支援のもと、産学一体となった教育・研究環境を整備しています。

ハイブリッド教育　カリキュラムは「機械システム」「電子情報」「物質工学」の3分野を横断して学ぶことが可能です。工学の統合的な理解を得ることで、複眼的な発想力や問題解決力を養います。

専門分野を決めるのは2年次後期　入学時は専門を決めず3分野の基礎科目を広く学び、2年次後期に専門分野を決められることもカリキュラムの特徴です。

第2の専門知識（副専攻）の修得　3分野を学ぶカリキュラムの特性をいかし、自分の専門分野（主専攻）以外の講義を履修することで第2の専門分野の知識を修得することができます。幅広い専門知識を得ることで、自身の研究を多角的視点から捉えるなど、挑戦的な研究も可能となります。

少人数教育　教員1人あたりの学生数は約10人。実習科目では1グループ6～8人で構成。少人数での学修環境は、机上の学理だけでなく、学んだ知識を学生一人ひとりが実験・実習を通じて体験的に理解を深め、実践力を身につけることに有効です。

インターンシップ　1・3年次は全学生が必修科目の「インターンシップ」を実施。実習先はトヨタ自動車・三菱電機・ダイキン工業など40社以上の製造・研究開発部門です。期間は1～1.5カ月。企業から提供される実習テーマを選び、課題に取り組む本格的な実習です。

また、企業派遣講師による講義・実習も多数。「トヨ

実学とコミュニケーションを重視したキャンパス

タ生産方式概論」や「電機メーカーでの研究開発に必要とされる工学」など、産業界で取り組まれている技術開発の現状等を学ぶ機会が豊富に設置されています。

学部在学生の43%が海外留学経験＊　学部4年間にわたり英語を学びます。通常の英語講義に加え、論文の書き方やプレゼンテーションを学ぶ講義、TOEFL®対策講座など実践的な英語力の修得にも力を入れています。また多種の費用補助のもと、実施される海外研修も充実しています。　　　　　　　＊コロナ禍前の2019年度実績

🎓 卒業後の進路

就職指導　工学の幅広い知識と専門性を身につけ、体験的学習を通して、学んだ知識をモノづくりにいかすことを修得した学生の就職決定率は100%。大学院進学率は69%です（2023年3月卒業・修了生実績）。

主な就職先　トヨタ自動車、豊田自動織機、デンソー、アイシン、豊田合成、トヨタ車体、トヨタ紡織、ダイハツ工業、SUBARU、マツダ、スズキ、日産自動車、コマツ、クボタ、三菱重工業、ヤマハ発動機、ダイキン工業、住友電気工業、NEC、村田製作所、三菱電機、日立製作所、SONY、キヤノン、京セラ、オリンパス、AGC、三菱マテリアル、NTTドコモ、清水建設、JR東海、中部電力ほか

📝 入試GUIDE （2025年度入試）

学部一般選抜

一般選抜に「一般入試」を導入しました ▶

- ○一般入試は大学独自で実施する筆記試験「数学、物理か化学、英語」で合否判定。
- ○一般入試・共通テスト利用入試とも、2025（令和7）年度入試では「情報科目」を課しません。

公募推薦入試 ▶

2024年の高校3年生・既卒1年目の方が受験対象
- ○試験日は2024年11月23日(土・祝)予定
- ○出願資格に「英検CSEスコア」などが必要
- ※詳細はホームページで適宜ご確認ください

資料請求方法：巻末ページの「パンフレット一括請求」をご覧ください。

名古屋学院大学

〒456-8612　愛知県名古屋市熱田区熱田西町1-25　入学センター　TEL 052-678-4088　〈H P〉https://www.ngu.jp
〈E-mail〉nyuugaku@ngu.ac.jp

TOPICS

●**2024年4月、経営学部データ経営学科を開設**
　ビジネス価値を創造する人材の育成を目指します。

■**学部・学科組織**
〈名古屋キャンパス〉
●**経済学部**　経済学科250
●**現代社会学部**　現代社会学科150
●**商学部**　商学科200
●**経営学部**　データ経営学科135
●**法学部**　法学科165
●**外国語学部**　英米語学科140
●**国際文化学部**　国際文化学科150
　（グローバル文化専攻90、国際協力・共生専攻30、国際日本学専攻30）
●**リハビリテーション学部**　理学療法学科80
〈瀬戸キャンパス〉
●**スポーツ健康学部**
　スポーツ健康学科130

🏛 大学GUIDE

　経済学部は、ビジネス界や地域社会で活躍できる経済人の養成を目指します。**現代社会学部**は現代社会の側面を洞察し、問題解決のために積極的に行動する人材を育成します。**商学部**ではモノ・サービスの流通プロセスを学修し、社会の持続的成長に貢献する企業人の育成を目指します。2024年4月開設の**経営学部**ではビジネスにおける多様なデータの扱い方や分析力および発信力を身につけます。**法学部**では現代社会の問題を法によって解決・予防し、社会の発展に貢献できる視野の広い人材を育成します。**外国語学部**では海外研修のプログラムなどが充実、「語学力＋α」の実力を身につけます。**国際文化学部**は言語コミュニケーション力を養成し、グローバル社会における日本文化を見直します。**リハビリテーション学部**では基礎医学からリハビリテーション学、理学療法の実践までを段階的に学び、理学療法士を目指します。**スポーツ健康学部**では、スポーツ科学、健康科学を中心に心理学、社会福祉学など幅広く学びます。

🏛 アクセス抜群!名古屋キャンパス

　「名古屋キャンパス」には、しろとり・ひびの・たいほうの3つの学舎があり、アクセス抜群のロケーションにありながら、豊かな自然に囲まれています。2018年9月に誕生した名古屋キャンパスたいほうは、学生や留学生、卒業生、地域の人々が集い、英語や異文化、世界について学び合うことのできるグローバルキャンパスです。

🌐 国際交流

　海外の85大学と提携し、長期・中期・短期の留学制度を整備。多くの学生が留学を経験し、奨学金の支給や留学先の修得単位を卒業単位に認定するなど、サポート体制も万全です。留学費用のフルサポート制度もあります。2023年夏は、150人以上の学生が世界に飛び立ちました。

🏃 卒業後の進路

　1年次から3年次まで正規授業の「キャリアデザイン」を開講。「インターンシッププログラム」、「資格講座、就職試験対策講座」とあわせて、しっかりと将来のキャリア形成をサポートします。

主な就職先

名古屋銀行、十六銀行、静岡銀行、近畿日本鉄道、伊勢湾海運、クロスプラス、伊藤園、トヨタ紡織、豊田合成、愛知医科大学病院、名古屋市役所、愛知労働局ほか

📝 入試GUIDE

①総合型選抜（アクティブ・ラーニング入試、グローバル人材入試、自己推薦入試、商業系科目入試、情報・商業系資格重視入試、特別奨学生入試、指定種目スポーツ入試）
②推薦入試（一般・指定校）　③一般入試（前期、中期、後期）　④共通テストプラス入試　⑤共通テスト利用入試（前期、中期、後期）　⑥海外帰国生徒、社会人、外国人留学生入試

資料請求

	請求ハガキ	巻末ハガキ
料　金	送料とも無　料	
完成時期	5月中旬	

中部

学業成績優秀者奨学金制度

頑張る学生を応援！
前年度成績優秀者120人程度（各学年40人程度）に年間15万円を支給します。
※特別奨学生入試における、奨学生入学者は対象外。

オープンキャンパス・ガイダンス

○オープンキャンパス
各学部の教員による模擬講義、入試説明会、入試相談、留学相談、キャンパスツアー等
詳細は入学センターまでお問い合わせください。（4月以降）
　TEL 052-678-4088　〈E-mail〉nyuugaku@ngu.ac.jp

資料請求方法：巻末ページの「パンフレット一括請求」をご覧ください。

名古屋外国語大学

〒470-0197　愛知県日進市岩崎町竹ノ山57　広報企画室　TEL 0561-75-1747(直通)　〈HP〉nagoyagaidai.com(受験生サイト)

資料請求

	請求ハガキ	巻末ハガキ
料　金		無　料
完成時期		5月上旬

TOPICS

- **"留学費用全額支援"制度**
  留学先授業料、渡航費、居住費、教科書代、保険料、留学ビザ申請料を大学が負担。
  返還不要・対象人数の制限なし（大学が定めた語学試験・GPAの基準を満たすことが条件）
- **中部地区1位*の外国人教員比率を誇る "GLOBAL CAMPUS"**
  2023年度は126人の外国人教員が在籍し、287人の外国人留学生を受け入れました。
  ＊朝日新聞出版発行：大学ランキング2024年版
  「外国人教員の比率（規模別・学生数3000人以上）」の項目より（2022年度実績）

大学GUIDE

「外国語学部・世界教養学部・現代国際学部」の3学部9学科3専攻で構成する総合的な外国語大学として、高度な外国語運用能力の習得を柱に、世界に通じる教養と専門性の習得をめざします。そして、国際社会に通じる職業観の形成を意識したキャリア教育を通じて、グローバル社会が求める多言語・多文化共生という時代に対応できる人材を育成します。

「PUT（パワーアップチュートリアル）」
学生4人に対して外国人教員1人で行うALL ENGLISHの"超"少人数授業「PUT（パワーアップチュートリアル）」を全学部・全学科で必修科目として開講。外国語で考え、外国語で発信する力を身につけます。また、世界情勢や各国の文化などをテーマとし、国際感覚も磨くことで、長期留学や2～4年次の高度な語学力を必要とする講義に備えます。

世界教養プログラム
世界の多元的な価値観を重視すべく、世界のさまざまな現状・現象・事実についての知識と教養を深める「世界教養プログラム」。「人文」「学際」「社会」の3つの分野72テーマ（科目）を選定し、学生個々の関心に合わせて学ぶことができます。また、一部の科目を英語開講授業とし、教養と同時に英語力も高めます。

■学部・学科組織（2025年度予定）

●外国語学部
英米語学科(英米語専攻220、英語コミュニケーション専攻130、英語教育専攻50)／フランス語学科50／中国語学科50

●世界教養学部
世界教養学科90／国際日本学科50

●現代国際学部
現代英語学科85／国際教養学科85／グローバルビジネス学科85／グローバル共生学科※85

※2025年4月開設に向けて設置構想中

学科紹介

外国語学部

〈英米語学科〉 英語圏の言語・文化・文学・社会・歴史について学ぶ**「英米語専攻」**、コミュニケーションを理論と実践で学ぶ**「英語コミュニケーション専攻」**、英語科教員の養成を主眼とする**「英語教育専攻」**の3専攻体制を取り、各専攻の学問領域において、世界に通じる英語力と高度な専門性を身につけます。

〈フランス語学科〉 フランス語の学びを中心に、フランス語の構造や歴史、フランスの文学や芸術などについて学びます。また、ビジネス系の科目をフランス人教員が担当し、ビジネスに関するフランス語と専門知識を同時に身につけます。英語の学習も重視し、「複言語プログラム」では英語を必修とし、フランス語とともに高度な運用能力を身につけます。

〈中国語学科〉 中国語の学びを中心に、中国語の構造や歴史、中国の文学や思想、中国語圏の文化比較などの中国文化を学びます。また、中国経済を学び、ビジネスに関する中国語と専門知識を同時に身につけます。英語の学習も重視し、「複言語プログラム」では英語を必修とし、中国語とともに高度な運用能力を身につけます。

世界教養学部

〈世界教養学科〉 世界に軸足を置き、日本を含む世界諸地域の文化・文学・美術・音楽・政治・経済・宗教を学び、世界に存在するさまざまな価値観や視点に触れ、国や世代を超えて通用する "World Liberal Arts" を身につけます。また、英語だけでなく複数の言語の習得にも力を入れ、その国や地域の言語で自分の知識や考えを発信できる力を磨きます。

〈国際日本学科〉 日本の文化・文学・社会・歴史・日本を軸とする国際文化の知識を深めながら、それらを世界へ発信するための知識と技術を身につけます。また、日本語の口頭運用能力や文章力をさらに磨くと同時に、高度な英語運用能力も習得。さらに、国内外の教育実習で日本語教育の力を磨くこともできます。

現代国際学部

〈現代英語学科〉 英語圏のみならず英語を母語としない国や地域で話されている英語 "World Englishes" を学び、さまざまな文化背景・習慣を持つ人々と交流するための世界基準の英語力を身につけます。また、世界の人々と対等に渡り合うために、歴史や地理、文化などの知識や教養を身につけ、それらに関する自分の考えを発展させ表現する力も習得します。

〈国際教養学科〉 国際社会を深く理解するために「人間・情報・世界」という3つのベクトルで専門教育を展開。座学の講義と国内外のオンサイト（現場）での実践的な演習を通し、生きた専門知識を身につけます。また、世界の人々と交流するためのツールとして、高度な英語運用能力も習得します。

〈グローバルビジネス学科〉 グローバルフィールドでのビジネス実務の経験を有する教員とアカデミックな研究を積み上げてきた教員の協働による専門教育を展開。1年次からの一貫した少人数教育を徹底し、ビジネスに関する専門知識を習得します。また、英語をはじめとする複言語の運用能力を高め、グローバルマーケットで求められる人材をめざします。

〈グローバル共生学科〉 英語をはじめとした複数の言語と、世界6つの地域から複数の地域を学び、共生に関する学問的知識を多角的に習得。複数の言語や地域を学ぶことで、学習における相乗効果を生むと同時に、世界を複眼的にとらえる力を身につけます。また、世界各地の人々と絆を結び、多文化共生時代における国内外の問題解決のために行動できる「アクティブでグローバルな人」を育てます。

航空業界への就職に強い

客室乗務員の採用者数は、中部地区で11年連続第1位（2013年3月～2023年3月卒業生）の実績を残しています（大学通信調べ）。2023年度も、客室乗務員35人を含む108人が航空業界に内定しています！

留学情報

多彩な留学プログラム

専門分野を学ぶ長期留学として、「スタンダード留学」のほか、ウォルトディズニーワールドリゾートでの有給実習を含む「UCR特別留学」、航空サービスに特化した「航空サービス留学」、2つの国や地域に留学できる「2か国留学」、留学先大学と名古屋外大の両方の学位の取得をめざす「学位取得留学」などを実施。さらに、現地でのインターンシップを盛り込んだ中期留学、学科ごとの短期留学（海外研修・海外実習）、東京外国語大学への国内留学も実施しています。

"留学費用全額支援"制度

留学先授業料、渡航費、居住費、教科書代、保険料、留学ビザ申請料を大学が負担。

返還不要で対象人数の制限もありません。大学が定めた語学試験・GPAの基準を満たすことが条件です。

＊居住費は留学先大学の標準的な宿舎費を、教科書代は国別の標準金額を支給します。

＊為替相場の変動により差益、または差損が生じることがあります。

上記については、留学ガイダンスにて説明を行います。

就職GUIDE

幅広い業界・業種への就職を実現

入学時から学年・学科に応じた就職支援をスタートし、各種対策講座や就職イベント、進路・就職に関する個別相談にも常時対応するなど、一人ひとりの学生に合った指導を実施しています。これらの就職支援の成果として、2023年3月卒業生の就職決定率は99.1%と全国平均を上回ります。卒業生は、身につけた語学力・教養・専門性を生かしてメーカーや商社・金融機関・外資系企業をはじめ、航空・旅行・ホテル・物流・教員・公務員などの幅広い業界に就職しています。

主な内定先（2024年3月卒業予定者）

トヨタ自動車、サントリー、ヤマハ発動機、トヨタ紡織、豊田合成、日本特殊陶業、全日本空輸（ANA）、日本航空（JAL）、野村證券、JTB、エイチ・アイ・エス、星野リゾート、鈴与、日本通運、三菱電機ロジスティクス、防衛省、警視庁、日進市役所、愛知県教育委員会　など

取得できる資格　※学科により異なります。

中学校・高等学校教諭一種〈英語・フランス語・国語〉、高等学校教諭一種〈中国語・商業〉・小学校教諭二種免許状

資格取得支援

TOEFL®、TOEIC®、IELTS™、旅行業務取扱管理者（国内・総合）、通関士、貿易実務検定、秘書技能検定など

就職対策講座

エアライン、マスコミ、公務員、教員など

資料請求方法：巻末ページの「パンフレット一括請求」をご覧ください。

名古屋学芸大学

日進キャンパス　〒470-0196　愛知県日進市岩崎町竹ノ山57　広報企画室　TEL 0561-75-1777(直)
名城前医療キャンパス　〒460-0001　愛知県名古屋市中区三の丸4-1-1　TEL 052-954-1222
〈HP〉nagoyagakugei.com

資料請求

	請求ハガキ	巻末ハガキ
料　金	無　料	
完成時期	5月上旬（予定）	

TOPICS

「先進性の追求」と「プロ志向の学び」が「専門分野で活躍する力」を生み出す。
4年後、一人ひとりを希望する専門分野へ。

■ 学部・学科（2024年度）
- ● 管理栄養学部　管理栄養学科160
- ● ヒューマンケア学部
  子どもケア学科〈子どもケア専攻〈養護教諭〉60、幼児保育専攻120、児童発達教育専攻40〉
- ● メディア造形学部
  映像メディア学科120／デザイン学科90／ファッション造形学科60
- ● 看護学部　看護学科100

🏛 プロを育てる4学部

管理栄養学部　医療領域に強い学びが幅広い分野で活躍できる管理栄養士を育てる
[管理栄養学科]「医療」「福祉」「教育」「行政」「食品」「フードサービス」など、多様なフィールドで活躍できる高度な専門知識・技能と人間性を備えた管理栄養士を養成します。また、「全員受験・全員合格」をめざす管理栄養士国家試験（2023年実施）の合格者数は165人（受験率99.4% 合格率97.6%）で、18年連続中部地区第1位、全国第4位の実績を誇っています。

ヒューマンケア学部　0歳から18歳まで。子どもの「こころ」と「からだ」を科学する
[子どもケア学科]
・子どもケア専攻〈養護教諭〉　現場経験が豊富な教員による、養護教諭（保健室の先生）の幅広い職務に直結した実践的な学びを通して、学校現場特有のニーズに幅広く応えられる養護教諭を養成します。
・幼児保育専攻　保育者として基盤となる保育・教育分野の学びを核に、保健・福祉・心理などの専門分野を複合的に修得することで、さまざまな角度から子どもをケアできる保育士・幼稚園教諭・保育教諭を養成します。
・児童発達教育専攻　小学校教育を主軸に、特別支援教育、心理学を複合的に学習する独自のカリキュラムを設置。児童一人ひとりの個性を理解し、健やかな成長を支える小学校教諭・特別支援学校教諭を養成します。

メディア造形学部　次代の「映像」「デザイン」「ファッション」を担うための理論と実践力を身につける
[映像メディア学科]〈映画〉〈TV〉〈フォト〉〈サウンド〉〈3DCG〉〈アニメーション〉〈インスタレーション〉〈パフォーマンス〉の8領域を設定。1年次は幅広く学び、2年次から徐々に領域を絞り込み、3年次からは専門ゼミナールと複数の領域演習を自由に組み合わせることで、幅広い知識と専門性の双方を身につけます。
[デザイン学科]　1年次は分野を限定せず、幅広いデザインの基礎を学び、2年次から〈ビジュアルコミュニケーションデザイン〉〈スペース・プロダクトデザイン〉〈デザインプロデュース〉の3コースから、志向と適性に合うコースを選択し、専門性を追究していきます。
[ファッション造形学科]　1～2年次はデザインとビジネスの両面から学んで、基盤となる知識とスキルを身につけ、3年次から〈ブランドデザイン〉〈立体造形〉〈染色・テキスタイル〉〈ファッションビジネス〉〈舞台衣裳〉〈ファッショングッズ〉の6領域に分かれ、専門性を高めます。

看護学部　名古屋医療センターと包括連携協定を締結
[看護学科]　国立病院機構　名古屋医療センター内にキャンパスを設置。現役の医師による講義や国立病院機構の病院での看護学実習を通し、あらゆる現場で生かせる看護実践力を養います。看護師国家試験（2023年実施）は2023年3月卒業生全員（105人）が受験し104人が合格。就職者（進学者を除く96人）の82.3%が公立・公的医療機関に就職。3人に1人が名古屋医療センターに就職しています。

取得可能な資格　所定の科目・単位を修得することにより取得可能

【管理栄養学科】管理栄養士（受験資格）、栄養士、栄養教諭一種、食品衛生管理者、食品衛生監視員、健康食品管理士（受験資格）、健康運動実践指導者（受験資格）【子どもケア学科：子どもケア専攻〈養護教諭〉】養護教諭一種、中学校・高等学校教諭一種（保健）、健康管理士一般指導員、准学校心理士、社会福祉主事【子どもケア学科：幼児保育専攻】保育士、幼稚園教諭一種、小学校教諭一種（履修単位数等、一定の要件を満たす必要がある）、レクリエーション・インストラクター、社会福祉主事【子どもケア学科：児童発達教育専攻】小学校教諭一種、特別支援学校教諭一種（知的障害者・肢体不自由者・病弱者）、認定心理士、准学校心理士、社会福祉主事【デザイン学科】二級建築士（受験資格）【ファッション造形学科】衣料管理士（1級・2級）【看護学科】看護師（受験資格）

資料請求方法：巻末ページの「パンフレット一括請求」をご覧ください。

	請求ハガキ	巻末ハガキ
料　金		無　料
完成時期		6月上旬

名古屋葵大学（構想中）

（2025年4月、名古屋女子大学より名称変更）

〒467-8610　名古屋市瑞穂区汐路町3-40　入試広報課　☎0120-758-206（受付：平日9～17時）〈HP〉https://www.nyusi.nagoya-wu.ac.jp/

TOPICS
健康科学部に健康栄養学科（管理栄養士養成）と看護学科（看護師養成）を置くことで、両学科の専門領域の基礎的知識を修得できます。また、中部圏（東海・北陸）の女子大学では初となる医療科学部（理学療法士・作業療法士養成）では、「栄養学」「看護学」の知識を身につけた「チーム医療」「地域医療」を担う人材を育成します。

■学部組織　2025年度より男女共学化
- ●健康科学部　健康栄養学科120／看護学科120
- ●医療科学部　理学療法学科50／作業療法学科30
- ●家政学部　生活環境学科120
- ●児童教育学部　児童教育学科120

🏛 大学GUIDE

健康科学部　**健康栄養学科**では、「食と健康」に関して高い専門性と、幅広い分野で活躍できる豊かな人間性を有した管理栄養士を育成します。**看護学科**では、チーム医療で管理栄養士等と連携して「食」を反映した健康管理を実践できる力を身につけます。

医療科学部　**理学療法学科**では、各種障がいや健康増進に関わる基本を学び、安全性の高い理学療法について考えます。「予防」をテーマに地域と連携し、健康増進やリハビリの実践力を身につけた理学療法士を育成します。**作業療法学科**では、生活の基本である食事や排泄などの自立に障がいが及ぼす影響を分析し、その改善策を考えます。高齢者の認知症予防のための「作業」を活用した支援法を修得します。

家政学部　**生活環境学科**では、「衣食住」、「ビジネス・情報」、「教育」から興味のある分野を複数選択でき、それぞれの専門性を高めることができます。海外研修や産学連携など学外授業も充実しており、教育の分野においては、教職課程をメインに衣食住の専門科目を幅広く履修した、専門性の高い家庭科教員を育成しています。

児童教育学部　**児童教育学科**では、自治体ごとの対策を行い、教員採用試験・公務員試験（保育職）に合格するための実力を身につけます。教員からの指導だけではなく、「就職活動サークル」や学生間での勉強会開催などの環境も整っており、高い合格率を維持しています。

📜 取得（可能）資格

●**健康科学部／健康栄養学科**：管理栄養士国家試験受験資格、栄養教諭一種免許状、栄養士免許証、食品衛生管理者及び食品衛生監視員任用資格　**看護学科**：看護師国家試験受験資格、保健師国家試験受験資格（最大12人）、養護教諭二種免許状※、第一種衛生管理者※
※保健師国家試験合格者が申請により取得できます。

●**医療科学部／理学療法学科**：理学療法士国家試験受験資格　**作業療法学科**：作業療法士国家試験受験資格
●**家政学部／生活環境学科**：一級建築士受験資格（免許登録実務経験要2年）、二級建築士・木造建築士受験資格（実務経験不要）、インテリアプランナー登録資格（実務経験不要）、2級テキスタイルアドバイザー、フードスペシャリスト（認定試験有）、フードコーディネーター3級、高等学校教諭一種免許状（家庭）、中学校教諭一種免許状（家庭）、上級情報処理士
●**児童教育学部／児童教育学科**：幼稚園教諭一種免許状、小学校教諭一種免許状、中学校教諭一種免許状（国語）、保育士資格

🌱 卒業後の進路 （2023年3月卒業生）

就職希望者数……456
就職者数……454（就職率99.6%）
主な就職先
日清医療食品、日本赤十字社　愛知医療センター名古屋第二病院、NITTOH、積水ハウス、かね貞、公立中・小学校、公立・私立幼稚園、公立・私立保育所、県・市公務員ほか

📝 入試GUIDE

①総合型選抜（Ⅰ期・Ⅱ期）（専願自己推薦）
②自己推薦型選抜（併願）
③学校推薦型選抜（指定校制推薦）【専願】
④一般選抜（Ⅰ期・Ⅱ期）
⑤大学入学共通テスト利用（Ⅰ期・Ⅱ期）
⑥大学入学共通テストプラス
⑦特別選抜

資料請求方法：巻末ページの「パンフレット一括請求」をご覧ください。

中部

名古屋商科大学

〒470-0193　愛知県日進市米野木町三ヶ峯4-4　入試広報担当　TEL 0120-41-3006　〈HP〉https://www.nucba.ac.jp/

資料請求

	請求ハガキ	巻末ハガキ
料　金		無　料
完成時期		5月上旬

TOPICS

2024年4月、全7専攻を設置　高い専門性を修得できる専門実践課程。正規授業に加え、資格対策講座や専門セミナーで学修できます。

2022年10月、PIM正式会員に　世界の名門ビジネススクールとの交換留学を通じて、国際性豊かな学修の機会を提供します。 ＊PIM：Partnership in International Management（国際経営協会）

🏛 大学GUIDE

名古屋商科大学は、世界で活躍する人材の育成を目指し、学生たちに質の高い教育と、価値の高い経験ができる環境を提供しています。世界標準の経営教育を追求し、伝統的なリーダー育成手法となる「ケースメソッド」を導入し、学部教育で国内初となる「AACSB国際認証」を取得するなど、国際的にも高い評価を得ています。

また、「開拓者精神」と「師弟同行の精神」を教育の基本姿勢とし、セミナー教育を重視するとともに、修学支援システムとして「電子カルテ」を導入するなど、学生一人ひとりの状況を的確に把握し支援できる体制を整えています。

実践的なビジネススキルを修得する4学部8学科および連携課程を設置しています。教員の7割はビジネス経験豊富な実務家教員で、6割を超える教員が最高学位である博士号を取得しています。この実践・理論のバランスの取れた教育も国内外から高く評価されています。

国際学部　実践体験型の学びを通じて、多様な価値観に触れ、世界で活躍する視野の広いグローバル人材を育成しています。

〈**国際学科**〉語学力に加え、ビジネスパーソンとしての基礎力を養い、政治や経済、外交、異文化理解など、幅広い国際教養を身につけた世界で活躍するグローバル人材を育成します。アジア地域専攻を新設。

〈**英米学科(2025年名称変更構想中)**〉ネイティブ教員による少人数クラスで英語運用能力を高めるとともに多種多様な留学プログラムを用意。グローバル化するビジネス界で生かせる実践的な英語力を養います。

経営学部　企業経営に焦点を当てながら、リーダーの役割や経済資源（ヒト・モノ・カネ・情報）に関する意思決定について多面的に学びます。

■学部・学科組織

【日進キャンパス】
- ●国際学部　　国際学科／英米学科※
- ●経営学部　　経営学科／経営情報学科
- ●経済学部　　総合政策学科／経済学科
- ●商学部　　マーケティング学科／会計学科

【名古屋キャンパス】
- ●経営管理課程
※2025年4月名称変更構想中

〈**経営学科**〉経営戦略、人や組織のマネジメント、会計や財務といった経営学の全般を学びます。経営者や起業家を目指せます。事業承継専攻を設置。

〈**経営情報学科**〉IT分野の専門スキルと経営学を併せて学び、企業経営やビジネスに生かすIT能力を養成。文理融合型のデータサイエンス専攻を設置。

経済学部　経済学の視点から、経済活動を俯瞰的に観察する力を養い、より豊かな社会を実現する人材を育成。

〈**総合政策学科**〉経済政策を中心に社会全体について幅広く学び、よりよい社会を構築できる人材を育成。将来公務員を目指す学生のための公務員専攻を開設。

〈**経済学科**〉1年次から経済学について体系的に学び、幅広い視野と知識を修得。市場経済に比重を置き、企業間取引、雇用問題、金融取引などを中心に学びます。行動経済学専攻を新設。

商学部　市場における顧客と商品のつながりに焦点を当てながら実践的に学びます。マーケティング・金融・会計の専門家をはじめ、幅広く活躍できる人材を育成。

〈**マーケティング学科**〉市場を分析して消費者のニーズをつかむなど、マーケティングについて議論と実習を組み合わせて実践的に学びます。事業構想専攻を新設。

〈**会計学科**〉会計のスキルや、財務データから企業の業績を読み解く能力を修得。開設以降多くの合格者を輩出している税理士・公認会計士専攻では会計の能力をさらに高められます。

豊富な奨学金制度

国際寮（全900室）に寮費の補填を受けて入寮できる国際寮奨学金や、留学プログラム参加学生に対して、往復航空運賃や宿泊費などの費用を支援する海外留学・国際交流プログラム奨学金など、すべて給費型で提供しています。
- ●国際寮奨学金
　千代田寮・名東寮　月額3万〜4万円

三本木寮・三本木キャンパス寮・三ヶ峯寮・米野木寮　月額1万円
- ●入学後の学業成績に応じた奨学金
　創立者奨学金　半年額10万円
　学長奨学金　半年額5万円
　同窓会奨学金　年額10万円

経営管理課程　MBA教育で培った実践的なマネジメント教育を学部教育で「BBA（Bachelor of Business Administration）」として展開。国内初となる、経営学部・経済学部・商学部が連携した学問横断的な教育課程です。実際のビジネス現場での体験やケースメソッドでの学びを通じて、次世代のリーダーに求められる姿勢を養い、自らの考えを社会に提案できる「フロンティア人材」を育成します。

参加学生数全国1位を誇る「国際ボランティア」を通じては、異文化交流と地域貢献を実現できます。このほか、世界を舞台に調査・研究活動を行う「ギャップイヤー留学」や「世界一周留学」では、世界的な視野を持った人材へと大きく成長することが期待できます。

今や一つの国、一つの言語、一つの大学で学生時代を終える時代ではありません。名古屋商科大学では世界へ挑戦する学生を積極的に応援しています。

CAMPUS情報

日進キャンパスは、教育施設とスポーツ施設が一つのキャンパスにそろった文武両道型のキャンパスです。整備された駐車場や学生寮など、郊外型キャンパスのメリットが生かされており、実りある大学生活を応援。世界58カ国286人の留学生を受け入れ、学部や学年を問わず、国境を越えた親交を深められます。

一方、名古屋の都心に位置する名古屋キャンパスはアクセス抜群なのはもちろん、中部経済におけるビジネスの中心地という立地を生かした特色ある教育を実践します。最大の特徴は、学生参加型の授業スタイル「ケースメソッド教育」を全面的に導入していること。授業とインターンシップ・国際ボランティアなどの学外活動を通して、ビジネスで求められる実践力を身につけます。

多彩な留学プログラム

学生の語学レベルや目的に合わせた多彩な海外留学プログラムと国際性に優れた学びの環境を提供しています。世界63ヵ国187校の海外提携校への「交換留学」では、留学先の授業料が免除されるとともに渡航費も支給。英語でビジネスの専門科目を学修します。加えて、ASEAN諸国の日系企業で就業体験する「海外インターンシップ」では、国際ビジネスを肌で感じることができ、

卒業後の進路

名古屋商科大学では、長期的なキャリア形成に向けた支援体制を整えています。修学支援システムを導入し、就職決定まで学生一人ひとりの状況を教職員が的確に把握するなど、徹底的に「個」にこだわった進路支援の結果、2023年卒業生就職決定率98.2％を実現しました。

主な就職先　アマゾンジャパン、GMOリサーチ、日本発条、キーエンス、日本軽金属、日本郵便、アキレス、日本通運、伊勢湾海運、西濃運輸、リクルート、大塚商会、JR西日本、富士ソフト、かんぽ生命保険、清水銀行、三十三銀行、岡三証券、岡崎信用金庫、税理士法人Bricks & UK、積水ハウス、シェラトン・グランデ・トーキョーベイ・ホテル、ドリームスカイ名古屋、東京国税局、名古屋市役所、愛知県警察本部、岡崎商業高校　他

入試GUIDE

①総合型選抜方式入試（ＡＯ、専攻、国際寮奨励生、専門学科、スポーツ・文化クラブ）
②一般推薦入試（前期・後期）
③特別奨学生入試
④一般選抜入試（前期・中期・後期）
⑤共通テストプラス入試
⑥共通テスト利用入試（前期・中期・後期）

入学試験優秀者奨学金

一般選抜入試、共通テスト利用入試、共通テストプラス入試の前期日程における成績上位の合格者を対象に、入試結果により1～3種の給費区分を決定します。
1種：年額90万円　2種：年額60万円　3種：年額30万円

オープンキャンパス・進学相談会

●オープンキャンパス　名古屋6/8(土)、7/27(土)、8/24(土)、9/14(土)　日進6/9(日)、7/28(日)、8/25(日)、9/23(月・祝)、10/19(土)
●入試対策講座　名古屋11/4(月・祝)
●進学相談会　名古屋　隔週開催
不安なことや不明点については個別相談を随時受け付けています

資料請求方法：巻末ページの「パンフレット一括請求」をご覧ください。

南山大学

〒466-8673　名古屋市昭和区山里町18　入試課　TEL 052-832-3013　〈HP〉https://www.nanzan-u.ac.jp/admission　〈E-mail〉nyushi-koho@nanzan-u.ac.jp

資料請求		
	請求ハガキ	巻末ハガキ
料　金		有料(200円) 別途手数料が必要
完成時期		5月下旬

TOPICS

2023年4月、図書館がリニューアルオープン
南山学園の創立者ヨゼフ・ライネルス師の名前を冠した「南山大学ライネルス中央図書館」としてリニューアルオープンした図書館は、「であう」「つながる」「かわる」をコンセプトに、用途に合わせてゾーニングされ、利用しやすくなりました。

大学GUIDE

南山大学ではキリスト教精神をベースに「人間の尊厳のために」という教育モットーを掲げ、単なる知識の伝達に留まらず、グローバルな視野と普遍的な価値観・倫理観を養うとともに、人間の究極的価値への理解を深めることを目的に教育を行っています。

🌐 グローバル・キャンパス

南山大学の特長として第一に挙げられるのが「国際性豊か」であること。南山大学の教育は海外でも高い評価を受け、世界各国から外国人留学生が集まってきています。

外国人留学生数はさまざまな国や地域から約450人にのぼり、欧米に加えアジアからの留学生も増え、校内は多様な言語が飛び交う、まさにグローバル・キャンパスとなっています。国際学生宿舎は日本人学生と留学生が共同生活する学生寮。日々の生活を通し、互いに異文化への理解を深めることができます。

外国人教員の多さも特筆すべき点でしょう。専任教員のおよそ5人に1人が外国人で、言語学だけでなく専門教育、ゼミナールも担当しています。こうした環境の中で、学生たちは自然に国際感覚を身につけることができます。

🏫 学科GUIDE

キリスト教　キリスト教とさまざまな宗教との対話や比較、歴史・思想を研究。幅広い時代や地域の言語に触れ、現代の多面的な問題を解決へと導く力を養います。

人類文化　文化の多様性と人類の普遍的本質を探究。「哲学人間学」「文化人類学」「考古学・文化史」の3コースで専門性を磨きます。

■学部・学科組織

●人文学部
キリスト教学科20／人類文化学科110／心理人間学科110／日本文化学科100

●外国語学部
英米学科150／スペイン・ラテンアメリカ学科60／フランス学科60／ドイツ学科60／アジア学科60

●経済学部
経済学科275

●経営学部
経営学科270

●法学部
法律学科275

●総合政策学部
総合政策学科275

●理工学部
ソフトウェア工学科70／データサイエンス学科70／電子情報工学科65／機械システム工学科65

●国際教養学部
国際教養学科150

心理人間　人間を科学的に理解。「心理学」「人間関係論」「教育学」の3領域から専門性を深め、現代人の心の諸問題にアプローチします。

日本文化　多様な日本文化を複眼的に研究。文化・文学・言語・日本語教育について、グローバルな視点から日本の文化的広がりを見つめ、世界に発信する力を養います。

英米　高度な英語運用能力を基礎とし、英米の文学、言語学、英語教育、政治、経済、歴史、社会、外交、コミュニケーションの諸分野で地域研究を深めます。

スペイン・ラテンアメリカ　スペイン語の運用能力を身につけ、2年次に「スペイン専攻」「ラテンアメリカ専攻」のいずれかを選択して、スペイン語圏、またはポルトガル語圏の社会や文化を学び、専門知識を身につけます。

フランス　高度なフランス語運用能力を基礎とし、2年次に「フランス文化専攻」「フランス社会専攻」のいずれかを選択して、フランスの言語、文学、思想、芸術、政

DATA・FILE

○教員数……347（教授197　准教授90　講師54　助教6）
○学生数……学部9,410（男4,338　女5,072）　大学院197
○キャンパス総面積…151,042㎡　○蔵書数…約87万冊
○研究機関（人類学・南山宗教文化・社会倫理研究所、アメリカ・ラテンアメリカ・ヨーロッパ・アジア・太平洋・言語学・人間関係・経営・理工学・法曹実務教育・各研究センター）

ワールドプラザ

キャンパス内にあるワールドプラザは、自分からもっと外国語や異文化について学びたいと思っている皆さんをサポートする施設です。一歩足を踏み入れれば、そこは外国語だけの世界。キャンパスにいながら、南山大学ならではの体験留学を楽しむことができます。

治、外交社会、経済、歴史の諸分野で地域研究を学びます。

ドイツ　実践的なコミュニケーション能力の育成を考えた質の高いドイツ語教育を行い、トップレベルのドイツ語運用能力の獲得を目指します。2年次に「ドイツ文化専攻」「ドイツ社会専攻」の2専攻のいずれかを選択して、ドイツ語圏の文学、思想やドイツの政治・歴史など社会全般について学びます。

アジア　2年次に、中国、台湾、韓国などを含む東アジア地域を対象とする「東アジア専攻」、インドネシア、タイ、ベトナムなどを含む東南アジア地域を対象とする「東南アジア専攻」の2専攻のいずれかを選択して、中国語、インドネシア語、英語の3言語を習得し、東アジア地域・東南アジア地域の言語、文化、社会を深く理解する能力を身につけます。

経済　専門知識に関する基礎理論を学び、さらに日本経済・国際経済の諸問題をデータに基づいて分析する能力、歴史・思想・社会など広い視野から経済を捉える能力を養成します。

経営　問題の本質を理解し、世界的な見地から現実的な解決策を探求。「ヒト」「モノ」「カネ」「情報」の4領域を偏りなく学び、ビジネス英語や簿記などの実践的なスキルを積み上げます。

法律　2年次に、民間企業への就職や、警察官・消防官・学校教員などの進路を想定し、広く学科科目全般を学習することができる「法学一般コース」、基本法律科目（公法・民事法・刑事法）を中心に学習する「法律専修コース」、法曹三者（裁判官・検察官・弁護士）を志し、法科大学院進学を目指している人に向けた「司法特修コース」のいずれかを選択して、学びます。

総合政策　「文明論」を学びの基礎とし、「国際政策」「公共政策」「環境政策」の3コースに分かれて専門性を高め、課題解決の方策を導き出す力を身につけます。

ソフトウェア工学　数理的知識を基礎とし、実社会への応用を視野に入れながら、家電、自動車、PCなど多様な製品に組み込まれるソフトウェアの計画・開発・利用について集中的に学びます。

データサイエンス　数学と情報科学の基礎の上に数理技術からなるデータサイエンスを修め、経営・環境・交通等に関するビッグデータの分析と機械学習などを活用して、多様な組織体において問題の発見から解決までの過程を支援できる人材を育成します。

電子情報工学　電子通信デバイス設計技術や情報セキュリティ管理技術などの知識・技術に加えて、ディジタルメディア処理やクラウド・仮想化技術などのソフトウェア技術を学びます。

機械システム工学　数学・物理系科目で培う理学的素養の上に、制御工学、機械工学、システム理論に関する専門知識を学び、機械システムの数理モデル化とそれに基づくシステム設計開発能力を涵養します。

国際教養　国際社会の諸問題を地球規模の視点から解決する国際的教養を備えた人材を育成します。

奨学金制度

　学業成績優秀者や課外活動で顕著な活躍をした方、経済的困窮度の高い方に対して、返還不要の給付奨学金制度があります。

卒業後の進路

　1年次から始まるキャリアサポートや3年次から始まる就職支援プログラムのほか、南山大生のみ対象の学内会社説明会や公務員説明会など多くのプログラムで就職活動をバックアップします。希望者には、個別面談やインターンシップ制度も用意。充実した就職体制が中部地区でもトップクラスの就職実績の達成に結びついています。

2023年3月卒業生の主な就職先（全学部）

竹中工務店、三井ホーム、三菱電機、トヨタ自動車、デンソー、シャープ、資生堂、マキタ、NEC、豊田自動織機、アイシン、YKKAP、TOPPANホールディングス、ブラザー工業、双日、岡谷鋼機、ジェイアール東海高島屋、キーエンス、興和、日本銀行、三菱UFJ銀行、名古屋銀行、ゴールドマンサックス、野村証券、日本生命保険、キリンホールディングス、アマゾンジャパン、中部電力パワーグリッド、東邦ガス、JR東海、シンガポール航空、JTB、NTTドコモ、中日新聞社、毎日放送、リクルート、愛知県教育委員会、法務省民事局、東京地方検察庁、名古屋市人事委員会、東京出入国管理局　ほか

留学情報

　授業料が免除される交換留学制度を利用して、欧米やアジアなどの35の国や地域にある119校（2023年5月現在）の交換協定校に留学できます。交換協定校以外の大学に留学することも可能。海外で修得した単位のうち、30単位までが南山大学での単位として認められますので、1年間留学しても、4年間で卒業することが可能です。

　また、全学部において各学部独自の短期留学プログラムを用意。総合政策学部の「政策研修プログラム（NAP）」では、長期休暇を利用して3週間アジア各国（選択制）の大学に滞在。現地の言葉を習得し、文化を体験するほか、現地大学での集中語学研修やNGOの活動見学等を行います。

資料請求方法：巻末ページの「パンフレット一括請求」をご覧ください。

名城大学

資料請求		
	請求ハガキ	巻末ハガキ
料 金		無 料
完成時期		5月下旬

〒468-8502　名古屋市天白区塩釜口一丁目501番地　入学センター　TEL 052-838-2018　〈HP〉https://www.meijo-u.ac.jp/

TOPICS

名城大学は学生の成長・チャレンジを多彩に支援！

2022年4月 情報工学部開設

　情報工学部は伝統と先進が融合した新たな学部です。コンピュータやプログラミング、インターネットなどの基礎から、AI（人工知能）、IoT（Internet of Things）、VR（バーチャルリアリティ）、サイバーセキュリティ、自動運転などの最先端技術にいたるまで、情報工学を深く幅広く学びます。

国際化計画2026

　総合大学としての強みを生かした国際化・グローバル人材養成を目指す名城大学では、開学100周年である2026年を目標とした国際化戦略「名城大学国際化計画2026」を始動。グローバル人材育成の中核的プログラムの導入をはじめ様々なミッションを推進し、グローバルな舞台で活躍できる人材の育成を推進していきます。

Enjoy Learningプロジェクト

　課外活動で、仲間と一緒に何かをしたい学生に対して、大学が助成金を配付、活動を支援するプロジェクトです。多くの学生が自主的な学びの活動を広げています。

名城大学チャレンジ支援プログラム

　時代感覚と「グローバル」「キャリア」「リーダーシップと連携・協働」という3つのマインドを涵養し、時代を主体的に生き抜く力を養成します。1年生を中心とした選抜型の特別プログラムです。

🏛 大学GUIDE

　文系・理系の10学部23学科を設置。幅広い学問領域をカバーし、全国・海外から1万5千人以上の学生が学ぶ、中部圏最大級の「文理融合型総合大学」です。

　1926年の創立以来、社会の求める人材教育に取り組み、教育制度の見直し、天白キャンパス・八事キャンパスの再開発の推進、文部科学省研究プロジェクト拠点校への選定など、総合大学の理想を求め、さらなる挑戦を続けています。

教育システム　「他学部履修制度」は、所属以外の学部学科の開講科目を履修できる制度で、全学で導入されており、修得単位は定められた範囲内で卒業単位に認められます。総合大学のメリットを生かして理系・文系を超えた学びにチャレンジできます。

キャリアサポート　早期から将来のキャリアについて考えられるように、1・2年次を対象に進路支援講座を開催するなど、入学から卒業までを見通した系統的な進路支援プログラムを整えています。

○**就職アドバイザー制度**／4年生就職内定者および卒業生が就職相談にあたります。

○**学内企業研究セミナー**／地元を中心とした様々な業界から約800社にのぼる企業が参加する学内企業研究セ

■学部・学科組織（2024年度）

- ●**法学部**　法学科400
- ●**経営学部**　経営学科215／国際経営学科95
- ●**経済学部**　経済学科210／産業社会学科100
- ●**外国語学部**　国際英語学科130
- ●**人間学部**　人間学科220
- ●**都市情報学部**　都市情報学科235
- ●**情報工学部**　情報工学科180
- ●**理工学部**　数学科50／電気電子工学科150／材料機能工学科80／応用化学科70／機械工学科125／交通機械工学科125／メカトロニクス工学科80／社会基盤デザイン工学科90／環境創造工学科80／建築学科145
- ●**農学部**　生物資源学科110／応用生物化学科110／生物環境科学科110
- ●**薬学部**　薬学科（6年制）265

DATA・FILE　（2023年5月1日現在）

- ○教員数……497（教授277　准教授150　助教42　講師11　助手16　教務技師1）
- ○学生数……学　部14,979（男9,577　女5,402）　大学院568（男子470　女子98）
- ○キャンパス面積……618,055㎡
- ○図書館蔵書数……約120万冊

オープンキャンパス

- ◆ナゴヤドーム前キャンパス　7/20(土)・21(日)
- ◆天白キャンパス　8/3(土)・4(日)
- ◆八事キャンパス（薬学部）　8/3(土)・4(日)

※変更になる場合があります。

ミナーを開催。
○**就職指導担当制**／就職支援グループ職員を担任のような形で割り振り、4年間指導にあたります。

幅広い資格を取得

「**エクステンション講座**」を開設し、公務員講座をはじめ、文系・理系双方の学生に対応した約60講座の各種資格取得支援講座を大学内で開講しています。合格後は合格奨励制度や上位資格等受講奨励制度などを利用して、さらにキャリアアップできるシステムがあります。

開講講座は、公務員、宅建、行政書士、司法書士、簿記、ファイナンシャルプランニング技能士、基本情報技術者、CAD利用技術者、TOEIC®、旅行業務取扱管理者、秘書検定、2級ビオトープ管理士、技術士補など。

CAMPUS情報

3キャンパスすべてが名古屋市内の好立地！
【天白キャンパス（メインキャンパス）】
地下鉄鶴舞線「塩釜口」駅下車徒歩約4分
●**設置学部** 法学部、経営学部、経済学部、情報工学部、理工学部、農学部
[研究実験棟Ⅱ] 地下1階には多様な実験・分析が可能な学生実験室を完備。1～4階には学科の研究室・実験室などを設置。建物は吹き抜け構造を取り入れ、明るく開放的な雰囲気です。
【八事キャンパス】
地下鉄鶴舞線・名城線「八事」駅下車徒歩約6分
●**設置学部** 薬学部
[新1号館] モデル薬局、医薬情報センターを設置。他の建物には実験動物施設、分析センターなど最先端の教育・研究施設を整備。
【ナゴヤドーム前キャンパス】
地下鉄名城線「ナゴヤドーム前矢田」駅下車徒歩約3分、ゆとりーとライン「ナゴヤドーム前矢田」駅下車徒歩約5分、JR・名鉄「大曽根」駅下車徒歩約10分
●**設置学部** 外国語学部、人間学部、都市情報学部

[グローバルプラザ] 天白キャンパスとナゴヤドーム前キャンパスにある、日常的に英語を話したり、聞いたり、自主的に英語を学習することができる施設。海外語学研修と学部・研究科の国際専門研修プログラムをつなぐ、自律的な英語学習環境と支援を提供。

卒業後の進路

◆2023年実就職率95.8%（2022年度卒業生）
◆社長の出身大学 愛知県NO.2！ 2,139人
　　　　　（朝日新聞出版「大学ランキング2024」）
◆2023年薬剤師国家試験合格率93.8%
　全国NO.1！
　（第108回薬剤師国家試験実績〈総数〉、全国私立平均67.99%〈厚生労働省〉）
◆高校教員採用数39人 中部地区私大NO.1！
　　　　　（大学通信「大学探しランキングブック2024」）

主な就職先（2023年3月卒業者）
アイシン、アイリスオーヤマ、イオンリテール、一条工務店、伊藤園、ウエルシア薬局、大垣共立銀行、大林組、NTTドコモ、京セラ、JAあいち経済連、JR東海、清水建設、Sky、スギ薬局、スズキ、住友電装、住友林業、積水ハウス、大和ハウス工業、中部電力、デンソー、東京海上日動火災保険、トヨタ自動車、トヨタ紡織、名古屋銀行、ニトリ、日本ガイシ、日本航空、日本食品分析センター、日本生命保険、日本年金機構、日本郵便、パナソニック、富士ソフト、富士通、ブラザー工業、三菱自動車工業、三菱UFJ銀行、山崎製パン、リゾートトラスト、警視庁、愛知県教育委員会、愛知県警察本部、愛知県庁、名古屋市消防局、名古屋市役所、愛知医科大学病院、名古屋大学医学部附属病院など

入試GUIDE （前年度参考）

①**一般選抜** ②**総合型選抜** ③**学校推薦型選抜**
④**特別入試** ⑤**編入学試験・社会人編入学試験**
⑥**総合数理プログラム入試（飛び入学）**
詳細は入試ガイド・入学試験要項をご確認ください。

資料請求方法：巻末ページの「パンフレット一括請求」をご覧ください。

日本福祉大学

〒470-3295　愛知県知多郡美浜町奥田会下前35-6　入学広報課　TEL 0569-87-2212　FAX0569-87-5849　〈HP〉https://www.n-fukushi.ac.jp/

資料請求		
	請求ハガキ	巻末ハガキ
料　金		無　料
完成時期		5月下旬（予定）

TOPICS
- ●「ふくしの総合大学」ならではの多職種連携教育。
- ●2022年度社会福祉士国家試験、精神保健福祉士の合格者数は全国第1位。
- ●同窓会組織や地域オフィスにより、Uターン就職に強い全国型大学。

■学部・学科組織
- ●社会福祉学部
  社会福祉学科(総合政策専修80、現代社会専修320 ※1)
- ●教育・心理学部
  子ども発達学科120／学校教育学科95 ※2／心理学科100
- ●スポーツ科学部　スポーツ科学科180
- ●健康科学部
  リハビリテーション学科(理学療法学専攻40、作業療法学専攻40)
- ●経済学部　経済学科200
- ●国際学部※3　国際学科80 ※3
- ●看護学部　看護学科100
- ●工学部※4　工学科(情報工学専修40、建築学専修60)
  ※1　2025年4月より2専修に変更予定
  ※2　2024年4月開設
  ※3　2024年4月名称変更
  ※4　2025年4月開設予定(仮称・設置構想中)

🏫 大学GUIDE

社会福祉学部　「誰もが大切にされる社会」をめざし、人間や社会を理解する力と課題解決の方法を考え実践する行動力を養成します。福祉施設、医療機関、行政機関などで実務経験のある教員も充実。2025年4月より、総合政策専修・現代社会専修の2専修に変更予定です。

教育・心理学部　ふくしの視点を発揮して、すべての子どもたちに生きる勇気と希望を育むことができる、保育者・教育者・心理的支援者を育てます。

スポーツ科学部　教育・文化・福祉・心理・医学・社会・経営など、あらゆる方向からスポーツと向き合うことで、スポーツの実践力や指導力、人間力を磨きます。

健康科学部　リハビリテーション医療など人が行う支援と、福祉機器や住まいといったモノ・環境による支援の、2方向から学び、福祉の視点を持ったうえで実践的な専門教育を身につけます。

経済学部　基礎教育や早期キャリア教育を受けて、2年次後期からは「地域経済コース」と「医療・福祉経営コース」に分かれて学びを深め、多方面で活躍する人材を育成します。

国際学部　英語の活用を含めた多文化コミュニケーション力を備え、国際的な問題解決に当たることのできる人材を育成します。各国に提携校を持っており、海外体験も強力にバックアップします。

看護学部　地域の医療機関と連携して確かな看護実践力を養うとともに、「ふくしの総合大学」の実績を生かし、他の専門職と連携できる看護職を育てます。

工学部(仮称・設置構想中)　情報工学と建築学を両輪に、人々の健やかな生活に貢献する情報システム・AIの開発、住環境・生活空間づくりができる技術者を育成。時代のニーズに応える工学教育をさらに推進していきます。

🏃 卒業後の進路

日本福祉大学は60年以上の歴史の中で、全国各地に約9万人の卒業生を送り出してきました。こうした全国に広がる卒業生ネットワークは、各地で就職を強力にバックアップ。毎年、教員や公務員分野への就職者数も多く、2022年度の教員採用試験合格者は87人(東海圏をはじめ、全国自治体)、公務員採用試験合格者(法務省、政令指定都市ほか)は89人という実績を誇ります。また、一般企業でも、福祉・医療分野をはじめさまざまな分野に幅広く進出しています。

主な就職先　本田技研工業、大和ハウス工業、一条工務店、日本製鉄、住友生命保険、セブン-イレブン・ジャパン、公務員(法務省、国税庁、愛知県、名古屋市、愛知県瀬戸市ほか)、教員、保育士など(2023年3月卒業生)

🏢 キャンパストピックス

WEBサイト 日本福祉大学の歩き方
「大学を知る」「日福生を知る」「日福のスゴイを知る」などのテーマ別に、日本福祉大学のすべてが分かるサイトです。

全国から学生が集合。快適な下宿生活をサポート

全国から学生が集まる日本福祉大学では、約2,100室を超える学生専用の指定アパートを用意。アパートの家賃は、月々3万〜4万円程度と非常に安価。仲介手数料も不要です。また、大家さんがいろいろな相談に応じてくれるなど、さまざまなサポートを行っています。

社会福祉学部スカラシップ入試(一般・AO)

「一般入学試験［前期日程］A方式(3教科型)」または「AO入試［前期日程］」とセットで出願する入学試験です。合格者は、授業料の半額減免が4年間継続され、入学金も半額減免。"払い込んだ後の給付"ではなく"払い込む金額が半減"する制度です。定員は一般・AO各10人。詳細は入試ガイドをご確認ください。

資料請求方法：巻末ページの「パンフレット一括請求」をご覧ください。

愛知大学短期大学部

資料請求		
	請求ハガキ	巻末ハガキ
料　金	無　料	
完成時期	5月下旬	

〈所在地〉豊橋キャンパス　〒441-8522　愛知県豊橋市町畑町1-1
〈お問い合わせ先〉企画部入試課　TEL 052-937-8112・8113(平日9：00〜17：00)　〈HP〉https://adm.aichi-u.ac.jp/

TOPICS 「自分らしい生き方」を設計

愛知大学短期大学部は、4年制大学に併設されているため、大学としての教育基盤や施設・設備、各種制度など、充実したキャンパスライフに必要な環境が整っています。また、カリキュラムでは語学や文学などの教養、秘書や医療事務などの資格取得、併設大学をはじめとする4年制大学への編入学など、自分が本当に進みたい方向性に気づく機会を提供しています。

■学科組織(2024年度募集定員)

●ライフデザイン総合学科　100

学生数149(女子のみ)　　　　　(2023年5月1日現在)

愛短GUIDE

短期大学部の特長

●学び方を自分で自由にデザイン

本学部では、外国語、文化、文学、オフィス実務、心理学など広範な分野にわたる120以上の科目からなるカリキュラムを編成。これらを柔軟に学べる仕組みを整え、関心ある分野を自由に学ぶことができます。

●卒業生の4人に1人が編入学

4年制大学併設のメリットは多岐にわたります。愛知大学の開講科目を特別聴講生として履修できるほか、愛知大学全学部に編入学推薦枠を設置。卒業生の4人に1人が愛知大学3年次に編入学しています。

愛知大学への編入学実績　2024年度合格者18人

●法学部1人/経営学部4人/国際コミュニケーション学部2人/文学部9人/地域政策学部2人

●地元優良企業・自治体への就職

社会人として必要な知識やスキル、資質を高めるため、1年次から正課科目と課外活動が一体となったキャリアサポートを実施しています。「医療事務」の資格取得をめざす正課科目を開講し、キャリア支援センターでは応募書類作成や面接対策などキャリアサポートを計画的に展開。卒業後は多くの学生が、東海地方の優良企業や自治体に就職しています。

CAMPUS情報

専門性の高い学術書から文庫本・新書まで133万冊を超える資料を所蔵している図書館や、パソコン、プリンターを備えたメディアゾーンなど、学修・研究に必要な施設が充実しています。また、多彩なクラブ・サークル活動など、4年制大学併設のスケールメリットがあります。

卒業後の進路

【主な内定先】(2024年3月卒業予定者)

三光製作所、シンフォニアテクノロジー、杉本屋製菓、豊橋信用金庫、渥美フーズ、オンセブンデイズ、スズキ自販東海、蒲郡東部病院など

【編入を経ての就職実績】(過去5年間)

ノーリツ、アーレスティ、ヤマハ発動機、スズキ、河村電器産業、豊橋信用金庫、豊橋農業協同組合、法務省名古屋法務局、豊田市役所、牧之原市役所、名古屋鉄道など

入試GUIDE (前年度参考)

■一般選抜
①短大前期入試A　②短大M方式入試
③短大前期入試B
④短大共通テストプラス方式入試
⑤短大共通テスト利用入試(前期)
⑥短大後期入試　⑦短大共通テスト利用入試(後期)
■学校推薦型選抜　短大一般推薦(専願制・併願制)
■総合型選抜
①短大キャリアデザイン特別入試
②短大海外帰国生選抜入試・短大社会人入試

受験生向け入試情報 ▶

入試情報や各種イベントの情報は受験生向けサイトで随時公開します。
〈HP〉https://adm.aichi-u.ac.jp/

資料請求方法：巻末ページの「パンフレット一括請求」をご覧ください。

資料請求		
	請求ハガキ	巻末ハガキ
料　金		無　料
完成時期		5月中旬

愛知学院大学 短期大学部

〒464-8650　名古屋市千種区楠元町1-100　TEL 052-751-2561　〈HP〉www.agu.ac.jp

TOPICS

歯学部附属病院を有した全国トップクラスの充実した教育環境。
愛知学院・歯科医療教育の伝統を生かし、3年間のカリキュラムで臨床能力をもった歯科衛生士をめざします。

■学科組織
　　●歯科衛生学科　100　　●専攻科　10

入試の問い合わせ　入試センター　☎0561-73-1111

🏫 短大GUIDE

　超高齢社会を迎える日本では、「健康長寿」の実現が急務となっています。そうしたなか、「口腔の健康」の大切さが認められ、「健口づくり」の担い手として活躍できる歯科衛生士が求められています。歯科衛生学科では、歯科予防処置や口腔のケアなどの深い知識と高度な専門能力の修得を促すため、学生自身の「気づき」を尊重した「考える教育」を実施。人々に寄り添い、健康増進や幸せづくりに貢献できる医療人を育てます。

　特色は、充実した環境での豊富な実習です。診療台ユニットが並ぶ学内の臨床実習室では、学生が術者役・患者役・アシスタント役に分かれ、臨床現場さながらの実習を行います。模型実習室では、口腔模型を使って歯石除去や予防処置の基礎を学修。こうした学内実習で経験を積んだのち、2年次の秋学期から歯学部附属病院での臨床実習に参加します。歯周病科や口腔衛生科をはじめとした9つの診療科で実務に取り組み、患者さんへの対応も学びます。また、臨地実習では学外の歯科医院や福祉施設を実習の場として活用。高齢者施設で食前の嚥下体操の指導、食事の観察、食後の口腔ケアを実践するなど、口腔の機能を保つことの喜びを分かちあえる歯科衛生士を育成します。

　さらに、小学校や市町村の保健センターなどでも臨地実習を行っています。例えば、10年以上にわたって地域の小学校で歯科保健指導を実施。子どもたちとの交流を楽しみながら、発達段階に合わせた口腔ケアやブラッシング指導を行います。集団に対する効果的な保健指導を知り、歯科衛生士の実践力を養うとともに、地域社会に貢献する歯科衛生士のあり方も学びます。

🌐 医療現場で役立つ英語学習

　近年、日本に在住する外国人が増加しており、歯科医師や歯科衛生士のような医療機関で働く専門職にも英語力が必要となってきています。そんな社会のニーズに対応するために、英語科目を1年次から開講。外国人教員の指導のもと、歯科に関する英単語や診療・受付業務で必要となる英会話を修得します。グローバル化が加速する社会において、国籍を問わずあらゆる患者さんをサポートできる歯科衛生士をめざします。

🏃 充実した就職支援

　目標や適性に応じた進路指導を実施。歯科医師として活躍中の卒業生のバックアップにより、毎年高い就職率を実現しています。
〈就職率〉100%（2023年3月卒業生）
就職希望者　91人　就職者　91人

📝 入試GUIDE

①公募制推薦入試A［専願］　②指定校制推薦入試［専願］
③一般選抜（前期A・中期・後期）
④「共通テスト」利用試験Ⅰ期（3科目型）
⑤総合型選抜（AO入試）　⑥帰国生徒・社会人・外国人留学生・大学在学生特別入試

DATA・FILE

○教員数……13（教授5　准教授2　講師3　助教3）
○学生数……326（専攻科含む）
○キャンパス面積……約13,216㎡　　　　　　　　（2023年度）
○歯科衛生士国家試験合格率　98.1%
　　　　　　　　　　（受験者数103人　合格者数101人）
○求人件数　751件　　　　　　　　　　　　　　　（2022年度）

アクセス

【楠元キャンパス】
　学生が多く集う本山エリアにあり、交通アクセスも良好。医療人を養成する学部が設置され、最先端の教育・研究を展開しています。おしゃれなカフェテリアもあります。
●地下鉄東山線・名城線「本山」駅下車
　1番出口から徒歩約5分

資料請求方法：巻末ページの「パンフレット一括請求」をご覧ください。

三 重 ・ 滋 賀 ・ 京 都

鈴鹿医療科学大学..........................502

皇學館大学...................................504

聖泉大学......................................505

長浜バイオ大学.............................506

びわこ学院大学.............................507

びわこ成蹊スポーツ大学................508

京都産業大学...............................509

京都女子大学...............................510

京都橘大学...................................512

京都文教大学...............................514

京都精華大学...............................516

佛教大学......................................517

同志社大学...................................518

同志社女子大学............................520

立命館大学...................................522

龍谷大学......................................524

京都経済短期大学.........................526

「出会えてよかった!」がここにある。

4学科11コースから、あなたにピッタリの学びを見つけよう!

総合社会学部に「実践社会学科」、こども教育学部に「小中英語教育コース」を開設し、新しい学び、新しい夢に挑戦できる環境がさらに拡大! 課外活動では、地域の人々や行政と連携して学生が地域貢献に取り組む「地域連携学生プロジェクト」の活動も活発で、多様な経験を積む機会が充実しています。

〈総合社会学科〉「公務員」「経済・経営」「メディア・社会心理」「観光・地域デザイン」の4コース。カリキュラムの自由度が高く、コースの枠を越えて幅広く学ぶことも可能です。

〈実践社会学科〉地域社会での価値創造に挑む「プロジェクト型学習」の実践に取り組みます。

〈臨床心理学科〉「深層心理」「子ども・青年心理」「医療・福祉心理」「ビジネス・経営心理」の4コース。心理職を「本気」かつ「最短」でめざす人のために、臨床心理学部を3年間で卒業し、本学大学院に進学できる「5年間一貫教育」プログラムを設けています。

〈こども教育学科〉小学校の先生をめざすことに特化した「小学校教育コース」、小学校・中学・高校の3つの教員免許取得をめざせる「小中英語教育コース」、幼稚園教諭・保育士をめざす「幼児教育コース」の3コースを設けています。

京都文教大学
▶本文514・515ページもご参照ください

鈴鹿医療科学大学

〒510-0293 三重県鈴鹿市岸岡町1001-1 入学課 TEL 059-383-9591 〈HP〉https://www.suzuka-u.ac.jp

TOPICS

● 1年次は学部学科を越えたチーム編成で学ぶ「医療人底力実践」を実施し、医療・福祉のスペシャリストを養成します。

大学GUIDE

放射線技術科学科 病院の放射線科を模した施設での学内実習や、医療現場での臨床実習を実施し、即戦力となる人材を育成します。不足がちな女性技師の育成にも力を入れています。

医療栄養学科 臨床栄養学を柱としたカリキュラムで、病院など医療現場で活躍できる管理栄養士を育成します。

臨床検査学科 病気の診断や治療など、正確に測定し、多様化する医療に貢献できる臨床検査技師をめざします。

リハビリテーション学科

〈理学療法学専攻〉病院や施設だけでなく、在宅医療、トレーニングセンターなど幅広い分野で活躍できる理学療法士を養成します。

〈作業療法学専攻〉人に寄り添い、その人らしい生活を送る手助けができる作業療法士を育成します。

医療福祉学科

〈医療福祉学専攻〉高度な相談支援能力を持った社会福祉士、精神保健福祉士を養成します。

〈臨床心理学専攻〉国家資格「公認心理師」に対応したカリキュラムで学び、医療・福祉現場で活躍できる心の専門家を養成します。

鍼灸サイエンス学科

〈鍼灸・スポーツトレーナー学専攻〉スポーツや運動分野で活躍できる鍼灸師を育成します。

〈鍼灸学専攻〉内科・外科など9分野の鍼灸施術が学べます。

救急救命学科 命を守る救命医療の最前線で中核となって活躍する救急救命士を養成します。

臨床工学科 医療の知識と工学の技術をバランスよく修得した臨床工学技士を養成。人工透析装置、人工心肺装置をはじめ、レベルの高い実習環境を整備。放射線技術科学科と連携し、CT・MRIなどの実習も行います。

医療健康データサイエンス学科 統計学やプログラミングをはじめ、医療健康分野の幅広い知識を身に付けたデータサイエンティストを養成します。

薬学科 医療系総合大学としての利点を生かして、薬学に加えて栄養学や福祉、東洋医学など、幅広い知識も修得できます。また、三重大学医学部附属病院や関連病院での実習が可能で、高度先端医療に触れられます。

看護学科 確かな看護実践能力と豊かな人間性を備え、広い視野に立って地域社会に貢献できる看護師・保健師を養成します。

■学部・学科組織

●保健衛生学部

放射線技術科学科100／医療栄養学科40／臨床検査学科50／リハビリテーション学科（理学療法学専攻40、作業療法学専攻40）／医療福祉学科（医療福祉学専攻30、臨床心理学専攻30）／鍼灸サイエンス学科30（鍼灸・スポーツトレーナー学専攻、鍼灸学専攻）／救急救命学科40

●医用工学部 臨床工学科40／医療健康データサイエンス学科40

●薬学部 薬学科（6年制）100

●看護学部 看護学科100

資格

国家資格の取得に重点を置いています。授業が国家試験受験資格に完全対応していることに加え、4年次には、正規の授業以外に国家試験対策講義、集中講義、模擬試験などを実施。成績が合格に満たない学生には補習や個別指導などで徹底的にサポートします。また、学生同士が学びを高められるという理由からグループ学習を奨励

特待生制度

学校推薦型選抜基礎テスト方式・一般選抜A日程・共通テスト利用方式前期・一般選抜B日程での入試成績優秀者は、1年次授業料が50％減免されます。また、入学年次以降、年間成績が在籍学科の上位40％以内であれば、継続して制度が適用されます（最長4年間、薬学部は最長6年間）。

大学院

・医療科学研究科医療科学専攻 修士課程・博士後期課程
※社会人の診療放射線技師を対象とした東京サテライトコース（修士課程・博士後期課程）を設置。臨床心理学分野は「公認心理師」「臨床心理士」に対応。
・薬学研究科医療薬学専攻 博士課程

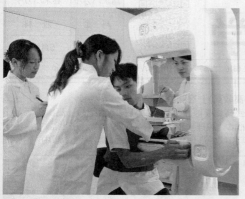

放射線技術科学科　実習風景

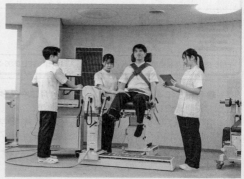

リハビリテーション学科　実習風景

しており、グループ学習室、図書館の増設を行って、自学・自習ができる環境をさらに充実させました。

めざす資格　〈放射線技術科学科〉診療放射線技師、第1種放射線取扱主任者〈医療栄養学科〉管理栄養士、栄養士、健康食品管理士〈臨床検査学科〉臨床検査技師、健康食品管理士〈リハビリテーション学科〉理学療法学専攻：理学療法士　作業療法学専攻：作業療法士〈医療福祉学科〉医療福祉学専攻：社会福祉士、精神保健福祉士　臨床心理学専攻：公認心理師（修士課程への進学による）、認定心理士〈鍼灸サイエンス学科〉はり師、きゅう師、トレーニング指導者〈救急救命学科〉救急救命士〈臨床工学科〉臨床工学技士、ME技術実力検定試験（第1・2種）〈医療健康データサイエンス学科〉診療情報管理士、医療情報技師、統計検定〈薬学科〉薬剤師〈看護学科〉看護師、保健師

CAMPUS情報

三重県鈴鹿市に2つのキャンパスがありますが、1年次は全学部全員が白子キャンパスで学びます。広大な敷地内に、医療現場さながらの本格的な実習設備を備えています。大学内にある全ての医療機器は教育専用として設置しています。

学生寮　千代崎キャンパス内にある大学直営の女子学生寮と、29施設の指定学生寮を整備しています。ワンルームタイプの女子学生寮は、テレビ、冷蔵庫、エアコン、インターネット情報コンセントなどを設置。管理人が常住しており、安全で快適な生活を送ることができます。

【交通案内】●千代崎キャンパス／近鉄名古屋線「千代崎駅」から徒歩13分　●白子キャンパス／近鉄名古屋線「白子駅」から三重交通バス5分

卒業後の進路

医療機関、医療関連企業を中心に、好調な就職率を誇っています。就職ガイダンスをはじめ、外部講師による講演、人事担当者による就職活動のアドバイスなどの支援体制を整えています。さらに、一人ひとりに対応した個人指導や就職試験対策講座の実施、出身地へのUターン就職や公務員試験対策など、就職指導スタッフがきめ細かなサポートを行います。また、全国に広がる1万人を超える卒業生のネットワークは、就職活動の際に強い味方となってくれます。

就職率95.3%（2023年3月卒業生）

主な就職先

三重大学医学部附属病院、JA三重厚生連、名古屋大学医学部附属病院、刈谷豊田総合病院、聖隷福祉事業団、大阪国際がんセンター、日本赤十字社和歌山医療センター、三重県職員、ウエルシア薬局、日清医療食品ほか

入試GUIDE (2024年度参考)

①総合型選抜（1～5期）／全学部
　※3期以降は一部学科（専攻）で実施。
②学校推薦型選抜／全学部
③一般選抜（A・B日程）／全学部
④共通テスト利用方式（前期・後期）／全学部

▷ オープンキャンパス ◁

【日程】5月から9月まで月1回開催予定。
　　　詳細は鈴鹿医療科学大学ホームページをご覧ください。
【内容】学校説明、実習施設見学、個別相談会、入試説明会など
【会場】千代崎キャンパス（保健衛生学部・医用工学部）
　　　白子キャンパス（保健衛生学部救急救命学科・薬学部・看護学部）

▷ 鈴鹿医療科学大学附属　桜の森病院で実習 ◁

緩和ケアに特化した「鈴鹿医療科学大学附属　桜の森病院」を白子キャンパス内に設置しました。完全独立型緩和ケア病院は全国で7か所目、東海地区では初めて、さらに大学附属の病院としては全国初となります。学生の実習教育の場としても活用され、最前線でチーム医療を学ぶことで、教育力のレベルアップを図ります。

資料請求方法：巻末ページの「パンフレット一括請求」をご覧ください。

皇學館大学

〒516-8555　三重県伊勢市神田久志本町1704　入試担当　TEL 0596-22-6316（直通）〈HP〉https://www.kogakkan-u.ac.jp

TOPICS

●令和5年4月教育学部に「数理教育コース（中高教員）」を開設

人間教育に力を注ぎ、卒業生は教員、神職、公務員をはじめ幅広い分野で活躍し、高い評価と信頼を得ています。令和5年4月には、教育学部に「数理教育コース（中高教員）」を開設し、中高の数学教員免許が取得可能に。加えて令和7年には中高理科教員免許課程の設置を構想中。

■学科組織・定員

●文学部
神道学科60（神道・宗教文化コース）／国文学科80（国語学・国文学コース、国語教育コース（中高教員）、書道・漢文学コース、図書館司書コース）／国史学科80（国史総合コース、歴史教育コース（中高教員）、歴史文化財コース）／コミュニケーション学科80（英語コミュニケーションコース、英語教育コース（中高教員）、心理学コース、情報コース）

●教育学部
教育学科200（初等教育コース、幼児教育コース、保健体育コース、数理教育コース（中高教員））

●現代日本社会学部
現代日本社会学科120（経営革新コース、地域創生コース、福祉展開コース）

緑豊かで開放感のあるキャンパス

🏫 大学GUIDE

神道学科　神道の学びを通して、日本文化の核心にアプローチ。神職階位（正階・明階）が取得できる、全国でも特色のある学科。学科生の約7割は一般家庭出身です。

国文学科　上代から近現代までの国文学と国語学・漢文学・書道・図書館学などの学びを通して、正確に文献を解釈できる読解力と、就職への強みとなる正しい日本語能力と文章表現力を身につけます。司書資格が取得可。

国史学科　歴史と文化が息づく「伊勢」で、史料に基づいて日本の歴史を学び直すことで、社会で生き抜く力を身につけます。充実したフィールドワークも魅力。

コミュニケーション学科　英語・心理・情報の3つの分野を通して、人との関わりを深く広く学びます。心理学コースでは、認定心理士の資格が取得できます。

教育学科　教員養成の実績をベースに、小学校、中学校、高校、幼稚園の教員、保育士の養成を行っています。令和5年4月から数理教育コース（中高教員）開設。

現代日本社会学科　経営革新・地域創生・福祉展開の3コースを設置。マネジメント力、イノベーション力、リーダーシップなどを身につけ、現代社会の課題を理解し解決に向けた提言ができる人材を育成します。

公務員コンプリート・プログラム ▶

国家公務員・地方公務員をめざす学生を徹底サポートする公務員養成特別プログラム。公務員になるために必要な学びと採用試験対策を現代日本社会学部のカリキュラム（通常授業）に組み込み、「公務員試験対策講義」を展開（他学部学生も履修可能）。

📖 CAMPUS情報

伊勢神宮にほど近い丘陵地帯にキャンパスがあり、豊かな緑と文化風土に包まれています。茶道などの伝統文化を学ぶ場として利用されている記念館、神道に関する資料を収集・展示している神道博物館などの建造物が点在。日本文化の探求に適した学修環境が整っています。

🏃 高い教員採用実績！

卒業生約29,400人のうち約6,800人を教育界に送り出し、全国で卒業生が教壇に立っています（令和5年5月現在）。教員育成プロジェクト「倉志会」（中・高）、「つばさ」（小学校）では、スーパーバイザーによるアドバイスや勉強会を実施し、教員をめざす学生を強力にサポートしています。

希望の就職を実現する『Wスクール』制度を実施！

教員・公務員をめざす学生を積極的に支援するため、採用試験で高い合格実績を持つ専門学校「大原学園」と連携し、採用試験対策をサポート！キャンパス内での『Wスクール』なので、効率良く、通常の受講料よりも安価に学習することが可能。専門講師による講座のほか、希望者には面接練習や個別指導など手厚いサポートも魅力です。

心理系エキスパート・プログラム ▶

文学部コミュニケーション学科では、コミュニケーションの理論や方法などの基礎を広く学んだ上で、「認定心理士」の資格を取得。さらに国家資格の「公認心理師」取得に必要な学部プログラムを用意。心理系分野や産業界など多彩な職場での活躍が期待できます。
※受験資格を得るには、さらに大学院での科目履修もしくは2年以上の実務経験が必要です。

資料請求方法：巻末ページの「パンフレット一括請求」をご覧ください。

聖泉大学

資料請求

	請求ハガキ	巻末ハガキ
料　金	無　料	
完成時期	3月上旬	

〒521-1123　滋賀県彦根市肥田町720　アドミッション室　TEL 0749-43-7511　〈HP〉https://www.seisen.ac.jp/

TOPICS

2024年度から地域枠入試がスタート
　滋賀県内で看護職員（看護師、保健師、助産師）の業務に従事したいという強い意思を持つ者が対象の入学試験です。滋賀県から奨学金（60万円／年。4年間で総額240万円）が貸与され、卒業後に滋賀県内で6年間看護職員の業務に従事した場合、申請により奨学金返還が免除されます。

■学科組織
● **看護学部**　看護学科90

別科　助産専攻（1年制）
大学院　看護学研究科（修士課程）

🏛 大学GUIDE

看護学部 看護学科　確かな看護実践力と豊かな人間性を備えた地域の保健・医療・福祉に貢献できる看護職を養成します。幅広い教養を身につける選択科目を多数開講するとともに、患者とその家族に寄り添う人間力を養うために心理学を必修科目としています。また、災害看護、防災救助などに関する教育を重視し、全員が防災士資格を取得できるカリキュラムが整っています。少人数制のもと担任・チューターを配し、経験豊かな教員が学生一人ひとりに向き合うサポート体制や、地域の医療機関・福祉施設との連携、大学を挙げての国家試験対策によって、毎年100％の就職率を達成しています。

保健師教育課程　2年次終了時に選抜された学生が、保健師教育課程を履修できます。定員は近隣私学の中では恵まれた30人。保健師と看護師、両方の国家試験を受験することができます。

助産師養成課程への進学　学部卒業後に別科助産専攻（修業年限1年・定員10人）に進学すれば、助産師資格もめざすことができます。学部在学中の成績優秀者は学内枠（最大5人）で進学することができます。

🏢 CAMPUS情報

　JR琵琶湖線の稲枝駅からスクールバス利用で約3分（徒歩約15分）。学生専用駐車場も備えており、自家用車での通学ができます。キャンパスには、学生生活を支える多彩な施設・設備が充実しています。

🌐 国際交流

　滋賀県と国際交流協定を締結しているアメリカ・ミシガン州のミシガン大学看護学部との交流も進めており、今後さらに充実させていく予定です。

🏃 卒業後の進路

　1年次から国家試験対策を実施し、学生個々の習熟レベルに応じた丁寧な指導で全員合格を目指します。看護のアセスメント力が求められる近年の国家試験出題傾向に合わせた講義や模擬試験や対策講座の活用により、実力を身につけます。

主な就職先　滋賀医科大学医学部附属病院、京都大学医学部附属病院、滋賀県立精神医療センター、彦根市立病院、市立長浜病院、近江八幡市立総合医療センター、大津赤十字病院、長浜赤十字病院、済生会滋賀県病院、国立循環器病研究センター、保健師（米原市、高島市）など

📝 入試GUIDE

①総合型選抜（オープンキャンパス参加型※・ナース＆サッカーチャレンジ型）　②学校推薦型選抜（公募制A日程※・公募制B日程）　③一般選抜（A日程※・B日程・C日程）　④大学入学共通テスト利用選抜（前期・後期）　⑤社会人選抜　　　※は地域枠入試の募集があります

奨学金制度が充実
● **特別奨学金A（授業料全額免除）**：一般選抜A日程の成績優秀者
● **特別奨学金B（授業料半額免除）**：学校推薦型選抜公募制A日程の成績優秀者
● **成績優秀者特別奨学金（授業料半額免除）**：在学生のうち各学年の学業成績優秀者

オープンキャンパス
〈日程〉3/24(日)、5/19(日)、6/9(日)、7/7(日)、7/21(日)、8/4(日)、
　　　　8/25(日)、9/8(日)、9/29(日)
〈内容〉入試説明、学部紹介、模擬授業、看護体験、個別相談、
　　　　学生スタッフとの交流など

　　　資料請求方法：巻末ページの「パンフレット一括請求」をご覧ください。

長浜バイオ大学

〒526-0829 滋賀県長浜市田村町1266 入試係 TEL 0749-64-8100 〈HP〉https://www.nagahama-i-bio.ac.jp/

資料請求

	請求ハガキ	巻末ハガキ
料　金		無　料
完成時期		5月中旬

TOPICS
- ●最先端のバイオの学びに、時代に対応したデータサイエンスの学びが融合！「創薬」「製薬」「医療」「化学」「食品」「環境」「IT」などの分野で活躍するリーダーの育成をめざします。
- ●語学や一般教養、キャリア教育も充実。アクティブ・ラーニングも取り入れた主体的・能動的な学びで実践力を高めます。

■学部・学科組織

●バイオサイエンス学部

　フロンティアバイオサイエンス学科118（うち臨床検査学コース30）／バイオデータサイエンス学科70／アニマルバイオサイエンス学科50

🏛 バイオを総合的に学ぶ大学

　生物学、農学、理学、薬学、医学など幅広いバイオの領域で、基礎から最先端までの知識と技術を学びます。ビッグデータの解析やデータマイニングなどの情報科学と融合した最先端の生命科学を学ぶことができます。

フロンティアバイオサイエンス学科　幅広いバイオサイエンスの領域とともに、生命情報科学や植物、環境に関わる知識と技術を修得します。食農科学や生命工学系の学びを深め、生命科学分野の最先端を追究します。

フロンティアバイオサイエンス学科　臨床検査学コース　生命の尊厳と倫理観を重視したバイオサイエンス教育を基盤に、医学とともにゲノム解析などのバイオの知識と技術を修得。遺伝子診断や再生医療など、次世代医療を担う医療人・臨床検査技師を育成します。

バイオデータサイエンス学科　統計解析や人工知能などのデータサイエンス的手法を駆使し、生命科学分野のビッグデータを基に生命現象を探求します。医薬品、医用機器、臨床分析、化学などの生命科学分野や流通、情報通信など幅広い分野で活躍する人材を育成します。

アニマルバイオサイエンス学科　動物個体の生命現象を理解するための知識と技術を修得。データサイエンスとともに、動物科学と食品衛生、生物多様性、実験動物分野の理解を深め、動物の営みとその機能を探求します。

💡 実験・実習

　1年次から専門性の高い実験に取り組み、3年次修了までに900時間（アニマルバイオサイエンス学科は850時間）もの実験時間を確保。専門領域ごとに実験の専任教員と助手を配置し、個別にきめ細かい指導を行うなど、学生の意欲的な学びに対するサポート体制も万全です。

🏃 卒業後の進路

　専門性の高い人材を育成するカリキュラムと各学科の学びを生かして、医薬品、食品、化学、環境、IT分野に就職する割合が高いのが特徴です。また、就職内定者の約9割が、内定先企業に満足と回答しています。

主な就職先　京都府立医科大学附属病院、市立長浜病院、京都微生物研究所、アース製薬、タキイ種苗、キンシ正宗、山崎製パン、タカラバイオ、ムラタシステムなど

大学院進学状況　長浜バイオ大学大学院をはじめ、京都大学、大阪大学、神戸大学など国公立大学の大学院へ多数の学生が進学しています。2023年3月卒業生は約3割が大学院へ進学しました。

📋 入試GUIDE

①学校推薦型選抜（指定校／公募制／地域特別枠）　②総合型選抜（オープンキャンパス参加型／オンライン模擬授業型／模擬授業参加型／多面評価型／専門・総合学科枠）　③一般選抜（前期／後期）④大学入学共通テスト利用入試（前期／後期）

取得可能な資格

危険物取扱者甲種、作業環境測定士第1種・第2種、毒物劇物取扱責任者、環境計量士、ITパスポート、情報処理技術者、臨床検査技師国家試験受験資格（臨床検査学コース）
〈アニマルバイオサイエンス学科のみ〉実験動物技術者1級2級、ペット栄養管理士、食品衛生管理者、食品衛生監視員任用資格

奨学金制度

長浜バイオ大学独自の奨学金制度が充実しています。
【特待生制度】指定の入試合格者で大学が定める得点率以上の合格者を対象に、国公立大学並みの学費を4年間保証する制度です。人数の上限はなく、継続のための審査もありません。詳細は大学ホームページの受験生応援サイトをご覧ください。

資料請求方法：巻末ページの「パンフレット一括請求」をご覧ください。

びわこ学院大学

〒527-8533　滋賀県東近江市布施町29　入学センター　TEL 0748-35-0006(直)　〈HP〉https://www.biwakogakuin.ac.jp

TOPICS
魅力あるカリキュラムでさまざまなニーズに応える
● 2025年4月から教育福祉学部を2学科7コースにリニューアル！
● カリキュラムを改編し、免許・資格の組み合わせがさらに充実！
● コース選択が2年生の春なので、じっくり選べて安心！

■学部・学科組織
●教育福祉学部
　子ども学科80／スポーツ教育学科40
●短期大学部（2年制）
　ライフデザイン学科80（児童学コース30、健康福祉コース30、キャリアデザインコース20）

🏛 大学GUIDE

教育福祉学部をリニューアル

　教育福祉学部では、教育と福祉の両方をバランスよく学び、教育、保育、スポーツの専門職を養成してきました。2025年からは、専門職以外の道をめざす学生のニーズにも応えられるよう、カリキュラムを大きく改編し、2学科7コースにリニューアルします。コース選択は受験時ではなく、2年生の春に希望に応じて行いますので、慌てて決める必要もなく安心です。

教育福祉学部子ども学科の4コース

【小学校教諭コース】小学校教員を養成します。
【幼児教育コース】幼稚園教諭・保育士を養成します。
【学校保健コース】養護教諭を養成します。
【総合マネジメントコース】公務員や一般企業など、教育現場以外でも活躍できる人材を育成します。

教育福祉学部スポーツ教育学科の3コース

【体育教育コース】中高の保健体育教員を養成します。
【特別支援教育コース】特別支援学校教諭を養成します。
【スポーツマネジメントコース】スポーツ関連企業や公務員など幅広い職場で活躍できる人材を育成します。

🏃 卒業後の進路

　独自の就職支援プログラム「びわ学キャリア塾」は、小学校教諭、養護教諭をめざす学生の教員採用試験対策を主に行う「教師塾」と、幼稚園教諭・保育士をめざす学生の公務員試験対策や就職対策を行う「福祉塾」、公務員や一般企業就職など専門職以外の就職支援を強化するために立ち上げた「仕事塾」で構成されます。それぞれの塾に担当教員が配置され、教員とキャリア支援センターが連携しながら学生をバックアップ。1年生から受講できる「基礎学力養成講座」や、本番を見据えた模擬面接を行う「採用対策直前講座」など充実した支援プログラムと、少人数制だからできるきめ細かな支援により、毎年高い就職率を実現しています。

【主な就職先】公立学校（小学校教諭・養護教諭・中学校教諭〈保健体育〉・特別支援学校教諭）、公立・私立幼稚園・保育所・こども園、公務員（警察官・消防士）、大阪府スポーツ協会、紀陽銀行、JR西日本、メガスポーツ、ヒマラヤほか

取得免許・資格（＊は受験資格）

　コースの枠を越えて、複数の免許資格を取得することが可能です。複数の免許・資格の取得には一定のルールがあります。詳細は大学Webサイトで確認してください。
【子ども学科】小学校教諭1種、養護教諭1種、幼稚園教諭1種、保育士、特別支援学校教諭1種（知・肢・病）、中学校教諭2種（保健体育）【スポーツ教育学科】中学校・高等学校教諭1種（保健体育）、特別支援学校教諭1種（知・肢・病）、小学校教諭2種、健康運動実践指導者＊、公認スポーツ施設管理士、公認スポーツ指導者基礎資格【共通】ファイナンシャル・プランナー、証券外務員、准学校心理士、社会福祉主事（任用）ほか

📝 入試GUIDE（2025年度予定）

①総合型選抜（AO／自己推薦／スポーツ評価）
②学校推薦型選抜（公募推薦／指定校推薦／系列校推薦）
③一般選抜（前期・後期）
④大学入学共通テスト利用選抜（A・B・C日程）

奨学生制度

　学費が原則4年間半額免除となる「特別奨学生制度」は、大学入学共通テストのスコアのみで選考する「共テチャレンジ」と、一般選抜の成績のみを選考する「一般チャレンジ」があります。在学生対象の奨励金などもありますので、詳しくは大学Webサイトをご確認ください。

OPEN CAMPUS 2024

〈日程〉3/17(日)、4/21(日)、5/26(日)、6/16(日)、7/21(日)、8/3(土)、8/18(日)、10/20(日)、12/8(日)、2025/3/23(日)
　　　　※事前予約制、高校生全学年・保護者対象
〈内容〉大学・短大総合説明、学科別説明、体験授業、AO事前説明、キャンパスツアー、入試対策講座、入試説明、保護者向け説明、個別相談など

AO説明会＆入試相談会

〈日程〉9/16(祝・月)、11/3(祝・日)　11/3は大学祭同時開催

※詳細は必ず大学Webサイトをご確認ください。

資料請求方法：巻末ページの「パンフレット一括請求」をご覧ください。

びわこ成蹊スポーツ大学

資料請求

	請求ハガキ	巻末ハガキ
料　金		無　料
完成時期		5月下旬

〒520-0503　滋賀県大津市北比良1204　入試課　TEL 077-596-8425　〈HP〉https://biwako-seikei.jp

TOPICS
・2023年度教員採用試験に14人が現役合格！
・「スポーツ×AI・データサイエンス教育」プログラムを全学生対象に実施！
・社会の変化に合わせたカリキュラムが新たにスタート！

■学科組織
●スポーツ学部　スポーツ学科360

🏛 大学GUIDE

スポーツ学部　スポーツ学科

●**日本初の「スポーツ大学」**
　誰でもどこでも気軽に楽しむことができ、国際的にも通用する「スポーツ」という概念を学びの柱として2003年に日本初の「スポーツ大学」として開学。スポーツ大学ならではの学びが充実しています。

●**人間力を育む**
　教育学、心理学、医学、マーケティングなど、個人のパフォーマンスやチーム・組織戦術に関することからスポーツ環境や社会とのつながりまで、スポーツ大学ならではの多様な学問領域で学びを深めます。びわこ成蹊スポーツ大学での学びを通して、仲間との絆を大切にし、誠実で思いやりのある「人間力」にあふれた人材をめざしましょう。

●**スポーツ×AI・データサイエンス教育**
　数理・AI・データサイエンスのリテラシーを高めるため、全学生を対象にしたプログラムがスタート。競技力向上を目的としたフィジカルデータや動作、プロスポーツチームとの連携によるゲーム分析や観戦者動向調査などからスポーツの新たな価値に触れるプログラムを展開しています。

●**プロスポーツチームとの連携を生かした現場からの学び**
　Bリーグの滋賀レイクス、Jリーグのセレッソ大阪、Vリーグの久光スプリングスと協定を締結。競技力を高める機会を創出するとともに、プロスポーツチームの運営サポートに参加し、スポーツ現場の仕事を体験するなど、学生の可能性を広げるための連携を積極的に行っています。

🏃 卒業後の進路

　教員や専任スタッフが協働して、一人ひとりに合わせたキャリアサポートを行うことで、100％に近い就職率を維持。教員、公務員、スポーツ系企業等へ就職するという夢を実現しています。

主な就職実績（2023年３月卒業生実績）

【教育業界】滋賀県教育委員会、京都府教育委員会、大阪府教育委員会など
【公務員】名古屋市消防局、滋賀県警察本部、京丹後市役所、京都府警察本部など
【スポーツ関連企業】モンベル、石井スポーツ、ヒマラヤ、リーフラス、ヴィッセル神戸、滋賀レイクスターズなど
【一般企業】滋賀銀行、リゾートトラスト、積水ハウスリフォーム、サンスター技研、センコー、平和堂など

📝 入試GUIDE （前年度参考）

①総合型選抜入試／A・B・C日程
②学校推薦型選抜入試（指定校）
③学校推薦型選抜入試（スポーツ）
④学校推薦型選抜入試（公募）
⑤一般選抜入試／A・B・C・D日程
⑥大学入学共通テスト利用選抜入試／A・B・C・D日程
⑦社会人入試
⑧外国人留学生入試

資格
●取得できる資格　中学校・高等学校教諭一種免許状【保健体育】、初・中級障がい者スポーツ指導員、レクリエーション・インストラクター、スポーツ指導基礎資格（スポーツリーダー）など
●協定大学等の「科目等履修生」として所定の単位を修得することにより取得できるもの　小学校教諭二種免許状、特別支援学校教諭免許状、幼稚園教諭二種免許状など
●受験資格が得られるもの　健康運動指導士、アスレティックトレーナー、アシスタントマネジャー など

オープンキャンパス
○対面でのオープンキャンパスやオンライン（Web）オープンキャンパスなどを計画中！
　日程等詳細が決まり次第、大学ホームページでお知らせしますので、ご確認ください。
○個別の相談会は平日毎日開催中です！ぜひご参加ください。

資料請求方法：巻末ページの「パンフレット一括請求」をご覧ください。

京都産業大学

資料請求

	請求ハガキ	巻末ハガキ
料　金		無　料
完成時期		4月中旬

〒603-8555　京都市北区上賀茂本山　入学センター　TEL 075-705-1437　〈Webサイト〉https://www.kyoto-su.ac.jp/admissions/

TOPICS
- ●文系・理系10学部18学科が集う日本最大規模の一拠点総合大学！
- ●文理融合の学びが知的好奇心を刺激する！

■学部・学科および募集人員(2024年度)

- ●経済学部　経済学科625
- ●経営学部　マネジメント学科670
- ●法学部　法律学科410／法政策学科185
- ●現代社会学部
  　現代社会学科300／健康スポーツ社会学科150
- ●国際関係学部　国際関係学科200
- ●外国語学部
  　英語学科120(英語専攻、イングリッシュ・キャリア専攻)／ヨーロッパ言語学科175(ドイツ語専攻、フランス語専攻、スペイン語専攻、イタリア語専攻、ロシア語専攻、メディア・コミュニケーション専攻)／アジア言語学科130(中国語専攻、韓国語専攻、インドネシア語専攻、日本語・コミュニケーション専攻)
- ●文化学部　京都文化学科150／国際文化学科170
- ●理学部
  　数理科学科55／物理科学科40／宇宙物理・気象学科40
- ●情報理工学部　情報理工学科160
- ●生命科学部　先端生命科学科100／産業生命科学科50

🏛 大学GUIDE

　京都産業大学は、文系・理系合わせて10学部18学科、約15,000人がひとつのキャンパスで学ぶ一拠点総合大学です。この利点を生かし、実社会で生きる高度な専門知識とスキルを養うとともに、学部を越えた知の交流により総合的かつ柔軟な学びを展開しています。

　京都産業大学で学ぶ醍醐味ともいえるのが、教養が身に付く「共通教育科目」。ワンキャンパスの特長を生かし、学生が自らの専門分野を深く学ぶだけではなく、バランスのとれた世界観と幅広い教養を身に付けていくため、「人文科学」「社会科学」「自然科学」「総合」の４領域に多彩な科目を開講。広い視野を養う「人間科学教育科目」や10言語から選択可能な「外国語教育科目」など、興味・関心を駆り立てるカリキュラムを展開しています。

🏃 卒業後の進路

　進路・就職支援センターでは、学生と企業のベストマッチングを図り、学生一人ひとりの進路選択を丁寧にサポートすることで、就職率は97.7%（就職希望者数2,857人／就職者数2,791人／2022年度卒業生実績）と高い実績を維持しています。

主な就職先(2022年度)

伊藤園、京セラ、三菱重工業、村田製作所、大塚製薬、東芝、TOPPAN、任天堂、明治、JR西日本、関西電力、サイバーエージェント、産業経済新聞社、日立システムズ、富士通Japan、京都銀行、日本年金機構、大阪府教育委員会、京都府庁、警視庁、国家公務員一般職(厚生労働省・国土交通省・法務省)、国税専門官など

📄 入試GUIDE (前年度参考)

①総合型選抜(AO入試・マネジメント力選抜入試*1・次世代型リーダー選抜入試*2)
　　＊1 経営学部　＊2 現代社会学部
②公募推薦入試
③一般選抜入試［前期日程］［中期日程］［後期日程］
④共通テスト利用入試［前期］［後期］
⑤その他(専門学科等対象公募推薦入試、帰国生徒入試、外国人留学生入試、社会人入試、編・転入試など)

オープンキャンパス情報

【開催日】3/23(土)、6/9(日)、7/21(日)、8/3(土)・4(日)、9/15(日)
【内　容】大学紹介・入試説明、学部プログラム、キャンパスツアー、個別相談、学生スタッフ企画などを実施予定
※京都産業大学入試情報サイトにて最新情報をご確認のうえ、ご参加ください。

資料請求方法：巻末ページの「パンフレット一括請求」をご覧ください。

近畿

京都女子大学

〒605-8501　京都市東山区今熊野北日吉町35　入試広報課　TEL 075-531-7054　〈HP〉https://www.kyoto-wu.ac.jp 〈E-mail〉nyuushi@kyoto-wu.ac.jp

資料請求		
	請求ハガキ	巻末ハガキ
料　金		無　料
完成時期		6月上旬

TOPICS

●2024年4月、発達教育学部を改組、心理共生学部を開設
●2024年4月、英文学科から英語文化コミュニケーション学科に名称変更
●2024年、新校舎が完成予定

E校舎

🏫 大学GUIDE

2020年に大学創基100周年を迎えた歴史と伝統ある女子大学です。2023年4月にデータサイエンス学部を開設し、2024年4月には発達教育学部を改組して心理共生学部を開設する等、歴史と伝統を大切にしながらも、時代の要請に応えるべく、新たな挑戦を続けています。

国文学科　国文学と国語の確かな知識を身につけ、日本語と日本文学、日本文化の魅力を次代に伝え、世界に発信する力を養成します。

英語文化コミュニケーション学科　英語の4技能を鍛え、英語圏の言語や文化、文学を幅広く学び、2年次後期には学科独自の半期留学プログラムを設置。世界で活躍できる人材を育成します。

史学科　2年次で日本史・東洋史・西洋史のコースを選択。コースを超えた学びも可能です。体系的かつ実証的な学びで歴史学の素養を将来に生かす力を修得します。

教育学科　複雑化し将来の予測が困難な現代において、これまで多くの教員、保育士を養成してきた「教育学専攻」「音楽教育学専攻」「児童学科」を統合し、新しい「発達教育学部教育学科」として1学部1学科に改組。3つの学科・専攻の教育力を結集することで1学科のなかで、複数の免許・資格を組み合わせて取得することが

■学科組織（2024年度）

●文学部
国文学科130／英語文化コミュニケーション学科125／史学科130（日本史・東洋史・西洋史）

●発達教育学部　教育学科195

●心理共生学部　心理共生学科155

●家政学部
食物栄養学科120／生活造形学科120（造形意匠〈デザイン〉・アパレル造形・空間造形）

●現代社会学部　現代社会学科250

●法学部　法学科120

●データサイエンス学部　データサイエンス学科95

可能に。さらに、7つのプログラムを新設。免許・資格とプログラムを自由に組み合わせることで、将来を見据えた自分らしい多様な学びを提供し、子どもから大人まで人間の成長に寄り添える人材育成に取り組みます。

心理共生学科　発達教育学部に設置されていた「心理学科」と「養護・福祉教育学専攻」を統合し、「心理共生学部心理共生学科」を開設。「心理」「社会福祉」「養護・保健」の3つの専門領域で対人援助を通じて、心と身体、生き方や働き方まで、個々の抱える悩みや課題を支援し、経済的な豊かさだけでない一人ひとりの「ウェルビーイング」実現を担う現場の課題解決力を備えたスペシャリストを養成。誰もが自分らしく生き生きとした人生を送ることができる共生社会への貢献をめざします。

食物栄養学科　食と健康の専門知識を学び、管理栄養士の資格取得をめざします。3年次から進路別に「臨床栄養」、「研究開発」、「健康教育」に分かれます。

生活造形学科　造形意匠（デザイン）、アパレル造形、空間造形の3分野から自分の興味に合わせて学びを自由にカスタマイズし、デザイン活動の実践力を修得します。

現代社会学科　1年次ではさまざまなアプローチ科目

DATA・FILE ▶

○教員数……189（教授125　准教授48　講師12　助教4）
○学生数……学　部　6,016
　　　　　　　大学院　　70
○蔵書数……約86万冊
○寮生数……362　　　　　　　　　　　　（2023年度）

充実した奨学金制度で、学ぶ意欲をサポート ▶

当該学期の授業料相当額、または一律金額（30万円、20万円、10万円、5万円）を給付する制度などがあります。そのほか、日本学生支援機構奨学金、各都道府県や民間団体等の奨学金も取り扱っています。

やスキル科目を自由に組み合わせ、現代社会の幅広い分野について学びます。2年次以降は、現代社会にかかわる5つのコース、政治・国際関係コース、経済・ビジネスコース、文化・心理コース、家族・地域コース、環境・公共コースから個々の興味・関心に応じて主体的に専門的な学びの方向性を選択し、知識を深めます。

法学科 女子大初かつ唯一の法学部で、少人数演習や自ら課題を設定し、主体的に学ぶ卒業研究を通して、問題発見能力や問題解決能力を養う細やかな教育が行われています。女性の視点を生かした「女性のための法学科目」を開講したり、「実務法学科目」では各種資格の取得や公務員試験の合格をめざします。

データサイエンス学科 データサイエンスの基盤となる統計学、情報学を体系的に学ぶとともに、社会の課題を洞察し、解決に向けてデータサイエンスを応用するため、経済学・経営学・社会学の知見を身につけます。

副専攻プログラム 2019年4月より、学科の専門領域以外の特定の分野の科目を体系的に配置した副専攻プログラムを設置。各プログラムは、学部・学科で身につけた専門知識や社会に生かす能力開発を通して、社会の各分野で自分らしく活躍する人材を育成します。

充実のサポート体制 1年次より演習科目を設置し、少人数教育を実施します。入学直後からスキルアップを応援する「キャリア開発センター」や、教員をめざす学生を支援する「教職支援センター」による総合的なサポートで、未来を切り開く力を身につけることができます。

CAMPUS情報

キャンパスは、古都・京都の中でも、とくに四季折々の自然の美しさで知られる東山にあります。また、この東山一帯は中世の歴史や文化の舞台となったところでもあり、清水寺、三十三間堂、京都国立博物館など、付近には世界的に著名な名所旧跡が数多くあります。

留学・国際交流

57校（15の国・地域）の海外協定校と提携し、希望する国・地域や期間、目的に合わせて、さまざまな留学、語学研修プログラムがあります。生きた言語と異文化に触れ、視野を広げる機会を積極的に活用してください。

卒業後の進路 （2023年3月卒業生）

主な就職先 日本生命保険、JALスカイ大阪、りそな銀行、島津製作所、国家公務員専門職、TOPPAN、日本ハム、積水ハウス、関西電力、日本年金機構、任天堂、コニカミノルタジャパン、独立行政法人国立病院機構、村田製作所、京セラ、ローム 他

入試GUIDE （前年度参考）

①総合型選抜〈専願制〉
②公募型学校推薦選抜〈学校推薦方式・併願制〉
③一般選抜前期（A・B・C・D方式）
④一般選抜後期
⑤大学入学共通テスト利用型選抜（前期・後期）
※併願による検定料割引制度があります。

資 格	さまざまな資格取得を応援するカリキュラム編成。未来の夢が広がります。 ※2024年度入学者対象

学部・学科		取 得 資 格
文学部	国文学科	中学校・高校教諭1種（国語）、博物館学芸員、図書館司書、学校図書館司書教諭
	英語文化コミュニケーション学科	中学校・高校教諭1種（外国語［英語］）、図書館司書、学校図書館司書教諭
	史学科	中学校教諭1種（社会）、高校教諭1種（地理歴史）、博物館学芸員、図書館司書、学校図書館司書教諭
発達教育学部	教育学科	小学校・幼稚園・特別支援学校教諭1種、中学校・高校教諭1種（音楽）、保育士、社会教育士（称号）、社会教育主事（任用）、図書館司書、学校図書館司書教諭
心理共生学部	心理共生学科	認定心理士、認定心理士（心理調査）、養護教諭1種、中学校・高校教諭1種（保健）、社会福祉主事（任用）、※公認心理師（大学院進学または㊙）、※社会福祉士、※スクールソーシャルワーカー、図書館司書、学校図書館司書教諭
家政学部	食物栄養学科	中学校・高校教諭1種（家庭）、栄養教諭1種、栄養士、※管理栄養士、食品衛生管理者（任用）、食品衛生監視員（任用）、図書館司書、学校図書館司書教諭
	生活造形学科	中学校・高校教諭1種（家庭）、博物館学芸員、図書館司書、学校図書館司書教諭、衣料管理士1級、※インテリア設計士、※二級建築士、※木造建築士、商業施設士補、※認定人間工学準専門家、繊維製品品質管理士（TES）（推奨資格）
現代社会学部	現代社会学科	中学校教諭1種（社会）、高校教諭1種（公民）、博物館学芸員、図書館司書、学校図書館司書教諭、社会調査士
法学部	法学科	中学校教諭1種（社会）、高校教諭1種（公民）、図書館司書、学校図書館司書教諭
データサイエンス学部	データサイエンス学科	中学校教諭1種（数学）、高校教諭1種（数学）（情報）、図書館司書、学校図書館司書教諭

※印は受験資格が得られるものです（㊙印は実務経験を要する受験資格）。

資料請求方法：巻末ページの「パンフレット一括請求」をご覧ください。

京都橘大学

資料請求

	請求ハガキ	巻末ハガキ
料　金		無　料
完成時期		4月上旬

〒607-8175　京都市山科区大宅山田町34　入学課　TEL 075-574-4116(直)　〈HP〉https://www.tachibana-u.ac.jp/admission/

🏛 文理多彩な一拠点総合大学

　京都橘大学は、国際から人文、教育・社会・工学・医療系まで幅広い分野の学びが1つのキャンパスに集う総合大学です。時代の変化にあわせて、学ぶ環境や内容を常にアップデート。2025年4月には、文学部と経営学部を改組しさらに発展します。

　一拠点だからこそ実現できる文系・理系の垣根を越えた豊かな学びを展開し、多くの仲間と出会い、新時代に対応できる多様な力を養います。また、国際文化都市・京都を舞台にした実践的な学びから、専門分野を究めるだけでなく、キャリアにつながる確かな力を育みます。

国際英語学部　国際英語学科　全員参加の1年間の留学と進路に合わせた専門学習で英語運用能力を磨き、国際社会で活躍する力を育みます。留学は語学学習にとどまらない「未来直結型」。帰国後は「グローバルビジネス」「グローバルツーリズム」「国際教養」の3コースを英語で履修し、留学で培った英語力をより伸長させます。

文学部　日本語日本文学科　日本のことばや文学、文化を学び、社会で表現できる力を養います。幅広い時代の作家や作品と日本語を研究する「日本語日本文学コース」、レベルの高い教育で書の本質に迫る「書道コース」に加え、日本の伝統文化やアニメなどのサブカルチャーを理解する「国際日本文化コース」を新設します。

歴史学科　研究方法と史料読解力を養い、最先端の歴史研究に取り組みます。歴史学のエキスパートのもとで情報分析力や論理的思考力を養う「日本史コース」と、ヨーロッパやアジアなど広い地域・時代から現代社会の本質に迫る「世界史コース」を設置。さらに深く学べる「女性史」などの特別専攻を設置しています。

歴史遺産学科　歴史遺産の伝えられてきた背景を理解し、正しく後世に伝える知識や保護方法を、本物に触れ

■学部・学科組織・定員（2025年度予定）

- **国際英語学部**　国際英語学科120
- **文学部**
  日本語日本文学科85（95）＊／歴史学科100／歴史遺産学科55
- **発達教育学部**　児童教育学科140
- **総合心理学部**　総合心理学科90
- **経済学部**　経済学科240
- **経営学部**　経営学科260（経営学専攻210、スポーツ経営学専攻50）
- **工学部**　情報工学科130／建築デザイン学科80
- **看護学部**　看護学科95
- **健康科学部**
  理学療法学科66／作業療法学科40／救急救命学科50／臨床検査学科80

＊2025年4月入学定員増計画中。入学定員の（　）内の数字は入学定員増後の人数を示します。計画内容は予定であり、変更することがあります。

ながら学びます。世界中の歴史遺産を活用する知識と技術を養う「歴史遺産コース」、発掘調査や遺跡の測量などを実践的に学ぶ「考古学コース」、絵画・彫刻・古文書などの歴史を読み解く「美術工芸史コース」を設置。

発達教育学部　児童教育学科　これからの教育現場を支える知識とコミュニケーション能力、豊かで深い人間性を備えた教員・保育士を育てます。進路目標に応じた「児童教育コース」「幼児教育コース」を設置。早期から地域と連携したフィールドワークで、教育・保育現場の多様な仕事を体験し、高い実践力と対応力を養います。

総合心理学部　総合心理学科　データサイエンスや他分野の知識を総合的に学び、すべての人が幸せになれる豊かな社会を創造できる人材を育成します。「臨床心理学」「社会・産業心理学」「発達・教育心理学」「行動・脳科学」「健康・福祉心理学」の5領域を設置。PBLや社会連携など、実践重視の学びの機会が充実しています。

経済学部　経済学科　医療や食、観光や文化など、幅広く経済・社会を学びます。総合心理学部・経営学部・工学部との学部を越えた学びや、企業・行政との協働、情報技術の修得から、社会の課題を発見・解決する力を

サブカルチャー分野の学びが充実！

　2025年4月、日本語日本文学科が進化。日本語日本文学コースにあった領域を発展させ、「国際日本文化コース」を設置します。伝統文化だけでなく、世界で注目を集める日本のサブカルチャーについて学べる科目がさらに充実。デジタルメディアやマンガ・アニメなどの制作・表現のための技術を磨けるほか、アニメ原作者やゲームシナリオライターなどによる講義も設ける予定です。

スポーツ経営戦略を学び、課題解決に役立てる！

　2025年4月、経営学部が1学科体制から2専攻制へ改組。これまでの学びは主に「経営学専攻」へ引き継がれ、新たに設置される「スポーツ経営学専攻」では、スポーツ・ビジネス系の科目を大幅に増加させて、スポーツの視点から考える実践的な経営学に取り組みます。京都・滋賀エリアを中心にスポーツ関連企業や団体、プロスポーツチームなどと連携した学外授業も導入予定です。

培います。「金融・産業」「地域・国際」「公共経済・政策」「医療・社会保障」「観光・文化」の5コースを設置。

経営学部 **経営学科** サステナブルな社会実現のため、情報技術と経営学の知恵を組み合わせ、社会を変革する力を磨きます。経営学科1学科体制から「経営学専攻」「スポーツ経営学専攻」の2専攻制に改組。インターンシップやPBL科目など企業と関わりながら実践的に学び、社会で求められるスキルを培います。

工学部 **情報工学科** 最先端の情報技術の知識・技能をいかして、さまざまな分野の人と交わり、社会に貢献できる力を養います。情報工学の基礎スキルを身につけ、「ソフトウェアデザイン」「ネットワークデザイン」「IoTシステム」「メディアデザイン」「データサイエンス」の5コースで、より高度な専門スキルを修得します。

建築デザイン学科 行政との協働で地域課題に取り組むなど実社会の建築に関わっていきながら、人々の生活スタイルとともに変化する建築の潜在的な問題を発見し、解決していく力を身につけます。「建築デザイン」「インテリアデザイン」「環境デザイン」の3領域で、これからの建築を考え、デザインできる人を育てます。

看護学部 **看護学科** 知性や感性、倫理観を養い、看護の本質を追求し、「人によりそう看護」を創造的に実践できる看護職者を養成します。多様な施設での実習に加え、国際看護や災害看護など専門領域の学習も充実。看護師・保健師・助産師の国家試験受験資格や、養護教諭一種免許状を取得できる科目・課程を設置しています。

健康科学部 **理学療法学科** 科学的な視点と豊かな教養を身につけ、心身両面を支援できる理学療法士を養成します。高齢者の健康づくりに貢献する「ヘルスプロモーションコース」、スポーツ中のケガや運動器疾患を学ぶ「スポーツ・運動器障害コース」、深い知識で身体機能の回復をサポートする「脳・神経障害コース」を設置。

作業療法学科 身体や精神に障がいのある人と向き合い、作業を通して心身機能の回復を図り、自分らしい生活や社会復帰を支援する作業療法士を養成します。「地域の医療と福祉コース」「こころと子どもの支援コース」で専門的に学び、チーム医療や在宅ケアの現場で専門職と連携しながら専門性を発揮できる力を育みます。

救急救命学科 幅広い医学知識や高度な救命技術、判断力や問題解決力を身につけたハイレベルな救急救命士を養成します。最新機器を使った学内実習をはじめ、救命救急センターや消防署など最前線の救急医療施設における臨地実習を展開します。実践的に学び、あらゆる現場で即応できる高い実践力を身につけます。

臨床検査学科 病院から企業、在宅医療まで現代医療に不可欠な検査に関わる知識と技術を身につけます。また、医療現場で進められている「チーム医療」に貢献できるコミュニケーション能力や姿勢、高い倫理観を養成します。臨床検査技師の上位の専門資格である「細胞検査士」になるためのコースも開講しています。

京都橘大学

 海外留学・海外研修

北米、イギリス、オセアニア、アジアなど、12カ国・地域の41大学と提携し、レベルや目的にあわせた多彩なプログラムを設けています。長期留学制度をはじめ海外インターンシップや語学研修、学科やコースが主催する海外研修など、世界の多様な文化に触れることで国際感覚を磨き、視野を広げることができます。

実績が証明する確かな教育力

圧倒的な国家試験合格率を誇る （2023年3月卒業生）
高度な国家資格をはじめ、キャリアアップに役立つ資格・免許が取得でき、スペシャリストの育成にも力を入れています。国家試験合格率は毎年高い実績を誇り、この数字が充実の資格取得サポート体制を証明しています。

★看護師 98.8% ★保健師 100% ★助産師 100%
★理学療法士 98.3% ★作業療法士 97.1%
★救急救命士 100% ★臨床検査技師 93.0%

 取得できる資格・免許

看護師、保健師、助産師、理学療法士、作業療法士、救急救命士、臨床検査技師、一級建築士、二級建築士・木造建築士、診療情報管理士、認定心理士、保育士、幼稚園・小学校・中学校・高等学校教諭一種免許状、養護教諭一種免許状、司書、司書教諭、博物館学芸員　ほか
※取得できる資格・免許は学科・コースにより異なります。また、国家試験等の受験資格を含みます。

オープンキャンパス ★最新情報は入試サイトでチェック！
大学紹介や入試説明会、学科ガイダンス＆ミニ講義、個別相談のほか、入試対策特別企画など盛りだくさんの企画で実施します。
日程　3月17日(日)、6月9日(日)、7月21日(日)
　　　8月3日(土)、8月4日(日)、8月25日(日)

入試対策講座
日程　9月29日(日)、12月22日(日)

資料請求方法：巻末ページの「パンフレット一括請求」をご覧ください。

近畿

京都文教大学

資料請求		
	請求ハガキ	巻末ハガキ
料　金		無　料
完成時期		3月下旬

〒611-0041　京都府宇治市槇島町千足80　入試広報課　TEL 0774-25-2488　〈HP〉https://www.kbu.ac.jp

TOPICS

「出会えてよかった！」がここにある。4学科11コースでぴったりの学びを発見！
　総合社会学部「実践社会学科」、こども教育学部の「小中英語教育コース」が2024年4月からスタート。新しい学び・新しい夢に挑戦できる環境がさらに広がりました。地域の人々と連携して地域を元気にする「地域連携学生プロジェクト」や医療・福祉、教育・保育の「現場」で学べる授業も充実。学生と教員の距離が近く、何でも相談できるアットホームな環境も魅力です。

🏛 大学GUIDE

総合社会学部／総合社会学科

　経済学、法学、政治学、人間のこころや文化、地域創造学まで幅広い分野を学べる4つのコースを設置。

●公務員コース(NEW)　2025年4月より、公務員をめざす人にぴったりのコースを新設！　政府や企業などの行動に必要な「政策」の立案・実行のあり方について学びます。

●経済・経営コース　社会を動かす「企業」「お金」「組織」「仕事」について学び、新しいビジネスを立ち上げる「起業家精神」を育成します。

●メディア・社会心理コース　暮らしや社会、文化と人々の「こころ」の関わりを追究。コミュニケーションや消費者心理、流行などについて学びます。

●観光・地域デザインコース　観光学と地域デザインを実践的に学び、観光分野やまちづくり、行政などで活躍できる力を磨きます。

総合社会学部／実践社会学科(NEW)

　地域社会での価値創造に挑む「プロジェクト型学習」に低年次から取り組みます。本気のプロジェクトを経験し、社会で通用する力を身につけたい人にぴったりです。

臨床心理学部／臨床心理学科

　箱庭療法、夢分析、カウンセリングなど心理療法や支援技術を体験して学べるほか、医療・福祉、教育、司法など心理の専門職が働く機関を見学する実習もあります。

●深層心理コース　夢、物語、イメージなどを通して深層心理を学びます。文学、アニメ、映画などを通して心の表現を学びます。

●子ども・青年心理コース　乳幼児期から青年期のこころの発達を学びます。子育て支援やスクールカウンセリングなどの現場について学ぶ機会もあります。

●医療・福祉心理コース　医療領域でいかせる心理学的支援方法や、福祉領域でいかせる福祉的支援方法を学びます。

●ビジネス・経営心理コース　ビジネスや経営の世界で心理学の視点をいかし、ストレス管理、人材育成、組織開発に取り組む人材を育てます。

こども教育学部／こども教育学科

　めざす目標に応じて専門知識を学べる3コース。1年次から4年間を通して教育や保育の現場で学べる機会が充実しています。

●小学校教育コース　子どもの心を深く理解して教育を実践できる小学校教員を養成します。教育支援や子育て支援などに携わり、教育の現場で実践的に学ぶ機会も豊富に設けています。

●小中英語教育コース(NEW)　小学校の教員免許に加え、中学校・高校の英語科教員の免許も取得してより高度な教育ができる教員を養成する新しいコースです。

●幼児教育コース　幼稚園教諭一種免許状、保育士資格を取得できます。子どもと保護者の気持ちを理解し、子どもの成長をサポートできる保育者を育成します。

■学部・学科組織

●総合社会学部
　総合社会学科(公務員コース(New)、経済・経営コース、メディア・社会心理コース、観光・地域デザインコース)
　実践社会学科(New)

●臨床心理学部
　臨床心理学科(深層心理コース、子ども・青年心理コース、医療・福祉心理コース、ビジネス・経営心理コース)

●こども教育学部
　こども教育学科(小学校教育コース、小中英語教育コース(New)、幼児教育コース)

DATA・FILE ▶

○教員数……71(教授34　准教授17　専任講師15　助教5)
○学生数……学部1,925(男950　女975)
○キャンパス面積……約80,629㎡
○蔵書数……195,943冊
(2023年5月現在)

大学院 ▶

臨床心理学研究科(博士課程前期・後期)
※臨床心理学研究科は、財団法人日本臨床心理士資格認定協会の第1種指定大学院となっているため、1年以上の心理臨床経験なしで、臨床心理士の受験資格を得ることができます。
公認心理師〔国家資格〕取得に向けたカリキュラムにも対応。

CAMPUS情報

〈心理臨床センター〉　一般外来者に対して心理相談活動を行うカウンセリングセンター。大学院生は、実習生としてここで訓練を積むことができます。

〈産業メンタルヘルス研究所〉　職場におけるメンタルヘルスとストレスマネジメントについて教育研修やプログラム開発・調査研究を行っています。さらに職場を支援する臨床心理士、公認心理師をはじめ、産業カウンセラー、産業医、産業看護職などの専門家が職種の違いを越えて研鑽し合える場としても貢献しています。

〈図書館〉　専門図書を中心とする約19万冊の蔵書をはじめ、学問内容に対応した図書が充実しています。

取得資格

●総合社会学科
　中学校教諭１種免許状（社会）、高等学校教諭１種免許状（公民）、社会調査士、社会福祉主事任用資格、初級地域公共政策士など

●臨床心理学科
　高等学校教諭１種免許状（公民）、社会福祉主事任用資格、精神保健福祉士（受験資格）など

●こども教育学科
　保育士、幼稚園教諭１種免許状、小学校教諭１種免許状、中学校教諭１種免許状（英語）、高等学校教諭１種免許状（英語）、社会福祉主事任用資格など

卒業後の進路

　少人数制の授業で将来に結びつく教育を実践するとともに、一人ひとりの個性や希望にそった進路指導を行っています。キャリア支援では人間的成長を重視しており、まず、１年次に学生が自らを振り返り、その上で将来を見据えた学習計画を構築する機会を設けています。また、企業への就職、大学院進学それぞれに対応する具体的な対策プログラムを設置し、希望の進路に向けて着実にステップアップできるサポート体制を整えています。

主な就職先

宝酒造、ヨドバシカメラ、ファルコバイオシステムズ、タマホーム、三井不動産ビルマネジメント、京都市教育委員会、滋賀県教育委員会、大阪府警察、大津市消防、京都府、宇治市、その他、福祉施設や病院など、幅広い分野で卒業生が活躍。また、京都文教大学併設の大学院臨床心理学研究科をはじめ、大学院へ進学する人も多くいます。　　　　　　　　　　　（2023年３月卒業生）

入試GUIDE （2024年度参考）

①**学校推薦型選抜（公募制・指定校・スポーツ・同窓生・浄土宗・春期）**／全学部
②**社会人入学試験**／臨床心理学部臨床心理学科
③**総合型選抜（AO入試）**／全学部
④**一般入試（A～C日程）**／全学部
など

奨学金制度

以下のような奨学金制度を設けています。
京都文教大学進路探求奨学金（給付）、成績優秀者奨学金（給付）、指月奨学金（給付）、京都文教大学教育後援会奨学金（給付）、プラバー奨学金（給付）、中信育英会奨学金（給付）、浄土宗関係奨学金等、日本学生支援機構（第１種・第２種）など

オープンキャンパス

▶昼のオープンキャンパス
　3/23(土)、6/16(日)、7/14(日)、8/3(土)、8/4(日)、8/18(日)、9/8(日)
▶夜のオープンキャンパス
　5/31(金)、6/7(金)、7/5(金)、9/20(金)、9/27(金)
＊開催日程は変更する場合もありますので、ホームページでご確認ください。

資料請求方法：巻末ページの「パンフレット一括請求」をご覧ください。

京都精華大学

資料請求

請求ハガキ	巻末ハガキ
料　金	無　料
完成時期	4月上旬

〒606-8588　京都市左京区岩倉木野町137　広報グループ　TEL075-702-5197　〈URL〉https://www.kyoto-seika.ac.jp

> **TOPICS** 文化・芸術・デザイン・マンガ・テクノロジーにまつわる5学部29分野の学びが集結。2025年から全学的な再編を行い、学びがパワーアップします！

■学部・学科組織（2025年度予定）
- **国際文化学部**　人文学科160／グローバルスタディーズ学科90
- **メディア表現学部**　メディア表現学科168
- **芸術学部**　造形学科112
- **デザイン学部**　ビジュアルデザイン学科64／イラスト学科64／プロダクトデザイン学科72／建築学科56
- **マンガ学部**　マンガ学科232／アニメーション学科80

🏛 大学GUIDE

「表現で世界を変える人」を育てる大学です。5つの特色ある学部と大学院を有し、表現を通じて社会に貢献できる力を身につけます。

<u>国際文化学部</u>　京都で文化や語学を学ぶとともに、日本や世界各地でのフィールドワークを実施。自ら社会の課題を発見し解決できる力を身につけます。
- ●人文学科／歴史、文学、社会
- ●グローバルスタディーズ学科／国際文化、国際日本学

<u>メディア表現学部</u>　文理融合型の学びで、メディアとコンテンツに関する広い知識とビジネス感覚を身につけます。最先端の表現に不可欠なプログラミングやテクノロジーが幅広く学べることも特長です。
- ●メディア表現学科／メディアイノベーション、メディアデザイン、メディアコミュニケーション、音楽メディア

<u>芸術学部</u>　発想力と技術をみがき、自分だけの表現を手に入れます。制作スペースが広く、施設・設備の充実度も全国トップクラスです。
- ●造形学科／洋画、日本画、版画、立体造形、陶芸、テキスタイル、映像

<u>デザイン学部</u>　企業や地域と連携する本格的なプロジェクトや、自分の感性をみがき、オリジナリティを伸ばす授業が豊富にあります。自身の得意な表現手法を生かして、社会の課題を解決するデザイナーをめざします。
- ●ビジュアルデザイン学科／グラフィックデザイン、デジタルクリエイション
- ●イラスト学科／イラスト、モーションイラスト
- ●プロダクトデザイン学科／インダストリアルデザイン、ライフクリエイション、ファッションデザイン
- ●建築学科／建築、人間環境デザイン

<u>マンガ学部</u>　日本で唯一のマンガ学部です。どこよりも早く取り組んできた長年のマンガ教育実績を土台に、プロになり、描きつづけるための力を培うカリキュラムと、デビューをサポートする体制が充実しています。
- ●マンガ学科／ストーリーマンガ、新世代マンガ、キャラクターデザイン
- ●アニメーション学科／アニメーション

🏃 就職支援

卒業直後の就職だけでなく、未来を見据えて進路選択ができるよう、1年次から進路支援プログラムを実施しています。多様な業界から講師を迎え、アドバイスや就職エピソードを聞く授業や、クリエイティブ職向けのポートフォリオ講座、出版社による講評会などを開催。目指したいと思える道を見つけ、目標に進むためのサポートをしています。

<u>主な就職先</u>　任天堂、サイバーエージェント、野村證券、カプコン、サクラクレパス、幻冬舎デザインプロ、京都府庁、京都アニメーションなど

📝 入試GUIDE （2024年度参考）

①総合型選抜　②学校推薦型選抜　③一般選抜　④大学入学共通テスト利用入試

奨学金 ▶
- ●資格取得特秀生：英検、TOEIC®、TOEFL®など大学指定の英語外部検定試験の保有者が対象。全員に50万円を給付します。
- ●入学試験成績優秀特待生：一般選抜1期で優秀な成績を収めた方を対象に、年間授業料の4分の1を減免します。
- ●海外プログラム学修奨励奨学金：協定校への交換留学や、海外プログラムを履修する学生の派遣期間中の授業料を減免します。

オープンキャンパス2024 ▶
4/21(日)、6/9(日)、8/3(土)・4(日)、10/6(日)、2025/2/15(土)・16(日)
【内容】大学説明会、学科別説明会、入試説明会、模擬授業、個別相談、キャンパスツアーなど　※開催日や内容は変更になることがあります。必ず大学ウェブサイトをご確認ください。
☆他にもオンライン説明会のほか、オンラインや電話での個別相談も随時受け付けています。

資料請求方法：巻末ページの「パンフレット一括請求」をご覧ください。

佛教大学

〒603-8301　京都市北区紫野北花ノ坊町96　入学部　TEL 075-366-5550(直)　〈HP〉https://www.bukkyo-u.ac.jp/find/　〈E-mail〉butsu-dai@bukkyo-u.ac.jp

TOPICS
☆「らしさ」をかなえる教育で描く未来へつなげる7学部15学科の総合大学
☆教員免許・資格取得に強い「教育の佛大」

■学部学科組織
- ●仏教学部　仏教学科60
- ●文学部　日本文学科120／中国学科50／英米学科70
- ●歴史学部　歴史学科110／歴史文化学科70
- ●教育学部　教育学科130／幼児教育学科80／臨床心理学科80
- ●社会学部　現代社会学科200／公共政策学科120
- ●社会福祉学部　社会福祉学科220
- ●保健医療技術学部
　理学療法学科40／作業療法学科40／看護学科65

🏛 大学紹介

　紫野キャンパスと二条キャンパスを拠点に7学部15学科を設置。開学110年を迎えた京都に根ざした大学として、仏教精神を建学の理念に教育・研究、社会貢献において多様な活動を行い、人材を養成します。

仏教学科　豊富な領域にわたり「仏教」を研究し、生・老・病・死という根本問題から現代社会の諸問題まで、仏教の英知を生かして解決する人間力と応用力を養います。

日本文学科　古典から近・現代までの文学作品を読み解き、企業、教育、出版、マスコミなど幅広い分野に生かせる、日本語・日本語教育・文学・日本語学・書道文化の専門知識を身につけることができます。

中国学科　徹底した語学教育で「使える中国語」を身につけます。中国語と中国の社会・文化の基礎を学び、長期留学や国際的な検定試験にもチャレンジできます。

英米学科　「話せて、書ける」＝「使える英語」を身につけます。2年次には英語圏での英語研修に参加します。「英語文化系」「英語コミュニケーション系」「英語教職系」の3つの科目群から選択し、学びます。

歴史学科　日本史・東洋史・西洋史の3領域を設定。史料の扱い方や解釈の視点、時間軸を中心に置く考え方と、実社会でも役立つ読解力や論理的思考力を身につけます。

歴史文化学科　地域文化・民俗文化・芸術文化の3領域が設定され、今に残る有形・無形のモノ（文化資料）から歴史文化を追究します。フィールドワークを核に、過去から現代に至る人間の営みを探求します。

教育学科　過去10年間の卒業生の採用実績は1,000人以上、「感性と専門性に長けた」教員養成に強い実績があります。

幼児教育学科　理論と実践をバランスよく配置したカリキュラム、地域の人々や施設との連携のもと、現代の保育ニーズに応えられる幼稚園教諭、保育士を養成します。

臨床心理学科　臨床心理士や公認心理師など高度専門職業人を養成し、「心の専門家」として、豊かな人間関係と心の健康生活構築に寄与できる人材を育成します。

現代社会学科　「文化・国際」「共生・臨床社会」「情報・メディア」の3領域から科目を選択し、情報収集力、データ分析力、文章力、表現力、プレゼンテーション力など、問題解決に必要な力を養成します。

公共政策学科　「地域政治」と「地域経済」の2つのコースを設置し、政治学、法学、経済学など社会科学の多様な学問分野をバランスよく学べます。

社会福祉学科　「社会福祉士」「精神保健福祉士」「保育士」の資格取得が可能。専門職はもちろん、教員、公務員、医療事務や一般企業への就職もめざせます。

理学療法学科　基礎となる医療・医学とともに、時代と地域社会の要請に基づく最新の理学療法教育を展開。専門知識と技術を身につけた理学療法士を養成します。

作業療法学科　充実した演習・実習教育を展開。施設で行われる実習のサポート体制も整っています。チーム医療で協調性を発揮できる作業療法士を養成します。

看護学科　1学年65人の少人数制で手厚く指導。総合大学の利点を生かした教育で全人的なケアができる確かな臨床・実践力をもつ看護師・保健師を養成します。

のべ1,300人以上が教員免許・資格を取得

2022年度卒業生は、教員免許状（幼・小・中・高・特支）を約700人が取得、社会福祉士や保育士、看護師などを約600人が取得しています。教員志望者には独自の「免許併修」制度（併設の通信教育課程で必要な科目を履修する制度）もあります。目的意識の高い学生が多く集まり、希望する免許・資格の取得を実現しています。取得するだけではなく、取得した免許や資格を生かした職業につくためのキャリア教育の充実にも力を入れています。

オープンキャンパス情報

★最新の情報は入試情報サイトで確認してください。
【開催日程】3／20(水·祝)、6／2（日）、7／14(日)、8／3（土）、8／4（日）、9／29(日)、10／6（日）、12／22(日)、
大学紹介や入試説明会、学科ガイダンスや模擬講義体験、個別相談など盛りだくさんの企画で実施します。

資料請求方法：巻末ページの「パンフレット一括請求」をご覧ください。

近畿

資料請求

請求ハガキ	巻末ハガキ
料　金	無　料
完成時期	6月上旬

同志社大学

〒602-8580　京都市上京区今出川通烏丸東入　入学センター入学課　TEL 075-251-3210　FAX 075-251-3082　〈HP〉https://www.doshisha.ac.jp

🏛 大学GUIDE

神学部

宗教を通して世界の動向と人間精神の内面を洞察し、国際情勢を正しく見据える視点を養います。キリスト教、イスラーム、ユダヤ教の3つの一神教を本格的に学び、文明の共存を目指し、国際的に活躍できる人物を養成します。

文学部

英文学、哲学、美学芸術学、文化史学、国文学の5学科を設置。歴史ある少人数教育により、知識を役立てる生き方、精神、人間性を身につけ、広範かつ深慮な文化の根源を探究し、普遍的なものの見方を養います。

社会学部

社会、社会福祉、メディア、産業関係、教育文化の5学科を設置。少人数による議論と発表、文献研究、フィールドワーク等の学習を通して、企業・行政・マスコミ・福祉等の分野で必要とされる人物を養成します。

法学部

社会の様々な場面で起こる問題について、その本質を見抜き、より良い解決ができる人物を養成します。大学院との密な連携による実践的教育を展開し、将来の専門キャリアへの道を開きます。

経済学部

目まぐるしく変化する経済社会の諸問題を理論・政策・歴史の観点から分析し、解決への方法を探ります。さらに論理的思考力、高い分析力、ITスキルを養い、時代を読み、次代を拓くリーダーを養成します。

商学部

ビジネスや企業活動の現実に即した実践的教育を展開。変化を先取りする感性、問題解決能力、新しい発想を生み出すチャレンジ精神に溢れる人物を養成し、見識あるビジネスリーダーとして国際舞台での活躍を目指します。

政策学部

複雑化する現代社会の様々な諸問題を題材に社会、政治、経済、法律などの具体的な知識・理論・技術を身につけます。問題発見・解決能力を培い、実践的かつ最先端の学びで、現代社会に対応できる人物を養成します。

文化情報学部

人間の営みである「文化」を、「データサイエンス」の手法で探求する"文理融合"の学部です。高度情報化社会で不可欠なデータ分析能力を修得し、主体的に情報を収集、分析、判断、発信する能力を育成します。

理工学部

世界トップレベルの実験施設・設備を備え、少人数教育であらゆる変化への対応力を育てる基礎学力を徹底して修得します。専門領域を超えた広い視点を培い、理工学全体、地球全体を見据えて活躍できる技術者を養成します。

生命医科学部

医工学、医情報学、医生命システム学の3学科を設置。これまでの工学研究の実績と、医学や基礎生物学などを融合させた学びによって、次世代の医療と健康を担うエンジニアや研究者を養成します。

スポーツ健康科学部

文理融合型のカリキュラムで理論と実践による幅広い学修機会を提供。学内外の研究・医療機関と連携して、充実した研究機関を提供し、生活の質（QOL：Quality of Life）の向上を目指すスポーツと健康のプロを養成します。

心理学部

様々な社会現象やメカニズムを解き明かすために、人の心と行動を多角的な視点で見つめ、実証的に研究していきます。実験・実習などにより実践的問題解決能力を養い、人の心や行動を理解できる人物を養成します。

グローバル・コミュニケーション学部

英語、中国語、日本語（留学生対象）の3コースで構成。実践的な外国語運用能力を修得し、異文化理解を深めます。卓越したコミュニケーション能力と学際的教養を身につけ、グローバル社会で指導力を発揮できる人物を養成します。

グローバル地域文化学部

ヨーロッパ、アジア・太平洋、アメリカの3コースを設置。いずれかのコースに属しながら、複数の言語の運用能力を基礎に、地域の文化・歴史・課題に関する学際的な知識を身につけ、自ら問題を批判的に考察する方途を学びます。

組織〈学部・学科〉

〈今出川校地〉
- **神学部**
  神学科
- **文学部**
  英文学科／哲学科／美学芸術学科／文化史学科／国文学科
- **社会学部**
  社会学科／社会福祉学科／メディア学科／産業関係学科／教育文化学科
- **法学部**
  法律学科／政治学科
- **経済学部**
  経済学科
- **商学部**
  商学科
- **政策学部**
  政策学科
- **グローバル地域文化学部**
  グローバル地域文化学科

〈京田辺校地〉
- **文化情報学部**
  文化情報学科
- **理工学部**
  インテリジェント情報工学科／情報システムデザイン学科／電気工学科／電子工学科／機械システム工学科／機械理工学科／機能分子・生命化学科／化学システム創成工学科／環境システム学科／数理システム学科
- **生命医科学部**
  医工学科／医情報学科／医生命システム学科
- **スポーツ健康科学部**
  スポーツ健康科学科
- **心理学部**
  心理学科
- **グローバル・コミュニケーション学部**
  グローバル・コミュニケーション学科

奨学金制度、免許・資格

奨学金制度

同志社大学奨学金や同志社大学育英奨学金など独自の奨学金制度を設け、経済的な理由で修学困難な学生をはじめ、全ての学生が安心して学業に専念できるよう、学資支援を行っています。

免許・資格

日常の学習を通して各種免許・資格の取得が可能なようにカリキュラム編成に配慮しています。教員免許（小学校・中学校・高校）、司書、司書教諭、学芸員の免許が取得できるほか、各種資格試験講座（公認会計士、税理士、中小企業診断士など）を設けるなど、きめ細かいバックアップを行っています。

国際化への取り組み

海外の教育機関とのネットワークを生かした各種留学プログラムが充実しています。「ラーニング・コモンズ」に留学コーディネーターを配置するなど、グローバルな活躍を目指す学生のためのサポート体制も万全です。海外留学プログラムは、短期・中期・派遣、学部専門型を整備。ドイツに同志社大学テュービンゲンEUキャンパスを設置し、教育プログラムを展開しています。

卒業後の進路

2023年3月卒業生の就職率は男子98.7%、女子98.8%。個人的な就職相談に応じることはもちろん、自分に適した職業を選べるよう、就職ガイダンス、セミナー等を開催するなど、きめ細かなキャリア形成支援を実施しています。このような高い就職率の理由の一つとして、卒業生の各界での活躍と評価が挙げられます。

主な就職先

東京海上日動火災保険、村田製作所、楽天グループ、三井住友信託銀行、京セラ、富士通、京都銀行、NTTデータ、ニトリ、住友生命保険、ダイキン工業、日本生命保険、パナソニック、NTTドコモ、積水ハウス、トヨタ自動車、日立製作所、国家公務員、国税専門官、京都市　他多数

入試GUIDE （前年度参考）

① 一般選抜入学試験
② 大学入学共通テストを利用する入学試験
③ アドミッションズオフィス方式による入学者選抜
④ 推薦選抜入学試験・自己推薦入学試験（公募制）
⑤ 社会人特別選抜入学試験
⑥ 海外修学経験者（帰国生）入学試験
⑦ 第2年次・第3年次転入学・編入学試験

※2025年度入試概要については入試ガイドでご確認ください。

動画で知る同志社大学

大学紹介や入試概要・対策、学部の学びに関する説明動画の他、在学生の日常をリアルに描いたプロモーションビデオなどを学部入試情報サイトにて公開しています。ぜひ、進学準備や受験対策にご活用ください！

学部入試情報サイト

資料請求方法：巻末ページの「パンフレット一括請求」をご覧ください。

同志社女子大学

〒610-0395　京都府京田辺市興戸　広報部高大連携課　TEL 0774-65-8712　〈HP〉https://www.dwc.doshisha.ac.jp/　〈E-mail〉examstaff@dwc.doshisha.ac.jp

資料請求

	請求ハガキ	巻末ハガキ
料　金		無　料
完成時期		6月

TOPICS
- ●第37回管理栄養士国家試験合格率97.4%（2023年3月卒業生／受験者78人中76人が合格）
- ●看護師国家試験合格率97.6%（2023年3月卒業生／受験者85人中83人が合格）、保健師国家試験合格率100%（2023年3月卒業生／受験者10人全員合格）
- ●2023年3月卒業生就職決定率98.6%

大学GUIDE

　学校法人同志社は1875（明治8）年、新島襄によって創立された同志社英学校に始まります。同志社女子大学は1876年に創立された女子塾が起源で、創立以来、キリスト教主義、国際主義、リベラル・アーツを教育理念に掲げ、自主・自立の学風を育んできました。京都御苑のすぐ北に位置し、140年を超える歴史と伝統を感じさせる**今出川キャンパス**と、京都・大阪・奈良3都のどこからもアクセスが便利で関西文化学術研究都市エリアに位置する**京田辺キャンパス**の2つのキャンパスがあります。

`音楽学科`　演奏専攻は「声楽」「鍵盤楽器」「管弦打楽器」の3コースにおいて、個人レッスンを主軸にした学びで表現力や演奏技力を磨きます。第一線で活躍中の演奏家を講師に招き、4年間一貫してきめ細かなレッスンを行います。音楽文化専攻は、「音楽学」「音楽療法」「音楽クリエイション」「音楽ビジネス」の科目群を設定。伝統的な音楽文化の学びと現代の多様な音楽に対応した新しい技術とアイデアを創出する学びを展開します。

`メディア創造学科`　「創造性・問題解決能力の涵養」を明確に意識した教育を行い、「アートとデザイン」「マスメディアとカルチャー」「エンターテインメントとビジネス」「メディアとテクノロジー」の4つの分野を学べる自由度の高いカリキュラムが特徴。本格的な動画、静止画の撮影や編集が可能な演習室やスタジオを設置し、少人数による実践的かつ対話型の授業を展開します。

`国際教養学科`　幅広い国際的な教養を身につけるため「グローバル社会」「グローバル文化」「国際日本」の科目群を設置。興味や将来の目標などに合わせて自由に科目の選択が可能。学科科目の授業のほとんどを英語で行い、語学力と優れた国際感覚を養います。すべての学生が一定期間の留学を必須としています。

■**学科組織**（キャンパスおよび定員は2024年度）

〈**京田辺キャンパス**（京都府京田辺市）〉
- ●**学芸学部**　音楽学科（演奏専攻75、音楽文化専攻40）／メディア創造学科125／国際教養学科85
- ●**現代社会学部**　社会システム学科310／現代こども学科100
- ●**薬学部**　医療薬学科125（6年制課程）
- ●**看護学部**　看護学科90

〈**今出川キャンパス**（京都市上京区）〉
- ●**表象文化学部**　英語英文学科150／日本語日本文学科120
- ●**生活科学部**　人間生活学科90／食物栄養科学科（食物科学専攻60、管理栄養士専攻80）

`社会システム学科`　「多文化共生」「京都学・観光学」「ライフデザイン」「ビジネスマネジメント」「公共政策と法」の5コースから選択。相互連関させながら、国際的な交流、地域との連携、総合的キャリア教育を通じて、社会の課題に学際的にアプローチします。

`現代こども学科`　こどもとは何かを実践的に幅広く理解し、どのように寄り添い、育んでいくのかを追求します。さらに、こどもの視点を重視した社会的諸問題の解決方法を地域や社会に発信し、こどもに関する職業分野で活躍できる資質を育てます。幼稚園教諭、小学校教諭一種免許状に加えて保育士免許が取得できます。

`医療薬学科`　医療人としての高い専門知識と技能を有

DATA・FILE

- ○教員数……200（教授109　准教授48　講師1　助教37　助手5）
- ○学生数……学　部 6,346　専攻科 5　大学院 72
- ○キャンパス面積……今出川　約26,000㎡　京田辺　約124,000㎡
- ○蔵書数……569,615冊

（2023年度）

快適なキャンパス環境のための大規模整備を実施

　両キャンパスともに、学生同士が能動的に学びを深める場となるラーニング・コモンズを設置したほか、京田辺キャンパスに開放感のある食堂棟の新設、今出川キャンパスに200インチスクリーンを備えた大講義室の設置など、学生がともに学び、交流を深められる空間が誕生しました。

するとともに、キリスト教の精神でもある人間尊重・生命尊重を最優先に考え、チーム医療に貢献する優秀な薬剤師を養成します。また、国際的な活躍の場も視野に入れ、「薬学英語」などの授業や、希望者に対する海外の医療・臨床現場での課外プログラムも実施します。

看護学科　看護学に関する高度な知識と技術に加えて、円満な人格と幅広い教養、人間の尊厳を守るための高い倫理観、人間や環境への深い洞察力を養い、総合的なヒューマンケアに基づく看護実践力を養成します。看護師、保健師（選択制）の国家試験受験資格が得られるほか、養護教諭一種免許状の取得が可能です。

英語英文学科　英語圏の文学・文化・言語・コミュニケーションの４つの専門分野を「表象」というキーワードを用いて、広く、深く学びます。国際社会で必要な優れた英語運用能力と高度なコミュニケーション能力の向上をめざし、国際社会で活躍できる力を育成します。

日本語日本文学科　「日本語学」「近現代文学」「古典文学」「日本語教育」「日本文化」の５分野から学びを深めます。文学や語学研究に加え、京都で発展し、継承されてきた日本文化についても十分学べる教育内容です。

人間生活学科　「すまい」「よそおい」「つながり」にかかわる多彩な分野の学びを究め、「真に豊かな生活」を探究します。自由度の高いカリキュラムと少人数教育で、学生一人ひとりが自分の興味のある分野を早い段階で見つけ、専門的な深い学びへ発展させられるよう導きます。二級建築士、木造建築士の受験資格が得られます。

食物栄養科学科　食物科学専攻では、食品開発プロジェクト等の科目を新たに設置し、豊富な実験・実習を通して実践力を磨きます。「食品学」「調理学」「栄養学」をバランスよく修得し、多様な食の価値を科学的に追求することができる「食」のスペシャリストをめざします。管理栄養士専攻は臨床栄養学を中心に学び、高い実践力や適応力を兼ね備えた管理栄養士をめざします。

単位互換制度と国内留学

単位互換制度　他学部・他学科の600科目、同志社大学の826科目（2023年度実績）、大学コンソーシアム京都の単位互換制度に基づく約45大学・短大の300以上の科目、放送大学や奈良県立医科大学の科目も選択履修できます。同志社大学とは図書館の相互利用も可能です。

国内留学制度　フェリス女学院大学、日本女子大学、金城学院大学への１学期間または１年間の留学が可能です。

生まれ変わった学寮

　今出川、京田辺の両キャンパスに最寄りの絶好の立地に２つの寮があります。「安全・安心」「プライベートな空間や時間の確保」をコンセプトとする一方で、孤立化を招かないよう寮生同士の交流が生まれる設計となっています。

国際交流

　同志社女子大学は「国際主義」を教育理念のひとつとしており、海外12カ国・地域67大学と交流協定を結んでいます。外国語の理解力・表現力を高めるとともに、異文化への理解を深め、国際感覚を養うために各種の国際交流プログラムを用意しています。

中・長期留学プログラム　「協定大学留学」制度は休学せずに留学でき、授業料が免除される制度です。「認定留学」制度は学生が希望する国、大学への留学を、正規の留学として認める制度です。いずれの制度も40単位を上限に単位認定を受けることができます。

海外研修プログラム　春期または夏期休暇を利用して語学・文化などを学ぶ８日間〜４週間の海外研修プログラムを実施しています。行き先は、アメリカ、イギリス、ニュージーランド、カナダなど。

卒業後の進路

　４年間で段階的に自らの進路について考え、実践し、相談できる環境を整えています。インターンシップやキャリア・資格取得支援講座などの実践的なプログラムから、企業研究セミナーなどの本格的な就職活動のバックアップまで、一人ひとりの個性を重視したきめ細かなキャリア支援を行っています。（2023.3卒業生の就職決定率98.6%）

主な就職先　任天堂、日本調剤、日本航空、日本生命保険、京都銀行、東映、ローム、ミキハウス、星野リゾート、キユーピー、積水ハウス、森下仁丹、病院（薬剤師・看護師・管理栄養士）、公立・私立学校教員（小・中・高）、国家公務員、地方公務員　他

入試GUIDE （前年度参考）

①一般入試／前期日程、後期日程
②共通テスト利用入試／前期、後期
③推薦入試S（公募制、併願可）
④推薦入試M（音楽学科演奏専攻のみ、専願）
⑤AO方式入学者選抜／第Ⅰ項（自己アピール分野かつ、キリスト教活動等）、第Ⅱ項（自己アピール分野等）
＊このほかにも、一般入試（音楽実技方式／前期日程、後期日程）、推薦入試C、推薦入試L、帰国生、社会人、外国人留学生などの入試があります。

「京（みやこ）グローバル大学」促進事業の採択大学として認定

　各大学の国際化を支援する京都市の新規事業への採択を機に、同志社女子大学では、英語圏の大学に加え、経済発展の著しいアジア圏の大学との協力関係を拡大。現在12カ国・地域67大学と交流協定を締結し、国際交流のさらなる拡大と充実を図っています。

資料請求方法：巻末ページの「パンフレット一括請求」をご覧ください。

立命館大学

〒603-8577　京都市北区等持院北町56-1　入学センター　TEL 075-465-8351　〈HP〉https://ritsnet.ritsumei.jp

資料請求		
	請求ハガキ	巻末ハガキ
料　金		無　料
完成時期		6月中旬

TOPICS

2024年4月、情報理工学部と映像学部は大阪いばらきキャンパスへ移転しました。

大学GUIDE

知と個を高める教育の実践と環境　立命館は創立120周年の歴史の中で、世界と日本の平和的・民主的・持続的発展に貢献すべく挑戦を重ねてきました。日本そして世界から約37,000人の多様で個性豊かな学生が集まる多文化共生キャンパスで、確かな学力向上と豊かな感動体験の場を提供し、学生自身の成長をサポートしています。互いに知的好奇心を刺激しあい、既存の価値観を超え、人類的な社会課題の解決や地球規模での持続的発展に主体的かつ創造力をもって挑戦していく人材の育成を目指しています。

世界で活躍できる人材を育成する先進的な国際教育　グローバル化、ボーダレス化が急速に進んでいる現在、外国語による高いコミュニケーション能力を身につけるだけでなく、多様な文化や価値観のなかで広く国際性を磨く必要があります。立命館大学では、早くから国際教育に取り組み、国内外で学生の多様な学びの場を提供するためにさまざまなプログラムを展開しています。

2019年4月には大阪いばらきキャンパスに、世界有数の研究大学であるオーストラリア国立大学と共同でグローバル教養学部を設置しました。全ての授業を英語で学び、両大学の学士取得を目指します。キャンパスの内外で、留学生と日本人学生が学びあっています。

出会いを通して一人ひとりが成長する仕組み　世界を舞台に個性を発揮するためには、幅広い教養を身につけるとともに、多様な人間関係の中で学び、社会の一員としての自覚を持って成長していくことが大切です。全国各地から学生が集う立命館大学では、学生生活や学業において互いに刺激しあい、学びあう仕組みである「学びのコミュニティ」を通して、知識や経験のバトンを仲間や次世代へと受け継ぎ、学生一人ひとりが成長しています。

CAMPUS情報

衣笠キャンパス（京都）

京都・滋賀・大阪の3つのキャンパスを整備し、教育・研究のさらなる質的向上と学生生活のより一層の充実を目指します。

〈**衣笠キャンパス**〉金閣寺・龍安寺・仁和寺そして等持院などの名刹に囲まれ、学問・研究の場にふさわしい静かな環境に位置する衣笠キャンパス。緑豊かな環境で、人文科学系・社会科学系の学部を配し、複雑化・多様化する社会に対応して、教育・研究の高度化を図っています。

〈**大阪いばらきキャンパス**〉アクセスも良く開放的なキャンパス。2019年4月には、グローバル教養学部を開設しました。地域との連携をさらに深めるとともに、アジアのゲートウェイキャンパスとして教育・研究のフィールドを世界へと広げています。2024年4月には映像学部と情報理工学部が加わり、新たな教育への取り組みを進めます。

〈**びわこ・くさつキャンパス**〉数多くの芸術文化施設が集積する文教地区の一角に位置するびわこ・くさつキャンパス。文社系学部と理系学部で構成され、約62万平方メートルの広大な敷地には高度な研究施設を設置。国際水準の教育・研究拠点として地域と連携しながら新産業創出にも積極的に取り組んでいます。

DATA・FILE（2023年5月現在）

- ○キャンパス面積……衣笠キャンパス約12万㎡
　　　　　　　　　　大阪いばらきキャンパス約10万㎡
　　　　　　　　　　びわこ・くさつキャンパス約62万㎡
- ○教員数……1,399（教授817　准教授261　助教150　講師163　助手8）
- ○学生数……学部34,092　大学院3,867
- ○蔵書数……約3,519,429冊（2023年3月31日現在）

奨学金制度

立命館大学の独自奨学金は一部を除き給付制で返還の必要がありません。

「経済支援」だけでなく「正課学習」「留学」「資格・能力取得」「課外・自主活動」など、意欲的に取り組む学生を支援する多様な制度があります。

■学部・学科組織(2024年度 募集学部)

【衣笠キャンパス】

● **法学部** 法学科(法政展開、司法特修、公務行政特修)

● **産業社会学部**
現代社会学科(現代社会専攻、メディア社会専攻、スポーツ社会専攻、子ども社会専攻、人間福祉専攻)

● **国際関係学部**
国際関係学科(国際関係学専攻、グローバル・スタディーズ専攻)／アメリカン大学・立命館大学国際連携学科

● **文学部**
人文学科(人間研究学域(哲学・倫理学専攻、教育人間学専攻)、日本文学研究学域(日本文学専攻、日本語情報学専攻)、日本史研究学域(日本史学専攻、考古学・文化遺産専攻)、東アジア研究学域(中国文学・思想専攻、東洋史学専攻、現代東アジア言語・文化専攻)、国際文化学域(英米文学専攻、ヨーロッパ・イスラーム史専攻、文化芸術専攻)、地域研究学域(地理学専攻、地域観光学専攻)、国際コミュニケーション学域(英語圏文化専攻、国際英語専攻)、言語コミュニケーション学域(コミュニケーション表現専攻、言語学・日本語教育専攻))

【大阪いばらきキャンパス】

● **経営学部** 国際経営学科／経営学科
● **総合心理学部** 総合心理学科

● **政策科学部**
政策科学科(政策科学専攻、Community and Regional Policy Studies専攻)

● **グローバル教養学部** グローバル教養学科

● **情報理工学部**
情報理工学科(システムアーキテクトコース、セキュリティ・ネットワークコース、社会システムデザインコース、実世界情報コース、メディア情報コース、知能情報コース、Information Systems Science and Engineering Course)

● **映像学部** 映像学科

【びわこ・くさつキャンパス】

● **経済学部** 経済学科(国際専攻、経済専攻)
● **スポーツ健康科学部** スポーツ健康科学科
● **食マネジメント学部** 食マネジメント学科

● **理工学部**
数学物理系(数理科学科(数学コース・データサイエンスコース)、物理科学科)／電子システム系(電気電子工学科、電子情報工学科)／機械システム系(機械工学科、ロボティクス学科)／都市システム系(環境都市工学科、建築都市デザイン学科)

● **生命科学部**
応用化学科／生物工学科／生命情報学科／生命医科学科

● **薬学部** 薬学科(6年制)／創薬科学科(4年制)

留学情報

目的やレベルに応じて選べる留学 海外の大学や研究機関との豊富なネットワークをいかし、目的やレベルに応じた多彩な留学プログラムを用意。世界69カ国・地域、464大学・機関と協定。世界34カ国・地域、164の大学・研究機関に留学することが可能です。また、大学独自の留学プログラムであれば、全員に奨学金を給付。経済面からも支援しています。

卒業後の進路

就職サポートシステム 単に「就職する」ということだけを支援するのではなく、「どう生きるのか」「どう働くのか」も含めて、早期からの取り組みを重視し、学生が将来のビジョンを設計できるキャリア教育を実施。インターンシップをはじめとした多彩な就職支援プログラムやUターン就職支援などを実施しています。有名民間企業への就職のほか、2023年度は国家公務員総合職に78人、司法試験に20人が合格しました。資格取得や難関試験合格を目指す学生へのサポートも充実しています。

資格取得 自分の能力を高めるために資格取得を目指す学生に対して、「公務員講座」「司法講座」「公認会計士講座」などを設け、難関試験合格と資格取得をバックアップしています。また、外国語の能力を高めるための「CLA(言語習得センター)講座」なども提供しており、TOEFL®やTOEIC®にも対応しています。

2023年3月卒業生就職先一例 アクセンチュア、住友商事、NTTドコモ、味の素、クボタ、アマゾンジャパン、大和ハウス工業、東レ、トヨタ自動車、日本銀行、日本郵便、野村證券、日立製作所、富士通、本田技研工業、村田製作所、国家公務員、教員など

入試GUIDE (2024年度入試参考)

①**一般選抜**(独自試験、共通テストを活用する方式など)
②**総合型選抜**(AO選抜、文化・芸術活動、スポーツ能力に優れた者の特別選抜など)

※一般選抜では、全国31試験地で入学試験を実施(2024年度入試参考)。試験日が異なれば、同一学部・他学部、方式を問わず複数回受験することが可能です。

※2025年度入試に関する詳細は、「入試ガイド2025」(2024年6月発行予定)を確認してください。

オープンキャンパス

〈内容〉大学紹介、入試説明会、個別相談、授業体験、研究室公開など。
※2024年度実施のオープンキャンパス開催情報は決まり次第、「立命館大学入試情報サイト」に掲載します。

もっと知りたい立命館

★**詳しくはWEBで!**
大学の詳細や入試情報はもちろん、受験生向けイベントなどの情報も充実しています。

立命館 入試 | 検索

資料請求方法:巻末ページの「パンフレット一括請求」をご覧ください。

龍谷大学

〒612-8577　京都市伏見区深草塚本町67　入試部　TEL 0570-017887(ナビダイヤル)　〈HP〉https://www.ryukoku.ac.jp/admission/

資料請求

	請求ハガキ	巻末ハガキ
料　金		無　料
完成時期		6月上旬

TOPICS

● 就職・進路決定率94.8%（2022年度卒業生実績）
1年生からのキャリア支援で "未来" の可能性を広げ、夢を実現
● 世界62か国・地域の協定校ネットワークを生かした国際交流が盛ん

社会の新しい可能性を追求する歴史深い総合大学

大学概要　龍谷大学は、1639年に建学した京都、滋賀にある、10学部、10研究科を擁する総合大学です。「自省利他」を行動哲学として、地球規模で広がる課題に立ち向かい、社会の新しい可能性の追求に力を尽くしていきます。

心理学部　龍谷大学の心理学部がフォーカスするのは、「人と人とのつながり」です。対人関係から生まれる現代社会の課題に、心理学的にアプローチし、共に歩み続けていける未来を拓く、龍谷大学ならではの心理学です。

文学部　「人間」「歴史」「言語」をカギにした6学科6専攻で構成し、多彩な学修を用意。学科や専攻の枠を越えたオーダーメイド型カリキュラムで、自分の興味・関心に合わせた自由な学修を可能にしています。

経済学部　激動する現代経済を背景に、より実践的な「社会の求める人材育成」に対して、「現代経済学科」「国際経済学科」の2学科を編成。興味・関心に応じて、2年生後期に学科を選択します。また、データサイエンスを基礎から学べるカリキュラムを充実させています。

経営学部　2025年4月、経営学部に新たに商学科の開設を予定しています（仮称・設置構想中）※。経営学部での実績を基盤に、実践と知識の往還型教育を主軸として、市場や地域社会において継続的に新たな価値を生み出すことのできるスタートアップ志向型の人間を育成します。

法学部　法学と政治学を通じて、憲法と人権に対して鋭い感覚を持つ人材を育成。法律の現場での実習やきめ細かな指導により、社会で即戦力となる能力を養います。

政策学部　持続可能な社会の実現を支える高い公共性と市民性を身につけ、国際的な視点から地域のために政策を構想できる人材を育成します。他に類を見ない教員

■ **学科組織**

● **心理学部**
　心理学科
● **文学部**
　真宗学科／仏教学科／哲学科(哲学専攻・教育学専攻)／歴史学科(日本史学専攻・東洋史学専攻・仏教史学専攻・文化遺産学専攻)／日本語日本文学科／英語英米文学科
● **経済学部**
　現代経済学科／国際経済学科
● **経営学部**
　経営学科／商学科(仮称・設置構想中)※
● **法学部**
　法律学科
● **政策学部**
　政策学科
● **国際学部**
　国際文化学科／グローバルスタディーズ学科
● **社会学部**
　総合社会学科(仮称・設置構想中)※
● **先端理工学部**
　数理・情報科学課程／知能情報メディア課程／電子情報通信課程／機械工学・ロボティクス課程／応用化学課程／環境科学課程(2025年4月名称変更予定)
● **農学部**
　生命科学科／農学科／食品栄養学科／食料農業システム学科

のチームワークとこれまでの研究実績を生かして、ユニークなカリキュラムを展開していきます。

国際学部　「国際文化学科」「グローバルスタディーズ学科」の2学科を編成。京都の地の利を生かした教学内容を展開し、「国際文化学科」は、「比較宗教」「地域研究」「人間と共生」「メディアと社会」「芸術・表現」という5つの科目群を設置。また、「グローバルスタディーズ学科」は、すべての学期に「英語」の授業を設置し、原則1セメスター以上＊の留学を必須としています。＊留学先に

DATA・FILE

○ 専任教員数……553(教授334 准教授146 講師65 助教・助手8)
○ 学生数……学　部20,428(男12,756　女7,672)
○ 蔵書数……約234万冊(長尾文庫、写字台文庫、花岡文庫、禿氏文庫など)
(専任教員数：2023年5月、学生数：2023年5月、蔵書数：2023年3月現在)

国際交流プログラム

世界諸地域の大学や研究機関に広がるネットワークを生かし、交換留学・短期留学など、多彩な交換交流プログラムを設けています。また長期留学を支援する学費制度の充実や、海外留学生の受け入れ体制の強化、国際交流をサポートする施設の設立などの活動にも力を注いでいます。世界に広がる協定校ネットワークのもと、毎年数多くの学生が海外で学修しています。

深草キャンパス

瀬田キャンパス

大宮キャンパス　国の重要文化財

より異なり、現地における授業は15週程となります。

社会学部　2025年４月深草キャンパスへの移転と同時に現行の３学科から総合社会学科(仮称・設置構想中)※となる予定です。多様な価値観が錯綜する現代において、人が営む共同体である「社会」のあり方を学び、人と人、人と組織や社会との関わり方やそこで発生する諸問題の分析・解決の視点と手法を身につけた人間を育成します。

先端理工学部　IoTやAIなどの新しい技術を駆使して社会的な課題を解決する、未来の技術者・研究者を育成するため、従来の理工学の枠を越え、先端技術を学ぶ6課程を設置。また、専門分野だけでなく、異分野の知識、異分野同士を融合させる力や主体的に学ぶ力を身につけるため、横断的な学びを促進する25の多彩なプログラムを用意しています。

農学部　自然科学と社会科学の分野を合わせた総合的な農学教育を目標に掲げ、「食」と「農」の２つの視点からそれぞれの役割や意義を学びます。各領域が抱えている問題を「食の循環」のつながりの中で捉え、課題を解決する方法を追究します。学びを通して、人と自然が調和した持続可能な社会の実現を担う人材を育成します。

※2025年４月開設予定。設置計画は予定であり、内容に変更が生じる場合があります。

卒業後の進路

就職・進学に強い龍谷大学！
●就職・進学率94.8％！（2022年度卒業生実績）
●学内合同企業研究(説明)会約380社！
●就職先満足度93.9％！

主な就職先　京都銀行、大阪シティ信用金庫、積水ハウス、ローム、京セラ、GSユアサ、JR東海、JR西日本、日本郵政、エヌ・ティ・ティ・コミュニケーションズ、マイナビ、関西電力、国家・地方公務員 など

資格サポート　学生の夢の実現をサポートするために、課外講座として「資格取得・就職支援講座」を開設しています。信頼と実績のある専門学校と提携をおこない、経験豊富な講師陣を招いて講座を開講し、資格試験対策や語学運用能力の効用、自己能力の開発を支援します。
例）TOEIC®講座、宅地建物取引士講座、公務員講座、教員採用試験対策講座など

特色のある3つのキャンパス

3つのキャンパスは最寄駅から徒歩またはバスで10分圏内。キャンパス間には無料スクールバスが運行されています。深草キャンパスは、3つのラーニングコモンズがあり、学生の主体的な学修活動を支援する「多様な学びの空間」が充実しています。大宮キャンパスは、龍谷大学発祥の地である西本願寺に隣接し、国の重要文化財に指定されている校舎が建ち並ぶアカデミックな雰囲気です。びわこ文化公園都市の豊かな緑に囲まれた瀬田キャンパスは、最新の設備を整えた実験・実習講義棟があります。

入試GUIDE （前年度参考）

①総合型選抜入試（学部独自方式・検定試験利用型・英語型／スポーツ活動選抜／文化・芸術・社会活動選抜／伝道者推薦型）
②公募推薦入試（2教科型／専門高校、専門学科・総合学科対象／小論文型）
③一般選抜入試（前期日程・中期日程・後期日程）
④共通テスト利用入試（前期日程・中期日程・後期日程）
⑤帰国生徒特別入試　⑥社会人推薦入試
⑦外国人留学生入試　⑧編転入学試験
※2025年度入試制度については、大学案内誌「入試ガイド」でご確認ください。

オープンキャンパス2024
●3/24(日)：全学部
●8/3(土)、8/4(日)、8/24(土)、8/25(日)：全学部
●9/22(日)：全学部
※開催形態や実施キャンパスなど、最新の情報は龍谷大学入試情報サイトをご覧ください。

ホームページ
龍谷大学と入学試験制度についてもっと知りたい人は入試情報サイトにアクセスしてください。
https://www.ryukoku.ac.jp/admission/
入試データ、入試日程、進学相談会の案内、オープンキャンパスの案内など。

資料請求方法：巻末ページの「パンフレット一括請求」をご覧ください。

京都経済短期大学

〒610-1195　京都市西京区大枝東長町3-1　入試情報センター　TEL 075-331-2377　〈HP〉https://www.kyoto-econ.ac.jp/

多彩な有名専門学校の無料講義で学内ダブルスクールを実現!!
就職にめっちゃ強い国内No.1*の人気短大!　#経短しか勝たん!
＊2023年度河合塾全統模試短大偏差値〔昼間部〕

■**学科組織**（入学定員200　男女共学）
●**経営情報学科**
経済システムコース、経営・マーケティングコース、会計ファイナンスコース、国際ビジネスコース、情報システムコース、ビジネス心理コース※、総合デザインコース※
※2024年4月スタート

〈資格就職ユニット〉公務員、ホテル・ブライダル、医療事務、登録販売者、秘書、簿記、販売士、FP技能士、宅建士、日商PC、MOS、ITパスポート、基本情報技術者、情報セキュリティマネジメント、ウェブデザイン技能士、TOEIC
〈大学編入ユニット〉難関大学受験、指定校推薦受験

🏫 日本唯一の経済短期大学

学校の特色　完全無料の学内ダブルスクール制で、学生の夢に柔軟に対応。資格取得や進路（就職・大学編入）において個別指導を徹底しています。学生と教職員の距離が極めて近く、全学生の名前や顔、適性も把握した上で指導にあたるフルサポート体制が最大の特長です。

　新たに「ビジネス心理コース」「総合デザインコース」がスタート！学生の進路実現の幅をさらにひろげます。

キャンパスライフ　学年やクラブ、ゼミの枠を超えたアットホームな環境で、ほぼ全員と顔見知りになれるなど、学校全体で仲良くなれます。また、年間を通じて多彩なイベントがあり、最高のキャンパスライフを送れます。

資格取得　ECC・大原簿記・TAC・東京アカデミー・ヒューマンアカデミーなど多様な有名専門学校との提携により、プロ講師による40以上の資格取得講義が開講中。社会人として大きな武器となる「ビジネス実務士」「秘書士」「情報処理士」などの公的資格も取得できます。

オープンキャンパス　『ケイタンdeタイカン☆』
「なるほど！」が連発の特別講義、マル秘情報がゲットできる入試説明、何でもお答えしちゃう!?個別相談会などイベント盛りだくさん！豪華お土産もいっぱいで、来てもらうからには損はさせませんw無料送迎バスでケイタンのオーキャンに行こう！（※詳細は大学HPを参照）

🏃 国内無双の進路実績

就職　京都経済短期大学の就職は、学校紹介が大部分を占めるという点が他大学とは異なる大きな特長となっています。入学直後から始まる進路ガイダンスをはじめ、企業での人事採用経験者が個々の長所や希望、適性に応じた就職先のきめ細やかな個別指導を行います。

■**主な就職先**　京セラ／シキボウ／東洋紡／東レ・カーボンマジック／トヨタモビリティパーツ／ニプロ／ニデックドライブテクノロジー／村田製作所／森六ケミカルズ／サカタのタネ／ANA大阪空港／GSユアサ／JR西日本／TOWA／京都銀行／京都信用金庫／明治安田生命保険／積水ハウス不動産／大和ハウスリフォーム／京都東急ホテル／THE THOUSAND KYOTO／日本郵便／JA／病院／調剤薬局／会計事務所／公務員　他
【2023年3月卒業生実績：就職内定率97.8%】

大学編入　関西大学・京都産業大学・龍谷大学や関東の有名大学などの豊富な編入指定校推薦枠がある他、一般編入試験でも、国公立大学や難関私立大学など志望大学への編入を数多く果たし、国内屈指の実績を誇ります。

■**主な編入先**　愛媛大学、香川大学、滋賀大学、三重大学、和歌山大学、下関市立大学、大阪経済大学、関西外国語大学、京都外国語大学、近畿大学、国士舘大学、駒澤大学、東京経済大学、東京農業大学、同志社大学、日本大学　他
【2023年3月卒業生実績：編入合格率100%】

経短のオーキャンはお祭りだ!!

来ればわかる！経短が人気なワケ☆

在学生の声

2回生　和田 華明さん／ANA大阪空港株式会社 内定
就職活動は大変でしたが、どんなに小さな相談や悩みごとも就職課の方々が親身に聞いてくださったので、自信をもって面接に臨むことができました。学生と教職員の方々との距離が近く、将来のことを一緒に考えてくださるところが、経短の一番良いところです。

資料請求方法：巻末ページの「パンフレット一括請求」をご覧ください。

大 阪

追手門学院大学 528	関西大学 552
関西医科大学 529	関西外国語大学 554
大阪青山大学 530	関西福祉科学大学 556
大阪医科薬科大学 532	千里金蘭大学 557
大阪学院大学 534	四天王寺大学 558
大阪経済大学 536	摂南大学 560
大阪経済法科大学 538	桃山学院大学 562
大阪工業大学 540	森ノ宮医療大学 564
大阪産業大学 542	大和大学 566
大阪歯科大学 544	阪南大学 568
大阪女学院大学 546	大阪学院大学短期大学部 569
大阪総合保育大学 548	大阪女学院短期大学 570
大阪電気通信大学 550	四天王寺大学短期大学部 571

追手門学院大学
（おうてもん）

〒567-0013　大阪府茨木市太田東芝町1-1　入試課　TEL 072-641-9165　〈HP〉https://nyushi.otemon.ac.jp/

資料請求		
	請求ハガキ	巻末ハガキ
料　金		無　料
完成時期		随時

TOPICS

●2025年4月、理工学部（仮称）を開設（設置予定・構想中）。
　既設の人文・社会科学系学部での教育・研究実績を生かして文系・理系の枠を超えた「学びあい・教えあい」ができる環境を実現し、イノベーションを創出する人材の育成をめざします。

■学部組織（2024年度募集人員、構想中を含む）

- ●理工学部※　数理・データサイエンス学科30／機械工学科50／電気電子工学科50／情報工学科70
- ●文学部　人文学科（日本文学専攻100、歴史文化専攻90、美学・建築文化専攻30）
- ●国際学部　国際学科（国際文化専攻100、グローバルスタディーズ専攻50）
- ●心理学部　心理学科（心理学専攻180、人工知能・認知科学専攻40）
- ●社会学部　社会学科（社会学専攻200、スポーツ文化学専攻150）
- ●法学部　法律学科230
- ●経済学部　経済学科400
- ●経営学部　経営学科（経営・マーケティング専攻223、ビジネス法務専攻80、ビジネス心理専攻80、情報システム専攻60）
- ●地域創造学部　地域創造学科230
- ※2025年4月設置予定（構想中。学部・学科名称は仮称）

🏫 大学GUIDE

　追手門学院大学は、関西でも人気のエリア・北摂にある総合大学です。2021年、心理学部に「人工知能・認知科学専攻」を、2022年に国際学部と文学部を、2023年には法学部を開設。2025年春には「茨木総持寺キャンパス」をメインキャンパスとして拠点化し、理工学部（仮称・構想中）を設置予定。文理にまたがる学問領域を担う総合大学としてさらなる進化を続けます。

2025年4月、理工学部（仮称）を開設　幅広い分野を網羅する4学科を設置。基礎物理実験やプログラミング、データサイエンスなど自然科学の基本原理や理学・工学の基盤となる知識・技能を学んだ後、関連する他学科科目で視野を広げながら、専門分野を深めます。3年次から研究室に所属し、自身の研究がスタート。2年次以降は茨木安威キャンパスの学部専用施設で学びます。

📇 CAMPUS情報

茨木総持寺キャンパスをメインキャンパスへ　2019年に「茨木総持寺キャンパス」を開設。2025年に完成予定の新校舎は、1階に広いフリースペースと600人収容の

ホールを備え、2階〜5階には教室や研究室を、さまざまな学びと交流を促すエリア"協働空間"として同じフロアに配置。学生・教職員、地域との交流から新たなアイデアやイノベーションが生まれる環境の実現を図ります。

💡 奨学金

　「追手門学院大学　桜みらい奨学金」は、対象入試の成績優秀者に、年額85万円（授業料相当額）を給付する奨学金制度です。入学後も毎年の審査により一定基準を満たすことで、継続が可能です。

🏃 卒業後の進路

内定先実績　関西電力、キーエンス、三菱マテリアル、りそな銀行、JTB、積水ハウス、日本生命保険、東京エレクトロン、東洋紡、大和ハウス工業、リクルート、ニデック、タカラスタンダード、近畿日本鉄道、資生堂など

難関公務員の現役合格者多数！　2023年度公務員採用試験の現役合格者数は合計82人！　国家公務員総合職5、国家公務員一般職18、国税専門官22、裁判所事務官4、東京都特別区20、大阪市、奈良県庁各4、大阪府庁、兵庫県庁、滋賀県庁、岐阜県庁、鹿児島県庁各1など他多数

DATA・FILE

- ○教員数……216（教授108　准教授68　専任講師31　助教9）
- ○学生数……学部8,556（男5,347　女3,209）
- 　　　　　　大学院76（男41　女35）
- ○交通アクセス……JR大阪駅・JR京都駅から「JR総持寺」駅まで20分。「JR総持寺」駅下車徒歩約10分。　（2023年度）

資格取得

国家公務員・地方上級公務員合格に向けたプログラム
　難関公務員をめざす4段階のステップアッププログラムを展開。1年次に宅建士、2年次に行政書士を段階的に取得し、着実に幅広い知識を修得しながら難関公務員試験への準備を整えます。
　☆2023年「宅地建物取引士試験」合格速報
　115人合格　合格率81.56%（2023年度全国平均17.2%）

資料請求方法：巻末ページの「パンフレット一括請求」をご覧ください。

関西医科大学

資料請求ハガキ	料　金	完成時期
直接請求	無　料	6月上旬

〒573-1010　大阪府枚方市新町2-5-1　入試センター　　TEL 072-804-0101(代)　〈HP〉https://www.kmu.ac.jp/

TOPICS
・2023年度入学生より学費減額・特待生制度を拡充しています（医学部・看護学部）
・3学部を擁する医療系複合大学
・THEアジア大学ランキング2023において国内第12位、私立大学第1位

■**学部・学科組織**（2024年度入試時点）
● **医学部**　医学科127
● **看護学部**　看護学科100
● **リハビリテーション学部**
　理学療法学科60／作業療法学科40

🏛 大学GUIDE

医学部　2022年度より教育カリキュラムを世界基準に適合させており、国内・海外で活躍する良医を育成しています。5・6学年では学内医療機関に加え、大阪医科薬科大学他との相互選択臨床実習や市中病院での実習を行い、アメリカ・カナダ他での国外実習も可能。未来を担う科学者を育成する「研究医養成コース」といった特色あるプログラムも展開しています。

看護学部　看護師・保健師国家試験受験資格を全員が取得できる統合カリキュラム。助産師（選択制：10人）国家試験受験資格も取得可能。学部間の協働・連携により医療現場実情に即したチーム医療を実践的に学び、互いの役割を尊重し理解するとともに、看護の専門性を深化させ、医療に関する幅広い視野をもった人材を育成します。

リハビリテーション学部　1学年次から全学生が附属医療機関にて急性期から地域医療まで様々な場における理学療法・作業療法の実践を見学し、低学年次より各職種の専門性や対象となる疾患・障がいへの理解を深めることが可能。臨床実習は、4つの附属病院と大阪府・京都府下を中心とした医療機関で行います。

学部間で早期からの合同授業を実施し、多職種連携やチーム医療への理解を一層深めます。

📝 入試GUIDE

3学部とも学校推薦型選抜試験・一般選抜試験・大学入学共通テスト利用選抜試験を用意しています。
詳細は学生募集要項でご確認ください。

学納金

医学部　2,100万円（6年間総計）、290万円（初年度）
看護学部　660万円（4年間総計）
リハビリテーション学部　614万円（4年間総計）
高等教育の修学支援対象校であり、学生の夢をあと押しするために、大学独自の奨学金・特待制度を用意しています。
詳しくは学生募集要項をご確認ください。

📋 CAMPUS情報

枚方キャンパス　京阪電車「枚方市」駅から徒歩5分のアクセス至便な枚方キャンパスには、医学部棟・看護学部棟・附属病院・留学生向けの施設が入ったタワー棟等を有しています。医学部棟には**医科大学トップクラスの規模を誇るシミュレーションセンター**、看護学部棟には外来治療等の現場を再現できる統合看護研修室など、最先端の設備を備えています。

牧野キャンパス　大阪・京都の中間地にある緑豊かな牧野キャンパスにはリハビリテーション学部棟を有しています。理学療法学科が主に使用する最先端テクノロジー演習室では、**ロボット技術を始めとした最先端医療**に触れることができます。また、作業療法学科が主に使用する演習室では、身体・精神・発達の障がい領域別で幅広い対象者を想定して学ぶことができます。

枚方キャンパス

👑 THEアジア大学ランキング2023

●**国公私立の総合大学も含めて国内12位、私立大1位、関西では京都大、大阪大に次ぐ3位にランクイン。**

英国の教育専門誌「タイムズ・ハイアー・エデュケーション（THE）」が実施・集計したもので、世界中の大学の規模や学生数、知名度ではなく、教員の博士号授与数、教員一人当たりの学生数、論文引用回数、外国人学生の比率、経営基盤などから多角的に評価したランキングです。

DATA・FILE

医学部	○教員数…898（教授93　准教授76　講師165　助教564） ○学生数…781（男450　女331）
看護学部	○教員数…55（教授15　准教授6　講師14　助教20） ○学生数…400（男18　女382）
リハ学部	○教員数…32（教授9　准教授8　講師1　助教14） ○学生数…280（男113　女167）

（2023年5月1日現在）

資料請求方法：大学HPをご覧ください。

近畿

大阪青山大学

〒562-8580　大阪府箕面市新稲2-11-1　入試部　TEL 072-723-4480　FAX 072-737-6517　〈HP〉https://www.osaka-aoyama.ac.jp

TOPICS
- ●「子ども教育学部」に続き、新たに「看護学部」を設置。2024年4月、3学部3学科へ！
- ●全学科で国家資格がめざせる！（管理栄養士、保育士、幼稚園教諭・小学校教諭、看護師、保健師など）
- ●トップクラスの就職率100％（2023年3月卒業生実績）
- ●一人ひとりを支えるクラス担任制。看護学科はチューター制も合わせて卒業までをサポート

大阪梅田から約30分。緑豊かなキャンパス

生涯にわたり活躍する看護師へ

大学GUIDE

健康科学部

【健康栄養学科】　食と栄養のプロ。輝けるフィールドは無限大

　一人ひとりに最適な栄養と食のあり方を追求する管理栄養士を育てます。充実した実習で調理技術を磨き、めざす進路に応じて2年次からコースを選択します。医療現場で活躍する実践力を高める「医療栄養」、食育を通じて人々の健康を支援する「食育・栄養教育」、食に対する深い知識と技術を身につける「フードマネジメント」、食事と運動の両面から健康を学ぶ「健康スポーツ栄養」。4つのコースで専門性を高めることができます。

子ども教育学部

【子ども教育学科】　教える、支える、ともに歩む

　子どもの個性と可能性を伸ばす専門的な実践力を身につけた保育者・教育者を育てます。保育士、幼稚園教諭・小学校教諭・特別支援学校教諭一種免許状から3つの資格・免許状を希望者全員が取得可能。現場で必要となるピアノは手厚いレベル別の個別指導で初心者も安心です。

看護学部※

【看護学科】「看護力」×「人間力」

　生涯を通じて活躍できる看護師・保健師を育成。2024年4月に健康科学部看護学科から看護学部看護学科に学部改組を行い、カリキュラム内容をより充実させます。地元・北摂地域の医療機関と提携し、1年次から病院実習を行います。合わせて地域実習も行い、地域で暮らす人々とその地域にある病院や施設とのつながりも学び、地域医療に貢献できる人材を育てます。看護職に必要な技術や知識の修得とともに、チューター制度による細やかなサポートで一人ひとりを国家試験合格へ導きます。

■学部・学科組織（募集定員）
- ●健康科学部〈男女共学〉　健康栄養学科[管理栄養士養成課程] 70
- ●子ども教育学部〈男女共学〉　子ども教育学科 80
- ●看護学部※〈男女共学〉　看護学科 90
- ※2024年4月開設

学びのサポート

■少人数制の授業＆アットホームな環境で丁寧な教育

　全学科クラス担任制を設置。看護学科はチューター制も導入し、学生一人ひとりに目の行き届くきめ細かなサポートを実施しています。個々の学修進度に合わせた丁寧な指導を行うことで、学生が確実に実力を身につけられるようにしています。また、学修面以外でも大学生活や進路での悩みなども担任教員、チューター教員が親身になって相談に応じており、充実した学生生活が送れるようにバックアップしています。

■学びを支える「リテラシーサポートセンター」

　教員やアドバイザーが学生の学びを支え、学びのニーズに応えるため、幅広い学修機会を提供しています。

> **子ども教育学部で「特別支援学校教諭一種免許状」が取得可能に**
>
> 　子どもの多様性を認め、尊重していくことが求められるこれからの社会において、「特別支援教育」の必要性は高まっています。学習指導要領の改訂を受け、特別支援学校に限らず、すべての学校において、障害のある子どもの支援をさらに充実していくこととなりました。

食と栄養のスペシャリストをめざす

「教育」×「子ども福祉」一人ひとりの子どもに寄り添う「先生」に

 ## 取得資格

【健康栄養学科】
管理栄養士（国家試験受験資格）、栄養士免許、食品衛生管理者・食品衛生監視員（任用資格）、栄養教諭一種免許状、健康運動実践指導者（受験資格）、フードスペシャリスト（受験資格）、フードサイエンティスト など

【子ども教育学科】
保育士資格、幼稚園教諭一種免許状、小学校教諭一種免許状、特別支援学校教諭一種免許状、社会福祉主事任用資格、准学校心理士 など

【看護学科】
看護師（国家試験受験資格）、保健師（国家試験受験資格・選択制）、養護教諭二種免許状 など

 ## 充実の奨学金制度

【入学試験成績優秀者給付奨学金】一般選抜Ａ日程における各学科の成績優秀者上位10％以内の入学者に1年次前期授業料の半額（最大32.5万円）を給付。

【塩川学修奨励金】各学科の2年次生以上で、人物に優れ、前年度の学業成績が最優秀の者に年額20万円、上位4％以内の者に年額10万円を給付。

【同窓生家族入学金支援制度】入学者の親または兄弟姉妹が大阪青山学園の卒業生または在籍生の場合、入学金の半額相当額を支給。

上記のほか**【遠隔地就学支援金】**などの制度があります。

 ## 高い就職率

【就職率】 100％（2023年3月卒業生）

　進路支援センターでは、栄養や食、保育・教育、医療の現場から一般企業まで、一人ひとりの希望や適性に応じた就職のバックアップを行っています。大学での学び、取得資格を生かした進路実現のため、学生一人ひとりに個別面談を繰り返し行い、進路決定まで導きます。また、卒業後の就職活動サポートも行っています。

主な就職先（2023年3月卒業生）

【健康栄養学科】厚生労働省（食品衛生監視員）、（医）医誠会、日清医療食品、伍魚福、ウエルシア薬局など

【子ども教育学科】〔保育・福祉〕公立保育園、大阪福祉事業財団、みおつくし福祉会〔教育〕公立小学校、大阪音楽大学付属音楽幼稚園、石橋文化幼稚園など

【看護学科】大阪大学医学部附属病院、神戸大学医学部附属病院、（医）協和会、尼崎市・伊丹市（保健師）など

 ## 入試GUIDE （2024年度参考）

2回目以降の入学検定料は「無料」です。
検定料を気にせず、合格までチャレンジできます。

①総合型選抜（ＡＯ入試）
②学校推薦型選抜（指定校制※）
③学校推薦型選抜（公募制）
④一般選抜

▶詳細はこちら

※出願条件等の詳細は各指定校宛に通知されますので、各自高等学校にお問い合わせください。

【オープンキャンパス参加特典】
・入学検定料15,000円割引！
※2024年3月から8月に開催の来場型「オープンキャンパス」参加の受験生が対象です。

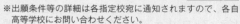
OPEN CAMPUS 2024

【オープンキャンパス】 参加特典あり
　4/28(日)　5/19(日)　6/16(日)　7/14(日)
　8/4(日)　8/17(土)　8/18(日)　8/31(土)
〈入試対策〉7/20(土)　9/29(日)
〈キャンパス見学会〉
　6/8(土)　7/20(土)　11/23(祝・土)

★過去問・オリジナルグッズプレゼント
★イベント全日程で阪急箕面駅・川西能勢口駅、北大阪急行箕面萱野駅より無料スクールバス運行！
※各イベントの詳細については大学HPをご確認ください。

交通アクセス

【箕面キャンパス】
・阪急箕面線「箕面」駅より、無料スクールバス約5分または西へ1.3km（徒歩約20分）。

資料請求方法：巻末ページの「パンフレット一括請求」をご覧ください。

大阪医科薬科大学

2021年4月大学統合

〒569-8686　大阪府高槻市大学町2-7　TEL 072-684-7117(アドミッションセンター)　〈HP〉https://www.ompu.ac.jp

資料請求		
請求ハガキ	巻末ハガキ	
料　金	無　料	
完成時期	6月中旬	

TOPICS
- ●医学部・薬学部・看護学部が連携・融合した教育を展開
- ●「先進医療と地域医療」幅広い医療を学ぶ

大学GUIDE

■学部・学科組織
- ●医学部　　医学科112
- ●薬学部　　薬学科294
- ●看護学部　看護学科85

「大阪医科薬科大学」は、教育・研究・医療を中心とするCenter of Communityとして本邦有数の医療系総合大学を目指します。

医学部医学科

6年間のカリキュラム全体を貫くテーマは、初期臨床研修へスムーズに移行できる知識と技術を身につけること、医師が持つべき自主性と伸びしろを獲得すること、そして医師としてのプロフェッショナリズムを学生時代から自覚することです。

中でも独自色を打ち出しているものが、医療プロフェッショナリズム、国際交流や学生研究になります。これら三つの領域は1年次からスタートし、6年次まで継続する縦断型のスパイラル教育で、6年間かけて医師が持つべき倫理観、姿勢、国際的視野や研究マインドを獲得することを目標にしています。自ら学ぶ「自学自習」の時間を授業時間として数多く設定していることも特徴です。また、レベルマトリックス表にて到達目標（コンピテンス・コンピテンシー）を明記し、教員が学生と相互にこの到達目標を理解したうえで授業に臨むことにより、今学んでいることが、将来何につながるのかが明確になり、授業がより実りあるものになっています。

薬学部薬学科

薬の専門家として、チーム医療・多職種連携を実践できる薬剤師を目指します。

基礎教育・ヒューマニズム科目、語学科目、薬学専門科目、医療薬学科目、実習科目が配置され、学年進行と

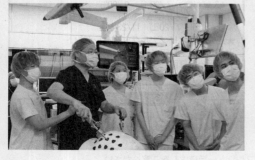

ともに薬物に関する幅広い科学的知識を修得できるカリキュラムとなっています。

医療系総合大学としての強みを最大限に生かした、チーム医療の三本柱である医学・薬学・看護学の専門職の役割や専門性の理解を深めるIPE（専門職連携教育）科目の充実に注力しています。早期の段階から「薬剤師はどのような役割を担うのか」と意識し、医療人としての自覚や倫理観を身につけます。

看護学部看護学科

教育目標に沿った人材育成のため、基礎科目、専門基礎科目、専門科目を積み上げる科目構成になっています。

基礎科目は、大学で学ぶ基盤となる「基盤科目」、看護の対象となる人間への理解を深め、看護を学ぶ科学的思考を養う「人間と科学」、人間を取り巻く環境への理解を深める「人間と社会」、コミュニケーションや情報収集力を身につける「人間と言語」を枠組みとする科目を配置。

専門基礎科目では、人間のからだやこころの仕組み、健康や病気についての理解を深め、人間の健康及び生活を支えるための多職種理解や生活環境、保健・医療・福祉制度などの医療環境を理解する科目を学びます。

専門科目は、看護実践力を身につける「看護の基盤」と、「療養生活支援看護」および「地域家族支援看護」の諸

科目を配置。時代の要請に応じた学びや自己研鑽の態度を育む「統合」科目により段階的に学習していきます。

保健師・助産師希望者は、各受験資格に必要な科目を低学年次より選択できます。看護師国家試験受験資格のみの希望者は、臨床判断や実践力をより高める「看護実践発展科目」が選択でき、看護実践力の向上を図ります。

大学の特色である「多職種連携教育」は、医学部、薬学部と合同で1年次から4年次まで積み上げて学びます。

授業は、①学生と教員による積極的な双方向型、②アクティブラーニング、③リフレクションやポートフォリオを取り入れた看護学実習、④卒業演習（卒業論文作成）の個別指導等、多様な教育方法を展開しています。

取得資格

医師国家試験受験資格、看護師国家試験受験資格、助産師国家試験受験資格（選択制）、保健師国家試験受験資格（選択制）、薬剤師国家試験受験資格

卒業後の進路

医学部医学科

2004年より診療に従事しようとする医師は2年以上の臨床研修が義務化されたため、卒業後は大学病院や臨床研修病院で2年の臨床研修を受けます。また、大学院（医学研究科）へ進学する者もいます。

卒業後の進路先（2023年3月卒業生）※（ ）内は人数
・大阪医科薬科大学病院での研修（27）
・その他の大学附属病院での研修（22）
・大学附属病院以外の研修病院（46）

薬学部薬学科

卒業生の進路は、病院・薬局をはじめ、薬業関連企業の各種部門、医薬品販売業、官公庁の薬務・衛生行政、さらに大学などの専門教育研究機関など広範囲にわたります。各界で活躍する卒業生との太いパイプと「就職支援システム」で、学生の進路選択をサポートしています。
これまでの主な就職先 塩野義製薬、ファイザー、大阪医科薬科大学病院、大阪府済生会中津病院、スギ薬局、アインファーマシー、厚生労働省、大阪府、大阪市 など

看護学部看護学科

豊富な実績を持つ就職先に加え、さらに深く学ぶ大学院も充実。卒業後のキャリア形成もサポートします。
これまでの主な就職先 大阪医科薬科大学病院、大阪医科薬科大学三島南病院、大阪大学医学部附属病院、京都大学医学部附属病院、大阪公立大学医学部附属病院、近畿大学病院、大阪赤十字病院、関西電力病院、高槻赤十字病院、北野病院、淀川キリスト教病院、兵庫県立こども病院、国立循環器病研究センター、大阪急性期・総合医療センター、兵庫県災害医療センター、大阪旭こども病院、大阪市、京都市、滋賀県、兵庫県、吹田市など
大学院修士課程
・高度実践コース（専門看護師養成・ナースプラクティショナー養成）
・教育研究コース（教育者・研究者養成）
大学院博士課程
高度実践コースからも教育研究コースからも進学可能。

入試GUIDE

医学部
①一般選抜（大阪府地域枠・前期・後期）
②大学入学共通テスト利用選抜
③「至誠仁術」入試（併願制）
④指定校制推薦入試（専願制）
⑤公募制推薦入試（専願制）

薬学部
①公募制推薦入試
②一般入試A
③一般入試B
④大学入学共通テスト利用入試（前期・後期）
⑤指定校制推薦入試
⑥帰国生徒特別選抜入試

看護学部
①一般選抜（2科目・3科目）
②大学入学共通テスト利用選抜（前期・後期）
③公募制推薦入試（専願制・併願制）
④「至誠仁術」入試（専願制）
⑤指定校制推薦入試（専願制）

資料請求方法：巻末ページの「パンフレット一括請求」をご覧ください。

資料請求		
	請求ハガキ	巻末ハガキ
料　金		無　料
完成時期		5月下旬

大阪学院大学

〒564-8511　大阪府吹田市岸部南2-36-1　入試広報課　TEL 06-6381-8434(代表)　〈HP〉https://www.ogu.ac.jp

TOPICS グローバル化が加速する現代。世界を舞台に活躍できる人材を育成するため、外国語学部のカリキュラムを一新。2専攻制を導入します。

🏛 実学を究める7学部を設置

商学部　マーケティング・流通をはじめ、企業とマーケット・地域社会・会計・情報などを結びつけて、ビジネスの世界をあらゆる角度から学びます。変化の激しい現代ビジネスに即応できる高度な実践力を身につけた人材を育てます。

経営学部　〈経営学科〉企業経営の仕組みを学び、経営に関する問題解決能力を実践的に習得。また、グローバル企業における経営管理に欠かせないビジネス英語も学び、幅広い教養と豊かな人間性を備え世界で活躍できるマネジメント能力を有した人材を育てます。

〈ホスピタリティ経営学科〉ホテル・ブライダル・ツーリズム・外食や航空といったホスピタリティ業界の経営者に必要な専門知識を学べる日本初の学科です。会計・財務・マーケティング・産業界の基本構造など、経営学の基礎を学んだ後に希望する業界を専門的に学びます。

経済学部　経済情勢の変化に対応できる幅広い経済知識の習得を通じて、発展した社会を形成する能力を有する自立した人材を育成します。グローバル化した経済情勢の中で、社会の多様な変化に対応するための経済知識を身につけます。

法学部　幅広い教養および法律学の専門知識ならびにリーガルマインドの習得を通じて、法をツールに現代社会を正しく生き抜く人材の育成をめざします。企業人や法のプロとして活躍する人材を育てます。

外国語学部　企業・教育現場・大学院など、様々な舞台で活躍できる高水準な語学力とコミュニケーション能力を徹底的に培います。留学・資格取得・TOEIC®L&Rのスコアアップの指導にも力を入れています。教育現場では、語学力とリーダーシップを生かして指導にあたる教員として社会で活躍する能力を身につけます。

国際学部　世界の動きや現状を理解し、国際協力や外交などの専門職で活躍する人材の育成をめざしています。多文化共生に基づく国際感覚と国際問題への高い意識を併せ持つ、グローバルな実務人を育てます。

情報学部　情報科学と人間科学の両面から高度情報化社会の課題に取り組むために開設された文理融合型の学部です。情報と人間についての深い理解と、ソフトウェアからハードウェアまでの情報技術の専門知識の習得を通じ、IT業界で生かせる即戦力と発想力を併せ持つ人材の育成をめざします。

●学部〈学科〉―コース・専攻

商　学　部〈商　学　科〉―マーケティング戦略コース/グローバル・ビジネスコース/財務情報コース
経 営 学 部〈経 営 学 科〉―経営管理者育成コース/後継者育成コース/起業家育成コース/グローバル管理者育成コース
　　　　　　〈ホスピタリティ経営学科〉
経 済 学 部〈経 済 学 科〉―産業経済コース/公共経済コース/スポーツ経済コース/グローバル・エコノミーコース
法　学　部〈法　学　科〉―行政コース/企業コース/市民コース
外国語学部〈英 語 学 科〉―英語学専攻/Global Studies専攻　※2025年4月から
国 際 学 部〈国 際 学 科〉―国際協力コース/地域理解コース
情 報 学 部〈情 報 学 科〉

DATA・FILE

○教員数……159（教授93　准教授42　講師22　助教2）
○学生数……学　部　5,832（男4,281　女1,551）
　　　　　　大学院　　92（男72　女　20）
○キャンパス面積……約24万㎡
○蔵書数……図書119万冊以上

（2023年5月現在）

交通・アクセス

●JR京都線「岸辺」駅南口
●阪急京都線「正雀」駅西口
いずれの駅からも徒歩約5分
大阪方面から約10分、京都方面から約30分、神戸方面から約40分

学費

●初年度納入金【2024年度参考】
情報学部以外／135万660円
情報学部／118万2660円＋1単位8000円×履修登録単位数
※情報学部は単位制授業料制度を導入。
※上記金額には入学金を含む。

資格取得

免許・資格課程　中学校教諭一種免許状（社会・英語※）、高等学校教諭一種免許状（商業・地理歴史・公民・英語・情報※）、博物館学芸員、図書館司書、学校図書館司書教諭の免許課程や、日本語教員、認定心理士の養成課程など、所定の単位を修得することで卒業時に免許・資格が得られます。また、学生の目的や興味に応える10ジャンル・44講座を学内で開講しています。
※取得できる免許教科は学部ごとに異なります。

2025年4月、外国語学部は2専攻制へ

従来の英語教育を中心に据え、他言語も学ぶことができ、複数の専門性を得られる「英語学専攻」、英語で英語を学びながら、語学力を高め、

新しい外国語学部はじまる。

Global Studies専攻

英語学専攻

英語の環境に積極的にチャレンジすることで、新たな学びを得られる「Global Studies専攻」の両専攻で、国際社会の中で独創性と実践力に富む人材を育成します。
※最新情報は、随時大学公式ホームページで配信します。

希望する進路の実現に向けて
3つの力で手厚くサポートします。

キャリアセンターの専門スタッフが的確なアドバイスで学生の個性や能力を引き出しながら、ゼミナールの担当教員と連携し、継続的に就職活動をフォロー。早期に内定を獲得した大学4年次生も後輩の就職活動をサポートするなど、学生の希望や適性に応じた進路へ導くための支援体制を整えています。

卒業後の進路

2023年3月卒業生の就職率98.7%
主な就職先（過去5カ年実績）
【商学部】河合楽器製作所、山崎製パン、伊丹産業、岩谷産業、大阪シティ信用金庫、京都信用金庫、徳島大正銀行、エイチ・アイ・エス、日本郵便、愛知県警察本部など
【経営学部　経営学科】近鉄不動産、住友林業レジデンシャル、メニコン、LIXILグループ、ANA関西空港、近畿日本鉄道、資生堂ジャパン、スターバックスコーヒージャパン、名古屋銀行、日本生命保険、船井総合研究所など
【経営学部　ホスピタリティ経営学科】JR西日本、リコージャパン、ジェイアール東海パッセンジャーズ、北おおさか信用金庫、日本生命保険、ヒルトン広島、星野リゾートグループ、ホテルグランヴィア大阪、USJ、奈良市役所など
【経済学部】積水ハウス、大和ハウス工業、パナソニックホームズ不動産、阪急阪神不動産、ツムラ、テルモ、大塚商会、明治安田生命保険、LINE、リクルート、大阪市消防局、警視庁、皇宮警察本部、東京消防庁など
【法学部】東急リバブル、タカラスタンダード、JR北海道、日本郵便、阿波市役所、大阪府警察本部、京都市・吹田市消防局、京都府・滋賀県・兵庫県警察本部、四万十市役所など
【外国語学部】山崎製パン、上組、近畿日本鉄道、シャネル、ルイ・ヴィトンジャパン、オリックス・ホテルマネジメント、リゾートトラスト、香南市立野市中学校など
【国際学部】ANA大阪空港、ANA沖縄空港、佐川急便、JR四国、羽田エアポートエンタープライズ、ファミリーマート、ヒルトン沖縄宮古島、USJ、豊中市立第十二中学校など
【情報学部】関電工、シャープ、リョービ、NTTデータ関西、NTT西日本、日本情報産業、富士ソフトなど

入試GUIDE （2024年度参考）

①学校推薦型選抜　公募推薦（スタンダード／高得点重視、小論文・面接）、指定校
②総合型選抜　ファミリー、スポーツ・文化活動、オープンキャンパス参加、奨学金チャレンジ、活動評価
③一般選抜　2教科選択、3教科／高得点2教科、英語1教科、総合評価、共通テスト利用（一般併用・A日程・B日程）

※詳細は「入試ガイド」または「入試情報サイト」をご確認ください。

キャンパスから始まる「学内留学」＆「海外留学」

キャンパスでは語学力向上や異文化理解を目的とした国際プログラムが充実。まるで「留学」しているようなグローバル環境で学ぶことができ、段階的に「海外留学」を実現することが可能です。

●I-Chat Lounge（アイチャット・ラウンジ）
　学部や英語レベルに関係なく誰でも利用可能な異文化交流スペース
●First-Step Study Abroad Program
　1年次対象の短期海外研修プログラム
●CETハウスシェアプログラム
　留学生と大阪学院大学周辺のアパートやシェアハウスでの共同生活
●海外研修・交換留学
　提携大学は世界28の国と地域の67大学

資料請求方法：巻末ページの「パンフレット一括請求」をご覧ください。

近畿

大阪経済大学

〒533-8533　大阪府大阪市東淀川区大隅2-2-8　入試部　TEL 06-6328-2431㈹　〈HP〉https://www.osaka-ue.ac.jp/　〈E-mail〉nyushi@osaka-ue.ac.jp

資料請求		
	請求ハガキ	巻末ハガキ
料　金	無　料	
完成時期	5月下旬	

TOPICS

●国際共創学部新設

2024年4月開設。グローバルな視点で社会や経済を見据え、多文化への理解にもとづき、人々と未来を共に創り出す国際共創学部を新設します。

🏛 大学GUIDE

経済学部　1年次に自分の興味や専門を見極めた後、コースの決定を行います。「産業・金融」「国際政治経済」「公共政策」「地域政策」の4コースの中から選択。さらに、これからの時代に求められる知識・スキルを養う「データサイエンス」「グローバル人材」の2つの教育プログラムを展開していきます。

経営学部（第1部）　「経営と法の融合」により、ビジネス社会で必要とされる「経営」と「ビジネス法」に関する確かなビジネススキルを修得できます。学科の垣根が低く、相互履修しやすいのが特徴です。業界に対応した進路別履修モデルを用意。さらに「企業分析」「会計スペシャリスト養成」の2つのスペシャリスト養成コースを設置し、専門的知識の修得を目指しています。

経営学部（第2部）　平日夕方、土曜は午後の時間帯を講義時間とし、4年間16学期で効率的に学べるようなカリキュラムを設置しています。また、昼間（第1部）の授業を60単位まで卒業単位（124単位）に含めることができます。

情報社会学部　複雑な事情が入り組んでいる現代社会を分析するには、複数の専門領域を学ぶことが必要です。そこで本学部では、「総合情報」「社会学・現代ビジネス」の2つのコースを設置し、さらに「データサイエンス」「情報デザイン」と「社会学」「現代ビジネス」の4つの領域を用意しています。

人間科学部　「臨床心理学」「社会ライフデザイン」「スポーツ科学」の3コース制を敷き、「実験」「実習」を重視した授業を展開しています。加えて、各コースに「子ども・発達心理学」「メンタルヘルス」「司法・犯罪心理学」、「社会健康学」「社会安全学」、「スポーツビジネス」「スポーツ健康」「コーチング」の領域を設置。多様な角度から「人間」を知ることで、柔軟性をもったコミュニケーション能力を養います。

国際共創学部　学びの領域として4つの領域を設定（グローバル文化領域・国際社会領域・政策デザイン領域・社会創造領域）。国際感覚と多様な価値観にもとづき、社会と経済の課題に対して柔軟な発想と応用力で解決策を構想し、持続可能な未来に向けて果敢に挑戦できる人材を育成します。

■学部・学科組織・募集人員

- ●経済学部　経済学科680
- ●経営学部（第1部）　経営学科430／ビジネス法学科200
- ●経営学部（第2部）　経営学科50
- ●情報社会学部　情報社会学科300
- ●人間科学部　人間科学科200
- ●国際共創学部　国際共創学科120

西日本有数の実績を誇る "ゼミの大経大"

DATA・FILE

- ○教員数……163（教授80　准教授61　講師22）
- ○学生数……学　部7,191（男5,309　女1,882）
  　　　　　　大学院　146（男　93　女　53）
- ○校地面積……約117,546㎡
- ○蔵書数……約57万冊　　　　　　　　　　　（2023年度）

取得できる免許状の種類（2024年度）

学部・学科		免許状の種類と教科　中学校教諭一種免許状	高等学校教諭一種免許状
経済学部	経済学科	社会	公民・商業・地理歴史
経営学部	第一部　経営学科	社会	公民・商業
	ビジネス法学科	―	公民・商業
	第二部　経営学科	―	商業
情報社会学部	情報社会学科	―	情報・商業
人間科学部	人間科学科	社会・保健体育	公民・保健体育
国際共創学部	国際共創学科	英語	英語

CAMPUS情報

通学に便利な都市型キャンパス 大阪市内に位置する大隅キャンパスは、梅田から約20分。阪急「上新庄駅」と地下鉄「瑞光四丁目駅」の２つの駅から通学でき、学業だけでなく、クラブやアルバイトなど、さまざまな学生生活でその利便性を活用することができます。

京阪神の真ん中、梅田から約20分の大隅キャンパス

施設・設備 アクティブラーニングに対応した自由度の高い教室設計をした新施設が完成しました。廊下全面ガラス張り、壁には自由にメモができるボードやモニターを設置。空いていればいつでも使える環境で自発的な学びを創発する場がさらに充実しました（2023年３月完成）。

2023年３月完成、創発の機会を増やす自由度の高い教室設計

キャリアサポート

就職に強い大経大 大阪経済大学のキャリア支援の特徴の一つは「マンツーマン指導」。進路相談や対策・指

学生と１対１で向き合い、長期に渡る就職活動を親身にバックアップ

導を学年問わず利用でき、さらに相談員は学生が選択します。年間相談件数は延べ１万件を超え、手厚いサポートを受けることができます。相談内容は業界選びからUターン就職、書類添削、面接対策と個別ニーズにもきめ細かに対応。１年次から開講しているキャリアデザインやインターンシップでより社会を意識し、就職を決める過程のサポートを充実させることで高い実績を維持しています。

資格取得 会計・税務分野から情報処理、法律、公務員まで多彩な資格試験対策講座を開設し、スペシャリストを目指す学生をサポートします。「税理士講座」「TOEIC®L&R TEST講座」など、全６分野76コースを開講しており、合格者には受講料の全額または一部を給付するなど、学生の意欲を引き出しています。

主な就職先(2023年３月卒業者) 阪急電鉄、近畿日本鉄道、大阪国税局、関西電力、アイリスオーヤマ、関西みらい銀行、三井住友銀行、大阪府庁、伊藤忠食品、大阪市役所、大阪市消防局、マキタ、因幡電機産業、JFEスチール、全国健康保険協会、スタンレー電気他多数

入試GUIDE (2024年度参考)

① **学校推薦型選抜** 公募推薦、指定校推薦
② **総合型選抜** スポーツ評価型（前期・後期）、商工系資格評価型、学部AO（情報社会・人間科・国際共創学部）
③ **一般選抜前期** A方式（２教科）
　　　　　　　　　　B方式（３教科型・ベスト２教科型）
　　　　　　　　　　C方式（共通テスト利用方式）
④ **一般選抜後期** D方式（２教科）

2024年 オープンキャンパス情報 ▶

【日程】7/21(日)、8/3(土)、8/4(日)、8/18(日)※予定
【場所】大隅キャンパス(最寄駅:阪急京都線 上新庄駅徒歩約15分、地下鉄今里筋線 瑞光四丁目駅徒歩約２分)
【内容】プログラム詳細は、大阪経済大学入試情報サイトをご確認ください。

資料請求方法：巻末ページの「パンフレット一括請求」をご覧ください。

大阪経済法科大学

〒581-8511　大阪府八尾市楽音寺6-10　入試課　TEL 072-943-7760　〈HP〉http://www.keiho-u.ac.jp/　〈E-mail〉nyuushi@keiho-u.ac.jp

TOPICS

2025年経済学部・経営学部に新コースを設置

ビジネスとテクノロジーを融合させるDX化など、社会のトレンドとニーズに合致した多彩な学びを実現する「ビジネスDXコース」を経営学部に設置。また、複雑化する政策課題を経済理論とデータ分析、ITの力で解き明かす「政策データサイエンスコース」を経済学部に新設します。

大学GUIDE

経済学部　就職に強い経済学部では全員が経済指標を読み解く能力を修得。産官学連携によるフィールドワーク等で実践力を身につけ、希望進路を実現します。

経営学部　早期から全員が課題解決型学習を実施。また、学部独自の有名企業へのインターンシップなど、実践的な学修により、創造力あるビジネスリーダーを養成します。

法学部　キャリアにつながる3つのコース制だからこそ、卒業生は多彩な業界で活躍しています。また、学内Wスクールで公務員・司法試験など難関資格突破を全面サポートします。

国際学部　4年間で複数国・複数回の留学が可能。高度な英語運用能力や確かな思考力・判断力を身につけ、国際社会に貢献できる人材を養成します。

■学部・学科組織（数字は募集定員）　＊は2025年度予定

●経済学部	経済学科220	政策データサイエンスコース＊
		現代日本経済コース
		国際経済コース
		都市経済コース
●経営学部	経営学科220	ビジネスDXコース＊
		人材・組織マネジメントコース
		マーケティング戦略コース
		会計専門職・企業財務コース
●法学部	法律学科260	法曹・法律専門職コース
		公務員コース
		企業法務コース
●国際学部	国際学科200	英語コミュニケーションコース
		アジア太平洋コース

学内でWスクール！　Sコース（特修講座） 受講料無料
・公務員講座　・会計職講座
・法職講座

公務員採用試験合格や、難関国家資格合格、法科大学院進学など、将来の夢をバックアップする4年間無料の課外講座。

「Sコース」とは、公務員や難関国家試験合格などをバックアップするための専門学校と連携した課外講座で、これまで多数の合格者を輩出しています。受講料は4年間無料で経済的負担が少なく、学修に専念できる環境を整えています。講座のほとんどが学内で開講されるため、受講料だけでなく移動時間や交通費も節約でき、時間を有意義に使うことができます。

司法試験合格者4年合計

12人合格

（2020～2023年度卒業生実績）

国家公務員（一般職）

6年連続合格者を輩出

（2018～2023年度実績）

国家公務員・一般職（厚生労働省、農林水産省、財務省）、国税専門官、労働基準監督官　他

【速報！】2023年度公務員試験合格者

84人合格

国家公務員・一般職、国税専門官、裁判所事務官、大阪府庁、京都府庁、堺市役所、大阪市消防局、大阪府警察

DATA・FILE

○教員数……108（教授60　准教授31　講師0　助教17）
○学生数……3,896
○キャンパス面積……379,522㎡（学外施設含む）

（2023年度）

資格取得

2020～2022年度各種資格・検定試験合格者実績　2,023人
○公認会計士試験（短答式）
○司法書士試験
○税理士（2科目）
○国内旅行業務取扱管理者試験
○ファイナンシャル・プランニング技能検定試験（2級）
○日商簿記検定試験（1～3級）
○行政書士試験
○宅地建物取引士試験
○ITパスポート試験
　　　　など

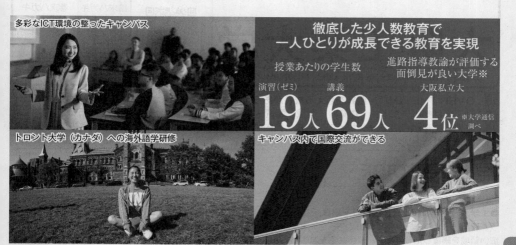

多彩なICT環境の整ったキャンパス

徹底した少人数教育で
一人ひとりが成長できる教育を実現

授業あたりの学生数

演習(ゼミ) **19**人　講義 **69**人

進路指導教諭が評価する
面倒見が良い大学※

大阪私立大 **4**位 ※大学通信調べ

トロント大学（カナダ）への海外語学研修

キャンパス内で国際交流ができる

留学制度（全学部共通）

　27カ国・地域、73大学におよぶ国際交流ネットワークを生かした多彩な留学プログラムを用意しています。短期の海外体験「海外語学研修」や、「1セメスター語学留学」「交換留学」などの中長期留学など、学部を問わず、4年間で複数国に複数回の留学・海外体験が可能です。

キャリア・就職サポート

●国家資格を持つキャリアスタッフが徹底した個別支援を実施

　個別支援を大切にしている大阪経済法科大学では、希望進路実現のために、3・4年生全員に専任のキャリアスタッフがつき、面接指導や書類添削などマンツーマンで就職活動を徹底サポートします。だからこそ、コロナ禍においても2022年度の就職満足度は92.4％！多くの学生が希望進路を実現しています。

●1年次からキャリア支援を実施。U・I・Jターン就職にも強い

　1年次からキャリア科目を設置し、さまざまな業界や仕事内容について早期から理解を深めます。また、三重県や岡山県、香川県、高知県、福岡県など、多数の自治体と就職支援協定を結んでおり、近畿圏への就職はもちろん、地元への就職も強力にサポートします。

人気・有名企業への内定多数

主な就職内定先　ファーストリテイリング（ユニクロ）、ユー・エス・ジェイ、ニトリ、大和ハウス工業、Sky、シンガポール航空、ANA関西空港、日本生命保険、近畿日本鉄道、星野リゾート、大塚商会、パソナ、アイリスオーヤマ、スノーピーク　他多数

公務員採用試験合格速報　84人（2024年1月時点）
〈行政職〉国家公務員一般職（法務省・防衛省・農林水産省）、裁判所事務官、国税専門官、東京都特別区、大阪府庁、京都府庁、大阪市役所　他多数
〈消防・警察〉大阪府警察、兵庫県警察、大阪市消防局、東大阪市消防局　他多数

入試GUIDE (2024年度参考)

①推薦試験　公募制（前期・後期）／専門学科・総合学科／吹奏楽（前期・後期）／文化活動（前期・後期）／スポーツ（前期・後期）／指定校

②一般試験　（前期・中期・後期・前期プラス資格試験・前期〈共通テストプラス型〉・中期小論文）

③共通テスト利用入試（Ⅰ期・Ⅱ期・Ⅲ期）

④AO入試（AO／公務員AO／グローバルAO／韓国留学AO）

⑤資格利用入試・特別活動PR入試　他

奨学金制度

- ●特別奨学生制度（初年度学費約123万円全額免除・採用枠250人）
- ●国際学部特別奨学生制度（入学金または初年度学費約123万円全額免除）〈給付〉
- ●資格取得奨学金（入学金半額相当額）〈給付〉
- ●課外活動奨励奨学金〈減免〉
- ●貸与奨学金〈貸与〉　など

交通アクセス

【八尾駅前キャンパス】
「近鉄八尾駅」から徒歩5分。最寄り駅までは、大阪・梅田駅から22分、近鉄「大阪難波駅」から14分。
【花岡キャンパス】
八尾駅前キャンパスから無料スクールバスを運行しています。

資料請求方法：巻末ページの「パンフレット一括請求」をご覧ください。

大阪工業大学

〒535-8585　大阪府大阪市旭区大宮5-16-1　入試部　TEL 06-6954-4086　〈HP〉https://www.oit.ac.jp

TOPICS OVER THE LIMIT　限界を超える成長がある
理工系は都市デザイン・建築から機械・電気電子・ロボット・情報・化学とあらゆる分野を網羅。また、文理融合のデータサイエンスや、国内唯一の文系学部である知的財産を設置する関西有数の理工系総合大学。2023年実就職率全国第3位の高い就職力を誇る（卒業生数1,000人以上の大学）。

大学GUIDE

工学部〈大宮キャンパス〉

●**工学から化学まで理工系の分野を網羅**　社会インフラ、環境・エネルギー、ライフイノベーションなど、幅広い領域を網羅した8学科で、環境共生を念頭においた実践的な技術者教育を展開。現場で活躍できる人材を育成しています。2025年4月には、工学部生命工学科に臨床工学技士養成コース（設置構想中）も新設予定です。

ロボティクス＆デザイン工学部〈梅田キャンパス〉

●**最先端の工学技術を大阪・梅田で学ぶ**　ロボティクス＆デザイン工学部は最先端技術とデザインの両面から分野を超えたイノベーションを創出できる人材育成をめざします。今注目のシステムデザイン工学科では、機械工学、電気・電子工学、情報工学を基盤に、AIやIoTの技術等を用いて、モノの知能化（ロボット化）を推し進めるとともに、それらのモノを利用する人を含めた統合的なシステムデザイナーを育成します。

情報科学部〈枚方キャンパス〉

●**プログラムから文理融合のデータサイエンスまで情報分野の5学科**　基礎から応用まで、今後の情報化社会に必要な情報技術領域を体系的に網羅し、ICT（情報通信

■**学部・学科組織**（2025年度予定）

●**工学部**
都市デザイン工学科100／建築学科150／機械工学科140／電気電子システム工学科125／電子情報システム工学科110／応用化学科130／環境工学科75／生命工学科70

●**ロボティクス＆デザイン工学部**
ロボット工学科90／システムデザイン工学科90／空間デザイン学科100

●**情報科学部**
データサイエンス学科80／実世界情報学科※80／情報知能学科100／情報システム学科100／情報メディア学科100
※2025年4月開設予定・設置構想中

●**知的財産学部（文系）**
知的財産学科140

技術）の各分野で活躍するエキスパートを育成します。2025年4月には、『実世界情報学科』の開設（設置構想中）や、最先端の情報技術の実験・実証ができる大規模施設『DXフィールド』（仮称）を開設予定で、情報科学部は大きく変わります。

知的財産学部〈大宮キャンパス〉

●**法律、経済・経営を学びビジネスを支える**　知的財産とは、人が考えた新しい発明やアイデア、デザイン、音楽など、カタチのない財産のこと。そんな知的財産につ

▲大宮キャンパス（工学部・知的財産学部）

関西の中心地大阪・梅田キャンパス（ロボティクス＆デザイン工学部）

▲枚方キャンパス（情報科学部）

取得資格
[全国の大学 資格試験合格者数]
一級建築士第13位、弁理士第11位
中学校・高等学校教諭一種免許状のほか、以下の資格を取得できます（詳細は大学案内などを参照）。〈卒業と同時に取得〉技術士補、測量士補、第1級陸上特殊無線技士、第2級海上特殊無線技士、食品衛生管理者ほか〈受験資格〉一級・二級建築士、木造建築士、第1級陸上無線技術士（国試一部免除）、電気通信主任技術者（国試一部免除）、危険物取扱者ほか
※学部・学科により取得できる資格・条件が異なります。

奨学金制度
大学独自の学内奨学金制度（返還不要）を設けているほか、日本学生支援機構、地方自治体、民間団体などの各種奨学金への応募をサポートするなど、学生の経済面をバックアップしています。
また、一般入試の一部日程を対象に、入試成績上位者に対して4年間（継続審査有）の授業料を全額、または1年間の授業料を半額免除する特待生制度を設けています（2024年度入試実績）。
※詳細は入試情報サイトをご確認ください。

いて、法律を基礎に、経済・経営、マーケティング、科学技術など、幅広い視点から学ぶことができる国内唯一の学部です。また、最難関国家資格の一つ「弁理士」試験合格を在学中にめざす人へのサポートが充実。在学生で5年連続弁理士試験の合格者を輩出しています。

2024年4月にはコンテンツビジネス（ゲーム・アニメ・映画など）の企画運営に携わる人材を育成する『コンテンツビジネスコース』を新設。

なぜ『超』就職に強い?

全国第3位の高い『就職力』を誇るその背景には、成長を実感できる高い『教育力』と『研究力』があります。学生自身が考え、行動し、失敗を経験しながら課題解決能力を身に付ける「PBL（Problem Based Learning）教育」や英語の自立学修をサポートする制度など、学びへの情熱を育む取り組みは社会からも高く評価されています。例えば、工学部機械工学科3年次の授業「開発プロセス発展演習」では、企画・設計・加工・組立・分析・製品化・評価に至るものづくりの一連の流れを実際に体験することで技術者としての素養を身に付けます。1年を通して「電気自動車」「ホバークラフト」などのテーマにグループで取り組み、失敗体験などを通してものづくりの難しさや面白さを体得します。こうした経験を重ね、社会で活躍できる人材としての実践力を身に付けることができます。

施設・設備

■2024年夏eスポーツ施設が誕生〈梅田キャンパス〉

2024年夏に最先端の施設を備える梅田キャンパスにまた新たなeスポーツ施設が誕生します。日本国内だけではなく全世界でも近年急激に市場を拡大しているeスポーツ。その実践の場を通じて、課外活動、教育研究、地域交流を一層強力に推進していきます。

■2025年4月DXフィールドが誕生〈枚方キャンパス〉

2025年4月、実世界情報学科（設置構想中）の開設に伴い、情報科学部枚方キャンパス内に最先端のドローン技術などを駆使した実験・実証ができる大規模施設『DXフィールド（仮称）』を新たに設置予定です。主にドローンやデータサイエンスの実習・演習の舞台になるほか、ドローンスクールと提携した国家資格向けの練習場としても活用を予定しています。

就職支援

就職指導

実就職率98.1% 全国の国公私立大学で第3位！※

"就職に強い"大学として景気に左右されない安定した就職実績を誇ります。2023年の実就職率ランキングでは全国の国公私立大学で第3位に、関西の私立大学では、2009年度から14年連続で第1位を達成しました【※大学通信調べ（卒業生数1,000人以上の大学を対象）】。これを裏付ける理由の一つに真の実力を身に付ける教育があります。学生自身が考え、行動し、失敗を経験しながら課題解決能力を身に付ける「PBL（Problem Based Learning）」科目や、学部・学科の枠を超えたプロジェクト活動、英語の自立学習をサポートする講座など、特色ある教育と学びへの情熱を育む堅実な取り組みが社会から高く評価されています。

主な就職内定先（2024年卒業予定者）

NTT西日本、日本航空、三菱電機、日本アイ・ビー・エム、京セラ、関西電力、大阪ガス、鹿島建設、日産自動車、大阪府庁、大成建設、JR西日本、積水ハウス、ヤンマーホールディングス、大阪市役所、大林組、カルビー、大和ハウス工業、JR東海、スズキ、アルプスアルパイン、ローム、SCSK、山崎製パン、住友林業ほか （2024年1月現在）

プロジェクト活動

夢や目標に向かって自分を磨く学びの一つが、学生が主体となって取り組むプロジェクト活動です。「ロボット」「人力飛行機」「ソーラーカー」「フォーミュラカー」など、多くのものづくり系プロジェクト活動を展開。学部・学科の枠を超え、仲間たちと切磋琢磨することで研究の題材を発見することや、実践力を身に付けることができます。

▲人力飛行機プロジェクト　鳥人間コンテストでの優勝をめざす

近畿

資料請求方法：巻末ページの「パンフレット一括請求」をご覧ください。

大阪産業大学

資料請求		
	請求ハガキ	巻末ハガキ
料 金		無 料
完成時期		6月下旬

〒574-8530　大阪府大東市中垣内3-1-1　入試センター　TEL 072-875-3001(代)　〈HP〉https://www.osaka-sandai.ac.jp

TOPICS
- ●就職率98.6%…親身な個別相談や細分化された就職支援プログラムできめ細かにサポート。
- ●OSUプロジェクト共育…社会人基礎力を育成する学生主体の教育プログラム。
- ●国際交流各種サポート…レベルや目的にあわせた多彩なプログラムのほか、すべての留学制度で給付金が受給可能！単位認定や留学生活のサポートも充実。

■学部・学科組織（2024年4月）
- ●国際学部
  　国際学科105
- ●スポーツ健康学部
  　スポーツ健康学科155
- ●経営学部
  　経営学科300／商学科200
- ●経済学部　500
  　経済学科／国際経済学科
- ●デザイン工学部
  　情報システム学科105／建築・環境デザイン学科116／
  　環境理工学科85
- ●工学部
  　機械工学科105／交通機械工学科105／都市創造工学科100／
  　電気電子情報工学科100

🏛 大学GUIDE

国際学部　**国際学科**：「生きた語学」を習得し、身近な国際化に貢献する人材を育てます。

スポーツ健康学部　**スポーツ健康学科**：身体のしくみやスポーツの有用性を学び、スポーツと健康の専門家を育てます。

経営学部　**経営学科**：企業経営の理念を学び、柔軟な発想力と適応力を備えたビジネスリーダーを育てます。

商学科：消費者のニーズを発見し、独自のビジネスモデルを構想する鋭いセンスと実践力を養います。

経済学部　**経済学科／国際経済学科**：経済学の知識を通して社会構造を把握し、社会状況の変化に対応できる人材を育てます。

デザイン工学部　**情報システム学科**：人々の生活を豊かにする情報システムを構築・活用できる人材を育成します。

建築・環境デザイン学科：空気や光、建築、インテリア、造形、デザインと社会についてなど、環境と空間をトータルにデザインできる力を養います。

環境理工学科：実践的なカリキュラムで、地域と地球の環境づくりをになう人材を育てます。

工学部　**機械工学科**：精密機械やロボットなど、あらゆる「モノづくり」に必要な知識と技術を身につけます。

交通機械工学科：自動車や鉄道を中心に、船、飛行機のメカニズムやシステムについて学びます。

都市創造工学科：人と環境の調和をテーマに都市づくりを学び、都市創造に貢献できるエンジニアを育てます。

電気電子情報工学科：電子・情報・通信の3分野に精通した、情報化社会をリードするエンジニアを育てます。

「就職に強い大産大」の評価を確立した支援制度！

大阪産業大学では毎年、就職希望者の90%を超える就職率をキープしています。各学科専任のスタッフによるマンツーマン指導、数多くのインターンシップ先の確保、年50回以上のキャリアカウンセラーによる特別講座を開催、これらにより学生の進路実現に大きな力を発揮しています。

主な就職先　関西電力、三菱自動車工業、JR西日本、オリエントコーポレーション、清水建設、ヤクルト本社、タカラスタンダード、富士ソフト、伊藤園、海上保安庁、京都市消防局、警視庁、国土交通省、大阪市役所、大阪府警察本部、近畿運輸局など　（2023年3月卒業生実績）

社会人基礎力を育成する、学生主体の「プロジェクト共育」

大阪産業大学では2007年より社会人基礎力育成を目的とした「プロジェクト共育」を全学的に導入しました。「プロジェクト演習」は、ものづくり・地域貢献・ボランティア活動などさまざまな分野からテーマを選ぶことがで

DATA・FILE
- ○教員数……208（教授117　准教授66　講師23　助手2）
- ○学生数……学部7,402（男6,420　女982）
  　　　　　　大学院121（男91　女30）
- ○キャンパス面積……183,906.33㎡
- ○蔵書数……約59万冊　　　　　　　　　（2023年度）

入学試験成績優秀者学費減免制度

成績優秀者は学費（授業料・教育環境充実費）を減額・免除します。
〈学費の減額対象〉
　一般前期入学試験（C日程）の3教科判定の第1志望合格者上位20%
国立大学と同等の授業料に4年間減額＋教育環境充実費全額免除に
〈学費の免除対象〉
大学入学共通テスト利用入学試験（5教科型）の第1志望合格者上位10%
4年間の学費全額免除に

き、目標達成に向かって努力する過程の中で、「前に踏み出す力」「考え抜く力」「チームで働く力」といった能力を自然と養うことができる優れた教育プログラムです。

　プロジェクト共育は、学部や学科、学年といった枠組みを超えて参加することができ、幅広い知識や体験の共有、大学生活を豊かにする仲間づくりができることも特色のひとつです。

　教養や専門知識の習得を目指すだけでなく、一人ひとりに寄り添い、自主性を育み、何より人とのふれあいを大切にする。こうした教育の伝統は、令和の時代になって現在、より厚みを増しながら学生の成長を支えています。

　OSUでの4年間こそ、「PRIDE」。OSUだからこそ、自分自身にPRIDEを持てた。はっきりと、そう言い切れる未来を手に入れましょう。

✨ 学生の挑戦を全力でサポート

◎キャンパスを越えて、世界へ
　海外での学術研究や語学研修を目的に、毎年多くの学生が長期・短期の留学生や研修生として海外へ派遣されています。海外取得単位の認定や奨学金・渡航費・滞在費の一部支給などを含め、留学をバックアップするための制度も充実。レベルや目的に合わせて留学・研修先を選べます。

◎活発なクラブ活動で熱い学生生活を！
　キャンパスの華といわれるクラブ活動。大阪産業大学では、強豪チームがそろいます。阪神大学野球連盟1部リーグで活躍する野球部や、2023年度、1部リーグで優勝した男子バスケットボール部のほか、バレーボール部やサッカー部、ラグビー部、アメリカンフットボール部、柔道部、剣道部、空手道部など、31部の体育会クラブと10の文化会クラブがあります。熱く輝けるステージを、ぜひ探してみてください。

◎細やかな個別指導が強みの学習支援センター
　教室内や授業中ではなかなか質問しにくい事や、少し理解しにくい内容など、気軽に相談や指導が受けられるように学習支援センターを開設しています。チューター〈個人指導教員〉が常駐し、理系の基礎である数学、物理の復習や授業での疑問点などについて個別相談を受け付けています。また、英語、簿記などの文系の基礎教育についても個別相談を受け付けており、学生の勉学意欲が高まるよう支援しています。

 ## 入試GUIDE （前年度参考）

◇スポーツ系クラブ・文化系クラブ入学試験（前期・後期）
◇AO入学試験（前期・後期）
◇公募推薦入学試験（前期・後期、地方試験会場あり）
◇専門学科・総合学科出身者入学試験
◇資格取得者入学試験（特別・一般）
◇帰国生徒入学試験
◇一般入学試験（前期＊・中期・後期）　★地方試験会場あり
＊成績優秀者学費減額制度あり！（一般前期C日程のみ）
　各学科（経済は学部）の3教科判定の第1志望合格者上位20%⇨4年間学費減額※（国立大学と同等の授業料）
◇大学入学共通テスト利用入学試験
　（5教科型＊・前期・中期・後期）
　★独自の学力試験は課しません。
＊成績優秀者学費免除制度あり！（5教科型のみ）
　各学科（経済は学部）の第1志望合格者上位10%⇨4年間学費免除※
※2年次以降は前年次の成績によります。
◇大学入学共通テストプラス方式入学試験（前期・中期・後期）
●詳細は、入試ガイド・入試要項等で必ずご確認ください。

> **大学見学会（2024年度予定）**　※詳細はWebサイトを参照ください。

〈日程〉3月23日㈯開催予定
〈内容〉各学部・学科の模擬授業を体験できるイベントや個別相談コーナー（入試、学費、学科相談、学生生活）があります。ぜひご参加ください。
※当日はJR学研都市線「住道駅」南250m大学シャトルバス乗り場から送迎バスをご利用ください。（無料）

　　　　資料請求方法：巻末ページの「パンフレット一括請求」をご覧ください。

大阪歯科大学

資料請求

	請求ハガキ	巻末ハガキ
料 金		無 料
完成時期		6月下旬

〒573-1121　大阪府枚方市楠葉花園町8-1　アドミッションセンター　TEL 072-864-5511　〈HP〉https://www.osaka-dent.ac.jp/

TOPICS
- ●創立以来110年以上にわたり、「Science（最新の歯科医療知識）、Art（最新の歯科医療技術）＆ Heart（思いやりの心）」を備えた歯科医師を育成。
- ●医療保健学部は求人倍率20倍以上。国家試験合格率、就職決定率はいずれも100％。
- ●2024年4月、看護学部を開設。特急停車駅の京阪樟葉駅（大阪・京都から30分圏内）から徒歩5分。

🏛 大学GUIDE

　「博愛」と「公益」という建学の精神のもと、医療従事者としてすべての人を救うことをめざして歯学部と医療保健学部を設置。専門的な学びに加え、附属病院で最新の技術や、治療、豊富な症例に触れながら総合的な学びを得る環境を用意しています。さらに、個々の専門職が自律的な専門性を発揮する多職種連携において、その要となる「看護職」を養成するために、2024年4月、看護学部を開設します。

歯学部

　基礎から臨床まで6年間一貫した「系統講義」と、理解を深める「統合講義」で歯科医学を網羅的に学べます。入学後まもない時期に附属病院で実際の医療現場を体験する早期臨床体験学習、経験豊富な指導医による指導のもとで「患者さんとの対話」を大切にしながら診察・診断・治療計画の情報収集と基本的歯科診療技術の訓練が行われる5年生からの臨床実習など、特色ある学びによって歯科医師としての自覚とコミュニケーション能力を高めていきます。国家試験対策として、理解・反復・記憶の3ステップの学習、学生一人ひとりの得意・不得意に合わせたクラス編成、小テストや模擬テスト、特別講義や面談なども行い、多方面からサポートします。

医療保健学部

　歯科医師養成課程に準ずる充実したカリキュラムで、国家資格取得に要求される以上の歯科医療知識を学問として追究します。プレゼンテーションやディスカッション、相互実習などの課題解決型授業を通して応用力、発展性、思考力を養い、附属病院で行われる臨床実習では、多様な症例に向き合い、コミュニケーション能力と臨床力を磨きます。総合病院等の外部機関での実習も行い、チーム医療のなかで活躍できるポテンシャルを高めま

■学部・学科組織
- ●歯学部　歯学科128
- ●医療保健学部　口腔保健学科70／口腔工学科30
- ●看護学部※　看護学科※80
  ※2024年4月、開設

す。**口腔保健学科（歯科衛生士養成課程）**では、歯科医療における高度な知識・技術とともに、歯科医療保健福祉分野についても広く学びます。卒業生は約半数が医師や看護師など多職種の理解と協働が求められる総合病院に就職し、このほか歯科医療を支える歯科系企業や、自治体での地域住民の口腔保健衛生管理など、幅広い分野で活躍しています。**口腔工学科（歯科技工士養成課程）**では、従来の歯科技工技術の習得に留まらず、CAD/CAMシステムや、睡眠時無呼吸症候群の治療などで用いられるマウスピースをはじめとしたオーラルアプライアンスなど、先進歯科医療に関する知識や技術を身につけた人材を医療現場へ輩出しています。

　「社会福祉士コース（両学科合わせて15人）」では、専門的知識および技術を持って、日常生活を営むのに支障がある人の福祉に関する相談に応じ、助言、指導、援助などに携わる社会福祉士をめざすことができます（社会福祉士国家試験を受験し合格することが必要）。

看護学部※

　看護師は、患者さんを中心にその家族、医療チームのメンバーをつないで、より安全で安心な治療を支援し、よりあたたかなケアを実現する「要（かなめ）」といえる存在です。**看護学科（看護師養成課程）**では、ヒューマンケアリングを基盤とし、人々の生命をまもりその人らしい生活を支える確かな看護実践力を備え、医療チームの一員として地域の保健・医療・福祉に貢献できる探究心と行動力を身につけた人材を養成します。

※2024年4月開設

DATA・FILE
- ○教員数……207（教授58　准教授20　講師56　助教67　助手6）
- ○学生数……1,178（男444　女734）
- ○キャンパス面積……132,145㎡
- ○蔵書数……約14万冊
  （2023年度）

奨学金・特待生制度
- ●学内奨学金　特待生制度、大阪歯科大学歯学部奨学金、大阪歯科大学共済会奨学費（歯学部）、学費支給者の死亡に伴う支弁制度奨学金（歯学部）　など　　※詳細はHPをご覧ください。
- ●日本学生支援機構奨学金制度
- ●高等教育の修学支援新制度

楠葉キャンパス　　牧野キャンパス　国の登録有形文化財　　　　　　　　天満橋キャンパス

CAMPUS情報

楠葉キャンパス
　歯学部と大学院歯学研究科があり、緑豊かな学びの空間です。2024年4月に看護学部新学舎が完成。京阪本線樟葉駅（特急停車駅。大阪・京都から30分圏内）から徒歩5分。

楠葉キャンパス　新棟

牧野キャンパス
　自然豊かな丘陵地にあり、医療保健学部と医療保健学研究科を設置。1929年に建てられた本館は、国の登録有形文化財に指定されています。京阪本線牧野駅から徒歩7分。

天満橋キャンパス
　臨床実習が行われる大学附属病院があります。大阪の中心部にあり、18の診療科と11の専門外来を併設、年間約27万人の外来患者が訪れます。さまざまな分野で高度な歯科診療を提供する総合歯科病院ならではの圧倒的な症例数が強みです。

取得資格

歯学部　歯科医師国家試験受験資格
医療保健学部　口腔保健学科／歯科衛生士国家試験受験資格　口腔工学科／歯科技工士国家試験受験資格　学科共通／社会福祉士国家試験受験資格（選択制）
看護学部　看護師国家試験受験資格、保健師国家試験受験資格（選択制）、第一種衛生管理者※、養護教諭二種免許状※　　　※保健師資格取得後、申請により取得可

入試GUIDE（2024年度参考）

歯学部
①学校推薦型選抜（公募併願制）
②一般選抜（前期・後期）
③チョイス1・2（前期・後期）（高得点型オプション方式）
④大学入学共通テスト利用選抜（前期・後期）
⑤プラス1（前期・後期）（共通テストオプション方式）
⑥転入学・編入学試験
医療保健学部
①総合型選抜　②学校推薦型選抜（公募制専願・併願制）
③一般選抜（前期・後期）
④大学入学共通テスト利用選抜（前期・後期）
看護学部
①総合型選抜　②特別選抜（ファミリー推薦制）
③学校推薦型選抜（公募制）　④一般選抜（前期・後期）
⑤大学入学共通テスト利用選抜（前期・後期）

オープンキャンパス　※HPから要申し込み
●歯学部（楠葉キャンパス）
①7/28(日)、②8/25(日)
※②は天満橋キャンパスにて実施します。
●看護学部（楠葉キャンパス）
①5/26(日)、②6/23(日)、③7/28(日)、④8/10(土)、⑤9/15(日)

●医療保健学部（牧野キャンパス）
①3/24(日)、②5/26(日)、③6/16(日)、④7/28(日)、⑤8/18(日)
※④は楠葉キャンパスにて実施します。
※口腔工学科志望者限定のオープンキャンパスを8月中旬に実施予定です。会場は天満橋キャンパスです。
★7/28(日)のオープンキャンパスは3学部合同で実施予定です。

資料請求方法：巻末ページの「パンフレット一括請求」をご覧ください。

資料請求		
	請求ハガキ	巻末ハガキ
料　金	無　料	
完成時期	4月上旬	

大阪女学院大学

〒540-0004　大阪府大阪市中央区玉造2-26-54　アドミッションセンター　TEL 06-6761-9369　〈HP〉https://www.oj-navi.net/

TOPICS

■地球規模の課題を英語「で」学び、平和を創り出す人に。
■「韓国語専攻」は、韓国語メインのカリキュラムです。

世界のトピックを英語で学ぶ

世界の中の「わたし」として学ぶ

　自己への気づきを深め、地球的課題について学びながら高度な語学力を養い、専門分野についての知識と見識を深めていく4年間。「平和・人権・文化・環境」など世界の課題を英語「で」学ぶ、内容豊かな授業。1・2年次の教養科目や必修英語科目から、2年次以降は専攻やコースの専門分野を学びます。4年次には自分のGraduation Project（卒業研究）のテーマを設定し、担当教員のもとで研究を進め、英語で卒業論文を作成します。

●国際・英語専攻

　「英語コミュニケーション」「国際協力」いずれかのコースを主として英語で専門科目を学びます。セメスタ（学期）留学のチャンスがあります。

●Women's Global Leadership専攻（WGL専攻）

　「英語コミュニケーション」「国際協力」の専門分野を横断的に英語で学びます。通年留学またはセメスタ留学のチャンスがあります。WGL専攻は、入学時の英語運用力TOEIC®500点以上程度の方が選択できます。

●韓国語専攻

　韓国語「で」世界の課題を学ぶ科目が多く、3年次からは韓国語科目のみとなり、卒業論文も韓国語で作成します。在学中の長期留学も可能です。入学時に韓国語が一定レベル以上の方は初級科目をスキップできます。英語は、1・2年次は学部共通英語必修科目があります。

主体的に学ぶ　課題達成型学習

　「課題達成型学習」で学生が主体的に学ぶのが特色。プレゼンテーションやディスカッションなど自分の考えを発表する機会が豊富で、語学力だけでなく、思考力・対話力・発信力が、普段の学びの中で養われます。

■学科組織

●国際・英語学部

　国際・英語学科130

徹底した少人数制、国際性豊かなキャンパス

　小さな大学ならではの少人数制で、学生一人ひとりに、学ぶ時間と機会が十分に与えられます。先生と学生、学生同士、互いの距離が近いアットホームな環境。海外にルーツをもつ学生も多く、国際性豊かなキャンパスです。

英語・韓国語併修　英語・中国語併修

　英語＋中国語、英語＋韓国語の併修プログラム「English＋1」で、実務レベルの実力をつけます。台湾や韓国の協定大学へ語学留学のチャンスもあります。

日本語教師養成プログラム

　対話の心とコミュニケーション力を持った日本語教師がますます求められる時代。人との関わりの中で学ぶことを大切にする大阪女学院で、異文化の人々の日本語学習を支える人を育てます。

目指せる資格

　中学校・高等学校教諭一種免許状（英語）
※教職課程履修＆修得による

海外プログラム（一部紹介）

セメスタ留学　協定大学（英語圏のほか台湾、香港、韓国などのアジア）で正規課程の専門科目等を履修します。

海外インターンシップ　海外で英語を使って接客や事務などの就業体験。留学とはまた違った体験ができます。

海外フィールドスタディ　アジアの開発途上国で現地の支援プロジェクトに参加する体験型プログラムです。

海外Cabin Attendant実習　キャビンアテンダントとして活躍するための実習を韓国の大学で行います。

徹底した少人数制・習熟度別クラス編成

　無理なく学べる環境で、先生に質問がしやすく、自分の意見を発信する機会も豊富。伝える力や聴く力が着実に鍛えられます。

多彩な授業

●Phonetics（音声学）

英語の正しい発音を習得するための、理論と実践を効果的に合わせた授業です。他の言語にも応用でき、多くの学生が複数言語の語学力を伸ばしています。

●Development Education（開発教育）

貧困、環境破壊、人権侵害など開発をめぐる問題を考え公正な地球社会づくりをめざす開発教育。その実践を英語で学びます。

●Advanced Marketing

マーケティング理論を国際的なビジネスシーンで実践することを想定して、英語で学びます。

充実した奨学金制度

●特別給付奨学金

【（A）年額80万円学費減免】一般選抜・大学入学共通テスト利用入試・特別給付奨学金受給資格試験の得点取得率80％以上。英検・TOEIC®・韓国語能力試験のスコアも対象。

【（B）年額40万円学費減免】一般選抜・大学入学共通テスト利用入試・特別給付奨学金受給資格試験の得点取得率70％以上80％未満。英検・TOEIC®・韓国語能力試験のスコアも対象。

【（C）年額20万円学費減免】公募制学校推薦型選抜の得点取得率70％以上。一般選抜・特別給付奨学金受給資格試験の得点取得率60％以上。英検・韓国語能力試験のスコアも対象。

●自宅通学圏外学生支援奨学金

遠方のため自宅外通学する学生が対象です。年額24万円（4年間で最大96万円）の学費減免。
※主たる家計負担者の年収に基準有

卒業後の進路

●就職決定率：97.3％（2023年3月卒業生実績）

「社会人基礎力」が、学びの中で養われる

徹底した少人数制、世界の課題と向き合う授業。先生と学生の距離が近く、受け身ではない授業で学ぶ中で、自分の考えを持ち、表現する力、コミュニケーション力などが自然と鍛えられるのが特色です。大阪女学院生の「社会人基礎力」は幅広い分野で高く評価されています。

主な就職先

アイコム、日伝、ルイ・ヴィトン ジャパン、ANA大阪空港、ANA関西空港、Kスカイ、JALスカイ、明治安田生命保険、近鉄・都ホテルズ、JTB、大阪YMCA、キンダーキッズ　他　　　　（2023年3月卒業生）

「ワタシを見つける」総合型選抜

大阪女学院大学の学びに出会える入試です。興味に合わせて選べる3つのコース、アクティブラーニングの内容を取り入れたプログラムに参加して、共に学び、新しい気づきを得て「ワタシを見つける」体験をします。

プログラム参加後、他の入試に変更もできます。ぜひ気軽に参加してください。

エアライン道場

航空業界に就職したい女学院生たちを強力にサポート！外資系エアラインCA・教官の経験を持つスタッフが、面接対策から英語対策、企業研究まで全15回の講座でしっかり鍛えます。

オープンキャンパス2024

【日程】3/27(水)【予約制】
「英語スピーキング体験授業」「エアライン道場」を開催。韓国に留学した学生の体験談も。遠方からご参加の方に交通費の補助がありますので、詳しくはHPをご覧ください。
【学校見学は随時可】【オンライン相談もあり】（予約制）

資料請求方法：巻末ページの「パンフレット一括請求」をご覧ください。

大阪総合保育大学

〒546-0013　大阪府大阪市東住吉区湯里6-4-26　広報室　TEL 06-6702-7603　〈HP〉http://jonan.jp/soho

TOPICS

週に一度の現場経験で、保・幼・小の「先生」になろう！

「保育士・幼稚園教諭1種・小学校教諭1種、3つ同時取得」を全卒業生の98%がしている児童保育学科と、脳科学や赤ちゃん学・病棟保育など、0歳から2歳を高度で専門的に学ぶ日本初の「乳児保育学科」があります。

🏫 大学GUIDE

　2006年に日本初の保育系単科大学として誕生した大阪総合保育大学。2020年4月からは、乳児保育学科が誕生。大阪総合保育大学は児童保育学科と乳児保育学科の2学科体制となりました。1年次の5月から、週に一度子どもたちのところへインターンシップに行く「子どもと1,700時間プログラム」で実践力を養います。先生として必要な力を現場で学び、大学内での授業もリアルで充実したものとなります。さらに、保育士・幼稚園教諭1種・小学校教諭1種・特別支援学校教諭1種の4資格同時取得が可能で「保・幼・小連携」に対応できる力を養います。実践力と深い学術的学びが融合した、保育・教育のスペシャリストを育成する大学です。

学びの4つのポイント

①子どもと1,700時間プログラム：1年次の5月から、週に一度のインターンシップ制度があります。授業での学びを教育現場で実践し、現場での気づきや疑問を授業で解決しながら、実践能力を身につけ、目的意識を高めます。1年間同じ現場へ行くことで、1年間の子どもたちの成長や現場の年間の流れなどが理解できます。また、1年ごとに異なる現場に通えるため、保・幼・小などの現場の実情や特徴が分かり、就職後に生かすことのできる知識や能力が養われます。インターンシップは4年間合計で約960時間。このほかに保・幼・小の資格取得の実習が約740時間あり、在学中に1,700時間を子どもと過ごします。特別支援学校教諭を目指す場合は、さらに約100時間の教育実習を行います。

②無理なく3大免許（保・幼・小）同時取得：児童保育学科では、免許・資格の複数取得ができる独自カリキュラムで、「3大免許（保・幼・小）同時取得」率が全国トップクラス！2023年3月卒業生は98%が3つ同時取得し

■学科組織

●児童保育学部

　児童保育学科110／乳児保育学科70

〈大学院〉

　児童保育研究科〔児童保育専攻（博士前期課程（2年）10、博士後期課程（3年）3）〕

ています。

③日本初の乳児保育学科誕生：児童保育学科に加えて、2020年4月から乳児保育学科が誕生しました。0歳から2歳の赤ちゃんについて、「赤ちゃん学」や「脳科学」「病棟保育」「乳児院」などを高度かつ専門的に学びます。「脳科学」や「赤ちゃん学」など、従来は大学院や研究所でしか学べなかった分野が学べる大学です。高度で専門的な大学内での学びと、週に一度の現場経験がリンクして、現場で活躍できる先生を育てています。

④現場で役立つ高度な技術：1年次から4年次まで週に一度行うインターンシップで、実践力を身につけます。授業で学んだことを実習先で確かめ、実習先で気づいたことをまた授業で学ぶ。繰り返しこの体験をすることにより、現場で役立つ能力が身につくのです。

📇 CAMPUS情報

小さな大学だからできるサポート体制

〈個人カルテシステム〉入学時に学生一人ひとりの個人カルテを作成。希望進路の変化や適性・能力の推移などをもとにして、個別の自己実現プログラムを実施します。

〈ゼミは1年次から〉他大学では上級学年からはじまることが多い専門的学び〝ゼミ〟。1年次から4年間行うことで、学生が大きく成長しています。

〈担任制〉それぞれのゼミに担任の教員がいます。学生

DATA・FILE

- ○教員数……34（教授17　准教授10　講師7）※非常勤を除く
- ○学生数……学部674
- 　　　　　　大学院74
- ○蔵書数……約7万3千冊

（2023年度）

大学院（博士前期課程／博士後期課程）

○児童保育研究科　児童保育専攻

　保育・教育実践研究領域（前期）、保育・教育研究領域（後期）、子どもの健康研究領域（前期・後期）を専門領域とし、各研究領域の専門教員による指導で、より高度な専門性を有する〝専門職業人〟と〝研究者〟を養成しています。

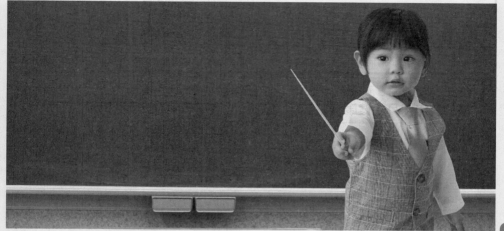

と教員との距離が近く、資格取得や進路面をはじめさまざまな相談・フォローを実現させています。

施設・設備

　保育園から大学院までを擁する総合学園として、快適な施設・設備の充実を図っています。**A学舎**には大教室や弾き歌い演習室、大学院の研究室などを整備。フリーラウンジ、屋上庭園などリラックススポットが充実しています。**B学舎**は学びやすさとコミュニケーションの取りやすさをポイントにした校舎。空き時間などにピアノを練習できるピアノ練習室もあります。**第2学舎**は「ラーニング・コモンズ」を備えた図書館、保護者支援にも力を入れている保育園、坂上記念ホールなどがあります。**C学舎**は2020年4月に完成。実際に子どもが遊んでいる施設もあります。

取得可能資格

　保育士、幼稚園教諭1種免許、小学校教諭1種免許の3つの資格が同時に取得できます。このほか、特別支援学校教諭1種免許（キャップ制あり）、認定ベビーシッター、絵本認定士、社会福祉主事任用資格が取得できます。

　無理なく保育士・幼稚園教諭1種・小学校教諭1種の免許が同時取得できます。全卒業生の98％が「保幼小」3つ同時取得。全卒業生の46％が「保幼小＋特別支援」の4つ同時取得している大学です。

卒業後の進路

就職サポート

　個人カルテシステムを活用し、一般論を個人の就職にあてはめるのではなく、一人ひとりにあったきめ細やかな進路指導を実現します。キャリア支援センターが、希望進路に応じたさまざまなサポートを行います。

就職状況（2023年3月卒業生）

　卒業者数……108　就職希望者数……105
　就職決定者数……105（決定率100％）

　すべての卒業生に対する就職者の割合（就職者数／卒業者数−進学者数）は97.2％と全国トップクラスで、専門職就職率も90％と高くなっています。大学院に進学して、さらに高度な研究を続ける道も開けています。

2023年就職先

　保育所20（うち公立4）、こども園34（うち公立8）、幼稚園9（うち公立3）、小学校33、施設等6、企業等3

入試GUIDE（2024年度入試参考）

①総合型選抜
②学校推薦型選抜
③一般選抜（前期・中期・後期）
④大学入学共通テスト利用入試（前期・中期・後期）
⑤編入学入試

スマートフォンサイト「SoHoDaiナビ」

http://jukensei-sohodai.jp/
　いつでもどこでも最新情報や入試情報をチェックできる、受験生応援スマートフォンサイトです。在学生メッセージ動画など新しいコンテンツも更新中。ぜひ一度アクセスしてみてください。

オープンキャンパス2024（入退場自由、予約不要）

日程の詳細はWEBサイトで！
http://jonan.jp/soho
〈主なプログラム〉大学説明、入試について、おもちゃづくりコーナー、模擬授業、先輩と話そう、個別相談コーナーなど
※詳細は大学ホームページをご覧ください。

　資料請求方法：巻末ページの「パンフレット一括請求」をご覧ください。

大阪電気通信大学

〒572-8530　大阪府寝屋川市初町18-8　入試部　TEL 072-813-7374　〈HP〉https://www.osakac.ac.jp　〈E-mail〉nyushi@osakac.ac.jp

TOPICS
- 2024年4月、建築・デザイン学部開設！
- 2025年4月、健康情報学部（仮称・設置構想中）を開設予定！

🏛 大学GUIDE

工学部

電気電子工学科：電気・電子技術の幅広いフィールドで活躍するエンジニアを育成します。

電子機械工学科：ロボット、自動車、カメラなどの精密機械であるメカトロニクス分野を学びます。

機械工学科：モノづくりの中核となる機械設計や専門的なエンジニアを養成します。

数理科学専攻：先端科学技術から教育まで幅広い舞台で活躍できる理数系ジェネラリストを育成します。

環境化学専攻：サスティナブルな未来の社会や生活に必要な知識と技術を学びます。

情報通信工学部

情報工学科：ソフトウエア開発者やプログラマーなど情報のスペシャリストを養成します。

通信工学科：通信の将来を担う次世代のネットワークエンジニアを育成し、ユビキタス社会を切り開くトップリーダーをめざします。

建築・デザイン学部

建築専攻：さまざまな空間や建造物の設計にも挑戦して、課題発見力・問題解決力を修得し、建築士をめざします。

空間デザイン専攻：現実空間だけでなく、情報空間（VR・AR）、仮想空間（メタバース）まで幅広い知識と技術を備えたデザイナーや技術者を育成します。

健康情報学部（仮称・2025年4月設置構想中）

医療工学専攻：AI技術やICTに強い臨床工学技士や健康医療機器を扱うエンジニアを養成します。

理学療法学専攻：ICTを活用した科学的根拠に基づいて効果的な理学療法を提供できる力を育成します。

スポーツ科学専攻：ICTを活用して運動やスポーツを効果的に提供し、子どもや高齢者からアスリートまで、人々の心と身体を支えるスキルを磨きます。

総合情報学部

デジタルゲーム学科：ゲーム制作を軸に、プログラミングやデザイン等他分野での表現力を養い、ゲーム分野のプロフェッショナルを育成します。

ゲーム＆メディア学科：ゲーム・メディアコンテンツを中心に、これからのゲーム産業を担う人材を養成します。

■**学部組織**（2024年度）

●**工学部**
電気電子工学科／電子機械工学科／機械工学科／
数理科学専攻／環境化学専攻

●**情報通信工学部**
情報工学科／通信工学科

●**建築・デザイン学部**
建築専攻／空間デザイン専攻

●**健康情報学部**（仮称）※
医療工学専攻／理学療法学専攻／スポーツ科学専攻

●**総合情報学部**
デジタルゲーム学科／ゲーム＆メディア学科／情報学科

※現行の医療健康科学部を組織変更し、2025年4月健康情報学部を開設予定（仮称・設置構想中）

情報学科：スマートフォンやSNS（ソーシャルネットワーキングサービス）などを通じて、新時代の情報技術を切り開く専門家を養成します。

🏢 CAMPUS情報

寝屋川キャンパス

2022年に竣工したOECUイノベーションスクエアを中心に、工学・情報・建築のあらゆる施設が学生生活を支えています。また、最寄り駅から徒歩7分の便利な立地になります。

四條畷キャンパス

大阪平野を見渡せる高台にあり、美しい自然に囲まれたキャンパスです。医療・健康と先端マルチメディアに関する高度な施設がそろっています。クリエイティブな発想を生み出したり、実習や研究に打ち込むのにぴったりの環境です。

●**3D造形先端加工センター：寝屋川キャンパス**

5軸制御立形マシニングセンタ、金属光造形複合加工機、3Dプリンターなどを中心とした3次元造形のための先端加工の設備を備え、モノづくりのための技術者教育に注力。産業界との連携による学生のモノづくりの能動的な学修（Active Learning）や課題解決型学習（Project Based Learning）を実施し、教育研究の効果を向上させるプロジェクト「産学連携3D工房教育プロジェクト」を展開しています。

撮影：堀内広治

●先端マルチメディア合同研究所：四條畷キャンパス

　製作スタジオが1つになった産学官の共同研究施設です。人の動作をCGキャラクターに反映し、リアルな動きをさせる「モーションキャプチャースタジオ」、撮影から編集までプロの現場と同じ制作環境を備えた「映像編集スタジオ」、映像にのせるBGMや効果音などを収録する「音像編集スタジオ」、ハイスペックなマシンと充実したソフトを完備した「CGスタジオ」など、関西最大級の設備を完備。現場で活躍するプロの仕事を学内に呼び寄せます。学生はアシスタントとして生きた学びを得ることができます。

 **就職に強い大阪電気通信大学!
就職率98.5%**

■採用を増やしたい大学 全国私大1位（全国4位）

※日経キャリアマガジン特別編集「価値ある大学2023年版」（日経HR 2022年6月発行）

■2023年度実就職率ランキング

　関西圏　2位（全国17位）　※大学通信「大学探しランキングブック2024」（卒業生1,000人以上の大学）

主な就職内定先(2023年3月卒業実績)　関西電力、住友林業、きんでん、ダイハツ工業、ニプロ、東映、カプコン、富士ソフト、ルネサンス、大阪府教育委員会　他

 資格取得を全力でサポート

　「資格学習支援センター」を設置し、**4人に1人の学生**が活用。就職など将来の進路に役立つ各種資格取得を強力にサポートします。学科教員を中心とした教授陣の熱心な指導や、e-learningシステムの活用などにより、スマホやPCを使っていつどこでも学修できます。

■取得できる資格　高等学校教諭一種免許状（工業・数学・情報・理科・保健体育）、中学校教諭一種免許状（数学・技術・理科・保健体育）、第一級陸上特殊無線技士、第三級海上特殊無線技士、スポーツ・レクリエーション指導者、食品衛生管理者、食品衛生監視員　など

■受験資格を取得できる資格　一級建築士、二級建築士、木造建築士、臨床工学技士、理学療法士、健康運動指導士、健康運動実践指導者、ジュニアスポーツ指導員　など

 入試GUIDE

　2025年度入試については、大阪電気通信大学受験生応援サイトをご確認ください。

表彰制度

　指定の資格を取得した学生に対して、学長・学部長が表彰を行う制度を用意しています。奨励金の授与もあるため、資格学習の経済負担を軽くすることが可能。より多くの学生が資格取得をめざせるようにしています。

成績優秀者奨学制度

　入試成績優秀者を対象に、学費（授業料・実験実習科・実習料）を入学後最大4年間免除する「成績優秀者奨学制度」があります。得点順位1位〜30位までの第一志望合格者は全額免除、得点順位31位〜50位までの第一志望合格者は半額免除となります。詳細は必ず入試要項をご確認ください。

　資料請求方法：巻末ページの「パンフレット一括請求」をご覧ください。

関西大学

〒564-8680　大阪府吹田市山手町3-3-35　入試センター　入試広報グループ　TEL 06-6368-1121（大代表）　〈HP〉https://www.kansai-u.ac.jp/nyusi/

資料請求		
	請求ハガキ	巻末ハガキ
	料　金	無　料
	完成時期	6月

🏛 大学GUIDE

法学部　法と政治を学ぶことで、社会の諸問題に対して自らの意見を構築できる人材を育成します。異なる価値を受け入れ、論理的な分析や民主的な調整をしながら、問題を解決する能力を養います。

文学部　16専修を設置し、幅広い教養と奥深い専門知識をもって社会をリードする人材の育成を目標に、思想・心理、歴史・地理、文学・言語、さらにはそれらを横断する学際的な教育を展開しています。

経済学部　経済活動の分析・考察を通して、国内外を問わず現代社会で起きている出来事を読み解く力を養います。経済学を通して、社会の幅広い分野で活躍できる高い基礎力をもった人材を養成します。

商学部　グローバル化するビジネスの世界で必要不可欠である英語と会計の実践力を備え、さまざまな経験から物事を柔軟に捉えられる「品格ある柔軟なビジネスリーダーの育成」を目標としています。商学の基礎知識を習得した上で、実践的な学びを通じて問題解決能力を身に付けていきます。

社会学部　理論と実証を通じて、社会を考察し、専門性と総合力をバランスよく身に付けることを目標としています。学生の研究活動を促進する多彩な講義科目や実証的な実験・実習科目、演習科目が設置され、各自の関心に応じたテーマを研究します。

政策創造学部　国際関係論、政治学、経済学、経営学、法律学などの社会科学諸分野を中心に幅広く学びます。横断的かつ段階的な学びを通して社会における公的な問題を発見し、グローバルな視野から解決策を考案・実行できる人材を育成します。

外国語学部　外国語とその関連分野を通じて国際社会に貢献できる人材の養成を目標としています。主専攻言語は、英語もしくは中国語とし、徹底した少人数教育や独自の海外留学プログラムにより外国語運用能力だけでなく、異文化への理解と多文化共生力、問題解決力などを備えた「外国語のプロフェッショナル」を育成します。

人間健康学部　"人間にとって真に必要な健康の在り方"という新たな観点から、"こころ"と"からだ"と"くらし"を総合的に捉え、人間の幸福を実現するための健康に関わる諸問題の解決手法を探究します。また、地域社会との連携による実践教育を重視します。

総合情報学部　「情報」をコアに多様な学問分野を総合的に学び、社会の情報化を推進する担い手に求められ

■学部・学科組織

〈千里山キャンパス〉
●**法学部**　法学政治学科
●**文学部**
　総合人文学科（英米文学英語学専修、英米文化専修、国語国文学専修、哲学倫理学専修、比較宗教学専修、芸術学美術史専修、ヨーロッパ文化専修、日本史・文化遺産学専修、世界史専修、地理学・地域環境学専修、教育文化専修、初等教育学専修、心理学専修、映像文化専修、文化共生学専修、アジア文化専修）
●**経済学部**
　経済学科（経済政策コース、歴史・思想コース、産業・企業経済コース、国際経済コース）
●**商学部**
　商学科（流通専修、ファイナンス専修、国際ビジネス専修、マネジメント専修、会計専修）
●**社会学部**
　社会学科（社会学専攻、心理学専攻、メディア専攻、社会システムデザイン専攻）
●**政策創造学部**
　政策学科（政治経済専修、地域経営専修）／国際アジア学科
●**外国語学部**　外国語学科
●**システム理工学部**
　数学科／物理・応用物理学科／機械工学科／電気電子情報工学科
●**環境都市工学部**
　建築学科／都市システム工学科／エネルギー環境・化学工学科
●**化学生命工学部**
　化学・物質工学科／生命・生物工学科

〈高槻キャンパス〉
●**総合情報学部**　総合情報学科

〈高槻ミューズキャンパス〉
●**社会安全学部**　安全マネジメント学科

〈堺キャンパス〉
●**人間健康学部**
　人間健康学科（スポーツと健康コース、福祉と健康コース）

〈吹田みらいキャンパス〉（2023年10月開設）
●**ビジネスデータサイエンス学部**※（仮称・設置構想中）
　ビジネスデータサイエンス学科※（仮称・設置構想中）

る多面的視野を育みます。文系・理系の枠組みを超えた自在の学びを通して情報の利活用能力を高め、情報化社会を創造する次代の担い手を育成します。

社会安全学部　安全・安心な社会の創造に寄与するための実践的な学びを通じて、防災・減災対策や事故防止、危機管理のための政策立案能力と実行力を兼ね備えた、社会貢献型人材を育成します。

ビジネスデータサイエンス学部※　スマートフォンやIoTの普及によって、あらゆる種類の膨大なデータが蓄積できるようになった現代社会。データを起点に新たな価値を創出する、データサイエンスの知見が必要とされ

ています。2025年に新設予定のこの学部では、高度なデータサイエンスのスキルを持ちそれをビジネスの現場で生かせる人材を育成します。

システム理工学部　自動運転の車が高速道路を走行するなど、あらゆるものがインターネットにつながる時代。多彩な視点をもち、今の時代に求められるシステムの構築に貢献できる研究者・技術者を育成します。実験と講義の有機的な連携により、豊かな想像力や論理的思考力、コミュニケーション能力を養います。

環境都市工学部　地球環境と調和のとれた産業・社会システムを備えた21世紀の「まちづくり」を進めるため、環境、都市デザイン、建築、社会基盤、情報、資源、エネルギー、環境化学プロセスをキーワードに、都市が抱える問題を多角的に学び、より快適な未来の都市を創造・再生できる研究者・技術者を養成します。

化学生命工学部　「もの」を原子や分子の集合体として見る眼を養い、ナノテクノロジー、バイオテクノロジー、医療などさまざまな先端技術で活躍する物質を創り出す研究者・技術者を育成。「もの」と「いのち」の共生を図る科学技術で社会の発展に貢献します。

卒業後の進路

卒業後のキャリアデザインを1・2年次からバックアップ

卒業後の進路をイメージして、そのための準備をする「キャリアデザイン」こそが、就職や進学の第一歩です。1・2年次には、自分の適性や志向をしっかりと分析し、進路や将来を深く考えるためのセミナーに参加。多種多様な国内外の企業・団体でのインターンシップなどを通し、社会や職業についての理解を深めます。さらに企業・団体の協力により学内セミナーを開催するなど、1年次から一人ひとりのキャリアデザインをバックアップするために、さまざまなキャリア・就職支援プログラムを実施しています。

2023年3月卒業生の就職率は98.5%（就職者数5,252人、男子98.2%、女子98.8%）。規模別就職状況においては、66.7%の学生が、巨大企業・大企業に就職、また、公務員就職者数は3,444人（公立学校教員を含まない）と、全国屈指の実績を誇ります。

主な就職先（2023年3月卒業生）

鹿島、積水ハウス、竹中工務店、アサヒ飲料、オムロン、花王、京セラ、住友化学、大日本印刷、デンソー、日産自動車、NEC、日本ハム、パナソニックグループ、村田製作所、YKK AP、関西電力、NTTドコモ、サイバーエージェント、NHK、富士通、商船三井、JR東海、日本通運、セブン-イレブン・ジャパン、双日、三菱食品、日本銀行、野村證券、みずほフィナンシャルグループ、国立病院機構、JTB、国家公務員一般職、国税専門官、労働基準監督官、各都道府県職員・教員・警察官・消防吏員ほか

資料請求方法：巻末ページの「パンフレット一括請求」をご覧ください。

ビジネスデータサイエンス学部※
（仮称・設置構想中）

2023年10月に誕生した吹田みらいキャンパスに、文理融合型の新学部の開設を構想中です。経営学や金融、会計などのビジネスとデータサイエンスを、豊富なアクティブラーニング科目で体系的に学び、実践志向のデータサイエンス教育を展開します。教員には国内屈指のデータサイエンティストらを起用し、企業との連携で実際のデータを活用した産学連携の特別プログラムも実施。学習の成果を実社会で活用できる場を積極的に設けることで、ビジネス現場に根ざした知識とAI・データサイエンスの先端技術の両方を習得します。学部での学びを通して身につけた、課題解決力・コミュニケーション力、分析力・構想力、自己研鑽力などを生かし、卒業後は現場で課題解決を先導するデータサイエンティスト、マーケティングアナリスト、政策・戦略立案者、アントレプレナーとして、IT、メディア、製造、金融、シンクタンクなど多様な業界での活躍が可能です。

※設置計画は予定であり、内容に変更があり得ます。

もっと知りたい関西大学

★学部の学びや、入試情報については、ぜひ「関西大学入学試験情報総合サイトKan-Dai web」をご覧ください！
※2024年度のオープンキャンパス開催情報は、決まり次第「Kan-Dai web」に掲載します。

関大　入試　　検索

553

関西外国語大学

【中宮キャンパス】〒573-1001　大阪府枚方市中宮東之町16-1
【御殿山キャンパス・グローバルタウン】〒573-1008　大阪府枚方市御殿山南町6-1
入試部　TEL 072-805-2850　FAX 072-805-2871
〈HP〉https://www.kansaigaidai.ac.jp
〈E-mail〉nyushi@kansaigaidai.ac.jp

資料請求

	請求ハガキ	巻末ハガキ
料　金		無　料
完成時期		5月上旬

TOPICS

●2024年4月に外国語学部国際日本学科と短期大学部未来キャリア英語学科を開設！

　国際日本学科では、高度な英語運用能力を有し、日本語・日本文化に精通した「世界と日本をつなぐ」グローバル人材を育成します。未来キャリア英語学科は、実用的な英語コミュニケーション力と情報リテラシーを養成し、2年間で「将来のなりたい自分」を実現します。

グローバル人材の育成をめざして

　関西外国語大学は長年にわたり、グローバル人材の育成に努めてきました。語学修得にとどまらず、文化や歴史、宗教、政治などの幅広い教養を学ぶ「語学＋α」の教育にも力を注いでいます。2024年4月に外国語学部国際日本学科と短期大学部未来キャリア英語学科を新設。これからの時代を生き抜くための力を育んでいきます。

　国際共生学部　国際共生学科は、すべての授業を英語で開講。海外からの留学生とともに学ぶことで、多様な価値観や背景を持つ人々との協働に必要な異文化理解力と言語運用能力、コミュニケーション力を身につけます。幅広い教養と広い視野での知識を養成し、グローバル社会が抱える課題解決に関わる人材の育成をめざします。

　英語キャリア学部　英語キャリア学科は、英語学と社会科学を融合させた先進的なカリキュラムで、国際社会で活躍するグローバルリーダーを育成します。1年次から「英語プロフェッショナル」「グローバル・ビジネス」「国際教養」の専門研究科目を履修。3年次には原則全員が対象の1年間の専門留学に参加し（※資格審査有り）、留学先大学で専門分野を学びます。小学校教員コースは、数多くの英語教員を輩出してきた教員養成のノウハウを生かしながら、外国語大学ならではの国際教育を行い、「英語が使える小学校教員」を育てます。

　外国語学部　英米語学科とスペイン語学科は、英語とスペイン語の「聞く」「話す」「読む」「書く」の4技能に関連する科目をコア必修科目とし、高度な外国語運用能力を養成します。スペイン語学科では英語も必修科目とし、2言語のマスターをめざします。英米語学科とスペイン語学科では、3つのコースを設け、専門知識と教養を身につけます。英語・デジタルコミュニケーション学科は、関西外大が培ってきた英語教育に、これからの社会で不可欠なデジタル関連の学びを取り入れ、データサイエンスの基礎からITのビジネス活用、データ分析まで、実社会で役立つデジタル知識・スキルを幅広く学修します。国際日本学科は、「英語×日本語×文化・社会」の学びを実践します。留学先大学の学部生と一緒に、ビジネスや国際関係論などの科目を受講する原則1年間の独自留学プログラムにもチャレンジできます。

　英語国際学部　「英語と中国語」に加え、未来を先取りする学びで、未来創造型グローバル人材を育成します。「グローバルスタディーズ＆コミュニケーション」では、語学力とグローバルな視点で物事をとらえる力を磨きます。「グローバルリベラルアーツ」では、グローバル社会が直面している課題について理解を深めます。

　短期大学部　英米語学科は、あらゆる進路の基礎を固めるファーストステージと位置づけられ、4年制大学への編入学、就職など、希望の進路に対してきめ細かく対応できるよう、多様な学びを提供しています。週7回の英語の授業で、確かな語学力を養成。K.G.C.ベーシックスや、「アカデミック・キャリア形成」「グローバル・スタディ」「サービス・ホスピタリティ」の3つの専門科目群で幅広い知識を修得し、セカンドステージに備えます。未来キャリア英語学科は、アクティブ・ラーニング型授業により、社会で通用する英語力と課題解決能力

■学科組織

（中宮キャンパス）（御殿山キャンパス・グローバルタウン）
- **国際共生学部**　国際共生学科70
- **英語キャリア学部**
　英語キャリア学科120／英語キャリア学科小学校教員コース50
- **外国語学部**
　英米語学科730／英語・デジタルコミュニケーション学科200／
　国際日本学科※200／スペイン語学科250
- **英語国際学部**　英語国際学科700
- **短期大学部**　英米語学科550／未来キャリア英語学科※150
※2024年4月開設

DATA・FILE

○教員数（専任）……大学265（教授121　准教授81　助教14　講師49）
　　　　　　　　短期大学部46（教授21　准教授14　助教1　講師10）
○学生数（全学）……11,403（男3,752　女7,651）
○キャンパス面積……414,769㎡
○蔵書数……約60万冊　　　　　　　　　　（2023年5月1日現在）

授業料全額免除の奨学金制度

「関西外国語大学グローバル人材育成特待生奨学金制度」は、一般入試前期日程と大学入学共通テスト利用入試前期日程の成績上位者を対象に、大学で4年間、短期大学部で2年間の授業料を全額免除（給付型）する奨学金制度。給付額は大学320万円、短期大学部154万円で、対象人数は大学60人、短期大学部10人です。

を身につけます。ビジネス分野の学びを通じ、サービス・ホスピタリティ業界（航空・ホテル・旅行）や、その他企業への就職力を獲得します。

国際交流のネットワークは 55カ国・地域の395大学

世界55カ国・地域の395大学と協定を結んでおり（2023年11月現在）、多彩な留学プログラムを用意しています。語学だけでなく、専門分野を学ぶ留学プログラムが充実しています。留学先大学で現地学生とともに学士課程の授業を履修する専門留学（英語キャリア学科）やリベラルアーツ留学のほか、海外の大学と関西外大の2つの学位を取得するダブル・ディグリー留学や2つの国で関西外大で学んだ学問分野を発展的に学ぶ2カ国留学などがあります。2022年度は1,250人が留学に参加し、海外からは年間約960人の留学生を受け入れています。

Super IES プログラム　専門分野を「英語」で学ぶ留学につながる先進的な英語教育プログラム。アメリカ、カナダの3協定大学と協働で開発しました。授業はすべてプログラムを協働開発した協定大学の教員が担当。留学先大学の授業を受講するのに必要な英語力とアカデミックスキルを飛躍的に伸ばします。

Intercultural Engagement Program　関西外大の学生と留学生が協働して企画・運営している国際交流プログラム。英語、スペイン語、中国語で気軽に交流できる「Language Cafe」や観光地を訪れるフィールドトリップ「おもてなしプロジェクト」など多彩な交流プログラムを展開しています。

国際教育・交流の一大拠点

GLOBAL COMMONS 結-YUI-
御殿山キャンパス・グローバルタウンには、約650人が暮らす生活空間「GLOBAL COMMONS 結-YUI-」があります。海外からの留学生と関西外大の学生が学・食・住を共にしながら、異文化理解を深めつつ、課題解決力、自己管理力、チームワークなど、グローバル人材として必要な力を育んでいます。

卒業後の進路

主な就職先
【大学】久光製薬、キーエンス、富士通、アサヒ飲料、

中宮キャンパス

三菱自動車工業、日本銀行、三井住友銀行、京都銀行、日本生命保険、SMBC日興証券、ロイヤルホテル、近鉄・都ホテルズ、星野リゾート、帝国ホテル、JTB、メルセデス・ベンツ日本、ファーストリテイリング、大塚商会、日本航空、AIRDO、ジェイエア、ANA関西空港、JALスカイ、日本通運、日本郵便、JR西日本、関西電力、福岡放送、楽天グループ、ソフトバンク、大和ハウス工業、積水ハウス、教員（小・中・高）、地方公務員（東京、大阪）ほか　　　　　　　　就職率94.7%（2022年度）
【短期大学部】京セラ、東洋紡、武蔵野、ティーアンドエムズ、紀州農業協同組合、ロイヤルホテル、近鉄・都ホテルズ、アパホテル、ジェイアール西日本ホテル開発、モンベル、日本通運、イートラスト、ヒューマンライフケア、地方公務員（大阪）ほか　　就職率95.6%（2022年度）

入試GUIDE

①一般入試（**前期日程S方式**／国際共生学部、英語キャリア学科、外国語学部、英語国際学部、**前期日程A方式・共通テストプラス方式**、**後期日程**／全学部）
②大学入学共通テスト利用入試／全学部
③公募制推薦入試／全学部
④特別型選抜など（**指定校、社会人A方式、帰国生徒**／外国語学部、英語国際学部、短期大学部、**特技A・B・D方式**／外国語学部英米語学科、英語国際学部、**特技C方式**／外国語学部英米語学科、**特技S方式**／英語国際学部、**グローバルチャレンジ**／国際共生学部、**2カ年留学チャレンジ**／英語キャリア学科、外国語学部英米語学科、**自己推薦、社会人B方式**／短期大学部）

大学院　▶
1979年に外国語大学としては初めての博士後期課程を開設しました。英語学専攻と言語文化専攻の2つの専攻で構成。2022年4月、博士前期課程の教育課程を刷新し、「英語学」「英語教育」「イベロアメリカ文化」「日本語学・日本語教育」「国際共生コミュニケーション」の5コースを設置しています。

オープンキャンパス　▶
年7回実施予定です。学部・学科説明、体験授業、入試概要説明、留学・国際交流プログラム説明、キャンパスツアー、個別相談、在学生スピーチなど、盛りだくさんの内容です。開催場所は中宮キャンパス、御殿山キャンパス・グローバルタウン。詳細は入試部へお問い合わせください。

資料請求方法：巻末ページの「パンフレット一括請求」をご覧ください。

関西福祉科学大学

〒582-0026　大阪府柏原市旭ヶ丘3-11-1　入試広報部　TEL 072-978-0676(直通)　〈HP〉https://www.fuksi-kagk-u.ac.jp/

TOPICS

就職率99.0%。資格が取れる、就職に強い大学です！
2023年学部系統別実就職率ランキング（福祉系）　全国第1位　（大学通信調べ）

■学部・学科組織（募集定員）

●社会福祉学部
　福祉創造学科140

●心理科学部
　心理科学科110

●健康福祉学部
　健康科学科80 ／福祉栄養学科80

●保健医療学部
　リハビリテーション学科
　（理学療法学専攻80、作業療法学専攻50、言語聴覚学専攻40）

●教育学部
　教育学科
　（子ども発達教育専攻100）

 **福祉・心理・健康・栄養・リハビリ・教育
分野で、資格が取れる就職に強い大学**

●福祉創造学科
社会福祉士＊、精神保健福祉士＊（定員あり）、介護福祉士＊（定員あり）など

●心理科学科
公認心理師（受験資格取得には条件有）、精神保健福祉士＊（定員あり）、認定心理士、認定健康心理士 など

●健康科学科
養護教諭一種免許状、第一種衛生管理者、公認心理師（定員あり、受験資格取得には条件有）、中学校・高等学校教諭一種免許状「保健」、准学校心理士（申請資格）など

●福祉栄養学科
管理栄養士＊、栄養士、栄養教諭一種免許状 など

●リハビリテーション学科
理学療法士＊、作業療法士＊、言語聴覚士＊

●教育学科／子ども発達教育専攻
幼稚園教諭一種免許状、保育士資格、小学校教諭一種免許状、特別支援学校教諭一種免許状、准学校心理士（申請資格）など　　＊は国家試験受験資格

就職率 99.0%	就職者508人／就職希望者513人		
社会福祉学科※	98.5%	福祉栄養学科	100%
心理科学科	100%	リハビリテーション学科	97.6%
健康科学科	100%	教育学科	100%

※2024年4月に福祉創造学科へ名称変更
2023年3月卒業生実績（2023年5月1日現在）

社会福祉士国家試験の合格実績
第35回社会福祉士国家試験では、既卒含む94人が合格し大阪府で22年連続トップの実績をあげました。

公立学校採用試験（小学校教諭・特別支援学校教諭・養護教諭）の合格実績
現役生10人が2023年度公立学校教員採用試験（小学校教諭・特別支援学校教諭・養護教諭）に合格しました。

管理栄養士国家試験の合格実績
第37回管理栄養士国家試験では、新卒受験者41人中37人が合格し、合格率90.2%を達成しました。

理学療法士・作業療法士国家試験合格率
第58回理学療法士国家試験では、現役合格率96.9%、第58回作業療法士国家試験では、現役合格率91.5%の実績を挙げました。

入試GUIDE （2024年度入試参考）

①総合型選抜（ポテンシャル発見・AO）
②学校推薦型選抜（指定校・課外活動・公募）
③一般選抜（一般選抜・大学入学共通テスト利用選抜）
④その他の選抜（社会人選抜・編入学選抜）

★入学試験に関わる奨学金給付制度があります。詳細については、ホームページ・入試ガイドでご確認ください。

資料請求方法：巻末ページの「パンフレット一括請求」をご覧ください。

	請求ハガキ	巻末ハガキ
料　金		無　料
完成時期		4月中旬

千里金蘭大学

〒565-0873　大阪府吹田市藤白台5-25-1　アドミッションセンター　TEL 06-6872-0721　〈HP〉https://www.kinran.ac.jp/

TOPICS
就職に強い、面倒見が良い大阪北摂の女子大学
面倒見が良い大学 近畿女子大学3位、大阪7位　就職力が高い大学 近畿女子大学1位、大阪8位

■学部・学科組織
●栄養学部　栄養学科80
●教育学部　教育学科70
●看護学部　看護学科90

なりたい大人に、なろう。
2023年4月、3学部3学科へ。

🏛 大学GUIDE

栄養学部栄養学科　全国平均を上回る国家試験合格率
　就職が圧倒的に強く、学生が進みたい進路を実現。学生と教員が双方向に距離が近く、いつでも対面で対応してくれる環境です。友人関係の満足度は97%と、卒業後も交流できる友人ができます。2・3年次の「実践ゼミ」では、通して意見を出し合いながら答えのない課題に取り組むプロジェクト型学習により、商品開発やレシピ開発、食品ロス削減活動、スポーツ関連などに取り組めます。

教育学部教育学科　現場体験や音楽に強い
　4年間を通して子どもたちに会い続ける現場体験と自由で主体的な学びの積み重ねで不安が自信に変わる学びを展開。音楽に強い大学なので、初心者は丁寧な個別指導で、子どもたちと一緒に音楽をする楽しさを知ることができます。ダンス・音楽の経験者にとっても、地域での発表があり高校での経験を生かせることが魅力です。

看護学部看護学科　関西屈指の教育・実習環境
　約3人に1人がダブルライセンス。4年間で看護師に加え、「助産師」「保健師」「養護教諭」をめざせます。高度医療に取り組む住友病院・市立豊中病院と提携。その他の実習先も大阪大学医学部附属病院や国立循環器病研究センターなど、関西屈指の実習環境で学ぶことができます。VRやシミュレータなど、看護を学ぶための圧倒的に充実した学内教育環境が整備されています。

📖 取得できる資格・免許

●栄養学部／管理栄養士※、栄養教諭一種免許、栄養士、フードスペシャリスト※、NR・サプリメントアドバイザー※、中級バイオ技術者※

交通アクセス ▶
阪急京都線「淡路」駅にて阪急千里線に乗り換えて、阪急千里線「北千里」駅下車。徒歩約10分。
大阪メトロ御堂筋線（北大阪急行）「千里中央」駅下車。阪急バス175系統で約10分、「金蘭会学園前」下車すぐ。

●教育学部／小学校教諭一種免許、幼稚園教諭一種免許、保育士、こども音楽療育士、社会福祉主事
●看護学部／看護師※、保健師※（選抜制15人）、助産師※（選抜制7人）、養護教諭（選抜制8人）

※は受験資格

🏃 就職実績・合格実績ランキング

実就職率　近畿女子大学2位
2019年～2022年　近畿女子大学4年連続1位
過去17年間の就職率97.6%
・栄養学部
　実就職率ランキング（家政・生活・栄養系）近畿4位
・教育学部
　保育教諭実就職率ランキング　全国女子大学2位
　保育士実就職率ランキング　近畿女子大学2位
　幼稚園教諭実就職率ランキング　近畿女子大学3位
・看護学部
　助産師国家試験合格率　全国1位
　助産師国家試験合格者数　全国女子大学1位

👑 ランキング情報

進路指導教諭が評価する大学
面倒見が良い大学　近畿女子大学3位、大阪7位
小規模だが評価できる大学　近畿女子大学4位、大阪8位
受験生が評価する大学
就職力が高い大学　近畿女子大学1位、大阪8位
施設設備・立地環境が良い大学　近畿女子大学2位、大阪7位
※『大学探しランキングブック2024』（大学通信）より

📝 入試GUIDE

①総合型選抜（AO）　②総合型選抜基礎学力型／前期A・B日程・後期　③学校推薦型選抜／指定校型・スポーツ型　④一般選抜／前期・中期・後期　⑤大学入学共通テスト利用型選抜／Ⅰ期・Ⅱ期　⑥社会人選抜　⑦編入学試験

資料請求方法：巻末ページの「パンフレット一括請求」をご覧ください。

近畿

四天王寺大学

〒583-8501　大阪府羽曳野市学園前3-2-1　入試・広報課　TEL 072-956-3183（直通）　〈HP〉https://www.shitennoji.ac.jp/ibu/

TOPICS

●**2024年4月、5学部7学科へと進化**
人文社会学部は文学部と社会学部へ。学生一人ひとりの個性・適性に合った学びを提供。

●**西日本私立大学初！教育学部から中・高の理科または数学の先生をめざせる**
西日本トップクラスの実績を誇る教育学部がリニューアル！中・高の理科免許課程を新設。

🏛 大学GUIDE

文学部

〈日本学科〉「日本語・日本文学」「国語教育・日本語教育」「伝統文化・観光」「現代文化」の4領域から多角的に日本を学びます。ARやVRを活用した最先端の学びで「言葉」の力を磨き、多様なメディアを使いこなす現代社会にふさわしいコミュニケーション力と発信力を身につけます。

〈国際コミュニケーション学科〉「外国語・英語教育」「国際文化」「ホスピタリティ」の3領域から興味に合わせて自由に選択できます。1年次に海外研修を希望する学生全員に対して、特別奨学金として現地の授業料・滞在費を支給する奨学金制度も設置します（予定）。

社会学部

〈社会学科〉「心理」「人間・社会」「地域・メディア」「歴史」の4コースから、興味のある科目を自由に組み合わせて学べます。社会調査士や認定心理士などの資格取得をめざせるほか、中学校、高等学校教諭一種免許状も取得可能です。

〈人間福祉学科〉社会福祉士、精神保健福祉士国家試験合格をめざします。大手ライセンススクールと連携し、無料の受験対策講座を開講。2023年の精神保健福祉士国家試験合格率は100%です。

教育学部

〈教育学科 学校教育コース〉入学後に、自身の適性に合わせて「小学校」「英語」「数学」「理科」「特別支援教育」「保健教育」より選修を選択。免許取得の幅が広がるとともに、小学校から高等学校までを見通した指導ができる専門性の高い教員を育成します。

〈教育学科 幼児教育保育コース〉幼稚園教諭免許と保育士資格に加えて小学校教諭免許を取得できるカリキュラムを用意。乳幼児期から児童期に至る子どもの発達過程を学び、「遊び」のなかでの「学び」を通して、心の教育ができる実践力のある保育者を養成します。

経営学部

〈経営学科〉学内ダブルスクールで公務員をめざす「公共経営専攻」と、優良企業への就職や起業をめざす「企業経営専攻」を設置。2024年度からデータサイエンスや地域創生などの新たな領域が加わります。

看護学部

〈看護学科〉最先端の学修環境ときめ細かなサポート体制で、地域社会に貢献する看護職を育成します。看護師だけでなく、保健師、助産師、養護教諭一種免許の取得をめざせます。

■学部・学科組織

●文学部
　日本学科 100／国際コミュニケーション学科 90
●社会学部
　社会学科 160／人間福祉学科 70
●教育学部
　教育学科(学校教育コース 200／幼児教育保育コース 60)
●経営学部
　経営学科(公共経営専攻 40／企業経営専攻 120)
●看護学部※
　看護学科 100
※収容定員増加構想中(収容定員増加は予定であり、変更になる場合があります)

取得資格

●**文学部**／中学校教諭一種免許状（国・英）、高等学校教諭一種免許状（国・書道・英）、博物館学芸員など
●**社会学部**／中学校教諭一種免許状（社）、高等学校教諭一種免許状（地歴・公民・福祉）、社会調査士、認定心理士、社会福祉士〈国〉、精神保健福祉士〈国〉など
●**教育学部**／幼稚園教諭一種免許状、保育士資格、小学校教諭一種免許状、中学校・高等学校教諭一種免許状（英・数・理）、特別支援学校教諭一種免許状、養護教諭一種免許状など
●**経営学部**／日商簿記検定、行政書士、宅地建物取引士、法学検定、ファイナンシャル・プランニング技能検定など
●**看護学部**／看護師〈国〉、保健師〈国〉、助産師〈国〉、養護教諭一種免許状など

 ## キャリア支援

　１年次の早い段階からキャリア指導を行い、段階的な進路支援、指導体制を整えています。学生一人ひとりの適性やキャリアプランに応じた進路を実現できるよう、キャリアセンターの専門スタッフがめざす分野ごとに丁寧にサポート。教職をめざす学生は教職教育推進センターがバックアップします。

就職率（2023年３月卒）
98.8%
人文社会学部 99.1%　教育学部 98.8%
経　営　学　部 97.4%　看護学部 100%

人文社会学部は2024年４月より文学部と社会学部へ。

主な就職先（2023年３月卒業生）
ダイキン工業、セキスイハイム近畿、良品計画、近畿日本鉄道、第一生命ホールディングス、紀陽銀行、公立小・中・高等学校教員、国家公務員（総合職）、大阪市役所、富田林市役所　ほか

2024年度教員採用試験結果
小学校教諭71人／中学校・高等学校教諭11人／養護教諭１人／特別支援学校教諭２人　※2023年11月現在判明分

交通案内
■近鉄南大阪線「藤井寺」駅または「古市」駅より近鉄バス（四天王寺大学行き）で約15分。
■大阪メトロ御堂筋線ほか「中百舌鳥（なかもず）」駅、「新金岡」駅よりスクールバス運行（事前申込必要〈有料〉）。
■自動車・バイク通学が可能。

 ## 奨学金制度

○**経営学部総合奨学金・看護学部特別奨学金**
　成績優秀者を対象に授業料の全額相当額もしくは半額相当額を支給。２年次以降も毎年対象者を選抜するため、最大４年間の授業料免除をめざすことができます。
○**その他の奨学金**
　入試成績上位者に入学金相当額を支給する「入学試験成績優秀者奨学金」、学業成績優秀者に年額30万円を給付する「学内奨学金」など、独自の奨学金制度が充実。

 ## CAMPUS情報

甲子園球場６個分！広大なキャンパス
　阪神甲子園球場約６個分という広大な敷地に、最新の施設・設備が充実しています。最先端の設備を備えた看護棟をはじめ、各種実習室は実際の現場を想定した実践的なつくり。クラブ活動の環境も充実しています。
学生駐車場を完備
　自動車約700台、バイク・自転車約600台が収容できる学生駐車場を用意。自動車やバイクでの通学も可能です。

 ## 国際交流

ランゲージプラザ「i-Talk」
　常駐のネイティブ・スピーカーによる無料の語学レッスンを実施。日本人スタッフも常駐しており、留学や海外インターンシップなどの相談もできます。
多彩な海外体験プログラム
　半年以上の長期留学から２週間～２カ月程度の短期研修、オンラインプログラムまで、目的や語学レベルにあわせて選択できる豊富なプログラムを用意しています。留学・海外研修のための奨学金制度も充実しており、経済的なサポートも万全です。

 ## 入試GUIDE （前年度参考）

①**総合型選抜**（オープンキャンパス参加型・自由応募型・プレゼン型）
②**学校推薦型選抜**（前期日程・後期日程・同窓入試）
③**一般選抜**（前期日程・中期日程・後期日程）
④**大学入学共通テスト利用**（Ⅰ期・Ⅱ期）

2023年度公務員採用試験結果
◆**現役合格者79人（実数46人）**
　国家公務員（総合職）１人／国税専門官１人／大阪府４人／大阪市７人／自衛官２人／警察官６人　ほか
　※2023年５月現在判明分

資料請求方法：巻末ページの「パンフレット一括請求」をご覧ください。

摂南大学

〒572-8508　大阪府寝屋川市池田中町17-8　入試部〈寝屋川キャンパス〉　TEL 072-839-9104　〈HP〉https://www.setsunan.ac.jp

TOPICS 9学部17学科の文理バランスのとれた総合大学

学部GUIDE

法学部　「**法律学科**」では、将来の希望職業分野に合わせて選択できる「法律学特修」「企業法務」「地域政策」「スポーツ法政策」の4コースを設置。講義、フィールドワーク、模擬裁判などを通じて法への理解を深め、論理的思考力を磨きます。

国際学部　語学力に加え、異なる文化や価値観への理解力を備え、主体的に考え行動できる「グローバル人材」が求められています。「**国際学科**」では語学のほか、社会貢献活動や海外インターンシップなどを通して言語・知識・教養を磨き、グローバルに活躍できる力を養います。

経済学部　「**経済学科**」では、「国際経済」「地域経済」「観光経済」の3コースを設置。「いま、そこで起きている経済活動」を、最新の経済理論とさまざまな実習によりローカルとグローバルの多様な視点で理解し、分析力を養います。知識を実践に応用する力と、企業・行政、NGOで実務を遂行する力を身につけます。

経営学部　経営とは「ヒト」「モノ」「カネ」「情報」という4つの重要な要素を用いて新たな価値を創造する活動です。「**経営学科**」は、それら4つの要素に関連するアプローチから、組織が抱える課題を解決する方法を考え、働く一人ひとりに求められる経営者視点を磨きます。「マネジメント」「ICTビジネス」「マーケティング」「会計・ファイナンス」の4コースで専門性を深めます。

現代社会学部　「**現代社会学科**」では、現代社会が抱える不定形な諸問題に対し、自ら調査を行い、正確な事実を把握・分析したうえで社会学の理論的枠組・幅広い知見を踏まえ、社会学的想像力を用いた共生的解決に、主体的・実践的に取り組んでいける人材を養成します。

理工学部　学びの楽しさを知り、社会の発展に貢献できる技術者・研究者となることを目指します。「**生命科**

■学部・学科組織（2024年度）

● **法学部**
　法律学科280
● **国際学部**
　国際学科250
● **経済学部**
　経済学科280
● **経営学部**
　経営学科280
● **現代社会学部**
　現代社会学科250
● **理工学部**
　生命科学科105／住環境デザイン学科85／建築学科80／都市環境工学科80／機械工学科130／電気電子工学科105
● **薬学部〈6年制〉**
　薬学科220
● **看護学部**
　看護学科100
● **農学部**
　農業生産学科80／応用生物科学科80／食品栄養学科[管理栄養士養成課程]80／食農ビジネス学科100

学科」、「**住環境デザイン学科**」、「**建築学科**」、「**都市環境工学科**」、「**機械工学科**」、「**電気電子工学科**」の6学科を設置。実験・実習を通して実践力・応用力を習得します。工学系の学科（住環境デザイン・建築・都市環境工・機械工・電気電子工学科）は、日本技術者教育認定機構（JABEE）の認定を受けており、教育の内容が国際的に通用する教育プログラムであると保証されます。

薬学部　「**薬学科**」では、アクティブ・ラーニング、学生相互の学び合い学習TBL（Team-Based Learning）等の教育を通して、これからの薬剤師に求められる薬の専門知識と医療人マインドを持つ人材を育成します。学内には病院薬局や無菌製剤室などを再現した本格的な実習施設も充実し、実践的な技術と専門知識を身につけます。

看護学部　「**看護学科**」は、徹底した少人数教育で、講義と実践を連動させたカリキュラムを編成。充実した施設・設備の環境の中で、薬学部との連携により薬の知識も強化しています。また、枚方市内の大学、行政、病

DATA・FILE

○教員数……381（教授154　准教授104　講師79　助教37　助手7）
○学生数……10,019
○蔵書数……約55万冊、学術雑誌3,820タイトル

（2023年5月1日現在）

交通案内

○寝屋川キャンパス／京阪本線「寝屋川市」駅、JR京都線「茨木」駅、阪急京都線「茨木市」駅から京阪バスで「摂南大学」下車　大阪メトロ谷町線・大阪モノレール「大日」駅から京阪バスで「摂南大学」下車
○枚方キャンパス／京阪本線「樟葉」駅から京阪バスで「摂南大学北口」下車　または「家具町1丁目」下車、徒歩約5分
JR学研都市線「松井山手」駅から京阪バスで「摂南大学北口」下車
京阪バス「直Q京都号」（京都駅八条口から直通）下車

院など14団体が連携した「健康医療都市ひらかたコンソーシアム」の一員として、地域医療に貢献しています。

農学部　農学は、農作物の研究や生産だけでなく、近年、医薬、経済・経営、環境問題やバイオ分野に加えIT・ロボティクス分野などさまざまな領域の学びと連携しています。「農業生産学科」「応用生物科学科」「食品栄養学科」「食農ビジネス学科」の4学科を設置し、人も学びもクロスできる総合大学という環境下で、文系・理系の枠を超えた幅広い農学を学びます。

学生一人ひとりの可能性を豊かに育む

少人数教育　法・国際・経済・経営・現代社会・理工学部は1年次から4年次まで一貫した少人数ゼミにより、学生一人ひとりの個性と能力を育むきめ細かい指導を行います。薬・看護・農学部は担任制を導入。学習指導をはじめ、進路や生活面などにおいても親身な指導を行います。

アクティブ・ラーニング　講義で学んだ理論を演習・実験などで試し、実践経験をもとに、また理論を学び直す「アクティブ・ラーニング」。学生が主体的に学ぶこのような学修スタイルを全学部で展開しています。実社会の中で学ぶ学外実習も多数実施し、知識や技術を社会で役立つ力へと高めます。学外組織と連携した課題発見解決型学習「摂南大学PBLプロジェクト」をはじめ、「実務家教員による指導」「企業との共同研究」「フィールドワーク」「インターンシップ」「教養特別講義」など、さまざまな学修機会を設けています。

海外語学研修・留学

　全学部を対象とした豊富な海外体験プログラムを用意しています。また、国際学部の学生を対象に摂南大学と協定を結んだ世界各国の大学への海外留学制度があります。留学期間は1年または半年。協定を結ぶ海外の大学へ留学した場合、留学先での修得単位を摂南大学での卒業単位として認定するため1年間留学しても4年間で卒業することが可能です。

満足度の高い充実したキャリア教育

　入学直後から卒業後を意識した目標設定を行い、3年次からは、担当スタッフによるきめ細かな個別指導のもと、進路実現を徹底的にサポート。多彩な資格講座、インターンシップ、業界研究セミナーなどのプログラムも実施し、就業力や意欲の向上を図っています。充実のサポートが生み出す就職実績は、毎年高い水準を維持しています（就職率96.5%、就職満足度98.4%［2023年3月卒業生］）。

看護師・助産師・保健師国家試験で高い合格実績

　看護学部では、模擬試験や集中講義などの国家試験対策を実施。さらに、学内模擬試験やフォローアップ講座にかかる費用の全額を大学が負担するなど、万全の体制を整えています。充実のサポート制度により、看護師国家試験合格率は98.0%（合格者97人／受験者99人）。また、助産師国家試験合格率85.7%（合格者6人／受験者7人）、保健師国家試験合格率100%（合格者10人／受験者10人）。［2023年3月卒業生］

入試GUIDE (2024年度参考)

①学校推薦型選抜／公募制推薦前期日程・後期日程
②一般選抜／前期日程（3科目型・3プラスC＊、2科目型）、中期日程（中期プラスC＊）、後期日程
　　　　　　　　　　　　　　　　　　　　　＊大学入学共通テスト
③大学入学共通テスト利用入試／前期、中期、後期Ⅰ・Ⅱ
④その他の入試／総合型選抜ＡＯ、専門学科・総合学科出身者、課外活動優秀者、帰国生徒、外国人留学生、編入学、社会人

〈特別奨学金制度〉2024年度は「一般選抜前期日程3科目型」と「大学入学共通テスト利用入試 前期」の入試成績優秀者を対象に、入学初年度に限り奨学金を給付します。一般選抜前期日程3科目型：年間授業料の半額相当額給付。大学入学共通テスト利用入試 前期：年間授業料相当額給付。

資料請求方法：巻末ページの「パンフレット一括請求」をご覧ください。

桃山学院大学

〈和泉キャンパス〉〒594-1198　大阪府和泉市まなび野1-1　入試課　TEL 0725-54-3245(受験生専用)　〈HP〉https://www.andrew.ac.jp/　〈E-mail〉nyushi@andrew.ac.jp

資料請求

	請求ハガキ	巻末ハガキ
料　金	無　料	
発送時期	随　時	

TOPICS　世界が変わる体験がある。

🏫 大学GUIDE

〈学校の特色〉2025年4月、桃山学院教育大学を統合。新たに人間教育学部※の開設を予定しています。

　開設以来、多数の教員および公務員の採用者を輩出するなど地域社会に貢献してきた桃山学院教育大学・人間教育学部。この教育分野での実績を社会科学系の学部と連携させ、これまで以上に社会課題の解決に役立てるため、学校法人桃山学院は、桃山学院大学・人間教育学部※を新たに開設することを予定しています。
※仮称・2025年4月開設予定(構想中)

ビジネスデザイン学部
〈ビジネスデザイン学科〉「クリエイティブ力(ゼロからイチを生み出す力)」、「高度なコミュニケーション力(共感・協働できる力)」、「やり抜く力(強い意志と責任を持って実現する力)」の3つの力を身につけます。企業人と学生が共に学ぶPBL(課題解決型授業)や最新のリーダーシップ教育を導入し、チームで新しいビジネスの仕組みをつくることができる人を育成します。

経営学部
〈経営学科〉「グローバル＆ローカル」「デジタル＆マーケティング」「マネジメント＆アカウンティング」の3つのスタディエリアから自由に科目を選択し、ビジネスを学びます。企業や地域と連携した実践演習では、学外の様々な現場での学びを展開しています。

経済学部
〈経済学科〉人・モノ・金の動きを研究し、ビジネスに強くグローバルに活躍できる人材を育成。アジアのビジネス現場で英語研修等を行う実践的な海外研修のほか、22年度からは経済データサイエンス、実験・行動経済学の分野が新たに始動しています。

社会学部
〈社会学科〉文化人を招いたイベントの開催や地域とともに企画する町づくりなどの活動を通して企画力・交渉力を修得します。また、「社会調査実習」でデータ収集・分析能力を磨き、就職後も役立つ知識を身につけます。社会調査士の資格取得を目指すことができます。

〈ソーシャルデザイン学科(福祉)〉「生活・ケア」「地域・組織」「政策・国際協力」の3つのフィールドで学びます。社会福祉士とあわせて介護福祉士または精神保健福祉士

■学部・学科組織・募集人数(2025年度予定)
●ビジネスデザイン学部
　ビジネスデザイン学科200(ビジネス創造コース、情報テクノロジーコース)
●経営学部
　経営学科295
●経済学部
　経済学科360
●社会学部
　社会学科260／ソーシャルデザイン学科(福祉)100
●国際教養学部
　英語・国際文化学科275
●法学部
　法律学科200
●人間教育学部※
　人間教育学科※270(幼児教育課程／小学校教育課程〈小学校教育コース、国語教育コース、英語教育コース〉／健康・スポーツ教育課程〈スポーツ科学コース、学校保健コース〉)
　※仮称・2025年4月開設予定(構想中)

国家試験の受験資格を同時に取得できます。

国際教養学部
〈英語・国際文化学科〉「英語プロフェッショナルコース」「グローバル共生コース」「日本・東アジアコミュニケーションコース」の3つのコースがあり、国内外でのフィールドワークやプロジェクト型学習を実践しながら学びます。

法学部
〈法律学科〉大阪府警をはじめ、公務員の合格実績の高さが大きな特徴です。法律知識と論理的思考を身につけ、公務員はもちろん企業や法曹界でも活躍できる人材を育成。初年次の徹底した基礎教育により法的知識の基盤を固め、ティーチングアシスタント制度による指導等、授業内外で公務員採用試験対策に向けて支援しています。

人間教育学部
〈人間教育学科〉社会や子どもをめぐる環境が複雑に変化するなか、変化に必要な「人間力」と「対応力」を備えた教育者を育成するために、3つの主専攻(メジャー)×4つの副専攻(マイナー)を設置。「人間教育」を通して、自分の人生を切り拓く力を身につけます。

🏢 大阪市内の9階建てビル型キャンパス　大阪・あべのキャンパス

　ビジネスデザイン学部のビル型キャンパス「大阪・あべのキャンパス」は、新しい価値や発想が生まれるよう、

目的等に応じ、場所や空間を作り変えることができる最新のキャンパスです。

豊富な緑と最新設備を誇る和泉キャンパス

広大な敷地に教室棟や蔵書数約70万冊の全館開架方式の図書館、模擬裁判教室、情報センター、外国語教育センター、社会調査実習室、社会福祉実習室などの施設を整備。また、西日本屈指の設備を誇る体育館・スポーツ施設や留学生との交流の場となる国際交流室など、学生生活を支援する様々な施設も整っています。

多彩な国際体験プログラム

◇キャンパス内国際体験

世界トップクラスの大学を含む26の国と地域、64の大学と協定していることにより、世界各国から留学生を受け入れています。協定校以外からの学生を含め、年間約300人の留学生がキャンパスで学生生活を送っています。彼らの日本での生活をサポートする「バディー制度」など、学内でも国際体験の機会が豊富です。

◇国際体験プログラム

ほとんどのプログラムに奨学金・援助金があります。交換留学および語学留学は、留学先への授業料が不要(桃山学院大学への授業料を充当)。すべてのプログラムが卒業に必要な単位として認定されるので、通算2年間留学しても4年間で卒業が可能です。

◎交換留学
◎語学留学（英語、韓国語、中国語、イタリア語）
◎グローバル研修（短期）

◎日本語教育実習（長期・短期）
◇Super Global Program（SGP）

英検準2級相当以上の英語力を持つ学生を選考し、学内で語学留学に相当するトレーニングを実施する英語特別奨励プログラムです。交換留学への参加やTOEIC800点以上の英語力の獲得を目指し、国内外を問わず幅広い職業選択、進学等、卒業後のキャリアに生かすことを目的とします。

充実した就職サポート

就活担任制による就職活動支援

桃山学院大学の就職支援の最大の特長が「就活担任制」です。求職登録を行った学生一人ひとりにキャリアセンター担当者がつき、進路選択の相談から履歴

実績30年の「就活担任制」で一人ひとりの就職活動をしっかりサポート

書添削、面接対策まで個別にバックアップするシステムです。30年以上にわたり受け継がれたこの制度により、2023年3月卒業生の就職決定率は全国平均を上回る99.0%。毎年安定した就職決定率を保っています。

就職活動支援プログラム

社会人として必要なコミュニケーション能力などのスキルを鍛え、就職活動だけでなく、就職後多彩な分野で柔軟に対応でき各企業の中心として活躍できる力を養う講座があります。3〜4年次で200日以上の就職支援プログラムを実施しています。

主な就職先

大和ハウス工業、リクルート、キーエンス、山崎製パン、南都銀行、日本通運、国家公務員（一般職）、大阪府教育庁　他多数　※2023年3月卒業生実績

入試GUIDE（前年度参考）

①総合型選抜（専願制／併願制）
②学校推薦型選抜（公募制／専門学科・総合学科）
③一般選抜（学科試験型／大学入学共通テスト利用型）

課外講座

TOEIC®講座、ITパスポート試験講座、Microsoft® Office Specialist試験講座、ビジネス実務法務検定試験®講座、通関士試験講座、旅行業務取扱管理者〈国内〉、リテールマーケティング技能検定講座、ビジネス日本語講座、医療事務講座、宅地建物取引士試験講座、ファイナンシャル・プランニング技能検定講座、簿記検定講座、秘書技能検定講座ほか

充実の奨学金制度！

桃山学院大学では、返還不要の「遠隔地出身学生援助奨学金」「授業料減免制度」、また「長期派遣留学奨励奨学金」「短期海外研修学生援助金」など、奨学金制度が充実しています。

※詳しくは大学Webサイトよりご確認ください。

資料請求方法：巻末ページの「パンフレット一括請求」をご覧ください。

近畿

森ノ宮医療大学

〒559-8611　大阪府大阪市住之江区南港北1-26-16　入学広報センター　0120-68-8908　〈HP〉https://www.morinomiya-u.ac.jp

TOPICS

西日本最大級の「医療系総合大学」だからできる 8学科が連携した超・実践的"チーム医療"教育

医療系総合大学

8学科連携で学ぶ、
超・実践的チーム医療教育
- IPE (InterProfessional Education) -

2024年4月、言語聴覚学科が誕生

■学部・学科組織

●看護学部
看護学科90

●総合リハビリテーション学部
理学療法学科70／作業療法学科40／言語聴覚学科※40

●医療技術学部
臨床検査学科70／臨床工学科60／診療放射線学科80／鍼灸学科60

※2024年4月開設

　2024年4月、総合リハビリテーション学部に言語聴覚学科が誕生し、3学部8学科体制へ進化。医療系8学科を有する西日本最大級の「医療系総合大学」として専門性の高い教育体制を整えます。多彩な分野が連携した「チーム医療教育」をはじめ、森ノ宮医療大学ならではの特色あるスタイルへさらに発展します。

看護学部

看護学科　ヒューマンケアの基本である「人」についての深い学びと、徹底した「基礎教育」に力を注いでいます。また、実践力を磨くために、連携病院の医師や看護師によるリレー講義なども実施しています。

総合リハビリテーション学部

理学療法学科　今も医療現場で活躍している経験豊富な教員陣をそろえ、現場をシミュレーションした教育を行うことで、患者さんとのコミュニケーション力、問題解決力などを身につけていきます。

作業療法学科　神経・筋難病系、小児・発達障害系など各領域に現場経験豊富な教員が在籍。その環境を生かして、さまざまな症状の方を実際に大学に招いて行う「体験型授業」を導入しています。

言語聴覚学科(2024年4月開設)　「臨床」を重視したカリキュラム構成で、聴覚や言語発達など各分野で経験豊富な教員陣が指導し、"話す・聴く・食べる"のスペシャリストである言語聴覚士を養成します。

医療技術学部

臨床検査学科　チーム医療の一員として大切な「協働する力」「コミュニケーション力」を養うほか、他大学でも設置が少ない「画像検査学」の授業を配置。最新の検査機器を用いた画像診断方法を学びます。また、がんの早期発見に貢献する細胞検査士もめざします。

臨床工学科　高度医療に欠かせない医療機器のスペシャリストとして、人体を把握する「医学知識」、機器の原理・構造を理解する「工学知識」、医療機器の「操作技術」の3要素をバランスよく身につけます。

診療放射線学科　放射線を用いて「診断」と「治療」を実践する診療放射線技師の育成をめざし、徹底して「基礎医学」を学び、専門分野の知識と技術を身につけます。また、自らテーマを決めて取り組むことができるカリキュラム「主体的臨床実習」を導入しています。

鍼灸学科　現場経験が豊富な学内の教員をはじめ、スポーツ・小児・美容などの分野で活躍している臨床家も講師として迎え、実践に即した教育を行っています。スポーツ特修コースでは、中学校・高等学校教諭一種免許状（保健体育）の取得も可能です。

"チーム医療"の深い学び

　多くの医療系学科がそろう森ノ宮医療大学では、医療系総合大学ならではの環境を生かし、多学科が連携して"チーム医療"を学ぶ「IPE（専門職間連携教育）」を展開しています。

　「ケースカンファレンス（症例検討会）」では、異なる学科の学生がチームを組み、具体的な症例をテーマに意見を出し合い、治療やケアのアプローチ方法を話し合います。他者の意見を聴き、自らの意見を明確に伝える力を養いながら、チーム医療の取り組み方を学びます。

また、多学科の学生とともに学ぶ授業や、1・2年次からの「チーム医療見学実習」「チーム医療論」などを通して、段階的に協調性・連携意識を高めることが可能な環境です。多職種が連携し高い専門性を発揮することが、治療やケアの質を高めていくことにつながります。

様々な実習フィールド

相互連携協定を締結している高度先進医療機関をはじめ、大阪府・兵庫県・奈良県など関西圏に数多くの医療機関を実習先として確保。様々なフィールドでの実習が可能です。また、宿泊を伴うような遠隔地での実習は原則として行われることがなく、経済的な負担はもちろん、精神的・体力的な負担も軽減することができます。

都市型キャンパスで学ぶ

大阪都心部（梅田・天王寺・なんば）から30分以内のアクセス

大阪市内の主要ターミナル駅から30分以内、最寄駅「コスモスクエア」からも徒歩1分という好立地の都市型キャンパス。兵庫県、奈良県、京都府からのアクセスも良好で在学中の通学はもちろん、卒業後にも利用しやすい環境が整っています。また、海を身近に感じられるベイエリアに位置し、落ち着いて勉学に集中できます。

シミュレーションセンター誕生

2025年春、「シミュレーションセンター」が誕生予定。現場に近い形でチーム医療をより実践的に学修できるようになります。また、病院の手術室をそのまま再現した「手術シミュレーションエリア」などの施設・設備が充実。診療放射線実習室には、西日本の大学で唯一、VRで放射線がん治療を学修できるVERT（バーチャルリニアック）を導入しており、学内で高い臨床力を養えます。

取得できる主な資格

［国］は国家試験受験資格　　［資］は資格認定試験受験資格

● **看護学科**　看護師[国]、保健師[国]＊1、養護教諭一種免許状＊1、養護教諭二種免許状＊2
　＊1：選考制、両資格は同時取得できません。
　＊2：所定科目の単位を修得し、保健師取得後に申請が必要。
● **理学療法学科**　理学療法士[国]
● **作業療法学科**　作業療法士[国]
● **言語聴覚学科**　言語聴覚士[国]
● **臨床検査学科**　臨床検査技師[国]、細胞検査士[資]＊3
　＊3：選考制
● **臨床工学科**　臨床工学技士[国]
● **診療放射線学科**　診療放射線技師[国]
● **鍼灸学科**　はり師[国]、きゅう師[国]、中学校・高等学校教諭一種免許状（保健体育）＊4
　＊4：スポーツ特修コースのみ

卒業後の進路

主な就職先　（2023年3月卒業生実績）

大阪急性期・総合医療センター、大阪母子医療センター、大阪市立総合医療センター、大阪医科薬科大学病院、近畿大学病院、大阪大学医学部附属病院、大阪公立大学医学部附属病院、日本生命病院、大阪警察病院、住友病院、北野病院、淀川キリスト教病院、大阪府済生会吹田病院、神戸医療センター、奈良県総合医療センター、京都府立医科大学附属病院、国立国際医療研究センター、ぷらす鍼灸整骨院、公立学校教員、保健師（大阪市）　ほか

奨学金制度

○入学時成績優秀者学納金減免制度（減免／審査あり）
　減免額：160万円
○入学後に一人暮らしをする学生全員が対象となる、新たな奨学金制度が誕生予定。2年次以降も遠隔地出身で成績優秀な学生を支援する奨学金制度を検討しています。
※その他詳細は大学公式WEBサイト等でご確認ください。

トリプルサポート体制＆ステップアップ講座

学生生活から学修・国家試験対策、就職まで「トリプルサポート体制」で幅広く学生を支援します。特に、特別講座として年間170講座（2022年度実績）程度開講しているステップアップ講座では、医療系総合大学の強みを生かし、生物などのリメディアル科目から医療の専門科目まで、幅広く学びをサポートしています。

資料請求方法：巻末ページの「パンフレット一括請求」をご覧ください。

近畿

大 和 大 学

資料請求

	請求ハガキ	巻末ハガキ
料　金	無　料	
完成時期	4月中旬	

〒564-0082　大阪府吹田市片山町2-5-1　入試広報室　TEL 06-6155-8025　〈HP〉https://www.yamato-u.ac.jp/　〈E-mail〉admaster@yamato-u.ac.jp

TOPICS

大志を、まとえ。
大阪都心すぐ、アクセス抜群のワンキャンパス総合大学
・2025年4月、理工学部に生物生命科学専攻開設予定！（構想中）　学びの領域のさらなる拡張へ
・2024年4月、政治経済学部グローバルビジネス学科開設

スローガンは「大志を、まとえ。」 大阪吹田発、日本の大学を変える。

　大和大学の設立母体は、全国屈指の進学校を有する学校法人西大和学園です。これまでに培ってきた高い教育力を最大限にいかし、次代を担う人材を育てる斬新な教育プログラムを実践しています。2014年の開学以来、「大志を、まとえ。」をスローガンに高い志を持つ学生が集まり、日本の大学を変えようと突き進んでいます。2020年の理工学部開設に続き、2021年には社会学部を、2023年には情報学部を開設。2024年には政治経済学部にグローバルビジネス学科を開設します。大阪都心からすぐの抜群のアクセスを誇るロケーションで、多様な学びがワンキャンパスで展開される総合大学へと進化を続けています。

2024年4月、政治経済学部 グローバルビジネス学科開設！

情報学部　とどまることなく進化する情報技術、あふれかえる情報やデータを分析・活用し、新たな価値を創造する人材を育てます。

理工学部　理工学部では、数理科学・生物生命科学・電気電子工学・機械工学・建築学の5分野について多彩な領域の研究テーマを設け、未来を創造します。

政治経済学部　日本・関西を代表する企業の経営陣による週1回の実学講座や、現役国会議員・官僚トップによる月1回のリレー講義などを実施。政治、行政、経済、経営の現状や課題などを幅広く、かつ臨場感を持って実践的に学ぶ機会を多く設けています。

社会学部　現代社会学コース、メディア社会学コース、社会心理学コースの3コースを設置し、複雑化する社会を見つめ、発展に貢献できる人材を育成します。

■学部・学科組織（2025年4月予定）
●政治経済学部
　グローバルビジネス学科※80　※2024年4月開設
　政治・政策学科60
　経済経営学科120
●情報学部
　情報学科＊250　＊2025年4月定員増予定
●理工学部
　理工学科　＊2025年4月定員増予定
　　数理科学専攻＊35
　　生物生命科学専攻＊35　※2025年4月開設予定（構想中）
　　電気電子工学専攻＊60
　　機械工学専攻＊60
　　建築学専攻＊70
●社会学部
　社会学科200（現代社会学コース、メディア社会学コース、社会心理学コース）
●教育学部
　教育学科190（初等幼児教育専攻（うち100）、国語教育専攻、数学教育専攻、英語教育専攻）
●保健医療学部
　看護学科100
　総合リハビリテーション学科（理学療法学専攻40、作業療法学専攻40、言語聴覚学専攻40）

教育学部　小学校、中学校・高等学校（国・数・英）、特別支援学校の教員免許課程がそろう環境で、最前線で活躍できる教員を養成します。

　本気で教員をめざす学生のため、独自の教育研修「ヤマトプラン」を展開。地域との連携により、1年次から小学校や中学校で豊富な現場研修を行います。

保健医療学部　看護学科では、高度な技能と知識を兼ね備えた「チーム医療」の要となる看護師を育成します。4年間で保健師または助産師の資格もめざせます。

　総合リハビリテーション学科は、理学療法士、作業療法士、言語聴覚士の3領域を有する貴重な環境で、信頼される医療人を育てます。関西圏の約200の医療機関と連携し、ハイレベルな実習を行います。

国内有数企業のトップランナーから学ぶ。

　経済界と強い絆を有する大和大学では、日本を代表する企業約30社と連携。政治経済学部、理工学部では経営陣による週1回の実学講座を展開するほか、社会学部では、実社会の最前線で活躍する講師による社会学プロフェッショナル講座、情報学部ではIT業界の起業家から学ぶ実学イノベーション講座などを展開しています。

【協力企業（抜粋）】アサヒビール、NHK、ソフトバンク、日本郵便、大阪ガス、大林組、川崎重工業、関西電力、京都銀行、近鉄グループ、サントリー、住友電工、積水ハウス、ダイキン、ダイハツ、大和ハウス工業、竹中工務店、東京海上日動火災保険、NTT西日本、JR西日本、阪急電鉄、日立造船、ミキハウス、三井住友銀行、三菱UFJ銀行、読売新聞大阪本社、読売テレビなど

豊富な留学制度

アメリカ、ヨーロッパ、オーストラリア等に留学提携校を多数有するほか、独自の海外拠点をもつ利点をいかし、大和大学では海外研修プログラムを豊富に用意。カリキュラムに沿った留学や研修など、それぞれの学部・専攻に応じた多彩な制度があります。また、新設のグローバルビジネス学科では、全員がアメリカとアジアの2カ国を巡りグローバルスキルを磨く特別プログラム「Yamato World Challenge（YWC）」が始動します。

めざす進路・資格

〈情報学部〉　応用情報技術者、情報処理安全確保支援士、高等学校教諭一種免許状（情報）など

〈理工学部〉　建築士、第一種電気主任技術者など

〈政治経済学部〉　国家公務員（総合職・一般職）、公認会計士、行政書士、中小企業診断士、日商簿記検定1級、宅地建物取引士、ファイナンシャルプランナーなど

〈社会学部〉　中学校教諭一種免許状（社会）、高等学校教諭一種免許状（公民・地理歴史）、認定心理士など

〈教育学部〉　幼稚園教諭一種免許状、小学校教諭一種免許状、中学校・高等学校教諭一種免許状（国・数・英）、特別支援教諭一種免許状など

〈保健医療学部〉　看護師＊、保健師＊、助産師＊、理学療法士、作業療法士、言語聴覚士など（＊学内選抜による定員あり）

最新設備が整う理工学部の研究施設

国公立大学大学院進学を強力サポート！

大和大学理工学部の他に類を見ない特色である「国公立大学大学院への進学支援」。東京大学、大阪大学、名古屋大学、筑波大学、大阪公立大学などへ多数の合格者を輩出しています。活躍中の研究者や建築家を招いて、座談会の実施や大学院生との勉強会の開催など、希望する進路の実現に向けて徹底的に支援します。

公務員試験・資格取得対策

高い実績を誇る資格取得専門学校「LEC」や「KEC教育グループ」と連携し、学内で公務員試験対策講座や各種資格対策講座を開設しています。これらの講座は受講料が安く設定されており、通学や経済的な負担も軽減することができます。

また、社内公用語を英語とする企業や、入社時にTOEICの高スコア取得を条件とする企業が増えていることから、TOEIC対策講座を開講。理論学習と外国人講師による実践学習の相乗効果で、グローバルビジネスに不可欠な活きた英語力を身につけます。

関西屈指のアクセス利便性

関西一円から通える抜群のロケーションも、大和大学の大きな魅力のひとつ。さらに、都心とは思えないほどの緑に囲まれた環境と立地を誇り、充実したキャンパスと教育研究施設を整えています。

〈交通アクセス〉

・JR東海道本線「吹田」駅下車徒歩7分

・阪急千里線　阪急「吹田」駅下車徒歩10分

　★JR「吹田」駅は、「大阪」駅から約9分、「京都」駅から約26分、「三ノ宮」駅から約30分

入試GUIDE （2024年度参考）

①総合型選抜（Ⅰ期・Ⅱ期）　②学校推薦型選抜（公募）（前期・個別）　③一般選抜（前期〈Ａ日程・Ｂ日程〉・後期）　④大学入学共通テスト利用選抜（前期・後期）　⑤大学入学共通テストプラス選抜（第1回・第2回）

入試のポイント　※2024年度参考

●新設の政治経済学部グローバルビジネス学科では、英語資格試験スコアに応じて授業料の1/2または1/4相当額を減免します。

●同じ学部のほかの学科・専攻を無料で併願受験可能です。

●異なる学部・学科間の併願制度および白鳳短期大学部との併願制度が充実。同日程の場合、追加検定料5000円で受験できます。

資料請求方法：巻末ページの「パンフレット一括請求」をご覧ください。

阪南大学

〒580-8502　大阪府松原市天美東5-4-33　入試広報課　TEL 072-332-1224(代)　〈HP〉 https://www.hannan-u.ac.jp/entrance/　〈E-mail〉 nyushi@hannan-u.ac.jp

資料請求

	請求ハガキ	巻末ハガキ
料　金	無　料	
完成時期	4月下旬	

2024年4月、文理融合の総合大学としてさらなる進化！

■学科組織

- ●国際学部※　　　　国際コミュニケーション学科　155
　　　　　　　　　　国際観光学科　144
- ●経済学部　　　　　経済学科　290
- ●経営学部　　　　　経営学科　290
- ●総合情報学部※　　総合情報学科　176
- ●大学院(修士課程)　企業情報研究科　若干名

※2024年4月開設

新校舎イメージパース

🏫 大学GUIDE　　　　※2024年4月開設

国際学部 国際コミュニケーション学科※　英語・韓国語・中国語の少人数制×習熟度別語学教育と、「国際文化」「国際関係」「メディア」「心理学」からなる4分野の学びから、世界の文化・社会・政治・経済などを幅広く学びます。また、自由度の高い海外留学制度や英語スピーチコンテストなどの"実践の場"からコミュニケーション能力を養います。

国際学部 国際観光学科※　各地域の「文化」や「歴史」を学び、文化資源として活用する方法を考える「観光文化」、地域とかかわり地域活性化やまちづくりについて考える「観光計画」、観光産業をテーマにビジネスについて考察する「観光事業」の3つの領域から観光学を多角的に学びます。国内外でのフィールドワークを通して実践力を身につけ、日本の観光産業や魅力ある地域づくりを担う人材を育成します。

経済学部 経済学科　情報化・グローバル化が進む現代社会において、さまざまな業界・職種で必要とされる問題解決力と幅広い視野を養います。『まちづくり』や『ビジネス法』など、10の専門科目パッケージから、目指すキャリアに応じて自由に組み合わせて履修し、"生きた社会を相手にする経済学"をより専門的に学びます。

経営学部 経営学科※　『経営・会計』『マーケティング』『ブランド・ファッション』『スポーツマネジメント』『ICTビジネス』『国際ビジネス』の6つの分野を将来の目標に応じて横断的かつ専門的に学びます。企業・経営に関する幅広い知識と高い専門性を身につけ、現代のビジネスシーンで求められる人材を育成します。

総合情報学部 総合情報学科※　『AI・データサイエンス』『ビジネスデータサイエンス』『情報システム』『デジタルコンテンツ』『スポーツデータサイエンス』の5つの分野を自由に組み合わせて学ぶことで、最先端の情報通信技術を身につけ、情報化社会で活用できる文理融合の課題解決力を養います。

🏫 2024年4月新校舎誕生

　教室棟としては最大規模の新校舎が2024年4月に誕生。BYODやアクティブラーニングに対応した学修環境を整えることで実践的な学びを実現するとともに、屋外緑化テラスやコモンズスペースを設置することで学生たちの活発なコミュニケーションを促します。

🏃 関西トップクラスの就職率！

　就職決定率97.3％(就職者数931人／就職希望者数957人　2023年3月実績)

4年間を通したキャリア教育　1年次から職業選択を視野に入れて目標設定を行い、その実現に必要な能力を養成します。職業に関する知識や技能を習得し自分の個性を理解したうえで、自発的に進路を選択できる能力を育成する「キャリアデザイン」等の授業を開講しています。

キャリアサポート　国家資格「キャリアコンサルタント」を持つキャリアアドバイザーを各学科に配置。学生一人ひとりの個性や能力をしっかり把握し、きめ細やかな対応を行っています。年間の就職相談件数は9,736件(1人当たり平均8.4回：2022年度)にも上ります。

学内資格講座　資格取得をサポートするために、学内で受講できる豊富な学内資格講座を開講しています。

2023年3月卒業生の主な就職先　関西電力、デンソー、メガチップス、池田泉州銀行、第一生命保険、日本生命保険、エン・ジャパン、マイナビ、ANA中部空港、近畿日本鉄道、大阪メトロ、JTB、東急リバブル、帝国ホテル、近鉄不動産、三菱UFJ不動産販売、ラコステジャパン、ルイ・ヴィトン ジャパン、ワコール、大阪府庁、大阪府警　他多数

📝 入試GUIDE　(前年度参考)

①一般入試(前期・後期)　②大学入学共通テスト利用入試(前期・後期)　③公募制推薦入試(前期・後期)　④総合型選抜入試　⑤資格活用型選抜入試　⑥スポーツ特別推薦入試他

資料請求方法：巻末ページの「パンフレット一括請求」をご覧ください。

大阪学院大学短期大学部

資料請求

	請求ハガキ	巻末ハガキ
料　金		無　料
完成時期		5月下旬

〒564-8511　大阪府吹田市岸部南2-36-1　入試広報課　TEL 06-6381-8434(代表)　〈HP〉https://www.ogu.ac.jp

TOPICS

就職率は8年連続100%

■学科組織
●経営実務科(女子のみ)

🏫 実務能力を発揮できる女性を育成

●カリキュラム

「総合基礎」として幅広い教養を身につけ、ビジネスの現場で必要とされる社会人基礎力を習得します。そのうえで「ビジネス基礎」として、インターンシップや経済学など実務で求められる専門的な知識・技能を身につけ、キャリア形成への意識を高めていきます。また、「ビジネススキル」「会計・金融」「ビジネスマネジメント」など、様々な領域に応じた専門知識を習得します。

●併設大学と同じキャンパスで学べる

大阪学院大学（4年制）の学生と同じキャンパスで学べるので、たくさんの学生と交流が可能。興味のある大学の科目を単位互換制度で履修できるほか、クラブ・サークル、各種プログラムで共に学ぶこともできます。

●充実した資格講座が2年間無料

各種資格取得に向けた授業が充実しているのも短期大学部の特長です。特に日商簿記検定、パソコン(MOS)、秘書検定は、授業で教員がサポートします。さらに、所定の科目の単位を修得することにより、「秘書士」「情報処理士」「ビジネス実務士」「実践キャリア実務士」といった、全国大学実務教育協会が認定する資格も取得できます。

📜 資格取得

取得可能資格　実践キャリア実務士、秘書士、ビジネス実務士、情報処理士

支援資格・検定　日商簿記検定、ICTプロフィシエンシー検定(P検®)、ITパスポート、MOS、秘書技能検定、リテールマーケティング(販売士)検定、TOEIC®L&R、ビジネス能力検定ジョブパス、サービス接遇検定®、色彩検定®、診療報酬請求事務能力認定試験、実用英語技能検定(英検®)など

🏃 就職・進学支援

担任制　担任制を採用し、学生一人ひとりの成長を手厚くサポートしています。学修成果や適性を定期的に評価し、履修指導や面談を行うとともに、4年制大学への編入や就職などに関する相談にも応じます。

インターンシップ　全学生が1年次にインターンシップ（就業体験）に参加し、一般企業などで一定期間就業体験を行います。併せて、事前指導として関心のある業界の研究、一般常識やマナーを身につけます。また、事後指導では、各自の就業体験を報告会で共有し自身の進路選択や目標設定に役立てます。

🎓 卒業後の進路

就職率は8年連続100%

進路をサポートするキャリアコンサルタントなどの国家資格を持つ専門スタッフと教員が連携し、学生を手厚くサポートしています。

主な就職先(過去3カ年実績)

京セラ、パナソニック エレクトリックワークス社、伊丹産業、パナソニックハウジングソリューションズ、タリーズコーヒージャパン、香川銀行、日本生命保険、明治安田生命保険、アゴーラ・ホテルマネジメント堺、星野リゾートなど

📋 入試GUIDE (2024年度参考)

①**学校推薦型選抜**　公募推薦(スタンダード／高得点重視、小論文・面接)、指定校

②**総合型選抜**　ファミリー、スポーツ・文化活動、オープンキャンパス参加、奨学金チャレンジ、活動評価

③**一般選抜**　2教科選択、1教科選択、総合評価、共通テスト利用(一般併用・A日程・B日程)

※詳細は「入試ガイド」または「入試情報サイト」をご確認ください。

資料請求方法：巻末ページの「パンフレット一括請求」をご覧ください。

近畿

大阪女学院短期大学

資料請求

	請求ハガキ	巻末ハガキ
料 金		無 料
完成時期		4月上旬

〒540-0004 大阪府大阪市中央区玉造2-26-54 アドミッションセンター TEL 06-6761-9369 〈HP〉https://www.oj-navi.net/

TOPICS
■英語「で」学び、韓国語「で」学び、人としても大きく成長！
■2年間の学びから就職・編入学・留学と、多様な進路へ。

■学科組織
●英語科 60

🏫 世界のトピックを英語で学ぶ

世界の中のわたしとして学ぶ

「平和・人権・文化・環境」など世界の課題を英語「で」学ぶことで、語学力だけでなく問題意識・発信力・対話力を養う、英語×教養のカリキュラム。また、英語だけでなく韓国語も本格的に学べる。就職・編入学・留学、各進路対応の科目設定やサポートで、将来への強力な基盤となる力を2年間で育成します。

「韓国語プログラム」もっとホンキで韓国語！

韓国語「で」世界の課題を学ぶ科目が多く、在学中の長期留学も可能です。入学時の韓国語レベルにより初級科目をスキップできます。TOPIK4級で韓国外国語大学に編入しダブルディグリー取得のチャンスがあります。英語は、1・2年次は共通英語必修科目を学びます。

徹底した少人数制 国際性豊かなキャンパス

小さな大学ならではの少人数制で、学生一人ひとりに学ぶ時間と機会が十分にあり、先生と学生の距離が近いアットホームな環境。海外にルーツをもつ学生も多く、国際性豊かなキャンパスです。

学費減免・返還不要の奨学金

特別給付奨学金（最大年額80万円）、自宅通学圏外学生支援奨学金（2年間48万円）など。

たとえば、こんな授業があります

●Phonetics（音声学） 英語の正しい発音を理論と実践で学ぶ必修科目。他言語にも応用できます。

🌐 海外プログラム（一部紹介）

異文化間リサーチ演習 オーストラリアで約3週間短期留学。現地でリサーチを展開し、理解を深めます。

Seoul Short Program 韓国の協定大学の語学研修機関で、1年次夏休みに約3週間の語学留学（韓国語プログラム、トライリンガルプログラム対象）。

🏃 卒業後の進路

●就職決定率 97.2%（2023年3月卒業生実績）
主な就職先 パナソニック ハウジングソリューションズ、Kスカイ、オンワード樫山、鴻池運輸 他
（2023年3月卒業生）

編入学合格実績（2019～2023年卒業生） 奈良女子大、大阪市立大、北九州市立大、関西学院大、関西大、関西外国語大、相愛女子大、文教大、大阪女学院大 ほか多数

●編入学サポートも充実

希望者全員の個人面談やガイダンス、小論文の個別指導など、小規模校ならではのきめ細かなサポート。

エアライン道場

航空業界に就職したい女学院生たちを強力にサポート！外資系エアラインCA・教官の経験を持つスタッフが、面接対策から英語対策、企業研究まで全15回の講座でしっかり鍛えます。

「ワタシを見つける」総合型選抜

大阪女学院短期大学の学びに出会える入試です。興味に合わせて選べる3つのコース、アクティブラーニングの内容を取り入れたプログラムに参加して、共に学び、新しい気づきを得て「ワタシを見つける」体験をします。プログラム参加後、他の入試に変更もできます。ぜひ気軽に参加してください。

オープンキャンパス2024

【日程】3/27㈬ 【予約制】
「英語スピーキング体験授業」「エアライン道場」を開催。韓国に留学した学生の体験談も。遠方からご参加の方に交通費の補助があります。詳しくはHPをご覧ください。
【学校見学は随時可】【オンライン相談もあり】（予約制）

資料請求方法：巻末ページの「パンフレット一括請求」をご覧ください。

四天王寺大学短期大学部

〒583-8501　大阪府羽曳野市学園前3-2-1　入試・広報課　TEL 072-956-3183(直通)　〈HP〉https://www.shitennoji.ac.jp/ibu/

資料請求

	請求ハガキ	巻末ハガキ
料　金	無　料	
完成時期	5月上旬	

TOPICS

●就職に強い！即戦力として活躍できる

実社会で通用する技能の修得を重視した実践的な学びが特徴です。2023年3月卒の就職率は99.3%！保育科は専門就職率100%を誇ります。ライフデザイン学科では多数の資格取得に対応しており、取得またはめざせる資格は27個。学生たちは積極的にチャレンジしています。

■学科組織

●保育科　40※

●ライフデザイン学科　40※

※収容定員減(予定)

短大GUIDE

保育科

　1・2年生合同で学ぶ「保育実践演習」を中心にカリキュラムを構成し、実践的な学びで即戦力として活躍できる保育者を育成。2年次からは野外活動や多文化保育など6つの分野で構成される「保育探究演習」を通して保育を深く探究し、より高い保育実践力と豊かな保育観を培います。また、入学前からピアノ習熟度調査や初心者向け講座を実施し、保育者に必要な演奏能力の修得まで、きめ細かな指導を行っています。

ライフデザイン学科

　自らの生活や人生を設計し、将来にわたるライフステージの変化にも柔軟に対応する力を育みます。「ファッション」「ビジネス・ICT」「インテリア」「医療事務」「トータルビューティ」「ブライダル」「フード」「グローバルカルチャー」の8フィールドから自分の適性を見つけ、将来の目標にあわせて自由に授業を組み合わせ、将来に生かせる資格取得をめざします。実習・演習を重視した授業で多数の資格取得に対応するほか、入学時からのきめ細かなキャリアサポートで学生の夢をバックアップします。

取得資格

●取得できる資格

幼稚園教諭二種免許状、保育士資格、レクリエーション・インストラクター、認定ベビーシッター、社会福祉主事任用資格、上級秘書士（メディカル秘書）など

キャリア支援

編入学制度

　併設の四天王寺大学に3年次編入ができる学内選考を設けています。学内選考は書類審査と面接のみで、2023年度は全員が希望の学科に合格しています。編入により、さらなるスキルアップもめざせます。

主な就職先(2023年3月卒業生)

クボタ機械設計、江綿グループ、関空エンタープライズ、大阪南農業協同組合、北おおさか信用金庫、村中医療器、ロイヤルホテル、大阪市立保育所、藤井寺市立保育所、私立幼稚園・認定こども園　ほか

入試GUIDE （前年度参考）

①総合型選抜(オープンキャンパス参加型・自由応募型・オンライン型)

②学校推薦型選抜(基礎・同窓入試)

③一般選抜

④一般選抜大学入学共通テスト利用(Ⅰ期)

交通案内

■近鉄南大阪線「藤井寺」駅または「古市」駅より近鉄バス（四天王寺大学行き）で約15分。

■大阪メトロ御堂筋線ほか「中百舌鳥(なかもず)」駅、「新金岡」駅よりスクールバス運行（事前申込必要(有料)）。

■自動車・バイク通学が可能。

オープンキャンパス

【日程】3/23(土)、4/28(日)（事前予約制）

【内容】ミニ授業／学科説明／入試説明／キャンパスツアー　など

※上記の内容は予定であり、変更する場合があります。大学ホームページをご確認ください。

資料請求方法：巻末ページの「パンフレット一括請求」をご覧ください。

学校案内 編 私立大学・短期大学

兵庫・奈良

関西福祉大学 573	神戸常盤大学 592
大手前大学 574	兵庫大学 594
関西国際大学 576	兵庫医科大学 596
関西学院大学 578	武庫川女子大学 598
甲南大学 580	流通科学大学 600
甲南女子大学 582	神戸薬科大学 602
神戸学院大学 584	大手前短期大学 603
神戸松蔭大学 (現：神戸松蔭女子学院大学) ...586	畿央大学 604
神戸女子大学 588	帝塚山大学 606
神戸女学院大学 590	天理大学 608
神戸親和大学 591	奈良学園大学 610

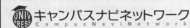
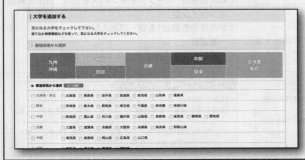

関西福祉大学

〒678-0255　兵庫県赤穂市新田380-3　入試センター　TEL 0791-46-2500　〈HP〉https://www.kusw.ac.jp/

TOPICS
2023年度実施教員採用試験（公立小学校）結果　合格者数123人
※私立、臨時採用は含まない

■学部・学科
●社会福祉学部　社会福祉学科130
●教育学部　児童教育学科80／保健教育学科85
●看護学部　看護学科90

🏛 大学GUIDE

●**社会福祉学部 社会福祉学科**　教養を基盤として高度な専門性・実践力をもったソーシャルワーカーをめざします。生涯にわたって活躍できるソーシャルワーカーをめざす社会福祉専攻。"スポーツで培ったもの"をリソースしてアスリートやスポーツ指導者をめざすスポーツ福祉専攻。政策とビジネスの両側面からデザインしその実現に向けたマネジメントを学ぶ社会マネジメント専攻。3専攻8コースでめざす進路に合わせて実践的に学ぶことができます。

●**教育学部 児童教育学科**　2025年4月より「初等教育専攻」「教育福祉専攻」「幼児教育専攻」の3専攻に改編。心理学を学び、教育現場でのいじめ、不登校、人間関係づくりなどへの対策ができる力を養い、現場で活躍できる人材を育成します。社会福祉学科との連携で、より諸問題への深い理解と対応ができる力を身につけます。

●**教育学部 保健教育学科**　メンタルとフィジカルの健やかな発達に関わる知識と救急看護や精神保健などの看護学的知識を"教育学部"で学び、「保健体育教諭」「養護教諭」をめざします。教師・授業・子どもイメージとその変容を感じとれる学習環境と、現場経験豊富な研究者から学ぶことで、未来の学校現場が求める能力を身につけます。

●**看護学部 看護学科**　豊かな人間性と知識・技術を備えて「ヒューマンケアリング」の心をもち続ける看護職者をめざします。国際的な資格制度を活用して救急医療を学ぶことができ、学内の豊富な設備や地域との交流の場を活用して、実践的なスキルを修得することができます。

📖 取得資格

〈社会福祉学部 社会福祉学科〉 社会福祉士(国家試験受験資格)／精神保健福祉士(国家試験受験資格)／スクール(学校)ソーシャルワーク教育課程／認定心理士／JATI認定トレーニング指導者(受験資格)／赤十字救急法救急員／赤十字幼児安全法指導員／アスリートフードマイスター／行政書士／ファイナンシャルプランナーなど
〈教育学部 児童教育学科〉 小学校教諭一種免許状／幼稚園教諭一種免許状／保育士／認定心理士
〈教育学部 保健教育学科〉 中学校教諭一種免許状「保健体育」／高等学校教諭一種免許状「保健体育」／養護教諭一種免許状／ジュニアスポーツ指導員(受験資格)／スポーツプログラマー(受験資格)
〈看護学部 看護学科〉 看護師(国家試験受験資格)／保健師(国家試験受験資格)／助産師(国家試験受験資格)／養護教諭一種免許状／第一種衛生管理者など

🏃 卒業後の進路

開学より100％近い就職率をキープしています。国家試験対策をはじめ公務員試験や教員採用試験の対策講座、企業就職支援セミナーなど、学生一人ひとりに細かな支援を行ないます。

📝 入試GUIDE (2025年度予定)

①学びマッチング特別選抜／社会福祉学部、教育学部　②特色選抜「看護探究型」／看護学部　③社会福祉特別選抜／社会福祉学部　④教育・保育者特別選抜／教育学部児童教育学科　⑤商業資格特別選抜／社会福祉学部　⑥養護教諭特別選抜／教育学部保健教育学科　⑦スポーツ/吹奏楽特待生選抜／社会福祉学部、教育学部　⑧総合型選抜／全学部　⑨学校推薦型選抜／全学部　⑩一般選抜(前期・前期共通テストプラス・後期)／全学部　⑪共通テスト利用選抜(前期・後期)／全学部

学費減免制度　(2025年度予定)

・**入学時成績優秀「特待生」制度**
総合型10月期選抜、一般選抜前期(前期共通テストプラス含む)において受験者上位1～30位の合格者は授業料最長4年間50％減免。
・**入学時成績優秀「特待S」制度**
大学入学共通テスト利用選抜前期において、5教科型得点率70％以上の合格者は全員授業料全額減免。

イベントのお知らせ

●**オープンキャンパス2024予定**
3月17日(日)　オープンキャンパス「高校生のための学びツアー」開催予定
5月から9月まで毎月開催
キャンパス見学、個別相談など随時受け付け中

資料請求方法：巻末ページの「パンフレット一括請求」をご覧ください。

近畿

TOPICS

大手前だから実現できる多様な学び。
変化の時代を生き抜くチカラ。

大学GUIDE

多様な学びで、変化の時代に対応できる力を身につける

　学部を超えて、4学部20専攻の中から自分の専攻以外の分野も組み合わせて受講することで、目的や問題意識に対して広く深く多面的に学ぶことができる「クロスオーバー」。大阪の中心から多様な人々の健康に向き合い、支えていく看護師、管理栄養士を養成する「ヘルスケア」。大手前大学での多様な学びは、これからの変化の時代に対応できるチカラが身につきます。

レイトスペシャライゼーション＊

　入学してから1年後に専攻を決定する「レイトスペシャライゼーション」では、自分が興味をもつ分野を軸にして1年目に幅広く学ぶことで2年生以降自分の深めていきたい分野を見極め、目的や問題意識に対して広く、深く多面的に学ぶことができます。
＊健康栄養学部、国際看護学部は除く

学生一人ひとりと向き合う教育環境1on1（ワンオンワン）

　学びは、何を学ぶかと同時に「誰から学ぶか」も重要で、その違いは、将来のキャリアに影響します。教員からの一方的な「教え」ではなく、学生が能動的に「学ぶ」

■学部組織・定員

● 経営学部　　　170
● 現代社会学部　200
● 国際日本学部　160
● 建築＆芸術学部　170
● 健康栄養学部　80
● 国際看護学部　80

ためには、教員が学生の目線でコミュニケーションをすることが大切です。本学では、すべての教職員が「話しやすい」「相談しやすい」雰囲気づくりに努めています。

学部紹介

　各学部に特色ある学びのテーマを用意しています。興味がある複数の分野を組み合わせて学べます。

経営学部

　変化が当たり前の現代に求められるのは、常に自分と向き合い、自己変革できる人材です。経営学部の学びの目的は、実践と内省（リフレクション）をくり返し、社会の幸福や持続可能な発展に貢献する人材を育成すること。幅広い学びを通じ、社会に出てからも成長を続け、100年キャリアを生き抜くための土台を築いていきます。

経営学科経営学専攻

[経営分野、会計分野、マーケティング分野、　データ＆デジタル経営分野、いきいきキャリア分野]

現代社会学部

　私たちが生きるこれからの社会を共に創ることを使命とした現代社会学部。現代社会に生きるヒトの目を通して新たな社会創造にいかす学びを身につける5専攻を用意しています。2025年、地域価値創造専攻が誕生します。
[心理学専攻、観光マネジメント専攻、地域価値創造専攻、

■ キャンパスへの交通

大阪、神戸から近い！速い！駅から歩いて数分！
〈さくら夙川キャンパス〉所在地：兵庫県西宮市御茶家所町6-42
○JR「さくら夙川」駅、阪急「夙川」駅、阪神「香櫨園」駅より各徒歩約7分
〈大阪大手前キャンパス〉所在地：大阪市中央区大手前2-1-88
○地下鉄谷町線「天満橋」駅より徒歩約2分、京阪「天満橋」駅より徒歩約5分

■ オープンキャンパス　※事前予約制

[来校] 3/24(日)、4/21(日)、6/16(日)、7/20(土)、7/21(日)、8/3(土)、8/4(日)、8/17(土)、9/22(日)、12/15(日)
〈メイン会場〉さくら夙川キャンパス、大阪大手前キャンパス
※開催日程・会場は変更になる場合もあります。詳細は大学Webサイトなどでお確かめください。

メディア・社会学専攻、情報・コンピュータ専攻]

国際日本学部
　歴史・文化・文学・言語の分野を横断的に学び、専門力を深めます。日本から世界へ、世界から日本へ国際的な視野をもって学び、世界の中の日本のあり方を探っていきます。

[史学コース] 日本史専攻、東洋史・西洋史専攻、考古学・地理学専攻

[日本とアジアの文化・文学コース] 日本とアジアの文化・文学専攻、日本語・日本語教育専攻

[国際共生コース] 多文化共生専攻、英語国際コミュニケーション専攻、国際関係学専攻

建築＆芸術学部
　建築をはじめ、インテリアデザイン、デザイン・造形美術、マンガ制作や映像・アニメーション、映画・演劇など、豊かな想像力と表現力を修得するための2コース6専攻を用意しています。

[建築コース] 建築専攻、インテリアデザイン専攻

[芸術コース] デザイン・造形美術専攻、マンガ制作専攻、映像・アニメーション専攻、映画・演劇専攻

健康栄養学部
　人の健康と生活の質向上を支援する専門家である管理栄養士。少子高齢化が進み、「食」と関連した生活習慣病が増加する中、医療・福祉施設以外でも食の管理の重要性が知られてきました。健康栄養学部では国家資格取得をめざし、専門分野以外の知識も幅広く身につけ、ニーズを切りひらく管理栄養士を育てていきます。

国際看護学部
　これからの社会を生きる医療人には、専門的な技術や基礎医学だけでなく「教養」も必要。文化や価値観、習慣といった多様性を理解し、尊重できる素養を身につけます。さらに精神力と体力も鍛えることで、どんな時・どんな場所でも活躍できる「へこたれない看護師」を育成します。

実践英語プログラムLEO

　全ての授業をネイティブスピーカーの英語教育専門教師が担当。「聴く」「話す」「読む」「書く」の4要素をバランスよく学ぶアクティブ・ラーニングスタイルの授業です。クラスはレベル別に4段階に分かれており、学部ごとにレベル変更を行えるため、自分の英語力に合わせて無理なくステップアップしていくことができます。

取得できる資格
高等学校教諭一種（英語・国語・地理歴史・美術・工芸）、中学校教諭一種（英語・国語・社会・美術）、学芸員、司書、公認心理師［国］受験資格、認定心理士、栄養士、管理栄養士［国］受験資格、栄養教諭一種、看護師［国］受験資格、一級・二級建築士［国］受験資格（一級は試験合格後、免許登録時に実務経験2年以上が必要）、建築施工管理技士［国］受験資格（条件あり）　ほか

CAMPUS情報

さくら夙川キャンパス
　経営学部、現代社会学部、国際日本学部、建築＆芸術学部の学生が通うキャンパスは、歴史と文化に育まれた文教の地、西宮市の夙川に所在。JR・阪急・阪神の各駅から徒歩約7分。大阪、神戸からも近く、便利な場所にあります。

安藤忠雄氏の設計によるアートセンター

大阪大手前キャンパス
　健康栄養学部と国際看護学部の学生が通うキャンパスは大阪城の目の前。地下鉄谷町線・京阪天満橋駅から徒歩約2～5分。大阪の中心地で便利な駅近です。

卒業後の進路

　主な就職先　尼崎市役所、愛媛県教育委員会、大和ハウス工業、ライフコーポレーション、イオンリテール、JR四国、国立病院機構南和歌山医療センター、日清医療食品、大阪赤十字病院、神戸大学医学部附属病院、大阪国際がんセンター、ヨドバシカメラ、星野リゾート　他
（2023年3月卒業生実績）

入試GUIDE （2024年度参考）

①総合型選抜入試　②総合型選抜入試（授業体験方式）
③学校推薦型選抜入試（指定校方式）
④学校推薦型選抜入試（公募方式）（A・B日程）
⑤一般選抜入試（A・B日程、ファイナルチャレンジ）
⑥大学入学共通テスト利用入試（A・B日程）
⑦特別入試（海外帰国生徒・社会人・外国人留学生）
⑧編入学試験（A・B・C日程）

※入試種別・入試の成績により入学金、授業料等免除の奨学金制度あり。
※学部により異なります。詳細は学生募集要項参照。

学費（前年度参考）
○初年度納入金
　経営学部、現代社会学部、国際日本学部…129万円（入学金含む）
　建築＆芸術学部…139万円（入学金含む）
　健康栄養学部…152万円（入学金含む）
　国際看護学部…191万円（入学金含む）
○奨学金制度／大手前学園入試特別奨学金により、入試の成績により授業料等を免除します。それ以外にも、多彩なバックアップ体制を整えています。※詳細は学生募集要項参照

資料請求方法：巻末ページの「パンフレット一括請求」をご覧ください。

資料請求

	請求ハガキ	巻末ハガキ
料　金		無　料
完成時期		6月中旬

関西国際大学

〔神戸山手キャンパス〕〒650-0006　兵庫県神戸市中央区中山手通6-5-2(3号館)　入試課　TEL 078-341-1615　FAX 078-351-7172　〔HP〕http://www.kuins.ac.jp
〔尼崎キャンパス〕〒661-0976　兵庫県尼崎市潮江1-3-23　〔三木キャンパス〕〒673-0521　兵庫県三木市志染町青山1-18

TOPICS

学科・学部を超えて得意分野や目的に合わせて学べる！
6学部7学科の多彩な学びで世界に通用する人材を育成
　神戸山手、尼崎、三木の3つのキャンパスで特色のある6学部に将来の目指す進路に合わせた「国際」「観光」「社会」「心理」「教育」「経営」「看護」の7つの分野を展開し、多彩な学びで世界に通用する人材を育成します。

🏛 大学GUIDE

　関西国際大学は、1998年4月の開学と同時に日本で初めての「学習支援センター」を創設。多様な学生一人ひとりに応じたきめ細かな指導・支援を行ってきました。

　2022年度より文部科学省『大学の世界展開力強化事業』において、世界で活躍する優れた人材育成の強化を図る「国際的に誇れる大学教育システム構築等の支援制度」に、西日本の私立大学の代表校として唯一2年連続採択されました。ウェスタン・シドニー大学のVenture Makersという、起業家教育に特化したカリキュラムを土台として、ウェスタン・シドニー大学(オーストラリア)、Sydney School of Entrepreneurship(SSE)、デリー大学(インド)、キール大学(英国)、バンクーバー・アイランド大学(カナダ)の海外5大学・組織等と連携して、国際共働カリキュラムを展開。「起業家マインド」をはじめ、これからの社会に求められる力が身につきます。

DATA・FILE

○教員数……135（教授69　准教授40　講師19　助教7）
○学生数……2,709（男子1,426　女子1,283）
○キャンパス面積……82,762㎡
　　　　　　　　　　　　　　　　　　　　　（2023年度）
○就職率……98.5%（2023年3月卒業生）

国際コミュニケーション学部〔神戸山手キャンパス〕

グローバルコミュニケーション学科※75、観光学科80

　グローバルコミュニケーション学科は、独自の「英語力強化プログラム」や原則全員が海外を経験する「グローバルリサーチ」などを通し、高い英語力と世界でプロフェッショナルとして活躍できる知識と技術を修得します。観光学科は、語学力と異文化理解力を持ちポストコロナ社会に活躍できる観光人材を育成します。

※2023年4月に英語コミュニケーション学科より名称変更

社会学部〔神戸山手キャンパス〕

社会学科100

　社会学科では、1年次に社会学の基礎を学び、2年次からは専攻を選択し幅広い学びから自分の興味を掘り下げて学びます。ITスキルとコミュニケーションスキル双方の力を身につけ、変化の激しい社会に対応して、自分らしく生きることのできる人材を育成します。

心理学部〔神戸山手キャンパス〕

心理学科125（臨床心理学専攻、犯罪心理学専攻、災害心理学専攻、産業・消費者心理学専攻）

　心理学を基礎から幅広く学ぶだけでなく、専攻に縛られず専門知識を複合的に学ぶことにより、例えば犯罪や災害による被害予防、悩みやストレスの改善、対人関係能力の向上、ビジネス活動などに効果的に役立てることができます。心と行動の関係を理解し、心理学を活用して自分と社会の課題を解決する力を養います。

教育学部〔尼崎キャンパス〕

教育福祉学科150（こども学専攻〈教育専修コース、教育・保育コース、初等英語コース〉、福祉学専攻〈社会福祉専修コース、福祉・保育コース〉）

　1年次からの豊富な経験学習で多様な文化やICTにも触れながら、これからの時代のニーズに対応できる、一歩先行く未来の教育・福祉の専門家を養成します。2年

グローバルスタディ

グローバルな視点を身につけるための必須プログラムです。アジア・太平洋にある75校(2023年9月現在)の協定校・提携校の中から、フィールドリサーチ、海外サービスラーニング、海外インターンシップ、交換留学プログラムを選択。多様な体験を通じて、自ら考え行動できる人材を育てます。

次に選択するコースにより、保育士、幼稚園教諭、小学校教諭、特別支援学校教諭、社会福祉士、中学校の英語教諭、防災士など複数の資格を取得可能。すべての学生が「グローバルスタディ」という海外プログラムを履修することになっており、近年増加している外国籍のこどもへの理解も深めることができます。

経営学部（尼崎・三木キャンパス）

経営学科175

尼崎と三木、両地域全体をキャンパスとして、さまざまな産官学連携の学外学習を行っています。まずは経営学や経済学の基本知識を身につけ、早い段階から海外や地域でのフィールドワークや学外学習を積み重ねて課題の解決や安心・安全について実地で学んでいきます。ビジネスの現場や地域社会の課題を解決し、活躍できる「現場力」を身につけた人材を育成します。

保健医療学部（三木キャンパス）

看護学科100（看護学専攻、看護グローバル専攻）

「グローバル」「セーフティ」「マネジメント」の3つの視点で、グローバル社会を生き抜く力を持った新時代の担い手（看護専門職者）を育成します。看護学専攻では、医療現場との密接な連携で確かな実践力を身につけ、医療・看護に関する専門知識や技術を備えた看護専門職者を養成します。看護グローバル専攻では、海外研修を通してグローバルな視点を養い、異文化に対応する能力を高め、医療現場の国際化に対応できる看護専門職者を養成します。

留学情報

関西国際大学と交流協定を結ぶ大学への交換留学制度があります。期間は半年から1年間で、交換留学期間は在籍期間に含まれ、留学先大学で修得した単位は関西国際大学の単位として認定されます。所定の単位を満たせば4年間で卒業が可能です。このほかにグローバルスタディや海外インターンシップ、グローバルリサーチなど、1週間から1学期間程度の海外派遣プログラムなどがあります。

資格取得サポート

資格取得支援 　学修だけでなくやる気も支援しながら、採用試験合格や資格取得へと導きます。学修支援センターでは、教員採用試験対策講座、TOEIC®対策プログラムなどを実施。学修スキルの強化から資格取得まで多数の講座を用意しています。看護学科では、入学初年度から看護師・助産師・保健師国家試験対策を計画的に実施し、特に3年次からは徹底した国家試験対策として全員合格を目標に手厚くサポートします。

一人ひとりの個性を重視した就職指導

学生一人ひとりが自分の目指す道に進めるように、1年次春学期から就職に対する意識づけを行うガイダンスやセミナーなどの就職指導をスタート。ベテランスタッフが学生の適性や能力を把握し、全力でサポートします。

最近の主な就職先 　防衛装備庁（国家公務員）、大阪府警察、住友電工、三菱電機、大和ハウス工業、全日本空輸、ANA関西空港、日本生命保険、JTB、兵庫県庁、三木市役所、東京消防庁など／教員（小学校・中学校・高等学校・特別支援学校）、幼稚園、保育所・公務員・病院 他多数

入試GUIDE（前年度参考）

・総合型選抜：面接、グループワーク、活動レポート、適性検査
・公募制入試（適性検査）
・学校推薦型選抜：指定校推薦入試
・一般選抜：一般選抜型入試、大学入学共通テスト利用型入試、大学入学共通テストプラス型入試、英語面接利用型入試
・編入学試験：一般選抜型、外国人留学生特別型
・特別入試：スポーツ特別型、吹奏楽特別型、社会人特別型、帰国生徒特別型、外国人留学生特別型

※入試に関する詳細は大学HPをご覧ください。

主な奨学金制度

● 関西国際大学北播磨総合医療センター奨学金（看護学科生対象）
同センターからの支援をもとに運営する奨学金制度です。
● 濱名ミサヲ先生記念奨学生
期間中の授業料相当額給付など、全学部を対象とした制度です。
● その他、入学後に優秀な成績を修めた学生の努力をたたえる奨学金制度もあります。

オープンキャンパス日程

［来場型開催］10:00〜15:00 　3キャンパス同時開催
3/10(日)、3/24(日)
［プライベート型開催］随時開催。詳細は大学HPをご覧ください。
※2023年12月時点の情報となり、変更の可能性があります。最新の情報はホームページでご確認ください。

資料請求方法：巻末ページの「パンフレット一括請求」をご覧ください。

関西学院大学

〒662-8501　兵庫県西宮市上ケ原一番町1番155号　入学センター　TEL 0798-54-6135　〈HP〉https://www.kwansei.ac.jp

TOPICS
- ●2021年度理系学部再編、「理学部」・「工学部」・「生命環境学部」・「建築学部」の4学部体制へ
- ●2019年4月より「AI活用人材育成プログラム」スタート
- ●2024年度入試から一般選抜入学試験の「学部個別日程」拡充、募集人員も拡大へ
- ●共通テストを利用する入試方式「共通テスト併用日程」「共通テスト利用入試」が充実

世界に通用する総合的な知を

関西学院大学は、1889年に宣教師ウォルター・ラッセル・ランバスによって創設され、多様化するグローバル化時代に応える教育を行っています。

神学部　世界宗教であるキリスト教とその信仰、キリスト教から生まれた文化的事象や思想を論理的に探究。「隣人愛」を社会で実現できる人材を育成します。

文学部　少人数教育を実践し、教員や学生が活発に意見交換をしながら知的好奇心を高め、研究を進めています。副専攻や複数演習履修など学びを深める制度も充実。

社会学部　多様な観点から現代社会にアプローチ。データ解析とフィールドワークによる立体的な教育・研究で、複雑な現代社会の課題発見・解決に取り組みます。

法学部　法と政治の基礎である自由と人権、正義を重んじ、現代社会の中ですべての人が幸せになるにはどうすればよいのかを探究する人材の育成を目指します。

経済学部　基礎から手厚く指導し、現実の経済現象を認識し実態を的確に分析する力を育みます。3年次からは少人数制のゼミでより深く専門分野を追求します。

商学部　実社会を経験する課題解決型学習や海外大学とのオンライン授業などが充実。「Society5.0」に対応し国際社会に貢献できるビジネスパーソンを育成します。

人間福祉学部　学科横断型のフィールドスタディをはじめ、現場を肌で感じるプログラムを多数設置し、福祉に深く関わりながら学びます。国家試験対策もサポート。

国際学部　国際性を養い、問題解決能力、多文化共生能力、倫理的価値観、言語コミュニケーション能力を身につけます。原則として全学生が海外留学に参加します。

教育学部　子どもの成長・発達を十分に理解する「子ども理解」を教育の軸に据え、実践力と教育力、人間力を兼ね備えた教育者、保育者を育成します。

■学部・学科・募集人員

〈西宮上ケ原キャンパス〉
- ●神学部　30
- ●文学部
  文化歴史学科275／総合心理科学科175／文学言語学科320
- ●社会学部　社会学科650
- ●法学部　法律学科520／政治学科160
- ●経済学部　680
- ●商学部　650
- ●人間福祉学部
  社会福祉学科110／社会起業学科90／人間科学科100
- ●国際学部　国際学科300

〈西宮聖和キャンパス〉
- ●教育学部
  教育学科(幼児教育学コース140、初等教育学コース140、教育科学コース70)

〈神戸三田キャンパス〉
- ●総合政策学部　495
  総合政策学科／メディア情報学科／都市政策学科／国際政策学科
  ※学部一括募集、2年生から学科に所属
- ●理学部(2021年4月開設)
  数理科学科54／物理・宇宙学科60／化学科66
- ●工学部(2021年4月開設)
  物質工学課程55／電気電子応用工学課程60／情報工学課程90／知能・機械工学課程60
- ●生命環境学部(2021年4月開設)
  生物科学科61／生命医科学科84／環境応用化学科83
- ●建築学部(2021年4月開設)　建築学科132

総合政策学部　人間社会と自然環境への理解を深め、複数の学問領域を融合させた複合的な視点から問題解決力を養い、「共生の社会」をつくる人材を育成します。

理学部　伝統と実績を誇る化学科、基礎数学から応用数学までの多様性・学際性が特徴の数理科学科、物理現象・宇宙の謎に迫る物理・宇宙学科を設置しています。

工学部　課程制を導入し、複雑化する社会の変化に柔軟に対応できる能力を身につけます。複眼的な視点を育てるマルチプル・メジャー（複専攻）制度を採用。

DATA・FILE

- ○教員数……717(教授473　准教授102　講師101　助教41)
- ○学生数……学部24,314(男12,067　女12,247)
- ○キャンパス……西宮上ケ原キャンパス　西宮聖和キャンパス
  KSC(神戸三田キャンパス)
- ○蔵書数……約201万冊　　　　　　　　　(2023年度)

オープンキャンパス（予定）

2024年8/3㊏西宮上ケ原キャンパス・
　　　　西宮聖和キャンパス（午後のみ）
　　8/4㊐西宮上ケ原キャンパス・西宮聖和キャンパス
　　8/10㊏KSC（神戸三田キャンパス）
2025年3/22㊏西宮上ケ原キャンパス
　　※詳細は大学ホームページをご確認ください。

LINEで入試情報をお届け
今すぐ友達登録！
資料請求もできます

生命環境学部 環境・食料・健康など現代社会の課題解決に生命環境分野からアプローチ。実験科学とデータサイエンスを駆使した先進的な教育研究を展開します。

建築学部 デザイン、マネジメント、工学、人文社会科学などの幅広い観点から建築・都市を学び、都市再生や環境・エネルギー、災害などの課題解決を考えます。

国際教育

「世界に開かれ、世界と共生する大学」を目標に、世界の大学・研究機関と学生・教員の相互交流を図っています。57カ国280大学・国際機関との協定校ネットワークを活用し、豊富な海外研修・留学プログラムに加え、協定大学の講義を国内で受講できるオンライン教育プログラムも充実。国連・国際機関での活躍を目指す「国連・外交プログラム」では、実務家教員の指導や海外派遣により、世界市民として国際的な課題の解決に貢献する人材を育成します。アジアで初めて国連ボランティア計画と協定を結び、開発途上国への学生派遣や、派遣に先立つ訓練センターの学内設置などを行ってきた実績もあります。2022年3月には混住型の国際教育寮が開設し、留学生との生活を通して多様な価値観を学ぶ場が誕生しました。

CAMPUS情報

西宮上ケ原キャンパス 阪急今津線甲東園駅・仁川駅より徒歩約12分、甲東園駅からはバス利用で約5分。大阪駅から約30分の場所にあります。

西宮聖和キャンパス 西宮上ケ原キャンパスから徒歩約12分のところにあり、教育学部の学生が学んでいます。

神戸三田キャンパス JR宝塚線新三田駅からバスで約15分、神戸電鉄公園都市線南ウッディタウン駅からは

バス約10分。JR三ノ宮駅、新神戸駅、新大阪駅、大阪駅などからもバスの直通便があります。現在、アウトドア用品メーカー snow peak と協定を結び Camping Campus などの新たな教育の場を創造しているほか、新棟も完成しました。

卒業後の進路

関西学院大学ではきめ細かな就職支援体制を整えています。資格取得や教職課程などのサポートも充実しており、就職率の高さと就職先の満足度に定評があります。

2023年3月卒業生の主な就職先

三井住友銀行、りそなグループ、住友生命保険、東京海上日動火災保険、積水ハウス、キーエンス、TOPPAN、エーザイ、シスメックス、三菱電機、富士通、関西電力、日本アイ・ビー・エム、NHK、JR東海、星野リゾート、国家公務員、兵庫県教育委員会、神戸市など

一般選抜入学試験がさらに受験しやすくなりました （2024年度参考）

①全学部日程では、試験日を**2日間設定**し、両日とも**全学部（14学部）**が受験可能。

②大学入学共通テストを利用する入学試験の1月出願に**文系7科目型**を設置。

③理・工・生命環境・建築学部の全学部日程が**均等配点型、数学・理科重視型**の2方式に。**併願減額制度**も導入。

④2月5日(月)には英数日程と共通テスト併用日程（数学）、2月6日(火)・7日(水)には文系学部で学部個別日程と共通テスト併用日程（英語）を実施。併願減額制度も導入。

⑤一般入学試験は**大学入学共通テスト後**に出願可能です〈2024年1月17日(水)まで〉。

奨学金制度

ランバス支給奨学金をはじめとする返還義務のない支給奨学金の制度など、貸与型も含めて独自の奨学金制度が充実しており、給付型奨学金（返済不要な奨学金）を得られやすい大学では、全国2位になっています（2017年度独立行政法人日本学生支援機構調べ）。
● 高大接続報奨支給奨学金　● 入学時クレセント奨学金
● クレセント奨学金（2～4年次）
● 奨励奨学金（2～4年次）など

AI活用人材育成プログラム

AIやデータサイエンスの知識を活用して現実の社会課題やビジネス課題を解決する能力を養う全学部生対象のプログラムです。「AI活用」「アプリケーション開発」「プロジェクトマネジメント」「データ分析」「ビジネス」を基礎から学び、体系的かつ実践的なスキルを修得。文系・理系を問わず、多くの学生が履修しています。

資料請求方法：巻末ページの「パンフレット一括請求」をご覧ください。

甲南大学

〒658-8501　神戸市東灘区岡本8-9-1　アドミッションセンター　TEL 078-435-2319（直通）〈HP〉https://ch.konan-u.ac.jp/

資料請求

	請求ハガキ	巻末ハガキ
料　金		無　料
完成時期		4月中旬

TOPICS

- ●「就職に強い甲南」　2023年3月卒業生の就職率98.7％。充実のキャリア教育と支援体制で、毎年高い就職率を誇っています。
- ●ミディアムサイズの総合大学　国際都市・神戸に位置する甲南大学では、建学理念「人物教育の率先」を教育の原点とし、ミディアムサイズの総合大学だから実現できる教育を実践。全学部の学生を対象とした「融合型グローバル教育」や「全学共通教育」の実施など、学部を越えた融合型教育を行っています。

神戸で学ぶ4年間

文学部　専門教育と教養教育を重視した、学生の主体的な学びを提供。「日本語日本文学科」「英語英米文学科」「社会学科」「人間科学科」「歴史文化学科」の5学科の専門分野で自分のテーマを見つけて研究を行い、その中で新たな問いを見出し、深く考え、その成果を『ことば』で表現できる能力を身につけます。また、学部・学科の枠を越えて興味のある科目を受講し、幅広い教養を学べることも文学部の特長のひとつです。

経済学部　基礎から中級、上級へと積み上げていくカリキュラムを展開し、経済・社会問題を的確にとらえる力を養います。中でも特長であるプロジェクト型授業では、提示されるさまざまな社会課題に対して、学生が自ら考えた解決策を提案します。また、日本と米国の2つの学位を最短4年半で取得できるダブルディグリープログラムが2020年から始動。国内外問わず広く社会に貢献できる人材を養成します。

法学部　法学および政治学に関する専門的知識を学ぶことで、論理的な思考力と応用力を培います。弁護士や司法書士、社会保険労務士等の実務家による授業、企業の第一線で活躍する社会人をゲストスピーカーに招く授業や神戸市職員によるリレー形式の講義を通じて、法や政治がより身近に実感できる学びを提供しています。また、公務員を目指す学生向けの「公共人材養成プロジェクト」も推進しています。

経営学部　経営学・会計学・商学の複合的視点を持ったゼネラリスト、税務・経営分析・マーケティングなどの専門知識を持つスペシャリスト。いずれの育成にも対応できる多彩なカリキュラムで、実践力と経営的感性を身につけます。また、より専門性を磨くことができる「ビ

■**学部・学科・学環**

- ●文学部
  日本語日本文学科70／英語英米文学科90／社会学科90／人間科学科95／歴史文化学科60
- ●経済学部　経済学科345
- ●法学部　法学科330
- ●経営学部　経営学科345
- ●マネジメント創造学部　マネジメント創造学科170
- ●グローバル教養学環25　※2024年4月新設
- ●理工学部　物理学科50／生物学科45／機能分子化学科60
- ●知能情報学部　知能情報学科120
- ●フロンティアサイエンス学部　生命化学科45

ジネス・リーダー養成プログラム」も設置しています。

マネジメント創造学部　学びの核となる研究プロジェクト科目では、「持続可能な開発目標（SDGs）と世界情勢」や「マーケティング・リサーチの実践」など実社会に密接した約40種類のテーマから学びたいテーマを選択。2～4年次の学生で編成された少人数グループで調査・分析・発表と実践を重ねることで、知識やスキルだけでなく、ビジネスの現場に不可欠なプレゼンテーション力やコミュニケーション力を培います。英語教育では学部独自のプログラム「CALA」で留学やビジネスに必要な語彙力を集中して習得すると共に国際感覚を養います。

グローバル教養学環　2024年4月開設、学部とならぶ新しい教育組織です。1学年25人に対して11人の専任教員がチーム体制で指導し、学部やセンター、海外協定校、および社会が連携した学びの環（わ）として、グローバル教養学位プログラム（STAGE）を提供。複数言語の運用力を強化するとともに、欧米やアジア圏を組み合

DATA・FILE

- ○教員数……269〈専任〉（教授190　准教授51　講師24　助教4）
- ○学生数……学部　8,851　大学院　164（大学院160　法科大学院4）
- ○蔵書数……約110万冊

（2023年5月1日現在）

キャンパス案内

【岡本キャンパス】文・法・経済・経営・理工・知能情報学部・グローバル教養学環
阪急「岡本駅」徒歩10分、JR「摂津本山駅」徒歩12分
【西宮キャンパス】マネジメント創造学部
阪急「西宮北口駅」徒歩3分
【ポートアイランドキャンパス】フロンティアサイエンス学部
神戸新交通ポートアイランド線「計算科学センター駅」徒歩4分

わせ、2カ国以上へのダブル留学を体験します。国際理解、社会科学、データサイエンス・AI等を学び、ゼミでは課題解決のための企画立案力・提案力に重点を置いて学び、世界基準で考え行動できるグローカル人材を育成します。

<u>理工学部</u>　理系では珍しい、交通至便の都市型キャンパスに「物理学科」「生物学科」「機能分子化学科」の3学科を有し、物事の本質をとらえる「理学」をベースとして、豊富な実験科目で応用力・探究力を身につけ、最終の卒業研究でそれぞれの専門分野の研究に取り組むことが特長です。理学と工学という枠にとらわれず多角的にアプローチし、「なぜ？」という好奇心から積極的に物事を分析、考察して、結論を導き出す"科学する力"を育てます。

<u>知能情報学部</u>　高度情報化社会のさらにその先を見据えて、2021年度より新カリキュラム（6コース制）が始動しました。時代のキーワードともいうべき新コース名は「クラウドシステムコース」、「AIデータサイエンスコース」、「知能ロボットコース」、「メディアデザインコース」、「ヒューマンセンシングコース」、「数理情報コース」。この6コースの中から、自ら学びたいひとつまたは複数のコースを選択します。そして新カリキュラムのもとで、プレゼンテーション能力やコミュニケーション能力、問題解決能力の涵養に力点をおいた教育を展開。少人数対話型教育で実践力と人間力を養い、これからの時代を生き抜くことのできる「情報学の分野横断型ジェネラリスト」を育成します。

<u>フロンティアサイエンス学部</u>　生命現象の神秘を探求する「生物学」と、分子や原子を操る「化学」を融合させた「生命化学」を研究対象としています。1学年45人の少人数教育のもと、実験・演習の充実したカリキュラム編成だけでなく、理系学生のための手厚い進路指導も特徴です。医療・創薬・食品・化粧品などに関する知識や技術を未来の社会へ生かせる人材を育てます。神戸医療産業都市（ポートアイランド）にある専用キャンパスには、最新の実験機器をはじめ、学生一人ひとりに与えられる研究スペース「マイラボ」などがあり、施設・設備も充実しています。

複合施設「KONAN INFINITY COMMONS」（iCommons）

　甲南学園創立100周年記念事業の一環として、複合施設「KONAN INFINITY COMMONS」（愛称：iCommons（アイコモンズ））が2017年に誕生。1,300席の席数を誇る食堂やブックカフェ、トレーニングマシンとボルダリングウォールを備えたフィットネスルーム、部室や茶室、アトリエ等の課外活動施設を備えた学生生活の拠点となっています。「ミディアムサイズの総合大学」にふさわしい、様々な学部の学生同士が交流し、刺激しあえる人物教育の拠点となっています。

資料請求方法：巻末ページの「パンフレット一括請求」をご覧ください。

卒業後の進路 （2023.3卒業生）

<u>高い就職率を誇る充実したサポート</u>　低学年次から"なりたい自分"をイメージし、具体的な行動に移すため、1・2年次には正規授業のキャリア科目に加え、実際に社会を体感する「会社見学ツアー」など、さまざまな講座を実施しています。3年次以降は実際の就職活動に合わせたスケジュールで、採用選考対策や会社説明会など多彩なイベントにより学生をサポートしています。また、理系学生や体育会所属学生のための支援講座、UIJターン就職（地元・地方などでの就職）支援、公務員を目指す学生の支援など、一人ひとりのニーズに合わせたキャリア支援も行っています。

<u>主な就職先</u>　鹿島、関西電力、キユーピー、サントリーホールディングス、JR東海、日本生命保険、バンダイ、三井住友銀行、富士通、ヤフー、読売新聞社、楽天、大阪国税局、気象庁、神戸市教育委員会、日本銀行、兵庫県庁など

入試GUIDE （2025年度予定）

①<u>一般選抜</u>：一般方式、外部英語試験活用方式、共通テスト併用型、共通テスト利用型など

②<u>総合型選抜</u>：公募制推薦【教科科目型、個性重視型】、スポーツ能力に優れた者の推薦

③<u>学校推薦型選抜</u>

④<u>その他の入試</u>：編入学試験、外国人留学生（正規留学生）入試、外国人留学生（正規留学生）編入学試験、社会人選抜、帰国生選抜など
※詳細は、「入試ガイド2025」で確認してください。

2024 オープンキャンパス情報
日程：2024年4月7日(日)・8月3日(土)・8月4日(日)・9月15日(日)
場所：甲南大学〈岡本キャンパス、西宮キャンパス、ポートアイランドキャンパス〉
※詳細は甲南大学ホームページ「甲南Ch.」(https://ch.konan-u.ac.jp/)で確認してください。

甲南女子大学

〒658-0001　神戸市東灘区森北町6-2-23　入試課　TEL 078-431-0499　〈HP〉https://www.konan-wu.ac.jp/

資料請求		
	請求ハガキ	巻末ハガキ
料　金	無　料	
完成時期	3月下旬	

TOPICS 2025年4月に心理学部（仮称・設置構想中）＊を開設予定。全6学部11学科がひとつのキャンパスに集い、学びのフィールドも多彩に広がります。品格と国際性を備え、社会に貢献する高い志を持つ女性を育成します。　＊概要・計画などは予定であり、今後変更になる場合があります

🏫 神戸ではじまる学び

甲南女子大学は創立100年を超える歴史がある大学です。文系から医療系まで幅広い学びのフィールドがあり、神戸を一望するキャンパスで、社会で活躍する「未来への実践力」を育みます。

心理学部（仮称・設置構想中）＊

【心理学科】 コミュニケーション、AI、子ども・福祉、心のケア・医療、犯罪抑止、動物など、心理学の幅広い領域を専門的に学びます。仕事や生活に応用できる心理学の学びを生かして、自分だけでなく、周りも豊かにし、豊かな社会を作っていく人材を目指します。

国際学部

【国際英語学科】 世界で活躍できる実践的な英語力を身につけます。一人ひとりの能力とニーズに合わせた英語プログラムに加え、英語を進路に結びつける「グローバル・ビジネス」「ANAエアライン」「児童英語教員養成」などの実践的プログラムも展開します。

【多文化コミュニケーション学科】 英語に加えて、韓国語・中国語・インドネシア語のいずれかを学習。全員が国内外の国際体験プログラム（GCP）に参加し、多文化環境での語学力と行動力を身につけます。

文学部

【日本語日本文化学科】 日本語と日本文化の理解を深め、将来の目標に応じて「ホスピタリティ」「コミュニケーション実践」「言語・文学・文化」の3分野から学びます。

【メディア表現学科】 コミュニケーションに不可欠な多様なメディアのしくみや構造を理解し、メディアを使いこなすスキルを身につけ、共感を得る自己表現能力を高めます。

人間科学部

【総合子ども学科】 子どもへの理解を深め、子どもの発達を正しく支えられるよう「子ども学」の多彩な学びを習得し、資格取得をめざします。

【文化社会学科】 身近な現代文化をテーマに人の行動の背景を分析。現場での調査（フィールドワーク）により考える力、コミュニケーション力、実践力を身につけます。

【生活環境学科】 衣食住などの多様な切り口から健康と環境に配慮した暮らし、センスある魅力的なライフスタイルを追求し、生活実践のスキル・資格を身につけます。

看護リハビリテーション学部

【看護学科】 医療・保健・教育・福祉の現場で寄り添い活躍できる看護職の養成をめざします。

【理学療法学科】 女性らしい視点と心づかいを備えた理学療法士の育成をめざします。

医療栄養学部

【医療栄養学科】 多職種と連携できる力や優れたコミュニケーション能力、人間性などを育み、明日の医療現場で活躍できる食・栄養・医療に詳しい管理栄養士を養成します。

■ **学部・学科組織・募集人員**

● **心理学部（仮称・設置構想中）＊**
　心理学科90

● **国際学部**
　国際英語学科110／多文化コミュニケーション学科80

● **文学部**
　日本語日本文化学科80／メディア表現学科70

● **人間科学部**
　総合子ども学科150／文化社会学科80／生活環境学科80

● **看護リハビリテーション学部**
　看護学科100／理学療法学科60

● **医療栄養学部**
　医療栄養学科80

▶ DATA・FILE

○教員数……171（教授78　准教授43　講師34　助教14　助手2）
○学生数……3,894（学部・女子）
○大学院……人文科学総合研究科（博士前期課程・博士後期課程）
　　看護学研究科（博士前期課程・博士後期課程）
　　　　　　　　　　　　　　　　　　　（2023年5月時点）

▶ 奨学金制度

○アカデミックチャレンジ奨学金（給付）　所定の入試の成績上位者から奨学生を選考。4年間の学費を最大100%免除
○甲南女子大学奨学金（給付）
○甲南女子大学遠隔地出身学生援助奨学金（給付）　ほか

目指す免許・資格

国家試験合格率 （2023年3月卒業生）

看護師
96.3% 受験者：107人
合格者：103人
（全国平均90.8%）

保健師
100% 受験者：20人
合格者：20人
（全国平均93.7%）

助産師
100% 受験者：4人
合格者：4人
（全国平均95.6%）

理学療法士
94.0% 受験者：50人
合格者：47人
（全国平均87.4%）

管理栄養士
92.9% 受験者：70人
合格者：65人
（全国平均56.6%）

資格取得者数 （2023年3月卒業生）

- ○小学校教諭一種免許状　免許取得者数 64人
- ○幼稚園教諭一種免許状　免許取得者数169人
- ○保育士資格　　　　　　資格取得者数 91人
- ○養護教諭一種免許状　　免許取得者数 20人

その他 主な取得可能な免許・資格

栄養士、栄養教諭一種免許状、公認心理師（国家試験受験資格カリキュラム対応）、認定心理士、中学校・高等学校教諭一種免許状（国語・英語）、日本語教諭、司書、学芸員、フードスペシャリスト　など
※取得できる資格・免許は学科による

キャリアサポート

就職サポート　入学直後から始まるキャリアの教育。キャリア支援科目では、論理的思考力・自己分析力を身につける講座から、書類選考・筆記試験対策・面接対策などさまざまな講座を用意。また個人相談や模擬面接など、一人ひとりにあったサポートが受けられます。

資格取得サポート　公務員試験や資格取得に対応する資格サポートセンターを設置。2020年からは資格スクールと提携し、特別価格での公務員試験対策講座受講や、自分に合った資格を相談できる「資格アドバイザー」が常駐するなど、進路実現に向けて資格取得をサポート。

オープンキャンパス

- ○オープンキャンパス（予定）
  3/20(水・祝)、6/2(日)、7/13(土)・14(日)、8/3(土)・4(日)、9/1(日)
  実施有無や開催時間はHPをご確認下さい。
  入試ガイダンス、個別相談、体験授業、キャンパスツアー他
- ○入試相談会（予定）
  10/26(土)・27(日)　10:00～15:00（大学祭開催の場合に同時開催）
  ※その他も相談会やイベントを実施予定.詳細はHPをご確認下さい。

卒業後の進路 （2023年3月卒業生）

○甲南女子大学の就職状況○

就職率	進路満足度	求人件数
98.7%	**97.1%**	**15,082件**

※2023年3月卒業生（2023年4月時点）

主な就職先

ワコール、ANA関西空港、阪急阪神百貨店、NHK、リコージャパン、星野リゾート、大阪国税局、甲南医療センター、関西電力病院、公立小学校・幼稚園・保育所・認定こども園、公務員　ほか

入試GUIDE （2024年度参考）

①総合型選抜
②推薦型選抜（学校推薦型・看護グローバル型・ファミリー推薦型・小中高3免許取得支援型・スポーツ推薦型）
③一般選抜（Ⅰ～Ⅳ日程）
④大学入学共通テスト利用選抜（Ⅰ・Ⅱ日程〈面接プラス〉）

入試でチャレンジ！　一般選抜Ⅰ・Ⅱ日程、大学入学共通テスト利用選抜Ⅰ日程は、アカデミックチャレンジ奨学金判定付きの入試です。判定合格者には入学後2年間の学費（入学金を除く）を100%、50%、25%の割合で免除します。

大学へのアクセス

- ○JR神戸線「摂津本山」駅、阪急神戸線「岡本」駅より徒歩5分のスクールバスのりばから無料バスで約5分。
- ○JR神戸線「甲南山手」駅より北へ徒歩約15分

資料請求方法：巻末ページの「パンフレット一括請求」をご覧ください。

神戸学院大学

〒651-2180　神戸市西区伊川谷町有瀬518　入学・高大接続センター　TEL 078-974-1972　〈HP〉https://www.kobegakuin.ac.jp

資料請求		
	請求ハガキ	巻末ハガキ
料　金		無　料
完成時期		5月中旬

TOPICS
- ●10学部13学科を擁する、文理融合型私立総合大学
- ●医療・保健・福祉系の4学部6学科で「チーム医療」を学ぶ「IPE（専門職連携教育）」
- ●2024年度入学生より入学金を大幅に減額

🏛 未来をつかむカリキュラム

法学部　法の視点で物事を考えるリーガルマインドを培い、法曹界や官・公・民のさまざまな場面で、法の知識を生かして活躍できる人材を育成します。2年次から法のスペシャリストをめざす「法職コース」、公務員をめざす「行政コース」、民間企業をめざす「企業法コース」のいずれかを選択し、専門分野を集中的に学びます。

経済学部　経済学の実践的手法を基礎から学び、2年次後半に「生活経済コース」、「企業経済コース」、「公共経済コース」のいずれかに所属。さらに、FPライフプランニング、公務員・経済学検定試験、簿記・会計、データサイエンス、教員養成、グローバル・ビジネス、ビジネス・リーダー養成の7つのプログラムがあり、重層的で自由な学びが可能です。

経営学部　2023年4月より「経営・会計専攻」と「データサイエンス専攻」を設置。企業の経営事例などを題材にしてヒト・モノ・カネ・情報の動きをとらえ、企業経営のあり方を考察します。経営の実践をリアルに学ぶアクティブ・ラーニングに注力しているほか、グローバル社会に対応できるよう語学力養成も重視しています。

人文学部　文系・理系の枠を越えて多様な学問を知る「人文の知」を1年次に履修し、人文学の学びの広さと深さ、おもしろさを体感。「人間探究科目群」、「言語・文学科目群」、「人と社会と自然科目群」から自由に学び、心・社会・文化・自然の諸問題が複雑に絡み合う現代社会を解き明かす多角的な考察力を養います。

心理学部　「社会に生きる心理学」をテーマに、医療、福祉、教育、司法、産業などの幅広いフィールドを見すえて「こころ」を総合的に学びます。公認心理師資格取得やスクール・カウンセラー、法務技官（心理）、心理判定員などの専門職をめざす大学院への進学経路も確立し、受験に必要な履修プログラムを整備しています。

■組織図（2024年度募集人員）
- ●法学部　法律学科450
- ●経済学部　経済学科340
- ●経営学部
　経営学科（経営・会計専攻290、データサイエンス専攻50）
- ●人文学部　人文学科300
- ●心理学部　心理学科150
- ●現代社会学部　現代社会学科130／社会防災学科90
- ●グローバル・コミュニケーション学部
　グローバル・コミュニケーション学科（英語コース120、中国語コース30、日本語コース（外国人留学生対象）30）
- ●総合リハビリテーション学部
　理学療法学科40／作業療法学科40／社会リハビリテーション学科90
- ●栄養学部　栄養学科（管理栄養学専攻95、臨床検査学専攻65）
- ●薬学部　薬学科（6年制）250

■学びのステージ

	1年次	2年次	3年次	4年次	5年次	6年次
法　学　部 経　営　学　部 現代社会学部 グローバル・コミュニケーション学部	ポートアイランド第1キャンパス					
経　済　学　部 人　文　学　部 心　理　学　部 総合リハビリテーション学部 栄　養　学　部	有瀬キャンパス					
薬　　学　　部	ポートアイランド第1キャンパス					

現代社会学部　**現代社会学科**は、「市民と生活」「仕事と産業」「地域と文化」の3分野を具体的に考察し、地域社会での実践経験を通して社会の課題を解決する力を育みます。**社会防災学科**は「市民の視点」「行政の視点」「社会貢献の視点」を軸に、被災地神戸の知を生かし、防災と社会貢献を理論と実践の両面から学びます。

グローバル・コミュニケーション学部　「英語コース」、「中国語コース」、「日本語コース（外国人留学生対象）」を設け、自分の意見を持って発信できる思考力や理解力、行動力など、総合的なコミュニケーション力を実践的に鍛えます。英語コース、中国語コースでは全員が3年次前期に海外の提携大学などへ留学し、ネイティブの外国

DATA・FILE
○教員数……329（教授162　准教授78　講師61　助教25　助手3）
○学生数……学部　11,249（男子6,818　女子4,431）
○キャンパス面積……約371,274㎡
○蔵書数……約120万冊
　　　　　　　　　　　　　　　　　　　　（2023年度）

奨学金
【学内】神戸学院大学支給奨学金、神戸学院大学同窓会給付奨学金、神戸学院大学同窓会災害等奨学金、神戸学院大学交換・派遣留学奨学金、大学主催短期海外研修参加費補助金、奨励金、溝口奨励金ほか
【学外】日本学生支援機構、民間・地方団体等奨学金ほか

語に触れ「聞く、読む、話す、書く」のスキルを高めます。

 総合リハビリテーション学部 **理学療法学科**では、運動能力の回復をサポートする専門家「理学療法士」をめざします。**作業療法学科**は、豊富な知識と対応力を身につけた、心身の機能回復を支援する専門家「作業療法士」をめざします。**社会リハビリテーション学科**は、社会福祉士や精神保健福祉士をめざす「社会福祉士コース」と、企業などに勤めて社会福祉の問題に取り組む「生活福祉デザインコース」から選択し、知識を深めます。

栄養学部 **管理栄養学専攻**は、臨床検査結果などを読み解き、確かな栄養指導が行える管理栄養士をめざします。**臨床検査学専攻**は、栄養学を理解した上で、チーム医療の現場で必要な実践力を身につけた臨床検査技師をめざします。

薬学部 神戸医療産業都市に位置する地の利を生かし、多数の研究所や医療機関との人的・学術的交流を推進。学内にもライフサイエンス産学連携センターなどの組織を設置し、質の高い教育を実現しています。さらに、アメリカ薬学研修など、国際社会を見すえた実践的な教育も実施。薬学知識と問題解決能力を身につけ、臨床と研究の現場で活躍できる医療人を育成します。

 # 留学情報

全学部を対象に海外8カ国14大学と協定を結び、交換留学をはじめ、短期海外研修・セミナーなどの国際交流プログラムを実施しています。交換留学生・派遣留学生には、それぞれ規定による奨学金を支給し、現地で取得した単位は卒業単位に認定されます。

CAMPUS情報

ポートアイランドキャンパス 神戸ポートアイランドのウォーターフロントに広がるポートアイランドキャンパスは、最先端の研究設備を備えたポートアイランド第1キャンパスと、教育施設のほか、課外活動拠点である体育施設等を備えたポートアイランド第2キャンパスがあります。また、「神戸三宮サテライト」を開設し教育と生涯学習の新たな拠点とするなど、学修環境の改善を目的に、様々な施設を備えています。

有瀬キャンパス 神戸学院大学発祥の地である有瀬キャンパスは、神戸学院大学の開学から、半世紀の歴史を刻んできました。小高い丘に位置し、1年を通じて豊

ポートアイランド第1キャンパス

かな自然に彩られたキャンパスには、最先端設備を導入したいくつもの学舎が点在し、学生たちの希望をやさしく包み込む温かさがあふれています。

 # 卒業後の進路

卒業者総数…2,382 就職決定者数…1,965 進学者数…76
主な就職先 大和ハウス工業、アイリスオーヤマ、ネスレ日本、タカラスタンダード、ファミリア、日本イーライリリー、日本銀行、みなと銀行、住友生命保険、関西電力、JR西日本、ANA関西空港、日本郵便、国立病院機構、日本赤十字社、財務省、海上保安庁、東京都特別区、大阪国税局、兵庫県庁、広島県庁、大阪市役所、芦屋市役所、警視庁、兵庫県警察本部、神戸市消防局など
(2023年3月卒業生)

 # 入試GUIDE (前年度参考)

①**一般選抜入試(前期・中期・後期日程)**／全学部※
　一般選抜入試共通テストプラス型(前期・中期日程)／全学部※
　一般選抜入試共通テストプラス型(後期日程)／人文・心理学部
②**公募制推薦入試**／全学部※
③**大学入学共通テスト利用入試前期日程**／全学部※
　後期日程／理学療法学科、作業療法学科を除く全学部※
④**AO入試**／法・人文・心理・グローバル・コミュニケーション(英語コース・中国語コース)・総合リハビリテーション学部(社会リハビリテーション学科)
⑤**理学療法学科適性評価入試**／理学療法学科
⑥**作業療法学科適性評価入試**／作業療法学科
⑦**指定クラブ強化特別入試**／法・経済・経営(経営・会計専攻)・人文・心理・現代社会・総合リハビリテーション(社会リハビリテーション学科)・栄養学部
⑧**帰国生入試、社会人入試、外国人留学生入試**など
※はグローバル・コミュニケーション学部日本語コースを除く。

資料請求方法：巻末ページの「パンフレット一括請求」をご覧ください。

近畿

神戸松蔭大学

2025年4月名称変更予定（現名称：神戸松蔭女子学院大学）

〒657-0015　神戸市灘区篠原伯母野山町1-2-1　入試・広報課　TEL 078-882-6123(直)　〈HP〉https://www.shoin.ac.jp/

資料請求

	請求ハガキ	巻末ハガキ
料　金	無　料	
完成時期	5月中旬	

TOPICS

- ●近年高まる多様性に対する理解と受容に対応し、2025年4月から「女子大学」⇒「共学大学」に発展します。
- ●これまでの歴史と伝統を継承しながら、これからも社会に貢献する人材を育てていきます。
- ●産官学連携などアクティブな学びを展開。ICTを活用した未来につながる知識が身につく少人数教育。また国際交流も活発です。

■学科組織（2025年度予定）

●文学部

グローバルコミュニケーション学科50 ／日本語日本文化学科60

●人間科学部

心理学科70 ／人間科学科100 ／ファッション・ハウジングデザイン学科60

※食物栄養学科は2025年度募集停止

●教育学部

教育学科60

🏛 大学GUIDE

明治時代の男性優位の社会において、1892年（明治25年）に教育によって女性の可能性を広げる必要性を感じた英国聖公会の宣教師が「松蔭女学校」を設立して以来、一貫して女子教育を行ってきました。しかし、これまでの価値観にはとらわれない多様性に対する理解と受容など、社会の大きな変革期に対応するため、2025年4月『神戸松蔭女子学院大学』は『神戸松蔭大学』（共学）として新たなスタートを切ります。六甲山の豊かな緑を背景に、神戸の街を見晴らす美しいキャンパスで、これまでの歴史と輝かしい伝統を継承しつつ、これからも社会に貢献する人材を育てていきます。

グローバルコミュニケーション学科　異文化という多様性への認識を深めて幅広い知識を習得すると同時に、グローバルなコミュニケーション能力を磨きます。それらの学びを、英語圏や韓国・中国へのセメスター留学、短期語学研修、海外インターンシップ、国内での国際交流活動など、それぞれに応じた国際交流で実践し、多様な人々が協働する社会を作り上げることのできる人材の養成をめざします。

日本語日本文化学科　日本語の歴史や方言、日本の伝統的な文化や文学について学びます。2年次から、日本語を深く学び表現力・発信力を磨く「日本語・日本語教育コース」、日本の文学や伝統文化を学ぶ「日本文学・文化コース」、メディア現象や演劇、現代日本の文化を学ぶ「メディア表現コース」に分かれます。2023年度には新たに「書道コース」を開設。すべてのコースで教員をめざすことができます。

心理学科　心理学の幅広い領域を学ぶとともに、実習科目を通して実践的なスキルも修得します。カリキュラムは公認心理師（国家資格）に対応し、大学院進学により公認心理師・臨床心理士の資格取得をめざすことも可能です。知識と技能の両面で専門性を高めます。

人間科学科　現代社会においてより良い生活を追求するためには、衣食住や経済、経営の視点から物事を多角的に捉える力が必要になります。こうした学びを通して、暮らしの中の課題を解決する力を身につけて社会に貢献できる人材をめざします。

ファッション・ハウジングデザイン学科　独自の美意識が根づくファッション都市・神戸で、生活を豊かにするデザインを学び、新しい価値を生み出す力を身につけます。衣と住のデザインを幅広く学び、ファッション、美と健康、インテリア、地域の暮らしなど、身近なテーマから自由に選んで追究し、より良いライフスタイルを創造します。

教育学科　自分の目指す将来に合わせ、小学校教諭、幼稚園教諭、保育士の資格を取得することが可能で、単なる資格の取得だけでなく定評ある「教員養成」の実績を活かした教育プログラムにより、専門職としての高度

DATA・FILE

- ○教員数……90（教授42　准教授35　講師13）
- ○学生数……1,606
- ○キャンパス面積……約115,608㎡
- ○コンピュータ……約400台
- ○蔵書数……約40万冊（開架式書庫）　　　　（2023年度）

課外講座

MOS（Word/Excel）、日商簿記検定2級・3級、TOEIC®、秘書技能検定準1級・2級、サービス接遇検定準1級・2級、医療事務（医科）能力検定3級、ファイナンシャルプランニング技能検定2級・3級、国内・総合旅行業務取扱管理者、宅地建物取引士、公務員試験（教養科目）、SPI筆記試験　ほか　（2023年度）

な知識・技術と、地域や社会と連携できる人間性を育成します。またオーストラリアの教育施設での海外研修や、学内の子育て支援フリースペース「まつぼっくり」での親子との触れ合いなどの機会も充実しています。

 ## CAMPUS情報

　最寄りの六甲駅まで阪急電車で神戸市・三宮から約7分、大阪（梅田）からでも30分弱。授業期間中はJR六甲道、阪急六甲各駅から通学バスが運行しています。数々の建築賞を受賞したレンガ色の落ち着いた学舎の裏手には六甲山が広がり、眼下に大阪湾が一望できます。

　語学教育　習熟度別クラス編成による実践的かつきめ細かな英語教育のほか、ネイティブスピーカー教員と自由に英会話を体験できる「イングリッシュアイランド」や、外国語の力を伸ばせる「外国語応援サロン」など、学科を越えて意欲ある学生に応える教育環境を整えています。

　資格サポートオフィス　資格取得をサポートする講座を放課後や土曜日に開講しています。学年や学部を問わず利用でき、学内で受講可能です。受講料は学外の資格取得系スクールより低い設定なので、時間も費用も効率よく資格取得をめざせます。「どのような資格をめざしていいのかわからない」という質問にも資格の総合アドバイザーが相談に応じます。

 ## 国際交流

　アメリカ、カナダ、イギリス、アイルランド、オーストラリア、ニュージーランド、中国、台湾、韓国、ベトナム、インドネシアの11カ国に13校の協定校があります。春期・夏期の短期語学研修、長期留学、英語学科生対象の約4カ月間のセメスター留学もあります。いずれも留学先で修得した単位は卒業単位に加算され、セメスター・長期留学については、条件を満たせば奨学金の支給もあります。

　また、外国人留学生に日本語を教えたり、寮生活や観光などのサポートをする日本語パートナー制度もあります。

　日本語教育助手海外派遣制度　日本語教員養成課程を修了し、卒業後の進路として日本語教員をめざす学生を支援しています。日本語教育の助手（TA）として派遣する制度では、これまでにオーストラリア、インドネシア、中国、ベトナムへの派遣実績があります。

 ## 卒業後の進路

就職希望者数……512　就職決定者数……510
就職決定率……99.6%　進学……17
　主な就職先　キリンホールディング、三菱マテリアル、ニトリ、東武トップツアーズ、パーソルキャリア、マイナビ、JR西日本ITソリューションズ、日本郵便、みなと銀行、尼崎信用金庫、社会保険診療報酬支払基金、ANA大阪空港、ANA成田エアポートサービス、JALスカイ大阪、兵庫県庁、神戸市役所、ユニクロ、ユナイテッドアローズ、モンクレールジャパン、ジャヴァコーポレーション、TSIホールディングス、パナソニックハウジングソリューションズ、ホテルモントレ、ホテルグランヴィア大阪、エームサービス、LEOC、積水ハウス、生活協同組合コープこうべ、公立小学校教諭（神戸市、大阪市、明石市、横浜市、和歌山県）、公立保育園保育士（西宮市、伊丹市、加西市）ほか　　　　（2023年3月卒業生）

 ## 入試GUIDE （前年度参考）

①総合型選抜：面接（口頭試問）
②学校推薦型選抜／前期、後期日程：2科目＋調査書
③一般選抜／前期A・B、後期日程：2科目
④大学入学共通テスト利用入試／前期、中期、後期日程：2教科2科目
⑤社会人特別入学試験　⑥帰国子女特別入学試験
⑦学校推薦型推薦選考　⑧スポーツ優秀者推薦選考
⑨大学3年次編入学試験　⑩社会人特別編入学試験
⑪外国人留学生特別入学試験

▶ 進学相談会 ◀
①オープンキャンパスは2024年3月、6月、7月、8月に実施予定。詳細は大学公式サイトでご確認ください。
②個別での大学見学も随時受け付けています。
　入試・広報課（078-882-6123）までご連絡ください。

▶ 資料請求 ◀
○大学案内（パンフレット、進学ガイド）の請求は、電話あるいはメール（nyusi@shoin.ac.jp）、公式サイト（https://www.shoin.ac.jp/）からお申し込みください。（無料）

資料請求方法：巻末ページの「パンフレット一括請求」をご覧ください。

神戸女子大学

〒654-8585　神戸市須磨区東須磨青山2-1　入試広報課　TEL 078-737-2329　〈HP〉https://www.yg.kobe-wu.ac.jp/wu/

TOPICS
◇2025年4月に教育学部教育学科を新設（設置構想中）
◇看護師・管理栄養士・社会福祉士国家試験、毎年高い合格率を実現！
◇保育士、幼稚園・小学校教員就職者数全国トップクラスの実績！

🏛 大学GUIDE

2025年4月教育学部教育学科を新設（設置構想中）

　前身の文学部教育学科で築き上げてきた学びの特色を基盤に、新たな時代の要請に応え、さらに「強みと専門性」（専門職種の教育力・ICT活用力・学校間連携教育・語学力・インクルーシブ教育・地域連携・SDGs・STEAM教育など）を備えた独自のカリキュラムを編成します。

【教育学部3つのポイント】
①教員採用試験合格率関西地区トップクラス
　教職支援センターと共同で自治体に合わせた面接対策や面談等の手厚いサポートで多くの合格者数を達成。
[2022年度、いずれものべ数] 公立小学校　102人　公立幼稚園・保育所　16人　私立幼稚園・保育所等　58人
※文学部教育学科の実績
②特別支援学校教諭一種免許が取得可能に
　配慮や支援の必要な子どもたちへの指導力の向上を目的として、特別支援学校教諭の免許を取得できるカリキュラムを設けます。
③学校インターンシップを実施
　教員に必要となる指導力を実践的に養うために、担任の先生や子どもの支援活動を行うインターンシップを実施します。
【コース】幼児教育、初等教育、義務教育の3コース
【資格】保育士、幼稚園教諭一種、小学校教諭一種、中学校教諭一種（英語）、学校図書館司書教諭

附属校のない女子大学　1／18大学

附属や系列校がないから、打ち解けやすい環境があります

　神戸女子大学には、附属等の高校がありません。すべての新入生がキャンパスで初めて顔を合わせ、名前を聞いたり、挨拶をしたり、日常生活の中で打ち解けながら友だちという関係を新たに作り上げていきます。
　現在関西には国立と私立をあわせて18の女子大学があ

DATA・FILE

○教員数……160（教授86　准教授43　講師17　助教14）
○学生数……学部 2,987　大学院 73
○学生寮……天神寮・行ー寮
○大学院（博士前期課程・後期課程）文学研究科／家政学研究科／
　　　　　　看護学研究科
　　（修士課程）健康栄養学研究科　　　　　（2023年度）

■学科組織

●文学部
日本語日本文学科60（日本文学、古典芸能、日本語）
英語英米文学科60（英語学・英語教育、英米文学・文化）
国際教養学科60
史学科60（日本史、外国史、日本考古学・民俗学）

●教育学部※
教育学科130（幼児教育、初等教育、義務教育）
※2025年4月新設（設置構想中）

●家政学部
家政学科80（被服デザイン科学、住空間、生活マネジメント）
管理栄養士養成課程150

●健康福祉学部
社会福祉学科80
健康スポーツ栄養学科80

●看護学部
看護学科90

●心理学部
心理学科80

りますが、神戸女子大学以外は附属高校を併設しています。新入生の大半が附属高校の出身者で、入学してみるとすでに附属高校出身者でグループができあがっていたというケースも少なくありません。しかし、神戸女子大学は違います。共に悩み、笑い、成長できる……、一生ものの友だちが、神戸女子大学なら必ず見つかります。

📖 国家試験、教員採用試験

　教員や社会福祉士、管理栄養士といった国家資格をはじめ、学部・学科の特性に見合ったさまざまな資格を、授業カリキュラムの中で取得できます。資格サポートオフィスでは、さまざまな講座を用意し、常駐スタッフが一人ひとりに合った資格取得をアドバイスします。

国際交流

　10カ国15大学の提携校との間に語学研修および短期留学の制度を用意。なかでも、ハワイ大学とは姉妹校提携を結んで30年以上が経ち、研修生の総数は2,000人を優に越えています。提携校で履修した科目に対する単位認定制度も充実しています。

難関といわれる国家試験突破に向け、国家試験対策室で独自のサポートを行っています。社会福祉学科では社会福祉士、精神保健福祉士、介護福祉士の受験対策に力を入れ、通常授業以外に対策講座、補強講座を学内で開催。1回生から段階に応じて国家試験対策を実施しています。管理栄養士養成課程では4回生の5月から独自の模擬試験を実施。不十分なところは試験直前まで講座を行い、補完します。手厚い学習相談や指導により、精神面のフォローも行っています。

教員免許取得希望者が全学生の約半数を占め、教職支援センターでは、各種の教員試験対策講座を開設して先生をめざす学生をサポートしています。講座では、採用試験で必須の教育心理や教育法規などの「教職教養科目」や、高校時代に学習した教科などの「一般教養科目」、小学校の全科や中・高等学校の「専門教養科目」などの学習ができます。面接や論作文対策、模擬試験など、さまざまな対策講座により意識と知識を向上させます。

 ## CAMPUS情報

須磨キャンパス／ポートアイランドキャンパス／三宮キャンパス

須磨の海を一望できる緑豊かな須磨キャンパスには、文学部と家政学部を設置。2025年4月には教育学部が新

ポートアイランドキャンパス

神戸の海を一望できる須磨の高台に広がる須磨キャンパス設予定。最先端を行く施設・設備が充実しています。

三宮駅からポートライナーが直通、アクセス良好のポートアイランドキャンパスには健康福祉学部、看護学部、心理学部を設置。在宅介護実習室や入浴実習室、調理実習室や、体育ホールなどのほか、看護学部開設に伴って新たに看護学部棟を建設。母性実習室など目的に合わせた看護実習室を整備しています。

神戸・三宮の中心地にある三宮キャンパスには、神戸女子大学教育センターがあります。

 ## 学生サポート

就職率 98.0%

きめ細かなサポートで一人ひとりの希望をかなえます

2023年3月卒業生の就職率は98.0%。安定して高い就職率を維持し続けていることには理由があります。たとえば、キャリアサポートセンターでマンツーマンの丁寧な就職指導をしたり、さまざまな企業による「学内企業研究会」を開いたり。このほか、Uターン就職支援、公務員試験対策講座、TV局アナウンサーによる就活プログラムなど、多彩な要望に応えるプログラムも用意しています。きめ細かいサポートを行うことで、確かな結果を導いています。

 ## 入試GUIDE（2024年度参考）

① 総合型選抜（AO入試、自己アピール入試）
② 特別選抜（神女ファミリー入試、社会人入試）
③ 学校推薦型選抜（指定校推薦入試、公募制推薦入試）
④ 一般選抜（一般入試、大学入学共通テスト利用入試）
※2025年度入試の最新情報は、2024年4月以降大学HPをご確認ください。

奨学金制度

学業・人物が優秀な学生対象の「神女優秀者応援奨学金」、家計急変により学業継続が困難となった学生対象の「神女経済支援奨学金」、同窓会や教育後援会によるものなど、独自の給付奨学金制度が充実。
〔大学生対象の奨学金制度〕○奨励金授与制度　○授業料等免除制度　○神戸女子大学教育後援会育英学生奨学金　○青山会奨学金　○外国留学による授業料等免除制度　など

神戸女子大学公式ホームページ

最新の入試情報やオープンキャンパス日程をはじめ、学部学科紹介、キャンパス情報、資格・就職情報、国際交流等、最新の情報はこちらからご確認ください。

資料請求方法：巻末ページの「パンフレット一括請求」をご覧ください。

神戸女学院大学

〒662-8505　兵庫県西宮市岡田山4-1　入学センター・広報室　TEL 0798-51-8543(直)　〈HP〉https://www.kobe-c.ac.jp/

TOPICS

2025年4月生命環境学部START！（仮称・設置構想中）

- 著名400社実就職率※　　近畿私立大7位、西日本私立女子大4年連続1位
- 面倒見が良い大学　　　　　　近畿5位、近畿女子大1位
- 入学後、生徒を伸ばしてくれる大学　　　　近畿女子大1位

（大学通信調べ　※実就職率（%）＝就職者数÷〔卒業（修了）者数－大学院進学者数〕×100）

■学科組織
- ●国際学部　英語学科100／グローバル・スタディーズ学科50
- ●文学部　総合文化学科200
- ●音楽学部
  　音楽学科40（音楽表現専攻、音楽キャリアデザイン専攻）
- ●心理学部　心理学科96
- ●生命環境学部※　生命環境学科80　※2025年4月開設
- ●大学院
  　文学研究科（英文学専攻、比較文化学専攻）／音楽研究科（音楽芸術表現専攻）／人間科学研究科（人間科学専攻）

2024年4月 国際学部・心理学部・音楽学部新専攻START！

🏛 大学GUIDE

少人数教育　語学の授業でも1クラス約15人という少人数により、一人ひとりに応じた丁寧な指導を行います。発言の機会も多く、コミュニケーション力が培われるほか、実験や実習にも全員が参加できる環境です。

💡 2025年4月 理系分野START！
生命環境学部開設（仮称・設置構想中）

環境・生命・食・情報を理解し、人と自然が共存できる社会をめざして実践的に学びます。専門領域を入学後に決めるため、「環境科学」「生命科学」「情報科学」「サイエンスコミュニケーション」の4分野を横断して学ぶことができます。さらに、1年次から充実した実験・実習のカリキュラム。第一三共ヘルスケア、タカラバイオ、サラヤなど理系企業への就職多数。また、卒業生のうち10人に1人が大学院に進学し研究者の道へ（2023年3月卒業生）。理科教員や二級建築士、木造建築士など専門資格をめざすこともできます。

成績優秀者給与奨学金制度　　※前年度参考
入学金および授業料の半額相当額を原則4年間支給。国立大学と同程度の納付金で修学できるチャンス！　所定の手続きを完了すれば、受給資格を持ったまま他大学を併願することも可能。
対象（各学部共通）：学校推薦型選抜（公募制〈A日程〉）、一般選抜〈前期A日程〉の成績優秀者。

🏢 神戸や大阪から通いやすいアクセス！

阪急電鉄「大阪梅田駅」「神戸三宮駅」より、最寄りの「門戸厄神駅」まで電車で約20分の好アクセス。大学までは徒歩10分。実験や授業で忙しい毎日も安心。周辺にはショッピングモールやグルメスポットもたくさん！

🏃 卒業後の進路（2023.3卒業）

就職希望者数……505　　就職決定者数……500
（決定率99.0%）　　進学者……38

主な就職先　大和ハウス工業、伊藤園、キーエンス、小松製作所（コマツ）、NEC（日本電気）、北海道テレビ放送、ANA関西空港、JALスカイ、阪急電鉄、伊藤忠食品、阪急阪神百貨店、三菱UFJ銀行、住友生命保険、星野リゾート、サイバーエージェント、大阪府など

主な進学先　筑波大学大学院 理工情報生命学術院、神戸大学大学院 医学研究科、広島大学大学院 統合生命科学研究科、九州大学大学院 生物資源環境科学府、神戸大学大学院 国際協力研究科など

📝 入試GUIDE（前年度参考）

①総合型選抜　②学校推薦型選抜（公募制）　③一般選抜
④大学入学共通テスト利用型　ほか

※詳細は入学試験要項をご確認ください。

春のオープンキャンパス（予約優先制・入退場自由）
2024年3月24日(日)　10:30～15:30
大学紹介・入試説明、学食体験、キャンパスツアー、ミニ講義など
　　　　　　　　　　詳細はこちら⇒

資料請求方法：巻末ページの「パンフレット一括請求」をご覧ください。

神戸親和大学

〒651-1111 神戸市北区鈴蘭台北町7-13-1 アドミッションセンター TEL 078-591-5229(直) 〈HP〉https://www.kobe-shinwa.ac.jp 〈E-mail〉nyushi@kobe-shinwa.ac.jp

資料請求		
	請求ハガキ	巻末ハガキ
料　金		無　料
完成時期		6月中旬

TOPICS

● "先生になるなら、親和！" 長年にわたり、教員採用試験で高い合格率を維持しています。

◎保育教諭実就職率　兵庫県内1位　　◎幼稚園教諭実就職率　兵庫県内1位
◎小学校教諭実就職率　兵庫県内2位　　◎保育士実就職率　兵庫県内2位

（2023年3月卒業生実績　大学通信調べ）

🏛 2023年4月 男女共学。

兵庫県内の大学でトップクラスの教員採用試験実績に裏付けされた「きめ細かなサポート力」という教育基盤に加え、新たな実践型の学びとして学内外の学びを通じて実践力、課題解決力を養う「SHINWA実践教育プログラム」がスタートしました。入学時に始まるキャリア教育や、情報活用能力を修得する**数理・データサイエンス・AI教育プログラム**なども充実し、社会の新たな価値を創造する人となる力を養っていきます。

現場経験豊富な先生たちが採用試験対策を行います。ほかにも「学校園ボランティア」で実際の教育現場に触れる機会が多いことも特徴です。

💡 SHINWA実践教育プログラム

新たな価値を創造する人材育成のため、「SHINWA実践教育プログラム」がスタートします。学外と学内の相互の学びから、協働力・社会の変化に対応する力・課題解決力を磨くプログラムです。例えば、ICTを活用した教育を体験できる「子どもメンタープロジェクト」、地域の子どもたちと触れ合う「キッズオープンキャンパス」等があります。また、心理学科で実践している企業と協働して取り組む「課題解決型プロジェクト」では、実際に商品化までつながったケースもあります。

🏃 卒業後の進路

主な就職先　兵庫県・神戸市（小・中・高・特支）、公立・私立（幼稚園・保育所・認定こども園）、岡山県・鳥取県・香川県・高知県（小）、公務員（兵庫県職員、市役所職員、消防官、警察官）、神戸トヨペット、神戸物産、ファミリア、日本通運、ANA関西空港、アシックスジャパン、ホテルモントレ、帝国ホテル、富士通Japan　他

📝 入試GUIDE（前年度参考）

①AO入試　②スポーツ入試
③ファミリー入試　④探究入試
⑤教科科目型入試・面接型入試・資格活用型入試
⑥一般選抜入試（前期・後期）
⑦大学入学共通テスト利用型入試（前期・後期）

そのほか、帰国生入試、学部外国人留学生入試等を実施。

学部・学科組織（2025年度）　（　）内の数字は募集定員

	国際文化学科 （48〈予定〉）	**コース** 国際コミュニケーション／日本語・日本文化／情報コミュニケーション
文学部		上級情報処理士、プレゼンテーション実務士、司書、日本語教員資格（主専攻）（副専攻）※小学校教諭一種免許状
	心理学科 （60）	**コース** ビジネス・社会心理／公認心理師・臨床心理士
		認定心理士、上級情報処理士、司書 ※小学校教諭一種免許状または幼稚園教諭一種免許状【大学院進学後または実務経験を経て取得可能な受験資格】臨床心理士、公認心理師
教育学部	教育学科 （180〈予定〉）	**コース** 小学校・中高教育／小学校教育プラス／幼児教育・保育
		小学校教諭一種免許状、中学校教諭一種免許状（英語、数学、国語*）、高等学校教諭一種免許状（英語、数学、国語*）、幼稚園教諭一種免許状、特別支援学校教諭一種免許状（知・肢・病、定員50）、保育士資格（定員120）、司書、司書教諭 *2025年課程認定に向けて申請予定
	スポーツ教育学科 （87〈予定〉）	**コース** 学校体育・スポーツ教育／スポーツ心理・健康福祉／生涯スポーツ・マネジメント
		中学校教諭一種免許状（保健体育）、高等学校教諭一種免許状（保健体育）、コーチングアシスタント（受験資格）*、ジュニアスポーツ指導員（受験資格）*、アシスタントマネジャー（受験資格）*、日本パラスポーツ協会公認パラスポーツ指導員（初級・中級）、健康運動実践指導者（受験資格）、司書、司書教諭 ※小学校教諭一種免許状または幼稚園教諭一種免許状 *日本スポーツ協会公認

※神戸親和大学通信教育プログラムを併修することで、取得をめざすことができる資格です（入学後別途手続き、要費用）。

大学ランキング（前年度実績）	※大学通信調べ
●面倒見が良い大学	兵庫県内大学第4位

資料請求方法：巻末ページの「パンフレット一括請求」をご覧ください。

神戸常盤大学

〒653-0838　神戸市長田区大谷町2-6-2　入試広報課　TEL 078-611-1821(代)　〈HP〉https://www.kobe-tokiwa.ac.jp/univ/

TOPICS

「医療」と「教育」でいのちを支える専門職業人を養成
- 2023年臨床検査技師国家試験合格者数　近畿第1位　全国第7位
- 2023年実就職率※　兵庫県私立大第1位

※大学通信調べ。実就職率(%)は、就職者数÷〔卒業(修了)者数−大学院進学者数〕×100で算出

看護学部看護学科(仮称) 2025年4月設置構想中※

前身である保健科学部看護学科では、国家試験合格率・就職率ともに高い実績を残しています。

看護学部看護学科※　定員85人

※構想中の内容は学部学科名称を含めて予定であり、計画変更の可能性があります。

大学GUIDE

少人数教育をモットーとする豊かな教育環境の中で、知性と感性を磨き、幼児から高齢者まで、健常者から病者まで、さまざまな人の「いのち」を心身両面から支える専門職業人を育成します。

看護学部　看護学科（仮称・2025年4月設置構想中）

これからの時代、看護専門職として一人ひとりのあり方が問われるようになります。そのため、まず看護実践に必要な知識・技術の基礎と高い倫理観を身につけた看護師・保健師を育成します。特に演習や実習では、学生の主体性と教員との交流を深め、効果的に学べるよう少人数制で行います。また、地域・社会のニーズに応えられるよう様々な体験が重ねられるカリキュラムです。

4年間を通して学修成果を実感しながら、学生個々の将来の夢を実現するため、意欲的な学びを応援します。

保健科学部　医療検査学科

臨床検査技師は、病気の早期発見や治療法決定に必要な生体情報を提供する専門職です。技術の進歩に対応し、高度な技術と知識を備え、成長し続ける臨床検査技師を育成します。国家試験に向けてはオリジナル教材「B6カード」の活用と月に一度の模擬試験と国家試験対策授業を実施。学生一人ひとりにあわせた指導により、合格へと導きます。

■学科組織

●看護学部※
　看護学科※85
　※仮称・2025年4月設置構想中

●保健科学部
　医療検査学科80 ／診療放射線学科75 ／口腔保健学科70

●教育学部
　こども教育学科80

臨床検査技師と細胞検査士のダブルライセンス取得をめざす特別コースも開設（定員15人）。卒業後、専門学校で1年学修することにより、臨床工学技士国家試験受験資格も取得可能です。

保健科学部　診療放射線学科

放射線や超音波を利用して検査を行い、人体からの情報を収集する診療放射線技師を育成します。兵庫県内の大学では初めての設置となります。専門教育は、講義と実習が5：5の割合で、実習を重視し実践的能力を養成します。国家試験対策として演習科目や国家試験対策委員会を設け、合格に向けて多方面から協力に支援していきます。

保健科学部　口腔保健学科

人々の健康で豊かな生活実現を支援できる確かな医療技術と学識を備え、地域やグローバル社会で活躍できる歯科衛生士を育成します。保育士、歯科医療事務管理士、食生活アドバイザーなど、複数の資格取得も可能です。総合病院や小児・矯正歯科、地域・行政での健康教育など、多様な職場に対応できるスキルを身につけ、適性をいかした就職ができるようにサポートを行います。

教育学部　こども教育学科

複雑化する社会のニーズに対応し、子どもの成長と保護者を支え、教育を担うプロフェッショナルを育てます。将来の希望に合わせて2コースを設置。保育・幼児教育

DATA・FILE

- 教員数……95（教授43　准教授14　講師27　助教10　助手1）
- 学生数……1,505
- キャンパス面積……47,102.22㎡
- 蔵書数……約10万5千冊

(2023年度)

奨学金制度（給付）

- 神戸常盤大学修学支援奨学金（給付）新入生用／在学生用
- 神戸常盤大学修学支援奨学金（給付）緊急対応
- 神戸常盤大学外国人留学生奨学金（給付）
- 公益財団法人中内育英会（給付）

上記のほか、看護学生奨学金、民間及び地方公共団体奨学金など

コースは保育士、幼稚園教諭を、義務教育コースは小学校教諭、中学校教諭（理科）を目指します。いずれのコースも教育・研究の経験豊富な専任教員が、少人数制のゼミによりきめ細かく指導します。学内には付属幼稚園があり、日常的に子どもと関わることができる環境です。

教員採用試験はコースごとに特化した指導を行います。教職支援センターが中核となって、採用試験対策などを実施。公立小学校、公立保育所・幼稚園へも毎年多数の合格者を育てています。

CAMPUS情報

木々の緑に包まれ、淡路島、大阪湾を望む神戸の高台に位置し、交通の便にも恵まれています。最新の施設・設備が整い、充実した学生生活を送ることができます。

地域交流・国際交流

地域社会の発展に貢献する拠点として「地域交流センター」と「ボランティアセンター」を開設。学生たちの地域に根ざした活動を支援し、キャンパス内外でのリアルな体験が、豊かで実りある学びをもたらします。

「国際交流センター」では、「ネパール交換研修生・受入れ制度」や「青年海外協力隊講演会」「異文化体験プログラム」など、文化や価値観の違いを理解しながらグローバルな視点を獲得する学びをサポートしています。

取得資格

●看護学部（仮称・2025年4月設置構想中）
〈看護学科〉看護師国家試験受験資格、保健師国家試験受験資格※1、養護教諭一種免許状、養護教諭二種免許状※2、第一種衛生管理者免許※2
※1 人数制限あり
※2 保健師免許取得後申請により取得可

●保健科学部
〈医療検査学科〉臨床検査技師国家試験受験資格、細胞検査士受験資格※1、第一種衛生管理者免許、中級バイオ技術者受験資格、遺伝子分析科学認定士受験資格
〈診療放射線学科〉診療放射線技師国家試験受験資格、放射線取扱主任者、ガンマ線透過写真撮影作業主任者、エックス線作業主任者
〈口腔保健学科〉歯科衛生士国家試験受験資格、社会福祉主事任用資格、保育士資格※1、市民救命士、食育指導士、食生活アドバイザー、歯科医療事務管理士

オープンキャンパス情報

○TOKIWA OPEN CAMPUS
開催日程は大学ホームページにてご確認ください。

●教育学部
〈こども教育学科〉保育士資格、幼稚園教諭一種免許状、小学校教諭一種免許状、中学校教諭一種免許状（理科）

教職支援センター

「小学校教諭、中学校教諭、公立幼稚園教諭・保育士、養護教諭」を志す学生への進路支援を目的として、設置されました。キャリア支援課や関連学科とも連携し、学生が主体的・意欲的に夢実現に向けたキャリアアップが図れる支援を行っています。

キャリア支援課

各学科の教員とキャリア支援室の職員が一丸となって、きめ細かくサポートを行っています。また、キャリアコンサルタントが一人ひとりの希望や悩みに向き合い支援しています。卒業生は就職後の離職率が低いのが特徴で、希望にかなった就職先が得られている証と考えることができます。

卒業後の進路 （2023年3月卒業生）

卒業者総数……242　就職希望者数……237
就職決定者数……230（決定率97.0％）　進学・留学……3

学科別進路状況

〈医療検査学科〉大学病院1、公立病院16（国立1、都道府県7、市町村7）、一般病院35、クリニック1、検診センター5、検査センター6、企業3、他7、進学2
〈看護学科〉大学病院3、公立病院27（国立1、都道府県8、市町村18）、一般病院37、他2、臨床4、進学1
〈こども教育学科〉小学校教諭18（臨時4含む）、私立幼稚園2、公立保育所7、私立保育所26、施設（児童養護、障害児、高齢者）15、企業15

入試GUIDE （2024年度参考）

①総合型選抜（A・B）
②公募推薦型選抜・公募推薦型選抜A日程・公募推薦型選抜B日程
③一般選抜（前期・中期・後期）
④大学入学共通テスト利用選抜
⑤大学入学共通テスト利用選抜2次
⑥社会人特別選抜

資料請求方法：巻末ページの「パンフレット一括請求」をご覧ください。

近畿

兵庫大学

<table>
<tr><td colspan="3">資料請求</td></tr>
</table>

資料請求		
	請求ハガキ	巻末ハガキ
料　金	無　料	
完成時期	4月中旬	

〒675-0195　兵庫県加古川市平岡町新在家2301　入学課　TEL 079-427-1116　FAX 079-427-1117　〈HP〉https://www.hyogo-dai.ac.jp/

TOPICS

●ありがとうのプロフェッショナルへ。
　兵庫大学では、経済、ビジネス、公務員、グローバル、看護、スポーツ栄養、食育、臨床栄養、体育、養護、社会福祉、教育、幼児教育・保育の分野で高い専門知識と分野を越えた幅広い教養を身につけることができます。

大学GUIDE

　「人間形成」と「人材育成」を教育目標におき、「和の精神」を大切に、自然を取り入れた10万平方メートルの広大なキャンパスの中で、学生一人ひとりの個性を大切に丁寧できめ細かな教育を行っています。

現代ビジネス学部

　現代ビジネス学科では、人々の暮らしを豊かにし、地域・経済の原動力となる人材を、特色ある4専攻（データサイエンス専攻、グローバルビジネス専攻、地域ビジネス専攻、公共政策専攻）の学びを通じて育成します。

健康科学部

　栄養マネジメント学科では、食品、スポーツ・食育、臨床栄養の3コースを設置。医療分野から福祉分野、食品分野、教育分野と活躍の場が多岐にわたる管理栄養士の将来の進路にあわせ、早期より各分野の内容を理解し、効率よく学習を進めています。
　健康システム学科では、将来を見据えながらキャリアを積むために、養護・保健、学校体育、健康スポーツ指導の3つのコースを用意。専門的な知識を身につけるとともに、実践的なキャリアを磨きます。

教育学部※ ※2023年4月開設

　教育学科では、主に3つの先進教育スキル、PBL（段階的な教育実習による課題解決力）、IEP（個別ニーズに対応できる教育展開力）、ICT（学校現場におけるICT活用能力）を修得。子どもの思いに寄り添い、子どもとともに成長する教育者を目指します。

■学部・学科組織
●**現代ビジネス学部**
　現代ビジネス学科120（データサイエンス専攻、グローバルビジネス専攻、地域ビジネス専攻、公共政策専攻）
●**健康科学部**
　栄養マネジメント学科80（管理栄養士養成施設）（食品コース、スポーツ・食育コース、臨床栄養コース）／健康システム学科40（養護教諭コース、学校体育コース、健康スポーツ指導コース）
●**教育学部**
　教育学科100
●**看護学部**
　看護学科90
●**生涯福祉学部**
　社会福祉学科40

看護学部

　看護学科では、人のライフサイクルを理解し、健康の保持・増進に貢献できる看護のスペシャリストを育成します。豊かな人間性と社会性を育むとともに、高度化する現代医療のニーズに応える実践的なカリキュラムを採用しています。

生涯福祉学部

　社会福祉学科では、チーム医療を担う医療と福祉をつなぐ分野（医療ソーシャルワーカー）に重点を置き、実践力のある専門家を育てます。福祉機関はもとより、企業、司法、教育など幅広い分野での福祉専門職をめざす実践的教育が特色です。

資格取得

教員免許

●**現代ビジネス学部**
〈現代ビジネス学科〉高等学校教諭一種免許「公民」「商業」
●**健康科学部**
〈栄養マネジメント学科〉栄養教諭一種免許
〈健康システム学科〉養護教諭一種免許、中学・高等学

DATA・FILE

○教員数……111（教授51　准教授34　講師14　助教5　助手7）
○学生数……学　部1,531（男544　女987）
　　　　　　大学院　33
○キャンパス面積……114,624㎡
○蔵書数……約14.6万冊
（2023年5月1日現在）

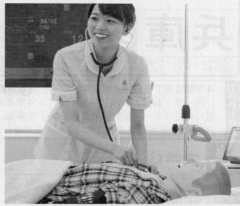

校教諭一種免許「保健体育」

●**教育学部**
〈教育学科〉幼稚園教諭一種免許、小学校教諭一種免許、特別支援学校教諭一種免許（知・肢・病）、中学・高等学校教諭一種免許「英語」

●**看護学部**
〈看護学科〉養護教諭一種免許

●**生涯福祉学部**
〈社会福祉学科〉高等学校教諭一種免許「福祉」

取得できる資格・受験資格など

●**現代ビジネス学部**
〈現代ビジネス学科〉上級秘書士・上級秘書士（国際秘書）、上級ビジネス実務士・上級ビジネス実務士（国際ビジネス）、上級情報処理士

●**健康科学部**
〈栄養マネジメント学科〉管理栄養士※１、栄養士、フードスペシャリスト※２、食品衛生管理者任用資格、食品衛生監視員任用資格、社会福祉主事任用資格

〈健康システム学科〉健康運動指導士※２、健康運動実践指導者※２、初級障がい者スポーツ指導員、ジュニアスポーツ指導員※２、社会福祉主事任用資格、第一種衛生管理者

●**教育学部**※　　　　　　　　　　　※2023年４月開設
〈教育学科〉保育士

●**看護学部**
〈看護学科〉看護師※１、保健師※１
＊保健師課程は選択制となります

●**生涯福祉学部**
〈社会福祉学科〉社会福祉士※１、精神保健福祉士※１、社会福祉主事任用資格、児童指導員任用資格、福祉レクリエーション・ワーカー
※１国家試験受験資格　※２受験資格

 卒業後の進路

就職支援

「face to face で全員の進路が決まるまでサポート」をモットーに、就職活動を控えた学生全員と個別面談を行い、学生一人ひとりの進路支援を行っています。総合的なガイダンスから履歴書添削、模擬面接などの個別指導まで幅広く学生を支援します。それ以外にも携帯電話のメール機能を利用した求人情報の配信や就職活動支援バス、就職合宿など、独自の進路支援も行っています。

国家試験・教員採用試験対策

看護師や管理栄養士、社会福祉士などの国家試験対策には、模擬試験や講習はもちろん、自主的な学習を支援する専用の自習室を用意しています。教員採用試験・公務員試験の対策では模擬試験や専門家による対策講座を開講。模擬試験については、学生の経済的負担を軽減するために受験料の半額を大学が負担しています。

主な就職先（2023年３月卒業生実績）

〈現代ビジネス学科〉綜合警備保障、日興商会、神戸マツダ、但陽信用金庫、神戸製鋼所 高砂製作所、人丸花壇、マルアイ、ネッツトヨタ兵庫、データマネジメント、アイガー、jig.jp、和歌山県警察、奄美市役所、姫路市役所ほか

〈栄養マネジメント学科〉日清医療食品、エームサービス、西脇こども園、ヤマダストア、廣記商行、ウエルシア薬局、スギ薬局、栄養教諭（姫路市、小野市）ほか

〈健康システム学科〉JR北海道、神戸YMCA、伊丹産業、関通、トップラン、太平洋クラブ、力健、アルペン、小学校・幼稚園（明石市、三田市）、中学校（さいたま市、高知県）、高等学校（兵庫県）ほか

〈看護学科〉兵庫県災害医療センター、神戸市立医療センター西市民病院、兵庫県立加古川医療センター、兵庫あおの病院、加古川中央市民病院、神戸大学医学部附属病院、保健師（西脇市、鏡野町）ほか

〈社会福祉学科〉桜谷福祉会、博愛福祉会、神戸聖隷福祉事業団、姫路医療生活協同組合、あかりの家、美喜和会、兵庫県、境港市、丹波篠山市、加西市社会福祉協議会ほか

オープンキャンパス

3/24(日)、4/28(日)、5/26(日)、6/23(日)、7/20(土)、7/21(日)、8/3(土)、8/4(日)、9/8(日)　※日程については変更する場合がありますので、詳細はホームページでご確認ください。
〈内容〉学科紹介、体験授業、入試相談、キャンパスツアー、学生生活相談、学生との交流、学食体験など
【アクセス】ＪＲ神戸線「東加古川駅」下車、北口から徒歩12分

資料請求方法：巻末ページの「パンフレット一括請求」をご覧ください。

兵庫医科大学

〈西宮キャンパス〉〒663-8501　兵庫県西宮市武庫川町1-1　TEL 0798-45-6162
〈神戸キャンパス〉〒650-8530　兵庫県神戸市中央区港島1-3-6　TEL 078-304-3030
〈HP〉https://www.hyo-med.ac.jp

TOPICS

4学部合同で多職種連携協働（IPW）を学ぶ西日本有数の医系総合大学

医・薬・看護・リハビリテーション４学部合同での臨床体験実習や、少人数グループで課題に取り組む「チーム基盤型学修（TBL）」を実施。実際の医療現場を見据え、より高度なIPW（多職種連携協働）を実践できる次代の医療人を育成します。

🏛 大学GUIDE

実践的な演習を医・薬・看護・リハビリテーションの４学部で展開しています。医療専門職種間の相互理解や、IPW（多職種連携協働）を駆使して患者さんの問題を解決する能力を身につけます。

医学部

少人数制のTBL教育により、自ら学ぼうとする自主性や問題解決能力を養成。基礎から臨床まで全科横断的なカリキュラムを通じて、教育・研究に携わる優れた専門家を育成します。また、豊かな人間性を育むための教養を身につけ、良医への志を高めます。

薬学部

徹底的な学修サポート体制のもと、薬学に関わる基礎および専門科目を第１学年次から学びます。高学年次には研究室で薬学研究に携わり、薬剤師や薬学に関連する専門職に必要な問題発見・解決能力を養います。

また、大学病院などの臨床現場での経験が豊富な医師・薬剤師による親身な指導によって、医療現場で求められる力を身につけます。

西宮キャンパス

アクセス

● 西宮キャンパス（医学部）：阪神電車「武庫川」駅から徒歩約５分
● 神戸キャンパス（薬・看護・リハビリテーション学部）：ポートライナー「三宮」駅から乗車し、「みなとじま（キャンパス前）」駅下車、徒歩約10分。神姫バス「ポーアイキャンパス線三宮バス停」から「ポーアイキャンパス行き」に乗車約12分、「ポーアイキャンパス東バス停」下車すぐ

■募集学部・学科定員（2024年度）

● **医学部**
　医学科112

● **薬学部**
　医療薬学科150

● **看護学部**
　看護学科100

● **リハビリテーション学部**
　理学療法学科40、作業療法学科40

看護学部

大学附属の医療機関での臨床実習で、高度で先進的な医療から地域に根差した医療までを学べる環境を整備。基盤看護学、療養支援看護学、家族支援看護学、生活支援看護学、総合看護学の５領域をカバーしたカリキュラムによって、高度化、多様化する看護に対応できる力を身につけます。国際看護や災害看護などの専門性をより追究した看護も学べます。

在学中に看護師に加え、選択制で保健師または助産師の国家試験資格取得もめざせます（定員あり）。

リハビリテーション学部

兵庫医科大学病院および学校法人兵庫医科大学の連携病院など、多くの実習先での充実した臨床実習により、将来に直結した実践力を養うことができます。実習施設は、自宅から公共交通機関で通うことのできる範囲で設定しています。移動時間などの負担が少ない環境で学べることもリハビリテーション学部の強みです。

理学療法学科

身体機能や基本的動作能力の回復のため、治療やトレーニングに必要な知識とスキルを修得します。運動器疾患や神経疾患はもちろん、アスリートのケアを手がけるスポーツ理学療法など、医療からスポーツまで多様な分野で活躍できる理学療法士をめざし、徹底的な臨床教育を受けることができます。

作業療法学科

人々の生活の質を高めるスペシャリストを育成します。地域の高齢者の方への模擬指導や障がいのある方とそのご家族が参加する講義などによって、作業療法士に求められる役割を具体的に学ぶことができます。

CAMPUS情報

西宮キャンパスにある兵庫医科大学病院は、1日約2,400人の外来診療を行う総合病院です。41の標榜診療科のほか、救命救急センター、がんセンターなどの診療施設があります。また、篠山キャンパスには、「ささやま医療センター」や「ささやま老人保健施設」があり、臨床実習で地域医療を学ぶことができます。

神戸キャンパスがあるポートアイランドは、兵庫医科大学以外にも大学がある文教ゾーンです。また、364社／団体（2023年10月末現在）の医療関連企業・団体が集積し、先進的な医療を学ぶのにふさわしい環境です。

神戸キャンパス

 # 卒業後の進路

兵庫医科大学神戸キャンパス学生のためだけの合同病院説明会

連携病院の会（兵庫・大阪・奈良の医療機関）との連携により、薬・看護・リハビリテーション学部生対象の合同病院説明会を実施しています。毎年各病院から、採用担当者や薬局長、看護師長、リハビリテーション科長などを神戸キャンパスに招きます。病院概要や教育体制、求める人物像などを聞く機会を提供します。

最近の主な就職先

〈薬学部〉

兵庫医科大学病院、国立病院機構 近畿グループ、兵庫県立がんセンター、I&H、アインファーマシーズ、総合メディカル、日本調剤 ほか

〈看護学部〉

兵庫医科大学病院、兵庫医科大学ささやま医療センター、神戸大学医学部附属病院、加古川中央市民病院、兵庫県立姫路循環器病センター、大阪府警察本部(保健師) ほか

〈リハビリテーション学部〉

兵庫医科大学病院、兵庫医科大学ささやま医療センター、神戸市立医療センター中央市民病院、関西ろうさい病院 ほか

 # 奨学金・特待生制度

■兵庫医科大学特待生制度

医学部の一般選抜A（4科目型）の成績上位者5人を対象に、入学手続時納付金のうち実績実習費（50万円）、施設設備費（65万円）、教育充実費（100万円）相当を全額免除します。

■兵庫医科大学新入生支援奨学金制度

薬学部・看護学部・リハビリテーション学部の一般選抜前期日程（3科目型）成績上位者の初年度学費を全額免除します。

・薬学部（8位以内）190万円
・看護学部（5位以内）165万円
・リハビリテーション学部（各学科2位以内）155万円

 # 入試GUIDE （2024年度入試参考）

医学部
①総合型選抜
②学校推薦型選抜（一般公募制）
③学校推薦型選抜（地域指定制）
④一般選抜A（4科目型）
⑤一般選抜B（高大接続型）

薬学部・看護学部・リハビリテーション学部
①総合型選抜／全学部
②学校推薦型選抜（一般公募制）専願前期日程／全学部
③学校推薦型選抜（一般公募制）併願A日程／薬学部、看護学部
④学校推薦型選抜（一般公募制）併願B日程／全学部
⑤学校推薦型選抜（一般公募制）専願後期日程／薬学部
⑥学校推薦型選抜（一般公募制）併願C日程／薬学部
⑦一般選抜　前期日程（3科目型）／全学部
⑧一般選抜　前期日程（2科目型）／全学部
⑨一般選抜　中期日程／薬学部
⑩一般選抜　後期日程／薬学部、看護学部
⑪大学入学共通テスト利用入学試験前期日程／全学部
⑫大学入学共通テスト利用入学試験後期日程／全学部

資料請求方法：巻末ページの「パンフレット一括請求」をご覧ください。

近畿

武庫川女子大学

〒663-8558　兵庫県西宮市池開町6-46　入試センター　TEL 0798-45-3500(直通)　〈HP〉https://www.mukogawa-u.ac.jp/

TOPICS
- ●2024年4月文学部歴史文化学科が開設
- ●環境共生学部を設置構想中
- ●12学部20学科を有する全国最大規模の女子大学

一生を描ききる女性力を。

多彩な学部・学科が魅力　文系から理系、スポーツ、芸術系まで幅広い領域の学部を有し、高い専門性と幅広い教養を身に付けた、社会に貢献できる女性を育成しています。学生の学ぶ意欲を尊重し、学部・学科に関係なく200以上の科目の中から興味や関心に応じて選択する「共通教育科目」や、大学の学士課程教育科目だけでなく、リテラシーとコンピテンシーを育む講座「MUKOJO＋MORE(ムコジョプラスモア)」を開講。様々な資格取得サポート講座や、コミュニケーション能力を高める実践的な学びなど数多くの科目を用意しています。

アメリカにある、もう一つの武庫女キャンパス　ワシントン州スポケーン市にあるアメリカ分校では、専門分野に関する国際的な見識を養う学科独自の留学プログラムを開講しています。現地の教育機関や施設を訪れ、地元の学生たちと交流する機会もあり、語学力と専門性を深めます。

一生を描ききる女性力を。

MUKOJO ACTION 2019-2039

■学部・学科組織（入学定員）

- **●文学部**
  日本語日本文学科 150／歴史文化学科※ 80／英語グローバル学科 200　　※2024年4月開設
- **●教育学部**
  教育学科 240
- **●心理・社会福祉学部**
  心理学科 150／社会福祉学科 70
- **●健康・スポーツ科学部**
  健康・スポーツ科学科 180／スポーツマネジメント学科 100
- **●生活環境学部**
  生活環境学科 165
- **●社会情報学部**
  社会情報学科 180
- **●食物栄養科学部**
  食物栄養学科 200／食創造科学科 80
- **●建築学部**
  建築学科 45／景観建築学科 40
- **●音楽学部**
  演奏学科 30／応用音楽学科 20
- **●薬学部**
  薬学科（6年制）105／健康生命薬科学科（4年制）60
- **●看護学部**
  看護学科 80
- **●経営学部**
  経営学科 200

大阪・神戸からも通いやすいキャンパス

大阪からも神戸からも電車で30分以内という好立地。中央キャンパスは最寄りの阪神電車「鳴尾・武庫川女子大前」駅から歩いて約7分です。

中央キャンパス　大学のメインキャンパス。吹き抜けでつながる公江記念館はオープンなスペースで学生と社会の交流を促します。約65万冊を所蔵する中央図書館、約2,500人を収容できる講堂のほか、実験・実習施設が充実しています。

浜甲子園キャンパス　薬学部のキャンパス。研究管理棟・実習棟・講義棟・図書館棟があり、臨床薬学教育セ

DATA・FILE

- ○教員数……427（教授198　准教授85　講師41　助教など103）
- ○学生数……学部9,245　大学院238　　　　　（2023年度）
- ○大学院……文学研究科MD、臨床教育学研究科MD、健康・スポーツ科学研究科M、生活環境学研究科MD、食物栄養科学研究科MD、建築学研究科MD、薬学研究科MD、看護学研究科MD

奨学金制度

- 〈武庫川学院奨学〉　①授業料の40％相当額を給付　②20万円を給付
- 〈武庫川学院創立80周年記念特別奨学〉　年額20万円を給付（武庫川学院奨学生に採用された学生の中から選出）
- 〈武庫川学院鳴松会奨学〉　20万円を給付
  - その他、高等教育の修学支援制度や薬学科学生対象の貸与奨学金制度もあります。

中央キャンパス

アメリカ分校

ンターでは、実際の医療現場を想定した実習を行います。

上甲子園キャンパス 建築学部のキャンパス。1930年竣工の名建築「甲子園会館」（国登録有形文化財）は生きた教材。学生１人に一台ずつのパソコンと製図机があり、恵まれた環境の中で建築を学ぶことができます。

アメリカ分校 アメリカのCEA（英語教育認定協会）から、大学レベルの英語教育機関として認定され、すべてTESOL（外国人に英語指導する国際資格）を持つ教員です。

広がる学びの領域

2024年４月、文学部に**歴史文化学科**が誕生します。生活者（女性）の視点から、フィールドワークを活用し現代社会の課題を解決する従来にはない学びが特徴です。また、2025年度以降に設置を構想している**環境共生学部**は、文部科学省「大学・高専機能強化支援事業」に選定された新設学部です。

手厚いキャリア・就職サポート

就職率 2022年度卒業生の就職率は99.4％（就職希望者1,838人、就職者1,827人）でした。大学３年生（薬学科は５年生）の４月下旬から、具体的に就職活動を進めるための「就職ガイダンス」を実施。また、「就職支援プログラム」として、企業の人事担当者による学内企業説明会や公務員就職、UIJターン就職に関する相談会、模擬面接やSPI対策講座も行います。

〈主な就職先〉ANAエアポートサービス、エヌ・ティ・ティ・データ関西、エルメスジャポン、関西電力、住友林業、日本生命保険、日本通運、阪急電鉄、パナソニック、ファミリア、マツダ、三井住友信託銀行、良品計画、YKK AP、病院、社会福祉施設、教員、公務員など

教員・保育士採用選考試験対策 教員免許の資格取得と教員就職を支援する「学校教育センター」を学内に設置し、学生を最大限にバックアップ。

国家試験での実績 第108回薬剤師国家試験での合格者は134人、第37回管理栄養士国家試験の合格者は205人、第112回看護師国家試験の合格者は71人でした。

取得できる資格・免許

【取得できる資格】 高等学校教諭一種（国語・書道・英語・保健体育・家庭・情報・音楽・理科）、中学校教諭一種（国語・英語・保健体育・家庭・音楽・理科）、小学校教諭一種、幼稚園教諭一種、特別支援学校教諭一種、栄養教諭一種、学校図書館司書教諭、保育士、図書館司書、博物館学芸員、日本語教員、認定心理士、社会調査士、１級テキスタイルアドバイザー、栄養士など

【受験資格が得られる資格】 健康運動指導士、アスレティックトレーナー、社会福祉士、精神保健福祉士、一級建築士※、インテリアプランナー登録資格、管理栄養士、日本音楽療法学会認定 音楽療法士、薬剤師、看護師など　　　　※は卒業後、実務経験２年以上が必要

入試GUIDE（前年度参考）

①MUKOJO未来教育総合型選抜入試〈専願制〉
②公募制推薦入試(前期)〈試験日自由選択〉
③公募制推薦入試(後期)
④一般選抜A（前期）〈試験日自由選択・時間割制〉
⑤一般選抜B（中期）〈午前午後自由選択〉
⑥一般選抜C（後期）
⑦一般選抜D（大学入学共通テスト利用型）

３つの学生寮

淳正寮（定員99人）、啓成寮（定員47人）、貞和寮（定員101人）。栄養バランスを考えた朝・夕２回の食事のほか、学生生活を快適に過ごせるように自習室や談話室を備えています。
また、食事提供のない若草インターナショナルハウス、甲子園ロハウス、笠屋インターナショナルハウスなどもあります。
（2023年度）

アクセス

〈中央キャンパス〉阪神「鳴尾・武庫川女子大前」駅下車、徒歩約７分または阪神「武庫川」駅下車、徒歩約10分
〈浜甲子園キャンパス（薬学部）〉阪神「甲子園」駅下車、徒歩約15分
〈上甲子園キャンパス（建築学部）〉JR「甲子園口」駅下車、徒歩約10分

資料請求方法：巻末ページの「パンフレット一括請求」をご覧ください。

近畿

流通科学大学

資料請求

	請求ハガキ	巻末ハガキ
料　金		無　料
完成時期		6月上旬

〒651-2188　神戸市西区学園西町3-1　入試部　TEL 078-794-2231(直)　〈HP〉https://umds.ac.jp　〈E-mail〉UMDS_Nyushi1@red.umds.ac.jp

TOPICS　「なりたい自分」を発見する　4年間の学びで、夢を「探す」「育てる」「咲かせる」独自の教育プログラムを設けています。2025年4月にフードビジネスコース（経営学科）とデータサイエンスコース（経済情報学科）を新設。

🏫 学部GUIDE

なりたい自分発見カリキュラム　入学後の半年間、全学部対象のカリキュラムです。グループ学習や課題解決型の授業が中心で、「なりたい自分」に気づくことを目的としています。

①**社会から気づく**　グループ単位のフィールドワーク、企業・市町村の課題解決を考えるプログラムなどはクラスごとに社会経験豊富な担任教員がフォローします。

②**コミュニケーション力や行動力を育てるプログラムが豊富**　コミュニケーション演習やフィールド演習などを行い、社会人に求められる力を養います。

③**多様な業界のプロフェッショナルから学べる**　金融、マスコミ、メーカー、サービスなど多彩な業界の最前線で働く方々を招いて授業を実施。プロフェッショナルならではの考え方を知り、視野を広げます。

商学部　ビジネス社会全体を捉え、ビジネスパーソンや個人経営者をめざす

●**マーケティング学科**　モノやサービスの売れる仕組みを体験するため、実践型授業を重視しています。自分で調べる、考える、行動することを前提とし、企業と連携しさまざまな商品開発の機会があります。

●**経営学科**　常に変化を続ける販売・経営領域にスポットを当て、未来の経営者を育てることを目的とする学科です。産業界のトップをお招きした企業論特別講義では、経営者による講義を受けることができます。

経済学部　経済学や情報処理を駆使して社会で活躍

●**経済学科**　現代社会における地域課題への実践的な取り組みを通じてリアルな経済を学べる学科です。地域社会に貢献という意味では、ビジネスパーソンだけでなく行政、消防、警察など公務員への選択肢も広がります。

●**経済情報学科**　社会にはさまざまなデータや情報があふれています。経済と情報、このふたつのキーワードを密接に結びつけることは、経済活動を理解する重要なカギになります。プログラミングとデータベースについて勉強・演習し、スマートフォンを使ったアプリ開発にも挑戦しています。

■**学部・学科組織**（定員は2024年度）

●**商学部**
マーケティング学科120（ブランド戦略コース、流通ビジネスコース）／経営学科250（経営戦略コース、起業・事業承継コース、グローバル経営コース、会計コース、フードビジネスコース※）

●**経済学部**
経済学科200（現代経済コース、地域まちづくりコース）／経済情報学科80（データサイエンスコース※、情報システムコース）

●**人間社会学部**
心理社会学科90（心理コース、社会文化コース）／観光学科70（観光事業コース、ホテル・ブライダルコース）／人間健康学科90（スポーツ健康コース、スポーツマネジメントコース）

※2025年4月新設

人間社会学部　"幸せ"な人々の生活や暮らしを実現

●**心理社会学科**　現代社会で起こりうる問題を解決するために、コミュニケーション学や心理学を学び、社会の仕組み、人々の行動や日常生活を考察します。

●**観光学科**　旅行会社、交通機関、ホテル、ブライダルなどのビジネスモデルやサービスついて知識と実務能力を磨きます。ホスピタリティとは何かを学ぶ機会が豊富です。本物の結婚式のプロデュースや、企業とコラボした旅行プランの企画・提案なども行います。リアルな体験を通して観光ビジネスへの理解が深まり、マーケティング力、ホスピタリティが養われていきます。

●**人間健康学科**　健康に対する価値観の多様化が進む現代において、健康・スポーツを幅広く学べる学科です。子どもたちを対象としたレクリエーションスポーツを指導するなど、健康をキーワードとした実践的な学習を行っています。

🏢 CAMPUS情報

駐車場が完備されているので、自動車通学が可能です（駐車料金／年間33,000円）。

個別サポートで就職力を向上

2023年3月卒業生の就職は、就職率98.1％と、全国平均を上回る結果となりました。就職力を備えた「ビジネス偏差値」の高い学生を育てるために、系統的な職業観

と実社会での適応力を身につけられるよう、4年間で体系立てた「キャリア教育」を実施するほか、就職支援プログラムの充実にも力を入れています。

就職サポート 1年生から、さまざまな業界で活躍する卒業生たちを招いて業界のリアルな話を聞ける機会が多く設けられています。

就職活動が本格化する3年生からは、その準備や対策を集中的に学べる**就職対策宿泊セミナー**のほか、**OB・OG就職相談会、学内企業説明会、着こなし講座・メイクアップセミナー**などの多彩なプログラムを準備しています。

インターンシッププログラム インターンシップを3年次の「オフキャンパスプログラム」という正課科目として単位認定しています。学生自らが実習先を選定するため、就職活動に向けた実践的な経験ができます。実体験を通じて自分の課題を発見し、将来のビジョンが明確になります。

主な就職先 伊藤園、フジッコ、ANA関西空港、岡三証券、アシックスジャパン、伊藤忠食品、みなと銀行、神戸ポートピアホテル、日本郵便、マイナビ、積水ハウス、上組、資生堂ジャパン、イオンリテール、尼崎市役所、大阪市消防局、警視庁、兵庫県警察本部など（過去5年間）

資格取得

受講できる資格講座 ITパスポート試験対策講座、Microsoft® Office Specialist講座、基本情報技術者試験講座通信Webコース、旅行業務取扱管理者講座（国内・総合）、ファイナンシャル・プランニング技能検定講座、宅地建物取引士講座、TOEIC®テスト対策講座、教員採用試験対策講座など

簿記会計プログラム 企業の経理事務に必要な会計に関する知識だけでなく、財務諸表を読む力、基礎的な経営管理や分析力、ビジネスに必要なコスト感覚を身につけ、「簿記検定試験」や「税理士試験の各科目」合格を支援。資格取得による単位認定制度もあります。

自分を伸ばしたい人への教育プログラム

■公務員試験対策プログラム

「市役所（教養型）・警察・消防コース」と「国家公務員・地方上級コース」の2コースを設置しています。2コースとも正課カリキュラムと連動しているため、公務員試験の対策をしながら、卒業単位として認定される仕組みとなっています。さらに正課外講座として、実力養成・試験対策講座を実施しており、4年間で実践的な公務員試験対策が可能です。対象の入試制度で入学すると正課外講座を無料で受講することができます。

■GSP（グローバル・スタディーズ・プログラム）

少人数クラスによる集中的なトレーニングで英語と中

国語を同時に学び、実用的で高度な語学力を習得します。このプログラムで優秀な成績を修め、留学が認められた学生には、海外留学費用の一部助成制度があります。

入試GUIDE （前年度参考）

①**総合型選抜（AO入試／公務員AO入試／外部英語試験利用型入試／資格利用型入試／グループワーク入試／プレゼンテーション入試／クラブ特別入試）**
②**学校推薦型選抜（指定校推薦入試／公募推薦入試／商業科・総合学科等推薦入試）**
③**一般選抜（一般入試／大学入学共通テスト利用型入試）**
④**その他の入試（社会人入試、帰国生徒入試、外国人留学生入試など）**

主な奨学金制度 （2024年度入試実績）

RYUKA特別奨学金 大学入学共通テスト利用型入試（前期2科目型・3科目型、後期2科目型・3科目型）合格者対象の奨学金制度です。大学入学共通テスト利用型入試に合格し、一定の条件を満たした方は、授業料の全額または半額が免除されます（継続要件を満たせば4年間継続可能）。最大で308万円の授業料が免除され、国公立大学よりも負担が軽くなります。

一般入試（前期型・中期型）奨学金 前期2科目型・中期2科目型の成績上位各20位までの方および前期3科目型・中期3科目型の成績上位各30位までの方を対象に授業料全額（77万円）を免除（初年度のみ）。

公募推薦入試奨学金 前期2科目型、後期2科目型で合格し、一定の条件を満たした方に授業料半額を免除（継続要件を満たせば4年間継続可能）。

下宿サポート奨学金 入学後、下宿予定者に20万円給付（入学時のみ）。

2024年度オープンキャンパス

学生スタッフがオープンキャンパスの企画・運営に参加しています。先輩の声をたくさん聞きに来てください。
開催日時については大学ホームページからご確認ください。

流通科学大学　オープンキャンパス　[検索]

資料請求方法：巻末ページの「パンフレット一括請求」をご覧ください。

神戸薬科大学

〒658-8558　神戸市東灘区本山北町4-19-1　TEL 078-453-0031(代)　〈HP〉https://www.kobepharma-u.ac.jp/

資料請求		
	請求ハガキ	巻末ハガキ
料　金	無　料	
完成時期	7月下旬	

TOPICS
2024年4月に新校舎が完成。
2022年　神戸薬科大学は90周年を迎えました。

■学科組織（入学定員）
●薬学部　薬学科280

真剣に
神研
しよう
神戸薬科大学で
研究しよう

🏛 大学GUIDE

問題解決能力を身につけるカリキュラム　科学的思考力、課題発見能力、問題解決能力を身につけることに重きを置いたカリキュラムを実施しています。

★イチオシ科目
【ロジカル思考演習（1～3年次）】複数の学年が同じクラスで課題に取り組むスモールグループディスカッション型の授業です。薬学・人文・人間力の向上を図る分野など多彩なテーマの中から、自ら選択して受講します。縦のつながりを意識することで、新たな人間関係構築力が育まれていきます。

【薬学的症例解析演習（4年次）】「8つの代表的な疾患」の模擬症例を題材に、1疾患あたり5日間でグループディスカッション・発表を行います。症例ごとに異なる状況について考え抜き、「解決策」を導き出す楽しさと難しさが感じられる演習です。

VR機器を用いた
3D解剖体験　大型
モニターやVRゴーグ
ルを用いて解剖学の視
覚的な理解を向上させ
る取り組みとして試験

左：解剖実習

運用を開始。2024年度より正課の実習や研究に利用していきます。

研究重視の教育姿勢　薬剤師養成に向けた教育に加え、研究にも力を入れています。卒業研究（4～6年次）では、6年次に学生全員が研究成果を発表します。多くの時間を配当し、教員・学生が近い距離感で研究に取り組みます。なお、低学年次から研究室を経験する「アクティブ・ラボ」も実施しています。

🏢 CAMPUS情報

　2024年4月、キャンパス内に新棟（A棟）が完成。正門をくぐるとA棟の1階にエスカレーターが現れ、坂が多い学内の移動が楽になります。エスカレーターを降りると書籍に囲まれたウエルカムリビング「神薬リビング」が広がります。最寄り駅の岡本までは、神戸三宮から10分、大阪梅田から20分。六甲の山々や瀬戸内海を一望できる自然豊かな環境で学習に取り組めます。

🤲 奨学金制度が充実

独自の奨学金制度（給付型）　神戸薬科大学奨学生制度（成績20位以内の者に年額20万円または10万円給付）／神戸薬科大学同窓子弟奨学金制度（入学金の半額給付）／神戸薬科大学応急援助奨学生制度（半期授業料相当額給付〈在学中1回限り〉）／神戸薬科大学同窓会奨学生制度（年額30万円給付、学部5・6年次生対象）／神戸薬科大学大学院奨学生制度（年間授業料相当額給付）

🏃 卒業後の進路

関西トップクラスの薬剤師国家試験合格率　第108回薬剤師国家試験の合格率は85.6%。全員が同じ目標に向かい例年全国平均を上回る合格実績をあげています。

全国トップクラスの就職率　2022年度卒業生の就職率は100%と、全大学の中でもトップクラスの実績を出しています。また求人倍率も4.9倍と求人数が就職希望者数を大きく上回り、安定した就職状況を誇っています。

キャリアサポート体制　低学年次から実施する多彩なプログラムから職業観、人生観を形成し主体的なキャリアデザインができるようにサポートします。「業界研究フェア」、「小論文・面接対策講座」、「保護者のための就職ガイダンス」、「ビジネス・マナー講座」なども実施。

┌─ 新入生特待制度・入学金延納制度 ▶
●**新入生特待制度**　一般選抜（前期）入学試験の成績優秀者に年間授業料全額を給付する制度です（最長4年間）。
●**国公立大学併願者対象入学金延納制度**　一般選抜（前期）入学試験合格者は、併願する国公立大学前期日程試験の合格発表後まで入学金の延納ができます（合格通知に延納申請書を同封）。

資料請求方法：巻末ページの「パンフレット一括請求」をご覧ください。

大手前短期大学

〒662-8552　兵庫県西宮市御茶家所町6-42　アドミッションオフィス　TEL 0798-36-2532(直)　〈HP〉https://college.otemae.ac.jp/

TOPICS 「私が、もっと私になる。」えらべる学び、えらべるミライ。

■**学科組織**（2025年度）

●**医療事務総合学科**　男女50

●**ライフデザイン総合学科**　男女100

●**歯科衛生学科**（3年制）　男女80

🏫 短大GUIDE

ライフデザイン総合学科　興味や目標に応じて組み合わせて学ぶ「コース自由選択制」で4つの専門コースを自由に選択・変更できます。さらに2つのプログラムを設置し、学びながら自身の将来を決めることができます。

●**ビジネスキャリアコース**　ビジネス社会で必要な業務知識や実務能力、プレゼンテーション能力や、IT知識、技能を学修。経営の基礎、文書作成など即戦力となる学習で秘書技能、簿記など資格取得をめざします。

●**デジタル・デザインコース**　Webサイト作成やプログラミングを学習し、Illustrator®・Photoshop®によるCG作成・編集技法を学び、ビジネスシーンにおいて必要とされるデザインの構成力を培います。

●**ファッションビジネスコース**　アパレルを主としてブライダル・ヘア＆メイクマナーまで、理論と実践をトータルで学べます。ブライダルではブライダルコーディネート技能検定（国家検定）もめざします。

●**建築・インテリアコース**　住宅設計やインテリア計画に必要な専門知識と製図やCADの技術を基礎から学修。在学期間中から二級建築士学科試験の対策準備を行い、インテリア関係、建築関係の就職をめざします。

[アカデミックブリッジプログラム]　4年制大学3年次編入学をめざすプログラムです。

[LEO英語コミュニケーションプログラム（実践英語科目）]　ネイティブの教員から英語を学ぶプログラムです。

医療事務総合学科　医療事務の高度な知識と技能、実務能力を身につけるカリキュラムを設け、医学・薬学など幅広い教育で、これからの医療現場のニーズにこたえる医療事務のスペシャリストを育成。医師事務作業補助者実務能力や医科2級医療事務実務能力、電子カルテオペレーション実務能力などの資格取得をめざします。

歯科衛生学科（3年制）　兵庫県唯一の短大の歯科衛生学科として、高い専門知識と技術を習得して幅広く活躍する歯科衛生士を育成します。「5つのスペシャル」で夢と未来を応援。

〈5つのスペシャル〉①クラス担任制などの少人数教育！②歯科衛生士として働きながら大手前大学の通信教育部へ編入。通常年間38万円を特別編入特典として初年度年間授業料15万円で大学卒業資格を取得可能！※③国立大学などの附属病院や実践的大型クリニックが臨地実習先！④学内に最新の実習設備を整備！⑤チーム医療の大手前。管理栄養士、看護師に続き歯科衛生士を養成！
※2025年4月入学、2028年3月卒業、同年4月に大手前大学通信教育部へ編入した者が対象です。

💡 学費〈初年度納入額〉

医療事務総合学科／合計124万円（入学金含む）
ライフデザイン総合学科／合計124万円（入学金含む）
歯科衛生学科（3年制）／合計139万円（入学金含む）

🏃 卒業後の進路

主な就職先　神戸大学医学部附属病院、西宮市立中央病院、西宮北口歯科口腔外科、宝塚第一病院、淀川キリスト教病院、富士精密、イング、大阪シティ信用金庫、西兵庫信用金庫など　　　（2024年3月内定者）

入試GUIDE （2024年度参考）

①総合型選抜入試（課題方式／特技方式／資格方式／地域貢献方式）　②総合型選抜入試（授業体験方式）　③学校推薦型選抜入試（公募方式／専門高校対象方式／指定校方式）　④一般選抜入試　⑤大学入学共通テスト利用入試　⑥特別入試（同窓生／社会人／海外帰国生徒／外国人留学生）

取得できる資格

●ライフデザイン総合学科
ビジネス実務士、プレゼンテーション実務士、情報処理士
〈受験資格が得られるもの〉二級建築士[国]
〈目標とする資格〉秘書技能検定2級、ITパスポート試験[国]、ファッションビジネス能力検定2・3級、ブライダルコーディネート技能検定、インテリアコーディネーター
●医療事務総合学科※1　医科2級医療事務、医師事務作業補助者、電子カルテオペレーション
●歯科衛生学科　歯科衛生士[国]

オープンキャンパス ※事前予約制

[来校] 3/24(日)、4/21(日)、5/26(日)、6/16(日)、7/20(土)、7/21(日)、8/3(土)、8/4(日)、8/17(土)、9/22(日)
※開催日程・会場は変更になる場合もあります。詳細は短期大学Webサイトなどでご確認ください。

資料請求方法：巻末ページの「パンフレット一括請求」をご覧ください。

近畿

畿央大学

〒635-0832 奈良県北葛城郡広陵町馬見中4-2-2　入学センター　TEL 0745-54-1603　FAX 0745-54-1600　〈HP〉https://www.kio.ac.jp

TOPICS
- ●健康・教育・デザインのプロを育てる関西私大のフロントランナー。
- ●全学生にノートPC4年間無償貸与で、ICTにも強い専門家を育成。
- ●関西トップクラスの現役合格率で、全卒業生17年間就職決定率99.2%。

🏛 大学GUIDE

理学療法学科　関西私大で初となる理学療法学科を開設。病気や事故で障がいをもった人の心身機能の回復から、予防医療まで幅広い分野で活躍できる理学療法士を養成します。実習のほかにも学内施設で「KIO元気塾」を実施。教員立ち合いのもと地域の方々の運動相談を行い、実践力を養います。また、**1,100人をこえる就職者のうち約97%**が病院に就職しています。

看護医療学科　人の痛みに寄り添い、チーム医療の輪の中でいのちをつなぐ看護師を養成。入学後早期からチーム医療の重要性を学ぶ「**チーム医療ふれあい実習**」、地域住民の生活に触れながら看護のあり方を考える「**へき地医療体験実習**」など、即戦力となるための経験を積むオリジナルの実習や、心理学や脳科学といった人間理解につながる授業を設けています。

健康栄養学科　1年次の共通カリキュラムで理解を深めたあと、2年次から3コースに分かれて専門分野を系統的に学びます。臨床で活躍する管理栄養士をめざす「**臨床栄養コース**」、運動と栄養を関連付けた食事法を学ぶ「**スポーツ栄養コース**」、食品製造や開発に強い管理栄養士をめざす「**食品開発コース**」を用意。教育学部の学生と一緒に栄養教諭もめざせます。

人間環境デザイン学科　すべての人に使いやすいものづくりの基本となるユニバーサルデザインをテーマに、建築、家具、衣服までについて学びます。2年次から、一級建築士をめざす「**建築・まちづくりコース**」、インテリアを中心に学ぶ「**インテリアデザインコース**」、アパレルを中心に学び家庭科教諭もめざせる「**アパレル・造形コース**」のいずれかを選択し、専門性を磨きます。

現代教育学科　子どもの心に寄り添い、可能性を引き出す教員・保育士を養成します。入学時にめざす進路に応じて4つのコースから選択。小学校教諭など幅広く教員免許を取得できる「**学校教育コース**」、幼稚園教諭・保育士をめざす「**幼児教育コース**」、半年間の海外留学と中高教諭（英語）取得をめざせる「**英語教育コース**」、養護教諭をめざす「**保健教育コース**」に分かれます。また、充実の特別支援教育で即戦力の教員を養成します。

■学科組織

●健康科学部	理学療法学科	76
	看護医療学科	94
	健康栄養学科	90
	臨床栄養コース	
	スポーツ栄養コース	
	食品開発コース	
	人間環境デザイン学科	60
	建築・まちづくりコース	
	インテリアデザインコース	
	アパレル・造形コース	
●教育学部	現代教育学科	195
	学校教育コース	
	幼児教育コース	
	英語教育コース	
	保健教育コース	
●助産学専攻科（助産師）	●臨床細胞学別科	
●大学院	健康科学研究科（修士・博士後期課程）	
	教育学研究科（修士課程）	

🏢 CAMPUS情報

2学部5学科1キャンパス。なんば・天王寺から27分

すべての学生と教職員が同じキャンパスに集まる、大規模大学にはないアットホームさが畿央大学の大きな魅力です。クラブ・サークル加入率は約8割で、学生スタッフ制度や課外活動も充実。学科・学年をこえたつながりが、畿央大学ならではの一体感を生み出しています。自然と閑静な住宅街に囲まれたキャンパスは、**鶴橋駅から快速急行で1駅**とアクセスも良好です。

教育学部の学びが深化！

- ■中・高教諭（数学）が取得可能になり、免許選択の幅が広がりました。
- ■畿央大学付属広陵こども園開設で新たな幼児教育の学びの場が誕生！
- ■大阪教育大学と連携協定を締結！

「1分でわかる畿央大学」ムービー公開中！

総視聴回数60万回以上！畿央生の一日密着ドキュメントや、職種別に卒業生が語る仕事のやりがい、学科別のキャンパスツアーにカバンの中身紹介など、畿央生の雰囲気やキャンパスライフがわかる動画が80本以上！

めざす免許・資格

健康科学部　※［国］は国家試験受験資格

理学療法学科　理学療法士［国］

看護医療学科　看護師［国］、保健師［国］、養護教諭一種免許状

※保健師と養護教諭は同時に取得できません。

健康栄養学科　管理栄養士［国］、栄養士、栄養教諭一種免許状、フードスペシャリスト受験資格、健康運動指導士受験資格

人間環境デザイン学科＊　一級・二級建築士［国］、1級・2級建築施工管理技士［国］、インテリアプランナー登録資格、インテリア設計士受験資格、中・高教諭一種免許状（家庭）　など

＊はコースにより取得できる資格が異なります。

教育学部

現代教育学科

〈学校教育コース〉

●小学校教諭一種免許状△中・高教諭一種免許状（英語）△中・高教諭一種免許状（数学）△幼稚園教諭一種免許状△特別支援学校教諭一種免許状△准学校心理士

〈幼児教育コース〉

●幼稚園教諭一種免許状●保育士△小学校教諭一種免許状△特別支援学校教諭一種免許状△准学校心理士

〈英語教育コース〉

●中・高教諭一種免許状（英語）△小学校教諭一種免許状△准学校心理士

〈保健教育コース〉

●養護教諭一種免許状△小学校教諭一種免許状△特別支援学校教諭一種免許状△准学校心理士

【●はそのコースで主にめざす資格。△はコース内で取得可能な資格】

卒業後の進路

　17年間の全卒業生就職決定率99.2%という関西トップクラスの就職実績を支えているのが、独自の「**ダブル担任制**」。学科教員の「クラス担任・ゼミ担任」に加えて各業界に精通した「キャリアセンター」、「教採・公務員対策室」のスタッフが夢の実現をサポート。**お互いの顔と名前がわかる距離**で、学生一人ひとりの個性やニーズにあわせた独自の支援を行っています。

畿央大学が就職に強い4つの理由

開学以来、17年連続で90%をこえる就職率を達成している理由を、数字を交えて解説！

進路指導教諭が評価する
小規模だが評価できる大学

近畿私立大 第**2**位

大学通信発行「大学探しランキングブック2024」

資格に強い　**国家試験現役合格率**（2023年3月卒業生）

理学療法士	管理栄養士
100%	**95.5**%
(71/71)	(84/88)

看護師・保健師・助産師	
100%	看護師（90/90） 保健師（ 9/ 9） 助産師（10/10）

※助産師は、助産専攻科（1年課程）の実績

採用試験別現役合格率（2024年3月卒業予定者）　※1月末時点

公立小学校教諭	公立幼稚園教諭・保育士
74.0%	**100**%
(57/77)	(33/33)

公立中学・高校教諭（英語）	公立学校養護教諭
100%	**50.0**%
(6/6)	(5/10)

入試GUIDE （前年度参考）

①リーダーシップ（総合型）選抜　②公募推薦選抜
③一般選抜（前期・中期・後期）　④大学入学共通テスト利用選抜（前期・中期・後期）　⑤社会人選抜

オープンキャンパス2024 （来場型・事前予約制）

3/30(土)、3/31(日)、4/21(日)、6/2(日)、6/16(日)、7/7(日)、7/14(日)、8/10(土)、8/11(日)、9/1(日)、10/6(日)、10/19(土)※、10/20(日)※、12/8(日)
※学園祭と同時開催のミニオープンキャンパス
詳細は入試総合サイトをご覧ください。

資料請求方法：巻末ページの「パンフレット一括請求」をご覧ください。

近畿

帝塚山大学

〒631-8501 奈良市帝塚山7-1-1 入試広報課 TEL 0742-48-8821 〈HP〉https://www.tezukayama-u.ac.jp/ 〈E-mail〉nyushi@jimu.tezukayama-u.ac.jp

資料請求		
	請求ハガキ	巻末ハガキ
料 金	無 料	
完成時期	4月下旬	

TOPICS 帝塚山大学の考える［実学］とは

　AIに代表されるSociety5.0を間近に控え、世の中で必要とされる知識・技術が大きく変わろうとしています。時代を超えて、社会で必要な人材となるために時代を「"生き抜く力"」と、時代の「"変化に対応できる力"」このふたつの力を身につける、それが私たちが考える【実学】です。

🏛 実学の帝塚山大学

経済経営学部 経済経営学科

　卒業後の進路に応じた「経済学と経営学」を「理論と実践、実体験の融合カリキュラム」を通して"1学科"で体系的に学びます。金融・不動産、公務員、国際観光ビジネス、流通業界、企業実務の5つのプログラムに沿って、必要となる経済学と経営学の専門知識と、それらを応用する実践力を修得します。複数のプログラムの履修が可能で卒業後の進路を見据えて学びを深められます。「Data Science Basic course for Business（DSBコース）」では、データサイエンスの基礎とビジネスでの活用を学びます。

文学部 日本文化学科

　歴史学、考古学、美術史、民俗学、日本語学、近現代文学、古典文学、演劇など日本文化について幅広く学びます。「歴史・文化財」「日本文学」「日本語教育」の3つのコースと、「文化財プロフェッショナル」「中学校・高等学校国語・社会教員」「日本語教員養成」「創作文芸・出版」「古文書・古典籍」「地域文化PR」「児童文学研究」の7つのプログラムを組み合わせ、専門知識を将来のキャリアにつなげます。

法学部 法学科

　県庁や市役所などの職員、警察官や消防官などをめざす「公務員コース」と、金融や不動産業界などの一般企業での活躍に必要な法律の知識を学ぶ「企業コース」の2つのコースを設置。「専門教育」「実務教育」「キャリア教育」の3つを組み合わせた独自の実学教育で法の知識を社会で生かせる人材を育成します。

心理学部 心理学科

　知識やデータ分析能力の修得と、人の心を深く理解し共感できる感性を養うことをめざします。カウンセリングスキルを基本に、人間を科学的に理解する「実験心理」、より良い人間社会の実現をめざす「社会・応用心理」、人の心の発達と健康を支える「発達・臨床心理」をバランスよく学び、幅広い分野で活躍する公認心理師・臨床心理士・カウンセラーを養成します。

教育学部 こども教育学科　小学校教諭・幼稚園教諭・

保育士の3資格を取得し、子どもの発達過程を長期的な視野で支援できる教員を育成。幼稚園から大学までを擁する総合学園の強みを生かし、早期から子どもに接しながら、ステップ式に現場力を身につけます。また教育現場のグローバル化に対応した独自の英語教育も行います。

現代生活学部 食物栄養学科

　「医療・保健」「食品開発・食文化」「スポーツ栄養」「食育」の4つのコースを設置し、即戦力として活躍できる管理栄養士を育成します。また地域や企業と連携したプロジェクトへの参加を通して、企画力・提案力・実践力・コミュニケーション能力を身につけます。

現代生活学部 居住空間デザイン学科

　家具や雑貨などのプロダクトデザインから、空間そのものを設計するインテリアデザイン、大規模な公共施設や住宅の建築設計に携わる建築デザインなど、空間デザインを幅広く学び、建築士をはじめとする多彩な進路へつなげます。

■学部・学科組織

〈東生駒キャンパス〉
- ●経済経営学部
  - 経済経営学科210
- ●文学部
  - 日本文化学科110
- ●法学部
  - 法学科95

〈学園前キャンパス〉
- ●心理学部
  - 心理学科100
- ●教育学部
  - こども教育学科100
- ●現代生活学部
  - 食物栄養学科（管理栄養士課程）120 ／居住空間デザイン学科70

▶ DATA・FILE（2023年5月1日現在）

- ○教員数……102（教授53、准教授37、講師11、助教1人）
- ○学生数……学部3,048 大学院33
- ○キャンパス面積……260.774㎡（甲子園球場の約7個分）
- ○蔵書数……642,844冊（2023年3月31日現在）
- ○就職率……98.5%（2023年3月卒業生実績）

基礎からビジネスでの活用法まで修得 独自のデータサイエンス教育

データサイエンスの基礎を学ぶ科目を全学で展開。データの分析やAIツールを活用するための手法を身につけ、基礎的な分析方法までを学びます。経済経営学部では、データサイエンスの基礎とビジネスでの活用を学ぶ「Data Science Basic course for Business（DSBコース）」を開講。データを収集する能力、データを読み解く統計学的な能力、データ処理のために必要なICTスキルを身につけるとともに、実際のビジネスの現場での活用法を学びます。同コースでは、必要な単位を修得するとコース修了認定が受けられます。

多角的な就職支援

入学と同時に就職支援がスタート。3年次には学生全員を対象に個人面談を実施しています。キャリア教育のプロと、学生との接点が多い学部教員が手を携え、徹底した就職支援を行い、98.5%（2023年3月卒業生）という高い就職内定率を達成しています。

就職内定状況（2023年3月卒業生）

国税庁、田辺市役所（管理栄養士職）、大阪府庁（福祉職）、警視庁、京都府警察本部、奈良県警察本部、中学校教諭（東京都、宮崎県）、栄養教諭（奈良県）、小学校教諭（奈良県、京都府、京都市ほか）、保育士・幼稚園教諭（大阪市、天理市ほか）、大阪シティ信用金庫、南都銀行、一条工務店、積水ハウス、大和ハウス工業、髙松建設、パナソニックリフォーム、近鉄不動産、シャープマーケティングジャパン、日本自動車連盟など

特別資格サポート制度

就職に役立つ資格の取得を全面的にサポート。1講座5,000円で特定の講座が受講できる特別資格サポート制度のほか、ハイレベルな資格取得をめざす学生を対象にした受講料助成制度もあります。

対象講座例※

「公務員試験対策講座（基礎コース）」「秘書検定講座（2級）」「ファイナンシャル・プランニング技能検定講座（3級）」「TOEIC®講座（入門・基礎）」「色彩検定®講座（3級）」「MOS（Microsoft® Office Specialist）講座（Word2019・Excel®2019・Power Point®2019）」ほか
※2023年度実績。対象講座は毎年見直しを図ります。

特待生制度 （2023年度実績）

対象の入試成績により、4年間の授業料が50%減免になる特待生制度で、国公立大学とほぼ同額の授業料で学ぶことが可能です。

〈対象入試〉
◇学校推薦型選抜（公募制推薦）　前期[2科目型]
◇一般選抜A日程　前期[2科目型]
◇一般選抜A日程　前期[3科目型]

 # CAMPUS情報

東生駒キャンパス　奈良市街を一望できる丘に建つ豊かな自然に囲まれたキャンパスです。広い敷地内には課外活動のための施設が充実。「森」をコンセプトにしたインテリアが映える「フォレストカフェ」や学部の学びに合わせた学修施設が整えられています。

学園前キャンパス　大学から幼稚園までが一体となったキャンパスは、近鉄学園前駅と直結。公認心理師、管理栄養士、建築士、教員養成などの実習施設が充実している機能的で利便性の高い都市型キャンパスです。

大阪・京都・神戸・滋賀・和歌山からも快適なアクセス　近畿地方の中心に位置し、大阪から約30分、京都でも約40分の快適なアクセスが魅力です。神戸・滋賀・三重・和歌山などからの通学生も多数在籍しています。駅から徒歩約1分の便利な学園前キャンパスはもちろん、東生駒キャンパスも駅から大学構内を結ぶバスで約5分（または徒歩で15分）と、通学に便利な立地です。

大阪・京都からもアクセス便利な2つのキャンパス

オープンキャンパス（全学部学科対象）

東生駒キャンパス
　6/2（日）、7/28（日）、8/17（土）、9/1（日）＊

学園前キャンパス
　5/26（日）、6/16（日）、7/14（日）、8/10（土）、12/15（日）＊、2025/3/9（日）＊

すべて11:00～16:30、ただし＊は13:00～16:30

○キャンパスガイダンス　○キャンパス見学ツアー
○入試説明会　○体験授業
○個別相談（学部学科・入試・就職・資格・クラブ・奨学金など）
○先輩と話してみよう！　などを予定
※大学ホームページでも学科紹介や体験授業を見ることができます。

近畿

資料請求方法：巻末ページの「パンフレット一括請求」をご覧ください。

天 理 大 学

〒632-8510 奈良県天理市杣之内町1050　入学課　TEL 0743-62-2164㈹　FAX 0743-63-7368　〈HP〉https://www.tenri-u.ac.jp/　〈E-mail〉nyushi@sta.tenri-u.ac.jp

資料請求		
	請求ハガキ	巻末ハガキ
料　金	無　料	
完成時期	5月初旬	

TOPICS

Knowledge to Act 他者に貢献する教養を
社会に貢献できる学びを15学科に進化させ、新生・天理大学をスタートします。

■学部・学科組織

●人文学部
　宗教学科20／国文学国語学科40／歴史文化学科50／心理学科40／社会教育学科40／社会福祉学科50

●国際学部
　韓国・朝鮮語学科40／中国語学科40／英米語学科60／外国語学科60（タイ語、インドネシア語、ドイツ語、フランス語、ロシア語、スペイン語、ブラジルポルトガル語　各コース）／国際文化学科50／日本学科（留学生対象）40

●体育学部
　体育学科240

●医療学部
　看護学科70／臨床検査学科30

大学GUIDE

　天理大学には建学の精神に基づく「宗教性」「国際性」「貢献性」という３つの柱があります。世界に通じる「国際性」はもちろん、宗教的精神の涵養なしに現代社会の諸問題を理解することはできません。さらに、人に寄り添う「貢献性」の３つを備えた人材を育成し、地域社会に貢献していきます。人を想いやり相手のために行動できる力を育む教養教育プログラムを実施し、社会に貢献できる人材の輩出を目指します。

　人文学部　人文学の学びを基盤として、地域社会と共創するスキルを学び実践します。天理図書館や天理参考館の貴重な文献・資料を通して人類が築き上げてきたものを学修し、現代社会の複雑な環境変化や社会的課題に対して真摯に向き合い、自ら行動できる人材を養成します。

　国際学部　韓国・朝鮮語、中国語、英語など、10言語の学びを展開。語学のみならず、国際文化学科では、現代社会の仕組みを理解し、国内外の文化の多様性について学びます。さらに、多彩な留学制度や国際体験の場を設け、世界へ踏み出すチャンスを豊富に用意しています。異文化を理解し、多文化共生社会に貢献できる人材を養成します。

　体育学部　スポーツを通じて世界の人々と理解し合い、指導的立場に立てる人材の育成を目的に1955年に開設されました。以来、世界に誇る競技者や優れた指導者、保健体育科教員の輩出など、豊かな伝統と実績を今日まで継承。また、スポーツをするだけでなく支える人材の養成にも力を入れています。国際スポーツ交流実習や海外スポーツインターンシップを受講し、国際的視野でスポーツライフの実現に貢献できる人材を養成します。

　医療学部　看護師、臨床検査技師の２つの医療専門職を養成します。「人に尽くすことを自らのよろこびとする」ことができる医療人を社会に送り出すことをめざします。専門的能力育成のため、２つの異なる専門分野の学習を講義、演習、実習を組み合わせ実施します。また、将来、多様な専門職が連携して同じ目的を達成する医療チームの一員として協働できるように２つの学科の学生が共に学び合う科目の学習を１年次から積み重ねていきます。

　取得可能資格（学部・学科により異なる）　中学校教諭１種（宗教／国語／社会／英語／保健体育）、高等学校教諭１種（宗教／国語／地理歴史／公民／英語／中国語／韓国・朝鮮語／スペイン語※／保健体育）、学芸員、司書、社会教育士、社会福祉士・精神保健福祉士（受験資格）、日本語教員、社会調査士、看護師・臨床検査技師（受験資格）、認定心理士、公認心理師（要大学院修了）、臨床心理士（要大学院修了）など。
※スペイン語の教員免許取得を希望する者は、所定の条件を満たす必要があります。

世界的に著名な附属施設

　天理図書館　八十余年の歴史があり、蔵書数は約150万冊、延べ床面積約１万平方メートルとスケールの大き

天理図書館

アメリカ・オハイオ州立大学に留学

さを誇ります。**国宝6点、重要文化財87点、重要美術品66点**をはじめとした、古文書や自筆本、地図などは世界的に見ても、貴重な史料や蔵書です。2023年2月には、天理図書館の建物が登録有形文化財に登録されました。

天理参考館 国内外から集められた約30万点に及ぶ生活文化資料と考古美術資料を収蔵し、その一部を「世界の生活文化」「世界の考古美術」というテーマで展示。館内には情報検索コーナー、図書コーナーを設けるほか公開講演会、ワークショップなどの活動を行っています。

 # 海外行くなら天理大学

留学制度 私立で日本最初の外国語学校として誕生した天理大学では、現在24カ国・地域、53大学と交流協定を結んでいます。留学制度は、交換留学と認定留学の2種類を用意しています。

最大の特徴は経済的サポートに強いことです。交換留学では、天理大学への授業料を納入することで、留学先での授業料は原則不要。さらに、希望者全員に必ず年額34万円＊の奨学金が支給されます。認定留学の場合、留学先での授業料相当分（年額上限46万円＊）が支給されます。どちらの制度を利用しても留学先で取得した単位は天理大学の卒業単位として認定することができるので、4年間での卒業が可能です。

＊どちらも1年間留学する場合。半年間の場合、半額相当

海外研修制度 国際社会で活躍する人材育成のために、学術、スポーツ、文化・芸術など多彩な分野で国際交流を活発に行っています。途上国へ赴き、さまざまな貢献活動を実施する**国際参加プロジェクト**、スポーツを通して海外で国際交流を楽しみ、異文化理解を目指す**国際ス**ポーツ交流実習などがあります。また、大使館や領事館の公館業務の補佐役として国から派遣させる**在外公館派遣員**として、多くの学生が貴重な経験を積んでいます。

 # 卒業後の進路

主な就職先 **就職率97.2％**（いずれも2023年3月卒業生実績）
熊谷組、セーレン、旭化成、共和、神戸製鋼所、リコー、近畿日本鉄道、JR四国、モンベル、上新電機、静岡銀行、日本郵政、明和地所、東急リゾーツ＆ステイ、ワールド・ヘリテイジ、ノバレーゼ、Plan・Do・See、奈良県教員（社会、保体）、ECC、天理よろづ相談所病院、正和会、協同福祉会、奈良県農業協同組合、国際交流サービス協会、国際協力機構、上越市役所、香美町役場、東京消防庁、警視庁 他

主な大学院進学先
天理大学大学院、大阪教育大学大学院、台湾師範大学、島根大学大学院、京都府立大学大学院、静岡県立大学大学院

近畿

資料請求方法：巻末ページの「パンフレット一括請求」をご覧ください。

奈良学園大学

〒631-8524　奈良県奈良市中登美ヶ丘3-15-1　入試広報課　TEL 0742-93-9958　〈HP〉http://www.naragakuen-u.jp/

TOPICS　奈良学園大学の母体である学校法人奈良学園は、創立60年を誇り、幼稚園・小学校・中学校・高等学校・大学・大学院と全校種を擁する総合学園です。高い専門性と豊かな人間性を兼ね備えた人材を育てます。

🏛 大学GUIDE

　人間教育学部と保健医療学部で育てたいのは「社会に必要とされる人」「人を支えることができる人」。大学での学問から得た豊富な知識を社会の中で活用して本物の「知」に変換し、人のために行動し社会に貢献できる人材の育成を目標とします。各学部には現場経験豊富な教員が配置され、「実践力・現場力」を育成します。

人間教育学部　人間教育学科

　小学校や中学・高等学校、幼稚園の教諭、保育士をめざす学生のための学部です。保・幼・小の3免許、小学校と中学校（国語・数学・音楽）の複数免許同時取得も目指すことが可能です。特別支援学校教諭免許の取得も目指せ、将来の選択肢がさらに広がります。

●未来の選択肢が広がる！ 複数免許・資格の取得が可能

　奈良学園大学の人間教育学科では、乳幼児教育、小学校、中学校・高等学校（国語・数学・音楽）の主免許ごとに専修を設置。さらに副免許が複数取得できるカリキュラムが整備されています。

〈取得できる免許・資格〉　◎基本免許取得、○取得可能、×取得不可

	保育士	幼稚園	小学校	中高国語	中高数学	中高音楽	特別支援学校
乳幼児教育専修	○	◎	○	×	×	×	○
小学校専修	○	○	◎	○	○	○	○
中等国語専修	×	×	○	◎	×	×	○
中等数学専修	×	×	○	×	◎	×	×
中等音楽専修	×	×	○	×	×	◎	×

※上記のほか全専修で司書教諭の取得も可能

●教員採用試験対策

　教員採用試験対策講座の1年次より、教員採用試験・公務員保育者採用試験対策として、国語、数学、理科、ピアノ実技を中心に基礎力養成講座を実施しています。2年次からは、定期的に採用試験模試にも挑戦します。

■学部・学科・募集人員

●人間教育学部
人間教育学科150（人間教育学専攻、中等〈数学・音楽〉専攻）

●保健医療学部
看護学科80／リハビリテーション学科80（理学療法学専攻、作業療法学専攻）

　3年次になると、外部講師による採用試験対策講座が本格的に実施されます。採用試験で有利になる（1次試験の免除など）各地の教育委員会主催の「教師塾」に、数多くの学生が合格するなど成果をあげています。

保健医療学部　看護学科

　看護のプロを育てる学科で、看護師課程、看護師・保健師課程、看護師・助産師課程のいずれかを選択します。

●4年間の教育プロセス

　1年次では看護の基礎と教養科目を学習。並行してキャリアデザイン科目も履修します。2年次には「基礎」「小児」「成人」など看護の領域ごとに、概論から方法へ体系的に学んでいきます。3年次後期には本格的な臨地実習がスタート。医療機関へ赴き半年間で全科をまわります。そして4年次では各領域の内容を学習し、2月の国家試験に臨みます。このほか、これからの時代に活躍できるよう、「チーム医療論」「ヘルスアセスメント」「国際保健医療看護演習」（海外研修を実施）などの特色ある授業を設けています。

奈良学園大学一般学生奨学金

　一般選抜、大学入学共通テスト利用選抜の成績優秀者（どちらも音楽実技・面接の点数は含まない）、および特待生選考試験の成績優秀者に奨学金を給付します。ただし、一般選抜前期日程および中期日程は3教科型、後期日程は2教科型の受験者、大学入学共通テスト利用選抜はC3方式の受験者に限ります。

教員採用試験対策講座

　奈良学園大学では、教員採用試験を突破するため、特別講座を実施しています。1・2年次は各専修に合わせて基礎力、実践力をつけます。3年次から外部講師による選択制の採用試験対策講座を行います。講座に加え、全国教員採用模試、ならびに合宿、面接・模擬授業対策、自治体の「教師塾」の受験など、万全の対策を行います。

●国家試験対策

　国家試験対策室を設置しており、入学時から国家試験対策はスタートします。1・2年次では、国家試験対策ガイダンスや理解度確認テスト、看護師国家試験模試（低学年専門基礎模試）を実施し、その結果を基にアドバイザー（教員）が学生一人ひとりに合わせた学習方法を指導します。3年次では、1・2年次の復習をし、基礎的な知識を定着させます。4年次では年間5回の看護師国家試験模試と秋期看護師国家試験対策講座を実施します。また、成績不振者には別途集中対策を行い、全員が国家試験に合格できるよう教員が全力サポートします。

　保健医療学部　リハビリテーション学科

　理学療法士・作業療法士国家試験受験資格を取得できます。最先端の設備と新しいリハビリテーション理論を備え、これからの現場に直結する学びを提供します。

●最先端の実習設備

　3次元動作解析システムや筋力測定装置サイベックス、バーチャルリハビリテーションシステム、運動療法実習室といった最先端の実習設備が充実。高精度の動作解析も可能な最新設備により専門的な実習ができます。

●国家試験対策

　奈良学園大学のサポートの特徴は、第一に各学年に専任教員の担任を置き、8人程度の学生を個別に指導する少人数体制。第二に担任による指導はもちろん、キャリアセンター、国家試験対策室が協力する、体系的で効果的な支援。第三に豊富な実習機会の用意。

取得できる資格・免許

人間教育学部　人間教育学科　保育士資格、幼稚園教諭、小学校教諭、中学校・高等学校教諭（国語・数学・音楽）、学校図書館司書教諭、特別支援学校教諭（知・肢・病）

保健医療学部　看護学科　看護師国家試験受験資格、保健師国家試験受験資格（※1）、助産師国家試験受験資格（※1）、養護教諭2種免許（※2）、第1種衛生管理者（※2）
（※1）3年次に課程選択　（※2）申請による

保健医療学部　リハビリテーション学科　理学療法士国家試験受験資格、作業療法士国家試験受験資格

卒業後の進路

人間教育学部　人間教育学科

　教員、保育士（保育所・幼稚園・小学校・中学校・高校）はもちろん、塾、予備校などの教育関連企業への就職や、公務員、大学院進学、一般企業就職もサポート。

【教員採用試験合格者数】

公立保育職・学校教員に75人合格

公立保育・幼稚園教諭　12人　公立小学校教諭　29人

公立中学校　30人（国語4人、数学24人、音楽2人）

特別支援学校教諭　4人

保健医療学部　看護学科

　病院や保健所、クリニック、社会福祉施設、訪問看護ステーション、学校、保健所、乳児院、助産院、健康管理センターなどでの就職がめざせます。

【国家試験合格者数】

看護師国家試験　94.5%（合格者69人／受験者73人）

助産師国家試験　100%（合格者3人／受験者3人）

保健師国家試験　100%（合格者19人／受験者19人）

保健医療学部　リハビリテーション学科

　スポーツトレーナー、リハビリテーション病院や総合病院、小児専門病院、老人福祉施設などでの活躍が期待されます。

【国家試験合格者数】

理学療法士国家試験（合格者23人／受験者27人）

作業療法士国家試験（合格者3人／受験者4人）

主な就職先

人間教育学部　奈良県、大阪府、大阪市、堺市、京都府、和歌山県、滋賀県、神戸市、愛知県、横浜市など

保健医療学部　奈良県立医科大学附属病院、京都大学医学部附属病院、近畿大学奈良病院、大阪大学医学部附属病院、京都府立医科大学附属病院、奈良県総合医療センター、大阪国際がんセンター、大阪赤十字病院、宇治徳洲会病院、天理よろず相談所病院、平成記念病院など

国際教育プログラム

人間教育学部　人間教育学科　2020年から小学校5・6年生に英語科、3・4年生に外国語活動が全面実施されました。奈良学園大学では小学校英語教育を担える教員を養成するための「国際教育実習プログラム」を実施。セブ島の小学校を訪問し、現地の子どもたちに日本文化を英語で紹介します。

保健医療学部　看護学科　看護師として国際的に活躍できる技術や知識を学ぶために、海外研修を行っています。実際に欧米・アジアに赴き、現地の学校などでの研修や医療現場の見学を実施。日本との環境の違いを考えます。

入試GUIDE（前年度参考）

①総合型選抜（AO）　②セミナー参加型総合型選抜

③乳幼児教育専修総合型選抜※　④学校推薦型選抜

⑤一般選抜　⑥大学入学共通テスト利用選抜

⑦社会人入試※　⑧編入学入試※　※人間教育学部のみ

入学金返還制度について ▶

　学校推薦型選抜（併願）、一般選抜前期、大学入学共通テスト利用選抜前期の合格者で1次入学手続きを済ませた後に、他の大学等に合格し、入学を辞退する場合は、所定の期日までに申し出た場合に限り、納入済みの入学金を返還します。
※詳細は、学生募集要項でご確認ください。

資料請求方法：巻末ページの「パンフレット一括請求」をご覧ください。

近畿

大学資料一括請求

ハガキ、スマホ、FAX、電話でどんどん申し込もう！

簡単 資料請求方法は4種類 ラクラク

Ⅰ ハガキで申し込む

学校の資料が無料で入手できます。

※国際基督教大・駒澤大・上智大・昭和女子大・成蹊大・津田塾大・東京女子大・東京理科大・日本大・法政大・明治大・明治学院大・立教大・神奈川大（送料のみ200円）・公立千歳科学技術大（送料のみ215円）・旭川市立大（送料のみ250円）・青山学院大・早稲田大（送料のみ300円）・南山大（200円+手数料）は有料です。

●巻末（全大学資料一括請求）ハガキ①・②

それぞれのハガキに掲載されている学校名の中から、希望する学校名と数字を○で囲んでください。

①は北海道から長野まで、②は石川から宮崎までの本書掲載の全私立大学（北海商科大・東北学院大・慶應義塾大・順天堂大・東洋大・関西医科大を除く）・短大・大学校・専門学校などが掲載されています。

Ⅱ QRコードから申し込む

「大学探しナビ」の
資料請求ページから
申し込みできます。

Ⅲ FAXで申し込む （24時間受付）

住所、電話番号、氏名、高校名、学年、請求大学名を明記の上、下記までお送りください（巻末ハガキのメンバー以外はお送りできません）。

FAX 03-3515-3558

Ⅳ 電話で申し込む 9:30〜17:30（土・日・祝日を除く）

TEL 03-3515-3541

※この大学資料一括請求では、本書に記事が掲載されている全私立大学（北海商科大・東北学院大・慶應義塾大・順天堂大・東洋大・関西医科大を除く）・短大・大学校・専門学校などへの資料請求ができます。国公立大学を含む有料の大学の資料を希望する場合は、直接大学に申し込むか"テレメール"などで資料請求してください。国際基督教大・駒澤大・上智大・昭和女子大・成蹊大・津田塾大・東京女子大・東京理科大・日本大・法政大・明治大・明治学院大・立教大・神奈川大は一括請求ができますが、後から送料のみ200円、公立千歳科学技術大は215円、旭川市立大は250円、青山学院大・早稲田大は300円、南山大は200円+手数料をお送りいただくことになります。なお、女子大の資料は女子受験生にしかお送りしませんので、ご了承ください。

個人情報の取り扱いに関して

本書「大学資料一括請求」のコーナーを通じてご提供いただく個人情報は、皆さんが入手を希望する各学校などに、資料送付のため、電子化された情報またはリストで提供いたします。この目的以外に皆さんの個人情報を第三者に提供することはありません。また、弊社は皆さんから「自分のデータを見たい」あるいは「おかしい」とのお問い合わせを電話、E-mail等でいただければ、情報漏洩を防止する点から、ご本人であることを確認の上、速やかに情報を開示し、希望により追加、訂正、削除を行います。詳しくはプライバシーステートメント（128ページ）をご覧ください。

学部・学科・キャンパスガイドをチェック！！
行きたい大学・短大を見つけよう！！

倉敷芸術科学大学 614	松山大学 629	長崎国際大学 642
広島文教大学 615	九州国際大学 630	熊本学園大学 643
広島経済大学 616	久留米大学 631	崇城大学 644
広島国際大学 618	久留米工業大学 632	日本文理大学 646
広島修道大学 620	中村学園大学 633	別府大学 647
福山大学 622	西南学院大学 634	立命館アジア太平洋大学 ... 648
福山平成大学 623	西日本工業大学 636	九州医療科学大学 650
安田女子大学 624	福岡工業大学 637	宮崎国際大学 651
山口学芸大学 626	福岡大学 638	宮崎産業経営大学 652
四国大学 627	福岡女学院大学 640	
徳島文理大学 628	西九州大学 641	

FITで学ぶ4つのポイント！

「情報」「環境」「モノづくり」の3分野を主体に丁寧な教育を実践し、社会に貢献できる人材の育成を目指しています。

❶ 実践型人材を育成する「就業力育成プログラム」

　1年次からのキャリア教育では、社会に出た時に必要な力を「志向力」「共働力」「解決力」「実践力」の4つに分類し、「コミュニケーション基礎」などの必修科目を通して授業の中で身につけていきます。自律的に考え、行動し、社会で活躍することのできる人材の育成を目指しています。

❷ 教育・研究機能の高度化を目的としたE棟

　研究の高度化と実用化、学生サポート機能などを備えたE棟は、計測機器が50台以上も並ぶ計測センターや、就職課や学生課などが集まるワンストップサービス対応のフロアなどがあります。学生・教職員が最も多く利用する建物であることから、出入りのしやすさなど利便性を重視した建物

となっており、教育拠点として中心的役割を担っています。

❸ 他に類を見ない、徹底した就職活動支援

　「就職に強い大学」として定評があり、昨年の就職率は99.8％。年4回以上学内で開催する「学内合同企業説明会」では、年間約900社もの企業が集結。その他にも、学科別の個別指導や交通費支援など、きめ細かなサポートの成果が高い就職率につながっています。

❹ ICTを活用した先進的図書館"FIT Link"

　図書館"FIT Link"は、階によって違ったテーマで運用。一人静かに読書や課題、研究に没頭できる個人スペースはもちろん、学生同士が話をしながら共に学び合うアクティブラーニングの場や、自主イベントなどを開催できる空間を提供しています。

福岡工業大学

▶本文637ページもご参照ください

倉敷芸術科学大学

〒712-8505 岡山県倉敷市連島町西之浦2640番地　入学広報部　☎0120-001163(受験生ホットライン)　〈HP〉https://www.kusa.ac.jp

資料請求		
	請求ハガキ	巻末ハガキ
料　金	無　料	
完成時期	4月中旬	

TOPICS

芸術・先端メディア・生命科学・医療・動物・スポーツの多彩な学び。
無限に可能性が広がっていく学びの場で、それぞれの道で活躍できるプロになる！

■学部・学科組織

●芸術学部 150

芸術学科

●生命科学部 200

生命科学科／生命医科学科／動物生命科学科／健康科学科

🏫 学科紹介

芸術学科

アートコース、メディアデザインコース、先端メディアコースを設置。以下の分野を学ぶことができます。
平面(絵画)、立体(塑造)、ミクスドメディア、ガラス工芸、陶芸、グラフィックデザイン、プロダクトデザイン、CGアニメ、動画、マンガ、コミックイラスト、イラストレーション、2D/3Dゲーム、eスポーツ、モバイルアプリ/Webアプリ、Webデザイン、xR(VR/AR/MR)コンテンツ、メディアアート、クリエイティブコーディング

生命科学科

「生態環境学系」と「バイオエンジニアリング系」の2系統からなり、魚類をはじめとする水生生物の生命メカニズムの解明や、医療・食料・環境・美容などへの応用をめざしたライフサイエンスを探究します。さらには生活に密着したライフサイエンス分野で活躍できる人材を育成します。

生命医科学科

最大の特長は、全国でも数少ない細胞検査士と臨床検査技師の資格取得が可能なダブル・ライセンス取得システム。細胞検査士の2023年度合格率は88.2%(17人中15人合格)で、例年トップクラスの合格率を誇ります。

動物生命科学科

学内にさまざまな獣医療機器を備えた「教育動物病院」を整備。動物看護と人間動物関係学の2つの分野から人と動物を取り巻く問題を学び、動物関連のスペシャリストを育成します。

健康科学科

健康・運動指導者、アスレティックトレーナー、救急救命士の3コース。子どもから高齢者まで幅広く指導できる健康とスポーツのスペシャリストを育成します。

生命医科学科：22面鏡での教員とのディスカッション

🏢 CAMPUS情報

24時間利用可能なアトリエ、細胞病理学研究所、教育動物病院を完備。大学付属施設として、観光地である美観地区には「加計美術館」を擁し、大学に隣接する「ヘルスピア倉敷」にはボルダリング施設やフットサルコート、テニスコート、通年利用可能なアイススケートリンクなどを整備しています。

📜 取得可能な資格・免許状等

取得資格 中学校教諭1種免許状、高等学校教諭1種免許状、博物館学芸員

受験資格 細胞検査士、臨床検査技師、愛玩動物看護師、実験動物技術者(1級)、救急救命士、健康運動指導士、健康運動実践指導者、アスレティックトレーナーなど

🏃 就職サポート

就職活動の拠点であるキャリア支援課では、1年次から就職・進路に関するキャリア教育科目を開講。3年次には多彩な就職ガイダンスを実施しています。

▶ 入試特待生制度

○総合型選抜(事前面談型)…高校3年間の活動が評価された者に対して、4年間の授業料を半額免除。
○総合型選抜(文武両道型)…活動内容で特に優秀な評価を得ている者に対して、授業料を全額免除。
○学校推薦型選抜(推薦K方式)…入試における成績上位合格者を対象に、初年度学費を全額免除(入学金を免除)。
○一般選抜(前期A・B)…入試の成績上位合格者に対して、4年間または初年度の授業料を半額免除。

資料請求方法：巻末ページの「パンフレット一括請求」をご覧ください。

広島文教大学

〒731-0295　広島市安佐北区可部東1-2-1　入試広報課　☎0120-75-3191　〈HP〉https://www.h-bunkyo.ac.jp　〈E-mail〉koho@h-bunkyo.ac.jp

TOPICS

教育理念「育心育人」に基づく誠実な教育で
教員採用試験でも確かな合格実績を誇る

「教育の文教」

■**学部・学科**（数字は2024年度入学者定員）

●**教育学部**
　教育学科（初等教育専攻120、中等教育専攻30）

●**人間科学部**
　人間福祉学科60／心理学科50／人間栄養学科70／グローバルコミュニケーション学科60

🏛 大学GUIDE

教育学科　「英語教育」「教科・校種を越えた連携教育」「インクルーシブ教育」「ICT教育」などの学修に加え、国語・算数などの各教科・領域ごとの「探究科目ゼミ」を配置。また、高い英語力や国際的視野を身につけるための支援（留学）も充実。社会ニーズ、教育環境の変化に対応できる教育者を養成します。

人間福祉学科　社会福祉・精神保健福祉・介護福祉・保育の領域を幅広く学修し、確かな専門性と実践力を備えた福祉のスペシャリストを育成します。

心理学科　「心の専門性」で深い人間理解を身につけ、豊かな共生社会の実現に幅広く寄与できる人間を養成します。大学院進学で「公認心理師」もめざせます。

人間栄養学科　「食」を通して、人々の健康づくりに貢献できる人間性豊かな管理栄養士を養成します。

グローバルコミュニケーション学科　ビジネスや観光などの現場で求められる専門性と英語力、異文化に対する理解力を身につけた人材を育成します。

💡 実績・評価

大学ランキング

2023年小学校教諭実就職率	広島県内大学	第1位
2023年保育士実就職率	広島県内大学	第1位
2023年保育士就職者数	中国・四国私立大学	第2位
面倒見が良い大学	広島県内私立大学	第2位

※「大学探しランキングブック2024」（大学通信）

2024年度公立学校教員採用試験合格実績
小学校教員、中学校・高等学校教員74人（現役生60人・卒業生14人）　広島・鳥取・島根・愛媛・福岡（北九州市含む）・長崎・熊本・大分などで合格
※2023年12月11日現在（大学集計分）

国家試験合格実績（2023年3月卒業生）
管理栄養士合格率84.1%、社会福祉士合格率64.7%、精神保健福祉士合格率75.0%、介護福祉士合格率100%

🏢 CAMPUS情報

BECC(Bunkyo English Communication Center)
　中・四国地区最大級の英語学修専用施設。外国人教員など専任スタッフが授業に加え、TOEIC®対策や留学など、学生の英語学修をサポート。学内留学の環境で「使える英語」が身につきます。

特別価格でフィリピン・セブに留学　海外姉妹校「ラプラブセブ国際大学（LCIC）」へは、奨学制度により特別価格で留学できます。英語学修に加え、SDGsに関連した教養科目を英語で学ぶ機会を提供します。

女子学寮「淳風寮」（定員あり）　安価な家賃で遠方からの学生・保護者を経済サポート。全室家具付きで、入寮時は生活用品の持込みだけで生活がスタートできます。

鳥取・島根・山口・愛媛各県と就職支援に関する協定を締結
　各県出身の学生や4県に興味を持つ学生を対象に、IJUターン就職希望者が安心して就職活動に専念できるよう支援しています。

取得できる主な資格・免許

幼稚園教諭、小学校教諭、中学校・高等学校教諭（国語、英語）、栄養教諭、保育士、社会福祉士国家試験受験資格、精神保健福祉士国家試験受験資格、介護福祉士国家試験受験資格、公認心理師国家試験受験資格※、管理栄養士国家試験受験資格、栄養士、学校図書館司書教諭、学校司書、司書など　　※所定科目修了必須

奨学金・経済支援制度（2024年度入学者対象）

○成績優秀者奨学制度　○チャレンジ奨学生
○修学支援制度（学生寮費〈家賃〉4年間無料）
○入寮費給付制度　○スポーツ・芸術文化活動特待制度
○人間福祉学科特別奨学制度
○海外留学奨学金制度　など

資料請求方法：巻末ページの「パンフレット一括請求」をご覧ください。

中国・四国

広島経済大学

〒731-0192　広島市安佐南区祇園5-37-1　入試広報センター　TEL 082-871-1313　〈HP〉https://www.hue.ac.jp/

資料請求		
	請求ハガキ	巻末ハガキ
料　金	無　料	
完成時期	6月初旬	

TOPICS

●進路指導教諭が評価する大学ランキング
　「改革力が高い大学」　中国・四国私立大　第1位
●社会人が評価する大学ランキング
　「社会人基礎力を高められる大学」　中国私立大　第1位

（2023年大学通信調べ）

■学部学科組織（2024年度予定）

●経済学部　　　　　　経済学科330
●経営学部　　　　　　経営学科310
　　　　　　　　　　　スポーツ経営学科70
●メディアビジネス学部　ビジネス情報学科80
　　　　　　　　　　　メディアビジネス学科60

社会科学系の総合大学

　広島経済大学は中四国唯一の経済を専門とする大学として、1967年に開学。以来50年以上、地域の経済と社会、文化を支える有為な人材を輩出し、常に時代の流れや社会のニーズを見据え、教育拡充に取り組んできました。そして「ゼロから立ち上げる」興動人、すなわち既成概念にとらわれない斬新な発想と旺盛なチャレンジ精神を持ち、仲間と協働して何かを成し遂げる力を備え、次代を担う人材の育成に力を入れてきました。3学部体制となり、グローバル化やIT化など変化の激しいビジネスの最前線で活躍できる人材を育成するために、これまで以上に学びの特色をより明確に打ち出しています。

●社会の期待に応える「興動館教育プログラム」　実践を通じて知識やスキルを身につける「興動館科目」と、学生が主体となり、まず行動することによって自らの成長につながる「興動館プロジェクト」で構成。コミュニケーション能力や主体性、協調性、チャレンジ精神など、社会が求める「人間力」（社会人基礎力）が身につきます。

経済学部

【経済学科】　モノやサービスに関わる企業と消費者の行動をはじめ、政府の役割や有効な経済政策のあり方、さらには外国との経済関係などさまざまな経済活動の背景にあるメカニズムを学びます。社会において強く求められて

いる、経済学の理論と実践力を備えた人材を育成します。

経営学部

【経営学科】　マネジメント、アカウンティング（会計）、マーケティングの理論と実践を学び、即戦力を育成します。実業界出身の教員による授業があり、実践的能力が身につき、実社会で活躍できる、幅広い能力を身につけます。

【スポーツ経営学科】　スポーツの可能性とビジネスの仕組みをバランスよく理解し、社会で活躍できる「スポーツのわかるビジネスパーソン」を育成していきます。経営学と体育・スポーツ科学を複合的に学ぶことができます。

メディアビジネス学部

【ビジネス情報学科】　情報の多様化、リアルタイム化により、企業を取り巻く環境の変化を逐一把握し、コンピュータとデータサイエンスの技術を介して、ビジネスでの課題解決に活かすことができるスペシャリストを育成します。

【メディアビジネス学科】　より豊かなコミュニケーションを可能にするメディアのあり方を考え、映像や音楽、出版物などのデザインやコンテンツなどの制作、企業におけるメディア戦略など、ビジネスとメディアに多角的な視点からアプローチ。新しい技術を生かせるクリエイティブ能力やプロデュース能力を養います。

理論と実践の少人数「ゼミ」

15人前後のゼミでは、担当教員による学びから大学生活までの幅広い親身なサポートが特長

●1年次から必修科目として開講　大学での学び方や研

DATA・FILE

○教員数……98（教授59　准教授29　助教5　講師5
　　　　　　大学院教員は学部に含む）
○学生数……学部3,080（男2,509　女571）
○キャンパス面積……211,397㎡
○蔵書数……約48万3千冊
○専任教員一人あたりの学生数……31.4人　（2023年5月現在）

資格取得

【教職課程】中学校教諭一種免許状（社会）、高等学校教諭一種（地歴・公民・商業・情報）
【正課授業で目指せる資格】税理士、ファイナンシャル・プランナー（AFP）、宅地建物取引士、ITパスポート

究方法を1年次から学びながら、自ら意見を述べることやゼミの授業形式に慣れていきます。

●**発信力が鍛えられる** 1年次後期でのプロジェクト企画・発表から4年次の卒業発表会まで、プレゼンテーションの機会が多くあります。

●**実践的な学び** 企業や地域と連携した活動を行っているゼミが多くあります。教室を飛び出して学ぶことで、研究を具体的に深めていくことができます。

●**論理的思考力が養われる** 4年次には卒業論文をまとめます。作成を通じてゼミ担当教員の指導を受けながら、社会から求められる論理的思考力や課題解決力を身につけていきます。

【主な卒業論文のテーマ（2023年3月卒業生）】
・働き方改革と所得税法―弁護士顧問料事例判決をもとに多様化する働き方における所得区分の検討―
・中小企業の持続的経営に関する一考察―M&Aによるシナジー効果に着目して―
・スタジアム改革の事例分析―複合化戦略とランドマーク化戦略の有効性―
・ニュートラルネットワークによるサスティナビリティ報告書の可読性の自動判定
・これからの出版業界の販売戦略―出版不況の原因と解決案― ほか

安心して勉学に専念できる制度

各種の奨学金制度を設けており、新入生対象の入学試験成績優秀奨学生奨学金では、入学試験において優秀な成績で入学した人に対し、最大で1年次の授業料・施設費の年額相当額の奨学金を支給。所定の要件を満たせば最大3年間継続できます。

就職支援

●**就職率 98.8%**（2023年3月卒業生）

すべての学生の活動状況を「完全把握」 希望の進路実現のため、学生一人ひとりに「オーダーメイド」の就職支援を行っています。キャリアセンター職員が3年次に学生全員と面談し、就職準備から決定に至るまでサポートします。また、ゼミ担当教員とキャリアセンター職員が連携を密にとることで、一人ひとりの進捗状況を把握しながら手厚くサポートするとともに、内定につながるプログラムを多数展開し、中国・四国地方でもトップクラスの就職実績を誇っています。

現役合格を目指す公務員養成講座 充実した内容の「公務員養成講座」（課外講座）は、教養科目を中心に年間95コマを1万円で開講。警察官、消防吏員、市町村役場職員などを目指すことができます。またオプションコースを選択することで、「国家一般職」「国家専門職」「都道府県職員」などへの受験も対応可能です。

主な就職先（2023年3月卒業生実績） アイリスオーヤマ、PALTAC、サタケ、ダイキョーニシカワ、デルタ工業、常石造船、TOPPAN、日本製鋼所、三浦工業、ディー・エヌ・エー、日立ソリューションズ西日本、山口朝日放送、西日本旅客鉄道、東海東京証券、伊予銀行、山口フィナンシャルグループ、ソニー損害保険、三井住友トラスト不動産、広島東洋カープ、国立病院機構中国四国グループ、日本自動車連盟（JAF）、厚生労働省、国税庁国税専門官、広島県庁、山口市役所、広島県警察、広島市消防局 ほか

入試GUIDE（前年度参考）

①総合型選抜（興動館選考型／学部学科選考型／スポーツ実績選考型） ②学校推薦型選抜（実績評価型／資格スカラシップ1期・2期・3期／一般公募制）
③一般選抜（1期A方式・B方式／国公立受験生支援入試／2期） ④共通テスト利用選抜（1期・2期）

◎一般選抜（1期）A方式・B方式の同じ日の試験を同時出願すると、B方式の検定料は出願数に関わらず1日につき一律5,000円。

◎一般選抜と共通テスト利用選抜の同時出願で検定料の減額があります。

◎英語民間試験を活用する「みなし得点」制度では、入学試験の「英語」の得点を高得点換算。

◎一般選抜（国公立受験生支援入試）では、入学金等の納入締切日が国公立大学（前期）の合格発表後（3/10）。また入学した場合は全員、授業料・施設費の年額相当額（98万円）を奨学金として支給します。

オープンキャンパス情報

〈開催日〉6月16日(日)、7月27日(土)・28日(日)、8月25日(日) 予定
＊中四国各地より無料送迎バスを運行（要予約）
＊詳しくは大学オフィシャルサイトをご確認ください。

資料請求方法：巻末ページの「パンフレット一括請求」をご覧ください。

中国・四国

	請求ハガキ	巻末ハガキ
料　金		無　料
完成時期		4月上旬

広島国際大学

〈東広島キャンパス〉〒739-2695　広島県東広島市黒瀬学園台555-36
〈呉 キャンパス〉〒737-0112　広島県呉市広古新開5-1-1
入試センター　TEL 0823-70-4500　〈HP〉https://www.hirokoku-u.ac.jp

TOPICS
- ●進路指導教諭が評価する　教育力が高い大学　中国・四国私立大　第1位
- ●進路指導教諭が評価する　入学後、生徒の満足度が高い大学　中国・四国私立大　第1位
- ●2023年管理栄養士国家試験合格率（新卒）　全国第1位
- ●2023年救急救命士国家試験合格率（新卒）　全国第1位

🏛 大学GUIDE

保健医療学部

【診療放射線学科】西日本唯一となる教育研究専用の放射線治療装置を導入。MRIやCTをはじめ、日本有数の設備である「医療用リニアック（がん放射線治療装置）」などの高度な医療機器を設置。

【医療技術学科】臨床

工学専攻と臨床検査学専攻でそれぞれ臨床工学技士・臨床検査技師の国家資格取得をめざします。心身の状態や周囲の状況などを的確に判断できる、豊かな人間性を備えた『チーム医療を担うスペシャリスト』を育成。

【救急救命学科】医療現場で実際に使用されている救急車を導入し、さまざまな状況でのけが人や疾病者の搬入・搬出、救急車内での処置のトレーニングを徹底的に行います。

総合リハビリテーション学部

【理学療法学専攻】高度で幅広い専門知識、技能と応用・判断能力を持ち、多職種協働ができる豊かな人間性を備えた理学療法士の養成をめざします。

【作業療法学専攻】「ア

タマ」「ココロ」「カラダ」すべての問題に対応でき、自ら考え、創造する力のある作業療法士育成をめざしています。

【言語聴覚療法学専攻】日常生活に欠かせない「話す」「聴く」「食べる」のリハビリを行う言語聴覚士。一人ひとりの人生に寄り添うからAIには真似できません。サポート現場は毎日が感動の連続です。

【義肢装具学専攻】人体の仕組みを熟知し、オーダーメイドでモノづくりをする義肢装具士。4年制大学では西日本唯一です。近年は医療だけでなくスポーツやアニマル分野にもニーズがあります。

■募集学部・学科・専攻・定員（2025年4月予定）

●保健医療学部
　診療放射線学科70／医療技術学科（臨床工学専攻50、臨床検査学専攻50）／救急救命学科50

●総合リハビリテーション学部
　リハビリテーション学科（理学療法学専攻80、作業療法学専攻40、言語聴覚療法学専攻30、義肢装具学専攻30）

●健康スポーツ学部　健康スポーツ学科70

●健康科学部
　心理学科100／医療栄養学科60／医療経営学科90／社会学科※（地域創生学専攻60、社会福祉学専攻40）
　※2024年4月設置

●看護学部　看護学科120

●薬学部　薬学科120

健康スポーツ学部

【健康スポーツ学科】「体育」という枠組みに加え、生涯スポーツ、地域スポーツ、ユニバーサルスポーツ領域など幅広く「運動・スポーツ」に関する学びを展開。中高保健体育教諭もめざせます。

健康科学部

【心理学科】心理に関する科目を「ビジネス社会心理領域」、「子ども・健康心理領域」、「臨床心理領域」で幅広く配置。将来像を早期から描き、充実したサポート体制の下、夢を実現します。

【医療栄養学科】管理

栄養士国家試験合格率2年連続100％！国家試験合格はもちろん、その先の力を手に入れます。自分の可能性をひろげる「医療」「スポーツ」で、他にはない学びが可能に。

【医療経営学科】『経営学』に「医療学」をプラスし、時代のニーズに合った学びで病院や医療関連企業への就職で圧倒的な実績を誇ります。24年度から新カリキュラムでさらにパワーアップ。

【社会学科】生まれ育った場所や、そこで暮らすひとたちを応援するために、地域が抱える課題にアプローチ。社会を元気にし、地域に貢献します。地域創生学専攻では「社会教育士」や「学芸員」など社会福祉学専攻では

「社会福祉士」や「精神保健福祉士」などの取得をめざし、行政や企業での活躍を想定しています。

看護学部

【看護学科】専門領域、専門職連携教育（IPE）など、広く深く看護を学び、高度化する医療現場に対応できる力を身に付けます。4年次には応用的な10の分野での学外実習を実施。看護師にプラスαの力を身につけることができます。

薬学部

【薬学科】「わからない」に寄り添う基礎学力向上プログラムを導入しています。高校の学修内容を復習・補習する初年次教育や基礎固めから力をいれています。

学びの特色

■IPE（専門職連携教育）で医療や健康に力を。
広島国際大学の専門職連携教育は2023年度には11年目を迎え、教育の大きな柱となっています。現在では、健康・医療・福祉分野の総合大学である強みを生かし、16分野全ての学生（1学年1,000人規模）が一同に実施する全国有数の教育を実現しています。

■すべての学科で幅広く地域交流に参加！
瀬戸内の島暮らしの高齢者を対象とした健康教室やパラスポーツ交流会の運営ボランティアなどの福祉事業をはじめ、ひろしまフードフェスティバルなど広島県内で実施される各種イベントに学生自らのアイデアを生かしながら参加しています。

■2024年4月 社会学科始動！
社会学科ではフィールドワークに力を入れており、生まれ育った場所や、そこで暮らすひとたちを応援したいという人を求めています。「地域創生学専攻」と「社会福祉学専攻」で地域が抱える課題にアプローチ。社会を元気にし、地域に貢献する力を身に付けます。

CAMPUS情報

東広島キャンパス、呉キャンパスの2キャンパスを設置。キャンパス間を結ぶ、ユニバーサルキャンパスバスを運行しています。東広島キャンパスでは、学生や地域の方などの運動や健康の拠点となる校舎「アクティブ・ウェルネスセンター」を運用開始。最新機器を備えたトレーニングルームや、バレーボールやバスケットボールなどの屋内競技スポーツの設備もそろう施設です。呉キャンパスの新3号館は、個別学修ブースやラーニングコモンズの他、近隣の方も利用できるカフェを備えています。

充実した設備の学生寮

東広島キャンパス内とその周辺、呉キャンパス内、合わせて1,606室の学生寮を用意しています。完全個室の各部屋（約16畳）には、バス、トイレ、エアコンだけでなく、ベッドや机など生活に必要な家具がそろっています。またセキュリティー面でも万全な配慮をしており、安心して学生生活を送るることができます。

東広島キャンパス 自然に囲まれた広大なキャンパスに各学科充実した教育・研究施設を配置。専用のシャトルバスが運行しており、買い物、通院など周辺施設の利用環境も整えられています。

呉キャンパス JR呉線「新広駅」から徒歩7分という好立地。IPE（専門職連携教育）を行うための施設や一般の人も利用できるカフェなどを併設しています。

卒業後の進路

輩出した医療人数 約12,000人 卒業生のうち、診療放射線技師、臨床工学技士、臨床検査技師、救急救命士、理学療法士、作業療法士、言語聴覚士、義肢装具士、社会福祉士、精神保健福祉士、看護師、保健師、助産師、薬剤師、管理栄養士、診療情報管理士など医療従事者の輩出数は約12,000人。多数の先輩が現場で活躍し、病院とのつながりも強いため、毎年多くの求人が寄せられています。先輩たちの活躍は目標となるだけでなく、あなたの就職活動の力強い味方になるはずです。

主な就職先・進路 保健・医療機関（国公立病院・大学病院など）、福祉施設、行政機関、学校教育機関、医療関連企業、金融、その他企業、大学院進学ほか

取得資格

国家試験合格率（2023年3月卒業生） ※( )は合格者数
診療放射線技師96.9％(63人)、臨床工学技士84.2％(32人)、臨床検査技師97.1％(33人)、救急救命士100％(37人)、理学療法士98.6％(68人)、作業療法士94.3％(33人)、言語聴覚士75.0％(15人)、義肢装具士83.3％(15人)、管理栄養士100％(51人)、社会福祉士48.8％(21人)、精神保健福祉士100％(6人)、看護師100％(97人)、保健師100％(25人)、薬剤師75.3％(55人)

資料請求方法：巻末ページの「パンフレット一括請求」をご覧ください。

広島修道大学

〒731-3195　広島市安佐南区大塚東1-1-1　入学センター　TEL 082-830-1100　〈入試情報サイト〉https://www.shudo-u.ac.jp/admissions/

TOPICS

世界を学び、地域で生きる。
中四国で最大規模の私立大学

大学GUIDE

商学部

　商学科では、流通・マーケティング、地域・観光、金融ビジネスの3コース制により、高い専門性とともに知識や経験、行動力も伸ばしていきます。**経営学科**では、ビジネス・マネジメント、会計、起業・事業承継の3コースを用意。「公認会計士」や「税理士」などの難関資格の取得もサポートします。

　ビジネスや経営学における高い専門教育を実施し、次世代を担うビジネスリーダーを育成します。

人文学部

　社会学科（2024年4月設置）では、2年次からアニメ社会学、現代社会論、コミュニケーション論、文化社会学、感情社会学、犯罪社会学などの専門演習から複数を履修でき、多角的な視点と、専門的な理論と方法によって社会現象を総合的に理解する力を身につけます。

　教育学科では、4コース制により幼稚園、小学校、中学校、高等学校、特別支援学校教諭免許、保育士資格から複数取得が可能です。**英語英文学科**では、英米文化・文学、英語学・英語教育学の2コースと通訳翻訳プログラムにより、高度な英語運用能力の習得が可能です。

法学部

　法律学科では、各自の将来像に応じて幅広く法分野の科目を履修できるようカリキュラムを用意し、法的知識に基づき論理的に解決策を模索する力「リーガルマインド」を身につけます。

経済科学部

　現代経済学科では、ミクロ、マクロ、計量経済学など現代経済の理解に必要な基礎科目を特に充実。さらに、統計的手法を用いて経済データを分析する方法を学びます。**経済情報学科**では、情報、システム科学系科目を豊富に用意。初心者でも着実にコンピュータスキルを伸ばすことができ、ゼミナールでは高度なITスキルの修得が可能です。

人間環境学部

　自然科学、人文科学、社会科学などを学びながら、さまざまな角度から環境問題を検討する力を育みます。地域社会と協力したフィールドワークに取り組み、自分の目で現状を確かめながら多くの経験を積むことで専門性を高めていきます。

健康科学部

　心理学科では、「心理臨床」「心理調査・科学」の2コースを設置。基礎心理学と実践応用心理学を融合させて"こころとからだ"の健康について学びます。**健康栄養学科**では、医療機関での栄養管理や、地域の人々の健康づくりに寄与する管理栄養士を養成します。心理学の知識やカウンセリングの技法なども学びます。

国際コミュニティ学部

　2学科共通の「体験実践」では、1年次の第3学期に海外滞在、異文化体験、自治体や企業での実習などに参加することで、学部の学びが社会にどのようにつながるのかを考えます。**国際政治学科**では、日本と世界のさまざまな問題に対する知識と理解力、英語によるコミュニケーション力を身につけます。**地域行政学科**では、地域社会のさまざまな課題に関する知識と理解力を持ち、多様な価値観をふまえ協働して課題を解決する力を身につけます。

授業紹介動画

　広島修道大学の学生リポーターが、各学科の学びやプロジェクトについて紹介する連載企画です。修大生が今、「どのように学び成長しているのか」。修大ならではの"学びのワクワク"を、受験生のあなたにお届けします！

SHUDO×授業紹介動画

「あなたの成長で世界は進化する。」
広島修道大学で、あなたも一緒に学んでみませんか？
大学・学科選びの参考に、受験勉強の合間に、ぜひご覧ください♪

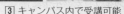

授業紹介動画 ▶

気になる
修大の授業、大公開！

修大ならではの、学びのワクワクをお届けします。

🌐 国際交流

どの学部の学生でも参加できる多くのプログラムを用意しています。アメリカ、フランス、韓国など16の国と地域にある35大学と協定を締結しており、目的や語学力に合わせて自分に合ったプログラムを選択できます。

2024年度より留学する学生のためのスカラシップ（給付奨学金）制度がより充実します。

学内でも国際交流の機会が豊富

受け入れ留学生が多いのも修大の特徴。海外へ留学しなくても、キャンパス内での国際交流も盛んです。
1 来日した留学生の生活を1対1でサポートする「バディ制度」。強い信頼関係を築くことができます。
2 留学生が母語を教える「留学生による語学講座」では、時には一緒にドラマや音楽を楽しみます。
3 留学生と意見交換を行う「留学生フォーラム」では、お互いの文化・考え方の違いを学ぶ機会になります。

ワールド・ステージ・プログラム

留学に必要な語学力習得の進捗を示す目安となる「ステージ（段階）」と、それに連動した奨学金制度によって、個々の目的にあった留学が実現できるように支援します。多彩な科目とプログラムで国際社会で必要とされる能力および言語コミュニケーション能力の習得・向上をめざします。

📖 資格取得支援

キャリア支援講座

社会で役立つ資格の取得をめざす学生の意欲に応えるため、キャリア支援講座を開講しています。毎年多くの学生が受講し、目標達成に向けて頑張っています。

【キャリア支援講座の4つのメリット】
1 優れた指導力を持つ学外講師を採用
2 学生のニーズに合わせた約40講座

3 キャンパス内で受講可能
4 受講料は一般価格と比べてリーズナブル

資格取得スカラシップ

国家資格など、特に難度の高い資格を取得した学生を対象に学長表彰を行い、奨学金を支給します。

──2022年度実績── 税理士（科目合格）、心理学検定特1級、宅地建物取引士、マンション管理士、TOEIC®（860点以上）、応用情報技術者、日商PC検定試験（文書作成）1級、韓国語能力試験6級。

🏃 就職支援

就職に強い！広島修道大学	
2022年度 公務員合格者数	**224人** ※2023年5月現在
2022年度 警察官・消防官・自衛官採用者数 広島県全大学	第**1**位 （朝日新聞出版「大学ランキング2024年版」より）
2022年度 国家公務員 一般職合格者数 中国地方・公私立大	第**1**位 （朝日新聞出版「大学ランキング2024年版」より）

公務員試験に高い合格実績

公務員試験合格者は毎年約200人、2022年度国家公務員一般職試験では28人が合格。中・四国地区の公立・私立大学の中でトップクラスの実績をあげています。

学生の力を伸ばす取り組み

1 優秀な講師陣を招いての公務員試験対策講座
2 専用学習室で同じ目標を持つ仲間同士で切磋琢磨する
3 合格者体験報告会で合格に近づくコツを伝授

2022年度の主な就職決定先

アイリスオーヤマ、NTTデータ中国、鹿島、日本銀行、広島銀行、中国電力、中電工、東京海上日動火災保険、TOPPAN、JR西日本、ANA関西空港、日本年金機構、広島ガス、マキタ、イオンリテール　など

☑ 入試GUIDE （2025年度入試）

①一般選抜（前期A・B・C日程・後期日程）
②共通テスト利用選抜（前期・後期日程）
③総合型選抜、学校推薦型選抜（公募・指定校）　他

オープンキャンパス（2024年度予定）

6月23日(日)　受験生・保護者対象入試説明会
7月20日(土)　第1回オープンキャンパス
7月21日(日)　第2回オープンキャンパス
8月18日(日)　第3回オープンキャンパス
※内容等を変更する場合があります。最新の情報は、随時入試情報サイトでご確認ください。

資料請求方法：巻末ページの「パンフレット一括請求」をご覧ください。

福　山　大　学

〒729-0292　広島県福山市学園町1番地三蔵　入試広報室　TEL 084-936-2111(代)　〈HP〉https://www.fukuyama-u.ac.jp

資料請求		
	請求ハガキ	巻末ハガキ
料　金		無　料
完成時期		4月中旬

TOPICS
- 2024年度より３つの学科が名称変更（電気電子工学科・生物科学科・健康栄養科学科）
- 2024年度入学生より入学金を全ての学部で20万円に減額
- 就職率99.6%（2023年３月卒業生実績）

■学部・学科組織　　※2024年度入学生分
- ●経済学部　経済学科 180／国際経済学科 40／税務会計学科 50
- ●人間文化学部　人間文化学科 50／心理学科 70／
　　　　メディア・映像学科 50
- ●工学部　電気電子工学科※1 30／建築学科 70／
　　　　情報工学科 60／機械システム工学科 50
　※1 2024年4月スマートシステム学科より名称変更
- ●生命工学部　生物科学科※2 50／健康栄養科学科※3 40／
　　　　海洋生物科学科 110
　※2 2024年4月生物工学科より名称変更
　※3 2024年4月生命栄養科学科より名称変更
- ●薬学部　薬学科（６年制）110

🏫 大学GUIDE

　さまざまな分野の学生や教員が集う５学部14学科を備えた、中四国有数の私立総合大学です。

経済学部　経済学と経営学の両方の視点から社会を理解し、企業でリーダーシップを発揮できる社会人を育成します。**経済学科**では地域社会やスポーツ産業について、**国際経済学科**ではグローバル時代に求められる経済に関する問題解決能力を、**税務会計学科**では会計や金融について学び、企業の発展のための経営人材を育成します。

人間文化学部　人間、人間の創る文化、それらを表現するメディアという、人間の営みの根幹について学びます。**人間文化学科**では言語を通じて国内外の社会・歴史・文化を学び、未来へ繋がる発想力を、**心理学科**では心の働きと行動について深く学び、人々をサポートできる力を、**メディア・映像学科**では情報メディアの役割や機能について学び、新たな時代をつくる力を養います。

工学部　"ものの仕組み"や"ものづくり"に関心のある人を実務能力の高い技術者に育てるため、基礎教育をベースに実験・実習にも力を注ぎます。**電気電子工学科**では、コンピュータによって賢く、無駄なく、自律的に働く高機能システムを、**建築学科**では街・住まい・くらしを

デザインするための知識・技能・想像力を、**情報工学科**では高度情報化社会で活躍するIT分野のスペシャリストに必要な情報工学を、**機械システム工学科**ではものづくりの基盤となる機械工学の基礎・応用知識などを学びます。

生命工学部　生命の仕組みを学び、生物資源、環境、栄養・健康など人類の抱える諸問題を解決する力を養います。**生物科学科**では、動植物や微生物の知識と最新のバイオテクノロジーを学び、**健康栄養科学科**では食を通じた支援と活動で地域社会に貢献できる管理栄養士を育成。**海洋生物科学科**では海と人間の共存を目指します。

薬学部　実践的医療薬学教育を基本理念に、病気の本質を理解し、治療薬の選択を医師に助言でき、患者に必要な薬の説明ができる有能な薬剤師を養成しています。

🏃 卒業後の進路 （2023年３月卒業生実績）

卒業生総数……863　就職希望者数……793
就職決定者数……790　進学……30

　主な就職先　中国銀行、島根銀行、備後信用組合、日本生命保険、岩井コスモ証券、イオンリテール、キャステム、クラハシ、啓文社、自重堂、常石造船、日東製網、マツダ、DNPデジタルソリューションズ、池田糖化工業、日清医療食品、日本食研ホールディングス、星野リゾート、岡山大学病院、島根大学医学部附属病院、愛媛大学医学部附属病院、鹿児島大学病院、中学校・高等学校教員、市役所、県庁、消防、自衛隊　ほか

学費
- ○初年度納入金(2024年度入学生分)
　経済・人間文化学部　1,065,000円
　工学部　1,325,000円　生命工学部　1,375,000円
　薬学部　2,085,000円
　※入学金20万円を含みます
　※「実験・実習費」「施設拡充費」等は徴収しません

アクセス
- ■JR山陽本線「松永駅」北口から徒歩３分のスクールバス（無料）乗り場より10分
- ■JR山陽本線「福山駅」南口６番バス乗り場より直通バス（有料）で30分
- ■広島空港から　福山駅行きリムジンバス（有料）で「福山本郷BS」下車後、徒歩30分

資料請求方法：巻末ページの「パンフレット一括請求」をご覧ください。

福山平成大学

資料請求		
	請求ハガキ	巻末ハガキ
料　金	無　料	
完成時期	4月中旬	

〒720-0001　広島県福山市御幸町上岩成正戸117-1　入試室　TEL 084-972-5001㈹　〈HP〉https://www.heisei-u.ac.jp

TOPICS
- ●2024年度入学生より入学金を全ての学部で20万円に減額
- ●就職率12年連続99%以上！ 2023年3月卒業生は99.6%

■学部・学科組織　　　　　　　　※2024年度入学生分
- ●経営学部　経営学科 50
- ●福祉健康学部
　福祉学科 60／こども学科 50／健康スポーツ科学科 100
- ●看護学部　看護学科 80

🏛 大学GUIDE

経営学部　経営学の基礎を習得し、地域に根付きながらも、グローバル化社会で活躍できる実践的な人材育成を目指しています。資格試験受験料補助制度を導入し、資格取得に直結した授業を多く用意しています。

福祉健康学部　「ウェルビーイング」の理念のもと、少子高齢化社会に対応できる福祉と健康の専門家を育成します。**福祉学科**では、今後ますます活躍が期待される社会福祉士、介護福祉士など福祉のプロフェッショナルを養成します。**こども学科**では、子どもをとりまく環境について学びながら、必要な理論や技術を学びます。4年間の実習教育やピアノ教育を実施しています。**健康スポーツ科学科**では、各種資格が取得できるカリキュラムのもと、健康増進・スポーツ振興を推進していく専門家を育成します。身体活動を通して健康やスポーツを体系的に深く追求します。

看護学部　**看護学科**では、高度先端医療をリードできる看護師を育成します。また、在宅、地域、学校における看護・保健活動ができる人材の育成も目指しています。

📜 資格取得

【経営学科】　高等学校教諭一種（商業）、リテールマーケティング、マネジメント検定、ITパスポート、日商簿記検定、秘書技能検定、ビジネス会計検定試験など

【福祉学科】　高等学校教諭一種（福祉）、社会福祉士国家試験受験資格、介護福祉士国家試験受験資格、福祉用具専門相談員など

【こども学科】　保育士、幼稚園教諭一種、小学校教諭一種

【健康スポーツ科学科】　中学校教諭一種（保健体育）、高等学校教諭一種（保健体育）、養護教諭一種、健康運動実践指導者受験資格、スポーツ・プログラマー受験資格、ジュニアスポーツ指導員受験資格など

【看護学科】　中学校教諭一種（保健）、高等学校教諭一種（保健、看護）、養護教諭一種、看護師・保健師国家試験受験資格

🏃 卒業後の進路 (2023年3月卒業生実績)

卒業者総数……277　　就職希望者数……261
就職決定者数……260　　進学……5

　1・2年次を対象とした「キャリア講座」をはじめ、3年次からは就職ガイダンスや集中講座を実施しています。模擬試験や外部講師による面接指導等を通じて、学生の希望と適性を尊重しながら徹底した就職サポートを行っており、抜群の内定率を誇っています。

主な就職先　両備信用組合、あいおいニッセイ同和損害保険、第一生命保険、青山商事、クリナップ、トヨタカローラ広島、なかやま牧場、八天堂、日塗、富士薬品、広島パシフィックホテル、エフピコ物流、福山通運、日研トータルソーシング、社会福祉法人一れつ会、社会福祉法人笠岡市社会福祉協議会、広島大学病院、岡山大学病院、鳥取大学病院、島根大学医学部附属病院、福山医療センター、福山市民病院、JA、小・中・高等学校、幼稚園、保育所、保健師、警察、消防、自衛隊　ほか

学費
- ○初年度納入金(2024年度入学生分)
　経営学部　　　　1,065,000円
　福祉健康学部　　1,125,000円
　看護学部　　　　1,665,000円
※入学金20万円を含みます
※「実験・実習費」「施設拡充費」等は徴収しません

アクセス
- ■JR福塩線「神辺駅」東口よりスクールバス（無料）で10分
- ■JR福塩線「万能倉駅」下車、徒歩15分
- ■福山駅南口バス乗り場より「中国中央病院」下車、徒歩1分

中国・四国

資料請求方法：巻末ページの「パンフレット一括請求」をご覧ください。

安田女子大学

〒731-0153　広島市安佐南区安東6-13-1　入試広報課　TEL 082-878-8557　〈HP〉https://www.yasuda-u.ac.jp/

TOPICS

2025年4月、女子大学として日本初の理工学部開設！
教育学部に幼児教育学科新設！
（設置構想中）

8学部18学科体制へ

理工学部　（2025年設置構想中）

生物科学科　植物を中心に生物生命の仕組みを学び、次世代の「食」「資源」「環境」分野で活躍する実力と創造力を身につけた人材を養成します。

情報科学科　情報技術3分野7領域を横断的に学び、Society5.0で必要とされる発信力・表現力・課題解決力を兼ね備えた人材を養成します。

建築学科　デザインを重視した意匠設計を中心に学び、女性の感性・きめ細かさ・共感力を生かし、想いをカタチにできる建築家を養成します。

文学部

日本文学科　ことばや文学の学びを通じて、日本の歴史や文化に対する認識を深めながら、ものごとについての深い思考力、柔軟な応用力を養います。

書道学科　書法や書道理論等、基礎的なことを確実に学び、さらに専門性を深め、社会で「書く力」を十分に生かすことのできる人材を養成します。

英語英米文学科　2年次後期、全員が約5カ月間の北米留学を体験。将来のキャリアで必要となる高い英語力の習得を目指します。

教育学部

幼児教育学科（2025年設置構想中）　人間形成の基礎が培われる乳児期・幼児期、その発達特性に応じた関わり方を理論と実践から学びます。子どもの豊かな人生を創造する幼児教育・保育分野の専門的職業人を養成します。

児童教育学科　教育愛と責任感、自立心とコミュニケーション能力とともに、教育学、心理学（教育心理・発達心理）、教科教育学等を修め、高度な専門性と実践的指導力を身につけた小学校教員等の専門的職業人を養成します。

心理学部

現代心理学科　心理学の専門的知識と方法を学び、人のこころを深く理解する能力を育みます。安田女子大学大学院に進学し、公認心理師を目指すこともできます。

ビジネス心理学科　心理学を基礎にし、社会学や経営に関する知識、組織や社会の中における心理作用を学び、ビジネスの現場で実践的に生かせる力を育てます。

現代ビジネス学部

現代ビジネス学科　ビジネスに関する専門知識を学び、

■学部・学科組織（2025年度予定）

- **●理工学部**（設置構想中）
  生物科学科60／情報科学科60／建築学科60
- **●文学部**
  日本文学科90／書道学科30／英語英米文学科110
- **●教育学部**
  幼児教育学科(設置構想中)130／児童教育学科70
- **●心理学部**
  現代心理学科90／ビジネス心理学科60
- **●現代ビジネス学部**
  現代ビジネス学科90／国際観光ビジネス学科90／公共経営学科60
- **●家政学部**
  生活デザイン学科160／管理栄養学科120／造形デザイン学科75
- **●薬学部**
  薬学科〈6年制〉100
- **●看護学部**
  看護学科120

プロジェクト遂行能力やマネジメント能力を高め、優れた実務能力を備えた専門的職業人を育成します。

国際観光ビジネス学科　約5カ月間のハワイ留学などを通して国際ビジネスや異文化に関する知識、語学力を身につけ、国際的視野とキャリア意識を養成します。

公共経営学科　行政・企業・NPOなど多様な組織で新しい価値を創造し、社会の発展に寄与する人材を養成します。

家政学部

生活デザイン学科　「衣・食・住・健康・環境」の領域をバランスよく学び、生活環境を向上させる知識や技術、知恵を得て、バランス感覚の優れた専門家として、生活をアドバイスできる力を育てます。

管理栄養学科　現代社会のニーズである健康生活の実現に貢献し、予防医学の現場で活躍できる人間性豊かな「管理栄養士」を養成します。

造形デザイン学科　感性や創造力、プログラミング等による総合造形力で、豊かな人間生活を提案することのできる人材を養成します。

特待生・奨学金制度　（2024年度入試参考）

薬学部を目指す優秀で志のある人に広く門戸を開くため、特待生制度と奨学金制度を設けています。
薬学部特待生制度：授業料を全額免除（20人）
薬学部奨学金制度（薬学パスポート）※：授業料を自宅から通学する場合は年額80万円、自宅外から通学する場合は年額50万円とする（100人）　※返還不要

1号館のラーニングコモンズ

2025年完成予定の理工学部棟

薬学部

薬学科 女性ならではの柔軟性や感性が現代の医療に必要と考え、多様なジャンルの教養科目を取り入れています。患者さんへの優しさや気配りを持ち合わせた、能力的にも人間的にもバランスのとれた薬剤師を育成します。

看護学部

看護学科 4年間の理論・体験・実習を経て、自ら学び、判断し、実践できる能力・資質を養い、社会のニーズに応える質の高い看護師を育成します。

2025年開設の理工学部について (設置構想中)

●総合型選抜（専願・併願）および一般選抜（前期日程）の入学試験科目については、文理問わず受験が可能となる予定です（国語・英語・数学・理科・情報から2教科選択制とします）。

●延床面積約15,000㎡の理工学部棟が2025年に完成予定です。

●カリキュラムや取得可能な資格など、理工学部の新着情報は二次元コードから確認してください。

CAMPUS情報

「施設環境・立地環境が良い大学」中国・四国私立大第1位
※2023年大学通信調べ

1号館 ICT環境の整備に力を注いでおり、グループワークやディスカッションの成果を最大化するための環境や設備が充実。入学時に配付する一人一台の専用ノー

トパソコンを駆使し、能動的・協働的な学修が可能です。

食堂 生活リズムを整えて勉学に励んでほしいという思いから、朝食を毎日無料で提供しています。

免許・資格 (2023年度実績)

高等学校教諭一種免許状（国語、書道、英語、家庭）、中学校教諭一種免許状（国語、英語、家庭）、小学校教諭一種免許状、幼稚園教諭一種免許状、養護教諭一種免許状、栄養教諭一種免許状、司書、学校図書館司書教諭、学芸員、日本語教員、公認心理師受験資格（実務経験2年要）、保育士、一級建築士受験資格、管理栄養士国家試験受験資格、栄養士、薬剤師国家試験受験資格、看護師国家試験受験資格　ほか

卒業後の進路 (2023年3月卒業生)

大林組、鹿島、大成建設、ダイキョーニシカワ、日本航空、JR西日本、日本銀行、広島銀行、東京海上日動火災保険、テレビ新広島、NHK、積水ハウス、アインホールディングス、広島ガス、星野リゾート、東武トップツアーズ、アンデルセングループ、国立病院機構、教育委員会、公務員　ほか

入試GUIDE (2024年度入試参考)

①**一般選抜**（前期A・B・C日程、後期日程）
②**総合型選抜**（専願[前・後期]、併願[前・後期]）
③**大学入学共通テスト利用選抜**（前期、後期、薬学部特抜生）
④**自己表現型選抜**

学外試験会場 (2024年度入試参考)

21カ所の学外試験会場を設置しています。東京、大阪、米子、松江、岡山、福山、山口、徳山、徳島、高松、松山、高知、小倉、福岡、佐賀、大分、熊本、長崎、宮崎、鹿児島、那覇
※入試日程によって設置会場が異なりますので、詳細は大学ホームページでご確認ください。

オープンキャンパス

●春のキャンパスフェア　4月27日(土)
●オープンキャンパス　7月・8月開催
○実施内容：全体説明会、学科ガイダンス・模擬授業、個別相談（入試、海外研修、学生生活、就職など）、施設自由見学 ほか

資料請求方法：巻末ページの「パンフレット一括請求」をご覧ください。

山口学芸大学

資料請求	請求ハガキ	巻末ハガキ
料　金		無　料
完成時期		6月上旬

〒754-0032　山口県山口市小郡みらい町1-7-1　入試広報課　TEL 083-972-3288　〈HP〉https://www.y-gakugei.ac.jp/

TOPICS
- ●「2023年小学校教諭実就職率」全国第4位（全国私立大第1位）
- ●「2023年実就職率」全国第6位（中国・四国私立大第1位）

大学探しランキングブック2024（大学通信）

■学部・学科組織
●教育学部
　教育学科70

🏫 大学GUIDE

　教育学部教育学科のみの、教育者・保育者の育成に特化した大学です。1学年定員70人の小規模大学ですが、開学以来13年間で約900人の教員・保育士を輩出し、特に公立小学校教員採用試験においては常に全国トップクラスの合格実績となっています。

●複数の教員免許・資格が取得可能

　子どもの成長過程をトータルに学んだうえで、めざす進路に合わせて保育士資格をはじめ、幼稚園、小学校、中学校、高等学校、特別支援学校の各種教員免許を複数取得することができます。免許・資格を併有することで、小中一貫教育や保幼小連携、特別支援教育など、現代社会の多様な需要に対応できる実践力を持つ教育者・保育者をめざすことができます。

●一人ひとり顔が見える細やかな指導

　小規模かつ、その全員が「先生」をめざすという単科大学の特性を生かし、学生個々の目標に合わせたきめ細かなサポートを徹底。学生と教員との心のふれ合いを大切にした教育を重視しています。

●チーム学芸の伝統

　「先生になる」という同じ夢をもつ学生が集うため、互いに競い合い、支え合いながら、仲間同士チーム一丸となって採用試験突破をめざしています。採用試験合格に向けた自主的な勉強会は大学の伝統になっています。

📇 CAMPUS情報

　JR山口線「上郷駅」から徒歩8分、中国自動車道「小郡IC」より車で1分とアクセスに優れたキャンパス。学生用駐車場も完備しており、自動車通学も可能です。

　模擬教室や模擬保育室をはじめ、模擬遊戯室、ステージ付き大教室、音楽レッスン室、造形実習室など、「先生になる」のための専門設備・施設が充実しています。

🏃 卒業後の進路

　大半の学生が教育者・保育者をめざしており、大学全体で「先生になる」という夢を強力にバックアップしています。論作文、面接、実技などの試験対策をはじめ、マナー指導やボランティアへの参加など、採用試験を突破するための実践的なサポート体制を整備。授業はもちろん、空き時間を利用した個別指導も充実しています。これまでに送り出した卒業生のうち、8割以上が教育・保育の専門職への就職を果たしています。

2024年度教員採用試験 現役合格率
小学校92.7%（51人合格）、中学校100%（3人合格）、特別支援学校100%（1人合格）

保育職就職率　開学以来13年連続100%

📝 入試GUIDE （前年度参考）

①総合型選抜　②学校推薦型選抜（指定校・公募制）
③一般選抜（1期・2期・3期）
④共通テスト利用選抜（前期・中期・後期）
⑤社会人選抜　⑥編入学選抜

取得できる免許・資格

保育士資格／幼稚園教諭一種免許状／小学校教諭一種免許状／中学校教諭一種免許状（英語）／高等学校教諭一種免許状（英語）／特別支援学校教諭一種免許状（知的、肢体、病弱）／児童指導員任用資格／社会福祉主事任用資格／リトミック資格（1・2級）

山口芸術短期大学（グループ校）

1968年に県内唯一の芸術系短期大学として開学以来、半世紀の歴史の中で、1万人以上の卒業生を輩出しています。保育学科と芸術表現学科を有し、保育・デザイン・ビジネス・音楽について学ぶことができます。山口学芸大学と同じキャンパス内にあり、学祭やクラブ活動を通じて両校の交流も盛んです。

資料請求方法：巻末ページの「パンフレット一括請求」をご覧ください。

四国大学

資料請求

	請求ハガキ	巻末ハガキ
料　金		無　料
完成時期		5月上旬

〒771-1192　徳島市応神町古川字戎子野123-1　広報課　☎0120-65-9906　〈HP〉https://www.shikoku-u.ac.jp

TOPICS

- ●1961年開学。大学院4研究科、大学4学部9学科、短期大学部4学科2専攻の総合大学
- ●建学の精神「全人的自立」のもと、自ら考え探究する学生を応援し、確かな未来を拓きます
- ●「社会人基礎力」「自己教育力」「人間・社会関係力」を確実に身に付けることができます

■学部・学科組織（数字は2024年度入学定員）

- ●文学部
  日本文学科45／書道文化学科30／国際文化学科40
- ●経営情報学部
  経営情報学科115／メディア情報学科65
- ●生活科学部
  人間生活科学科50／健康栄養学科70／児童学科70
- ●看護学部
  看護学科100
- ●四国大学短期大学部
  ビジネス・コミュニケーション科75／
  人間健康科50（食物栄養専攻25／介護福祉専攻25）／
  幼児教育保育科60／音楽科15
- ●大学院
  文学研究科／経営情報学研究科／人間生活科学研究科／看護学研究科

奨学金制度　入試成績や、入学後の成績に応じて選考する四国大学独自の奨学金制度も設けています。

🏛 大学GUIDE

文学部　古今東西の作品・資料の研究および言語体験を通して、高度な知識・技能を体得し、世界に通用する教養をも備えた人材の育成を目指します。

経営情報学部　めまぐるしく変化する社会・経済・技術のトレンドを察知し、それに対応できる実践力を備えた人材の育成を目指します。

生活科学部　各学科で、認定心理士、公認心理師、養護教諭、管理栄養士、小学校教諭、特別支援学校教諭などを目指します。また、デザイン分野も学修できます。

看護学部　看護に関する確かな知識と技術を身に付け、お年寄りや子どもたち、働く人々を大切にする「やさしくて賢い」看護職を育成します。

短期大学部　専門的な知識や技術の修得に加え、豊かな教養と人間性を身に付け、社会で即戦力となる人材を育成します。栄養士、介護福祉士国家試験受験資格、幼稚園教諭、保育士などの資格が取得可能です。

🏃 卒業後の進路

　毎年、高い就職率を維持。キャリア教育と就職支援を融合し、学生一人ひとりに合わせたきめ細かいサポートを行っています。在学中だけでなく卒業後も支援する研修生制度、OB・OG支援プランがあります。

最近の主な就職先

阿波銀行、徳島大正銀行、徳島トヨタ自動車、日亜化学工業、日清医療食品、徳島大学病院、徳島赤十字病院、徳島県警、県教育委員会、市町村役場など

📝 入試GUIDE （2024年度参考）

①短期大学部体験型入試（Ⅰ期・Ⅱ期）
②高大接続入試（Ⅰ期・Ⅱ期）
③分野別入試（Ⅰ期・Ⅱ期・Ⅲ期）
④自己実現入試（Ⅰ期・Ⅱ期）
⑤推薦入試
⑥一般入試（Ⅰ期・Ⅱ期・Ⅲ期）
⑦大学入学共通テスト利用入試（前期・中期・後期）

高大接続キャリアアップ支援プログラム

高校在学中に資格等の取得を目指す人を応援し、入学後さらにその能力を伸ばすプログラムです。高校在学中に指定の資格を取得した人には奨励金を最大10万円給付。入学後は、無料の各種資格対策講座を受講でき、検定試験受験の際の検定料補助、取得後の奨励金の給付などを行い、資金面を援助します。
〈主な対策講座〉英検、TOEIC、販売士、ITパスポートなど

LINEで情報発信中！

「四国大学LINE公式アカウント」では、オープンキャンパスや入試の情報を随時発信しています。学園祭ではLINE登録者限定のグッズプレゼントも。また、先輩学生のさまざまな活動もお伝えしています。ぜひ登録してください。

中国・四国

資料請求方法：巻末ページの「パンフレット一括請求」をご覧ください。

徳島文理大学

〒770-8514　徳島市山城町西浜傍示180　入試広報部　☎0120-60-2455　〈HP〉https://www.bunri-u.ac.jp/

資料請求	請求ハガキ	巻末ハガキ
料　金		無　料
完成時期		5月中旬

TOPICS

文系・理系・医療系の幅広い分野の学びがそろう9学部27学科の総合大学。全国41都道府県から約4,200人の学生が集まり「自立協同」の建学精神のもと、一人ひとりが自立し、他者と協同して社会に貢献できる人材をめざします。

■学部・学科組織(2025年度予定)

【徳島キャンパス】
- ●薬学部　薬学科150
- ●人間生活学部
  食物栄養学科90／児童学科100／心理学科100／メディアデザイン学科30／建築デザイン学科45／人間生活学科40
- ●保健福祉学部
  口腔保健学科40／理学療法学科70／看護学科100／人間福祉学科30
- ●総合政策学部　総合政策学科100
- ●音楽学部　音楽学科30
- ●短期大学部
  商科40／言語コミュニケーション学科20／生活科学科(生活科学専攻40、食物専攻40)／保育科72／音楽科20

【香川キャンパス】(2025年4月よりJR高松駅横へ移転予定)
- ●香川薬学部　薬学科90
- ●保健福祉学部　診療放射線学科60／臨床工学科45
- ●理工学部
  ナノ物質工学科40／機械創造工学科30／電子情報工学科40
- ●文学部　文化財学科30／日本文学科30／英語英米文化学科30
- ●総合政策学部※
  経営学科※80
  ※2025年4月開設予定(2023年12月現在設置構想中)

🏫 大学GUIDE

1895年創立。多彩な学びがそろった総合大学ならではの強みを生かした他学科との交流や他学科での単位修得などでさまざまな学びを深めることができます。学びだけではなく、学生生活も有意義にすごせるよう、学生支援課によるサポートや就職サポート、教員養成サポート、留学サポートなどさまざまな支援体制を整えています。

🌐 国際交流

短期から最長1年までの多彩な留学プログラムがあります。個別の留学相談も行い、自分に合った留学プログラムをつくることもできます。現在12カ国に42校の協定校があり、留学生の派遣や受け入れを行っています。

🏃 卒業後の進路

就職セミナーや就職能力試験など対策プログラムが充実。学内での企業説明会には200を超える企業が参加します。また、教員採用試験対策講座や模擬試験、採用担当者による説明会などを実施し、現役合格に向けたサポート体制を整えています。

就職実績(2023年3月卒業生)
就職者数……828人　就職率……99.0%

【主な就職先】徳島県庁、愛媛県庁、徳島県警察本部、徳島大学病院、国立病院機構 東徳島医療センター、大塚製薬、日亜化学工業、東亜合成、総合メディカル、阿波銀行、香川銀行、西松建設、四電工、日清医療食品　他
【公立学校教員・保育士】小学校51人、中学校14人、高等学校4人、養護教諭12人、栄養教諭1人、特別支援学校2人、幼稚園教諭2人、公立関係保育士5人(過年度生含む)
【公務員等】公務員87人

📝 入試GUIDE (前年度参考)

①総合型選抜入試　②指定校推薦(Ⅰ期・Ⅱ期)
③公募制推薦(Ⅰ期・Ⅱ期)
④一般入試(Ⅰ期A・B日程、Ⅱ期、Ⅲ期、Ⅳ期　※Ⅰ期A日程は学園創立130周年記念特待生選考あり)
⑤大学入学共通テスト利用入試(Ⅰ期・Ⅱ期・Ⅲ期)
⑥薬学部・香川薬学部特待生選考試験(Ⅰ型・Ⅱ型)
⑦社会人入試(Ⅰ期・Ⅱ期)　⑧帰国生入試(Ⅰ期・Ⅱ期)

DATA・FILE

- ○教員数……322(教授154 准教授78 講師59 助教20 助手他11)
  ※短期大学部の教員を含む
- ○学生数……学部3,966　短期大学部140　大学院78　専攻科11
- ○キャンパス面積……約164,710㎡(徳島・香川)
- ○蔵書数……約72万冊(徳島・香川)　　(2023年5月現在)

取得可能資格

〈教員免許〉幼稚園教諭、小学校教諭、中学校教諭、高等学校教諭、栄養教諭、養護教諭、司書教諭　〈国家試験受験資格〉薬剤師、看護師、保健師、助産師、診療放射線技師、臨床工学技士、歯科衛生士、管理栄養士、一級建築士、二級建築士、精神保健福祉士、社会福祉士、国土交通省施工管理技術検定など他多数(取得できる資格は学科により異なります)

資料請求方法：巻末ページの「パンフレット一括請求」をご覧ください。

松 山 大 学

〒790-8578 愛媛県松山市文京町4-2 入学広報部入学広報課 ☎0120-459514 〈HP〉https://www.matsuyama-u.ac.jp/

資料請求	請求ハガキ	巻末ハガキ
料 金		無 料
完成時期		6月(予定)

TOPICS 松山市の中心部、松山城の麓に広がる静かで緑豊かな文京の地に位置する松山大学は、2023年に創立100周年を迎えた中四国屈指の歴史と伝統を誇る私立総合大学です。創立以来「真実」「実用」「忠実」の校訓「三実」を教育理念として掲げ、実学を重視した教育で社会に貢献できる人材を育成しています。約8万2千人の卒業生が全国で活躍しています。

■学部・学科・定員(2024年度入学定員)
●経済学部　経済学科400
●経営学部　経営学科400
●人文学部　英語英米文学科110／社会学科125
●法学部　法学科215
●薬学部　医療薬学科・6年制100

🏛 学部の特色

経済学部 基礎から応用まで、経済学の各分野を広く、深く学びます。現代社会の抱える諸問題を経済的な視点から考察し、解決するための専門知識を身につけます。四国・愛媛の地域課題に現実的に取り組む現場直結型・地域密着型の学びも魅力です。

経営学部 身近な題材をもとに経営学の原理原則を学びます。企業や組織で人材・商品・資金・情報を動かせる専門的な知識と技術を修得。地元企業・自治体等との連携を行うなど実践的な学びを展開しています。

人文学部 **英語英米文学科**では、TOEIC対策や英語の自習プログラム「CALL」を利用することで英語力を高めながら、異文化理解力や英語に関する幅広い素養を修得します。海外留学のサポートも充実。

社会学科では、多様化する社会や人間のしくみを分析・解明できる柔軟な思考力と主体性を養います。「社会調査士」の認定制度も設置しています。

法学部 法律学と政治学の両分野を総合的に学び、物事を客観的かつ冷静に判断し行動できる人材を育成します。将来の進路に合わせ、3つのコース(司法、法律総合、公共政策)を用意しています。

薬学部(6年制) 薬と健康についての実践的な知識と技術、患者の心のケアを実践できる「人間力」を養います。総合大学としてのメリットを生かし、薬学の知識だけにとどまらない幅広い教養も身につけます。薬剤師国家試験のサポート体制も充実しています。

🏢 学ぶ意欲をバックアップ

単位互換制度 隣接する愛媛大学をはじめ国内外の18校と単位互換協定を締結。松山大学に在籍したまま、視野を広げ様々な単位を修得できます。

海外研修制度 約3週間の短期から約9カ月におよぶ長期まで、興味に合ったプログラムにより語学力や異文化理解の精神を養います。30万円を上限とした「学生海外語学研修助成制度」も設けています。

🏃 卒業後の進路

卒業者総数……1,187　就職希望者数……1,041
就職者数……1,024(就職率98.4%)　進学……11

主な就職先 伊予銀行、百十四銀行、四国銀行、三井住友海上火災保険、四国電力、伊藤園、今治造船、アイリスオーヤマ、太陽石油、三浦工業、リクルート、愛媛新聞社、JR四国、日本年金機構、国立病院機構、松山赤十字病院、国家・地方公務員　他(2023年3月卒業生)

📝 入試GUIDE (前年度参考)

①一般選抜入試　②大学入学共通テスト利用入試
③総合型選抜入試
④学校推薦型選抜入試(学校推薦型、スポーツ専願型、指定校推薦型)
⑤特別選抜入試(社会人／帰国生徒)

DATA・FILE
○教員数……171(教授90　准教授57　講師21　助教3)
○学生数……5,665(男3,378　女2,287)
○キャンパス面積……約20万1千㎡
○蔵書数……約100万冊
(2023年5月1日現在)

オープンキャンパス
2024年8月上旬開催予定。入試対策講座や模擬講義、キャンパスツアーなど松山大学の魅力を体験できる企画がもりだくさん。また、WEBオープンキャンパスを随時開催しています。是非ご覧ください。
※日程等詳細が決定次第、松山大学ホームページにてお知らせします。

右欄外：中国・四国

資料請求方法：巻末ページの「パンフレット一括請求」をご覧ください。

九州国際大学

資料請求		
	請求ハガキ	巻末ハガキ
料　金	無　料	
完成時期	6月中旬	

〒805-8512　北九州市八幡東区平野1-6-1　TEL 093-671-8916　入試・広報室　〈HP〉https://www.kiu.ac.jp/

TOPICS

●**九国のゼミは1年次から!**
コミュニケーション能力や課題解決力など社会を「生き抜く力」を育んでいきます。

■**学科組織**
●**法学部**
　法律学科150(リスクマネジメントコース、キャリアコース)
●**現代ビジネス学部**
　地域経済学科250(経済コース、経営コース、地域づくりコース、
　観光ビジネスコース、スポーツマネジメントコース)
　国際社会学科100(英語コース、ハングルコース、国際コース)

🏛 大学GUIDE

法学部　法的思考能力の基礎となるリーガルマインドの修得に加え、社会人基礎力、応用力を持つ学生の育成のために、地域・行政・企業と連携したフィールドワークを取り込むなど、問題解決力の養成を目指します。全学生が各自の人生設計に必要な資格取得を目指せる環境をベースに、警察官・消防士・行政職員に必要な危機管理の考え方と手法を学ぶリスクマネジメントコース、学部に設けた法人組織を運営し確実な実践力を培っていくキャリアコースの2コースを設定しています。

現代ビジネス学部　ビジネス活動を通じて地域社会に貢献するために、グローバルな視点とローカルな視点をあわせ持ち、高い職業意識を備えた人材を育成します。各学科では全員がいずれかの専門コースに所属し、進路に合わせた実践的な学びにより、社会で即戦力となる力を養っていきます。

※国際社会学科では在学中の海外実習を推奨しています。

取得資格　教員免許状[中(英語)、高(公民、英語)]が取得できます。学内のエクステンションセンターでは、毎年多様な講座を開講。

公務員支援システム　警察官や行政職員など公務員を目指す全学部の学生に対して、1年生から全面的にバックアップするのが「公務員就職サポート体制」(受験対策総合プログラム)です。

エクステンションセンター　公務員試験に合格した場合は受講料を全額返還します。

🌐 国際交流

　韓国、中国、台湾、インドネシアの大学に半年から1年間留学する交換留学制度があります。このほかアメリカ認定留学制度、海外社会実習、海外語学実習など、多彩なプログラムを用意しています。

🏃 卒業後の進路

　「社会に出るのが楽しみになる」充実のプログラムで低学年からのインターンシップの実施、就活意欲を高めるための実効性のあるプログラムの実施を通して、一人ひとりが納得のいく就職先を見つけるまで、とことんサポートします。

主な就職先　福岡県警察、大阪府警察、警視庁、北九州市上級消防士、東京消防庁、横浜市消防局、セキスイハイム九州、アイリスオーヤマ、ルートインジャパン他
(2023年3月卒業生)

📝 入試GUIDE (前年度参考)

①学校推薦型選抜(一般・指定校・スポーツ・専門課程)
②一般選抜(前期・後期)　③大学入学共通テスト利用選抜(前期・中期・後期・ファイナル)　④総合型選抜

CAMPUS情報

JR鹿児島本線「八幡駅」から徒歩約8分。門や塀をなくした開放的なキャンパスは「第2回北九州市都市景観賞」を受賞しました。学食などがあるKIUホール、体育館・武道館などを備えたKIUドーム、最新のパソコンがそろうシステムカフェと約48万冊の蔵書を擁する図書館を備えたメディアセンター、KIUフィールド(多目的グラウンド)など施設・設備が充実しています。

受験生のための奨学金　▶ 詳細はHPでご確認ください

●**褒奨学金　〜学術奨学金〜**
　一般選抜、大学入学共通テスト利用選抜の成績優秀者に対して「授業料100%」「授業料50%」を最長4年間免除します。入試の成績とエントリーシートによる総合評価で選抜します。

資料請求方法：巻末ページの「パンフレット一括請求」をご覧ください。

久留米大学

〒839-8502　福岡県久留米市御井町1635　入試課　TEL 0942-44-2160　〈HP〉https://www.kurume-u.ac.jp/　〈E-mail〉nyushi@kurume-u.ac.jp

資料請求

	請求ハガキ	巻末ハガキ
料　金	無　料	
完成時期	6月	

TOPICS
- ●「THE世界大学ランキング2024」九州の大学で3位にランクイン
- ●2024年4月、医学部に医療検査学科を開設
- ●医学部看護学科　新校舎2024年夏　完成予定

■学部・学科（専攻・コース）組織

●文学部
心理学科87／情報社会学科54／国際文化学科（英語コミュニケーション専攻46、国際文化専攻60）／社会福祉学科52

●人間健康学部　総合子ども学科50／スポーツ医科学科70

●法学部　法律学科224／国際政治学科70
※学科の振り分けは2年進級時

●経済学部　経済学科157／文化経済学科100
※学科の振り分けは2年進級時

●商学部　商学科250

●医学部　医学科115／看護学科110／医療検査学科74

🏛 地域を支える人を育てる

　1928（昭和3）年に設立された「九州医学専門学校」を礎に、6学部14学科、4大学院研究科、18の研究所・センターなどを有する総合大学です。

　少人数教育　全学部で少人数教育を実践しています。担当教員から個別に、きめ細やかな助言・指導を受けることができます。先生と学生の距離も近く、気軽に相談できる教育環境も大きな魅力です。

　地域連携　1928年の創立以来、地域の産業や医療に貢献する人材の育成に力をいれてきた久留米大学では、地元の企業・団体や行政と一緒になって地域社会が直面する課題について考え、新しいアイデアを提案しながら地域を活性化する実践的な学びにも挑戦できます。

　便利な交通アクセス、豊かな住環境　大学のある久留米市は天神・博多までわずか30分。新幹線も利用できるJR久留米駅もあり、県外通学にも便利です。2021年春には、御井キャンパスに女子学生寮がオープンしました。生活に必要な家具・家電は備え付けで、オートロック、防犯カメラ、インターネットも完備。また、管理栄養士によるバランスの取れた手作りの食事が朝・夕2食（月～土）提供されるなど、安全で安心な環境が整っています。

御井本館

🏃 安心の就職サポート

　キャリア教育、インターンシップ（就業体験）、資格取得、就職活動サポートなど、学生一人ひとりが着実にキャリアアップできるよう、きめ細やかなサポート体制を準備しています。企業の人事担当者も宿泊し、本番さながらの模擬面接などを実施する「就職合宿」など特色ある支援を行っています。

[進路データ]　※2023年3月卒業生実績
・就職率〔文系〕97.9%　・進学者数〔文系〕23人

🕯 国家資格取得実績（医療系・新卒）

医学科[医師国家試験]　合格率100%
看護学科[看護師・保健師国家試験]　合格率100%
臨床検査専門学校[臨床検査技師国家試験]　合格率100%
（2022年度実績）

📝 入試GUIDE（前年度参考）

①総合型選抜　②学校推薦型選抜（一般・指定校）
③地域枠推薦型選抜　④福岡県特別枠推薦型選抜
⑤前期一般選抜　⑥前期・共通テスト併用型選抜
⑦共通テスト利用選抜　⑧後期一般選抜
※学部・学科により異なりますので、大学案内などでご確認ください。

（入試情報サイトはこちら➡）

九州

奨学金・特待生制度

- ●**久留米大学給付奨学金**／家計急変その他経済的理由のため修学が困難な学生に対し、授業料などに相当する額を給付します。（学部・学科により異なります）
- ●**久留米大学奨学金**／経済的理由のため修学が困難な学生に対し、10万円～270万円を貸与します。（学部・学科により異なります）
- ●**商学部独自の奨学金**／入学試験の成績が優秀な学生に対し、入学年度から最長4年間の前期授業料を免除します。
- ●**特待生制度**／学業、人物ともに優秀な学生を各学部特待生として表彰し、授業料などの学納金を減免します。

資料請求方法：巻末ページの「パンフレット一括請求」をご覧ください。

久留米工業大学

〒830-0052　福岡県久留米市上津町2228-66　TEL 0942-22-2345　〈HP〉http://www.kurume-it.ac.jp/

資料請求		
	請求ハガキ	巻末ハガキ
料　金	無　料	
完成時期	5月下旬	

TOPICS
「地域課題解決型AI教育プログラム（応用基礎）」（文部科学省認定）が、数理・データサイエンス・AI教育プログラム認定制度『MDASH Advanced Literacy＋（プラス）』に選定！
※リテラシー、応用基礎の両レベルがプラスの大学等単位に選定されたのは全国で4校のみ。

■学部・学科組織
●工学部
機械システム工学科50／交通機械工学科60／建築・設備工学科80／情報ネットワーク工学科90／教育創造工学科（教員養成学科）40

🏫 大学GUIDE

工学部

〔機械システム工学科〕3DCAD、3Dプリンター、レーザーカッター等を用いた先端的なものづくりや、スマートフォンを用いた通信技術、AIを用いた先端的なロボティクスを学びます。「機械デザインコース」「ロボティクスコース」の2つのコースにより、基本と応用を修得した「ものづくり」のスペシャリストを育成します。

〔交通機械工学科〕自動車や航空機、ロケット・人工衛星など動くもの全般にわたって教育と研究をする学科です。「航空宇宙システム工学コース」では、自動運転等の高度情報技術、航空宇宙工学や航空流体力学、飛行力学や航空機設計工学、ロケット工学などモビリティ（ノリモノ）のあらゆる技術を学ぶことができます。「モビリティデザイン工学コース」では、自動車などの最先端のモビリティの開発・設計・製造から保守管理まで深く学びます。

〔建築・設備工学科〕建築と設備の両方を総合的に学べる全国でも唯一の学科です。建築士や管工事施行管理技士等の資格取得教育を推進し、実務に必要な資格が取得しやすくなっています。一級建築士を目指す「建築デザインコース」と全国で唯一、設備について詳しく学べる「設備デザインコース」で構成されています。

〔情報ネットワーク工学科〕「ソフトウェアコース、ハードウェアコース、ビジュアルコンテンツコース」の3コースがあり、ハード製作からプログラミングによるソフト開発、CGデザインまで幅広く学べます。西日本最大級の液晶ペンタブレットを備えた演習室では、プロ同等の環境が整いCGや体感ゲームアプリ制作、タッチアプリケーションの開発が可能です。

〔教育創造工学科（教員養成学科）〕中学・高校の数学・理科の免許取得を目標とする学科で、「数学コース」「理科コース」の2コースを設置しています。専門分野に応じたアクティブ・ラーニング型教育を行い、工学の知識とともに、教員としての豊かな創造力と応用力を身につ

けるため、実験と演習を重視しています。2024年度教員採用試験では現役で12人が合格しました。

💡 奨学金制度

より多くの学生が奨学金を活用できるように、様々な条件で大学独自の奨学金制度を設けています。すべての制度が給付型の奨学金であるため、返還義務はありません。他にも入試制度ごとに授業料等の給付を行う奨学金（スカラシップ）制度を設け、学生の学ぶ意欲を支援しています。

🏃 卒業後の進路

学生の就職活動支援をさらに充実させるため、キャリアサポートセンターを設置。特に重視しているのが、個人と企業とのマッチングです。その結果、毎年高い就職率を達成し、2022年度就職率は98.3％でした。

📋 入試GUIDE （2024年度参考）

①総合型選抜入試（一般、スポーツ、ものづくり・文化芸術）
②学校推薦型選抜入試（前期、後期）
③一般選抜入試（前期、中期、後期）
④大学入学共通テスト利用入試（前期、中期、後期）

▶ 資格取得

〔機械システム工学科〕機械設計技術者、CAD利用技術者、電気工事士（第一・二種）、基本情報技術者、高等学校教諭一種免許（工業）など　〔交通機械工学科〕2級自動車整備士（ガソリン・ジーゼル）、ガス溶接技能講習、高等学校教諭一種免許（工業）など　〔建築・設備工学科〕建築士、インテリア設計士、建築設備士、高等学校教諭一種免許（工業）など　〔情報ネットワーク工学科〕ITパスポート、基本情報技術者、高等学校教諭一種免許（工業、情報）など　〔教育創造工学科〕中学校教諭一種免許（数学、理科）、高等学校教諭一種免許（数学、理科）など

資料請求方法：巻末ページの「パンフレット一括請求」をご覧ください。

中村学園大学

資料請求

	請求ハガキ	巻末ハガキ
料　金	無　料	
完成時期	6月中旬	

〒814-0198　福岡県福岡市城南区別府5-7-1　入試広報部　TEL 092-851-6762(直)　〈HP〉https://www.nakamura-u.ac.jp/

TOPICS

経済学部？ 商学部？ 経営学部？ 進路に迷っている方、「流通科学部」があります！

経済学・商学・経営学の視点で現場のリアルな「今」を知り、広く深く学べます。さらに、企業と連携した商品開発や実在する地域の活性化など、少人数制のゼミできめ細やかな指導を受けながらビジネスの実践的な力を育みます。じっくり自分の適性を考え「本当にやりたいこと」が見つかります。

■**学部・学科組織**(男女共学)
- **栄養科学部** 栄養科学科200 ／フード・マネジメント学科100
- **教育学部** 児童幼児教育学科220
- **流通科学部** 流通科学科220

🏛 社会に貢献するスペシャリストを養成

「食・教育・ビジネス」を通して社会に貢献する人材を育成。時代の変化に順応できるスペシャリストを目指します。

栄養科学部

【**栄養科学科**】管理栄養士の国家試験受験資格のほか、栄養士、中学・高校の家庭科教員免許、栄養教諭一種免許などが取得できます。

【**フード・マネジメント学科**】「食」に対してあらゆる角度から学び、食品会社での企画・開発、研究、製造など国内外の食産業で活躍できる人材を育成します。

教育学部

子どもの成長や発達に応じ、適切な支援・指導ができる教育・保育者を育成。小学校・特別支援学校・幼稚園・保育園・施設など、希望職種に応じた免許資格取得が可能。付属園などでの現場実習を通して高い実践力や豊かな人間性を育みます。

流通科学部

産業界のリーダーによる実例をもとにしたリアルな講義でビジネスについて幅広く学んだあと、2年次から「経営コース」「商学コース」を選択します。海外協定校への留学制度や多岐にわたるゼミ活動、学外でのフィールドワークを通して社会の即戦力となる優秀な人材を育成します。

📜 取得資格

栄養科学科…管理栄養士国家試験受験資格、栄養士、栄養教諭一種、中学校教諭一種(家庭)、高等学校教諭一種

(家庭)、食品衛生監視員(任用)、食品衛生管理者(任用)
フード・マネジメント学科…フードスペシャリスト資格認定試験受験資格 〔取得を目指せる資格〕食品衛生監視員(任用)、食品衛生管理者(任用)　ほか
教育学部…小学校教諭一種、特別支援学校教諭一種(知的・肢体・病弱)、幼稚園教諭一種、保育士
流通科学部…〔取得目標とする資格〕販売士、日商PC検定、TOEIC®、簿記検定、ITパスポート、税理士、中小企業診断士　など

🏃 卒業後の進路 (2023.3卒業生)

卒業者総数……880　就職希望者数……835
就職決定者数……832（決定率99.6%）　進学……5
主な就職先　マルハニチロ、丸大食品、山崎製パン、楽天カード、ANA福岡空港、ミニストップ、九州各県の病院・施設・幼稚園・保育所・小学校、公務員　など

📝 入試GUIDE (2024年度入試参考)

①**総合型選抜**(栄養科学部フード・マネジメント学科、流通科学部のみ)　②**学校推薦型選抜**　③**一般選抜**(前期 A方式・B方式／グローバル人材育成〈流通科学部のみ〉／後期)　④**大学入学共通テスト利用選抜**(前期／後期)

もっと知りたい中村学園大学

大学の詳細やイベント・入試情報などは、受験生サイトをご覧ください。
インターネット検索
中村学園大学受験生サイト 検索

●2024年度 小学校教員採用試験　合格状況
◎現役合格者数
127人
◎現役合格率
89.4%

●2023年（第37回）管理栄養士国家試験合格実績
管理栄養士国家試験合格者数
205人合格
(受験者数228人)
全国 第2位
西日本第1位

資料請求方法：巻末ページの「パンフレット一括請求」をご覧ください。

九州

西南学院大学

〒814-8511　福岡市早良区西新6丁目2番92号　入試課　TEL 092-823-3366　〈HP〉http://www.seinan-gu.ac.jp/

資料請求	請求ハガキ	巻末ハガキ
料　金		無　料
完成時期		6月上旬

TOPICS 2023年度より新カリキュラムを導入！学生が自ら育つ学修者本位のカリキュラムへ

 大学GUIDE

　西南学院の創立者C.K.ドージャーは「学校の大きさよりも人が育つ善き学校であること」に重きを置きました。2023年度から導入された新しい教育課程は、そのような創立者の思いを「学修者本位」のカリキュラムとして形にしています。その中では、学生が自律的に、目標を設定し、学び、そして様々な経験をもとに成長するための一貫したより丁寧な仕組みが整えられています。

　また、新しい教育課程では、自分の学修成果などの情報が学修ポートフォリオに蓄積され、常に自分の成長を把握することができます。学生は「見える化」された自らの学修成果を踏まえて、大学生活を振り返りながら見直すことができます。（詳細はHPよりご覧ください）

　なお、西南学院大学では大学の特色として、次の3つを掲げています。

教育力　「地域社会及び国際社会に奉仕する創造的な人材を育てる」ことを大学の使命としており、課題を自ら見つけ、解決する力を養う実践的な学びを多数設けています。国内外の企業や自治体、大学などと連携し、現場感覚に富んだ実践的な教育を通して、実社会で活躍する力を養います。学部・学科の特色を生かして企画されるプロジェクトのほか、ゼミや学生グループの自主的な企画があり、新しい取り組みにも挑戦しています。

■**学部・学科組織**
- ●**神学部**　神学科10
- ●**外国語学部**　外国語学科300
- ●**商学部**　商学科180／経営学科180
- ●**経済学部**　経済学科240／国際経済学科120
- ●**法学部**　法律学科315／国際関係法学科95
- ●**人間科学部**　児童教育学科100／社会福祉学科115／心理学科120
- ●**国際文化学部**　国際文化学科180

国際性　1971年に全国に先駆けて国際交流を開始しました。現在、35カ国109大学と国際交流協定を締結し、多種多様な国際交流プログラムを展開しています。派遣先大学の授業料が免除される海外派遣留学生制度をはじめ、短期語学研修や、将来のキャリアに直結する海外体験ができるキャリアアップ海外研修などを実施しています。学内の言語教育センターには語学学習の設備や教材がそろい、メディアを活用した授業や語学講座のほか、教員が語学学習のアドバイスを行うオフィスアワーやe-learningシステムなどで語学力向上をサポートします。キャンパスでは100人を越える留学生が学んでおり、グローバル・スチューデント・ラウンジでは定期的に国際交流イベントが開催されるなど、学内での国際交流も盛んです。

就職力　学生一人ひとりが卒業後のキャリアを深く考えながら4年間を送れるよう、入学時からキャリア教育を行っています。1、2年次のキャリア形成支援プログラムでは、自分発見講座、仕事発見講座をはじめ、進路・就職説明会や業界研究講座、マナー講座などを開講。インターンシップは夏季・春季の休暇を利用して1年次から参加可能です。3年次からの就職支援プログラムは、ゼミ形式の対策講座や企業セミナーなど、内定までフルに活用できる支援を実施します。就職課では豊富な資料の閲覧や、求人、会社説明会の情報検索もでき、キャリアカウンセラーが個別相談に応じています。きめ細かなプログラムにより、45％以上の学生が大企業・巨大企業に就職しています。

(2023年3月卒業生実績)

DATA・FILE
- ○教員数……216（教授146　准教授52　講師7　助教11）
- ○学生数……学部　8,185（男3,344　女4,841）
- 　　　　　　大学院　100
- ○蔵書数……約124万冊（雑誌等を含む）

(2023年5月1日現在)

奨学金制度
- ○西南学院大学入学試験成績優秀者への奨学金
- ○西南学院大学給付奨学金（定期採用奨学金）
- 　年間授業料の半期分を給付
- そのほか多数の制度があります。詳細は学生課厚生係へ。

(☎092-823-3312)

就職実績

就職実績 96.9％（就職者数1,622人／就職希望者数1,674人）

主な就職先 三菱電機、ソフトバンク、森永製菓、NEC、楽天グループ、九州電力、富士通、TOPPANホールディングス、三菱UFJ銀行、楽天カード、福岡銀行、JR九州、西日本鉄道、西部ガス、清水建設、産業経済新聞社、TVQ九州放送、国家公務員一般職（総務省、厚生労働省、経済産業省、国土交通省）、裁判所職員一般職、入国審査官、外務省在外公館派遣員、国税専門官、東京都職員、福岡県福岡市職員、福岡県職員、熊本県公立学校教員（小学校）、福岡県公立学校教員（小学校）、福岡県警察、長崎県職員、鹿児島県鹿児島市職員など

（2023年3月卒業生実績）

産学連携プロジェクト

　各業界への理解と興味を深め、キャリア選択への意識を高めることを目的とした、各企業との連携講座を実施しています。課題解決型学習（PBL）の講座を通じて、より実践的な課題解決能力を養います。

○プロジェクト例（実績）
・西南学院大学×日本航空
　キャリア講座「ホスピタリティマネジメント講座」
・西南学院大学×JTB
　課題解決型学習講座「平戸市における地方創生」
・西南学院大学×リコージャパン
　課題解決型学習講座「西南をDX化しよう！」
・西南学院大学×福岡銀行（主催：経済学部）
　福岡銀行と経済学部の提携講座「"50年後も使いたくなる" 久留米絣新商品の提案」
・西南学院大学×西部ガス×美味伊都（主催：商学部）

キャリア講座「ホスピタリティマネジメント講座」の様子

「親子で食品ロスをなくそう！糸島野菜でパン作り」
・西南学院大学×西日本シティ銀行（主催：商学部）
　実践！仕事塾！金融スペシャリスト育成講座「DX時代の地方銀行のビジネスモデル」

学生創発プロジェクト「公募型支援制度」

　特色あるプロジェクトを募集し、その活動を支援することで、学生の主体的な学びを実現する制度で、学生は3人以上で1つのグループを構成し、下記の4つのテーマ※に沿う活動内容を申請します。採択されれば、その活動に必要な資金を大学より提供します。知的探究心にあふれた新たな発想を生かして、これから世界を舞台に活躍していく学生の活動を応援しています。

※Ⅰ国際社会への貢献、Ⅱ産業界との連携、Ⅲ地域社会との連携、Ⅳ小中高との連携

「Vis Moot日本・世界大会」参加の様子

入試GUIDE（前年度参考）

①一般入試／全学部
②英語4技能利用型一般入試／全学部
③大学入学共通テスト利用入試（前期・後期）／全学部（神学部を除く）
④一般・共通テスト併用型入試／全学部（神学部を除く）
⑤学校推薦型選抜／全学部
⑥総合型入試／全学部
⑦国際バカロレア入試／全学部
⑧帰国生入試／全学部（外国語学部を除く）
⑨外国人入試／全学部
⑩3年次転・編入、学士・専攻科入試／全学部（外国語学部を除く）
⑪2年次転・編入試／神学部

※今年度の入試制度は、6月中に公開予定

九州

大学院

○法学研究科　　　法律学専攻博士課程（前期・後期）
○経営学研究科　　経営学専攻博士課程（前期・後期）
○文学研究科　　　英文学専攻博士後期課程、フランス文学専攻博士後期課程
○経済学研究科　　経済学専攻博士課程（前期・後期）
○神学研究科　　　神学専攻博士課程（前期・後期）
○人間科学研究科　人間科学専攻博士課程（前期・後期）、臨床心理学専攻修士課程

○国際文化研究科　　国際文化専攻博士課程（前期・後期）
○外国語学研究科　　外国語学専攻修士課程
西南学院大学大学院からは、多数の修了者が大学・短期大学の教員その他の分野で活躍しています。また、全ての研究科で社会人の受け入れも行っています。
※博士前期課程は2024年度学生募集停止

資料請求方法：巻末ページの「パンフレット一括請求」をご覧ください。

西日本工業大学

資料請求	請求ハガキ	巻末ハガキ
料　金	無　料	
完成時期	5月	

【おばせキャンパス】〒800-0394　福岡県京都郡苅田町新津1-11　入試広報課専用フリーダイヤル☎0120-231491
【小倉キャンパス】〒803-8787　福岡県北九州市小倉北区室町1-2-11　〈HP〉http://www.nishitech.ac.jp/　〈E-mail〉nyusi@nishitech.ac.jp

TOPICS
●科学技術活動団体「シビルエンジニアリングクラブ」が地域連携でイベントを実施
土木工学系の学生が中心となって活動中。地元自治体等と連携して小学生を対象とした、コンクリートなどについて学ぶ土木の体験イベントを企画、実施しました。

■学部・学科組織（2024年度）

●工学部
総合システム工学科210
〔機械工学系／電気情報工学系／土木工学系〕

●デザイン学部
建築学科75／情報デザイン学科65

おばせキャンパス

🏛 学部・学科紹介

工学部
●**総合システム工学科**　機械工学、電気電子情報工学、土木分野に関する専門知識や専門技術を身につけた技術者を育てるとともに、工学に対する広い視野を持つ人材育成を目的とした独自のカリキュラムを編成しています。実験・実習で専門基礎科目を学び、3次元CADなどの最先端技能を習得。企業との産学連携や共同研究を通じて、実践的なものづくりを学びます。現代の技術開発におけるニーズに対応し、専門的な知識と幅広い視野を持った人間性豊かな技術者、環境にやさしい技術開発ができる技術者の育成を行っています。

デザイン学部
●**建築学科**　住宅から地域・都市までを対象に、環境との共存や快適性、安全性の確保など、建築が実現すべき課題は多様です。建築設計演習をカリキュラムの中心にすえて、「意匠」「計画」「環境」「構造」など、建築に関わるあらゆる分野を総合的に参照しながら学習を進めていきます。地域の商店街を対象とした設計課題など、実践的な課題にも取り組みます。

●**情報デザイン学科**　グラフィックデザイン・WEBデザイン・映像・CG・プログラミング・プロダクトデザインなど、デザインに関する幅広い分野を総合的・横断的に学ぶことができます。

💡 学びの特徴

【産学連携で身につける「実践力」】

地域企業との共同研究・開発に学生も参加し、製造現場の課題解決に取り組んでいます。企業主催の現場見学会では、ICTの活用事例や最新技術の説明を受け、座学では経験できない実習・体験をしています。

🙌 奨学金制度

4年間の授業料が免除になる「特別奨学生制度」。対象の入学試験の成績上位者を特別奨学生［全額免除］、奨学生（就学サポート）［半額免除］として採用します。ものづくり能力やデザイン力に特化した「ものづくり奨学生」、「デザイン奨学生」も募集しています。

また、離島振興法で指定された地域出身者や沖縄県出身者等が対象となる「地域サポート」や、在学生対象の「学業奨励生制度」などの減免制度が充実しています。

📜 取得できる資格

●**取得可能な資格**　高等学校教諭一種免許状（数学・工業・情報）、中学校教諭一種免許状（数学）、測量士補ほか

各学科の専門科目に加え、教職課程の科目を履修すると、最大で4種類の教員免許状を取得することができます。また、学科ごとの積極的な取り組みを通じて、機械設計技術者3級や電気工事士、3次元CAD利用技術者などの資格取得を支援。特定の資格取得や検定を単位認定する制度も設けています。

🏃 主な就職先・進学先（2023年3月卒業生実績）

就職先　日産自動車九州、三井ハイテック、三菱電機プラントエンジニアリング、日本電産テクノモータ、九電工、関電工、きんでん、CTCシステムマネジメント、横河ソリューションサービス、テルモ山口、日立情報通信エンジニアリング、三菱電機ビルソリューションズ、奥村組土木興業、タカラスタンダード、五洋建設、大林道路、大和ハウス工業、美里建設、一条工務店、INA新建築研究所、山口合同ガス、QTmedia、メンバーズ、デジタル・アド・サービス、宇佐市役所、高等学校教員　ほか

大学院進学　九州工業大学、北九州市立大学、名古屋大学、大分大学、関西大学、立命館大学、西日本工業大学 ほか

資料請求方法：巻末ページの「パンフレット一括請求」をご覧ください。

福岡工業大学

〒811-0295　福岡市東区和白東3-30-1　入試広報課　TEL 092-606-0634（直通）　〈E-mail〉nkouhou@fit.ac.jp　〈HP〉https://www.fit.ac.jp

資料請求	請求ハガキ	巻末ハガキ
料　金		無　料
完成時期		6月1日

TOPICS

●就職率99.8%（2023年3月卒業者）
福岡工業大学は社会の変化に強い「実践型人材」の育成を目指します。

■学科組織
●工学部
電子情報工学科90／生命環境化学科90／知能機械工学科110／電気工学科90
●情報工学部
情報工学科130／情報通信工学科90／情報システム工学科90／情報マネジメント学科90
●社会環境学部
社会環境学科160

大学GUIDE

「情報」「環境」「モノづくり」の3分野を主体に丁寧な教育を実践し、豊かな創造力と人間力を備えた社会に貢献できる人材の育成を目指しています。さまざまな資格の取得支援や、日々のがんばりを応援するために、表彰制度などを設けて学生のやる気を伸ばしています。また、就職力アップのためのカリキュラムの工夫や、海外研修のプログラムにも力を入れ、グローバルな人材の育成を行っています。

工学部　専門的知識・理論を習得するだけでなく、創造能力を養う実験や研究を通して、これからの時代の「モノづくり」を担う創造的な技術者を育成します。

情報工学部　「コンピュータの仕組みやハードの構成を理解する」「プログラムを開発できるようになる」という基本技術に加え、「情報科学」「通信工学」「ロボット工学」「経営情報学」など各学科の専門教育を通して個性豊かな技術者を育成します。

社会環境学部　「経営」と「地域」の2コースに分かれ、経営活動に必要なビジネススキルや、フィールドワークを通して地域活動に関するスキルを磨きます。経済や経営、法や政策、人間生活といった文系分野から環境問題の解決方法を学びます。

奨学金制度

◎合計642人が免除対象！合格者約7人に1人の高い特待生比率！（2023年度入試実績）

入試合格者の成績優秀者を対象に、4年間の授業料の全額または半額免除、1年間の授業料半額免除の制度があります。

【学業奨学制度】
- 4年間授業料全額免除：167人（共通テスト併用選抜／共通テスト利用選抜（前期・中期））
- 4年間授業料半額免除：212人（3教科型選抜／共通テスト併用選抜／共通テスト利用選抜（前期・中期））
- 1年間授業料半額免除：263人
- 学校推薦型選抜／3教科型選抜／共通テスト利用選抜（前期・中期）

卒業後の進路

就職支援　1年次から就職への意識を高めるため、セミナーや講演の実施、インターンシップやキャリア支援科目の導入、学科別の指導体制など大学全体でサポートしています。学生一人ひとりに合ったサポートを行えるよう「個別指導」に力を入れ、担当者が細かい相談にも応じています。また、年4回以上の学内合同企業説明会を実施し、優良企業との出会いの場を提供しています。さらに遠方での就職活動も応援しており、県外の企業を受験する際の往復の交通費を補助します。

●高い就職実績（2023年3月卒業）　（※　%は内定率）

工学部		情報工学部		社会環境学部
電子情報工	100%	情報工	100%	100%
生命環境化	100%	情報通信工	100%	
知能機械工	99.0%	情報システム工	100%	
電気工	100%	情報マネジ(旧システムマネジ)	100%	

●主な就職先（2023年3月卒業生）
パナソニック、三菱自動車工業、東芝、安川電機、NHK（日本放送協会）、関西電力、富士通、京セラ、ダイショー、JR西日本、JR九州、福岡銀行、西日本シティ銀行、九電工、日本無線、日本製鉄

入試GUIDE

①一般選抜　②共通テスト利用選抜
③学校推薦型選抜　④総合型選抜

実践型人材を育成する「就業力育成プログラム」

福岡工業大学では、1年次からのキャリア教育において、社会に出た時に必要な力を「志向力」「共働力」「解決力」「実践力」の4つに分類し、「コミュニケーション基礎」などの必修科目を通して授業の中で身につけていきます。自律的に考え、行動し、社会で活躍することのできる実践型人材の育成を目指します。

九州

資料請求方法：巻末ページの「パンフレット一括請求」をご覧ください。

福岡大学

〒814-0180　福岡市城南区七隈8-19-1　入学センター　TEL 092-871-6631(代)　〈HP〉http://www.fukuoka-u.ac.jp/(PC・携帯共通)

TOPICS
- ・ワンキャンパスに9学部31学科を擁する総合大学
- ・卒業生約28万人が各分野で活躍（九州の社長の出身大学1位）

在学生2万人が集結

　昭和9年に創立された福岡大学は、現在9学部31学科、大学院10研究科34専攻、3つの大学病院、附属中学校、2つの附属高等学校を擁する総合大学です。福岡PayPayドームのフィールド面積約45個分の広大なキャンパスでは、在学生約2万人がともに学び、講義や課外活動を通して交流を図っています。また、これまでに輩出した卒業生総数は約28万人を数え、全国、さらに世界を舞台に多様な分野で活躍しています。

共通教育科目

　専門分野についての深い知識といくつかの異なる分野の幅広い知識の習得を重視しており、全学部の学生は各専門教育科目とともに、約90科目を開講する「共通教育科目」を履修します。そのカリキュラムは、人文・社会・自然科学、総合系列科目、および学修基盤科目からなる「総合教養科目」、7言語から選択できる「外国語科目」、健康を保つための体力づくりや知識を習得する「保健体育科目」で構成されています。

課外教育活動

　クラブ活動は、文化系の学術文化部会とスポーツ系の体育部会あわせて79部が組織されており、その他にも多くのサークル団体があります。こうした課外活動には、全学生の42%にあたる約8,000人が参加しており、学部・学科の枠を超えた交流の場となっています。

資格取得支援

　公務員・教員をめざす人、国家資格、コンピュータ関連資格、語学力向上をめざす人のための課外講座を多数開講しています。

【2023年度開講講座（一部）】 公務員講座／教員講座／公認会計士講座／税理士講座／行政書士講座／旅行業務取扱管理者講座／基本情報技術者講座／TOEIC®講座／IELTS講座　など

■**学部・学科・入学定員**（2024年度）

●**人文学部**
文化学科100／歴史学科70／日本語日本文学科70／教育・臨床心理学科110／英語学科90／ドイツ語学科50／フランス語学科50／東アジア地域言語学科65

●**法学部**
法律学科430／経営法学科200

●**経済学部**
経済学科460／産業経済学科200

●**商学部**
商学科245／経営学科240／貿易学科180

●**商学部第二部**
商学科（夜間・4年制）165

●**理学部**
応用数学科65／物理科学科60／化学科65／地球圏科学科60

●**工学部**
機械工学科110／電気工学科110／電子情報工学科150／化学システム工学科110／社会デザイン工学科110／建築学科110

●**医学部**
医学科110／看護学科110

●**薬学部**
薬学科230

●**スポーツ科学部**
スポーツ科学科225／健康運動科学科70

DATA・FILE
- ○教員数……1,466（教授388 准教授200 講師191 助教372 助手315）
- ○学生数……学部　18,631（男11,157　女7,474）
  　　　　　　大学院　　641（男462　女179）
- ○キャンパス総面積……約64万㎡
- ○蔵書数……約206万冊　　　　　　（2023年5月1日）

FUKUTANA（デジタルコンテンツ）
動画コンテンツやデジタルパンフレットをはじめ、受験生に役立つ情報を随時発信しています。
ぜひご覧ください。

詳しくは　FUKUTANA　 検索

 # 就職・進路支援

個別指導 キャリアセンターでは全学年を対象に、一人ひとりの自己実現に向けて、進路に関するあらゆる相談に応じています。サポートフロアでは専任スタッフの他、企業の採用担当者の視点で助言を与える進路相談員・就職アドバイザー、キャリアカウンセラー等がさまざまな角度から適切なアドバイスを行っています。センターを利用することで、自らの目標に向かって充実した学生生活をおくることにつながります。

キャリア教育・職業教育 全学年を対象に、採用試験で重視されるコンピテンシー（行動特性）を測るテストを受検可能とし、また、低学年次から将来の進路を意識して充実した大学生活をおくることができるようにセミナーや支援行事を実施しています。

さらに、インターンシップをはじめとした低学年次からのキャリア教育・職業教育の充実を図るため、職業、仕事について興味をもたせながら、理解が深まるように幅広くさまざまな情報（進路を考える機会）も提供しています。

また、学生が自ら考え知恵を出し、チームワークで意見をまとめる力が育めるように、グループワーク型の体験プログラムを充実させるとともに、ダイバーシティー社会に備えた講座や業界研究セミナー、海外インターンシップなど

どの充実・強化を図り、職業観形成に向けた支援も行っています。

情報提供 就職情報サイトなどを使って迅速に的確な情報を収集し、自分自身の希望する企業の研究と就職活動の準備ができる環境を整えています。また、インターネット情報の適切な利用を指導するとともに、独自の就職情報システムやウェブサイト、Instagram、Twitterなどで、最新の情報提供を行っています。

 # 入試GUIDE （2024年度入試参考）

◆総合型選抜／
　法・経済・商・工・スポーツ科学部で実施

◆学校推薦型選抜／
　〈Ａ方式〉全学部・学科で実施
　〈地域枠〉医学科で実施

◆一般選抜 ※各地試験場を設置
　〈系統別日程〉全学部・学科で実施
　〈前期日程〉医学科を除く学科で実施
　〈後期日程〉医学科を除く学科で実施

◆前期日程・共通テスト併用型／
　人文・法・経済・商・理・工・医（看護）・薬学部で実施

◆共通テスト利用型（Ⅰ期・Ⅱ期・Ⅲ期）

※詳細は入試ガイド・入試情報サイトでご確認ください。

学費

○初年度納入金（2024年度入学生）
　人文・法・経済・商学部　1,126,710円
　商二部　472,370円　理・工学部　1,646,710円
　医学科　8,626,710円　看護学科　1,806,710円
　薬学部　2,066,710円　スポーツ科学部　1,476,710円

オープンキャンパス／進学相談会

○オープンキャンパス　8月上旬
　模擬講義、公開実験、個別相談、入試説明　など
○進学相談会　全国各地の合同説明会に参加しています。
　※詳細は7月頃にホームページに掲載

福岡大学　入試情報サイト　検索

資料請求方法：巻末ページの「パンフレット一括請求」をご覧ください。

福岡女学院大学

〒811-1313　福岡市南区曰佐3-42-1　TEL 092-575-2970(入試広報課)　〈HP〉https://www.fukujo.ac.jp/university/

資料請求

	請求ハガキ	巻末ハガキ
料　金		無　料
完成時期		4月下旬

TOPICS

●THE日本大学ランキング2023 総合評価 中四国・九州沖縄 私立女子大１位！

●有名企業400社への実就職率が高い大学ランキング 九州私立大４位！（2023大学通信調べ）

■学部・学科組織
●人文学部
　現代文化学科105／言語芸術学科50／メディア・コミュニケーション学科50
●人間関係学部
　心理学科100／子ども発達学科105
●国際キャリア学部
　国際英語学科60／国際キャリア学科90

🏛 大学GUIDE

　福岡女学院大学は、1885年の学院創立以来キリスト教精神に基づいた人間教育を行い、時代を輝かせる女性を育成しています。全学部が１クラス20人前後の少人数制で、丁寧な指導を行っています。

人文学部　【現代文化学科】「文化」をキーワードに観光や日本文化、外国の文学・思想・歴史などを学びます。ホテルや空港での業務実習、地域でのフィールド調査、海外への研修旅行など多彩な学外活動を展開します。国語教諭免許取得も可能です。

【言語芸術学科】英語と日本語を磨くため、文学作品を中心に、映画や演劇作品などの背景にある文化への理解を深めます。高い言語能力、創造的思考力、表現力を身につけるほか、英語教諭免許取得も可能です。

【メディア・コミュニケーション学科】さまざまなメディア媒体が溢れる中で、情報を把握し、取捨選択できる能力や情報発信できるコミュニケーション能力を磨きます。また、デザインについても学び考えます。

人間関係学部　【心理学科】３年次より３つの専門分野（臨床心理・キャリア心理・人間関係）に分かれ、学びたい心理学を探究します。第１種指定大学院を有しており、臨床心理士・公認心理師になる道もあります。

【子ども発達学科】保育士、幼稚園・小学校・特別支援学校教諭の免許・資格を目指すことができます。心理学をベースとした発達理解、人間理解とその援助技術を学び、こころの援助もできる教師・保育者を育てます。

国際キャリア学部　【国際英語学科】専門科目は英語で授業を実施。英語の基本技能を学び、国際交流、英語教育、英語学の３分野を柱に専門知識を身につけるほか、短期・長期留学プログラムにより英語力のさらなる向上を目指します。英語教諭免許取得も可能です。

【国際キャリア学科】国際ビジネス・国際協力を中心に専門知識を習得。国内企業にとどまらず、海外企業へのインターンシップ、世界の第一線で活躍している講師を招きビジネスの現場を知ります。また、国際協力を通して世界の今を知ります。短期・長期留学も可能です。

　国際キャリア学部には、実務経験豊富な教員が多数在籍しています（元：日本貿易振興機構、国際開発コンサルタント、キャセイパシフィック航空など）。

🏃 進路選択の幅を広げる就職支援

　キャリアセンターでは学生全員との個別面談、就活マナー・メイク講座等を実施。生涯学習センターでは、日商簿記、ファイナンシャルプランナー等の取得支援、公務員試験やアナウンサー受験対策講座も実施しています。

主な就職内定先(2023年度)　ヤマハ発動機、川重ファシリテック、タカギ、日本航空、全日本空輸、ジェイエア、JALスカイ九州、ANA福岡空港、一条工務店、マイナビ、イオン九州、福岡銀行、西日本シティ銀行、楽天カード、星野リゾート、ザ・リッツカールトン福岡、日本年金機構、福岡県庁、福岡市役所、福岡県教育委員会(小・中・特支)、各幼稚園・保育園 ほか

📝 入試GUIDE (2024年度参考)

①学校推薦型(指定校・公募)　②総合型(Ⅰ期・Ⅱ期)
③一般選抜型(前期・前期〈共通テストプラス〉、共通テスト単独〈２・３科目型〉)

航空業界への内定実績50人超！ ▶

　福岡女学院は伝統的に航空業界に強く、高度な英語教育をはじめ、各学科独自で航空業界との連携による授業を実施し、コロナ禍による影響の残る現在においても続々と客室乗務員・グランドスタッフ等に内定が決まっています。

客室乗務員：20人　　グランドスタッフ：37人
グランドハンドリング：１人

(2023年12月現在)

資料請求方法：巻末ページの「パンフレット一括請求」をご覧ください。

西九州大学

〔神埼キャンパス〕 〒842-8585 佐賀県神埼市神埼町尾崎4490-9　TEL 0952-52-4191
〔佐賀キャンパス〕 〒840-0806 佐賀県佐賀市神園3-18-15　TEL 0952-31-3001
〔小城キャンパス〕 〒845-0001 佐賀県小城市小城町176-27　TEL 0952-37-0249
〈HP〉https://www.nisikyu-u.ac.jp/

資料請求

	請求ハガキ	巻末ハガキ
料　金		無　料
完成時期		6月上旬

TOPICS

●過去5年間の就職実績は、毎年95%以上！

　安定した高い就職率の理由は、独自のキャリアサポート。学内で実施される就職ガイダンス・就職講座はもちろん、外部講師を招いて履歴書・エントリーシートの記入方法や面接指導等、就職活動に向けた実践的なプログラムを実施。また実践型インターンシップを行い、「対人基礎力」「課題発見力」「課題解決力」などのスキル、すなわち「実社会で通用する力」が身につきます。

■学部・学科組織

● 健康栄養学部　健康栄養学科90
● 健康福祉学部　社会福祉学科50／スポーツ健康福祉学科50
● リハビリテーション学部
　リハビリテーション学科（理学療法学専攻40、作業療法学専攻40）
● 子ども学部　子ども学科80／心理カウンセリング学科40
● 看護学部　看護学科90
● デジタル社会共創学環　60

🏛 大学GUIDE

健康栄養学部　ボランティア活動等を通して人間性を身につけ、地域での栄養教室で実践力を磨くなど、人間性や技術も兼ね備えた管理栄養士を育成します。

健康福祉学部　〈社会福祉学科〉4つの履修モデルがあり、共通で社会福祉士の受験資格が取得できます。各履修モデルのカリキュラムに応じて、さらに精神保健福祉士、介護福祉士等の受験資格を得ることができます。〈スポーツ健康福祉学科〉「健康と福祉」を「スポーツ」の視点から学び、スポーツ・レクリエーションを通して人々の健康と豊かな生活を支援できる人材を育成します。

リハビリテーション学部　**理学療法学専攻**では、疾病や障がいの予防・改善の方法論を確立し、人々の健康の保持・向上に貢献できる理学療法士を育成します。**作業療法学専攻**では、医学的・社会学的知識を背景に効果的な作業療法アプローチの確立をめざし、地域住民・社会の多様なニーズにこたえられる作業療法士を育成します。

子ども学部　〈子ども学科〉教育学、保育学をベースに、独自の教育研究活動を展開。小学校教諭、特別支援学校教諭、幼稚園教諭、保育士のうち3つの免許・資格の同時取得をめざします。〈心理カウンセリング学科〉子どもと彼らを取り巻く人々の、こころと行動に対する理解を深め、地域社会に貢献できる心理カウンセラーなどを育成します。

看護学部　地域包括ケアのリーダーとなりうる高度な知識と技術を持つ看護専門職を育成します。

デジタル社会共創学環　IT技術と語学力を使って人と人、人ともの・地域をつなぐことができる人材を養成します。

🏃 卒業後の進路

就職支援　学生支援課と教職員が一丸となって、独自のシステムで学生をサポート。早い時期から就職活動の基礎知識と態度を修得させ、3年生からは個人面談を実施し、個々の適性、能力に応じて支援します。4年間にわたる徹底した就職指導と、地元企業との太いパイプづくりなどにより、毎年95%以上の高い就職率を誇ります。

　また、免許・資格取得サポートとして、各学科で演習や国家試験対策講座を開設するほか、科目別集中講座、学内模擬試験、個別相談など多彩な指導を行っています。

📝 入試GUIDE （前年度参考）

①学校推薦型選抜（指定校・学校長Ⅰ・Ⅱ期）　②一般選抜（Ⅰ・Ⅱ・Ⅲ期）　③大学入学共通テスト利用選抜（Ⅰ期・Ⅱ期・Ⅲ期）　④総合型選抜　⑤特別選抜（帰国生徒・外国人留学生・社会人）　⑥3年次編入学

▶ 自律的能力を獲得できるカリキュラム

社会人に必要とされる自律的能力（問題解決能力、コミュニケーション能力、自己管理能力）の獲得を可能とする教育プロセスを共通教育課程に設置しています。専門分野にとらわれないボランティア・地域活動・インターンシップなどの体験型学修を行うことで、将来の展望を明確にし、職業人としての資質能力向上を図ります。

▶ 西九州大学 短期大学部

● 地域生活支援学科：食健康、介護福祉、多文化の3つのコースに分かれており、栄養士、介護福祉士のいずれかの資格取得をめざしつつも、所属しているコースの分野以外の授業も受けることが可能で幅広い視野を養うことができます。
● 幼児保育学科：「親子と関わるプロジェクト型学習」「地域と連携したゼミ活動」など実践できる活動が充実しています。

資料請求方法：巻末ページの「パンフレット一括請求」をご覧ください。

九州

長崎国際大学

〒859-3298　長崎県佐世保市ハウステンボス町2825-7　入試・募集センター　TEL 0956-39-2020　〈HP〉https://www1.niu.ac.jp/

TOPICS　総合型選抜、学校推薦型選抜、一般選抜、大学入学共通テスト利用選抜の成績優秀者より特待生を選出。一般選抜A日程では英語の外部検定スコアに応じて点数読み替え（英語4技能資格型）や加点（3教科型※薬学部のみ）します。

■学部・学科組織
- ●人間社会学部
  国際観光学科200／社会福祉学科60
- ●健康管理学部（管理栄養士養成課程）
  健康栄養学科80
- ●薬学部（6年課程）　薬学科120

大学GUIDE

「人間尊重を基本理念に、よりよい人間関係とホスピタリティの探求・実現、並びに文化と健康を大切にする社会の建設に貢献する教育・研究」を建学の理念としています。「いつも、人から。そして、心から。」をモットーに、知性・感性・人間性の備わった人材を育成します。

国際観光学科　観光を学びの基軸とし、観光学をより深く掘り下げる「観光マネジメント」、スポーツと観光サービスの融合を目指す「スポーツツーリズム」、留学や実践的な学習環境により英語力と国際感覚を磨く「グローバルツーリズム」の3コースで学びを深化していきます。

社会福祉学科　福祉行政や臨床福祉、福祉経営の分野で活躍できる人材として、人と対話し、心をくみ取り、支えとなることができる社会福祉士、精神保健福祉士、介護福祉士を育成します。また、教育現場における福祉のプロ、スクールソーシャルワーカー養成課程を設置し、学校での相談援助を行う人材を育成しています。

健康栄養学科　医療との結びつきを重視した「医学を基本とした栄養学」を理念に、幅広い分野で「食と栄養」について教育研究を行っています。食物・栄養の専門家として、または医療の現場でチーム医療の一員として患者様の健康管理に責任が持てる管理栄養士を養成します。

薬学科　高度医療に必須となる薬学の専門知識と技術、人間理解に必要な教養とコミュニケーション力など様々なスキルを修得し、独自のアドバンスト教育や、病院・薬局での長期実務実習、学部間連携などにより、地域医療を牽引できる薬剤師を育成します。

留学

交流協定やGCN（※）を利用し、世界各国の大学へ留学できます。留学先で修得した単位は卒業必要単位として認定され、4年間の修業年限内に卒業可能です。提携校への短期語学研修制度などもあり、自身の語学力の向上はもちろん、豊かな国際感覚を身につけ、グローバル社会に対応したスキルを磨くことができます。

※GCN：世界各国の加盟大学で構成され、現在7カ国・地域の12の教育機関が活発に交流を行っています。

取得資格

【国際観光学科】旅行業務取扱管理者（国内・総合）、学芸員、中学校教諭一種免許状（英語・社会・保健体育）、高等学校教諭一種免許状（英語・地理歴史・保健体育）、健康運動実践指導者、公認スポーツ指導者（財団法人日本スポーツ協会）

【社会福祉学科】社会福祉士国家試験受験資格、精神保健福祉士国家試験受験資格、介護福祉士国家試験受験資格、高等学校教諭一種免許状（福祉）、社会福祉主事任用資格、生きがい情報士、スクールソーシャルワーカー

【健康栄養学科】管理栄養士国家試験受験資格、栄養士免許、栄養教諭一種免許状、食品衛生監視員任用資格、食品衛生管理者任用資格

【薬学科】薬剤師国家試験受験資格、危険物取扱者（甲種）、食品衛生管理者、麻薬取締官任用資格、向精神薬取扱責任者、毒物劇物取扱責任者、公害防止管理者ほか

オープンキャンパス／入試情報

○2024オープンキャンパス
　7/21(日)、8/4(日)、8/25(日)、2025年3/16(日)
○進学相談会／各地の合同相談会に参加しています。
※詳細は大学HPに掲載。

長崎国際大学受験生応援サイト　検索

就職サポート

卒業後の進路について早期から意識を構築し、自らの生き方に展望を持ち、自分の未来を切りひらき、変化に対応し自立できる「人間力」を育む様々なプログラムと、学生と教職員三位一体でのサポート体制により支援を行っています。

資料請求方法：巻末ページの「パンフレット一括請求」をご覧ください。

熊本学園大学

〒862-8680　熊本市中央区大江2-5-1　入試課　☎0120-62-4095(直)　https://www.kumagaku.ac.jp/　nyusi@kumagaku.ac.jp

資料請求

	請求ハガキ	巻末ハガキ
料　金		無　料
完成時期		6月上旬

TOPICS
5学部10学科、伝統ある文系総合大学。
堅実な就職実績。

■学科組織

● **商学部**
　商学科(流通・情報専攻、経営・金融専攻)／
　ホスピタリティ・マネジメント学科

● **経済学部**
　経済学科(現代経済専攻、地域・国際経済専攻、
　経済データ分析専攻)／リーガルエコノミクス学科

● **外国語学部**　英米学科／東アジア学科

● **社会福祉学部第一部**
　社会福祉学科／子ども家庭福祉学科／ライフ・ウェルネス学科

● **社会福祉学部第二部**　社会福祉学科

🏛 大学GUIDE

商学部　流通・金融・経営・情報・会計などの知識を学びながら、地域企業と連携し、実践的な課題にも取り組みます。企業や自治体と連携し、商品企画や振興策企画を実際に行う「プロジェクト型演習」、観光・航空・ホテル・医療事務などの現場で行う、3カ月間の「長期インターンシップ」など、ビジネスに直結する学びがあります。

経済学部　経済学の視点から地域・国際・情報・法律を学び、柔軟な対応力を持つ人材を育成。
　めざす進路への専門性を高めるためのコースがあり、「公務員」「グローバル人材」「金融実務」「経済分析」「法律専門職」を設けています。

外国語学部　英語、韓国語、中国語とその文化・社会を学び、世界と地域で活躍する人材を育成。語学検定受験を奨励しており、TOEIC®や英検、韓国語能力試験、漢語水平考試で好成績を収めた学生を表彰しています。

社会福祉学部　多くの学生が社会福祉士のほか、精神保健福祉士、保育士、健康運動指導士、保健体育教諭などをめざしています。中でも社会福祉士の合格者数は九州トップクラス。

📜 取得資格

● **取得できる資格**／高等学校教諭一種免許状(商業・地理歴史・公民・英語・福祉・保健体育・中国語・韓国語)(国)、中学校教諭一種免許状(社会・英語・保健体育)(国)、司書(国)、司書教諭(国)、幼稚園教諭一種免許状(国)、保育士(国)

● **受験資格が得られるもの**／社会福祉士(国)、精神保健福祉士(国)、健康運動指導士　など

💡 奨学金制度・特待生制度 (前年度実績)

●入試前予約型奨学金制度(初年度授業料全額もしくは2年間授業料半額)　●新入生特待生制度(授業料4年間半額免除など)　●スポーツ奨励金

🏃 キャリア・就職サポート

九州屈指の支援体制　自己PRや履歴書、面接などの対策講座を実施。さらに、企業約100社が集結する学内合同会社説明会や公務員合同説明会など複数の説明会を開催しています。

課外講座　資格取得や試験対策のためのさまざまな課外講座を開講。市価と比べてリーズナブルな料金で学内受講できます。【主な講座】公務員講座、教員就職講座プラスワン、エアライン入門講座、ファイナンシャル・プランニング技能検定講座、税理士講座、宅地建物取引士講座　ほか

主な就職先　肥後銀行、熊本銀行、日本生命保険、一条工務店、三井不動産ホテルマネジメント、西鉄ホテルズ、岩田屋三越、鶴屋百貨店、コストコホールセールジャパン、JALスカイ、ANAエアポートサービス、星野リゾート、Plan・Do・See、マイナビ、熊本県民テレビ、済生会熊本病院、熊本赤十字病院、海上保安庁、国税庁(国税専門官)、自衛隊(陸上、海上)、熊本県(行政、教育行政、警察行政)、大分県(行政)、熊本県警察、福岡県警察、長崎県警察、熊本市(事務職、保育士)、福岡市(幼稚園教諭)、宮崎市(教員)、八代市、合志市、山鹿市、宇城市、菊池市、出水市　　　　　　(2023年3月卒業生)

📝 入試GUIDE (前年度参考)

①一般選抜(前期日程・後期日程)　②共通テスト利用型選抜　③共通テストプラス型選抜　④総合型選抜　⑤学校推薦型選抜(指定校)　⑥学校推薦型選抜(一般公募)　⑦学校推薦型選抜(スポーツ)　⑧特別選抜(社会人・帰国子女・留学生・編入学・転入学)

資料請求方法：巻末ページの「パンフレット一括請求」をご覧ください。

九州

崇城大学
そうじょうだいがく

〒860-0082 熊本市西区池田4-22-1　入試課　TEL 096-326-6810(直)　〈HP〉https://www.sojo-u.ac.jp/

資料請求		
	請求ハガキ	巻末ハガキ
料　金		無　料
完成時期		6月上旬

TOPICS

● 国立大学よりも安い授業料！特待生制度「ミライク」
● 探究活動の成果をプレゼン！2つの探究活動支援入試に注目！

🏛 大学GUIDE

　全学部で徹底した少人数教育を行っています。教員一人あたり学生数3〜7人という学生密着型のきめ細かな指導で、高度な技術と豊かな人間性を併せ持ったスペシャリストを育成します。

　工学部　〈機械工学科〉レーシングカーからロボットまで幅広い製作実習を行い、実践型のエンジニアを養成します。〈ナノサイエンス学科〉化学を基礎としてバイオ、環境、先端材料の分野で役立つナノテクノロジーについて研究し、ものづくりで社会に貢献するグローバルな人材を育成します。〈建築学科〉3年次より、建築総合・建築計画・建築構造の3コースに分かれ、各自の目標に合った高度な学習を行います。〈宇宙航空システム工学科〉宇宙航空システム専攻では、航空宇宙に関連する業界で幅広く活躍できる人材を育成します。航空整備学専攻では、学士（大学卒）の航空整備士としてふさわしい一般教養や工学基礎を身につけます。航空操縦学専攻では、エアラインパイロットを目指し、熊本空港に隣接した空港キャンパスで各種ライセンス取得を行います。

　芸術学部　〈美術学科〉日本画・洋画・3Dアート・アートイラストレーションの4コースを設置。美術の専門家を育成します。〈デザイン学科〉プロダクトデザイン・グラフィックデザイン・マンガ表現の3コースに分かれ、使いやすさや美しさをカタチにするデザイン力を学びます。

　情報学部　1年後期より3コース（知能情報、電子通信、未来情報）に分かれます。資格取得、テレビ番組の制作、ICT技術の修得などそれぞれの夢を実現するためのカリキュラムを用意しています。

　生物生命学部　微生物の機能を生かした発酵食品や機能性食品の開発、地球環境の保全などを研究対象とする「生物機能科学コース」と、医薬品開発や再生医療、が

■学部・学科組織
● 工学部
　機械工学科70／ナノサイエンス学科50／建築学科70／宇宙航空システム工学科(宇宙航空システム専攻30、航空整備学専攻30、航空操縦学専攻20)
● 芸術学部　美術学科30／デザイン学科40
● 情報学部　情報学科130
● 生物生命学部　生物生命学科150
● 薬学部　薬学科120

ん治療などを研究対象とする「応用生命科学コース」の2コースに2年次から分かれます。

　薬学部　専門知識・技術はもちろんのこと、医療人としての教養と高い倫理観、実践力を身につけます。また、西日本初のDDS（Drug Delivery System）研究所を設立。大学院薬学研究科と連携しながら、医療現場で活躍する研究マインドをもった薬剤師を育成します。

💡 夢を叶える環境

　充実した環境での実習　熊本空港隣接の「空港キャンパス」では、全国の大学で初めて、一貫したパイロット養成教育を行っています。また国土交通大臣指定航空従事者養成施設として、航空整備士の育成も行っています。充実した施設・設備と、高いスキルを持った教官陣による指導で、より実践的な知識が身につきます。

　学内留学の実現　2018年4月リニューアルの英語学習施設「SILC（SOJO International Learning Center）」では、出身国もさまざまな外国人講師による英語教育が行われています。全学部1、2年生は週2コマ必修で、少人数の能力別クラスで質の高い授業を受けています。授業時間外でも自由に英語学習できる「SALC」も併設されており、個々のレベルに合わせた英語教材で、"生きた英語"を自分のものにできる環境が整っています。

DATA・FILE ▶

○教員数……250(教授119　准教授52　専任講師48　助教・助手31)
○学生数……約3,700（大学院含む）
○キャンパス面積……約43万㎡
○蔵書数……約20万冊

(2023年5月現在)

奨学金制度（前年度実績）

「未来人育成特待制度(通称ミライク)」は入試の得点率と成績順位に応じて選考される特待制度で入学者の7人に1人がミライクを獲得し入学しています。芸術学部実技選抜を対象とした「アートミライク」もあります。
※対象となる入試制度や条件等の詳細は崇城大学ホームページでご確認ください。

SALC（自律学修センター）

薬学部新講義棟完成

自由な発想を育てるものづくり創造センター　「ものづくり創造センター（SUMIC）」は、学生のものづくりへの情熱をサポートし、無限大の創造力を引き出すために創設されました。最新設備が整えられており、学部学科を問わず、安全講習を受けてライセンスを取得すれば、自由な発想でものづくりの実践、アイデアや技術への挑戦ができる空間が広がっています。

アントレプレナーシップ教育

　アントレプレナーシップとは、通常はベンチャーなど新しい会社を自ら立ち上げる起業家精神を意味しますが、崇城大学では、起業だけでなく、『新しいことにチャレンジする考え方』を指しています。

　この教育を通して、
①正解がない課題に自ら考え行動する
②座学で得た知識を活用する
③物事をポジティブに考える
といった大学卒業後にさまざまな職業において活躍するための基礎となる力を身につけることを目標としています。

　この教育はすべての学生を対象とした1、2年次に受講できる講義と大学が設置した部活動「起業部」での活動の大きく2つに分かれます。

　学部に関係なく、すべての学生が受講できる講義は1年次に知識と考え方をテーマとした3講義、2年次にスキル開発をメインテーマとした2講義を受講可能です。

　また、起業部では専任教員からの指導を随時受けることができ、ビジネスプランの作成や起業家との交流、自分のアイデアを具現化するオリジナルプロジェクトに取り組むことができます。

卒業後の進路

　1年次より、就職ガイダンスやキャリアカウンセラーによる個別相談、インターンシップやプロのヘアメイク・カメラマンによる履歴書写真プロデュースなどきめ細かくサポートしています。その結果、毎年全国平均を上回る高い就職率を誇っています。ナショナルブランドの大手企業や地元大手優良企業、成長が見込まれる注目企業や公務員など、安定した就職先に多くの学生を送り出しています。また、世界的に有名な半導体企業TSMCの子会社であるJapan Advanced Semiconductor Manufacturing株式会社（熊本県に日本初となる工場を開設）にも、主にナノサイエンス学科や機械工学科の出身者が就職しています。

入試GUIDE（前年度参考）

〈※は特待生ミライク対象入試〉

①総合型選抜
　探究活動プログレス選抜※／探究活動アピール選抜／専願志選抜／芸術学部AO選抜／芸術学部実技選抜※／パイロット特別選抜

②学校推薦型選抜
　一般公募制推薦選抜※／薬学部専願推薦選抜※／指定校推薦選抜

③一般選抜
　一般選抜（前※・後期）／共通テスト利用選抜（前※・後期）／一般・共通テスト併用型選抜

探究活動アピール選抜
探究活動アピール選抜は、高校時代に探究活動や課題研究に力を入れた高校生の皆さんを応援する入試です。各種団体や高等学校等で開催されるコンテスト等での成果を活用することができます。コンテストや大会の規模・大きさは問いません。

探究活動プログレス入試
探究活動プログレス選抜は、高校時代に崇城大学教員の研究支援を受けた方が対象で、入学後は1年次から希望する研究室で高校時代からの研究を継続することができます。また、国立大学と変わらない授業料となるミライクSTEAM（授業料年額50万円）の対象入試です。

資料請求方法：巻末ページの「パンフレット一括請求」をご覧ください。

日本文理大学

資料請求		
	請求ハガキ	巻末ハガキ
料　金	無　料	
完成時期	5月下旬	

〒870-0397　大分市一木1727　☎0120-097-593　〈HP〉https://juken.nbu.ac.jp/

TOPICS

●人間力育成プログラム　専門知識や技術の修得に加えて、地域でのさまざまなプロジェクト活動やボランティア活動などの「実践型教育」により、学生の主体性、協働力、コミュニケーション力などの「人間力」を育成し、高い就職率を達成しています。

🏛 大学GUIDE

工学部　※学科横の数字は2024年度入学定員

〈**建築学科**〉80人

建築設計コース／建築工学コース／住居・インテリアデザインコース／環境・地域創生コース

設計、インテリアデザイン、まちづくりなど幅広い視点から建築を学びます。県庁などの公務員への現役合格者も毎年でています。

〈**情報メディア学科**〉100人

情報工学コース／メディアデザインコース／情報コミュニケーションコース／こども・情報教育コース

スマートフォンや家電製品など、幅広い分野で必要とされている情報通信技術（ICT）。その人材ニーズに対応できる多様な知識と技術を養います。

〈**機械電気工学科**〉60人

未来創造工学コース／電気・制御システム融合コース／先端ものづくり設計コース

自動車やロボット、福祉工学、新エネルギーなど、「ものづくり」の現場で必要となる、総合的な知識と技術を兼ね備えた未来志向のエンジニアを育成します。

〈**航空宇宙工学科**〉40人

航空技術・総合工学コース／エアライン整備・オペレーションコース／スペーステクノロジーコース

航空宇宙産業の研究・開発を牽引してきた教授陣による実践型教育や、空港キャンパスでの実機による整備実習など、最先端技術を修得できる環境で、即戦力のエンジニアを育成しています。

経営経済学部　※学科横の数字は2024年度入学定員

〈**経営経済学科**〉300人

ビジネスソリューションコース／地域マネジメントコース／会計ファイナンスコース／スポーツビジネスコース／こども・福祉マネジメントコース

社会のキーワードとなる5つの視点からコースを編成。横断的な学びで、変化に対応できる広い視野と柔軟な発想力を養います。

保健医療学部　※コース横の数字は2024年度入学定員

〈**保健医療学科**〉

診療放射線学コース80人／臨床検査学コース50人／臨床医工学コース30人

医療の高度化、デジタル化に対応し、地域医療を支えることのできる人材を育成するために、2023年4月に保健医療学部を新設。次世代の医療を支える診療放射線技師、臨床検査技師、臨床工学技士を養成します。

🤲 奨学金制度

奨励金制度で学費が免除！　※2024年度入試実績

[工学部・経営経済学部]　入学試験時の成績優秀者に対して、最大で4年間の授業料が全額免除になるNBU奨励金制度があります。また、一般選抜では、国公立大学併願者は受験料が0円となり、併願しやすい日程です。さらに、特待生は特別指導（Sクラス）を行います。

[保健医療学部]　奨励金制度が設定されている入試区分において、成績上位者を対象に、初年度授業料を10万円～50万円免除します。

就職支援 ▶

「進路開発センター」では、学生一人ひとりが希望する進路・就職を実現できるように、入学時から段階的なプログラムを開設。学内企業セミナーを開催するほか、全学生を対象としたキャリア面談などを通じて、満足度の高い就職を実現。『大学ランキング2024』では、就職率99.5%で九州・沖縄エリア第2位の実績です。

オープンキャンパス ▶

オープンキャンパスは3月～9月に複数回開催。無料送迎バス・学食ランチ体験のほか、過去問題集やオリジナルグッズプレゼントなど、参加者特典も充実しています。高校1・2年生も参加可能です。各学科見学、入試個別相談、新校舎LCMセンター見学などを行います。詳細は受験生情報サイトでご確認ください。

資料請求方法：巻末ページの「パンフレット一括請求」をご覧ください。

別 府 大 学

〒874-8501　大分県別府市北石垣82　入試広報課　TEL 0977-66-9666(直通)　〈HP〉https://www.beppu-u.ac.jp/

資料請求

	請求ハガキ	巻末ハガキ
料　金		無　料
完成時期		6月初旬

TOPICS
- ●発酵食品学科の食品香料コースは、食品や化粧品などの香りの専門家を育成します。
- ●国際言語・文化学科では、12年連続で高校国語教諭に現役合格しています。
- ●各県の教育委員会、埋蔵文化財センター、博物館などの文化財関係専門職への就職者は、九州内では32%を、全国では7%を別府大学の卒業生が占めています。

■学科組織　　　　　　　　　　　　（　）内はコース
- ●文学部
  国際言語・文化学科80(日本語・日本文学、英語・英米文学、芸術表現)／史学・文化財学科100(世界史、日本史・アーカイブズ、考古学・文化財科学)／人間関係学科70(心理、社会福祉、教育・生涯スポーツ)
- ●国際経営学部
  国際経営学科100(国際経営、会計・税理士、観光・地域経営)
- ●食物栄養科学部
  食物栄養学科60／発酵食品学科50(発酵食品、食品流通、食品香料)
- ●大学院　文学研究科／食物栄養科学研究科

🏛 大学GUIDE

　「真理はわれらを自由にする」という建学の精神を掲げ、教育、学術研究を幅広く展開し、多くの優秀な人材を世に送り出しています。「21世紀の創造」をスローガンに、国際交流を進め、設備の拡大と大学院の充実を行い、高度情報化社会に対応しています。

　文学部　副コース制を導入している学科もあるため、複数の専門科目が修得できます。**国際言語・文化学科**では文学・語学・芸術を横断的に学び、新たな文化・芸術を創造できる人材を育成します。**史学・文化財学科**では、多様な地域の歴史・伝統を学びます。**人間関係学科**では、新しく認定された公認心理師をはじめ、社会福祉士や精神保健福祉士などの受験資格のほか、大学院では公認心理師や臨床心理士の受験資格も取得可能です。

　国際経営学部　ICT（情報通信技術）を持ち、グローバルに活躍できる経営管理者や地域産業の振興を担う人材育成をめざします。外国語能力とICT、経営ノウハウを修得するカリキュラムや公務員対策講座が特徴です。

　食物栄養科学部　**食物栄養学科**では、人間と社会への深い理解と高度な専門教育をめざす管理栄養士を養成します。**発酵食品学科**では、食品の醸造発酵学を専門的に学ぶとともに、バイオ研究にも挑戦します。微生物を用いた環境浄化、エネルギー生産、薬など有用物質生産の研究や香りの専門家の育成も行います。

💡 奨学金

　入学について明確な意志を持つ者のうち、学業が優秀であるが経済的な理由で修学が困難な者に対し、入学金や授業料を減免する奨学生制度を設けています。
- ●入学金については全額免除
- ●授業料については全額免除と半額免除の2種類

🎓 卒業後の進路 (2023年3月実績)

　主な就職先　大分県庁、九重町役場、小林市役所、警視庁、海上自衛隊、中学校教員(大分県・福岡県・宮崎県・鹿児島県・北九州市)、筑陽学園中学・高校教員、島原市役所、白石町役場(文化財職)、静岡県警、大分県警察事務、大分県警、国家公務員(国税専門官)、宮崎県庁、沖縄県警、大分県庁(管理栄養士)　その他一般企業など

📝 入試GUIDE (2024年度参考)

①総合型選抜／全学部
②学校推薦型選抜／全学部
③一般選抜／全学部
④一般選抜(共通テスト利用)／全学部

「別府温泉水あまざけ」を商品化
　ビームスと別府市がコラボし別府の新しいおみやげづくりに取り組む「BEAMS EYE on BEPPU」において、発酵食品学科が「別府温泉水あまざけ」を商品化しました。別府鉄輪の炭酸水素イオンを豊富に含んだ温泉水を使用した、まろやかな味わいの甘さです。また、パッケージのデザインも国際言語・文化学科の学生が制作しました。

九州各県の石垣・石橋を3D計測
　2016年に文部科学省から採択された「私立大学研究ブランディング事業」により導入した「3Dスキャニングレーザー」を用い、2019年から九州各県の石垣や石橋の計測を行い、データベースを作成、自治体と共有していくことで災害時の復旧作業に役立てていきます。現在、福岡、熊本、大分、鹿児島4県の16の自治体や団体と連絡会議を立ち上げており、計測データの分析や共有を行っていきます。

　資料請求方法：巻末ページの「パンフレット一括請求」をご覧ください。

九州

立命館アジア太平洋大学（APU）

〒874-8577　大分県別府市十文字原1-1　アドミッションズ・オフィス　TEL 0977-78-1120　〈HP〉https://www.apumate.net/

資料請求

	請求ハガキ	巻末ハガキ
料　金	無　料	
完成時期	3月下旬	

TOPICS
- ●2023年4月、新学部「サステイナビリティ観光学部」開設
- ●新学部の開設に伴い、新しい教学棟と国際教育寮APハウスを建設
- ●オンラインとオフラインを掛け合わせた新たな学び方を導入

大学GUIDE

学生の2人に1人が国際学生（留学生）

　学生の約半数が世界99カ国・地域から、教員の約半数が世界23カ国・地域からという、きわめて多様なバックグラウンドを持つ学生や教員が集うキャンパス。それぞれ言語や文化、価値観などが全く異なる者たちが集い、授業や日々の生活の中で混ざり合いながら時には衝突し、お互いの違いを認め合うという体験はこのキャンパスでなければできない学びです。

国際社会で通用する英語力

　日本語と英語の二言語で授業を開講する日英二言語教育を導入しており、日本語基準で入学した学生は卒業するまでに、英語で開講される科目を20単位以上修得する必要があります。そのため、高校で身に付けた英語力を国際社会で通用するまでに高めることができます。また英語以外に、中国語、韓国語、ベトナム語、タイ語、マレー・インドネシア語、スペイン語を学ぶこともできます。

既存学部を改革

サステイナビリティ観光学部（ST）

　持続可能な社会づくりを研究する「サステイナビリティ学」と人の流動が激しい現代に経済的・文化的に影響を与える「観光」の両面から学びます。9つの専門科目群から学びを展開していきます。
環境学／資源マネジメント／国際開発／地域づくり／社会起業／データサイエンスと情報システム／観光学／ホスピタリティ産業／観光産業

アジア太平洋学部（APS）

　アジア太平洋地域を中心に政治学、社会学、経済学を学際的に学ぶことができます。「国際関係」「文化・社会・メディア」「グローバル経済」の3つの学修分野から学んでいきます。

国際経営学部（APM）

　国際経営学部ではビジネスの力で社会を牽引するリーダーを育てていきます。4つの学修分野を統合しながらビジネスを考え、応用・実践できる力を養います。

■学科組織（留学生定員含む）

- **●アジア太平洋学部　510**
　国際関係／文化・社会・メディア／グローバル経済
- **●国際経営学部　610**
　経営戦略・組織／マーケティング／会計・ファイナンス／アントレプレナーシップ・オペレーションマネジメント
- **●サステイナビリティ観光学部　350**
　環境学／資源マネジメント／国際開発／観光学／観光産業／ホスピタリティ産業／地域づくり／社会起業／データサイエンスと情報システム

新学部の開設に伴い、「学ぶ場」を拡充

　新学部の開設に伴い、新たに教学棟および国際教育寮APハウスを建設しました。新しい教学棟は一部に大分県の杉材を使用し、太陽光パネルを整備することで、環境に配慮した建物となっています。また地域の産材を活用することで、地域の魅力を体感することができる場所ともなっており、新学部の目指す「持続可能な社会の実現」および「サステイナブルな観光」を体現した象徴的な建物でもあります。

　国際教育寮APハウスは、現在キャンパス内に2棟ありますが、さらに1棟を新しく建設しました。新しい寮では、寮生だけではなく地域や企業の方とも交流することができる場所が設けられ、新たな地域づくりの場になることが期待されています。なお、この寮の建設に伴い、日本人学生で入寮を希望する学生は全員が寮に入居できるようになりました。

新たな「学び方」の導入

　コロナ禍で発達したオンライン技術を使用することにより、キャンパスにいながらにして世界中で活躍する卒業生の話や、研究者の授業を聞くことができるような「Global Learning On-Campus」という学び方を導入します。

　また世界中に広がるAPU教員のネットワークを活用し、世界をフィールドに学びを深めることが可能になります。さらに世界150ヵ国・地域で活躍している約20,000人もの校友とも連携し、新たなインターンシップ先も開拓します。なお、これらに参加している期間中も授業はオンラインで受けることができ、オンラインとオフラインを掛け合わせた「Global Learning Off-Campus」という柔軟な学び方を展開します。

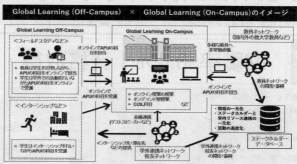

Global Learning (Off-Campus) × Global Learning (On-Campus)のイメージ

留学プログラム

　APUでは目的に合わせてさまざまな海外留学プログラムを提供しています。短期のものは4泊5日から、長期のものは2年間まで、それぞれの学修計画に合わせて留学プログラムを選択することができます。またその内容も、異文化を体験することを目的としたものから、言語能力を高めるもの、インターンシップ型のもの、現地で調査をするもの、そして交換留学と多岐に渡っています。

卒業後の進路

　APUには「オンキャンパスリクルーティング」という独自のキャリア支援プログラムがあり、業界を代表する企業や気鋭のベンチャーなど、APU学生の採用に積極的な200社がオンラインで説明会や面接などの採用活動を行います。このプログラムを通して、例年多くの学生が内定を得ており、2022年度の就職決定率は、97.3%でした。

2023年3月卒業生の主な就職先

IHI、アクセンチュア、アマゾンジャパン、NTTドコモ、日本IBM、JR九州、パナソニック、リクルート、富士通、星野リゾート、楽天グループ、キーエンス、船井総研ホールディングス、帝国データバンク、PwCあらた有限責任、ソニー、京セラ、みずほ証券、三菱重工業、出入国在留管理庁など

 入試GUIDE （2024年度参考）

総合型選抜／〔日本語基準。③〜⑤は英語基準あり〕①総合評価方式・探究型〜ロジカル・フラワー・チャート型〜②総合評価方式・論述型③活動アピール方式④帰国生徒（海外就学経験者）選抜⑤国際バカロレア（IB）選抜
一般選抜／〔2月実施〕①前期方式（スタンダード3教科型）②英語重視方式③共通テスト併用方式④共通テスト方式（7科目型・5科目型・3教科型）〔3月実施〕①後期方式②共通テスト＋面接方式③共通テスト方式後期型（5科目型・4科目型・3教科型）

資料請求方法：巻末ページの「パンフレット一括請求」をご覧ください。

九州医療科学大学
（2024年4月、九州保健福祉大学より名称変更）

〒882-8508　宮崎県延岡市吉野町1714-1　入試広報室　☎0120-24-2447　〈HP〉https://www.phoenix.ac.jp

資料請求

	請求ハガキ	巻末ハガキ
料　金		無　料
完成時期		6月下旬

TOPICS
就職率98.4％！資格取得・就職に強い大学

■学部・学科組織（2024年度）
- ●社会福祉学部
  スポーツ健康福祉学科80（ソーシャルワークコース、スポーツ科学コース、救急救命コース20、鍼灸健康コース）
- ●臨床心理学部
  臨床心理学科40（心理・福祉コース、言語聴覚コース）
- ●薬学部　薬学科100／動物生命薬科学科40
- ●生命医科学部
  生命医科学科80（臨床検査技師コース、臨床工学技士コース）
- ●通信教育部
  ハイブリッドコース

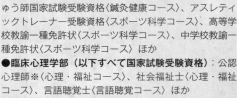

🏛 大学GUIDE

社会福祉学部　ソーシャルワーク・スポーツ科学・救急救命・鍼灸健康の4つのコースで、人々の生命、生活、健康を支える専門性を備えた人材を養成します。入学後の基礎科目をはじめ、4年次の卒業研究までを通して自ら考える力を高め、各コースの専門知識・技能に加え、人々の生活の質の向上に資する知識・技能・態度を修得します。

臨床心理学部　心理学に社会福祉学や言語聴覚障害学の知識をあわせもち、子どもたちや現代人が抱える"こころ"の問題に寄り添うことのできるスペシャリストを育みます。

薬学部　高度な専門知識・技術とコミュニケーション能力を養います。生涯にわたって地域医療に貢献できる薬剤師、また、薬学および実験動物学の知識を持ち、科学的考察力と問題解決能力を備えた動物の専門家を養成します。

生命医科学部　高度な倫理観と専門知識をもつ「臨床検査」や「生命維持管理装置の操作および保守管理」に関するスペシャリストを育成します。臨床検査技師に加えて、上位資格である細胞検査士の資格を4年間で取得できるコースをもつ九州唯一の学部です。

📜 取得資格

●**社会福祉学部**：社会福祉士国家試験受験資格〈スポーツ科学コース、ソーシャルワークコース〉、救急救命士国家試験受験資格〈救急救命コース〉、精神保健福祉士国家試験受験資格〈ソーシャルワークコース〉、はり師・きゅう師国家試験受験資格〈鍼灸健康コース〉、アスレティックトレーナー受験資格〈スポーツ科学コース〉、高等学校教諭一種免許状〈スポーツ科学コース〉、中学校教諭一種免許状〈スポーツ科学コース〉 ほか

●**臨床心理学部**（以下すべて国家試験受験資格）：公認心理師※〈心理・福祉コース〉、社会福祉士〈心理・福祉コース〉、言語聴覚士〈言語聴覚コース〉 ほか

●**薬学部**：薬剤師国家試験受験資格〈薬学科〉、愛玩動物看護師国家試験受験資格〈動物生命薬科学科〉 ほか

●**生命医科学部**：臨床検査技師国家試験受験資格〈臨床検査技師コース〉、細胞検査士認定試験受験資格〈臨床検査技師コース〉、臨床工学技士国家試験受験資格〈臨床工学技士コース〉 ほか

※大学院進学または実務経験が必要。

📝 入試GUIDE （前年度参考）

総合選抜、指定校、推薦総合選抜（A・B）
一般選抜（前期・中期・後期）
大学入学共通テスト利用（前期・中期・後期）ほか

CHECK！
- ○薬学・医療系希望者に優しい「応援学費」を導入。医療系私立大学ではトップクラスの学費低額化を実現。
- ○2024年4月より「救急救命士」の養成をスタート。
- ○2024年4月より通信教育部の新しい学びのカタチ「ハイブリッドコース」がスタート。

オープンキャンパス
6月、7月、8月を予定
詳しくは入試広報室までお問い合わせください。
〈内容〉キャンパス見学（施設見学等）、模擬実習（体験講義等）、個別相談（入試傾向と対策、学生生活、学科説明）
※参加者全員に記念品をプレゼントします。

資料請求方法：巻末ページの「パンフレット一括請求」をご覧ください。

宮崎国際大学

〒889-1605　宮崎県宮崎市清武町加納丙1405　入試広報部　TEL 0985-85-5931　〈HP〉https://www.miu.ac.jp/

資料請求

	請求ハガキ	巻末ハガキ
料　金		無　料
完成時期		6月中旬

TOPICS
・THE 日本大学ランキング「国際性」分野 全国5位
・2023年度公立小学校教員採用試験現役合格率100%

■学部・学科組織
●国際教養学部　比較文化学科100
●教育学部　児童教育学科50

🏛 大学GUIDE

国際教養学部　比較文化学科

①教員の約70%が外国人教員
②英語による授業
③2年次必修海外研修
④将来に繋がる4つの専門コース

　教員の多くは外国人教員です。様々なバックグラウンドを持ったグローバルな教授陣が英語で授業を行うため、多様な価値観に触れながら英語力を向上させることができます。授業はアクティブ・ラーニングを徹底しており、学生は主体的・能動的に学ぶことができます。日々の授業で、現代社会で求められる課題解決力やコミュニケーション力も養います。

　入学後、4つの専門コースから選択して履修します。心理学や文学、社会学など多様な分野を学ぶことができるリベラルアーツ、経済学などビジネスマネジメントを学ぶ国際ビジネスマネジメント、観光産業について学ぶホスピタリティ観光マネジメント、中・高の英語教員を目指す英語教育の4コースです。

教育学部　児童教育学科

①教員採用試験合格支援プログラム
②保育者養成実践講座
③教科・教職ゼミ
④少人数制による丁寧な支援

　高い教養と教育実践力を備えた小学校教諭、幼稚園教諭及び保育士を養成するため、段階的なカリキュラムが組まれています。履修カルテで自分の達成度を把握し、学生一人ひとりにつくアドバイザー教員と相談しながら、それぞれのゴールに向かって着実に取り組むことができます。また、通常の授業以外にも、早期から始まる豊富な教員採用試験対策講座や、教科力や実践力を養う

「教科・教職ゼミ」などを無料で受講することができます。豊富なオプションプログラムに加え、学生教職支援センターとも連携し、学生一人ひとりに対応した丁寧なサポートを行っています。多方面からのサポート体制が整っているため、教員採用試験では高い現役合格率を誇っています。

💡 奨学金

●成績特待〈4年間〉
一般選抜（前期）及び共通テスト利用選抜（前期）の成績上位者は、授業料全額又は半額免除。（全学で16人程度採用）
●資格特待〈1年間〉
全ての選抜区分において、出願時に英検等の資格を取得している者は、授業料全額又は半額免除。（該当者全員）
●推薦特待〈指定校・一般〉
学校推薦型選抜を専願で受験し、学習成績の状況が一定以上の者は、入学金全額免除。（該当者全員）
※全ての奨学金について、免除要件、英語資格基準等詳細は大学HPもしくは学生募集要項をご確認ください。

🏃 卒業後の進路 （2023年3月卒業生実績）

宮崎交通(GS)、ANA福岡空港(GS)、高等学校・公立中学校・公立小学校教員、幼稚園・認定こども園・保育園、宮崎市役所、都城市役所、延岡市役所、宮崎県警察、高鍋信用金庫、タップカンパニー、宮崎第一信用金庫、宮崎銀行、宮崎太陽銀行、南国殖産、宮崎トヨタ自動車、ハウスコム、東武トップツアーズ、フェニックスリゾート、デル・テクノロジーズ、宮崎日機装、鳴門教育大学大学院、宮崎大学大学院、宮崎国際大学大学院　ほか

海外研修
国際教養学部では2年次後期に海外研修が必修となっています。
【選べる3つの研修】
①メインプログラム：英語圏5ヶ国15大学から選択、16週間研修。
②ハイブリッドプログラム：学内研修2ヶ月＋海外研修2ヶ月（研修先は2大学から選択）
③アジアプログラム：学術協定締結校へ交換留学生として派遣。（韓国・香港・台湾の英語で授業を行っている大学）

資格
○国際教養学部／高等学校教諭一種免許状（英語）、中学校教諭一種免許状（英語）、小学校教諭二種免許状※（※他学部科目等履修により可能）等　○教育学部／小学校教諭一種免許状、幼稚園教諭一種免許状、保育士資格、こども音楽療育士、児童福祉士任用資格（卒業後に1年以上の実務が必要）、社会福祉主事任用資格（指定された科目を3科目以上修める）、児童指導員任用資格等

資料請求方法：巻末ページの「パンフレット一括請求」をご覧ください。

九州

宮崎産業経営大学

〒880-0931　宮崎市古城町丸尾100番地　入試広報課　TEL 0985-52-3139㈹　〈HP〉https://www.miyasankei-u.ac.jp/　〈E-mail〉nyushi@mail.miyasankei-u.ac.jp

TOPICS
きめ細かなキャリア教育で資格取得・就職を支援！
グローバルに活躍できる人材も育成！

■学部・学科（コース）組織
●法学部　法律学科100（行政システムコース、法律実践コース、
　　グローバル社会コース、スポーツ法学コース）
●経営学部　経営学科100（総合経営コース、実践経済コース、デー
　　タサイエンスコース、スポーツマネジメントコース）

🏫 大学GUIDE

法学部／法律学科

○行政システムコース／行政や社会の仕組みを学び、社会の将来像を描くことのできる法的・政策的思考能力を身に付けます。

○法律実践コース／司法試験、司法書士、行政書士などの法律専門職や企業法務部門で活躍する人材を目指します。

○グローバル社会コース／法律や国際情勢をはじめ幅広く現代社会を学び、企業総合職・報道関係・自営業など各方面で活躍できる人材を育成します。

○スポーツ法学コース／法律の専門科目に加えて、スポーツに関連する法律学やマネジメントについても学びます。

経営学部／経営学科

○総合経営コース／会計や金融などを学び、組織を運営するための能力や経営に関する幅広い知識とマネジメント能力を身に付けます。

○実践経済コース／実践的経済学を学び応用することで「考える力」の基盤を形成し、時代変革に的確に対応した人材を育成します。

○データサイエンスコース／経営・経済学との文理融合をベースに、データ分析を学び、データアナリストとして社会をリードする人材を育成します。

○スポーツマネジメントコース／スポーツと経営学の理論や知識を修得し、スポーツビジネスの発展に貢献する人材を目指します。

教職課程　法学部は中学校（社会）、高等学校（地理歴史・公民）、経営学部は高等学校（商業・情報）の教諭一種免許状を取得できます。加えて、両学部で幼稚園、小学校、中学校（保健体育）、高等学校（保健体育）及び特別支援学校の教諭一種免許状を他大学との提携による通信教育で取得可能です。

👐 特待生・学費減免制度（2024年度実績）

特待生制度　特待生選抜での合格者、一般選抜や大学入学共通テスト利用選抜での一定成績以上の合格者に対して、(1)入学金・授業料・教育充実費免除、(2)入学金・授業料免除、(3)入学金免除・授業料半額免除、(4)教育充実費免除、(5)入学金免除があります。また、兄弟姉妹の同時在籍者への入学金免除制度もあります。

🌐 グローバル教育

提携校のオランダ国立ワーゲニンゲン大学や地元宮崎の行政・JAと連携し、農食経営の発展に取り組んでいます。このプロジェクトに在学生も参加し、グローバルに活躍できる人材を育成しています。また、アメリカ、オーストラリアの大学と提携した語学留学制度があり、大学が費用の一部を補助し、頑張る学生を応援しています。

📜 免許・資格取得サポート

進路研究演習：Cナビ　就職を支援する4年一貫の必修科目。担当教員と就職総合支援センターが連携し、きめ細かなキャリア教育により希望する就職を実現します。

公務員・教職講座：Wスクール　公務員や教員を目指す学生のため、受講料無料で本格的な受験対策講座を開講しています。

学内塾：Sun18°塾　法律・経営・情報・会計・観光などの様々な資格取得をサポートします。司法試験や税理士などの難関資格への対策も講じています。

●**目標とする資格**　司法試験、司法書士、行政書士、税理士、公認会計士、宅地建物取引士、リテールマーケティング（販売士）、基本情報技術者試験、インターネット検定［ドットコムマスター］、TOEIC® Listening& Reading Test　他

🏃 卒業後の進路

主な就職先　（2022年度卒業生実績）
宮崎県警察、日南市役所、高鍋町役場、宮崎県公立小学校、大阪府公立支援学校、航空保安事業センター、日本赤十字社宮崎県支部、熊本県歯科医師会、都城市北諸県郡医師会、JA宮崎経済連、宮崎銀行、宮崎第一信用金庫、鹿児島信用金庫、日本郵政グループ、宮崎ガス、リコージャパン、税理士法人アイビーパートナーズ　他

資料請求方法：巻末ページの「パンフレット一括請求」をご覧ください。

学校案内 編 私立大学・短期大学

海 外 留 学

日本外国語専門学校.. 654

通 信 教 育

大学通信教育について.. 656

日本女子大学通信教育課程 659

日本外国語専門学校

〒161-0033　東京都新宿区下落合1-5-16（入学事務局）　TEL 03-3365-6141　〈HP〉https://www.jcfl.ac.jp/

資料請求	請求ハガキ	巻末ハガキ
料　金		無　料
完成時期		3月中旬

TOPICS

1 編入に強い▶国内名門大学への高い大学編入実績　●大学編入合格率97.8%（2022年度）

2 留学に強い▶海外の名門大学へ編入＆国際進学　●留学渡航率100%（2022年度）

3 就職に強い▶人気企業へ、大学生を超える就職実績　●就職内定率99.6%（2022年度）

学校GUIDE

　ワンランク上の国公立・私立大学3年次を目指す「大学編入専攻」や、世界の大学を目指す「海外留学科」、「語学・公務員・国際関係系学科」「観光・ビジネス系学科」など11学科35専攻を開設。国際社会で活躍できる人材を育成し【大学編入】【留学（海外大学進学）】【就職】【公務員】4つの進路で毎年高い実績を達成しています。

国際進学系	海外留学科(1年)	アメリカ・カナダ留学コース イギリス・オーストラリア留学コース アジア・ヨーロッパ留学コース **スポーツ留学コース**(2024年新設) 芸術留学コース
	国際関係学科(3年)	
語学・国際関係系	英語本科(2年)	**大学編入専攻** 上級英語専攻
	国際公務員科(2年)	
	総合英語科(2年)	英会話専攻 総合英語専攻 留学準備専攻
	英語通訳翻訳科(2年)	英語通訳専攻 英語翻訳専攻
	アジア・ヨーロッパ言語科(2年)	韓国語＋英語専攻 中国語＋英語専攻 ベトナム語＋英語専攻 タイ語＋英語専攻 イタリア語＋英語専攻 フランス語＋英語専攻
観光・ビジネス系	国際エアライン科(2年)	キャビンアテンダント専攻 グランドスタッフ専攻
	国際観光科(2年)	観光マネジメント専攻 ツアーコンダクター＆ツアーガイド専攻 鉄道＆空港サービス専攻
	国際ホテル科(2年)	国際ホテル専攻 テーマパーク専攻 クルーズ専攻 国際ブライダル専攻
	国際ビジネス科(2年)	総合ビジネス専攻 データサイエンス専攻 ファッション・ビジネス専攻

国内の名門大学への編入

大学編入専攻（2年制）

実践的な英語力を習得し、本当に学びたい大学に編入！

　日本外国語の2年間で、「受かる大学」「とりあえずの大学」ではなく、ワンランク上の「本当に学びたい大学」文系学部への編入を目指します。確かな英語力に加え、大学の学部科目も幅広く履修するので、受験勉強とはまったく異なる「大学の学び」を先取りできます。

　編入試験は国公立・私立大学とも共通テスト不要。「英語」「小論文」「面接」が主なので、日本外国語専門学校での学びがそのまま受験対策となります。

●日本外国語での2年間

　1年次前期は大学の文系学部科目を幅広く履修し、後期からは大学入学後に学びたい学部の専門分野を選んで学びを深めます。各分野に精通した講師陣が編入試験の傾向に合わせて指導し、英語の資格取得や就職スキルなどもあわせて身につけることができます。

日本外国語2年間＋大学2年間＝4年間でなりたい自分に!

日本外国語独自の奨学金制度

●特待生制度（授業料全額:最大130万円～10万円免除:特待生選考料無料）

　★最大550人に授与（8月～3月:全10回実施）

●資格取得奨学金制度（10万円授与）

●学費貸与奨学金制度（2・3年制学科対象）

　★社会人になってから学費を支払う制度

入試情報

●推薦入学（学校推薦／自己推薦）・指定校入学　※書類選考のみ

●AO入学（AO単願／AO併願）　※日本語による個別面談

●一般入学（一般／併願）　※日本語によるグループ面接

●入学案内書（送料とも無料）

★入学後の英会話・TOEIC授業はすべてレベル別クラス編成

▲国立 東京外国語大学 編入
　（言語文化学部/国際社会学部）

▲国立 東北大学 編入
　（経済学部）

▲明治大学 編入
　（経営学部）

▲法政大学 編入
　（文学部）

▲アメリカ・マーセッド大学 編入
　（ビジネス専攻）※現地でサッカーもプレー

▲イギリス・エセックス大学 進学
　（マーケティング専攻）※卒業後起業

 ## 海外の名門大学を目指す

海外留学科（1年制）

日本外国語1年＋留学3年で海外大学を卒業。
54年にわたる正規留学の実績で、国際進学の夢を実現！

　正規留学（海外の2年制～4年制大学や大学院等の教育機関に進学し、学士課程、修士課程を終え、学位取得を目指す留学）に実績のある日本外国語では、世界20カ国・300もの提携・実績大学等への進学が可能です。

●日本外国語での1年間

　海外大学で学ぶための「英語集中トレーニング」や、留学時に単位移籍や基礎課程として認定される「海外大学教養科目」の履修。さらに、渡航後すぐに生活になじめるよう独自の留学準備プログラム「アカデミック・ガイダンス」などを経て、1年後の留学に備えます。

日本外国語 1年間 ＋ 海外大学 3年間（1年間） ＝ 4年間で（2年間）グローバル人材に！

主な就職先

Apple、Google、Amazon、マイクロソフト、インテル、外資系コンサル各社、ウォルト・ディズニー・カンパニー、三井物産、伊藤忠、日立製作所、ソニー・ミュージックエンタテインメント、国際協力機構（JICA）、ロイター通信社、シティバンク、NTTドコモ、JTB、全日本空輸、日本航空、ザ・リッツ・カールトン東京、帝国ホテル、ミリアルリゾートホテルズ　他多数

 ## 編入合格実績大学紹介

【国立大学】 東京外国語大学、北海道大学、岩手大学、東北大学、山形大学、福島大学、筑波大学、宇都宮大学、群馬大学、埼玉大学、千葉大学、東京大学、お茶の水女子大学、横浜国立大学、新潟大学、名古屋大学、富山大学、金沢大学、岐阜大学、奈良女子大学、滋賀大学、大阪大学、神戸大学、三重大学、和歌山大学、広島大学、香川大学、愛媛大学、九州大学 他

【公立大学】 国際教養大学、宮城大学、群馬県立女子大学、高崎経済大学、埼玉県立大学、都留文科大学、山梨県立大学、福知山公立大学、神戸市外国語大学、名桜大学 他

【私立大学】 早稲田大学、上智大学、明治大学、青山学院大学、中央大学、法政大学、立教大学、同志社大学、立命館大学、関西学院大学、関西大学、学習院大学、明治学院大学、武蔵大学、獨協大学、日本女子大学、東京女子大学、東洋大学、日本大学、駒澤大学、専修大学、立命館アジア太平洋大学、近畿大学、甲南大学、龍谷大学、神奈川大学、國學院大學、大東文化大学、東海大学、亜細亜大学、帝京大学、国士舘大学、桜美林大学 他　全154大学に1,848人の合格実績

 ## 主な提携＆実績大学紹介

【アメリカ】 ニューヨーク州立大学、コロンビア大学、シラキュース大学、ゴンザガ大学、ワシントン州立大学、カリフォルニア州立大学、ハワイ大学、ウエストバージニア大学、セントラル・オクラホマ大学、サンフランシスコ州立大学、インディアナ州立大学、インディアナ工科大学、他全103大学

【カナダ】 ビクトリア大学、プリンス・エドワード・アイランド大学、セントメリーズ大学、マウント・アリソン大学、他全29大学

【イギリス・アイルランド】 ロンドン芸術大学、ミドルセックス大学、ニューカッスル大学、他全53大学

【オーストラリア・ニュージーランド】 クイーンズランド大学、グリフィス大学、モナッシュ大学、RMIT大学、オークランド大学、オークランド工科大学、オタゴ大学、他全46大学等

海外留学

資料請求方法：巻末ページの「パンフレット一括請求」をご覧ください。

大学通信教育について

通信教育は正規の課程

　1947（昭和22）年、それまで日本には全くなかった新しい教育制度として制度化され、1950（昭和25）年に正規の大学教育課程として認可されたのが大学通信教育です。1999（平成11）年には大学院の修士課程、2003（平成15）年には博士課程の通信教育が始まりました。

　大学通信教育は、大学の正規の課程として卒業資格に結びつくもので、生涯学習の先駆者的役割を果たしています。文部科学省によると、現在は46大学、27大学院、11短期大学が通信教育を実施しており、全国でおよそ25万人が学んでいます。

だれでも学習できる通信教育

　高等教育の機会が、だれにでも与えられているのが通信教育です。一般的には入学試験を突破しなければ、大学での教育を受けることはできません。しかし、通信教育は入学試験がなく、自分の希望する大学・短大の学部学科を自由に選択して学ぶことができるのです。

❶経済的な事情で通学が困難な人々———大学進学を希望しているが、経済的な事情で通学が困難であり、社会に出て働かなければならない人にとって最適の制度です。

❷時代の進歩に対応———生涯学習の場として、通信教育は新しい大学教育の一端を担っています。

　また、職務上の新しい知識や技能を得る場としても重要な位置を占めています。

❸資格を取得したい人———教員免許状をはじめとしたいろいろな国家試験に挑戦するなど、将来の方向を決定するような資格が得られます。資格を取得していることで、就職が有利になるケースもあります。

❹健康上の理由などで通学できない人———許される範囲内で、学ぶ道を生かすことができます。

❺余暇を有意義に活用したい人———超高齢社会を迎え、余暇が増えた高齢者の中にも、通信教育で学ぶ人が確実に増えています。

　このように、通信教育の利用範囲は広く、内容も多彩です。

通信教育の特色

　通信教育課程と通学課程の違いは、学習方法にあります。この違いを上手に利用することが重要です。

❶自分の都合がつくときに、好きな場所で学ぶことができる———教室での授業と違って学びたいと思ったら、いつでも学べるのが一番の特色です。学習の基本は、テキストを読むことから始まるので、時間や場所を上手に利用すれば、効率良く学習できます。

❷自分の能力に応じて学習できる———科目によって、十分に時間をかけることもできれば、どんどん先に進むこともできます。自分の能力に応じて、学習の進度を自由に決めることができるのも特色の一つです。

❸個別指導がある———リポートの添削やスクーリングは、その多くが個別指導で行われています。これは学生の置かれている環境を考えてのことで、近年は地域ごとでの学習指導が重視され、各大学では全国各地域に教職員を派遣するようになりました。

このように、通信教育は多くの長所を持っています。しかし、この長所が欠点となってしまうこともあります。いつでも、どこでも、どのような方法でも学習できるということは、モチベーションを維持しなければ学習できないことにもつながるからです。そのため、通信教育では特にきちんとした計画性、強い意思が必要です。

4つの履修方法

学ぶ目的や動機、入学資格などによって、大学通信教育には次の履修方法があります。

❶正科生（正規の課程）

大学または短期大学の卒業を目指す正規の課程です。所定の教育課程によって卒業要件を満たせば、大学または短期大学を卒業することができます。入学には大学入学資格（高等学校を卒業していることなど）が必要です。

❷聴講生（科目等履修生）

すでに取得している教員免許状を上級免許状にしたり、他の教科の免許状を必要とするとき、あるいは、前学での教職課程の未修得科目の修得を希望する場合は、聴講生（科目等履修生）として必要な教職課程の科目、単位を修得することができます。

ただし、大学・短期大学を卒業していない人は、正科生として入学し、教職課程を履修するとともに卒業を目指す必要があります。

❸科目別履修（科目等履修生）

通信教育課程で開設している科目の中から、自由に一部の科目を選択して学ぶ方法です。職業上の知識や教養のために学ぶのに利用されます。

大学・短期大学によって、大学入学資格を有していることを受講資格としている場合と、満18歳以上であれば誰でも入学できる場合とがあります。

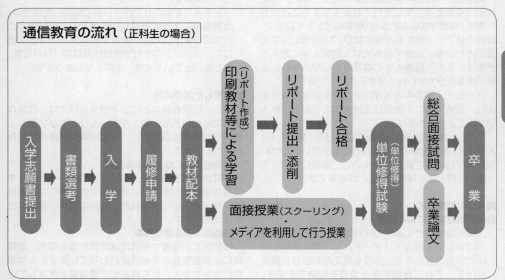

通信教育の流れ（正科生の場合）

入学志願書提出 → 書類選考 → 入学 → 履修申請 → 教材配本 → （リポート作成）印刷教材等による学習 → リポート提出・添削 → リポート合格 → （単位修得）単位修得試験 → 総合面接試問 → 卒業

教材配本 → 面接授業（スクーリング）・メディアを利用して行う授業

単位修得試験 → 卒業論文 → 卒業

通信教育

❹特修生（科目等履修生）

一部の大学・短期大学では、大学入学資格を持たない人のためのコースを設け、1. 認定試験合格、2. 所定の単位修得、3. 所定の単位修得と認定試験合格、などの条件によって正科生1年次に入学できる道を開いています。また、特修生として修得した単位を、卒業所要単位として認定する大学・短期大学もあります。

入学から卒業まで

■入学

正科生として入学する場合、大学入学資格が必要です。入学の時期は、通学生が毎年4月であるのに対し、多くの大学・短期大学で毎年4月（前期生）と10月（後期生）の2期を入学時期としています。これは、自分が思い立ったときから学習が始められるという利点になっています。

入学選考では筆記試験による入学試験はなく、原則として書類選考で入学の可否が決定します。そのため、「入学案内」の中にある入学志願書に、最終学歴の成績・卒業証明書（高等学校の場合は調査書）などを添えて出願します。一部の大学・短期大学では「健康診断書」「志望理由書」「小論文」などを提出させる場合もあります。

■編入学・再入学・転入学

高等専門学校の卒業者は大学・短期大学に、短期大学の卒業者は大学にそれぞれ編入学することができます。専修学校の専門課程（修業年限が2年以上で、課程の修了に必要な総授業時数が1,700時間以上であることが必要）の修了者も大学・短期大学に編入できます。また、短期大学の卒業者が短期大学へ、大学の卒業者が大学へ再入学することも可能です。

さらに、大学の中退者が大学の2年次または3年次に、短期大学の中退者が短期大学の2年次に転入学することもできます。

ただし、編入学・再入学・転入学の可否、編（再・転）入学年次、既修得単位の認定などの取り扱いは、大学・短期大学によって異なりますので、事前に希望する大学・短期大学に確認することが必要です。

■4つの授業方法
❶印刷教材などによる授業

印刷教材などによる自学自習と与えられた課題の学習成果を報告（リポート）し、添削指導を受けて学習を進めます。学習を終えた科目は試験を受けて、それに合格すると単位を取得できます。卒業までの学習のうち、約4分の3がこの方法で行われます。

❷放送授業

放送（ラジオやテレビ）を利用する授業方法です。放送大学では、テレビとラジオを利用して授業を行っていますが、私立大学でも一部の大学で放送授業を実施しています。

また、放送大学の単位互換制度を利用して、放送大学の授業科目（放送授業）を履修して修得した単位をその大学の単位として認定する大学・短期大学もあります。この場合、最大10単位（短期大学では5単位）までが面接授業によって修得した単位として認定されます。

❸面接授業（スクーリング）

印刷教材などによる授業や放送授業だけでは、大学教育のすべてが十分には行えないため、一定の時期に面接授業（講師との直接の対面授業）が行われます。卒業のためには、大学では30単位以上、短期大学では15単位以上を面接授業で修得しなければなりません。これは、卒業所要単位の約4分の1に相当します。

❹メディアを利用して行う授業

ICT（情報通信技術）の発達により、「メディアを利用して行う授業」としてテレビ会議式の遠隔授業やインターネットなどを利用した授業も実施されています。

メディアを利用して行う授業で修得した単位は、面接授業によって修得した単位として代替することもできます。科目によってはパソコンなどを通じて、リポートの受付や単位修得試験（科目試験）などを行っている大学・短期大学もあります。

■充実した指導体制

また、印刷教材などによる授業だけでは、孤独な学習になりがちなため、学生一人ひとりが学習への意欲を持ち続けるために、学習指導や学習相談も重視されています。

・機関紙（誌）などによる指導

学習指導書や機関紙（誌）を通じて、一般的な学習指導が行われます。学習者個々の指導には手紙形式や電子メールによる質問・相談の受付、回答なども行っています。

・教職員による直接指導

印刷物での指導や相談には限界があるので、教職員による面接指導や相談が行われています。大学の窓口はもちろん、地方諸都市に教職員を派遣して指

導や相談が行われています。特に、科目試験実施の際に、一般的な個別指導や相談が行われます。

・学習グループ活動

　各大学・短期大学の学生は、地域ごとに学習グループを組織して、学習上の議論や悩みを交わし、学習活動や相互の親睦のために活動しています。こうした活動に教職員を派遣して、学習指導に手を貸し、教員と学生の合宿ゼミなども行われます。

・その他の指導体制

　指導体制を整えて、積極的な指導と相談が行えるように配慮されています。各大学・短期大学では、学習指導室や相談室の設置や、指導員、相談員の配置など、学生との接触を図るようにしています。

　また、通信教育の卒業生や在学生が、学習経験を生かし、後輩の学習相談に応じる体制をとっている場合もあります。

■卒業

　大学の場合、4年以上在学し124単位以上を修得しなければいけません。短期大学の場合は、2年（または3年）以上在学し、62単位以上を修得する必要があります。また、大学では124単位のうち30単位以上（大学によって異なる）、短期大学は62単位のうち15単位以上（短期大学によって異なる）を面接授業によって修得しなければいけません。ただし、途中年次への編（再・転）入学者は、在学年数が短縮され修得単位が軽減されます。

　卒業前には卒業試験を実施する大学・短期大学が多く、卒業論文や総合面接試問に合格して大学・短期大学卒業となります。卒業することで、大学では学士、短期大学では短期大学士の学位が授与されます。

　卒業時期は、毎年3月と9月の2回ですが、卒業式は前年9月の卒業者を含めて、毎年3月のみに行う大学・短期大学が多いようです。

大学通信教育で取得できる主な資格

◇**資格**…教員免許、保育士、学校図書館司書教諭、図書館司書、社会教育主事、博物館学芸員、測量士補、社会福祉主事、児童指導員、情報処理士、知的障害者・身体障害者福祉司、心理判定員、認定心理士など

◇**受験資格**…社会福祉士、精神保健福祉士、建築士（1級・2級）、公認心理師など

※取得できる資格は、大学・短期大学の開設学部・学科により異なりますので、詳細は入学を希望する大学・短期大学に確認してください。

日本女子大学 通信教育課程

所 在 地　〒112-8679　東京都文京区目白台2-8-1
電　　話　03-5981-3200
学　　長　篠原聡子
〈HP〉 https://www.jwu.ac.jp/ccde/

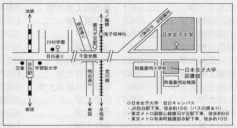

○日本女子大学　目白キャンパス
・JR目白駅下車、徒歩約15分（バスの便あり）
・東京メトロ副都心線雑司が谷駅下車、徒歩約8分
・東京メトロ有楽町線護国寺駅下車、徒歩約10分

学部・学科　家政学部…児童学科、食物学科
出願受付（2024年度）
　4月入学　　　　　　2/5(月)〜5/1(水)　必着
　※科目等履修生　3/2(土)〜3/29(金)　必着
　10月入学　　　　　7/10(水)〜9/20(金)　必着
　※科目等履修生　7/10(水)〜8/10(土)　必着
入学資格
　1年次入学　　　大学入学資格を有する者。
　2・3年次編入学　短大卒業者、大学中退者、高専卒業者。
　　　　　　　　　　※3年次編入学は児童学科のみ
　3年次学士入学　大学卒業者。
入学諸経費（2024年度4月入学）
　1年次入学の場合（＊印は毎年納入）
　　入学選考料11,000円、入学金30,000円
　　＊授業料150,000円、＊保険料480円、合計191,480円
　2・3年次編入学・3年次学士入学の場合（＊印は毎年納入）
　　上記費用の他、編入学・学士入学手数料10,000円、合計201,480円
　※10月入学の場合、初年度のみ授業料が75,000円となる
教職課程　教員免許状
　幼稚園教諭一種、中学校・高等学校教諭一種（家庭）
資格・受験資格
　認定絵本士、フードスペシャリスト・専門フードスペシャリスト、学校図書館司書教諭
スクーリング（面接またはオンライン）
　1年次入学の場合は卒業までに、30単位以上の修得が必要。
　夏期　7月下旬〜8月下旬
　土曜　6月〜7月、11月〜12月
　集中　主に金・土・日・祝日を含めた2〜3日間
　エニタイム　6月〜7月、11月〜12月
　通学科目　通学課程の一部の授業を受講（審査あり）
その他　高等教育の修学支援新制度：詳細は上記HPへ。
科目等履修生（資格コース）
　教員免許取得のため、一部の科目を履修するコース。
科目等履修生（教養コース）
　教養等のため、開講科目の一部を履修するコース。
　　　　入学ガイドの請求はホームページまたは
　　　　電話でお申し込みください。

学校案内 編 国公立大学・専門職大学

国 立 大 学

北海道大学 661
旭川医科大学 662
小樽商科大学 662
帯広畜産大学 662
北見工業大学 663
室蘭工業大学 663
北海道教育大学 663
弘前大学 664
岩手大学 664
秋田大学 665
山形大学 665
東北大学 666
宮城教育大学 667
福島大学 667
筑波技術大学 667
筑波大学 668
茨城大学 669
宇都宮大学 669
群馬大学 670
埼玉大学 670
千葉大学 671
東京海洋大学 671
東京大学 672
お茶の水女子大学 673
東京学芸大学 673
東京藝術大学 673
東京外国語大学 674
東京医科歯科大学 674
東京工業大学 675
一橋大学 676
電気通信大学 677
東京農工大学 678
横浜国立大学 678
新潟大学 679
長岡技術科学大学 679
富山大学 680
金沢大学 680
上越教育大学 681
福井大学 681
山梨大学 681
信州大学 682
岐阜大学 682
静岡大学 683
浜松医科大学 683

愛知教育大学 684
豊橋技術科学大学 684
名古屋工業大学 684
名古屋大学 685
三重大学 686
滋賀大学 686
滋賀医科大学 687
京都教育大学 687
京都工芸繊維大学 687
京都大学 688
大阪大学 689
神戸大学 690
大阪教育大学 691
兵庫教育大学 691
奈良教育大学 691
奈良女子大学 692
和歌山大学 692
鳥取大学 692
島根大学 693
岡山大学 693
広島大学 694
山口大学 694
徳島大学 695
香川大学 695
愛媛大学 696
高知大学 696
鳴門教育大学 697
九州工業大学 697
福岡教育大学 697
九州大学 698
佐賀大学 699
長崎大学 699
熊本大学 700
大分大学 700
宮崎大学 701
鹿児島大学 701
鹿屋体育大学 702
琉球大学 702

公立大学・専門職大学

旭川市立大学 703
札幌医科大学 704
札幌市立大学 704
釧路公立大学 704
公立千歳科学技術大学 ...705
公立はこだて未来大学 ...706

名寄市立大学 706
青森県立保健大学 706
青森公立大学 707
岩手県立大学 707
宮城大学 707
秋田県立大学 708
秋田公立美術大学 708
国際教養大学 708
東北農林専門職大学 709
山形県立保健医療大学 ...709
山形県立米沢栄養大学 ...709
会津大学 710
福島県立医科大学 710
茨城県立医療大学 710
群馬県立県民健康科学大学 ...711
群馬県立女子大学 711
高崎経済大学 711
前橋工科大学 712
埼玉県立大学 712
千葉県立保健医療大学 ...712
東京都立大学 713
横浜市立大学 713
神奈川県立保健福祉大学 ...714
川崎市立看護大学 714
三条市立大学 714
長岡造形大学 715
新潟県立大学 715
新潟県立看護大学 715
都留文科大学 716
山梨県立大学 717
公立諏訪東京理科大学 ...717
長野大学 717
長野県看護大学 718
長野県立大学 718
富山県立大学 718
石川県立大学 719
石川県立看護大学 719
金沢美術工芸大学 719
公立小松大学 720
敦賀市立看護大学 720
福井県立大学 720
岐阜県立看護大学 721
岐阜薬科大学 721
静岡県立大学 721
静岡県立農林環境専門職大学 ...722
静岡文化芸術大学 722

愛知県立大学 722
愛知県立芸術大学 723
名古屋市立大学 723
三重県立看護大学 723
滋賀県立大学 724
京都市立芸術大学 724
京都府立大学 724
京都府立医科大学 725
福知山公立大学 725
芸術文化観光専門職大学 ...725
大阪公立大学 726
神戸市外国語大学 727
神戸市看護大学 727
兵庫県立大学 727
奈良県立大学 728
奈良県立医科大学 728
和歌山県立医科大学 728
公立鳥取環境大学 729
島根県立大学 729
岡山県立大学 729
新見公立大学 730
叡啓大学 730
尾道市立大学 730
県立広島大学 731
広島市立大学 731
福山市立大学 731
周南公立大学 732
山陽小野田市立山口東京理科大学 ...733
下関市立大学 733
山口県立大学 733
香川県立保健医療大学 ...734
愛媛県立医療技術大学 ...734
高知県立大学 734
高知工科大学 735
北九州市立大学 735
九州歯科大学 735
福岡県立大学 736
福岡女子大学 736
長崎県立大学 736
熊本県立大学 737
大分県立看護科学大学 ...737
宮崎県立看護大学 737
宮崎公立大学 738
沖縄県立看護大学 738
沖縄県立芸術大学 738
名桜大学 739

北 海 道 大 学

〒060-0808　札幌市北区北8条西5　学務部入試課　TEL 011-706-7484

●沿革
1876(明治9)年、前身である札幌農学校が開校。1918(大正7)年、北海道帝国大学設置。1949(昭和24)年、新制の北海道大学となりました。2004(平成16)年、国立大学法人北海道大学となりました。

●学科組織

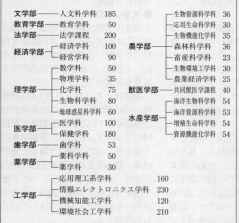

文学部	人文科学科	185
教育学部	教育学科	50
法学部	法学課程	200
経済学部	経済学科	100
	経営学科	90
理学部	数学科	50
	物理学科	35
	化学科	75
	生物科学科	80
	地球惑星科学科	60
医学部	医学科	100
	保健学科	180
歯学部	歯学科	53
薬学部	薬科学科	50
	薬学科	30
工学部	応用理工系学科	160
	情報エレクトロニクス学科	230
	機械知能工学科	120
	環境社会工学科	210

農学部	生物資源科学科	36
	応用生命科学科	30
	生物機能化学科	35
	森林科学科	36
	畜産科学科	23
	生物環境工学科	30
	農業経済学科	25
獣医学部	共同獣医学課程	40
水産学部	海洋生物科学科	54
	海洋資源科学科	53
	増殖生命科学科	54
	資源機能化学科	54

大学GUIDE

　学士号を授与する日本最初の大学、札幌農学校を前身とする北海道大学は、アメリカから招請され教鞭をとった初代教頭ウィリアム・S・クラーク博士の言葉"Boys, be ambitious"のもと、進取の気性に富んだ多くの俊秀を輩出してきました。

　以来、145年を超える歴史の中で「フロンティア精神」「国際性の涵養」「全人教育」「実学の重視」の4つのヴィジョンを教育研究の理念に掲げ、世界的な教育研究の拠点を目指しています。

　学部別入試に加え、全募集定員の45%を文系・理系別で募集する「総合入試」を実施しています。これは、本人の志望と1年次の成績によって学部・学科などに移行するシステムで、入学後の1年間は総合教育部に所属。文系・理系それぞれの統一されたカリキュラムがあります。全員が北海道大学の教養教育である「全学教育科目」を学び、幅広い教養を身につけるとともに、それぞれの分野の専門教育を受けるための基礎的な素養を修得します。

CAMPUS情報

　札幌キャンパスは、高層ビルの立ち並ぶ札幌市のほぼ中央に位置しています。札幌駅まで徒歩7分という好アクセスながら緑あふれる広大な敷地面積を誇り、恵まれた環境で学ぶことができます。また水産学部生は、3年生の4月より歴史とロマンに彩られた美しいまち並みに囲まれた函館キャンパスでの授業が始まります。

＜函館キャンパス＞　041-8611 函館市港町3-1-1

卒業後の進路

　就職支援をするキャリアセンターがあり、入学直後から学生のキャリアデザインをサポート。就職相談、各種ガイダンス・セミナーの実施やインターンシップ支援など、さまざまなサービスを行っています。

主な就職先　日立製作所、富士通、三菱電機、大塚製薬、旭化成、大和証券、NTTドコモ、楽天グループ、北海道電力、アクセンチュア、官公庁、病院、教員など

入試・FILE

○国際総合入試　文系・理系ごとに募集
○学部別入試　一般選抜：全学部で実施　総合型選抜：理(生物科〈生物学専修分野〉以外全て)、医、歯、工(応用理工系〈応用マテリアル工学コース・応用物理工学コース〉・機械知能工・環境社会工〈社会基盤学コース・環境工学コース〉)、水産学部で実施
〈HP〉https://www.hokudai.ac.jp/

大学ガイド請求

学部ごとに案内誌を作成しています。郵送希望の方は、「学部案内請求」と朱書し、角形2号の返信用封筒(文学部、工学部はHPから)を同封し各学部に送付。返信用封筒には、郵便番号、住所、氏名を明記し、切手を貼ってください。なお、切手代は学部ごとに異なります。また、医学部保健学科、法学部、経済学部は案内誌の配布を行っていません。詳細はHPをご覧ください。

旭川医科大学

〒078-8510　北海道旭川市緑が丘東2条1-1-1　TEL 0166-68-2214
事務局入試課入学試験係
<HP>https://www.asahikawa-med.ac.jp/

● 学科組織

医学部 ┬ 医学科　　95
　　　 └ 看護学科　60

● 沿 革
　1973（昭和48）年、地域医療の新たな拠点として開学。1996（平成8）年、看護学科を設置。

● 大学GUIDE
　地域のさまざまな医療ニーズに対応しつつ、グローバルに行動できる医療人の育成を目指した教育が行われています。
　医学科と看護学科が合同で行う1年次の早期体験実習やチュートリアル教育、TBL（チーム基盤型学習）、現場のニーズに即した実践的な科目、「健康弱者のための医学」などを通して「自学自習の学習態度」を養うカリキュラムを用意しています。また、医学科では早い段階で医学の最前線に触れられるよう研究室に所属し、指導教授のもとで実地を見て学べる「医学研究特論」科目も設けています。
　サポート体制も充実しています。学年担当教員のほか、医学科ではキャリアプランを支援する制度も導入。看護学科1・2年次には「グループ担任制度」があり、進路やキャリア形成、生活上のさまざまな悩みを気軽に相談することができます。
　また、学習や研究を支える環境も整備されています。図書館では、豊富な専門書や学術雑誌が利用できるほか、ディスカッションスペースを設置。グループ学習や講義だけでなく、サイエンスカフェなどのイベントを行っています。

● 卒業後の進路
　附属病院、他大学附属病院、病院関係、地方自治体関係、大学院など

小樽商科大学

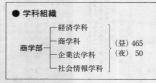

〒047-8501　北海道小樽市緑3-5-21　TEL 0134-27-5254　教務課入試室
<HP>https://www.otaru-uc.ac.jp/

● 学科組織

商学部 ┬ 経済学科　　　　　（昼）465
　　　 ├ 商学科
　　　 ├ 企業法学科　　　　（夜）50
　　　 └ 社会情報学科

● 沿 革
　前身は1911（明治44）年開校の小樽高等商業学校。1949（昭和24）年、新制大学として発足しました。

● 大学GUIDE
　商学部のみを有する国立大学では全国で唯一の商科系単科大学で、かつて「北に一星あり、小なれどその輝光強し」と称されてきた歴史ある大学です。学部一括で入学し、2年次から各学科に分かれます。さらに各学科は昼間コースと夜間主コースを設置しています。
　商学部という単一学部ではありますが、人文科学・自然科学・健康科学・外国語などの幅広い分野の授業科目も設けられており、特に語学に関しては他大学に類のない7つの外国語科目が開設されています。必要や興味を感じたら学科の枠を超えて他学科の授業科目を履修することも可能で、修得する知識・理論の幅は広がっていきます。
　また、地球規模の視点から学び、地域経済に貢献するグローカル人材の育成を目的としたグローカルコースや、グローカルマネジメント副専攻も設置されています。

● 卒業後の進路
　小樽高商時代からの実学教育の伝統を受け継ぎ、中央経済界、産業界から高い評価を受けています。

　主な就職先　北海道銀行、北洋銀行、日本生命保険、東京海上日動火災保険、ソフトバンク、北海道電力、TOPPAN、旭化成、アクセンチュア、北海道庁、札幌市役所など

帯広畜産大学

〒080-8555　北海道帯広市稲田町西2線11　TEL 0155-49-5321
入試課入学試験係
<HP>https://www.obihiro.ac.jp/

● 学科組織

畜産学部 ┬ 共同獣医学課程　　40
　　　　 └ 畜産科学課程　　210

● 沿 革
　1941（昭和16）年、帯広高等獣医学校創立。1949（同24）年、新制大学として発足。2012（平成24）年、北海道大学獣医学部と「共同獣医学課程」を編成。

● 大学GUIDE
　国立大学では唯一の獣医・農畜産学系の単科大学です。共同獣医学課程（6年制）と畜産科学課程（4年制）を設置し、獣医畜産融合の学部教育を展開しています。
　両課程とも「基盤教育」「共通教育」「展開教育」の3つの教育分野からなるアドバンス制教育制度を採用しています。これは、下級学年で大学で学ぶための基礎となる教養や技術、農畜産全般の基礎知識を中心に学び、上級学年に進むにつれて獣医農畜産に関する専門知識・技術の学習へと前進／アドバンスしていく教育課程です。
　また、展開教育として特定分野の深い専門知識・技術を習得するため、畜産科学課程では、2年次から6つの教育ユニットのうち一つを選択します。共同獣医学課程では1年次から獣医学ユニットに所属し、北海道大学共同獣医学課程との共同カリキュラムで獣医学を学びます。さらに、世界トップ水準のコーネル大学、ウィスコンシン大学と学術協定を結び、国際的水準の獣医学教育を促進します。

● 卒業後の進路
　共同獣医学課程は動物病院や農業共済組合へ、畜産科学課程は公務員や農業団体、農業関係会社、食品、飼・肥料関係会社など

北見工業大学

〒090-8507　北海道北見市公園町165
TEL 0157-26-9167　教務課入学試験係
<HP>https://www.kitami-it.ac.jp/

● 学科組織

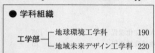

| 工学部 | 地球環境工学科 | 190 |
| | 地域未来デザイン工学科 | 220 |

● 沿　革

　1960(昭和35)年、前身となる北見工業短期大学発足。1966(同41)年、北見工業大学開学。1984(同59)年、大学院工学研究科、1997(平成9)年に博士課程を設置。2017(同29)年4月、2学科に改組。

● 大学GUIDE

　雄大な自然の中にあるキャンパスで、21世紀にふさわしい最先端の教育・研究を行っています。

　地域、日本、世界に貢献可能な地球環境工学科と地域未来デザイン工学科の2学科体制で、従来の学科の枠にとらわれず、関連する専門分野と連携を図り、多面的な発想と専門知識の融合を促すカリキュラムを構築。基礎学力が高く、幅広い視野と専門性を兼ね備えた工学系人材を育成します。

　地球環境工学科にはエネルギー総合工学、環境防災工学、先端材料物質工学、地域マネジメント工学の4コースを設置しています。世界の地球環境問題に対応する人材を育成します。

　また、地域未来デザイン工学科は機械知能・生体工学、情報デザイン・コミュニケーション工学、社会インフラ工学、バイオ食品工学、地域マネジメント工学の5コースにより、日本の社会・地域問題に対応する人材を育てます。

● 卒業後の進路

　機械・電気、化学メーカー、情報通信、建設などの企業からの求人が多く、堅調な就職を維持しています。また、国家公務員、地方自治体への就職も少なくありません。

室蘭工業大学

〒050-8585　北海道室蘭市水元町27-1
TEL 0143-46-5162　入試戦略課入学試験係
<HP>https://muroran-it.ac.jp/

● 学科組織

理工学部	創造工学科	
	昼間コース	325
	夜間主コース	40
	システム理化学科	235

● 沿　革

　1949(昭和24)年、室蘭高等工業学校から発展した室蘭工業専門学校と、札幌農学校工学科から発展した北海道帝国大学附属土木専門部が発展的に合併して開学。2019(平成31)年4月、工学部を理工学部に改組。

● 大学GUIDE

　自然豊かなものづくりの街、室蘭の環境を生かした総合的な理工学教育を行い、変わり続ける産業界で活躍できる人材を育成します。

　理工学部には、基礎から専門まで幅広い知識・技術を身につけられる学びがあります。創造工学科には、建築土木工学・機械ロボット工学・航空宇宙工学・電気電子工学・機械系(夜)・電気系(夜)の6コースを設置。特定の産業分野に直接つながる専門性の高い教育を行うとともに、複数の工学分野の基礎を養うカリキュラムが特徴です。物理・化学・生物・情報を追求するシステム理化学科には、物理物質システム・化学生物システム、数理情報システムの3コースを設置。さまざまな産業の基礎となる分野を扱っています。各コース分属の前に、学科共通科目として、各コースのベースとなる自然科学と情報科目を幅広く学びます。

● 就職・キャリア支援

　専門のキャリア・サポート・センターを設置しています。各学科の就職担当教員とセンター専属のスタッフが連携して、企業と学生双方に最適なマッチングの実現を目指しています。

北海道教育大学

札幌校　〒002-8502　北海道札幌市北区あいの里5条3-1-5　TEL 011-778-0324　入試課
旭川校　〒070-8621　北海道旭川市北門町9　TEL 0166-59-1225　教育支援グループ
釧路校　〒085-8580　北海道釧路市城山1-15-55　TEL 0154-44-3230　教育支援グループ
函館校　〒040-8567　北海道函館市八幡町1-2　TEL 0138-44-4370　教育支援グループ
岩見沢校　〒068-8642　北海道岩見沢市緑が丘2-34-1　TEL 0126-32-1348　教育支援グループ
<HP>https://www.hokkyodai.ac.jp/

● 学科組織

教育学部		
	(札幌校)教員養成課程	270
	(旭川校)教員養成課程	270
	(釧路校)教員養成課程	180
	(函館校)国際地域学科	285
	(岩見沢校)芸術・スポーツ文化学科	180

● 沿　革

　1949(昭和24)年新制大学として発足。2008(平成20)年、教職大学院を設置。2014(同26)年、従来の4課程を1課程2学科に再編。

● 大学GUIDE

　札幌、旭川、釧路、函館、岩見沢の5地域にキャンパスがあり、それぞれが独自性のある教育を行っています。

　教員養成課程(札幌校、旭川校、釧路校)では、豊かな人間性を育み、学校現場の多様な課題に対応できる幅広い教養と確かな学力を持つ教員を育成します。

　「国際地域学科(函館校)」では、国際的視野と教育マインドを持って地域を活性化する人材の育成を目指します。

　「芸術・スポーツ文化学科(岩見沢校)」では、芸術とスポーツの持つ深くしなやかな力を用いて、人々に快適な生き方を提案できる人材を養成します。

● 卒業後の進路

　主な就職先　教員、公務員、福祉施設、医療機関、健康スポーツ産業、企業など

弘前大学

〒036-8560　青森県弘前市文京町1
TEL 0172-39-3122・3123　学務部入試課
<HP>https://www.hirosaki-u.ac.jp/

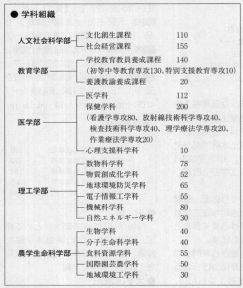

● 学科組織

人文社会科学部	文化創生課程	110
	社会経営課程	155
教育学部	学校教育教員養成課程	140
	（初等中等教育専攻130、特別支援教育専攻10）	
	養護教諭養成課程	20
医学部	医学科	112
	保健学科	200
	（看護学専攻80、放射線技術科学専攻40、	
	検査技術科学専攻40、理学療法学専攻20、	
	作業療法学専攻20）	
	心理支援科学科	10
理工学部	数物科学科	78
	物質創成化学科	52
	地球環境防災学科	65
	電子情報工学科	55
	機械科学科	80
	自然エネルギー学科	30
農学生命科学部	生物学科	40
	分子生命科学科	40
	食料資源学科	55
	国際園芸農学科	50
	地域環境工学科	30

● 沿 革

　弘前高等学校、青森師範学校、弘前医科大学など5校を母体として、1949（昭和24）年に発足。2020（令和2）年4月、医学部に心理支援科学科を設置。

● 大学GUIDE

　学問のほぼ全領域をカバーする、人文社会科学部、教育学部、医学部、理工学部、農学生命科学部の5学部からなる総合大学です。予測困難な時代にあって、未来を切り開く力を育てる教養教育に力を入れています。世界規模の視野を持ちながら、同時に地域の未来を担っていく力を身につけるため、英語教育を重視し、1年次に、地域学ゼミナールを必修とするなど地域に関する理解を深めます。

　附属図書館、キャリアセンター、保健管理センター、情報基盤センター、留学支援を行う国際連携本部サポートオフィスなど多くの支援施設を設置し、学生をバックアップしています。

● 卒業後の進路

　主な就職先　NEC、大和ハウス工業、青森銀行、岩手銀行、JR東日本、ニトリ、薬王堂、日本アイ・ビー・エムデジタルサービス、東北電力、日本原燃、日本工営、国家・地方公務員、病院、学校教員など

岩手大学

〒020-8550　盛岡市上田3-18-8
TEL 019-621-6064　学務部入試課
<HP>https://www.iwate-u.ac.jp/

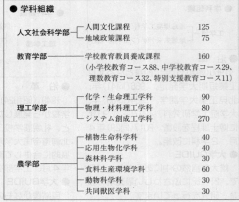

● 学科組織

人文社会科学部	人間文化課程	125
	地域政策課程	75
教育学部	学校教育教員養成課程	160
	（小学校教育コース88、中学校教育コース29、	
	理数教育コース32、特別支援教育コース11）	
理工学部	化学・生命理工学科	90
	物理・材料理工学科	80
	システム創成工学科	270
農学部	植物生命科学科	40
	応用生物化学科	40
	森林科学科	30
	食料生産環境学科	60
	動物科学科	30
	共同獣医学科	30

● 沿 革

　1949（昭和24）年、国立学校設置法の公布により、盛岡師範学校、岩手県立実業補習学校教員養成所、盛岡高等工業学校、盛岡高等農林学校などを母体に創立されました。2019（令和元）年、創立70周年を迎えました。

● 大学GUIDE

　岩手大学はJR盛岡駅から北へ約2km、北上川の左岸の緑に囲まれた閑静な上田台地の一角にあります。農学部の母体ともなった盛岡高等農林学校は、大正時代初期に宮沢賢治が学んだことでも知られており、キャンパスに残る当時の本館（国の重要文化財に指定）が、その重厚な美しさを今に伝えています。

　教育面では全学共通教育として、専門的知識や技術の基礎となる勉学はもちろんのこと、人間性を全面的、調和的に発達させるために不可欠な教養教育の充実を図っています。積極的な産学官連携活動により培われた「地域連携」が強みです。課題発見・解決能力の育成を目的とした「地域課題演習（PBL＝問題発見解決型学習）」は、4つの演習テーマに沿って行われます。専門科目、教養科目それぞれに「地域に関する学修」が取り入れられ、4年間を通して地域にある課題について考え、解決するための実践的な力を自然に身につけられるカリキュラムがあります。

● 卒業後の進路

　主な就職先　日本銀行、岩手銀行、七十七銀行、青森銀行、スズキ、アイリスオーヤマ、大成建設、JR東日本、NTT東日本、富士ソフト、東北電力、明治安田生命保険、ベネッセスタイルケア、国家・地方公務員、教員など

秋田大学

〒010-8502　秋田市手形学園町1-1
TEL 018-889-2256　入試課
<HP>https://www.akita-u.ac.jp/

● 学科組織

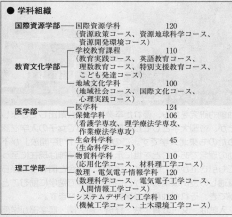

国際資源学部── 国際資源学科　　　　　120
　　　　　　　　（資源政策コース、資源地球科学コース、
　　　　　　　　資源開発環境コース）
教育文化学部─┬ 学校教育課程　　　　　110
　　　　　　　│（教育実践コース、英語教育コース、
　　　　　　　│理数教育コース、特別支援教育コース、
　　　　　　　│こども発達コース）
　　　　　　　└ 地域文化学科　　　　　100
　　　　　　　　（地域社会コース、国際文化コース、
　　　　　　　　心理実践コース）
医学部───┬ 医学科　　　　　　　124
　　　　　　└ 保健学科　　　　　　　106
　　　　　　　（看護学専攻、理学療法学専攻、
　　　　　　　作業療法学専攻）
理工学部─┬ 生命科学科　　　　　　45
　　　　　│（生命科学コース）
　　　　　├ 物質科学科　　　　　　110
　　　　　│（応用化学コース、材料理工学コース）
　　　　　├ 数理・電気電子情報学科　110
　　　　　│（数理科学コース、電気電子工学コース、
　　　　　│人間情報工学コース）
　　　　　└ システムデザイン工学科　120
　　　　　　（機械工学コース、土木環境工学コース）

● 沿　革

　1949(昭和24)年、秋田師範学校、秋田青年師範学校および秋田鉱山専門学校を母体として発足。2014(平成26)年4月、国際資源学部を開設し、国際資源学部・教育文化学部・医学部・理工学部の4学部として生まれ変わりました。

● 大学GUIDE

　国際資源学部は日本で唯一の「資源学」を対象とした学部です。資源問題の解決を目指し、豊かな人間性と国際的視野を併せ持ち、新たな資源技術と将来の資源・エネルギー戦略の発展・革新を担う人材を養成します。

　教育文化学部では人間存在をめぐる現代的な課題を総合的に探究し、地域の教育の活性化を担う教員の養成と、地域活性化に貢献する人材を育てます。

　医学部では豊かな教養に支えられた人間性と高い倫理観、学問の進歩に対応しうる柔軟な適応能力と課題探求・問題解決能力を養い、人々の健康と福祉に貢献できる国際的視野を備えた人材を育成します。

　理工学部では理学と工学を融合させた理工学を教育研究分野の中心に据え、幅広い教育学問分野を包括する地域教育の拠点を構築。基礎知識に裏打ちされた新しいモノづくり・コトづくりのできる人材を育てます。

● 卒業後の進路

　主な就職先　TDK、大林組、一条工務店、日本製鉄、日鉄鉱業、三菱自動車工業、秋田銀行、東京海上日動火災保険、JR東日本、伊藤園、秋田県、秋田市など公務員、公立・私立学校(教員)、大学病院、公立病院など

山形大学

〒990-8560　山形市小白川町1-4-12
TEL 023-628-4141　エンロールメント・マネジメント部入試課
<HP>https://www.yamagata-u.ac.jp/

● 学科組織

人文社会科学部── 人文社会科学科290（人間文化コース、グロー
　　　　　　　　　バル・スタディーズコース、総合法律コース、地
　　　　　　　　　域公共政策コース、経済・マネジメントコース）
地域教育文化学部── 地域教育文化学科175（児童教育コース80、
　　　　　　　　　文化創生コース95）
理学部── 理学科210
医学部─┬ 医学科113
　　　　└ 看護学科60
工学部─┬ 高分子・有機材料工学科140
　　　　├ 化学・バイオ工学科140
　　　　│（応用化学・化学工学コース、バイオ化学工学コース）
　　　　├ 情報・エレクトロニクス学科150
　　　　│（情報・知能コース、電気・電子通信コース）
　　　　├ 機械システム工学科140
　　　　├ 建築・デザイン学科30
　　　　└ システム創成工学科（フレックスコース）50
農学部── 食料生命環境学科165
　　　　　（アグリサイエンスコース、バイオサイエンスコース、エコサイエンスコース）

● 沿　革

　1949（昭和24）年、4学部を持つ新制大学として設置。1973（同48）年、医学部を設置。2005（平成17）年、教育学部を地域教育文化学部に改組。また、2017（同29）年、学部改組を行い、6学部12学科になりました。

● 大学GUIDE

　人間社会とは何かを問う人文社会科学部では、学生一人ひとりの力を伸ばす少人数教育が特徴。IT技能と語学力を重視し、幅広い知性と視野、判断力を養います。

　地域教育文化学部では国際的・実践的な研究・教育を推進し、教育現場を中心としたニーズに応えるとともに、地域社会で活躍する人材を育成します。

　理学部では少人数教育や個別指導による研究体制を整備し、学科横断的なカリキュラムを展開。未知の領域を切り開く科学研究能力を養います。

　医学部は総合大学としての幅広い教育内容を誇り、世界水準の医学・看護学の実践を通じて、最新の医学知識と豊かな人間性を備えた医師、看護師を養成します。

　工学部では少人数教育やグループワークを通して基礎学力から専門研究へと段階的に修得。産官学による共同研究も盛んで、最先端の研究成果は学部教育にもいかされています。

　農学部では基礎的な知識や技術を基盤として、生産、環境の現場や生物資源の利活用上の課題を見出し、解決する応用力を培います。

● 卒業後の進路

　主な就職先　いすゞ自動車、アイリスオーヤマ、野村證券、ニトリ、山形銀行、七十七銀行、大正製薬、楽天グループ、山崎製パン、山形テレビ、JR東日本、東北電力、国家・地方公務員、教員、病院など

東北大学

〒980-8576　仙台市青葉区川内28　入試センター　TEL 022-795-4800・4802

●沿革
東京・京都に次ぐ3番目の帝国大学として1907(明治40)年に設立。1913(大正2)年に日本の大学初の女子の入学を認めました。"学術創造の中心としての大学"を理念に、「研究第一主義」「門戸開放」「実学尊重」の学風を堅持。

●学科組織

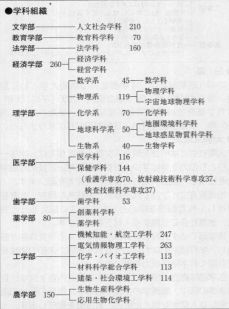

- 文学部 ── 人文社会学科　210
- 教育学部 ── 教育科学科　70
- 法学部 ── 法学科　160
- 経済学部　260 ┬ 経済学科
　　　　　　　　└ 経営学科
- 理学部 ┬ 数学系　45 ── 数学科
　　　　　├ 物理系　119 ┬ 物理学科
　　　　　│　　　　　　 └ 宇宙地球物理学科
　　　　　├ 化学系　70 ── 化学科
　　　　　├ 地球科学系　50 ┬ 地圏環境科学科
　　　　　│　　　　　　　　└ 地球惑星物質科学科
　　　　　└ 生物系　40 ── 生物学科
- 医学部 ┬ 医学科　116
　　　　　└ 保健学科　144
　　　　　（看護学専攻70、放射線技術科学専攻37、検査技術科学専攻37）
- 歯学部 ── 歯学科　53
- 薬学部　80 ┬ 創薬科学科
　　　　　　　└ 薬学科
- 工学部 ┬ 機械知能・航空工学科　247
　　　　　├ 電気情報物理工学科　263
　　　　　├ 化学・バイオ工学科　113
　　　　　├ 材料科学総合学科　113
　　　　　└ 建築・社会環境工学科　114
- 農学部　150 ┬ 生物生産科学科
　　　　　　　　└ 応用生物化学科

大学GUIDE

東北大学は、理科大学(現在の理学部)と農科大学(のちに北海道大学として分離独立)をもって出発しました。「研究第一主義」の精神は、今日まで多くの世界的な

独創的研究を生み、優れた卒業生を多数輩出してきましたが、帝国大学としてわが国ではじめて女子の入学を認めたのも東北大学です。このことは、「門戸開放」が不動の理念であることを世に示し、その精神は現在に至っても引き継がれています。学生は、社会と関わりながら風通しの良い環境のなか、自由な精神で勉学に励むことができ、それが独創的な研究へと繋がります。

入試は、文・教育・法・経済・歯・薬・農学部が学部一括選抜です(経済・薬・農学部の学科分けは入学後)。それに対して理・医・工学部は、系または学科・専攻別選抜となります。

CAMPUS情報

100万都市、杜の都・仙台の中心に位置する東北大学は、大学発祥の地で本部や研究所などが集まる片平キャンパスをはじめ、川内キャンパス、青葉山キャンパス、星陵キャンパスがあります。最先端の教育・研究施設を誇り、附属図書館の蔵書数も全国トップクラス。また、「東北大学グリーン未来創造機構」では、被災地に位置する基幹総合大学として、震災復興で培った研究力・社会実装力を生かし、社会課題解決のためのさまざまなプロジェクトに取り組んでいます。

卒業後の進路

主な就職先　トヨタ自動車、鹿島、日立製作所、富士通、三菱電機、NEC、キヤノン、住友化学、コーセー、NTTドコモ、野村證券、ソニー、楽天グループ、JR東日本、東北電力、アクセンチュア、公務員、病院など

入試・FILE

○AO入試(総合型選抜)：Ⅱ期、Ⅲ期　○私費外国人留学生入試
○国際バカロレア入試　○地域枠入試　○科学オリンピック入試
○グローバル入試：Ⅰ期、Ⅱ期(10月入学)
○帰国生徒入試　○国際学士コース入試(10月入学)
※募集学部は入試方式により異なります。
〈HP〉https://www.tohoku.ac.jp

大学ガイド請求

「大学案内」をご希望の方は、インターネット(パソコン・スマートフォン・携帯電話)を利用して、テレメールまたはモバっちょで請求してください。また、直接受領の場合は川内キャンパスの入試課(平日のみ)と警務員室、片平キャンパスの北門警務員室、東京オフィス(事前に電話をされた上でお越しください。)で配布しています。

宮城教育大学

〒980-0845　仙台市青葉区荒巻字青葉149
TEL 022-214-3334　入試課入試実施係
<HP>https://www.miyakyo-u.ac.jp/

● 学科組織
教育学部―学校教育教員養成課程　345
（初等教育専攻210、中等教育専攻60、芸術体育・生活系教育専攻45、特別支援教育専攻30）

● 沿 革
　1965(昭和40)年開学。1988(同63)年に、大学院教育学研究科(修士課程)を設置。2022(令和4)年、教育学部を1課程4専攻に改組。

● 大学GUIDE
　東北地方唯一の、単科の教育大学です。豊かな人間性を持つ質の高い教員を養成する教育学部に加え、大学院教育学研究科には専門職学位課程高度教職実践専攻(教職大学院)を設置しています。
　初等教育専攻には4コースを設置し、全教科に対応するオールラウンドな学力と、幅広い年齢層の子どもたちの発達段階に応じた適切な指導力を培うべく、確かな学力と実践的指導力をもつ教員の育成を目指します。
　中等教育専攻では、専門科目について教育職員免許法で規定される単位数を大幅に超えて学修し、自信をもって教科指導にあたれるようにしています。
　芸術体育・生活系教育専攻では、中高の実技・技能系の教員免許に加え、小学校(1種)か中学校(国数英いずれか・1種)の教員免許の取得が必須です。中高だけでなく、実技・技能系教科の得意な小学校教員も養成します。
　特別支援教育専攻は、特別支援教育の対象となる全ての障害種別に対応するスタッフがそろい、全領域の特別支援学校教諭免許状が取得できる、全国でも有数の教育体制です。

● 卒業後の進路
　主な就職先　教員、公務員、教育・学習支援業、社会福祉法人・財団法人・非営利団体、一般企業など

福島大学

〒960-1296　福島市金谷川1
TEL 024-548-8064　入試課
<HP>https://www.fukushima-u.ac.jp/

● 学科組織

人文社会学群――人間発達文化学類　260
　　　　　　　―行政政策学類
　　　　　　　　　昼185　夜20
　　　　　　　―経済経営学類　220
理工学群―――共生システム理工学類　160
農学群――――食農学類　100

● 沿 革
　1949(昭和24)年、福島師範学校、福島経済専門学校、福島青年師範学校を母体に開学。2019(平成31)年4月、全学群をコース制に再編、農学群を開設。

● 大学GUIDE
　人間発達文化学類には、保育士や幼稚園教諭、特別支援学校、小中高の学校教諭をめざせる7コースを設置。1年次から各コースで「人間の成長に携わる専門家」を養成します。
　行政政策学類は、2年次からコースに分かれます。法学教育を通して多様な社会現象に対処する力を培う地域政策と法コース、グローバルな視点で地域づくりを構想する地域社会と文化コースがあります。
　経済経営学類は2年次後期から経済学と経営学の2コースに分かれます。また、グローバル人材育成を目指すグローバル・エキスパート・プログラムや履修の道標となる4つのモデルを設定しています。
　共生システム理工学類には研究・教育の内容を明確に表現した9コースを設置。2年次から各コースの専門分野に分かれて深く学びます。
　食農学類には、食品科学・農業生産学・生産環境学・農業経営学の4コースを設置。実践性、学際性、国際性、貢献性を重視した教育を行います。

● 卒業後の進路
　主な就職先　東邦銀行、七十七銀行、日本生命保険、マクロミル、JR東日本、東北電力、公務員など

筑波技術大学

天久保キャンパス　産業技術学部
〒305-8520　茨城県つくば市天久保4-3-15　聴覚障害系支援課教務係
TEL 029-858-9328　FAX 029-858-9335
春日キャンパス　保健科学部
〒305-8521　茨城県つくば市春日4-12-7　視覚障害系支援課教務係
TEL 029-858-9507　FAX 029-858-9517
<HP>https://www.tsukuba-tech.ac.jp/

● 学科組織
産業技術学部――産業情報学科　35
(聴覚障害系)　―総合デザイン学科　15
保健科学部―――保健学科　30
(視覚障害系)　（鍼灸学専攻20／理学療法学専攻10）
　　　　　―情報システム学科　10

● 沿 革
　1987(昭和62)年10月設立の筑波技術短期大学が前身となり、2005(平成17)年10月に開学しました。

● 大学GUIDE
　聴覚障害者がものづくりを学ぶ産業技術学部と、視覚障害者が健康づくりを学ぶ保健科学部の2学部を設置しています。
　産業情報学科では、「情報科学コース」「先端機械工学コース」「建築学コース」「支援技術学コース情報保障工学領域」「支援技術学コース福祉機器工学領域」「支援技術学コース福祉住環境学領域」のいずれかを選択。総合デザイン学科では「クリエイティブデザイン学コース」「支援技術学コースアクセシブルデザイン学領域」のいずれかを選択します。
　保健学科には鍼灸学専攻と理学療法学専攻の2専攻分野があります。情報システム学科では、視覚障害補償技術を活用し、コンピュータとその応用技術の基本を学びます。
　専門性とともに幅広い教養と人間性・社会性を培い、障害を理解・克服し、社会に適合できる自主性や柔軟性の育成を図ります。
　なお、両学部とも障害の程度に対して入学資格(条件)を設けています。
　卒業後は、専門分野での就職が多く、進学する学生もいます。

国立大学

667

筑波大学

〒305-8577 茨城県つくば市天王台1-1-1 教育推進部入試課 TEL 029-853-6007

●沿革
東京教育大学の移転を機に、大学の今日的な在り方に対する内外のさまざまな要請に応えるため、1973（昭和48）年、「開かれた大学」「教育と研究の新しい仕組み」「新しい大学自治」を特色とした総合大学として発足。

●学科組織

学群	学類	定員
人文・文化学群	人文学類	120
	比較文化学類	80
	日本語・日本文化学類	40
社会・国際学群	社会学類	80
	国際総合学類	80
人間学群	教育学類	35
	心理学類	50
	障害科学類	35
生命環境学群	生物学類	80
	生物資源学類	120
	地球学類	50
理工学群	数学類	40
	物理学類	60
	化学類	50
	応用理工学類	120
	工学システム学類	130
	社会工学類	120
情報学群	情報科学類	80
	情報メディア創成学類	50
	知識情報・図書館学類	100
医学群	医学類	134
	看護学類	70
	医療科学類	37
体育専門学群		240
芸術専門学群		100

大学GUIDE

筑波大学では、細かい専攻・コース決定は入学時には行わず、1〜2年次の学びのなかでじっくりと考え、決定します。

また学士課程段階の教育は、「学群・学類」が担います。「学群」は、学問的に近い複数の学類から構成され、相互に連携しやすい編成となっています。「学類」または「専門学群」は、それぞれの専門教育の直接的な実施組織であるとともに、関連する全学的な教育にも責任を持ちます。そしてそれぞれに「主専攻分野」を置き、確かな専門性を身につけるために重点的に履修すべき科目を定めるとともに、隣接する分野の科目も学べるような体制を組んでいます。学生はそれぞれの関心や問題意識に基づき、適切な範囲において必要とする授業科目を所属する学群・学類の枠を超えて全学に求めることができます。

大学院では、2020年4月から全組織を学位プログラム制へ移行。学位のレベルと分野に応じて達成すべき能力を明示し、修得させるための体系的な教育をすすめています。

CAMPUS情報

東京都心から北東約60kmに位置する、およそ258haの広々とした校地は、深い緑と清らかな水に恵まれ、東は霞ヶ浦、北を筑波山に囲まれ、さらに遠く西には富士山も眺望できます。四季の美しさは類を見ません。キャンパスの4地区には、約3,800室の部屋を設置した学生宿舎があります。また、学群、学系、センターなどが有機的に配置され、つくばエクスプレスの「つくば駅」を起点として、環状道路には循環バスが運行しています。

卒業後の進路

卒業生は企業、官公庁、教育界など社会の各分野で高く評価され、多様化する社会の新しい担い手として活躍しています。就職課では、就職ガイダンス、公務員採用模擬試験、教員採用模擬試験などを実施しています。

主な就職先 トヨタ自動車、日立製作所、NEC、野村證券、ソフトバンク、JR東日本、野村総合研究所など

入試・FILE

○推薦入学 全学群・全学類で実施
○アドミッションセンター入試 人文・文化学群、生命環境学群（生物学類）、情報学群、体育専門学群で実施。
〈HP〉https://www.tsukuba.ac.jp/

大学ガイド請求

大学案内等をご希望の方は、インターネットからテレメールで請求することができます。
詳細は大学HP等をご覧ください。

茨城大学

〒310-8512　水戸市文京2-1-1
TEL 029-228-8064・8066　入学課入学試験グループ
<HP>https://www.ibaraki.ac.jp/

● 学科組織

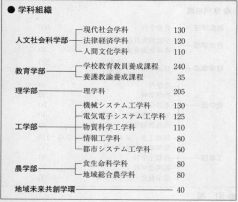

人文社会科学部	現代社会学科	130
	法律経済学科	120
	人間文化学科	110
教育学部	学校教育教員養成課程	240
	養護教諭養成課程	35
理学部	理学科	205
工学部	機械システム工学科	130
	電気電子システム工学科	125
	物質科学工学科	110
	情報工学科	80
	都市システム工学科	60
農学部	食生命科学科	80
	地域総合農学科	80
地域未来共創学環		40

● 沿　革

　1949(昭和24)年に新制大学として発足。2024(令和6)年、地域未来共創学環を開設。

● 大学GUIDE

　人文社会科学部では、地域や世界で次の時代を担う地域経営力を持つグローバル人材を育成。人文科学・社会科学を多面的に学び、専門分野を超えた幅広い視野と実践力を体得します。

　教育学部では、高度に専門化した課題や国際化・情報化にともなう課題を「教育」という視点で捉えて解決できる、広い意味での「教育者」の育成を目指しています。

　理学部では学科の枠組みを完全に取り払った「1学科6コース制」により、理学の高い専門知識と問題解決能力の習得を目指します。

　工学部には、工学のほぼ全分野をカバーする5学科を設置。世界的視野で未来に向かってはばたく科学技術を創造する拠点として、人と自然環境に調和した高度科学技術を実践する人材を育成しています。

　農学部は食料、食品の国際化や新たな農産物の開発を通じ、地域農業の活性化と豊かな地域づくりを支える人材の育成を目指します。

　地域未来共創学環では、ビジネスやデータサイエンスを中心に、分野・文理横断の学びから地域課題の解決や新たな価値創出に挑戦する実践的な人材を養成します。

● 卒業後の進路

　主な就職先　スズキ、SUBARU、日立製作所、富士通、キヤノン、イオンリテール、常陽銀行、日本航空、日立ハイテク、JR東日本、JA、公務員、教員など

宇都宮大学

〒321-8505　宇都宮市峰町350
TEL 028-649-5112　アドミッションセンター
<HP>https://www.utsunomiya-u.ac.jp/

● 学科組織

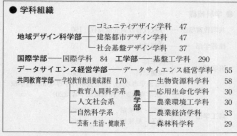

地域デザイン科学部	コミュニティデザイン学科	47
	建築都市デザイン学科	47
	社会基盤デザイン学科	37
国際学部	国際学科	84
工学部	基盤工学科	290
データサイエンス経営学部	データサイエンス経営学科	55

共同教育学部　学校教育教員養成課程 170
　　　教育人間科学系
　　　人文社会系
　　　自然科学系
　　　芸術・生活・健康系

農学部		
	生物資源科学科	58
	応用生命化学科	30
	農業環境工学科	30
	農業経済学科	33
	森林科学科	29

● 沿　革

　1949(昭和24)年に栃木師範学校、栃木青年師範学校および宇都宮農林専門学校を包括して発足しました。

● 大学GUIDE

　地域デザイン科学部では、地域活性化の中核的拠点として豊かな生活の実現に貢献。理系を中心に文理融合した地域系の教育を実践しています。

　国際学部は諸科学の連携による総合的研究と多文化共生のための体系的なカリキュラムで、多文化共生の専門的な知識・技術やチャレンジ精神、行動力を兼ね備えた「グローバルな実践力」を持った人材を育成します。

　共同教育学部では、群馬大学との共通授業を行っています。これまでの実践的な教育に加え、学外施設で実施する「教職特別演習(合同合宿)」等を実施。学外の学生や教員とのコミュニケーションを取り入れることで、より多角的な視点を持った教員を養成します。

　基盤工学科の1学科からなる工学部では、デザインと光をキーワードに、未来の社会に新しい価値やサービスを生み出す人材を育成します。2年次から応用化学コース、機械システム工学コース、情報電子オプティクスコースから1つのコースを選び、専門性を深めます。

　90年以上の歴史を誇る農学部は「実学と先端」の学風で知られ、持続的生物生産、環境修復と保全、生命科学および自然と人間・社会の共生を目指す社会システムのあり方などを研究しています。

　データサイエンス経営学部では、データサイエンスと経営学の専門性を磨く文理・分野複眼の学びで、実践的・科学的なアプローチから課題を発見・解決し、社会に実装する力を身につけます。

● 卒業後の進路

　主な就職先　清水建設、長大、本田技研工業、足利銀行、JR東日本、星野リゾート、キユーピー、TKC、国土交通省、農林水産省、各県庁など

群馬大学

〒371-8510　前橋市荒牧町4-2
TEL 027-220-7150　学務部学生受入課
<HP>https://www.gunma-u.ac.jp/

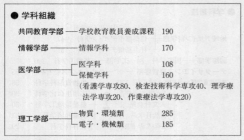

● 学科組織

共同教育学部	学校教育教員養成課程	190
情報学部	情報学科	170
医学部	医学科	108
	保健学科	160
	(看護学専攻80、検査技術科学専攻40、理学療法学専攻20、作業療法学専攻20)	
理工学部	物質・環境類	285
	電子・機械類	185

● 沿 革

　群馬師範学校、前橋医学専門学校などを母体として、1949（昭和24）年に発足しました。現在は情報学部、医学部を含む4学部の総合大学となっています。

● 大学GUIDE

　教育学部は2020年4月に宇都宮大学との共同教育学部へ改組。遠隔メディアシステムを用いた宇都宮大学との共通授業や、学外施設での合同研修などで専門性の高い学びを深めます。幼稚園、小中高等学校、特別支援学校の中から、複数の教員免許状の取得が可能です。

　情報学部では、メディア、コミュニケーション、情報をキーワードに、高度情報社会の課題を発見し、その解決策を科学的な思考と実践的な情報処理やデータの収集・分析によって提案できる人材を養成します。入学後、進路希望に応じて学生自らが学びの方向性を選択します。人文情報、社会共創、データサイエンス、計算機科学の4つのプログラムがあります。

　医学部では、早くから医療の実際に触れ、医療従事者としての立場を体験・認識し、モチベーションを持って学べるカリキュラムを整備しています。

　1915年設立の桐生高等染織学校を発祥とする理工学部は、100年以上に及ぶ歴史を誇る教育機関です。2021年4月から2類編成となり、先端的な研究・教育を展開。学生の女子比率は国立大学法人の中でもトップクラスで、建物や食堂などに女子学生が学びやすい環境が整っていることも大きな特徴です。

● 卒業後の進路

【主な就職先】 鹿島、本田技研工業、SUBARU、スズキ、いすゞ自動車、NEC、富士通、三菱電機、キヤノン、セイコーエプソン、メイテック、太陽誘電、一条工務店、白十字、東京海上日動火災保険、東和銀行、群馬銀行、TOPPAN、JR東日本、ニトリ、良品計画、大塚商会、東洋水産、公務員など

埼玉大学

〒338-8570　さいたま市桜区下大久保255
TEL 048-858-3036　アドミッションセンター
<HP>https://www.saitama-u.ac.jp/

● 学科組織

教養学部	教養学科		160
教育学部	学校教育教員養成課程		360
	養護教諭養成課程		20
経済学部	経済学科	〈昼間〉	280
		〈夜間主〉	15
理学部	数学科		40
	物理学科		40
	基礎化学科		50
	分子生物学科		40
	生体制御学科		40
工学部	機械工学・システムデザイン学科		110
	電気電子物理工学科		110
	情報工学科		80
	応用化学科		90
	環境社会デザイン学科		100

● 沿 革

　1949（昭和24）年、旧制浦和高等学校、埼玉師範学校、埼玉青年師範学校を母体に発足しました。

● 大学GUIDE

　教養学部では1年次にはどの専修課程にも属さず、2年次に5専修課程・11専攻の中から選択し、それぞれの専門を深めます。また、他専修・他学部の科目も幅広く学べるようカリキュラムが配慮されています。

　教育学部では、少人数ゼミと社会体験を重ねる教育プログラム、さらにはきめ細かい卒論指導により、増加する教員需要に対応できる、質の高い教師を養成します。

　経済学部は、2年次から経済分析・国際ビジネスと社会発展・経営イノベーション・法と公共政策の4つのメジャーに分かれて学ぶ専門教育体制により、専門基礎学力や複眼的思考による汎用能力を身につけます。

　理学部では自然科学を研究対象としており、その学問分野に応じて数、物理、基礎化、分子生物、生体制御の5学科を設けています。学部教育では論理的・抽象的思考能力、課題探求・問題解決能力を養います。

　工学部は5学科体制で、それぞれの専門分野に関する古典から最先端に至る知識や技術を体系的に学べる教育カリキュラムを用意。また、学科横断型のイノベーション人材育成プログラムで、様々な立場の仲間と課題解決に取り組める柔軟性の高い人材を育成しています。

● 卒業後の進路

【主な就職先】 富士ソフト、日本航空、一条工務店、大林組、日立製作所、三菱電機、SUBARU、東京海上日動火災保険、りそな銀行、大和証券、大和ハウス工業、メイテック、JR東日本、キヤノン、東芝、公務員、教員など

千葉大学

〒263-8522　千葉市稲毛区弥生町1-33
TEL 043-290-2183・2184　学務部入試課入試係
<HP>https://www.chiba-u.ac.jp/

● 学科組織

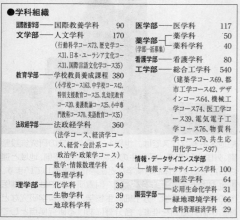

国際教養学部	国際教養学科	90
文学部	人文学科	170
	（行動科学コース73、歴史学コース31、日本・ユーラシア文化コース31、国際言語文化コース35）	
教育学部	学校教員養成課程	380
	（小学校コース163、中学校コース42、特別支援教育コース25、乳幼児教育コース20、養護教諭コース25、小中専門教科コース70、英語教育コース35）	
法政経学部	法政経学科	360
	（法学コース、経済学コース、経営・会計系コース、政治学・政策学コース）	
理学部	数学・情報数理学科	44
	物理学科	39
	化学科	39
	生物学科	39
	地球科学科	39
医学部	医学科	117
薬学部	薬学科	50
（学部一括募集）	薬科学科	40
看護学部	看護学科	80
工学部	総合工学科	540
	（建築学コース69、都市工学コース42、デザインコース64、機械工学コース74、医工学コース39、電気電子工学コース76、物質科学コース79、共生応用化学コース97）	
情報・データサイエンス学部	情報・データサイエンス学科	100
園芸学部	園芸学科	64
	応用生命化学科	31
	緑地環境学科	66
	食料資源経済学科	29

● 沿　革

　1949（昭和24）年、千葉医科大学、同附属医学専門部、同附属薬学専門部、千葉師範学校、千葉青年師範学校などを包括して設置されました。

● 大学GUIDE

　千葉大学は、世界を先導する創造的な教育・研究活動を通しての社会貢献を使命とし、生命のいっそうの輝きを目指す未来志向型大学として、たゆみない挑戦を続けています。2020年度には「千葉大学グローバル人材育成戦略"ENGINE"」を始動。留学のプログラムや支援体制のさらなる強化、外国人教員の増員や教育改革などを行い、学部・大学院生の全員留学を実施しています。

　メインキャンパスである西千葉キャンパスは、国際教養、文、教育、法政経、理、工、情報・データサイエンス学部と大学院、附属の教育・研究センター、附属図書館などを擁しています。また、千葉市中心部の亥鼻キャンパスには、医療系3学部と大学院、大学病院などの施設・設備が整っています。このほか、園芸学部が学ぶ松戸キャンパス、環境健康フィールド科学センターなどが設置された柏の葉キャンパスがあります。いずれのキャンパスも利便性の高い場所にあり、国立歴史民俗博物館やかずさアカデミアパークなど周辺の諸機関と交流しながら、先端的な教育・研究を進めています。

● 卒業後の進路

　主な就職先　鹿島、本田技研工業、富士通、日立製作所、三菱電機、ソフトバンク、キヤノン、千葉銀行、NTTドコモ、NTTデータ、アクセンチュアなど

東京海洋大学

〒108-8477　東京都港区港南4-5-7
TEL 03-5463-0510　入試課
<HP>https://www.kaiyodai.ac.jp/

● 学科組織

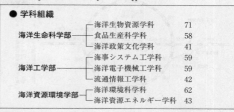

海洋生命科学部	海洋生物資源学科	71
	食品生産科学科	58
	海洋政策文化学科	41
海洋工学部	海事システム工学科	59
	海洋電子機械工学科	59
	流通情報工学科	42
海洋資源環境学部	海洋環境科学科	62
	海洋資源エネルギー学科	43

● 沿　革

　2003（平成15）年10月、大日本水産会水産伝習所を母体とする東京水産大学と、三菱商船学校を母体とする東京商船大学が統合、東京海洋大学が設置されました。

● 大学GUIDE

　東京海洋大学は、周囲を海で囲まれた海洋国「日本」で唯一の、海洋に関する学問を総合的・専門的に教育研究する大学です。海洋生命科学部（品川キャンパス）と海洋工学部（越中島キャンパス）、海洋資源環境学部（品川キャンパス）の3学部を設置しています。

　海洋生命科学部は、海洋生物資源の利用、食品の生産・安全・流通、海との共生や水産資源管理など、海洋・水圏と人間社会に関する諸課題について教育と研究を行い、人類社会の持続可能な発展に貢献しています。

　海洋工学部は、「海から未来へ」を合言葉に、貿易立国・技術立国である日本の繁栄を支え、広く世界へ、未来へと伸びていく人材を育てます。実践的な工学の知識と技術を身につけた指導的エンジニアを目指します。

　海洋資源環境学部では、海に関する基礎的・総合的な理解と、海の利用・開発・保全に関する教育・研究を行っています。環境と資源・エネルギーについての科学的知識や技術を備え、日本の海洋利用をリードしていく人材の育成を目指します。

　さらに、海洋生命科学部と海洋資源環境学部の卒業生を対象にした海洋科学専攻科、海洋工学部（海事システム工学科、海洋電子機械工学科機関システム工学コース）の卒業生を対象にした乗船実習科も置かれています。

● 卒業後の進路

海洋生命科学部：就職42.6%、大学・大学院進学52.3%、海洋科学専攻科進学3.4%、その他1.7%

海洋工学部：就職43.5%、大学・大学院進学26.6%、乗船実習科進学25.4%、その他4.5%

海洋資源環境学部：就職22.2%、大学・大学院進学66.7%、海洋科学専攻科7.4%、その他3.7%

東 京 大 学

〒113-8654　東京都文京区本郷7-3-1　入試事務室　TEL 03-5841-1222

●沿　革
1877（明治10）年、東京開成学校と東京医学校が合併し、わが国最初の総合大学として創立。東京帝国大学など名称変更を経て、1947（昭和22）年より東京大学となりました。

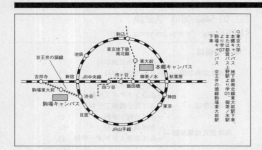

● 募集人員

文科一類	401（前期）	理科一類	1,108（前期）
文科二類	353（前期）	理科二類	532（前期）
文科三類	469（前期）	理科三類	97（前期）

柏地区キャンパスでは、世界トップクラスの研究施設整備、外国人研究者・留学生のための宿舎の整備、地域と連携した生活支援体制の構築など国際化を推進しています。

大学GUIDE

　東京大学は、1877年に創設された日本で最も古い国立大学であり、10学部、15の大学院研究科・教育部、11の附置研究所などを擁する日本で最大の国立大学です。

　前期課程教育では、特定の専門分野に偏らない視野と総合的な判断力を養うリベラルアーツ教育を効果的に実践し、「自ら原理に立ち戻って考える力」「考え続ける忍耐力」「自ら新しいアイディアや発想を生む力」という3つの基礎力を鍛えるために、多様な授業科目が提供されています。

　一般選抜による入学者は、前期課程で得た広範な分野の知見と学びの基礎力をもとに、後期課程における自分の進むべき専門分野の学部・学科等を主体的に選択します。学校推薦型選抜による入学者は、入学後は教養学部前期課程の6つの科類のうちいずれかに所属することになりますが、前期課程修了後は出願時に志望した学部等へ進学します。

CAMPUS情報

キャンパス
　1、2年次は駒場地区キャンパスで、3年次以降は本郷地区キャンパスで学びます。ただし、教養学部後期課程の学生は3年次以降も駒場地区で学びます。

附置研究所・全学センター
　附置研究所では、先端医療の開発や地震学、分子細胞生物学、社会科学研究など幅広い研究活動を推進。各分野における研究拠点としての役割を果たし、生み出した成果を社会に広く還元するとともに、東京大学大学院の教育機関として、優れた人材の養成にも取り組んでいます。このほか、各専門分野における研究の活性化や産学連携の促進など、多岐にわたる目的で全学センターを設置しています。

学生宿舎
　三鷹国際学生宿舎は、外国人留学生と日本人学生の混住宿舎で、定員は外国人留学生が約3割、日本人学生が約7割となっています。各部屋は8畳の個室で、ユニットバス、机・ベッドが備え付けられています。駒場キャンパスまで約45分で通えます。ほかに、豊島国際学生宿舎や目白台インターナショナルビレッジもあります。

卒業後の進路

　文系学部は、培った能力を社会に役立てるべく就職する学生が多く、理系学部では、将来の研究活動や就職に備えて、大多数が大学院進学の道を選択しています。就職希望者には各学部で就職支援を行い、さらにキャリアサポート室が就職情報の提供やキャリア相談、各種セミナーおよびイベントの企画・運営を行っています。

入試・FILE

○学校推薦型選抜
書類選考及び面接などに大学入学共通テストの結果を組み合わせた方法で実施します。

大学ガイド請求

「大学案内」は、ホームページでも閲覧できます。郵送をご希望の方は、ホームページ、テレメールからご請求ください。
〈HP〉https://www.u-tokyo.ac.jp/

お茶の水女子大学

〒112-8610　東京都文京区大塚2-1-1
TEL 03-5978-5151　入試課
<HP>https://www.ocha.ac.jp/

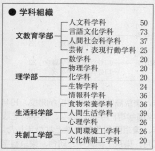

● 学科組織

文教育学部	人文科学科	50
	言語文化学科	73
	人間社会科学科	37
	芸術・表現行動学科	25
理学部	数学科	20
	物理学科	20
	化学科	20
	生物学科	24
	情報科学科	36
生活科学部	食物栄養学科	36
	人間生活学科	39
	心理学科	26
共創工学部	人間環境工学科	26
	文化情報工学科	20

● 沿 革

1875（明治8）年、東京女子師範学校が御茶ノ水（現・文京区湯島1丁目）に開校。1932（昭和7）年、現在地に移転。1949（同24）年、お茶の水女子大学が設置されました。

● 大学GUIDE

小規模大学の特色を生かした少数精鋭主義によるきめ細かで幅広い教育・研究を実践しています。領域横断的な視野、変化に対応する判断力を養う「21世紀型文理融合リベラルアーツ」と、多様で主体的な専門性の高い学びを構築する「複数プログラム選択履修制度」により、21世紀の社会に必要とされる教養と専門性を備え、自主自立の精神に富んだ、女性リーダーを育成する教育を行っています。

また、オックスフォード大学クイーンズコレッジ（イギリス）、ロンドン大学キングスカレッジ（イギリス）、ウィーン工科大学（オーストリア）、カリフォルニア大学サンディエゴ校（アメリカ）、北京大学（中国）など32カ国90校の大学と協定を結び、大学間交流も活発に行われています。

● 卒業後の進路

主な就職先　富士通、日立製作所、NEC、日本銀行、東京海上日動火災保険、NTT東日本、NHK、アクセンチュア、楽天グループなど

東京学芸大学

〒184-8501　東京都小金井市貫井北町4-1-1
TEL 042-329-7204　学務部入試課
<HP>https://www.u-gakugei.ac.jp/

● 学科組織

教育学部	学校教育教員養成課程 （初等教育専攻・A類525、中等教育専攻・B類250、特別支援教育専攻・C類40、養護教育専攻・D類10） 教育支援課程 （教育支援専攻・E類185）

● 沿 革

1949（昭和24）年に、東京第一師範学校、第二師範学校、第三師範学校、青年師範学校を統合して誕生しました。

● 大学GUIDE

「教育への情熱、知の創造」を目標に掲げ、わが国の教員養成の基幹大学として、高い知識と教養を備えた創造力・実践力に富む有為の教育者の養成に取り組んでいます。

学部は教育学部のみで、2つの課程に分かれています。このうち、「学校教育教員養成課程」は教員免許を取らないと卒業できないコースで、初等教育専攻・A類、中等教育専攻・B類、特別支援教育専攻・C類、養護教育専攻・D類の4専攻からなります。一方、「教育支援課程」は、幅広い教養と専門性を身につけて、多様な分野で教育や社会に関わっていきたいと思っている人向けに7コースを設置しています。

どちらの課程も、深い教養を身につける「教養科目」、未来を創造する教育について学ぶ「教育創成科目」、学校教育の基礎を学ぶ「教育基礎科目」、専門分野について学ぶ「専攻科目」の4つの科目群を通して広く深く学んでいきます。

● 卒業後の進路

教員養成課程では小学校をはじめとする教員への道が開かれます。教育支援課程はコースの専門を生かし、企業・団体への就職や、公務員、学芸員など活躍の場は多岐にわたります。

東京藝術大学

〒110-8714　東京都台東区上野公園12-8
TEL 050-5525-2075　学生課入学試験係
<HP>https://www.geidai.ac.jp/

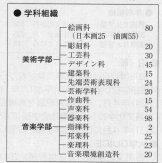

● 学科組織

美術学部	絵画科 （日本画25　油画55）	80
	彫刻科	20
	工芸科	30
	デザイン科	45
	建築科	15
	先端芸術表現科	24
	芸術学科	20
音楽学部	作曲科	15
	声楽科	54
	器楽科	98
	指揮科	2
	邦楽科	25
	楽理科	23
	音楽環境創造科	20

● 沿 革

1887（明治20）年、東京美術学校（現在の美術学部）および東京音楽学校（現在の音楽学部）が開校。この2校を包括して、1949（昭和24）年に東京藝術大学が設置されました。

● 大学GUIDE

美術学部は主としてアトリエを中心とした制作活動に、音楽学部では個人レッスンを中心とした個人指導によって、学生の実技修練および創造性の開発を図ります。

美術学部の芸術学科、音楽学部の楽理科は、学問研究の性格が強い学科ですが、理論学習だけではなく実技にも重点を置いて学ぶのが特徴です。

キャンパスは上野のほか、取手、横浜、北千住にあります。取手キャンパスは、美術学部先端芸術表現科の2年次以降、大学院美術研究科先端芸術表現専攻、グローバルアートプラクティス専攻が利用しています。千住キャンパスは、音楽学部音楽環境創造科と大学院国際芸術創造研究科が、横浜キャンパスは大学院映像研究科が展開しています。

● 卒業後の進路

美術学部がデザイナー、出版編集・美術家・建築関係など、音楽学部は教員、演奏家、音楽関連会社など。大学院進学や海外留学も多数。

東京外国語大学

〒183-8534　東京都府中市朝日町3-11-1
TEL 042-330-5179　入試課入学試験係
<HP>https://www.tufs.ac.jp/

● **学科組織**

言語文化学部	言語文化学科	335
国際社会学部	国際社会学科	335
国際日本学部	国際日本学科	75

● **沿　革**

　1899（明治32）年、高等商業学校から分離独立した東京外国語学校が前身。2000（平成12）年、現在地に移転。2012（同24）年4月、学部教育組織を再構成し、外国語学部を「言語文化学部」と「国際社会学部」の2学部に改編。2019（同31）年4月に国際日本学部を設置しました。

● **大学GUIDE**

　「言語文化学部」では世界諸地域の言語・文化に精通し、言語や文化の壁を越えたコミュニケーション能力とコーディネート能力を備え、国内外において言語間・文化間の架け橋となり、新たな価値観の創成に寄与する国際教養人を養成します。

　「国際社会学部」では、世界諸地域の複雑な仕組みを把握し、分析するリサーチ能力と、グローバルな視点から問題を解決する実践的な能力を備え、国内外において社会・政治・経済等の領域で活躍できる国際職業人を養成します。

　「国際日本学部」は、日本人学生と留学生がともに学ぶ学部です。日本の政治・経済・社会・歴史・文学・文化などを総合的に学び、世界に向けて日本について発信する力や、日本の問題解決を担える知識と協働力を備えた人材を育成します。1年次より多文化コラボレーション科目をはじめ、多くの授業で課題解決型のアクティブ・ラーニングに取り組みます。

　また、東京外国語大学には世界15地域28言語からなる教育組織体制があり、受験時に選択した言語を中心に学びます。ただ、どの言語を選択しても世界共通のコミュニケーション言語である英語は必須となります。「グローバル人材育成言語教育プログラム（GLIP）」のもと、全学生が英語について学び、学術研究やビジネス界に通用するレベルまでステップアップさせています。

　海外留学をする学生も多く、東京外国語大学が持つ「世界がキャンパス」のネットワークを利用して、日本人学生の約8割が留学を経験しています。

● **卒業後の進路**

　主な就職先　日立製作所、日本IBM、伊藤忠商事、楽天グループ、アクセンチュア、三菱UFJ銀行、京セラ、スズキ、トヨタ自動車、日産自動車、ダイキン工業、日本郵船、JETRO、外務省、防衛省、東京都庁など

東京医科歯科大学

（2024年10月、東京工業大学と統合、東京科学大学に名称変更予定）

〒113-8510　東京都文京区湯島1-5-45
TEL 03-5803-5084　統合教育機構入試課学部入試係
<HP>https://www.tmd.ac.jp/

● **学科組織**

医学部	医学科	101	
	保健衛生学科	看護学専攻	55
		検査技術学専攻	35
歯学部	歯学科	53	
	口腔保健学科	口腔保健衛生学専攻	22
		口腔保健工学専攻	10

● **沿　革**

　1928（昭和3）年、東京高等歯科医学校が開校。1944（同19）年に東京医学歯学専門学校となり、医学科を設置。1951（同26）年、東京医科歯科大学となりました。2024（令和6）年10月、東京工業大学と統合、東京科学大学に名称変更予定。

● **大学GUIDE**

　入学後の1年間は、教養部で医療人に必要な教養と人間力を身につけます。全学部共通科目を履修してから、専門科目を履修するというカリキュラムです。医学科、歯学科の学生が合同で行う医歯学融合教育も行っています。

　医学科では動物材料や臨床材料を用いた最先端の基礎的研究が、また附属病院では最新の医療機器と最高の知識・技術を持つ医師団による医療が行われています。卒業後は医学・医療の進歩に尽力し、国内のみならず国際社会で活躍することが期待されています。

　保健衛生学科の看護学専攻では体験学習を重視しています。臨地実習では、技術の到達点を確認しながら学習できる独自システムを用い、附属病院との連携の下に展開していきます。検査技術学専攻では、学際的視野と研究能力を備え、検査技術の発展に寄与し、新たな世代の指導にあたる研究者・教育者を養成します。

　歯学科の学修分野は、歯、骨、歯肉、摂食嚥下、発音・発声などと多彩。学内外の研究室で長期間研究を行う研究実習や、診療参加型の臨床実習が特徴的。海外との学術交流も盛んで、多くの留学生が学んでいます。

　口腔保健学科は、口腔保健衛生学専攻と口腔保健工学専攻を設置。保健医療分野と福祉分野の連携を図り、口腔保健学に関する総合的な科学的研究を行っています。

● **卒業後の進路**

【卒業時取得できる資格（いずれも国家試験受験資格）】
医学科：医師　**保健衛生学科看護学専攻**：看護師、保健師　**保健衛生学科検査技術学専攻**：臨床検査技師
歯学科：歯科医師　**口腔保健学科口腔保健衛生学専攻**：歯科衛生士　**口腔保健学科口腔保健工学専攻**：歯科技工士
医学科、歯学科はほぼ研修医に、保健衛生学科の多くは病院勤務か大学院に進学しています。

東京工業大学

(2024年10月、東京医科歯科大学と統合、東京科学大学に名称変更予定)

〒152-8550 東京都目黒区大岡山2-12-1 学務部入試課 TEL 03-5734-3990

●沿 革
1881（明治14）年に設けられた東京職工学校が前身。
1929（昭和4）年に「東京工業大学」となりました。
2024（令和6）年10月、東京医科歯科大学と統合、「東京科学大学」に名称変更予定。

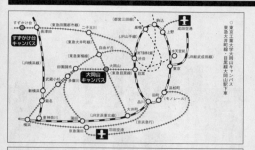

●学院・系組織

理学院151（数学系、物理学系、化学系、地球惑星科学系）

工学院358（機械系、システム制御系、電気電子系、情報通信系、経営工学系）

物質理工学院183（材料系、応用化学系）

情報理工学院132（数理・計算科学系、情報工学系）

生命理工学院150（生命理工学系）

環境・社会理工学院134（建築学系、土木・環境工学系、融合理工学系）

大学GUIDE

学部と大学院を統一した「学院」では、学士課程（※学部相当）と修士課程、博士後期課程を継ぎ目なく修学しやすく設計された教育体系を提供（それぞれの課程ごとに学位は授与されます）。理学院、情報理工学院、物質理工学院、工学院、生命理工学院、環境・社会理工学院の6学院を設置しています。また、東京工業大学の理念を象徴する「リベラルアーツ研究教育院」もあわせて創設しました。

「2030年に世界トップ10のリサーチユニバーシティ」を目標に、研究のさらなる質の向上を目指します。

CAMPUS情報

附属図書館（大岡山）は、理工系雑誌の収集数において国内最大規模を誇り、理工学系外国雑誌センター館の指定を受けています。土、日、祝日も開館しています。

また、東工大が世界に誇るスーパーコンピューター「TSUBAME」は、学内・外のプロジェクトに活用されています。データ解析や数値計算性能、電力性能の分野で、世界のトップクラスに位置しています。

さらに、東京工業大学地球生命研究所（ELSI）は、「生命が生まれた初期地球の環境をもとに地球・生命の起源を解明する」研究所です。世界トップレベルの研究拠点形成を目指す文部科学省の「WPIプログラム」によって設立された研究所として、英語でのサポートや恵まれた研究設備など世界中から優秀な研究者が集まる理想的な研究環境を用意し、世界に誇れる研究拠点を目指します。

国際交流

72の国と地域から年間約1,800人の留学生が学ぶなど、国際交流は盛んです。また、授業料不徴収協定を締結している世界各地の大学へ1年以内の期間で留学できる制度を利用できます。

さらに、「国際基礎力」「国際実践力」「国際協働力」を段階的に発展させる国際性涵養に特化した、グローバル理工人育成コースも設置。また、「大学の世界展開力強化事業」では世界のトップ大学で研究するなど、毎年多数の学生が海外で学んでいます。

卒業後の進路

大学院へは例年、約80〜90パーセントの卒業生が進学。

主な就職先 本田技研工業、日産自動車、ソニー、日立製作所、富士通、三菱電機、三菱ケミカル、旭化成、三菱UFJ銀行、NTTドコモ、鹿島、日本IBM、京セラ、楽天グループ、野村総合研究所、アクセンチュアなど

国立大学

入試・FILE

○学校推薦型選抜　理学院・生命理工学院で実施
○総合型選抜　理学院を除く全学院で実施
○私費外国人留学生特別入試　全学院で実施
○国費外国人留学生優先配置入試　環境・社会理工学院融合理工学系で実施
〈HP〉https://admissions.titech.ac.jp/

大学ガイド請求

入学案内はテレメール、モバっちょで請求できるほか、ホームページでの閲覧も可能です。また、大学で直接受領する場合は、キャンパス・配布場所により配布可能時間が異なりますので、ホームページをご確認ください。

一 橋 大 学

〒186-8601　東京都国立市中2-1　TEL 042-580-8150　学務部入試課

●沿革
1875(明治8)年、森有礼によって私設された商法講習所に始まり、東京高等商業学校、東京商科大学を経て、1949(昭和24)年に新制の一橋大学になりました。

- 一橋大学
- 国立キャンパス
  JR中央線国立駅下車、徒歩約10分
- 小平国際キャンパス
  西武多摩湖線一橋学園駅下車、徒歩約7分
- 千代田キャンパス
  地下鉄各線神保町駅下車、徒歩約5分または
  地下鉄東西線竹橋駅下車、徒歩約5分

● 学科組織

商 学 部 258	—	経営学科
	—	商学科
経済学部 258	—	経済学科
法 学 部 159	—	法律学科
社会学部 220	—	社会学科
ソーシャル・データサイエンス学部 60	—	ソーシャル・データサイエンス学科

大学GUIDE

　実学を旨とし実業人の養成を目指して創設された、最も歴史ある社会科学の総合大学です。カリキュラムの特徴は、必修のゼミナールを核とする少人数教育。各ゼミは7〜8人構成のため、教員の指導も行き届きます。

　「各学部での学部教育」と「考える人間としての基盤を養うための全学共通教育」という二本の柱を持つカリキュラムのもとで、4年間にわたる並行的・体系的履修が可能となるような教育に力を入れています。また、一部の科目を除いて、所属学部以外の科目を自由に履修することができ、学部間履修の垣根が低いことも特徴の一つです。大学院経営管理研究科と経済学研究科、法学研究科および社会学研究科では、5年間で修士号まで取得できるプログラムを実施しています。

CAMPUS情報

　国立キャンパスには、ロマネスク様式の兼松講堂などが豊かな自然の中に溶け込んでいます。図書館には、約

208万冊の蔵書があります。授業は国立キャンパスで行われます。小平国際キャンパスには、寮や国際交流プラザがあり、学生生活のサポートをしています。

　大学を取り巻く国際的な環境は特色のひとつで、現在も大学院生を中心に世界の54か国・地域から多くの留学生を受け入れています。また、ロンドン大学やカリフォルニア大学、北京大学など93機関と学生交流協定を結んでおり、留学の道も開かれています。海外留学奨学金制度があります。

卒業後の進路

　就職率は高い水準を保っています。就職活動において重要な位置を占める企業の説明会やセミナーには、2022年度に学内で開催された企業・官庁の説明会や一橋生限定として開催されているものを含め延べ約580社・団体が参加しています。自分の将来の選択肢が広く持て、就職実績も高いのが一橋大学の魅力です。

主な就職先　富士通、味の素、三菱商事、伊藤忠商事、丸紅、住友化学、三菱UFJ銀行、三井住友銀行、東京海上日動火災保険、日本生命保険、野村證券、日本航空、NTTデータ、楽天グループ、NHK、大和証券、日本銀行、アクセンチュア、日本製鉄など

入試・FILE

○学校推薦型選抜／全学部で実施
○外国学校出身者選抜／ソーシャル・データサイエンス学部を除く全学部で実施
○私費外国人留学生選抜／ソーシャル・データサイエンス学部を除く全学部で実施
〈HP〉https://www.hit-u.ac.jp/

大学ガイド請求

「大学案内」は、ホームページでも閲覧できます。郵送をご希望の方は、テレメールやモバっちょ等からご請求ください。

電気通信大学

〒182-8585　東京都調布市調布ケ丘1-5-1　アドミッションセンター　TEL 042-443-5104

●沿革
1918(大正7)年、社団法人電信協会管理無線電信講習所創設。その後逓信省に移管し、1945(昭和20)年に中央無線電信講習所と改称。1949(同24)年、電気通信大学を設置。2016(平成28)年、情報理工学部を情報理工学域に改組。

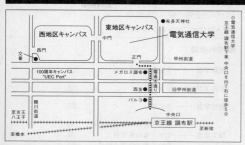

●学科組織

```
             ┌ Ⅰ類(情報系)─┬─ メディア情報学プログラム
             │   255      ├─ 経営・社会情報学プログラム
             │            ├─ 情報数理工学プログラム
             │            └─ コンピュータサイエンスプログラム
             │ Ⅱ類(融合系)─┬─ デザイン思考・データサイエンスプログラム
             │   235      ├─ セキュリティ情報学プログラム
  情報理工     │            ├─ 情報通信工学プログラム
  学  域 ─────┤            ├─ 電子情報学プログラム
             │            ├─ 計測・制御システムプログラム
             │            └─ 先端ロボティクスプログラム
             │ Ⅲ類(理工系)─┬─ 機械システムプログラム
             │   230      ├─ 電子工学プログラム
             │            ├─ 光工学プログラム
             │            ├─ 物理工学プログラム
             │            └─ 化学生命工学プログラム
             └ 先端工学基礎課程(夜間主)  30
```

大学GUIDE

　学部を持つ国立大学の中で唯一、名称に地名を含まない大学です。日本全国に開かれた大学を創ろうという精神に基づき、開学以来この名称を受け継いできました。

　情報・電気・通信を中核としつつ、物理工学、材料科学、生命科学、光科学、エレクトロニクス、ロボティクス、機械工学、メディアなど、理工学の基礎から応用まで、広範な分野での教育と研究を行っています。

　情報理工学域では、豊かで安全な社会の継続的な発展を支える「総合コミュケーション科学」の創出を担う人材を育成します。そのため、情報分野、理工分野はもとより、情報と理工の融合による学際分野において幅広い視野を持ち、実践的な専門知識と革新的想像力を養うことを目的に、教育体制が整備されています。

　学生の興味・関心の方向性を緩やかに括った情報系・融合系・理工系の3つの「類」では、1年次において全学共通科目を中心に情報学・理工学全般の基礎を幅広く学び、2年次後半からは15の「専門教育プログラム」への配属を通して専門性を高めていきます。各専門教育プログラムでは、大学院博士前期課程(修士課程)との一貫性に配慮したカリキュラムを編成し、大学院へのスムーズな接続を可能にしています。

CAMPUS情報

　都心から約15分という非常に便利な場所にありながら、学内は武蔵野の面影を残す緑が濃く、静寂で勉学研究に最適な環境です。雰囲気は自由で明るく、学生は伸び伸びと勉学や課外活動に打ち込んでいます。

国際交流

　日常的に国外の人とふれあう機会がある「普段着の国際化」を目指しています。全学生向けに、語学留学、交換留学、国際インターンシップ、研究室交流(インターラボ)など多彩なプログラムを用意。留学生との交流をはじめ、キャンパス内でも国際環境を提供しています。

卒業後の進路

　多くの卒業生が大学院へ進学し、勉学と研究を深めています。一方、就職希望者に対しては「キャリア支援センター」と同窓会「目黒会」の2組織が連携して強力なサポートを行い、満足度の高い就職を実現しています。

　主な就職先　NTTドコモ、富士通、NTTデータ、NEC、KDDI、キヤノン、ソニー、日立製作所、ヤフー、ルネサスエレクトロニクス、コーエーテクモホールディングス、本田技研工業、三菱電機、NTTコミュニケーションズ、ソフトバンク、リコー、NTTコムウェア、NHKなど

国立大学

2025年度入学者選抜

・大学入学共通テストで「情報Ⅰ」の受験を必須
・一般選抜前期日程の個別学力検査において、「物理」「化学」とともに「情報」を受験科目として選択可能
・Ⅰ類(情報系)の総合型選抜、学校推薦型選抜において、CBT(Computer Based Testing)を活用した「情報」「数学」に関する基礎学力検査を実施

大学ガイド請求

学生募集要項・大学案内等の入手方法は、「テレメール」「モバっちょ(大学情報センター)」を利用する方法、「大学に直接請求(郵送、来学)」する方法があります。なお、一般選抜はインターネット出願のため募集要項は配布しておらず閲覧になります。入手方法の詳細は大学ホームページをご覧ください。
〈HP〉https://www.uec.ac.jp/

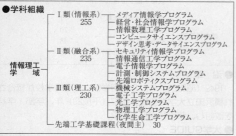

情報基盤センター演習室授業風景

東京農工大学

〒183-8538　東京都府中市晴見町3-8-1
TEL 042-367-5837　教学支援部入試企画課
<HP>https://www.tuat.ac.jp/

● 学科組織

農学部	生物生産学科	57
	応用生物科学科	71
	環境資源科学科	61
	地域生態システム学科	76
	共同獣医学科	35
工学部	生命工学科	81
	生体医用システム工学科	56
	応用化学科	81
	化学物理工学科	81
	機械システム工学科	102
	知能情報システム工学科	120

● 沿 革

1874（明治7）年、内務省勧業寮内藤新宿出張所の農事修学場および蚕業試験掛開設。幾多の変遷を経て、東京農林専門学校、東京繊維専門学校となり、1949（昭和24）年、2校を包括して新制度による大学として開学。

● 大学GUIDE

農学部では、農学、生命科学、環境科学、森林科学、人文社会科学、獣医学分野の諸問題を解決し、持続発展可能な社会を形成するための知識を身につけます。豊かな教養と高い倫理観、国際感覚を備え、共生社会を構築して社会に貢献する、先駆的で人間性豊かな人材を育成します。学科専門科目には学科の特色を出した講義科目や実験・実習科目が開設され、きめ細かく専門的な教育が行われています。

工学部では、工学分野の科学技術に関する基礎、専門知識・技術、論理的思考力、表現力、多様性を受容する力や協働性を育む教養を学びます。専門性を備え、人類が直面する諸課題について多面的に考察して判断し、他者と協働して課題解決に取り組む人材を養成します。「バイオ/医工系」「エネルギー/環境/マテリアル系」「モビリティ/ロボティクス/コンピュータ/AI系」の専門性を軸に、複数の専門領域を学べるカリキュラムが用意されています。

キャンパスは2カ所。府中市に農学部、小金井市に工学部があり、1年次から各キャンパスで受講します。

● 卒業後の進路

大学院への進学率が高く、大学院修了後に就職する学生が多いのが特徴です。進路・就職相談室では豊富な経験と知識を有するキャリア・アドバイザーを学外から招請し、学生の相談に応じています。

主な就職先　日産自動車、本田技研工業、日立製作所、ソニー、パナソニック、NEC、三菱電機、キヤノン、ソフトバンク、KDDI、野村総合研究所、住友化学、富士通、京セラ、川崎重工業、農林水産省、東京都庁など

横浜国立大学

〒240-8501　横浜市保土ケ谷区常盤台79-1
TEL 045-339-3121　入試課
<HP>https://www.ynu.ac.jp/

● 学科組織

教育学部	学校教員養成課程	200
経済学部	経済学科	258
経営学部	経営学科	297
理工学部	機械・材料・海洋系学科	185
	化学・生命系学科	187
	数物・電子情報系学科	287
都市科学部	都市社会共生学科	74
	建築学科	70
	都市基盤学科	48
	環境リスク共生学科	56

● 沿 革

1949（昭和24）年に2師範学校、2専門学校が統合され横浜国立大学を設置。2017（平成29）年、学部・学科を改組し、都市科学部を開設。

● 大学GUIDE

現実の社会とのかかわりを重視する「実践性」、新しい試みを意欲的に推進する「先進性」、社会全体に大きく門戸を開く「開放性」、海外との交流を促進する「国際性」を重視し、「知の統合型大学」として世界水準の研究大学を目指しています。

教育学部では小・中・高等学校、特別支援学校など、さまざまな教育現場の未来を支える多角的な視野と洞察力を兼ね備えた次世代の教員を養成しています。経済学部では英語による専門科目を取り入れ、グローバル社会で通用する実践的コミュニケーション能力を育むことで、グローバル化の深化に対応し、経済社会にイノベーションをもたらす人材を育成。経営学部ではグローバルに活躍できるビジネス人材、社会の革新を主導する変革型リーダー、特定分野の高い専門性と幅広い専門知識を統合できるゼネラリストを養成します。理工学部では、理学・工学両方の素養を身につけた後に専門教育を受け、工学的センスを持った理学系科学者、理学的センスをもった工学研究者・技術者を育成。都市科学部では、これからの都市がどうあるべきかというテーマに、文理にわたる幅広い視点から科学的に取り組んでいます。

● 卒業後の進路

主な就職先　本田技研工業、日産自動車、デンソー、ソニーグループ、富士通、日立製作所、NEC、キヤノン、野村総合研究所、鹿島、KDDI、NTTデータ、NTTドコモ、楽天グループ、大和証券、アクセンチュアなど

新潟大学

〒950-2181　新潟市西区五十嵐2の町8050
TEL 025-262-6079　学務部入試課
\<HP\>https://www.niigata-u.ac.jp/

● 学科組織

人文学部 ── 人文学科	210
教育学部 ── 学校教員養成課程	180
法学部 ── 法学科	170
経済科学部 ── 総合経済学科	350
理学部 ── 理学科	200
（数学プログラム、物理学プログラム、化学プログラム、生物学プログラム、地質科学プログラム、自然環境科学プログラム、フィールド科学人材育成プログラム）	
医学部 ── 医学科	140
保健学科	160
（看護学専攻80、放射線技術科学専攻40、検査技術科学専攻40）	
歯学部 ── 歯学科	40
口腔生命福祉学科	20
工学部 ── 工学科	530
（機械システム工学プログラム、社会基盤工学プログラム、電子情報通信プログラム、知能情報システムプログラム、化学システム工学プログラム、材料科学プログラム、建築学プログラム、人間支援感性科学プログラム、協創経営プログラム）	
農学部 ── 農学科	175
（応用生命科学プログラム、食品科学プログラム、生物資源科学プログラム、流域環境学プログラム、フィールド科学人材育成プログラム）	
創生学部 ── 創生学修課程	65

● 沿革

　1949（昭和24）年に、新潟医科大学、旧制新潟高等学校、長岡工業専門学校、新潟第一師範学校、新潟青年師範学校、新潟第二師範学校、県立農林専門学校を母体として誕生。

● 大学GUIDE

　新潟大学は1949年の創設以来、環日本海領域における「知」の拠点としてその役割を果たしてきました。常によりよい教育と研究を目指して、施設や設備の充実、組織の再編、教育改善などに努めています。

　新潟大学では、主専攻以外の領域を副専攻として体系的に学修できる「メジャー・マイナー制」を導入。

興味・関心や問題意識に沿って学修を進められるサポート体制が整っています。主専攻と副専攻を柔軟に組み合わせた学びで、社会的課題に対して複眼的視野でアプローチできる人材を育成します。国際交流にも力を入れており、現在、54の国・地域から522人の留学生が学んでいます。

　また、新潟大学には地域や仲間の思いを大切にしながら、正解のない地域課題に学生・教員・職員によるチームで取り組む課外プログラム「ダブルホーム」があります。第1のホームである学部・学科の専門の学びの場を越えてつくる第2のホームで、地域の暮らしに密着した「新たなふるさとづくり」としての地域活動を行っています。

　大学は2つのキャンパスに分かれ、市の中心に近い旭町キャンパスには図書館、医・歯の2学部と付属病院、脳研究所、新潟医療人育成センター、アメニティーモールなどがあります。

　郊外の五十嵐キャンパスには、人文・教育・法・経済科・理・工・農・創生の8学部と、各種体育施設、学生食堂、厚生センターなどがあります。中山間地災害に対する復興モデル構築を目的とした災害・復興科学研究所も設置されています。

● 卒業後の進路

主な就職先　〈人文〉マイナビ、東京海上日動火災保険、公務員〈教育〉教員〈法〉東北電力、日本銀行、地方裁判所〈経済〉第四北越銀行、JR東日本、公務員〈理〉北陸ガス、北海道電力、キオクシア〈工〉シャープ、富士通、日本精機〈農〉キユーピー、ハウス食品、越後製菓〈医・歯〉病院、医療関係機関〈創生〉日立製作所、マツダ、公務員

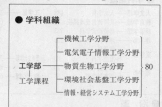

長岡技術科学大学

〒940-2188　新潟県長岡市上富岡町1603-1
TEL 0258-47-9271・9273　入試課
\<HP\>https://www.nagaokaut.ac.jp/

● 学科組織

工学部 ── 工学課程	┌ 機械工学分野	
	├ 電気電子情報工学分野	
	├ 物質生物工学分野	80
	├ 環境社会基盤工学分野	
	└ 情報・経営システム工学分野	

● 沿革

　実践的な技術の開発に主眼をおいた教育研究を行う大学院設立を目標として、1976（昭和51）年に開学。

　2022（令和4）年、工学部を1課程5分野に改組。

● 大学GUIDE

　長岡技術科学大学では教育理念「技学」─技術科学─のもと、創造的能力を育成する教育・研究を推進しています。

　開学時より全国に先駆けて、学部から大学院修士課程までの一貫教育を行っています。8割以上の学部学生が大学院修士課程に進学し、高い研究能力と国際的な素養を身につけています。大学院に進学する学生に対し、一定期間、現場での実務訓練（約5か月にわたるインターンシップ）を行うことで、社会において持続的に貢献できる実践的・独創的能力と奉仕の志を備えた多くの指導的技術者を輩出しています。

　実学を重視する教育方針が産業界や文部科学省などで高く評価されており、就職率は国立大学の中でもトップクラスです。

● 卒業後の進路

　学部卒業者・修士修了者ともに、毎年、就職率は9割を超えます。

主な就職先　JFEエンジニアリング、スズキ、ボッシュ、三菱電機、古河電気工業、信越化学工業、楽天グループ、ダイキン工業など

国立大学

富山大学

〒930-8555　富山市五福3190
TEL 076-445-6100　学務部入試課
<HP>https://www.u-toyama.ac.jp/

● 学科組織

人文学部	人文学科	188
教育学部	共同教員養成課程	85
経済学部	経済経営学科	335
理学部	理学科	208
医学部	医学科	105
	看護学科	80
薬学部	薬学科(6年制)	70
	創薬科学科	35
工学部	工学科	395
	（電気電子工学コース、知能情報工学コース、機械工学コース、生命工学コース、応用化学コース）	
芸術文化学部	芸術文化学科	110
都市デザイン学部	地球システム科学科	40
	都市・交通デザイン学科	54
	材料デザイン工学科	65

● 沿 革

　2005（平成17）年10月に、富山大学、富山医科薬科大学及び高岡短期大学の三大学が統合・再編され誕生。2024（令和6）年、経済学部と理学部を改組。

● 大学GUIDE

　人文学部では、所属コース以外の他領域も学べる「学際」型と、所属コースの授業に集中して学ぶ「専門補強」型のいずれかの学修が可能です。教育学部は金沢大学との共同教員養成課程で、新たな教育的課題に適切に対応できる実践力を備えた教員を育成します。経済学部には、公共政策、企業経営、経済データサイエンスの3つのプログラムを設置。社会科学分野の知識をもとに、データを分析・活用して課題を解決する力を身につけます。理学部には、数学、数理情報学、物理学、化学、生物科学、自然環境科学の6プログラムを設置。理学の基礎と専門性、分野横断的な知識、データサイエンスを駆使して課題解決できる力を培います。国際コースでは、語学力と国際性も身につけます。医学部では、地域の基幹病院と密接な連携のもとに医学・看護学教育を行い、地域と世界で活躍する医療人を養成します。薬学部は、薬剤師を養成する6年制の薬学科と創薬研究・技術者などを養成する4年制の創薬科学科を併設しています。工学部では、工学全体とつながりのある幅広い教養と深い専門的知識を修得。問題解決力や豊かな創造力を備え、自然と共生しながら社会の持続的発展に貢献する研究者・技術者を育成します。芸術文化学部では、美術、工芸、デザイン、建築、キュレーション、複合領域の領域から適性や興味に応じて必要な専門科目を自由に履修することができます。都市デザイン学部では、「地球科学」「都市と交通」「材料工学」の専門知識を融合し、安全・安心で快適な都市の創出と、地域創生が可能な人材を育成しています。

● 卒業後の進路

主な就職先　三協立山、YKK、日本調剤、北陸銀行、富山第一銀行、インテック、セイコーエプソン、北陸電力、北陸電気工事、八十二銀行、公務員、病院など

金沢大学

〒920-1192　金沢市角間町
TEL 076-264-5169　学務部入試課入学試験係
<HP>https://www.kanazawa-u.ac.jp/

● 学科組織

人間社会学域	人文学類	138	融合学域	先導学類	55
	法学類	150		観光デザイン学類	55
	経済学類	131		スマート創成科学類	55
	学校教育学類	85	医薬保健学域	医学類(6年制)	112
	地域創造学類	81		薬学類(6年制)	65
	国際学類	81		医薬科学類	18
理工学域	数物科学類	78		保健学類	
	物質化学類	78		看護学専攻	79
	機械工学類	94		診療放射線技術学専攻	40
	フロンティア工学類	103		検査技術科学専攻	40
	電子情報通信学類	116		理学療法学専攻	15
	地球社会基盤学類	94		作業療法学専攻	15
	生命理工学類	56			

● 沿 革

　1949（昭和24）年に、第四高等学校、金沢高等師範学校、金沢医科大学、金沢工業専門学校などを母体として誕生。2023（令和5）年4月、融合学域にスマート創成科学類を新設。

● 大学GUIDE

　金沢大学では、境界領域を含んだ広い分野を学ぶ「学域学類制」を採っています。さらに、「主専攻」に加えて興味関心のある「副専攻」を選ぶことができ、学際的、横断的な学びによって視野が広がり、柔軟な発想力や応用力が鍛えられます。また、学類（専攻）別の入試のほか、入学後に学類を決められる文系・理系一括入試があり、1年間幅広い学問分野に触れた後、2年次から学類（専攻）に所属します。

　人間社会学域では、今の時代の激変に立ち向かうため、人文科学、社会科学における既存の学問領域の境界を乗り越える学びをデザインし、社会の諸問題に対処できる知力と行動力を鍛えます。理工学域では、深化、国際化する理学、工学の分野を融合し、幅広く基礎を学んだ後、適性に合った専門コースで知識・技術を磨きます。新たな価値の創造や技術革新を通じて、未来社会を牽引する人材を養成します。医薬保健学域では、これまで個別に行われてきた医学系教育を相互に連携して実施し、最先端の知識・技術と高い倫理観を備え、患者本位の全人的医療に貢献できる医・薬・保健の専門職業人を育てます。融合学域は、広範な分野の教養と文理融合の知見を醸成し、課題発見・解決力を磨き、中核的リーダーシップを発揮できるイノベーション人材を養成します。

● 卒業後の進路

主な就職先　本田技研工業、パナソニック、デンソー、小松製作所、豊田自動織機、セイコーエプソン、YKK、北陸銀行、NTTドコモ、北陸電力、ウエルシア薬局など

上越教育大学

〒943-8512　新潟県上越市山屋敷町1
TEL 025-521-3294　入試課
<HP>https://www.juen.ac.jp/

● 学科組織
　学校教育学部─初等教育教員養成課程　160

● 沿　革
　専門職としての高度な資質を備えた、優れた教員の養成という社会的要請に応えるため、1978（昭和53）年10月に開学しました。さらに、2008（平成20）年4月に教職大学院を設置しました。

● 大学GUIDE
　学校教育学部には、「初等教育教員養成課程」を設置。初等教育全般にわたって総合的な理解を深め、教員としての資質を養い、必要な能力を修得します。さらに特定の分野についての専門性を深めるため、4つのコースと各領域・分野を設けています。卒業時には全学生が小学校教諭一種免許状を取得できます。なお、コース・領域・分野の決定は、希望や成績などを考慮したうえで、2年次進級時に行います。
　カリキュラムの中でも、特に教育実習に力を入れています。子どもの発達や教育活動全般の特性を理解するものや、教科指導や学級経営、特別活動に参加するものなど、1年次から4年次まで体系的に実施しています。実習先は附属学校に加え、上越地区の義務教育諸学校全般に及びます。
　また、兵庫教育大学を中心とした「大学院連合学校教育学研究科（博士課程）」にも参加しています。

● 卒業後の進路
　教員への就職が中心です。プレイスメントプラザ（Pプラ）では、学部2年次からスタートし、4年次の教員採用試験直前まで続くトータルな教員採用試験講座プログラムを実施し、計画的にサポートしていきます。

福井大学

〒910-8507　福井市文京3-9-1
TEL 0776-27-9927　学務部入試課
<HP>https://www.u-fukui.ac.jp/

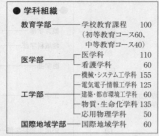

● 学科組織

教育学部	学校教育課程	100
	（初等教育コース60、中等教育コース40）	
医学部	医学科	110
	看護学科	60
工学部	機械・システム工学科	155
	電気電子情報工学科	125
	建築・都市環境工学科	60
	物質・生命化学科	135
	応用物理学科	50
国際地域学部	国際地域学科	60

● 沿　革
　1949（昭和24）年、福井大学発足。1980（同55）年に開学した福井医科大学と統合し、2003（平成15）年、現在の福井大学開学。

● 大学GUIDE
　「格致によりて人と社会の未来を拓く」を理念に、地域、国、国際社会に貢献する人材を育成しています。
　教育学部学校教育課程では、初等教育・中等教育の2コースを設け、子どもたちに対する専門的理解を深め、地域と連携できる能力を備えた教員を養成します。
　医学部医学科では、基礎医学と臨床医学を有機的に関連づけて学ぶカリキュラムを用意しています。看護学科は看護師・保健師・助産師養成に特化した学びがあるほか、災害・がん看護学のカリキュラムを導入しています。
　工学部には5学科11コースを設置し、学科ごとに複数の専門分野を大くくりにし、幅広い知識を持った専門技術者を育成しています。
　国際地域学部では、地域の創成を担い、グローバル化した社会の発展に寄与することのできる人材を育成しています。

● 卒業後の進路
　主な就職先　幼稚園・小・中・高等学校教員、国家・地方公務員、団体職員、病院、福祉施設、企業など

山梨大学

〒400-8510　甲府市武田4-4-37
TEL 055-220-8046　教学支援部入試課
<HP>https://www.yamanashi.ac.jp/

● 学科組織

教育学部	学校教育課程	120
医学部	医学科	125
	看護学科	60
工学部	工学科	365
	（クリーンエネルギー化学コース33、応用化学コース33、土木環境工学コース46、コンピュータ理工学コース75、機械工学コース48、メカトロニクスコース45、電気電子工学コース45、総合工学枠40）	
生命環境学部	生命工学科	40
	地域食物科学科	37
	環境科学科	30
	地域社会システム学科	48

● 沿　革
　1924（大正13）年設置の山梨高等工業学校に始まり、1949（昭和24）年に山梨大学開学。1978（同53）年、山梨医科大学開学。2002（平成14）年、山梨大学と山梨医科大学が統合。

● 大学GUIDE
　教育学部では、人間の生涯発達を視野に収め、幅広い教養と教育への情熱、実践力を備えた教育人の養成を目指しています。
　医学科では知識と技能に加え、医師として重要な人格涵養に重点を置いています。看護学科では、質の高い看護を提供できる、優れた看護専門職を養成し、将来指導的立場で活躍できる人材を育成します。
　工学部は、多様な学びを支援する1学科複数コース制で、SDGsや地方創生、Society5.0の実現に貢献できる人材を育成します。
　生命環境学部では「生命・食・環境・経営」に関する実践教育により、自然との共生可能な豊かな地域社会を実現できる人材を育成します。

● 就職・キャリア支援
　コース・学科ごとに進路担当教員を配置し、進路相談にあたっています。さらに甲府キャンパスにキャリアセンターを設置して、就職支援体制を整えています。

国立大学

信州大学

〒390-8621　長野県松本市旭3-1-1
TEL 0263-37-2192　学務部入試課
<HP>https://www.shinshu-u.ac.jp/

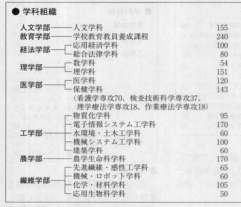

● 学科組織

人文学部	人文学科	155
教育学部	学校教育教員養成課程	240
経法学部	応用経済学科	100
	総合法律学科	80
理学部	数学科	54
	理学科	151
医学部	医学科	120
	保健学科	143
	（看護学専攻70、検査技術科学専攻37、理学療法学専攻18、作業療法学専攻18）	
工学部	物質化学科	95
	電子情報システム工学科	170
	水環境・土木工学科	60
	機械システム工学科	100
	建築学科	60
農学部	農学生命科学科	170
繊維学部	先進繊維・感性工学科	65
	機械・ロボット学科	60
	化学・材料学科	105
	応用生物学科	50

● 沿　革

　1910（明治43）年上田蚕糸専門学校、1919（大正8）年松本高等学校が開学。その後師範学校、医学専門学校等の設置を経て、1949（昭和24）年信州大学開学。

● 大学GUIDE

　9千人近くの学生が学ぶ8学部構成の総合大学で、教育研究や社会貢献などに精力的に取り組み、個性豊かな魅力ある大学づくりを目指しています。また、活発な国際学術交流などで、地域に根ざし、世界に開かれた大学として特色を発揮しています。

　学部一貫教育という考え方に基づき、カリキュラムは共通教育と専門教育の2つの柱から構成されています。共通教育では、幅広い教養と基礎的能力を修得。全学部の1年次生は松本キャンパスに集い、共通教育科目を受講します。医学部の臓器移植をはじめとする個性的な研究が行われる中、企業との共同研究など、産学官連携も活発です。総合大学として広範囲な教育研究を行い、「環境」「情報」「国際」といった分野にも学際的に取り組んでいます。

　キャンパスは松本市（人文・経法・理・医学部）、長野市（教育・工学部）、上田市（繊維学部）、上伊那郡南箕輪村（農学部）に分かれています。

● 卒業後の進路

　主な就職先　本田技研工業、スズキ、デンソー、日立製作所、セイコーエプソン、川崎重工業、富士電機、三菱電機、新光電気工業、アイシン、八十二銀行、ソフトバンク、京セラ、JR東日本、大和ハウス工業、一条工務店、ニトリ、国家・地方公務員など

岐阜大学

〒501-1193　岐阜市柳戸1-1
TEL 058-293-2156・2157　学務部入試課
<HP>https://www.gifu-u.ac.jp/

● 学科組織

教育学部	学校教育教員養成課程	220
地域科学部	地域政策学科	（50）⎫100
	地域文化学科	（50）⎭
医学部	医学科	110
	看護学科	80
工学部	社会基盤工学科	60
	機械工学科	130
	化学・生命工学科	150
	電気電子・情報工学科	170
応用生物科学部	応用生命科学課程	80
	生産環境科学課程	80
	共同獣医学科	30
社会システム経営学環		30

● 沿　革

　1949（昭和24）年に岐阜師範学校、岐阜青年師範学校、岐阜農林専門学校を母体として誕生。その後、工学部と医学部が、県から岐阜大学へ移管されました。2021（令和3）年、社会システム経営学環を開設。

● 大学GUIDE

　『学び、究め、貢献する大学』の理念の下、「知の伝承と創造」を追求しています。「専門」とともに「教養」を身につけるため、全学部が教養科目と専門科目を並行して履修する全学共通教育を実施しています。

　教育学部では、幅広い知性と教養、変化する時代に求められる実践的な力量を備えた学校教員を育成します。

　地域科学部は地域が抱える様々な問題を解決し、暮らしやすく平和で文化的な社会を創り出すことのできる人材の育成を目的としたユニークな構想による学部です。

　医学部は最新の医学が学べる環境を整備しており、医学科では人間性豊かな医療人と先端的で創造的研究を推進する医学研究者、看護学科では社会が要請する看護専門職の育成を目指します。

　工学部は産業技術の高度化・多様化・グローバル化に対応し、社会を支える先端的な工業技術者を育成します。

　応用生物科学部は生命科学を究明し、生物産業界で活躍する人材の育成を目指します。

　社会システム経営学環は、経営にイノベーションをもたらし、豊かで活力ある社会システムの実現に貢献する人材を育成します。

● 卒業後の進路

　主な就職先　三菱電機、マキタ、デンソー、アイシン、太平洋工業、トヨタ紡織、トヨタ自動車、豊田合成、日本碍子、NEC、大林組、ブラザー工業、十六銀行、住友理工、トヨタシステムズ、JR東海、東邦ガスなど

静岡大学

〒422-8529　静岡市駿河区大谷836
TEL 054-238-4464・4465　入試課
<HP>https://www.shizuoka.ac.jp/

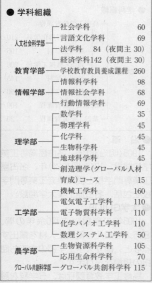

● 学科組織

人文社会科学部	社会学科	60
	言語文化学科	69
	法学科　84（夜間主 30）	
	経済学科142（夜間主 30）	
教育学部	学校教育教員養成課程	260
情報学部	情報科学科	98
	情報社会学科	68
	行動情報学科	69
理学部	数学科	35
	物理学科	45
	化学科	45
	生物科学科	45
	地球科学科	45
	創造理学（グローバル人材育成）コース	15
工学部	機械工学科	160
	電気電子工学科	110
	電子物質科学科	110
	化学バイオ工学科	110
	数理システム工学科	50
農学部	生物資源科学科	105
	応用生命科学科	70
グローバル共創科学部	グローバル共創科学科	115

● 沿　革
　1922（大正11）年、静岡高等学校および浜松高等工業学校が開校。師範学校や農業補習学校など5校を統合し、1949（昭和24）年に静岡大学が開学しました。

● 大学GUIDE
　人文社会科学部は、社会、言語文化、法、経済の4学科で構成される文科系総合学部で、地域と人類全体の課題解決に貢献する人材を育成します。卒業単位の一部である自由科目に他学科・他学部で学んだ単位を算入することができ、人文社会科学の広い領域を学ぶことができます。
　教育学部は、教員養成に特化した学校教育教員養成課程1課程による教育組織です。5専攻に13専修を設置。学校種別の枠を越えて、複数の教員免許を取得することができます。幅広い領域で活躍できる、実践的な指導力を備えた教育者を養成します。

　情報学部は、国立大学で初の「文工融合型」として誕生。情報科学科、情報社会学科、行動情報学科の3学科で構成され、3つの学科の専門性を連携・融合させながら未来の高度情報社会を見据えた人材を育成します。
　理学部には、数、物理、化、生物科、地球科の5学科と創造理学（グローバル人材育成）コースを設置しています。大きく分けて専門科目と教養科目があり、進級にするにつれて専門科目の割合が増えていきます。専門教育と教養教育により、高い専門性と幅広い教養、豊かな人間性、国際感覚を身につけた人材を育成します。
　工学部は5学科9コース体制で、教養科目、専門科目、実験・実習を配置し、基礎知識・専門知識の修得と実践力の育成を目指します。また、自分の専門分野だけでなく、他の工学分野についても学べるカリキュラムです。コース分けは、2年次または3年次に行われます。
　農学部は2学科体制です。生物資源科学科は、生物生産技術と環境技術を究め、地域農林業と持続可能な社会の発展に貢献する人材を育成します。応用生命科学科は、生命現象を解き明かし、バイオの力で有用物質を開発・生産するなど、人類の生活の質の向上に貢献できる人材を育成します。
　2023年4月に開設されたグローバル共創科学部は、人文・社会科学から自然科学まで、さまざまな複眼的アプローチにより、多様な背景をもつ人々と協働して諸課題の解決に取り組む人材を育成します。3年次からコースへ分属されます。
　静岡キャンパスは人文社会科、教育、理、農、グローバル共創科学部、浜松キャンパスは情報、工学部の学生が学んでいます。

● 卒業後の進路
主な就職先　三菱電機、本田技研工業、スズキ、ヤマハ発動機、デンソー、トヨタ自動車、アイシン、NEC、京セラ、富士ソフト、豊田自動織機、静岡銀行、公務員など

浜松医科大学

〒431-3192　静岡県浜松市中央区半田山1-20-1
TEL 053-435-2205　入試課入学試験係
<HP>https://www.hama-med.ac.jp/

● 学科組織

医学部	医学科	115
	看護学科	60

● 沿　革
　1974（昭和49）年に開学し、医学部医学科を設置。続いて1995（平成7）年、看護学科を増設しました。2019（平成31）年、産学連携・知的活用推進センターを設置。

● 大学GUIDE
　浜松医科大学は、医学単科大学として、地域の医療に貢献する優れた医師・看護師を養成するとともに、光医学など独創性のある研究を展開しています。
　医学科では、高度で専門的な知識・技術に加え、豊かな人間性を身につけた臨床医・医学研究者の養成を目指しています。早い時期に医学・医療の場に接することによる動機づけ教育や、地域医療に携わる実習などの特色あるカリキュラムが組まれています。また、与えられた症例課題から自分たちが学ぶべき事柄を引き出し、個々で調べてきたうえで話し合い、理解を深めながら問題を解決していくPBLチュートリアルでは、生涯にわたって自ら学ぶ能力と習慣を養います。
　看護学科では、人間の生命、人間としての尊厳を重んじる倫理観と豊かな人間性を育み、知識・技能を修得。教養教育や看護専門教育を通じて、国際社会や地域社会に貢献するための実践能力を有する看護者を育成します。

● 卒業後の進路
　卒業生は、医学科、看護学科ともに、附属病院をはじめとするさまざまな地域の医療関係機関で多数活躍しています。

愛知教育大学

〒448-8542　愛知県刈谷市井ヶ谷町広沢1

TEL 0566-26-2202　入試課

<HP>https://www.aichi-edu.ac.jp/

● 学科組織

教育学部 ─ 学校教員養成課程 ─ 幼児教育専攻
　　　　　 ├ 義務教育専攻
　　　　　 ├ 高等学校教育専攻　729
　　　　　 ├ 特別支援教育専攻
　　　　　 └ 養護教育専攻
　　　　　 └ 教育支援専門職養成課程　130

● 沿　革

1949（昭和24）年、愛知学芸大学として開学。1966（同41）年に愛知教育大学に改称しました。2008（平成20）年に教職大学院（教育実践研究科）を設置しました。

● 大学GUIDE

「子どもの声が聞こえるキャンパス、地域から頼られる大学」として、子どもたちの未来をひらく豊かな人間性と確かな実践力を身につけた専門職業人を養成します。

教員免許の取得が卒業要件に含まれる学校教員養成課程と、教員とともに子どもの教育を支える人材を育成する教育支援専門職養成課程で構成されています。

学校教員養成課程は、幼児教育、義務教育、高等学校教育、特別支援教育、養護教育の5つの専攻からなり、専門的な学びを深めます。

教育支援専門職養成課程では、教員のパートナーとして、子どもが健やかに学び、成長できる教育環境づくりを担う専門職者を育成します。より質の高い教育の実現に向け、心理、福祉、教育ガバナンスの3コースを設置しています。

● 卒業後の進路

教員養成課程では多くの卒業生が教職（臨時教員含む）に就いている他、教職以外でも多彩な分野に就職しています。また、大学院などに進学する人もいます。

豊橋技術科学大学

〒441-8580　愛知県豊橋市天伯町雲雀ヶ丘1-1

TEL 0532-44-6581　入試課

<HP>https://www.tut.ac.jp/

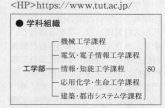

● 学科組織

工学部 ─ 機械工学課程
　　　 ├ 電気・電子情報工学課程
　　　 ├ 情報・知能工学課程　80
　　　 ├ 応用化学・生命工学課程
　　　 └ 建築・都市システム学課程

● 沿　革

1976（昭和51）年に開学。2010（平成22）年、8課程を5課程に再編しました。

● 大学GUIDE

近年、産業界では修士の学位を持つ技術者への需要が高まってきています。それに応え、豊橋技術科学大学では大学院に重点を置いた教育体系を整備しています。4年次には大学院進学前に産業界で長期の実務を体験し、修士課程での学びの意味を、体験を通して理解します。

国際交流も活発で、海外協定大学との交流や海外研究機関との共同研究を行っており、現在約240人の留学生を受け入れています。

また、産・学・官との連携を積極的に進め、開かれた大学としても活動しています。

<教育研究施設>

附属図書館、教育研究基盤センター、健康支援センター、情報メディア基盤センター、次世代半導体・センサ科学研究所など。

● 卒業後の進路

学部卒業後約7割が進学しています。修士・博士を含めた総就職者数の内訳では、製造業が最多となっています。

主な就職先　三菱電機、日立製作所、デンソー、村田製作所、住友電装、スズキ、日産自動車、日本ガイシ、トヨタ紡織、神戸製鋼所、鹿島、大林組、JR東海、ソフトバンクなど

名古屋工業大学

〒466-8555　名古屋市昭和区御器所町

TEL 052-735-5083　入試課

<HP>https://www.nitech.ac.jp/

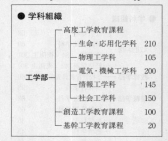

● 学科組織

工学部 ─ 高度工学教育課程 ─ 生命・応用化学科　210
　　　 │　　　　　　　　　 ├ 物理工学科　105
　　　 │　　　　　　　　　 ├ 電気・機械工学科　200
　　　 │　　　　　　　　　 ├ 情報工学科　145
　　　 │　　　　　　　　　 └ 社会工学科　150
　　　 ├ 創造工学教育課程　100
　　　 └ 基幹工学教育課程　20

● 沿　革

1905（明治38）年、名古屋高等工業学校開校。1949（昭和24）年、名古屋工業専門学校と愛知県立工業専門学校を包括、名古屋工業大学開設。

● 大学GUIDE

1905年の創設以来110余年の間、8万人を超える優れた人材を輩出するなど、国立大学工学部の中でも屈指の規模を誇ります。

高度工学教育課程は、5学科を設置しています。工学分野ごとの専門知識を段階的に修得し、深い知識と技術を習得します。

創造工学教育課程は、学部と大学院を接続した6年一貫型の学びを提供し、幅広い工学分野のセンスをもった技術者・研究者を育成します。

中京地域の産業を支えてきた実績と工学の多くの分野における世界トップレベルの研究実績を背景に、客観的・俯瞰的な視点とさまざまな人々との対話によって新たな社会を創出する技術者を育成します。

● 卒業後の進路

主な就職先　トヨタ自動車、本田技研工業、デンソー、豊田自動織機、アイシン、川崎重工業、トヨタ紡織、トヨタ車体、NEC、ブラザー工業、村田製作所、三菱電機、大林組、大成建設、シャープ、住友電装、京セラ、JR東海、中部電力、東邦ガス、愛知県など

名古屋大学

〒464-8601　名古屋市千種区不老町　教育推進部入試課　TEL 052-789-5765

●沿　革
1939(昭和14)年名古屋帝国大学(医学部、理工学部)開設。その起源は1871(明治4)年開設の仮病院、仮医学校に遡ります。1949(昭和24)年に新制名古屋大学として発足。学部改組・増設を経て現在に至ります。

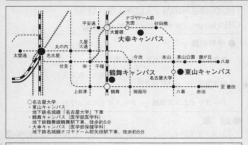

- ○名古屋大学
- ・東山キャンパス
  地下鉄名城線「名古屋大学」下車
- ・鶴舞キャンパス(医学部医学科)
  地下鉄鶴舞線鶴舞駅下車、徒歩約5分
- ・大幸キャンパス(医学部保健学科)
  地下鉄名城線ナゴヤドーム前矢田駅下車、徒歩約5分

●学科組織

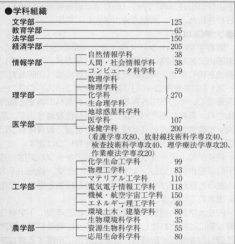

文学部	125
教育学部	65
法学部	150
経済学部	205
情報学部	自然情報学科 38
	人間・社会情報学科 38
	コンピュータ科学科 59
理学部	数理学科
	物理学科
	化学科 } 270
	生命理学科
	地球惑星科学科
医学部	医学科 107
	保健学科 200
	(看護学専攻80、放射線技術科学専攻40、検査技術科学専攻40、理学療法学専攻20、作業療法学専攻20)
工学部	化学生命工学科 99
	物理工学科 83
	マテリアル工学科 110
	電気電子情報工学科 118
	機械・航空宇宙工学科 150
	エネルギー理工学科 40
	環境土木・建築学科 80
農学部	生物環境科学科 35
	資源生物科学科 55
	応用生命科学科 80

大学GUIDE

名古屋大学は9学部13研究科、3附置研究所、5共同利用・共同研究拠点等を擁する、わが国屈指の規模を誇る基幹総合大学です。名古屋大学の特徴は、自由闊達な学風と学問領域の垣根を越えた連携にあります。教育面では英語教育や教養教育について、全学を挙げて取り組んでいます。専門教育とあわせて、責任感をもって社会に貢献する高い志とグローバルな視野、幅広い教養、高い専門性を身につけ、諸問題の解決に積極的に寄与できる「勇気ある知識人」を育成しています。

近年、名古屋大学は研究力や教育力の一層の強化とともに、全学を挙げて国際化に取り組んでいます。多くのプロジェクトを世界各地で展開しているほか、学内の国際化も推進。時代の要請に対応した運営支援体制を整備するため、2022年4月より、国際機構を改組して「国際本部」を設置しています。英語教育では授業内容を工夫し、多様なeラーニング教材によって自分のレベルに合わせた弱点強化を促すほか、英語で行われる講義のみを受講して、卒業単位を取得できるカリキュラムもあります。

CAMPUS情報

名古屋大学は3つの主要キャンパスからなります。施設の大部分は、名古屋市の東部に位置する緑の丘陵と、広いグリーンベルトを含む東山キャンパスにあります。

医学部および附属病院は、四季折々の花々で彩られる鶴舞公園に隣接する鶴舞キャンパスにあります。

医学部保健学科は地下鉄ナゴヤドーム前矢田駅から徒歩5分の大幸キャンパスにあります。

東山キャンパスから南へ約700mの位置に、日本人学生と外国人留学生との混合型学生宿舎「国際嚶鳴館」があります。

卒業後の進路

主な就職先　日立製作所、三菱電機、富士通、トヨタ自動車、デンソー、東邦ガス、三菱UFJ銀行、東京海上日動火災保険、NTT西日本、JR東海、中部電力など

入試・FILE

○学校推薦型選抜　全学部で実施(文学部は大学入学共通テストを課さない。その他の学部は大学入学共通テストを課す)
〈HP〉https://www.nagoya-u.ac.jp/

大学ガイド請求

「大学案内」は、ホームページでも閲覧できます。郵送をご希望の方は、モバっちょからご請求ください。

国立大学

三重大学

〒514-8507　津市栗真町屋町1577
TEL 059-231-9063　学務部入試チーム
<HP>https://www.mie-u.ac.jp/

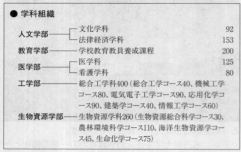

● 学科組織

人文学部	文化学科	92
	法律経済学科	153
教育学部	学校教育教員養成課程	200
医学部	医学科	125
	看護学科	80

工学部────総合工学科400（総合工学コース40、機械工学
コース80、電気電子工学コース90、応用化学コース90、建築学コース40、情報工学コース60）

生物資源学部───生物資源学科260（生物資源総合科学コース30、農林環境科学コース110、海洋生物資源学コース45、生命化学コース75）

● 沿　革

1949（昭和24）年、学芸学部（現・教育学部）と農学部を設置し開学。2024（令和6）年、生物資源学部の4学科体制を1学科4コースに改組。

● 大学GUIDE

三重大学は、幅広い教養の基盤に立った高度な専門知識や技術を有し、地域のイノベーションを推進できる人材を育成するために、「感じる力」「考える力」「コミュニケーション力」「行動する力」という総合的な「生きる力」を養います。

学部は人文、教育、医、工、生物資源学部の5学部。総合大学としての教育・研究の実績と伝統を踏まえ、地域に根ざし、世界に誇れる教育・研究に取り組み、人と自然の調和・共生の中で、社会との共創に向けて切磋琢磨しています。

また2024年には、生物資源学部が1学科4コース制に改組されます。食と農林水産・フードシステムに関わる俯瞰的な視点を持ち、生物資源の適正な開発・利用・保全を追求。データの論理的な分析に基づく教育・研究成果を生み出し、地域と世界に貢献します。

キャンパスは三重県庁の所在地津に構えており、津市は鉄道で名古屋まで約1時間、大阪まで約1時間半と交通の便がよいことも魅力です。気候も温暖で過ごしやすく、勉学にも最適の地です。各学部共同利用施設には環境・情報科学館、三翠ホールなどがあり、図書館は蔵書数約95万冊を有します。

● 卒業後の進路

主な就職先　デンソー、デンソーテクノ、トヨタ紡織、トヨタ車体、豊田自動織機、スズキ、清水建設、住友電装、ブラザー工業、マキタ、リンナイ、キオクシア、アイシン、アドヴィックス、日本ガイシ、太陽化学、百五銀行、JR東海、三重県庁など

滋賀大学

〒522-8522　滋賀県彦根市馬場1-1-1
TEL 0749-27-1023　入試課入学試験係
<HP>https://www.shiga-u.ac.jp/

● 学科組織

教育学部	学校教育教員養成課程	230

		（昼間主 夜間主）
経済学部	総合経済学科	410　50

データサイエンス学部	データサイエンス学科	100

● 沿　革

1949（昭和24）年、滋賀師範学校、滋賀青年師範学校および彦根経済専門学校（前身は彦根高等商業学校）の3校を母体とし、新制滋賀大学として発足。

● 大学GUIDE

教育学部のキャンパスは大津市南部の石山寺に近く、瀬田川に臨む小高い丘にあり、15万平方メートルの広い敷地を誇ります。学校教育教員養成課程は「初等教育コース」「中等教育コース」「障害児教育コース」の3コース編成で、その下に各専攻、さらに各教科の専修と細分化され、高度な専門的知識と多様な個性を磨きます。附属学校園や地域の公立学校での教育実習、教育体験プログラムによって、実践的な指導力を身につけます。

経済学部とデータサイエンス学部のキャンパスは、城下町彦根市に立地し、大学本部もあります。鈴鹿山系の山並みと琵琶湖が間近に見え、閑静な自然と歴史・文化に恵まれています。

国立大学最大規模の経済学部は、2023年度に1学科3専攻制に改組されました。1、2年次に教養科目・専門基礎科目を幅広く履修し、3年進級時に所属する専攻を選択します。また、入学時と入学後に履修者の2段階選抜が行われる、グローバル・コースとデータサイエンス・コースも設置されています。

データサイエンス学部では、従来の情報学と統計学を中心に据え、さまざまな領域に溢れているデータを解析し、創造する力を高めることを目標としています。経済、経営など文系の授業も豊富で「文理融合」型のカリキュラムを提供しています。

● 卒業後の進路

学校教育教員養成課程では、幼稚園・小中高等学校・特別支援学校の教諭免許を取得できるほか、社会教育主事、学校図書館司書教諭などを目指せます。

経済学部は高い就職率を誇り、金融・情報通信・製造業などの経済界や官公庁・学界へも進出しています。

データサイエンス学部の就職率も高く、情報通信や製造業などを中心に就職しています。また、2割程度の学生が大学院に進学しています。

滋賀医科大学

〒520-2192　大津市瀬田月輪町
TEL 077-548-2071
入試課入学試験係
<HP>https://www.shiga-med.ac.jp/

● 学科組織		
医学部	医学科	95
	看護学科	60

● 沿革
　1974（昭和49）年10月に開学、1978（同53）年10月に附属病院を開院。1981（同56）年4月に大学院、1994（平成6）年4月に看護学科を増設しました。

● 大学GUIDE
　幅広い教養と医学および看護学、それぞれの領域に関する高い専門的知識および技能を授けるとともに、医学・医療を担う高い志をもった人材、リサーチ・マインドをもったclinical scientist、確固たる倫理観を備えた次世代のリーダーを育成します。これをもって医学および看護学の向上、発展に寄与し、社会に貢献することを使命としています。
　医学科では高い倫理観を涵養すべく、プロフェッショナリズム教育を段階的かつ継続的に行っています。また、医学・医療の発展のための医学研究の重要性を理解し、リサーチ・マインドを養うために学生自らが研究を行う授業も開講しています。
　看護学科では、教養科目と専門基礎科目の統合をはかり、「人間の生命活動」「人間と環境」「人間と人間の関係」の概念を教育の柱としたカリキュラムを整えています。

● 卒業後の進路
〈医学科〉卒業後、医師国家試験を受験。合格者の大半が附属病院、他の国公立大学附属病院、国公立病院などで臨床研修を行います。
〈看護学科〉卒業後、看護師および保健師、助産師の国家試験受験資格が得られます。さらに、保健師免許取得後、申請すれば養護教諭二種免許状を得ることができます。

京都教育大学

〒612-8522　京都市伏見区深草藤森町1　TEL 075-644-8161　入試課
<HP>https://www.kyokyo-u.ac.jp/

● 学科組織	
教育学部　300（学校教育教員養成課程）	教育学専攻
	幼児教育専攻
	発達障害教育専攻
	国語領域専攻
	社会領域専攻
	英語領域専攻
	数学領域専攻
	理科領域専攻
	技術領域専攻
	家庭領域専攻
	美術領域専攻（美術分野、書道分野）
	音楽領域専攻
	体育領域専攻

● 沿革
　1876（明治9）年創立の京都府師範学校を前身に、1949（昭和24）年に京都学芸大学として再出発、1966（同41）年、京都教育大学に改称。

● 大学GUIDE
　同じ目標を持つ仲間が集まるキャンパスで、教員養成に的を絞った教育を行っています。優れた専門カリキュラムや充実した実地教育が整っており、各専攻は特色が強く、専門性が高くなっています。豊かな人間性と感性、そして実践的で、高い指導技術を備えた教員の養成を目指しています。
　教員の専門分野は、教育、社会、人文、自然の諸科学はもとよりスポーツや芸術など多彩で、バランスの取れた人格形成に寄与しています。
　いずれの専攻においても、教員免許状を取得することが卒業要件となっています。そのため教育実習は必修です。附属学校・園との連携を図り、一層の充実を目指します。

● 卒業後の進路
　卒業生の約70%が教員になり、そのうち半数近くが小学校教員として活躍しています。その他、官公庁・一般企業に就職、大学院に進学する人もいます。

京都工芸繊維大学

〒606-8585　京都市左京区松ヶ崎橋上町1　TEL 075-724-7164　入試課
<HP>https://www.kit.ac.jp/

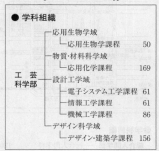

● 学科組織		
工芸科学部	応用生物学域　応用生物学課程	50
	物質・材料科学域　応用化学課程	169
	設計工学域　電子システム工学課程	61
	情報工学課程	61
	機械工学課程	86
	デザイン科学域　デザイン・建築学課程	156

● 沿革
　京都高等工芸学校および京都蚕業講習所を母体に、1949（昭和24）年、京都工芸繊維大学が発足。2006（平成18）年度より、2学部（工芸学部、繊維学部）7学科を工芸科学部として統合・再編しました。

● 大学GUIDE
　建学以来、京都の伝統文化・産業と深い関わりを持ちながら、常に世の中に新しい価値を生み出す「ものづくりの精神」を受け継ぎ、科学、工学、芸術を擁するユニークな教育・研究を行っています。学部の壁を撤廃して学域・課程を導入することにより、学部・学科制にとらわれず多様な専門的知見と出会い、創造性を育みます。
　大学院工芸科学研究科博士前期課程までの6年間と博士後期課程の3年を含めた9年間を見据えた「3×3（スリー・バイ・スリー）」と呼ばれる教育プログラム・システムを採用。TECH LEADERを目指し、実力と国際性を兼ね備えた人材を育成しています。

● 卒業後の進路
　主な就職先　日産自動車、シャープ、三菱電機、川崎重工業、ローム、ニチコン、村田製作所、ダイキン工業、東洋紡、鹿島、NEC、富士通、デンソー、味の素、ソニー、京セラなど

京都大学

●沿 革
1869（明治2）年開学の舎密局、洋学校を起源とし、1897（明治30）年京都帝国大学が開学。1947（昭和22）年、京都大学と改称。10学部を擁するわが国屈指の総合大学に発展。

〒606-8501　京都市左京区吉田本町　教育推進・学生支援部入試企画課　TEL 075-753-2521～2524

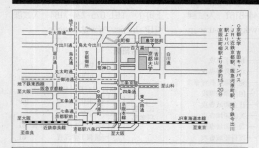

●学科組織

総合人間学部	総合人間学科	120
文学部	人文学科	220
教育学部	教育科学科	60
法学部		330
経済学部	経済経営学科	240
理学部	理学科	311
医学部	医学科	107
	人間健康科学科	100
薬学部	薬科学科・薬学科	80
工学部	地球工学科	185
	建築学科	80
	物理工学科	235
	電気電子工学科	130
	情報学科	90
	理工化学科	235
農学部	資源生物科学科	94
	応用生命科学科	47
	地域環境工学科	37
	食料・環境経済学科	32
	森林科学科	57
	食品生物科学科	33

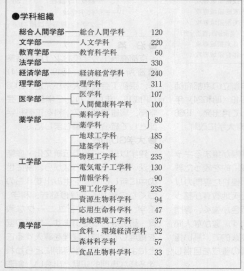

大学GUIDE

　1897年に開学した京都大学は日本を代表する総合大学として、10の学部に加え、充実した大学院や全国一を誇る研究所群を擁しています。これまで累計で20万人を超える卒業生を輩出し、学術分野のみならず、産業界、官界などさまざまな分野で活躍しています。

　京都大学においては人文学、社会学、自然科学の各分野でさまざまな独創的な研究がなされています。その多様性とユニークさは群を抜いており、霊長類研究やiPS細胞研究などはその一端を示すものに過ぎません。

　教育面では、学生が主体的・能動的に学ぼうと思えば、それに対して十分な学習を提供できるような柔軟な教育システムが特徴で、多様な全学共通教育は国際高等教育院が企画・運営を総括しています。さらに、新入生の希望者を対象に、全学の教員が実施する少人数教育の「ILASセミナー」も開講。学問をするとはどういうことか、最先端の分野ではどんなことが行われているかなどについて、教員が学生に直接語りかける貴重な学びの機会となっています。

キャンパス CAMPUS情報

　附属図書館に約100万冊、全学で約730万冊の蔵書があり、国宝「今昔物語集　鈴鹿本」をはじめ古文献資料、特殊文庫など貴重なものも数多く含まれています。

　シンボルである時計台記念館をはじめ、創立期の建造物から最先端ラボラトリーまでが混在する吉田キャンパスのほか、工学系研究施設を集積した桂キャンパス、主に自然科学・エネルギー系の研究所が置かれている宇治キャンパスがあります。

進路 卒業後の進路

　キャリアサポートセンターでは、就職活動を支援するため就職ガイダンスやインターンシップなどキャリアアップを目指す学生に情報提供を行っています。2023年春の大学院への進学率は約60％です。

入試・FILE

○外国学校出身者のための選考
　法学部、経済学部で実施
○私費外国人留学生特別選抜試験
　薬学部、工学部で実施
○特色入試　全学部で実施
○法学部後期日程（特色入試）　法学部で実施

大学ガイド請求

「大学案内」は、ホームページでも閲覧できます。郵送をご希望の方は、ホームページ、テレメール等からご請求ください。
〈HP〉https://www.kyoto-u.ac.jp/

大 阪 大 学

〒565-0871　大阪府吹田市山田丘1-1　教育・学生支援部入試課　TEL 06-6879-7097

●沿革
1838（天保8）年設立の適塾を起源とし、1931（昭和6）年、大阪帝国大学設立。1949（同24）年の学制改革を経て、2007（平成19）年大阪外国語大学と再編・統合、11学部、15研究科などを有しています。

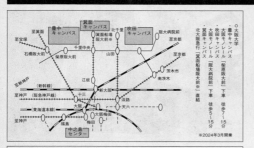

●大阪大学
・豊中キャンパス
・大阪モノレール「柴原阪大前」下車
・吹田キャンパス
・大阪モノレール「阪大病院前」下車　徒歩5～15分
・箕面キャンパス
・北大阪急行（箕面船場阪大前駅）直結

※2024年3月開業

●学科組織

文学部	人文学科	165
人間科学部	人間科学科	137
外国語学部	外国語学科	580
法学部	法学科	170
	国際公共政策学科	80
経済学部	経済・経営学科	220
理学部	数学科	47
	物理学科	76
	化学科	77
	生物科学科	55
医学部	医学科	97
	保健学科	160
歯学部	歯学科	53
薬学部	薬学科	80
工学部	応用自然科学科	217
	応用理工学科	248
	電子情報工学科	162
	環境・エネルギー工学科	75
	地球総合工学科	118
基礎工学部	電子物理科学科	99
	化学応用科学科	84
	システム科学科	169
	情報科学科	83

大学GUIDE

大阪大学は、その源流である懐徳堂・適塾の市民精神を受け継ぎつつ、「地域に生き世界に伸びる」をモットーに、それぞれの時代の社会的課題に応えてきました。人文学・社会科学系、医歯薬系、理工系の充実した学部に加え、国立の総合大学では唯一、世界の25言語を学べる外国語学部を有し、学部学生数、女子学生数とも国立大学最多です。また、100を超える国・地域から留学生を受け入れ、さらに教職員と日本人学生、外国人留学生が日常生活を共にする「グローバルビレッジ」も整備

し、多様性のある大学として、「生きがいを育む社会を創造する大学」の実現を目指しています。教育においては、学生の学びの質と意欲を高める「学問への扉（マチカネゼミ）」を学部1年生の必修科目として開講。大学での学びや探究の楽しさに出会います。また、研究意欲の高い学生には、専門分野を超えた研究マインドを育む「自主研究奨励事業」を実施。学部学生の独創的かつ意欲的な自主研究を奨励しています。

CAMPUS情報

吹田キャンパス　万博公園に隣接し、緑豊かな環境の中に悠々と広がる吹田キャンパス。大学本部があり、人間科学部、医学部、歯学部、薬学部、工学部のほか、さまざまな研究機関が置かれています。各キャンパスとは、スクールバスのほかモノレールでもアクセスできます。

豊中キャンパス　入学して最初に学ぶのが、広さ約45万㎡で景勝地・待兼山に連なる豊中キャンパスです。文学部、法学部、経済学部、理学部、基礎工学部と、全学共通教育科目はここで履修します。

箕面キャンパス　大阪外国語大学の伝統を引き継いだ外国語学部と人文学研究科があります。2023年度に新駅「箕面船場阪大前駅」が開業し、駅直結のキャンパスとなり、大阪市内へのアクセスも良好です。

卒業後の進路

主な就職先　本田技研工業、三菱電機、パナソニック、ダイキン工業、三井住友銀行、東京海上日動火災保険、NTTドコモ、楽天、関西電力、アクセンチュアなど

入試・FILE

○帰国生徒特別選抜　外国語学部、理学部、医学部（保健学科）、工学部、基礎工学部で実施
○総合型選抜　文学部、人間科学部、外国語学部、法学部、経済学部、理学部で実施
○学校推薦型選抜　医学部、歯学部、薬学部、工学部、基礎工学部で実施

大学ガイド請求

「大学案内」はホームページでも閲覧できます。郵送をご希望の方は、テレメール等からご請求ください。

●資料請求
大阪大学HP

国立大学

神戸大学

〒657-8501　神戸市灘区六甲台町1-1　学務部入試課　TEL 078-803-5230

●沿革
1949（昭和24）年、豊かな伝統を持つ神戸経済大、姫路高校などを母体に発足。2003（平成15）年10月には、神戸商船大学と統合、2021（令和3）年4月の再編・統合により、海洋政策科学部を設置。

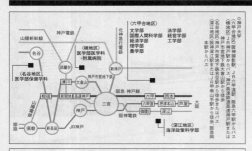

●学科組織

文学部 ―― 人文学科	100	
国際人間科学部		
―― グローバル文化学科	140	
―― 発達コミュニティ学科	100	
―― 環境共生学科	80	
―― 子ども教育学科	50	
法学部 ―― 法律学科	180	
経済学部 ―― 経済学科	270	
経営学部 ―― 経営学科	260	
理学部		
―― 数学科	28	
―― 物理学科	35	
―― 化学科	30	
―― 生物学科	25	
―― 惑星学科	35	
医学部		
―― 医学科	112	
―― 保健学科	160	

（看護学専攻80、検査技術科学専攻40、
理学療法学専攻20、作業療法学専攻20）

―― 建築学科	93
―― 市民工学科	63
工学部 ―― 電気電子工学科	93
―― 機械工学科	103
―― 応用化学科	106
―― 情報知能工学科	107
―― 食料環境システム学科	36
農学部 ―― 資源生命科学科	55
―― 生命機能科学科	69
海洋政策科学部 ―― 海洋政策学科	200

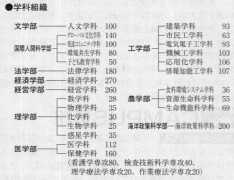

究者とビジネスプロフェッショナルを養成しています。

　理学部は数学、物理学、化学、生物学、惑星学の学問体系をベースに、少人数体制で学生の知的欲求に応え、高度な教育と研究を推進しています。医学部では150年以上の歴史を持つ附属病院と緊密な連携を図り、豊かな人間性を備えた医療従事者と、チーム医療の中で活躍できる医療職者を育成します。工学部は世界に向けた自由で独創的な学問研究を目指し、基礎的な専門教育を行った上で、先端研究を通して創造性と学識を深めます。農学部では食料・環境・健康生命に代表される農学の諸課題に、最先端の知識と技術で挑戦します。

　海洋政策科学部では、海の研究、開発、利用を牽引する「海のエキスパート」を育成し、日本を支える海を守り、国際海洋社会をリードする人材になることを目指します。

大学GUIDE

　文学部では5つの講座と15専修を整備し、徹底した少人数教育を実現しています。国際人間科学部では、少人数対話型教育を推進しており、文理を越えた想像力、リーダーシップ、コミュニケーション能力などを身につけます。全員が「グローバル・スタディーズ・プログラム」に参加し、海外学習を経験します。

　法学部は多彩な教育方法で、専門職に就くための基礎的能力と法的思考（リーガルマインド）の修得を目指します。経済学部は少子高齢化や国際金融の不安定化などの難問に高い専門性と幅広い教養で挑み、広く社会に貢献できる人材を育成します。1949年に日本で初めて開設された経営学部は、経営学研究の中心地として高度な研

CAMPUS情報

　神戸大学附属図書館は、各学部・研究科の研究領域をサポートする専門図書館と総合図書館から構成され、4キャンパスに9つの図書館を設置しています。全館で約378万冊の充実した蔵書があり、学生選書ツアーの実施やテーマ展示の開催、各館室をつなぐオンラインのデリバリーサービスなど、学生の読書支援を行っています。

卒業後の進路

主な就職先　トヨタ自動車、富士通、日立製作所、パナソニック、クボタ、ダイキン工業、三菱電機、丸紅、三井住友銀行、川崎重工業、大和証券、NTT西日本、NTTドコモ、JR西日本、関西電力、野村総合研究所など

入試・FILE

○総合型選抜　国際人間科学部（発達コミュニティ学科・環境共生学科）、理学部（生物学科・惑星学科）、医学部（医学科）で実施
○学校推薦型選抜　国際人間科学部（グローバル文化学科）、経済学部、経営学部、医学部（医学科・保健学科作業療法学専攻）で実施
○「志」特別選抜　文学部、国際人間科学部（環境共生学科）、法学部、医学部（保健学科）、工学部、農学部、海洋政策科学部で実施

大学ガイド請求

「大学案内」は、ホームページでも閲覧できます。郵送をご希望の方は、ホームページ、テレメール等からご請求ください。
〈HP〉https://www.kobe-u.ac.jp/
○入試情報
〈HP〉https://www.office.kobe-u.ac.jp/stdnt-examinavi/

大阪教育大学

〒582-8582　柏原市旭ヶ丘4-698-1
TEL 072-978-3324　入試課
<HP>https://osaka-kyoiku.ac.jp/

● 学科組織
教育学部
└学校教育教員養成課程　　　　520
　（幼小教育専攻60、次世代教育専
　攻60、教科教育専攻360、小学校
　教育〈夜間〉5年専攻40）
├養護教諭養成課程　　　　　　30
├教育協働学科　　　　　　　　350
　（教育心理科学専攻40、健康安全
　科学専攻35、理数情報専攻100、
　グローバル教育専攻75、芸術表現
　専攻50、スポーツ科学専攻50）

● 沿　革
　1874（明治7）年に設立した教員
伝習所を起源とし、1949（昭和24）
年、大阪府下の師範学校を統合し、
大阪学芸大学として発足。1967（同
42）年、現校名に改称。2024（令和
6）年に教育学部を再編。

● 大学GUIDE
　教員養成課程では、文部科学省から指定を受けた教員養成フラッグシップ大学の特例を活用した先導的・革新的なカリキュラムを展開し、現在の教育課題に対応した「学校現場で必要とされる教員」を養成します。1・3・4回生での教育実習に加えて、2回生からの段階に応じた多彩な学校インターンシップを経験し、教師としての実践力を身につけます。
　一方、6専攻を擁する教育協働学科では教育的な視点から、学校や家庭、地域社会と連携し、社会に貢献する人を育てます。教育や学校への理解を促しつつ、福祉・心理・健康生活・自然科学・数理科学・情報など、さまざまな専門知識と技能を養います。
　また、小学校教育専攻の5年課程（夜間コース）は、国立大学では全国でただ一つの夜間開講の教員養成課程です。

● 卒業後の進路
　教員、公務員のほか、一般企業にも多く就職。

兵庫教育大学

〒673-1494　兵庫県加東市下久米942-1　TEL 0795-44-2067　入試課
<HP>https://www.hyogo-u.ac.jp/

● 学科組織
学校教育学部──学校教育教員養成課程　160

● 沿　革
　1978（昭和53）年創設。学校教育学部初等教育教員養成課程を設置。1980（同55）年に大学院学校教育研究科（修士・専門職学位課程）を、また1996（平成8）年には大学院連合学校教育学研究科（博士課程）を設置。

● 大学GUIDE
　兵庫教育大学は、学校教員を養成する学部と、主に現職教員の学校教育に関する高度な研究・研鑽の機会を確保する大学院修士課程を有する教員養成大学です。
　2019年度から従来の専修・コース制を廃止し、クラス、教育系（グループ）、卒業研究（ゼミ）の3つの学びの場による指導体制をスタートしました。
　1年次から所属するクラスでは、クラスミーティングや進路指導、学習支援など、4年間一貫した修学指導を実施し、教員になるための基盤を形成します。
　2年次からは教科教育系（国語、英語、社会、数学、理科、音楽、美術、保健体育、技術・家庭）と幼年教育系（幼年教育）の各グループに所属し、取得を目指す教員免許・資格に対応しながら教科指導能力や教育力・保育力を高めます。
　3年次からゼミに所属し、教育学、心理学、幼年教育、特別支援教育、各教科教育などの分野から研究テーマを選び、卒業研究に取り組みます。

● 卒業後の進路
　教職キャリア開発センターでは、学生一人ひとりの希望する進路の実現をサポートしています。
　毎年、全国トップクラスの教員・保育士就職率を誇ります。

奈良教育大学

〒630-8528　奈良市高畑町
TEL 0742-27-9126　入試課
<HP>https://www.nara-edu.ac.jp/

● 学科組織
教育学部
└学校教育教員養成課程　255
　├教育発達専攻　55
　├教科教育専攻　178
　└伝統文化教育専攻　22

● 沿　革
　1888（明治21）年、奈良県尋常師範学校として創設され、1949（昭和24）年に奈良学芸大学、1966（同41）年に奈良教育大学に改称。2012（平成24）年4月から、学校教育教員養成課程による教員養成中心の教育組織となりました。

● 大学GUIDE
　キャンパスは、古都・奈良の中心に位置し、豊かな自然と世界遺産を含む多くの伝統文化遺産に囲まれています。附属図書館は約35万冊の蔵書を有し、教育関係書の充実を図っています。
　学校教育教員養成課程では、教育発達専攻、教科教育専攻、伝統文化教育専攻の3つの専攻により学びを深めています。
　また、教員として幅広い知識やスキルを身につけるカリキュラムを編成。大学での学びとともに、体験型学習支援である「スクール・サポート認証・研修制度」や、新世代を先導する理数科教員を養成する「SST養成プログラム」、伝統文化を得意分野にする「文化遺産教育プログラム」など特色あるプログラムを用意しています。
　所属分野に応じた校種の教員免許状（一種）を取得することができます。また、必要な単位を修得することで、他の校種の教員免許なども取得可能です。

● 卒業後の進路
　学校教育教員養成課程の卒業生は、教職に就くだけでなく、各種企業や官公庁などでも活躍しています。

奈良女子大学

〒630-8506　奈良市北魚屋東町
TEL 0742-20-3353　入試課
<HP>https://www.nara-wu.ac.jp/

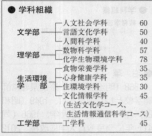

● 学科組織

文学部	人文社会学科	60
	言語文化学科	50
	人間科学科	40
理学部	数物科学科	57
	化学生物環境学科	78
生活環境学部	食物栄養学科	35
	心身健康学科	35
	住環境学科	35
	文化情報学科	45
	（生活文化学コース、	
	生活情報通信科学コース）	
工学部	工学科	45

● 沿　革

　1908（明治41）年、奈良女子高等師範学校設置。1949（昭和24）年、奈良女子大学が発足。2022（令和4）年、女子大学では日本初となる工学部を開設、生活環境学部を改組し文化情報学科を設置しました。

● 大学GUIDE

　文学部では3学科体制により、社会・文化への鋭い認識、国際的視野に立った思考力、人間性に対する豊かな感受性を持った人材を育成します。

　理学部では高いレベルの理学教育と活発な研究活動により、広い視野に立って社会のさまざまな問題を解決する能力を持つ人材を育てます。約6割の学生が大学院に進学しています。

　生活環境学部は生活に関する学問が結集した学部です。衣・食・住・健康・スポーツ・臨床心理・文化・情報の分野について、幅広い科目群を用意しています。

　工学部では、人間情報分野と環境デザイン分野を専門分野として学びます。PBL演習など多くの実践的な学びを通して、エンジニア・イノベーターを養成します。

● 卒業後の進路

　主な就職先　ダイハツ工業、三菱電機、パナソニック、富士通、北陸電力、日本銀行、ソフトバンク、NTTドコモ、NTT西日本、公務員など

和歌山大学

〒640-8510　和歌山市栄谷930
TEL 073-457-7116　入試課
<HP>https://www.wakayama-u.ac.jp/

● 学科組織

教育学部	学校教育教員養成課程	165
経済学部	経済学科	290
システム工学部	システム工学科	290
観光学部	観光学科	115
社会インフォマティクス学環		30

● 沿　革

　1949（昭和24）年に設置。1995（平成7）年システム工学部、2008（同20）年観光学部を増設。2023（令和5）年に社会インフォマティクス学環を設置しました。

● 大学GUIDE

　教育学部は、2023年度から1課程2コース制になりました。専攻決定は1年次後期で、入試選抜区分に応じて幅広い分野から選択することができます。「へき地・複式教育実習」など、実際の教育現場で学ぶ機会も充実しています。

　経済学部は1学科5プログラム制で、経済・経営・会計・法律・情報の領域をプログラムごとクロスオーバーさせ、将来に向けて専門性を高めていきます。大学院進学に直結したエキスパート・コースもあります。

　システム工学部は、3領域8メジャーから2つのメジャーを選び複合的に専門分野を学習します。2年終了時に、成績上位者は学部4年間と博士前期課程2年間の6年制を選択することが可能です。

　観光学部は3コース＋グローバル・プログラムを擁しています。主に英語で学ぶグローバル・プログラムのほか、地域連携プログラム・海外研修など実践型教育プログラムを用意しています。

　社会インフォマティクス学環では、経済学部、システム工学部、観光学部の文理融合型の教育課程で、分野横断的な知識や能力を身につける教育を実現します。

鳥取大学

〒680-8550　鳥取市湖山町南4-101
TEL 0857-31-5061　入試課
<HP>https://www.tottori-u.ac.jp/

● 学科組織

地域学部	地域学科	170
	（地域創造コース60、人間形成コース55、国際地域文化コース55）	
医学部	医学科	105
	生命科学科	40
	保健学科	
	├看護学専攻	80
	└検査技術科学専攻	40
工学部	機械物理系学科	115
	電気情報系学科	125
	化学バイオ系学科	100
	社会システム土木系学科	110
農学部	生命環境農学科	220
	共同獣医学科	35

● 沿　革

　1949（昭和24）年、米子医科大学、米子医学専門学校、鳥取農林専門学校、鳥取師範学校、鳥取青年師範学校を包括して開学。

● 大学GUIDE

　地域学部は地域が抱える問題を解決するために、地域に密着したフィールドワーク重視の実践的なカリキュラムを用意しています。

　医学部は個性輝く創造性豊かな医師を育成する医学科をはじめ、4年間で医学やバイオサイエンスを学び、生命科学と基礎医学の研究者を育成する生命科学科、看護学専攻と検査技術科学専攻を擁する保健学科があります。

　工学部では伝統工学から最先端分野、基礎・応用研究、実践的スキルまでを学べる4つの学科を設置しています。さらに、キャリアパスを見据えた幅広い17の教育プログラムと、附属5センターが携わる実践的教育を通じて、ものづくりの未来をひらく人材を育てます。

　農学部は創立以来、地域の農林畜産業の振興に大きく寄与してきました。現在は生命環境農学科と共同獣医学科の2学科体制で、食料や地球環境など解決すべき多くの課題に取り組んでいます。

島根大学

〒690-8504　松江市西川津町1060
TEL（医以外）0852-32-6073　教育・学生支援部入試課
　（　医　）0853-20-2087　医学部学務課入試担当
<HP>https://www.shimane-u.ac.jp/

● 学科組織

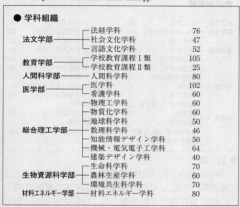

法文学部	法経学科	76
	社会文化学科	47
	言語文化学科	52
教育学部	学校教育課程Ⅰ類	105
	学校教育課程Ⅱ類	25
人間科学部	人間科学科	80
医学部	医学科	102
	看護学科	60
総合理工学部	物理工学科	60
	物質化学科	60
	地球科学科	60
	数理科学科	46
	知能情報デザイン学科	50
	機械・電気電子工学科	64
	建築デザイン学科	40
生物資源科学部	生命科学科	70
	農林生産学科	60
	環境共生科学科	70
材料エネルギー学部	材料エネルギー学科	80

● 沿　革

　1949（昭和24）年発足。2003（平成15）年10月に島根医科大学と統合し、医学部を設置。2023（令和5）年に材料エネルギー学部を開設しました。

● 大学GUIDE

　島根大学は、知と文化の拠点として培った伝統と精神を重んじ、「地域に根ざし、地域社会から世界に発信する個性輝く大学」の実現を目指しています。7学部・4研究科で構成される総合大学として、理系から文系まで幅広い学問分野を網羅。地域や世界規模の課題を視野に入れた教育・研究を推進しています。

　松江キャンパスには医学部以外の6学部があり、多くの学生が学んでいます。松江市は出雲風土記に書かれた静かで美しい城下町です。一方医学部は出雲キャンパスにあります。付近には出雲大社のほか、名所・旧跡が数多くあります。附属図書館は両キャンパスにあり、松江キャンパスにある本館（図書約84万冊、雑誌約1万2千誌、電子ジャーナル7千タイトル以上）は「交流」「学習」「研究」の3つのゾーンに分けられています。出雲キャンパスにある医学図書館（図書約14万冊、学術雑誌2千6百誌）では、学内利用者は、学生証・職員証の認証により、24時間利用が可能です。

● 卒業後の進路

　主な就職先　積水ハウス、出雲村田製作所、島根電工、富士ソフト、コスモス薬品、山陰合同銀行、島根銀行、山陰中央新報社、JR西日本、中国電力、大和ハウス工業、教員、公務員、病院など

岡山大学

〒700-8530　岡山市北区津島中1-1-1
TEL 086-251-7192〜7194　学務部入試課
<HP>https://www.okayama-u.ac.jp/

● 学科組織

文学部	人文学科	175
教育学部	学校教育教員養成課程	250
	養護教諭養成課程	30
法学部	法学科（昼間コース）	205
	法学科（夜間主コース）	20
経済学部	経済学科（昼間コース）	205
	経済学科（夜間主コース）	40
理学部	数学科	20
	物理学科	35
	化学科	30
	生物学科	30
	地球科学科	25
医学部	医学科	109
	保健学科	160
歯学部	歯学科	48
薬学部	薬学科	40
	創薬科学科	40
工学部	工学科	640
農学部	総合農業科学科	120
	グローバル・ディスカバリー・プログラム	60

（看護学専攻80、放射線技術科学専攻40、検査技術科学専攻40）

● 沿　革

　旧制第六高等学校、岡山医科大学、岡山師範学校、岡山農業専門学校などが統合され、1949（昭和24）年、5学部を有する新制大学として発足。2021（令和3）年、工学部と環境理工学部を工学部に統合しました。

● 大学GUIDE

　岡山大学では、これまでの高度な研究活動の成果を基礎として、国内外の幅広い分野において活躍できる高い総合的能力と人格を備えた人材の育成を目的としています。諸外国との国際交流も推進しながら教育・研究を行っています。欧米諸国、東南アジア諸国、中国などのほかアフリカ諸国とも活発な学術交流が行われ、実績をあげています。

　岡山大学の教育は、全学部の学生が共通に受ける「教養教育」と、各学部の教育理念に沿う「専門教育」の大きく2つに分けられます。「教養教育」では、幅広い学問領域を選択して学習することにより、人間性の涵養を図ることを基本目標としています。「専門教育」では、幅広い教養教育を踏まえたうえで、専門分野において活躍できる能力を育成することを目指しており、各学部の一貫した教育課程において体系的に配置されています。

　半田山麓の津島地区、岡山市南部の鹿田地区など全国有数の広大なキャンパスは、緑豊かでのびやかな雰囲気にあふれ、勉学の場として最適な環境です。

● 卒業後の進路

　主な就職先　トヨタ自動車、三菱電機、日立製作所、川崎重工業、パナソニック、JFEスチール、京セラ、KDDI、旭化成、大塚製薬、中国銀行、東京海上日動火災保険、NTT西日本、JR西日本、四国電力など

国立大学

広島大学

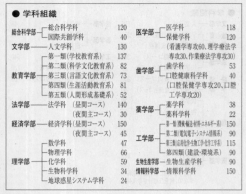

〒739-8511　広島県東広島市鏡山1-3-2
TEL 082-424-6174　高大接続・入学センター
<HP>https://www.hiroshima-u.ac.jp

● 学科組織

学部	学科	人数
総合科学部	総合科学科	120
	国際共創学科	40
文学部	人文学科	130
教育学部	第一類(学校教育系)	137
	第二類(科学文化教育系)	82
	第三類(言語文化教育系)	73
	第四類(生涯活動教育系)	81
	第五類(人間形成基礎系)	52
法学部	法学科 (昼間コース)	140
	(夜間主コース)	30
経済学部	経済学科 (昼間コース)	150
	(夜間主コース)	45
理学部	数学科	47
	物理学科	66
	化学科	59
	生物科学科	34
	地球惑星システム学科	24
医学部	医学科	118
	保健学科 (看護学専攻60、理学療法学専攻30、作業療法学専攻30)	120
歯学部	歯学科	53
	口腔健康科学科 (口腔保健学専攻20、口腔工学専攻20)	40
薬学部	薬学科	38
	薬科学科	22
工学部	第一類(機械・輸送・材料・エネルギー系)	150
	第二類(電気電子・システム情報系)	90
	第三類(応用化学・生物工学・化学工学系)	115
	第四類(建設・環境系)	90
生物生産学部	生物生産学科	90
情報科学部	情報科学科	150

● 沿革

　1949(昭和24)年、広島高等師範学校、広島文理科大学などを母体に広島大学設立。1995(平成7)年、東広島キャンパスに統合移転完了。2018(同30)年には総合科学部に国際共創学科を、また新たに情報科学部を開設。

● 大学GUIDE

　1949(昭和24)年に創設された広島大学は、その後新たな学部や研究・教育施設を加え、現在は3つのキャンパスに12学部を擁しています。

　独自に開発した「到達目標型教育プログラム」を実施し、学生一人ひとりに応じたきめ細かい学習サポートを行っています。他学部や特定分野の学習、資格の獲得を目指すプログラムも履修することができます。

　緑豊かな環境と多彩な設備を持つ東広島キャンパスは、約250万㎡と日本で屈指の広さを誇ります。医学部、歯学部、薬学部は広島市霞キャンパス、法学部、経済学部夜間主コースは広島市東千田キャンパスに設置しています。

　図書館は、約344万冊の図書を所蔵しています。東広島キャンパスに中央図書館、東図書館、西図書館、霞キャンパスに霞図書館、東千田キャンパスに東千田図書館があります。中央図書館の座席数は992席あります。

● 卒業後の進路

　主な就職先　トヨタ自動車、NTTドコモ、マツダ、パナソニック、三菱電機、日立製作所、マイクロンメモリジャパン、川崎重工業、NEC、クボタ、富士通、大和ハウス工業、鹿島、広島銀行、日本生命保険、東京海上日動火災保険、NTT西日本、アクセンチュア、NECソリューションイノベータ、中国電力など

山口大学

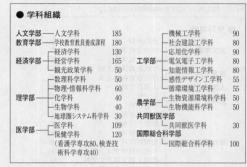

〒753-8511　山口市吉田1677-1
TEL 083-933-5153　入試課
<HP>https://www.yamaguchi-u.ac.jp/

● 学科組織

学部	学科	人数
人文学部	人文学科	185
教育学部	学校教育教員養成課程	180
経済学部	経済学科	130
	経営学科	165
	観光政策学科	50
理学部	数理科学科	50
	物理・情報科学科	60
	化学科	40
	生物学科	40
	地球圏システム科学科	40
医学部	医学科	109
	保健学科 (看護学専攻80、検査技術科学専攻40)	120
工学部	機械工学科	90
	社会建設工学科	80
	応用化学科	90
	電気電子工学科	80
	知能情報工学科	80
	感性デザイン工学科	55
	循環環境工学科	50
農学部	生物資源環境科学科	50
	生物機能科学科	50
共同獣医学部	共同獣医学科	30
国際総合科学部	国際総合科学科	100

● 沿革

　1949(昭和24)年、旧山口高等学校、山口師範学校、山口経済専門学校、山口青年師範学校、宇部工業専門学校、山口獣医畜産専門学校を併合して山口大学設立。2012(平成24)年度より、鹿児島大学との共同学部である共同獣医学部を設置。2015(同27)年に文系・理系、国の枠を越えた教育を展開する「国際総合科学部」を開設。

● 大学GUIDE

　山口大学では、教育理念である"発見し・はぐくみ・かたちにする"を実践するために、特定の分野に偏らない幅広い分野を学び、幅広い考え方やものの見方を身につけることを重視した教育を行っています。そのため、共同獣医学部と国際総合科学部を除いたすべての学部で「共通教育」の授業が必修です。また、「おもしろプロジェクト」は、学生の自主的かつ創造的な企画に資金援助する独自の学生支援事業で、学生の発見をかたちにするための支援を積極的に行っています。

　吉田キャンパスは、7学部が学ぶメインキャンパスです。宇部市の小串キャンパスには医学部、常盤キャンパスには工学部があります。

　埋蔵文化財資料館　キャンパスの敷地内には、いたるところに遺跡が埋蔵されています。キャンパスに眠る埋蔵文化財を学内で行われる諸工事等の際に発掘調査し、研究活動を行います。学内外への展示も実施しています。

　国際交流　積極的に留学生や研究者を受け入れる一方で、海外の多様な大学・機関と学術交流協定を結び、さまざまなプログラムを準備しています。

● 卒業後の進路

　主な就職先　マツダ、三菱電機、太平洋セメント、鹿島、清水建設、富士通、広島銀行、日立製作所、京セラ、NTT西日本、公務員、教員、病院など

徳島大学

〒770-8501　徳島市新蔵町2-24
TEL 088-656-7091　入試課
<HP>https://www.tokushima-u.ac.jp/

● 学科組織

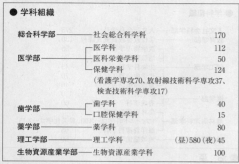

総合科学部	社会総合科学科	170
医学部	医学科	112
	医科栄養学科	50
	保健学科	124
	（看護学専攻70、放射線技術科学専攻37、検査技術科学専攻17）	
歯学部	歯学科	40
	口腔保健学科	15
薬学部	薬学科	80
理工学部	理工学科	（昼）580（夜）45
生物資源産業学部	生物資源産業学科	100

● 沿　革

　1949（昭和24）年の学制改革により、徳島師範学校、徳島青年師範学校、徳島医科大学、徳島医学専門学校、徳島高等学校、徳島工業専門学校を包括し、3学部構成の新制の国立大学として発足。

● 大学GUIDE

　学生数約7,500人、教職員数約3,000人を擁する総合大学で、気候温暖な徳島市の中心部に2つのキャンパスを持っています。学びの過程は、教養教育、学部学科の基礎、専門の応用を学んで社会人としての自立へとつなげる流れになっています。教養教育は、普遍的な学問の価値を学ぶ「教養科目群」、専門教育の学びの基礎・基盤となる「基礎科目群」「外国語科目群」、現代社会の課題を学ぶ「創成科学科目群」の4つの科目群から構成され、あらゆる専門分野の基礎となっています。

　吉野川の河口に近い常三島キャンパスには、総合科学部、理工学部、生物資源産業学部があります。総合科学部は社会総合科学科の1学科で構成、3コースを設置。理工学部は理工学科に8つの履修コースと医光／医工融合プログラムを設置し、夜間主コースには5つの履修コースがあります。生物資源産業学部は生物資源産業学科に3つのコースを設置しています。

　また、医学部、歯学部、薬学部が設置されている蔵本キャンパスでは、医師、歯科医師、薬剤師、管理栄養士などを養成する生命科学の教育・研究を行う一方で、メディカルセンターとして高度な医療も行っています。

● 卒業後の進路

主な就職先　三菱電機、NEC、川崎重工業、デンソー、ヤマハ発動機、大塚製薬、日亜化学工業、大和ハウス工業、一条工務店、日本調剤、徳島大正銀行、NTT西日本、四国電力、教員、国家・地方公務員、大学病院など

香川大学

〒760-8521　高松市幸町1-1
TEL 087-832-1182　入試課
<HP>https://www.kagawa-u.ac.jp/

● 学科組織

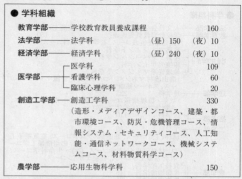

教育学部	学校教育教員養成課程		160
法学部	法学科	（昼）150	（夜）10
経済学部	経済学科	（昼）240	（夜）10
医学部	医学科		109
	看護学科		60
	臨床心理学科		20
創造工学部	創造工学科		330
	（造形・メディアデザインコース、建築・都市環境コース、防災・危機管理コース、情報システム・セキュリティコース、人工知能・通信ネットワークコース、機械システムコース、材料物質科学コース）		
農学部	応用生物科学科		150

● 沿　革

　1949（昭和24）年、学芸学部（現教育学部）と経済学部を有する新制大学として発足。2003（平成15）年に香川大学と香川医科大学を統合し、新「香川大学」となりました。

● 大学GUIDE

　文系・理系のバランスが取れた学部を擁する香川大学では、幅広い教養と深い専門知識・技術を身につけられます。また、学部の枠を越えて学生が主体的に学習する「香川大学ネクストプログラム」、学生自らが発案・企画実行する「香大生の夢チャレンジプロジェクト」など、特色あるカリキュラムがあります。

　教育学部では、人間を深く理解し、実践的指導力を持つ人材を育成。法学部では、法的に筋道を立てて考え的確に判断する能力、リーガル・マインドを身につけます。経済学部には現場の声を聞く機会がある講義やゼミナールが数多くあり、地域経済から世界経済まで幅広く学びます。医学部では、高い専門性と豊かな人間性を持ち、地域から信頼される医療人を育てます。創造工学部では、社会や人々のニーズにフィットしたイノベーションを創出する人材を育成。農学部では、多彩な分野を網羅的に学び、食糧・環境・生命科学の課題に取り組みます。

　国際交流にも力を入れており、大学間の協定は21カ国・地域に及びます。協定校への交換留学のほか、短期海外研修や海外インターンシップなど多様なプログラムに挑戦することができます。

● 卒業後の進路

主な就職先　山崎製パン、京セラ、積水ハウス、三菱電機、中国電力、中国銀行、香川銀行、百十四銀行、伊予銀行、日本生命保険、マツダ、鹿島、NTTドコモ、ドコモCS四国、STNet、JR四国、四電工など

愛媛大学

〒790-8577　松山市文京町3
TEL 089-927-9172　教育学生支援部入試課
<HP>https://www.ehime-u.ac.jp/

● 学科組織

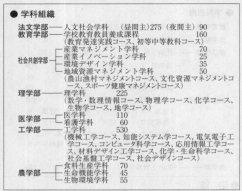

法文学部──人文社会学科　　（昼間主）275（夜間主）90
教育学部──学校教育教員養成課程　　　　　　　160
　　　　　（教育発達実践コース、初等中等教科コース）
社会共創学部┬産業マネジメント学科　　　　　　　70
　　　　　├産業イノベーション学科　　　　　　25
　　　　　├環境デザイン学科　　　　　　　　　35
　　　　　└地域資源マネジメント学科　　　　　50
　　　　　（農山漁村マネジメントコース、文化資源マネジメントコース、スポーツ健康マネジメントコース）
理学部──理学科　　　　　　　　　　　　　　　225
　　　　　（数学・数理情報コース、物理学コース、化学コース、生物学コース、地学コース）
医学部┬医学科　　　　　　　　　　　　　　　　110
　　　└看護学科　　　　　　　　　　　　　　　60
工学部──工学科　　　　　　　　　　　　　　　530
　　　　　（機械工学コース、知能システム学コース、電気電子工学コース、コンピュータ科学コース、応用情報工学コース、材料デザイン工学コース、化学・生命科学コース、社会基盤工学コース、社会デザインコース）
農学部┬食料生産学科　　　　　　　　　　　　　70
　　　├生命機能学科　　　　　　　　　　　　　45
　　　└生物環境学科　　　　　　　　　　　　　55

● 沿　革

　1949（昭和24）年、松山高等学校、愛媛師範学校、愛媛青年師範学校、新居浜工業専門学校を母体とし、文理学部、教育学部、工学部からなる愛媛大学が発足。

● 大学GUIDE

　法文学部は、人文社会学科の1学科体制で、実践力を備えたグローバル人材の育成を目指します。

　教育学部では、豊かな人間性とすぐれた実践的指導力を兼ね備えた学校教員を養成します。

　社会共創学部には4学科を設置し、文系・理系の垣根を越えて、地域の人々と協働するための実践的なスキルを、フィールドワークやインターンシップなどの多彩な授業形態によって身につけます。

　理学部は1学科5教育コース3履修プログラムの教育体制です。分野横断機能を強化した教育体制で、複数分野の知識と思考法を学び、「科学で未来を拓く」人材を育成します。

　医学部では、人間力とコミュニケーション能力を備え、最先端医療に対応できる医療者を養成しています。

　工学部は1年次に工学系共通の基礎的科目を学び、2年次から9つの教育コースに分かれて学びます。広範な知識を修得し、高度な専門的知識と実践的技術を身につけた工学系人材を育成します。

　農学部は、「食料・生命・環境」に関する研究を活発に進め、自然と人間が調和する新しい循環型社会の創造に貢献できる人材を育成します。

● 卒業後の進路

　主な就職先　マツダ、三浦工業、伊予銀行、愛媛銀行、四国ガス、四国電力、四電工、公務員、教員など

高知大学

〒780-8520　高知市曙町2-5-1
TEL 088-844-8153　学務部入試課
<HP>https://www.kochi-u.ac.jp/

● 学科組織

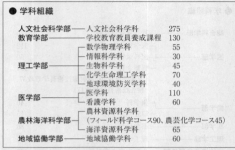

人文社会科学部──人文社会科学科　　　　　　　275
教育学部──学校教育教員養成課程　　　　　　　130
理工学部┬数学物理学科　　　　　　　　　　　　55
　　　　├情報科学科　　　　　　　　　　　　　30
　　　　├生物科学科　　　　　　　　　　　　　45
　　　　├化学生命理工学科　　　　　　　　　　70
　　　　└地球環境防災学科　　　　　　　　　　40
医学部┬医学科　　　　　　　　　　　　　　　　110
　　　└看護学科　　　　　　　　　　　　　　　60
農林海洋科学部┬農林資源科学科
　　　　　　　（フィールド科学コース90、農芸化学コース45）
　　　　　　　└海洋資源科学科　　　　　　　　65
地域協働学部──地域協働学科　　　　　　　　　60

● 沿　革

　1949（昭和24）年、高知高等学校、高知師範学校及び高知青年師範学校を包括して発足。2003（平成15）年に高知大学と高知医科大学が統合し、新生「高知大学」となりました。

● 大学GUIDE

　高知大学は「地域を支え、地域を変えることができる大学」を目指し、地域にありながら世界と対話・交流・協働できる大学としての輝きを放ち、人類社会と地球の豊かな未来を切り開くための教育研究活動を展開します。

　社会や組織の中で自らが考えて判断し、行動できる「自立型人材」を育成するため、独自の共通教育を導入しています。導入科目や選択履修の教養科目を設置し、各学部における高度な専門的学習の基礎や、人生、生活を豊かにするための幅広い教養を身につけます。

　入学から卒業まで、担当教員が学生一人ひとりをバックアップするアドバイザー教員制を採用。授業中は、大学院生によるティーチング・アシスタントがサポートします。また、他大学と単位互換制度を締結しているほか、卒業要件単位を優秀な成績で修得した者は3年で卒業できる「早期卒業制度」も導入しています。

　国際交流の機会も豊富で、世界の国々との学術交流を通じた教育研究活動を活発に行っています。また、教育の視点からのキャンパスの国際化と学生の国際性涵養を目的として、グローバル教育支援センターが設置されています。

● 卒業後の進路

　主な就職先　シャープ、スズキ、四国銀行、高知銀行、積水ハウス、四国電力、東京海上日動火災保険、第一生命保険、明治安田生命保険、日本年金機構、JR四国、丸紅、ブルボン、日本食研ホールディングス、タカラスタンダード、公務員、病院など

鳴門教育大学

〒772-8502　徳島県鳴門市鳴門町高島字中島748　TEL 088-687-6133　入試課学部入試係
<HP>https://www.naruto-u.ac.jp/

● 学科組織

学校教育学部	学校教育教員養成課程	100

● 沿革

　1981(昭和56)年に開学。2000(平成12)年に既設の初等教育教員養成課程と中学校教員養成課程を、学校教育教員養成課程に改組しました。

● 大学GUIDE

　学校教育や教員に対する社会的要請に基づいて、主に現職教員に高度な研究の機会を確保する大学院と、初等・中等教育教員の養成を行う学校教育学部を持つ新しい構想の国立教育大学です。

　鳴門教育大学では、100人の定員に対して約130人の教員を配置し、少人数制でアットホームな雰囲気の中、きめ細かな指導を行っています。

　幼児教育専修、小学校教育専修、中学校教育専修、特別支援教育専修の4専修を設置しており、各専修の学生は、異なる校種の複数の教員免許状を取得できます。

　また、できるだけ早い時期から教育に対する目を開かせ、段階を追って教員としての資質を高めるため、1年次から4年次にわたり、附属学校(園)や鳴門市内の小中学校での実地教育(教育実習)を重視しています。

　美しいキャンパスには落ち着いた雰囲気があり、勉学や課外活動など充実した大学生活を送れます。

● 卒業後の進路

　毎年、幼稚園・小学校・中学校・高等学校・特別支援学校の教員を多く輩出しています。教員就職率は全国トップレベルです。また、公務員や企業への就職を希望する学生には、就職・公務員ガイダンスなどを行い、きめ細かくサポートしています。

九州工業大学

〒804-8550　福岡県北九州市戸畑区仙水町1-1　TEL 093-884-3056　入試課入試係
<HP>https://www.kyutech.ac.jp/

● 学科組織

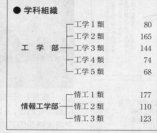

工 学 部	工学1類	80
	工学2類	165
	工学3類	144
	工学4類	74
	工学5類	68
情報工学部	情工1類	177
	情工2類	110
	情工3類	123

● 沿革

　1907(明治40)年に私立明治専門学校として設立。2000(平成12)年には大学院だけの独立研究科である、生命体工学研究科を設置。

● 大学GUIDE

　日本近代産業の歴史と伝統がある地域にある戸畑キャンパスで学ぶ工学部では、1年次は1〜5類に所属して共通教育を行い、2年次から各学科・コースに分かれて専門分野を深めていきます。ものづくりを重視した授業に力を入れています。約6割の学生が大学院に進学し、より高度な専門性を身につけています。

　飯塚キャンパスにある情報工学部では、1年次は1〜3類に分かれて情報・数学・理科の基礎知識・素養を身につけ、2年次から各学科・コースに分かれます。情報分野と専門分野をバランスよく学び、大学院までの一貫性を重視したカリキュラムが特徴です。実験や演習が充実しており、人間や社会に対する幅広い理解力や外国語の運用能力も身につけられます。

● 卒業後の進路

　主な就職先　トヨタ自動車、本田技研工業、日本製鉄、三菱電機、富士通、日立製作所、シャープ、川崎重工業、京セラ、九州電力、スズキ、NTT西日本、アイシンなど

福岡教育大学

〒811-4192　福岡県宗像市赤間文教町1-1　TEL 0940-35-1235　入試課
<HP>https://www.fukuoka-edu.ac.jp/

● 学科組織

教育学部	初等教育教員養成課程	385
	中等教育教員養成課程	170
	特別支援教育教員養成課程	60

● 沿革

　1949(昭和24)年、福岡第一師範学校、福岡第二師範学校、福岡青年師範学校を前身に、福岡学芸大学として設置されました。1966(同41)年、現在の宗像市に移転し、福岡教育大学に名称を変更。2004(平成16)年、国立大学法人福岡教育大学となりました。

● 大学GUIDE

　九州地区唯一の学校教員の養成を目的とする単科大学としての伝統と実績を有しています。

　生涯にわたり学び続ける有為な教育者の養成を目指して、初等教育教員養成課程・中等教育教員養成課程・特別支援教育教員養成課程の3課程を設置しています。初等教育教員養成課程には5つの学位プログラム、中等教育教員養成課程には11専攻、特別支援教育教員養成課程には2つの学位プログラムにそれぞれ6専攻を設けています。

　このほか、1年次から学校現場を体験する教育実習や、国際交流を推進する「グローバルラーニングセンター(GLC)」、学校支援ボランティア活動の充実などを通して、人間性豊かな教育者を育てます。

● 卒業後の進路

　教員への就職をはじめ、企業や公務員など様々な進路に向けた幅広いサポート体制が充実しています。

　主な就職先　小学校教員306、中学校教員67、高等学校教員37、特別支援学校教員23、幼稚園教員13、学習支援・福祉25、公務員16、企業その他93、進学者24(令和4年度)

国立大学

九 州 大 学

〒819-0395　福岡市西区元岡744　学務部入試課　TEL 092-802-2004

●沿 革
1911（明治44）年に工科大学、医科大学からなる九州帝国大学として発足。2003（平成15）年に九州大学と九州芸術工科大学を統合し、新「九州大学」となりました。現在、再編、統合を経て、12学部29学科を有しています。

●学科組織

共創学部	共創学科	105
文学部	人文学科	151
教育学部		46
法学部		189
経済学部	経済・経営学科	141
	経済工学科	85
理学部	物理学科	55
	化学科	62
	地球惑星科学科	45
	数学科	50
	生物学科	46
医学部	医学科	105
	生命科学科	12
	保健学科	134
	┬看護学専攻	68
	├放射線技術科学専攻	33
	└検査技術科学専攻	33
歯学部	歯学科	53
薬学部	創薬科学科	49
	臨床薬学科	30
芸術工学部	芸術工学科	187
	┬環境設計コース	
	├インダストリアルデザインコース	
	├未来構想デザインコース	
	├メディアデザインコース	
	└音響設計コース	
農学部	生物資源環境学科	226

	電気情報工学科	153
	材料工学科	53
	応用化学科	72
	化学工学科	38
	融合基礎工学科	57
工学部	機械工学科	135
	航空宇宙工学科	29
	量子物理工学科	38
	船舶海洋工学科	34
	地球資源システム工学科	34
	土木工学科	77
	建築学科	58

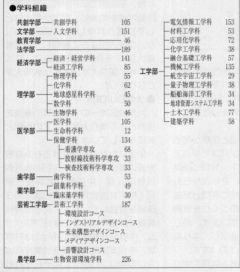

🄼 大学GUIDE

　九州大学と九州芸術工科大学は2003年10月1日に統合し、新「九州大学」となりました。

　「日本のさまざまな分野において指導的な役割を果たし、アジアをはじめ広く全世界で活躍できる人材を輩出し、日本および世界の発展に貢献すること」を教育の目的とし、高い人間性・社会性・国際性・専門性を有する人材を育成しています。総合大学としての成長も著しく、「教育」「研究」「社会連携」「国際連携」の活動分野に重点をおき、「新科学領域への展開」と「アジア指向」を将来構想の方向性として展開しています。

　2005年、福岡市西区元岡に伊都キャンパスが開校し、新たな学園研究都市の創造、段階的建設を考慮した計画が進行。2018年9月に伊都キャンパスへの移転が完了しました。また、2021年4月、工学部が6学科から12学科へ変わりました。

キャンパス🄲 CAMPUS情報

　伊都キャンパスの学生寄宿舎は、伊都協奏館（男子・女子）、ドミトリー1・2・3があります。すべて日本人学生と留学生が共同で生活するスタイルです。

　学術交流、留学生交流、共同研究の計画などの教育上、研究上の交流を促進し、相互の友好協力と発展を図るために、諸外国の大学と交流協定を締結しています。主な交流国には、インドネシア、韓国、シンガポール、タイ、中国、イギリス、フランス、ドイツ、オランダ、スウェーデン、ベルギー、ロシア、アメリカ、チリ、ブラジル、オーストラリアなどがあります。

進🄿路 卒業後の進路

　就職指導は、各学部独自の就職支援企画のほか、就職情報室で、企業概要などの自由な閲覧ができ、相談員によるカウンセリングも受けることができます。

　主な就職先　トヨタ自動車、日産自動車、富士通、日立製作所、三菱電機、三菱重工業、福岡銀行、NTT西日本、JR九州、九州電力、大成建設、アクセンチュアなど

入試・FILE

○総合型選抜　教育学部、文学部、法学部、経済学部（経済・経営学科）、理学部、医学部、歯学部、工学部（航空宇宙工学科を除く全学科）、芸術工学部、農学部、共創学部で実施
○帰国生徒選抜　教育学部、農学部を除く全学部で実施
○国際入試　教育学部で実施
〈HP〉https://www.kyushu-u.ac.jp/

大学ガイド請求

「大学案内」をご希望の方は、返信用封筒（角形2号に送料分の切手を貼付・郵便番号、住所、氏名、資料名を明記）を同封し、封筒の表に「大学案内請求」と朱書きして、学務部入試課までご請求ください。
テレメール等からも請求できます。ホームページをご参照ください。

佐賀大学

〒840-8502　佐賀市本庄町1
TEL 0952-28-8178　学務部入試課
<HP>https://www.saga-u.ac.jp/

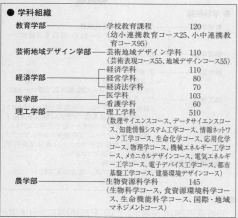

● 学科組織

教育学部―――学校教育課程　120
（幼小連携教育コース25、小中連携教育コース95）
芸術地域デザイン学部―――芸術地域デザイン学科　110
（芸術表現コース55、地域デザインコース55）
経済学部―――経済学科　110
　　　　　　―経営学科　80
　　　　　　―経済法学科　70
医学部―――医学科　103
　　　　　―看護学科　60
理工学部―――理工学科　510
（数理サイエンスコース、データサイエンスコース、知能情報システム工学コース、情報ネットワーク工学コース、生命化学コース、応用化学コース、物理学コース、機械エネルギー工学コース、メカニカルデザインコース、電気エネルギー工学コース、電子デバイス工学コース、都市基盤工学コース、建築環境デザインコース）
農学部―――生物資源科学科　145
（生物科学コース、食資源環境科学コース、生命機能科学コース、国際・地域マネジメントコース）

● 沿 革

　1949（昭和24）年、文理学部と教育学部を有する新制大学として発足。2003（平成15）年に佐賀大学と佐賀医科大学を統合し、新「佐賀大学」となりました。2019（同31）年に理工学部と農学部を改組。

● 大学GUIDE

　佐賀大学は、6学部（教育学部、芸術地域デザイン学部、経済学部、医学部、理工学部、農学部）と大学院7研究科を有する総合大学です。地域とともに未来に向けて発展し続ける大学を目指し、「学生中心の大学」として、多くの優れた学生を世に送り出しています。

　佐賀大学では「学士力」を身につけることを目的としたカリキュラムを設定しています。基礎的・専門的な知識と技能に基づいて課題を発見し解決する力を養い、個人として生涯にわたって成長していく、社会の持続的発展を支える人材を育成しています。また、質の高い教養教育を行うために、「大学入門科目」「共通基礎科目」「基本教養科目」「インターフェース科目」を用意しています。特にインターフェース科目には6つのコースを設けており、学生は興味・関心を持ったコースのプログラムを選択。講義だけでなく、アクティブラーニングを志向した教育が展開されています。

● 卒業後の進路

主な就職先　三菱電機、富士通、ソニーセミコンダクタマニュファクチャリング、SUMCO、パナソニック、松尾建設、佐賀銀行、NEC、楽天グループ、京セラ、木村情報技術、九州電力、西日本シティ銀行など

長崎大学

〒852-8521　長崎市文教町1-14
TEL 095-819-2111　学生支援部入試課
<HP>https://www.nagasaki-u.ac.jp/

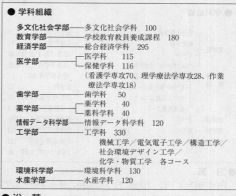

● 学科組織

多文化社会学部―――多文化社会学科　100
教育学部―――学校教育教員養成課程　180
経済学部―――総合経済学科　295
医学部―――医学科　115
　　　　　―保健学科　116
（看護学専攻70、理学療法学専攻28、作業療法学専攻18）
歯学部―――歯学科　50
薬学部―――薬学科　40
　　　　　―薬科学科　40
情報データ科学部―――情報データ科学科　120
工学部―――工学科　330
機械工学／電気電子工学／構造工学／社会環境デザイン工学／化学・物質工学　各コース
環境科学部―――環境科学科　130
水産学部―――水産学科　120

● 沿 革

　1949（昭和24）年、長崎師範学校、長崎経済専門学校、長崎医科大学などを母体に開学。2020（令和2）年に情報データ科学部を開設し、工学部と教育学部を改組しました。

● 大学GUIDE

　長崎大学の理念は、「長崎に根づく伝統的文化を継承しつつ、豊かな心を育み、地球の平和を支える科学を創造することによって、社会の調和的発展に貢献する」ことにあります。古くからの国際都市であり、被ばく体験をもとに、恒久平和を宣言した平和都市でもある長崎に立地する大学としての志が込められています。

　長崎大学では、地域での持続的発展から地球規模の課題解決まで、多彩な分野で社会に貢献できる人材を育成しています。教養教育では、21世紀の知識基盤社会で活躍するために必要な教育の実施に向けて、プラネタリーヘルス科目や数理・データサイエンス科目の導入、モジュール方式の採用など、様々な改革を進めています。

　一方、研究面では学部教育を基盤とする7つの研究科を設置。自身の可能性を見極める場として、また、専門職業人としての自信を確立する場として、特徴ある教育システムを用意しています。

　グローバル化に対応する取り組みも充実しています。海外への留学支援や留学生との共修共学、英語力の強化プログラムなどを積極的に推進しています。

● 卒業後の進路

主な就職先　三菱電機、パナソニック、鹿島、ソニーセミコンダクタマニュファクチャリング、トヨタ自動車、スズキ、富士電機、西日本シティ銀行、九州電力など

国立大学

熊本大学

〒860-8555　熊本市中央区黒髪2-39-1
TEL 096-342-2146　学生支援部入試課
<HP>https://www.kumamoto-u.ac.jp/

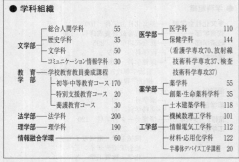

● 学科組織

文学部	総合人間学科	55
	歴史学科	35
	文学科	50
	コミュニケーション情報学科	30
教育学部	学校教育教員養成課程	
	├初等・中等教育コース	170
	├特別支援教育コース	20
	└養護教育コース	30
法学部	法学科	200
理学部	理学科	190
情報融合学環		60
医学部	医学科	110
	保健学科	144
	(看護学専攻70、放射線技術科学専攻37、検査技術科学専攻37)	
薬学部	薬学科	55
	創薬・生命薬科学科	35
工学部	土木建築学科	118
	機械数理工学科	101
	情報電気工学科	112
	材料・応用化学科	122
	半導体デバイス工学課程	20

● 沿　革

　1887(明治20)年、九州における当時の最高学府として設置された第五高等中学校が前身。130年以上の長い伝統を誇ります。2024(令和6)年、情報融合学環を開設。

● 大学GUIDE

　文学部は4学科に10コースを設置し、さらに22の多彩な教育研究領域を有しています。

　教育学部は、深い教養と広い視野を持つ豊かな人間性を身につけた教育専門家の養成を目的としています。

　法学部では、社会の問題を法と公共政策の視点で発見、分析、解決するための基礎的・実践的能力を養います。

　理学部では基礎科学を考究し、学生自らが自分に合ったシステムを構築するオーダーメイドの教育を実践するなど、理学のスペシャリスト育成を目指します。

　医学部には医学科と保健学科があり、保健学科では看護師、診療放射線技師、臨床検査技師を育成します。

　薬学部では、常に時代に即応し、薬の開発研究者や薬剤師、または衛生・社会薬学の分野で幅広く活躍できる薬の専門家を育成します。

　工学部では、工学の知識を総合した判断力や問題解決能力、新規分野の開拓発展能力を備え、人類の福祉と文化の進展、自然との共生に寄与する技術者を育成します。

　情報融合学環では、データサイエンスをベースに社会課題・企業課題に取り組む力が身につく2コースを設置。文理融合、実践的教育、学内・地域・大学間連携によりDX、数理・データサイエンス人材を育成します。

● 卒業後の進路

主な就職先　三菱電機、ソニーセミコンダクタマニュファクチャリング、東京エレクトロン、日本調剤、大成建設、大林組、肥後銀行、大和ハウス工業、日本製鉄、京セラ、NEC、九州電力、パナソニックなど

大分大学

〒870-1192　大分市大字旦野原700
TEL 097-554-7471　学生支援部入試課
<HP>https://www.oita-u.ac.jp/

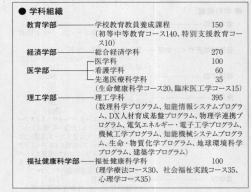

● 学科組織

教育学部	学校教育教員養成課程	150
	(初等中等教育コース140、特別支援教育コース10)	
経済学部	総合経済学科	270
医学部	医学科	100
	看護学科	60
	先進医療科学科	35
	(生命健康科学コース20、臨床医工学コース15)	
理工学部	理工学科	395
	(数理科学プログラム、知能情報システムプログラム、DX人材育成基盤プログラム、物理学連携プログラム、電気エネルギー・電子工学プログラム、機械工学プログラム、知能機械システムプログラム、生命・物質化学プログラム、地球環境科学プログラム、建築学プログラム)	
福祉健康科学部	福祉健康科学科	100
	(理学療法コース30、社会福祉実践コース35、心理学コース35)	

● 沿　革

　1949(昭和24)年に発足。2003(平成15)年に大分大学と大分医科大学を統合し、新「大分大学」となりました。2017(同29)年、工学部を理工学部に改組。2024(令和6)年、経済学部を1学科体制に再編。

● 大学GUIDE

　教育学部には2つのコースを設置。教育に関する専門的な知識・技能を学校現場の中で創造的・総合的に活用し、新たな学びや地域の教育課題に対応できる実践的指導力を備えた教員を養成します。

　経済学部は、経済・経営・地域研究の分野を融合した総合経済学科に、サステナビリティに対応する多彩な6コースを設置。サステナブルな経済社会の動向を的確に把握し、社会の中核を支える人材の養成を目指します。

　医学部には医学科、看護学科、先進医療科学科を設置。高度な医学および看護学の知識・技術、豊かな人間性と高い道徳観を備えた医療人を育成します。

　理工学部は1学科10プログラム体制。専門性を高めると同時に、柔軟なプログラム間連携教育を促進します。諸課題の解決に必要な総合力を養い、新時代の技術開発に貢献し、主導できる人材を育成します。

　福祉健康科学部では、3つのコースを設置し、それらを相互に連関させることで、生活を包括的に支援することができる専門職のリーダーを養成します。

● 卒業後の進路

主な就職先　パナソニック、三菱電機、ダイハツ工業、スズキ、村田製作所、日本製鉄、大分銀行、福岡銀行、京セラ、アイリスオーヤマ、ソニーセミコンダクタマニュファクチャリング、関西電力など

宮崎大学

〒889-2192　宮崎市学園木花台西1-1
TEL 0985-58-7138　入試課
<HP>https://www.miyazaki-u.ac.jp

● 学科組織

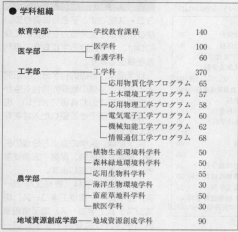

教育学部	学校教育課程	140
医学部	医学科	100
	看護学科	60
工学部	工学科	370
	応用物質化学プログラム	65
	土木環境工学プログラム	57
	応用物理工学プログラム	58
	電気電子工学プログラム	60
	機械知能工学プログラム	62
	情報通信工学プログラム	68
農学部	植物生産環境科学科	50
	森林緑地環境科学科	50
	応用生物科学科	55
	海洋生物環境学科	30
	畜産草地科学科	50
	獣医学科	30
地域資源創成学部	地域資源創成学科	90

● 沿　革
　1949（昭和24）年に新制大学として発足。2003（平成15）年に宮崎大学と宮崎医科大学が統合し、新「宮崎大学」が開学しました。

● 大学GUIDE
　教育、医、工、農、地域資源創成の5学部からなる宮崎大学は、「世界を視野に、地域から始めよう」のスローガンのもと、持続可能な未来社会に向けて宮崎をリードし、日本・世界に貢献できる大学を目指しています。
　宮崎大学が掲げる教育のスローガンは「宮崎に学び、未来を切り拓く人材（グローバルデザイナー）の養成」です。教養教育では、「導入科目」「未来共創科目」「課題発見科目」を用意しています。また、学士課程教育では、多くの科目においてアクティブラーニングを実施。数理・データサイエンス・AI教育を充実させるためのプログラムも全学的に進めています。
　また、キャンパス周辺には海や山があり、古代のロマンに思いを馳せる高千穂や西都原古墳群などの古代遺跡にも恵まれ、冬の夜長には荘厳でユニークな夜神楽を至るところで見ることができます。

● 卒業後の進路
　主な就職先　スズキ、マツダ、富士通、京セラ、大和ハウス工業、積水ハウス、三井住友建設、ソニーセミコンダクタマニュファクチャリング、宮崎銀行、西日本シティ銀行、MJC、メイテック、西日本高速道路、久光製薬、九電工、山崎製パン、国家・地方公務員、病院など

鹿児島大学

〒890-8580　鹿児島市郡元1-21-24
TEL 099-285-7355　学生部入試課入試実施係
<HP>https://www.kagoshima-u.ac.jp/

● 学科組織

法文学部	法経社会学科	245
	人文学科	165
教育学部	学校教育教員養成課程	190
理学部	理学科	185
医学部	医学科	110
	保健学科	120
歯学部	歯学科	53
工学部	先進工学科	385
	建築学科	55
農学部	農学科	163
	国際食料資源学特別コース	12
水産学部	水産学科	130
	国際食料資源学特別コース	10
共同獣医学部	共同獣医学科	30
	畜産学科	30

● 沿　革
　1949（昭和24）年、第七高等学校、鹿児島師範学校、鹿児島青年師範学校、鹿児島農林専門学校および鹿児島水産専門学校を母体に、文理、教育、農、水産の4学部で発足。2024（令和6）年に農学部を再編し、共同獣医学部に畜産学科を開設。

● 大学GUIDE
　鹿児島大学は進取の気風にあふれる総合大学として、地域・国際社会で活躍する人材を数多く輩出しています。
　法文学部は、現代の諸問題に適切に対処できる能力をもつ人材を育成します。教育学部は、教員養成課程とともに、学校教育に限定しない幅広い分野で「教育」に関わる人材を育成します。理学部は地理的特色を生かしながら、基礎科学を中心とする自然科学の最新の教育・研究を進めます。医学部は人間性が豊かで、地域に貢献し、研究心旺盛な、国際的視野に立つ医学・医療人を育成します。歯学部は、南九州および沖縄での歯科医学の教育、研究、診療の中心的な役割を果たしています。工学部は広い視野と工学的デザイン能力を培う教育を推進し、新技術を創成できる技術者を育成します。農学部では、食と農・環境関連分野の実践教育を重視し、バイオテクノロジーなどの最先端の科学技術教育を行っています。水産学部は、鹿児島から東南アジア・南太平洋を含む水圏をフィールドとして、水産資源や水圏環境分野の専門知識を修得し、地域社会と国際社会に貢献できる技術者の養成を目指します。共同獣医学部は山口大学との共同学部です。人と動物が共に生きる社会、豊かな地球環境の創成を目指した教育を行っています。

● 卒業後の進路
　主な就職先　三菱電機、富士通、ソニーセミコンダクタマニュファクチャリング、富士電機、鹿島、村田製作所、新日本科学、NTT西日本、鹿児島銀行、楽天グループ、キオクシア、京セラ、九州電力など

鹿屋体育大学

〒891-2393　鹿児島県鹿屋市白水町1
TEL 0994-46-4869　教務課入試係
<HP>https://www.nifs-k.ac.jp

● 学科組織

体育学部	スポーツ総合課程	120
	武道課程	50

● 沿革

1981（昭和56）年10月に全国でただ一つの国立の4年制体育大学として開学し、1984（同59）年から学生募集を始めました。

● 大学GUIDE

近年、国際競技力の向上への国民的関心や生涯スポーツ、健康運動に関するニーズが高まっています。

スポーツ総合課程では、体育・健康づくりに関する科学的な基礎知識や応用能力、専門的能力を、理論と実践の往還を通じて修得します。トップレベルの競技力の向上や、ジュニア期からトップレベルまでのコーチングを行う人材を育成する「アスリート・コーチング系」と、健康づくりのコーディネートやスポーツクラブ等の管理運営、プログラム開発を行う人材を養成する「生涯スポーツ系」を備えています。

武道課程では、特にわが国の民族的遺産であり固有の文化である柔道と剣道における"心"と"技"を伝統的修練形式による実践を通じて修得します。武道の精神と、国際社会の進展に対応できる実践的かつ創造的で、市民性を備えたリーダーの育成を目標としています。

また、国内でも最高水準の体育施設やトレーニング施設が備えられ、競技では全国的・国際的レベルで活躍する選手が多数在籍。外国とのスポーツ交流にも力を入れています。

● 卒業後の進路

一般企業等28.8%、教員17.3%、公務員19.9%、スポーツ関連企業9.4%、プロ・実業団9.9%、進学等8.9%、その他5.8%　（令和4年度卒業生）

琉球大学

〒903-0213　沖縄県中頭郡西原町字千原1　TEL 098-895-8141・8142
入試課
<HP>https://www.u-ryukyu.ac.jp/

● 学科組織

人文社会学部	国際法政学科	80
	人間社会学科	80
	琉球アジア文化学科	40
国際地域創造学部	国際地域創造学科	〈昼〉265　〈夜〉80
教育学部	学校教育教員養成課程	140
理学部	数理科学科	40
	物質地球科学科	65
	海洋自然科学科	95
医学部	医学科	112
	保健学科	60
工学部	工学科	350
農学部	亜熱帯地域農学科	35
	亜熱帯農林環境科学科	35
	地域農業工学科	25
	亜熱帯生物資源科学科	45
	（内健康栄養科学コース10）	

● 沿革

1950（昭和25）年5月、沖縄における唯一の総合大学として、首里城跡に創設されました。2018（平成30）年4月、法文学部と観光産業科学部を改組・再編し、人文社会学部と国際地域創造学部を開設。現在、7学部15学科を有しています。

● 大学GUIDE

人文社会学部は国際法政、人間社会、琉球アジア文化の3学科体制で、人文社会系の専門知識と学際的な知識を基盤に、個人の尊厳と基本的人権を尊重する平和・共生社会の形成者、社会全体の持続的発展に寄与する人材を育成します。

国際地域創造学部は観光地域デザイン・経営・経済学・国際言語文化・地域文化科学の5つのプログラムを用意。グローバルとローカルの視点を併せ持ち、地域社会における現代的課題の解決や国内外の産業・文化の振興に寄与できる人材を育成します。

教育学部は学校教育教員養成課程（小学校教育コース、中学校教育コース、特別支援教育コース）の1課程

3コース制です。子どもに寄り添い学びと育ちを支える力を総合的に身につけ、学び続ける学校教育の専門家を養成します。

理学部は、基礎的科学分野の研究とともに、沖縄の地理的特性を生かした理学関連の教育研究を行い、広く社会で活躍できる優れた人材を育成します。

医学部は、医学の進歩と地域の医療に貢献する医師、保健・医療従事者、研究者を育成します。

工学部は工学科（機械工学コース、エネルギー環境工学コース、電気システム工学コース、電子情報通信コース、社会基盤デザインコース、建築学コース、知能情報コース）の1学科7コース体制で、複雑に入り組んだ社会のニーズに対応する多様な専門性を学ぶ場を提供しています。

農学部では、食料生産・環境保全・エネルギー・生物資源・健康の保持増進に関わる多種多様な課題を対象として教育研究を行っています。亜熱帯に位置する立地条件も研究に利用されています。各学科にはコースを設置しています。

琉球大学では約40カ国・地域の大学・研究所と国際交流協定を結び、学生や研究者の交流を行っています。また、充実した海外留学制度を整えるとともに、大学独自の奨学金や支援金により海外留学をサポートしています。

● 就職・キャリア支援

キャリア教育センターでは、経験豊富なキャリアアドバイザーへ就職や進路の相談ができるほか、就職ガイダンスや学内合同企業説明会、公務員・教員採用試験対策講座などを実施しています。

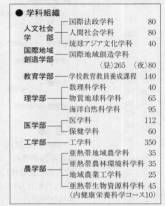

旭川市立大学

●沿 革
1968（昭和43）年、北日本学院大学を開設。1970（昭和45）年に旭川大学となりました。2023（令和5）年4月に公立大学法人化し、「旭川市立大学」に改称。

〒079-8501 北海道旭川市永山3条23丁目1-9 入試広報課 ☎0120-48-3124

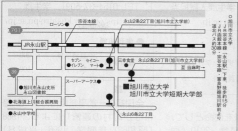

●学科組織

```
経済学部───経営経済学科          100

保健福祉学部─┬コミュニティ福祉学科   40
             └保健看護学科        60
```

科目「地域包括ケアシステム論」では、住まい・医療・介護・予防・生活支援が一体的に提供される地域包括ケアシステムの概要を理解し、看護職の役割を考えます。

●取得可能資格 〈コミュニティ福祉学科〉社会福祉士※、精神保健福祉士（選抜履修制）、介護福祉士（選抜履修制）の各国家試験受験資格、高等学校教諭1種（福祉）
〈保健看護学科〉看護師※、保健師（選抜履修制）の各国家試験受験資格　　　　（※は卒業要件資格）

大学GUIDE

経済学部

　経済学コース、経営・法学コース、会計・商学コースを設置。少人数ゼミナールを学びの中心に据え、世界経済の動向を理解する力、日本経済・地域経済の動向を判断する力と、現代社会ですぐに使える知識を身につけます。総合科目「北海道学」は、北海道の生活・文化・歴史をさまざまな視点から学ぶ地域密着型の特別講義で、フィールドワークや体験学習なども取り入れています。

●取得可能資格　高等学校教諭1種（地理歴史・公民・商業）、中学校教諭1種（社会）

保健福祉学部

　コミュニティ福祉学科は、障がいを持つ方、母子、高齢者への支援の方法と法制度を学び、地域社会に関する幅広い学習を通じて、福祉の視点でコミュニティを組織する能力を養います。教養科目「福祉・看護の社会科学」では、その対象である人間を深く理解するとともに社会との「関係性」を学びます。保健看護学科は、人間観に裏打ちされた看護観を備え、地域のニーズにこたえる看護師、保健師を目指し、病院、保健所、老人保健施設、訪問看護ステーション、幼稚園などでの臨地実習を通じ、多様な場面で活躍できる力を養います。専門基礎

CAMPUS情報

　自然と芸術文化に彩られた道内第2の都市、旭川。寒暖差が大きい気候のため、豊かな季節感や景観美が特色で、自然環境に恵まれながら都会の快適性を兼ね備えています。大学周辺には女子指定寮のほか学生向けアパート・マンションも多いです。

卒業後の進路

主な就職先

〈経営経済学科〉旭川信用金庫、JR北海道、旭川市役所、イオン北海道、旭川ケーブルテレビ、キョクイチ、ANA新千歳空港、ツルハ、北海道警察、教員他
〈コミュニティ福祉学科〉北海道、旭川市、神楽・東鷹栖地域包括支援センター、社会福祉法人さつき会、旭川市社会福祉協議会、市立旭川病院他
〈保健看護学科〉旭川赤十字病院、市立旭川病院、旭川医科大学病院、旭川厚生病院、国立病院機構旭川医療センター、剣淵町（保健師）、旭川がん検診センター（保健師）他

入試・FILE

○学校推薦型選抜
○一般選抜
○総合型選抜（保健看護学科を除く）
○社会人特別選抜
○留学生特別選抜（保健看護学科を除く）

大学ガイド請求

入学案内パンフレットはホームページでも閲覧できます。郵送をご希望の方は、テレメール等からご請求ください（有料〈送料250円〉）。
〈HP〉https://www.asahikawa-u.ac.jp/

国立大学

公立大学

札幌医科大学

〒060-8556　札幌市中央区南1条西17丁目　TEL 011-611-2111　学務課入試係
<HP>https://web.sapmed.ac.jp/

● 学科組織

```
医学部 ―――― 医学科          110
          ┌― 看護学科         50
保健医療学部 ―┼― 理学療法学科    20
          └― 作業療法学科    20
```

● 沿　革

　1950（昭和25）年開学。1993（平成5）年には保健医療学部が設置され、総合医科大学となりました。

● 大学GUIDE

　医学部では、多様化する医学・医療の進展に対応し、社会の要請に応えうる豊かな人間性、基本的臨床能力・技術を備えた人材を育成し、医学研究者となるための基礎を培うことを目標としています。

　保健医療学部では、"健康でありたい"世の中の期待に応えるため、病気に対するケアはもちろん、病気の予防、リハビリテーションや健康増進まで、広く人々の健康に携わる看護師、理学療法士、作業療法士を育成します。

　また、国際交流部を軸とした海外大学との医学交流や、産学・地域連携センターを通じた研究成果の社会への還元にも力を入れています。

　医学部附属研究所では、細胞科学、ゲノム医科学、組織再生学、分子医学、神経再生医療学、免疫制御医学の6部門における最先端の医学研究を推進。医療の発展と道民の健康増進に寄与しています。

● 卒業後の進路

　札幌医科大学の過去10年の医師国家試験平均合格率は全国平均を上回る94.1%です。卒業後は、札幌医科大学附属病院、他大学病院などへ就職するほか、大学院へ進学しています。

札幌市立大学

〒005-0864　札幌市南区芸術の森1　TEL 011-592-2371　学生課入試担当
<HP>https://www.scu.ac.jp/

● 学科組織

```
デザイン学部 ―――― デザイン学科   90
看護学部 ―――――― 看護学科      85
```

● 沿　革

　地域社会への貢献を使命として、2006（平成18）年開学。2010（同22）年4月大学院を開設しました。

● 大学GUIDE

　人間重視と地域社会への貢献といい基本理念のもと、デザイン学部と看護学部が高い専門性に立った教育・研究を行っています。また、両学部の連携にも力を入れ、保健・医療・福祉分野を対象とするデザイン課題の共同研究などにも取り組んでいます。

　デザイン学部は建築や地域づくりの手法を学ぶ「人間空間デザインコース」と、暮らしを楽しく快適にするものづくりを学ぶ「人間情報デザインコース」の2コースから選択した分野で学びを掘り下げていきます。コースを横断して学ぶことも可能であり、柔軟性のある豊かな感性を養うことができます。多様化するデザインのニーズに応える実践的なカリキュラムを用意しています。

　看護学部では、基礎・成人・母性・小児・老年・在宅・精神・地域看護学および看護管理学の9つの専門領域を設けています。領域ごとに講義→演習→実習→フィードバックを反復する段階型カリキュラムが組まれています。学習成果をはかる方法として、実践に即した臨床技能を適正に評価するOSCE（客観的臨床能力試験）を採用しているのも特色です。

● 就職・キャリア支援

　就職相談やスキルアップセミナーなどを行うキャリア支援室を設置して、学生をサポートしています。

釧路公立大学

〒085-8585　北海道釧路市芦野4-1-1　TEL 0154-37-5091　学生課
<HP>https://www.kushiro-pu.ac.jp/

● 学科組織

```
          ┌― 経済学科   200
経済学部 ――┤
          └― 経営学科   100
```

● 沿　革

　全国初の一部事務組合方式（釧路市ほか町村の運営）により、1988（昭和63）年開学。1996（平成8）年に経営学科を開設しました。

● 大学GUIDE

　創設以来、「地域に結びつき開かれた大学」、「国際性を重視する大学」、「理論と実践の相まった大学」という3つの建学の理念を掲げています。

　単科大学ですが、学べる学問分野は、会計学、法律学、行政学など広範囲にわたっています。経済学を基礎とし、社会科学全般を広く学ぶことができます。

　1・2年次は文化・人間・自然をテーマとする基礎科目を中心に学び、3・4年次ではグローバルな視野と専門知識を深化した「演習」が中心になります。

　また、大学に設置されている地域経済研究センターでは、地域への貢献を目的とし、地域課題の解決や地域からの創造的な情報発信を実現するための地域政策研究などを進めています。

　国際交流も活発です。カナダ、韓国、台湾に提携大学があり、短期語学研修や交換留学の制度を整えています。

● 卒業後の進路

　主な就職先　マイナビ、マルハン、ワールドコーポレーション、ベネッセスタイルケア、北洋銀行、北海道銀行、大東建託、三ツ輪運輸、イオン北海道、はなまる、北海道信用金庫、札幌市役所、釧路市役所、北海道庁、北海道警察、税理士・行政書士事務所など

公立千歳科学技術大学

〒066-8655 北海道千歳市美々758-65 入試広報課 TEL 0123-27-6011

● 沿革
1998（平成10）年、千歳科学技術大学（光科学部）開学。2008（同20）年総合光科学部に改組、2015（同27）年理工学部に名称変更。2019（同31）年、公立大学法人化。

●学科組織

理工学部
- 応用化学生物学科　80
- 電子光工学科　80
- 情報システム工学科　80

※各学科への配属は、2年次秋学期に行います

総合力に基づく問題解決力を身につけ、プロジェクトの企画・提案・開発ができる技術系リーダーを育成します。

大学GUIDE

公設民営の理工系私立大学として1998年に開学。2019年4月に公立大学法人化。

理工学部では、自然科学の基礎研究を担う「理学」と、着想やアイデアを具現化する技術を磨く「工学」を融合させ、基礎から応用まで横断的に学びます。入学後の1年半は学科に分かれず、全学生が共通基盤教育として理工の幅広い9領域を学ぶとともに、近年ニーズが高まる数理・データサイエンス・AIの基礎も学修します。また、キャリア教育もスタートします。

応用化学生物学科は、化学と生物学を軸に、素材、医療、食品、環境などの多様な分野に役立つ応用力を養います。実験・実習や卒業研究を通して、幅広い知識と柔軟な思考、コミュニケーション能力を身につけます。

電子光工学科は、電子工学の基本から光テクノロジーの専門知識までを学びます。電気電子、情報通信、ロボット技術、AIなど、産業の発展や社会生活の支援に役立つ「ものづくり」「システムづくり」を創造する能力とスキルを養い、実践力を身につけます。

情報システム工学科は、情報システム、情報通信ネットワーク、情報社会・倫理、コンピュータおよび情報処理、マルチメディア表現・技術を学びます。専門知識と

CAMPUS情報

空気中の塵を排除した環境で研究ができるクリーンルームやナノレベルでの観察ができる電子顕微鏡を備えた顕微鏡室、さまざまな物質の構造を調べる化学分析室や物性実験室、映像コンテンツを制作するメディアラボなど高度な研究に対応できる施設・設備が整っています。また、2022年度にはラーニングコモンズやPC教室、IoT実験室等を備えた情報棟を増築し、情報系教育・研究体制がより強化されました。

卒業後の進路

2023年3月卒業生の就職率は98.4%。理学と工学を横断した学修で得た知識・技能に加え、キャリア教育で培った主体性や協調性、課題発見力といった人間力を強みにして多様なフィールドで活躍しています。

主な就職先　イオン北海道、エコモット、NTTコムウェア、NTTデータ北海道、NTT東日本-北海道、札幌市職員、Japan Advanced Semiconductor Manufacturing、つうけん、DMM.com、テレビ北海道技術センター、東芝デジタルソリューションズ、TOPPAN、富士通、富士電機、プロテリアル、ほくでん情報テクノロジー、ホクレンくみあい飼料、北海道エアポート、ポッカサッポロフード＆ビバレッジ、三菱電機ビルソリューションズ　など　　　　（2023年3月卒業者実績）

入試・FILE

○ 一般選抜（前期、公立大中期）／大学入学共通テスト、個別学力検査
○ 総合型選抜／志望理由書、小論文、調査書、Web学習教材を活用した学習、スクーリング、面接試験
○ 学校推薦型選抜（学校推薦型A：千歳地区、学校推薦型B：全国）／志望理由書、学校長推薦書、調査書、小論文、基礎学力検査、面接

大学ガイド請求

大学ホームページでデジタルパンフレットの閲覧ができます。
大学資料はテレメールから請求してください。
〈HP〉https://www.chitose.ac.jp

公立大学

公立はこだて未来大学

〒041-8655　北海道函館市亀田中野町116-2　TEL 0138-34-6444
教務課入試・学生募集担当
<HP>https://www.fun.ac.jp/

● 学科組織

システム情報科学部 ─┬─ 情報アーキテクチャ学科 ┐
　　　　　　　　　　 └─ 複雑系知能学科　　　　 ┘240

● 沿革

2000（平成12）年開学。函館圏公立大学広域連合が運営しています。

● 大学GUIDE

「人間」と「科学」が調和した社会の形成を願い、深い知性と豊かな人間性を備えた創造性の高い人材を育成するとともに、知的・文化的・国際的な交流拠点として地域社会と連携し、学術・文化や産業の振興に貢献することを目指します。

情報アーキテクチャ学科では、現代社会の根幹をなす大規模システムの構築ができ、人にやさしい情報システムを具現化できる人材、また、デザイン理論、ヒューマンインターフェースなどを学習し、情報デザイン分野を切り開く人材を育成します。

複雑系知能学科では、解析や制御が困難な問題が増えた現代社会において、大規模で複雑なシステムの解析・運用、人工世界・人工知能のシステムの構築を学び、未来社会をデザインできる人材を育成します。

「街に出る」研究・教育活動が特色の一つです。市立函館博物館と連携した「デジタルアーカイブ」プロジェクトや、北海道新幹線「新函館北斗駅」のある北斗市のご当地キャラクター制作など、学びのフィールドは学内にとどまらず、近隣のまちにも広がっています。

● 卒業後の進路

主な就職先　NTTデータ北海道、NTTテクノクロス、ソフトバンク、三菱電機ソフトウェア、野村総合研究所、スズキなど

名寄市立大学

〒096-8641　北海道名寄市西4条北8-1　TEL 01654-2-4194
教務課広報入試係
<HP>https://www.nayoro.ac.jp/

● 学科組織

保健福祉学部	栄養学科	40
	看護学科	50
	社会福祉学科	50
	社会保育学科	50

● 沿革

市立名寄女子短期大学を母体とし、同じキャンパス内に2006（平成18）年4月、四年制の名寄市立大学を開学。

● 大学GUIDE

高度な知識と技術および高い倫理性を有し、保健・医療・福祉連携と協働を支えうる専門職を育成します。

栄養学科では、講義や現場実習により、食と栄養についての高度な専門知識や優れた技能を身につけます。トータルな視点で人々の「食」を見守る管理栄養士を目指します。

看護学科は、看護活動に不可欠な専門分野の学習と、病院など地域社会における臨地実習を通して、人間・社会・健康・看護を総合的に捉えることのできる看護職を育成します。

社会福祉学科では、専門分野の学習と実習を通じた技術の修得を積み重ね、福祉への深い理解を育みます。積極的な姿勢で一人ひとりを支援できる専門職の育成を目指します。

社会保育学科では、保育の専門家として高度な力量を身につけ、保育に関わる各分野でリーダーシップを発揮できる人材を育成します。子どもや保護者の支援だけでなく、社会的視点を意識した教育が特徴です。地域をフィールドとした実践的な演習では、他学科の学生とともに他職種間での連携を学びます。

● 卒業後の進路

病院や福祉施設、食品会社などの一般企業、教育機関、行政機関など、多方面で活躍しています。

青森県立保健大学

〒030-8505　青森市大字浜館字間瀬58-1　TEL 017-765-2144
教務学生課
<HP>https://www.auhw.ac.jp/

● 学科組織

健康科学部	看護学科	105
	理学療法学科	31
	社会福祉学科	50
	栄養学科	30

● 沿革

1999（平成11）年に開学。2008（同20）年公立大学法人として新たな一歩を踏み出しました。

● 大学GUIDE

健康と生活の質の向上に貢献するため、ヒューマンケアを実践・統合できる人材の育成を目指す大学です。看護師、保健師、助産師、理学療法士、社会福祉士、精神保健福祉士、管理栄養士の育成を目指します。

カリキュラムには、「人間総合科学科目」と「学部共通科目」と「専門科目」があります。全学科の学生を対象とする「人間総合科学科目」は、「人間と存在」「芸術と創造」「現代社会と生活」「科学と論理」「言語とコミュニケーション」の5つの科目群に区分され、総合的な判断力と知的好奇心を育みます。「専門科目」は、基幹科目、専門支持科目、展開科目の3つに分かれます。「学部共通科目」には、チーム医療の重要性を鑑み、4学科が連携する「ヘルスリテラシー科目群」を設置。1年次には「ヘルスプロモーション概論」「ヘルスプロモーション演習」、4年次には4学科の学生が一つのグループになって取り組む「ヘルスケアマネジメント論」「ヘルスケアマネジメント実習」があります。

● 卒業後の進路

就職率は、看護学科98.1％、理学療法学科100％、社会福祉学科96.1％、栄養学科100％です。卒業生は、病院、保健所、社会福祉施設、行政機関など幅広く活躍しています。

青森公立大学

〒030-0196　青森市大字合子沢山崎153-4　TEL 017-764-1555
教務学事グループ入試・就職チーム
<HP>https://www.nebuta.ac.jp/

● 学科組織

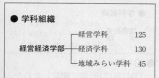

経営経済学部
- 経営学科　125
- 経済学科　130
- 地域みらい学科　45

● 沿 革

1993(平成5)年、旧青森市と東津軽郡により設立。2006(同18)年に現在の3学科となり、2007(同19)年には大学院を博士課程(前期2年・後期3年)に変更。2009(同21)年、公立大学法人として新生しました。

● 大学GUIDE

経営経済学部は、一つの学部で経営・経済・地域に関する専門知識を学びます。複雑化する現代社会の仕組みを複眼的な視点でとらえ、問題解決に必要な力を養う全国でもユニークな学部です。"多くのことを教えすぎないこと"、"教えるべきことは徹底的に教えること"を教育方針として、密度の濃い教育を行っています。

地域みらい学科は、地域ビジネスの起業家や地域行政、NPOのスタッフなどを養成します。地域の自然や人々に学びながら、地域構想能力やパートナーシップ能力、リーダーシップ能力を身につけていきます。

また、全学生を対象としたアメリカやニュージーランドの大学への留学・短期語学研修制度、成績優秀者を対象としたイギリスの大学への研修制度を整えています。

● 卒業後の進路

就職率97.3%（2023年春）

主な就職先　就職率は、100%近くを継続しており、卒業生は、食品メーカー、情報通信業、金融機関、公務員など幅広い業界で活躍しています。

岩手県立大学

〒020-0693　岩手県滝沢市巣子152-52　TEL 019-694-2014
教育支援室　入試グループ
<HP>https://www.iwate-pu.ac.jp/

● 学科組織

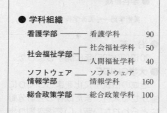

- 看護学部 ── 看護学科　90
- 社会福祉学部
  - 社会福祉学科　50
  - 人間福祉学科　40
- ソフトウェア情報学部 ── ソフトウェア情報学科　160
- 総合政策学部 ── 総合政策学科　100

● 沿 革

1998(平成10)年に開学しました。

● 大学GUIDE

「自然」「科学」「人間」が調和した新たな時代を創造することを願い、人間性豊かな社会の形成に寄与する、深い知性と豊かな感性を備え、高度な専門性を身につけた自律的な人間を育成します。

看護学部では、看護の専門職者としての高度な知識・技術、教養・人間性を身につけます。

社会福祉学部では、総合的な社会福祉学と福祉実践の構築を学びます。学生の希望進路や適性に応じた少人数制の履修指導も特色です。

ソフトウェア情報学部では、コンピュータサイエンスの基礎と幅広い社会のニーズに応える4つのコースを設置しています。

総合政策学部では、幅広い分野を横断的に学び、現代的な課題に対応する広い視野と実践力を養います。

また、4学部を連携させた学際的・総合的な教育研究を行うほか、地域や産業界、他大学との交流にも力を入れています。

● 卒業後の進路

主な就職先　北日本銀行、岩手銀行、NTT東日本一東北、サイバーエージェント、ヤフー、ジェイテック、岩手県教育委員会、岩手県医療局、盛岡市立病院など

宮城大学

〈大和キャンパス〉〒981-3298
宮城県黒川郡大和町学苑1-1
〈太白キャンパス〉〒982-0215
宮城県仙台市太白区旗立2-2-1
TEL 022-377-8333
アドミッションセンター
<HP>https://www.myu.ac.jp/

● 学科組織

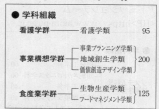

- 看護学群 ── 看護学類　95
- 事業構想学群
  - 事業プランニング学類
  - 地域創生学類
  - 価値創造デザイン学類　200
- 食産業学群
  - 生物生産学類
  - フードマネジメント学類　125

● 沿 革

1997(平成9)年に開学しました。

● 大学GUIDE

看護学群では、保健医療福祉現場と社会のニーズに対応した教育を実施。豊かな人間力を備え、地域の人々や多分野・異文化の人々と協働できる人材の育成を目指します。

事業構想学群は、社会の動きや仕組み、人間の感性や行動などをグローバルな視点で学びます。事業に関する幅広い知識を修得し、フィールドワークなどにより実践力を養成。地域社会の活性化のために主体的に活躍できる人材の育成を目指します。

食産業学群では、食につながる生物生産とその供給から食品製造・流通・消費に至るまでのフードシステムについて幅広い専門的知識と技術を持ち、食産業全体を理解し、地域から世界まであらゆるレベルで食の未来を開拓できる意欲と能力を有する人材の育成を目指します。

看護学群以外は2年次に学類選択を行うことができ、入学後1年間をかけて進路を考えることができます。

● 就職・キャリア支援

「キャリア・インターンシップセンター」を設置し、様々な体験型プログラムと就職ガイダンスやセミナーの実施、個別指導を行っています。

秋田県立大学

<秋田キャンパス>〒010-0195　秋田市下新城中野字街道端西241-438　TEL 018-872-1500（代表）
アドミッションチーム
<本荘キャンパス>〒015-0055　秋田県由利本荘市土谷字海老ノ口84-4　TEL 0184-27-2000（代表）
アドミッションチーム
<HP>https://www.akita-pu.ac.jp/

● 学科組織

システム科学技術学部	機械工学科	60
	知能メカトロニクス学科	60
	情報工学科	40
	建築環境システム学科	40
	経営システム工学科	40
生物資源科学部	応用生物科学科	40
	生物生産科学科	40
	生物環境科学科	30
	アグリビジネス学科	40

● 沿革
1999（平成11）年に開学しました。

● 大学GUIDE
　システム科学技術学部では、「システム思考」を基盤とし、世界に通用する技術者・研究者を育てます。専門知識だけでなく、新しい経営のセンスや起業家精神、語学力などの修得にも力を入れています。

　生物資源科学部は、最新のテクノロジーで人と生物資源との共生の新たな可能性を探ります。バイオテクノロジーなどの先端技術を駆使し、各分野の専門知識・技術を統合しながら、グローバルな視点で食料・エネルギー・環境にかかわる課題を解決する能力を育成します。

　両学部とも1・2年次の「学生自主研究」が特徴です。学生がグループで取り組む研究に対して、指導教員がアドバイスを行い、資金や機材を提供します。

● 卒業後の進路
　2023年春の卒業生は399人で、就職希望者に対する内定率は100%、大学院への進学者は105人でした。

秋田公立美術大学

〒010-1632　秋田市新屋大川町12-3　TEL 018-888-8105　事務局学生課
<HP>https://www.akibi.ac.jp/

● 学科組織

| 美術学部 | 美術学科 | 100 |

● 沿革
2013（平成25）年に開学しました。

● 大学GUIDE
　地域の伝統・文化をまちづくりに生かせる人材、また既存の芸術分野にとらわれない新しい芸術を創り出せる次世代のアーティストの育成を目指します。

　美術学科のもとには、「アーツ＆ルーツ」「ビジュアルアーツ」「コミュニケーションデザイン」「景観デザイン」「ものづくりデザイン」の5つの専攻があります。

　まず、1・2年次で芸術一般や素材・技法を横断的に身につけ、専門を学ぶ素地をつくります。そのうえで3・4年次に各専攻に所属し、より高度な知識や技術を修得。4年次後期には集大成として「卒業研究」に取り組みます。

　4年間の教育課程では、自由度の高い学習プロセスが特色の一つです。分野の枠を越えて多くの素材・技法に関する知識・技術を修得できるカリキュラムや、2つの専攻の入門制作を体験するプログラムなどがあり、学生の希望・適性と専攻とのマッチングに十分配慮しています。

　また、素材や技法にとらわれない、独自の区分による専攻構成も特徴です。"地域の文化資源を根拠とする芸術""現代を表現する芸術"を軸として扱う対象を定め、それを学問的に具体化させた上記の5つの分野を、専攻として構成しています。

● 就職・キャリア支援
　キャリア教育科目の設置や進路ガイダンスの開催など、専門職・一般職に対応した進路支援を行います。

国際教養大学

〒010-1292　秋田市雄和椿川字奥椿岱　TEL 018-886-5931
アドミッションズ・オフィス
<HP>https://web.aiu.ac.jp/

● 学科組織

国際教養学部	グローバル・ビジネス領域	175
	グローバル・スタディズ領域	
	グローバル・コネクティビティ領域	

● 沿革
2004（平成16）年に開学しました。

● 大学GUIDE
　伝統的な教養教育を発展させた「国際教養」を重視し、国際関係やビジネスを中心に、幅広い分野から知識を修得します。

　芸術科目から体育まで、授業は全て英語で開講され、全員が1年間の留学を経験します。また、4年間の学びに不可欠な英語力は、入学後の英語集中プログラム（EAP）で、しっかりとベースをつくります。

　グローバル・ビジネス領域では経済学及びビジネス分野を中心に国際経済社会の教養を学ぶとともに、知識と教養を伴った発言力、説得力、英語でのコミュニケーション能力を身につけることで、国際社会で活躍できる人材を育成します。

　グローバル・スタディズ領域は"世界を学ぶプログラム"です。国家・地域間の外交、国際関係、開発途上国の開発と援助など、現代の世界を学生の自由な発想で学びます。

　グローバル・コネクティビティ領域では、文化や文学、哲学等の人文科学とAIや最先端技術を学修します。分野の違う科目を接続させながら学ぶことにより、各種技術が私たちの日常生活、政治、経済に及ぼす影響を多角的な視点で分析し、未来社会を創造していく力を身につけます。

● 卒業後の進路
主な就職先　ソニー、三菱UFJ銀行、野村證券、伊藤忠商事、日本航空、旭化成、マッキンゼー・アンド・カンパニー、楽天グループなど

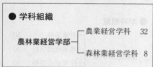

東北農林専門職大学

〒996-0052　山形県新庄市角沢1366
TEL 023-630-2443
専門職大学整備推進課
<HP>https://www.ynodai.ac.jp/university/

● 学科組織

農林業経営学部 ┬ 農業経営学科　32
　　　　　　　 └ 森林業経営学科　8

● 沿 革

　山形県立農林大学校を附属校と位置付け、2024（令和6）年4月に東北農林専門職大学を開学。

● 大学GUIDE

　知識と理論に裏付けられた技術を身につけ、時代の変化に対応した戦略的な農林業経営を行うとともに、地域のリーダーとなる人材を育成。スマート農林業などの最新の生産技術や国際市場にも通用する経営理論、農業・森林業の知識、幅広い教養を身につけることができます。

　農業経営学科、森林業経営学科ともに、基礎から先進的な生産技術まで理解できるよう多角的なカリキュラムが用意されています。また、専門分野の知識だけでなく、デザイン論や発酵学・醸造学、建築学など関連する分野の幅広い科目を選択することができます。

　また、学内外での実習も充実しています。大規模な稲作経営体や6次産業化を実践する法人、スマート林業を行う森林業事業体など、山形県、東北をリードする多種多様な実習先が300カ所以上用意されています。学外の企業で行う「臨地実務実習」は、2〜4年次で毎年30日間実施。目指す進路に合った実習先で、リアルな現場を継続的・総合的に学ぶことができます。

● 卒業後の進路

　農業法人、森林業関連団体・企業、素材生産事業体、JA・森林組合の職員、官公庁などの業界・職業や、独立就農を目指すことができます。

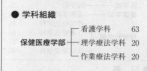

山形県立保健医療大学

〒990-2212　山形市上柳260
TEL 023-686-6688
教務学生課
<HP>https://www.yachts.ac.jp/

● 学科組織

保健医療学部 ┬ 看護学科　　　63
　　　　　　 ├ 理学療法学科　20
　　　　　　 └ 作業療法学科　20

● 沿 革

　1997（平成9）年、山形県立保健医療短期大学として開学。2000（同12）年に四年制大学に移行しました。

● 大学GUIDE

　看護学科では「人間尊重」を基本理念とし、他者の痛みを理解する共感能力と、論理的思考力や倫理的判断力を身につけ、高度化・多様化する看護の現場で活躍できる人材を育成します。助産師または保健師教育を受けるカリキュラムや、地域の人々の健康を支援する地域看護診断実習も特徴です。

　理学療法学科では、幅広いニーズに適切に対応できる高度な知識と技術に精通した専門職を育成します。それぞれの障がい別に、一般臨床医学から理学療法の専門的な評価・治療までを系統的に学ぶ実践向きのカリキュラムが組まれています。

　作業療法学科では、心身の障がいの回復に役立ち、生きがいや心の健康を取り戻してもらうため、病院や福祉施設など幅広い領域で活動する作業療法士になる人材を育成します。他学科との合同授業や臨床実習で段階的に学習を進め、4年次には姉妹校のコロラド州立大学との相互交流を行い、国際感覚を磨きます。

● 卒業後の進路

　2023年春の就職率は100%で、卒業生は医療機関や社会福祉施設などで活躍しています。今後は健康増進のサポートやスポーツなどの分野への進出も期待されます。

山形県立米沢栄養大学

〒992-0025　山形県米沢市通町6-15-1
TEL 0238-93-2931（入試担当直通）
教務学生課
<HP>http://www.u.yone.ac.jp/

● 学科組織

健康栄養学部 ── 健康栄養学科　42

● 沿 革

　1952（昭和27）年、米沢市により米沢女子短期大学開学。2014（平成26）年、短大の健康栄養学科を改組し、山形県立米沢栄養大学を開設。

● 大学GUIDE

　2014年に開学した山形県初の管理栄養士を養成する四年制大学（男女共学）です。

　現代の人々は「長生きする」だけではなく「元気で長生きする」ことを希求しています。こうした時代のニーズにこたえるため、糖尿病や高血圧といった生活習慣病の対策や、あらゆる年代の食育を推進していくことのできる高い資質をもった管理栄養士の育成を目指します。

　管理栄養士の資格取得を前提とした教育を行うため、必要な基礎学力だけでなく、管理栄養士としての適性をもつ次のような学生を求めています。①人とのかかわりを大切にできる人　②人間、健康、栄養そして食への関心が持てる人　③必要な基礎学力に加え、論理的な思考能力を有する人　④学んだことを生かし、地域と社会に貢献したいと考えている人。

　カリキュラムは「教養科目」と「専門科目」の2つの基本的枠組みで構成されています。このほか、教職科目として「栄養教諭に関する科目」を設置しています。1学年の定員42人という少人数制により、きめ細かな教育を行っています。

● 卒業後の進路

　管理栄養士として、病院、社会福祉施設、食品会社（商品開発・品質管理）などへ就職しています。

公立大学

会津大学

〒965-8580　福島県会津若松市一箕
町鶴賀
TEL 0242-37-2723
学生課学生募集係
<HP>https://u-aizu.ac.jp/

● 学科組織

コンピュータ理工学部	
└ コンピュータ理工学科	240

● 沿 革
　1993（平成5）年、日本で最初の
コンピュータ理工学専門の大学と
して開学。1997（同9）年4月に修士
課程、その2年後に博士課程を設置
しました。

● 大学GUIDE
　時代をリードするコンピュータ・
サイエンティストと、高いスキルを
持つエンジニアを育成します。
　教員の約4割が外国人で、英語で
研究や開発ができる人材の育成を目
指し、コンピュータに関する授業を
英語で行います。開学当初から国際
化に取り組んでおり、これまでに交
流協定を結んだ大学・研究機関は
110カ所に及びます。また、約3,000
台のコンピュータは24時間使用可
能。門限がないので、1年中いつで
も学ぶことができます。
　カリキュラムは、「コンピュータ
サイエンス」「コンピュータシステ
ム」「コンピュータネットワークシ
ステム」「応用情報工学」「ソフトウ
ェアエンジニアリング」の5つのフ
ィールド（専門領域）を設定してい
ます。多様な好奇心に各フィールド
が対応し、各自の興味や将来の進路
に合わせて独自のカリキュラムを組
み立てていくことが可能です。

● 就職・キャリア支援
　進路ガイダンス、学内企業説明会、
就活交通費や宿泊費の一部助成な
ど、就職サポートも充実しています。
民間企業への就職希望者の内定
率は開学以来、平均97%です。

福島県立医科大学

〒960-1295　福島市光が丘1
TEL 024-547-1093　入試係
<HP>https://www.fmu.ac.jp/

● 学科組織

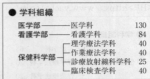

医学部	医学科	130
看護学部	看護学科	84
保健科学部	理学療法学科	40
	作業療法学科	40
	診療放射線科学科	25
	臨床検査学科	40

● 沿 革
　福島県立女子医学専門学校を基盤
として、1947（昭和22）年に旧制医
科大学（予科）設立。1952（同27）
年に新制医科大学として発足。2021
（令和3）年に保健科学部を開設。

● 大学GUIDE
　医学部では、総合科学系、生命科
学・社会医学系、臨床医学系の3つ
の科目、あるいはそれらを融合した
総合教育科目を成長・習熟度に合わ
せてくり返し発展的に学ぶ、らせん
型のカリキュラムを実践していま
す。地域の医療機関や福祉施設にお
いて行われる「地域実習」など、県立
の医科大学として常に地域社会を意
識しており、地域で暮らす人々から
謙虚に学ぶという機会を数多く設け
ている点が特長です。
　看護学部のカリキュラムでは、ま
ず心理学や生命倫理学、語学、栄養
学、また看護の基本となる科目など
を幅広く履修します。その後、看護
の応用、実践、統合と発展的に学
び、実践能力を身につけます。
　保健科学部では、実習と演習を重
視したカリキュラムにより、高い論
理観と知識・技術、コミュニケーシ
ョン力を持った医療技術者を養成し
ます。また、医学部・看護学部の学
生とともに学び、多職種連携の実際
を経験します。

● 卒業後の進路
　各学部とも病院、診療所をはじ
め、保健所、学校など幅広く活躍し
ています。また県外や海外で活躍す
る卒業生も多くいます。

茨城県立医療大学

〒300-0394　茨城県稲敷郡阿見町阿
見4669-2　TEL 029-840-2108
教務課
<HP>https://www.ipu.ac.jp/

● 学科組織

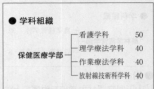

保健医療学部	看護学科	50
	理学療法学科	40
	作業療法学科	40
	放射線技術科学科	40

● 沿 革
　1995（平成7）年、開学しました。
2001（同13）年に大学院を開設。

● 大学GUIDE
　チーム医療、地域志向型医療への
対応、また付属病院での実習が大き
な教育の特色です。保健医療のプロ
を育てるカリキュラム構成です。
　看護学科では、基礎科目3コー
ス、専門基礎科目・専門科目9コー
スを設置しています。コースごとに
講義、演習、実習を行うなかで自主
的な問題探究能力を養います。ま
た、4年間で看護師と保健師の国家
試験受験資格を取得可能です。
　理学療法学科では、心豊かな理学
療法士育成を目指し、医療の基礎知
識、リハビリテーション・障害を中
心にした見方から理学療法の応用分
野まで統合的に学びます。
　作業療法学科では、1年次から行
う付属病院でのさまざまな臨床実習
と、大学での授業を通して、医療機関
や地域で幅広く活躍できる高い能力
を備えた作業療法士を育成します。
　放射線技術科学科では、診療放射
線技師を育成します。放射線の基
礎、安全に扱うための知識を身につ
け、診療画像、核医学検査、放射線治
療などの分野を体系的に学びます。

● 卒業後の進路
　キャリア支援センターではキャリ
ア意識形成と就職活動をサポート。
卒業生は民間医療機関、市町村職員、
私立大学病院などに就職しています。

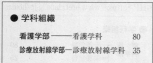

群馬県立県民健康科学大学

〒371-0052　前橋市上沖町323-1
TEL 027-235-1211　教務係
<HP>https://www.gchs.ac.jp/

● 学科組織

看護学部——看護学科	80
診療放射線学部―診療放射線学科	35

● 沿 革

群馬県民の「健康生活への夢の実現」という大きな期待を受け、2005（平成17）年に開学し、2009（同21）年には大学院が開設されました。

● 大学GUIDE

群馬県民をはじめ、さまざまな地域に生活する人々の健康水準の維持、向上に貢献できる保健医療専門職を育成します。

看護学部では、理論と実践を融合させた先進的なカリキュラムで、看護師、保健師として将来にわたり成長してゆくための素地を作ります。実習は1年次から開始し、看護職への関心を高めます。また、授業には最新の研究結果を活用し、臨床経験豊富な教授陣による少人数教育が実施されることで、学生一人ひとりに目が行き届く、恵まれた環境で学習を進めることができます。診療放射線学部との合同授業によるチーム連携授業も実施しています。

診療放射線学部では、人間を中心に捉えたカリキュラムで、技術だけでなく患者とのコミュニケーションやチーム医療の重要性などを学び、心豊かな人間性と高度な知識・技術を兼ね備えた診療放射線技師の育成を目指します。卒業研究では、学生各自が新しい検査技術の開発に取り組み、これまでに多くの研究が学会などで高い評価を受けています。

● 卒業後の進路

看護師、保健師、診療放射線技師の各国家試験とも、毎年全国平均を上回る高水準での合格率を達成しています。

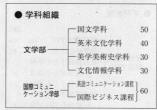

群馬県立女子大学

〒370-1193　群馬県佐波郡玉村町上之手1395-1　TEL 0270-65-8511
事務局教務係
<HP>https://www.gpwu.ac.jp/

● 学科組織

文学部	国文学科	50
	英米文化学科	40
	美学美術史学科	30
	文化情報学科	30
国際コミュニケーション学部	英語コミュニケーション課程	60
	国際ビジネス課程	

● 沿 革

1980（昭和55）年に開学しました。

● 大学GUIDE

国文学科では、日本語と日本文学、中国文学、さらには日本語教育を研究し、それらの学びを通して幅広い知性とみずみずしい感性を身につけ、豊かな人間性を培います。

英米文化学科では、英米文化圏の語学や文学のほか、社会や環境、思想や映像文化といった、さまざまな文化事象を多角的に読み解く方法を学ぶことができます。

美学美術史学科では、美と諸芸術を理論的に考え、その歴史をたどるだけではなく、実際にデザインや絵画などの実技も行います。

2023年4月に開設された文化情報学科では、社会、文化、情報、メディアなどに関わる分野を横断的に学び、高度情報化社会における様々な場面で貢献できる知性を磨きます。

国際コミュニケーション学部では、卒業までに学生全員がTOEIC800点の取得とTOEFLのスコア向上を目指します。2年次から希望進路により、英語コミュニケーション課程と国際ビジネス課程に分かれます。

● 卒業後の進路

主な就職先　群馬銀行、損害保険ジャパン、伊藤忠商事、ニプロ、日本郵便、住友林業、上毛新聞社、星野リゾート、クスリのアオキ、群馬県教育委員会など

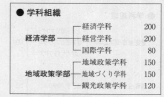

高崎経済大学

〒370-0801　群馬県高崎市上並榎町1300　TEL 027-344-6265
入試広報グループ入試チーム
<HP>https://www.tcue.ac.jp/

● 学科組織

経済学部	経済学科	200
	経営学科	200
	国際学科	80
地域政策学部	地域政策学科	150
	地域づくり学科	150
	観光政策学科	120

● 沿 革

1952（昭和27）年に開学した高崎市立短期大学を改組・転換し、1957（同32）年に開学しました。

● 大学GUIDE

経済学部は、60年以上続く伝統ある学部です。3学科とも1年次に経済学・経営学の土台を学んだ後、専門科目を履修していきます。国際学科は、異文化に対する理解力を持ち、国際社会で役立つ知識やスキルを身につけた「グローバル・エキスパート」の育成を目指します。

地域政策学科では、地域社会のさまざまな問題を学問的に分析し、解決する方法を考えます。高い政策立案能力をもち、地球規模で考え、地域で行動できる人材を育てます。

地域づくり学科は、地域ビジネス・能力開発、地域環境、地域福祉、コミュニティ、地域文化の5つの領域で構成されます。地域の文化を活用しながら住民参加に基づく地域づくりを達成できる力を養成します。

観光政策学科は、観光による地域再生・地域活性化の政策に重点を置いたカリキュラムで、新たな観光をデザインし、幅広く地域づくりを担うことができる人材を育成します。

● 卒業後の進路

主な就職先　群馬銀行、日本年金機構、JR東日本、ベイシア、太陽誘電、サイバーエージェント、アイリスオーヤマ、日本政策金融公庫、国家・地方公務員など

公立大学

前橋工科大学

〒371-0816　前橋市上佐鳥町460-1
TEL 027-265-7361
学務課入試係
<HP>https://www.maebashi-it.ac.jp/

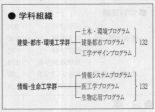

● 学科組織

建築・都市・環境工学群 ─┬─ 土木・環境プログラム
　　　　　　　　　　　　├─ 建築都市プログラム　〉132
　　　　　　　　　　　　└─ 工学デザインプログラム

情報・生命工学群 ─┬─ 情報システムプログラム
　　　　　　　　　├─ 医工学プログラム　〉132
　　　　　　　　　└─ 生物応用プログラム

● 沿　革

　前橋市立工業短期大学を母体とし、1997（平成9）年に開学しました。2022（令和4）年4月より、現行の6学科を2学群に再編します。

● 大学GUIDE

　土木・環境プログラムでは、インフラ・ストラクチャーの建設や環境、防災などの広い観点で、社会の構築と維持のできる技術者を育成します。

　建築都市プログラムでは、建築と都市のデザインや建設から、運営などのマネジメントを展開できる設計者と技術者を育成します。

　工学デザインプログラムでは、工学を基盤に、生活や情報をデザインすることに取り組む設計者と技術者を養成します。

　情報システムプログラムでは、情報とデータサイエンスを基礎とする社会のさまざまな分野に展開を目指す研究者と技術者を育成します。

　医工学プログラムでは、社会の直面する課題を工学的機器と人間機能の解明の両面で取り組む技術者を養成します。

　生物応用プログラムでは、食品、医薬品などの人間生活に欠かせない製品を開発する研究者や技術者を養成します。

● 卒業後の進路

　主な就職先　鴻池組、シャープ、ヤマト、ジーシーシー、ソフトバンク、メイテック、群馬県庁など

埼玉県立大学

〒343-8540　埼玉県越谷市三野宮820
TEL 048-973-4117
事務局教務・入試担当
<HP>https://www.spu.ac.jp/

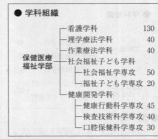

● 学科組織

保健医療福祉学部 ─┬─ 看護学科　　　　　　　130
　　　　　　　　　├─ 理学療法学科　　　　　　40
　　　　　　　　　├─ 作業療法学科　　　　　　40
　　　　　　　　　├─ 社会福祉子ども学科
　　　　　　　　　│　├─ 社会福祉学専攻　　　50
　　　　　　　　　│　└─ 福祉子ども学専攻　　20
　　　　　　　　　└─ 健康開発学科
　　　　　　　　　　　├─ 健康行動科学専攻　　45
　　　　　　　　　　　├─ 検査技術科学専攻　　40
　　　　　　　　　　　└─ 口腔保健科学専攻　　30

● 沿　革

　1999（平成11）年に開学し、2010（同22）年公立大学法人埼玉県立大学へ移行しました。

● 大学GUIDE

　人間の尊厳に立って、保健・医療・福祉の専門的知識と技術を身につけるとともに、各分野が連携して人々の健康を統合的に支えることを目指す"連携と統合"を教育理念としています。

　具体的な取り組みとして、専門5学科から独立してサポートを行う「共通教育科」や、埼玉県内4大学間で共同教育を進める「彩の国連携力育成プロジェクト」などが挙げられます。また、チームで利用者・患者ニーズに応える人材の育成を目指した「専門職連携教育」を導入。ヒューマンケア論、ヒューマンケア体験実習、IPW論、IPW演習、IPW実習の5科目を設定し、"連携と統合"の理念を実践しています。

　芸術性と機能性を兼ね備えたキャンパスは「グッドデザイン金賞」を受賞。特徴ある施設として映画やドラマ撮影にも利用されています。

● 卒業後の進路

　全学科とも国家試験合格率は高く、卒業後は病院、保健センター、高齢者保健施設、社会福祉施設、幼稚園、保育園などで活躍しています。

千葉県立保健医療大学

〒261-0014　千葉市美浜区若葉2-10-1　TEL 043-296-2000
学生支援課
<HP>https://www.pref.chiba.lg.jp/hoidai/

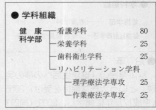

● 学科組織

健康科学部 ─┬─ 看護学科　　　　　　　　80
　　　　　　├─ 栄養学科　　　　　　　　25
　　　　　　├─ 歯科衛生学科　　　　　　25
　　　　　　└─ リハビリテーション学科
　　　　　　　　├─ 理学療法学専攻　　　25
　　　　　　　　└─ 作業療法学専攻　　　25

● 沿　革

　県立衛生短期大学と千葉県医療技術大学校を再編、整備し、2009（平成21）年に四年制大学として開学しました。

● 大学GUIDE

　豊かな人間性や高い倫理観、コミュニケーション能力を備えた保健医療の専門家を育成します。また、他職種と協働できる人材を育て、千葉県をはじめ、地域の健康づくりに貢献することを目指します。

　教育課程を「一般教養科目」、「保健医療基礎科目」、「特色科目」、「専門科目」の4つの枠組みに分け、幅広い教養と総合的な判断力を養うカリキュラムが整っています。「特色科目」では、多職種間の連携に資する専門職を育成するため、学科を越えて合同で学ぶ講義・演習を多く設定。「専門科目」では、少人数による県内を中心とした学外実習でより実践的な能力を身につけます。

● 卒業後の進路

　各学科で国家資格が取得可能で、病院や社会福祉施設、学校、保育園などに就職しています。

【国家試験合格率（2023年春卒業生）】

看護学科：看護師98.8%
　　　　　　保健師92.8%

栄養学科：管理栄養士92.0%

歯科衛生学科：歯科衛生士95.5%

リハビリテーション学科：理学療法士100%　作業療法士96.0%

東京都立大学

〒192-0397　東京都八王子市南大沢1-1
TEL 042-677-1111　アドミッション・センター
<HP>https://www.tmu.ac.jp/

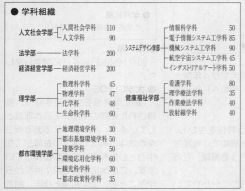

● 学科組織				
人文社会学部	人間社会学科	110	情報科学科	50
	人文学科	90	電子情報システム工学科	85
法学部	法学科	200	システムデザイン学部 機械システム工学科	90
経済経営学部	経済経営学科	200	航空宇宙システム工学科	45
			インダストリアルアート学科	50
理学部	数理科学科	45	看護学科	80
	物理学科	47	健康福祉学部 理学療法学科	35
	化学科	48	作業療法学科	40
	生命科学科	60	放射線学科	40
都市環境学部	地理環境学科	30		
	都市基盤環境学科	50		
	建築学科	50		
	環境応用化学科	60		
	観光科学科	30		
	都市政策科学科	35		

● 沿　革
　都立4大学（東京都立大学・東京都立科学技術大学・東京都立保健科学大学・東京都立短期大学）を再編・統合し、2005（平成17）年に首都大学東京を開設。2018（同30）年に学部・学科を7学部23学科に再編・統合。2020（令和2）年に東京都立大学に名称変更しました。

● 大学GUIDE
　東京都立大学では、教育研究資源の集約および先端分野の強化を図り、①工学分野の再編・統合②都市政策科学分野を再構築③都市教養学部を4学部に再編④大学院を再編、の4つを軸とし、2018年より新たな時代要請に応える組織体制に再編成しました。

　人文社会学部では、思考力と豊かな人間性を養い、心理や教育、言語、文学、思想、歴史、文化など幅広い分野を研究します。法学部では、法的思考と良き市民の特性を備え、現代の諸課題に挑む人材を育成します。経済経営学部では、人間の行動や社会・ビジネスの発展について学び、組織を動かすリーダーを育てます。理学部では、自然科学の深い理解と知識をもとに、幅広い問題に対応できる人材を養成します。都市環境学部では、環境問題の解決や持続可能な発展に向けた技術・方法論の創造に寄与する人材を育成します。システムデザイン学部では、次世代のシステムをデザイン工学的なアプローチから総合的に教育研究します。健康福祉学部では、人間教育に力を入れ、国際的視点を有する医療人を養成します。

● 就職・キャリア支援
　キャリア支援課では、就職や進路に関する個別相談、各種ガイダンスの開催、インターンシップの紹介などを通してキャリア形成をサポートしています。

横浜市立大学

〒236-0027　神奈川県横浜市金沢区瀬戸22-2
TEL 045-787-2055　アドミッションズセンター
<HP>https://www.yokohama-cu.ac.jp/

● 学科組織		
国際教養学部	国際教養学科	270
国際商学部	国際商学科	260
理学部	理学科	120
データサイエンス学部	データサイエンス学科	60
医学部	医学科	93
	看護学科	100

● 沿　革
　1882（明治15）年、横浜商法学校として開学。1949（昭和24）年、学制改革により横浜市立大学となりました。2019（平成31）年4月より、学部改組によって5学部を備えた総合大学となりました。

● 大学GUIDE
　横浜で長きにわたり商学と医学を中心に教育を支えてきた横浜市立大学では、2019年に国際総合科学部4学系を改組し、「国際教養学部」「国際商学部」「理学部」を新たに開設しました。

　国際教養学部は、豊かな教養と高い思考力、さらに、高い外国語運用能力と現代社会や都市の課題解決に向けた実践的な力を養う教育を展開します。

　国際商学部は、経営・経済学を中心とする学問的専門性に基づき、現実の国際的な社会経済活動を学ぶとともに、既成概念にとらわれない課題発見力と企画立案力、そして実業界で役立つ確かな英語力を培います。

　理学部は、物質科学の概念を踏まえて細胞・個体スケールの生命現象をとらえることができる人材、生命現象を原子・分子スケールで起こる物質科学としてとらえることができる人材の育成を目指しています。

　データサイエンス学部では、数理や統計の基礎知識をはじめ、コミュニケーション能力やイノベーションを起こす発想力、そしてビジネス力を身につけたデータサイエンティストを育成します。

　医学部医学科は、1年次に「共通教養」「医学基礎教育」の2科目を履修し、2年次からは医学を専門的に学びます。地域社会や国内外で活躍する、新しい時代の医療人を育成します。看護学科は、国際性、創造性、倫理観はもとより他者の苦しみや痛み、喜びも理解することができる豊かな人間力を持った人材を養成します。

● 就職・キャリア支援
　専門のキャリア・コンサルタントによるキャリア・進路相談、Uターン・Iターン支援、就職活動を終えた上級学生による就職相談など、キャリア支援センターでは学生の卒業後のキャリア形成を支援しています。

公立大学

713

神奈川県立保健福祉大学

〒238-8522　神奈川県横須賀市平成町1-10-1　TEL 046-828-2530　企画・地域貢献課
<HP>https://www.kuhs.ac.jp/

● 学科組織

保健福祉学部
- 看護学科　90
- 栄養学科　40
- 社会福祉学科　60
- リハビリテーション学科
  - 理学療法学専攻　20
  - 作業療法学専攻　20

● 沿　革

　2003（平成15）年に開学。2007（同19）年に大学院を設置しました。

● 大学GUIDE

　大学の基本理念は、次の通りです。
①保健・医療・福祉の連携と総合化
　高い倫理観、多様性を認め合える寛容の精神、人権意識を根底に持ち、深い洞察力、鋭い感性を備えてヒューマンサービスを実践できる人材を育成します。
　また、総合的な幅広い知識と技術を身につけ、トータルなサービスのできる人材の育成を目指します。
　さらに、新たな知識を活用・応用し、地域社会の発展はもとより国際的にも貢献しうる高い資質を持つ有為の人材を育成します。
②生涯にわたる継続教育の重視
　専門職としての基礎教育のうえに、医療技術等の高度化・専門化や在宅医療、在宅介護など多様なニーズに対応できる在職者を育成するための継続教育を行います。
③地域社会への貢献
　地域に根ざして教育的資源を有効に活用し、市民参加のもとコミュニティ形成に参加する開かれた大学を目指します。

● 卒業後の進路

　2023年春の卒業生は232人。就職決定率は99.5％です。医療機関、学校、福祉施設、地方公務員、民間企業など幅広い分野に就職しています。

川崎市立看護大学

〒212-0054　川崎市幸区小倉4-30-1
TEL 044-587-3500
<HP>https://www.kawasaki-cn.ac.jp/

● 学科組織

　看護学部―看護学科　　100

● 沿　革

　川崎市立看護短期大学が4年制大学に移行し、2022（令和4）年に開学しました。

● 大学GUIDE

　小規模大学という特性を生かし、教員と学生の距離を縮めて「地域包括ケアシステムを担う看護職」を育成していきます。
　カリキュラムは3つに分かれています。「人間理解の基礎」は、科学的思考の基盤、環境と社会、人間の理解、語学の4科目群を配置し、看護職としての専門的能力の基盤となる社会人基礎力を養います。「専門基礎」は、人体の構造と機能、疾病の成り立ちと回復の促進、健康支援と社会保障制度、健康現象の疾学と統計の4科目群を配置し、倫理的および科学的に看護を実践するための基礎となる力を養います。「専門」は基礎看護学、地域・在宅看護論、成人看護学、老年看護学などの10の各専門領域の科目を配置し、看護専門職としての基礎力や実践力、他者や多職種と協働する力を養います。
　3つの市立病院（川崎市立川崎病院、川崎市立井田病院、川崎市立多摩病院）を中心に、100以上の施設での実習が可能です。地域で活躍するために必要な看護実践能力を、幅広い経験を通して磨きます。

● 卒業後の進路

　病院や保育園、幼稚園、高齢者・障害者のための施設、訪問看護ステーション、介護・福祉との複合施設などでの活躍が期待されます。

三条市立大学

〒955-0091　新潟県三条市上須頃1341
TEL 0256-47-5121　学務課
<HP>https://www.sanjo-u.ac.jp

● 学科組織

　工学部―技術・経営工学科　　80

● 沿　革

　2021（令和3）年4月に開学しました。

● 大学GUIDE

　「新たな発想を生み出す鍵は、蓄積された経験の中に」を基本理念としています。キャンパスのある燕三条地域は、高度で幅広い金属加工を中心とした多様な技術が蓄積しています。この地に蓄積された財産から学ぶことで、工学知識と技術、創造力、そしてマネジメント能力を備えた新たな価値を創造できる人材「創造性豊かなテクノロジスト」を育成します。
　地域全体をキャンパスとした産学連携教育が特徴です。1年次に三条地域における金属加工の歴史や産業構造を学ぶとともに、多様な業種の企業見学を行い、工学に対する興味や学習意欲を高めます。2年次にはマーケティングなど経営について学ぶほか、3社の企業で各2週間の実習を行います。異なる業種の企業における実習を通じて、今後学びたい分野を模索します。3年次には、2年次の実習で定めた分野の1社の企業で、16週間の実習に取り組みます。4年次には研究・開発テーマを持ち、1年間をかけて卒業論文をまとめます。実習先は130社以上にも及び、数ある実習先の中から興味のある分野の企業での実習を選択することができます。

● 卒業後の進路

　機械設計や金属・材料の技術者、インダストリアルエンジニア、生産・物流システムの開発者など学んだ専門知識を生かせる企業での活躍が期待されます。

長岡造形大学

〒940-2088　新潟県長岡市千秋4-197
TEL 0258-21-3331　入試広報課
<HP>https://www.nagaoka-id.ac.jp/

● 学科組織

造形学部
- デザイン学科　150
- 美術・工芸学科　30
- 建築・環境デザイン学科　50

● 沿　革

　1994（平成6）年、長岡造形大学開学。2014（同26）年、公立大学法人へ移行。2023（令和5）年、プロダクトデザイン学科と視覚デザイン学科を改組し、デザイン学科を設置します。

● 大学GUIDE

　「造形を通して真の人間的豊かさを探究し、これを社会に還元できる創造力を備えた人材を養成する」ことを建学の理念としています。

　2023年度に設置されたデザイン学科では、プロダクトデザイン、テクノロジー×デザイン、視覚デザインの3つの領域で構成されます。広い領域の中で軸足をつくり、それをもとに、製品デザイン、テキスタイルデザイン、映像、写真、ファッションデザイン、イラストレーション、Web・アプリなどの幅広い分野から主体的に選択し学びます。

　美術・工芸学科では、アートとクラフトの新たな表現の可能性を探究します。絵画、版画、彫刻、彫金（ジュエリー）、鍛金、鋳金、ガラス工芸が対象分野です。

　建築・環境デザイン学科では、インテリア、生活空間からコミュニティ空間のデザイン、文化財の保存、まちづくり・都市計画構想など多彩な分野を扱います。

　さらに、アートスクールの開校や企業との連携など、社会貢献活動にも積極的に取り組んでいます。

● 卒業後の進路

　企業やNPO団体、学校、自治体のほか、各分野において職人として活躍する卒業生も多くいます。

新潟県立大学

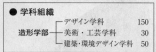

〒950-8680　新潟市東区海老ケ瀬471　TEL 025-270-1311　入試課
<HP>https://www.unii.ac.jp/

● 学科組織

国際地域学部 ── 国際地域学科　180

人間生活学部
- 子ども学科　50
- 健康栄養学科　40

国際経済学部 ── 国際経済学科　90

● 沿　革

　2009（平成21）年、県立新潟女子短期大学を改組し、四年制大学として開学。2020（令和2）年、国際経済学部を開設しました。

● 大学GUIDE

　国際地域学部では、国際的に活躍するとともに地域のグローバル化を担う人材を育成します。語学活用能力を高め、2年次から国際関係、比較文化、露中韓の3コースに分かれて、専門分野を深めます。

　人間生活学部子ども学科では、保育の現場で生かせる知識・技術を習得し、福祉について学びます。幼稚園教諭一種免許状、保育士資格、社会福祉士国家試験受験資格が取得できます。人間生活学部健康栄養学科では、食育指導や疾病予防など、食生活の改善を通して地域の健康増進を担う人材を育成します。栄養士免許、管理栄養士国家試験受験資格、栄養教諭一種免許状が得られます。

　国際経済学部では、国際的な視点と高い専門性を持ったグローバルに活躍できる人材を育成します。最新の経済、産業、企業について、理解し分析する力を身につけるとともに、実践的な外国語能力を習得します。

● 卒業後の進路

　2023年春の就職率は99.6%です。
国際地域学部　金融、卸売、小売、運輸、メディア関連分野など
人間生活学部　子ども学科は幼稚園、保育所、障害児施設、行政職など。健康栄養学科は特定給食施設、行政機関、地域医療センター、学校など

新潟県立看護大学

〒943-0147　新潟県上越市新南町240　TEL 025-526-2811
教務学生課教務係
<HP>https://www.niigata-cn.ac.jp/

● 学科組織

看護学部 ── 看護学科　95

● 沿　革

　新潟県立看護短期大学を前身として、2002（平成14）年に開学しました。

● 大学GUIDE

　生命の尊厳を基盤とする豊かな人間性を養い、自己及び他者に対する深い洞察力をもって自己成長への志向を育みます。また、基礎的・先進的な知識と技術を教授することにより、多様に変化する人々の健康と福祉のニーズに柔軟に応えうる人材を育成します。

　1年次は、講義を中心とした基礎学習に加え地域の中で専門家として働く意味を考える「ふれあい実習」があります。2年次は病院で患者さんを受け持つ「基礎看護学実習Ⅱ」があり、専門性の高い授業が始まります。3年次からは本格的な臨地実習が行われ、4年次には専門実習を受け、研究論文を作成します。

　図書館は採光に恵まれたゆったりとした構造で、教育・研究に必要な図書や雑誌、視聴覚資料などを豊富に完備。AVコーナーも併設され教材も充実しています。また、3階まで吹き抜けの開放感あふれるレセプションホールは、学生の交流の場となっています。

　大学に隣接した県立中央病院は、基幹実習施設でもあり、高度・先進的な機能をもつ大規模な病院です。

● 卒業後の進路

　病院・診療所はもちろん、高齢者保健施設・特別養護老人ホームや海外での看護活動など、さまざまな看護職での活躍が期待されています。

都留文科大学

〒402-8555　山梨県都留市田原3-8-1　経営企画課入試室　TEL 0554-43-4341

●沿革
1953(昭和28)年、山梨県立臨時教員養成所(一年制)
として開学。1960(昭和35)年、都留市立都留文科大
学(4年制)となる。2009(平成21)年、公立大学法人化。

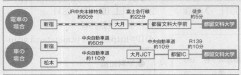

●学科組織(定員)

文学部 ─┬─ 国文学科　120
　　　　└─ 英文学科　120

教養学部 ─┬─ 学校教育学科　180
　　　　　├─ 地域社会学科　150
　　　　　├─ 比較文化学科　120
　　　　　└─ 国際教育学科　40

4月、学部改編を行うとともに副専攻を導入し、地域連携・教養教育も強化。詳細は大学HPをご覧ください。

大学GUIDE

Think Globally, Act Locally(世界を見据え、地域に生きる)

都留文科大学は富士山の麓に位置し、豊かな自然に囲まれた70年の歴史を持つ公立大学です。現在までに35,509人の学部卒業生を送り出し、このうち約40%が日本全国で教職に就いている実績があります。近年では企業・公務員へ就職する学生も増え、教員・公務員・企業を柱とした対策講座の実施や専門アドバイザーとの個別相談などを展開し、学生のキャリア支援を行っています。

教員養成力を高めるために、実際の教育現場において、学校内のアシスタント活動だけでなく、学童保育など学校外での子どもの活動を支援し、1年次から体系的に学びます。

地域連携においては、都留市の自然、文化、暮らしなどをテーマにした『フィールド・ノート』を年に4回発行しています。企画、編集、レイアウト、写真など、すべてが学生の手によって作られていて、社会に出た時の必要最低限のノウハウを身につけることができます。

グローバル教育にも力を入れています。英文学科では、ANA総研の講師によるビジネス英語や日本文化を英語で紹介する授業などを通して、ビジネスや教育現場で通用する高度な英語能力が身につきます。他にも国際教育学科の学生全員(原則)が参加する北欧留学、その他の語学研修や交換留学などを用意し、グローバル、そしてローカルに行動できる教養を身につけることができます。

2023年4月、新棟が供用開始。全国から学生が集う独自の特性・恵まれた自然環境・地域の人々とのつながりを生かしたキャンパス整備を進めています。また、2024年

取得可能な教育職員免許状等

【国文学科】中学校教諭一種免許状(国語)、高等学校教諭一種免許状(国語)

【英文学科】中学校教諭一種免許状(英語)、高等学校教諭一種免許状(英語)

【学校教育学科】小学校教諭一種免許状、中学校教諭一種免許状(数学・理科・国語・社会・英語)、特別支援学校教諭一種免許状(知的障害・肢体不自由・病弱)

【地域社会学科】中学校教諭一種免許状(社会)、高等学校教諭一種免許状(地理歴史・公民)

【国際教育学科】国際バカロレア教員認定証(他学科の科目を履修することで日本国内の教員免許も取得できるようにサポートします。)

●就職に有利な専門資格

図書館司書、博物館学芸員、社会教育士、日本語教員養成課程修了証など

※その他取得できる副免許や諸資格について、詳しくは大学HPをご覧ください。

全国各地で試験を実施

都留文科大学を目指す受験生のために全国主要17都市(推薦16会場、中期14会場)に試験会場を設けています。
※試験場は募集要項で確認してください。

学校推薦型選抜(一般)
試験地：都留・札幌・盛岡・仙台・東京・松本・新潟・富山・静岡・名古屋・大阪・岡山・高松・福岡・鹿児島・那覇

一般選抜中期日程
試験地：都留・札幌・仙台・東京・富山・長野・静岡・名古屋・大阪・広島・高松・福岡・鹿児島・那覇

上記以外の入学試験は都留会場(都留文科大学)で行います。

大学情報／大学公式SNS

都留文科大学HP

受験情報

公式LINE

公式 YouTube

公式 X

公式 Instagram

山梨県立大学

〒400-0062　甲府市池田1-6-1
TEL 055-253-8901
アドミッションズ・センター
<HP>https://www.yamanashi-ken.ac.jp/

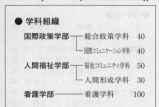

● 学科組織

国際政策学部	総合政策学科	40
	国際コミュニケーション学科	40
人間福祉学部	福祉コミュニティ学科	50
	人間形成学科	30
看護学部	看護学科	100

● 沿　革

　山梨県立女子短期大学と山梨県立看護大学を母体に、男女共学の大学として、2005（平成17）年に開学。

● 大学GUIDE

　「グローカルな知の拠点となる大学」「未来の実践的担い手を育てる大学」「地域に開かれ地域と向き合う大学」を理念と目的とし山梨県民の強い支援によって作られました。

　総合政策学科では、国際的視野と実践力をもって現代社会の諸問題を解決できる人材を育成します。国際コミュニケーション学科では、外国語や情報技術、世界の歴史文化などを学習。国際的なイベントやボランティアへの参加も奨励しています。

　人間福祉学部では、すべての人が人間らしく、しあわせに生活できる地域社会の創造を目指します。現場実習の多い実践的なカリキュラムが特徴です。

　看護学部の科目群は「実践」「人間存在」「哲学・倫理」「研究」の各領域に分かれます。これらの理解を学年とともに深めながら互いに関連づけ、看護学として統合させるカリキュラム編成となっています。

● 卒業後の進路

　国際政策学部では、国家、地方公務員や民間企業、国際機関など。人間福祉学部、看護学部では保育、看護の専門職、看護師、保健師などとして活躍しています。

公立諏訪東京理科大学

〒391-0292　長野県茅野市豊平5000-1　TEL 0266-73-1244
入試・広報係
<HP>https://www.sus.ac.jp/

● 学科組織

工学部	情報応用工学科	150
	機械電気工学科	150

● 沿　革

　2002（平成14）年に開学した諏訪東京理科大学が、2018（同30）年4月に諏訪地域6市町村が運営する公立大学として生まれ変わりました。

● 大学GUIDE

　先端的な知識・技能を身につけ、地域に貢献するとともに世界にも羽ばたく人材の育成を目指します。

　情報応用工学科では、「知能・情報・通信コース」と「社会情報システムコース」を設置。人工知能を用いたビッグデータの解析・制御など、情報工学のハードウェア・ソフトウェアに関する知識とスキルを修得します。ハードとソフトを融合した、情報工学のトータルシステムを研究、開発、そして提案できる人材を育成します。

　機械電気工学科では、電気自動車やロボットなど、機械と電気の結びつきがいっそう強まった社会において、ミクロの世界から航空宇宙まで、未来に必要なものづくりができる人材を育成します。「先進機械コース」と「電気電子コース」に分かれ、機械・電気両分野のスキルを修得します。

　古くから工業が盛んな地域の特徴を生かし、行政や地元企業と連携した教育研究や就職に向けた取り組みを推進しています。

● 就職・キャリア支援

　キャリアセンターを中心に、実践的できめ細かな支援を行います。また、1年次からキャリアについて意識し、段階的に理解を深めるための行事や授業を開講しています。

長野大学

〒386-1298　長野県上田市下之郷658-1　TEL 0268-39-0020
学務グループ広報入試担当
<HP>https://www.nagano.ac.jp/

● 学科組織

社会福祉学部	社会福祉学科	150
環境ツーリズム学部	環境ツーリズム学科	95
企業情報学部	企業情報学科	95

● 沿　革

　1966（昭和41）年に本州大学として開学。50周年を迎え、2017（平成29）年4月より公立大学法人化し、さらなる地域貢献を目指します。

● 大学GUIDE

　「地域の未来」を創造する人材の育成を使命とし、地域社会をキャンパスにした実践的な学びを重視しています。

　社会福祉学部では、人と向き合うスペシャリストを育てます。社会福祉の基礎と心理学や教育学などを学び、ソーシャルワーカーをはじめ、カウンセラー、教員を目指します。豊富な実習教育を通して、倫理観やコミュニケーション能力も磨きます。

　環境ツーリズム学部では、自然環境に対する理解を深める「環境分野」、観光と持続可能な地域づくりを考える「観光分野」、地域特性を紐解きプロジェクトに取り組む「地域づくり分野」の3分野を横断的に学ぶことで、地域社会の課題を発見し、解決する力を身につけます。

　企業情報学部は、「経営」「情報」「デザイン」の3分野を柱に、ビジネスシーンで重要視される問題解決能力を育みます。実際の企業活動を想定した「プロジェクト型学習」によって"本気でやりたい仕事"を見つけ、卒業後の進路選択へとつなげます。

● 卒業後の進路

　卒業生は医療・福祉施設や学校、環境関連企業、観光・宿泊サービス関連企業、各自治体の公務員、地域団体職員など、幅広い分野で活躍しています。

公立大学

長野県看護大学

〒399-4117　長野県駒ヶ根市赤穂1694　TEL 0265-81-5100
事務局教務・学生課
<HP>https://www.nagano-nurs.ac.jp/

● 学科組織
看護学部――看護学科　80

● 沿 革
1995（平成7）年に開学しました。

● 大学GUIDE
カリキュラムは、「人間の理解」を中心テーマとして、「人と健康」「看護の基本」「看護の実践」「看護の実践と統合」の要素から構成され、4年間を通じて一貫した教育が受けられるようになっています。また、各要素を有機的に連携させることで、医療の高度化・専門化・多様化に対応できる深い知識と高度な技術、豊かな人間性を身につけ、看護の対象である「人間」を理解できるように配慮しています。

また、国際化社会への対応を強化するため、外国語科目は4年間通じて開講され、英語、独語、仏語などを学ぶことができます。そのほか、討議方式の科目や体験学習、豊富な選択科目など、自立性・主体性を育むように工夫したカリキュラムが特徴です。

● 卒業後の進路
卒業時には学士（看護学）の学位が授与され、看護師、保健師、助産師（選択・人数制限あり）の国家試験受験資格が得られます。また、保健師免許取得後、申請により養護教諭二種免許状を取得することができます。

主な就職先　信州大学医学部附属病院、長野市民病院、伊那中央病院、まつもと医療センター、信州医療センター、篠ノ井総合病院、浜松医科大学医学部附属病院、東京医科歯科大学医学部附属病院など

長野県立大学

〒380-8525　長野県長野市三輪8-49-7　TEL 026-462-1490
学務課入試・広報室
<HP>https://www.u-nagano.ac.jp/

● 学科組織
グローバルマネジメント学部――グローバルマネジメント学科　170
健康発達学部――食健康学科　30
　　　　　　――こども学科　40

● 沿 革
長野県の学びの象徴として、グローバルな視野を持ち、イノベーションを創出する人材の育成を目指し、2018（平成30）年4月に開学しました。

● 大学GUIDE
グローバルマネジメント学科では、起業家精神を身につけ、地域の資源や人材を生かして事業を展開できるビジネス・リーダーや、公共サービスを立案・実行する地域社会のリーダーとなる人材を育成します。

食健康学科では、食を通じた健康に関する幅広い知見と栄養学や人体に関する専門的知識・技術を修得。倫理観やコミュニケーション能力を身につけ、人々の健康やQOL（生活の質）の向上に寄与するプロフェッショナルを育成します。

こども学科では、より良い発育環境・教育に関する広い識見を持ち、新たな保育の創造や保育・子育ての課題解決を行うことができる専門性と実践力を修得し、将来の教育のリーダーとなる人材を育成します。

1年次は全寮制とし学生同士の交流を深め、協調性を養います。その他、少人数教育、ディスカッションを含む双方向授業、4学期制の導入など、特色ある教育を実践しています。

● 卒業後の進路
卒業後は、行政機関やNPO法人、一般企業、医療機関、福祉施設、幼稚園、保育所、また起業や創業など、さまざまな分野での活躍が期待されます。

富山県立大学

〒939-0398　富山県射水市黒河5180　TEL 0766-56-7500（代表）
教務課学生募集係
<HP>https://www.pu-toyama.ac.jp/

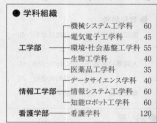

● 学科組織

工学部	機械システム工学科	60
	電気電子工学科	45
	環境・社会基盤工学科	55
	生物工学科	40
	医薬品工学科	35
情報工学部	データサイエンス学科	40
	情報システム工学科	60
	知能ロボット工学科	60
看護学部	看護学科	120

● 沿 革
1990（平成2）年に開学しました。2024（令和6）年に情報工学部開設。

● 大学GUIDE
機械システム工学科では、機械工学の幅広い知識と視野をもった機械技術者を育成します。電気電子工学科では、電気電子工学の技術を基盤に、エネルギー、情報システムなどの研究に取り組みます。環境・社会基盤工学科では、環境工学と土木工学の知識を理解し、実行力のある技術者を育成します。生物工学科では、自然環境と調和するバイオテクノロジー研究・開発者を養成します。医薬品工学科では、医薬品の開発・製造及び先端医療技術の開発に取り組みます。データサイエンス学科では、統計学と情報工学の知識を用いて価値創造や問題解決を遂行できる研究・技術者を養成します。情報システム工学科では、高度な情報システム技術の開発に貢献できる人材を育成します。知能ロボット工学科では、工学分野の多様な知識と技術を用いて革新的な科学技術を創造できる人材を育成します。看護学部では、医療技術の高度化や看護の役割拡大に対応できる看護師を育成します。

● 卒業後の進路
電子・電機、情報、機械・鉄鋼、建設、製薬関連など、学んだ専門知識を生かせる企業に就職しています。

石川県立大学

〒921-8836　石川県野々市市末松1-308　TEL 076-227-7408
教務学生課
<HP> https://www.ishikawa-pu.ac.jp/

● 学科組織

```
                ┌─生産科学科　　40
生物資源環境学部─┼─環境科学科　　40
                └─食品科学科　　40
```

● 沿　革

1971（昭和46）年開学の石川県農業短期大学を前身として、2005（平成17）年、四年制の石川県立大学として開学。2009（同21）年には大学院研究科を開設しました。

● 大学GUIDE

共通テーマは、「生物資源環境学」です。3学科それぞれの視点から、石油などの化石資源ではなく動物・植物といった、地球に優しい生物資源の活用を探ります。また、2019年4月より、新たにコース制を導入しました。

生産科学科では、生物資源の特性を集団や個体から細胞・分子・遺伝子レベルまで幅広く解明し、資源や環境などを視野に入れた生産技術の開発に取り組みます。

環境科学科では、自然環境の保全と管理に取り組み、視野の広い環境技術者を育成します。社会で即戦力として活躍できるよう、自然や農地など環境に関わる実験・実習科目も充実しています。

食品科学科では、バイオテクノロジーなどの先端技術を生かし、農作物を中心とした食品の新たな加工・貯蔵・流通技術の開発、さらに食品の安全性についても追究します。

● 卒業後の進路

卒業生は農業関連企業、環境関連企業、食品会社、製薬会社、土木工事関連会社、食品関連企業、酵母系食品企業、機械メーカー、研究者、国家・地方公務員、高等学校教諭など、幅広く活躍しています。

石川県立看護大学

〒929-1210　石川県かほく市学園台1-1　TEL 076-281-8302
教務学生課入試事務担当
<HP> https://www.ishikawa-nu.ac.jp/

● 学科組織

```
看護学部──看護学科　　80
```

● 沿　革

2000（平成12）年に開学。2004（同16）年には大学院看護学研究科を開設しました。

● 大学GUIDE

県内における看護学・看護実践の高度教育・研究・研修の拠点として、看護学に関する高度な専門知識と技術、豊かな人間性と高い資質を兼ね備えた人材を育成するとともに、地域の人々の健康の増進と福祉の向上に寄与しています。また、地域連携事業や生涯学習講座、ボランティア養成講座の実施など、社会貢献活動にも力を入れています。

カリキュラムの軸として、1～4年次を通じて5段階に分かれる看護学実習があります。特徴的な科目の一つが、必修の「フィールド実習」です。学生自らがテーマを設定し、県内の企業や事業所で就業体験をします。また、アメリカ・韓国・タイの看護系大学における研修も実施。現地の医療施設の見学や看護学部教員による講義など多彩な内容です。

施設・設備も充実しています。看護学実習室は、実際の医療現場を想定した環境です。また、最新の医療機器を導入した看護スキル・ラボでは、診察や治療における技術修得のトレーニングを行うことができます。

● 卒業後の進路

看護師と保健師の国家試験受験資格を取得できます。保健師合格者は、申請により養護教諭二種免許を得られます。助産師になるために大学院に進学する人もいます。

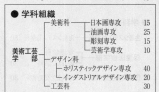

金沢美術工芸大学

〒920-8656　石川県金沢市小立野5-11-1　TEL 076-262-3531
事務局
<HP> https://www.kanazawa-bidai.ac.jp/

● 学科組織

```
            ┌─美術科─┬─日本画専攻　　　15
            │        ├─油画専攻　　　　25
            │        ├─彫刻専攻　　　　15
美術工芸     │        └─芸術学専攻　　　10
学　部──────┼─デザイン科
            │        ├─ホリスティックデザイン専攻　40
            │        └─インダストリアルデザイン専攻　20
            └─工芸科　　　　　　　　　　30
```

● 沿　革

1946（昭和21）年、金沢美術工芸専門学校設立。1950（同25）年、金沢美術工芸短期大学となり、1955（同30）年に、金沢美術工芸大学が開学しました。

● 大学GUIDE

「美の創造を通じて人類の平和に貢献する」ことを理想に掲げ、工芸美術の継承発展と、文化・産業の振興を目指しています。

専門教育課程は各専攻の教育方針に沿いながら、それぞれ特色ある内容が盛り込まれています。いずれも卒業生を作家、デザイナー、教員、芸術理論の専門家として社会に送り出すことを主眼としています。

美術科は日本画、油画、彫刻、芸術学の4専攻、デザイン科はホリスティックデザイン、インダストリアルデザインの2専攻に分かれます。

教育課程の特色は、施設、スタッフの充実を、積極的に進めていることです。金沢市の協力を得て、年々整備されています。また、スタッフも、意欲的な制作、研究活動を展開する専任教員に加えて、第一線で活躍する方々を多く非常勤講師として招き、教育内容の広がりと専門的レベルの向上を図っています。

● 卒業後の進路

卒業生は、専門技術を生かして独立した作家やデザイナー、教育者として、また民間企業などにおいて国際的レベルで活躍しています。

公立大学

公立小松大学

〒923-0921　石川県小松市土居原町10-10　TEL 0761-23-6610
学生課入試係
<HP>https://www.komatsu-u.ac.jp/

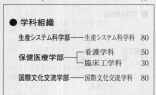

● 学科組織

生産システム科学部	生産システム科学科	80
保健医療学部	看護学科	50
	臨床工学科	30
国際文化交流学部	国際文化交流学科	80

● 沿　革

小松短期大学とこまつ看護学校を再編・統合し、公立小松大学として2018(平成30)年4月に開学しました。

● 大学GUIDE

南加賀地域の学術・文化・産業の持続的発展と、地域における教育研究拠点の形成を目標とし、地域と世界で活躍する人間性豊かなグローバル人材の育成を目指します。

生産システム科学部は、一般的な機械工学に電気・電子工学や情報工学を交えた、これまでにない新しい学科です。「生産機械コース」と「知能機械コース」に分かれ、これからのものづくり技術者に要求される多様な知識・技術を修得します。

保健医療学部では、人々の健康増進を支援できる看護師と、先端医療から在宅・介護連携まで幅広く活躍できる臨床工学技士を養成します。地域全体を支えるチーム医療や在宅看護への対応など、地域医療を重視した教育を行います。

国際文化交流学部では、地域の歴史や文化を理解するとともに、外国語運用能力や国際社会に対する知識を備え、多様性を受容できる豊かな人間力をもって、地域社会の発展に貢献できる人材を育成します。

● 卒業後の進路

自動車や機械、情報通信関連企業、グローバル企業、また医療機関や自治体など幅広い分野での活躍が期待されます。

敦賀市立看護大学

〒914-0814　福井県敦賀市木崎78-2-1　TEL 0770-20-5540
教務学生課
<HP>https://tsuruga-nu.ac.jp/

● 学科組織

看護学部	看護学科	50

● 沿　革

2014(平成26)年、公立大学法人敦賀市立看護大学開学。

● 大学GUIDE

豊かな教養と総合的な判断力、高度な専門的知識と実践力を有する人材を育成するとともに、看護の発展に寄与する質の高い研究に取り組み、人々の健康と福祉の向上に貢献できる大学を目指します。

教育の特色のひとつとして、学習目標の明確化をはかる「看護キャリアゼミ」があります。少人数のゼミ方式で、学習内容と看護専門職の果たす役割との関連性を明らかにしたり、キャリア開発の道程と自己を生かすためのキャリアデザイン形成にむけて必要な学習の場を提供します。

また、地方都市の拠点として、住民のニーズに応える応用看護分野を用意。地域看護学、在宅看護学、救急・災害看護学の3つの分野のいずれかを選択します。

看護実習は、市立敦賀病院と国立病院機構敦賀医療センターの2つを中心に、敦賀市内外の医療機関、高齢者福祉施設、保健所、健康センターなどで行われます。

キャンパスはJR敦賀駅からバスで14分の場所にあります。日本海が見える小高い丘にたたずむ白亜の校舎は、市街地に近くも豊かな自然に囲まれ、四季折々の表情を楽しむことができます。

● 卒業後の進路

看護師、保健師の国家試験受験資格、また申請により養護教諭二種免許を得ることができます(保健師合格者)。

福井県立大学

〒910-1195　福井県永平寺町松岡兼定島4-1-1
TEL 0776-61-6000　入学試験本部
<HP>https://www.fpu.ac.jp/

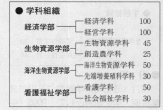

● 学科組織

経済学部	経済学科	100
	経営学科	100
生物資源学部	生物資源学科	45
	創造農学科	25
海洋生物資源学部	海洋生物資源学科	50
	先端増養殖科学科	30
看護福祉学部	看護学科	50
	社会福祉学科	30

● 沿　革

1992(平成4)年に開学。2022(令和4)年4月、海洋生物資源学部に先端増養殖科学科を新設しました。

● 大学GUIDE

福井県立大学は、恵まれた自然の中のキャンパスに最先端の教育・研究設備を備えています。メインキャンパスである永平寺キャンパスと、日本海を望む小浜キャンパス、水田や畑を有するあわらキャンパス、2022年に開設された目の前に若狭湾が広がるかつみキャンパスがあります。

「魅力ある大学」「個性ある大学」「開かれた大学」を基本理念とし、現代社会の飛躍的発展に対応できる高度で先進的な教育をするため、工夫をこらした少人数教育や新しい教育方法の導入に努めています。

また、大学の研究成果や施設を地域社会に開放し、地域の特色を生かした研究を行うなど、産・官・学協力による取り組みを進めています。

一般教育科目は、幅広い教養と学問探究への柔軟で強靭な態度を身につけるため、学部や専攻を越えた自由科目と充実した語学教育・情報教育の基礎科目で構成されています。

● 就職・キャリア支援

2023年春の就職率は99.4%。キャリアセンターでは常駐する就職アドバイザーによるアドバイスに加え、自己分析、進路調査、ガイダンスなどの機会を提供しています。

岐阜県立看護大学

〒501-6295　岐阜県羽島市江吉良町3047-1　TEL 058-397-2300（代表）
学務課入試担当
<HP>https://www.gifu-cn.ac.jp/

● 学科組織

看護学部	看護学科	80

● 沿 革

岐阜県立看護大学は、看護学部看護学科の単科大学として、2000（平成12）年に誕生しました。

● 大学GUIDE

看護実践の中で必要となるヒューマンケアの基本と技術を身につけ、看護専門職としての責任を遂行できる人材を育成します。また、県内の保健・医療・福祉問題に対する、研究活動に基づく理論に裏付けされた創造的・革新的な解決策の提言や、改革の原動力となる人材の育成によって、県内の保健・医療・福祉の充実・発展に寄与します。

県立という特色を生かして、全県下の看護職と現地で共同研究をし、看護実践の改善・充実に努めています。学習プロセスとしては、1年次から看護専門職において基本となる学習（専門科目・専門関連科目・教養科目）を必修で学びます。そして、高学年次には自分の興味・関心に基づいて専門科目や卒業研究、教養選択科目などを履修し、学習をさらに発展させます。

● 卒業後の進路

卒業時に、全員が看護師、保健師の国家試験受験資格を取得することができます。さらに、選択により助産師国家試験受験資格または養護教諭一種免許のいずれかを取得できます（人数制限あり）。

就職支援体制が整っており、ガイダンスや面談、卒業生との交流会、就職体験研修などを実施し、4年間を通してサポートします。就職先は自治体や県内外の病院、学校、福祉施設など多岐にわたります。

岐阜薬科大学

〒501-1196　岐阜市大学西1-25-4　TEL 058-230-8100（代表）
教務厚生課
<HP>https://www.gifu-pu.ac.jp/

● 学科組織

薬学部	薬学科	120

● 沿 革

1932（昭和7）年、全国初の市立の岐阜薬学専門学校として創立され、1949（同24）年、学制改革により岐阜薬科大学として新たに発足。2010（平成22）年に本部を現在の学舎へ移転しました。

● 大学GUIDE

「ヒトと環境にやさしい薬学（グリーンファーマシー）」を基本理念としています。実践的に薬剤師を育成するため、全国で初めて開設された大学附属薬局を活用した臨場感あふれる薬学教育を展開します。病院や薬局での臨床業務や国・地方の衛生行政分野等での活躍を目指す「医療薬学コース」と、製薬・化学・食品企業等での研究や生産・技術、営業各分野での活躍を目指す「創薬育薬コース」の2コースがあり、3年次後期にいずれかを選択します。さらに、4年次には研究室に所属し、教官によるマンツーマンの指導で卒業研究に従事。総合的な研究能力を身につけることができます。卒業生は、薬剤師国家試験の受験資格が得られます。

国際交流が活発なことも特色です。提携大学が中国、アメリカ、イタリア、タイなどにあり、学生派遣や留学生の受け入れ、講習会や相互の研究発表などが行われています。

● 卒業後の進路

就職率はほぼ100％で、職種は、化学および製薬企業の研究・開発・学術・営業、病院の薬剤師、国家公務員や地方公務員など多種にわたっています。大学院修了者は研究職として活躍します。

静岡県立大学

〒422-8526　静岡市駿河区谷田52-1　TEL 054-264-5007
学生部入試室
<HP>https://www.u-shizuoka-ken.ac.jp/

● 学科組織

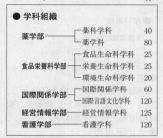

薬学部	薬科学科	40
	薬学科	80
食品栄養科学部	食品生命科学科	25
	栄養生命科学科	25
	環境生命科学科	20
国際関係学部	国際関係学科	60
	国際言語文化学科	120
経営情報学部	経営情報学科	125
看護学部	看護学科	120

● 沿 革

静岡薬科大学、静岡女子大学、静岡女子短期大学を統合し、1987（昭和62）年に開学。1997（平成9）年、看護学部を増設しました。

● 大学GUIDE

薬学部は薬科学科と薬学科があり、4年制の薬科学科では、創薬、衛生薬学の新たな基盤構築に貢献する人材の育成を、6年制の薬学科では、医療チームの一員として活躍できる高度な専門知識を持った薬剤師・医療薬学研究者の育成をそれぞれ目指しています。また、食品栄養科学部は、食と健康、環境と健康に関する問題を生命科学の視点から解明し、その知識を活用できる人材を、国際関係学部は、グローバル時代において国際社会のさまざまな分野で活躍できる実践知を持つ人材を、経営情報学部は、情報処理能力・マネジメント力を兼ね備えたビジネスリーダーとなる人材を、看護学部は、保健医療の現場で活躍できる高度な専門知識を持った人材を育成しています。

● 就職・キャリア支援

就職試験対策、公務員勉強会、自己分析講座、企業見学会など多彩なイベントを実施するほか、企業や研究職経験者による個別相談も行っています。2023年春の就職内定率は99.0％（大学院含む）でした。

静岡県立農林環境専門職大学

〒438-8577　静岡県磐田市富丘678-1　TEL 0538-31-7905
学生課
<HP>https://shizuoka-norin-u.ac.jp/

● 学科組織

生産環境経営学部
└ 生産環境経営学科　24

● 沿 革

　静岡県立農林大学校を母体とし、2020（令和2）年4月に静岡県立農林環境専門職大学を開学。

● 大学GUIDE

　「耕土耕心」、すなわち「大地を耕すことは自らの心を耕すことである」という理念の下に、高度な実践力と豊かな創造力を持った農林業者を養成する全国初の農林業の専門職大学です。

　農林業経営体の中核を担い、経営体の大規模化や多角化などに対応していくことができる人材を養成します。また、農山村の自然環境や景観の保全、伝統・文化の継承などについて学び、農山村地域社会のリーダーとなりうる人材を育成します。

　カリキュラムは、実習・演習を中心とし、農林業経営体でのインターンシップや現場課題をテーマとしたプロジェクト研究など、農林業経営における実践的なスキルを身につけることができる点が特長です。

　生産物の加工・流通・マーケティング、経営管理や経営戦略、グリーンツーリズムなど関連する幅広い分野を体系的に学びます。その上で、2年次から「栽培コース」、「林業コース」、「畜産コース」に分かれて専門性を深めていきます。

● 卒業後の進路

　農林業経営体の後継者や幹部、農林業を事業とする企業への就職、JA・森林組合の職員、技術指導・普及を行う公務員など、農業関連分野での活躍が期待されます。

静岡文化芸術大学

〒430-8533　静岡県浜松市中区中央2-1-1
TEL 053-457-6401　入試室
<HP>https://www.suac.ac.jp/

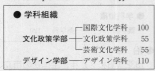

● 学科組織

文化政策学部	国際文化学科	100
	文化政策学科	55
	芸術文化学科	55
デザイン学部	デザイン学科	110

● 沿 革

　2000（平成12）年私立大学として開校。2010（同22）年4月、公立大学法人へ移行しました。

● 大学GUIDE

　静岡文化芸術大学は、豊かな人間性と的確な時代認識、社会認識を持ち、国際社会で活躍できる実務型の人材を育成するとともに、地域、国際、世代が教育研究の場で幅広く融合する"開かれた大学"として、社会へ貢献しています。

　文化政策学部では学部共通科目として、「文化・芸術」「政策・マネジメント」「情報・リテラシー」「観光」「選択外国語」の5分野の科目群を設置しています。歴史の深みと世界的な社会の広がりを踏まえた視点から、多角的に文化および芸術を認識し、豊かな感受性と、文化の創造・発展に必要な知識を身につけ、国際的な視野を持って新たな時代を切り開く人材を育成しています。

　デザイン学部では、1・2年次で基礎を学んだあと、インタラクション、デザインフィロソフィー、プロダクト、ビジュアル・サウンド、建築・環境、匠のいずれかの領域を選び専門を深めます。他領域と融合した研究や作品制作も可能で、ユニバーサルデザインを基本に、現代社会に活用できるデザイン力を身につけていきます。

● 卒業後の進路

主な就職先　スズキ、キヤノン、静岡新聞社、ヤマハ、シャープ、日本生命保険、国家公務員など

愛知県立大学

〒480-1198　愛知県長久手市茨ケ廻間1522-3
TEL 0561-76-8813　入試課
<HP>https://www.aichi-pu.ac.jp/

● 学科組織

外国語学部	英米学科	90
	ヨーロッパ学科	
	フランス語圏専攻	45
	スペイン語・ポルトガル語圏専攻	55
	ドイツ語圏専攻	45
	中国学科	50
	国際関係学科	55
日本文化学部	国語国文学科	50
	歴史文化学科	50
教育福祉学部	教育発達学科	40
	社会福祉学科	50
看護学部	看護学科	90
情報科学部	情報科学科	90

● 沿 革

　1966（昭和41）年に愛知県立女子大学を母体とし共学大学として開学。

● 大学GUIDE

　外国語学部は、高度な英語能力の修得と文化・社会への深い理解から国際的視野を持つ人材を育成します。日本文化学部には、日本文化を言語と文学を通じて考える国語国文学科と、歴史と社会という視点から考える歴史文化学科があります。教育福祉学部では、教育学や心理学、社会福祉学を通じて人間の発達と尊厳について学びます。看護学部では、思いやりと人間愛にあふれ、科学的・理論的かつ倫理的に判断し看護を展開できる人材を育成します。情報科学部では、情報科学と技術に関する基礎知識を身につけ、高度情報社会で活躍できる実践力のある情報システム技術者を育成します。

● 卒業後の進路

主な就職先　スズキ、デンソー、トヨタシステムズ、豊田通商、メイテック、アイシン、NECソリューションイノベータ、愛知県教育委員会、病院、国家・地方公務員など

愛知県立芸術大学

〒480-1194　愛知県長久手市岩作三ケ峯1-114

TEL 0561-76-2683　入試課

<HP>https://www.aichi-fam-u.ac.jp/

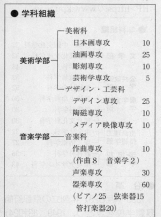

● 学科組織

美術学部	美術科	日本画専攻	10
		油画専攻	25
		彫刻専攻	10
		芸術学専攻	5
	デザイン・工芸科	デザイン専攻	25
		陶磁専攻	10
		メディア映像専攻	10
音楽学部	音楽科	作曲専攻	
		（作曲8　音楽学2）	
		声楽専攻	30
		器楽専攻	60
		（ピアノ25　弦楽器15 管打楽器20）	

● 沿 革

1966(昭和41)年に開学しました。

● 大学GUIDE

美術学部では、芸術学以外の専攻は、創作を主体としたプログラムを組み、実技・実習を教育の柱とします。唯一の理論系である芸術学専攻でも、美術の実作を経験させ、観念的な学問に陥ることのない現代の美術研究者の養成を目指します。

音楽学部は、1年次より個人レッスンを中心とした基礎教育がスタート。確かな表現技術を身につけます。3、4年次は幅広い進路を見すえて応用力を養うべく、各専攻で実践的なカリキュラムが組まれます。

地域・社会に向けた活動も積極的に行い、毎年のオペラ公演や学外芸術文化イベントへの参加、さらに近年は文化財の保存・修復活動も大学の使命と考え、力を入れています。

● 卒業後の進路

芸術家や音楽家、デザイナー、研究者として活躍するほか、中学・高校の教員や、学芸員の資格を得て美術館・博物館で働く道もあります。

名古屋市立大学

〒467-8601　名古屋市瑞穂区瑞穂町字川澄1　TEL 052-853-8020

学生課入試係

<HP>https://www.nagoya-cu.ac.jp/

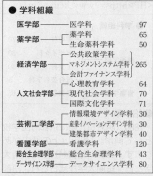

● 学科組織

医学部	医学科	97
薬学部	薬学科	65
	生命薬科学科	50
経済学部	公共政策学科	
	マネジメントシステム学科	265
	会計ファイナンス学科	
人文社会学部	心理教育学科	64
	現代社会学科	70
	国際文化学科	71
芸術工学部	情報環境デザイン学科	30
	産業イノベーションデザイン学科	30
	建築都市デザイン学科	40
看護学部	看護学科	120
総合生命理学部	総合生命理学科	43
データサイエンス学部	データサイエンス学科	80

● 沿 革

1950(昭和25)年、名古屋女子医科大学と名古屋薬科大学を統合し、発足しました。

● 大学GUIDE

医学部では、教養教育と専門教育の融合を図った一貫教育を実施。

薬学部は、6年制の薬学科と4年制の生命薬科学科があり、薬剤師や創薬・生命科学の専門家を育てます。

経済学部は、経済・経営上の諸問題に柔軟かつ的確に対応できるような人材の育成を目指します。

人文社会学部は、学際的な知識を学び、持続可能な社会の形成に貢献できる人材の育成を目指します。

芸術工学部は、芸術と工学の融合という新しい分野を対象とし、実習を重視した少人数教育を行います。

看護学部では、専門分野を学習するほか、1年次より現場実習を行い、学びを深めます。

総合生命理学部では、自然科学と理学を総合的に学び、次世代の科学を担う人材の育成を目指します。

2023年4月に開設されたデータサイエンス学部では、統計学や情報工学を活用し、社会の発展に貢献できる実践的な能力の養成を目指します。

三重県立看護大学

〒514-0116　三重県津市夢が丘1-1-1

TEL 059-233-5602

教務学生課

<HP>https://www.mcn.ac.jp/

● 学科組織

看護学部	看護学科	100

● 沿 革

1997（平成9）年に開学。2009（同21）年に公立大学となりました。

● 大学GUIDE

崇高な人間性と幅広い視野を基盤に、先進的な知識と技術を教授することにより、人々がより良く生き、より良く生を終えるために、生涯を通じての看護ニーズに応えうる能力を養います。これとともに看護実践に関する総合的な能力を養い、社会の幅広い分野において、人々の保健・医療・福祉の向上に寄与する人材育成を目指しています。

人間、環境、健康、看護を基本概念とするカリキュラムは、複数の科目群から成り立っています。高い倫理観と幅広い教養、豊かな人間性を育てる「教養・基礎科目群」、看護専門職者としての基礎的な能力および総合的な看護実践能力を育成する「専門支持科目群」、加えて地域に貢献する能力や国際社会に対応する能力を身につける「専門科目群」、そして社会の多様なニーズに応え、新たな看護学の視点を模索し、看護学を体系化し発展させる能力を養う「総合科目群」の4つがあります。

また、実習は1年次から始まり、三重県立総合医療センターなどの医療施設や、保健所、福祉施設、学校にて行われます。

● 卒業後の進路

主な就職先　三重県立総合医療センター、三重大学医学部附属病院、伊勢赤十字病院、鈴鹿中央総合病院、ほか県外にも就職。また、卒業後も、転職や大学院進学などの相談に応じています。

滋賀県立大学

〒522-8533　滋賀県彦根市八坂町2500　TEL 0749-28-8217
教務課入試室
<HP>https://www.usp.ac.jp/

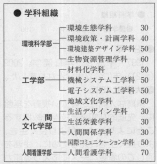

● 学科組織

環境科学部	環境生態学科	30
	環境政策・計画学科	40
	環境建築デザイン学科	50
	生物資源管理学科	60
工学部	材料化学科	50
	機械システム工学科	50
	電子システム工学科	50
人間文化学部	地域文化学科	60
	生活デザイン学科	30
	生活栄養学科	30
	人間関係学科	30
	国際コミュニケーション学科	50
人間看護学部	人間看護学科	70

● 沿 革

1995（平成7）年に滋賀県立短期大学を発展的に改組転換して開学。

● 大学GUIDE

「キャンパスは琵琶湖、テキストは人間」をモットーとしています。

大きな特色の一つは、いわゆる一般教育科目がないことです。各学部の目的に沿った、個性的な教育を実現するために、1年次から専門科目の講義を受けることができます。もう一つの特色は、全学共通科目である「人間学」です。具体的、現実的な問題を通して「人間」という存在について考え、将来新しい問題を発見する能力や新しい視点から発想する力を養います。

また、"地域に学び、地域に貢献する大学"をポリシーとし、その一環として「近江楽士（地域学）」を副専攻として取り入れています。

● 卒業後の進路

学生支援センターを置き、各種セミナーや適性診断、インターンシップ、公務員試験対策講座など多彩な就職サポートを行っています。

主な就職先　滋賀銀行、村田製作所、GSユアサ、JR西日本、積水ハウス、スズキ、トヨタシステムズ、病院、国家・地方公務員など

京都市立芸術大学

〒610-1197　京都市西京区大枝沓掛町13-6
TEL 075-585-2005
連携推進課入試担当
<HP>https://www.kcua.ac.jp/

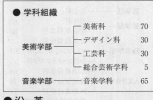

● 学科組織

美術学部	美術科	70
	デザイン科	30
	工芸科	30
	総合芸術学科	5
音楽学部	音楽学科	65

● 沿 革

1880（明治13）年に京都府画学校として開学。140年以上の歴史があります。1969（昭和44）年に美術大学と音楽短期大学が統合され、京都市立芸術大学となりました。

● 大学GUIDE

美術学部は、国際的な芸術文化の都である京都の文化的・人的資源を生かし、独創的で多様な教育研究を行います。美術科は日本画、油画、彫刻、版画、構想設計の各専攻に分かれます。デザイン科は2023年度から総合デザインとデザインBの2専攻体制になります。工芸科は陶磁器、漆工、染織の各専攻に分かれます。

音楽学部は、個性を尊重し独創性を育む専門的な音楽芸術の教育研究を行います。作曲、指揮、ピアノ、弦楽、管・打楽、声楽、音楽学の各専攻を設置しています。

両学部とも少数精鋭で高度な研究・教育環境のもと、地域社会と連携して国際的な芸術文化を広く発信する社会貢献の役割を果たしています。

● 卒業後の進路

美術学部は、多くの文化勲章受章者や文化功労者を輩出しており、最近では美術教育に携わる教員や、企業のデザイナーとして活躍しています。音楽学部は、歌劇団やオーケストラメンバー、フリーランス・ミュージシャンとして活躍する者や、学校の講師となる者も多くいます。

京都府立大学

〒606-8522　京都市左京区下鴨半木町1-5
TEL 075-703-5144
学務課入試係
<HP>https://www.kpu.ac.jp/

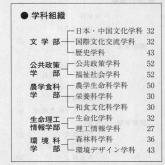

● 学科組織

文学部	日本・中国文化学科	32
	国際文化交流学科	32
	歴史学科	43
公共政策学部	公共政策学科	52
	福祉社会学科	52
農学食科学部	農学生命科学科	50
	栄養科学科	30
	和食文化科学科	30
生命理工情報学部	生命化学科	32
	理工情報学科	27
環境科学部	森林科学科	36
	環境デザイン学科	43

● 沿 革

1895（明治28）年創立の京都府簡易農学校を源とし、1949（昭和24）年西京大学の名称で開設、1959（同34）年に京都府立大学となりました。

● 大学GUIDE

文学部では、ことば・文学・歴史・文化遺産に関わる専門領域への視野を広げ、国際化社会に貢献しうる人材を育成します。

公共政策学部では、高い政策立案能力や問題発見・解決能力を養い、地域における福祉や人間形成の担い手となる人材を育成します。

農学食科学部では、実験・実習などを通して知識と基礎的研究能力を養い、「食」に関連する諸領域のトップランナーを育成します。

生命理工情報学部では、広範囲の科学技術を持続可能な社会の発展に活かせる人材を養成します。

環境科学部では、人と自然との共生、安心なくらしの創出に関わる高度な技術と総合的な知識を有する人材を育成します。

● 卒業後の進路

2023年春の就職率は97.8%。一方で進学者も多く、大半が京都府立大の大学院に進学しています。

京都府立医科大学

〒602-8566　京都市上京区河原町通
広小路上る梶井町465
TEL 075-251-5167
教育支援課入試係
<HP>https://www.kpu-m.ac.jp/

● 学科組織

医学部	医学科	107
	看護学科	85

● 沿　革

　1872（明治5）年開設の療病院が
発祥。1921（大正10）年、京都府立
医科大学設置。2002（平成14）年に
看護学科を増設。2007（同19）年に
は大学院を開設しました。

● 大学GUIDE

　京都府立医科大学は、古都京都に
開設された我が国屈指の長い歴史と
伝統を誇る医科大学です。

　医学科のキャンパスは、教養教育
を学ぶ下鴨キャンパスと専門教育を
学ぶ河原町キャンパスがあります。
下鴨キャンパスは大学敷地内にあ
り、河原町キャンパスと附属病院は
鴨川べりに隣接し、京都御所を臨む
京都市中心部にあります。1年次に
は、早期体験学習としてさまざまな
医療・福祉施設見学を行い、医学・
医療に対するモチベーションを高め
る医学準備教育に努めています。
2022年度からは4年次生を対象に、
「国際医学英語」を開講しています。

　また、看護学科は医学科も学ぶ河
原町キャンパスと、御所に挟まれた
広小路キャンパスで授業を行いま
す。生命及び人間への尊厳に基づく
豊かな人間性を培い、心と技術と知
識のバランスのとれた看護の専門家
を育成しています。

● 卒業後の進路

　医学科の卒業生の大部分は、医師
国家試験合格後に臨床研修医となり
ますが、大学院に進学する者もいま
す。看護学科の進路としては、病
院、保健所、介護保健施設などがあ
ります。

福知山公立大学

〒620-0886　京都府福知山市字堀
3370　TEL 0773-24-7100　入試係
<HP>https://www.fukuchiyama.ac.jp/

● 学科組織

地域経営学部	地域経営学科	75
	医療福祉経営学科	25
情報学部	情報学科	100

● 沿　革

　明治時代から伝統が続く成美大学
が、2016（平成28）年4月より公立大
学化し、福知山市が設置する福知山
公立大学として新生しました。2020
（令和2）年情報学部を開設しました。

● 大学GUIDE

　地域に根ざし、地域の活性化を担
いながら、日本各地そして世界が抱
える課題への対応力を備えたグロー
カリスト（glocalist＝グローバル
〈世界〉とローカル〈地域〉、イスト
〈人〉を掛け合わせた造語）の育成を
目指します。

　地域経営学科は、地域で活動する
多様な主体に関心を持ち、地域社会
の再生や企業活動の活性化などを目
指す人材を育成します。「公共経営」
「企業経営」「交流観光」の3分野に
関して、経営概念を主軸においた高
度な知識と実践力を身につけます。

　医療福祉経営学科では、幅広い教
養や組織経営の基本、データ分析な
どの技術を身につけ、地域の医療福
祉の現場で経営に参画できる診療情
報管理士の育成を目指します。

　情報学部では、AI（人工知能）技
術やデータ解析、情報システム構築
など最先端の実践的な情報学を学び
ます。先端情報技術を生活に応用・
活用することで地域に新しい価値を
創造し、地域生活を豊かにする人材
を育成します。

● 卒業後の進路

　公務員や起業家、医療機関職員と
しての活躍などが期待されます。両
学部共通で特別講座を開設し、資格
取得支援体制も充実しています。

芸術文化観光専門職大学

〒668-0044　兵庫県豊岡市山王町
7-52　TEL 0796-34-8125
教育企画部教育企画課
<HP>https://www.at-hyogo.jp

● 学科組織

芸術文化・観光学部	芸術文化・観光学科	80

● 沿　革

　2021（令和3）年、兵庫県北部の
但馬地域に開学しました。

● 大学GUIDE

　芸術文化・観光分野の2つの視点
を持って、新たな価値を創造し、地域
活性化に貢献する専門職業人を育成
する専門職大学です。

　芸術文化分野、観光分野のどちら
かを「主となる専攻」として専門性
を高めるとともに、もう一方の分野
の知識・技能を「副となる専攻」と
して学ぶことで、両分野の視点を持
った人材を育てます。

　国公立では初の演劇・ダンスの実
技が本格的に学べる点が大きな特徴
です。1年次に「コミュニケーショ
ン演習」を全員が履修し、演劇を活用
して表現力や協調性などを身につ
け、「対話的コミュニケーション能
力」を養成します。

　授業の1/3を実習に充てたカリキ
ュラムや全科目を原則40人以下で行
う少人数教育、理論と実践を交互に
繰り返すクォーター制を導入するな
ど、実践的な力が身につくよう編成
されています。また、1年次は全寮制
としています。

　キャンパスのある但馬地域は、美
しい自然や遺産、歴史や伝統文化な
ど魅力的なツーリズム資源に恵まれ
ており、また、国際演劇祭を開催する
など、芸術と観光を学ぶ絶好の環境
にあります。

● 卒業後の進路

　劇団、劇場・文化ホール等の文化
施設、旅行会社や航空会社、ホテル
など、芸術と観光分野で事業の企画
や運営等での活躍が期待されます。

大阪公立大学

〒558-8585　大阪市住吉区杉本3-3-138　入試課　TEL 06-6605-2141

●沿革
大阪商業講習所を前身とする大阪市立大学と、獣医学講習所を前身とする大阪府立大学が統合し、2022（令和4）年4月に開学しました。

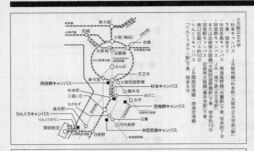

初年次より大学での学修・研究に必要とされる基礎的な教育を徹底して行うことにより、基礎力や研究に必要な基本姿勢を身につけます。また、それぞれの学問領域（理系）の基礎を学ぶための基礎教育科目を提供。幅広い教養と専門教育につながる確かな知識を養います。

さらに、海外留学や交流プログラムをはじめ、学内でも異文化に対する理解を深め、国際感覚を養える教育プログラムを充実させています。課題発見・解決提案に取り組み、グローバルに活躍できる能力を磨きます。

●学科組織

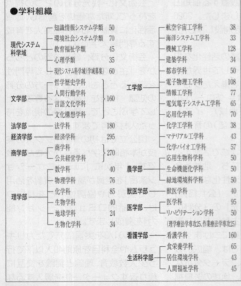

現代システム科学域	知識情報システム学類	50
	環境社会システム学類	70
	教育福祉学類	45
	心理学類	35
	現代システム科学域（学域募集）	60
文学部	哲学歴史学科	
	人間行動学科	
	言語文化学科	160
	文化構想学科	
法学部	法学科	180
経済学部	経済学科	295
商学部	商学科	270
	公共経営学科	
理学部	数学科	40
	物理学科	76
	化学科	85
	生物学科	40
	地球学科	24
	生物化学科	34

工学部	航空宇宙工学科	38
	海洋システム工学科	33
	機械工学科	128
	建築学科	34
	都市学科	50
	電子物理工学科	108
	情報工学科	77
	電気電子システム工学科	65
	応用化学科	70
	化学工学科	38
	マテリアル工学科	57
	化学バイオ工学科	50
農学部	応用生物科学科	50
	生命機能化学科	50
	緑地環境科学科	50
獣医学部	獣医学科	40
医学部	医学科	95
	リハビリテーション学科	50
	（理学療法学専攻25、作業療法学専攻25）	
看護学部	看護学科	160
生活科学部	食栄養学科	43
	居住環境学科	43
	人間福祉学科	45

大学GUIDE

大阪公立大学は12の学部・学域と15の研究科を設置しています。多彩な学問領域を生かした充実の科目体系からなる基幹教育を土台に、高度な専門教育、世界へと発信する力を養うグローバル教育を融合し、これからの社会に向けた"新たな知"を創造します。

CAMPUS情報

杉本キャンパス　国内最大規模の大学図書館をはじめ、人工光合成研究センターなどの多彩な研究施設や、学びを深めるための設備を完備しています。

中百舌鳥キャンパス　研究・教育施設のほか、水田や果樹園、多様な樹木などがある自然豊かなキャンパスです。

阿倍野キャンパス　医学・医療・看護学に特化したキャンパス。地域医療の中核を担う総合医療機関です。

羽曳野キャンパス　看護やリハビリテーションに関連する設備や実習施設が充実したキャンパスです。

りんくうキャンパス　獣医学部のメインキャンパス。防疫関係機関や企業などと連携しながら、バイオサイエンスの国際的研究開発拠点の形成を目指しています。

卒業後の進路

入学後の早い段階から就職ガイダンスや企業セミナーなどを実施し、自分自身の将来と向き合う機会を提供。4年間を通してバックアップする体制を整えます。

入試・FILE

○一般選抜（前期日程、中期日程、後期日程）
○特別選抜（専門学科・総合学科卒業生特別選抜、総合型選抜、国際バカロレア特別選抜、学校推薦型選抜、ユネスコスクール特別選抜、スーパーサイエンスハイスクール特別選抜、産業動物獣医師地域枠特別選抜、帰国生徒特別選抜、社会人特別選抜、私費外国人留学生特別選抜）

大学ガイド請求

大学案内はホームページでも閲覧できます。郵送をご希望の方は、ホームページ、テレメール等からご請求ください。
〈HP〉https://www.omu.ac.jp/

神戸市外国語大学

〒651-2187　神戸市西区学園東町9-1　TEL 078-794-8134
学生支援・教育グループ
<HP>https://www.kobe-cufs.ac.jp/

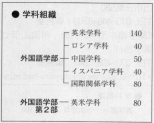

● 学科組織

外国語学部	英米学科	140
	ロシア学科	40
	中国学科	50
	イスパニア学科	40
	国際関係学科	80
外国語学部 第2部	英米学科	80

● 沿　革
　1946（昭和21）年に設立された神戸市立外事専門学校が前身。1949（同24）年に神戸市外国語大学となり、現在に至ります。

● 大学GUIDE
　英米学科、ロシア学科、中国学科、イスパニア学科は、それぞれの言語とその言語が使用されている地域に関する学習・研究を目的としています。国際関係学科では、4年間を通じて必修の英語科目を置き、英語を用いて国際関係上の諸問題に関する理解を深めます。
　外国語学部は、2年次より専門科目を担うコース制を導入しており、「語学文学コース」、「国際法政コース」、「経済経営コース」、「多文化共生コース」、「リベラルアーツコース」から選択し、専門科目を履修します。英米学科、ロシア学科、中国学科、イスパニア学科では1つを選択、国際関係学科では、「語学文学コース」を除く2つのコース選択（主専攻及び副専攻）を必修としています。第2部英米学科は、「英語学・英語研究コース」、「英語圏文化文学コース」、「法経商コース」から選択します。

● 卒業後の進路
　2023年春の就職率は98.8%。パナソニック、キーエンス、野村證券、日本航空、大同生命保険、電通など大手企業に就職しています。

神戸市看護大学

〒651-2103　神戸市西区学園西町3-4　TEL 078-794-8085
教務学生課
<HP>https://www.kobe-ccn.ac.jp/

● 学科組織

看護学部	看護学科	100

● 沿　革
　阪神・淡路大震災の被災地、神戸の復興を願う人々の祈りと期待に支えられ、1996（平成8）年に開学しました。

● 大学GUIDE
　地域社会の保健・医療・福祉に貢献できる看護専門職の育成を使命としています。カリキュラムは、昨今の社会的要請としてあげられる「看護実践能力」の習得を前提に、4年間を通じて体系的に編成。さまざまな健康状態の人々と関わるための基本的専門知識と技術、深い洞察力と豊かな想像力に根ざした倫理観、自己の責任のもとで実践的な問題解決をするための力を育てます。
　1年次では、看護の対象となる人間の存在についてさまざまな角度から学びます。早期体験演習では病院や施設を訪問し、ケアを受けている人々と接するなど、進路の方向性をはっきりと自覚し、学習の目的を確認できる科目が構成されています。
　2年次では、看護学の基盤となる科目のほか、専門科目の開講も増え、看護学実習も始まります。
　3年次からは、看護職をより客観的に捉える科目が始まり、3年次後期〜4年次前期には、対象者の健康段階に応じた支援学実習を受けます。
　4年次の総合実習では、現場での実際の仕事の流れに即してより実践的に学び、4年間の総仕上げとします。

● 卒業後の進路
　2023年春卒業生の国家試験合格率は、看護師98.9%、保健師95.0%でした。全国平均を上回る高い合格率を継続しています。

兵庫県立大学

〒651-2197　神戸市西区学園西町8-2-1　TEL 078-794-6647
教育企画課
<HP>https://www.u-hyogo.ac.jp/

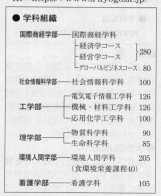

● 学科組織

国際商経学部	国際商経学科	経済学コース 経営学コース	280
		グローバルビジネスコース	80
社会情報科学部	社会情報科学科		100
工学部	電気電子情報工学科		126
	機械・材料工学科		126
	応用化学工学科		100
理学部	物質科学科		90
	生命科学科		85
環境人間学部	環境人間学科 （食環境栄養課程40）		205
看護学部	看護学科		105

● 沿　革
　2004（平成16）年4月に開学。

● 大学GUIDE
　総合大学の利点・特徴を生かし、異分野間の融合を重視した教育と研究を行うことで、独創的・先駆的な研究を推進し「新しい知の創造」に全力を尽くします。時代の進展に対応しうる専門能力と幅広い教養とを備えた人間性豊かな人材の育成に努め、地域社会、国際社会に貢献する大学を目指しています。
　所属学部以外でも学びの機会を広げており、主体的に選べる科目を多数設置。副専攻として、地域社会と協働して取り組むリーダーを育成する「地域創生人材教育プログラム」や、国際社会で活躍する力を身につける「グローバルリーダー教育プログラム」、災害現場で人間力を磨く「防災リーダー教育プログラム」を開講。これらの科目は卒業単位にも認められます。

● 就職・キャリア支援
　ゼミを通じて専門分野への関心を高め、職業観を養います。就職活動の前には、就職ガイダンスやマナー研修、個別相談などを行っています。

公立大学

奈良県立大学

〒630-8258　奈良市船橋町10
TEL 0742-93-5261
教務・学生課
<HP>https://www.narapu.ac.jp/

● 学科組織
地域創造学部──地域創造学科　150

● 沿　革
　1953（昭和28）年に開学の奈良県立短期大学を前身とし、1990（平成2）年に開学しました。2001（同13）年、奈良県立商科大学から奈良県立大学に名称変更。2014（同26）年に学科を改組しました。

● 大学GUIDE
　地域づくりに貢献しうる人材を養成するとともに、研究活動の成果を地域に還元し、さらに地域に開かれた大学として生涯学習の場を提供することにより、社会・文化の発展に寄与することを基本理念とします。
　地域創造学科は、観光創造、都市文化、コミュニティデザイン、地域経済の4つの「コモンズ」から構成されているユニークな教育システムです。コモンズとは、テーマごとに学生と教員が集う学びの共同体を意味し、「この学問領域をとことん追求したい」という志向に応えます。
　「観光創造コモンズ」では、観光ビジネス・政策、景観マネジメント、アジア・グローバル観光交流など、「都市文化コモンズ」では都市社会史、メディア・表象、アート・アミューズメントなど、「コミュニティデザインコモンズ」ではコミュニティ政策、持続可能なコミュニティ、共生・協働のまちづくりなど、また「地域経済コモンズ」では、地域経済、地域産業、流通・マーケティングなどの分野をそれぞれ研究対象とします。

● 卒業後の進路
　主な就職先　公務員、一般企業社員、旅館、交通機関、旅行会社、企画広告宣伝業界、マスコミ関係など

奈良県立医科大学

〒634-8521　奈良県橿原市四条町840
〈医学科〉TEL 0744-29-8805　教育支援課
〈看護学科〉TEL 0744-29-8917　教育支援課
<HP>https://www.naramed-u.ac.jp/

● 学科組織
医学部──医学科　114
　　　　└看護学科　85

● 沿　革
　1945（昭和20）年、奈良県立医学専門学校として設立。1952（同27）年、奈良県立医科大学となりました。

● 大学GUIDE
　奈良盆地の南端に位置し、飛鳥・奈良時代の史跡や寺院が散在する、豊かな歴史的風土の中にあります。
　医学、看護学およびこれらの関連領域で活躍できる人材を育成するとともに、国際的に通用する高度な研究と医療を通じて、地域社会さらには広く人類の福祉に寄与することを理念とします。
　医学科の教育課程は教養教育と専門教育があります。1年次から専門教育として医学特別講義が始まり、2・3年次で解剖学・生理学・病理学・細菌学などの基礎医学を学び、4年次には基礎医学と臨床医学の統合コースと社会医学を学びます。5・6年次には病棟実習など学外医療施設での本格的な臨床実習を行います。
　一方、看護学科では、多様なニーズに応えるために医学教育と連携し、高度な技術や知識を身につけます。教育内容は、専門基礎分野と専門分野に大別されます。専門基礎分野では、人間・社会、生活・環境、健康、国際それぞれの理解を促す科目があります。また、専門分野では、基本、展開、発展と探究という段階に沿った科目が準備されています。

● 卒業後の進路
　国家試験合格後、医学科は臨床研修医、看護学科は看護師・保健師として病院・福祉施設などに就職しています。

和歌山県立医科大学

〈医学部〉〒641-8509　和歌山市紀三井寺811-1
TEL 073-441-0702　学生課
〈保健看護学部〉〒641-0011　和歌山市三葛580
TEL 073-446-6700　事務室
〈薬学部〉〒640-8156　和歌山市七番丁25-1
TEL 073-488-1843　事務室
<HP>https://www.wakayama-med.ac.jp/

● 学科組織
医学部────医学科　100
保健看護学部──保健看護学科　80
薬学部────薬学科　100

● 沿　革
　和歌山県立医学専門学校が母体となり、1948（昭和23）年に和歌山県立医科大学となりました。1999（平成11）年に、現在の地に移転。2004（同16）年に保健看護学部、2021（令和3）年に薬学部を開設しました。

● 大学GUIDE
　医学部では、知識偏重の教育状況から脱却し、総合的な臨床・研究能力のある医師の育成を目指すため、カリキュラムの改変を行っています。
　保健看護学部では、豊かな人間性、高い倫理観を育み、先進的、高度な専門的知識と技術を教授することにより、健康・福祉に関する社会の要請に対応でき、保健看護の実践、教育、研究など広い分野で活躍できる人材を育成します。
　薬学部では、医療系総合大学としての特長を最大限に生かした多職種連携教育を推進することで、他学部の専門性を理解し、チーム医療の一員として協調的に職務を遂行できる薬剤師の養成に努めます。

● 卒業後の進路
　医学部生は多くは臨床医となりますが、研究者の道に進む人もいます。保健看護学部の進路としては県内はもちろん、県外の病院、保健所等で活躍しています。

公立鳥取環境大学

〒689-1111　鳥取市若葉台北1-1-1
TEL 0857-38-6720
入試広報課
<HP>https://www.kankyo-u.ac.jp/

● 学科組織

環境学部──環境学科　150
経営学部──経営学科　150

● 沿 革

2001（平成13）年に開学。2012（同24）年4月、鳥取県・鳥取市が共同で設置する「公立大学」となりました。

● 大学GUIDE

基本理念である「人と社会と自然の共生」を実現するために、「環境学部」と「経営学部」の2つの切り口から、自然環境と企業経営の両面に深い理解を持つ人材育成を行います。

環境学部では、農林水産業との連携や、資源の開発・保全・利用、廃棄物マネジメント、バイオマスの活用、理想的な住環境の創造など、さまざまな視点から環境を研究し、持続可能な社会を支える文化・技術を学びます。中学・高校教諭一種免許状（理科）を取得できます。

経営学部では、北東アジアとの経済交流や企業間連携、鳥取県独自の地域振興などの観点から新しいビジネスを模索し、それを具現化しうる経営基礎力や経営マネジメント能力などを身につけます。

カリキュラムは、幅広い教養を身につける「人間形成教育」、学部を越えたチームで取り組むプロジェクト研究などから構成されます。また、鳥取の豊かな資源・環境を学習の場として積極的に活用しています。

● 卒業後の進路

〈環境学部〉環境計量士、環境系NPO・NGO職員、理科教諭、環境系企業の技術士など〈経営学部〉商社、金融関係、税理士、企業団体等の会計責任者、中小企業診断士など

島根県立大学

〈国際関係学部・地域政策学部〉〒697-0016
島根県浜田市野原町2433-2
TEL 0855-24-2203　アドミッション室
〈看護栄養学部〉〒693-8550　島根県出雲市西林木町151
TEL 0853-20-0629　教務学生課
〈人間文化学部〉〒690-0044　島根県松江市浜乃木7-24-2
TEL 0852-20-0236　教務学生課
<HP>https://www.u-shimane.ac.jp/

● 学科組織

国際関係学部──国際関係学科
（国際関係コース45／国際コミュニケーションコース45）
地域政策学部──地域政策学科
（地域経営コース45／地域公共コース45／地域づくりコース50）
看護栄養学部┬看護学科　80
　　　　　　└健康栄養学科　40
人間文化学部┬保育教育学科　40
　　　　　　└地域文化学科　70

● 沿 革

2000（平成12）年に開学。2021（令和3）年4月に4学部6学科へ改編。

● 大学GUIDE

国際関係学部では、英語をはじめ中国、韓国、ロシアなどの言語や政治、文化、社会を学び、国際社会の平和的発展と多文化共生を担うことのできるグローカルな人材を育てます。

地域政策学部では、地域が抱える課題に対して多角的な視点で解決策を見出し、地域の発展に貢献できる力を養成します。

看護栄養学部では、関連職種との連携を重視したカリキュラムを展開。深い人間理解と高い倫理観をもって地域の保健、医療、福祉の課題を理解・探究する力を育てます。

人間文化学部では、地域社会と連携した実践的な教育研究を推進。保護者や子どもを支援できる教育者や、文化的教養と柔軟な思考力を持って主体的に活躍できる人材を育てます。

● 就職・キャリア支援

4年間を通じて多彩な就職支援プログラムを実施。県内外の企業や行政機関、病院や福祉施設、教育機関などに内定しています。

岡山県立大学

〒719-1197　岡山県総社市窪木111
TEL 0866-94-9163　事務局教学課入試班
<HP>https://www.oka-pu.ac.jp/

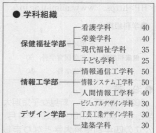

● 学科組織

保健福祉学部┬看護学科　40
　　　　　　├栄養学科　40
　　　　　　├現代福祉学科　35
　　　　　　└子ども学科　40
情報工学部┬情報通信工学科　50
　　　　　├情報システム工学科　50
　　　　　└人間情報工学科　40
デザイン学部┬ビジュアルデザイン学科　30
　　　　　　├工芸工業デザイン学科　30
　　　　　　└建築学科　30

● 沿 革

「人間尊重と福祉の増進」を建学の理念として、1993（平成5）年に誕生しました。

● 大学GUIDE

社会経済の変化や科学技術の革新が急速に進み、環境問題や人間の尊厳に関わる問題が生じる背景を踏まえ、建学の理念を基本に据えつつ、問題の発見と解決能力を備えた実学指向の人材の育成を目指します。

人々の健康と福祉の増進に貢献する保健福祉学部、情報工学を総合的に学び、人間を中心に据えた社会の形成を目指す情報工学部、高度な技術と創造につながる思考を身につけ、社会をリードするデザイナーを育てるデザイン学部の3学部から構成されています。

カリキュラムは共通教育科目、学部教育科目、教職教育科目で構成されています。共通教育科目には、国内外の地域で活躍するために必要な能力を身につけることができる語学国際科目群や社会連携科目群などが配置されています。また、副専攻制度があり、地域・企業と協働した学びの中で、社会や環境のさまざまな変化に対応できる力を身につけます。

● 卒業後の進路

主な就職先　シャープ、ピープルソフトウェア、ＮＥＣ、岡山市役所、興南設計、病院、福祉施設など

新見公立大学

〒718-8585　岡山県新見市西方1263-2
TEL 0867-72-0634
学生課入試係
<HP>https://www.niimi-u.ac.jp/

● 学科組織

健康科学部 ── 地域福祉学科　50
　　　　　　├ 健康保育学科　50
　　　　　　└ 看護学科　　　80

● 沿　革

　1980（昭和55）年、新見女子短期大学として開学。2010（平成22）年4月、公立の四年制単科大学となりました。学部改組を行い、2019（同31）年4月より1学部3学科となりました。

● 大学GUIDE

　「誠実・夢・人間愛」を建学の精神とし、人と人とが繋がり合う地域に根ざした大学として、地域をひらく人材を育成します。さらに、専門領域の教育研究の成果を、国際的な視野に立ち、広く社会へ還元することを目指します。

　地域福祉学科では、地域共生社会を実現する"21世紀型スーパー地域福祉人材"を育成します。社会福祉士、介護福祉士のダブルライセンスのほか、法学・政策科学・防災など幅広いカリキュラムを編成します。

　健康保育学科では、子どもの心身の発達を支援できる高い専門性を持った保育士・幼稚園教諭を育成します。新見市内の全ての保育施設と連携し、常に子どもと触れ合う環境での教育を提供します。

　看護学科では、主体的に学習する基礎ゼミナールや卒業研究を開講し、ゼミ形式による少人数制の教育を行います。人間力と看護力を備えた、地域で人々の健康を支える看護職を育成します。

● 卒業後の進路

　社会福祉施設や医療機関、地方自治体、国家機関、各省庁、保育所、幼稚園、児童福祉施設、小・中・高等学校などでの活躍が期待されます。

叡啓大学

〒730-0016　広島市中区幟町1-5
TEL 082-225-6224
教学課入試・広報係
<HP>https://www.eikei.ac.jp/

● 学科組織
ソーシャルシステムデザイン学部
　└ ソーシャルシステムデザイン学科　100

● 沿　革

　2021（令和3）年4月に開学しました。

● 大学GUIDE

　個人や個別企業などの利益や成長だけではなく、社会全体としての価値の創造を目指し、SDGs（持続可能な開発目標）を念頭に、経済・社会・環境を巡るさまざまな課題に対して、経済的価値と社会的価値を同時達成できるような統合的な解決策を立案できる力を育成します。

　カリキュラムはリベラルアーツ科目、基本ツール科目、実践英語、体験・実践プログラム、課題解決演習で構成されています。

　リベラルアーツ科目では、SDGsを意識した上で、人・社会・自然に関する幅広い専門分野の知識を学際的に学修します。基本ツール科目では、デジタルリテラシーやデータを収集・分析するスキル、論理的な思考力など、実社会における課題に対し、統合的な解決策を戦略的に立案するために必要となる基本的なスキルを養います。実践英語では、英語で授業を履修できるレベルの実践的な英語力の修得を目指します。体験・実践プログラムでは、企業や国際機関等と提携し、海外を含む複数回のプログラムに取り組みます。課題解決演習では、企業等の多様な主体と連携し、実践的な課題発見・解決演習に取り組みます。

● 卒業後の進路

　多彩な業種・組織において海外事業展開を主導したり、商品開発や新規事業を企画立案したりするなど即戦力としての活躍が期待されます。

尾道市立大学

〒722-8506　広島県尾道市久山田町1600-2　TEL 0848-22-8311
入学試験実施本部
<HP>https://www.onomichi-u.ac.jp/

● 学科組織

経済情報学部 ── 経済情報学科　200

芸術文化学部 ┬ 日本文学科　50
　　　　　　　└ 美術学科　　50

● 沿　革

　50年の歴史を有した尾道短期大学を四年制大学に改組・転換して、2001（平成13）年4月に尾道大学を開学。2012（同24）年には公立法人化し、尾道市立大学に名称変更しました。

● 大学GUIDE

　「知と美」の探究と創造を理念に掲げ、地域との連携を意識した新しい学びを実践し、学術・文化の向上と社会の発展に貢献します。

　経済情報学部のカリキュラムでは、教養教育で多様な価値・文化に対する深い理解を得たあと、経済、経営、情報の3分野にまたがる科目群で基礎知識・技能を修得。さらに、同3分野のコースに分かれて、専門を深めていきます。

　芸術文化学部には、日本文学科と美術学科を設置しています。日本文学科は、日本文学系・日本語学系・中国文学系・欧米文学系の領域からなり、少人数による徹底した教員と学生の双方向教育を行っています。美術学科では、共通専門科目を通じて基礎技術を修得し、2年次以降は日本画・油画・デザインの3コースから希望のコースを選択。より深い学習を専門的に進め、持続的な創作活動を行う人材の育成を目指します。

● 卒業後の進路

　主な就職先　アサヒビール、積水ハウス、大塚製薬、広島銀行、中国銀行、日本郵便、日立ソリューションズ西日本、NTTデータ中国、広島県警察、教員など

県立広島大学

〒734-8558　広島市南区宇品東1-1-71　TEL 082-251-9540
本部事務部教学課入試担当
<HP>https://www.pu-hiroshima.ac.jp/

● 学科組織

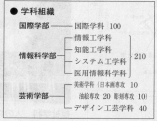

地域創生学部━━地域創生学科　200
　　　　　　　（地域文化コース
　　　　　　　地域産業コース｝165
　　　　　　　健康科学コース35）
生物資源科学部━━地域資源開発学科　40
　　　　　　　　生命環境学科　100
　　　　　　　　（生命科学コース／
　　　　　　　　環境科学コース）
保健福祉学部━━保健福祉学科　190
　　　　　　　（看護学コース
　　　　　　　理学療法学コース
　　　　　　　作業療法学コース
　　　　　　　コミュニケーション障害学コース
　　　　　　　人間福祉学コース）

● 沿　革

　2005（平成17）年に、広島県立大、県立広島女子大、広島県立保健福祉大の3校が統合して誕生。2020（令和2）年4月、学部を再編し、地域創生学部、生物資源科学部を設置。

● 大学GUIDE

　地域創生学部では、地域社会の課題の解決に向けて地域文化・地域産業・健康科学についての専門知識・技能を活用し、個人や組織と力を合わせて、地域社会の持続的な発展に貢献できる人材を育成します。

　生物資源科学部では、地域を学びのフィールドとして、「農」「食」、「生命」及び「環境」に関わる諸問題の解決に取り組むことで、人々の生存に関わる分野の専門知識・技術を学び、豊かで持続可能な社会の創出に貢献できる人材を養成します。

　保健福祉学部では、保健・医療・福祉の分野で、身体的・精神的・社会的援助を必要とする人々への包括的なケアシステムを先導していく専門家を育成します。

● 2023年春卒業生の国家試験合格率

看護師98.4%、保健師100%、理学療法士100%、作業療法士86.7%、言語聴覚士100%、社会福祉士83.8%、精神保健福祉士87.0%、管理栄養士96.8%

広島市立大学

〒731-3194　広島市安佐南区大塚東3-4-1　TEL 082-830-1503
アドミッションセンター
<HP>https://www.hiroshima-cu.ac.jp/

● 学科組織

国際学部━━国際学科　100
　　　　　┏情報工学科
　　　　　┃知能工学科
情報科学部┫システム工学科 ｝210
　　　　　┗医用情報科学科
　　　　　┏美術学科（日本画専攻　10
芸術学部━┫油絵専攻 20 彫刻専攻 10)
　　　　　┗デザイン工芸学科 40

● 沿　革

　1994（平成6）年に開学しました。

● 大学GUIDE

　建学の基本理念として「科学と芸術を軸に世界平和と地域に貢献する国際的な大学」を掲げています。

　国際学部では、「国際政治・平和」「公共政策・NPO」「多文化共生」「言語・コミュニケーション」「国際ビジネス」の5つのプログラムを用意。昨今求められている国際的・地域的な問題を解決する能力を養います。学生各自が関心ある分野を深く究める、複数のプログラムを組み合わせて学びのステップを図るなど、柔軟な履修方式が特徴です。

　情報科学部は、1年次では情報科学の基礎を学びます。2年次から、各自の希望や適性をもとに、4学科9コースに分かれ、体験的・総合的学習を重視した教育プログラムにより、専門知識や技能を身につけます。

　芸術学部は、美術学科では、1年次から専攻ごとに実習に力を入れ、確実な技法の習得を目指します。デザイン工芸学科では、1年次の基礎実技で幅広い表現方法を学び、2年次から各自の希望や適性に応じて専門分野に分かれ技術を磨きます。

● 卒業後の進路

　主な就職先 マツダ、メイテック、富士通、NEC、NTT西日本、デンソーテクノ、広島市役所など

福山市立大学

〒721-0964　広島県福山市港町2-19-1

TEL 084-999-1113　事務局学務課
<HP>https://www.fcu.ac.jp/

● 学科組織

教育学部━━児童教育学科
　　　　　┏教育コース　50
　　　　　┗保育コース　50
都市経営学部━━都市経営学科　150

● 沿　革

　2011（平成23）年4月に開学。

● 大学GUIDE

　福山市全体をキャンパスと考え、多様化する教育・保育ニーズへの対応、産業の振興、環境との共生、地域の国際化など、社会が抱えるさまざまな課題に地域の人々とともに向き合い、持続可能な社会の発展に貢献する人材を育成します。

　教育学部では、変化する育児環境や教育環境に対応しながら、家庭や地域と連携して子育て支援のできる人材の育成を目指します。4年間を通じた少人数の「教育ゼミ」や、教育・保育実習、課外実地体験などがあり、子どもとじかに触れ合いながら学びます。

　都市経営学部では、環境を共通のテーマに据え、「計画・デザイン」、「経済・経営」、「共生・開発」の3領域を軸に、都市の成り立ちや都市社会のあり方について総合的に探究します。木造建築士と二級建築士の受験資格が取得可能。選択科目として、アメリカでの「環境開発実習（短期海外研修）」などもあります。

● 取得できる資格

教育学部：（教育）小学校教諭一種免許状、幼稚園教諭一種免許状、特別支援学校教諭一種免許状　**（保育）**保育士資格、幼稚園教諭一種免許状　**都市経営学部：**木造建築士受験資格、二級建築士受験資格

　就職については、専任の相談員を置くキャリアデザインセンターが多面的にサポートします。

周南公立大学

●沿　革
1971（昭和46）年に徳山大学開学。開学から50年の2021（令和3）年に公立大学法人化が認可され、2022（令和4）年4月、「周南公立大学」に名称変更。

〒745-8566　山口県周南市学園台843-4-2　TEL 0834-28-0411代　TEL 0834-28-5302（入試課直通）

●学科組織

経済経営学部	経済経営学科	160
人間健康科学部	スポーツ健康科学科	80
	看護学科	80
	福祉学科	60
情報科学部	情報科学科	100

ガイド 大学GUIDE

2024年4月、周南公立大学は新たに看護学科と情報科学科を含む5学科を設置します。また、英語教育や情報教育を強化した共通科目も取り入れ、学生には広範な知識とグローバルな視野を提供します。

経済経営学部

経済経営学科　経済と経営に焦点を当て、基礎的な理論を体系的に学びつつ、広範で実践的な経済・経営の知識を深めていくプログラムを用意。学生は包括的な視野を養いつつ、経済や経営における基盤を築き、将来の職業やビジネスでの成功に向けて着実なスキルを習得します。

人間健康科学部

スポーツ健康科学科　あらゆる人々の健康と幸せにとって不可欠な医学、保健衛生学の基礎を学び、これらに密接なスポーツ健康科学を基礎から応用まで体系的に修得していきます。

看護学科　人々の健康を身体的な側面だけでなく、精神的な側面及び周囲の人とのつながりや自己実現などの社会的側面からも捉え、より豊かな健康生活（Well-being）の実現を支える人材を育成します。

福祉学科

福祉学科　人の尊厳と権利を守り、一人ひとりが豊かで幸福な人生を過ごすための環境と手段を学びつつ、地域の持続的な発展に向けてあらゆる福祉課題に対処できる人材を育成します。

情報科学部

情報科学科　世界をリードし、社会を変えていく力を持っているICT・データサイエンスを活用する力を身につけ、私たちが暮らす地域や社会の未来を一緒に作っていくことを目指します。

進路支援・卒業後の進路

■全学的なキャリア形成支援活動

全学部1年次の必修科目として1週間の就業体験・実習を配置。2年次以降に2週間（以上）の就業体験・実習を配置するなど、多様なキャリア形成支援活動を用意。

■キャリアアドバイザープログラム

教職員と地域企業のアドバイザーが、業界ごとに必要な知識・資格・能力、業界研究や試験対策等をサポート。

■資格予備校と提携し公務員・教員採用試験講座を開講

2・3年次と段階的に学べる2コースの講座を用意。

■その他キャリア支援

総合的な進路対策と進路担当スタッフによる個別面談など、志望と適性に合わせたキャリア支援を実施。

主な就職先

山口銀行、西京銀行、東京電機産業、日鉄ステンレス、サンキウェルビィ、中電工、サンフレッチェ広島レジーナ、第一生命保険、山口県農業協同組合、周南市役所、大分県庁、小・中・高教員ほか（過去3年間の主な実績）

入試・FILE

○学校推薦型選抜
○総合型選抜
○一般選抜
※詳細は学生募集要項でご確認ください

大学ガイド請求

大学ホームページから請求できます。
〈HP〉https://www.shunan-u.ac.jp/

山陽小野田市立山口東京理科大学

〒756-0884　山口県山陽小野田市大学通1-1-1
TEL 0836-88-4505　入試広報課
<HP>https://www.socu.ac.jp/

```
● 学科組織
          ┌ 機械工学科          60
          ├ 電気工学科          60
  工学部 ─┼ 応用化学科          80
          ├ 数理情報科学科      60
          └ 医薬工学科          60
  薬学部 ── 薬学科              120
```

● 沿 革
　1995（平成7）年に開学。2016（同28）年4月より公立大学へ移行。工学部に2023（令和5）年4月より数理情報科学科を、2024（同6）年4月より医薬工学科を設置。

● 大学GUIDE
　行政の強みと東京理科大学の教育研究の強みを結合し、「公立理工系大学」として地方創生に貢献します。
　機械工学科は、機械工学の基盤分野の知識・技術を問題解決に応用する能力、電気工学科は、電気工学の幅広い知識を組み合わせ、課題解決する能力、応用化学科は、化学を基盤に物質の構造、性質、合成などの知識と、新しい物質を創る素養と技術、数理情報科学科は、数学を基礎として情報を数量化し、科学的に分析する能力、医薬工学科は高い倫理感を養い、医薬品・医療機器開発に関する知識と技能を身につけます。
　薬学部では、医療・臨床薬学、創薬科学、社会健康薬学の3領域で薬学教育を展開。薬剤師としての資質と豊かな人間性を育み、臨床の場や産官学の場でのリーダー・キーパーソンとなる人材を育成します。
　東京理科大学の姉妹校として教育・研究での連携を強化。2年次修了後の特別編入・大学院への推薦入学制度などがあります。

● 就職・キャリア支援
　キャリア教育の充実を図り、卒業までの一貫教育を構築。また、就職活動に直結する多彩な講座を開講し、進路実現を支援します。

下関市立大学

〒751-8510　山口県下関市大学町2-1-1　TEL 083-254-8611
入試部入試課
<HP>https://www.shimonoseki-cu.ac.jp/

```
● 学科組織
              ┌ 経済学科            155
  経済学部 ───┼ 国際商学科          155
              └ 公共マネジメント学科  60
  データサイエンス学部 ── データサイエンス学科  80
```

● 沿 革
　1956（昭和31）年に設置された下関商業短期大学を母体とし、1962（同37）年、四年制大学として発足。2024（令和6）年、データサイエンス学部を開設。

● 大学GUIDE
　「教育と研究の一体性に基づく新たな知の創造」「東アジアを中心に広く世界に目を向けた教育と研究」「地域社会の知的センターとして地域に根ざした教育と研究」の3つを大学の理念としています。
　カリキュラムは、基礎教育・教養教育・専門教育の3本柱とキャリア教育及び少人数教育が特徴です。4年間を通じた段階的な学習により、論理的思考力、語学力、情報処理能力、豊かな教養、経済の専門知識、就業力を養います。また、東アジアに近い立地から、中国語、韓国語の教育にも力を入れており、第一外国語として選択可能です。授業は少人数対話型の基礎演習（1年次）、発展演習（2年次）、専門演習（3・4年次）を開講、きめ細かな指導を行います。学生が自発的に行った学習の成果を、「共同自主研究」やインターンシップなどの「自発学習科目」として単位認定するユニークな制度があります。

● 卒業後の進路
2023年春の就職決定率：98.8%
主な就職先　広島銀行、リコージャパン、セブン-イレブン・ジャパン、野村総合研究所、住友林業、クボタ、東京海上日動火災保険、警察、国家・地方公務員など

山口県立大学

〒753-8502　山口市桜畠3-2-1
TEL 083-929-6503
入試部門
<HP>https://www.yamaguchi-pu.ac.jp/

```
● 学科組織
              ┌ 国際文化学科      62
  国際文化学部 ┴ 文化創造学科      52
  社会福祉学部 ── 社会福祉学科    103
              ┌ 看護学科          55
  看護栄養学部 ┴ 栄養学科          42
```

● 沿 革
　山口県立女子専門学校、山口女子短期大学、山口女子大学と歴史を重ねました。1996（平成8）年に共学化され、山口県立大学に改称。

● 大学GUIDE
　教育の基本理念は、人間性の尊重、生活者の視点の重視、地域社会との共生、国際化への対応です。これらに基づき、生涯を通じて人格形成に関わる心豊かな人間性を育み、個性輝く人材育成を推進しています。
　国際文化学部の国際文化学科では、異文化理解や国際的な行動力を有し、地域の国際化を推進できる人材の育成を目指しています。文化創造学科では、国際的な視点に立ちながら日本の地域の歴史・文化を調査・研究し、現代社会の新しい課題を発掘します。
　社会福祉学部では、豊かな知識と人間性、また高い問題解決能力を備え、地域社会の幅広い分野で活躍する社会福祉専門職を養成します。
　看護栄養学部では、保健、医療、福祉などの分野と連携をとりながら、地域の人々の健康増進および疾病予防に寄与する看護師や管理栄養士を育成します。

● 卒業後の進路
就職状況　就職決定率100%
〈医療・福祉33.8%、卸売・小売業8.8%、サービス他11.5%、公務員14.8%、教員7.8%、金融・保険3.0%、製造6.8%など〉（2023年3月卒業生）

香川県立保健医療大学

〒761-0123　高松市牟礼町原281-1
TEL 087-870-1212
事務局
<HP>https://www.kagawa-puhs.ac.jp/

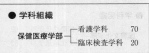

● 学科組織

保健医療学部┬看護学科　　　　70
　　　　　　└臨床検査学科　　20

● 沿 革
　1999（平成11）年設立の香川県立医療短期大学を発展させ、2004（同16）年に開学しました。

● 大学GUIDE
　保健医療従事者の社会的使命を生涯にわたり探求し続け、科学的思考力と創造性を兼ね備えた専門職としての人材を育成します。
　また、保健医療従事者と地域の人々の生涯学習を促進し、地域の保健医療の向上に貢献します。
　保健医療従事者の養成にあたっては、教養教育を重視し、教養教育と専門教育の連携を図ることにより、高度な医療技術に加え、豊かな人間性と課題探求能力を持ち、幅広い視野から総合的に判断を下すことのできる人材を育成することに努めます。
　看護学科では、臨床心理学、看護教育、看護学導入実習、看護政策論、精神保健看護学、災害看護、小児看護学など幅広い分野を学ぶことができます。実習は1年次から行われ、多くの臨床現場での学びを通して、実践的な知識を身につけることができます。
　臨床検査学科では、一般検査学、先端医療技術学、環境・食品衛生学などを学び、必要な知識と技術を修得します。臨床検査技師や健康食品管理士の試験受験資格が得られます。

● 卒業後の進路
　病院・診療所、保健所、高齢者保健施設、臨床検査センター、製薬会社、その他研究機関など、卒業生は保健医療のプロフェッショナルとして多方面で活躍しています。

愛媛県立医療技術大学

〒791-2101　愛媛県伊予郡砥部町高尾田543
TEL 089-958-2111
教務学生グループ
<HP>https://www.epu.ac.jp/

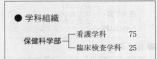

● 学科組織

保健科学部┬看護学科　　　　75
　　　　　└臨床検査学科　　25

● 沿 革
　1988（昭和63）年に設立された短期大学を基に、さらに内容を充実させ2004（平成16）年に開学しました。

● 大学GUIDE
　「実践能力」、「豊かな感性」、「協調・共働」、「柔軟な思考」、「自己教育力」「グローバルな視点」を教育目標に掲げ、人々の健康と福祉の増進に寄与しうる人材を育成します。
　カリキュラムは、基礎・教養、専門基礎、専門の科目からなります。深い人間理解や地域理解のもと、知識・技術の習得と実践能力の育成、学生の学究的姿勢が育つよう編成されています。各専門科目は、講義・演習・学内実習で組み立てられ、学外での臨地実習に連動しています。
　キャンパスは、松山市郊外の静かな環境に位置しています。また、図書館には7万冊近くの図書があり、医療技術に関する教育や研究に必要な資料を豊富に所蔵しています。

● 卒業後の進路
　看護学科では、看護師や保健師（所定科目履修により）の国家試験受験資格が取得できるほか、卒業後に専攻科を修了することで助産師の国家試験受験資格も得られます。
　臨床検査学科では、臨床検査技師国家試験受験資格、食品衛生管理者・食品衛生監視員任用資格（所定科目履修により）、甲種危険物取扱者試験受験資格などが取得可能です。試験研究機関や食品・環境衛生関係の企業で活躍しています。

高知県立大学

〒781-8515　高知市池2751-1
TEL 088-847-8789　入試課
<HP>https://www.u-kochi.ac.jp/

● 学科組織

文化学部──文化学科［昼・夜］　150
看護学部──看護学科　　　　　　80
社会福祉学部──社会福祉学科　　70
健康栄養学部──健康栄養学科　　40

● 沿 革
　1949（昭和24）年、高知女子大学として開学。2011（平成23）年より高知県立大学に改称し、男女共学化。

● 大学GUIDE
　「未来を拓く実践力を育成する大学」、「知識基盤社会を支えていく新たな知を創出する大学」、「地域と共に育ち地域に育てられる大学」を目指します。
　文化学部は昼夜開講制のカリキュラムを編成しています。「言語文化系」「地域文化創造系」「文化総合系」の3つのもとに、法、地域、観光など10の領域を置き、人文・社会系の科目を幅広く学べます。
　看護学部では、看護、人間、健康、環境、生活をカリキュラムの基礎概念として設定。多彩な選択科目により、目的に合わせて学ぶことができます。また、講義―演習―実習のつながりを強化し、実践力を養います。
　社会福祉学部では、介護福祉士、社会福祉士、精神保健福祉士の国家試験受験資格を取得可能です。保健・医療分野と連携した福祉援助を実践できる専門家を育てます。
　健康栄養学部では、社会・環境・健康の関わりについて理解しながら生命の源である「食」を探究し、人々の健康に幅広い分野で貢献できる人材と管理栄養士を育成します。

● 就職・キャリア支援
　就職相談コーナーでは、年次を問わず、就職に関するさまざまな相談やリクエストに応じています。

高知工科大学

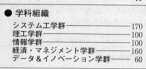

〒782-8502　高知県香美市土佐山田町宮ノ口185　TEL 0887-57-2222　入試・広報課
<HP>https://www.kochi-tech.ac.jp/

● 学科組織

システム工学群	170
理工学群	100
情報学群	100
経済・マネジメント学群	160
データ＆イノベーション学群	60

● 沿　革

　1997（平成9）年、公設民営の私立工科系大学として設立。2009（同21）年、公立大学法人認可。2024（令和6）年、データ＆イノベーション学群を開設。

● 大学GUIDE

　「大学のあるべき姿を常に追求し、世界一流の大学を目指す」を理念とし、先進的な教育を展開しています。
　「システム工学群」は知能機械工学、航空宇宙工学、エネルギー工学、電子・光工学、建築・都市デザインの5専攻を、「理工学群」は応用物理、機能化学、生命情報の3専攻を、「情報学群」はAI・コンピュータ科学、サイバーリアリティ、脳情報・心理情報学の3専攻を、「経済・マネジメント学群」は人間行動、経済政策、数理経済マネジメント、地域・行政システム、企業・起業マネジメント、国際経済マネジメント、スポーツマネジメントの7専攻を、「データ＆イノベーション学群」はAI・データサイエンス、デジタルイノベーションの2専攻を設置しています。
　専門教育の早期スタートや自由度の高い全科目選択制、短期集中のクォータ制や、文系で「数学」の免許がとれる教職課程など特色ある教育を展開。また特待生制度を拡充し、学生の学ぶ意欲に応えています。

● 卒業後の進路

　2023年春の就職内定率は工学系3学群が96.4%、経済・マネジメント学群は94.1%でした。

北九州市立大学

〒802-8577　北九州市小倉南区北方4-2-1　TEL 093-964-4022　広報入試課入学試験係
<HP>https://www.kitakyu-u.ac.jp/

● 学科組織

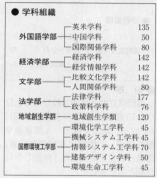

外国語学部	英米学科	135
	中国学科	50
	国際関係学科	80
経済学部	経済学科	142
	経営情報学科	142
文学部	比較文化学科	142
	人間関係学科	80
法学部	法律学科	177
	政策科学科	76
地域創生学群	地域創生学類	120
国際環境工学部	環境化学工学科	45
	機械システム工学科	45
	情報システム工学科	70
	建築デザイン学科	50
	環境生命工学科	45

● 沿　革

　北九州外国語大学、北九州大学を経て、2001（平成13）年、北九州市立大学に改称されました。

● 大学GUIDE

　外国語学部は、生きた語学力と豊かな知性で、国境を越えて活躍できる力を養います。
　経済学部の経済学科は、グローバルな視点で政策立案できる能力を、経営情報学科はIT社会にも対応するビジネスパーソンを育成します。
　文学部の比較文化学科は文化の面から、人間関係学科は人間の内面から人間の営みにアプローチします。
　法学部の法律学科では、体系的法学教育や実習型の授業方法を導入して学び、政策科学科では、社会システムの根幹となる政策や政策関連法を実践的に学びます。
　地域創生学群では、広く学際的な知識をもち、地域の創造と再生に尽力できる人材を育成します。
　国際環境工学部は、環境・情報技術を世界的な規模で研究します。

● 卒業後の進路

　主な就職先　ＪＴＢ、日本生命保険、アイリスオーヤマ、マイナビ、福岡県警察、北九州市役所など

九州歯科大学

〒803-8580　福岡県北九州市小倉北区真鶴2-6-1
TEL 093-285-3012　教務企画課
<HP>https://www.kyu-dent.ac.jp/

● 学科組織

| 歯学部 | 歯学科 | 95 |
| | 口腔保健学科 | 25 |

● 沿　革

　前身は、福岡市に開校された私立九州歯科医学校です。その後、移転や校名変更を経て、1949（昭和24）年に九州歯科大学となりました。2010（平成22）年4月、歯科衛生士を養成する口腔保健学科を開設。

● 大学GUIDE

　歯学科では、知識教育・技術教育・態度教育を3本柱とし、地域住民に貢献する人間味あふれる歯科医師の育成を目指します。1年次は、素養教育や歯科医師としての導入教育が行われ、2年次には、歯科に関する基礎的な知識教育が行われます。3・4年次では、歯科基礎教育に加え臨床教育や臨床基礎実習などの実習がはじまり、5・6年次で行われる臨床実習では、附属病院内で患者さんと接しながら実践を積み重ねます。卒業後に国家試験に合格すると、1年間の臨床研修が行われます。
　口腔保健学科では、歯科医学の知識と技術を備えた歯科衛生士、あるいは、口の健康管理を通じて社会に貢献する医療資格者の育成を目指します。1年次に科学的思考の基盤となる基本教育、2年次に歯科医療人に必要な知識・技術を教授する専門教育、3年次には先進医療・隣接医学についての教育や、臨床・臨地実習を実施するとともに、摂食嚥下支援分野と先進歯科医療分野の2つの選択性専門科目を開設。4年次には卒業研究が行われます。

● 卒業後の進路

　卒業生の多くは地域社会の歯科医療に従事していますが、教育・研究機関に所属する者もいます。

公立大学

福岡県立大学

〒825-8585　福岡県田川市大字伊田4395　TEL 0947-42-2118
アドミッション・オフィス
<HP>https://www.fukuoka-pu.ac.jp/

● 学科組織

人間社会学部	公共社会学科	50
	社会福祉学科	50
	人間形成学科	50
看護学部	看護学科	90

● 沿　革
　1952（昭和27）年に設置された福岡県立保育専門学院が前身です。1992（平成4）年、それまであった短大を改組・転換し、福岡県立大学が開学しました。

● 大学GUIDE
　人間社会学部公共社会学科では、地域・国際社会といった社会の構造・機能の成り立ち、人間社会との関わりについて多面的に考える力を養います。社会福祉学科では、社会の中で人々が自立して充実した生活を送れるように、社会福祉の理論と実践を結びつける力を養います。人間形成学科では、「生涯発達」の視点に立ち、乳幼児期の保育・教育や、生涯にわたるこころのあり方とその援助について、総合的な研究・教育を行います。
　看護学部は、「実験看護学」「基礎看護学」「公衆衛生看護学」「精神看護学」「成人・老年看護学」「小児看護学」等の10の学問領域で構成されています。1年次から見学を主体とした実習があるほか、少人数のゼミも1年次からはじまります。地域の人々の健康と福祉に貢献する看護職の育成を目指しています。

● 就職・キャリア支援
　就職ガイダンス、公務員講座、インターンシップなど多彩な支援を行っています。なお、2023年春の就職率は公共社会学科96.2％、社会福祉学科100％、人間形成学科100％、看護学科100％でした。

福岡女子大学

〒813-8529　福岡市東区香住ヶ丘1-1-1　TEL 092-692-3100
アドミッションセンター
<HP>http://www.fwu.ac.jp/

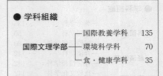

● 学科組織

国際文理学部	国際教養学科	135
	環境科学科	70
	食・健康学科	35

● 沿　革
　福岡県立女子専門学校が母体となり、1950（昭和25）年に開学。2011（平成23）年に文学部、人間環境学部を再編し、国際文理学部を設置。国際と教養を重視した1学部3学科体制となりました。

● 大学GUIDE
　国際文理学部では、グローバル化する現代社会が抱える諸課題の解決に向けて、人文・社会・自然科学など幅広い学問を結集し、国際的な共生・共存の視点から総合的に学びます。変化する社会に対応しうる豊かな知識と確かな判断力、しなやかな適応力をもって、アジアや世界の視点に立ち、国内外のよりよい社会づくりに貢献する人材を育成します。
　教育の特色として、文理統合教育、英語教育の重視、国内外での体験学習、入学直後から始まる「ファーストイヤー・ゼミ」などがあります。また、4年間を通じて専任教員が学生一人ひとりの学びをサポートする「アカデミック・アドバイザーシステム」や、海外留学プログラムの整備や留学生の受け入れ、海外からの学生とともに過ごす1年次の全寮制など、学生生活面においても独自性が際立っています。

● 就職・キャリア支援
　キャリア支援センターでは、就職相談、マナー講座、業界研究セミナー、インターンシップの企画など就職に関するさまざまなサポート体制を整えています。

長崎県立大学

〈佐世保校〉〒858-8580　長崎県佐世保市川下町123
TEL 0956-47-5703　学生支援課
〈シーボルト校〉〒851-2195　長崎県西彼杵郡長与町まなび野1-1-1
TEL 095-813-5065　学生支援課
<HP>https://sun.ac.jp/

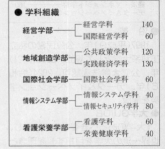

● 学科組織

経営学部	経営学科	140
	国際経営学科	60
地域創造学部	公共政策学科	120
	実践経済学科	130
国際社会学部	国際社会学科	60
情報システム学部	情報システム学科	40
	情報セキュリティ学科	80
看護栄養学部	看護学科	60
	栄養健康学科	40

● 沿　革
　2008（平成20）年4月、長崎県立大学と長崎シーボルト大学が統合。

● 大学GUIDE
　経営学部では、企業経営や会計のスペシャリストと国際的に活躍できるビジネスパーソンを育成します。
　地域創造学部では、地域社会・経済の発展を担う人材を育成します。長崎県内でのインターンシップなどを通して、課題解決力を養います。
　国際社会学部では、高い語学力と国際感覚を修得。政治・経済・社会を世界的な視野で捉え、現代社会の諸問題を解決する力を身につけます。
　情報システム学部では、情報技術と情報デザインの実践力を幅広く身につけ、高度情報化社会で即戦力として活躍できる人材を養成します。
　看護栄養学部では、人間性豊かな看護職と、食と健康の分野で実践力のある管理栄養士を育成します。

● 就職・キャリア支援
　入学時からキャリア・カウンセリングを開始し、就職イベントも多数開催。就職課では、経験豊富なスタッフが親身にアドバイスを行っています。2023年春の就職率は99.5％です。

熊本県立大学

〒862-8502　熊本市東区月出3-1-100
TEL 096-321-6610　教務入試課入試班
<HP>https://www.pu-kumamoto.ac.jp/

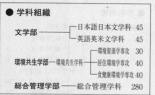

● 学科組織

文学部	日本語日本文学科	45
	英語英米文学科	45
環境共生学部 環境共生学科	環境資源学専攻	30
	居住環境学専攻	40
	食健康環境学専攻	40
総合管理学部	総合管理学科	280

● 沿　革

1949（昭和24）年、熊本女子大学が誕生。1994（平成6）年、共学となり、熊本県立大学に改称しました。

● 大学GUIDE

「総合性への志向」、「地域性の重視」、「国際性の推進」の3つを教育理念としています。地域から世界まで視野に入れ、充実した外国語教育から情報ネットワークまで完備した教育環境の中、バランスのとれた教育・研究を展開しています。

文学部は、「人間」とその生き方を考える学部です。言語や文学作品を研究する日本語日本文学科と、英語を通して人間と文化を研究する英語英米文学科があります。

環境共生学部では、人と自然とが共生していく際の諸問題を総合的に捉え、その方策を追求することを通して、地域の発展と人間福祉の向上を目指し、環境共生型社会の創造に貢献する人材を養成します。

総合管理学部の「総合管理」とは、多様な知を統合し、社会的課題を創造的に解決することを意味します。公共・福祉、ビジネス、情報といったさまざまな分野の諸課題に向き合い、それらを解決し社会に貢献できる人材の育成を目指します。

● 就職・キャリア支援

就職情報収集の場として利用できるのが、キャリアセンターです。各種資料を閲覧できるほか、専任の就職アドバイザーが在室し、さまざまな相談を受け付けています。

大分県立看護科学大学

〒870-1201　大分市大字廻栖野2944-9　TEL 097-586-4303
教務学生グループ
<HP>https://www.oita-nhs.ac.jp/

● 学科組織

看護学部	看護学科	80

● 沿　革

21世紀を担う有能な看護職を育成し、地域の保健・医療・福祉に貢献することを目指し、1998（平成10）年4月に開学しました。

● 大学GUIDE

「看護学の考究」「地域社会への貢献」「心豊かな人材の育成」の建学の精神に基づいて、総合的な判断力を持つ自律した看護師の育成を目指しています。

「人間科学講座」という切り口から、看護実践に必要とされる"人間"への理解を深めます。これらは看護学の専門教育と有機的に連携するもので、7つの科目群からなります。人間科学講座の「生体科学」「環境保健学」などで学んだことを土台に行われる「健康科学実験」も教育の大きな特色の一つです。

また、全科目で少人数制の演習を取り入れています。学生自身で考え、総合的に判断できる能力を身につけさせることが目的です。一方で看護の専門科目も1年次より始まり、早くから看護に親しむことができます。

さらに、将来グローバルコミュニティにおいて活躍できる人材となれるよう、海外の大学生と大学や病院を見学するなどの交流を通して、他国の保健・医療・福祉、看護の現状を学び、国際的視野を広げます。

● 卒業後の進路

看護師、保健師、助産師の国家試験合格率は、全国平均を上回る高い合格率を継続しています。卒業生は県内外の各種医療機関、一般企業、市町村で活躍するほか、大学院などへも進学しています。

宮崎県立看護大学

〒880-0929　宮崎市まなび野3-5-1
TEL 0985-59-7700
総務課
<HP>http://www.mpu.ac.jp/

● 学科組織

看護学部	看護学科	100

● 沿　革

1997（平成9）年に開学、2001（同13）年大学院を開設しました。

● 大学GUIDE

生命の尊厳を基盤とした豊かな人間性を育成し、同時に深く高度な専門知識・技術を修得させます。さらに、看護の果たすべき役割を追究し、社会の幅広い分野において、人々の健康と福祉の向上に貢献できる人材を育成しています。看護学および関連する学問領域の発展に寄与することも目指しています。

セメスター制を採用し、カリキュラムは、体験を通して看護学の概念を身につけられるよう、一般教育と専門教育とを体系的に統合して編成しています。入学年度から実習が始まり、1・2年次には福祉施設や一般家庭を訪問する「フィールド体験実習」があります。

緑に囲まれた約8万平方メートルのキャンパスは、学生同士や教員と学生が自由に語りあえる伸び伸びとした雰囲気です。各講義室・実習室には最新のAV機器を設置し、効果的な学習を支援します。学内LANも整備されています。

また、地域貢献にも積極的です。「看護研究・研修センター」を中心に、子育て支援や健康増進の講座などを通し、地域の人々との親睦を深めています。

● 卒業後の進路

卒業時には、看護学士の学位が授与され、看護師の国家試験受験資格を得ることができます。県内はもちろんのこと県外でも保健医療の専門家として活躍しています。

公立大学

宮崎公立大学

〒880-8520　宮崎市船塚1-1-2
TEL 0985-20-2212
学務課入試広報係
<HP>https://www.miyazaki-mu.ac.jp/

● 学科組織
人文学部 ── 国際文化学科　200

● 沿　革
　1993(平成5)年に開学し、宮崎市が設置者として運営しています。

● 大学GUIDE
　宮崎公立大学では、多様な価値観を持つ世界の人々と協調しながら問題に取り組める人材の育成を目指し、さまざまな取り組みをしています。
　国際文化学科の教育課程は、「専門課程」と「教養課程」によって構成されています。専門課程は、言語・文化、メディア・コミュニケーション、国際政治経済の3専攻からなり、このうち1専攻を体系的に学ぶことで専門性を高めると同時に、他の2専攻も横断的に学習。国際的視野を広げ、多彩な知識を修得します。
　教養課程は、グローバル人材養成プログラムと現代教養科目群からなり、グローバル人材養成プログラムには、実践的なプログラムとして、「英語教育プログラム」、「東アジア言語教育プログラム」、「異文化実習プログラム」、「情報教育プログラム」があります。現代教養科目群では、現代教養講座、また、人文学、社会科学、自然科学、スポーツ健康、キャリア教育の各分野において科目を設置し、幅広い教養を身につけます。

● 卒業後の進路
　少人数教育を生かしたきめ細かな支援を提供し、創立以来、毎年高い就職率を維持しています。2023年春の就職率は96.1%です。

　主な就職先　宮崎銀行、JALスカイ九州、日本郵便、マイナビ、明治安田生命保険、TOTOウォシュレットテクノ、デル・テクノロジーズ、科研製薬、国税庁など

沖縄県立看護大学

〒902-8513　那覇市与儀1-24-1
TEL 098-833-8800　学務課
<HP>https://www.okinawa-nurs.ac.jp/

● 学科組織
看護学部 ── 看護学科　80

● 沿　革
　1999(平成11)年に開学しました。

● 大学GUIDE
　21世紀の保健・医療・福祉を担う人間性豊かな看護職者の育成を目指します。また国際社会に生きる専門職種の一員として、沖縄県のみならず国内外で活躍できるような教育を行います。
　看護学部のカリキュラムは、5つの科目群で編成されています。
　豊かな人間性と幅広い知識を獲得する「教養科目」、看護学を理解するための基礎を学ぶ「専門教養科目」、看護実践の基礎として、あらゆる発達段階の人々の看護に共通して必要な知識・技術・態度を修得する「広域・基盤看護科目」、各発達段階ごとの看護実践に必要な知識・技術・態度を修得する「生涯発達看護科目」、すべての学びを統合して看護を実践する能力を身につけ、生涯学習能力へつなげる「統合科目」があります。
　学内は明るくのびやかな雰囲気です。年間を通じて、新入生オリエンテーション、学生交流会、オープンキャンパス、ハワイ研修、大学祭(看大祭)など、さまざまな行事が催されます。学生同士や、学生と教員の距離が近いことも特徴です。
　また、地域の人々に向けた公開講座や、大学院を目指す社会人に向けたプログラムを実施するなど、社会貢献活動にも力を入れています。

● 卒業後の進路
　主な進路として、病院、保健所、高齢者保健施設、訪問看護ステーション、在宅介護支援センター、研究・教育機関があります。

沖縄県立芸術大学

〒903-8602　那覇市首里当蔵町1-4
TEL 098-882-5080　事務局教務学生課
<HP>https://www.okigei.ac.jp/

● 学科組織

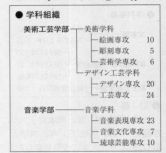

美術工芸学部 ── 美術学科
　　　　　　　├─ 絵画専攻　10
　　　　　　　├─ 彫刻専攻　5
　　　　　　　└─ 芸術学専攻　6
　　　　　　デザイン工芸学科
　　　　　　├─ デザイン専攻　20
　　　　　　└─ 工芸専攻　24
音楽学部 ── 音楽学科
　　　　　├─ 音楽表現専攻　23
　　　　　├─ 音楽文化専攻　7
　　　　　└─ 琉球芸能専攻　10

● 沿　革
　1986(昭和61)年に開学。1990(平成2)年、音楽学部を増設。

● 大学GUIDE
　伝統芸術の継承と発展にとどまらず、新たな芸術創造の可能性を広げ、21世紀の芸術分野で活躍できる人材を育成していきます。
　美術学科は3専攻に区分され、造形芸術の基本となる分野についての教育研究を行います。デザイン工芸学科には2専攻があります。いずれも生活に関わる造形芸術の追究を目的とし、カリキュラムでは地域との連携も重視しています。
　音楽学科は、音楽表現・音楽文化・琉球芸能の3専攻に分かれています。西洋音楽や琉球芸能の専門的な実技のほか、アートマネジメントも深く学ぶことができます。少数精鋭のため、一人ひとりに充実した学習環境が用意されています。
　芸術資料館があり、国の重要文化財を含む数多くの貴重な資料が収められています。教員や学生が企画展を行うなど、芸術表現の場としても活用されています。

● 卒業後の進路
　デザイナー、教員、染色、陶芸、音楽スタッフ、公務員など幅広く活躍しています。大学院に進学する者も数多くいます。

名桜大学

〒905-8585　沖縄県名護市字為又1220-1
TEL 0980-51-1056　入試・広報課
<HP>https://www.meio-u.ac.jp/

● 学科組織

国際学部	国際文化学科	180
	国際観光産業学科	160
人間健康学部	スポーツ健康学科	95
	看護学科	80
	健康情報学科	80

● 沿　革

　1994（平成6）年に開学。2001（同13）年に大学院を開設し、2010（同22）年に公立大学法人認可。2023（令和5）年に国際学群を改組、人間健康学部に健康情報学科を設置。

● 大学GUIDE

　名桜大学は、平和を愛し、自由を尊重し、人類の進歩と福祉に貢献し、国際社会で活躍できる人材の育成を目指します。

　国際学部国際文化学科では、沖縄・日本を探究しながら、語学力、日本語・英語の話者・教育者としての力を磨き、国際社会や文化への理解を深めます。国際観光産業学科では、観光政策、観光経営、観光文化・環境に関わる専門的な知識の習得と、それらの知識を用いたマネジメント能力や実践能力を養成します。

　人間健康学部スポーツ健康学科は、スポーツ領域と健康領域を柱としています。多彩な実習で実践力を磨きます。看護学科では学生自らが授業づくりに参画する「参画型看護教育」を実践。沖縄の豊かなケアリング精神を受け継ぐ創造的な看護実践者を育成します。健康情報学科では、保健・医療・福祉分野と統計・データサイエンスなどを学習し、専門発展、応用科目の学びに繋げます。診療情報管理士受験資格の取得が可能です。

● 卒業後の進路

　主な進路として、金融機関、ＩＴ関連企業、病院・医療施設、旅行会社、NGOスタッフ、教員、行政職、公務員などがあります。

公立大学

739

私立大学で取得できる国家資格一覧

　教員免許、医師・歯科医師・看護師・薬剤師国家試験などのほかにも、特定の学部・学科の単位を履修することによって取得できる資格や国家試験受験資格は多数あります。

　ここでは、四年制大学卒業後に取得できる代表的な資格を一覧にまとめました。志望大学・学部の学校案内などをじっくり読んで情報を集めて、未来を射程においた計画を組み立てましょう。

取得できる資格は変更される場合があります。ご注意ください。

【掲載資格一覧】

▶無試験で取得できる資格

中学校・高等学校教諭／幼稚園教諭／小学校教諭／特別支援学校教諭／養護教諭／栄養教諭／学芸員／学校図書館司書教諭／司書／保育士／栄養士／測量士補

中・高教諭……中学校・高等学校教諭。教科名は省略

養護教諭……いわゆる「保健室の先生」

特別支援学校教諭……2007年4月より「盲学校、ろう学校、養護学校」の区別がなくなり「特別支援学校」に統一。それに伴い、養護学校教諭から名称変更。基礎資格として幼稚園・小学校・中学校・高等学校教諭免許のいずれかが必要

栄養教諭……小・中・高等学校において食に関する指導と学校給食の管理を行う。基礎資格として栄養士免許が必要（「栄養士」欄に併記）

学芸員……博物館で資料の収集、保管、展示などについて専門的な仕事を行う

学校図書館司書教諭……学校図書館の専門的職務を行う教諭

測量士補……測量に従事する。取得後、実務経験により測量士の資格が得られる

※教員免許状について：本表および本書学校紹介ページに掲載している取得可能な教員免許状は、2024年2月現在の状況（予定含む）です。2024年2月時点で文部科学省に課程認定申請中の場合があります。また、審査の結果、予定している教職課程の開設時期が変更となる可能性があります。

▶**受験資格取得、任用資格** ※表では受験資格を(受)、任用資格を(任)と示す

> 社会教育主事任用資格／管理栄養士／食品衛生管理者任用資格／理学療法士／作業療法士
> ／診療放射線技師／臨床検査技師／介護福祉士／社会福祉士／精神保健福祉士／建築士

※任用資格とは公務員になって初めて活躍できる資格

社会教育主事……公民館、図書館など社会教育関係の団体に対して運営や活動についての指導・助言をする。大学卒業後1年以上の実務経験が必要

※2020年4月以降、社会教育主事養成課程の新要件を満たす大学では、「社会教育主事任用資格」および「社会教育士(称号)」を取得できる(本表では省略。大学によっては変更される場合もあるので確認のこと)。

管理栄養士……保健所、行政機関、病院、学校などで、健康づくりや栄養の指導、給食管理などを行う。大学の管理栄養士養成課程以外の場合、栄養士の免許取得後、実務経験が必要

食品衛生管理者……食品または添加物の製造加工の過程で、食品衛生法および関連法規などに対して違反が行われないように監督を行う

理学療法士……身体に障害を持つ者に対してリハビリテーションの指導や援助を行い、基本的動作能力を回復させる

作業療法士……身体や精神に障害を持つ者に対して、手芸や造園、木工作を行わせて機能回復の援助や指導をする

診療放射線技師……医師または歯科医師の指示のもと診療用の放射線の照射・撮影を行う

臨床検査技師……病院などで医師の指導のもと、検査を行う

介護福祉士……日常生活を送るのに不自由な人の介護や介護者の指導にあたる

※2022年度より養成施設卒業生には、国家試験の受験が義務付けられる予定だったが、5年間延長(2026年度卒業生まで)。その間の受験生は、経過措置期間として卒業後5年間は介護福祉士の資格を得られるが、その間に国家試験合格または5年間現場で働くことで正式に介護福祉士の資格を得なければならない。

社会福祉士……身体や精神に障害があるために日常生活に支障をきたす人に対して、福祉に関する相談や助言、指導、援助を行う。活躍の場は老人福祉施設や都道府県庁、病院など

精神保健福祉士……医療従事者によるケアの後、精神疾患者が社会復帰できるよう援助する

建築士(表中では一級・二級・木造の区分は省略)……2020年より、一級は大学卒業後すぐに受験可能となり、合格後に実務経験が必要。ただし、同じ学校を卒業した場合であっても修得した指定科目の単位数等により、「受験資格を満たさない場合」や「卒業後に必要となる建築実務が異なる場合」がある。二級・木造は学科により実務経験が必要

【表の見方】

▶本表は、特定の学科(課程)を修めることにより、卒業時に得られる代表的な国家資格(または国家試験受験資格)を、本書掲載大学別に一覧にまとめたものです。該当する学部のみを掲載しているため、大学によっては一部の学部・学科が省略されている場合もあります。なお、原則として上記の資格を取得できる学部を持たない大学、通信教育課程および二部(夜間部)は省略しています。

▶*の注釈は、取得できる学科名(専攻名等)です。

▶「中・高教諭」欄の△は高等学校教諭免許状のみ取得できることを示します。

▶「栄養士」欄の★印は、栄養教諭課程を設置していることを示します。

▶本表は2024年1月現在のアンケートおよび大学資料に基づき作成しています(一部、2025年度予定を含む)。2024年4月開設の新設大学・学部・学科等に関しては、設置講座(課程)の認可申請や履修年次の関係で掲載されていないものもあります。「認可申請中」とあるのは2024年1月現在のことです。資格によっては、認可見込みを含む場合もあります。

▶当該学部で取得できる資格の国家試験合格後に、申請により取得できる資格は、表中では省略している場合があります。

本表のほかに取得できる資格がある場合もあります。学校紹介ページと合わせてご覧ください。また、詳細は必ず各大学の学校案内などでご確認ください。

北海道・東北

凡例（列グループ）
教育・保育系：中高教諭／幼稚園教諭／小学校教諭／特別支援学校教諭／養護教諭／学芸員／学校図書館司書教諭／司書／社会教育主事(任)／保育士
栄養系：栄養士／管理栄養士(受)／食品衛生管理者(任)
医療系：理学療法士(受)／作業療法士(受)／診療放射線技師(受)／臨床検査技師(受)
福祉系：介護福祉士(受)／社会福祉士(受)／精神保健福祉士(受)
工学系：測量士補／建築士(受)

大学名 〔学部〕学科(専攻)	中高教諭	幼稚園教諭	小学校教諭	特別支援学校教諭	養護教諭	学芸員	学校図書館司書教諭	司書	社会教育主事(任)	保育士	栄養士	管理栄養士(受)	食品衛生管理者(任)	理学療法士(受)	作業療法士(受)	診療放射線技師(受)	臨床検査技師(受)	介護福祉士(受)	社会福祉士(受)	精神保健福祉士(受)	測量士補	建築士(受)
札幌大学 〔地域共創学群〕	*1				*2	○																
*1法学専攻、英語専攻、歴史文化専攻、日本語・日本文化専攻、スポーツ文化専攻。経営学専攻は高校教諭のみ　*2経営学専攻、法学専攻、英語専攻、歴史文化専攻、日本語・日本文化専攻、スポーツ文化専攻																						
札幌大谷大学 〔芸術〕	○																					
〔社会〕	○																					
札幌学院大学 〔人文〕	*1		*2	*3		○		○		*2									*3			
〔法〕	○																					
〔経済経営〕 経済	○																					
経営	△																					
〔心理〕								○												○		
*1人間科、英語英米文　*2こども発達　*3人間科																						
札幌保健医療大学 〔保健医療〕 看護					※1																	
栄養											★	○	※2									
※1二種（保健師免許取得後）　※2所定の単位取得が必要																						
星槎道都大学 〔経営〕	○																					
〔社会福祉〕	○						※1	※1										○	○			
〔美術〕	※2																					*
※1星槎大学通信教育課程との併修により取得可　※2建築は高校教諭のみ　*建築																						
日本医療大学 〔保健医療〕														*1	*2	*3	*4					
〔総合福祉〕																		*5	*6	*6		
*1リハビリテーション（理学療法学専攻）　*2リハビリテーション（作業療法学専攻）　*3診療放射線　*4臨床検査　*5介護福祉マネジメント　*6ソーシャルワーク																						
北翔大学 〔生涯スポーツ〕 スポーツ教育										○												
健康福祉										○									○			
〔教育文化〕 教育	○	○	○	○	○					○												
芸術	○																					○
心理カウンセリング																				○		
北星学園大学 〔文〕	○		※																			
〔経済〕	○		※																			
〔社会福祉〕	○									○									*	*		
※一部他大学の通信講座の受講などが必要　*社会福祉																						
北海学園大学 〔経済〕	○						※1	○	○	※1												
〔法〕	○						※1	○	○	※1												
〔人文〕	○						※1	○	○	※1												
〔工〕	○																				*1	*2
〔経営〕	※2						※1	○	○	※1												
※1 1部（昼間部）のみ　※2経営情報は高校教諭のみ　*1社会環境工　*2建築																						
北海商科大学 〔商〕	△																					
北海道医療大学 〔薬〕													※									
〔看護福祉〕福祉マネジメント	△			*1														*2	○	*3		
〔リハビリテーション〕 理学療法														○								
作業療法															○							
〔医療技術〕																	○					

大学名 〔学部〕学科（専攻）	教育・保育系										栄養系			医療系				福祉系			工学系	
	中高教諭	幼稚園教諭	小学校教諭	特別支援学校教諭	養護教諭	学芸員	学校図書館司書教諭	司書	社会教育主事(任)	保育士	栄養士	管理栄養士(受)	食品衛生管理者(任)	理学療法士(受)	作業療法士(受)	診療放射線技師(受)	臨床検査技師(受)	介護福祉士(受)	社会福祉士(受)	精神保健福祉士(受)	測量士補	建築士(受)
※薬剤師免許有資格者のみ　*1ソーシャル・マネジメントコース　*2ケア・マネジメントコース　*3メンタルヘルス・マネジメントコース																						
北海道科学大学																						
〔未来デザイン〕	△*1																					
〔工〕	△																				*2	*3
〔保健医療〕														*4		*5						
*1メディアデザイン　*2都市環境　*3建築　*4理学療法　*5診療放射線																						
北海道情報大学																						
〔経営情報〕　先端経営	△																					
システム情報	○																					
北海道文教大学																						
〔人間科〕		*1	*1	*1						*1	★2	*2	*2									
〔国際〕	*3																					
〔医療保健科〕														*4	*5							
*1こども発達　*2健康栄養　*3国際コミュニケーション　*4リハビリテーション（理学療法学専攻）　*5リハビリテーション（作業療法学専攻）																						
酪農学園大学																						
〔農食環境学群〕　循環農	○												○									
食と健康	※										*	*	○									
環境共生	○												○									
〔獣医学群〕　獣医													○									
※管理栄養士コースを除く　*管理栄養士コース																						
八戸工業大学																						
〔工〕	△												*1								*2	*2
〔感性デザイン〕	○																					
*1生命環境科学コース　*2建築・土木工学コース																						
東北学院大学																						
〔文〕	○		*1					※1	※1													
〔経済〕	○		※2																			
〔経営〕	○		※2																			
〔法〕	○		※2																			
〔工〕	△																				*2	*2
〔情報〕	○		※2																			
〔地域総合〕	○		※2						*3											*3		
※1教育を除く　※2提携大学の通信教育部で取得可能　*1教育（その他の学科は提携大学の通信教育部で取得可能）　*2環境建設工　*3地域コミュニティ																						
東北福祉大学																						
〔総合福祉〕	△*1					*2		*1		*1								*1	○	○		
〔教育〕教育　（初等教育）		*3	*4	※				※		*5												
（中等教育）	○			○				○		○												
〔総合マネジメント〕									○													
〔健康科〕リハビリテーション														*6	*7							
医療経営管理																						
※幼保コースを除く　*1社会福祉　*2福祉心理　*3幼保コース、小幼コース　*4小幼コース、小特コース　*5幼保コース　*6理学療法学専攻　*7作業療法学専攻																						
東北公益文科大学																						
〔公益〕	○																		○			
関東																						
常磐大学																						
〔看護〕					○																	
〔人間科〕　　　心理								○	○													
教育	*1	*2	*2					○	○													
現代社会	○							○	○													
コミュニケーション	○							○	○													
健康栄養											★	○	○									
〔総合政策〕	△							○	○													

大学名 〔学部〕学科（専攻）	教育・保育系										栄養系			医療系				福祉系			工学系	
	中高教諭	幼稚園教諭	小学校教諭	特別支援学校教諭	養護教諭	学芸員	学校図書館司書教諭	司書	社会教育主事（任）	保育士	栄養士	管理栄養士（受）	食品衛生管理者（任）	理学療法士（受）	作業療法士（受）	診療放射線技師（受）	臨床検査技師（受）	介護福祉士（受）	社会福祉士（受）	精神保健福祉士（受）	測量士補	建築士（受）
＊1中等教育コース　＊2初等教育コース																						
自治医科大学〔看護〕					※																	
※二種（保健師免許取得後）																						
白鷗大学〔経営〕	○																					
〔法〕	○																					
〔教育〕発達科（児童教育）	※1	○	*1							*2												
（スポーツ健康／英語教育／心理学）	○		※2																			
※1小学校教育コース（中学校教諭のみ。卒業後に申請が必要）　※2卒業後に申請が必要　*1小学校教育コース　*2幼児教育・保育コース																						
育英大学〔教育〕教育（児童教育）		○	*1							*2												
（スポーツ教育）	○		※																			
※他専攻履修制度により取得可能　*1学校教育コース　*2幼児教育コース																						
群馬医療福祉大学〔社会福祉〕社会福祉（社会福祉）	*1		*1						*1										○	*2		
（子ども）		○	*3						*3	○									*4			
〔看護〕					○																	
〔リハビリテーション〕														*5	*6							
〔医療技術〕																	○					
*1学校教育コース　*2社会福祉コース、福祉心理コース　*3初等教育コース　*4児童福祉コース　*5理学療法専攻　*6作業療法専攻																						
高崎健康福祉大学〔健康福祉〕医療情報									○													
社会福祉									○									*1	○	*2		
健康栄養											★	○	○									
〔保健医療〕看護					○																	
理学療法														○								
〔人間発達〕	*3	*4	○						○	*4												
〔薬〕													○									
〔農〕													○									
*1介護福祉コース　*2社会福祉コース　*3教員養成コース（中学校教諭のみ）　*4保育・教育コース																						
高崎商科大学〔商〕	△																					
埼玉医科大学〔保健医療〕					*1									*2			*3					
*1看護（二種）　*2理学療法　*3臨床検査																						
埼玉学園大学〔人間〕人間文化	○					○		○														
心理						○		○														
子ども発達		○	○			○		○		○												
〔経済経営〕	△					○		○														
埼玉工業大学〔工〕	○																					
〔人間社会〕	※																					
※心理は高校教諭のみ																						
城西大学〔経済〕	○																					
〔現代政策〕	○																					
〔経営〕	○																					
〔理〕	○																				*1	
〔薬〕	*2										★3	*3	○									
*1数　*2薬科　*3医療栄養																						
女子栄養大学〔栄養〕	*1				*2						★3	*4	*3						*5			

私立大学で取得できる国家資格一覧

大学名 〔学部〕学科(専攻)	中高教諭	幼稚園教諭	小学校教諭	特別支援学校教諭	養護教諭	学芸員	学校図書館司書教諭	司書	社会教育主事主任	保育士	栄養士	管理栄養士(受)	食品衛生管理者主任	理学療法士(受)	作業療法士(受)	診療放射線技師(受)	臨床検査技師(受)	介護福祉士(受)	社会福祉士(受)	精神保健福祉士(受)	測量士補	建築士(受)
	*1保健栄養 *2保健栄養(保健養護専攻) *3実践栄養、保健栄養(栄養科学専攻)。保健栄養(栄養科学専攻)は要実務経験 *5保健栄養(栄養科学専攻)																			*4実践栄養		
駿河台大学																						
〔法〕	○							○														
〔経済経営〕	○							○														
〔メディア情報〕								○														
〔スポーツ科〕	○							○														
〔心理〕								○														
聖学院大学																						
〔政治経済〕								○	○													
〔人文〕欧米文化／日本文化	○							○	○													
子ども教育		○	○	○				○	○	○												
〔心理福祉〕								○	○										○	○		
西武文理大学																						
〔サービス経営〕																			*			
〔看護〕					※																	
※二種(保健師免許取得後) ＊健康福祉マネジメント																						
東京国際大学																						
〔言語コミュニケーション〕英語コミュニケーション	○		※																			
〔人間社会〕人間スポーツ／スポーツ科	○		※																			
〔医療健康〕理学療法														○								
※他大学との併修制度により取得可能																						
獨協大学																						
〔外国語〕	○							○	○													
〔国際教養〕	○							○	○													
〔経済〕	○							○														
〔法〕	＊							＊	○													
＊法律																						
日本工業大学																						
〔基幹工〕	※1																					
〔先進工〕	※2																					
〔建築〕	○																					○
※1応用化は高校教諭のみ　※2データサイエンスは高校教諭のみ																						
日本保健医療大学																						
〔保健医療〕					*1									*2								
*1看護(二種。保健師免許取得後)　*2理学療法																						
日本薬科大学																						
〔薬〕					*1									*2								
*1医療ビジネス薬科(予定)　*2薬																						
人間総合科学大学																						
〔人間科〕健康栄養											★	○	○									
ヘルスフードサイエンス											○	○	○									
〔保健医療〕リハビリテーション														＊								
＊理学療法学専攻																						
ものつくり大学																						
〔技能工芸〕建設																					○	○
植草学園大学																						
〔発達教育〕		*1	※	※						*1												
〔保健医療〕														*2	*3							
※幼児・保育専攻を除く　*1幼児・保育専攻　*2理学療法学専攻　*3作業療法学専攻																						
江戸川大学																						
〔社会〕	○					○																
〔メディアコミュニケーション〕	※	＊								＊												
※こどもコミュニケーションを除く　＊こどもコミュニケーション																						
川村学園女子大学																						
〔文〕	※1							※2	※2													
〔教育〕幼児教育		○	※3					※3	※3	○												

※ 前ページからの続き（大学名は省略。〔生活創造〕の続き）

大学名〔学部〕学科（専攻）	中高教諭	幼稚園教諭	小学校教諭	特別支援学校教諭	養護教諭	学芸員	学校図書館司書教諭	司書	社会教育主事（任）	保育士	栄養士	管理栄養士（受）	食品衛生管理者（任）	理学療法士（受）	作業療法士（受）	診療放射線技師（受）	臨床検査技師（受）	介護福祉士（受）	社会福祉士（受）	精神保健福祉士（受）	測量士補	建築士（受）
〔生活創造〕児童教育	※4	※3	○			※3		※3														
〔生活創造〕生活文化	○					○		○			★*											

※1心理の中学校教諭は条件や制限あり　※2国際英語を除く　※3条件や制限あり　※4中学校教諭のみ。条件や制限あり　＊栄養教諭は二種

| 神田外語大学〔外国語〕 | ○ | | ※ | | | | | | | | | | | | | | | | | | | |

※二種（教職課程を履修し、千葉経済大学短期大学部の科目等履修生として学ぶこと）

敬愛大学〔経済〕	○																					
〔国際〕	○																					
〔教育〕			○																			

| 秀明大学〔学校教師〕 | ○ | | ○ | | | | | ○ | | | | | | | | | | | | | | |
| 〔看護〕 | | | | | ※ | | | | | | | | | | | | | | | | | |

※二種

淑徳大学〔総合福祉〕	*1	*2	*2	*3	*4					*2								*5	*5			
〔看護栄養〕					*6						★7	7	7									
〔教育〕		○	○							○												
〔人文〕	*8																					

*1社会福祉、教育福祉（健康教育コース）　*2教育福祉（学校教育コース）　*3教育福祉、社会福祉　*4教育福祉（健康教育コース）　*5社会福祉　*6看護（二種〈保健師免許取得後〉）　*7栄養　*8歴史

城西国際大学〔看護〕					○																	
〔経営情報〕	○																					
〔国際人文〕	○							*1														
〔福祉総合〕		*2								*2				*3				*4	○	*5		

*1国際文化　*2福祉総合（子ども福祉コース）　*3理学療法　*4福祉総合（福祉マネジメントコース）　*5福祉総合（社会福祉コース）

聖徳大学〔教育〕児童	※1	○	※1	※1		○	○	○	※2	○												
〔教育〕教育	※1	○	※1	○		○	○	○	※2	○												
〔心理・福祉〕	※3				※4	○		○	○	※2	*1							*2	*3	*3		
〔文〕	○					○	○	○	※2													
〔人間栄養〕	○					○	○	○	※2		★	○	○									
〔音楽〕	○		※1			○	○	○	※2													
〔看護〕					※4																	

※1他学科等での単位修得により可　※2要実務経験　※3心理の中高教諭と社会福祉の中学校教諭は他学科等での単位修得により可　※4心理は他学科等での単位修得により可　*1社会福祉（社会福祉コース、養護教諭コース）　*2社会福祉（介護福祉コース）　*3社会福祉　*4二種（保健師資格取得後に申請）

| 清和大学〔法〕 | ○ | | | | | | | | | | | | | | | | | | | | | |

千葉工業大学〔工〕	※																					
〔創造工〕	△*1																				*1	○
〔情報変革科〕	○																					
〔未来変革科〕	△*2																					

※情報通信システム工を除く。応用化以外は高校教諭のみ　*1都市環境工　*2経営デザイン科

| 千葉商科大学〔商経〕 | △* | | | | | | | | | | | | | | | | | | ※ | | | |
| 〔人間社会〕 | | | | | | | | | | | | | | | | | | | | | | |

※要実務経験　＊商、経営

| 中央学院大学〔商〕 | ○ | | | | | | | | | | | | | | | | | | | | | |
| 〔法〕 | ○ | | | | | | | | | | | | | | | | | | | | | |

大学名 [学部]学科（専攻）	教育・保育系										栄養系			医療系				福祉系			工学系	
	中高教諭	幼稚園教諭	小学校教諭	特別支援学校教諭	養護教諭	学芸員	学校図書館司書教諭	司書	社会教育主事（任）	保育士	栄養士	管理栄養士（受）	食品衛生管理者・任	理学療法士（受）	作業療法士（受）	診療放射線技師（受）	臨床検査技師（受）	介護福祉士（受）	社会福祉士（受）	精神保健福祉士（受）	測量士補	建築士（受）
東京情報大学 [総合情報]	○																					
明海大学 [外国語]	○																					
[不動産]																						○
和洋女子大学 [人文]	*1	*2			○	*1	○			*2												
[家政]	※1				※1	※1	※1			*3	★*4	*4	*4						*5			
[看護]					※2																	
[国際]	*6				○	*6	○															
※1健康栄養を除く　※2二種（保健師免許取得後申請により取得可能）　*1日本文学文化（日本文学専攻、書道専攻）　*2こども発達　*3家政福祉（児童福祉コース）　*4健康栄養　*5家政福祉　*6英語コミュニケーション																						
青山学院大学 [文]	※1					○	※1	○	○													
[教育人間科]	*	*	*			○	*	○	○													
[経済]						○		○														
[法]						○		○														
[経営]						○		○														
[国際政治経済]						○		○														
[総合文化政策]						○		○														
[理工]	※2					○	※3															
[社会情報]	○					○		○														
[地球社会共生]						○																
[コミュニティ人間科]						○																
※1比較芸術を除く　※2経営システム工を除く。電気電子工、機械創造工、情報テクノロジーは高校教諭のみ　※3経営システム工を除く　*教育																						
亜細亜大学 [経営]	※1																					
[経済]	○																					
[法]	○																					
[国際関係]	※2																					
[都市創造]																						
※1ホスピタリティ・マネジメント、データサイエンスを除く　※2多文化コミュニケーションを除く																						
跡見学園女子大学 [文]	*					*	*	○														
[マネジメント]								○														
[観光コミュニティ]								○														
[心理]								○														
*人文																						
桜美林大学 [リベラルアーツ学群]	○					○		○														
[グローバル・コミュニケーション学群]						○		○														
[ビジネスマネジメント学群]						○		○														
[健康福祉学群]	○	*1				○		○		*1								*2	*2			
[芸術文化学群]	○					○		○														
[航空・マネジメント学群]								○														
[教育探究科学群]									○													
*1保育領域　*2福祉・心理領域																						
大妻女子大学 [家政] 被服	○					○		○														
食物	*1					*1		*1			★※1	*2	*2									
児童（児童学）		○								○												
（児童教育）	※2		○			○		○														
ライフデザイン						○		○														
[文]	*3					○	*3	○														

教育・保育系 / 栄養系 / 医療系 / 福祉系 / 工学系

大学名〔学部〕学科(専攻)	中高教諭	幼稚園教諭	小学校教諭	特別支援学校教諭	養護教諭	学芸員	学校図書館司書教諭	司書	社会教育主事(任)	保育士	栄養士	管理栄養士(受)	食品衛生管理者(任)	理学療法士(受)	作業療法士(受)	診療放射線技師(受)	臨床検査技師(受)	介護福祉士(受)	社会福祉士(受)	精神保健福祉士(受)	測量士補	建築士(受)
〔社会情報〕	※3					○		○														*4
〔比較文化〕						○		○														
〔人間関係〕人間関係						○		○														
人間福祉																		○	○	○		
※1食物学専攻は栄養教諭二種　※2中学校教諭のみ　※3社会生活情報学専攻、情報デザイン専攻は高校教諭のみ　*1食物学専攻　*2管理栄養士専攻　*3日本文、英語英文　*4環境情報学専攻																						
学習院大学																						
〔法〕	○					○		※1														
〔経済〕	○					○		※1														
〔文〕	※2		*			○		※1														
〔理〕	○					○		※1														
〔国際社会科〕	○					○		※1														
※1学習院女子大学の司書課程科目を履修すること　※2教育を除く　*教育																						
学習院女子大学																						
〔国際文化交流〕	○																					
共立女子大学																						
〔家政〕	※1	*1	*1				※2	※2		*1	★2	*2	*3									
〔文芸〕	○					○		○														
〔国際〕	○					○		○														
〔看護〕					※3																	
〔建築・デザイン〕						○																*4
※1児童を除く　※2食物栄養(管理栄養士専攻)、児童を除く　※3二種(保健師免許取得後)　*1児童　*2食物栄養(管理栄養士専攻)　*3食物栄養　*4建築コース																						
慶應義塾大学																						
〔文〕	○					○	○	○	*													
〔経済〕	○																					
〔法〕	○																					
〔商〕	○																					
〔理工〕	○																					○
〔総合政策〕	○																					○
〔環境情報〕	△																					○
*図書館・情報学専攻																						
工学院大学																						
〔先進工〕	※1					○							*									
〔工〕	○																					
〔情報〕	○																					
〔建築〕	※2																					○
※1機械理工は高校教諭のみ　※2まちづくり、建築デザインは高校教諭のみ　*応用化																						
國學院大學																						
〔文〕	○					○		○														
〔神道文化〕	○					○		○														
〔法〕	○					○		○														
〔経済〕	○					○		○														
〔人間開発〕初等教育／健康体育	○	○	○	○		○																
子ども支援													○									
〔観光まちづくり〕																						
国際基督教大学																						
〔教養〕	○																					
国士舘大学																						
〔政経〕	○							○														
〔法〕	○							○														
〔文〕教育(教育学)	○			○	○		※1	※2	※1	○												
(初等教育)		○	○				※1	○	※1	○												
史学地理	○					○		※1	※1												*1	
文	○					○		※1	※1													
〔理工〕	※1							○													*2	*3

大学名〔学部〕学科（専攻）	中高教諭	幼稚園教諭	小学校教諭	特別支援学校教諭	養護教諭	学芸員	学校図書館司書教諭	司書	社会教育主事(任)	保育士	栄養士	管理栄養士(受)	食品衛生管理者(任)	理学療法士(受)	作業療法士(受)	診療放射線技師(受)	臨床検査技師(受)	介護福祉士(受)	社会福祉士(受)	精神保健福祉士(受)	測量士補	建築士(受)
〔体育〕	○		*4		*5		※2															
〔21世紀アジア〕	○					○		○														
〔経営〕	○					○		○														

※1一部他学科・学系科目の履修が必要　※2養護教諭課程受講者を除く　*1地理・環境コース（科目履修のみ）　*2まちづくり学系　*3建築学系　*4こどもスポーツ教育　*5スポーツ医科

駒　澤　大　学

〔学部〕学科（専攻）	中高	幼	小	特支	養護	学芸員	図書館司書	司書	社教	保育	栄養	管栄	食衛	理学	作業	放射	臨検	介護	社福	精神	測量	建築
〔仏教〕						○		○	○													
〔文〕	※1					○		○	○										*1	*1	*2	
〔経済〕	○					○		○	○													
〔法〕	○					○		○	○													
〔経営〕	※2					○		○	○													
〔医療健康科学〕																	○					
〔グローバル・メディア・スタディーズ〕	○							○														

※1心理は高校教諭のみ　※2市場戦略は高校教諭のみ　*1社会（社会福祉学専攻）　*2地理

駒　沢　女　子　大　学

〔学部〕学科（専攻）	中高	幼	小	特支	養護	学芸員	図書館司書	司書	社教	保育	栄養	管栄	食衛	理学	作業	放射	臨検	介護	社福	精神	測量	建築
〔人間総合学群〕人間文化学類	*					○																
観光文化学類／心理学類						○																
住空間デザイン学類						○																○
〔人間健康〕											○	○	○									
〔看護〕					※																	

※二種（保健師資格取得後に申請）　*日本文化専攻、英語コミュニケーション専攻

実　践　女　子　大　学

〔学部〕学科（専攻）	中高	幼	小	特支	養護	学芸員	図書館司書	司書	社教	保育	栄養	管栄	食衛	理学	作業	放射	臨検	介護	社福	精神	測量	建築
〔文〕	○						○	○	○													
〔生活科〕食生活科（管理栄養士）											★	○	○									
（健康栄養）											★*		○									
（食物科学）	○												○									
生活環境	○					○																○
生活文化（生活心理）	○					○																
（幼児保育）		○	○			○				○												
現代生活	○					○																
〔人間社会〕	○					○																

*栄養教諭は二種

芝　浦　工　業　大　学

〔学部〕学科（専攻）	中高	幼	小	特支	養護	学芸員	図書館司書	司書	社教	保育	栄養	管栄	食衛	理学	作業	放射	臨検	介護	社福	精神	測量	建築
〔工〕	※1																				*1	
〔システム理工〕	※2																					*2
〔デザイン工〕	△																					
〔建築〕																						○

※1機械工学課程を除く　※2環境システムを除く。電子情報システム、機械制御システムは高校教諭のみ　*1土木工学課程　*2環境システム

順　天　堂　大　学

〔学部〕学科（専攻）	中高	幼	小	特支	養護	学芸員	図書館司書	司書	社教	保育	栄養	管栄	食衛	理学	作業	放射	臨検	介護	社福	精神	測量	建築
〔スポーツ健康科〕	○		※1	○																		
〔医療看護〕					※2																	
〔保健看護〕					※2																	
〔国際教養〕	○																					
〔保健医療〕理学療法														○								
診療放射線																○						
〔医療科〕臨床検査																	○					

※1玉川大学通信課程での履修が必要　※2二種（保健師免許取得後に申請）

上　智　大　学

〔学部〕学科（専攻）	中高	幼	小	特支	養護	学芸員	図書館司書	司書	社教	保育	栄養	管栄	食衛	理学	作業	放射	臨検	介護	社福	精神	測量	建築
〔文〕	※1					○		○														
〔総合人間科〕	※2			*1		○													*2			
〔法〕	○					○																
〔経済〕	△																					
〔外国語〕	※3					○		○														
〔理工〕	○					○																
〔神〕	○					○		○														
〔国際教養〕	○					○		○														

大学名 〔学部〕学科（専攻）	教育・保育系										栄養系			医療系				福祉系			工学系	
	中高教諭	幼稚園教諭	小学校教諭	特別支援学校教諭	養護教諭	学芸員	司書	学校図書館司書教諭	社会教育主事(任)	保育士	栄養士	管理栄養士(受)	食品衛生管理者(任)	理学療法士(受)	作業療法士(受)	診療放射線技師(受)	臨床検査技師(受)	介護福祉士(受)	社会福祉士(受)	精神保健福祉士(受)	測量士補	建築士(受)
〔総合グローバル〕	○						○															
昭和女子大学 〔国際〕	*					○	*		○													
〔グローバルビジネス〕						○			○													
〔人間文化〕	○					○			○													
〔人間社会〕 心理	△					○			○													
福祉社会						○			○									○	○			
初等教育		○	○			○			○	○												
現代教養	△					○			○													
〔環境デザイン〕																						○
〔食健康科〕 健康デザイン	○					○			○		★※1		※2									
管理栄養											★	○	○									
食安全マネジメント												○	○									

※1二種　※2要実務経験　＊英語コミュニケーション

大学名 〔学部〕学科（専攻）	中高	幼稚	小学	特支	養護	学芸	司書	図書	社教	保育	栄養	管栄	食衛	理学	作業	放射	臨床	介護	社福	精保	測量	建築
女子美術大学 〔芸術〕	○					○																*

＊デザイン・工芸（環境デザイン専攻）

大学名	中高	幼稚	小学	特支	養護	学芸	司書	図書	社教	保育	栄養	管栄	食衛	理学	作業	放射	臨床	介護	社福	精保	測量	建築
白梅学園大学 〔子ども〕	*1	*2	*3	*3					*2									*4	*5			

*1教育（中学校教諭のみ）　*2子ども、子ども心理　*3教育　*4家族・地域支援　*5子ども、家族・地域支援

大学名	中高	幼稚	小学	特支	養護	学芸	司書	図書	社教	保育	栄養	管栄	食衛	理学	作業	放射	臨床	介護	社福	精保	測量	建築
白百合女子大学 〔文〕	○	※	※			○	○															
〔人間総合〕 児童文化／発達心理		※	※			○	○															
初等教育		○	○			○	○															

※他学科聴講により取得可能（選考試験あり）

大学名	中高	幼稚	小学	特支	養護	学芸	司書	図書	社教	保育	栄養	管栄	食衛	理学	作業	放射	臨床	介護	社福	精保	測量	建築
杉野服飾大学 〔服飾〕	*					○																

＊服飾

大学名	中高	幼稚	小学	特支	養護	学芸	司書	図書	社教	保育	栄養	管栄	食衛	理学	作業	放射	臨床	介護	社福	精保	測量	建築
成蹊大学 〔経済〕	○					○																
〔法〕	○					○																
〔文〕	○					○																
〔理工〕	○					○																
〔経営〕	○					○																

大学名	中高	幼稚	小学	特支	養護	学芸	司書	図書	社教	保育	栄養	管栄	食衛	理学	作業	放射	臨床	介護	社福	精保	測量	建築
成城大学 〔経済〕	○																					
〔文芸〕	※					○																
〔法〕	○					○																

※芸術、マスコミュニケーションを除く

大学名	中高	幼稚	小学	特支	養護	学芸	司書	図書	社教	保育	栄養	管栄	食衛	理学	作業	放射	臨床	介護	社福	精保	測量	建築
聖心女子大学 〔現代教養〕	※1	*1	*1			○	※2	※2		*2												

※1教育（初等教育学専攻）、国際交流、人間関係、心理を除く。史は高校教諭のみ。聴講により、在籍学科以外の教員免許も取得可能　※2清泉女子大の科目を修得すること　*1教育（初等教育学専攻）　*2教育（初等教育学専攻幼児教育コース）

大学名	中高	幼稚	小学	特支	養護	学芸	司書	図書	社教	保育	栄養	管栄	食衛	理学	作業	放射	臨床	介護	社福	精保	測量	建築
清泉女子大学 〔文〕	○					○																

大学名	中高	幼稚	小学	特支	養護	学芸	司書	図書	社教	保育	栄養	管栄	食衛	理学	作業	放射	臨床	介護	社福	精保	測量	建築
専修大学 〔経済〕	○					○	○															
〔法〕	○					○	○															
〔経営〕	※1					○	※1	○														
〔商〕	※2					○	○															
〔文〕	※3					○	※3	○													*	
〔ネットワーク情報〕	○					○	○															
〔人間科〕	○					○	○															

大学名〔学部〕学科（専攻）	教育・保育系										栄養系			医療系				福祉系			工学系	
	中高教諭	幼稚園教諭	小学校教諭	特別支援学校教諭	養護教諭	学芸員	学校図書館司書教諭	司書	社会教育主事（任）	保育士	栄養士	管理栄養士（受）	食品衛生管理者（任）	理学療法士（受）	作業療法士（受）	診療放射線技師（受）	臨床検査技師（受）	介護福祉士（受）	社会福祉士（受）	精神保健福祉士（受）	測量士補	建築士（受）
〔国際コミュニケーション〕	※4					○		※4														
※1ビジネスデザインを除く　※2会計は高校教諭のみ　※3ジャーナリズムを除く　※4異文化コミュニケーションを除く　＊環境地理																						
創価大学																						
〔文〕	○																		○			
〔教育〕	○	＊	＊	＊																		
〔理工〕	○																					
＊児童教育																						
大正大学																						
〔人間〕						*1		*1											*2	*2		
〔臨床心理〕																						
〔文〕	○					○		○														
〔仏教〕	○					○		○														
*1人間科　*2社会福祉																						
大東文化大学																						
〔文〕	※	*1	*1			○	○	○	*1													
〔経済〕	*2					○		*2	○													
〔外国語〕	○					○		○														
〔法〕	*3					○		*3	○													
〔国際関係〕						○		○														
〔経営〕	△					○		○														
〔スポーツ・健康科〕	*4																*5		*5			
〔社会〕																						
※教育を除く。書道は高校教諭のみ　*1教育　*2社会経済　*3政治　*4スポーツ科、健康科　*5健康科																						
拓殖大学																						
〔商〕	※1																					
〔政経〕	○																					
〔外国語〕	○																					
〔国際〕	○																					
〔工〕	※2																					
※1経営、会計は高校教諭のみ　※2電子システム工、情報工、デザインは高校教諭のみ																						
多摩大学																						
〔経営情報〕	△																					
〔グローバルスタディーズ〕	○																					
玉川大学																						
〔教育〕乳幼児発達		○					※1	○	○	○												
〔教育〕教育	○	*1					※1	○	○	○												
〔芸術〕	*2		*2			○	*2	○	※1													
〔文〕	*3		*3			*4	*4	*4	*4													
〔農〕	*5		*5				※1	*5	※1	※1							*6					
〔工〕	○			※2			※1															
〔リベラルアーツ〕								○	○													
※1 4年間では取得できない場合がある　※2二種　*1初等教育専攻　*2音楽（音楽教育コース）、アート・デザイン（美術教育コース）。小学校教諭は二種　*3英語教育（英語教員養成コース）、国語教育（国語教員養成コース）。小学校教諭は二種　*4国語教育。4年間では取得できない場合がある　*5生産農（理科教員養成プログラム）。小学校教諭は二種。学校図書館司書教諭は4年間では取得できない場合がある　*6先端食農																						
多摩美術大学																						
〔美術〕	※					○																＊
※統合デザイン、演劇舞踊デザインを除く　＊建築・環境デザイン																						
中央大学																						
〔法〕	○					○	○	○	○													
〔経済〕	※1					○		○	○													
〔商〕	※2					○		○	○													
〔理工〕	※3					○		○	○													＊
〔文〕	○					○	○	○	○													

大学名 〔学部〕学科（専攻）	教育・保育系										栄養系			医療系				福祉系			工学系	
	中高教諭	幼稚園教諭	小学校教諭	特別支援学校教諭	養護教諭	学芸員	学校図書館司書教諭	司書	社会教育主事(任)	保育士	栄養士	管理栄養士(受)	食品衛生管理者(任)	理学療法士(受)	作業療法士(受)	診療放射線技師(受)	臨床検査技師(受)	介護福祉士(受)	社会福祉士(受)	精神保健福祉士(受)	測量士補	建築士(受)
〔総合政策〕	○					○	○	○	○													
津田塾大学 〔学芸〕	※																					
帝京平成大学 〔人文社会〕児童		*1	※1	*2		○	○	○		*1												
人間文化						○		○											*3	*3		
経営	*4						※2		※2													
観光経営																						
〔健康メディカル〕健康栄養											★	○	○									
作業療法															○							
理学療法														○								
〔ヒューマンケア〕柔道整復	○																					
看護					※3																	
〔健康医療スポーツ〕柔道整復	○																					
リハビリテーション														*5	*6							
医療スポーツ	*7																					
看護					※3																	
東海大学 〔国際〕									○													
〔経営〕									○													
〔文〕	○					○			○													
〔文化社会〕	※1					※1			○													
〔政治経済〕									*1													
〔法〕									○													
〔教養〕									○	*2												
〔児童教育〕		○	○							○												
〔体育〕	○								○	*3												
〔健康〕																○	○					
〔理〕									○													
〔情報理工〕	△※2								※2	○												
〔工〕	*4							*4	※3													
〔建築都市〕									*5												*6	*5
〔観光〕									○													
〔海洋〕海洋理工（海洋理工学）	○					○															○	
水産	○					○							○									
海洋生物	○					○																
〔医〕看護						○																
〔人文〕									○													
〔文理融合〕	△*7																					
〔農〕	※4												○									
〔国際文化〕	○																					*8
〔生物〕	○																					
〔情報通信〕									○													
東京医療学院大学 〔保健医療〕リハビリテーション（理学療法学）														○								
（作業療法学）															○							

〔総合政策〕 ※1国際経済を除く　※2国際マーケティング、金融は高校教諭のみ　※3人間総合理工を除く　＊都市環境

津田塾大学〔学芸〕 ※多文化・国際協力学科を除く

帝京平成大学 ※1保育・幼稚園コースは学内選考あり　※2経営情報コースを除く　※3二種（保健師資格取得、かつ所定の単位を修得）　*1保育・幼稚園コース　*2小学校・特別支援コース　*3福祉コース　*4トレーナー・スポーツ経営コース（学内選考あり）　*5理学療法コース　*6作業療法コース　*7トレーナー・スポーツコース、アスリートコース

東海大学 ※1北欧、文芸創作を除く　※2情報メディアを除く　※3医工を除く　※4農、動物科は高校教諭のみ　*1政治　*2人間環境　*3生涯スポーツ　*4生物工、応用化　*5建築　*6土木工　*7人間情報工　*8地域創造

大学名〔学部〕学科（専攻）	教育・保育系									栄養系			医療系				福祉系			工学系	
	中高教諭	幼稚園教諭	小学校教諭	特別支援学校教諭	養護教諭	学芸員	司書	社会教育主事(任)	保育士	栄養士	管理栄養士(受)	食品衛生管理者(任)	理学療法士(受)	作業療法士(受)	診療放射線技師(受)	臨床検査技師(受)	介護福祉士(受)	社会福祉士(受)	精神保健福祉士(受)	測量士補	建築士(受)
東京医療保健大学																					
〔医療保健〕看護					●																
医療栄養（管理栄養学）										★	○	○									
医療栄養（臨床検査学）																○					
〔千葉看護〕					●																
〔和歌山看護〕					●																
東京家政大学																					
〔栄養〕栄養	○						○			★*1	※*1	○									
管理栄養	○									★											
〔児童〕児童		○							*2												
初等教育	※2		○																		
〔家政〕環境共生	○																				
服飾美術／造形表現	○																				
〔人文〕英語コミュニケーション	○																				
心理カウンセリング						○	○														
教育福祉			○			○	○											○			
〔子ども支援〕		○		※3																	
〔健康科〕リハビリテーション													*3	*4							
※1要実務経験　※2中学校教諭（二種）　※3選択による　*1二種　*2児童学専攻　*3理学療法学専攻　*4作業療法学専攻																					
東京経済大学																					
〔経済〕経済	○																				
〔現代法〕	○																				
〔コミュニケーション〕	○																				
東京工科大学																					
〔医療保健〕リハビリテーション													*1	*2							
臨床検査																○					
*1理学療法学専攻　*2作業療法学専攻																					
東京工芸大学																					
〔工〕	※						○														*1
〔芸術〕	*2																				
※機械コース、情報コース、建築コースは高校教諭のみ　*1建築コース　*2デザインは中高教諭、インタラクティブメディアは高校教諭のみ																					
東京女子大学																					
〔現代教養〕	※						○														
※コミュニティ構想専攻、心理学専攻、コミュニケーション専攻を除く																					
東京電機大学																					
〔未来科〕	○																				*1
〔工〕	○																				
〔理工〕	※1																			*2	*2
〔システムデザイン工〕	※2																				
※1機械工学系、電子情報・生体医工学系、建築・都市環境学系は高校教諭のみ　※2情報システム工は高校教諭のみ　*1建築　*2建築・都市環境学系																					
東京都市大学																					
〔理工〕	○						*1														
〔建築都市デザイン〕																				*2	*3
〔情報工〕	○																				
〔環境〕																				*4	
〔メディア情報〕	△																				
〔都市生活〕																					○
〔人間科〕								○													
*1自然科　*2都市工　*3建築、都市工　*4環境創生																					
東京農業大学																					
〔農〕	※1																				
〔応用生物科〕	○					○	○			★*1	*1	※2									
〔生命科〕	○					○	○					*2									
〔地域環境科〕	※3					○	○													○	

大学名〔学部〕学科（専攻）	中高教諭	幼稚園教諭	小学校教諭	特別支援学校教諭	養護教諭	学芸員	学校図書館司書教諭	司書	社会教育主事（任）	保育士	栄養士	管理栄養士（受）	食品衛生管理者任	理学療法士（受）	作業療法士（受）	診療放射線技師（受）	臨床検査技師（受）	介護福祉士（受）	社会福祉士（受）	精神保健福祉士（受）	測量士補	建築士（受）
〔国際食料情報〕	※4					○			○													
〔生物産業〕	※5												※3									

※1デザイン農は高校教諭のみ　※2醸造科を除く　※3地域創成科は高校教諭のみ　※4国際食農科、アグリビジネスは高校教諭のみ　※5北方圏農は高校教諭のみ　*1栄養科　*2バイオサイエンス　*3食香粧化

東京福祉大学〔学部〕学科（専攻）	中高教諭	幼稚園教諭	小学校教諭	特別支援学校教諭	養護教諭	学芸員	学校図書館司書教諭	司書	社会教育主事（任）	保育士	栄養士	管理栄養士（受）	食品衛生管理者任	理学療法士（受）	作業療法士（受）	診療放射線技師（受）	臨床検査技師（受）	介護福祉士（受）	社会福祉士（受）	精神保健福祉士（受）	測量士補	建築士（受）
〔保育児童〕	○	○	○			○			○	○									○			
〔教育〕	*1	*2	*1	*2	*2				*2													
〔社会福祉〕社会福祉（社会福祉）	○								○	*3								*4	○			
（精神保健福祉）	○								○										○	○		
（心理福祉）	○								○										○			
（経営福祉）	○								○										○			
〔心理〕	○																		○	○		

*1学校教育専攻、国際教育専攻（国際教育コース）　*2学校教育専攻　*3社会福祉コース　*4介護福祉コース

東京薬科大学〔生命科〕	○												○									

東京理科大学〔学部〕学科（専攻）	中高教諭	幼稚園教諭	小学校教諭	特別支援学校教諭	養護教諭	学芸員	学校図書館司書教諭	司書	社会教育主事（任）	保育士	栄養士	管理栄養士（受）	食品衛生管理者任	理学療法士（受）	作業療法士（受）	診療放射線技師（受）	臨床検査技師（受）	介護福祉士（受）	社会福祉士（受）	精神保健福祉士（受）	測量士補	建築士（受）
〔理〕	○																				*1	
〔工〕																						*2
〔創域理工〕	*3																				*4	*2

*1数、物理　*2建築　*3数理科、先端物理、情報計算科、生命生物科　*4数理科、社会基盤工

東邦大学〔学部〕学科（専攻）	中高教諭	幼稚園教諭	小学校教諭	特別支援学校教諭	養護教諭	学芸員	学校図書館司書教諭	司書	社会教育主事（任）	保育士	栄養士	管理栄養士（受）	食品衛生管理者任	理学療法士（受）	作業療法士（受）	診療放射線技師（受）	臨床検査技師（受）	介護福祉士（受）	社会福祉士（受）	精神保健福祉士（受）	測量士補	建築士（受）
〔薬〕													※1									
〔理〕	○																*					
〔健康科〕					※2																	

※1薬剤師資格取得後申請　※2二種（保健師免許取得後申請）　*化、生物、生物分子科、生命圏環境科（定員制）

東洋大学〔学部〕学科（専攻）	中高教諭	幼稚園教諭	小学校教諭	特別支援学校教諭	養護教諭	学芸員	学校図書館司書教諭	司書	社会教育主事（任）	保育士	栄養士	管理栄養士（受）	食品衛生管理者任	理学療法士（受）	作業療法士（受）	診療放射線技師（受）	臨床検査技師（受）	介護福祉士（受）	社会福祉士（受）	精神保健福祉士（受）	測量士補	建築士（受）
〔文〕	※1		*1	*2		○	○	○	○													
〔経済〕	※2																					
〔経営〕	△																					
〔法〕																						
〔社会〕	*3								○													
〔福祉社会デザイン〕	△*4	*5							*5									*6	*7	*6		*8
〔健康スポーツ科〕	*9		*9		*9						*10		*10									
〔理工〕	*3																				*11	*12
〔生命科〕	○												※4									
〔食環境科〕	*13										★14	*14	※5									
〔総合情報〕	△																					

※1教育（初等教育専攻）を除く。東洋思想文化は仏教思想コースのみ　※2国際経済を除く　※3都市環境デザイン、建築は高校教諭のみ　※4生体医工を除く　※5フードデータサイエンスを除く　*1教育（初等教育専攻）　*2教育（人間発達専攻）　*3社会　*4人間環境デザイン　*5子ども支援　*6社会福祉　*7社会福祉、子ども支援（社会福祉士コース）　*8人間環境デザイン　*9健康スポーツ科（小学校教諭は二種。玉川大学の小学校教員養成特別プログラムの受講が必要）　*10栄養科　*11都市環境デザイン　*12建築　*13食環境科　*14健康栄養

東洋学園大学〔グローバル・コミュニケーション〕英語コミュニケーション	○																					

二松学舎大学〔学部〕学科（専攻）	中高教諭	幼稚園教諭	小学校教諭	特別支援学校教諭	養護教諭	学芸員	学校図書館司書教諭	司書	社会教育主事（任）	保育士	栄養士	管理栄養士（受）	食品衛生管理者任	理学療法士（受）	作業療法士（受）	診療放射線技師（受）	臨床検査技師（受）	介護福祉士（受）	社会福祉士（受）	精神保健福祉士（受）	測量士補	建築士（受）
〔文〕	※1		*			○	※1	○														
〔国際政治経済〕	※2		*			○	※2	○														

※1都市文化デザインを除く　※2国際経営を除く　*二種

日本大学〔学部〕学科（専攻）	中高教諭	幼稚園教諭	小学校教諭	特別支援学校教諭	養護教諭	学芸員	学校図書館司書教諭	司書	社会教育主事（任）	保育士	栄養士	管理栄養士（受）	食品衛生管理者任	理学療法士（受）	作業療法士（受）	診療放射線技師（受）	臨床検査技師（受）	介護福祉士（受）	社会福祉士（受）	精神保健福祉士（受）	測量士補	建築士（受）
〔法〕	○																					
〔文理〕	※1			*1		○	○	○	○											*2		*3
〔経済〕	*4																					
〔商〕	△																					

大学名／〔学部〕学科（専攻）	中高教諭	幼稚園教諭	小学校教諭	特別支援学校教諭	養護教諭	学芸員	学校図書館司書教諭	司書	社会教育主事（任）	保育士	栄養士	管理栄養士（受）	食品衛生管理者（任）	理学療法士（受）	作業療法士（受）	診療放射線技師（受）	臨床検査技師（受）	介護福祉士（受）	社会福祉士（受）	精神保健福祉士（受）	測量士補	建築士（受）
〔芸術〕	*5					○	○	○														*6
〔国際関係〕	*7																					
〔理工〕	※2					○															*8	*9
〔生産工〕	※3																				*10	*11
〔工〕	○																				*12	*13
〔医〕													○									
〔歯〕													○									
〔松戸歯〕													○									
〔生物資源科〕	○					○							*14								*15	
〔薬〕													○									

※1社会福祉、心理を除く　※2まちづくり工は高校教諭のみ　※3マネジメント工は高校教諭のみ　*1教育　*2社会福祉　*3地理、地球科、数、物理　*4経済、産業経営　*5文芸、美術、デザイン、音楽　*6デザイン　*7国際教養　*8土木工、交通システム工、物理、数　*9土木工、建築、海洋建築工、まちづくり工　*10土木工　*11建築工、創生デザイン　*12土木工　*13建築　*14バイオサイエンス、海洋生物、食品開発、獣医　*15森林、環境

日本女子大学

〔学部〕学科（専攻）	中高教諭	幼稚園教諭	小学校教諭	特別支援学校教諭	養護教諭	学芸員	学校図書館司書教諭	司書	社会教育主事（任）	保育士	栄養士	管理栄養士（受）	食品衛生管理者（任）	理学療法士（受）	作業療法士（受）	診療放射線技師（受）	臨床検査技師（受）	介護福祉士（受）	社会福祉士（受）	精神保健福祉士（受）	測量士補	建築士（受）
〔家政〕児童	○	○				○	○	○		○												
食物（食物学）	○					○	○	○			○		○									
（管理栄養士）						○	○	○			○	★	○									
被服／家政経済	○					○	○	○														
〔文〕	○					○	○	○	○													
〔理〕	○					○	○	○														
〔人間社会〕現代社会	○					○		○														
社会福祉	○					○		○											○			
教育	○					○	○	○	○													
心理	○					○		○														
〔国際文化〕	○					○		○														
〔建築デザイン〕※																						○

※2024年4月開設

日本文化大學

〔学部〕	中高																					
〔法〕	○																					

文化学園大学

〔学部〕学科	中高					学芸員		司書														建築士
〔服装〕	○																					
〔造形〕デザイン・造形	○					○		○														
建築・インテリア																						○
〔国際文化〕																						

文教大学

〔学部〕	中高	幼稚園	小学校	特別支援	養護	学芸員	学校図書館	司書	社会教育主事	保育士	栄養士	管理栄養士	食品衛生	理学療法	作業療法	診療放射線	臨床検査	介護福祉	社会福祉	精神保健福祉	測量士補	建築士
〔教育〕	*1	*2	※1	*3				※2		*4												
〔人間科〕	○			※3		○		※4	○										○	○		
〔文〕	○			※5				※6	○													
〔情報〕	○								*5													
〔国際〕	○																					
〔健康栄養〕											○	★	○									
〔経営〕	△※7		※3																			

※1発達教育課程（幼児心理教育専修）は条件や制限あり　※2発達教育課程（幼児心理教育専修）を除く　※3学校教育課程の聴講により取得可（条件や制限あり）　※4心理を除く　※5外国語除く。学校教育課程の聴講により取得可（条件や制限あり）　※6外国語を除く　※7中学校教諭は国際学部の聴講により取得可（条件や制限あり）　*1学校教育課程　*2発達教育課程（特別支援教育専修、児童心理教育専修は条件や制限あり）　*3発達教育課程（特別支援教育専修）　*4発達教育課程（幼児心理教育専修）　*5情報社会

文京学院大学

〔学部〕	中高	幼稚園	小学校	特別支援	養護	学芸員	学校図書館	司書	社会教育主事	保育士	栄養士	管理栄養士	食品衛生	理学療法	作業療法	診療放射線	臨床検査	介護福祉	社会福祉	精神保健福祉	測量士補	建築士
〔人間〕		*1	*1						*1									*2	*2	*2		
〔保健医療技術〕														*3	*4		*5					
〔外国語〕	○																					

*1児童発達　*2人間福祉　*3理学療法　*4作業療法　*5臨床検査

法政大学

〔学部〕	中高					学芸員	学校図書館	司書	社会教育主事													
〔法〕	○					○	○	○	○													

大学名／〔学部〕学科(専攻)	教育・保育系										栄養系			医療系				福祉系			工学系	
	中高教諭	幼稚園教諭	小学校教諭	特別支援学校教諭	養護教諭	学芸員	学校図書館司書教諭	司書	社会教育主事(任)	保育士	栄養士	管理栄養士(受)	食品衛生管理者	理学療法士(受)	作業療法士(受)	診療放射線技師(受)	臨床検査技師(受)	介護福祉士(受)	社会福祉士(受)	精神保健福祉士(受)	測量士補	建築士(受)
〔文〕	○					○	○	○	○												*1	
〔経済〕	○					○	○	○	○													
〔社会〕	○					○	○	○	○													
〔経営〕	○					○	○	○	○													
〔理工〕	○					○	○	○	○													
〔生命科〕	○					○	○	○	○													
〔国際文化〕	○					○	○	○	○													
〔人間環境〕	○					○	○	○	○													
〔現代福祉〕	※					○	○	○	○										*2	*2		
〔情報科〕	△					○	○	○	○													
〔キャリアデザイン〕	○					○	○	○	○													
〔デザイン工〕						○	○	○	○												*3	*4
〔GIS（グローバル教養）〕						○	○	○	○													
〔スポーツ健康〕	○					○	○	○	○													

※福祉コミュニティは中学校教諭のみ。臨床心理は高校教諭のみ　*1地理　*2福祉コミュニティ　*3都市環境デザイン工　*4都市環境デザイン工、建築

武蔵大学

〔学部〕	中高	幼	小	特支	養護	学芸員	司書教諭	司書	社教主事	保育	栄養	管理	食品	理学	作業	放射	臨検	介護	社福	精神	測量	建築
〔経済〕	○							○														
〔人文〕	○							○														
〔社会〕	○							○														

武蔵野大学

〔学部〕学科	中高	幼	小	特支	養護	学芸員	司書教諭	司書	社教主事	保育	栄養	管理	食品	理学	作業	放射	臨検	介護	社福	精神	測量	建築
〔文〕	○						○	○														
〔グローバル〕								*														
〔法〕								○														
〔経済〕								○														
〔人間科学〕 人間科学								○												○		
社会福祉								○											○			
〔工〕 数理工	○																					
建築デザイン																						○
〔教育〕 教育	○		○					○														
幼児教育		○		※						○												
〔看護〕					○																	

※教育学科の単位を修得　*グローバルコミュニケーション

明治大学

〔学部〕	中高	幼	小	特支	養護	学芸員	司書教諭	司書	社教主事	保育	栄養	管理	食品	理学	作業	放射	臨検	介護	社福	精神	測量	建築
〔法〕	○					○	○	○	○													
〔商〕	○					○	○	○	○													
〔政治経済〕	○					○	○	○	○													
〔文〕	○					○	○	○	○													
〔経営〕	○					○	○	○	○													
〔理工〕	○					○	○	○	○												*1	*2
〔農〕	○					○	○	○	○				*3								*4	
〔情報コミュニケーション〕	○					○	○	○	○													
〔国際日本〕	○																					
〔総合数理〕	*5					○	○	○	○													

*1数学、物理　*2建築　*3農芸化　*4農　*5先端メディアサイエンス、ネットワークデザインは高校教諭のみ

明治学院大学

〔学部〕学科	中高	幼	小	特支	養護	学芸員	司書教諭	司書	社教主事	保育	栄養	管理	食品	理学	作業	放射	臨検	介護	社福	精神	測量	建築
〔文〕	※1							*1														
〔経済〕	○																					
〔社会〕	○			*2					*3										*2	*2		
〔法〕	※2																					
〔国際〕	*4																					
〔心理〕 心理	○							○														
教育発達	※3	○	○	○				○														

※1芸術を除く　※2グローバル法を除く　※3中学校教諭（二種）　*1芸術　*2社会福祉　*3社会　*4国際

大学名 [学部] 学科(専攻)	教育・保育系										栄養系			医療系				福祉系			工学系	
	中高教諭	幼稚園教諭	小学校教諭	特別支援学校教諭	養護教諭	学芸員	学校図書館司書教諭	司書	社会教育主事(任)	保育士	栄養士	管理栄養士(受)	食品衛生管理者(任)	理学療法士(受)	作業療法士(受)	診療放射線技師(受)	臨床検査技師(受)	介護福祉士(受)	社会福祉士(受)	精神保健福祉士(受)	測量士補	建築士(受)
明治薬科大学																						
〔薬〕 薬													○				※					
生命創薬科													○				※					
※臨床検査関連科目の単位を修得した者																						
明星大学																						
〔経済〕	○							○														
〔教育〕	※1	※2	○	○				○		*1												
〔人文〕	※3					*2		※3	※3										*3			
〔情報〕	○																					
〔理工〕	○																					
〔心理〕								○														
〔建築〕																						○
※1子ども臨床コースを除く　※2教科専門コースを除く　※3福祉実践を除く　*1子ども臨床コース　*2日本文化　*3福祉実践																						
目白大学																						
〔人間〕			*1	*2						*1								*3	*3	*3		
〔社会〕	※1																					
〔外国語〕	※2																					
〔保健医療〕														*4	*5							
※1社会情報は高校教諭のみ　※2韓国語を除く　*1子ども　*2児童教育　*3人間福祉　*4理学療法　*5作業療法																						
立教大学																						
〔文〕	○		*1			○	○	○	○													
〔異文化コミュニケーション〕	○					○	○	○	○													
〔経済〕	○					○	○	○	○													
〔理〕	○					○	○	○	○													
〔社会〕	○					○	○	○	○													
〔法〕	○					○	○	○	○													
〔観光〕	○					○	○	○	○													
〔コミュニティ福祉〕	○					○	○	○	○										*2			
〔スポーツウエルネス〕	○					○	○	○	○													
〔経営〕						○	○	○	○													
〔現代心理〕						○	○	○	○													
*1教育（初等教育専攻課程）　*2福祉																						
立正大学																						
〔法〕	○					○	○	○	○													
〔経営〕	△					○	○	○	○													
〔経済〕	○					○	○	○	○													
〔文〕	○					○	○	○	○													
〔仏教〕	○					○	○	○	○													
〔社会福祉〕 社会福祉	○			○		○	○	○	○									○	○			
子ども教育福祉		○	○			○	○	○	○													
〔地球環境科〕	○					○	○	○	○												○	
〔心理〕 臨床心理	○																					
対人・社会心理																						
〔データサイエンス〕	△																					
和光大学																						
〔現代人間〕	※1		*1	*2		○	※2	○	○	*3												
〔表現〕	※3																					
〔経済経営〕	※3																					
※1心理教育を除く　※2心理教育（心理学専修）を除く　※3経営は高校教諭のみ　*1心理教育（子ども教育専修、保育コース）　*2心理教育（子ども教育専修）　*3心理教育（保育コース）																						
早稲田大学																						
〔政治経済〕	○					○	○	○	○													
〔法〕	○					○	○	○	○													
〔文〕	○					○	○	○	○													
〔文化構想〕	○					○	○	○	○													

大学名 〔学部〕学科（専攻） — 資格取得一覧

教育・保育系: 中高教諭 / 幼稚園教諭 / 小学校教諭 / 特別支援学校教諭 / 養護教諭 / 学芸員 / 学校図書館司書教諭 / 司書 / 社会教育主事（任） / 保育士　**栄養系**: 栄養士 / 管理栄養士（受） / 食品衛生管理者（任）　**医療系**: 理学療法士（受） / 作業療法士（受） / 診療放射線技師（受） / 臨床検査技師（受）　**福祉系**: 介護福祉士（受） / 社会福祉士（受） / 精神保健福祉士（受）　**工学系**: 測量士補 / 建築士（受）

（※以下、第1区分の大学は前ページより続く）

〔学部〕学科（専攻）	中高教諭	幼稚園教諭	小学校教諭	特別支援学校教諭	養護教諭	学芸員	学校図書館司書教諭	司書	社会教育主事（任）	保育士	栄養士	管理栄養士（受）	食品衛生管理者（任）	理学療法士（受）	作業療法士（受）	診療放射線技師（受）	臨床検査技師（受）	介護福祉士（受）	社会福祉士（受）	精神保健福祉士（受）	測量士補	建築士（受）
〔教育〕	※1		*1	*2			○	○	○	○												
〔商〕	○					○	○	○	○													
〔基幹理工〕	※2																					
〔創造理工〕	*3																				*4	*5
〔先進理工〕	○																					
〔社会科〕	○					○	○	○	○													
〔人間科〕	※3																		*6			
〔スポーツ科〕						○	○	○	○													
〔国際教養〕	○					○	○	○	○													

※1教育（初等教育学専攻）を除く　※2機械科学・航空宇宙を除く。情報理工、電子物理システム、情報通信、表現工は高校教諭のみ　※3健康福祉科は高校教諭のみ　*1教育（初等教育学専攻）　*2教育（教育学専攻）　*3社会環境工、環境資源工　*4社会環境工　*5建築　*6健康福祉科

神奈川大学

〔学部〕学科（専攻）	中高教諭	幼稚園教諭	小学校教諭	特別支援学校教諭	養護教諭	学芸員	学校図書館司書教諭	司書	社会教育主事（任）	保育士	栄養士	管理栄養士（受）	食品衛生管理者（任）	理学療法士（受）	作業療法士（受）	診療放射線技師（受）	臨床検査技師（受）	介護福祉士（受）	社会福祉士（受）	精神保健福祉士（受）	測量士補	建築士（受）
〔法〕	○								○													
〔経済〕	○								○													
〔経営〕	○								○													
〔外国語〕	※1								○													
〔国際日本〕	※2								○													
〔人間科〕	○								○													
〔理〕	○								○													
〔工〕	○								○													
〔建築〕	△																					○
〔化学生命〕	○								○								○					
〔情報〕	※3								○													

※1スペイン語を除く　※2国際文化交流を除く　※3先端情報領域プログラムを除く

神奈川工科大学

〔学部〕学科（専攻）	中高教諭	幼稚園教諭	小学校教諭	特別支援学校教諭	養護教諭	学芸員	学校図書館司書教諭	司書	社会教育主事（任）	保育士	栄養士	管理栄養士（受）	食品衛生管理者（任）	理学療法士（受）	作業療法士（受）	診療放射線技師（受）	臨床検査技師（受）	介護福祉士（受）	社会福祉士（受）	精神保健福祉士（受）	測量士補	建築士（受）
〔工〕	○																					
〔情報〕	△*1																					
〔健康医療科〕					*2						★*3	*3	*3									

*1情報工　*2看護（二種）　*3管理栄養

鎌倉女子大学

〔学部〕学科（専攻）	中高教諭	幼稚園教諭	小学校教諭	特別支援学校教諭	養護教諭	学芸員	学校図書館司書教諭	司書	社会教育主事（任）	保育士	栄養士	管理栄養士（受）	食品衛生管理者（任）	理学療法士（受）	作業療法士（受）	診療放射線技師（受）	臨床検査技師（受）	介護福祉士（受）	社会福祉士（受）	精神保健福祉士（受）	測量士補	建築士（受）
〔家政〕家政保健	○				○				※1													
〔家政〕管理栄養									※1		★	○	○									
〔児童〕児童	※2	○	○		○	○			※1	○												
〔児童〕子ども心理		○	○	○		○			※1													
〔教育〕									※1													

※1他大学の課程履修　※2中学校教諭のみ

関東学院大学

〔学部〕学科（専攻）	中高教諭	幼稚園教諭	小学校教諭	特別支援学校教諭	養護教諭	学芸員	学校図書館司書教諭	司書	社会教育主事（任）	保育士	栄養士	管理栄養士（受）	食品衛生管理者（任）	理学療法士（受）	作業療法士（受）	診療放射線技師（受）	臨床検査技師（受）	介護福祉士（受）	社会福祉士（受）	精神保健福祉士（受）	測量士補	建築士（受）
〔国際文化〕	○			*1				○	○													
〔経済〕	○							○														
〔経営〕								○														
〔法〕								○														
〔理工〕	○							○													*2	
〔栄養〕								○			★	○	○									
〔教育〕		○	○					○	○													
〔人間共生〕								○														*3
〔建築・環境〕	△							○														
〔社会〕	○							○											○			

*1比較文化　*2土木・都市防災コース　*3共生デザイン

北里大学

〔学部〕学科（専攻）	中高教諭	幼稚園教諭	小学校教諭	特別支援学校教諭	養護教諭	学芸員	学校図書館司書教諭	司書	社会教育主事（任）	保育士	栄養士	管理栄養士（受）	食品衛生管理者（任）	理学療法士（受）	作業療法士（受）	診療放射線技師（受）	臨床検査技師（受）	介護福祉士（受）	社会福祉士（受）	精神保健福祉士（受）	測量士補	建築士（受）
〔獣医〕動物資源科	○												○									
〔獣医〕生物環境科	△																				○	
〔海洋生命科〕	○												○									
〔薬〕													○									
〔理〕	○																				*1	
〔医療衛生〕保健衛生													○									

大学名〔学部〕学科（専攻）	中高教諭	幼稚園教諭	小学校教諭	特別支援学校教諭	養護教諭	学芸員	学校図書館司書教諭	司書	社会教育主事（任）	保育士	栄養士	管理栄養士（受）	食品衛生管理者（任）	理学療法士（受）	作業療法士（受）	診療放射線技師（受）	臨床検査技師（受）	介護福祉士（受）	社会福祉士（受）	精神保健福祉士（受）	測量士補	建築士（受）
医療検査																	○					
リハビリテーション														*2	*3							
医療工																*4						
〔看護〕看護					○																	
〔未来工〕	△																					
〔健康科〕※					*5												*6					

※2024年4月開設　*1物理　*2理学療法学専攻　*3作業療法学専攻　*4診療放射線技術科学専攻　*5看護　*6医療検査

田園調布学園大学	中高教諭	幼稚園教諭	小学校教諭	特別支援学校教諭	養護教諭	学芸員	学校図書館司書教諭	司書	社会教育主事（任）	保育士	栄養士	管理栄養士（受）	食品衛生管理者（任）	理学療法士（受）	作業療法士（受）	診療放射線技師（受）	臨床検査技師（受）	介護福祉士（受）	社会福祉士（受）	精神保健福祉士（受）	測量士補	建築士（受）
〔人間福祉〕	*1		*1															*2	○	*3		
〔子ども未来〕		○																				
〔人間科〕																						

*1共生社会　*2社会福祉（介護福祉専攻）　*3社会福祉（社会福祉専攻）

東洋英和女学院大学	中高教諭	幼稚園教諭	小学校教諭	特別支援学校教諭	養護教諭	学芸員	学校図書館司書教諭	司書	社会教育主事（任）	保育士	栄養士	管理栄養士（受）	食品衛生管理者（任）	理学療法士（受）	作業療法士（受）	診療放射線技師（受）	臨床検査技師（受）	介護福祉士（受）	社会福祉士（受）	精神保健福祉士（受）	測量士補	建築士（受）
〔人間科学〕	*1	*2						○	○	*2												
〔国際社会〕								○	○													

*1人間科学　*2保育子ども

フェリス女学院大学	中高教諭	幼稚園教諭	小学校教諭	特別支援学校教諭	養護教諭	学芸員	学校図書館司書教諭	司書	社会教育主事（任）	保育士	栄養士	管理栄養士（受）	食品衛生管理者（任）	理学療法士（受）	作業療法士（受）	診療放射線技師（受）	臨床検査技師（受）	介護福祉士（受）	社会福祉士（受）	精神保健福祉士（受）	測量士補	建築士（受）
〔文〕	*																					
〔国際交流〕	○																					
〔音楽〕	○																					

＊英語英米文、日本語日本文

横浜商科大学	中高教諭	幼稚園教諭	小学校教諭	特別支援学校教諭	養護教諭	学芸員	学校図書館司書教諭	司書	社会教育主事（任）	保育士	栄養士	管理栄養士（受）	食品衛生管理者（任）	理学療法士（受）	作業療法士（受）	診療放射線技師（受）	臨床検査技師（受）	介護福祉士（受）	社会福祉士（受）	精神保健福祉士（受）	測量士補	建築士（受）
〔商〕商	△																					

横浜創英大学	中高教諭	幼稚園教諭	小学校教諭	特別支援学校教諭	養護教諭	学芸員	学校図書館司書教諭	司書	社会教育主事（任）	保育士	栄養士	管理栄養士（受）	食品衛生管理者（任）	理学療法士（受）	作業療法士（受）	診療放射線技師（受）	臨床検査技師（受）	介護福祉士（受）	社会福祉士（受）	精神保健福祉士（受）	測量士補	建築士（受）
〔看護〕					○																	
〔こども教育〕		○																				

横浜薬科大学	中高教諭	幼稚園教諭	小学校教諭	特別支援学校教諭	養護教諭	学芸員	学校図書館司書教諭	司書	社会教育主事（任）	保育士	栄養士	管理栄養士（受）	食品衛生管理者（任）	理学療法士（受）	作業療法士（受）	診療放射線技師（受）	臨床検査技師（受）	介護福祉士（受）	社会福祉士（受）	精神保健福祉士（受）	測量士補	建築士（受）
〔薬〕	*																					

＊薬科

甲信越・北陸

新潟医療福祉大学	中高教諭	幼稚園教諭	小学校教諭	特別支援学校教諭	養護教諭	学芸員	学校図書館司書教諭	司書	社会教育主事（任）	保育士	栄養士	管理栄養士（受）	食品衛生管理者（任）	理学療法士（受）	作業療法士（受）	診療放射線技師（受）	臨床検査技師（受）	介護福祉士（受）	社会福祉士（受）	精神保健福祉士（受）	測量士補	建築士（受）
〔健康科〕	*1		*1		*2							★*3	*3									
〔社会福祉〕																		○	○	○		
〔医療技術〕																*4	*5					
〔リハビリテーション〕														*6	*7							

*1健康スポーツ（小学校教諭は二種）　*2看護　*3健康栄養　*4診療放射線　*5臨床技術　*6理学療法　*7作業療法

新潟薬科大学	中高教諭	幼稚園教諭	小学校教諭	特別支援学校教諭	養護教諭	学芸員	学校図書館司書教諭	司書	社会教育主事（任）	保育士	栄養士	管理栄養士（受）	食品衛生管理者（任）	理学療法士（受）	作業療法士（受）	診療放射線技師（受）	臨床検査技師（受）	介護福祉士（受）	社会福祉士（受）	精神保健福祉士（受）	測量士補	建築士（受）
〔応用生命科〕応用生命科	○		○										○									
〔医療技術〕																	○					
〔看護〕					※																	

※保健師国家資格取得と指定科目単位の修得が必要

金沢工業大学	中高教諭	幼稚園教諭	小学校教諭	特別支援学校教諭	養護教諭	学芸員	学校図書館司書教諭	司書	社会教育主事（任）	保育士	栄養士	管理栄養士（受）	食品衛生管理者（任）	理学療法士（受）	作業療法士（受）	診療放射線技師（受）	臨床検査技師（受）	介護福祉士（受）	社会福祉士（受）	精神保健福祉士（受）	測量士補	建築士（受）
〔工〕	※1																					*
〔情報フロンティア〕	△※2																					
〔建築〕	△																					○
〔バイオ・化学〕	○																					

※1情報工は中高教諭。その他は高校教諭のみ　※2心理科を除く　＊環境土木工

金沢星稜大学	中高教諭	幼稚園教諭	小学校教諭	特別支援学校教諭	養護教諭	学芸員	学校図書館司書教諭	司書	社会教育主事（任）	保育士	栄養士	管理栄養士（受）	食品衛生管理者（任）	理学療法士（受）	作業療法士（受）	診療放射線技師（受）	臨床検査技師（受）	介護福祉士（受）	社会福祉士（受）	精神保健福祉士（受）	測量士補	建築士（受）
〔経済〕	*																					
〔人間科〕スポーツ	○	○	○																			
こども		○	○							○												
〔人文〕	○																					

＊経済、経営（経営は高校教諭のみ）

大学名 〔学部〕学科（専攻）	教育・保育系										栄養系			医療系				福祉系			工学系	
	中高教諭	幼稚園教諭	小学校教諭	特別支援学校教諭	養護教諭	学芸員	学校図書館司書教諭	司書	社会教育主事(任)	保育士	栄養士	管理栄養士(受)	食品衛生管理者(任)	理学療法士(受)	作業療法士(受)	診療放射線技師(受)	臨床検査技師(受)	介護福祉士(受)	社会福祉士(受)	精神保健福祉士(受)	測量士補	建築士(受)
北陸学院大学																						
〔教育〕	*1	○	○							*2												
〔社会〕								○											○			
〔健康科〕											★	○	○									
*1初等中等教育　*2幼児教育																						
福井工業大学																						
〔工〕	△																				*1	*1
〔環境〕	※											*2										*3
〔スポーツ健康科〕	○																					
〔経営情報〕	△																					
※デザインは高校教諭のみ　*1建築土木工　*2環境食品応用化　*3デザイン（指定科目の修得が必要）																						
山梨学院大学																						
〔健康栄養〕											★	○										
〔法〕	○																					
〔経営〕	△																					
〔スポーツ科〕	○																					
佐久大学																						
〔看護〕					※																	
〔人間福祉〕																		○	○			
※二種																						
清泉大学 2025年4月清泉女学院大学より名称変更予定																						
〔人間〕	*1							*2		*2												
〔看護〕																						
*1心理コミュニケーション（英語コミュニケーションコース）　*2文化																						
長野保健医療大学																						
〔保健科〕														*1	*2							
〔看護〕					※																	
※二種（保健師資格取得後申請）　*1理学療法学専攻　*2作業療法学専攻																						
松本大学																						
〔総合経営〕　総合経営	△							○	○													
観光ホスピタリティ	○				※			○	○													
〔人間健康〕　健康栄養											★	○	○									
スポーツ健康	○							○	○													
〔教育〕	○	○	○					○	○													
※二種（明星大学の通信課程を履修すること）																						

中　部

大学名 〔学部〕学科（専攻）	中高教諭	幼稚園教諭	小学校教諭	特別支援学校教諭	養護教諭	学芸員	学校図書館司書教諭	司書	社会教育主事(任)	保育士	栄養士	管理栄養士(受)	食品衛生管理者(任)	理学療法士(受)	作業療法士(受)	診療放射線技師(受)	臨床検査技師(受)	介護福祉士(受)	社会福祉士(受)	精神保健福祉士(受)	測量士補	建築士(受)
朝日大学																						
〔法〕	○																					
〔経営〕	△																					
〔保健医療〕	*																					
*健康スポーツ科																						
岐阜協立大学																						
〔経済〕	△																				*	
〔経営〕																						
※経営情報は高校教諭のみ　*公共政策																						
岐阜聖徳学園大学																						
〔教育〕	※1	○	○	*1		*2		○		*3												
〔外国語〕	○																					
〔経済情報〕	△																					
〔看護〕					※2																	
※1保育専修を除く　※2人数制限あり　*1特別支援教育専修（知的障害者・肢体不自由者・病弱者）　*2国語専修、社会専修、理科専修の希望の中から選考・人数制限あり　*3保育専修																						
岐阜保健大学																						
〔リハビリテーション〕														*1	*2							
*1理学療法　*2作業療法																						

私立大学で取得できる国家資格一覧

大学名 〔学部〕学科（専攻）	中高教諭	幼稚園教諭	小学校教諭	特別支援学校教諭	養護教諭	学芸員	学校図書館司書教諭	司書	社会教育主事(任)	保育士	栄養士	管理栄養士(受)	食品衛生管理者	理学療法士(受)	作業療法士(受)	診療放射線技師(受)	臨床検査技師(受)	介護福祉士(受)	社会福祉士(受)	精神保健福祉士(受)	測量士補	建築士(受)
静岡英和学院大学																						
〔人間社会〕人間社会	○																					
コミュニティ福祉	△	○								○												
静岡福祉大学																						
〔社会福祉〕																		*1	○	*2		
〔子ども〕		○	○	※						○												
※星槎大学共生科学部通信制課程との併修で取得可　*1健康福祉　*2福祉心理																						
静岡理工科大学																						
〔理工〕	△※												*1								*2	*3
〔情報〕	△*4																					
※土木工を除く　*1物質生命科　*2土木工　*3建築　*4コンピュータシステム																						
聖隷クリストファー大学																						
〔看護〕					○																	
〔社会福祉〕																		*1	*2	*3		
〔リハビリテーション〕														*4	*5							
〔国際教育〕		○	○	○																		
*1社会福祉（介護福祉コース）　*2社会福祉　*3社会福祉（ソーシャルワークコース、福祉心理コース）　*4理学療法　*5作業療法																						
常葉大学																						
〔教育〕	※	*1	*1			*2		*1	*2	*2												
〔外国語〕	*3																					
〔経営〕	△																					
〔社会環境〕	○																					
〔保育〕		○								○												
〔造形〕	○					○																○
〔健康科〕														*4								
〔健康プロデュース〕	*5	*6								*6	★7	*7										
〔保健医療〕														*8	*9							
※生涯学習（生涯学習専攻）、心理教育を除く　*1初等教育課程　*2生涯学習（生涯学習専攻）　*3英米語　*4静岡理学療法　*5心身マネジメント　*6こども健康　*7健康栄養　*8理学療法　*9作業療法																						
浜松学院大学																						
〔現代コミュニケーション〕子どもコミュニケーション	※	*	○	○						*												
※星槎大学との連携により取得可能（別途費用が必要）　*幼児教育・保育専攻																						
愛知大学																						
〔文〕	※1		※2			○	※3	○	○													
〔経済〕	○		※4			○	○	○	○													
〔法〕	○		※4			○	○	○	○													
〔経営〕	※5		※4			○	○	○	○													
〔国際コミュニケーション〕	○		※4			○	○	○	○													
〔現代中国〕	○		※4			○	○	○	○													
〔地域政策〕	○		※4			○	○	○	○													
※1心理を除く　※2別途佛教大学への学費が必要　※3心理を除く　※4別途佛教大学への学費が必要（会計ファイナンスは取得不可）　※5会計ファイナンスは高校教諭のみ																						
愛知医科大学																						
〔看護〕					*																	
＊二種（保健師国家試験合格後、申請により取得可能）																						
愛知学院大学																						
〔文〕	○					*1		○	○													
〔心理〕	○					○		○	○													
〔健康科〕	*2					*2	*2	*2	*2		★3	*3	*3									
〔商〕	△																					
〔経営〕	○								○													
〔法〕	○							○	○													
〔総合政策〕	○							○	○													
〔経済〕	△								○													
*1歴史、日本文化、宗教文化　*2健康科　*3健康栄養																						

大学名／〔学部〕学科（専攻）	教育・保育系 中高教諭	幼稚園教諭	小学校教諭	特別支援学校教諭	養護教諭	学芸員	学校図書館司書教諭	司書	社会教育主事(任)	保育士	栄養系 栄養士	管理栄養士(受)	食品衛生管理者(任)	医療系 理学療法士(受)	作業療法士(受)	診療放射線技師(受)	臨床検査技師(受)	福祉系 介護福祉士(受)	社会福祉士(受)	精神保健福祉士(受)	工学系 測量士補	建築士(受)
愛知工業大学																						
〔工〕	△																				*1	*2
〔情報科〕	△																					
〔経営〕	△																					
*1社会基盤　*2建築																						
愛知淑徳大学																						
〔文〕	○																					
〔教育〕※	○		○			○																
〔人間情報〕	○					○																
〔健康医療科〕スポーツ・健康医科／医療貢献	○					*								*1			*2					
〔食健康科〕						*3					★4	*4	○									
〔福祉貢献〕福祉貢献（社会福祉）																			○	○ *		
（子ども福祉）		○								○												
〔交流文化〕	○																					
〔ビジネス〕	△																					
〔グローバル・コミュニケーション〕	○																					
〔創造表現〕	○					○																
〔建築〕※																						○
※2025年4月開設〈仮称・設置構想中〉　*1理学療法学専攻　*2臨床検査学専攻　*3食創造科　*4健康栄養																						
愛知東邦大学																						
〔人間健康〕	○																					
〔教育〕		○	○																			
愛知文教大学																						
〔人文〕	○																					
桜花学園大学																						
〔保育〕		○	*	*						○												
〔国際〕	○		※																			
※保育学部の科目履修が必要　*保育																						
金城学院大学																						
〔文〕	○						*1	*1	*1													
〔生活環境〕	○										★2	*2	*2									*3
〔国際情報〕	※1																					
〔人間科〕	※2	*4	*4						*4										*5	*6		
〔薬〕	○												○									
〔看護〕					※3																	
※1国際情報（メディアスタディーズコース）は高校教諭のみ　※2現代子ども教育は中学校教諭のみ。コミュニティ福祉は高校教諭のみ　※3二種（保健師免許取得後、申請により取得）　*1日本語日本文化　*2食環境栄養　*3環境デザイン　*4現代子ども教育　*5コミュニティ福祉　*6多元心理																						
至学館大学																						
〔健康科〕	※	*1	*1							*1	★2	*2	*2									
※栄養科除く。こども健康・教育は中学校教諭のみ　*1こども健康・教育　*2栄養科																						
椙山女学園大学																						
〔生活科〕	○					○					★1	*1	*1									*2
〔外国語〕※	*3							○	*3	○												
〔人間関係〕	※1							○	○										*4			
〔情報社会〕※	※2							○	○													
〔現代マネジメント〕								○	○													
〔教育〕	*5	○	○							*6												
〔看護〕					○																	
※2024年4月開設　※1心理は高校教諭のみ　※2情報デザインは高校教諭のみ　*1管理栄養　*2生活環境デザイン　*3英語英米　*4人間共生　*5初等中等教育専修　*6保育・初等教育専修																						
大同大学																						
〔工〕	○																					

教育・保育系: 中高教諭〜保育士　栄養系: 栄養士〜食品衛生管理者（任）　医療系: 理学療法士〜臨床検査技師　福祉系: 介護福祉士〜精神保健福祉士　工学系: 測量士補・建築士

〔学部〕学科（専攻）	中高教諭	幼稚園教諭	小学校教諭	特別支援学校教諭	養護教諭	学芸員	学校図書館司書教諭	司書	社会教育主事（任）	保育士	栄養士	管理栄養士（受）	食品衛生管理者（任）	理学療法士（受）	作業療法士（受）	診療放射線技師（受）	臨床検査技師（受）	介護福祉士（受）	社会福祉士（受）	精神保健福祉士（受）	測量士補	建築士（受）
〔情報〕	*1																					
〔建築〕※																					*2	*3
※2024年4月開設　*1情報システム　*2都市空間インフラ専攻　*3かおりデザイン専攻、都市空間インフラ専攻は二級建築士のみ																						
中 京 大 学																						
〔国際〕	*1							○	*1	○												
〔文〕	○		※1					○	○	○												
〔心理〕	○		※1	※2				○	○	○												
〔法〕	○			※2				○	○	○												
〔経済〕	○			※2				○	○	○												
〔経営〕	○			※2				○	○	○												
〔総合政策〕	○			※2				○	○	○												
〔現代社会〕	※3		※1					○	※3	○									*2			
〔工〕	△*3																					
〔スポーツ科〕																						
※1二種（日本文、言語表現、現代社会（社会福祉学専攻、国際文化専攻）、スポーツマネジメント、トレーナー、競技スポーツ科を除く。提携校の通信教育課程を履修すること）　※2提携校の通信教育課程を履修すること　※3社会福祉学専攻、国際文化専攻を除く　*1言語文化　*2社会福祉学専攻　*3電気電子工																						
中 部 大 学																						
〔工〕	△																				*1	*2
〔国際関係〕	△							○	○													
〔人文〕	※1							*3														
〔経営情報〕																						
〔応用生物〕	△※2					*4					★*5	*5	○									
〔生命健康科〕						*6								*7	*8		*9					
〔現代教育〕	*10	*11	*12	*12						*11												
〔理工〕	△*13																					
※1日本語日本文化、歴史地理は中学校教諭のみ、メディア情報、心理は高校教諭のみ　※2食品栄養科（管理栄養科学専攻）を除く　*1都市建設工　*2建築　*3日本語日本文化、メディア情報、歴史地理　*4環境生物科　*5食品栄養科（管理栄養科学専攻）　*6保健看護　*7理学療法　*8作業療法　*9生命医科　*10現代教育（中学校教諭のみ）　*11幼児教育　*12現代教育（現代教育専攻）　*13数理・物理サイエンス																						
東 海 学 園 大 学																						
〔経営〕	○																					
〔人文〕	○							○	○													
〔教育〕	※1	※2	*1		*2			*1		*3												
〔スポーツ健康科〕	○																					
〔健康栄養〕											★※3	○	○									
※1保育専攻を除く　※2養護教諭専攻を除く　※3栄養教諭一種は管理栄養士専攻のみ　*1教育栄養教育専攻　*2養護教諭専攻　*3保育専攻																						
名 古 屋 葵 大 学（構想中） 2025年4月名古屋女子大学より名称変更予定																						
〔医療科〕理学療法														○								
作業療法															○							
〔健康科〕健康栄養											★	○	○									
看護					※																	
〔家政〕生活環境	○																					○
〔児童教育〕児童教育		○								○												
※二種																						
名 古 屋 外 国 語 大 学																						
〔外国語〕	○		※																			
〔世界教養〕	○		※																			
〔現代国際〕	○		※																			
※聖徳大学との提携により、二種免許状の取得が可能																						
名 古 屋 学 院 大 学																						
〔現代社会〕	○																					
〔商〕	△																					

大学名 / 〔学部〕学科（専攻）	教育・保育系										栄養系			医療系				福祉系			工学系	
	中高教諭	幼稚園教諭	小学校教諭	特別支援学校教諭	養護教諭	学芸員	学校図書館司書教諭	司書	社会教育主事(任)	保育士	栄養士	管理栄養士(受)	食品衛生管理者(任)	理学療法士(受)	作業療法士(受)	診療放射線技師(受)	臨床検査技師(受)	介護福祉士(受)	社会福祉士(受)	精神保健福祉士(受)	測量士補	建築士(受)
〔外国語〕	○																					
〔スポーツ健康〕	○																					
〔リハビリテーション〕														○								
名 古 屋 学 芸 大 学																						
〔メディア造形〕																						*
〔管理栄養〕											★	○	○									
〔ヒューマンケア〕子どもケア（※）					○																	
（幼児保育）		○	○																			
（児童発達教育）																						
※子どもケア専攻〈養護教諭〉　*デザイン																						
名 古 屋 商 科 大 学																						
〔国際〕	△*1																					
〔経営〕	△*2																					
〔経済〕	△																					
〔商〕	△																					
*1国際　*2経営																						
南 山 大 学																						
〔人文〕	※1					○	○	○														
〔外国語〕	○					○	○	○														
〔経済〕	○					○	○	○														
〔経営〕	△					○	○	○														
〔法〕	○					○	○	○														
〔総合政策〕	○					○	○	○														
〔理工〕	※2					○		※3														
※1心理人間は高校教諭のみ　※2電子情報工学、機械システム工学を除く。ソフトウェア工学は高校教諭のみ　※3電子情報工学、機械システム工学を除く																						
日 本 福 祉 大 学																						
〔社会福祉〕	*1								*2										○	*3		
〔経済〕	○																					
〔健康科〕														*4	*5			*6	*6			*7
〔教育・心理〕	*8	*9	*10	*10					*9													
〔国際〕	○																					
〔スポーツ科〕	○		○																			
〔工〕※																						*11
※2025年4月開設予定（仮称・設置構想中）　*1人間福祉専修（高校教諭のみ）　*2子ども専修　*3医療専修、人間福祉専修（理学療法学専攻）　*4リハビリテーション（理学療法学専攻）　*5リハビリテーション（作業療法学専攻）　*6リハビリテーション（介護学専攻）　*7福祉工（建築バリアフリー専修）　*8学校教育（中学校教諭のみ）　*9子ども発達　*10学校教育　*11建築学専修																						
名 城 大 学																						
〔外国語〕	○					○																
〔法〕	○					○																
〔経営〕	△					○																
〔経済〕	○					○																
〔理工〕	※																				*1	*2
〔農〕	○												*3									
〔都市情報〕	△																					
〔人間〕	○					○																
〔情報工〕	△																					
※メカトロニクス工、環境創造工は高校教諭のみ　*1社会基盤デザイン工、環境創造工　*2環境創造工、建築　*3応用生物化																						
皇 學 館 大 学																						
〔文〕	○		※1			※2	※3	※3														
〔教育〕	※4	*1	○			○			*1													
〔現代日本社会〕	○																		*2	*2		
※1神道を除く。選考・人数制限あり　※2国文、コミュニケーションを除く　※3神道、コミュニケーションを除く　※4幼児教育コースを除く　*1幼児教育コース　*2福祉展開コース																						

大学名／〔学部〕学科(専攻)	中高教諭	幼稚園教諭	小学校教諭	特別支援学校教諭	養護教諭	学芸員	学校図書館司書教諭	司書	社会教育主事・任	保育士	栄養士	管理栄養士(受)	食品衛生管理者・任	理学療法士(受)	作業療法士(受)	診療放射線技師(受)	臨床検査技師(受)	介護福祉士(受)	社会福祉士(受)	精神保健福祉士(受)	測量士補	建築士(受)
鈴鹿医療科学大学 〔保健衛生〕											*1	*1		*2	*3	*4	*5		*6	*6		

*1医療栄養　*2リハビリテーション(理学療法学専攻)　*3リハビリテーション(作業療法学専攻)　*4放射線技術科　*5臨床検査　*6医療福祉(医療福祉学専攻)

近畿

大学名／〔学部〕学科(専攻)	中高教諭	幼稚園教諭	小学校教諭	特別支援学校教諭	養護教諭	学芸員	学校図書館司書教諭	司書	社会教育主事・任	保育士	栄養士	管理栄養士(受)	食品衛生管理者・任	理学療法士(受)	作業療法士(受)	診療放射線技師(受)	臨床検査技師(受)	介護福祉士(受)	社会福祉士(受)	精神保健福祉士(受)	測量士補	建築士(受)
長浜バイオ大学 〔バイオサイエンス〕													*1				*2					

*1アニマルバイオサイエンス　*2フロンティアバイオサイエンス(臨床検査学コース)

大学名／〔学部〕学科(専攻)	中高教諭	幼稚園教諭	小学校教諭	特別支援学校教諭	養護教諭	学芸員	学校図書館司書教諭	司書	社会教育主事・任	保育士	栄養士	管理栄養士(受)	食品衛生管理者・任	理学療法士(受)	作業療法士(受)	診療放射線技師(受)	臨床検査技師(受)	介護福祉士(受)	社会福祉士(受)	精神保健福祉士(受)	測量士補	建築士(受)
びわこ学院大学 〔教育福祉〕　子ども	※1	○	○	○	○			○														
スポーツ教育	○		※2	○	○			○														

※1中学校教諭(二種)のみ　※2二種

大学名／〔学部〕学科(専攻)	中高教諭	幼稚園教諭	小学校教諭	特別支援学校教諭	養護教諭	学芸員	学校図書館司書教諭	司書	社会教育主事・任	保育士	栄養士	管理栄養士(受)	食品衛生管理者・任	理学療法士(受)	作業療法士(受)	診療放射線技師(受)	臨床検査技師(受)	介護福祉士(受)	社会福祉士(受)	精神保健福祉士(受)	測量士補	建築士(受)
びわこ成蹊スポーツ大学 〔スポーツ〕	○																					

大学名／〔学部〕学科(専攻)	中高教諭	幼稚園教諭	小学校教諭	特別支援学校教諭	養護教諭	学芸員	学校図書館司書教諭	司書	社会教育主事・任	保育士	栄養士	管理栄養士(受)	食品衛生管理者・任	理学療法士(受)	作業療法士(受)	診療放射線技師(受)	臨床検査技師(受)	介護福祉士(受)	社会福祉士(受)	精神保健福祉士(受)	測量士補	建築士(受)
大谷大学 〔文〕	※1					○	※2	○	○													
〔社会〕						○		○	○											*1		
〔教育〕		*2	*3			○	○	○	○	*2												
〔国際〕						○	○	○	○													

※1仏教を除く。哲は高校教諭のみ　※2仏教を除く　*1コミュニティデザイン　*2教育(幼児教育コース)　*3教育(初等教育コース)

大学名／〔学部〕学科(専攻)	中高教諭	幼稚園教諭	小学校教諭	特別支援学校教諭	養護教諭	学芸員	学校図書館司書教諭	司書	社会教育主事・任	保育士	栄養士	管理栄養士(受)	食品衛生管理者・任	理学療法士(受)	作業療法士(受)	診療放射線技師(受)	臨床検査技師(受)	介護福祉士(受)	社会福祉士(受)	精神保健福祉士(受)	測量士補	建築士(受)
京都外国語大学 〔外国語〕	○		※			○		○	○													
〔国際貢献〕																						

※他大学との連携により通信教育で取得可能

大学名／〔学部〕学科(専攻)	中高教諭	幼稚園教諭	小学校教諭	特別支援学校教諭	養護教諭	学芸員	学校図書館司書教諭	司書	社会教育主事・任	保育士	栄養士	管理栄養士(受)	食品衛生管理者・任	理学療法士(受)	作業療法士(受)	診療放射線技師(受)	臨床検査技師(受)	介護福祉士(受)	社会福祉士(受)	精神保健福祉士(受)	測量士補	建築士(受)
京都産業大学 〔経済〕	○		※																			
〔経営〕	△		※																			
〔法〕	○		※																			
〔現代社会〕	○		※																			
〔国際関係〕	○																					
〔外国語〕	○		※																			
〔文化〕	○		※																			
〔理〕	○		※																			
〔情報理工〕	○																					
〔生命科〕	○		※						○													

※佛教大学または聖徳大学の通信教育で取得可能(中高教諭一種免許状の教職課程の履修が条件)

大学名／〔学部〕学科(専攻)	中高教諭	幼稚園教諭	小学校教諭	特別支援学校教諭	養護教諭	学芸員	学校図書館司書教諭	司書	社会教育主事・任	保育士	栄養士	管理栄養士(受)	食品衛生管理者・任	理学療法士(受)	作業療法士(受)	診療放射線技師(受)	臨床検査技師(受)	介護福祉士(受)	社会福祉士(受)	精神保健福祉士(受)	測量士補	建築士(受)
京都女子大学 〔文〕国文／史	○					○	○	○														
英語文化コミュニケーション	○					○	○	○														
〔発達教育〕	○	○	○			○	○	○		○												
〔心理共生〕※	○					○	○	○											○			
〔家政〕食物栄養	○										★	○	○									
生活造形	○																					○
〔現代社会〕	○							○														
〔法〕	○																					
〔データサイエンス〕	○							○														

※2024年4月開設

大学名／〔学部〕学科(専攻)	中高教諭	幼稚園教諭	小学校教諭	特別支援学校教諭	養護教諭	学芸員	学校図書館司書教諭	司書	社会教育主事・任	保育士	栄養士	管理栄養士(受)	食品衛生管理者・任	理学療法士(受)	作業療法士(受)	診療放射線技師(受)	臨床検査技師(受)	介護福祉士(受)	社会福祉士(受)	精神保健福祉士(受)	測量士補	建築士(受)
京都精華大学 〔芸術〕	○					○		○														
〔デザイン〕	※1					※2		※2														*
〔マンガ〕	○					○		○														
〔国際文化〕	○					○		○														
〔メディア表現〕	△					○		○														

大学名 〔学部〕学科（専攻）	教育・保育系										栄養系			医療系				福祉系			工学系	
	中高教諭	幼稚園教諭	小学校教諭	特別支援学校教諭	養護教諭	学芸員	学校図書館司書教諭	司書	社会教育主事（任）	保育士	栄養士	管理栄養士（受）	食品衛生管理者（任）	理学療法士（受）	作業療法士（受）	診療放射線技師（受）	臨床検査技師（受）	介護福祉士（受）	社会福祉士（受）	精神保健福祉士（受）	測量士補	建築士（受）

※1デジタルクリエイションコース、ファッションコース、建築コースを除く　※2建築コースを除く　＊ライフクリエイションコース、建築コース

京 都 橘 大 学

〔学部〕学科	中高	幼	小	特支	養護	学芸	司書教諭	司書	社教	保育	栄養	管栄	食品	理学	作業	放射	臨検	介護	社福	精福	測量	建築
〔国際英語〕	○							○	○													
〔文〕	○					○		○	○													
〔発達教育〕		○	○				○	○	○	○	*1											
〔総合心理〕	△																					
〔経済〕	○							○	○													
〔経営〕	○							○	○													
〔工〕	△*2					*2																*3
〔看護〕					○																	
〔健康科〕														*4	*5		*6					

*1幼児教育コース　*2情報工学　*3建築デザイン　*4理学療法　*5作業療法　*6臨床検査

京 都 文 教 大 学

〔学部〕学科	中高	幼	小	特支	養護	学芸	司書教諭	司書	社教	保育	栄養	管栄	食品	理学	作業	放射	臨検	介護	社福	精福	測量	建築
〔総合社会〕	○							○														
〔臨床心理〕	△							○												○		
〔こども教育〕		○	○					○		○												

同 志 社 大 学

〔学部〕	中高	幼	小	特支	養護	学芸	司書教諭	司書	社教	保育	栄養	管栄	食品	理学	作業	放射	臨検	介護	社福	精福	測量	建築
〔神〕	○		※					○	○													
〔文〕	○		※			○		○	○													
〔社会〕	○		※					○	○										○	○		
〔法〕	○		※					○														
〔経済〕	○		※					○														
〔商〕	○		※					○														
〔政策〕	○		※					○														
〔グローバル地域文化〕	○		※					○														
〔文化情報〕	○		※					○														
〔理工〕	○		※					○														
〔生命医科〕	○		※					○														
〔スポーツ健康科〕	○		※					○														
〔心理〕	○		※					○														
〔グローバル・コミュニケーション〕	＊		※＊																			

※他大学の通信教育部・通信教育課程との連携プログラムによる　＊英語コース

同 志 社 女 子 大 学

〔学部〕学科（専攻）	中高	幼	小	特支	養護	学芸	司書教諭	司書	社教	保育	栄養	管栄	食品	理学	作業	放射	臨検	介護	社福	精福	測量	建築
〔表象文化〕	○		※1					○														
〔学芸〕　音楽	○		※1					○														
メディア創造	△		※1					○														
国際教養								○														
〔生活科〕　人間生活	○		※1					○														○
食物栄養科（食物科学）	○		※1					○			○		○									
（管理栄養士）											★	○	○									
〔現代社会〕　社会システム	○		※1					○														
現代こども	※2	○	○					○	○	○												
〔看護〕					○																	

※1中高教諭免許の取得が前提。音楽文化専攻は現代こども学科の小学校教諭免許課程の科目履修により取得可能。その他は佛教大学通信教育課程の科目履修により取得可能（いずれも選考あり）　※2小学校教諭免許の取得が前提。選考あり

佛 教 大 学

〔学部〕学科（専攻）	中高	幼	小	特支	養護	学芸	司書教諭	司書	社教	保育	栄養	管栄	食品	理学	作業	放射	臨検	介護	社福	精福	測量	建築
〔仏教〕	○	※	※	○		○	○	○	○													
〔文〕	○	※	※	○		○	○	○	○													
〔歴史〕	○	※	※	○		○	○	○	○													
〔教育〕　教育	○	※	○	○		○	○	○	○													
臨床心理	○	※	○			○	○	○	○													
幼児教育	※	○	○			○	○	○	○	○												
〔社会〕	○					○	○	○	○													
〔社会福祉〕	○	※	※			○	○	○	○										○	○		
〔保健医療技術〕														*1	*2							

※通信課程により取得可能　*1理学療法　*2作業療法

大学名〔学部〕学科（専攻）	中高教諭	幼稚園教諭	小学校教諭	特別支援学校教諭	養護教諭	学芸員	学校図書館司書教諭	司書	社会教育主事(任)	保育士	栄養士	管理栄養士(受)	食品衛生管理者(任)	理学療法士(受)	作業療法士(受)	診療放射線技師(受)	臨床検査技師(受)	介護福祉士(受)	社会福祉士(受)	精神保健福祉士(受)	測量士補	建築士(受)
立命館大学																						
〔法〕	○		※1																			
〔産業社会〕	※2	*1	※2																*2			
〔文〕	○		※1			○		○	○												*3	
〔映像〕						○		○	○													
〔経済〕	○		※1																			
〔スポーツ健康科〕	○		※1																			
〔理工〕	※3		※1																		*4	*5
〔情報理工〕	△																					
〔生命科〕	○																					
〔薬〕													○									

※1法、文、経済、スポーツ健康科、理工（数理科、物理科）、生命科は他大学のプログラムの履修が必要　※2子ども社会専攻を除く　※3電気電子工、電子情報工、機械工、ロボティクス、環境都市工、建築都市デザインは高校教諭のみ　*1子ども社会専攻（子ども社会専攻以外は他大学のプログラムの履修が必要）　*2人間福祉専攻　*3地理学専攻　*4環境都市工　*5建築都市デザイン

大学名〔学部〕学科（専攻）	中高教諭	幼稚園教諭	小学校教諭	特別支援学校教諭	養護教諭	学芸員	学校図書館司書教諭	司書	社会教育主事(任)	保育士	栄養士	管理栄養士(受)	食品衛生管理者(任)	理学療法士(受)	作業療法士(受)	診療放射線技師(受)	臨床検査技師(受)	介護福祉士(受)	社会福祉士(受)	精神保健福祉士(受)	測量士補	建築士(受)
龍谷大学																						
〔文〕	○					○		○	○													
〔経済〕	○																					
〔経営〕	○																					
〔法〕	○																					
〔政策〕	○																					
〔国際〕	○							○														
〔先端理工〕	※1							*1														
〔社会〕社会	○								○													
コミュニティマネジメント	○								○													
現代福祉	○																		○	○		
〔農〕	※2								*2		★3	*3	*3									
〔心理〕	△																					

※1知能情報メディア課程、電子情報通信課程、機械工学・ロボティクス課程は高校教諭のみ　※2食品栄養を除く。食料農業システムは高校教諭のみ　*1知能情報メディア課程、環境生態工学課程　*2農　*3食品栄養

大学名〔学部〕学科（専攻）	中高教諭	幼稚園教諭	小学校教諭	特別支援学校教諭	養護教諭	学芸員	学校図書館司書教諭	司書	社会教育主事(任)	保育士	栄養士	管理栄養士(受)	食品衛生管理者(任)	理学療法士(受)	作業療法士(受)	診療放射線技師(受)	臨床検査技師(受)	介護福祉士(受)	社会福祉士(受)	精神保健福祉士(受)	測量士補	建築士(受)
追手門学院大学																						
〔法〕			※					○	○													
〔経済〕	○		※					○	○													
〔経営〕	○		※					○	○													
〔心理〕	○		※					○	○													
〔社会〕	○		※					○	○													
〔地域創造〕	○		※					○	○													
〔国際〕	○		※					○	○													
〔文〕	*1		※					○	○													*2

※提携大学による通信教育課程を受講することが要件　*1日本文学専攻、歴史文化専攻　*2美学・建築文化専攻

大学名〔学部〕学科（専攻）	中高教諭	幼稚園教諭	小学校教諭	特別支援学校教諭	養護教諭	学芸員	学校図書館司書教諭	司書	社会教育主事(任)	保育士	栄養士	管理栄養士(受)	食品衛生管理者(任)	理学療法士(受)	作業療法士(受)	診療放射線技師(受)	臨床検査技師(受)	介護福祉士(受)	社会福祉士(受)	精神保健福祉士(受)	測量士補	建築士(受)
大阪青山大学																						
〔健康科〕											★	○	○									
〔子ども教育〕		○	○	○						○												
〔看護〕					※																	

※二種（保健師資格取得者は申請により取得可能）

大学名〔学部〕学科（専攻）	中高教諭	幼稚園教諭	小学校教諭	特別支援学校教諭	養護教諭	学芸員	学校図書館司書教諭	司書	社会教育主事(任)	保育士	栄養士	管理栄養士(受)	食品衛生管理者(任)	理学療法士(受)	作業療法士(受)	診療放射線技師(受)	臨床検査技師(受)	介護福祉士(受)	社会福祉士(受)	精神保健福祉士(受)	測量士補	建築士(受)
大阪学院大学																						
〔商〕	△		※					○	○													
〔経営〕経営	△		※					○	○													
ホスピタリティ経営								○														
〔経済〕	○		※					○	○													
〔法〕	○		※					○	○													
〔外国語〕	○		※					○	○													
〔国際〕	○		※					○	○													

大学名　〔学部〕学科(専攻)	教育・保育系										栄養系			医療系				福祉系			工学系	
	中高教諭	幼稚園教諭	小学校教諭	特別支援学校教諭	養護教諭	学芸員	学校図書館司書教諭	司書	社会教育主事(任)	保育士	栄養士	管理栄養士(受)	食品衛生管理者(任)	理学療法士(受)	作業療法士(受)	診療放射線技師(受)	臨床検査技師(受)	介護福祉士(受)	社会福祉士(受)	精神保健福祉士(受)	測量士補	建築士(受)
〔情報〕	△		※				○	○	○													
※教職課程履修者は神戸親和大学との提携により一種免許を取得可能																						
大阪経済大学																						
〔経済〕	○		※1																			
〔経営〕	※2		※1																			
〔情報社会〕	△		※1																			
〔人間科学〕	○		※1																			
〔国際共創〕※	○		※1																			
※2024年4月開設　※1協定大学で所定の単位の修得が必要　※2ビジネス法は高校教諭のみ																						
大阪経済法科大学																						
〔経済〕	○																					
〔法〕	○																					
大阪工業大学																						
〔工〕	○												*1								*2	*3
〔ロボティクス＆デザイン工〕	△																					*4
〔情報科〕	○																					
*1生命工　*2都市デザイン工　*3都市デザイン工、建築　*4空間デザイン																						
大阪産業大学																						
〔国際〕	○																					
〔スポーツ健康〕	○																					
〔経営〕	※1																					
〔経済〕	○																					
〔デザイン工〕	○																					*1
〔工〕	※2																				*2	*2
※1経営は高校教諭のみ　※2機械工、交通機械工、都市創造工は高校教諭のみ　*1建築・環境デザイン　*2都市創造工																						
大阪歯科大学																						
〔医療保健〕																	○					
〔看護〕					※																	
※二種（保健師免許取得者）																						
大阪女学院大学																						
〔国際・英語〕	○																					
大阪総合保育大学																						
〔児童保育〕　児童保育		○	○	○						○												
乳児保育		○	○							○												
大阪電気通信大学																						
〔工〕	○												*1									
〔情報通信工〕	○																					
〔総合情報〕	○																					
〔医療健康科〕	○													*2								
〔建築・デザイン〕※																						○
※2024年4月開設　*1基礎理工　*2理学療法																						
関西大学																						
〔法〕	○		※1			○	○	○	○													
〔文〕	○		*1			○	○	○	○													
〔経済〕	○		※1			○	○	○	○													
〔商〕	○		※1			○	○	○	○													
〔社会〕	※2		※1			○	○	○	○													
〔政策創造〕	※3		※1			○	○	○	○													
〔外国語〕	○		※1			○	○	○	○													
〔人間健康〕	○		※1			○	○	○	○										*2			
〔総合情報〕	△		※1			○	○	○	○													
〔社会安全〕	○		※1			○	○	○	○													
〔システム理工〕	○		※1																		*3	
〔環境都市工〕	※4		※1																		*4	*5
〔化学生命工〕	○		※1										*6									

768

私立大学で取得できる国家資格一覧

大学名〔学部〕学科(専攻)	中高教諭	幼稚園教諭	小学校教諭	特別支援学校教諭	養護教諭	学芸員	学校図書館司書教諭	司書	社会教育主事(任)	保育士	栄養士	管理栄養士(受)	食品衛生管理者(任)	理学療法士(受)	作業療法士(受)	診療放射線技師(受)	臨床検査技師(受)	介護福祉士(受)	社会福祉士(受)	精神保健福祉士(受)	測量士補	建築士(受)
	教育・保育系										栄養系			医療系				福祉系			工学系	
※1協定先の通信課程を受講　※2心理は高校教諭のみ　※3国際アジアは高校教諭のみ　※4建築は高校教諭のみ　*1初等教育学専修（ほかは協定先の通信課程を受講）　*2福祉と健康コース　*3数　*4都市システム工　*5建築　*6生命・生物工																						
関西医科大学〔リハビリテーション〕														*1	*2							
*1理学療法　*2作業療法																						
関西外国語大学〔英語キャリア〕	○		*					○	○													
〔外国語〕英米語/スペイン語	○							○	○													
〔英語国際〕	○																					
＊英語キャリア（小学校教員コース）																						
関西福祉科学大学〔社会福祉〕																		○	○	○		
〔心理科〕																				○		
〔教育〕		*1	*1							*1												
〔健康福祉〕健康科	○																					
福祉栄養											★	○	○									
〔保健医療〕														*2	*3							
*1子ども発達教育専攻　*2理学療法学専攻　*3作業療法学専攻																						
四天王寺大学〔文〕※	○							*1														
〔社会〕※	※1							*2											*3	*3		
〔教育〕	○	○	○	○	○			*4														
〔看護〕																						
※2024年4月開設　※1人間福祉は高校教諭のみ　*1日本　*2社会　*3人間福祉　*4幼児教育保育コース																						
摂南大学〔法〕	○						※1	※1														
〔国際〕	○						※1	※1														
〔経済〕	○						※1	※1														
〔経営〕	△						※1	※1														
〔現代社会〕	○						※1	※1														
〔理工〕	○						※1	※1													*1	*2
〔薬〕													○									
〔看護〕					※2																	
〔農〕	※3						※4	※4			★3	*3	*3									
※1提携校の通信課程を履修　※2二種（保健師免許取得後、申請により取得）　※3食品栄養、食農ビジネスを除く　※4食品栄養、食農ビジネスを除く（提携校の通信課程を履修）　*1都市環境工　*2住環境デザイン、建築、都市環境工　*3食品栄養																						
千里金蘭大学〔栄養〕											★	○										
〔教育〕		○	○							○												
〔看護〕					○																	
阪南大学〔国際コミュニケーション〕	○							○	○													
〔国際観光〕	○							○	○													
〔経済〕	○							○	○													
〔経営〕	△							○	○													
〔総合情報〕	△							○	○													
桃山学院大学〔国際教養〕	○		※					○	○													
〔社会〕社会	○		※					○	○													
ソーシャルデザイン								○	○									○	○	○		
〔法〕	○		※					○	○													
〔経済〕	○		※					○	○													
〔経営〕経営	○		※					○	○													
※協定先の通信課程を履修すること																						

大学名　〔学部〕学科（専攻）	教育・保育系										栄養系			医療系				福祉系			工学系	
	中高教諭	幼稚園教諭	小学校教諭	特別支援学校教諭	養護教諭	学芸員	学校図書館司書教諭	司書	社会教育主事（任）	保育士	栄養士	管理栄養士（受）	食品衛生管理者（任）	理学療法士（受）	作業療法士（受）	診療放射線技師（受）	臨床検査技師（受）	介護福祉士（受）	社会福祉士（受）	精神保健福祉士（受）	測量士補	建築士（受）
森ノ宮医療大学																						
〔看護〕					○																	
〔総合リハビリテーション〕														*1	*2							
〔医療技術〕	*3															*4	*5					
*1理学療法　*2作業療法　*3鍼灸（スポーツ特修コース）　*4診療放射線　*5臨床検査																						
大和大学																						
〔教育〕	○	*1	○							*1												
〔理工〕																						*2
〔保健医療〕														*3	*4							
〔社会〕	*5						○	*5	○													
*1初等幼児教育専攻　*2建築学専攻　*3総合リハビリテーション（理学療法学専攻）　*4総合リハビリテーション（作業療法学専攻）　*5現代社会学コース、メディア社会学コース																						
大手前大学																						
〔現代社会〕								○														
〔国際日本〕	○							○														
〔建築＆芸術〕	○																					○
〔健康栄養〕											★	○	○									
関西国際大学																						
〔教育〕教育福祉（こども学）	*1	※1	○	※1						*2												
（福祉学）										*3									○			
〔国際コミュニケーション〕グローバルコミュニケーション	○																					
〔社会〕	△																					
〔心理〕																						
〔経営〕																						
〔保健医療〕					※2																	
※1初等英語コースを除く　※2二種　*1初等英語コース（中学校教諭のみ）　*2教育・保育コース　*3福祉・保育コース																						
関西福祉大学																						
〔社会福祉〕																			○	○		
〔教育〕　児童教育		○	○							○												
保健教育	○				○																	
〔看護〕																						
関西学院大学																						
〔神〕	○							○														
〔文〕	※1						○	○														
〔社会〕	○							○														
〔法〕	○							○														
〔経済〕	○							○														
〔商〕	○																					
〔人間福祉〕	※2								※3										＊	＊		
〔国際〕	○																					
〔教育〕　教育（幼児教育学）		○						○		○												
（初等教育学）	※4	○	○					○														
（教育科学）	○							○														
〔総合政策〕	※5																					
〔理〕	○							○														
〔工〕	○							○														
〔生命環境〕	○							○														
〔建築〕																						○
※1総合心理科は高校教諭のみ　※2社会福祉を除く。社会起業は高校教諭のみ　※3社会福祉を除く　※4中学校教諭のみ　※5メディア情報は高校教諭のみ　＊社会福祉																						
甲南大学																						
〔文〕	○		※				*1	○	○													
〔理工〕	○		※				*2	○														
〔経済〕	○		※					○	○													
〔法〕	○		※					○	○													
〔経営〕	○		※					○	○													

大学名／〔学部〕学科（専攻）	教育・保育系										栄養系			医療系				福祉系			工学系	
	中高教諭	幼稚園教諭	小学校教諭	特別支援学校教諭	養護教諭	学芸員	学校図書館司書教諭	司書	社会教育主事(任)	保育士	栄養士	管理栄養士(受)	食品衛生管理者(任)	理学療法士(受)	作業療法士(受)	診療放射線技師(受)	臨床検査技師(受)	介護福祉士(受)	社会福祉士(受)	精神保健福祉士(受)	測量士補	建築士(受)
〔知能情報〕	○		※					○	○													

※中学校教諭免許状を取得し、神戸親和大学通信課程を受講　*1人間科、歴史文化　*2生物、物理

甲南女子大学

〔学部〕学科（専攻）	中高	幼	小	特支	養護	学芸員	司書教諭	司書	社教主事	保育士	栄養士	管栄	食衛	理学	作業	放射	臨検	介護	社福	精神	測量	建築
〔看護リハビリテーション〕				*1										*2								
〔文〕	※1							○	○													
〔人間科〕		*3	*3							*3												
〔医療栄養〕											★	○	○									
〔国際〕	※2							○	○													

※1メディア表現を除く　※2多文化コミュニケーションを除く　*1看護　*2理学療法　*3総合子ども

神戸学院大学

〔学部〕学科（専攻）	中高	幼	小	特支	養護	学芸員	司書教諭	司書	社教主事	保育士	栄養士	管栄	食衛	理学	作業	放射	臨検	介護	社福	精神	測量	建築
〔法〕	○																					
〔経済〕	○																					
〔経営〕	○																					
〔人文〕	○					○																
〔心理〕	△																					
〔現代社会〕	○																					
〔グローバル・コミュニケーション〕	*1																					
〔総合リハビリテーション〕	*2													*3	*4				*2	*2		
〔栄養〕											★5	*5	○				*6					

*1英語コース　*2社会リハビリテーション　*3理学療法　*4作業療法　*5管理栄養学専攻　*6臨床検査学専攻

神戸松蔭大学　2025年4月神戸松蔭女子学院大学より名称変更予定

〔学部〕学科（専攻）	中高	幼	小	特支	養護	学芸員	司書教諭	司書	社教主事	保育士	栄養士	管栄	食衛	理学	作業	放射	臨検	介護	社福	精神	測量	建築
〔文〕									*1	○												
〔人間科〕	※2												※	*3	*3	*3						
〔教育〕	*4	*5	*4	○					○	*5												

※食物栄養、ファッション・ハウジングデザインを除く　*1日本語日本文化　*2都市生活　*3食物栄養　*4学校教育専修　*5幼児教育専修

神戸女学院大学

〔学部〕学科（専攻）	中高	幼	小	特支	養護	学芸員	司書教諭	司書	社教主事	保育士	栄養士	管栄	食衛	理学	作業	放射	臨検	介護	社福	精神	測量	建築
〔文〕	○																					
〔音楽〕	○																					
〔人間科〕	○																					
〔心理〕																				○		
〔国際〕	*																					

*英語

神戸女子大学

〔学部〕学科（専攻）	中高	幼	小	特支	養護	学芸員	司書教諭	司書	社教主事	保育士	栄養士	管栄	食衛	理学	作業	放射	臨検	介護	社福	精神	測量	建築
〔文〕日本語日本文／英語英米文	○							○	○													
国際教養	○							○	○													
史	○					○		○	○													
教育	○	○	○							○												
〔家政〕家政	○																					
管理栄養士養成課程											★	○	○									
〔健康福祉〕社会福祉	○																	○	○	○		
健康スポーツ栄養	○										★*	※										
〔看護〕					○																	

※要実務経験　*二種

神戸親和大学

〔学部〕学科（専攻）	中高	幼	小	特支	養護	学芸員	司書教諭	司書	社教主事	保育士	栄養士	管栄	食衛	理学	作業	放射	臨検	介護	社福	精神	測量	建築
〔文〕国際文化	○		※1					○	○													
心理		※1	※1					○	○													
〔教育〕教育	※2	○	○	※3					○	※3												
スポーツ教育	○	※1	※1						○													

※1神戸親和大学通信教育プログラムの併修による　※2中学校教諭のみ　※3定員あり

神戸常盤大学

〔学部〕学科（専攻）	中高	幼	小	特支	養護	学芸員	司書教諭	司書	社教主事	保育士	栄養士	管栄	食衛	理学	作業	放射	臨検	介護	社福	精神	測量	建築
〔保健科〕看護																						
医療検査																	○					

大学名〔学部〕学科（専攻）	教育・保育系										栄養系			医療系				福祉系			工学系	
	中高教諭	幼稚園教諭	小学校教諭	特別支援学校教諭	養護教諭	学芸員	学校図書館司書教諭	司書	社会教育主事(任)	保育士	栄養士	管理栄養士(受)	食品衛生管理者	理学療法士(受)	作業療法士(受)	診療放射線技師(受)	臨床検査技師(受)	介護福祉士(受)	社会福祉士(受)	精神保健福祉士(受)	測量士補	建築士(受)
〔教育〕　診療放射線	※	○	○							○						○						
※中学校教諭のみ																						
兵 庫 大 学																						
〔現代ビジネス〕	△																					
〔健康科〕	*1				*1						★2	*2	*2									
〔教育〕	○	○	○		○					○												
〔看護〕					○																	
〔生涯福祉〕	△																	○	○			
*1健康システム　*2栄養マネジメント																						
兵 庫 医 科 大 学																						
〔リハビリテーション〕														*1	*2							
*1理学療法　*2作業療法																						
武 庫 川 女 子 大 学																						
〔文〕	○					○	○	○														
〔教育〕　　　　　　教育	※1	○	○			○	○	○	○	○												
〔心理・社会福祉〕								*1											*1	*1		
〔健康・スポーツ科〕	○					*2	*2															
〔生活環境〕	○					○		○														○
〔社会情報〕	○					○	○	○														
〔食物栄養科〕　食物栄養											★	○	○									
食創造科											○	※2	○									
〔音楽〕	○					○																
〔建築〕																					*3	○
〔薬〕　　健康生命薬科	○							○														
※1中学校教諭のみ　※2要実務経験　*1社会福祉　*2健康・スポーツ科　*3景観建築																						
流 通 科 学 大 学																						
〔商〕　　マーケティング	△																					
畿 央 大 学																						
〔教育〕	*1	※1	○	※2	*2				*3													
〔健康科〕	*4				*5						★6	*6		*7								*8
※1英語教育コース、保健教育コースを除く　※2英語教育コースを除く　*1学校教育コース、英語教育コース　*2保健教育コース　*3幼児教育コース　*4人間環境デザイン（アパレル・造形コース）　*5看護医療　*6健康栄養　*7理学療法　*8人間環境デザイン																						
帝 塚 山 大 学																						
〔教育〕		○	○		○		○	○		○												
〔文〕	○					○	○	○														
〔現代生活〕	*1					*1					★2	*2										*1
〔経済経営〕	○							○														
*1居住空間デザイン　*2食物栄養																						
天 理 大 学																						
〔人文〕	*1								*2									*3	*3			
〔国際〕	※																					
〔体育〕	○					○		○														
〔医療〕																	*4					
※日本除く。韓国・朝鮮語、中国語、外国語は高校教諭のみ　*1宗教、国文学国語、歴史文化　*2社会教育　*3社会福祉　*4臨床検査																						
奈 良 学 園 大 学																						
〔人間教育〕	※	*1	○	○						*1												
〔保健医療〕					*2									*3	*4							
※人間教育学専攻（乳幼児教育専修）を除く　*1人間教育学専攻（乳幼児教育専修、小学校専修）　*2看護（二種）　*3リハビリテーション（理学療法学専攻）　*4リハビリテーション（作業療法学専攻）																						
中 国 ・ 四 国																						
倉 敷 芸 術 科 学 大 学																						
〔芸術〕	○					○																

私立大学で取得できる国家資格一覧

大学名 〔学部〕学科（専攻）	教育・保育系 中高教諭	幼稚園教諭	小学校教諭	特別支援学校教諭	養護教諭	学芸員	学校図書館司書教諭	司書	社会教育主事（任）	保育士	栄養系 栄養士	管理栄養士（受）	食品衛生管理者（任）	医療系 理学療法士（受）	作業療法士（受）	診療放射線技師（受）	臨床検査技師（受）	福祉系 介護福祉士（受）	社会福祉士（受）	精神保健福祉士（受）	工学系 測量士補	建築士（受）
〔生命科〕	*1							*2									*3					
※1生命科、動物生命科、健康科 *2生命科、動物生命科 *3生命医科																						
広島経済大学 〔経済〕	○																					
〔経営〕	△*1																					
〔メディアビジネス〕	△*2																					
*1経営 *2ビジネス情報																						
広島国際大学 〔総合リハビリテーション〕リハビリテーション														*1	*2							
〔健康スポーツ〕	○								○													
〔保健医療〕医療技術 診療放射線																*3						
〔看護〕					※																	
〔健康科〕								*4	*4		★*5	*5	*5						*6	*6		
※二種（保健師免許取得後） *1理学療法学専攻 *2作業療法学専攻 *3臨床検査学専攻 *4社会（地域創生学専攻） *5医療栄養 *6社会（社会福祉学専攻）																						
広島修道大学 〔商〕	△																					
〔人文〕	○	*1	*1	*1					*2	*1												
〔法〕	○																					
〔経済科〕	※																					
〔人間環境〕	○																					
〔健康科〕											★*3	*3	*3									
〔国際コミュニティ〕	○								*4													
※経済情報は高校教諭のみ *1教育 *2人間関係、教育 *3健康栄養 *4地域行政																						
広島文教大学 〔教育〕	*1	*2	*3					※		*4												
〔人間科〕人間福祉										*5								*6	○	*5		
心理								○														
グローバルコミュニケーション								○														
人間栄養											★	○										
※初等教育専攻（幼児教育コース）を除く *1中等教育専攻 *2初等教育専攻 *3初等教育専攻（児童教育コース）。幼児教育コースは二種 *4初等教育専攻（幼児教育コース） *5社会福祉コース *6介護福祉コース																						
福山大学 〔経済〕	○※1																					
〔人間文化〕人間文化	○							○														
メディア・映像	△							○														
〔工〕	△																					*
〔生命工〕生物科	○												○									
健康栄養科											★	○	○									
海洋生物科	○							○					○									
〔薬〕													※2									
※1国際経済、税務会計は高校教諭のみ ※2薬剤師免許取得により取得可 ＊建築																						
福山平成大学 〔経営〕	△																					
〔福祉健康〕福祉	△																	○	○			
こども		○	○							○												
健康スポーツ科	○																					
〔看護〕	○																					
安田女子大学 〔文〕日本文／書道	○							○														
英語英米文	○							○														
〔教育〕	*1	○	○					※2		○												
〔心理〕現代心理	○							○														
〔家政〕生活デザイン	○							○														○
管理栄養	○										★	○	○									

大学名／〔学部〕学科（専攻）	中高教諭	幼稚園教諭	小学校教諭	特別支援学校教諭	養護教諭	学芸員	学校図書館司書教諭	司書	社会教育主事（任）	保育士	栄養士	管理栄養士（受）	食品衛生管理者（任）	理学療法士（受）	作業療法士（受）	診療放射線技師（受）	臨床検査技師（受）	介護福祉士（受）	社会福祉士（受）	精神保健福祉士（受）	測量士補	建築士（受）
〔薬〕													○									
〔看護〕					※3																	

※1中学校教諭のみ（小学校または幼稚園教諭免許状取得が前提）　※2小学校または幼稚園教諭免許状取得が前提　※3二種

山口学芸大学	中高	幼稚園	小学校	特別支援	養護	学芸員	司書教諭	司書	社会教育	保育士	栄養士	管理栄養士	食品衛生管理者	理学療法士	作業療法士	診療放射線技師	臨床検査技師	介護福祉士	社会福祉士	精神保健福祉士	測量士補	建築士
〔教育〕	○	○	○	○						○												

四国大学	中高	幼稚園	小学校	特別支援	養護	学芸員	司書教諭	司書	社会教育	保育士	栄養士	管理栄養士	食品衛生管理者	理学療法士	作業療法士	診療放射線技師	臨床検査技師	介護福祉士	社会福祉士	精神保健福祉士	測量士補	建築士
〔文〕	○						※	○	※													
〔経営情報〕	△																					
〔生活科〕	*1	*2	*2	*2	*3	*4		*2		*2	★*5	*5	*5									
〔看護〕					○																	

※国際文化を除く　*1児童。中学校教諭（二種）のみ　*2児童　*3人間生活科（心理・養護コース）　*4人間生活科（デザインコース）　*5健康栄養

徳島文理大学	中高	幼稚園	小学校	特別支援	養護	学芸員	司書教諭	司書	社会教育	保育士	栄養士	管理栄養士	食品衛生管理者	理学療法士	作業療法士	診療放射線技師	臨床検査技師	介護福祉士	社会福祉士	精神保健福祉士	測量士補	建築士
〔薬〕																						
〔人間生活〕	※	*1	*1		*2			*1		*1	★*3	*3	*3									*4
〔保健福祉〕	△*5				*6									*7		*8		*5	*5			
〔総合政策〕	△																					
〔音楽〕	○																					
〔理工〕	○																					
〔文〕	○						○	○	○													

※心理を除く。児童は中学校教諭、メディアデザインは高校教諭のみ。　*1児童　*2心理、人間生活　*3食物栄養　*4建築デザイン　*5人間福祉　*6看護　*7理学療法　*8診療放射線

松山大学	中高	幼稚園	小学校	特別支援	養護	学芸員	司書教諭	司書	社会教育	保育士	栄養士	管理栄養士	食品衛生管理者	理学療法士	作業療法士	診療放射線技師	臨床検査技師	介護福祉士	社会福祉士	精神保健福祉士	測量士補	建築士
〔経済〕	○							○	○													
〔経営〕	△							○	○													
〔人文〕	○							○	○													
〔法〕	○							○	○													
〔情報〕※	△																					

※2025年4月開設予定（仮称・設置構想中）

九　州

九州国際大学	中高	幼稚園	小学校	特別支援	養護	学芸員	司書教諭	司書	社会教育	保育士	栄養士	管理栄養士	食品衛生管理者	理学療法士	作業療法士	診療放射線技師	臨床検査技師	介護福祉士	社会福祉士	精神保健福祉士	測量士補	建築士
〔法〕	△							○	○													
〔現代ビジネス〕	※							○	○													

※地域経済は高校教諭のみ

久留米大学	中高	幼稚園	小学校	特別支援	養護	学芸員	司書教諭	司書	社会教育	保育士	栄養士	管理栄養士	食品衛生管理者	理学療法士	作業療法士	診療放射線技師	臨床検査技師	介護福祉士	社会福祉士	精神保健福祉士	測量士補	建築士
〔文〕心理	△		※1			○	※2	○														
〔文〕情報社会／国際文化	○		※1			○	※2	○														
〔文〕社会福祉	△		※1			○	※2	○											○	○		
〔法〕	○						※2															
〔経済〕	○						※2															
〔商〕	○						※2															
〔医〕看護					※3																	
〔医〕医療検査※																	○					
〔人間健康〕総合子ども		○	※1							○												
〔人間健康〕スポーツ医科	○									○												

※2024年4月開設　※1該当する課程を履修の上、佛教大学通信教育課程の科目修得により可能　※2司書教諭講習の委託を受けている国立大学への出願が必要　※3保健師免許取得後、申請により二種取得可

久留米工業大学	中高	幼稚園	小学校	特別支援	養護	学芸員	司書教諭	司書	社会教育	保育士	栄養士	管理栄養士	食品衛生管理者	理学療法士	作業療法士	診療放射線技師	臨床検査技師	介護福祉士	社会福祉士	精神保健福祉士	測量士補	建築士
〔工〕	※																					*

※機械システム工、交通機械工、建築・設備工、情報ネットワーク工は高校教諭のみ　＊建築・設備工

西南学院大学	中高	幼稚園	小学校	特別支援	養護	学芸員	司書教諭	司書	社会教育	保育士	栄養士	管理栄養士	食品衛生管理者	理学療法士	作業療法士	診療放射線技師	臨床検査技師	介護福祉士	社会福祉士	精神保健福祉士	測量士補	建築士
〔神〕																						
〔外国語〕	○						○	○														

大学名 〔学部〕学科（専攻）	中高教諭	幼稚園教諭	小学校教諭	特別支援学校教諭	養護教諭	学芸員	学校図書館司書教諭	司書	社会教育主事（任）	保育士	栄養士	管理栄養士（受）	食品衛生管理者（任）	理学療法士（受）	作業療法士（受）	診療放射線技師（受）	臨床検査技師（受）	介護福祉士（受）	社会福祉士（受）	精神保健福祉士（受）	測量士補	建築士（受）
〔商〕	○					○		○														
〔経済〕	○					○		○														
〔法〕	○					○		○														
〔人間科〕	△*1	*2	*2			○		※	※									*1	*1			
〔国際文化〕	○																					
※心理を除く　*1社会福祉　*2児童教育																						
中 村 学 園 大 学																						
〔栄養科〕　　栄養科											★	○	○									
フード・マネジメント													○									
〔教育〕		○	○							○												
西 日 本 工 業 大 学																						
〔工〕	○																				*1	
〔デザイン〕	△																				*2	*2
*1土木工学系　*2建築																						
福 岡 大 学																						
〔人文〕	○		※1					*1	*2													
〔法〕	○		※1																			
〔経済〕	○		※1																			
〔商〕	※2		※1																			
〔理〕	○		※1			○																
〔工〕	△																				*3	*4
〔スポーツ科〕	○		※1						○													
〔医〕　　　　看護	△																					
※1「小学校教諭免許取得支援プログラム」による。履修制限あり。商は貿易のみ　※2貿易は中高教諭、他は高校教諭のみ　*1文化、歴史　*2文化、教育・臨床心理　*3社会デザイン工　*4建築																						
福 岡 工 業 大 学																						
〔工〕	※												*									
〔情報工〕	○																					
〔社会環境〕	○																					
※電子情報工、知能機械工、電気工は高校教諭のみ　*生命環境化																						
福 岡 女 学 院 大 学																						
〔人文〕	※																					
〔人間関係〕	△*1	*2	*2	*2					*2													
〔国際キャリア〕	*3																					
※メディア・コミュニケーションを除く　*1心理　*2子ども発達　*3国際英語																						
西 九 州 大 学																						
〔健康栄養〕											★	○	○									
〔健康福祉〕　社会福祉	△																	○	○	○		
スポーツ健康福祉	○																					
〔リハビリテーション〕														*1	*2							
〔子ども〕　　子ども		○	○						○													
〔看護〕																						
*1理学療法学専攻　*2作業療法学専攻																						
長 崎 国 際 大 学																						
〔人間社会〕　国際観光	○																					
社会福祉	△																	○	○	○		
〔健康管理〕											★	○	○									
〔薬〕																						
熊 本 学 園 大 学																						
〔商〕	△*						*	○														
〔経済〕	○							○														
〔外国語〕	※																					
〔社会福祉〕　社会福祉	△							○										○	○			
子ども家庭福祉		○						○	○	○									○			
ライフ・ウェルネス	○							○	○										○			
※東アジアは高校教諭のみ　*商																						

大学名〔学部〕学科（専攻）	中高教諭	幼稚園教諭	小学校教諭	特別支援学校教諭	養護教諭	学芸員	学校図書館司書教諭	司書	社会教育主事(任)	保育士	栄養士	管理栄養士(受)	食品衛生管理者(任)	理学療法士(受)	作業療法士(受)	診療放射線技師(受)	臨床検査技師(受)	介護福祉士(受)	社会福祉士(受)	精神保健福祉士(受)	測量士補	建築士(受)
崇城大学																						
〔工〕	※																					*1
〔芸術〕	○							○														
〔情報〕	△																					
〔生物生命〕													*2									
〔薬〕													○									

※機械工、建築、宇宙航空システム工は高校教諭のみ　*1建築　*2生物機能科学コース

日本文理大学																						
〔工〕	△		*1																			*2
〔経営経済〕	○	*3								*3									*4			
〔保健医療〕																*5	*6					

*1情報メディア（こども・情報教育コース）。提携大学との連携プログラムによる　*2建築
*3こども・福祉マネジメントコース（提携大学との連携プログラムによる）　*4こども・福祉マネジメントコース　*5診療放射線学コース　*6臨床検査学コース

別府大学																						
〔文〕	※1					※2		○	○									*1	*1			
〔食物栄養科〕	*2					※2		※2	○		★3	*3	○									
〔国際経営〕	○							○	○													

※1人間関係は高校教諭のみ　※2人間関係を除く　*1人間関係　*2発酵食品　*3食物栄養

九州医療科学大学　2024年4月九州保健福祉大学より名称変更																						
〔社会福祉〕	*1																		*2	*3		
〔臨床心理〕																			*4			
〔薬〕					*5								*6									
〔生命医科〕																	*7					

*1スポーツ科学コース　*2スポーツ科学コース、ソーシャルワークコース　*3ソーシャルワークコース　*4心理・福祉コース　*5動物生命薬科　*6薬　*7臨床検査技師コース

宮崎国際大学																						
〔国際教養〕	○		○																			
〔教育〕		○	○							○												
宮崎産業経営大学																						
〔法〕	○						○	○														
〔経営〕	○						○	○														

国家資格を視野に入れた
カリキュラムがある大学

ここでは、各学部・学科の学びが資格取得に直結している大学や、
資格取得を視野に入れた体制がある大学を紹介しています。

【表の見方】

◆本表は、各大学で得られる国家試験受験資格を、本書に掲載している大学別にまとめたものです（2025年度予定を含む）。学部・学科は省略。一部、実務経験が必要な資格があります。その他の国家資格についてはP740をご覧ください。

◆専攻科や他の専門学校などで学ぶ必要がある場合は除きました。

◆詳細は必ず各大学の学校案内やホームページなどでご確認ください。

【掲載資格一覧】

●医療系

医師〈6年制養成課程〉……患者を診察し、治療する専門家。多くが臨床医だが、大学や研究所などで基礎医学の研究に従事する研究医もいる。

歯科医師〈6年制養成課程〉……歯の治療や保健指導、健康管理などを担う。

看護師……医師の指示の下、さまざまな健康状態にある人々のケアに従事する。

保健師……学校や保健所、市町村役場などでの健康診断や、各家庭を訪問しての健康指導等を行う。

助産師……助産の専門的な知識に基づいて、母子や家族のニーズに即したケアを行う。お産の支援のほか、産後の保健指導などの役割も担う。

薬剤師〈6年制養成課程〉……医薬品について幅広い知識を持ち、薬局や医療機関で調剤や服薬の説明を担うほか、医薬品の研究開発なども行う。

言語聴覚士……音声機能・言語機能または聴覚機能に障害をもつ人に対し、言語訓練その他の支援、検査、指導などの援助を行う。

臨床工学技士……医師の指示のもと、人工呼吸器や人工透析装置などの生命維持管理装置の操作、保守点検を行う。

視能訓練士……眼科医の指示のもと、視覚機能に障害をもつ人に対し、視機能検査や矯正訓練を行う。視力の低下した高齢者対象のリハビリテーションなども実施。

救急救命士……救急車などで診療機関に搬送されるまでの間に、症状が著しく悪化し生命が危険な状態にある傷病者に対して気道の確保・心拍の回復などの救急救命処置を、医師の指示に従って行う。

●農学系

獣医師〈6年制養成課程〉……人間の生活や暮らしに密着した伴侶動物（ペット）や産業動物、野生動物などに関する高度な知識・技術を持つ専門家。各動物の疾病の診断・治療・予防などの動物医療に携わる。

愛玩動物看護師……2023年より国家資格として誕生。獣医師の診療サポートや入院動物の世話、飼い主の心のケアや適切なアドバイスなどを行う。

●工学・農学・理学系

技術士・技術士補……科学技術に関する高度な知識と応用力を備えた技術者を認定する国家資格。機械部門、農業部門、生物工学部門、環境部門などの技術部門があり、国家試験は部門ごとに実施される。定められた教育課程を修了した者は一次試験が免除され、技術士補の資格を得られる（登録が必要）。その後、実務経験を経て、二次試験に合格すれば技術士の国家資格を取得できる。

※本表では、技術士・技術士補の資格取得を視野に入れたカリキュラムがある大学を掲載

●心理系

公認心理師……保健医療、福祉、教育その他の分野において、専門的知識および技術を持って心理に関する業務を行う専門職。大学で公認心理師になるために必要な科目を修めた後、卒業後定められた施設で2年以上の実務経験を積むか大学院で指定された心理学等の科目を修めれば国家試験受験資格を得られる。

※本表では、公認心理師養成を視野に入れたカリキュラムがある大学を掲載

大学名	医療系										農学系		理工農系	心理系
	医師	歯科医師	看護師	保健師	助産師	薬剤師	臨床工学技士	言語聴覚士	視能訓練士	救急救命士	獣医師	愛玩動物看護師	技術士・技術士補	公認心理師
北海道・東北														
札幌学院大学														○
札幌保健医療大学			○	○										
日本医療大学			○				○							
北翔大学														○
北星学園大学														○
北海学園大学													○	
北海道医療大学		○	○			○		○						
北海道科学大学			○			○	○							
北海道情報大学							○							
北海道文教大学			○											
酪農学園大学											○	○		
八戸工業大学													○	
岩手医科大学	○	○	○	○	○	○								
東北学院大学													○	○
東北福祉大学			○	○	○					○				○
関東														
常磐大学			○	○										○
自治医科大学	○		○	○										
白鷗大学														○
群馬医療福祉大学			○	○			○							○
高崎健康福祉大学			○	○		○								
埼玉医科大学	○		○	○										
埼玉学園大学														○
埼玉工業大学														○
城西大学						○								
駿河台大学														○
聖学院大学														○
西武文理大学			○	○										
東京国際大学														○
日本工業大学													○	
日本保健医療大学			○	○										
日本薬科大学						○								
人間総合科学大学			○	○										
江戸川大学														○
川村学園女子大学														○
秀明大学			○	○										
淑徳大学			○	○										○
城西国際大学			○	○	○	○								
聖徳大学			○	○										
千葉工業大学													○	
東京情報大学			○	○										
明海大学		○												
和洋女子大学			○	○										
青山学院大学														○
跡見学園女子大学														○
桜美林大学														○
大妻女子大学														○
共立女子大学			○	○										
慶應義塾大学	○		○	○		○							○	
国士舘大学										○			○	
駒澤大学														○
駒沢女子大学			○	○										○
実践女子大学														○

778

大学名	医療系										農学系		理工農系	心理系
	医師	歯科医師	看護師	保健師	助産師	薬剤師	臨床工学技士	言語聴覚士	視能訓練士	救急救命士	獣医師	愛玩動物看護師	技術士・技術士補	公認心理師
芝浦工業大学													○	
順天堂大学	○		○	○	○	○								
上智大学			○	○										○
昭和女子大学													○	○
昭和薬科大学						○								
白百合女子大学														○
聖心女子大学														○
専修大学														○
創価大学			○											○
大正大学														○
大東文化大学			○	○										
帝京平成大学			○	○	○	○		○	○					○
東海大学	○		○	○		○							○	○
東京医療学院大学			○		○									
東京医療保健大学			○	○										
東京家政大学			○	○	○									○
東京工科大学			○	○			○	○						
東京歯科大学		○												
東京女子大学														○
東京電機大学													○	
東京都市大学													○	
東京農業大学													○	
東京福祉大学														○
東京薬科大学						○								
東京理科大学						○							○	
東邦大学	○		○	○		○							○	
東洋大学													○	○
東洋学園大学														○
日本大学	○	○				○					○	○		○
日本女子大学														○
文教大学														○
文京学院大学			○	○										○
法政大学													○	○
星薬科大学						○								
武蔵野大学			○	○		○								○
明治大学													○	○
明治学院大学														○
明治薬科大学						○								
明星大学														○
目白大学			○	○				○						○
ヤマザキ動物看護大学												○		
立教大学														○
立正大学														○
和光大学														○
早稲田大学													○	○
神奈川大学														
神奈川工科大学			○	○			○							
鎌倉女子大学														○
関東学院大学			○											
北里大学	○		○	○	○	○	○	○	○		○		○	○
田園調布学園大学														○
東洋英和女学院大学														○
横浜創英大学			○	○										
横浜薬科大学						○								

779

大学名	医療系										農学系		理工農系	心理系
	医師	歯科医師	看護師	保健師	助産師	薬剤師	臨床工学技士	言語聴覚士	視能訓練士	救急救命士	獣医師	愛玩動物看護師	技術士・技術士補	公認心理師
甲信越・北陸														
新潟医療福祉大学			○	○	○		○	○	○	○				○
新潟薬科大学			○	○		○								
金沢工業大学													○	○
北陸学院大学														○
佐久大学			○	○										
清泉大学 （現：清泉女学院大学）			○											○
長野保健医療大学			○	○										
中部														
朝日大学		○	○	○										
岐阜協立大学			○	○										
岐阜聖徳学園大学			○	○										○
岐阜保健大学			○											
静岡英和学院大学														○
静岡福祉大学														○
聖隷クリストファー大学			○	○				○						○
常葉大学			○											○
愛知大学														○
愛知医科大学	○		○	○										
愛知学院大学		○				○		○						○
愛知工業大学													○	
愛知淑徳大学								○	○	○				○
愛知東邦大学														○
金城学院大学			○	○		○								○
椙山女学園大学			○	○										○
中京大学														○
中部大学			○	○		○								○
東海学園大学														○
名古屋学芸大学			○											
名古屋女子大学			○	○										
南山大学														○
日本福祉大学			○											○
名城大学						○							○	○
皇學館大学														○
鈴鹿医療科学大学			○	○		○	○			○				○
近畿														
聖泉大学			○	○										
長浜バイオ大学													○	
京都女子大学														○
京都橘大学			○	○	○					○				○
京都文教大学														○
同志社大学														○
同志社女子大学			○	○		○								○
佛教大学			○	○										○
立命館大学						○							○	○
龍谷大学														○
追手門学院大学														○
大阪青山大学			○	○										
大阪医科薬科大学	○		○	○	○	○								○
大阪経済大学														○
大阪工業大学													○	
大阪産業大学													○	
大阪歯科大学		○	○	○										

大学名	医療系										農学系		理工農系	心理系
	医師	歯科医師	看護師	保健師	助産師	薬剤師	臨床工学技士	言語聴覚士	視能訓練士	救急救命士	獣医師	愛玩動物看護師	技術士・技術士補	公認心理師
大阪電気通信大学							○						○	
関西大学													○	○
関西医科大学	○		○	○	○									
関西福祉科学大学								○						○
四天王寺大学			○	○	○									
摂南大学			○	○	○	○								
千里金蘭大学			○	○										
森ノ宮医療大学			○	○				○	○					
大和大学			○	○					○					
大手前大学			○											○
関西国際大学			○	○										○
関西福祉大学			○	○										
関西学院大学														○
甲南大学														○
甲南女子大学			○	○	○									○
神戸学院大学						○								
神戸松蔭大学（現：神戸松蔭女子学院大学）														○
神戸女学院大学														○
神戸女子大学			○	○	○									○
神戸親和大学														○
神戸常盤大学			○	○										
神戸薬科大学						○								
兵庫大学			○	○										
兵庫医科大学	○		○	○	○	○								
武庫川女子大学			○			○							○	○
畿央大学			○	○										
帝塚山大学														○
天理大学			○											
奈良学園大学			○	○	○									
中国・四国														
倉敷芸術科学大学											○	○		
広島国際大学			○	○			○	○	○	○				○
広島修道大学														○
広島文教大学														○
福山大学						○							○	○
福山平成大学			○	○										
安田女子大学			○	○	○	○								○
四国大学			○	○	○									
徳島文理大学			○	○		○		○						○
松山大学						○								
九州														
久留米大学	○		○	○										○
西南学院大学														○
福岡大学	○		○	○		○							○	○
福岡工業大学													○	
福岡女学院大学														○
西九州大学			○	○										○
長崎国際大学						○								
崇城大学						○							○	
日本文理大学							○							
別府大学														○
九州医療科学大学						○	○	○		○		○		○

781

全国私立大学 学部・学科一覧

2024年4月現在。通信課程は除く。専攻・コースを省略した学科もあります。大学名は2025年度予定（2024年2月判明分、構想中・仮称を含む）。2025年度の新設や改組により、募集停止となる学部・学科もありますので、受験前に募集要項で必ず確認してください。

大 学 名	
学 部	学科・課程（専攻・コース）
北海道	

育英館大学

情 報 メ デ ィ ア	情報メディア（数理情報／メディア表現／社会情報）

札幌大学

地 域 共 創 学 群	人間社会学域（経済学／経営学／法学／英語／歴史文化／日本語・日本文化／スポーツ文化／リベラルアーツ）

札幌大谷大学

芸 術	音楽、美術
社 会	地域社会

札幌学院大学

人 文	人間科、英語英米文、こども発達
法	法律
心 理	臨床心理
経 済 経 営	経済、経営

札幌国際大学

人 文	心理（臨床心理／子ども心理）、国際教養
観 光	観光ビジネス
スポーツ人間	スポーツビジネス、スポーツ指導

札幌保健医療大学

保 健 医 療	看護、栄養

星槎道都大学

社 会 福 祉	社会福祉
経 営	経営
美 術	デザイン、建築

天使大学

看 護 栄 養	看護、栄養

日本医療大学

保 健 医 療	看護、診療放射線、リハビリテーション（理学療法学／作業療法学）、臨床検査、臨床工
総 合 福 祉	介護福祉マネジメント、ソーシャルワーク

日本赤十字北海道看護大学

看 護	看護

函館大学

商	商（企業経営／市場創造／英語国際）

藤女子大学

文	英語文化、日本語・日本文、文化総合
人 間 生 活	人間生活、食物栄養、子ども教育

北翔大学

教 育 文 化	教育、芸術、心理カウンセリング
生 涯 ス ポ ー ツ	スポーツ教育、健康福祉

北星学園大学

文	英文、心理・応用コミュニケーション
経 済	経済、経営情報、経済法
社 会 福 祉	心理、社会福祉

北洋大学

国 際 文 化	キャリア創造

北海学園大学

経 済 一 部	経済、地域経済
経 済 二 部	経済、地域経済
経 営 一 部	経営、経営情報
経 営 二 部	経営
法 一 部	法律、政治
法 二 部	法律、政治
人 文 一 部	日本文化、英米文化
人 文 二 部	日本文化、英米文化
工	社会環境工（社会環境／環境情報）、建築、電子情報工、生命工

北海商科大学

商	商、観光産業

北海道医療大学

薬	薬（6年制）
歯	歯（6年制）
看 護 福 祉	看護、福祉マネジメント
リハビリテーション科	理学療法、作業療法、言語聴覚療法
心 理 科	臨床心理
医 療 技 術	臨床検査

北海道科学大学

工	機械工、情報工、電気電子工、建築、都市環境
薬	薬（6年制）
保 健 医 療	看護、理学療法、臨床工、診療放射線
未 来 デ ザ イ ン	メディアデザイン、人間社会

大 学 名	
学　部	学科・課程（専攻・コース）
北海道情報大学	
経 営 情 報	先端経営、システム情報
医 療 情 報	医療情報（医療情報／臨床工学）
情報メディア	情報メディア
北海道千歳リハビリテーション大学	
健 康 科	リハビリテーション（理学療法学／作業療法学）
北海道文教大学	
人 間 科	健康栄養、こども発達、地域未来
国 際	国際教養、国際コミュニケーション
医 療 保 健 科	看護、リハビリテーション（理学療法学／作業療法学）
北海道武蔵女子大学	
経 営	経営
酪農学園大学	
農 食 環 境 学 群	循環農学類（酪農学／畜産学／農学／農業経済学／教職）、食と健康学類（食資源開発学／食品流通開発学／管理栄養士／教職）、環境共生学類（野生動物学／生命環境学）
獣 医 学 群	獣医学類（6年制）、獣医保健看護学類
青森	
青森大学	
総 合 経 営	経営
社 会	社会
ソフトウェア情報	ソフトウェア情報
薬	薬（6年制）
青森中央学院大学	
経 営 法	経営法
看 護	看護
柴田学園大学	
生 活 創 生	健康栄養、こども発達、フードマネジメント
八戸学院大学	
地 域 経 営	地域経営
健 康 医 療	人間健康、看護
八戸工業大学	
工	工（機械工学／電気電子通信工学／システム情報工学／生命環境科学／建築・土木工学）
感 性 デ ザ イ ン	感性デザイン
弘前医療福祉大学	
保 健	看護、医療技術（作業療法学／言語聴覚学）
弘前学院大学	
文	英語・英米文、日本語・日本文

大 学 名	
学　部	学科・課程（専攻・コース）
社 会 福 祉	社会福祉
看 護	看護
岩手	
岩手医科大学	
医	医（6年制）
歯	歯（6年制）
薬	薬（6年制）
看 護	看護
岩手保健医療大学	
看 護	看護
富士大学	
経 済	経済、経営法
盛岡大学	
文	英語文化、日本文、社会文化、児童教育
栄 養 科	栄養科
宮城	
石巻専修大学	
理 工	生物科、機械工、情報電子工
経 営	経営、情報マネジメント
人 間	人間文化、人間教育
尚絅学院大学	
人 文 社 会 学 群	人文社会学類
心 理・教 育 学 群	心理学類、子ども学類、学校教育学類
健 康 栄 養 学 群	健康栄養学類
仙台大学	
体 育	体育、健康福祉、スポーツ栄養、スポーツ情報マスメディア、現代武道、子ども運動教育
仙台白百合女子大学	
人 間	子ども教育、心理福祉、健康栄養（管理栄養）、グローバル・スタディーズ
仙台青葉学院大学	
看 護	看護
リハビリテーション	リハビリテーション（理学療法学／作業療法学）
東北医科薬科大学	
薬	薬（6年制）、生命薬科
医	医（6年制）
東北学院大学	
文	英文、総合人文、歴史、教育
経 済	経済
経 営	経営
法	法律
工	機械知能工、電気電子工、環境建設工

大 学 名

学 部	学科・課程（専攻・コース）
情　　　　報	データサイエンス
人　間　科	心理行動科
国　　　際	国際教養
地　域　総　合	地域コミュニティ、政策デザイン

東北工業大学

学 部	学科・課程（専攻・コース）
工	電気電子工、情報通信工、都市マネジメント、環境応用化
建　　　築	建築
ライフデザイン	産業デザイン、生活デザイン、経営コミュニケーション

東北生活文化大学

学 部	学科・課程（専攻・コース）
家　　　政	家政（服飾文化／健康栄養学）
美　　　術	美術表現

東北福祉大学

学 部	学科・課程（専攻・コース）
総　合　福　祉	社会福祉、福祉心理、福祉行政
総合マネジメント	産業福祉マネジメント、情報福祉マネジメント
教　　　育	教育（初等教育／中等教育）
健　康　科	保健看護、リハビリテーション（作業療法学／理学療法学）、医療経営管理

東北文化学園大学

学 部	学科・課程（専攻・コース）
医　療　福　祉	リハビリテーション（理学療法学／作業療法学／言語聴覚学／視覚機能学）、看護
現　代　社　会	現代社会（社会学／社会福祉学）
経　営　法	経営法
工	知能情報システム、建築環境、臨床工

宮城学院女子大学

学 部	学科・課程（専攻・コース）
現代ビジネス	現代ビジネス
教　　　育	教育
生　活　科	食品栄養、生活文化デザイン
学　　　芸	日本文、英文、人間文化、心理行動科、音楽（器楽／声楽／作曲）

秋田

秋田看護福祉大学

学 部	学科・課程（専攻・コース）
看　護　福　祉	看護、医療福祉（医療福祉／行政企業）

日本赤十字秋田看護大学

学 部	学科・課程（専攻・コース）
看　　　護	看護

ノースアジア大学

学 部	学科・課程（専攻・コース）
経　　　済	経済
総　合　政　策	法律、国際

山形

東北芸術工科大学

学 部	学科・課程（専攻・コース）
芸　　　術	文化財保存修復、歴史遺産、美術、工芸デザイン、文芸

大 学 名

学 部	学科・課程（専攻・コース）
デ ザ イ ン 工	プロダクトデザイン、建築・環境デザイン、グラフィックデザイン、映像、企画構想、コミュニティデザイン

東北公益文科大学

学 部	学科・課程（専攻・コース）
公　　　益	公益（経営／政策／地域福祉／国際教養／観光・まちづくり／メディア情報）

東北文教大学

学 部	学科・課程（専攻・コース）
人　間　科	子ども教育、人間関係

福島

医療創生大学

学 部	学科・課程（専攻・コース）
健　康　医　療　科	作業療法、理学療法
薬	薬（6年制）
看　　　護	看護
心　　　理	臨床心理
国　際　看　護	看護

奥羽大学

学 部	学科・課程（専攻・コース）
歯	歯（6年制）
薬	薬（6年制）

郡山女子大学

学 部	学科・課程（専攻・コース）
家　　　政	生活科、食物栄養

東日本国際大学

学 部	学科・課程（専攻・コース）
経　済　経　営	経済経営
健　康　福　祉	社会福祉

福島学院大学

学 部	学科・課程（専攻・コース）
福　　　祉	福祉心理、こども
マネジメント	地域マネジメント

茨城

茨城キリスト教大学

学 部	学科・課程（専攻・コース）
文	現代英語、児童教育、文化交流
生　活　科	心理福祉、食物健康科
看　　　護	看護
経　　　営	経営
未来教養学環	

つくば国際大学

学 部	学科・課程（専攻・コース）
医　療　保　健	診療放射線、臨床検査、医療技術、理学療法、看護、保健栄養

常磐大学

学 部	学科・課程（専攻・コース）
人　間　科	心理、教育（初等教育／中等教育）、現代社会、コミュニケーション、健康栄養
総　合　政　策	経営、法律行政、総合政策
看　　　護	看護

日本ウェルネススポーツ大学

学 部	学科・課程（専攻・コース）
スポーツプロモーション	スポーツプロモーション

日本国際学園大学（旧・筑波学院大学）

学 部	学科・課程（専攻・コース）
経　営　情　報	ビジネスデザイン

大　学　名	
学　部	学科・課程（専攻・コース）
流通経済大学	
経　　　　済	経済、経営
共　創　社　会	地域人間科、国際文化ツーリズム
流　通　情　報	流通情報
法	法律、自治行政
スポーツ健康科	スポーツ健康科、スポーツコミュニケーション
栃木	
足利大学	
工	創生工
看　　　　護	看護
宇都宮共和大学	
シティライフ	シティライフ
子ども生活	子ども生活
国際医療福祉大学	
保　健　医　療	看護、理学療法、作業療法、言語聴覚、視機能療法、放射線・情報科
医　療　福　祉	医療福祉・マネジメント
薬	薬（6年制）
医	医（6年制）
成　田　看　護	看護
成田保健医療	理学療法、作業療法、言語聴覚、医学検査、放射線・情報科
成　田　薬	薬（6年制）
赤坂心理·医療福祉ﾏﾈｼﾞﾒﾝﾄ	心理、医療マネジメント
小田原保健医療	看護、理学療法、作業療法
福岡保健医療	看護、理学療法、作業療法、医学検査
福　岡　薬	薬（6年制）
作新学院大学	
経　　　　営	経営、スポーツマネジメント
人　間　文　化	発達教育、心理コミュニケーション
自治医科大学	
医	医（6年制）
看　　　　護	看護
獨協医科大学	
医	医（6年制）
看　　　　護	看護
白鷗大学	
経　　　　営	経営
法	法律
教　　　　育	発達科
文星芸術大学	
美　　　　術	美術(デザイン／マンガ／総合造形)
群馬	
育英大学	
教　　　　育	教育（児童教育／スポーツ教育）

大　学　名	
学　部	学科・課程（専攻・コース）
関東学園大学	
経　　　　済	経済、経営
共愛学園前橋国際大学	
国　際　社　会	国際社会（国際社会／地域児童教育）
桐生大学	
医　療　保　健	看護、栄養
群馬医療福祉大学	
社　会　福　祉	社会福祉（社会福祉／子ども）
医　療　技　術	医療技術(臨床検査学／臨床工学)
看　　　　護	看護
リハビリテーション	リハビリテーション（理学療法／作業療法）
群馬パース大学	
看　　　　護	看護
リハビリテーション	理学療法、作業療法、言語聴覚
医　療　技　術	検査技術、放射線、臨床工
上武大学	
ビ ジ ネ ス 情 報	スポーツ健康マネジメント、国際ビジネス
看　　　　護	看護
高崎健康福祉大学	
健　康　福　祉	医療情報、社会福祉、健康栄養
薬	薬（6年制）
保　健　医　療	看護、理学療法
人　間　発　達	子ども教育
農	生物生産
高崎商科大学	
商	経営、会計
埼玉	
浦和大学	
こ　　ど　　も	こども、学校教育
社　　　　会	総合福祉、現代社会
共栄大学	
国　際　経　営	国際経営
教　　　　育	教育
埼玉医科大学	
医	医（6年制）
保　健　医　療	看護、臨床検査、臨床工、理学療法
埼玉学園大学	
人　　　　間	人間文化（文学・言語／史学・文化・人間心理／メディア）、心理（大学院進学公認心理師（臨床心理士を含む）／教育・福祉・医療／一般企業)、子ども発達（小学校教育／幼児教育）
経　済　経　営	経済経営

大 学 名	
学 部	学科・課程（専攻・コース）
埼玉工業大学	
工	機械工、生命環境化、情報システム
人 間 社 会	情報社会、心理
十文字学園女子大学	
人 間 生 活	健康栄養、食物栄養、食品開発、人間福祉
教 育 人 文	幼児教育、児童教育、心理、文芸文化
社会情報デザイン	社会情報デザイン
城西大学	
経 済	経済
現 代 政 策	社会経済システム
経 営	マネジメント総合
薬	薬（6年制）、薬科、医療栄養
理	数、化
尚美学園大学	
芸 術 情 報	音楽表現、音楽応用、舞台表現、情報表現
総 合 政 策	総合政策
スポーツマネジメント	スポーツマネジメント
女子栄養大学	
栄 養	実践栄養、保健栄養（栄養科学／保健養護）、食文化栄養
駿河台大学	
法	法律
経 済 経 営	経済経営
メ デ ィ ア 情 報	メディア情報
ス ポ ー ツ 科	スポーツ科
心 理	心理
聖学院大学	
政 治 経 済	政治経済
人 文	欧米文化、日本文化、子ども教育
心 理 福 祉	心理福祉
西武文理大学	
サ ー ビ ス 経 営	サービス経営、健康福祉マネジメント
看 護	看護
東京国際大学	
商	商、経営
経 済	経済（現代経済／ビジネスエコノミクス／デジタルビジネスアンドイノベーション〈E-trackのみ〉）
言語コミュニケーション	英語コミュニケーション
国 際 関 係	国際関係、国際メディア
医 療 健 康	理学療法
人 間 社 会	福祉心理、人間スポーツ、スポーツ科

大 学 名	
学 部	学科・課程（専攻・コース）
東都大学	
ヒューマンケア	看護
管 理 栄 養	管理栄養
幕張ヒューマンケア	看護、臨床工、健康科、理学療法
沼津ヒューマンケア	看護
東邦音楽大学	
音 楽	音楽
獨協大学	
外 国 語	ドイツ語、英語、フランス語、交流文化
国 際 教 養	言語文化
経 済	経済、経営、国際環境経済
法	法律、国際関係法、総合政策
日本工業大学	
基 幹 工	機械工、電気電子通信工、応用化
先 進 工	ロボティクス、情報メディア工、データサイエンス
建 築	建築（建築／生活環境デザイン）
日本医療科学大学	
保 健 医 療	診療放射線、リハビリテーション（理学療法学／作業療法学）、看護、臨床工、臨床検査
日本保健医療大学	
保 健 医 療	看護、理学療法
日本薬科大学	
薬	薬（6年制）（健康薬学／漢方薬学／医療薬学）、医療ビジネス薬科（ビジネス薬学／情報薬学／スポーツ薬学／栄養薬学／韓国薬学）
人間総合科学大学	
人 間 科	健康栄養、ヘルスフードサイエンス
保 健 医 療	看護、リハビリテーション（理学療法学／義肢装具学）
平成国際大学	
法	法
ス ポ ー ツ 健 康	スポーツ健康
武蔵野学院大学	
国際コミュニケーション	国際コミュニケーション
ものつくり大学	
技 能 工 芸	情報メカトロニクス、建設
千葉	
愛国学園大学	
人 間 文 化	人間文化（日本理解／心理・生活／地域共生／ビジネス）
植草学園大学	
発 達 教 育	発達支援教育
保 健 医 療	リハビリテーション（理学療法学／作業療法学）

|---|---|
学 部	学科・課程（専攻・コース）
SBC 東京医療大学（旧・了徳寺大学）	
健 康 科	理学療法、整復医療・トレーナー、看護
江戸川大学	
社 会	人間心理、現代社会、経営社会
メディアコミュニケーション	マス・コミュニケーション、情報文化、こどもコミュニケーション
開智国際大学	
教 育	教育（初等教育／中等教育）
国 際 教 養	国際教養
亀田医療大学	
看 護	看護
川村学園女子大学	
文	国際英語、史、心理、日本文化
教 育	幼児教育、児童教育
生 活 創 造	生活文化、観光文化
神田外語大学	
外 国 語	英米語、アジア言語（中国語／韓国語／インドネシア語／ベトナム語／タイ語）、イベロアメリカ言語（スペイン語／ブラジル・ポルトガル語）、国際コミュニケーション（国際コミュニケーション／国際ビジネスキャリア）
グローバル・リベラルアーツ	グローバル・リベラルアーツ
敬愛大学	
経 済	経済、経営
国 際	国際
教 育	こども教育
国際武道大学	
体 育	武道、体育
三育学院大学	
看 護	看護
秀明大学	
総 合 経 営	企業経営
英語情報マネジメント	英語情報マネジメント
学 校 教 師	中等教育教員養成課程
観 光 ビ ジ ネ ス	観光ビジネス
看 護	看護
淑徳大学	
総 合 福 祉	社会福祉、教育福祉（学校教育／健康教育）、実践心理
コミュニティ政策	コミュニティ政策
看 護 栄 養	看護、栄養
教 育	こども教育
地 域 創 生	地域創生
経 営	経営、観光経営
人 文	歴史、表現、人間科

大 学 名	
学 部	学科・課程（専攻・コース）
城西国際大学	
看 護	看護
薬	医療薬（6年制）
国 際 人 文	国際文化、国際交流
福 祉 総 合	福祉総合、理学療法
観 光	観光
経 営 情 報	総合経営
メ デ ィ ア	メディア情報
聖徳大学	
教 育	児童（昼間主／夜間主）、教育（昼間主／夜間主）
心 理 ・ 福 祉	心理、社会福祉（社会福祉／介護福祉／養護教諭）
文	文（国際文化コミュニケーション／日本語・日本文学／歴史文化／図書館情報／書道文化／教養デザイン）
人 間 栄 養	人間栄養
看 護	看護
音 楽	音楽
清和大学	
法	法律（法学／スポーツ法／情報と法）
千葉科学大学	
薬	薬（6年制）
危 機 管 理	危機管理、保健医療、航空技術危機管理、動物危機管理
看 護	看護
千葉経済大学	
経 済	経済、経営
千葉工業大学	
工	機械工、機械電子創成工、先端材料工、電気電子工、情報通信システム工、応用化
創 造 工	建築、都市環境工、デザイン科
先 進 工	未来ロボティクス、生命科、知能メディア工
情 報 変 革 科	情報工、認知情報科、高度応用情報科
未 来 変 革 科	デジタル変革科、経営デザイン科
千葉商科大学	
商 経	商、経済、経営
政 策 情 報	政策情報（地域政策／メディア情報）
サ ー ビ ス 創 造	サービス創造
人 間 社 会	人間社会
国 際 教 養	国際教養
中央学院大学	
商	商
法	法

大 学 名	
学 部	学科・課程（専攻・コース）
現 代 教 養	現代教養
東京基督教大学	
神	総合神
東京情報大学	
総 合 情 報	総合情報
看 護	看護
明海大学	
歯	歯（6年制）
外 国 語	日本語、英米語、中国語
経 済	経済
不 動 産	不動産
ホスピタリティ・ツーリズム	ホスピタリティ・ツーリズム（経営情報／観光／グローバル・マネジメント）
保 健 医 療	口腔保健
麗澤大学	
外 国 語	外国語（英語コミュニケーション／英語・リベラルアーツ／ドイツ語・ヨーロッパ文化／中国語・グローバルコミュニケーション）
経 済	経済（経済）
経 営	経営（ビジネスデザイン／AI・ビジネス／スポーツビジネス／ファミリービジネス）
国 際	国際（日本学・国際コミュニケーション／国際交流・国際協力）、グローバルビジネス（グローバルビジネス）
工	工（情報システム工学／ロボティクス）
和洋女子大学	
人 文	日本文学文化（日本文学／書道／文化芸術）、心理、こども発達
家 政	服飾造形、健康栄養、家政福祉（家政福祉／児童福祉）
看 護	看護
国 際	英語コミュニケーション、国際

東京

大 学 名	
青山学院大学	
文	英米文、フランス文、日本文、史、比較芸術
教 育 人 間 科	教育、心理
経 済	経済、現代経済デザイン
法	法、ヒューマンライツ
経 営	経営、マーケティング
国 際 政 治 経 済	国際政治、国際経済、国際コミュニケーション
総 合 文 化 政 策	総合文化政策

大 学 名	
学 部	学科・課程（専攻・コース）
理 工	物理科、数理サイエンス、化学・生命科、電気電子工、機械創造工、経営システム工、情報テクノロジー
社 会 情 報	社会情報
地 球 社 会 共 生	地球社会共生
コミュニティ人間科	コミュニティ人間科
亜細亜大学	
経 営	経営、ホスピタリティ・マネジメント、データサイエンス
経 済	経済
法	法律
国 際 関 係	国際関係、多文化コミュニケーション
都 市 創 造	都市創造
跡見学園女子大学	
文	人文、現代文化表現、コミュニケーション文化
心 理	臨床心理
マ ネ ジ メ ン ト	マネジメント、生活環境マネジメント
観光コミュニティ	観光デザイン、まちづくり
桜美林大学	
リベラルアーツ学群	人文領域、社会領域、自然領域、統合型
グローバル・コミュニケーション学群	グローバル・コミュニケーション学類
ビジネスマネジメント学群	ビジネスプログラム、マネジメントプログラム
健 康 福 祉 学 群	健康・スポーツ領域、保育領域、福祉・心理領域
芸 術 文 化 学 群	演劇・ダンス専修、音楽専修、ビジュアル・アーツ専修
航空・マネジメント学群	航空・マネジメント学類
教育探究科学群	教育探究科学類
大妻女子大学	
家 政	被服、食物（食物学／管理栄養士）、児童（児童学／児童教育）、ライフデザイン
文	日本文、英語英文、コミュニケーション文化
社 会 情 報	社会情報（社会生活情報学／環境情報学／情報デザイン）
比 較 文 化	比較文化
人 間 関 係	人間関係（社会学／社会・臨床心理学）、人間福祉
嘉悦大学	
経 営 経 済	経営経済

大 学 名	
学 部	学科・課程（専攻・コース）
学習院大学	
法	法、政治
経　　　済	経済、経営
文	哲、史、日本語日本文、英語英米文化、ドイツ語圏文化、フランス語圏文化、心理、教育
理	物理、化、数、生命科
国 際 社 会 科	国際社会科
学習院女子大学	
国 際 文 化 交 流	日本文化、国際コミュニケーション、英語コミュニケーション
共立女子大学	
文　　　芸	文芸
ビ ジ ネ ス	ビジネス
国　　　際	国際
家　　　政	被服、食物栄養、児童
看　　　護	看護
建築・デザイン	建築・デザイン
杏林大学	
医	医（6年制）
保　　　健	健康福祉、救急救命、臨床検査技術、臨床工、看護、診療放射線技術、臨床心理、リハビリテーション（理学療法学／作業療法学／言語聴覚療法学）
総 合 政 策	総合政策、企業経営
外 国 語	英語、中国語、観光交流文化
国立音楽大学	
音　　　楽	演奏・創作、音楽文化教育
慶應義塾大学	
文	人文社会
経　　　済	経済
法	法律、政治
商	商
医	医（6年制）
理　　　工	機械工、電気情報工、応用化、物理情報工、管理工、数理科、物理、化、システムデザイン工、情報工、生命情報
総 合 政 策	総合政策
環 境 情 報	環境情報
看 護 医 療	看護
薬	薬（6年制）、薬科
工学院大学	
先　　進　　工	生命化、応用化、環境化、応用物理、機械理工
工	機械工、機械システム工、電気電子工
建　　　築	まちづくり、建築、建築デザイン

大 学 名	
学 部	学科・課程（専攻・コース）
情　　　報	情報通信工、コンピュータ科、情報デザイン、情報科
國學院大學	
文	日本文、中国文、外国語文化、史、哲
神 道 文 化	神道文化（昼間主／夜間主）
法	法律（法律専門職／法律／政治）
経　　　済	経済、経営
人 間 開 発	初等教育、健康体育、子ども支援
観光まちづくり	観光まちづくり
国際基督教大学	
教　　　養	アーツ・サイエンス
国士舘大学	
政　　　経	政治行政、経済
理　　　工	理工（機械工学系／電子情報学系／建築学系／まちづくり学系／人間情報学系／基礎理学系）
法	法律、現代ビジネス法
文	教育、史学地理、文
経　　　営	経営
体　　　育	体育、武道、スポーツ医科、こどもスポーツ教育
21 世 紀 ア ジ ア	21世紀アジア
こども教育宝仙大学	
こ ど も 教 育	幼児教育
駒澤大学	
仏　　　教	禅、仏教
文	国文、英米文、地理（地域文化研究／地域環境研究）、歴史（日本史学／外国史学／考古学）、社会（社会学／社会福祉学）、心理
経　　　済	経済、商、現代応用経済
法	法律（フレックスA／B）、政治
経　　　営	経営、市場戦略
医 療 健 康 科	診療放射線技術科
グローバル・メディア・スタディーズ	グローバル・メディア
駒沢女子大学	
人 間 総 合 学 群	人間文化学類、観光文化学類、心理学類、住空間デザイン学類
人 間 健 康	健康栄養
看　　　護	看護
産業能率大学	
経　　　営	経営、マーケティング
情報マネジメント	現代マネジメント
実践女子大学	
文	国文、英文、美学美術史
人 間 社 会	人間社会、ビジネス社会、社会デザイン

大 学 名	
学 部	学科・課程（専攻・コース）
国　　　　　際	国際
生　活　科	食生活科（管理栄養士／食物科学／健康栄養）、生活環境、生活文化（生活心理／幼児保育）、現代生活

芝浦工業大学

学 部	学科・課程（専攻・コース）
工	機械工学課程、物質化学課程、電気電子工学課程、情報・通信工学課程、土木工学課程、先進国際課程（IGP）
システム理工	電子情報システム、機械制御システム、環境システム、生命科（生命科学／生命医工学）、数理科
建　　　　築	建築（AP／SA／UA）
デ ザ イ ン 工	デザイン工（生産・プロダクトデザイン／ロボティクス・情報デザイン）

順天堂大学

学 部	学科・課程（専攻・コース）
医	医（6年制）
国　際　教　養	国際教養
保　健　医　療	理学療法、診療放射線
スポーツ健康科	スポーツ健康科
医　療　看　護	看護
医　　療　　科	臨床検査、臨床工
健康データサイエンス	健康データサイエンス
薬	薬（6年制）
保　健　看　護	看護

上智大学

学 部	学科・課程（専攻・コース）
神	神
文	哲、史、国文、英文、ドイツ文、フランス文、新聞
総 合 人 間 科	教育、心理、社会、社会福祉、看護
法	法律、国際関係法、地球環境法
経　　　　済	経済、経営
外　　国　　語	英語、ドイツ語、フランス語、イスパニア語、ロシア語、ポルトガル語
総合グローバル	総合グローバル
理　　　　工	物質生命理工、機能創造理工、情報理工
国　際　教　養	国際教養

昭和大学

学 部	学科・課程（専攻・コース）
医	医（6年制）
歯	歯（6年制）
薬	薬（6年制）
保　健　医　療	看護、リハビリテーション（理学療法学／作業療法学）

昭和女子大学

学 部	学科・課程（専攻・コース）
国　　　　際	国際、英語コミュニケーション
グローバルビジネス	ビジネスデザイン、会計ファイナンス
人　間　文　化	日本語日本文、歴史文化
人　間　社　会	心理、福祉社会、初等教育、現代教養
環境デザイン	環境デザイン
食　健　康　科	健康デザイン、管理栄養、食安全マネジメント

昭和薬科大学

学 部	学科・課程（専攻・コース）
薬	薬（6年制）

女子美術大学

学 部	学科・課程（専攻・コース）
芸　　　　術	美術（洋画／日本画／立体アート／美術教育／国際芸術文化）、デザイン・工芸（ヴィジュアルデザイン／プロダクトデザイン／環境デザイン／工芸）、アート・デザイン表現（メディア表現／ヒーリング表現／ファッション表現／スペース表現／クリエイティブ・プロデュース表現）、共創デザイン

白梅学園大学

学 部	学科・課程（専攻・コース）
子　　ど　　も	子ども、子ども心理、家族・地域支援、教育

白百合女子大学

学 部	学科・課程（専攻・コース）
文	国語国文、フランス語フランス文、英語英文
人　間　総　合	児童文化、発達心理、初等教育

杉野服飾大学

学 部	学科・課程（専攻・コース）
服　　　　飾	服飾、服飾表現、服飾文化

成蹊大学

学 部	学科・課程（専攻・コース）
経　　　　済	経済数理、現代経済
経　　　　営	総合経営
法	法律、政治
文	英語英米文、日本文、国際文化、現代社会
理　　　　工	理工（データ数理／コンピュータ科学／機械システム／電気電子／応用化学）

成城大学

学 部	学科・課程（専攻・コース）
経　　　　済	経済、経営
文　　　　芸	文化史、国文、英文、芸術、マスコミュニケーション、ヨーロッパ文化
法	法律
社会イノベーション	政策イノベーション、心理社会

大 学 名	
学 部	学科・課程 (専攻・コース)

聖心女子大学

現 代 教 養	英語文化コミュニケーション、日本語日本文、哲、史、人間関係、国際交流、教育 (教育学／初等教育学)、心理

清泉女子大学

文	日本語日本文、英語英文、スペイン語スペイン文、文化史、地球市民

聖路加国際大学

看 護	看護

専修大学

経 済	現代経済、生活環境経済、国際経済
法	法律、政治
経 営	経営、ビジネスデザイン
商	マーケティング、会計
文	日本文学文化、英語英米文学、哲、歴史、環境地理、ジャーナリズム
ネットワーク情報	ネットワーク情報
人 間 科	心理、社会
国際コミュニケーション	日本語、異文化コミュニケーション

創価大学

経 済	経済
法	法律
文	人間
経 営	経営
教 育	教育、児童教育
理 工	情報システム工、共生創造理工
看 護	看護
国 際 教 養	国際教養

大正大学

地 域 創 生	地域創生、公共政策
人 間	人間科、社会福祉
臨 床 心 理	臨床心理
表 現	表現文化、メディア表現
文	日本文、人文、歴史
仏 教	仏教

大東文化大学

文	日本文、中国文、英米文、教育、書道、歴史文化
経 済	社会経済、現代経済
外 国 語	中国語、英語、日本語
法	法律、政治
国 際 関 係	国際関係、国際文化
経 営	経営
スポーツ・健康科	スポーツ科、健康科、看護
社 会	社会

大 学 名	
学 部	学科・課程 (専攻・コース)

高千穂大学

商	商 (マーケティング／金融／会計)
経 営	経営 (企業経営／経営法務／起業・事業承継／情報)
人 間 科	人間科 (人間科学／児童教育)

拓殖大学

商	経営、国際ビジネス、会計
政 経	法律政治、経済
外 国 語	英米語、中国語、スペイン語、国際日本語
国 際	国際
工	機械システム工、電子システム工、情報工、デザイン

多摩大学

経 営 情 報	経営情報、事業構想
グローバルスタディーズ	グローバルスタディーズ

玉川大学

教 育	教育 (初等教育／社会科教育／保健体育)、乳幼児発達
文	英語教育、国語教育
芸 術	音楽、アート・デザイン、演劇・舞踊
経 営	国際経営
観 光	観光
リベラルアーツ	リベラルアーツ
農	生産農、生産農 (理科教育)、環境農、先端食農
工	デザインサイエンス、情報通信工、マネジメントサイエンス、ソフトウェアサイエンス、(数学教員養成プログラム)

多摩美術大学

美 術	絵画、彫刻、工芸、グラフィックデザイン、生産デザイン、建築・環境デザイン、情報デザイン、芸術、統合デザイン、演劇舞踊デザイン

中央大学

法	法律、国際企業関係法、政治
経 済	経済、経済情報システム、国際経済、公共・環境経済
商	経営 (フレックス／フレックスPlus1)、会計 (フレックス／フレックス Plus1)、国際マーケティング (フレックス／フレックス Plus1)、金融 (フレックス／フレックス Plus1)

大 学 名	
学 部	学科・課程（専攻・コース）
文	人文社会（国文学／英語文学文化／ドイツ語文学文化／フランス語文学文化／中国言語文化／日本史学／東洋史学／西洋史学／哲学／社会学／社会情報学／教育学／心理学／学びのパスポートプログラム）
総 合 政 策	政策科、国際政策文化
国 際 経 営	国際経営
理　　　　工	数、物理、都市環境、精密機械工、電気電子情報通信工、応用化、ビジネスデータサイエンス、情報工、生命科、人間総合理工
国 際 情 報	国際情報
津田塾大学	
学　　　　芸	英語英文、国際関係、多文化・国際協力、数、情報科
総 合 政 策	総合政策
帝京大学	
医	医（6年制）
薬	薬（6年制）
医 療 技 術	視能矯正、看護、診療放射線、臨床検査、スポーツ医療（健康スポーツ／救急救命士／トップアスリート）、柔道整復
文	日本文化、史、社会、心理
教　　　　育	教育文化、初等教育（初等教育／こども教育）
外 国 語	外国語（英語／ドイツ語／フランス語／スペイン語／中国語／コリア語）、国際日本
経　　　　済	経済、国際経済、地域経済、経営、観光経営
法	法律、政治
理　　　　工	機械・精密システム工、航空宇宙工（航空宇宙工学／ヘリパイロット）、情報電子工、バイオサイエンス
福 岡 医 療 技 術	理学療法、作業療法、看護、診療放射線、医療技術（救急救命士／臨床工学）
帝京科学大学	
生 命 環 境	生命科、アニマルサイエンス、自然環境
医 療 科	東京理学療法、東京柔道整復、看護、理学療法、作業療法、柔道整復、医療福祉
教 育 人 間 科	幼児保育、学校教育、こども

大 学 名	
学 部	学科・課程（専攻・コース）
帝京平成大学	
薬	薬（6年制）
人 文 社 会	児童（小学校・特別支援／保育・幼稚園）、人間文化（福祉／メディア文化／グローバルコミュニケーション）、経営（経営／トレーナー・スポーツ経営／経営情報）、観光経営
ヒューマンケア	鍼灸、柔道整復、看護
健康メディカル	健康栄養、心理、言語聴覚、作業療法、理学療法、医療科（救急救命士／臨床工学）
健康医療スポーツ	柔道整復、医療スポーツ（救急救命士／トレーナー・スポーツ／アスリート／動物医療）、リハビリテーション（理学療法／作業療法）、看護
デジタルハリウッド大学	
デジタルコミュニケーション	デジタルコンテンツ
東海大学	
国　　　　際	国際
経　　　　営	経営
観　　　　光	観光
情 報 通 信	情報通信
政 治 経 済	政治、経済
法	法律
文	文明、歴史、日本文、英語文化コミュニケーション
文 化 社 会	アジア、ヨーロッパ・アメリカ、北欧、文芸創作、広報メディア、心理・社会
教　　　　養	人間環境、芸術
児 童 教 育	児童教育
体　　　　育	体育、競技スポーツ、武道、生涯スポーツ、スポーツ・レジャーマネジメント
健　　　　康	健康マネジメント
理	数、情報数理、物理、化
情 報 理 工	情報科、コンピュータ応用工、情報メディア
建 築 都 市	建築、土木工
工	航空宇宙（航空宇宙学／航空操縦学）、機械工、機械システム工、電気電子工、医工、生物工、応用化
医	医（6年制）、看護
人　　　　文	人文
海　　　　洋	海洋理工（海洋理工学／航海学）、水産、海洋生物

大 学 名	
学 部	学科・課程（専攻・コース）
文 理 融 合	経営、地域社会、人間情報工
農	農、動物科、食生命科
国 際 文 化	地域創造、国際コミュニケーション
生 物	生物、海洋生物科

東京有明医療大学

保 健 医 療	鍼灸、柔道整復
看 護	看護

東京医科大学

医	医（6年制）、看護

東京医療学院大学

保 健 医 療	看護、リハビリテーション（理学療法学／作業療法学）

東京医療保健大学

医 療 保 健	看護、医療情報、医療栄養（管理栄養学／臨床検査学）
東 が 丘 看 護	看護
立 川 看 護	看護
千 葉 看 護	看護
和 歌 山 看 護	看護

東京音楽大学

音 楽	音楽

東京家政大学

栄 養	栄養、管理栄養
家 政	服飾美術、環境共生、造形表現
人 文	英語コミュニケーション、心理カウンセリング、教育福祉
児 童	児童、初等教育
健 康 科	看護、リハビリテーション（作業療法学／理学療法学）
子 ど も 支 援	子ども支援

東京家政学院大学

現 代 生 活	現代家政、生活デザイン、児童、食物
人 間 栄 養	人間栄養

東京経済大学

経 済	経済、国際経済
経 営	経営、流通マーケティング
コミュニケーション	メディア社会、国際コミュニケーション
現 代 法 （キャリアデザインプログラム）	現代法

東京工科大学

工	機械工、電気電子工、応用化
コンピュータサイエンス	コンピュータサイエンス（先進情報〈情報基盤／人間情報／人工知能〉、社会情報）
メ デ ィ ア	メディア（メディアコンテンツ／メディア技術／メディア社会）

大 学 名	
学 部	学科・課程（専攻・コース）
応 用 生 物	応用生物（生命医薬／地球環境／食品／化粧品）
デ ザ イ ン	デザイン（視覚デザイン／情報デザイン／工業デザイン／空間デザイン）
医 療 保 健	リハビリテーション（理学療法学／作業療法学／言語聴覚学）、看護、臨床工、臨床検査

東京工芸大学

工	工（情報／機械／電気電子／建築）
芸 術	写真、映像、デザイン、インタラクティブメディア、アニメーション、ゲーム、マンガ

東京歯科大学

歯	歯（6年制）

東京慈恵会医科大学

医	医（6年制）、看護

東京純心大学

看 護	看護

東京女子大学

現 代 教 養	国際英語、人文、国際社会、心理・コミュニケーション、数理科

東京女子医科大学

医	医（6年制）
看 護	看護

東京女子体育大学

体 育	体育

東京神学大学

神	神

東京聖栄大学

健 康 栄 養	管理栄養、食品

東京成徳大学

国 際	国際
応 用 心 理	臨床心理、健康・スポーツ心理
子 ど も	子ども
経 営	経営

東京造形大学

造 形	デザイン、美術

東京電機大学

システムデザイン工	情報システム工、デザイン工
未 来 科	建築、情報メディア、ロボット・メカトロニクス
工	電気電子工、電子システム工、応用化、機械工、先端機械工、情報通信工
工 二 部	電気電子工、機械工、情報通信工

大　学　名	
学　部	学科・課程（専攻・コース）
理　　　　工	理工（理学系／生命科学系／情報システムデザイン学系／機械工学系／電子情報・生体医工学系／建築・都市環境学系）

東京都市大学

学　部	学科・課程（専攻・コース）
理　　　　工	機械工、機械システム工、電気電子通信工、医用工、応用化、原子力安全工、自然科
建築都市デザイン	建築、都市工
情　報　　工	情報科、知能情報工
環　　　　境	環境創生、環境経営システム
メディア情報	社会メディア、情報システム
デザイン・データ科	デザイン・データ科
都　市　生　活	都市生活
人　間　　科	人間科

東京農業大学

学　部	学科・課程（専攻・コース）
農	農、動物科、生物資源開発、デザイン農
応　用　生　物　科	農芸化、醸造科、食品安全健康、栄養科
生　　命　　科	バイオサイエンス、分子生命化、分子微生物
地　域　環　境　科	森林総合科、生産環境工、造園科、地域創成科
国　際　食　料　情　報	国際農業開発、食料環境経済、アグリビジネス、国際食農科
生　物　産　業	北方圏農、海洋水産、食香粧化、自然資源経営

東京福祉大学

学　部	学科・課程（専攻・コース）
社　会　福　祉	社会福祉（社会福祉／精神保健福祉／経営福祉／心理福祉）
保　育　児　童	保育児童
教　　　　育	教育（学校教育／国際教育）
心　　　　理	心理

東京富士大学

学　部	学科・課程（専攻・コース）
経　　　　営	経営、イベントプロデュース

東京未来大学

学　部	学科・課程（専攻・コース）
こ　ど　も　心　理	こども心理
モチベーション行動科	モチベーション行動科

東京薬科大学

学　部	学科・課程（専攻・コース）
薬	薬（6年制）
生　　命　　科	分子生命科、応用生命科、生命医科

東京理科大学

学　部	学科・課程（専攻・コース）
理　一　部	数、物理、化、応用数、応用化
理　二　部	数、物理、化
経　　　　営	経営、ビジネスエコノミクス、国際デザイン経営

大　学　名	
学　部	学科・課程（専攻・コース）
工	建築、工業化、電気工、情報工、機械工
先　進　工	電子システム工、マテリアル創成工、生命システム工、物理工、機能デザイン工
薬	薬（6年制）、生命創薬科
創　域　理　工	数理科、先端物理、情報計算科、生命生物科、建築、先端化、電気電子情報工、経営システム工、機械航空宇宙工、社会基盤工

東邦大学

学　部	学科・課程（専攻・コース）
医	医（6年制）
看　　　護	看護
薬	薬（6年制）
理	化、生物、生物分子科、物理、情報科、生命圏環境科
健　康　科	看護

桐朋学園大学

学　部	学科・課程（専攻・コース）
音　　　楽	音楽（ピアノ／弦楽器／管楽器／打楽器／ハープ／古楽器／声楽／指揮／作曲／音楽学）

東洋大学

学　部	学科・課程（専攻・コース）
文　一　部	哲、東洋思想文化、日本文学文化、英米文、史、教育（人間発達／初等教育）、国際文化コミュニケーション
文　二　部	東洋思想文化、日本文学文化、教育
経　済　一　部	経済、国際経済、総合政策
経　済　二　部	経済
経　営　一　部	経営、マーケティング、会計ファイナンス
経　営　二　部	経営
法　一　部	法律、企業法
法　二　部	法律
社　会　一　部	社会、国際社会、メディアコミュニケーション、社会心理
社　会　二　部	社会
国　　　　際	グローバル・イノベーション、国際地域（国際地域／地域総合〈イブニングコース〉）
国　際　観　光	国際観光
情　報　連　携	情報連携
福祉社会デザイン	社会福祉、子ども支援、人間環境デザイン
健康スポーツ科	健康スポーツ科、栄養科
理　　　　工	機械工、電気電子情報工、応用化、都市環境デザイン、建築

794

大 学 名	
学 部	学科・課程（専攻・コース）
総 合 情 報	総合情報
生 命 科	生命科、生体医工、生物資源
食 環 境 科	食環境科、健康栄養、フードデータサイエンス

東洋学園大学

学 部	学科・課程（専攻・コース）
現 代 経 営	現代経営（ビジネスリーダー／ベンチャー・事業承継／会計・ファイナンス／政策・エコノミクス／メディア・マーケティング／消費者心理・サービスマーケティング）
人 間 科	人間科（心理・カウンセリング／スポーツ健康／人間社会）
グローバル・コミュニケーション	グローバル・コミュニケーション、英語コミュニケーション

二松学舎大学

学 部	学科・課程（専攻・コース）
文	国文、中国文、都市文化デザイン、歴史文化
国 際 政 治 経 済	国際政治経済、国際経営

日本体育大学

学 部	学科・課程（専攻・コース）
体 育	体育、健康
児童スポーツ教育	児童スポーツ教育（児童スポーツ教育／幼児教育保育）
スポーツ文化	武道教育、スポーツ国際
保 健 医 療	整復医療、救急医療
スポーツマネジメント	スポーツマネジメント、スポーツライフマネジメント

日本大学

学 部	学科・課程（専攻・コース）
法 一 部	法律、政治経済、新聞、経営法、公共政策
法 二 部	法律
文 理	哲、史、国文、中国語中国文化、英文、ドイツ文、社会、社会福祉、教育、体育、心理、地理、地球科、数、情報科、物理、生命科、化
経 済	経済、産業経営、金融公共経済
商	商業、経営、会計
芸 術	写真、映画、美術、音楽、文芸、演劇、放送、デザイン
国 際 関 係	国際総合政策、国際教養
危 機 管 理	危機管理
スポーツ科	競技スポーツ
理 工	土木工、交通システム工、建築、海洋建築工、まちづくり工、機械工、精密機械工、航空宇宙工、電気工、電子工、応用情報工、物質応用化、物理、数

学 部	学科・課程（専攻・コース）
生 産 工	機械工、電気電子工、土木工、建築工、応用分子化、マネジメント工、数理情報工、環境安全工、創生デザイン
工	土木工、建築、機械工、電気電子工、生命応用化、情報工
医	医（6年制）
歯	歯（6年制）
松 戸 歯	歯（6年制）
生 物 資 源 科	バイオサイエンス、動物、海洋生物、森林、環境、アグリサイエンス、食品開発、食品ビジネス、国際共生、獣医保健看護、獣医（6年制）
薬	薬（6年制）

日本医科大学

学 部	学科・課程（専攻・コース）
医	医（6年制）

日本歯科大学

学 部	学科・課程（専攻・コース）
生 命 歯	生命歯（6年制）
新 潟 生 命 歯	生命歯（6年制）

日本社会事業大学

学 部	学科・課程（専攻・コース）
社 会 福 祉	福祉計画、福祉援助

日本獣医生命科学大学

学 部	学科・課程（専攻・コース）
獣 医	獣医（6年制）、獣医保健看護
応 用 生 命 科	動物科、食品科

日本女子大学

学 部	学科・課程（専攻・コース）
家 政	児童、食物（食物学／管理栄養士）、被服、家政経済
文	日本文、英文、史
理	数物情報科、化学生命科
人 間 社 会	現代社会、社会福祉、教育、心理
国 際 文 化	国際文化
建築デザイン	建築デザイン

日本女子体育大学

学 部	学科・課程（専攻・コース）
体 育	スポーツ科、ダンス、健康スポーツ、子ども運動

日本赤十字看護大学

学 部	学科・課程（専攻・コース）
看 護	看護
さいたま看護	看護

日本文化大學

学 部	学科・課程（専攻・コース）
法	法

文化学園大学

学 部	学科・課程（専攻・コース）
服 装	ファッションクリエイション、ファッション社会
造 形	デザイン・造形、建築・インテリア
国 際 文 化	国際文化・観光、国際ファッション文化

大 学 名	
学 部	学科・課程（専攻・コース）
文教大学	
情　　　　報	情報システム、情報社会、メディア表現
健 康 栄 養	管理栄養
国　　　　際	国際理解、国際観光
経　　　　営	経営
教　　　　育	学校教育課程（国語／社会／数学／理科／音楽／美術／体育／家庭／英語）、発達教育課程（特別支援教育／初等連携教育／児童心理教育／幼児心理教育）
人 　間 　科	人間科、臨床心理、心理
文	日本語日本文、英米語英米文、中国語中国文、外国語
文京学院大学	
外 　国 　語	英語コミュニケーション（国際ビジネスコミュニケーション／国際教養コミュニケーション）
経　　　　営	経営コミュニケーション、マーケティング・デザイン
人　　　　間	コミュニケーション社会、児童発達、人間福祉、心理
保 健 医 療 技 術	理学療法、作業療法、臨床検査、看護
法政大学	
法	法律、政治、国際政治
文	哲、日本文（昼夜開講）、英文、史、地理、心理
経　　　　営	経営、経営戦略、市場経営
国 際 文 化	国際文化
人 間 環 境	人間環境
キャリアデザイン	キャリアデザイン
デ ザ イ ン 工	建築、都市環境デザイン工、システムデザイン
グローバル教養（GIS)	グローバル教養
経　　　　済	経済、国際経済、現代ビジネス
社　　　　会	社会政策科、社会、メディア社会
現 代 福 祉	福祉コミュニティ、臨床心理
スポーツ健康	スポーツ健康
情 　報 　科	コンピュータ科、ディジタルメディア
理　　　　工	機械工（機械工学／航空操縦学）、電気電子工、応用情報工、経営システム工、創生科
生 　命 　科	生命機能、環境応用化、応用植物科
星薬科大学	
薬	薬（6年制）、創薬科

大 学 名	
学 部	学科・課程（専攻・コース）
武蔵大学	
経　　　　済	経済、経営、金融
人　　　　文	英語英米文化、ヨーロッパ文化、日本・東アジア文化
社　　　　会	社会、メディア社会
国 際 教 養	国際教養（経済経営学／グローバルスタディーズ）
武蔵野大学	
文	日本文学文化
グ ロ ー バ ル	グローバルコミュニケーション、日本語コミュニケーション、グローバルビジネス
法	法律、政治
経　　　　済	経済
経　　　　営	経営、会計ガバナンス
アントレプレナーシップ	アントレプレナーシップ
データサイエンス	データサイエンス
人 　間 　科	人間科、社会福祉
ウェルビーイング	ウェルビーイング
工	サステナビリティ、数理工、建築デザイン
教　　　　育	教育、幼児教育
薬	薬（6年制）
看　　　　護	看護
武蔵野音楽大学	
音　　　　楽	演奏（器楽／声楽／ヴィルトゥオーゾ）、音楽総合（作曲／音楽学／音楽教育／アートマネジメント）
武蔵野美術大学	
造　　　　形	日本画、油絵（油絵／グラフィックアーツ）、彫刻、視覚伝達デザイン、工芸工業デザイン、空間演出デザイン、建築、基礎デザイン、芸術文化、デザイン情報
造 形 構 想	クリエイティブイノベーション、映像
明治大学	
法	法律
商	商
政 治 経 済	政治、経済、地域行政
文	文（日本文学／英米文学／ドイツ文学／フランス文学／演劇学／文芸メディア）、史学地理（日本史学／アジア史／西洋史学／考古学／地理学）、心理社会（臨床心理学／現代社会学／哲学）

大 学 名	
学　部	学科・課程（専攻・コース）
経　　　　営	経営、会計、公共経営
情報コミュニケーション	情報コミュニケーション
理　　　　工	電気電子生命（電気電子工学／生命理工学）、機械工、機械情報工、建築、応用化、情報科、数、物理
農	農、農芸化、生命科、食料環境政策
国　際　日　本	国際日本
総　合　数　理	現象数理、先端メディアサイエンス、ネットワークデザイン
明治学院大学	
文	英文、フランス文、芸術
経　　　　済	経済、経営、国際経営
社　　　　会	社会、社会福祉
法	法律、消費情報環境法、グローバル法、政治
国　　　　際	国際、国際キャリア
心　　　　理	心理、教育発達
情　報　数　理	情報数理
明治薬科大学	
薬	薬（6年制）、生命創薬科
明星大学	
理　　　　工	総合理工（物理学／化学・生命科学／機械工学／電気工学）
人　　　　文	国際コミュニケーション、日本文化、人間社会、福祉実践
経　　　　済	経済
情　　　　報	情報
教　　　　育	教育（小学校教員／教科専門／特別支援教員／子ども臨床）
経　　　　営	経営
デ　ザ　イ　ン	デザイン
心　　　　理	心理
建　　　　築	建築
データサイエンス学環	
目白大学	
心　　　　理	心理カウンセリング
人　　　　間	人間福祉、子ども、児童教育
社　　　　会	社会情報、地域社会
メ　デ　ィ　ア	メディア
経　　　　営	経営
外　　国　　語	英米語、中国語、韓国語、日本語・日本語教育
保　健　医　療	理学療法、作業療法、言語聴覚
看　　　　護	看護
ヤマザキ動物看護大学	
動　物　看　護	動物看護、動物人間関係

大 学 名	
学　部	学科・課程（専攻・コース）
立教大学	
文	キリスト教、文（英米文学／ドイツ文学／フランス文学／日本文学／文芸・思想）、史（日本史学／世界史学／超域文化学）、教育（初等教育／教育学）
異文化コミュニケーション	異文化コミュニケーション
経　　　　済	経済、会計ファイナンス、経済政策
経　　　　営	経営、国際経営
理	数、物理、化、生命理
社　　　　会	社会、現代文化、メディア社会
法	法、国際ビジネス法、政治
(Global Liberal Arts Program〈GLAP〉)	
観　　　　光	観光、交流文化
コミュニティ福祉	福祉、コミュニティ政策
現　代　心　理	心理、映像身体
スポーツウエルネス	スポーツウエルネス
立正大学	
仏　　　　教	仏教、宗
文	哲、史、社会、文
経　　　　済	経済
経　　　　営	経営
心　　　　理	臨床心理、対人・社会心理
法	法
社　会　福　祉	社会福祉、子ども教育福祉
地　球　環　境　科	環境システム、地理
データサイエンス	データサイエンス
ルーテル学院大学	
総　合　人　間	人間福祉心理
和光大学	
現　代　人　間	心理教育（心理学／子ども教育／子ども教育保育）、人間科
表　　　　現	総合文化、芸術
経　済　経　営	経済、経営
早稲田大学	
政　治　経　済	政治、経済、国際政治経済
法	（学科組織なし）
教　　　　育	教育（教育学〈教育学／生涯教育学／教育心理学〉／初等教育学）、国語国文、英語英文、社会（地理歴史／公共市民学）、理（生物学／地球科学）、数、複合文化
商	（学科組織なし）
社　　会　　科	社会科
国　際　教　養	国際教養
文　化　構　想	文化構想
文	文

大　学　名	
学　部	学科・課程（専攻・コース）
基　幹　理　工	数、応用数理、機械科学・航空宇宙、電子物理システム、情報理工、情報通信、表現工
創　造　理　工	建築、総合機械工、経営システム工、社会環境工、環境資源工
先　進　理　工	物理、応用物理、化学・生命化、応用化、生命医科、電気・情報生命工
人　間　科	人間環境科、健康福祉科、人間情報科
ス ポ ー ツ 科	スポーツ科

神奈川

麻布大学

獣　　　　医	獣医（6年制）、動物応用科、獣医保健看護
生 命 ・ 環 境 科	臨床検査技術、食品生命科、環境科

神奈川大学

法	法律、自治行政
経　　　　済	経済（現代経済／経済分析）、現代ビジネス
人　間　科	人間科
工	機械工、電気電子情報工、経営工、応用物理
理	理（数学／物理／化学／生物／地球環境科学／総合理学）
建　　　　築	建築（建築学系／都市生活学系）
化　学　生　命	応用化学、生命機能
情　　　　報	計算機科、システム数理、先端情報領域プログラム
経　　　　営	国際経営
外　　国　　語	英語英文（IES プログラム／GEC プログラム）、スペイン語、中国語
国　際　日　本	国際文化交流、日本文化、歴史民俗

神奈川工科大学

工	機械工（機械工学／航空宇宙学）、電気電子情報工、応用化学生物
情　　　　報	情報工、情報ネットワーク・コミュニケーション、情報メディア、情報システム
健 康 医 療 科	看護、管理栄養、臨床工

神奈川歯科大学

歯	歯（6年制）

鎌倉女子大学

家　　　　政	家政保健、管理栄養
児　　　　童	児童、子ども心理

大　学　名	
学　部	学科・課程（専攻・コース）
教　　　　育	教育

関東学院大学

国　際　文　化	英語文化、比較文化
社　　　　会	現代社会
経　　　　済	経済
理　　　　工	理工（生命科学／数理・物理／応用化学／表面工学／先進機械／電気・電子／健康科学・テクノロジー／情報ネット・メディア／土木・都市防災）
建　築　・　環　境	建築・環境
人　間　共　生	コミュニケーション、共生デザイン
栄　　　　養	管理栄養
教　　　　育	こども発達
看　　　　護	看護
経　　　　営	経営
法	法、地域創生

北里大学

薬	薬（6年制）、生命創薬科
獣　　　　医	獣医（6年制）、動物資源科、生物環境科
未　　来　　工	データサイエンス
理	物理、化、生物科
海　洋　生　命　科	海洋生命科
医	医（6年制）
看　　　　護	看護
医　療　衛　生	保健衛生、医療検査、医療工（臨床工学／診療放射線技術科学）、リハビリテーション（理学療法学／作業療法学／言語聴覚療法学／視覚機能療法学）
健　　康　　科	看護、医療検査

相模女子大学

学　　　　芸	日本語日本文、英語文化コミュニケーション、子ども教育、メディア情報、生活デザイン
栄　　養　　科	健康栄養、管理栄養
人　間　社　会	社会マネジメント、人間心理

松蔭大学

経　営　文　化	ビジネスマネジメント、経営法
コミュニケーション文化	異文化コミュニケーション、日本文化コミュニケーション、生活心理、子ども
観光メディア文化	観光文化、メディア情報文化
看　　　　護	看護

湘南医療大学

保　健　医　療	看護、リハビリテーション（理学療法学／作業療法学）

大　学　名	
学　部	学科・課程（専攻・コース）
薬	医療薬（6年制）
湘南鎌倉医療大学	
看　　　護	看護
湘南工科大学	
情　　　報	情報（人工知能／情報工学／情報メディア）
工	機械工、電気電子工、総合デザイン、人間環境
昭和音楽大学	
音　　　楽	音楽芸術表現、音楽芸術運営
聖マリアンナ医科大学	
医	医（6年制）
洗足学園音楽大学	
音　　　楽	音楽
鶴見大学	
文	日本文、英語英米文、文化財、ドキュメンテーション
歯	歯（6年制）
田園調布学園大学	
人　間　福　祉	社会福祉（社会福祉／介護福祉）、共生社会
子　ど　も　未　来	子ども未来
人　　間　　科	心理
桐蔭横浜大学	
法	法律
医　　用　　工	生命医工、臨床工
ス　ポ　ー　ツ　科	スポーツ教育、スポーツ健康科
現代教養学環（学部等連携課程）	
東洋英和女学院大学	
人　　間　　科	人間科、保育子ども
国　際　社　会	国際社会、国際コミュニケーション
日本映画大学	
映　　　画	映画（演出／身体表現・俳優／ドキュメンタリー／撮影照明／録音／編集／脚本／文芸／マネジメント／VFX特殊撮影）
フェリス女学院大学	
文	英語英米文、日本語日本文、コミュニケーション
国　際　交　流	国際交流
音　　　楽	音楽芸術
横浜商科大学	
商	商、観光マネジメント、経営情報（スポーツマネジメント／情報マネジメント）
横浜創英大学	
看　　　護	看護
こ　ど　も　教　育	幼児教育

大　学　名	
学　部	学科・課程（専攻・コース）
横浜美術大学	
美　　　術	美術・デザイン
横浜薬科大学	
薬	健康薬（6年制）、漢方薬（6年制）、臨床薬（6年制）、薬科
新潟	
敬和学園大学	
人　　　文	英語文化コミュニケーション、国際文化、共生社会
長岡大学	
経　済　経　営	経済経営
長岡崇徳大学	
看　　　護	看護
新潟医療福祉大学	
リハビリテーション	理学療法、作業療法、言語聴覚、義肢装具自立支援、鍼灸健康
医　療　技　術	臨床技術、視機能科、救急救命、診療放射線
健　　康　　科	健康栄養、健康スポーツ
看　　　護	看護
心　理・福　祉	社会福祉、心理健康
医　療　経　営　管　理	医療情報管理
新潟経営大学	
経　営　情　報	経営情報、スポーツマネジメント
新潟工科大学	
工	工（機械システム学系／電子情報学系／食品・環境化学／建築都市学系）
新潟国際情報大学	
国　　　際	国際文化
経　営　情　報	経営、情報システム
新潟産業大学	
経　　　済	経済経営、文化経済
新潟食料農業大学	
食　料　産　業	食料産業
新潟青陵大学	
看　　　護	看護
福祉心理子ども	社会福祉、臨床心理、子ども発達
新潟薬科大学	
薬	薬（6年制）
応　用　生　命　科	応用生命科（食品科学／バイオテクノロジー／生命環境化学／理科教職）、生命産業ビジネス
医　療　技　術	臨床検査
看　　　護	看護
新潟リハビリテーション大学	
医　　　療	リハビリテーション（理学療法学／作業療法学／心理学）

大 学 名	
学 部	学科・課程（専攻・コース）
富山	

高岡法科大学

法	法（公共政策／法専門職／企業経営）

富山国際大学

現 代 社 会	現代社会（観光／環境デザイン／経営情報／英語国際キャリア）
子 ど も 育 成	子ども育成

石川	

金沢医科大学

医	医（6年制）
看 護	看護

金沢学院大学

情 報 工	情報工
経 済	経済、経営
文	文（日本文学／英米文学／歴史学／心理学）
教 育	教育
芸 術	芸術
栄 養	栄養
スポーツ科	スポーツ科

金沢工業大学

工	機械工、航空システム工、ロボティクス、電気電子工、情報工、環境土木工
情報フロンティア	メディア情報、経営情報、心理科
建 築	建築
バ イ オ・化	応用化、応用バイオ

金沢星稜大学

経 済	経済、経営、地域システム
人 間 科	スポーツ、こども
人 文	国際文化

金城大学

総 合 経 済	総合経済
人 間 社 会 科	社会福祉（社会福祉／生活支援）、子ども教育保育
医 療 健 康	理学療法、作業療法
看 護	看護

北陸大学

経 済 経 営	マネジメント、経済
国際コミュニケーション	国際コミュニケーション、心理社会
医 療 保 健	医療技術、理学療法
薬	薬（6年制）

北陸学院大学

教 育	幼児教育、初等中等教育
社 会	社会
健 康 科	栄養

大 学 名	
学 部	学科・課程（専攻・コース）
福井	

仁愛大学

人 間	心理、コミュニケーション
人 間 生 活	健康栄養、子ども教育

福井医療大学

保 健 医 療	リハビリテーション（理学療法学／作業療法学／言語聴覚学）、看護

福井工業大学

工	電気電子情報工、機械工、建築土木工、原子力技術応用工
環 境	環境食品応用化、デザイン
スポーツ健康科	スポーツ健康科
経 営 情 報	経営情報

山梨	

健康科学大学

健 康 科	リハビリテーション（理学療法学／作業療法学）、人間コミュニケーション
看 護	看護

身延山大学

仏 教	仏教（福祉学／文学・芸術／日蓮学）

山梨英和大学

人 間 文 化	人間文化

山梨学院大学

法	法
経 営	経営
健 康 栄 養	管理栄養
国際リベラルアーツ	国際リベラルアーツ
スポーツ科	スポーツ科

長野	

佐久大学

看 護	看護
人 間 福 祉	人間福祉

清泉大学（現・清泉女学院大学）

人 間	心理コミュニケーション、文化
看 護	看護

長野保健医療大学

保 健 科	リハビリテーション（理学療法学／作業療法学）
看 護	看護

松本大学

総 合 経 営	総合経営、観光ホスピタリティ
人 間 健 康	健康栄養、スポーツ健康
教 育	学校教育

松本看護大学

看 護	看護

大　学　名	
学　部	学科・課程（専攻・コース）

松本歯科大学	
歯	歯（6年制）

岐阜

朝日大学	
法	法
経　　営	経営
歯	歯（6年制）
保　健　医　療	看護、健康スポーツ科

岐阜医療科学大学	
保　健　科	臨床検査、放射線技術
看　護	看護
薬	薬（6年制）

岐阜協立大学	
経　　済	経済、公共政策
経　　営	経営情報、スポーツ経営
看　護	看護

岐阜聖徳学園大学	
教　育	学校教育課程（国語／社会／数学／理科／音楽／体育／英語／保育／特別支援教育／学校心理）
外　国　語	外国語（国際キャリア／英語教員養成）
看　護	看護
経　済　情　報	経済情報

岐阜女子大学	
家　政	健康栄養、生活科（生活科学／住居学）
文　化　創　造	文化創造（初等教育学／文化創造学／デジタルアーカイブ）

岐阜保健大学	
看　護	看護
リハビリテーション	理学療法、作業療法

中京学院大学	
経　営	経営
看　護	看護

中部学院大学	
人　間　福　祉	人間福祉
看護リハビリテーション	理学療法、看護
スポーツ健康科	スポーツ健康科
教　育	子ども教育

東海学院大学	
人　間　関　係	心理、子ども発達
健　康　福　祉	総合福祉、管理栄養

静岡

静岡英和学院大学	
人　間　社　会	人間社会、コミュニティ福祉

静岡産業大学	
経　営	経営、心理経営

大　学　名	
学　部	学科・課程（専攻・コース）
スポーツ科	スポーツ科

静岡福祉大学	
社　会　福　祉	福祉心理、健康福祉
子　ど　も	子ども

静岡理工科大学	
理　工	機械工、電気電子工、物質生命科、建築、土木工
情　報	コンピュータシステム、情報デザイン

聖隷クリストファー大学	
看　護	看護
リハビリテーション	理学療法、作業療法、言語聴覚
社　会　福　祉	社会福祉（ソーシャルワーク／介護福祉／福祉心理）
国　際　教　育	こども教育

常葉大学	
教　育	学校教育課程、生涯学習（生涯学習／生涯スポーツ）、心理教育
外　国　語	英米語、グローバルコミュニケーション
経　営	経営
社　会　環　境	社会環境
保　育	保育
造　形	造形
法	法律
健　康　科	看護、静岡理学療法
健康プロデュース	健康栄養、こども健康、心身マネジメント、健康鍼灸、健康柔道整復
保　健　医　療	理学療法、作業療法

浜松学院大学	
現代コミュニケーション	地域共創（地域政策／観光／グローバル教養）、子どもコミュニケーション（幼児教育・保育／小学校・特別支援教育）

愛知

愛知大学	
法	法（司法／行政／企業）
経　済	経済（経済分析／政策・地域／世界経済）
経　営	経営（ビジネス・マネジメント／流通・マーケティング／情報システム／国際ビジネス）、会計ファイナンス（アカウンティング／ファイナンス／ビジネスデザイン）
現　代　中　国	現代中国（ビジネス／言語文化／国際関係）

大 学 名	
学 部	学科・課程（専攻・コース）
国際コミュニケーション	英語（Language Studies／Business／Education）、国際教養（アメリカ研究／日本・アジア研究／ヨーロッパ研究）
文	歴史地理、日本語日本文、人文社会（現代文化／社会学／欧米言語文化）、心理
地 域 政 策	地域政策（公共政策／経済産業／まちづくり・文化／健康・スポーツ／食農環境）

愛知医科大学

学 部	学科・課程（専攻・コース）
医	医（6年制）
看 護	看護

愛知医療学院大学

学 部	学科・課程（専攻・コース）
リハビリテーション	リハビリテーション（理学療法学／作業療法学）

愛知学院大学

学 部	学科・課程（専攻・コース）
文	歴史、日本文化、英語英米文化、グローバル英語、宗教文化
心 理	心理
健 康 科	健康科、健康栄養
総 合 政 策	総合政策
商	商
経 営	経営
経 済	経済
法	法律、現代社会法
薬	医療薬（6年制）
歯	歯（6年制）

愛知学泉大学

学 部	学科・課程（専攻・コース）
家 政	ライフスタイル、管理栄養、こどもの生活

愛知工科大学

学 部	学科・課程（専攻・コース）
工	機械システム工、電子ロボット工、情報メディア、（IoT・AIエンジニアリングコース）、（一級自動車整備士養成課程）

愛知工業大学

学 部	学科・課程（専攻・コース）
工	電気、応用化、機械、社会基盤、建築
情 報 科	情報科
経 営	経営

愛知産業大学

学 部	学科・課程（専攻・コース）
造 形	スマートデザイン、建築
経 営	総合経営

愛知淑徳大学

学 部	学科・課程（専攻・コース）
文	国文、総合英語、教育
人 間 情 報	人間情報（感性工学／データサイエンス）

大 学 名	
学 部	学科・課程（専攻・コース）
心 理	心理
創 造 表 現	創造表現（創作表現／メディアプロデュース／建築・インテリアデザイン）
健康医療科	医療貢献（言語聴覚学／視覚科学／理学療法学／臨床検査学）、スポーツ・健康医科（スポーツ・健康科学／救急救命学）
食 健 康 科	健康栄養、食創造科
福 祉 貢 献	福祉貢献（社会福祉／子ども福祉）
交 流 文 化	交流文化（ランゲージ／国際交流・観光）
ビ ジ ネ ス	ビジネス
グローバル・コミュニケーション	グローバル・コミュニケーション

愛知東邦大学

学 部	学科・課程（専攻・コース）
経 営	地域ビジネス、国際ビジネス
人 間 健 康	人間健康
教 育	子ども発達

愛知文教大学

学 部	学科・課程（専攻・コース）
人 文	人文

愛知みずほ大学

学 部	学科・課程（専攻・コース）
人 間 科	心身健康科

一宮研伸大学

学 部	学科・課程（専攻・コース）
看 護	看護

桜花学園大学

学 部	学科・課程（専攻・コース）
保 育	保育、国際教養こども
国 際	国際

岡崎女子大学

学 部	学科・課程（専攻・コース）
子 ど も 教 育	子ども教育

金城学院大学

学 部	学科・課程（専攻・コース）
文	日本語日本文化、英語英米文化、外国語コミュニケーション、音楽芸術
生 活 環 境	生活マネジメント、環境デザイン、食環境栄養
国 際 情 報	国際情報（グローバルスタディーズ／メディアスタディーズ）
人 間 科	現代子ども教育、多元心理、コミュニティ福祉
薬	薬（6年制）
看 護	看護

至学館大学

学 部	学科・課程（専攻・コース）
健 康 科	栄養科、こども健康・教育、体育科、健康スポーツ科

修文大学

学 部	学科・課程（専攻・コース）
健 康 栄 養	管理栄養
看 護	看護
医 療 科	臨床検査

大 学 名	
学 部	学科・課程（専攻・コース）
椙山女学園大学	
生 活 科	管理栄養、生活環境デザイン
外 国 語	英語英米、国際教養
現代マネジメント	現代マネジメント
情 報 社 会	情報デザイン、現代社会
教 育	子ども発達（保育・初等教育／初等中等教育）
看 護	看護
人 間 関 係	人間共生、心理
星城大学	
経 営	経営
リハビリテーション	リハビリテーション（理学療法学／作業療法学）
大同大学	
工	機械工、機械システム工、電気電子工
建 築	建築（建築／インテリアデザイン／かおりデザイン／都市空間インフラ）
情 報	情報システム、情報デザイン、総合情報
中京大学	
国 際	国際（国際人間学／国際政治学／国際経済学／GLS）、言語文化（複言語・複文化学／英米学）
文	歴史文化、日本文、言語表現
心 理	心理
法	法律
経 済	経済
経 営	経営
総 合 政 策	総合政策
現 代 社 会	現代社会（社会学／コミュニティ学／社会福祉学／国際文化）
工	機械システム工、電気電子工、情報工、メディア工
スポーツ科	スポーツマネジメント、スポーツ健康科、トレーナー、スポーツ教育、競技スポーツ科
中部大学	
工	機械工、都市建設工、建築、応用化、情報工、電気電子システム工
経 営 情 報	経営総合
国 際 関 係	国際
人 文	日本語日本文化、英語英米文化、心理、歴史地理、メディア社会情報
応 用 生 物	応用生物化、環境生物科、食品栄養科

大 学 名	
学 部	学科・課程（専攻・コース）
生 命 健 康 科	生命医科、保健看護、理学療法、作業療法、臨床工、スポーツ保健医療
現 代 教 育	幼児教育、現代教育（現代教育／中等教育国語数学）
理 工	数理・物理サイエンス、AIロボティクス、宇宙航空
東海学園大学	
人 文	人文
心 理	心理
教 育	教育（学校教育／保育／養護教諭）
健 康 栄 養	健康栄養（管理栄養士／食品開発）
経 営	経営
スポーツ健康科	スポーツ健康科
同朋大学	
文	仏教、人文
社 会 福 祉	社会福祉（社会福祉／子ども学／心理学）
豊田工業大学	
工	先端工学基礎
豊橋創造大学	
保 健 医 療	理学療法、看護
経 営	経営
名古屋葵大学（現・名古屋女子大学）	
健 康 科	健康栄養、看護
医 療 科	理学療法、作業療法
家 政	生活環境
児 童 教 育	児童教育
名古屋音楽大学	
音 楽	音楽
名古屋外国語大学	
外 国 語	英米語（英米語／英語コミュニケーション／英語教育）、フランス語、中国語
現 代 国 際	現代英語、国際教養、グローバルビジネス
世 界 共 生	世界共生
世 界 教 養	世界教養、国際日本
名古屋学院大学	
経 済	経済
現 代 社 会	現代社会
商	商
経 営	データ経営
法	法
外 国 語	英米語
国 際 文 化	国際文化（グローバル文化／国際日本学／国際協力・共生）
リハビリテーション	理学療法

大 学 名	
学 部	学科・課程（専攻・コース）
スポーツ健康	スポーツ健康
名古屋学芸大学	
管 理 栄 養	管理栄養
ヒューマンケア	子どもケア（子どもケア〈養護教諭〉/幼児保育/児童発達教育）
メディア造形	映像メディア、デザイン、ファッション造形
看 護	看護
名古屋経済大学	
経 済	現代経済
経 営	経営
法	ビジネス法
人 間 生 活 科	教育保育、管理栄養
名古屋芸術大学	
芸 術	芸術（音楽/芸術教養/美術/デザイン/舞台芸術）
教 育	子ども
名古屋産業大学	
現代ビジネス	現代ビジネス、経営専門職
名古屋商科大学	
経 営	経営、経営情報
経 済	総合政策、経済
商	マーケティング、会計
国 際	国際、英語
経営管理課程	
名古屋造形大学	
造 形	造形（美術表現/視覚表現/地域建築/空間作法/情報表現）
名古屋文理大学	
健 康 生 活	健康栄養、フードビジネス
情報メディア	情報メディア
名古屋柳城女子大学	
こ ど も	こども
南山大学	
人 文	キリスト教、人類文化、心理人間、日本文化
外 国 語	英米、スペイン・ラテンアメリカ（スペイン/ラテンアメリカ）、フランス（フランス文化/フランス社会）、ドイツ（ドイツ文化/ドイツ社会）、アジア（東アジア/東南アジア）
経 済	経済
経 営	経営
法	法律
総 合 政 策	総合政策
理 工	ソフトウェア工、データサイエンス、電子情報工、機械システム工

大 学 名	
学 部	学科・課程（専攻・コース）
国 際 教 養	国際教養
日本赤十字豊田看護大学	
看 護	看護
日本福祉大学	
社 会 福 祉	社会福祉（行政/子ども/医療/人間福祉）
教 育 ・ 心 理	子ども発達、学校教育、心理
スポーツ科	スポーツ科
健 康 科	リハビリテーション（理学療法学/作業療法学/介護学）、福祉工（情報工学/建築バリアフリー）
看 護	看護
経 済	経済
国 際	国際
人間環境大学	
心 理	心理、犯罪心理
環 境 科	フィールド生態、環境データサイエンス
看 護	看護
松 山 看 護	看護
総 合 心 理	総合心理、総合犯罪心理
藤田医科大学	
医	医（6年制）
医 療 科	医療検査、放射線
保 健 衛 生	看護、リハビリテーション（先進理学療法/先進作業療法）
名城大学	
法	法
経 営	経営、国際経営
経 済	経済、産業社会
情 報 工	情報工
理 工	数、電気電子工、材料機能工、応用化、機械工、交通機械工、メカトロニクス工、社会基盤デザイン工、環境創造工、建築
農	生物資源、応用生物化、生物環境科
薬	薬（6年制）
外 国 語	国際英語
人 間	人間
都 市 情 報	都市情報
三重	
皇學館大学	
文	神道、国文、国史、コミュニケーション
教 育	教育（初等教育/幼児教育/保健体育（中高教員）/数理教育（中高教員））

大 学 名	
学 部	学科・課程（専攻・コース）
現代日本社会	現代日本社会（経営革新／地域創生／福祉展開）
鈴鹿大学	
国 際 地 域	国際地域
こ ど も 教 育	こども教育
鈴鹿医療科学大学	
保 健 衛 生	放射線技術科、医療栄養、臨床検査、リハビリテーション（理学療法学／作業療法学）、医療福祉（医療福祉学／臨床心理学）、鍼灸サイエンス、救急救命
医 用 工	臨床工、医療健康データサイエンス
薬	薬（6年制）
看 護	看護
四日市大学	
環 境 情 報	環境情報
総 合 政 策	総合政策
四日市看護医療大学	
看 護 医 療	看護、臨床検査
滋賀	
成安造形大学	
芸 術	芸術
聖泉大学	
看 護	看護
長浜バイオ大学	
バイオサイエンス	フロンティアバイオサイエンス、フロンティアバイオサイエンス（臨床検査学コース）、バイオデータサイエンス、アニマルバイオサイエンス
びわこ学院大学	
教 育 福 祉	子ども（子ども教育／子ども福祉）、スポーツ教育
びわこ成蹊スポーツ大学	
ス ポ ー ツ	スポーツ
京都	
大谷大学	
文	真宗、仏教、哲、歴史、文
社 会	現代社会、コミュニティデザイン
教 育	教育（初等教育／幼児教育）
国 際	国際文化
京都医療科学大学	
医 療 科	放射線技術
京都外国語大学	
外 国 語	英米語、スペイン語、フランス語、ドイツ語、ブラジルポルトガル語、中国語、日本語、イタリア語、ロシア語

大 学 名	
学 部	学科・課程（専攻・コース）
国 際 貢 献	グローバルスタディーズ、グローバル観光
京都華頂大学	
現 代 生 活	こども生活、食物栄養、生活情報
京都看護大学	
看 護	看護
京都芸術大学	
芸 術	美術工芸、キャラクターデザイン、情報デザイン、プロダクトデザイン、空間演出デザイン、環境デザイン、映画、舞台芸術、文芸表現、こども芸術
京都光華女子大学	
看護福祉リハビリテーション	福祉リハビリテーション（作業療法／言語聴覚／社会福祉）、看護
健 康 科	健康栄養（管理栄養士／健康スポーツ栄養）、心理
キャリア形成	キャリア形成
こ ど も 教 育	こども教育（幼児教育／学校教育）
人間健康学群	
京都産業大学	
経 済	経済
経 営	マネジメント
法	法律、法政策
現 代 社 会	現代社会、健康スポーツ社会
国 際 関 係	国際関係
外 国 語	英語、ヨーロッパ言語、アジア言語
文 化	京都文化、国際文化
理	数理科、物理科、宇宙物理・気象
情 報 理 工	情報理工
生 命 科	先端生命科、産業生命科
京都女子大学	
文	国文、英語文化コミュニケーション、史（日本史／東洋史／西洋史）
発 達 教 育	教育
心 理 共 生	心理共生
家 政	食物栄養、生活造形
現 代 社 会	現代社会
法	法
データサイエンス	データサイエンス
京都精華大学	
芸 術	造形
デ ザ イ ン	イラスト、ビジュアルデザイン、プロダクトデザイン、建築
マ ン ガ	マンガ、アニメーション

大 学 名	
学 部	学科・課程（専攻・コース）
国 際 文 化	人文、グローバルスタディーズ
メディア表現	メディア表現
（人間環境デザインプログラム）	

京都先端科学大学

学 部	学科・課程（専攻・コース）
バイオ環境	食農、バイオ環境デザイン、バイオサイエンス
経 済 経 営	経済、経営
人 文	歴史文化、心理
健 康 医 療	看護、言語聴覚、健康スポーツ
工	機械電気システム工

京都橘大学

学 部	学科・課程（専攻・コース）
国 際 英 語	国際英語
文	日本語日本文（日本語日本文学／書道）、歴史、歴史遺産
発 達 教 育	児童教育
総 合 心 理	総合心理
経 済	経済
経 営	経営
工	情報工、建築デザイン
看 護	看護
健 康 科	理学療法、作業療法、救急救命、臨床検査

京都ノートルダム女子大学

学 部	学科・課程（専攻・コース）
国 際 言 語 文 化	英語英文、国際日本文化
現 代 人 間	生活環境、心理、こども教育
社 会 情 報 課 程	

京都美術工芸大学

学 部	学科・課程（専攻・コース）
芸 術	デザイン・工芸（デザイン／工芸）
建 築	建築

京都文教大学

学 部	学科・課程（専攻・コース）
総 合 社 会	総合社会、実践社会
臨 床 心 理	臨床心理
こ ど も 教 育	こども教育（小学校教育／小中英語教育／幼児教育）

京都薬科大学

学 部	学科・課程（専攻・コース）
薬	薬（6年制）

嵯峨美術大学

学 部	学科・課程（専攻・コース）
芸 術	造形（日本画・古画／油画・版画／複合）、デザイン（グラフィックデザイン／イラストレーション／キャラクターデザイン／観光デザイン／生活プロダクト／染織・テキスタイル）

種智院大学

学 部	学科・課程（専攻・コース）
人 文	仏教、社会福祉

同志社大学

学 部	学科・課程（専攻・コース）
神	神
文	英文、哲、美学芸術、文化史、国文
社 会	社会、社会福祉、メディア、産業関係、教育文化
法	法律、政治
経 済	経済
商	商（商学総合／フレックス複合）
政 策	政策
グローバル地域文化	グローバル地域文化（ヨーロッパ／アジア・太平洋／アメリカ）
文 化 情 報	文化情報
理 工	インテリジェント情報工、情報システムデザイン、電気工、電子工、機械システム工、機械理工、機能分子・生命化、化学システム創成工、環境システム、数理システム
生 命 医 科	医工、医情報、医生命システム
スポーツ健康科	スポーツ健康科
心 理	心理
グローバル・コミュニケーション	グローバル・コミュニケーション（英語／中国語／日本語）

同志社女子大学

学 部	学科・課程（専攻・コース）
学 芸	音楽（演奏／音楽文化）、メディア創造、国際教養
現 代 社 会	社会システム、現代こども
薬	医療薬（6年制）
看 護	看護
表 象 文 化	英語英文、日本語日本文
生 活 科	人間生活、食物栄養科（食物科学／管理栄養士）

花園大学

学 部	学科・課程（専攻・コース）
文	仏教、日本史、日本文（日本文学／書道）
社 会 福 祉	社会福祉、臨床心理、児童福祉

佛教大学

学 部	学科・課程（専攻・コース）
仏 教	仏教
文	日本文、中国、英米
歴 史	歴史、歴史文化
教 育	教育、幼児教育、臨床心理
社 会	現代社会、公共政策
社 会 福 祉	社会福祉
保健医療技術	理学療法、作業療法、看護

平安女学院大学

学 部	学科・課程（専攻・コース）
国 際 観 光	国際観光
子 ど も 教 育	子ども教育

明治国際医療大学

学 部	学科・課程（専攻・コース）
鍼 灸	鍼灸
保 健 医 療	柔道整復、救急救命
看 護	看護

大 学 名	
学 部	学科・課程（専攻・コース）
立命館大学	
法	法（法政展開／司法特修／公務行政特修）
産 業 社 会	現代社会（現代社会／メディア社会／スポーツ社会／子ども社会／人間福祉）
国 際 関 係	国際関係（国際関係学／グローバル・スタディーズ）、アメリカン大学・立命館大学国際連携
文	人文（人間研究／日本文学研究／日本史研究／東アジア研究／国際文化／地域研究／国際コミュニケーション／言語コミュニケーション）
経 営	国際経営、経営
政 策 科	政策科（政策科学／Community and Regional Policy Studies）
総 合 心 理	総合心理
グローバル教養	グローバル教養
映 像	映像
情 報 理 工	情報理工
経 済	経済（国際／経済）
スポーツ健康科	スポーツ健康科
食マネジメント	食マネジメント
理 工	数理科（数学／データサイエンス）、物理科、電気電子工、電子情報工、機械工、ロボティクス、環境都市工、建築都市デザイン
生 命 科	応用化、生物工、生命情報、生命医科
薬	薬（6年制）、創薬科
龍谷大学	
心 理	心理
文	真宗、仏教、哲（哲学／教育学）、歴史（日本史学／東洋史学／仏教史学／文化遺産学）、日本語日本文、英語英米文
経 済	現代経済、国際経済
経 営	経営
法	法律
政 策	政策
国 際	国際文化、グローバルスタディーズ
先 端 理 工	数理・情報科学課程、知能情報メディア課程、電子情報通信課程、機械工学・ロボティクス課程、応用化学課程、環境生態工学課程

大 学 名	
学 部	学科・課程（専攻・コース）
社 会	社会、コミュニティマネジメント、現代福祉
農	生命科、農、食品栄養、食料農業システム
大阪	
藍野大学	
医 療 保 健	看護、理学療法、作業療法、臨床工
追手門学院大学	
法	法律
心 理	心理（心理学／人工知能・認知科学）
社 会	社会（社会学／スポーツ文化学）
経 済	経済
経 営	経営（経営・マーケティング／ビジネス法務／ビジネス心理／情報システム）
文	人文（日本文学／歴史文化／美学・建築文化）
国 際	国際（国際文化／グローバルスタディーズ）
地 域 創 造	地域創造
大阪青山大学	
健 康 科	健康栄養
子 ど も 教 育	子ども教育
看 護	看護
大阪医科薬科大学	
医	医（6年制）
看 護	看護
薬	薬（6年制）
大阪大谷大学	
薬	薬（6年制）
文	日本語日本文、歴史文化
教 育	教育
人 間 社 会	人間社会、スポーツ健康、心理・福祉
大阪音楽大学	
音 楽	音楽
大阪学院大学	
商	商（マーケティング戦略／グローバル・ビジネス／財務情報）
経 営	経営（グローバル管理者育成／経営管理者育成／後継者育成／起業家育成）、ホスピタリティ経営
経 済	経済（産業経済／公共経済／スポーツ経済／グローバル・エコノミー）
法	法（行政／企業／市民）

大 学 名	
学　部	学科・課程（専攻・コース）
外　国　語	英語（英語教育／英語実践）
国　　際	国際（国際協力／地域理解）
情　　報	情報

大阪河﨑リハビリテーション大学

リハビリテーション	リハビリテーション（理学療法学／作業療法学／言語聴覚学）

大阪観光大学

観　　光	観光

大阪経済大学

経　　済	経済
経　営　第1部	経営、ビジネス法
経　営　第2部	経営
情　報　社　会	情報社会
人　間　科	人間科
国　際　共　創	国際共創

大阪経済法科大学

経　　営	経営
経　　済	経済
法	法律
国　　際	国際

大阪芸術大学

芸　　術	アートサイエンス、美術、デザイン、工芸、写真、建築、映像、キャラクター造形、文芸、放送、芸術計画、舞台芸術、音楽、演奏、初等芸術教育

大阪工業大学

工	都市デザイン工、建築、機械工、電気電子システム工、電子情報システム工、応用化、環境工、生命工
ロボティクス＆デザイン工	ロボット工、システムデザイン工、空間デザイン
情　報　科	データサイエンス、情報知能、情報システム、情報メディア、ネットワークデザイン
知　的　財　産	知的財産

大阪国際大学

経　営　経　済	経営、経済
人　間　科	心理コミュニケーション、人間健康科、スポーツ行動
国　際　教　養	国際コミュニケーション、国際観光

大阪産業大学

国　　際	国際
スポーツ健康	スポーツ健康
経　　営	経営、商
経　　済	経済、国際経済

大 学 名	
学　部	学科・課程（専攻・コース）
デ ザ イ ン 工	情報システム、建築・環境デザイン、環境理工
工	機械工、交通機械工、都市創造工、電気電子情報工

大阪歯科大学

歯	歯（6年制）
医　療　保　健	口腔保健、口腔工
看　　護	看護

大阪樟蔭女子大学

学　　芸	国文、国際英語、心理、ライフプランニング、化粧ファッション
健　康　栄　養	健康栄養（管理栄養士／食物栄養）
児　童　教　育	児童教育

大阪商業大学

経　　済	経済
総　合　経　営	経営、商
公　　共	公共

大阪女学院大学

国　際　・　英　語	国際・英語（国際・英語／Women's Global Leadership／韓国語）

大阪信愛学院大学

教　　育	教育
看　　護	看護

大阪成蹊大学

経　　営	経営（経営／公共政策／食ビジネス）、スポーツマネジメント
国　際　観　光	国際観光（国際ビジネス／国際観光／観光まちづくり）
教　　育	教育（初等教育〈初等教育／幼児教育〉／中等教育〈英語教育／保健体育教育〉）
芸　　術	造形芸術（マンガ・デジタルアート／アニメーション・キャラクターデザイン／ゲーム・アプリケーション／バーチャルメディア・ボイスクリエイター／グラフィックデザイン／イラストレーション・美術／ファッション・コスチュームデザイン／インテリア・プロダクトデザイン）
看　　護	看護
データサイエンス	データサイエンス

大阪総合保育大学

児　童　保　育	児童保育、乳児保育

大阪体育大学

ス ポ ー ツ 科	スポーツ科
教　　育	教育

大 学 名	
学 部	学科・課程（専攻・コース）
大阪電気通信大学	
工	電気電子工、電子機械工、機械工、基礎理工（数理科学／環境化学）
情 報 通 信 工	情報工、通信工
建築・デザイン	建築・デザイン（建築／空間デザイン）
医 療 健 康 科	医療科、理学療法、健康スポーツ科
総 合 情 報	デジタルゲーム、ゲーム＆メディア、情報
大阪常磐会大学（現・常磐会学園大学）	
国際こども教育	国際こども教育
大阪人間科学大学	
心 理	心理
人 間 科	社会福祉、医療福祉（視能訓練）、子ども教育、社会創造
保 健 医 療	理学療法、作業療法、言語聴覚
大阪物療大学	
保 健 医 療	診療放射線技術
大阪保健医療大学	
保 健 医 療	リハビリテーション（理学療法学／作業療法学）
大阪行岡医療大学	
医 療	理学療法
関西大学	
法	法学政治
文	総合人文
経 済	経済
商	商
社 会	社会
政 策 創 造	政策、国際アジア
外 国 語	外国語
システム理工	数、物理・応用物理、機械工、電気電子情報工
環 境 都 市 工	建築、都市システム工、エネルギー環境・化学工
化 学 生 命 工	化学・物質工、生命・生物工
人 間 健 康	人間健康
総 合 情 報	総合情報
社 会 安 全	安全マネジメント
関西医科大学	
医	医（6年制）
看 護	看護
リハビリテーション	理学療法、作業療法
関西医療大学	
保 健 看 護	保健看護
保 健 医 療	理学療法、作業療法、臨床検査、はり灸・スポーツトレーナー、ヘルスプロモーション整復

大 学 名	
学 部	学科・課程（専攻・コース）
関西外国語大学	
国 際 共 生	国際共生
英 語 キャリア	英語キャリア、（小学校教員）
外 国 語	英米語、スペイン語、英語・デジタルコミュニケーション、国際日本
英 語 国 際	英語国際
関西福祉科学大学	
社 会 福 祉	福祉創造
心 理 科	心理科
健 康 福 祉	健康科、福祉栄養
保 健 医 療	リハビリテーション（理学療法学／作業療法学／言語聴覚学）
教 育	教育（子ども発達教育）
近畿大学	
情 報	情報
法	法律
経 済	経済、国際経済、総合経済政策
経 営	経営、商、会計、キャリア・マネジメント
理 工	理（数学／物理学／化学）、生命科、応用化、機械工、電気電子通信工、社会環境工、エネルギー物質
建 築	建築
薬	医療薬（6年制）、創薬科
文 芸	文（日本文学／英語英米文学）、芸術（舞台芸術／造形芸術）、文化・歴史、文化デザイン
総 合 社 会	総合社会（社会・マスメディア系／心理系／環境・まちづくり系）
国 際	国際（グローバル／東アジア）
農	農業生産科、水産、応用生命化、食品栄養、環境管理、生物機能科
医	医（6年制）
生 物 理 工	生物工、遺伝子工、食品安全工、生命情報工、人間環境デザイン工、医用工
工	化学生命工、機械工、ロボティクス、電子情報工、情報、建築
産 業 理 工	生物環境化、電気電子工、建築・デザイン、情報、経営ビジネス
滋慶医療科学大学	
医 療 科	臨床工
四條畷学園大学	
リハビリテーション	リハビリテーション（理学療法学／作業療法学）

大学名	
学部	学科・課程（専攻・コース）
看護	看護
四天王寺大学	
文	日本、国際コミュニケーション
社会	社会、人間福祉
教育	教育（学校教育／幼児教育保育）
経営	経営（公共経営／企業経営）
看護	看護
摂南大学	
法	法律
国際	国際
経済	経済
経営	経営
現代社会	現代社会
理工	生命科、住環境デザイン、建築、都市環境工、機械工、電気電子工
薬	薬（6年制）
看護	看護
農	農業生産、応用生物科、食品栄養、食農ビジネス
千里金蘭大学	
栄養	栄養
教育	教育
看護	看護
相愛大学	
音楽	音楽
人文	人文
人間発達	子ども教育、管理栄養
太成学院大学	
看護	看護
人間	子ども発達、健康スポーツ、心理カウンセリング
経営	現代ビジネス
宝塚大学	
東京メディア芸術	メディア芸術
看護	看護
帝塚山学院大学	
リベラルアーツ	リベラルアーツ（日本学・文化構想／韓国語韓国文化／グローバル英語／情報クリエイティブ／社会マネジメント）
総合心理	総合心理
食環境	食イノベーション、管理栄養
梅花女子大学	
文化表現	情報メディア、日本文化、国際英語
心理こども	こども教育、心理
食文化	食文化、管理栄養

大学名	
学部	学科・課程（専攻・コース）
看護保健	看護、口腔保健
羽衣国際大学	
現代社会	現代社会、放送・メディア映像
人間生活	人間生活、食物栄養
阪南大学	
国際	国際コミュニケーション、国際観光
経済	経済
経営	経営
総合情報	総合情報
東大阪大学	
こども	こども、国際教養こども
桃山学院大学	
国際教養	英語・国際文化
社会	社会、ソーシャルデザイン（福祉）
法	法律
経済	経済
経営	経営
ビジネスデザイン	ビジネスデザイン
桃山学院教育大学（2025年度より桃山学院大学に統合予定）	
人間教育	人間教育（小学校教育／幼児教育／健康・スポーツ教育）
森ノ宮医療大学	
看護	看護
総合リハビリテーション	理学療法、作業療法、言語聴覚
医療技術	臨床検査、臨床工、診療放射線、鍼灸
大和大学	
教育	教育（初等幼児教育／国語教育／数学教育／英語教育）
保健医療	看護、総合リハビリテーション（理学療法学／作業療法学／言語聴覚学）
政治経済	政治・政策、経済経営、グローバルビジネス
理工	理工（数理科学／情報科学／電気電子工学／機械工学／建築学）
社会	社会（現代社会学／メディア社会学／社会心理学）
情報	情報
兵庫	
芦屋大学	
臨床教育	教育（教育学／スポーツ教育／地域スポーツ指導者／ダンス）、児童教育（幼児教育／初等教育）
経営教育	経営教育（経営マネジメント／自動車技術／バレエ／技術・情報教員養成）

大 学 名	
学 部	学科・課程（専攻・コース）
大手前大学	
国 際 日 本	国際日本
建 築 ＆ 芸 術	建築＆芸術
現 代 社 会	現代社会
健 康 栄 養	管理栄養
国 際 看 護	看護
経 営	経営
関西看護医療大学	
看 護	看護
関西国際大学	
教 育	教育福祉（こども学〈教育専修／教育・保育／初等英語〉／福祉学〈社会福祉専修／福祉・保育〉）
経 営	経営
保 健 医 療	看護（看護学／看護グローバル）
国際コミュニケーション	グローバルコミュニケーション
社 会	社会
心 理	心理（臨床心理学／犯罪心理学／災害心理学／産業・消費者心理学）
関西福祉大学	
社 会 福 祉	社会福祉（社会福祉〈総合福祉／心理福祉／医療福祉／こども福祉〉／スポーツ福祉〈アスリート／コーチング〉／社会マネジメント〈ソーシャルビジネス／公共政策〉）
教 育	児童教育（児童教育／教育福祉／幼児教育）、保健教育
看 護	看護
関西学院大学	
神	（学科組織なし）
文	文化歴史、総合心理科、文学言語
社 会	社会
法	法律、政治
経 済	（学科組織なし）
商	（学科組織なし）
人 間 福 祉	社会福祉、社会起業、人間科
国 際	国際
教 育	教育（幼児教育学／初等教育学／教育科学）
総 合 政 策	総合政策、メディア情報、都市政策、国際政策
理	数理科、物理・宇宙、化
工	物質工学課程、電気電子応用工学課程、情報工学課程、知能・機械工学課程
生 命 環 境	生物科、生命医科、環境応用化

大 学 名	
学 部	学科・課程（専攻・コース）
建 築	建築
甲子園大学	
栄 養	栄養、食創造
心 理	現代応用心理
甲南大学	
文	日本語日本文、英語英米文、社会、人間科、歴史文化
経 済	経済
法	法
経 営	経営
理 工	物理、生物、機能分子化
知 能 情 報	知能情報
マネジメント創造	マネジメント創造
フロンティアサイエンス	生命化
グローバル教養学環	
甲南女子大学	
看護リハビリテーション	看護、理学療法
文	日本語日本文化、メディア表現
国 際	国際英語、多文化コミュニケーション
人 間 科	心理、総合子ども、文化社会、生活環境
医 療 栄 養	医療栄養
神戸医療未来大学	
人 間 社 会	未来社会、経営データビジネス
健 康 ス ポ ー ツ	健康スポーツコミュニケーション
神戸学院大学	
法	法律
経 済	経済
経 営	経営（経営・会計／データサイエンス）
人 文	人文
心 理	心理
現 代 社 会	現代社会、社会防災
グローバル・コミュニケーション	グローバル・コミュニケーション（英語／中国語／日本語[外国人留学生対象]）
総合リハビリテーション	理学療法、作業療法、社会リハビリテーション
栄 養	栄養（管理栄養学／臨床検査学）
薬	薬（6年制）
神戸芸術工科大学	
芸 術 工	建築・環境デザイン、生産・工芸デザイン、ビジュアルデザイン、メディア芸術
神戸国際大学	
リハビリテーション	理学療法
経 済	経済経営、国際文化ビジネス・観光

大 学 名	
学　部	学科・課程（専攻・コース）
神戸松蔭大学（現・神戸松蔭女子学院大学）	
教　　　　育	教育（幼児教育／学校教育）
文	英語（英語プロフェッショナル／グローバルコミュニケーション）、日本語日本文化
人　間　科	心理、都市生活、食物栄養、ファッション・ハウジングデザイン
神戸女学院大学	
文	総合文化
心　　　　理	心理
国　　　　際	英語、グローバル・スタディーズ
音　　　　楽	音楽（音楽表現／音楽キャリアデザイン）
人　間　科	環境・バイオサイエンス
神戸女子大学	
文	日本語日本文、英語英米文、国際教養、史、教育
家　　　　政	家政、管理栄養士養成課程
健　康　福　祉	社会福祉、健康スポーツ栄養
看　　　　護	看護
心　　　　理	心理
神戸親和大学	
文	国際文化、心理
教　　　　育	教育、スポーツ教育
神戸常盤大学	
保　健　科	医療検査、診療放射線、口腔保健、看護
教　　　　育	こども教育
神戸薬科大学	
薬	薬（6年制）
園田学園女子大学	
人　間　健　康	人間看護、総合健康、食物栄養
人　間　教　育	児童教育
経　　　　営	ビジネス
宝塚医療大学	
保　健　医　療	理学療法、柔道整復、鍼灸、口腔保健
和歌山保健医療	リハビリテーション（理学療法学／作業療法学）、看護
観　　　　光	観光
姫路大学	
看　　　　護	看護
教　　　　育	こども未来
姫路獨協大学	
人　間　社　会　学　群	産業経営学類
医　療　保　健	理学療法、作業療法、言語聴覚療法、臨床工
薬	医療薬（6年制）

大 学 名	
学　部	学科・課程（専攻・コース）
看　　　　護	看護
兵庫大学	
現　代　ビジネス	現代ビジネス
健　康　科	栄養マネジメント、健康システム
教　　　　育	教育
看　　　　護	看護
生　涯　福　祉	社会福祉
兵庫医科大学	
医	医（6年制）
薬	医療薬（6年制）
看　　　　護	看護
リハビリテーション	理学療法、作業療法
武庫川女子大学	
文	日本語日本文、歴史文化、英語グローバル（英語文化／グローバル・コミュニケーション）
教　　　　育	教育
心理・社会福祉	心理、社会福祉
健康・スポーツ科	健康・スポーツ科、スポーツマネジメント
生　活　環　境	生活環境
社　会　情　報	社会情報（情報メディア／情報サイエンス）
食　物　栄　養　科	食物栄養、食創造科
音　　　　楽	演奏、応用音楽
看　　　　護	看護
経　　　　営	経営
建　　　　築	建築、景観建築
薬	薬（6年制）、健康生命薬科
流通科学大学	
商	経営、マーケティング
経　　　　済	経済、経済情報
人　間　社　会	心理社会、観光、人間健康
奈良	
畿央大学	
健　康　科	理学療法、看護医療、健康栄養（臨床栄養／スポーツ栄養／食品開発）、人間環境デザイン（建築・まちづくり／インテリアデザイン／アパレル・造形）
教　　　　育	現代教育（学校教育／幼児教育／英語教育／保健教育）
帝塚山大学	
文	日本文化
経　済　経　営	経済経営
法	法
心　　　　理	心理
現　代　生　活	食物栄養、居住空間デザイン

大 学 名	
学 部	学科・課程（専攻・コース）
教　　　　育	こども教育
天理大学	
人　　　　文	宗教、国文学国語、歴史文化、心理、社会教育、社会福祉
国　　　　際	韓国・朝鮮語、中国語、英米語、外国語、国際文化、日本〈留学生対象〉
体　　　　育	体育（競技スポーツ／スポーツ教育／スポーツ文化／健康スポーツ／武道）
医　　　　療	看護、臨床検査
奈良大学	
文	国文、史、地理、文化財
社　　　　会	心理、総合社会
奈良学園大学	
人　間　教　育	人間教育（人間教育学／中等〈数学・音楽〉）
保　健　医　療	看護、リハビリテーション（理学療法学／作業療法学）
和歌山	
高野山大学	
文	密教、教育
和歌山信愛大学	
教　　　　育	子ども教育
鳥取	
鳥取看護大学	
看　　　　護	看護
岡山	
岡山学院大学	
人　間　生　活	食物栄養
岡山商科大学	
法	法
経　　　　済	経済
経　　　　営	経営、商
岡山理科大学	
理	応用数、基礎理、物理、化、動物、臨床生命科
工	機械システム工、電気電子システム、情報工、応用化、建築、生命医療工
情　報　理　工	情報理工
生　　命　　科	生物科
生　物　地　球	生物地球
教　　　　育	初等教育、中等教育（国語教育／国際日本語教育／英語教育）
経　　　　営	経営
獣　　　　医	獣医（6年制）、獣医保健看護
アクティブラーナーズコース	（学部超越型コース）

大 学 名	
学 部	学科・課程（専攻・コース）
川崎医科大学	
医	医（6年制）
川崎医療福祉大学	
医　療　福　祉	医療福祉、臨床心理、子ども医療福祉
保　健　看　護	保健看護
リハビリテーション	理学療法、作業療法、言語聴覚療法、視能療法
医　療　技　術	臨床検査、診療放射線技術、臨床工、臨床栄養、健康体育
医療福祉マネジメント	医療福祉経営、医療情報、医療秘書、医療福祉デザイン
環太平洋大学	
次　世　代　教　育	教育経営、こども発達
体　　　　育	体育、競技スポーツ科、健康科
経　済　経　営	現代経営
吉備国際大学	
社　　会　　科	経営社会、スポーツ社会
看　　　　護	看護
人　　間　　科	人間科（心理学／理学療法学／作業療法学）
アニメーション文化	アニメーション文化
農	地域創成農、海洋水産生物
外　　国　　語	外国
倉敷芸術科学大学	
芸　　　　術	芸術（アート／メディアデザイン／先端メディア）
生　　命　　科	生命科、生命医科、動物生命科、健康科
くらしき作陽大学	
音　　　　楽	音楽（モスクワ音楽院特別演奏／演奏芸術／教育文化）
食　　文　　化	栄養、現代食文化
子　ど　も　教　育	子ども教育（小学校・特別支援学校／保育園・幼稚園）
山陽学園大学	
総　合　人　間	言語文化、ビジネス心理
地域マネジメント	地域マネジメント
看　　　　護	看護
就実大学	
人　　文　　科	表現文化、実践英語、総合歴史
教　　　　育	初等教育、教育心理
薬	薬（6年制）
経　　　　営	経営
中国学園大学	
現　代　生　活	人間栄養
子　　ど　　も	子ども
国　際　教　養	国際教養

大 学 名	
学 部	学科・課程（専攻・コース）
ノートルダム清心女子大学	
文	英語英文、日本語日本文、現代社会
人 間 生 活	人間生活、児童、食品栄養
国 際 文 化	国際文化
情報デザイン	情報デザイン
美作大学	
生 活 科	児童(小学校教員養成／保育士・幼稚園教員養成)、食物、社会福祉

広島

大 学 名	
学 部	学科・課程（専攻・コース）
エリザベト音楽大学	
音 楽	音楽文化(音楽文化専修／幼児音楽教育専修)、演奏(声楽専攻／鍵盤楽器専攻／管弦打楽器専攻)
日本赤十字広島看護大学	
看 護	看護
比治山大学	
現 代 文 化	言語文化、マスコミュニケーション、社会臨床心理、子ども発達教育
健 康 栄 養	管理栄養
広島経済大学	
経 済	経済
経 営	経営、スポーツ経営
メディアビジネス	ビジネス情報、メディアビジネス
広島工業大学	
工	電子情報工、電気システム工、機械システム工、知能機械工、環境土木工、建築工
情 報	情報工、情報コミュニケーション
環 境	建築デザイン、地球環境
生 命	生体医工、食品生命科
広島国際大学	
保 健 医 療	診療放射線、医療技術（臨床工学／臨床検査学）、救急救命
総合リハビリテーション	リハビリテーション（理学療法学／作業療法学／言語聴覚療法学／義肢装具学）
健 康 ス ポ ー ツ	健康スポーツ
健 康 科	心理、医療栄養、医療経営、社会（地域創生学／社会福祉学）
看 護	看護
薬	薬（6年制）
広島修道大学	
商	商、経営
人 文	社会、教育、英語英文
法	法律
経 済 科	現代経済、経済情報

大 学 名	
学 部	学科・課程（専攻・コース）
人 間 環 境	人間環境
健 康 科	心理、健康栄養
国際コミュニティ	国際政治、地域行政
広島女学院大学	
人 文	国際英語、日本文化
人 間 生 活	管理栄養、生活デザイン、児童教育
広島都市学園大学	
子 ど も 教 育	子ども教育(小学校教育／初等教育／保育・幼児教育／特別支援教育／ジュニアスポーツ教育)
健 康 科	看護、リハビリテーション（理学療法学／作業療法学）
広島文化学園大学	
人 間 健 康	スポーツ健康福祉
看 護	看護
学 芸	子ども、音楽
広島文教大学	
人 間 科	人間福祉（社会福祉／介護福祉）、心理（臨床心理学／健康・社会心理学）、人間栄養（管理栄養士養成課程）、グローバルコミュニケーション（グローバルコミュニケーション）
教 育	教育（初等教育／中等教育）
福山大学	
経 済	経済（総合経済／金融経済／スポーツマネジメント）、国際経済、税務会計（備後経済／ビジネス・マネジメント）
人 間 文 化	人間文化、心理、メディア・映像
工	電気電子工、建築、情報工、機械システム工
生 命 工	生物科、健康栄養科、海洋生物科
薬	薬（6年制）
福山平成大学	
経 営	経営
福 祉 健 康	福祉、こども、健康スポーツ科
看 護	看護
安田女子大学	
文	日本文、書道、英語英米文
教 育	児童教育
心 理	現代心理、ビジネス心理
現 代 ビ ジ ネ ス	現代ビジネス、国際観光ビジネス、公共経営
家 政	生活デザイン、管理栄養、造形デザイン
薬	薬（6年制）

大 学 名	
学 部	学科・課程（専攻・コース）
看　　　護	看護

山口

宇部フロンティア大学

看　　　護	看護
心　　　理	心理

至誠館大学

現 代 社 会	現代社会

東亜大学

人　間　科	心理臨床・子ども、国際交流、スポーツ健康
医　　　療	医療工、健康栄養
芸　　　術	アート・デザイン、トータルビューティ

梅光学院大学

国　　　際	国際言語文化（国際教養／英語コミュニケーション／国際ビジネスコミュニケーション／東アジア言語文化）
子　ど　も	子ども未来（児童教育／幼児保育）

山口学芸大学

教　　　育	教育

徳島

四国大学

文	日本文、書道文化、国際文化
経 営 情 報	経営情報、メディア情報
生 活 科	人間生活科、健康栄養、児童
看　　　護	看護

徳島文理大学

薬	薬（6年制）
人 間 生 活	食物栄養、児童、心理、メディアデザイン、建築デザイン、人間生活
保 健 福 祉	口腔保健、理学療法、看護、人間福祉、診療放射線、臨床工
総 合 政 策	総合政策
音　　　楽	音楽
香　川　薬	薬（6年制）
理　　　工	ナノ物質工、機械創造工、電子情報工
文	文化財、日本文、英語英米文化

香川

四国学院大学

文	人文
社　　　会	カルチュラル・マネジメント
社 会 福 祉	社会福祉

高松大学

発 達 科	子ども発達

大 学 名	
学 部	学科・課程（専攻・コース）
経　　　営	経営

愛媛

聖カタリナ大学

人 間 健 康 福 祉	社会福祉（ソーシャルワーク／ケアワーク）、人間社会、健康スポーツ、看護
看　　　護	看護

松山大学

経　　　済	経済
経　　　営	経営
人　　　文	英語英米文、社会
法	法
薬	医療薬（6年制）

松山東雲女子大学

人　文　科	心理子ども（子ども／社会福祉／地域イノベーション）

高知

高知学園大学

健　康　科	管理栄養、臨床検査

高知健康科学大学

健　康　科	リハビリテーション（理学療法学／作業療法学）

福岡

九州栄養福祉大学

食 物 栄 養	食物栄養
リハビリテーション	理学療法、作業療法

九州共立大学

経　　　済	経済・経営、地域創造
ス ポ ー ツ	スポーツ、こどもスポーツ教育

九州国際大学

法	法律
現 代 ビ ジ ネ ス	地域経済、国際社会

九州産業大学

国 際 文 化	国際文化、日本文化
人　間　科	臨床心理、子ども教育、スポーツ健康科
経　　　済	経済
商	経営・流通
地 域 共 創	観光、地域づくり
理　　　工	情報科、機械工、電気工
生 命 科	生命科
建 築 都 市 工	建築、住居・インテリア、都市デザイン工
芸　　　術	芸術表現、写真・映像メディア、ビジュアルデザイン、生活環境デザイン、ソーシャルデザイン

九州情報大学

経 営 情 報	経営情報、情報ネットワーク

大 学 名	
学 部	学科・課程（専攻・コース）
九州女子大学	
家 政	栄養（管理栄養士課程）、生活デザイン
人 間 科	心理・文化、児童・幼児教育
久留米大学	
医	医（6年制）、看護、医療検査
文	心理、情報社会、国際文化（英語コミュニケーション／国際文化）、社会福祉
人 間 健 康	総合子ども、スポーツ医科
法	法律、国際政治
経 済	経済、文化経済
商	商
久留米工業大学	
工	機械システム工、交通機械工、建築・設備工、情報ネットワーク工、教育創造工
産業医科大学	
医	医（6年制）
産 業 保 健	看護、産業衛生科
純真学園大学	
保 健 医 療	看護、放射線技術科、検査科、医療工
西南学院大学	
神	神
外 国 語	外国語
商	商、経営
経 済	経済、国際経済
法	法律、国際関係法
人 間 科	児童教育、社会福祉、心理
国 際 文 化	国際文化
西南女学院大学	
人 文	英語、観光文化
保 健 福 祉	看護、福祉（福祉・養護教諭／子ども家庭福祉）、栄養
聖マリア学院大学	
看 護	看護
第一薬科大学	
薬	薬（6年制）、漢方薬（6年制）、薬科
看 護	看護
筑紫女学園大学	
文	日本語・日本文、英語、アジア文化
人 間 科	人間科（心理・社会福祉〈心理／社会福祉〉／初等教育・保育〈初等教育／幼児保育〉）
現 代 社 会	現代社会

大 学 名	
学 部	学科・課程（専攻・コース）
中村学園大学	
栄 養 科	栄養科、フード・マネジメント
教 育	児童幼児教育
流 通 科	流通科
西日本工業大学	
工	総合システム工
デ ザ イ ン	建築、情報デザイン
日本経済大学	
経 済	経済、商、健康スポーツ経営
経 営	経営、グローバルビジネス、芸創プロデュース、デジタルビジネス・マネジメント
日本赤十字九州国際看護大学	
看 護	看護
福岡大学	
人 文	文化、歴史、日本語日本文、教育・臨床心理、英語、ドイツ語、フランス語、東アジア地域言語
法	法律、経営法
経 済	経済、産業経済
商	商、経営、貿易
商 二 部	商
理	応用数、物理科、化、地球圏科
工	機械工、電気工、電子情報工、化学システム工、社会デザイン工、建築
薬	薬（6年制）
ス ポ ー ツ 科	スポーツ科、健康運動科
医	医（6年制）、看護
福岡看護大学	
看 護	看護
福岡工業大学	
工	電子情報工、生命環境化、知能機械工、電気工
情 報 工	情報工、情報通信工、情報システム工、情報マネジメント
社 会 環 境	社会環境
福岡国際医療福祉大学	
医 療	理学療法、作業療法、視能訓練、言語聴覚、診療放射線
看 護	看護
福岡歯科大学	
口 腔 歯	口腔歯（6年制）
福岡女学院大学	
人 間 関 係	心理、子ども発達
人 文	現代文化、言語芸術、メディア・コミュニケーション
国 際 キ ャ リ ア	国際英語、国際キャリア

大学名	
学部	学科・課程（専攻・コース）
福岡女学院看護大学	
看護	看護
令和健康科学大学	
看護	看護
リハビリテーション	理学療法、作業療法
佐賀	
西九州大学	
健康栄養	健康栄養
健康福祉	社会福祉、スポーツ健康福祉
リハビリテーション	リハビリテーション（理学療法学／作業療法学）
子ども	子ども、心理カウンセリング
看護	看護
デジタル社会共創学環（グローバル／情報メディア）	
長崎	
活水女子大学	
国際文化	国際文化
健康生活	食生活健康、生活デザイン、子ども
看護	看護
鎮西学院大学	
総合社会	経済政策、社会福祉、多文化コミュニケーション
長崎外国語大学	
外国語	現代英語、国際コミュニケーション
長崎国際大学	
人間社会	国際観光、社会福祉
健康管理	健康栄養
薬	薬（6年制）
長崎純心大学	
人文	福祉・心理、こども教育保育、言語文化情報
長崎総合科学大学	
工	工（船舶工学／機械工学／建築学／電気電子工学／医療工学）
総合情報	総合情報（知能情報／マネジメント工学／生命環境工学）
熊本	
九州看護福祉大学	
看護福祉	看護、社会福祉、リハビリテーション、鍼灸スポーツ、口腔保健
九州ルーテル学院大学	
人文	人文（キャリア・イングリッシュ／保育・幼児教育／児童教育）、心理臨床
熊本学園大学	
商	商（流通・情報／経営・金融）、ホスピタリティ・マネジメント

大学名	
学部	学科・課程（専攻・コース）
経済	経済（現代経済／地域・国際経済／経済データ分析）、リーガルエコノミクス
外国語	英米、東アジア
社会福祉一部	社会福祉、福祉環境、子ども家庭福祉、ライフ・ウェルネス
社会福祉二部	社会福祉
熊本保健科学大学	
保健科	医学検査、看護、リハビリテーション（理学療法学／生活機能療法学／言語聴覚学）
尚絅大学	
現代文化	文化コミュニケーション
生活科	栄養科
こども教育	こども教育
崇城大学	
工	機械工、ナノサイエンス、建築、宇宙航空システム工（宇宙航空システム／航空整備学／航空操縦学）
芸術	美術、デザイン
情報	情報
生物生命	生物生命
薬	薬（6年制）
平成音楽大学	
音楽	音楽、未来創造
大分	
日本文理大学	
経営経済	経営経済
工	機械電気工、建築、航空宇宙工、情報メディア
保健医療	保健医療（診療放射線学／臨床検査学／臨床医工学）
別府大学	
文	国際言語・文化、史学・文化財、人間関係
国際経営	国際経営（国際経営／会計・税理士／観光・地域経営）
食物栄養科	食物栄養、発酵食品
立命館アジア太平洋大学	
アジア太平洋	アジア太平洋
国際経営	国際経営
サステイナビリティ観光	サステイナビリティ観光
宮崎	
九州医療科学大学（旧・九州保健福祉大学）	
社会福祉	スポーツ健康福祉（ソーシャルワーク／スポーツ科学／救急救命／鍼灸健康）
薬	薬（6年制）、動物生命薬科

大　学　名	
学　部	学科・課程（専攻・コース）
生　命　医　科	生命医科（臨床検査技師／臨床工学技士）
臨　床　心　理	臨床心理（心理・福祉／言語聴覚）
南九州大学	
健　康　栄　養	管理栄養、食品開発科
環　境　園　芸	環境園芸
人　間　発　達	子ども教育
宮崎国際大学	
国　際　教　養	比較文化
教　　　　　育	児童教育
宮崎産業経営大学	
法	法律
経　　　　　営	経営

鹿児島

鹿児島国際大学	
経　　　　　済	経済、経営
福　祉　社　会	社会福祉、児童
国　際　文　化	国際文化、音楽
看　　　　　護	看護
鹿児島純心大学	
人　間　教　育	教育・心理
看　護　栄　養	看護、健康栄養
志學館大学	
人　間　関　係	心理臨床、人間文化
法	法律、法ビジネス
第一工科大学	
工	情報・AI・データサイエンス、機械システム工、環境エンジニアリング、建築デザイン
航　空　工	航空工

沖縄

沖縄大学	
経　法　商	経法商
人　　　　　文	国際コミュニケーション、福祉文化（社会福祉／健康スポーツ福祉）、こども文化
健　康　栄　養	管理栄養
沖縄キリスト教学院大学	
人　　　　　文	英語コミュニケーション、観光文化
沖縄国際大学	
法	法律、地域行政
経　　　　　済	経済、地域環境政策
産　業　情　報	企業システム、産業情報
総　合　文　化	日本文化、英米言語文化、社会文化、人間福祉（社会福祉／心理カウンセリング）

専門職大学

大学名の後の〔　〕は本部所在地。

大　学　名	
学　部	学科・課程（専攻・コース）
電動モビリティシステム専門職大学〔山形〕	
電気自動車システム工	電気自動車システム工
アール医療専門職大学〔茨城〕	
リハビリテーション	理学療法、作業療法
国際ファッション専門職大学〔東京〕	
国際ファッション	ファッションクリエイション、ファッションビジネス、大阪ファッションクリエイション・ビジネス、名古屋ファッションクリエイション・ビジネス
情報経営イノベーション専門職大学〔東京〕	
情報経営イノベーション	情報経営イノベーション
東京国際工科専門職大学〔東京〕	
工　　　　　科	情報工、デジタルエンタテインメント
東京情報デザイン専門職大学〔東京〕	
情報デザイン	情報デザイン
東京保健医療専門職大学〔東京〕	
リハビリテーション	理学療法、作業療法
グローバルBiz専門職大学〔神奈川〕	
グローバルビジネス	グローバルビジネス
ビューティ＆ウェルネス専門職大学〔神奈川〕	
ビューティ＆ウェルネス	ビューティ＆ウェルネス
開志専門職大学〔新潟〕	
事　業　創　造	事業創造
情　　　　　報	情報
アニメ・マンガ	アニメ・マンガ
かなざわ食マネジメント専門職大学〔石川〕	
フードサービスマネジメント	フードサービスマネジメント
名古屋国際工科専門職大学〔愛知〕	
工　　　　　科	情報工、デジタルエンタテインメント
びわこリハビリテーション専門職大学〔滋賀〕	
リハビリテーション	理学療法、作業療法、言語聴覚療法
大阪国際工科専門職大学〔大阪〕	
工　　　　　科	情報工、デジタルエンタテインメント
和歌山リハビリテーション専門職大学〔和歌山〕	
健　康　科	リハビリテーション（理学療法学／作業療法学）
岡山医療専門職大学〔岡山〕	
健　康　科	理学療法、作業療法
高知リハビリテーション専門職大学〔高知〕	
リハビリテーション	リハビリテーション（理学療法学／作業療法学／言語聴覚学）

文部科学省所管外の大学校

（独立行政法人 大学改革支援・学位授与機構認定教育施設）

大 学 校 名
学部・学科（課程・専攻・コース）等
防衛医科大学校〔埼玉〕
医学科（6年制）、看護学科（自衛官コース／技官コース）
気象大学校〔千葉〕
（学科組織なし）
国立看護大学校〔東京〕
看護学部看護学科
職業能力開発総合大学校〔東京〕
［総合課程］機械専攻、電気専攻、電子情報専攻、建築専攻
防衛大学校〔神奈川〕
［理工学専攻］応用物理学科、応用化学科、地球海洋

大 学 校 名
学部・学科（課程・専攻・コース）等
学科、電気電子工学科、通信工学科、情報工学科、機能材料工学科、機械工学科、機械システム工学科、航空宇宙工学科、建設環境工学科、［人文・社会科学専攻］人間文化学科、公共政策学科、国際関係学科
海上保安大学校〔広島〕
第一群（航海専攻）、第二群（機関専攻）、第三群（情報通信専攻）
水産大学校〔山口〕
水産流通経営学科、海洋生産管理学科、海洋機械工学科、食品科学科、生物生産学科

全国公立短期大学 学科一覧

2024年4月現在。※は3年制の課程であることを示します。一部、専攻・コース等を省略した短期大学もあります。2025年度募集学科、専攻・コース等は、受験前に募集要項で必ず確認してください。

短 期 大 学 名
学科（専攻・コース）
北海道
旭川市立大学短期大学部
食物栄養、幼児教育
岩手
岩手県立大学宮古短期大学部
経営情報
岩手県立大学盛岡短期大学部
生活科（生活デザイン／食物栄養学）、国際文化
山形
山形県立米沢女子短期大学
国語国文、英語英文、日本史、社会情報
福島
会津大学短期大学部
産業情報（経営情報／デザイン情報）、食物栄養、幼児教育・福祉
山梨
大月短期大学
経済（経済／公共政策／経営／社会文化）
岐阜
岐阜市立女子短期大学
国際コミュニケーション（現代社会／文化交流／英語／東アジア言語）、健康栄養（医療・福祉／食環境）、デザイン環境（ファッション／建築・インテリア／ヴィジュアル・情報）
静岡
静岡県立大学短期大学部
※歯科衛生、社会福祉（社会福祉／介護福祉）、こども

短 期 大 学 名
学科（専攻・コース）
静岡県立農林環境専門職大学短期大学部
生産科（栽培／林業／畜産）
三重
三重短期大学
法経一部（法律／経商）、法経二部、食物栄養（食物栄養学）、生活科（生活科学〈生活福祉・心理／居住環境〉）
島根
島根県立大学短期大学部
保育、文化情報
岡山
倉敷市立短期大学
保育、服飾美術（ファッション／情報・地域・ビジネス／デザイン・アート）
大分
大分県立芸術文化短期大学
美術（美術〈日本画／油彩画／ミクストメディア／彫刻〉／デザイン〈ビジュアルデザイン／メディアデザイン／プロダクトデザイン／グラフィックアート〉）、音楽（声楽／ピアノ／管弦打／音楽総合）、国際総合（国際コミュニケーション／観光マネジメント／現代キャリア）、情報コミュニケーション（心理スポーツ／地域ビジネス／情報メディア）
鹿児島
鹿児島県立短期大学
文（日本語日本文学／英語英文学）、生活科（食物栄養／生活科学）、商経（経済／経営情報）、※第二部商経

文部科学省所管外の大学校 / 全国公立短期大学 学科一覧

全国私立短期大学 学科一覧

2024年4月現在。通信課程は除く。※は3年制の課程であることを示します。短期大学名は2025年度予定（2024年2月判明分、構想中・仮称を含む）。2025年度に新設や改組、募集停止を予定している短期大学・学科・専攻もありますので、受験前に募集要項で必ず確認してください。

短期大学名
学科（専攻・コース）

北海道

帯広大谷短期大学
社会福祉（子ども福祉／介護福祉）、地域共生〈キャリアデザイン／食と栄養〉、※看護

釧路短期大学
生活科（生活科学／食物栄養）、幼児教育

光塩学園女子短期大学
食物栄養、保育

國學院大學北海道短期大学部
国文（日本語学・古典文学・近代文学／中国文化・漢文学／民話・民俗学／歴史／神道・宗教／文芸創作）、総合教養（外国語文化／哲学／法学／経済学）、幼児・児童教育（幼児保育／児童教育）

札幌大谷大学短期大学部
保育

札幌国際大学短期大学部
幼児教育保育（保育総合／保育英語）、総合生活キャリア（生活デザイン／オフィス／ホスピタリティ／英語コミュニケーション）

拓殖大学北海道短期大学
農学ビジネス、保育

函館短期大学
食物栄養、保育

函館大谷短期大学
ビジネス情報、こども（幼児教育／保育福祉／保育心理）

北翔大学短期大学部
こども（保育／教育）

北海道武蔵女子短期大学
教養（教養／経営・経済／グローバルコミュニケーション）

青森

青森明の星短期大学
子ども福祉未来（保育／コミュニティ福祉〈介護福祉／キャリアビジネス〉）

青森中央短期大学
食物栄養、幼児保育

柴田学園大学短期大学部
生活、保育

八戸学院大学短期大学部
幼児保育、介護福祉

弘前医療福祉大学短期大学部
※口腔衛生、※救急救命

岩手

修紅短期大学
幼児教育

盛岡大学短期大学部
幼児教育

宮城

聖和学園短期大学
キャリア開発総合、保育

仙台青葉学院短期大学
こども、※歯科衛生、栄養、現代英語、※言語聴覚、ビジネスキャリア、観光ビジネス、救急救命

仙台赤門短期大学
※看護

東北生活文化大学短期大学部
生活文化（食物栄養学／子ども生活）

宮城誠真短期大学
保育

秋田

秋田栄養短期大学
栄養

聖霊女子短期大学
生活文化（生活文化／生活こども／健康栄養）

日本赤十字秋田短期大学
介護福祉

聖園学園短期大学
保育

山形

羽陽学園短期大学
幼児教育（幼児教育／福祉）

東北文教大学短期大学部
子ども

福島

いわき短期大学
幼児教育

郡山女子大学短期大学部
健康栄養、幼児教育（幼児教育／チャイルド・ミュージック）、地域創成

桜の聖母短期大学
キャリア教養、生活科（福祉こども／食物栄養）

短 期 大 学 名
学科（専攻・コース）
福島学院大学短期大学部
保育、食物栄養

茨城

短 期 大 学 名
茨城女子短期大学
表現文化、こども
つくば国際短期大学
保育
常磐短期大学
幼児教育保育

栃木

宇都宮短期大学
音楽（ピアノ演奏／ピアノ／ピアノ教養／ピアノ応用／声楽／弦楽器／管楽器／打楽器／電子オルガン／音楽療法士／邦楽／吹奏楽・アンサンブル）、人間福祉（社会福祉／介護福祉）、食物栄養
國學院大學栃木短期大学
日本文化（日本文学／言語文化／日本史）、人間教育（子ども教育／生活健康）
作新学院大学短期大学部（現・作新学院大学女子短期大学部）
幼児教育
佐野日本大学短期大学
総合キャリア教育（介護福祉士／保育士／栄養士）

群馬

育英短期大学
保育、現代コミュニケーション（心理・カウンセリング／国際理解・ツーリズム／ビューティ・ブライダル／医療事務・健康スポーツ／eスポーツ・情報ビジネス／トータルコミュニケーション）
桐生大学短期大学部
アート・デザイン（イラストレーション・絵画／マンガ・コミックイラスト／グラフィックデザイン／ファッション・造形／インテリア・空間デザイン）
群馬医療福祉大学短期大学部
医療福祉（介護福祉／介護福祉士実践／福祉総合／医療事務・秘書）
高崎商科大学短期大学部
現代ビジネス（経営／情報デザイン／グローバルコミュニケーション）
新島学園短期大学
キャリアデザイン（ライフデザイン／ビジネスキャリア／グローバルキャリア／アカデミックブリッジ）、コミュニティ子ども（子どもの文化・環境／福祉・心理／音楽・表現）
共愛学園前橋国際大学短期大学部
生活（こども学／栄養）

埼玉

秋草学園短期大学
幼児教育（第一部／※第二部）、※地域保育、文化表現

短 期 大 学 名
学科（専攻・コース）
川口短期大学
ビジネス実務（企業ビジネス／金融ビジネス／心理・医療ビジネス／ビジネスフロンティア／スポーツ・健康／観光ビジネス／エアラインビジネス／ブライダルビジネス）、こども
国際学院埼玉短期大学
幼児保育、健康栄養（食物栄養／調理製菓）
埼玉医科大学短期大学
※看護
埼玉純真短期大学
こども
埼玉女子短期大学
商、国際コミュニケーション
埼玉東萌短期大学
幼児保育
武蔵丘短期大学
健康生活（健康栄養／健康スポーツ）
武蔵野短期大学
幼児教育
山村学園短期大学
子ども

千葉

敬愛短期大学（旧・千葉敬愛短期大学）
現代子ども（保育）
昭和学院短期大学
人間生活、ヘルスケア栄養
聖徳大学短期大学部
保育（第一部／※第二部）、総合文化（フードマネジメント／図書館司書・IT／国際観光・ホテル／ファッション・造形デザイン）
清和大学短期大学部
こども
千葉経済大学短期大学部
ビジネスライフ、こども（保育／初等教育／キッズビジネス）
千葉明徳短期大学
保育創造
日本大学短期大学部（船橋キャンパス）
建築・生活デザイン、ものづくり・サイエンス総合

東京

愛国学園短期大学
家政（生活デザイン／食物栄養）
有明教育芸術短期大学
※子ども教育（アーリーチャイルドフッドエデュケーション／チャイルドフッドエデュケーション／eスポーツエデュケーション）
上野学園短期大学（旧・上野学園大学短期大学部）
音楽

短 期 大 学 名
学科（専攻・コース）
大妻女子大学短期大学部
家政（家政／食物栄養）
共立女子短期大学
生活科（IT メディア／生活デザイン）、文（日本文化・表現／グローバル・コミュニケーション／心理学）
国際短期大学
国際コミュニケーション
駒沢女子短期大学
保育
女子栄養大学短期大学部
食物栄養
女子美術大学短期大学部
造形（美術／デザイン）
白梅学園短期大学
保育
創価女子短期大学
国際ビジネス
帝京短期大学
生活科（生活科学／食物栄養）、こども教育（こども教育）、※ライフケア（柔道整復／柔道整復二部／臨床検査）
帝京大学短期大学
人間文化、現代ビジネス
貞静学園短期大学
保育
戸板女子短期大学
服飾芸術、食物栄養、国際コミュニケーション
東京家政大学短期大学部
栄養、保育
東京交通短期大学
運輸
東京歯科大学短期大学
※歯科衛生
東京女子体育短期大学
こどもスポーツ教育（幼小／幼保）
東京成徳短期大学
幼児教育
東京立正短期大学
現代コミュニケーション（現代コミュニケーション〈心理／ビジネス／観光〉／幼児教育）
東邦音楽短期大学
音楽（声楽／器楽／シンガーソングライター・アーティスト／音楽教養）
桐朋学園芸術短期大学
芸術（演劇／音楽）
新渡戸文化短期大学
食物栄養、※臨床検査

短 期 大 学 名
学科（専攻・コース）
日本歯科大学東京短期大学
歯科技工、※歯科衛生
日本大学短期大学部
ビジネス教養、食物栄養、建築・生活デザイン、ものづくり・サイエンス総合
フェリシアこども短期大学
国際こども教育（こども教育／国際こども教育）
目白大学短期大学部
ビジネス社会、製菓、※歯科衛生
山野美容芸術短期大学
美容総合（美容師免許取得／インナービューティー／グローバルキャリア・ビューティービジネス）
<div align="center">神奈川</div>
和泉短期大学
児童福祉
小田原短期大学
食物栄養、保育
神奈川歯科大学短期大学部
※歯科衛生、※看護
鎌倉女子大学短期大学部
初等教育
相模女子大学短期大学部
食物栄養
湘北短期大学
総合ビジネス・情報、生活プロデュース、保育
昭和音楽大学短期大学部
音楽（ピアノ／電子オルガン／弦・管・打楽器／ウインドシンフォニー／声楽／声とことばの創造表現／音楽教養／合唱指導者／デジタルミュージック／ジャズ／ポップ＆ロックミュージック／バレエ／音楽と社会）
洗足こども短期大学
幼児教育保育
鶴見大学短期大学部
保育、※歯科衛生
横浜女子短期大学
保育
<div align="center">新潟</div>
新潟工業短期大学
自動車工業（自動車技術／電子制御）
新潟青陵大学短期大学部
人間総合、幼児教育
新潟中央短期大学
幼児教育
日本歯科大学新潟短期大学
※歯科衛生
明倫短期大学
歯科技工士、※歯科衛生士

短 期 大 学 名
学科（専攻・コース）

<table>
<tr><td colspan="1" align="center">富山</td></tr>
<tr><td>富山短期大学</td></tr>
<tr><td>食物栄養、幼児教育、経営情報、健康福祉</td></tr>
<tr><td>富山福祉短期大学</td></tr>
<tr><td>※看護、社会福祉（社会福祉士／介護福祉士／精神保健福祉士）、幼児教育</td></tr>
<tr><td colspan="1" align="center">石川</td></tr>
<tr><td>金沢学院短期大学</td></tr>
<tr><td>現代教養（公務員・一般事務／観光・ホテル・ブライダル／ICT・簿記会計／スポーツ／芸術）、食物栄養、幼児教育</td></tr>
<tr><td>金沢星稜大学女子短期大学部</td></tr>
<tr><td>経営実務</td></tr>
<tr><td>金城大学短期大学部</td></tr>
<tr><td>ビジネス実務、美術、幼児教育</td></tr>
<tr><td colspan="1" align="center">福井</td></tr>
<tr><td>仁愛女子短期大学</td></tr>
<tr><td>生活科学（生活情報デザイン）、幼児教育</td></tr>
<tr><td colspan="1" align="center">山梨</td></tr>
<tr><td>帝京学園短期大学</td></tr>
<tr><td>保育</td></tr>
<tr><td>山梨学院短期大学</td></tr>
<tr><td>食物栄養（栄養士／パティシエ）、保育</td></tr>
<tr><td colspan="1" align="center">長野</td></tr>
<tr><td>飯田短期大学</td></tr>
<tr><td>生活科学（生活科学／介護福祉／食物栄養）、幼児教育、※看護</td></tr>
<tr><td>上田女子短期大学</td></tr>
<tr><td>幼児教育、総合文化</td></tr>
<tr><td>佐久大学信州短期大学部</td></tr>
<tr><td>福祉（介護福祉／子ども福祉）</td></tr>
<tr><td>信州豊南短期大学</td></tr>
<tr><td>言語コミュニケーション、幼児教育</td></tr>
<tr><td>清泉大学短期大学部（現・清泉女学院短期大学）</td></tr>
<tr><td>幼児教育、国際コミュニケーション</td></tr>
<tr><td>長野短期大学（旧・長野女子短期大学）</td></tr>
<tr><td>食物栄養、幼児教育</td></tr>
<tr><td>松本短期大学</td></tr>
<tr><td>幼児保育、介護福祉</td></tr>
<tr><td>松本大学松商短期大学部</td></tr>
<tr><td>商、経営情報</td></tr>
<tr><td colspan="1" align="center">岐阜</td></tr>
<tr><td>大垣女子短期大学</td></tr>
<tr><td>※幼児教育、デザイン美術、音楽総合、※歯科衛生</td></tr>
<tr><td>正眼短期大学</td></tr>
<tr><td>禅・人間</td></tr>
<tr><td>高山自動車短期大学</td></tr>
<tr><td>自動車工</td></tr>
</table>

短 期 大 学 名
学科（専攻・コース）

<table>
<tr><td>中京学院大学短期大学部</td></tr>
<tr><td>保育</td></tr>
<tr><td>中部学院大学短期大学部</td></tr>
<tr><td>幼児教育（あそびすと／障がい児支援／子育て支援）、社会福祉（介護福祉／医療事務／美・デザイン）</td></tr>
<tr><td>東海学院大学短期大学部</td></tr>
<tr><td>幼児教育（子ども医療・心理／子どもスポーツ／子ども音楽／子ども造形）</td></tr>
<tr><td>中日本自動車短期大学</td></tr>
<tr><td>自動車工、※モータースポーツエンジニアリング</td></tr>
<tr><td>平成医療短期大学</td></tr>
<tr><td>※看護、※リハビリテーション（理学療法／作業療法／視機能療法）</td></tr>
<tr><td colspan="1" align="center">静岡</td></tr>
<tr><td>静岡英和学院大学短期大学部</td></tr>
<tr><td>現代コミュニケーション、食物栄養</td></tr>
<tr><td>常葉大学短期大学部</td></tr>
<tr><td>日本語日本文学、保育、音楽</td></tr>
<tr><td>日本大学短期大学部（三島キャンパス）</td></tr>
<tr><td>ビジネス教養、食物栄養</td></tr>
<tr><td>浜松学院大学短期大学部</td></tr>
<tr><td>幼児教育</td></tr>
<tr><td colspan="1" align="center">愛知</td></tr>
<tr><td>愛知学院大学短期大学部</td></tr>
<tr><td>※歯科衛生</td></tr>
<tr><td>愛知学泉短期大学</td></tr>
<tr><td>生活デザイン総合、食物栄養、幼児教育</td></tr>
<tr><td>愛知工科大学自動車短期大学</td></tr>
<tr><td>自動車工業</td></tr>
<tr><td>愛知大学短期大学部</td></tr>
<tr><td>ライフデザイン総合</td></tr>
<tr><td>愛知文教女子短期大学</td></tr>
<tr><td>幼児教育（第一部／※第三部）、生活文化（食物栄養／生活文化）</td></tr>
<tr><td>愛知みずほ短期大学</td></tr>
<tr><td>生活（食物栄養／生活文化〈養護教諭／オフィス総合〉）、現代幼児教育</td></tr>
<tr><td>岡崎女子短期大学</td></tr>
<tr><td>幼児教育（第一部／※第三部）</td></tr>
<tr><td>修文大学短期大学部</td></tr>
<tr><td>生活文化（生活・医療事務／オフィスキャリア／製菓）、幼児教育（第一部／※第三部）</td></tr>
<tr><td>豊橋創造大学短期大学部</td></tr>
<tr><td>幼児教育・保育、キャリアプランニング</td></tr>
<tr><td>名古屋短期大学</td></tr>
<tr><td>保育、現代教養</td></tr>
<tr><td>名古屋経営短期大学</td></tr>
<tr><td>未来キャリア、※子ども、介護福祉</td></tr>
</table>

短 期 大 学 名
学科（専攻・コース）

名古屋文化短期大学
生活文化（ビジネス／服飾美容／フードビジネス）

名古屋文理大学短期大学部
食物栄養（栄養士／製菓）

名古屋柳城短期大学
保育

三重

高田短期大学
子ども、キャリア育成（オフィスワーク／介護福祉）

ユマニテク短期大学
幼児保育

滋賀

滋賀短期大学
生活、幼児教育保育、ビジネスコミュニケーション、デジタルライフビジネス

滋賀文教短期大学
国文（日本文学）、子ども（保育士養成／小学校教諭養成）

びわこ学院大学短期大学部
ライフデザイン（児童学／健康福祉／キャリアデザイン）

京都

華頂短期大学
幼児教育、総合文化（京都文化／現代社会／多文化共生）

京都外国語短期大学
キャリア英語（夜間〈ビジネス／アカデミック〉）

京都経済短期大学
経営情報（経済システム／経営・マーケティング／会計ファイナンス／国際ビジネス／情報システム／ビジネス心理／総合デザイン）

京都光華女子大学短期大学部
ライフデザイン、歯科衛生※

京都西山短期大学
共生社会（メディアIT・ビジネス／こども教育／仏教）

京都文教短期大学
ライフデザイン総合（ライフデザイン／栄養士）、幼児教育

嵯峨美術短期大学
美術（美術／デザイン／マンガ・コミックアート）

大阪

藍野大学短期大学部
第一看護、※第二看護

大阪音楽大学短期大学部
音楽

大阪学院大学短期大学部
経営実務

大阪キリスト教短期大学
幼児教育（こども学／教育テック）

短 期 大 学 名
学科（専攻・コース）

大阪芸術大学短期大学部
保育、メディア・芸術

大阪健康福祉短期大学
子ども福祉、介護福祉（堺・泉ヶ丘）、保育・幼児教育（松江）、地域総合介護福祉（安来）

大阪国際大学短期大学部
栄養、ライフデザイン（観光英語／キャリアデザイン）、幼児保育

大阪女学院短期大学
英語

大阪成蹊短期大学
幼児教育、栄養、調理・製菓（調理／製菓／フードコーディネート）、生活デザイン（アパレル・ファッション／イラスト・アニメ・デザイン）、観光、経営会計（経営会計／医療事務）、グローバルコミュニケーション

大阪総合保育大学短期大学部（現・大阪城南女子短期大学）
総合保育、現代生活（ライフデザイン／調理製菓デザイン／福祉デザイン）

大阪千代田短期大学
幼児教育

大阪常磐会大学短期大学部（現・常磐会短期大学）
幼児教育（2年／※3年）

大阪夕陽丘学園短期大学
食物栄養、キャリア創造

関西外国語大学短期大学部
英米語、未来キャリア英語

関西女子短期大学
保育（総合保育／臨床保育）、養護保健、※歯科衛生、医療秘書

近畿大学短期大学部
商経（二部）

堺女子短期大学
美容生活文化（美容文化／ビューティーメイク／舞台芸術／幼児教育／キャリア教養）

四條畷学園短期大学
保育、ライフデザイン総合

四天王寺大学短期大学部
保育、ライフデザイン

東大阪大学短期大学部
実践食物（栄養士／製菓衛生師）、実践保育、介護福祉

兵庫

大手前短期大学
ライフデザイン総合、※歯科衛生、医療事務総合

関西学院短期大学（旧・聖和短期大学）
保育

甲子園短期大学
生活環境、幼児教育保育

短 期 大 学 名
学科（専攻・コース）

神戸教育短期大学
こども

神戸女子短期大学
総合生活、食物栄養、幼児教育

産業技術短期大学
機械工、電気電子工、情報処理工

頌栄短期大学
保育

園田学園女子大学短期大学部
生活文化、幼児教育（2年／※3年）

東洋食品工業短期大学
包装食品工

豊岡短期大学
こども

兵庫大学短期大学部
保育（第一部／※第三部）

湊川短期大学
人間生活（養護教諭／医療秘書事務コンピュータ／食育健康／心理デザイン）、幼児教育保育

奈良

奈良芸術短期大学
美術（洋画／日本画／デザイン／陶芸／染織／クラフトデザイン）

大和大学白鳳短期大学部
総合人間（こども教育／※リハビリテーション学〈理学療法学／作業療法学〉／※看護学）

和歌山

和歌山信愛女子短期大学
生活文化（生活文化／食物栄養）、保育

鳥取

鳥取短期大学
地域コミュニケーション学科、生活（情報・経営／住居・デザイン／食物栄養）、幼児教育保育

岡山

岡山短期大学
幼児教育（Society5.0 保育者養成／公務員養成）

川崎医療短期大学
※看護、※医療介護福祉

作陽短期大学
音楽（音楽／幼児教育）

山陽学園短期大学
健康栄養（2年／※3年）、こども育成（2年／※3年）

中国短期大学
総合生活、保育、情報ビジネス

広島

山陽女子短期大学
人間生活（医療事務ビジネス／人間心理）、食物栄養（栄養管理／栄養調理）、※臨床検査（臨床検査）

比治山大学短期大学部
総合生活デザイン、幼児教育、美術

広島文化学園短期大学
コミュニティ生活、食物栄養、保育

山口

岩国短期大学
幼児教育

宇部フロンティア大学短期大学部
保育、食物栄養

下関短期大学
栄養健康、保育

山口短期大学
児童教育（初等教育学／幼児教育学）、情報メディア

山口芸術短期大学
保育、芸術表現

徳島

四国大学短期大学部
ビジネス・コミュニケーション、人間健康（食物栄養／介護福祉）、幼児教育保育、音楽

徳島工業短期大学
自動車工業

徳島文理大学短期大学部
商、言語コミュニケーション、生活科（生活科学／食物）、保育、音楽

香川

香川短期大学
生活文化（食物栄養〈栄養管理／食品栄養〉）、子ども（第Ⅰ部／※第Ⅲ部）、経営情報（情報ビジネス／デザイン・アート）

高松短期大学
保育、ビジネスデザイン

愛媛

今治明徳短期大学
ライフデザイン（介護福祉／食物栄養／調理ビジネス／国際観光ビジネス）、幼児教育

聖カタリナ大学短期大学部
保育

松山短期大学
商（第二部）

松山東雲短期大学
保育、現代ビジネス、食物栄養

高知

高知学園短期大学
幼児保育、※歯科衛生、※看護

福岡

折尾愛真短期大学
経済（商業／観光ビジネス／経営情報／スポーツマネジメント）

短 期 大 学 名
学科（専攻・コース）

九州大谷短期大学
仏教、表現（情報デザイン／演劇表現）、幼児教育（こども教育／こどもドラマ／グローバル保育／こども心理）

九州産業大学造形短期大学部
造形芸術（絵画／立体造形／写真／グラフィックデザイン／アニメーション・映像／イラストレーション／インテリアデザイン／プロダクトデザイン／ファッションデザイン／陶芸）

九州女子短期大学
子ども健康

近畿大学九州短期大学
生活福祉情報、保育

香蘭女子短期大学
ファッション総合、食物栄養、保育、ライフプランニング総合

純真短期大学
食物栄養、こども

精華女子短期大学
幼児保育、生活科学（食物栄養／生活総合ビジネス）

西南女学院大学短期大学部
保育

中村学園大学短期大学部
食物栄養、キャリア開発、幼児保育

西日本短期大学
ビジネス法、緑地環境、社会福祉、保育、健康スポーツコミュニケーション、メディア・プロモーション

東筑紫短期大学
保育、食物栄養

福岡医療短期大学
※歯科衛生

福岡工業大学短期大学部
情報メディア

福岡こども短期大学
こども教育

福岡女子短期大学
健康栄養、音楽、文化教養、子ども

佐賀

佐賀女子短期大学
こども未来（こども保育／こども教育／こども養護）、地域みらい（福祉とソーシャルケア／韓国語文化／グローバル共生IT／司書アーカイブズ）

西九州大学短期大学部
地域生活支援（食健康／介護福祉／多文化）、幼児保育

長崎

長崎短期大学
保育、地域共生（国際コミュニケーション／食物栄養／製菓／介護福祉）

長崎女子短期大学
生活創造（栄養士／ビジネス・医療秘書）、幼児教育

短 期 大 学 名
学科（専攻・コース）

熊本

尚絅大学短期大学部
総合生活、食物栄養、幼児教育

中九州短期大学
幼児保育（保育総合／こども心理）、経営福祉（国際・ビジネス／介護福祉士）

大分

大分短期大学
園芸

東九州短期大学
幼児教育

別府大学短期大学部
食物栄養、初等教育

別府溝部学園短期大学
ライフデザイン総合（ファッションブライダル／グラフィックデザイン／医療事務）、食物栄養（保育健康／医事健康／温泉コンシェルジュ）、幼児教育、介護福祉

宮崎

南九州大学短期大学部
国際教養

宮崎学園短期大学
保育、現代ビジネス（実践ビジネス／メディカル秘書／司書・メディアコミュニケーション／大学編入）

鹿児島

鹿児島純心女子短期大学
生活（生活学／こども学／食物栄養）、英語

鹿児島女子短期大学
生活科（生活福祉／食物栄養学）、児童教育（小・幼・保／幼・保）、教養

第一幼児教育短期大学
幼児教育

沖縄

沖縄キリスト教短期大学
地域こども保育

沖縄女子短期大学
総合ビジネス（ビジネス心理／観光ホスピタリティ）、児童教育（初等教育／心理教育／福祉教育）

専門職短期大学

短期大学名の後の〔 〕は本部所在地

短 期 大 学 名
学科（専攻・コース）

ヤマザキ動物看護専門職短期大学〔東京〕
※動物トータルケア

せとうち観光専門職短期大学〔香川〕
※観光振興

索 引

あ

愛知大学	462
愛知大学短期大学部	499
愛知医科大学	464
愛知学院大学	466
愛知学院大学短期大学部	500
愛知教育大学	684
愛知県立大学	722
愛知県立芸術大学	723
愛知工業大学	468
愛知淑徳大学	470
愛知東邦大学	461
愛知文教大学	472
会津大学	710
青森県立保健大学	706
青森公立大学	707
青山学院大学	266
秋田大学	665
秋田県立大学	708
秋田公立美術大学	708
朝日大学	447
旭川医科大学	662
旭川市立大学	703
亜細亜大学	268
跡見学園女子大学	270

い

育英大学	208
育英短期大学	213
石川県立大学	719
石川県立看護大学	719
茨城大学	669
茨城県立医療大学	710
岩手大学	664
岩手医科大学	198
岩手県立大学	707

う

植草学園大学	244
宇都宮大学	669

え

叡啓大学	730
江戸川大学	245
愛媛大学	696
愛媛県立医療技術大学	734

お

桜花学園大学	473
追手門学院大学	528
桜美林大学	272
大分大学	700
大分県立看護科学大学	737
大阪大学	689
大阪青山大学	530
大阪医科薬科大学	532
大阪学院大学	534
大阪学院大学短期大学部	569
大阪教育大学	691
大阪経済大学	536
大阪経済法科大学	538
大阪工業大学	540
大阪公立大学	726
大阪産業大学	542
大阪歯科大学	544
大阪女学院大学	546
大阪女学院短期大学	570
大阪総合保育大学	548
大阪電気通信大学	550
大妻女子大学	274
大手前大学	574
大手前短期大学	603
岡山大学	693
岡山県立大学	729
沖縄県立看護大学	738
沖縄県立芸術大学	738
小樽商科大学	662
お茶の水女子大学	673
尾道市立大学	730
帯広畜産大学	662

か

嘉悦大学	273
香川大学	695
香川県立保健医療大学	734
学習院大学	276
学習院女子大学	278
鹿児島大学	701
神奈川大学	412
神奈川県立保健福祉大学	714
神奈川工科大学	414

金沢大学	680
金沢工業大学	440
金沢星稜大学	442
金沢星稜大学女子短期大学部	445
金沢美術工芸大学	719
鹿屋体育大学	702
鎌倉女子大学	420
鎌倉女子大学短期大学部	430
川崎市立看護大学	714
川村学園女子大学	246
関西大学	552
関西医科大学	529
関西外国語大学	554
関西国際大学	576
関西福祉大学	573
関西福祉科学大学	556
関西学院大学	578
神田外語大学	248
関東学院大学	416

き

畿央大学	604
北九州市立大学	735
北里大学	418
北見工業大学	663
岐阜大学	682
岐阜協立大学	450
岐阜県立看護大学	721
岐阜聖徳学園大学	448
岐阜保健大学	451
岐阜薬科大学	721
九州大学	698
九州医療科学大学	650
九州工業大学	697
九州国際大学	630
九州歯科大学	735
京都大学	688
京都教育大学	687
京都経済短期大学	526
京都工芸繊維大学	687
京都産業大学	509
京都女子大学	510
京都市立芸術大学	724
京都精華大学	516
京都橘大学	512
京都府立大学	724
京都府立医科大学	725
京都文教大学	514

共立女子大学　280
共立女子短期大学　407
金城学院大学　474

く

釧路公立大学　704
熊本大学　700
熊本学園大学　643
熊本県立大学　737
倉敷芸術科学大学　614
久留米大学　631
久留米工業大学　632
群馬大学　670
群馬医療福祉大学　209
群馬県立県民健康科学大学　711
群馬県立女子大学　711

け

敬愛大学　247
慶應義塾大学　282
芸術文化観光専門職大学　725
県立広島大学　731

こ

工学院大学　284
皇學館大学　504
高知大学　696
高知県立大学　734
高知工科大学　735
甲南大学　580
甲南女子大学　582
神戸大学　690
神戸学院大学　584
神戸市外国語大学　727
神戸市看護大学　727
神戸松蔭大学(現・神戸松蔭女子学院大学)　586
神戸女学院大学　590
神戸女子大学　588
神戸親和大学　591
神戸常盤大学　592
神戸薬科大学　602
公立小松大学　720
公立諏訪東京理科大学　717
公立千歳科学技術大学　705
公立鳥取環境大学　729
公立はこだて未来大学　706
國學院大學　286
国際教養大学　708

国際基督教大学　288
国士舘大学　290
駒澤大学　292
駒沢女子大学　294
駒沢女子短期大学　408

さ

埼玉大学　670
埼玉医科大学　216
埼玉学園大学　218
埼玉県立大学　712
埼玉工業大学　220
佐賀大学　699
佐久大学　434
佐久大学信州短期大学部　438
札幌大学　175
札幌医科大学　704
札幌大谷大学　176
札幌学院大学　178
札幌市立大学　704
札幌保健医療大学　177
産業能率大学　295
三条市立大学　714
山陽小野田市立山口東京理科大学　733

し

滋賀大学　686
滋賀医科大学　687
至学館大学　478
滋賀県立大学　724
四国大学　627
静岡大学　683
静岡英和学院大学　452
静岡県立大学　721
静岡県立農林環境専門職大学　722
静岡福祉大学　453
静岡文化芸術大学　722
静岡理工科大学　454
自治医科大学　205
実践女子大学　296
四天王寺大学　558
四天王寺大学短期大学部　571
芝浦工業大学　298
島根大学　693
島根県立大学　729
下関市立大学　733
周南公立大学　732
秀明大学　250

淑徳大学　252
順天堂大学　300
上越教育大学　681
城西大学　222
城西国際大学　251
城西国際大学 東京紀尾井町キャンパス　302
上智大学　304
昭和女子大学　306
昭和薬科大学　303
職業能力開発総合大学校　410
女子栄養大学　224
女子美術大学　312
白梅学園大学　308
白百合女子大学　310
信州大学　682

す

杉野服飾大学　313
椙山女学園大学　476
鈴鹿医療科学大学　502
駿河台大学　226

せ

聖学院大学　228
成蹊大学　314
星槎道都大学　180
成城大学　316
聖心女子大学　318
清泉大学(現・清泉女学院大学)　435
聖泉大学　505
清泉大学短期大学部(現・清泉女学院短期大学)　439
清泉女子大学　320
聖徳大学　254
聖徳大学短期大学部　264
西南学院大学　634
西武文理大学　230
聖隷クリストファー大学　458
清和大学　255
摂南大学　560
専修大学　322
千里金蘭大学　557

そ

創価大学　324
崇城大学　644

た

大正大学　325

大同大学	479	
大東文化大学	326	
高崎経済大学	711	
高崎健康福祉大学	210	
高崎商科大学	211	
拓殖大学	328	
拓殖大学北海道短期大学	196	
多摩大学	330	
玉川大学	332	
多摩美術大学	331	

ち

千葉大学	671
千葉県立保健医療大学	712
千葉工業大学	256
千葉商科大学	257
中央大学	334
中央学院大学	258
中京大学	480
中部大学	482

つ

筑波大学	668
筑波技術大学	667
津田塾大学	336
敦賀市立看護大学	720
都留文科大学	716

て

帝京短期大学	409
帝京平成大学 池袋・中野キャンパス	338
帝京平成大学 千葉・ちはら台キャンパス	259
帝塚山大学	606
田園調布学園大学	421
電気通信大学	677
天理大学	608

と

東海大学	342
東海学園大学	484
東京大学	672
東京医科歯科大学	674
東京医療学院大学	341
東京医療保健大学	344
東京外国語大学	674
東京海洋大学	671
東京学芸大学	673
東京家政大学	346

東京経済大学	348
東京藝術大学	673
東京工科大学	350
東京工業大学	675
東京工芸大学	352
東京国際大学	232
東京歯科大学	353
東京情報大学	262
東京女子大学	354
東京電機大学	356
東京都市大学	358
東京都立大学	713
東京農業大学	360
東京農工大学	678
東京福祉大学 池袋・王子キャンパス	357
東京福祉大学 伊勢崎キャンパス	212
東京薬科大学	362
東京理科大学	364
同志社大学	518
同志社女子大学	520
東邦大学	366
東北大学	666
東北学院大学	200
東北公益文科大学	202
東北農林専門職大学	709
東北福祉大学	199
東洋大学	368
東洋英和女学院大学	422
東洋学園大学	363
常磐大学	204
徳島大学	695
徳島文理大学	628
常葉大学	456
獨協大学	234
鳥取大学	692
富山大学	680
富山県立大学	718
豊田工業大学	486
豊橋技術科学大学	684

な

長岡技術科学大学	679
長岡造形大学	715
長崎大学	699
長崎県立大学	736
長崎国際大学	642
長野大学	717
長野県看護大学	718

長野県立大学	718
長野保健医療大学	436
長浜バイオ大学	506
中村学園大学	633
名古屋大学	685
名古屋葵大学（現・名古屋女子大学）	491
名古屋外国語大学	488
名古屋学院大学	487
名古屋学芸大学	490
名古屋工業大学	684
名古屋商科大学	492
名古屋市立大学	723
名寄市立大学	706
奈良学園大学	610
奈良教育大学	691
奈良県立大学	728
奈良県立医科大学	728
奈良女子大学	692
鳴門教育大学	697
南山大学	494

に

新潟大学	679
新潟医療福祉大学	431
新潟県立大学	715
新潟県立看護大学	715
新潟薬科大学	432
新見公立大学	730
西九州大学	641
西日本工業大学	636
二松学舎大学	370
日本工業大学	236
日本大学	372
日本医療大学	181
日本外国語専門学校	654
日本女子大学	376
日本女子大学通信教育課程	659
日本福祉大学	498
日本文化大學	378
日本文理大学	646
日本保健医療大学	240
日本薬科大学	238
人間総合科学大学	241

は

白鷗大学	206
八戸工業大学	197
浜松医科大学	683

浜松学院大学	459
阪南大学	568

ひ

一橋大学	676
兵庫大学	594
兵庫医科大学	596
兵庫教育大学	691
兵庫県立大学	727
弘前大学	664
広島大学	694
広島経済大学	616
広島国際大学	618
広島修道大学	620
広島市立大学	731
広島文教大学	615
びわこ学院大学	507
びわこ成蹊スポーツ大学	508

ふ

フェリス女学院大学	424
福井大学	681
福井県立大学	720
福井工業大学	446
福岡大学	638
福岡教育大学	697
福岡県立大学	736
福岡工業大学	637
福岡女学院大学	640
福岡女子大学	736
福島大学	667
福島県立医科大学	710
福知山公立大学	725
福山大学	622
福山市立大学	731
福山平成大学	623
佛教大学	517
文化学園大学	380
文教大学	382
文京学院大学	384

へ

別府大学	647

ほ

法政大学	386
北翔大学	182
北星学園大学	183

北陸学院大学	444
星薬科大学	385
北海学園大学	184
北海商科大学	186
北海道大学	661
北海道医療大学	194
北海道科学大学	188
北海道教育大学	663
北海道情報大学	190
北海道文教大学	192

ま

前橋工科大学	712
松本大学	437
松山大学	629

み

三重大学	686
三重県立看護大学	723
宮城大学	707
宮城教育大学	667
宮崎大学	701
宮崎県立看護大学	737
宮崎公立大学	738
宮崎国際大学	651
宮崎産業経営大学	652

む

武庫川女子大学	598
武蔵大学	388
武蔵野大学	390
室蘭工業大学	663

め

名桜大学	739
明海大学	260
明治大学	392
明治学院大学	394
明治薬科大学	396
名城大学	496
明星大学	397
目白大学	398

も

ものつくり大学	242
桃山学院大学	562
森ノ宮医療大学	564

や

安田女子大学	624
山形大学	665
山形県立保健医療大学	709
山形県立米沢栄養大学	709
山口大学	694
山口学芸大学	626
山口県立大学	733
ヤマザキ動物看護大学	399
大和大学	566
山梨大学	681
山梨学院大学	433
山梨県立大学	717

よ

横浜国立大学	678
横浜商科大学	426
横浜市立大学	713
横浜創英大学	423
横浜薬科大学	428

ら

酪農学園大学	195

り

立教大学	400
立正大学	402
立命館大学	522
立命館アジア太平洋大学	648
琉球大学	702
龍谷大学	524
流通科学大学	600

わ

和歌山大学	692
和歌山県立医科大学	728
和光大学	406
早稲田大学	404
和洋女子大学	263

国公私立大学・専門職大学・短期大学受験年鑑
2025 君はどの大学を選ぶべきか

2024年3月13日発行　　　　定価　本体1,400円＋税10%

発行人　　田 所 浩 志
発行所　　大 学 通 信

〒101-0051　東京都千代田区神田神保町3－2－3
Tel (03) 3515-3591 (代)

（禁無断転載放送）印刷・製本　図書印刷株式会社
ISBN978-4-88486-360-9

大学資料一括請求

1 北海道～長野

巻末（全大学資料一括請求）ハガキ

（切り取り線）

料金受取人払郵便

神田局承認

2810

差出有効期間
2025年3月
31日まで

●切手不要

101-8795

309

東京都千代田区神田神保町3-2-3
Daiwa神保町3丁目ビル2階

大学通信
情報企画部
「君はどの大学を選ぶべきか」行

巻末（全大学資料一括請求）ハガキ①

太線内は記入必須項目です。 無記入・空欄箇所がないようにご注意ください。

フリガナ 現住所	〒（　　－　　）	
電話番号	（　　　）	
E-mail	@	
フリガナ 氏　名		男：女 1　2
在学または出身高校名	国立・都道府県立・市町村立・私立・その他 高等学校 中等教育学校 ＊2024年4月現在	高1・高2・高3・卒業・保護者・教育関係者 ※中等教育学校「4学年」は「高1」に○をしてください

ご希望の情報誌に○を付けてください。（本体送料共無料）

首都圏の大学・短大、住宅・生活総合情報誌「東京ひとり暮らしガイド」（10月発行）　希望します□

「東京ひとり暮らしガイド」の欄に○印をご記入いただいた方の個人情報は、上記情報誌発行元である㈱毎日コムネットへ提供します。なお、㈱毎日コムネットより電話・メール・DMなどによる物件紹介のご連絡に利用する場合がありますが、その他の目的で利用したり、第三者への提供を行うことはありません。

今後、大学通信から皆さんに役立つ情報等を無料でお送りし、さらにアンケート調査にもご協力いただく（ご回答者にはプリペイドカードを進呈）ことがあります。
希望されない方は☑を付けてください。　→希望しません□

北海道～長野

大学

●北海道
0411 旭川市立（250円）
0613 札幌
1052 札幌大谷
0614 札幌学院
1106 札幌保健医療
0706 星槎道都
0403 公立千歳科学技術（215円）
0685 東海（札幌）
1109 日本医療
0925 北翔
0787 北星学園
0790 北海学園
0764 北海道医療
0792 北海道科学
0858 北海道情報
0945 北海道文教
0821 酪農学園

●青森
0761 八戸工業

●岩手
0518 岩手医科

●宮城
0715 東北福祉

●山形
0979 東北公益文科

●茨城
0723 常磐

●栃木
0619 自治医科（医）
0833 白鷗

●群馬
1120 育英
0997 群馬医療福祉
0980 高崎健康福祉
0981 高崎商科
0958 東京福祉（伊勢崎）

●埼玉
2608 埼玉医科（保健医療）
0608 埼玉医科（医）
0983 埼玉学園
0609 埼玉工業
0629 城西
0638 女子栄養
0836 駿河台
0843 聖学院
0950 西武文理
0604 東京国際
0721 獨協
0744 日本工業
1089 日本保健医療
1030 日本薬科
0961 人間総合科学
0984 ものつくり

●千葉
1072 植草学園
0865 江戸川
0846 川村学園女子
0837 神田外語
0669 敬愛
0845 秀明
0624 淑徳
0880 城西国際（千葉東金）
0866 聖徳
0893 清和
0670 千葉工業
0671 千葉商科
0673 中央学院
0838 帝京平成（千葉・ちはら台）
0847 東京情報
0630 明海
0830 和洋女子

●東京
0508 青山学院（300円）
0513 亜細亜
0515 跡見学園女子
0522 桜美林
0539 大妻女子
0985 嘉悦
0546 学習院
0935 学習院女子
0577 共立女子
0589 工学院
0602 國學院
0603 国際基督教（200円）
0606 国士舘
0607 駒澤（200円）
0887 駒沢女子
0616 産業能率
0620 実践女子
0622 芝浦工業
0880 城西国際（東京紀尾井町）
0631 上智（200円）
0636 昭和女子（200円）
0637 昭和薬科
0639 女子美術
1045 白梅学園
0640 白百合女子
0642 杉野服飾
0644 成蹊（200円）
0645 成城
0646 聖心女子
0647 清泉女子
0653 専修
0657 創価
0661 大正
0663 大東文化
0665 拓殖
0861 多摩
0667 玉川
0668 多摩美術
0672 中央
0677 津田塾（200円）
0838 帝京平成（池袋・中野）
0685 東海
1101 東京医療学院
1047 東京医療保健
0689 東京家政
0691 東京経済
0831 東京工科
0692 東京工芸
0693 東京歯科
0695 東京女子（200円）
0700 東京電機
0804 東京都市
0701 東京農業
2958 東京福祉（池袋・王子）
0702 東京薬科
0703 東京理科（200円）
0707 東邦
0881 東洋学園
0741 二松学舎
0742 日本（200円）
0748 日本女子
0752 日本文化
0783 文化学園
0784 文教
0873 文京学院
0786 法政（200円）
0789 星薬科
0803 武蔵
0806 武蔵野
0808 明治（200円）
0809 明治学院（200円）
0811 明治薬科
0813 明星
0892 目白
1091 ヤマザキ動物看護
0822 立教（200円）
0823 立正
0828 和光
0829 早稲田（300円）

●神奈川
0550 神奈川（200円）
0516 神奈川工科
0588 鎌倉女子
0560 関東学院
0562 北里
1001 田園調布学園
0862 東洋英和女学院
0773 フェリス女学院
0820 横浜商科
1102 横浜創英
1054 横浜薬科

●新潟
0987 新潟医療福祉
0738 新潟薬科

●山梨
0819 山梨学院

●長野
1074 佐久
1018 清泉
1113 長野保健医療
1004 松本

短期大学・短期大学部

●北海道
5908 拓殖大北海道

●群馬
5910 育英

●千葉
5729 聖徳大

●東京
5613 共立女子
5655 駒沢女子
5774 帝京

●神奈川
5631 鎌倉女子大

●長野
5975 佐久大信州
5727 清泉大

大学校
0455 職業能力開発総合

専門学校
9010 日本外国語（留学科）
9004 日本工学院
9005 日本工学院八王子
9006 日本工学院北海道
9013 北海道情報
9014 新潟情報

QRコードからも請求できます。

https://www.univpress.co.jp/shiryo/

（切り取り線）

2 石川～宮崎

巻末(全大学資料一括請求)ハガキ

(切り取り線)

料金受取人払郵便

神田局承認

2810

差出有効期間
2025年3月
31日まで

●切手不要

101-8795

309

東京都千代田区神田神保町3-2-3
Daiwa神保町3丁目ビル2階

大学通信
情報企画部
「君はどの大学を選ぶべきか」行

巻末(全大学資料一括請求)ハガキ❷

太線内は記入必須項目です。 無記入・空欄箇所がないようにご注意ください。

フリガナ / 現住所	〒(－)	
電話番号	( )	
E-mail	@	
フリガナ / 氏名		男：女 1 2
在学または出身高校名	国立・都道府県立・市町村立・私立・その他 高等学校 中等教育学校 ＊2024年4月現在	高1・高2・高3・卒業・保護者・教育関係者 ※中等教育学校「4学年」は「高1」に○をしてください

ご希望の情報誌に○を付けてください。(本体送料共無料)

首都圏の大学・短大、住宅・生活総合情報誌「東京ひとり暮らしガイド」(10月発行)	希望します □

「東京ひとり暮らしガイド」の欄に○印をご記入いただいた方の個人情報は、上記情報誌発行元である㈱毎日コムネットへ提供します。なお、㈱毎日コムネットより電話・メール・DMなどによる物件紹介のご連絡に利用する場合がありますが、その他の目的で利用したり、第三者への提供を行うことはありません。

今後、大学通信から皆さんに役立つ情報等を無料でお送りし、さらにアンケート調査にもご協力いただく(ご回答者にはプリペイドカードを進呈)ことがあります。
希望されない方は☑を付けてください。 →希望しません □

石川～宮崎

大学

●石川
0554 金沢工業
0553 金沢星稜
1075 北陸学院

●福井
0774 福井工業

●岐阜
0564 朝日
0563 岐阜協立
0632 岐阜聖徳学園
1124 岐阜保健

●静岡
1005 静岡英和学院
1036 静岡福祉
0875 静岡理工科
0882 聖隷クリストファー
0685 東海（清水）
1107 常葉
1037 浜松学院

●愛知
0501 愛知
0502 愛知医科
0503 愛知学院
0505 愛知工業
0506 愛知淑徳
0989 愛知東邦
0936 愛知文教
0937 桜花学園
0581 金城学院
0675 至学館
0643 椙山女学園
0662 大同
0674 中京
0676 中部
0911 東海学園
0725 豊田工業
0734 名古屋葵
0852 名古屋外国語
0730 名古屋学院
1007 名古屋学芸
0733 名古屋商科
0737 南山
　　（200円＋手数料）
0751 日本福祉
0812 名城

●三重
0590 皇學館
0876 鈴鹿医療科学

●滋賀
1019 聖泉
1020 長浜バイオ
1085 びわこ学院
1021 びわこ成蹊スポーツ

●京都
0573 京都産業
0574 京都女子
0575 京都精華
0666 京都橘
0922 京都文教
0704 同志社
0705 同志社女子
0782 佛教
0824 立命館
0825 龍谷

●大阪
0545 追手門学院
1049 大阪青山
0523 大阪医科薬科
0525 大阪学院
0526 大阪経済
0527 大阪経済法科
0529 大阪工業
0530 大阪産業
0531 大阪歯科
1041 大阪女学院
1057 大阪総合保育
0535 大阪電気通信
0556 関西
0558 関西外国語
0927 関西福祉科学
0621 四天王寺
0652 摂南
1024 千里金蘭
0763 阪南
0814 桃山学院
1064 森ノ宮医療
1111 大和

●兵庫
0540 大手前
0939 関西国際
0928 関西福祉

0559 関西学院
0593 甲南
0594 甲南女子
0596 神戸学院
0627 神戸松蔭
0597 神戸女学院
0598 神戸女子
0641 神戸親和
1077 神戸常盤
0599 神戸薬科
0912 兵庫
0765 兵庫医科
0802 武庫川女子
0855 流通科学

●奈良
1026 畿央
0681 帝塚山
0683 天理
0736 奈良学園

●岡山
0913 倉敷芸術科学

●広島
0767 広島経済
0940 広島国際
0769 広島修道
0772 広島文教
0778 福山
0901 福山平成
0817 安田女子

●山口
1069 山口学芸

●徳島
0618 四国
0719 徳島文理

●愛媛
0797 松山

●福岡
0818 九州国際
0585 久留米
0586 久留米工業
0648 西南学院
0728 中村学園
0740 西日本工業
0775 福岡
0776 福岡工業
0872 福岡女学院

●佐賀
0739 西九州

●長崎
0977 長崎国際

●熊本
0584 熊本学園
0583 崇城
0685 東海（熊本）

●大分
0753 日本文理
0785 別府
0978 立命館アジア太平洋

●宮崎
0955 九州医療科学
0904 宮崎国際
0842 宮崎産業経営

短期大学・短期大学部

●石川
5735 金沢星稜大女子

●愛知
5506 愛知大
5502 愛知学院大

●京都
5492 京都経済

●大阪
5547 大阪学院大
5553 大阪女学院大
5682 四天王寺大

●兵庫
5565 大手前

専門学校
9015 名古屋情報メディア
9016 名古屋医療情報
9017 大阪情報
9018 広島情報
9019 KCS北九州情報
9020 KCS福岡情報
9021 KCS大分情報
9022 KCS鹿児島情報

（切り取り線）

QRコードからも請求できます。

https://www.univpress.co.jp/shiryo/